UPSSSC

उत्तर प्रदेश अधीनस्थ सेवा चयन आयोग

ग्राम समाज एवं विकास

हरीश शुक्ला

प्रभात एग्जाम
www.prabhatexam.com

प्रकाशक

प्रभात एग्जाम

प्रभात प्रकाशन प्रा. लि. का उपक्रम

4/19 आसफ अली रोड, नई दिल्ली-110002

फोन : 23289555 • 23289666 • 23289777 • हेल्पलाइन/ 7827007777

इ-मेल : prabhatbooks@gmail.com ❖ वेब ठिकाना : www.prabhatexam.com

मूल्य

दो सौ पैंतालीस रुपए

अ.मा.पु.स. 978-93-5488-084-1

मुद्रक

जापान आर्ट, दिल्ली

★

UPSSSC
UTTAR PRADESH ADHINASTH SEWA CHAYAN AYOG
GRAM SAMAJ EVAM VIKAS
by Harish Shukla

ISBN 978-93-5488-084-1

₹245.00

विषय-सूची

भाग-1 भारतः ग्राम समाज एवं विकास

भाग-2 उत्तर प्रदेशः ग्राम समाज एवं विकास

भाग–3 अभ्यास प्रश्न

भाग–1

भारतः ग्राम समाज एवं विकास

1

कृषि और ग्रामीण अर्थव्यवस्था

औपनिवेशिक काल में कृषि

स्वतंत्रता से पूर्व विदेशी शासकों ने अपनी औपनिवेशिक नीति के कारण कृषि विकास हेतु कोई ठोस प्रयास नहीं किए। चूँकि तत्कालीन दोषपूर्ण भूधारण पद्धतियों में वास्तविक काश्तकार जोत का स्वामी न था। अत: वह जोत में किसी भी प्रकार के स्थायी सुधार के प्रति उदासीन था। ब्रिटिश सरकार ने कृषि विकास हेतु कुछ प्रयास किए। 1901 में गठित सिंचाई आयोग की सिफारिशों के आधार पर कम वर्षा वाले और सूखाग्रस्त क्षेत्रों के लिए सुरक्षात्मक सिंचाई सुविधाओं के प्रसार पर जोर दिया गया। सूखा आयोग की सिफारिशों के आधार पर सहकारी खास समिति अधिनियम, 1904 लागू हुआ। कृषि विकासार्थ सुझाव देने के लिए 1926 में नियुक्त शाही कृषि आयोग ने अपना प्रतिवेदन 1927 में प्रस्तुत किया जिसमें कृषि उत्पादन, पशुपालन, मत्स्य पालन, कृषि वित्त और सहकारिता के लिए उपयोगी सुझाव दिए गए। लेकिन खाद्यान्नों की हालत लगातार गिरती गई। इसे सुधारने के लिए सरकार ने 1942 में 'खाद्य उत्पादन सभा' बुलाई जिसमें पारित प्रस्तावों के आधार पर 'अधिक अन्न उपजाओ' अभियान आरम्भ किया गया।

सम्पूर्ण अविभाजित भारत में समस्त कृषि वस्तुओं का उत्पादन सूचकांक 1904-05 के 100 की तुलना में 1946-47 में बढ़कर 112.6 ही हो सका। लेकिन खाद्यान्नों का उत्पादन सूचकांक आधार वर्ष 1904-05 के 100 की तुलना में 1946-47 में घटकर 95.7 हो गया। खाद्यान्नों की उत्पादिता में अत्यन्त गिरावट आई। खाद्यान्न फसलों का उत्पादिता सूचकांक 1904-05 के 100 की तुलना में 1946-47 में घटकर 84 प्रतिशत रह गया। इससे यह प्रतीत होता है कि कृषि उत्पादन में जो नाममात्र की वृद्धि हुई, वह मुख्यत: गैर-खाद्यान्नों की उपज बढ़ने के कारण हुई और यदि खाद्यान्न फसलों के अन्तर्गत क्षेत्र में वृद्धि न हुई होती तो स्थिति अत्यन्त खराब हो गई होती। ब्रिटिश सरकार की उपेक्षापूर्ण नीति के परिणामस्वरूप ग्रामीण उद्योगों का विनाश होता गया और कृषि पर जनसंख्या का दबाव उत्तरोत्तर बढ़ता गया। इस नीति ने भारत को बचे पदार्थ की पूर्ति का स्रोत और ब्रिटेन में बनी वस्तुओं की मंडी बनाकर रख दिया।

ब्रिटिश सरकार ने अपने शासन की जड़ें मजबूत करने के लिए भू-स्वामित्व में मध्यस्थ प्रथा को प्रोत्साहित किया जिसमें वास्तविक काश्तकार भूमि का स्वामी नहीं था।

20 वीं शताब्दी में कृषि (1900 के बाद)

प्रथम योजना (1951-56) के आरम्भ के समय कृषि की दशा अत्यन्त निराशाजनक और खराब थी। हमारे किसान महाजनों के ऋण-जाल में बुरी तरह ग्रस्त थे। उनकी जोतों का आकार बहुत छोटा था और वे बिखरी हुई थीं। उनके पास न तो पैसा था और न ही ज्ञान जिसके आधार पर वे उचित उपकरण, अच्छे बीज और रासायनिक खाद खरीद सकें। कुछ क्षेत्रों को छोड़कर, अधिकतर क्षेत्रों के किसान वर्षा पर निर्भर थे और उन्हें मानसून की अनिश्चितता सहन करनी पड़ती थी। भूमि तथा श्रम की उत्पादकता लगातार कम होती जा रही थी और यह विश्व में सबसे कम थी। इसके बावजूद हमारी जनसंख्या का लगभग 70 प्रतिशत भाग कृषि में कार्य करता था, देश खाद्यान्नों के उत्पादन में स्वावलम्बी नहीं था और इसे खाद्यान्नों के आयात पर निर्भर रहना पड़ता था। इसके अतिरिक्त 1947 में देश के विभाजन ने कृषि की स्थिति को और बिगाड़ दिया क्योंकि हमारे हिस्से में जनसंख्या का अधिक भाग और इसकी अपेक्षा भूमि का कम भाग प्राप्त हुआ।

21 वीं शताब्दी में कृषि (2000 के बाद)

भारत के सामाजिक-आर्थिक ढांचे में कृषि की महत्ता को इस तथ्य से महसूस किया जा सकता है कि देश की अधिकांश जनसंख्या की आजीविका कृषि पर निर्भर है। कुल सकल घरेलू उत्पाद (जी डी पी) में कृषि का योगदान केवल 18 प्रतिशत है जबकि 60 प्रतिशत से अधिक जनसंख्या इस पर निर्भर है जिसके फलस्वरूप कृषि क्षेत्र में प्रति व्यक्ति आय कम है। इससे यह भी पता चलता है कि कृषि क्षेत्र और गैर-कृषि क्षेत्र में प्रति व्यक्ति आय के बीच बड़ी असमानता है। अत: उन मसलों का समाधान करना आवश्यक है, जो किसानों के आय स्तरों पर प्रभाव डालते हैं। आय का स्तर कुल उत्पादन तथा उचित उत्पादकता स्तर और किसानों द्वारा प्राप्त मूल्यों द्वारा निर्धारित होती हैं। लघु और सीमान्त जोतों

का आधिक्य जो कुल जोतों का लगभग 82 प्रतिशत है, अपूर्ण बाजार दशाएँ तथा पश्च और अग्र सम्पर्कों की कमी जैसी बाधाएँ भी किसानों के आय स्तरों को दुष्प्रभावित करती हैं। तदनुसार, कृषि कार्यकलाप अधिक व्यवहार्य बनें और किसानों की आर्थिक स्थिति में स्थाई सुधार सुनिश्चित हों, इसके लिए एक उपयुक्त नीति तैयार किए जाने की आवश्यकता है।

वर्ष 2000 के दौरान भारत सरकार द्वारा राष्ट्रीय कृषि नीति अनुमोदित की गई थी जिसका लक्ष्य प्राकृतिक संसाधनों के प्रभावी उपयोग और अन्य उपायों के माध्यम से एक दीर्घावधिक आधार पर कृषि में 4 प्रतिशत अधिक वार्षिक वृद्धि दर हासिल करना था।

आधुनिक कृषि प्रणाली ने समूचे देश में अनाज के उत्पादन की वृद्धि में भारी योगदान दिया है। आधुनिक कृषि प्रणाली के प्रयोग से देश अनाज के उत्पादन में पर्याप्तता प्राप्त कर सकता है। कृषि कार्य में उपयोगी आधुनिक विधियाँ हैं- बेहतर बीजों का प्रयोग, उचित सिंचाई तथा रासायनिक खादों के प्रयोग से पौधों को पर्याप्त मात्रा में पोषक तत्वों की आपूर्ति व कीटनाशकों के प्रयोग से पौधों को लगने वाली बीमायिों व कीटाणुओं का नियंत्रण। आधुनिक कृषि में ट्रैक्टर, कम्बाइन हार्वेस्टर व सिंचाई के लिए ट्यूबवेलों द्वारा आधुनिक जुताई (खेती) की विधियों का प्रयोग किया जाता है।

कृषि क्षेत्र के लिए आयोजन का लक्ष्य

कृषि क्षेत्र के विकास का आयोजन करते हुए योजना आयोग ने चार मुख्य उद्देश्य रखे–

1. **कृषि उत्पादन में वृद्धि का लक्ष्य सदैव रखा गया है और इसके लिए**–
   (a) कृषि अधीन क्षेत्र में लगातार वृद्धि करना।
   (b) प्रति हेक्टेयर उत्पाद (अर्थात् कृषि उत्पादिता) में वृद्धि के लिए, कृषि-आदानों जैसे सिंचाई, उन्नत बीजों, उर्वरकों आदि का अधिकाधिक प्रयोग करना।
   (c) कृषि उत्पादन में वृद्धि करना।
2. **रोजगार के अवसर बढ़ाना**–कृषि उत्पादन में वृद्धि के साथ, कृषि क्षेत्र को रोजगार के अतिरिक्त अवसर कायम करने होंगे और इस प्रकार हमारे गाँवों में गरीब वर्गों की आय बढ़ानी होगी।
3. **भूमि पर जनसंख्या के दबाव को कम करना**–चूँकि जनसंख्या का भारी भाग भूमि पर निर्भर है, इसलिए कृषि क्षेत्र के आयोजन का एक और बुनियादी लक्ष्य कृषि पर काम करने वाले व्यक्तियों की संख्या को कम करना है साथ ही अतिरिक्त श्रमिकों को द्वितीयक एवं तृतीयक क्षेत्र की ओर हस्तान्तरित करना होगा।
4. **ग्रामीण क्षेत्र में आय की असमानताओं को कम करना**–सरकार को अतिरिक्त भूमि को छोटे तथा सीमान्त किसानों में इस प्रकार वितरित करना चाहिए कि इससे ग्राम क्षेत्र में कुछ हद तक असमानता कम हो सके।

ये चार उद्देश्य सामान्यतया सभी योजनाओं में अपनाए गए हैं, परन्तु व्यवहार में भारत में कृषि-आयोजन का अर्थ केवल कृषि-उत्पादन में वृद्धि ही समझा जाता है अर्थात् केवल पहले लक्ष्य की प्राप्ति और अन्य सभी उद्देश्यों की या तो उपेक्षा की गई या उन्हें निम्न प्राथमिकता दी गई।

कृषि में प्रयुक्त रणनीति

कृषि उत्पादन में वृद्धि एवं रोजगार में वृद्धि प्राप्त करने के लिए, पंचवर्षीय योजनाओं में विभिन्न कार्यक्रमों का उपयोग किया गया जैसे सामुदायिक विकास प्रोग्राम और कृषि-विस्तार सेवाओं को देश भर में फैलाना, सिंचाई सुविधाओं, उर्वरकों, कीटनाशकों, कृषि-मशीनरी, अधिक उपजाऊ किस्म के बीजों का विस्तार। इसके साथ-साथ परिवहन, ऊर्जा, विपणन और संस्थानात्मक उधार का विस्तार भी किया गया।

भूमि पर जनसंख्या के दबाव को कम करने के लिए योजना आयोग ने ग्राम-विकास की रणनीति अपनायी। इसके लिए ग्राम-क्षेत्रों में कृषि-आधारित उद्योग और हस्तशिल्प स्थापित किए गए। इसके साथ-साथ ग्रामीण परिवहन एवं संचार प्रोन्नत किया गया और लोगों को कृषि से उद्योगों और सेवा क्षेत्र की ओर जाने के लिए प्रोत्साहित किया गया।

अन्तिम, ग्रामों में समानता एवं न्याय कायम करने के लिए योजना आयोग ने भू-सुधारों की रणनीति अपनायी जिसके अन्तर्गत जमीदारों जैसे बिचौलियों को समाप्त किया गया, काश्तकारों की सुरक्षा के लिए काश्तकारी कानून बनाया गया और जोत की अधिकतम सीमा को लागू करने से प्राप्त अतिरिक्त भूमि भूमिहीन श्रमिकों, छोटे तथा सीमान्त किसानों में बाँटी गई।

मद	वर्ष 2014-15	2015-16	2016-17	2017-18	2018-19	2019-20
कृषि और संबंध क्षेत्रों का जीवीए (करोड़ में)	2093612	2227533	2496358	2670147	2775852	3,047,187
कुल अर्थव्यवस्था के जीवीए में कृषि और संबंधित क्षेत्रों के जीवीए का शेयर (प्रतिशत)	18.2	17.7	17.9	17.2	16.1	16.5
फसल का हिस्सा	11.2	10.6	10.6	10.0	-	-
पशुधन का हिस्सा	4.4	4.6	4.8	4.9	-	-
वानिकी और संलेशन का हिस्सा	1.5	1.5	1.4	1.2	-	-
मत्स्यपालन का हिस्सा	1.0	1.1	1.1	1.1	-	-

स्रोतः राष्ट्रीय सांख्यिकी कार्यालय (सी एस ओ), सांख्यिकी एवं कार्यक्रम क्रियान्वयन मंत्रालय (एमओएमपीआई)

ग्रामीण विकास

भारत में ग्रामीण विकास की चेतना का सूत्रपात राष्ट्रपिता महात्मा गांधी के द्वारा किया गया। उन्होंने 6 मई, 1939 को वृंदावन में ग्राम सेवकों द्वारा आयोजित एक सभा को संबोधित करते हुए कहा था, ''यह देखकर मुझे बहुत दुःख होता है कि आप लोगों में से अधिकांश या तो शहर से आए हैं या शहरी जीवन के अभ्यस्त हो गए हैं। ज़ब तक अपना मन शहर से हटाकर गाँवों में नहीं लगाएंगे, तब तक गाँव के लोगों की सेवा आप नहीं कर सकते। आपको यह भी समझ लेना चाहिए कि हिन्दुस्तान गाँवों के ताने-बाने से बना है, शहरों से नहीं और गाँवों में जीवन का प्रवाह अवरुद्ध हो गया है और ये मृतप्राय है। औद्योगिकीकरण उनके प्राणों का संचार नहीं कर सकता है। अपनी झोंपड़ी में रहने वाले किसान को जीवन तभी मिलेगा जब उसे अपने घरेलू उद्योग फिर से मिलेंगे तथा जब अपनी आवश्यक वस्तुओं के लिए वह गाँवों पर ही निर्भर रहेगा, शहरों पर नहीं, जैसा कि आज उसे विवश होकर करना पड़ रहा है। इस आधारभूत सिद्धांतों को यदि आप आत्मसत नहीं करते तो ग्राम पुनर्निर्माण के उस कार्य में लगने वाला सारा समय और धन व्यर्थ जाएगा।''

परन्तु सच्चाई यह है कि गाँव विकास की दौड़ में पीछे रह गए, विकास की मुख्यधारा में समाहित होने से वंचित रह गए, जबकि देश की राष्ट्रीय आय में ग्रामीण समुदाय का महत्वपूर्ण योगदान है। आजादी मिले 74 वर्ष हो गए, किंतु आज भी देश के ग्रामीण व शहरी क्षेत्रों में अनेक दृष्टिकोण से व्यापक अन्तराल पाया जाता है। एक ओर देश में चमचमाते अनेक सुविधाओं से लैस, भव्य इमारतों से सुसज्जित शहर हैं जो 'शाइनिंग इण्डिया' की अवधारण को मूर्त्त रूप प्रदान कर रहे हैं तो दूसरी ओर मूलभूत सुविधाओं से वंचित विकास की रोशनी से दूर तथा विभिन्न अभावों से जूझ रहे गाँव, जहाँ देश की आत्मा निवास करती है।

जहाँ तक ग्रामीण विकास की अवधारणा का सवाल है, इसको लेकर वैचारिक और सैद्धांतिक मतभेद हैं। चूंकि आर्थिक विकास की अवधारणा पर अर्थशास्त्रियों के भिन्न-भिन्न मत हैं, इसलिए ग्रामीण विकास को परिभाषित करना कठिन है। सामान्य तौर पर कहा जाता है कि ग्रामीण विकास का मतलब है सिंचाई सुविधाओं का विस्तार, बिजली का विस्तार, खेती की तकनीकों में सुधार, शिक्षा एवं स्वास्थ्य संबंधी सुविधाओं के विस्तार द्वारा ग्रामीण क्षेत्रों का विकास। लेकिन यह परिभाषा इस मायने में संकुचित है कि यह ग्रामीण विकास के उद्देश्यों की संकुचित धारणा पर आधारित है।

सर्वप्रथम ग्रामीण विकास को कृषि विकास से अलग करके देखना चाहिए। ग्रामीण दरिद्रता की समस्या के समाधान के लिए यह रणनीति अपनाई गई कि किसानों को अधिक-से-अधिक ऋण दिए जाएँ, लेकिन यह रणनीति भारत, श्रीलंका, बांगलादेश जैसे देशों में विफल हो गई। इस तरह की रणनीति कुछ क्षेत्रों में किसानों के छोटे मध्यम वर्ग को जन्म दे सकती है। अतएव पूरे ग्रामीण क्षेत्र में इस रणनीति से ग्रामीण निर्धनंता का हल नहीं किया जा सकता है। गरीब व्यक्तियों की आय को बढ़ाने के लिए भी कई प्रकार के कार्यक्रम चलाए जाते हैं। इनमें भी कल्याण एवं अन्य सेवाओं की सामूहिक आवश्यकताओं की पूर्ति नहीं हो सकती। अतएव ''ग्रामीण विकास में वैसे कार्यक्रमों को अवश्य शामिल किया जाना चाहिए जिनका लक्ष्य हो व्यक्ति के जीवन अवसरों को उन्नत करना एवं सामूहिक कल्याण।'' इस धारणा को लेकर यदि चला जाए तो ग्रामीण विकास का स्वरूप न केवल अलग-अलग देशों में अलग-अलग होगा, बल्कि एक ही देश के भीतर एक क्षेत्र और दूसरे क्षेत्र में भी अन्तर होगा।

अतः ''ग्रामीण विकास की अवधारणा के भीतर ऐसी रणनीति को अवश्य शामिल करना चाहिए जिसका जोर ग्रामीण उत्पादन व्यवस्था के भीतर नई शक्ति का आवंटन पर हो ताकि रोजगार का अवसर बढ़ सके और पेशे के बहुत सारे अवसर लोगों को प्राप्त हो सकें।''

महात्मा गाँधी का ग्रामीण विकास से तात्पर्य ग्रामीण क्षेत्रों में निर्धन एवं असहाय लोगों के आर्थिक, समाजिक एवं शैक्षिक स्तर को उपर उठाकर ग्राम को एक स्वावलम्बी गणतंत्र बनाना है अर्थात् ग्रामों की आर्थिक स्थिति को बेहतर बनाने के साथ-साथ उसकी रूढ़िवादिता, पक्षपात तथा संकीर्ण विचारधारा को समाप्त करके उन्हें स्वावलम्बी बनाना है।

कृषि भारतीय अर्थव्यवस्था का आधार है। भारत के निवासियों के अस्तित्व और विकास का सम्बन्ध कृषि क्षेत्र से आदि काल से जुड़ा है। आधारिक व्यवसाय एवं अनिवार्य आवश्यकता पूर्ति का क्षेत्र होने के कारण सभी अर्थव्यवस्थाओं अथवा यह कहा जाए कि विश्व अर्थव्यवस्था के लिए यह अपरिहार्य है। यह समस्त मानव जाति के लिए जीवन का आधार है। विश्व में विभिन्न राष्ट्रों के मध्य पारस्परिक निर्भरता के कारण कुछ विकसित अर्थव्यवस्थाओं में कृषि का राष्ट्रीय आय, रोजगार एवं उत्पादन में सापेक्षिक योगदान अपेक्षाकृत कम है, परन्तु विकासशील एवं अर्द्धविकसित अर्थव्यवस्थाओं में आर्थिक विकास का आधार कृषि ही है। इसी अनुरूप भारतीय अर्थव्यवस्था में कृषि आर्थिक क्रियाओं का मुख्य आधार है।

सामान्य आर्थिक विकास के लिए कृषि विकास अनिवार्य

भारत में कृषि के महत्व का एक कारण यह भी है कि राष्ट्रीय अर्थव्यवस्था की प्रगति के लिए कृषि का विकास एक अनिवार्य शर्त है। रग्नर नर्क्स का कहना है कि कृषि पर आधारित अतिरिक्त जनसंख्या को वहाँ से हटाकर नए आरम्भ किए गए उद्योगों में लगाया जाना चाहिए। नर्क्स का मत यह है कि इससे एक ओर कृषि-उत्पादिता में वृद्धि होगी और दूसरी ओर अतिरिक्त श्रम-शक्ति का उपयोग करके नई-नई औद्योगिक इकाइयों की स्थापना की जा सकेगी।

आजकल नर्क्स-सिद्धान्त पर आलोचना के रूप में यह कहा जाता है कि औद्योगीकरण के लिए विशेष प्रकार की अभिप्रेरणाएँ और मूल्य आवश्यक हैं, जिनका भारत जैसी कृषि-प्रधान अर्थव्यवस्था में विकास नहीं हो सकता। उक्त प्रेरणाओं और मूल्यों के विकास के लिए पहले कृषि में ही परिवर्तन किया जाना अनिवार्य है। दूसरे, विपण्य अतिरेक में काफी वृद्धि करनी पड़ेगी ताकि बढ़ती हुई शहरी आबादी की आवश्यकताओं को पूरा किया जा सके तथा उद्योगों को कच्चा माल उपलब्ध कराया जा

सके। तीसरे, नए उद्योग चाहे कितनी ही तीव्र गति से क्यों न विकसित हों और सेवा क्षेत्र की तीव्र वृद्धि हो रही हो, वे भारत की लगातार बढ़ रही आबादी और श्रम-शक्ति को रोजगार दिलाने में पर्याप्त नहीं होंगे। अतः नए उद्योगों अतिरिक्त रोजगार में खोजना होगा। जिससे कृषि की उन्नति आवश्यक होगी।

दूसरे शब्दों में सामान्य आर्थिक प्रगति के लिए या तो कृषि का विकास पहले करना होगा या फिर साथ-साथ। भारतीय आयोजकों को दूसरी और तीसरी योजना में यह कटु अनुभव प्राप्त हुआ कि कृषि क्षेत्र से वस्तुओं की अपेक्षित मात्रा में प्राप्ति न हो सकने के कारण कैसे सम्पूर्ण आयोजन प्रक्रिया ही अस्त-व्यस्त होने लगती है।

अतः कृषि क्षेत्र में कोई भी परिवर्तन-सकारात्मक या नकारात्मक- अर्थव्यवस्था पर गुणक प्रभाव डालता है। कृषि क्षेत्र खाद्य-सुरक्षा बनाए रखने में मुख्य योगदान अदा करता है और इस प्रकार यह राष्ट्रीय सुरक्षा को भी मजबूत करता है। पारिस्थितिकीय सन्तुलन को कायम रखने के लिए, कृषि तथा सम्बद्ध क्षेत्रों का पोषणीय एवं सन्तुलित विकास आवश्यक है। कृषि के अन्य महत्वपूर्ण कार्यभाग को स्वीकार करते हुए दसवीं योजना ने इस बात पर बल दिया है कि देश के त्वरित आर्थिक विकास के लिए कृषि-विकास का केन्द्रीय स्थान है। इसी के द्वारा आर्थिक विकास के लाभ विस्तृत रूप में फैलाए जा सकते हैं। परिणामतः कृषि क्षेत्र में कोई भी परिवर्तन- सकारात्मक या नकारात्मक समग्र अर्थव्यवस्था पर गुणक प्रभाव डालेगा।

विभिन्न पंचवर्षीय योजनाओं के माध्यम से कृषि उत्पादकता को बढ़ाने का प्रयास किया गया किंतु दुर्भाग्य की बात यह है कि हमारी अधिकतर पंचवर्षीय योजनाएँ कृषि के निर्धारित लक्ष्यों को प्राप्त करने में विफल हुई हैं।

भारतीय कषि की प्रमुख विशेषताएँ

भारतीय अर्थव्यवस्था में कृषि का महत्व सर्वज्ञात है, क्योंकि प्राचीन काल से ही भारतवासियों का प्रमुख व्यवसाय कृषि ही रहा है जिससे जुड़कर भारतवासी दो वक्त की रोटी ही प्राप्त नहीं करते हैं बल्कि औद्योगिक प्रगति हेतु कच्चा माल, विदेशी व्यापार, विदेशी मुद्रा अर्जन, सामाजिक स्थायित्व भी पाते है। अतः कृषि को भारतीय अर्थव्यवस्था की रीढ़ कहें तो कोई अतिशयोक्ति नहीं होगी।

मानसून पर निर्भरता

भारतीय कृषि को मानसून का जुआ कहा जाता है क्योंकि भारत के कुल कृषि क्षेत्रफल का लगभग 44% भाग ही सिंचित है जबकि लगभग 56% भाग मानसून की मेहरबानी पर ही निर्भर है। आजादी के बाद से सिंचाई सुविधाओं में विस्तार के बावजूद कुल कृषि क्षेत्रफल का मात्र एक-तिहाई क्षेत्रफल ही सिंचाई द्वारा प्रदान किया जाता है बाकी क्षेत्रफल का मानसून की खामियाजा भुगतना पड़ता है। जैसा कि ऊपर बताया जा चुका है कि भारत एक कृषि प्रधान देश है तथा देश का हर दूसरा व्यक्ति कृषि या उससे संबंधित व्यवसाय से ही अपनी आजीविका चलाता है। कम या अधिक वर्षा की स्थिति में हमारी फसलें प्रभावित होती हैं जिससे इसका सीधा सा प्रभाव देश के हर दूसरे व्यक्ति पर पड़ता है। जिससे कि उसकी आय में कमी आने पर देश की पूरी अर्थव्यवस्था प्रभावित होती है।

कुल फसलों में खाद्यान्न फसलों की प्रमुखता

कृषि की एक प्रमुख विशेषता खाद्यान्न फसलों की प्रधानता है। सवा अरब से अधिक जनसंख्या वाला देश होने के कारण भारत पर जनसंख्या का अधिक दबाव होता है। अतः इस जनसंख्या को भोजन उपलब्ध कराने के लिए भारत मुख्य रूप से खाद्यान्न फसलों का ही उत्पादन करता है। जिसमें धान व गेहूँ मुख्य फसलें हैं। आज कुल कृषि क्षेत्रफल का लगभग 64.8% से अधिक कृषि क्षेत्रफल पर खाद्यान्न फसलें ही उगाई जाती हैं।

फसलों की विविधता

उत्तर से जम्मू कश्मीर से लेकर दक्षिण की कन्याकुमारी तक भारत विभिन्न प्रकार के जलवायु व मृदा वाला एक विशाल देश है। इसलिए अलग-अलग जलवायु व मृदा आदि के कारण देश में विभिन्न प्रकार की फसलें उगाई जाती हैं।

कृषि पर अधिकांश जनता की निर्भरता

कृषि भारत की अधिकांश जनसंख्या की आजीविका का साधन रही है। देश के कुल श्रमिकों की संख्या का लगभग 58.2 प्रतिशत से अधिक जनसंख्या आज भी कृषि क्षेत्र से ही अपना आजीविका चलाते हैं। तथा देश की जनसंख्या का लगभग 68.84 प्रतिशत जनसंख्या का निवास गाँव ही है। अतः वह सभी जनसंख्या प्रत्यक्ष या अप्रत्यक्ष रूप से कृषि पर ही निर्भर रहती हैं।

कृषि जोत का छोटा आकार

भारत में औसत जोत का आकार बहुत छोटा है। जनसंख्या की वृद्धि के कारण यह आकार और छोटा होता जा रहा है। भारत में औसत कृषि जोत का आकार 1.06 हेक्टेयर तथा प्रति व्यक्ति भूमि की उपलब्धता 0.10 हेक्टेयर हैं।

कृषि फसलों की निम्न उत्पादकता

भारत विभिन्न फसलों जैसे- धान, गेहूं, गन्ना, कपास व सब्जी आदि के उत्पादन में प्रमुख स्थान रखता है। भारत को यह उत्पादन अधिक कृषि क्षेत्रफल की वजह से ही है। यदि प्रति हैक्टेयर उत्पादकता की बात की जाए तो यह अनेक फसलों के मामले में चीन, ब्राजील और अमेरिका जैसे देशों की तुलना में बहुत ही कम है। अधिकांश भारतीय कृषक परंपरा में पले-बढ़े अंधविश्वासी, अशिक्षित और रूढ़िवादी होते है। और तो और उनमें जोखिम लेने की क्षमता भी बहुत कम होती है। वे आमतौर पर नई तकनीक को अपनाने से पीछे हटते हैं। अच्छे बीज, उर्वरक व तकनीक आदि को न अपनाकर रूढ़िवाद में ही भरोसा रखते हैं। अतः देखा जाए तो भारतीय कृषि के निम्न उत्पादकता उसकी एक प्रमुख विशेषता है। जिसको सुधारकर भारत बढ़ती हुई आबादी के लिए भोजन को उपलब्ध करा सकता है।

कृषि की रूढ़िवादी तकनीक

भारत में आज भी कृषि अधिकांशत परंपरागत तकनीक से ही होती है जिसमें लकड़ी का हल, पाटा, खुरपा आदि मुख्य कृषि यंत्र है। किसान आज भी कृषि

के लिए बैलों आदि से जुताई आदि का कृषि कार्य तथा फसलों की बुवाई करता है। उर्वरकों एवं कीटनाशकों की खपत भी विकसित देशों की तुलना में काफी कम है। इसका एक प्रमुख कारकों कृषकों की निर्धनता तथा दूसरी ओर श्रम की बहुलता ही है।

खाद्यान्न उत्पादन में क्षेत्रीय असमानता

देश के विभिन्न क्षेत्रों में कृषि उत्पादन भिन्न-भिन्न है। यदि गेहूँ की बात कर ली जाए तो पंजाब, हरियाणा व उत्तर प्रदेश इसके प्रमुख उत्पादक राज्य हैं तो बहुत से राज्य गेहूँ का आयात करते हैं। ठीक उसी तरह गन्ना, कपास, कॉफी व चाय आदि के मामले में भी देखा जाता है।

कृषि में बेरोजगारी की अधिकता

भारतीय कृषि में बेरोजगारी की अधिकता भी एक प्रमुख विशेषता है। और यह बेरोजगारी मौसम्मी तथा छुपी प्रकार की है। औसतन कृषि श्रमिकों को वर्ष में मात्र 150 से 180 दिन ही काम मिल पाता है। अन्य दिनों मे रोजगार के लिए ये शहरों की ओर भागते हैं।

कृषि का समस्याग्रस्त विशेष स्वरुप

कहा जाता है कि भारतीय कृषक ऋण में ही जन्म लेता है और उसमें ही मर जाता है इसका सबसे सटीक उदाहरण किसानों की आत्महत्या है। घटिया बीज, उर्वरकों का कम प्रयोग, सिंचाई की कमी, मृदा अपरदन, रोगों एवं कीटों का प्रकोप, भूमि की उर्वरता में ह्रास अशिक्षा एवं गरीबी आदि से घिरा भारतीय कृषक इन समस्याओं से निकल नहीं पाता और गरीबी में ही मर जाता है।

निम्न उत्पादकता के कारण

भारत में विश्व के अन्य देशों के मुकाबले प्रति हेक्टेयर तथा प्रति श्रमिक कृषि उत्पादिता अभी भी कम है। यद्यपि पिछले कुछ वर्षों में विशेषतया योजनाओं के दौरान स्थिति में काफी उन्नति हुई है फिर भी अभी काफी प्रगति करने की जरूरत है। कृषि के पिछड़ेपन के कारणों का विश्लेषण उपयोगी होगा क्योंकि इससे सरकार द्वारा कृषि के सुधार के लिए अपनाए गए उपायों और नीतियों को समझने में सहायता मिलेगी। ये कारण निम्न वर्गों में बाँटे जा सकते हैं–(क) सामान्य कारण, (ख) संस्थानात्मक कारण और (ग) तकनीकी कारण।

(क) सामान्य कारण

1. **कृषि में लोगों की बहुत बड़ी संख्या का कार्यरत होना**–भारतीय कृषि की असली समस्या इस पर बहुत अधिक लोगों का निर्भर होना है। वर्ष 1901 से कृषि पर निर्भर लोगों का अनुपात ज्यों-का-त्यों बना हुआ है जो लगभग 70 प्रतिशत है। यद्यपि कृषि में आबादी की प्रतिशत संख्या में कोई परिवर्तन नहीं हुआ है किन्तु कुल संख्या की दृष्टि से कृषि पर आत्मनिर्भरता इस शताब्दी के आरम्भ में 1.630 लाख के मुकाबले 1991 में यह 5.999 लाख हो गई। इस प्रकार कृषि पर निर्भर अत्यधिक जनसंख्या के परिणामस्वरूप खेत विकसित होकर छोटे-छोटे टुकड़ों में बँट गए, प्रति व्यक्ति भूमि की मात्रा कम हो गई और कृषि में अदृश्य बेरोजगारी प्रकट हुई। छठी आर्थिक जनगणना 2013 के अनुसार देश में कुल 58.5 मिलियन प्रतिष्ठान कार्यरत हैं। जिसमें से 34.8 मिलियन प्रतिष्ठान ग्रामीण इलाकों में थे। देश में मौजूद कुल उपक्रमों में 77.6% गैर-कृषि में तथा शेष 22.4 कृषि कार्य में संलग्न थे।
2. **अपर्याप्त फार्म**–भारतीय कृषि को फार्म-भिन्न सेवाओं अर्थात् वित्त और विपणन की व्यवस्था आदि की अपर्याप्तता के कारण परेशानी उठानी पड़ी है। या तो ये सुविधाएँ सर्वथा विद्यमान ही नहीं हैं या बहुत महँगी हैं। उदाहरणतया, कुछ समय पहले तक कृषकों को रुपया उधार लेने के लिए गाँव के साहूकारों पर निर्भर रहना पड़ता था जो अत्यधिक ब्याज पर उधार देते थे। एक बार रुपया उधार लेने पर किसानों को अपनी जमीन तक बेचनी पड़ जाती थी और वह भूमिहीन मजदूर बनकर रह जाता था। वित्त के अन्य साधन अर्थात् सरकारी समितियाँ और सरकार भी वित्त उपलब्ध कराते थे। परन्तु वे महत्त्वहीन थे। इसी प्रकार कुछ समय पहले तक कृषकों को माल-संग्रह करने और विपणन एवं परिवहन की सुविधाएँ प्राप्त नहीं थीं। बेचनें के लिए माल मण्डी में लाए जाने पर थोक व्यापारियों और दलालों द्वारा ठगा जाना निश्चित था। इस प्रकार भारत में कृषि के पिछड़ेपन का महत्त्वपूर्ण कारण फार्म-भिन्न सेवाओं की अपर्याप्तता है।

(ख) संस्थानात्मक कारण

1. **जोत का आकार**–भारत में जोत का औसत आकार बहुत छोटा है, अर्थात् पाँच एकड़ से भी कम। खेतों के छोटा होने के कारण वैज्ञानिक विधि से खेती-बाड़ी सम्भव नहीं है। परिणामतः समय, श्रम और पशुशक्ति का भारी अपव्यय होता है, सिंचाई सुविधाओं के उचित उपयोग में कठिनाई होती है। किसानों में झगड़े और मुकदमेबाजी की दुष्प्रवृत्तियाँ पैदा होती हैं। खेतों के छोटे-छोटे तथा खण्ड-खण्ड होने के कारण जनसंख्या का दबाव और उत्तराधिकार की वर्तमान प्रणाली कृषि क्षेत्र को प्रभावित करती है।
2. **भू-पट्टेदारी का ढाँचा**–कृषि की कम उत्पादिता का एक अत्यन्त महत्त्वपूर्ण कारण उचित प्रोत्साहन का अभाव रहा है। जमींदारी तथा भू-स्वामित्व की प्रणालियों के अन्तर्गत कृषक उस जमीन का स्वामी नहीं होता था जिसे वह जोतता था। जमीन का स्वामी उसे जमीन से निकाल सकता था। यद्यपि अब जमींदारी प्रथा का अन्त किया जा चुका है और विभिन्न राज्यों में काश्तकारी-विधान लागू हो चुका है, फिर भी काश्तकारों की स्थिति सन्तोषजनक नहीं है। काश्तकार भूमि का स्वामी नहीं है, उसे जमीन पर खेती करने के बदले भारी लगान देना पड़ता है और उसकी स्थिति सुरक्षित नहीं है। क्योंकि जमींदार जब चाहे उसे हटा सकता है। ऐसी कठिन परिस्थितियों में किसान से कृषि उत्पादिता बढ़ाने की आशा नहीं की जा सकती। देश में कुछ छोटे कृषक भू-स्वामी हैं जो कि कृषि उत्पादन का

कुशलतापूर्वक संगठन कर सकते हैं, किन्तु खेतों के छोटे आकार और फार्म-भिन्न सेवाओं की अपर्याप्तता जैसी बाधाओं के कारण वे अपने उद्देश्य में सफल नहीं हो पा रहे हैं।

(ग) तकनीकी कारण

1. **उत्पादन की पिछड़ी तकनीक**—भारतीय कृषक उत्पादन की पुरानी और अक्षम विधियाँ तथा तकनीकी का प्रयोग करता चला आ रहा है। निर्धन एवं परम्परावादी होने के कारण, वह पश्चिमी देशों में और जापान में बड़े पैमाने पर अपनाई गई आधुनिक तकनीकी को अपना नहीं सका है। कुछ समय से केवल सीमित रूप में ही वह इस्पात का हल, गन्ना पेरने का कोल्हू, छोटे पम्पिंग सेट, हथगाड़ी, कुदाल, बीज-वपित्र और चारा काटने के यन्त्र आदि उन्नत उपकरणों का प्रयोग करने लगा है किन्तु भारत में खेती के काम में आने वाले उपकरणों में इन उन्नत उपकरणों की मात्रा अभी बहुत कम है।

   उत्पादन में वृद्धि केवल तभी हो सकती है जब उपर्युक्त और पर्याप्त खाद प्रयोग में लाई जाए। भारत में खाद के प्रयोग की आवश्यकता और भी अधिक है क्योंकि लगातार खेती-बाड़ी किए जाने के कारण भूमि पूर्णतः निःसत्व हो चुकी है। उर्वरता को पुनः उन्नत करने और परती भूमि को उपयोग में लाने के लिए सभी प्रकार की खादों के प्रयोग की तुरन्त आवश्यकता है। किन्तु भारत में जैविक खाद और रासायनिक उर्वरक दोनों की ही बहुत कमी है।

   तात्पर्य यह है कि भारत में कृषि की निम्न उत्पादकता का एक महत्वपूर्ण कारण उत्पादन की घटिया तकनीक का प्रयोग करना है। जब तक किसानों को नई तकनीक, उन्नत बीज, पर्याप्त खाद तथा उर्वरक के प्रयोग आदि की प्रेरणा नहीं दी जाती तक तक उत्पादकता बढ़ने की आशा नहीं की जा सकती।

2. **अपर्याप्त सिंचाई सुविधाएँ**—भूमि, बीज, खाद और कृषि उत्पादन आदि में सुधार का तब तक कोई लाभ नहीं है जब तक इनके साथ सिंचाई की उचित और नियमित व्यवस्था न हो जाए। भारतीय कृषि के पिछड़ेपन का एक मूल कारण यह है कि हमारे देश के अधिकांश किसानों को वर्षा पर निर्भर रहना पड़ता है और कृत्रिम सिंचाई सुविधाएँ बहुत कम को उपलब्ध है। उदाहरणतया, देश-विभाजन से पूर्व केवल 19 प्रतिशत भूमि में सिंचाई होती थी। योजनाकाल में बड़ी और छोटी सिंचाई योजनाओं के प्रबल विकास के बावजूद कुल खेती योग्य भूमि के केवल 33 प्रतिशत में ही सिंचाई होती है। इससे स्पष्ट है कि देश में कृत्रिम सिंचाई के लिए व्यापक क्षेत्र विद्यमान है।

   इस विवेचना में निम्न उत्पादिता के जिन कारणों का ऊपर उल्लेख किया गया है, उन्हें दूर करने के उपायों का संकेत भी मिलता है। कृषि उत्पादिता बढ़ाने का प्रयास करते हुए उक्त कारणों को दृष्टि में रखना उचित होगा।

केंद्र प्रायोजित योजना के माध्यम से सूक्ष्म सिंचाई के अधीन शामिल क्षेत्र वर्ष-वार (हेक्टेयर में)

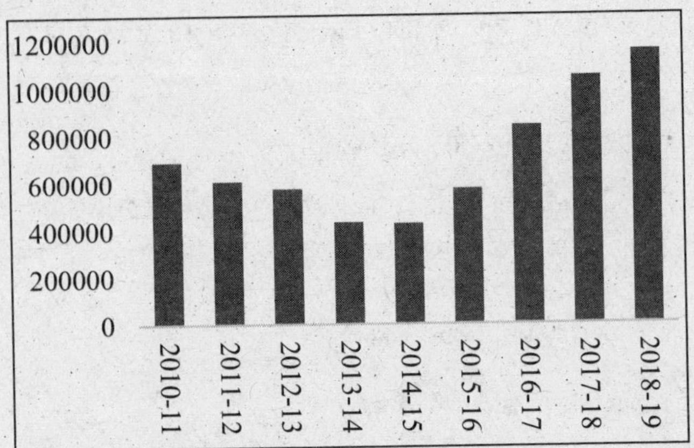

एक ओर इस बात का प्रयास किया जा रहा है कि ग्रामीण जनसंख्या के लिए वैकल्पिक रोजगार उपलब्ध कराए जाएँ और व्यावसायिक ढाँचे में इस प्रकार परिवर्तन किया जाए कि केवल 60 प्रतिशत लोग ही कृषि पर निर्भर रह जाएँ। जहाँ तक तकनीकी कारणों का प्रश्न है, किसानों को उन्नत उपकरणों, बीजों, रासायनिक खादों आदि के लाभों से परिचित कराने तथा उनका उपयोग करने की दिशा में उत्साहवर्द्धक कार्य किया जा रहा है। सिंचाई सुविधाएँ तेजी से उपलब्ध कराई जा रही है। दोहरी फसल, अधिक श्रेष्ठ फसल चक्र, पौधों को लगने वाले कीड़ों और बीमारियों को मिटाने आदि की ओर भी ध्यान दिया जा रहा है। अत: आशा है कि समय आने पर कृषि की भू-उत्पादिता और श्रम-उत्पादिता में वृद्धि हो जाएगी। जितनी जल्दी ऐसी हो सकेगा, राष्ट्रीय अर्थव्यवस्था का उतना ही अधिक हित हो सकेगा।

विकास के लिए सुझाव

अगर हम चाहते हैं कि हमारा देश विकसित हो, तो दो ही बेहतरीन तरीके हैं—पहला, प्रति एकड़ कृषि उत्पादकता बढ़े और साथ-साथ प्रति एकड़ काम करने वालों की संख्या घटे। कहने का तात्पर्य यह है कि जरूरत से ज्यादा लोग यदि भूमि में कार्य करेंगे तो इससे कुल उत्पादक क्षमता का प्रयोग नहीं हो पायेगा। अत: प्रति एकड़ भूमि पर उतने ही श्रम का प्रयोग होना चाहिए जितनी आवश्यकता हो।

इसके अतिरिक्त नई तकनीकी की व्यवस्था, विनियोग की तत्परता, कृषि आगतों एवं कृषि आपूर्ति की समुचित व्यवस्था, सुनियोजित कृषि मूल्य, और कृषि नीति की सार्थकता के माध्यम से कृषि विकास की योजना सफल की जा सकती है।

कृषि/ग्रामीण वित्त का अर्थ

प्रत्येक आर्थिक क्रिया का वित्त से अविभाज्य सम्बन्ध होता है, क्योंकि वित्तीय आधार प्रत्येक आर्थिक क्रिया की एक महत्वपूर्ण पूर्वाप्रेक्षा होती है। यह तथ्य कृषि के लिए समान रूप से लागू होता है। कृषकों को उर्वरक,

बीज, कृषि यन्त्र एवं कीटनाशक दवाईयाँ खरीदनें, मजदूरी और लगान का भुगतान करने, भूमि में आधारिक सुधार करने, विभिन्न उपभोग वस्तु की प्राप्ति एवं पुराने ऋणों के परिशोधनार्थ वित्त की आवश्यकता होती है। इसे कृषि/ग्रामीण वित्त कहते हैं।

अधिकांश कृषक अपने निजी चालू आय स्रोतों द्वारा कृषिगत उक्त आवश्यकताओं की पूर्ति नहीं कर पाते हैं जिसके परिणामस्वरूप कृषि साख की समस्या का उदय होता है। नियोजन के पूर्व कृषि का स्वरूप मूलतः परम्परावादी रहा फलतः कृषि साख की आवश्यकता कम थी और उसकी आपूर्ति मुख्यतः निजी स्रोतों से हो जाती थी। नियोजन काल में विशेषकर कृषि की नवीन तकनीक के प्रादुर्भाव के फलस्वरूप कृषि साख की मांग में विभिन्न नवीन निवेशकों के परिप्रेक्ष में परिवर्तन हो गया है।

गैर-संस्थागत स्रोत और संस्थागत स्रोत से ऋण उपलब्ध कराए जाते हैं। गैर-संस्थागत स्रोत के तहत वहीं संस्थागत स्रोत के अंतर्गत सहकारी वित्त संस्थायें, प्राथमिक सहकारी समितियाँ, जिला सहकारी बैंक, भूमि विकास बैंक आदि आते हैं।

कृषि विपणन

विपणन वह मानवीय क्रिया है जो विनिमय प्रक्रिया द्वारा मनुष्य की आवश्यकताओं को संतुष्ट करती है। दूसरे शब्दों में यह कहा जा सकता है कि विपणन वह प्रक्रिया है जिसमें विभिन्न व्यक्तियों व सामाजिक वर्गों के बीच विनिमय कार्य होता है। इस प्रकार विपणन में वे सभी क्रियाएं सम्मिलित हैं जो वस्तुओं और सेवाओं को उचित समय पर तथा उचित मात्रा में उपभोक्ताओं पर पहुँचाकर उनकी उपयोगिता में वृद्धि करती है। विपणन संरचना में वस्तुओं और सेवाओं का संग्रह, श्रेणीकरण, वित्त व्यवस्था, यातायात एवं बिक्री की क्रियायें सम्मिलित होती हैं। प्रत्येक बाजार संगठन के दो औपचारिक कार्य होते हैं। प्रथम, बाजार संगठन दूर-दूर तक फैले उपभोक्ताओं तक ले जाता है। यह कार्य अत्यन्त सक्रियता और न्यूनतम लागत पर होना चाहिए और द्वितीय बाजार संगठन उपभोक्ता के विभिन्न स्तरों पर प्रचलित कीमत स्तरों की जानकारी उत्पादक तक पहुँचाता है। इसी प्रकार उत्पादकों की ओर से वस्तुओं और सेवाओं की कीमतों की सूचना उपभोक्ता तक पहुँचाता है। बाजार संगठन के प्राथमिक दायित्व के कारण बाजार में माँगी जाने वाली वस्तुओं और सेवाओं की मात्रा तथा बाजार में भेजी जाने वाली मात्रा के मध्य संतुलन स्थापित हो जाता है। विपणन क्रिया आर्थिक विकास का एक प्रमुख प्रेरक तत्व है। विपणन और बाजार अवसर पर प्रसार पिछड़े क्षेत्रों में भी नवीन आर्थिक क्रियाओं के सृजन और प्रसार में सहायक होता है।

कृषि विपणन का महत्व

कृषि उत्पादन की विभिन्न प्रक्रियाओं, यथा संग्रह, श्रेणीकरण, यातायात, वित्तपूर्ति एवं बिक्री का समावेश कृषि विपणन के अन्तर्गत होता है। कृषि विपणन उत्पादकों एवं उपभोक्ताओं के हितों की सुरक्षा करता है। यह कृषि उत्पादन को उत्पादक से उपभोक्ता व औद्योगिक प्रक्रिया इकाइयों तक आपेक्षित समय व दूरी की सीमा में पहुँचाने में सहायक होता है। इसी प्रकार कृषि विपणन संगठन कृषि उत्पादनों की कीमत और अन्य जानकारी उपभोक्ताओं तक और उपभोक्ताओं के विभिन्न स्तरों से उत्पादक तक पहुँचाने में सहायक होता है। सामान्य रूप से कृषि उत्पादन के क्रेताओं के मुख्यतः तीन वर्ग होते हैं। प्रथम वर्ग में वे क्रेता सम्मिलित हैं जो कृषि उत्पादनों का प्रत्यक्ष उपभोग करते हैं, यथा गेहूँ, चावल इत्यादि के क्रेता। द्वितीय वर्ग में वे क्रेता सम्मिलित हैं जो कृषि उत्पादनों का प्रयोग कच्चे पदार्थ के रूप में करते हैं और कृषि वस्तुओं का माध्यमिक वस्तुओं के रूप में प्रयोग कर विभिन्न वस्तुओं का निर्माण करते हैं। इसमें गन्ना, कपास, तिलहन, पटसन आदि वस्तुओं के क्रेता सम्मिलित होते हैं। तृतीय वर्ग में वे क्रेता सम्मिलित हैं जो कृषि वस्तुओं का क्रय निर्यात की आवश्यकताओं से करते हैं, इसमें प्रत्यक्ष उपभोग और माध्यमिक प्रयोग की वस्तुओं के अतिरिक्त अन्य तैयार वस्तुएं भी सम्मिलित रहती हैं। प्रत्येक अर्थव्यवस्था में कृषिगत विपणन योग्य अतिरेक एकत्र करने के लिए विपणन सरंचना का प्रभावी और सक्षम होना आवश्यक है। यदि उत्पादन वृद्धि के साथ-साथ विपणन-योग्य अतिरेक का सृजन न हुआ तो नगरों और उद्योगों के लिए खाद्य पदार्थ व कच्चे पदार्थ की आपूर्ति न हो पायेगी जो विकास मार्ग में अत्यधिक बाधक तत्व होगा। एक सक्षम विपणन तंत्र की कमी की स्थिति में कृषि उत्पादन, वितरण और उपभोग की आवृत्ति पूरी न हो सकेगी। भारतीय अर्थव्यवस्था तब भी मूलतः कृषि प्रधान है। इस कारण विकास के लिए कृषिक्षेत्र के अतिरेक सृजित किया जाना आवश्यक है। कृषिक्षेत्र की निम्नलिखित विशेषताएं एक उपयुक्त विपणन प्रणाली की आवश्यकता पर विशेष बल देती हैं।

- कृषि उत्पादन कार्य व्यापक क्षेत्र में फैला है। इन क्षेत्रों में कृषि उपज एकत्र करना स्वतः एक समस्या है। एक ही उत्पादन की विभिन्न किस्में उपलब्ध हैं। अतएव उनका श्रेणीकरण करना आवश्यक होता है।
- भारतीय अर्थव्यवस्था में कृषि पदार्थों का लेन-देन देश में होने वाले कुल विनिमय का बहुत बड़ा भाग होता है। कृषि निर्यात देश के कुल निर्यातों का एक महत्वपूर्ण भाग है।
- कृषि उत्पादन कुछ निश्चित समयों पर ही उपलब्ध होता है जबकि इसकी मांग समान रूप से पूरे वर्ष बनी रहती है। इसलिए संग्रह व परिवहन की समस्या बनी रहती है।

भारत में कृषि-विपणन की वर्तमान अवस्था

किसान अपने अतिरिक्त उत्पादन का कई प्रकार से विक्रय कर सकता है। सबसे पहला और सामान्य तरीका तो यह है कि किसान फालतू फसल ग्राम के साहूकार या महाजन एवं व्यापारी को बेचता है। व्यापारी स्वयं भी कृषि-उत्पादन क्रय कर सकता है या किसी बड़ी वाणिज्यिक फर्म या किसी बड़े व्यापारी का अभिकर्ता बन कर भी फसल खरीद सकता है। यह अनुमान लगाया गया है कि पंजाब में गेहूँ का 60 प्रतिशत, तिलहनों का 70 प्रतिशत और रूई का 35 प्रतिशत उत्पादन ग्राम में ही बेचा जाता है। भारतीय किसानों में प्रचलित विक्रय की दूसरी प्रणाली के अनुसार किसान

अपने उत्पादन को साप्ताहिक या अर्ध-साप्ताहिक ग्राम-बाजारों में जिन्हें 'हाट' कहते हैं बेच देते हैं। इनके अतिरिक्त धार्मिक उत्सवों के सम्बन्ध में महत्वपूर्ण ग्रामों या कस्बों में मेले लगाए जाते हैं। किसान इन मेलों में अन्न उत्पादन और पशु लाते हैं और उन्हें वहाँ बेचते हैं।

कृषि-विपणन की तीसरी प्रणाली में छोटे तथा बड़े कस्बों में, मण्डियों में, क्रय-विक्रय किया जाता है। मण्डियाँ उत्पादन केन्द्रों से कई मील दूर स्थित भी हो सकती हैं और परिणामतः किसान को अपनी उपज मण्डी तक ले जाने के लिए विशेष प्रयास करना पड़ता है। मण्डियों में दलालों द्वारा किसान अपनी फसल को आढ़तियों को बेचते हैं। ये आढ़तिए जो थोक व्यापारी होते हैं अपनी फसल या तो फुटकर विक्रेताओं को या आटे की मिलों या विधायन इकाइयों को बेच देते हैं। उदाहरणतया रूई के थोक विक्रेता इसे कपड़ा कारखानों को बेच देते हैं किन्तु खाद्यान्न को आटे की मिलों या फुटकर विक्रेताओं को बेचा जाता है।

किसानों को उपलब्ध कृषि विपणन सम्बन्धी मूल सुविधाएँ—कृषि उत्पादन के विक्रय में अधिकतम लाभ प्राप्त करने के लिए किसान को कुछ मूल सुविधाओं की उपलब्धि आवश्यक है—

(क) उसके पास अपनी वस्तुओं को रखने के लिए गोदामों की उचित व्यवस्था होनी चाहिए।

(ख) इसमें कुछ समय के लिए रुक सकने की क्षमता होना चाहिए, ताकि वह अपने स्टॉक अच्छे मूल्य पर बेच सके। यदि वह फसल कटने के बाद अपनी उपज को बेचेगा तो उसे कम कीमत ही प्राप्त होगी।

(ग) उसके पास सस्ती परिवहन सुविधाएँ होना चाहिए ताकि वह फसल को ग्राम में ही साहूकार या महाजन व्यापारी को न बेचकर मण्डी में ले जा सके।

(घ) उसे बाजार में विद्यमान परिस्थितियों तथा प्रचलित मूल्यों के बारे में पूर्ण सूचना होना चाहिए, नहीं तो उसे धोखा हो सकता है। व्यवस्थित और नियमित मण्डियों का विकास होना चाहिए जहाँ किसान को दलाल और आढ़तिए लूट न सके।

(ङ) बिचौलियों की संख्या जितनी कम से कम हो सके, कर देनी चाहिए। इससे किसानों को अपनी फसल के बदले उचित मूल्य प्राप्त होगा।

कृषि विपणन के दोष

भारत में कृषि विपणन की दशा बहुत ही बुरी है, किसान बहुत निर्धन एवं अशिक्षित है। उसे अपनी उपज के क्रय-विक्रय के सम्बन्ध में पूर्ण जानकारी भी उपलब्ध नहीं है। सबसे पहले तो उसके पास अपनी उपज का संग्रह करने के लिए गोदामों की सुविधा उपलब्ध होना चाहिए। गोदामों के रूप में उपलब्ध सुविधाओं की यह हालत है कि ग्रामों में 10 से 20 प्रतिशत उपज चूहों, चीटियों आदि के द्वारा नष्ट हो जाती है।

दूसरे, किसान इतना निर्धन और ऋणग्रस्त है कि वह अपने ऋणों का भुगतान करने के लिए अपनी उपज महाजन या व्यापारी को बेचने के लिए तैयार हो जाता है। इस प्रकार के बाध्य-विक्रय के कारण औसत किसान की कमजोर स्थिति और भी अधिक कमजोर हो जाती है।

तीसरे, ग्रामीण क्षेत्रों में परिवहन सुविधाएँ इतनी बुरी हैं कि समृद्ध किसान भी जिसके पास काफी अतिरेक उपलब्ध होता है, मण्डियों में जाना नहीं चाहते। बहुत सी सड़कें कच्ची हैं जो बरसात के मौसम में इस्तेमाल नहीं की जा सकतीं।

चौथी मण्डियों में परिस्थितियाँ इतनी बुरी हैं कि किसान को मण्डियों में जाकर काफी प्रतीक्षा करनी पड़ती है तब ही वह अपनी फसल को बेच पाता है। इसके अतिरिक्त सौदा-प्रणाली ऐसी है कि इससे किसान को नुकसान ही होता है। किसान आढ़तिये को अपनी फसल बेचने के लिए दलाल की सहायता लेता है।

पाँचवें, किसान और अन्तिम उपभोक्ता के बीच बिचौलियों की संख्या बहुत अधिक है और इसलिए उपज का काफी भाग वे हड़पकर जाते हैं।

छठे, किसानों को बड़ी-बड़ी मण्डियों में प्रचलित कीमतों के बारे में सूचना भी नहीं मिलती और न ही उन्हें प्रत्याशित बाजार परिस्थितियों और कीमतों सम्बन्धी जानकारी होती है। परिणामतः किसानों को जो भी कीमत दलाल और आढ़तिये देने के लिए तैयार हो जाएँ, स्वीकार करनी पड़ती है।

कृषि विपणन को उन्नत करने के उपाय

सरकार कृषि विपणन की परिस्थितियों को उन्नत करने के बारे में जागरूक है और उन्हें सुधारने के लिए कई उपाय किए हैं। अखिल भारतीय भाण्डागार निगम की स्थापना की गई है, जिसका उद्देश्य कस्बों तथा मण्डियों में गोदाम कायम करना और उनका प्रबन्ध करना है। ग्रामों में गोदामों की संख्या बढ़ाने के लिए सहकारी समितियों को अनिवार्य वित्तीय स्थिति उत्पन्न करने के लिए और इन्हें महाजनों के चुंगुल से मुक्त कराने के लिए सहकारी साख समितियाँ उधार देती हैं। अतः किसानों की उपज का क्रय-विक्रय करने के लिए सहकारी विपणन एवं विधायन समितियाँ आरम्भ की गई हैं।

ग्रामीण परिवहन को विकसित किया जा रहा है। विनियमित मण्डियाँ स्थापित की गईं और इनमें किसानों के हितों की रक्षा के लिए कदम उठाये गये। खाद्यान्नों की कीमतें सरकार द्वारा कृषि कीमत आयोग की सिफारिशों के आधार पर निश्चय की जा रही हैं। सरकार भारतीय खाद्य निगम और भारतीय रूई निगम द्वारा एक बड़े व्यापारी के रूप में कार्य कर रही है और कृषि-उत्पादन का क्रय-विक्रय करती है।

कृषि निर्यात केन्द्रों की स्थापना

कृषि निर्यात क्षेत्र (AEZ- Agri Export Zone) वह भौगोलिक क्षेत्र है जो विशेष रूप से निर्यात के लिए कृषि आधारित प्रसंस्करण उद्योग को स्थापित करने के लिए चिन्हित किए जाते हैं। ए ई जेड़ की पहचान राज्य सरकार द्वारा की जानी है, जो इन क्षेत्रों में गहन वितरण के लिए सभी राज्य सरकार एजेंसिया राज्य कृषि विश्वविद्यालयों और केंद्र सरकार के सभी संस्थानों और एजेंसियों द्वारा प्रदान की जाने वाली सेवाओं का एक व्यापक पैकेज तैयार करेगी।

कृषि निर्यात क्षेत्र

क्र.सं.	राज्य		ए.ई.जेड परियोजना	जिला/क्षेत्र
1	पश्चिमी बंगाल (6)	1	अनानास	दार्जिलिंग, जलपाईगुड़ी, उत्तर दिनाजपुर, कूचबिहार, हावड़ा
		2	लीची	मुर्शीदाबाद, माल्दा, 24 परगना(उ.), 24 परगना(द.)
		3	आलू	हुगली, वर्धमान जिला, मिदनापुर (प.), उदय नारायणपुर, हावड़ा
		4	आम	माल्दा और मुर्शीदाबाद
		5	सब्जियाँ	नादिया, मुर्शीदाबाद और उत्तरी 24 परगना
		6	दार्जिलिंग की चाय	दार्जिलिंग
2	कर्नाटक (4)	7	खीरा	तुमकुर, बंगलौर शहरी, बंगलौर ग्रामीण, हसन, कोलार, छत्रदुर्गा, धारवाड़ और बागलकोट
		8	रोज़ ओनियन	बंगलौर (शहरी), बंगलौर (ग्रामीण), कोलार
		9	फूल	बंगलौर (शहरी), बंगलौर (ग्रामीण), कोलार, तुमकुर, कोडागू और बेलगांव
		10	वनीला	कन्नड़, उड्डपी, शिमोगा, कोडागू, चिकमंगलूर के जिले
3	उत्तराखण्ड (4)	11	लीची	उधमसिंह नगर, देहरादून और नैनीताल
		12	फूल	देहरादून, पंतनगर, उधमसिंह नगर, नैनीताल और उत्तरकाशी
		13	बासमती चावल	उधमसिंह नगर, नैनीताल, देहरादून और हरिद्वार
		14	औषधीय एवं सुगंधित पौधे	उत्तरकाशी, चमोली, पिथौरागढ़, देहरादून, नैनीताल, हरिद्वार और उधमसिंह नगर
4	पंजाब (4)	15	सब्जियां (गोभी, ब्रोकोली, भिंडी, मटर, गाजर, बेबी कॉर्न, हरी मिर्च, हरी बीन्स, टमाटर)	फतेहगढ़ साहिब, पटियाला, संगरुर, लुधियाना व रोपड़
		16	आलू	सिंहपुरा, जिकरपुर जिला पटियाला और रामपुरा फूल, मुक्तसर, लुधियाना, जालंधर में उपग्रह केन्द्र
		17	बासमती चावल	गुरादासपुर, अमृतसर, कपूरथला, जालंधर, होशियारपुर और नवांशहर के जिले
5	उत्तर प्रदेश (4)	18	आलू	आगरा, हाथरस, फर्रुखाबाद, कन्नौज, मेरठ, बागपत और अलीगढ़, जनपद बदायुँ, रामपुर, गाजियाबाद और फिरोजाबाद
		19	आम और सब्जियाँ	लखनऊ, उन्नाव, हरदोई, सीतापुर और बाराबंकी
		20	आम	सहारनपुर, मुजफ्फरनगर, बिजनौर, मेरठ, बागपत, बुलंदशहर और ज्योतिबा फुले नगर
		21	बासमती चावल	बरेली, शाहजहांपुर, पीलीभीत, रामपुर, बदायूँ, बिजनौर, मुरादाबाद, ज्योतिबा फुले नगर सहारनपुर, मुजफ्फरनगर, मेरठ, बुलंदशहर, गाजियाबाद और बागपत
6	महाराष्ट्र (8)	22	अंगूर और ग्रेप वाइन	नासिक, सांगली, शोलापुर, सतारा, अहमदनगर
		23	आम	रत्नागिरी, सिंधुदुर्ग, रायगढ़ और ठाणे
		24	केसरिया आम	औरंगाबाद, बीड, जालना, अहमदनगर और लातूर

		25	फूल	पुणे, नासिक, कोल्हापुर और सांगली
		26	प्याज	नासिक, अहमदनगर, पुणे, सतारा, जलगांव, शोलापुर
		27	अनार	शोलापुर, सांगली, अहमदनगर, पुणे, नासिक, उस्मानाबा द और लातूर के जिले
		28	केला	जलगांव, धुले, नंदुरबार, बुल्ढाना, परभणी, हिंडोली, नांदेड़ और वर्धा
		29	संतरे	नागपुर और अमरौटी
7	आंध्र प्रदेश (5)	30	आम का गूदा और ताजी सब्जियाँ	चित्तौड़
		31	आम और अंगूर	रंगारेड्डी, मेडक और महबूबनगर
		32	आम	कृष्णा
		33	खीरा	महबूबनगर, रंगारेड्डी, मेडक, करीमनगर, वारंगल, अनंतपुर और नलगोंडा जिले
		34	मिर्च	गुंटूर
8	जम्मू और कश्मीर (2)	35	सेब	श्रीनगर, बारामूला, अनंतनाग, कुपवाडा, कठुआ और पुलवामा
		36	अखरोट	कश्मीर क्षेत्र- बारामूला, अनंतनाग, पुलवामा, बड़गाम, कुपवाडा और श्रीनगर / जम्मू क्षेत्र- डोडा, पुंछ, ऊधमपुर, राजौरी और कठुआ
9	त्रिपुरा (1)	37	अनानास	कुमारघाट, मनु, मेलाघर, माताबाड़ी और ककराबन ब्लॉक
10	मध्य प्रदेश (5)	38	आलू, प्याज और लहसुन	मालवा, उज्जैन, इंदौर, देवास, धार, शाजापुर, रतलाम, नीमच, मंदसौर और खंडवा
		39	बीज मसाले	गुना, मंदसौर, उज्जैन, राजगढ़, रतलाम, शाजापुर और नीमच
		40	गेहूँ (भोपाल जोन के लिए शरबती गेहूँ)	उज्जैन जोन (नीमच, रतलाम, मंदसौर और उज्जैन), इंदौर जोन (इंदौर, धार, शाजापुर और देवास) और भोपाल जोन (सीहोर, विदिशा, रायसेन, होशंगाबाद, हरदा, नरसिंहपुर और भोपाल)
		41	मसूर और ग्राम	शिवपुरी, गुना, विदिशा, रायसेन, नरसिंहपुरा, छिंदवाड़ा
		42	संतरे	छिंदवाड़ा, होशंगाबाद, बेतुल
11	तमिलनाडु (4)	43	कटे हुए फल	धर्मापुरी
		44	फूल	नीलगिरि
		45	आम	मदुरै, थेनी, डिंडिगुल, विरुधुनगर और तिरुनेलवेली के जिले
		46	काजू	कुंडलूर, तंजावुर, पुडुकोट्टई और शिवगंगा
12	बिहार (1)	47	लीची, सब्जियाँ और शहद	मुजफ्फरपुर, समस्तीपुर, हाजीपुर, वैशाली, पूर्वी और पश्चिमी चंपारण, भागलपुर, बेगुसराय, खगड़िया, सीतामढ़ी, सारानंद गोपालगंज
13	गुजरात (3)	48	आम और सब्जियाँ	अहमदाबाद, खेड़ा, आणंद, वडोदरा, सूरत, नवसारी, वलसाड, भरुच, नर्मदा

		49	मूल्य संवर्धित प्याज	भावनगर, सुरेन्द्रनगर, अमरेली, राजकोट, जूनागढ और जामनगर के जिले
		50	तिल के बीज	अमरेली, भावनगर, सुरेन्द्रनगर, राजकोट, जामनगर
14	सिक्किम (2)	51	फूल (ऑर्किड) और चेरी पैपर	उत्तर, पूर्व, दक्षिण और पश्चिम सिक्किम
15	ओडिशा (1)	54	अदरक और हल्दी	कंधमाल
16	झारखण्ड (1)	55	सब्जियाँ	रांची, हजारीबाग और लोहरदगा
17	केरल (2)	56	बागवानी उत्पाद	त्रिशुर, एर्नाकुलम, कोट्टायम, अलाप्पुझा, पथानुम्थित्ता, कोल्लम, तिरुवनंतपुरम, इडुक्कि और पलक्कोड
		57	औषधीय पौधे	वायनाड, मल्लापुरम, पलक्कड़, त्रिशुर, एर्नाकुलम, इडुक्कि, कोल्लम, पत्तनम्तिट्टा, तिरुअनंतपुरम
18	असम (1)	58	ताजी और प्रसंस्कृत अदरक	कामरूप, नलबाड़ी, बारपेटा, दारं, नगांव, मोरीगांव, कार्बी, आंगलोंग और उत्तरी कछार
19	राजस्थान (2)	59	धनिया	कोटा, बूंदी, बारां, झालावाड़ और चित्तौड़
		60	जीरा	नागौर, बाड़मेर, जालौर, पाली और जोधपुर

नोटः वाणिज्य मंत्रालय ने कृषि निर्यात क्षेत्रों के प्रदर्शन का आकलन करने के लिए 2004 में समकक्ष समीक्षा समूह का गठन किया था। 2005 में समकक्ष समीक्षा समूह के सिफारिश पर यह निर्णय लिया गया था कि किसी प्रबल कारण के बिना नए कृषि निर्यात क्षेत्र की अधिसूचना और अनुमोदन पर विचार नहीं किया जाएगा। अतः इसके उपरांत किसी नए कृषि निर्यात क्षेत्र को सरकार द्वारा अनुमोदित/अधिसूचित नहीं किया जाएगा। तेलंगाना राज्य के जिले आंध्र प्रदेश में शामिल हैं और छत्तीसगढ़ के जिले मध्य प्रदेश में शामिल हैं।

विनियमित मण्डियाँ

विनियमित मण्डियों के उद्देश्य किसान को आढ़तियों और दलालों के दोषपूर्ण व्यवहारों से मुक्त कराना है। इनके मुख्य लक्ष्य अस्वस्थ बाजार व्यवहारों को दूर करना, विपणन दतव्य कम करना और किसान को उचित मूल्य का विश्वास दिलाना है। इन उद्देश्यों को दृष्टि में रखकर सभी राज्यीय सरकारों ने विनियमित मण्डियों सम्बन्धी कानून बनाए हैं।

विनियमित मण्डी के लक्षण–कानून के आधीन एक विनियमित मण्डी किसी विशिष्ट वस्तु या वस्तु समूह के लिए चलाई जाती है। ऐसी मण्डी के प्रबन्ध के लिए एक मण्डी समिति बनाई जाती है जिसमें राज्य सरकार, स्थानीय संस्थाओं (अर्थात् जिला बोर्ड), व्यापारियों, कमीशन एजेन्टों या दलालों और स्वयं किसानों के प्रतिनिधि होते हैं। दूसरे शब्दों में, मण्डी समिति में सभी प्रकार के वित्त सम्मिलित होते हैं। इस समिति को एक निश्चित अवधि के लिए सरकार द्वारा नियुक्त किया जाता है और इसे मण्डी के प्रबन्ध का कार्य सौंप दिया जाता है। मण्डी समिति द्वारा मण्डी में वसूल किये जाने वाले कमीशन भी निश्चित किए जाते हैं। मण्डी समिति इस बात का भी ध्यान रखती है कि दलाल न तो क्रेता की ओर से कार्य करें और न विक्रेता की ओर से। इस प्रकार किसान को दी जाने वाली कीमत में से अनाधिकृत कटौतियाँ समाप्त हो जाती हैं। साथ ही माप और तौल के सही बाटों का प्रयोग भी अनिवार्य कर दिया जाता है। यह समिति सभी प्रकार की शिकायतें सुनती है और इनके निर्णय भी करती हैं। झगड़े की हालत में मध्यस्थ निर्णय भी करती है।

सहकारी विपणन

1954 से पूर्व, सहकारी साख समितियों की अपेक्षा सहकारी विपणन समितियाँ पृथक् रूप में स्थापित की गई। किन्तु 1954 तक किसानों को उधार देने के लिए और अतिरिक्त उपज के क्रय-विक्रय के लिए बहु उद्देश्यीय समितियाँ चालू की गई।

सहकारी विपणन समितियों के लाभ–कुछ पश्चिमी देशों में सहकारी विपणन बहुत ही सफल हुआ है। दुग्ध पदार्थों के सहकारी विपणन के लिए डेनमार्क विश्व में प्रसिद्ध है। सरकारी आधार पर कृषि-विपणन के अनेक लाभ हैं। उनमें मुख्य ये हैं–

(1) विपणन समिति वैयक्तिक सौदा शक्ति का प्रतिस्थापन सामूहिक सौदाशक्ति द्वारा करती है। किसान स्वयं निर्बल है परन्तु विपणन समिति बलवान होती है।

(2) यह समिति किसानों को अग्रिम देती है और इन्हें अच्छी कीमतों की प्रतीक्षा करने के योग्य बनाती है, इसके अतिरिक्त यह उन्हें उनकी अन्य आवश्यकताओं के लिए भी ऋण देती है।

(3) समिति के अपने गोदाम और भाण्डागार भी होते हैं। इस प्रकार चूहे, चींटियां और नमी से खराब हो जाने वाली फसल को बचाती है।

(4) यह तेज और सस्ते परिवहन का प्रबन्ध भी करती है। कई बार तो यह अपने वाहनों की भी व्यवस्था करती है।

(5) यह किसानों की वर्गीकृत मानकीकृत वस्तुओं के उत्पादन के लिए प्रोत्साहन देती हैं और इन्हें अपनी उपज में मिलावट करने से रोकती है।

(6) यह संभरण की मात्रा का नियन्त्रण करती है और इस प्रकार कीमतों को प्रभावित करती है।

(7) यह बहुत से बिचौलियों को भी हटा देती हैं और इस प्रकार बहुत सा लाभ उनकी अपेक्षा किसान को प्राप्त होता है।

(8) किसानों की उपज को बेचने के अतिरिक्त यह उनको बीज, उर्वरक, उपकरण आदि जैसी अनिवार्य वस्तुएं उपलब्ध कराती हैं, अतः सहकारी विपणन समिति ग्रामीण बाजार प्रणाली को पुनः व्यवस्थित करने की सर्वोत्तम पद्धति है।

भारत में कृषि जलवायु क्षेत्र

संसाधन विकास के लिए देश को कृषि-जलवायु विशेषताओं, विशेष रूप से तापमान और वर्षा सहित मृदा कोर्ट, जलवायु और जल संसाधन उपलब्धता के आधार पर 15 कृषि जलवायु क्षेत्रों में बांटा गया है-

1. पश्चिमी हिमालय प्रभाग
2. पूर्वी हिमालय प्रभाग
3. निचला गांगेय मैदानी क्षेत्र
4. मध्य गांगेय मैदानी क्षेत्र
5. उच्च गांगेय मैदानी क्षेत्र
6. गांगेय पार मैदानी क्षेत्र
7. पूर्वी पठार तथा पर्वतीय क्षेत्र
8. केन्द्रीय पठार तथा पर्वतीय क्षेत्र
9. पश्चिमी पठार तथा पर्वतीय क्षेत्र
10. दक्षिणी पठार तथा पर्वतीय क्षेत्र
11. पूर्वी तटीय मैदानी क्षेत्र और पर्वतीय क्षेत्र
12. पश्चिमी तटीय मैदानी क्षेत्र और पर्वतीय क्षेत्र
13. गुजरात मैदानी क्षेत्र और पर्वतीय क्षेत्र
14. पश्चिमी मैदानी क्षेत्र और पर्वतीय क्षेत्र
15. द्वीप क्षेत्र

सरकार और कृषि विपणन

सरकार द्वारा विपणन–सर्वेक्षणों के आधार पर कृषि वस्तुओं के क्रय-विक्रय में सुधार लाने के लिए किए गए उपाय निम्नलिखित हैं–

सरकार ने कृषि वस्तुओं के वर्ग-विभाजन तथा मानकीकरण के लिए बहुत सा कार्य किया है। कृषि उपज (वर्ग विभाजन एवं विपणन) अधिनियम के आधीन घी, आटा, अण्डे आदि वस्तुओं के लिए वर्ग विभाजन केन्द्र स्थापित किए हैं। कृषि विपणन द्वारा वर्ग-विभाजित वस्तुओं पर एगमार्क की मुहर लगा दी जाती है। इस प्रकार इन वस्तुओं के बाजार का विस्तार होता है और इनके लिए अच्छी कीमत प्राप्त हो सकती है। नागपुर में केन्द्रीय कोटि नियन्त्रण प्रयोगशाला कायम की गई है। इसी प्रकार देश के विभिन्न भागों में आठ प्रादेशिक प्रयोगशालाएँ कायम की गई हैं। इन सब प्रयोगशालाओं का उद्देश्य कृषि-वस्तुओं की किस्म एवं शुद्धता परीक्षण करना है। कोटि नियन्त्रण को अधिक मजबूत करने के लिए निरीक्षण को बढ़ावा दिया जा रहा है और वर्ग-विभाजन में उन्नति की जा रही है।

(i) कृषि-विपणन को सुधारने का एक महत्वपूर्ण उपाय देश भर में विनियमित मण्डियाँ कायम करना है। अब देश में 7060 विनियमित मण्डियाँ कार्य कर रही हैं। विनियमित मण्डियों की स्थापना के फलस्वरूप मण्डियों में दोषपूर्ण व्यवहार को दूर किया जा रहा है। यह अनुमान है कुल कृषि उपज के लगभग 70 प्रतिशत का क्रय-विक्रय इन्हीं मण्डियों में होता है।

इस सम्बन्ध में सरकार द्वारा देश भर में माप और तोल के बाटों का मानकीकरण विशेषकर उल्लेखनीय है। सरकार ने देश में प्रचलित विभिन्न प्रकार के माप और तौल से बट्टों को समाप्त कर इनके स्थान पर मीट्रिक प्रणाली अपनायी गई है। इस प्रकार किसानों के साथ बट्टों के आधार पर होने वाला छल-कपट समाप्त हो गया है।

(ii) सरकार ने कस्बों तथा ग्रामों में भण्डागार सुविधाओं को भी उन्नत करने के लिए महत्वपूर्ण कार्य किए हैं। 1957 में कृषि उपजों में संग्रहण तथा गोदामों एवम भंडारणों के परिचालन के लिए केन्द्रीय भाण्डागार निगम की स्थापनी की गई। इसी उद्देश्य से विभिन्न राज्यों में राज्यीय भाण्डागार निगम स्थापित किए गए। आज भारतीय खाद्य निगम देश के विभिन्न भागों में गोदामों के एक जाल का निर्माण कर रहा है।

(iii) किसानों में कृषि सम्बन्धी सूचना के प्रसारण के लिए सरकार रेडियो तथा टेलीविजन का प्रयोग भी करती रही है। रेडियों तथा दूरदर्शन के प्रसारण में मुख्य वस्तुओं के दैनिक मूल्यों, स्टॉक तथा बाजार की गतिविधियाँ सम्बन्धी सूचना दी जाती है। बहुत से किसान इन प्रसारणों को सुनकर लाभ उठाते हैं।

सहकारी विपणन समितियों का संगठन–भारत सरकार ने बहुउद्देश्य सहकारी समितियों के संगठन को प्रोत्साहन देने के लिए सक्रिय प्रोत्साहन दिया है और इस कार्य में विशेष बल उधार एवं विपणन पर ही रखा गया। ताकि प्राथमिक विपणन समितियों को केन्द्रीय समितियाँ और राज्यीय स्तर पर शिखर विपणन समितियाँ कायम करने के लिए प्रोत्साहन दिया जाए। इसी प्रकार राष्ट्रीय सहकारी विपणन संघ भी कायम किया गया। सरकार ने सहकारी विपणन समितियों और संघों को स्टेट बैंक ऑफ इण्डिया और अन्य राष्ट्रीयकृत बैंकों के माध्यम से अधिक वित्तीय संसाधन उपलब्ध कराए।

इस सम्बन्ध में राष्ट्रीय सहकारी विकास निगम का उल्लेख करना उचित होगा जिसकी स्थापना भारत सरकार द्वारा सन् 1965 में की गई ताकि वह सहकारी समितियों द्वारा कृषि उपज के उत्पादन, संसाधन, भाण्डागार और विपणन के प्रोग्रामों का आयोजन कर सके और उन्हें प्रोत्साहन दे सके।

विशेष बोर्डों की स्थापना–भारत सरकार ने कुछ विशेष वस्तुओं जैसे चावल, दालें, पटसन, मोटे अनाज, रूई, तम्बाकू, तिलहन, गन्ना, सुपारी

आदि के लिए बहुत सी विकास परिषदें भी कायम की हैं जैसे काजू निर्यात प्रोन्नति परिषद और कृषि एवं संसाधित खाद्य निर्यात विकास प्राधिकरण।

भारत सरकार के विदेश व्यापार नीति (2004-09) में कृषि निर्यात पर बल दिया गया है और एक नई योजना विशेष कृषि उत्पाद योजना चालू की गई है ताकि फलों, सब्जियों, फूलों और छोटे वन-उत्पादन की निर्यात प्रोन्नत हो सके। सरकार ने राज्यों के लिए कृषि निर्यात क्षेत्रों की स्थापना के लिए राशि भी निर्धारित कर दी है।

कृषि-विपणन सुधार–सरकार ने कृषि निर्यात सुधार के एक अंतःमंत्रीय कार्यदल स्थापित किया ताकि कृषि विपणन को अधिक सबल और प्रतिस्पर्द्धी बनाने के लिए उपायों का प्रस्ताव रखे। इस कार्यदल ने अपनी रिपोर्ट जून 2002 में पेश कर निम्नलिखित सुझाव दिये–

(क) प्रत्यक्ष विपणन और अनुबंध खेती को प्रोन्नत करना।

(ख) निजी एवं सहकारी क्षेत्रों में कृषि बाजारों का विकास करना।

(ग) सभी कृषि बाजारों में भावी व्यापार का विस्तार करना।

(घ) परक्रायम भाण्डागार रसीद प्रणाली को चालू करना और

(ङ) किसानों को बाजार सम्बन्धी विस्तार सेवाएं उपलब्ध कराने के लिए सूचना टैक्नोलॉजी का प्रयोग।

भारत सरकार ने कृषि विपणन के लिए एक मॉडल कानून तैयार और प्रचारित किया है जो अन्य मदों के साथ खरीद केन्द्र उपभोक्ताओं को प्रत्यक्ष विक्रय के लिए बाजार कीमत-निर्धारण प्रणाली में पूर्ण पारदर्शिता, किसानों को उसी दिन भुगतान, वर्तमान बाजारों के सार्वजनिक निजी स्वामित्व के लिए व्यावसायिक प्रबन्ध मुहैया कराएगा। 2004 में, राज्यीय सरकारों ने इस मॉडल कानून को लागू करना स्वीकार कर लिया है। (ताकि थोक एवं खुदरा व्यापारियों के रूप में बिचौलियों को समाप्त किया जा सके)

कृषि विपणन में सुधार हेतु संदर्भ मॉडल एपीएमसी एक्ट

स्वतन्त्रता प्राप्ति के पश्चात् व्यापक स्तर पर यह महसूस किया गया था कि कृषि क्षेत्र के बाजार कुशलतापूर्वक कार्य नहीं करते हैं। वितरण की अकुशलता, जिसमें कृषि उत्पाद की बर्बादी सम्मिलित है, इन समस्याओं से निजात पाने के लिए विभिन्न राज्य सरकारों ने अपने-अपने एपीएमसी अधिनियम बनाए। इन कानूनों द्वारा किसानों को शोषण से बचाने के लिए कठोर प्रावधान किए गए। कार्यकशुलता को बढ़ा दिया गया तथा विभिन्न मदों जैसे बुनियादी ढांचे के विकास पर विपणन शुल्क खर्च करने हेतु विधान बनाए गए।

कृषि विपणन व्यवस्था को अधिक जीवंत और प्रतिस्पर्धी बनाने के कथित उद्देश्य से, भारत सरकार ने पहले कृषि विपणन पर एक विशेषज्ञ समिति का गठन किया और बाद में 'कृषि विपणन में सुधार पर अंतर मंत्रालयी टास्क फोर्स' का गठन किया। विशेषज्ञ समिति की मुख्य सिफारिशे निम्नलिखित हैं:–

1. प्रत्यक्ष विपणन को बढ़ावा देने के लिए एक वैकल्पिक विपणन व्यवस्था।
2. कृषि क्षेत्र में ऋण प्रवाह बढ़ाना
3. भण्डारण रसीद की एक प्रणाली शुरु करना
4. 'फार्वर्ड' और 'फ्यूचर्स' कांट्रैक्ट प्रणाली विकसित करना और इससे संबंधित पहलुओं पर कार्य
5. कृषि विपणन के क्षेत्र में सूचना प्रौद्योगिकी को बढ़ावा देना

कृषि विपणन में सुधार पर अंतर मंत्रालयी टास्क फोर्स ने 9 क्षेत्रों को प्राथमिकता दी, जो निम्नानुसार हैं:–

1. कानूनी सुधार
2. प्रत्यक्ष विपणन
3. बाजार का आधारभूत ढांचा
4. वित्तपोषण
5. भंडारण रसीद प्रणाली
6. फार्वर्ड और फ्यूचर्स बाजार
7. समर्थन मूल्य नीति
8. कृषि विपणन में सूचना प्रौद्योगिकी
9. विपणन विस्तार, प्रशिक्षण और अनुसंधान

इस टास्क फोर्स ने कई सिफारिशें की। सबसे महत्वपूर्ण सिफारिशों में शामिल है राज्य एपीएमसी अधिनियम और अनुबंध, खेती में संशोधन।

कृषि कीमत नीति की आवश्यकता–कृषि कीमतों में तेज वृद्धि और अधिक उतार-चढ़ाव के कई बुरे प्रभाव पड़ते हैं। उदाहरण के लिए किसी भी फसल की कीमत में तेज गिरावट आने से उसके उत्पादकों पर बहुत बुरा प्रभाव पड़ता है। जिससे उनकी आय में तेजी से कमी आती है और अगले वर्ष वे उसी फसल को दुबारा बोने से हिचकिचाते हैं। यदि फसल आम जनता के उपभोग की वस्तु है तो अगले वर्ष पूर्ति मांग की अपेक्षा कम रहने की सम्भावना रहेगी और इस अन्तराल को पूरा करने के लिए सरकार को आयात करने पड़ेंगे (यदि उसके पास उस कृषि वस्तु के उपयुक्त मात्रा में भंडार नहीं हैं।) इसके विपरीत यदि किसी फसल की कीमतें किसी वर्ष बहुत बढ़ जाती हैं तो उपभोक्ताओं पर बुरा प्रभाव पड़ेगा। यदि यह वस्तु उपभोग की आवश्यक वस्तु है तो उपभोक्ता को उसे खरीदने के लिए अन्य वस्तुओं पर खर्च कम करना पड़ेगा। इसका अर्थव्यवस्था के अन्य क्षेत्रों के विकास पर बुरा प्रभाव पड़ सकता है।

इस बात को ध्यान में रखते हुए एक ऐसी कृषि कीमत नीति बनाने की आवश्कता है जो उत्पादकों और उपभोक्ताओं दोनों के ही हितों की रक्षा कर सके। अतिरिक्त उत्पादन वाले वर्षों में सरकार को चाहिए कि वह उचित दामों पर किसानों से उत्पादन खरीद ले ताकि उन्हें हानि न हो। ये दाम ऐसे होने चाहिए कि किसानों की उत्पादन-लागत को पूरा करने के बाद कुछ न्यूनतम मुनाफा भी दें। इस प्रकार सरकार के पास जो प्रतिरोधक भंडार इकट्ठा होंगे उनका इस्तेमाल वह उन वर्षों में मांग को पूरा करने के लिए कर सकती है जब उत्पादन में कमी हो। इससे न केवल आयातों पर निर्भर नहीं रहना पड़ेगा अपितु कीमत-स्तर को भी उचित स्तर पर बनाया रखा जा सकेगा जिससे उपभोक्ताओं की कठिनाई नहीं होगी। इस प्रकार सरकार की कृषि कीमत नीति के दो मुख्य उद्देश्य होने चाहिए कीमतों को बहुत

ज्यादा न बढ़ने देना और कीमतों को एक न्यूनतम स्तर से नीचे न गिरने देना। स्वाभाविक है कि यह तभी हो पायेगा जब सरकार बफर भंडारों का निर्माण करे। इसके लिए उपयुक्त भंडार क्षमता बनाने की जरूतर है। इसके अलावा बड़े पैमाने पर सार्वजनिक वितरण प्रणाली का विकास भी आवश्यक है ताकि उपभोक्ताओं को उचित दाम पर खाद्यान्न व अन्य कृषि वस्तुएं उपलब्ध कराई जा सकें। न्यूनतम समर्थन कीमतों तथा वसूली कीमतों का निर्धारण करते समय सरकार को इस बात का भी ध्यान रखना चाहिए कि उत्पादकों में 'उत्पादन करने की प्रेरणा' बनी रहे, अर्थात् कीमतें ऐसे स्तर पर निर्धारित की जाएं जो किसानों को और ज्यादा उत्पादन करने के लिए प्रेरित कर सकें। विकासशील देशों के सन्दर्भ में यह बात बहुत महत्वपूर्ण है जहां उद्देश्य कृषि क्षेत्र में केवल 'कीमत व आय स्थिरीकरण' नहीं है अपितु उसका प्रयोग 'संवृद्धि' के रूप में करना है। इसलिए विकासशील अर्थव्यवस्था में कृषि कीमत नीति के मुख्य उद्देश्य निम्न होना चाहिए: (1) किसानों को एक निश्चित न्यूनतम समर्थन कीमत की गारण्टी देना ताकि उनके हितों की रक्षा हो सके, उत्पादन में जोखिम न रहे और वे लोग उत्पादन को और ज्यादा बढ़ाने के लिए निवेश करने को तत्पर रहें; (2) योजनाओं में निर्धारित लक्ष्यों के अनुरूप विभिन्न फसलों के उत्पादन को निर्देशित किया जा सके; (3) अधिक लागतों के प्रयोग द्वारा तथा उन्नत किस्म के बीजों, उर्वरकों व अन्य आगतों का प्रयोग करने वाली नई कृषि तकनीक के और प्रसार द्वारा कुल उत्पादन में वृद्धि लाई जा सके; (4) किसानों को इस बात के लिए प्रेरित किया जा सके कि वे खाद्यान्नों का बढ़ता हुआ हिस्सा बाजार में बेचने के लिए तैयार हो तथा (5) अत्यधिक कीमत वृद्धि से उपभोक्ताओं की रक्षा करना, विशेष रूप से निम्न आय वर्ग के उपभोक्ताओं की उन वर्षों में जब आपूर्ति मांग से काफी कम हो और बाजार कीमतों में लगातार वृद्धि हो रही हो।

कृषि कीमतों का मूल्यांकन

उपरोक्त विश्लेषण के उपरांत आप समझ चुके होंगे कि भारत में योजना काल में कृषि कीमत नीति का मुख्य उद्देश्य कीमत उत्पादनों में अनुचित उतार-चढ़ाव को रोकना, उपभोक्ताओं विशेषकर कमजोर वर्ग के लोगों के हितों की रक्षा करना तथा उत्पादकों को उत्पादन बढ़ाने तथा नवीन कृषि प्रविधि अपनाने के लिए प्रोत्साहित करना रहा है।

कृषि मूल्य आयोग कृषि लागतों के प्रत्येक संघटकों पर विचार करने के पश्चात कीमतें निश्चित करता है। लागतों का निश्चय करने के लिए लागत 'सी' की संकल्पना का प्रयोग किया गया है, लागत 'सी' की संकल्पना में बीज, उर्वरक, खाद, कीटनाशक, सिंचाई, विद्युत, डीजल, बैलों के रख-रखाव आदि का व्यय, किराए के श्रम के साथ-साथ प्रचलित मजदूरी दर पर आकलित पारिवारिक श्रम लागत, परिसम्पित्तियों के लिए उपयुक्त ब्याज, स्वयं की एवं पट्टे पर ली गई भूमियों पर लगान, भूमिकर और अधिभार, मशीनरी और अन्य परिसम्पत्तियों का घिसावट व्यय सम्मिलित किया जाता है। अब कृषि आयोग उत्पादन की मंडी तक ले जाने के लिए यातायात लागतों को भी सम्मिलित करता है।

अब तक के अध्ययन के उपरांत निष्कर्ष रूप में यह कहा जा सकता है कि उपर्युक्त वर्णित तत्वों को ध्यान में रखकर घोषित कीमत के प्रति यह कहना संदेहास्पद हो जाता है कि इससे लागतें नहीं वसूल हो पाती हैं। भारत में कृषि क्षेत्र हो जहां घोषित समर्थित कीमतों से समस्त कृषि लागतों का वापस किया जाना सुनिश्चित किया जाता हो और साथ-साथ अनुदानित दरों पर कृषि निवेश उपलब्ध कराए जाते हों परन्तु आज भी कृषि मूल्य आयोग द्वारा संस्तुत और सरकार द्वारा घोषित कृषि कीमतों की लाभदायता भी विवाद का विषय बना हुआ है। सामान्यतः यह कहा जाता है कि कृषि मूल्य आयोग द्वारा संस्तुत कीमतें कम रही हैं और वे उचित तथा लाभपूर्ण नहीं है। घोषित कीमतों से कृषि लागतें भी नहीं निकल पाती हैं। इस तर्क का प्रयोग सामान्यतः राजनीतिक आंदोलन के रूप में किया जाता है। इसी तर्क के आधार पर आंदोलन को बल दिया जाता है परन्तु कृषि कीमतों की प्रवृत्ति और उसकी निर्धारण संरचना इसके गैर-लाभदायता के पक्ष को नकार देती है।

खाद्य सहायता

नियोजन काल में यद्यपि खाद्यान्न उत्पादन में लगातार वृद्धि की प्रवृत्ति रही है, परन्तु इसमें उतार-चढ़ाव होते रहे हैं। नियोजन काल में खाद्यान्न उत्पादन में वृद्धि की प्रवृत्ति के बाद भी देश को खाद्यान्न संकट का सामना करना पड़ा और कभी-कभी तो स्थिति अत्यन्त गम्भीर हो गई। नियोजन काल की अवधि में अनुभव की गई और सम्प्रति विद्यमान खाद्य समस्या का विश्लेषण मात्रात्मक और गुणात्मक आधार पर किया जा सकता है। खाद्य समस्या का एक अत्यन्त महत्वपूर्ण पक्ष व्यापक जन समुदाय की गरीबी से सम्बद्ध है।

खाद्यान्नों की मात्रात्मक कमी का भी दबाव अर्थव्यवस्था पर लगातार बना है। पूर्ति पर मांग का आधिक्य बने रहने के कारण आयातों पर निर्भर रहना पड़ता है और लोगों को न्यूनतम आवश्यक कैलोरी के लिए खाद्यान्न नहीं उपलब्ध हो पाते। खाद्य और कृषि संगठन के अनुमान के अनुसार; खाद्यान्नों की दैनिक उपलब्धि इस स्तर से कम रही है। यद्यपि इसमें अब सुधार आया है परन्तु इस स्तर को बनाये रखने के लिए और खाद्यान्नों की कमी को पूरा करने के लिए नियोजन काल में कतिपय वर्षों को छोड़कर खाद्यान्नों का आयात करना पड़ा है। यद्यपि आयातों की मात्रा में उतार-चढ़ाव होते रहते हैं, परन्तु कभी-कभी आयातों पर निर्भरता अधिक रही। सन् 1959 और 1960 में क्रमशः 39 मिलियन टन और 5.1 मिलियन टन खाद्यान्नों का आयात किया गया, 1965-66 और 1966-67 भारत के लिए अत्यधिक संकट के रहे इस समय 10.3 मिलियन टन और 8.7 मिलियन टन आयात करना पड़ा और 1990-94 में 1238 मिलियन यू.एस. डालर के बराबर अनाज आयात करना पड़ा।

खाद्य समस्या के समाधान हेतु सरकार ने विभिन्न प्रयास किया जिसमें खाद्य सहायता या खाद्य सहायिका प्रमुख हैं। किसानों को दी जाने वाली खाद्य सहायिका की राशि में लगातार वृद्धि हुई है। खाद्य सहायिका कुल राशि 1990-91 में 2450 करोड़ रुपये थी जो क्रमशः 2004-05 में 27,746

करोड़ रुपये हो गई। भारत सरकार वित्त मंत्रालय के अनुसार 1990-91 की अपेक्षा 2003-04 में दी जाने वाली खाद्य सहायिका में 10.5 गुणा वृद्धि हुई है। खाद्य सब्सिडी से मुख्य रूप से गरीब तबके के उपभोक्ताओं और किसानों को अपने उत्पादन स्तर को एक न्यूनतम खाद्य स्तर में बनाए रखने में सहायता मिलती है।

खाद्य सहायता में लगातार हो रही वृद्धि के मुख्य रूप से दो प्रमुख कारण हैं-प्रथम विभिन्न कृषि उत्पादों की न्यूनतम समर्थित कीमत में लगातार वृद्धि हुई है। द्वितीय इसके साथ परिवहन, भंडारण, रख-रखाव आदि की लागते बढ़ने से अनाजों की आर्थिक लागतें बढ़ती गई हैं। इसी के साथ-साथ गरीबों को सस्ते दामों पर खाद्यान्नों की उपलब्ध कराने वाली सार्वजनिक वितरण प्रणाली निर्गत कीमतों में वृद्धि नहीं हुई। इसलिए सहायता राशि बढ़ती गई। न्यूनतम समर्थित कीमतें बढ़ने से घरेलू कीमतें भी प्रभावित हुई और भारतीय कृषि उत्पादों की विश्व बाजार में प्रतिस्पर्धात्मकता में कमी आई। प्रोत्साहन मुख्य न्यूनतम समर्थित कीमत पर खुली बिक्री के कारण खाद्यान्न स्टाक में क्रमशः वृद्धि होती गई।

खाद्य के अन्तर्गत भारतीय खाद्य निगम, राज्य सरकारों और राज्य सहकारी संगठनों को बैंकों द्वारा दिये गये ऋण से है। खाद्य ऋण बैंकों द्वारा प्रदत्त कुल ऋण का लगभग 5.6 प्रतिशत होता है। खाद्य वसूली बढ़ने पर खाद्यान्न स्टाक बढ़ता है और साथ-साथ बकाया खाद्य ऋण में भी वृद्धि होती है। परन्तु उपभोग में वृद्धि होने पर एक और खाद्यान्न स्टाक में कमी आती है और दूसरी ओर बकाया खाद्य ऋण में भी कमी आती है। हाल के वर्षों में खाद्य भंडार और बकाया खाद्य ऋण में भारी वृद्धि हुई थी। खाद्य भंडार जून 2002 में 64.8 मिलियन टन तक पहुंच गया था। इसके पश्चात् भंडार से भारी निकासी होने का कारण खाद्यान्न भंडार और खाद्य ऋण में कमी आई है। खाद्य भंडार अगस्त 2003 में न्यूनतम मानक से नीचे आ गया था। अब उत्पादन में वृद्धि की आवश्यकता लगातार बढ़ती जा रही है।

विश्व व्यापार संगठन और कृषि पर समझौता प्रावधान

विश्व व्यापार संगठन में कृषि पर हुए समझौते का लक्ष्य सदस्य देशों में कृषि व्यापार हेतु समता आधारित सुधार कार्यक्रम अपनाना और खाद्य सुरक्षा सुनिश्चित करना है।

धरती पर खाद्य सुरक्षा सुनिश्चित किया जाना प्रत्येक विकास प्रारूप की प्राथमिक आवश्यकता है। खाद्य एवं कृषि संगठन ने खाद्य सुरक्षा को सभी के लिए प्रत्येक समय स्वस्थ और क्रियाशील जीवन हेतु पर्याप्त भोजन तक पहुँच के रूप में परिभाषित किया है।

जहाँ तक कृषि पर समझौते का सम्बन्ध है इसमें विशेष तौर पर तीन मुद्दों पर जोर दिया गया–

(1) घरेलू बाजार में प्रवेश आसान बनाना

(2) घरेलू समर्थन को नियंत्रित करना

(3) निर्यात सहायता को कम करना

घरेलू समर्थन में कमी

विश्व व्यापक संगठन के समझौते के अनुसार सभी सदस्य देशों को कृषि क्षेत्र में दी जाने वाली समग्र घरेलू सहायता में कमी करना है। यह प्रावधान किया गया है कि आधार वर्ष 1986-88 की तुलना में विकसित देशों के समग्र घरेलू सहायता में 1995-2000 की अवधि में 20 प्रतिशत तथा विकासशील सदस्य देशों को 1995-05 की अवधि में समग्र घरेलू समर्थन में 1.30 प्रतिशत कमी करना है ताकि समर्थन की कुल माप (ए.एम.एस.) आधार अवधि 1986-88 के स्तर तक पहुँच सके। विश्व व्यापार संगठन के नियमों के अनुसार कृषि क्षेत्र को दी जाने वाली समग्र घरेलू सहायता की सीमा विकसित देशों के लिए कृषि उत्पादन के मूल्य का 5 प्रतिशत और विकासशील देशों के लिए कृषि उत्पादन के मूल्य का 10 प्रतिशत निर्धारित की गई है।

जहाँ तक घरेलू समर्थन में कमी का सम्बन्ध है, कृषि पर समझौते में घरेलू समर्थन को दो भागों में बाँटा गया है-(1) व्यापार को विरूपित करने वाला समर्थन तथा (2) व्यापार को विरूपित न करने वाले या न्यूनतम विरूपित करने वाला समर्थन व्यापार को विरूपित करने वाले घरेलू समर्थन को अम्बर बॉक्स में रखा गया। जहाँ तक व्यापार को विरूपित न करने वाले घरेलू समर्थन का सम्बन्ध है उसे तीन भागों में विभक्त किया गया–

1. ग्रीन बॉक्स
2. ब्ल्यू बॉक्स
3. स्पेशल एण्ड डिफ्रैन्शल बॉक्स

ग्रीन बॉक्स के अधीन वह आर्थिक सहायता रखी गई जो पर्यावरण संरक्षण कार्यक्रमों के तहत दी जाती है। जिसमें अनुसंधान प्रशिक्षण इत्यादि सेवाओं पर सहायता, बाजार सूचना के लिए सहायता, ग्रामीण आधारिक संरचना के कुछ रूपों पर सहायता इत्यादि शामिल हैं। ग्रीन बॉक्स में शामिल गतिविधियों पर दी जाने वाली सहायता को कम करने की आवश्यकता नहीं है (अर्थात् यह सहायता कम करने की वचनबद्धता से मुक्त है) और इस प्रकार की सहायता पर कोई अधिकतम सीमा नहीं है।

ब्ल्यू बॉक्स के अधीन वह आर्थिक सहायता रखी गई है जो किसानों को हानि पूर्ति भुगतान के रूप में या फिर उत्पादन को सीमित करने के बदले में दी जाती हैं जैसे–अमेरिका में सरकारी न्यूनतम समर्थन कीमत और बाजार भाव के अन्तर के बराबर 'हानि पूर्ति भुगतान' सीधा किसानों को किया जाता है जबकि यूरोपीय संघ के देशों में किसानों को उत्पादन सीमित करने के बदले सीधी आर्थिक सहायता दी जाती है। ब्ल्यू बॉक्स के अधीन दी जाने वाली सहायता भी कम करने की वचनबद्धता से मुक्त है परन्तु इस प्रकार की सहायता पर अधिकतम सीमा प्रावधान है।

स्पेशल एण्ड डिफ्रैन्शल बॉक्स में विकासशील देशों के गरीब व कम आय वाले उत्पादकों को दी जाने वाली निवेश सहायता तथा कृषि आगतों पर सहायता शामिल की गई है। व्यापार को विरूपित करने वाले सभी घरेलू समर्थन को अम्बर बॉक्स में रखा गया है। इसका आकलन समर्थन समग्र माप द्वारा करना है और फिर उसे समाप्त करना है। समर्थन के समग्र माप के दो हिस्से हैं–

1. उत्पाद-विशिष्ट समर्थन
2. गैर-उत्पाद विशिष्ट समर्थन

घरेलू समर्थन कीमतों (जैसे भारत में वसूली कीमतों में बाह्य संकेतक कीमतों में अन्तर) को समर्थन प्राप्त उत्पादन से गुणा करके उत्पाद-विशिष्ट समर्थन प्राप्त किया जाता है। गैर-उत्पादन विशिष्ट समर्थन के अधीन विभिन्न कृषि आगतों (जैसे उर्वरकों, बिजली, सिंचाई, साख इत्यादि) पर दी जाने वाली सहायता को शामिल किया गया।

कृषि पर समझौते में यह व्यवस्था की गई है कि विकसित देश 6 वर्ष की अवधि में समर्थन के समग्र माप को 20 प्रतिशत तथा विकासशील देश 10 वर्ष की अवधि में 13 प्रतिशत कम करेंगे। कम करने की वचनबद्धता सम्पूर्ण घरेलू-समर्थन के परिप्रेक्ष्य में ज्ञात करनी है न कि व्यक्तिगत वस्तुओं के सन्दर्भ में। जिन नीतियों से विकसित देशों में उत्पादन के मूल्य के 5 प्रतिशत से कम तथा विकासशील देशों में उत्पाद के मूल्य के 10 प्रतिशत से कम घरेलू समर्थन प्राप्त होता है उन्हें कम करने की वचनबद्धता से मुक्त रखा गया है। इस प्रकार, जिन नीतियों का उत्पादन पर कोई निरूपण प्रभाव नहीं है (या बहुत कम निरूपण प्रभाव है) उन्हें भी कम करने की वचनबद्धता से मुक्त रखा गया है।

घरेलू बाजार खोलना

बाजार का विस्तार अन्तर्राष्ट्रीय व्यापार के लिए आवश्यक है। समझौते में सभी सदस्य देशों को अपने 1986-88 के उपयोग के स्तर के आधार पर खाद्यान्न के कुल घरेलू उपभोग का 03 प्रतिशत भाग विदेशों से आयात करने का प्रावधान किया गया है। यह प्रावधान विश्व व्यापार संगठन लागू होने के वर्ष 1995 के लिए था तथा सन् 2000 में यह बढ़कर 5 प्रतिशत हो गया। यह प्रावधान सभी सदस्य देशों के लिए लागू होगा भले ही वे खाद्यान्नों के सन्दर्भ में आत्मनिर्भर हों। इसी प्रकार प्रत्येक प्रशुल्क सारणी में प्रशुल्कों में कमी करने का भी प्रावधान किया गया। समझौते में उल्लेख किया गया है कि सभी सदस्य देश अपना अन्तर्राष्ट्रीय व्यापार सीमा शुल्क के माध्यम से नियोजित करेंगे और गैर-प्रशुल्कीय प्रतिबन्धों को प्रशुल्कीय प्रतिबन्धों में परिवर्तित करेंगे। संक्षेप में यदि कहा जाए तो जहाँ तक घरेलू बाजार में प्रवेश आसान बनाने का प्रश्न है, 'कृषि पर समझौते' में यह व्यवस्था की गई है कि जो मौजूदा मात्रात्मक प्रतिबन्ध व्यापार विरूपित करते हैं, उन्हें समाप्त करना होगा तथा प्रशुल्कों में बदलना होगा ताकि पूर्ववत् संरक्षण प्राप्त होता रहे और बाद में इन प्रशुल्कों को कम करना होगा।

स्वच्छता एवं पादप स्वच्छता प्रावधान

स्वच्छता एवं पादप स्वच्छता प्रावधान विश्व व्यापार संगठन का एक प्रमुख बिन्दु है। इस प्रावधान के कारण कृषि वस्तुओं का विदेशी व्यापार प्रकाशित होने लगा है। विश्व व्यापार संगठन का कृषि पर समझौता प्रावधान उन कृषि उत्पादों के निर्यात का निषेध करता है। जो आयातक देश की कृषि, पशु सम्पदा एवं मानव जीवन तथा स्वास्थ्य के लिए हानिकारक हैं। वर्तमान कृषि उत्पाद व्यापार में स्वच्छता एवं पादप स्वच्छता प्रावधान वरीयता के आधार पर प्रयुक्त होने लगा है। विकास क्रय में स्वच्छता एवं उत्पाद गुणवत्ता अधिक प्रभावी तत्व हो जाता है और अपेक्षित भी है। विश्व व्यापार संगठन का स्वच्छता एवं पादप स्वच्छता निम्नलिखित बिन्दुओं पर ध्यान केन्द्रित करता है।

- सदस्य देशों में पादप एवं जीव-जन्तुओं के जीवन या स्वास्थ्य को नाशक जीवों बीमारियों, बीमारी वाहक जीवाणुओं या बीमारी उत्पन्न करने वाले जीवाणुओं से रक्षा करना है।
- सदस्य देशों में पशु जगत के जीवन और स्वास्थ्य की खाद्य, पेय या खाद्य पदार्थों में बीमारी उत्पन्न करने वाले जीवाणुओं और यौगिक प्रदूषकों से उत्पन्न होने वाले जोखिमों से रक्षा करना है।
- सदस्य देशों में मानव जीवन और स्वास्थ्य की बीमारी वहन करने वाले पशुओं, पौधों का पौध उत्पादों से उत्पन्न होने वाली बीमारियों से रक्षा करना है।
- सदस्य देशों के परिक्षेत्र को नाशक जीवों के प्रवेश स्थापना और फैलाव से बचाना या सदस्य देश की सीमा में उससे होने वाली क्षति को कम करना।

कृषि पर समझौते के अतिरिक्त विश्व व्यापार संगठन के तत्वावधान में लागू किए जाने वाले कुछ अन्य समझौतों का भी कृषि पर प्रत्यक्ष प्रभाव पड़ा। इनमें प्रमुख हैं-स्वच्छता एवं पादप स्वच्छता प्रावधान, व्यापार सम्बन्धि बौद्धिक सम्पदा अधिकार। इनके अधीन पेटेंट व कॉपीराइट संरक्षण की व्यवस्था है।

व्यापार सम्बन्ध बौद्धिक सम्पदा प्रावधान

विश्व व्यापार संगठन का बौद्धिक सम्पदा अधिकार प्रावधान ट्रिप्स भी कृषि क्षेत्र के समझौते में अत्यन्त महत्वपूर्ण है। बौद्धिक सम्पदा से आशय किसी डिजाइन, प्रौद्योगिकी व वस्तु का किसी व्यक्ति व संस्था द्वारा सृजन करना है। यह वस्तुत: मस्तिष्क का सृजन है। बौद्धिक सम्पदा पर अधिकार से आशय बौद्धिक सम्पदा का किसी अन्य के द्वारा प्रयोग किए जाने पर आविष्कारक से स्वीकृति लेने और आविष्कारक को प्रतिफल ले सकने की व्यवस्था से है। स्वत्वाधिकार की व्यवस्था के अनुसार निर्माणकर्ता की अनुमति के बिना न उसे बेचा जा सकता है, न ही खरीदा जा सकता है और न ही उसे परिवर्तित या नष्ट किया जा सकता है।

बौद्धिक सम्पदा कॉपीराइट, ट्रेडमार्क, भौगोलिक, इन्डिकेशन, ट्रेड सीक्रेट, इंडस्ट्रियल डिजाइन, इन्टीग्रेटेड सर्किट डिजाइन और पेटेन्ट सम्मिलित हैं। इन सभी में पेटेन्ट का बिन्दु अत्यन्त महत्वपूर्ण एवं विवादास्पद रहा है। विश्व व्यापार संगठन के बौद्धिक सम्पदा अधिकार प्रावधान के अनुसार प्रौद्योगिकी के प्रत्येक क्षेत्र, उत्पाद अथवा प्रक्रिया के अन्वेषण पर पेटेन्ट उपलब्ध होगा, बशर्ते कि वे नए हों, नव्यता हो, उनमें गवेषणात्मक घटक हों या वे औद्योगिक उपयोग हेतु सक्षम हों। विश्व व्यापार संगठन के बौद्धिक सम्पदा अधिकार प्रावधान में यह व्यवस्था की गई है कि मानव एवं पशुओं के उपचार के लिए निदान शास्त्र चिकित्सा विज्ञान और शल्यक माध्यमों पर तथा सूक्ष्मजीवियों के अतिरिक्त पौधों एवं वनस्पतियों पर पेटेन्ट लागू नहीं होगा।

ट्रिप्स के अन्तर्गत सभी आविष्कारों (उत्पाद एवं प्रक्रिया) के लिए

20 वर्षों का संरक्षण दिया जाएगा। विकासशील देशों के 5 वर्षों अर्थात् 1 जनवरी 2000 तक कानून बनाना था। साथ ही विशेष क्षेत्रों यथा दवाएँ, खाद्य उत्पाद तथा कृषि रसायन के लिए 10 वर्षों में यह प्रणाली लागू करनी थी।

यह भी व्यवस्था है कि गैर-वाणिज्यिक सार्वजनिक उपयोग वाली दवाओं के लिए सरकार अनिवार्य लाइसेंस प्रणाली लागू कर सकेंगी। प्राकृतिक रूप से पैदा न होने वाले जीन्स में पेटेन्ट की आवश्यकता नहीं है। इसीलिए इसमें आयुर्वेदिक दवाएँ इस कानून में सम्मिलित नहीं हैं। ट्रिप्स के अनुच्छेद-2 में यह व्यवस्था की गई है कि भारत अपनी जैव विविधता तथा बौद्धिक सम्पदा को पेटेन्ट कर सकता है और ट्रिप्स से संगत अपना कानून, सूई जेनरिस बना कर उन्हें संरक्षित कर सकता है।

भारतीय सन्दर्भ में कृषि पर समझौता

कृषि भारत में एक जीवन दर्शन है, एक समृद्ध परम्परा है। कृषि ने स्वयं देश के आर्थिक व्यवहार, चिन्तन, दृष्टिकोण और संस्कृति को दिशा प्रदान की है।

विश्व व्यापार संगठन के कृषि पर समझौते के अनुसार सदस्य देशों को अपना कृषि बाजार अन्य देशों के कृषि उत्पादों, प्रौद्योगिकी एवं पूँजी अन्तरण के लिए खोलना है। प्रशुल्क और गैर प्रशुल्क प्रतिबन्धों को शिथिल और समाप्त करना है। समग्र घरेलू सहायिका में कमी करना है तथा बाजार को प्रतिस्पर्धी बनाना है। कृषि पर समझौता प्रावधान को भारत में पूर्ण निष्ठा और दृढ़ता से लागू किया गया है। तद्नुसार यहाँ कृषि उत्पादों के आयात पर प्रशुल्क और मात्रात्मक प्रतिबन्धों को क्रमशः समाप्त किया जा रहा है। कृषि में विदेशी पूँजी के अन्तरण हेतु अनुकूल दशाएँ बन रही हैं अन्य देशों से कृषि प्रौद्योगिकी अन्तरण बढ़ रहा है। भारतीय सन्दर्भ में कृषि पर समझौता प्रावधान के कुछ सकारात्मक और कुछ नकारात्मक प्रभाव की चर्चा हम निम्न रूपों में कर सकते हैं।

- कृषि आगतों और उत्पादों का बाजार अधिक उदार बनाने के लिए 1970 में भारतीय पेटेन्ट कानून बनाया गया। इसे एक आदर्श पेटेन्ट कानून कहा गया। अंकटाड ने भी इसकी सराहना की थी और अन्य देशों को तद्नुसार अपना पेटेन्ट कानून बनाने की सिफारिश भी की गई। भूमण्डलीकरण की प्रक्रिया में भारतीय पेटेन्ट कानून तीन बार 1999, 2004 और 2004 में संशोधित किया गया। 2004 का संशोधन 1 जनवरी, 2005 से प्रभावी हुआ। इससे कृषि आगतों और उत्पादों का बाजार की अधिक उदार हो गया।
- कृषि पर समझौते के अनुसार भारत में आयात होने वाले 825 कृषि उत्पादों से मात्रात्मक प्रतिबन्ध मुक्त किया जाना था। इस सन्दर्भ में 1 अप्रैल 2001 से 714 वस्तुओं पर से मात्रात्मक प्रतिबन्ध हटा लिए गए। फरवरी 2002 में गेहूँ, गेहूँ उत्पाद, मोटे अनाज, मक्खन और बासमती चावल और दलहन के निर्यात पर लगे मात्रात्मक प्रतिबन्ध को समाप्त कर दिया गया।
- कृषि क्षेत्र के लिए भारत में दी जाने वाली सहायता पहले से ही अत्यन्त कम है। भारत में आधार अवधि ए.एम.एस. ऋणात्मक है। दूसरी ओर अधिकांश विकसित देशों में ए.एम.एस. का स्तर बहुत ऊँचा है। इससे भारत की बाजार पहुँच बाधित हो रही है। यहाँ कुल 20 फसल उत्पादों को सार्वजनिक वितरण प्रणाली हेतु फसलवार सहायता दी जाती है और प्रत्येक के सन्दर्भ में यह 10 प्रतिशत से कम है।
- समझौते के अनुसार लगभग कम आय और कमजोर साधन आधार वाले कृषकों को दी गई सहायता 10 प्रतिशत की गणना में सम्मिलित नहीं है। समझौते में 2.5 एकड़ से कम जोत आकार वाले कृषकों को कम आय और कमजोर साधन वाला माना गया है। इस आधार पर भारत में अधिकांश कृषकों को दी गई सहायिका 10 प्रतिशत में सम्मिलित नहीं है।
- बाजार उपलब्धता प्रावधान की बाध्यता से उन देशों को मुक्त रखा गया है जिनमें भुगतान सन्तुलन की समस्या है। भारत को भुगतान सन्तुलन की समस्या वाले देश के रूप में वर्गीकृत किया गया है। अतः कृषि उत्पादों के बाजार खोलने की बाध्यता से इस समय भारत मुक्त है।
- विकसित देश उच्च सहायिका प्रधान कर कृषि को संरक्षण प्रदान करते हैं। यह आकलन किया गया कि आर्थिक सहयोग संगठन एवं विकास संगठन के देशों द्वारा कृषि के लिए दी जाने वाली सहायिका वर्ष 1988 के 308 बिलियन डॉलर से बढ़कर 1999 में 361 बिलियन डॉलर हो गई है। समग्र घरेलू सहायता ग्रीन बॉक्स, ब्ल्यू बॉक्स, विशेष एवं विभेद सहायता तथा डी मिनिमिस को सम्मिलित करते हुए कृषि क्षेत्र को दी जाने वाली कुल सहायिका 1998 में कृषि क्षेत्र के कुल घरेलू उत्पाद का यूरोपीय यूनियन में 58 प्रतिशत, जापान में 58 प्रतिशत, यू.एस.ए. में 40 प्रतिशत और कनाडा में 24 प्रतिशत था। इससे पृथक् भारत में नकारात्मक ए.एम.एस. को छोड़कर कृषि को दी जाने वाली कुल सहायिका कृषि क्षेत्र के कुल घरेलू उत्पादन का 9 प्रतिशत है।
- निर्यात सहायिका के प्रावधानों के विपरीत विकसित देश कृषि उपायों पर अधिक निर्यात सहायिका दे रहे हैं। ब्ल्यू बॉक्स सपोर्ट और ग्रीन बॉक्स सपोर्ट के माध्यम से कृषि क्षेत्र को छद्म रूप से उच्च सहायिका प्रदान करते हैं। इस प्रकार की सहायता भारत नहीं दे पाता है। इस कारण भारतीय कृषि उत्पाद अन्तर्राष्ट्रीय बाजार में प्रतिस्पर्धी नहीं रह जाते हैं।
- विकसित देश विकासशील देश से आयात के सन्दर्भ में प्रशुल्क दर ऊँची कर देते हैं। यू.एस.ए., कनाडा, यूरोपीय यूनियन, जापान एवं कोरिया में कृषि वस्तुओं पर लगी उच्चतम प्रशुल्क दर ऊँची है। ऊँची प्रशुल्क दरों द्वारा वे अपना बाजार संरक्षित कर लेते हैं। इन देशों की तुलना में भारत में कृषि प्रशुल्क दरें नीची हैं। विकसित देशों की ऊँची प्रशुल्क दरों के कारण भारत का निर्यात अत्यन्त कम रह जाता है।
- कृषि पर समझौता प्रावधान कृषि वस्तुओं के अन्तर्राष्ट्रीय व्यापार के स्वतंत्र करने और कृषि वस्तुओं के आयात पर लगे मात्रात्मक प्रतिबन्धों के समाप्ति की पुष्टि करता है। स्पष्टतः भारत यह चाहता है कि कृषि वस्तुओं के विश्व व्यापार में भारत को अधिक अंश प्राप्त हो। परन्तु भारत की यह आकांक्षा वास्तविकता को प्राप्त नहीं हो पाई।
- कृषि पर समझौता प्रावधान कई रूपों में भारत और इस प्रकार की

विकासशील अर्थव्यवस्थाओं के हितों के प्रतिकूल है। विश्व व्यापार संगठन के कृषि पर समझौता प्रावधान में कृषि उत्पादों का एक न्यूनतम आयात सुनिश्चित करने की व्यवस्था की गई है। बाजार उपलब्धता का यह प्रावधान स्वयं द्वारा बहुप्रचारित स्वतंत्र व्यापार की परिकल्पना के विपरीत है।

- कृषि उत्पाद बहुत पहले से भारतीय निर्यात की प्रमुख मदें रही हैं। सामूहिक उत्पाद, चावल, चाय, कॉफी एवं मसाले निर्यात की प्रमुख मदें हैं। हाल के वर्षों में यद्यपि माँस, माँस से बने पदार्थ, फल, सब्जियाँ, प्रसंस्करित फल और सब्जियों के निर्यात में वृद्धि हुई है परन्तु कृषि वस्तुओं के विश्व व्यापार में भारत का अंश अभी अत्यन्त कम है।
- भारत ने कृषि उत्पादों में प्रशुल्क और गैर-प्रशुल्क प्रतिबन्धों को समाप्त किया और पश्चिमी कृषि प्रौद्योगिकी का अन्तरण किया है, परन्तु इसका प्रतिस्पर्धात्मक सामर्थ्य कम है। विकसित देशों में जैव प्रौद्योगिकी जन्य बीजों की उच्च उत्पादन सामर्थ्य होती है। अनाज, दलहन, मूँगफली, कपास आदि के सन्दर्भ में भारत में प्रति हेक्टर उत्पादन यू.एस.ए. की तुलना में आधे से भी कम है।
- विकसित देशों में आधुनिक कृषि मशीनों का प्रयोग होता है। इनमें उत्पादन लागत में कमी हो जाती है। फलतः अन्तर्राष्ट्रीय बाजार में कीमतों में घटने की प्रवृत्ति है जबकि भारतीय बाजार में कीमतों के बढ़ने की प्रवृत्ति है क्योंकि आज भी भारत में आधुनिक कृषि यन्त्र का प्रयोग कम है अतः ऐसी दशा में भारत प्रतिस्पर्धी नहीं बन सका है।
- समझौते के अनुसार भारत जैसे विकासशील देशों जिनकी प्रति व्यक्ति आय 1000 डॉलर से कम है, को उत्पादों पर छूट देने की अनुमति दी गई है तथा जिनका विश्व व्यापार में 3.25 प्रतिशत से कम योगदान है उन्हें भी इसमें शामिल किया गया है। इस प्रकार भारत का 22.8 प्रतिशत निर्यात (चावल, चाय, चमड़ा उत्पाद, रत्न एवं आभूषण) इस नियम से प्रभावित होगा।
- आर्थिक सहायिकाओं की संरचना एक और विवादास्पद मुद्दा है। कृषि सम्बन्धी समझौते के अनुसार निर्यात सम्बन्धी आर्थिक सहायताएँ, उर्वरक तथा बिजली के लिए दी जा रही आर्थिक सहायताएँ, किफायती ब्याज दरें तथा बाजार कीमत समर्थन व्यापार को विकृत करने वाले हैं तथा उनको कम किया जाना है। कृषि सम्बन्धी समझौते के अधीन विभिन्न बॉक्सों में आर्थिक सहायिकाओं की संरचना के बारे में जो उल्लेख किया गया है वह विकसित देशों के पक्ष में है। उदाहरणार्थ, अमेरिका में अपर्याप्त भुगतान के रूप में किसानों को सीधे किए जाने वाले भुगतानों को व्यापार को अल्पमात्र विकृत करने वाला माना जाता है तथा उसे कम करने की प्रतिबद्धता व्यक्त करना आवश्यक नहीं है, इसके विपरीत भारत में दी जाने वाली निविष्टगत तथा निर्यात सम्बन्धी आर्थिक सहायिकाएँ कम किए जाने की वचनबद्धताओं के अधीन है। इसके अतिरिक्त भारत, निविष्टगत सहायिका जैसे उर्वरक पर दी जाने वाली सब्सिडी को धीरे-धीरे कम कर रहा है। हालाँकि अमेरिका ने फार्म सुरक्षा और ग्रामीण निवेश अधिनियम 2000 पारित करके फार्म क्षेत्र को अत्यधिक समर्थन प्रदान किया है।
- कतिपय विकसित देश विश्व व्यापार संगठन के स्वच्छता एवं पादप स्वच्छता (एस.पी.एस.) तथा व्यापारगत तकनीकी व्यवधान के प्रावधानों के कार्यान्वयन का प्रयोग विकासशील देशों के व्यापार के प्रति व्यवधान पैदा करने के लिए कर रहे हैं। उदाहरण के लिए आधिकारिक मानदंडों के अनुसार मूँगफली में अफ्लारोक्सिन का अंश जो 15 अंश प्रति बिलियन के मानदंड द्वारा हो रहा है। इस प्रकार यद्यपि भारतीय उत्पादन विश्व व्यापार संगठन द्वारा निर्धारित मानदंडों के अनुरूप है फिर भी यूरोपीय संघ के मानदण्ड भारतीय मूँगफली के व्यापार के लिए व्यवधान होंगे।
- अभी तक भारतीय कृषक अपनी उपज का प्रयोग बीज के लिए भी करते रहे हैं। समर्थ विविधता बनाए रखने और आवश्यक पूर्ति के लिए परस्पर बीजों का अदल-बदल करते थे। अब पेटेन्ट प्राप्त निगमों से प्रचारित बीजों से तैयार की गई फसल के उत्पादन का व्यावसायिक आधार पर बीज के रूप में विक्रय पर निषेध की स्थिति आ गई है। कुछ कम्पनियाँ इसमें भी आगे बढ़कर कृषि व्यवस्था को सर्वांश में नियंत्रित कर लेना चाहती हैं और वे ऐसे बीज बनाने तक आगे बढ़ गई हैं जिनमें पुनः अंकुरण की सामर्थ्य न होने से दूसरी बार इनका बीज के रूप में प्रयोग ही नहीं किया जा सकता है। यह बीज प्रणाली कृषकों को अपने लिए भी बीज रखने से पूर्णतः रोक देगी। ऐसे बीजों के चलन से प्रत्येक वर्ष नवीन बीज खरीदना कृषकों की बाध्यता हो जाएगी। भारत में अभी भी 80 प्रतिशत बीज अपनी फसलों या परस्पर अदल-बदल से प्राप्त होते हैं। इन बीजों के व्यापक चयन से स्वतः बीज रखने या अदल-बदल से बीज प्राप्त करने पर स्वतः रोक हो जाएगी। कुछ समय बाद देशज मूल बीज चलन से हट जाते हैं, जैसा कि हमारी विभिन्न फसलों के हजारों किस्म के बीजों के सन्दर्भ में हुआ। एक और ऊँची कीमत के साथ निर्वंशी बीजों की नियंत्रित आपूर्ति और दूसरी ओर देशज मूल बीजों का अप्रचलन कृषि प्रणाली में पूर्ण निर्भरता का भय उत्पन्न करता है। इस स्थिति से बीज सम्पदा करोड़ों किसानों के हाथ से निकलकर निजी सम्पत्ति बनते जा रहे हैं।
- बाजार का खोला जाना सभी देशों के लिए कृषि व्यापार में प्रतिस्पर्धी बाजार सुनिश्चित नहीं करता है। वस्तुतः पैमाने की मितव्ययिताएँ, विनियोग की अविभाज्यताएँ प्रौद्योगिकी अन्तराल और राजकीय नीतियों से बाजार की अपूर्णताएँ बढ़ती हैं। इन कारणों के कई प्रसंस्करित उत्पादों के सन्दर्भ में कतिपय बहुराष्ट्रीय कम्पनियों का वर्चस्व बढ़ रहा है। निगमीय कृषि प्रणाली सामान्य कृषकों और असंगठित उत्पादकों के लिए अस्तित्व की कठिनाई उत्पन्न कर रही है। इससे कृषि उत्पादों में प्रतिस्पर्धी बाजार न बनकर अल्पाधिकारिक बाजार बन रहा है। अल्पाधिकारीय बाजार की प्रभुता सम्पन्न फर्में उत्पादन लागत से बहुत ऊँची कीमतें वसूल कर रही हैं, जिसका अनुकरण बाजार की अन्य फर्में भी कर रही हैं। इससे अन्तिम उपभोक्ताओं को ऊँची कीमतें देनी पड़ रही हैं और प्राथमिक कृषि उत्पादकों को अत्यन्त नीची कीमतें मिल रही है।

- कई कृषि उत्पादों के सन्दर्भ में हमारी राष्ट्रीय उत्पादकता विश्व स्तर से कम है विकसित देश कृषि उत्पादों को ऊँची निर्यात सहायिका प्रदान करते हैं। इस कारण भारतीय कृषि उत्पाद लागत और कीमत की दृष्टि से विश्व बाजार में प्रतिस्पर्धी नहीं हो पाते हैं। अतः कृषि व्यापार खुलने के बाद कृषि क्षेत्र के समक्ष गुणवत्ता और उत्पादिता उन्नयन की नयी चुनौतियाँ उत्पन्न हुई हैं। अब गाँव तक विदेशी कृषि उत्पाद पहुँच रहे हैं और डम्पिंग का भय तो बना ही है।
- कृषि पर समझौते का प्रभाव यद्यपि अभी स्पष्टतः परिलक्षित नहीं हुआ है क्योंकि भारत जैसी विकासशील अर्थव्यवस्थाओं के लिए घरेलू सहायता में कमी, घरेलू बाजार को खोलना जैसी बाध्यताएँ अभी लागू नहीं हुई हैं। कृषि निर्यात सहायिका की कमी से भी भारत का मात्र 22.8 प्रतिशत निर्यात व्यापार ही प्रभावित हो रहा है। परन्तु पेटेन्ट कानून का प्रभाव निकट भविष्य में भारतीय कृषि पर अवश्य पड़ेगा। इसलिए कृषि क्षेत्र की उत्पादकता बढ़ाने, गुणवत्ता उन्नत करने और लागत घटाने के साथ-साथ उत्पाद विविधीकरण और प्रसंस्करण की आवश्यकता स्पष्ट होती है। भारत को इस समझौते से लाभ लेने के लिए स्वच्छता और पौध स्वच्छता के अन्तर्राष्ट्रीय मानकों की गुणवत्ता के कृषि उत्पादों का घरेलू आवश्यकता से अधिक उत्पादन करना होगा। विक्रय योग्य आधिक्य को विश्व बाजार में प्रतिस्पर्धात्मक कीमतों पर कम परिवहन लागत के साथ निर्यात करना सुनिश्चित करना होगा।

भारतीय कृषि में वृद्धि एक विहंगम दृष्टि

कृषि जीवन जीने का एक ढंग रहा है तथा यह जन समुदाय की जीविका की एक मात्र सबसे महत्वपूर्ण साधन बनी हुई है। स्वतंत्रता से ही भारतीय कृषि की प्रक्रियाओं एवं प्रवृत्तियों को प्रभावित करने में सरकार द्वारा निर्मित कृषि संबंधी विशिष्ट रणनीतियों एवं नीतियों की भूमिका अत्यधिक महत्वपूर्ण थी।

कृषि संबंधी रणनीतियाँ

1950 के दशक के प्रारंभिक वर्षों से ही भारत ने कृषीय वृद्धि एवं न्याय को महत्व प्रदान किया। संस्थागत एवं तकनीकी तत्वों पर सापेक्षिक जोर के आधार पर दो अवधियों से संबंधित दो भिन्न-भिन्न रणनीतियों की पहचान की जा सकती है। 1950-51 से 1965-66 तक की प्रथम अवधि में प्रमुख जोर संस्थागत एवं कृषि संबंधी सुधारों एवं सिंचाई आधार के विस्तार पर था। स्वतंत्रता के ठीक पश्चात् भारत ने जमींदारी प्रणाली के रूप में ज्ञात मध्यस्थलों के भूस्वामीवाद को समाप्त कर दिया जिसके परिणामस्वरूप खेती करने के 40 प्रतिशत क्षेत्रफल पर अधिकार रखने वाले 20 मिलियन वैधानिक काश्तेकारों को दखलकारी अधिकार प्राप्त हो गया। इससे भूस्वामी द्वारा की जाने वाली कृषि प्रणाली के अंतर्गत क्षेत्रफल में अत्यधिक वृद्धि हो गई। इस सुधार से कृषि के आधुनिकीकरण में बड़ी बाधाओं को हटाने से विकृत अर्थव्यवस्था के सुदृढ़ीकरण की प्रक्रिया भी उत्पन्न हुई। इस प्रकार, भूमि के अधिक समान वितरण का अवसर खो दिया गया। सरकार द्वारा संचालित सहकारिताओं का विस्तार करके खेती वालों को रुपया उधार देने वालों एवं व्यापारियों द्वारा किए जाने वाले शोषण को समाप्त करने के भी प्रयास किये गये।

1960 के दशक के मध्य में नीतिगत जोर संस्थागत तत्वों से हटकर तकनीकी तत्वों की ओर परिवर्तित हो गया। भारत ने गेहूँ एवं चावल में अधिक उपज देने वाली किस्मों (HYV) में जैविकीय नवप्रवर्तनों का लाभ प्राप्त किया तथा एक नई रणनीति अपनायी जिसे 'हरित क्रांति' का नाम दिया जाता है। इस नीतिगत परिवर्तन को दो तत्वों ने प्रभावित किया। प्रथम, तृतीय पंचवर्षीय योजना के प्रथम तीन वर्षों में स्थैतिज उपज के कारण भारतीय अर्थव्यवस्था गंभीर दबाव में थी। द्वितीय, खेती के अंतर्गत अतिरिक्त क्षेत्रफल को लाने की संभावना लगभग समाप्त हो गई थी। हरित क्रांति पूर्व की अवधि के विपरीत 1960 के दशक के मध्य से प्रारंभ होने वाली द्वितीय अवधि में भारतीय कृषि का तीव्र गति से आधुनिकीकरण हुआ। नई कृषीय तकनीक ने कृषि में निजी विनियोग का मार्ग प्रशस्त किया। रणनीति में चुनाव से संबंधित पक्षपात को समाप्त करने के लिए सरकार ने 1970 के दशक में क्षेत्र एवं लक्ष्य समूह विशिष्ट कार्यक्रम प्रारंभ किया। खाद्यान्न व्यापार में सार्वजनिक क्षेत्र की सामरिक एवं प्रभावशाली स्थिति को प्राप्त करने के लिए 1965 में भारतीय खाद्य निगम की स्थापना की गई। हाल के वर्षों में अनुदानों पर केंद्रीय सरकार के व्यय में अत्यधिक वृद्धि हुई।

वृद्धि कार्य-निष्पादन

विगत छह दशकों में भारतीय कृषि ने सम्मानजनक प्रगति प्राप्त की। इसने हरित क्रांति के पूर्व की अवधि में 3 प्रतिशत तथा बाद की अवधि में 2.7 प्रतिशत वार्षिक वृद्धि दर प्राप्त की। खाद्यान्न उत्पादन 1950-51 में 55 मिलियन टन (mt) से बढ़कर 1983-84 में 152.4 मिलियन टन हो गया तथा इस प्रकार 2.7 प्रतिशत वार्षिक वृद्धि दर अंकित की। खाद्यान्न उत्पादन वृद्धि की सबसे महत्वपूर्ण स्रोत कृषि थी। अनुसंधानकर्ताओं ने खाद्यान्न उत्पादन में वृद्धि के आधे से दो-तिहाई भाग को प्रत्यक्ष रूप से सिंचाई का कारण बताया है।

खाद्यान्न उत्पादन में अच्छे कार्य-निष्पादन के बावजूद इसके अंतर्गत प्रोटीन की महत्वपूर्ण स्रोत दालों का कार्य-निष्पादन उत्साहवर्द्धक नहीं रहा। दालों का उत्पादन 1950-51 में 8.40 मिलियन टन (mt) से बढ़कर 1983-84 में 12.89 मिलियन टन (mt) हो गया तथा इस प्रकार केवल 1.27 प्रतिशत वार्षिक वृद्धि दर अंकित की।

आर्थिक सुधारों से कृषि को प्रोत्साहन दिये जाने की आशा थी। तथापि, वास्तविकता में ऐसा नहीं हुआ। देश के कुछ भागों में कृषकों की आत्महत्या के कारण के रूप में दोषारोपण कम से कम आंशिक रूप में उन विस्ताार एजेंसियों की असफलता पर किया जा सकता है जो अवैध आगतों को रोक नहीं सकीं अथवा आगतों के उचित उपयोग करने में किसानों का मार्ग दर्शन ही कर सकीं।

सुधारों के तुरंत बाद की अवधि में वृद्धि दर नौवीं योजना में 2.5 प्रतिशत, दसवीं योजना में 2.4 प्रतिशत तथा 11वीं योजना में अनुमानित 3.4 प्रतिशत थी। उत्पादन में वृद्धि उपजों द्वारा हुई। आश्चर्य की बात नहीं है

कि कुल कृषि उत्पादन की वार्षिक चक्रवृद्धि दर उत्पादकता वृद्धि दरों के समान है। उत्पादकता की वृद्धि दर, सुधार के पूर्व की अवधि की अपेक्षा सुधार के पश्चात् की अवधि में कम थी। हरित क्रांति की अवधि के पूर्व एवं पश्चात् की अवधियों के बीच कृषि क्षेत्रों के सापेक्षिक कार्य-निष्पादन से संबंधित अध्ययनों ने अनेक आश्चर्यजनक लक्षण प्रस्तुत किये हैं। प्रथम, दोनों अवधियाँ कृषीय वृद्धि के अपने स्रोत के संबंध में एक-दूसरे से भिन्न हैं। एक, पहली अवधि में फसलयुक्त क्षेत्रफल के विस्तार पर अत्यधिक विश्वास किया गया। जबकि दूसरी अवधि में, उत्पादकता में सुधार पर विश्वास किया गया। गैर-खाद्यान्न फसलों के संबंध में क्षेत्रफल तथा उपज दोनों ने ही उनकी वृद्धि में योगदान किया। बाजार की शक्तियाँ उनके क्षेत्रफल में विस्तार की पक्षधर प्रतीत होती हैं।

द्वितीय, हरित क्रांति के बाद की अवधि में गेहूँ उत्पादन में तेज गति से वृद्धि हुई। जबकि अधिकांश अन्य फसलों विशेष रूप से मोटे अनाज, दालों एवं तिलहनों के उत्पादन में कमी आयीं तृतीय, हरित क्रांति की बाद की अवधि में फसल उत्पादन की प्रवृत्ति वर्षा से अधिक संवेदनशील थी। कृषि वृद्धि का सबसे आश्चर्यजनक लक्षण यह था कि इसकी प्रवृत्ति क्षेत्रीय विषमताओं में वृद्धि करना था।

नीति-निर्माण के वर्तमान चरण में निम्न अंतसंबंधित लक्षणों का ध्यान देने की आवश्यकता है।

1. विगत छह दशकों की अवधि में कृषीय उत्पादन में कुछ वृद्धि के स्पष्ट प्रमाण हैं, किन्तु प्रगति फसल तथा सब क्षेत्र विशिष्ट हैं। अत: अंतर्क्षेत्रीय विषमताओं के विस्तृत होने के चिन्ह विद्यमान हैं। विभिन्न वर्षा क्षेत्रों के लिए उपयुक्त 'उच्च उपज किस्मों' (HYVs) को विकसित करने में कोई बड़ी प्रगति होती प्रतीत नहीं होती है।
2. खाद्यान्नों की प्रति व्यक्ति उपलब्धता में कोई उल्लेखनीय सुधार नहीं हुआ है। खाद्यान्न उत्पादन में प्रगति का उपयोग अधिकांशतः आगतों को कम करने तथा भंडारों का निर्माण करने में किया गया है।
3. लगभग सभी राज्यों में वर्तमान चरण में वास्तविक मजदूरियों में सुधार दिखायी देता है। जिसमें कुछ राज्यों में रोजगार में भी विस्तार हुआ है। समृद्ध राज्यों पंजाब एवं हरियाणा में वास्तविक मजदूरी में कमी तथा न्यून रोजगार विस्तार अंकित किया गया। पंजाब ने हाल के विगत वर्षों में जोत के औसत आकार में वृद्धि का एक विशिष्ट लक्षण भी प्रदर्शित किया है।

हाल के विगत वर्षों में भारतीय कृषीय नियोजन के क्षेत्रीयकरण को अपेक्षाकृत अधिक मान्यता मिली है। कृषि जलवायु लक्षणों विशेष रूप से मिट्टी के प्रकार, तापमान एवं वर्षा को सम्मिलित करते हुए जलवायु तथा उसमें अंतर तथा जल संसाधनों पर ध्यान केंद्रित करने के प्रयास किये जा रहे हैं। योजना आयोग ने 15 कृषि जलवायु क्षेत्रों के स्तर पर कृषि संबंधी नियोजन की रणनीति तैयार करना प्रारंभ कर दिया है।

कृषि में विनियोग

1980 के दशक की अवधि में कृषि में पूँजी निर्माण की घटती हुई दर को ध्यान में रखते हुए अब एक भय उत्पन्न हो गया है कि क्या भविष्य में कृषि में साधारण वृद्धि कार्य निष्पादन को भी बनाये रखा जा सकेगा। यह कमी कृषि पर योजनागत व्ययों के अनुपात के रूप में भी प्रतिबिंबित होती है। सौभाग्य से निरपेक्ष रूप में कोई कमी नहीं हुई है किंतु आनुपातिक रूप में अब योजनागत व्ययों में से कृषि की ओर संसाधनों का प्रवाह कम हो गया है।

कृषि का साख प्रवाह

भारतीय रिजर्व बैंक ने अवलोकन किया है कि परिमाणात्मक विस्तार के बावजूद साख प्रणाली चार बड़ी कमजोरियों से ग्रस्त है–(i) साख का कमजोर पुनर्चक्रीय होना, (ii) घटिया जमा संग्रहण, (iii) अप्रभावी ऋण देने की क्रिया तथा (vi) घटिया ऋण वसूली। ये कमजोरियाँ इतनी गंभीर हैं कि कृषि की साख प्रणाली स्वयं अपने आधार पर बनी रहने योग्य नहीं है तथा यदि राज्य द्वारा प्रणाली के बाहर से वृहत् संसाधनों की वचनबद्धता द्वारा इसमें निरंतर वृद्धि नहीं की जाती है तो यह प्रणाली ढह जाएगी। कृषि में अधिक साख डालने के बावजूद साख की गुणवत्ता में सुधार नहीं हुआ है। साख की बड़ी मात्रा कुछ एक विकसित क्षेत्रों एवं बड़े किसानों को ही उपलब्ध हुई है। एक संबंधित तथ्य यह है कि औपचारिक क्षेत्र में साख संस्थाओं अर्थात् ग्रामीण वित्तीय संस्थाओं (RFIs) की कार्यप्रणाली कभी संतोषजनक नहीं रही है। खरीदे गये आगतों के अपेक्षाकृत अधिक उपयोग से साख की बढ़ी हुई आवश्यकता द्वारा आपेक्षित दर से ग्रामीण वित्तीय संस्थान RFIs कृषि को साख प्रदान नहीं कर रहे हैं। ग्रामीण वित्तीय संस्थाएँ, विशेष से व्यापारिक बैंक ग्रामीण क्षेत्रों में अपनी असन्तोषजनक कार्य-निष्पादन के तीन कारण बताते हैं–(i) ग्रामीण क्षेत्रों में आत्मसात करने की न्यून क्षमता, (ii) ऊँची लेन-देन लागतें, तथा (iii) अपेक्षकृत अधिक जोखिम।

कृषि उपज की कीमत नीति

कृषीय वस्तुओं की कीमत नीति उत्पादकों को उनकी उपज की लाभकारी कीमतें सुनिश्चित करने का प्रयास करती हैं। इसका उद्देश्य अधिक विनियोग तथा उत्पादन को प्रोत्साहित करना तथा उपभोक्ताओं के लिए पर्याप्त पूर्ति की उपलब्धता सुनिश्चित करने एवं उनके हितों की सुरक्षा करना होता है। कीमत नीति अर्थव्यवस्था की संपूर्ण आवश्यकताओं के परिप्रेक्ष्य में एक संतुलित एवं एकीकृत कीमत ढाँचा बनाने का भी प्रयास करती है। इस उद्देश्य का ध्यान रखते हुए सरकार प्रत्येक मौसम में प्रमुख कृषीय वस्तुओं की न्यूनतम समर्थन कीमतों की घोषणा करती है तथा खरीद केंद्रों की व्यवस्था करती है।

पूर्ति आधारित अध्ययनों ने सामान्यतः प्रदर्शित किया है कि कृषि उत्पादन केवल कीमत की अपेक्षा ठीक तकनीक तथा सिंचाई एवं उर्वरक जैसे आगतों की उपलब्धता पर अत्यधिक निर्भर करता है।

तथापि, कीमत नीति को समर्थनकारी भूमिका निभानी होती है। यदि कीमत निर्धारण प्रणाली हतोत्साहित करने वाली होती है तो तकनीक को

अपनाना धीमा हो सकता है। भारत में लागतों एवं व्यापार की शर्तों में परिवर्तनों के अनुसार खरीद कीमतों में निरंतर वृद्धि करने तथा उर्वरक, साख, सिंचाई एवं बिजली जैसे आगतों पर अनुदान में वृद्धि दोनों ही के द्वारा कीमत प्रोत्साहन प्रदान किये जाते हैं।

कृषि की समस्याएँ

विकल्पों के रूप में उपलब्ध (क) कम उत्पाद कीमतों को ध्यान में रखते हुए, अनुदान सहित कम आगत कीमतों के साथ बनाम (ख) अनुदान रहित अधिक आगत कीमतों के साथ अधिक उत्पाद कीमतों में निहित जटिलताओं के साथ न्याय नहीं करेंगे। सभी की तुलना में कुछ के लिए अनुदानों के और अधिक विकल्प हो सकते हैं। न्याय, कार्यकुशलता एवं पर्यावरण संबंधी सुदृढ़ता के दृष्टिकोण होते हैं।

संस्थागत असफलताएँ और भी अधिक स्पष्ट हैं–देश के सभी भागों के जमीनी स्तर तथा इसी प्रकार तीव्र गति से आगत उपयोग में वृद्धि वाले क्षेत्रों के अध्ययन यह व्यक्त करते हैं कि खेतों पर सभी आगतों का उपयोग गैर–आनुपातिक होता है जिसके परिणामस्वरूप किसानों की देयताओं में वृद्धि हो जाती है। इस प्रवृत्ति का अधिकांशतः भाग तकनीकी ज्ञान की अनुपलब्धता एवं विस्तार संस्थाओं द्वारा प्रदत्त अपर्याप्त समर्थन द्वारा पता लगाया जा सकता है।

वर्तमान परिस्थितियों में नीति का जोर शुष्क क्षेत्रों तथा छोटे खेतों में उगायी जाने वाली फसलों, प्रमुख रूप से मोटे अनाज, दालों एवं खरीफ फसल के तिलहनों की उत्पादकता में सुधार को प्रोत्साहित करने में होना चाहिए। इन समूहों के लिए दुग्ध उत्पादन क्षेत्र में उत्पादकता को प्रोत्साहित करने के उपाय समान रूप से महत्वपूर्ण होते हैं।

यदि इन क्षेत्रों में भूमि विकास का एक वृहत कार्यक्रम अपनाया जाता है तो खेती योग्य बंजर भूमि तथा गोचर भूमि के विशाल क्षेत्रफल के कारण खुले चरागाह पर आधारित दुग्ध उत्पादन में इन क्षेत्रों को सापेक्षिक लाभ हो सकता है। छोटे किसानों के विस्तृत रूप से अपनी आत्मनिर्भरता के स्तर को प्राप्त कर लेने तथा अपनी परम्परागत फसलों एवं उपक्रमों से अतिरेकों का सृजन प्रारंभ कर लेने के बाद ही आगत गहन उच्च मूल्य वाली फसलों तथा उपक्रमों को प्रोत्साहित करना चाहिए। जहाँ तक छोटे एवं सीमांत किसानों का संबंध है हमारा तात्कालिक कार्य बाजार पर खुला छोड़ देने के बजाय स्वयं प्रावधान को प्रोत्साहित करना होना चाहिए।

कृषि एवं संबंधित क्षेत्रों की वृद्धि भारतीय अर्थव्यवस्था के समग्र कार्य निष्पादन में अब भी एक महत्वपूर्ण तत्व है क्योंकि यह देश में रोजगार का लगभग 58 प्रतिशत रोजगार प्रदान करते हैं। इसके अतिरिक्त यह क्षेत्र भोजन, चारा एवं अनेक उद्योगों के कच्चे माल का पूर्तिकर्ता है। अतः भारतीय कृषि की वृद्धि को 'समावेशी वृद्धि' की एक आवश्यक शर्त माना जा सकता है। अभी हाल ही में, ग्रामीण क्षेत्र (कृषि को सम्मिलित करते हुए) को घरेलू मांग के एक भावी स्रोत के रूप में देखा जा सकता है। यह एक ऐसी मान्यता है जो वस्तुओं एवं सेवाओं की माँग में विस्तार के इच्छुक साहसियों की विपणन संबंधी रणनीतियों को भी प्रभावित कर रही है। कृषि क्षेत्र की वास्तविक चुनौती इस क्षेत्र में सतत् रूप से सार्वजनिक एवं निजी क्षेत्र दोनों द्वारा पूँजी विनियोग में वृद्धि करने की है। विशुद्ध बुवाई युक्त क्षेत्रफल का 60 प्रतिशत अब भी वर्षा पर आधारित है। विभिन्न अध्ययन संकेत करते हैं कि वर्षा आधारित क्षेत्रफल की संभावनाओं का पूर्ण उपयोग नहीं किया गया है। वर्षा आधारित क्षेत्रफलों के लक्ष्यपूर्ण विकास को प्राथमिकता दी जानी चाहिए।

उदाहरण के लिए, भारत की 60 वर्षों से भूमि सुधार की तलाश अपूर्ण बनी हुई है। वर्षों पुराने भूमि सीमा से लगाव का प्रतिस्थापन अब उन विधियों से होना चाहिए जो भूमि की चकबंदी में सहायता करती हैं जिसके बिना पूर्ति सीमित तथा उत्पादकता एवं मजदूरियाँ कम बनी रहेगीं। औसत खेत का आकार पहले से ही कम होकर 1.2 हेक्टेयर हो गया है जिनमें से अधिकांश बहुत छोटे भूमि खंड हैं जिन पर खेती करना अनार्थिक होता है। भूमि के इन छोटे-छोटे भागों की व्यावहारिक जोत के रूप में चकबंदी उत्पादकता को समृद्ध बनाने वाले उपायों, विशेष रूप से सिंचाई में विनियोग को तेज़ कर सकते हैं, जो समग्र रूप से खेती के उत्पादन में तीव्र वृद्धि करेगा।

निष्कर्ष रूप में, वर्षा आधारित क्षेत्र पर पर्याप्त ध्यान केंद्रित करके कृषि उत्पादकता में वृद्धि करना, भारतीय कृषि का मात्र फसली कृषि से पशुपालन, मत्स्य पालन, मुर्गी पालन एवं बागवानी की ओर विविधीकरण के साथ पर्यावरण संबंधी चिंताएँ कृषीय क्षेत्र की केंद्र बिंदु होनी चाहिए। विनियोग के अपेक्षाकृत अधिक स्तर केवल कृषि की उत्पादकता में वृद्धि करने के लिए ही नहीं बल्कि परिवहन, भंडारण एवं कृषि उपज के वितरण के लिए पर्याप्त आधारभूत ढाँचे के लिए भी आवश्यकता होती है। भारतीय कृषि का निरंतर मंद कार्य संपादन एक चिंता का स्रोत रहा है। लोगों के मस्तिष्क में सबसे महत्वपूर्ण प्रश्न यह है कि भारतीय कृषि में अगला भेदन क्या और कहाँ होगा?

सुधार की पूर्ण कमी तथा विनियोग की न्यूनता उन अनेक तत्वों में से सबसे महत्वपूर्ण बने हुए हैं जिन्होंने विशेष रूप से 1990 के दशक के बाद कृषि वृद्धि को मंद कर रखा है। कृषि पदार्थों की निरंतर बढ़ती हुई आवश्यकताओं को पूरा करने में विपणन संबंधी एवं अन्य सुधार आवश्यक हैं तथा मानवीय एवं पर्यावरण संबंधी तत्वों द्वारा प्रस्तुत चुनौतियों का सामाना करने हेतु कृषि को तैयार करने के लिए विपणन संबंधी एवं अन्य सुधार आवश्यक हैं। कृषि बाजारों का आधुनिकीकरण एवं उन्हें अत्यावश्यक सहयोगी आधारभूत ढाँचे एवं संस्थाओं से जोड़ने का भी तुरंत आवश्यकता है।

कृषि की भावी वृद्धि से जुड़े मुद्दे

कृषीय मुद्दों से जुड़े कुछ आयाम एवं चिंताएं निम्नलिखित हैं–

(i) कृषीय उत्पादन, उत्पादकता एवं उत्पाद के मूल्य में कमी आयी है। संपूर्ण अर्थव्यवस्था की अपेक्षा कृषि क्षेत्र में वृद्धि कम हुई है किंतु चिंता का विषय यह है कि 1980 के दशक की अपेक्षा 1990 के दशक में वृद्धि कम हो गई है। यह एक कृषि संकट की स्थिति का संकेतक है।

(ii) जोखिम वहन करने वाले किसानों को सुविधा प्रदान करने की बजाय राज्य उन्हें वापस ले रहे हैं। सिंचाई एवं संबंधित आधारभूत ढाँचे में सार्वजनिक विनियोग में कमी हुई है।

(iii) सामान्य जल सतहों में कमी एक विडम्बना है।

(iv) साख के औपचारिक स्रोतों तक अपर्याप्त पहुँच एवं ऊँची ब्याज दर

(v) शोधकार्य एवं उनके परिणामों को मूर्त रूप देने में भारी ढील

(vi) खेती में सलाह के लिए आगतों को प्रदान करने वाले व्यापारियों पर विश्वास में वृद्धि हुई तथा इस प्रकार पूर्तिकर्ता-प्रेरित माँग उत्पन्न किया जाना। बदलती तकनीक एवं बाजार दशाओं के साथ किसान वस्तु एवं साधन बाजारों की अनिश्चितताओं में अधिकाधिक खुला होता जा रहा है। किसान अनेक जोखिमों, मौसम की अनिश्चितता, कीमत उतार-चढ़ाव एवं कृत्रिम आगतों इत्यादि का सामना करता है जो पहले से ही कम उसके प्रतिफलों को और भी कम कर देते हैं।

संपूर्ण अर्थव्यवस्था की प्रभावशाली वृद्धि को ध्यान में रखते हुए कृषि के घटिया कार्य-निष्पादन के गंभीर परिणाम होते हैं। प्रथम, यह कृषि एवं गैर-कृषि क्षेत्र में आय के बीच विस्तृत विषमता उत्पन्न कर रही है। यदि कृषि की धीमी गति से वृद्धि के समतुल्य कृषि पर निर्भर जनसंख्या में कमी हो जाती तो उससे विषमताओं में वृद्धि नहीं होगी। किन्तु ऐसा नहीं हो रहा है। द्वितीय, चूँकि श्रमशक्ति का 50 प्रतिशत से अधिक तथा देश की जनसंख्या का लगभग उतना ही अनुपात आय एवं जीविका के लिए कृषि पर निर्भर करता है अत: कृषि की धीमी गति से वृद्धि उन्हें संकट में डाल रही है। खाद्यान्नों के अंतर्गत क्षेत्रफल में कमी 1990 के दशक की अवधि में कृषीय उत्पादन की वृद्धि में एक बड़ी सीमितता का तत्व रहा है। अत: भविष्य में अपेक्षाकृत अधिक वृद्धि प्राप्त करने के लिए खाद्यान्नों के क्षेत्रफल में घटती हुई प्रवृत्ति को रोकना होगा। सिंचित क्षेत्रफल में वृद्धि से भविष्य में सकल फसलयुक्त क्षेत्रफल में वृद्धि की आशा की जा सकती है। तथापि, अंतिम सिंचाई संभावना उसके विस्तार पर सीमा निर्धारित कर सकती है। आइए, इन मुद्दों की एक-एक करके विवेचना करें।

उत्पादकता वृद्धि

कुल मिलाकर नियोजन काल में भारतीय कृषि ने कुछ महत्वपूर्ण प्रगति की है। उपलब्धियों के होते हुए भी भारतीय कृषि की संरचनात्मक सीमाओं ने अनेक समस्याएँ प्रस्तुत कर दी हैं। फसल एवं क्षेत्रीय असंतुलन बने हुए हैं तथा क्षेत्र के नियोजन के लिए निरंतर एक बड़ी चुनौती प्रस्तुत करते हैं। यद्यपि यह आशा की जाती है कि फसल के असंतुलनों को कुछ सीमा तक ठीक किया जा सकता है किंतु संपूर्ण कृषीय वृद्धि वांछित स्तरों की अपेक्षा कम बनी रह सकती है क्योंकि भारतीय स्थिति में समग्र पूर्ति का प्रत्युत्तर कम ही होता है। यह तथ्य उस संभावना को खोल देता है जिससे माँग-पूर्ति का अंतर बना रहेगा तथा कुछ फसलों के मामलों में इसमें वृद्धि भी होगी।

यद्यपि फसल क्षेत्रफल में वृद्धि अत्यावश्यक है किंतु दीर्घकाल में क्षेत्रफल के विस्तार का क्षेत्र सीमित होने के कारण कृषि की भावी वृद्धि अधिकांशतः फसल उत्पादकता में वृद्धि पर निर्भर करेगी। उत्पादकता में वृद्धि अधिक सीमा तक वैज्ञानिक अनुसंधान एवं तकनीक के प्रसार पर निर्भर करेगी। तकनीक में प्रगति के बिना भी फसलों के अखिल भारतीय उपज स्तर में वृद्धि की आशा उपज में वृद्धि करने वाली तकनीक के अधिक संतुलित प्रसार के माध्यमं से की जा सकती है।

कृषि में विनियोग

सकल फसलीकृत क्षेत्रफल में विस्तार एवं फसल उत्पादकता में तीव्र गति से वृद्धि की नितांत आवश्यकता को देखते हुए कृषीय विनियोग में वृद्धि करना भी अत्यधिक महत्वपूर्ण तत्व है। इसके पश्चात् प्रश्न यह उत्पन्न होता है कि भविष्य की विनियोग की आवश्यकता क्या होगी तथा नीतिगत विकल्प क्या होना चाहिए-व्यय और अधिक सार्वजनिक विनियोग किया जाना चाहिए अथवा इसे निजी क्षेत्र से प्राप्त करना चाहिए। यह बात कृषि में विनियोग की इन दो श्रेणियों के बीच पूरकता के प्रश्न से जुड़ी हुई है। कृषि में विनियोग की इन दो श्रेणियों की अपनी विशिष्ट भूमिका होती है। यद्यपि निजी विनियोग की प्रवृत्तियाँ उत्साहवर्धक प्रतीत होती हैं किन्तु निजी क्षेत्र से कृषि की संपूर्ण आवश्यकताओं विशेष रूप से बड़ी सिंचाई परियोजनाओं, अनुसंधान एवं विकास (R & D) तथा अन्य समर्थनकारी प्रणालियों इत्यादि को पूरा करने की आशा नहीं की जा सकती है।

भावी वृद्धि के लिए सिंचाई के विकास पर अधिक ध्यान देने की आवश्यकता है जिससे फसल क्षेत्रफल में वृद्धि एवं उपज में वृद्धि करने वाली तकनीक के प्रसार को भी सुविधाजनक बनाने की आशा की जा सकती है। अत्यधिक महत्वपूर्ण कृषीय वृद्धि प्राप्त करने की संभावनाएँ भी दीर्घकाल में फसल उत्पादकता में वृद्धि पर निर्भर करेंगी जो संभवतः सशक्त अनुसंधान एवं विकास प्रयासों के माध्यम से प्राप्त करने योग्य हैं। कृषीय नीतियों को अनुसंधान की गुणवत्ता एवं विस्तार समर्थन को उन्नत करना, सतत् आधार पर ग्रामीण क्षेत्रों की ऊर्जा की आवश्यकता को पूरा करने के लिए बेहतर व्यवस्था सुनिश्चित करना, ग्रामीण आधारभूत ढाँचे में सुधार पर ध्यान देना, शुष्क भूमि कृषि के लिए तकनीक विकसित करना एवं उसका प्रचार करना तथा जल एवं भूमि की कोटि में गिरावट को नियंत्रित करने के लिए प्रभावशाली नीति का निर्माण करना चाहिए।

ये सभी बातें कृषीय विनियोग में वृद्धि करने की नितांत आवश्यकता को रेखांकित करती हैं। कृषि की सभी विनियोग आवश्यकताओं को पूरा करने के लिए निजी क्षेत्र से आशा करना बहुत जल्दबाजी होगी। इसके अतिरिक्त, इस बात के विस्तृत प्रमाण हैं कि वर्तमान सार्वजनिक पूँजीगत-परिसंपत्तियाँ पर्याय कोषों एवं उनके संचालन तथा रखरखाव के प्रयासों में कमी के कारण तेजी से बिगड़ रही हैं। इन प्रवृत्तियों को तुरंत विपरीत करना निरपेक्ष रूप से अत्यावश्यक है। यदि जल विद्युत तथा उर्वरकों को दिया जाने वाला विश्वास अनुदान सीमित किया जाता है तभी सिंचाई, ग्रामीण संचार माध्यमों, भूमि एवं जल की कोटि में गिरावट को नियंत्रित करने की योजनाओं, पुर्ननवीकरण एवं अन्य कृषि से संबंधित आधारभूत ढाँचे में वृद्धि हो सकती है। यही समस्या के हल का मूल मंत्र है।

बजाय उसके कि आगतों पर अनुदानों के, जिनके लाभ विशिष्ट रूप से अपेक्षाकृत समृद्ध किसानों द्वारा ही प्राप्त कर लिये जाते हैं, केंद्र एवं राज्यों को सम्मिलित रूप से टिकाऊ एवं उत्पादक विनियोगों तथा अनेक संचालन एवं रखरखाव के लिए पर्याप्त प्रावधान के अनुकूल कृषि के लिए सार्वजनिक व्यय के ढाँचे में मूलभूत रूप में पुनर्संरचना करनी चाहिए।

क्षेत्रफल में कमी

एक महत्वपूर्ण बात खाद्यान्नों के अंतर्गत क्षेत्रफल में अत्यधिक कमी से संबंधित है। नीतिगत उद्देश्यों का ध्यान रखते हुए यह परीक्षण करना उपयोगी होगा कि क्या यह क्षेत्रफल वैकल्पिक उपयोगों में परिवर्तित हो रहा है अथवा किसानों के लिए खेती लाभकारी नहीं रह गई है तथा भूमियाँ अप्रयुक्त रखी जा रही हैं। कृषि क्षेत्र की संपूर्ण माँग की दशाएं अनुकूल हो सकती हैं किंतु कुछ विशिष्ट फसलों तथा क्षेत्रों की समस्याएँ हो सकती हैं जो अपनी विशिष्ट कृषि जलवायु संबंधी दशाओं के कारण उन फसलों में विशिष्टीकरण करते हैं। आर्थिक सुधार भारतीय किसान वर्ग के लिए प्रत्याशित लाभों का सृजन करने में असफल रहे हैं। इसका मुख्य कारण 1990 के दशक की अवधि में कृषीय वृद्धि में कमी रही है। इस घटना से भारतीय नीति निर्माताओं को यह सीख ले लेनी चाहिए कि ग्रामीण आधारभूत ढाँचे में सार्वजनिक विनियोग का अत्यधिक महत्व निरंतर बना हुआ है।

संस्थागत कमजोरियाँ

कुछ उन संस्थागत उपायों को करने की आवश्यकता है जो वृद्धि के भावी लाभों को लघु एवं सीमांत किसानों में बांटने तथा निर्यातों की वृद्धि में सहायता करते हैं। समन्वित सहकारिताओं, मदर डेयरी तथा अन्य सेवा सहकारिताओं एवं ठेका कृषि इत्यादि नवप्रवर्तनकारी संस्थाओं के माध्यम से बढ़े हुए कृषीय निर्यातों के लाभों को प्राप्त करने में लघु एवं सीमांत किसानों तथा भूमिहीन श्रमिकों को सम्मिलित करने के लिए उनके अनुकूल एक सक्रिय नीति का निर्माण किया जाना चाहिए। लघु एवं सीमांत किसान हमारे किसानों में सर्वाधिक संख्या वाली श्रेणी है तथा जिसमें सबसे निर्धन लोग सम्मिलित हैं।

हमारी कृषीय साख प्रणाली अनुदानित ब्याज दरों, ऋणों की सबसे घटिया वसूली, सहकारी एवं व्यापारिक बैंकों के बिचौलियों की ऊँची लागतों तथा ऋण-माफी इत्यादि से अत्यधिक कमजोर बना दी गई हैं। सबसे अधिक नुकसान सबसे निर्धन किसानों को हुआ है। किसानों के लिए सबसे महत्वपूर्ण बात साख की समय उपलब्धता होती है। हमारी वर्तमान प्रणाली इसे सुनिश्चित नहीं करती है।

अनेक राज्यों में भूमि सुधार की कार्य सूची दयनीय रूप से अपूर्ण बनी हुई है तथा काश्तकारी शासन प्रणाली में अत्यधिक सुधार की आवश्यकता है। अभी तक काश्तकारी सुधार के प्रयासों ने अनेक बार वांछित परिणाम प्राप्त नहीं किये हैं। मौखिक एवं छुपी हुई काश्तकारी का भार बहुत अधिक बना हुआ है तथा इसी प्रकार काश्तकारों की असुरक्षा भी बनी हुई है। भूमि एवं काश्तकारी सुधार, लघु एवं सीमांत किसानों के लिए सिंचाई एवं अन्य आधारभूत ढाँचे की सेवाओं पर विशेष ध्यान देना तथा ग्रामीण साख प्रणाली के स्वास्थ्य को पुनः प्राप्त करना इत्यादि लघु किसानों की आय एवं उत्पादकता में वृद्धि करने के महत्वपूर्ण तत्व हैं।

कृषि क्षेत्र के लिए नई तकनीकों का विकास करने तथा लघु किसानों तक उनकी पहुँच के लिए विशेष प्रयास किये जाने चाहिए ताकि वे अपने उत्पादन को अधिक मूल्य वाली व्यावसायिक एवं निर्यात वस्तुओं की ओर विविधीकरण में समर्थ हो सकें। उत्पादन के मोर्चे से संबंधित प्रयासों की पूर्ति व्यापार-गृह, बाजार सूचना सेवा, राष्ट्रीय एवं अंतर्राष्ट्रीय कीमतों से संबंधित सूचनाओं के नेटवर्क के सृजन जैसी संस्थाओं के सृजन से की जानी चाहिए। उपज के प्रसंस्करण, विपणन एवं श्रेणीकरण से संबंधित आवश्यक आधारभूत ढाँचे के सृजन की आवश्यकता है। बाजार समितियों के माध्यम से सूचना से संबंधित आधारभूत ढाँचे में विनियोग सूचना को स्थानीय स्तर पर पहुँचायेगा।

कृषि में सुधार की रणनीति

स्पष्ट सबक यह है कि अर्थव्यवस्था का उदारीकरण करते समय नीति निर्माताओं को यह स्मरण रखना चाहिए कि कृषि वृद्धि ही भारत में बहुत बड़ी संख्या में किसानों के भाग्य का निर्धारण करती है तथा उनकी निर्धनता पर प्रहार भी करती है। ग्रामीण आधारभूत ढाँचे में सार्वजनिक विनियोग की उपेक्षा करने वाली उदारीकरण के पश्चात् की नीतियाँ कृषीय वृद्धि में तीव्रगति से कमी के लिए प्राथमिक रूप से उत्तरदायी हैं। कृषि को बहुत अधिक प्राथमिकता प्रदान न करके समृद्ध वर्ग केंद्रित वृद्धि को पोषित करने वाली वर्तमान नीतियाँ एक दोहरे समाज का सृजन करेंगी। यह भी समझना आवश्यक है कि बाजार द्वारा संचालित कृषि में उदारीकरण की प्रक्रिया अभिन्न रूप से धनी किसानों एवं समृद्ध क्षेत्रों के पक्ष में है। स्थानीय स्तर के सक्रिय वादियों एवं किसान आंदोलन को प्रभावशाली ढंग से हस्तक्षेप करना चाहिए तथा यह आवश्वासन देने में महत्वपूर्ण भूमिका निभानी चाहिए कि लघु किसानों एवं अलाभान्वित क्षेत्रों के हित सुरक्षित हैं तथा वे भी व्यापार उदारीकरण से लाभान्वित होने के योग्य बना दिये गये हैं।

यह रेखांकित किया जाना चाहिए कि वैश्वीकरण अवसर एवं चुनौतियाँ दोनों ही प्रदान करता है। अवसरों के अंतर्गत विश्व व्यापार तथा वृद्धि के लाभों में भागीदारी सम्मिलित है। अब तक के प्रमाण यह संकेत करते हैं कि अधिकांश किसान वर्ग आर्थिक उदारीकरण एवं वैश्वीकरण से पर्याप्त लाभ प्राप्त करने में असमर्थ रहा है।

स्वीकार्य रूप से, हमारे पास लगभग वह सब कुछ है जो कृषीय महाशक्ति होने के लिए आवश्यक है जैसे—पर्याप्त सौर प्रकाश, पर्याप्त वर्षा, विभिन्न कृषि जलवायु की दशाएँ तथा जैविकीय विविधता इत्यादि। उपरोक्त के आधार पर सतत् उत्पादन वृद्धि को सुनिश्चित करने, हानि को कम करने तथा अच्छी कृषि आय तथा घरेलू कृषि को मजबूत बनाने के लिए अनेक उपाय एक साथ आवश्यक है। विगत दस वर्षों में नीतिगत संकेन्द्रण इतना बिखरा हुआ था कि कृषि क्षेत्र में विनियोग के प्रवाह में पहचान योग्य सतर्कता दिखायी पड़ती है। नीतिगत वातावरण भ्रमात्मक

है। कोई भी इस बात पर भरोसा नहीं करता है कि लोक-लुभावनवाद (Populism) से विज्ञान अधिक महत्वपूर्ण होगा। कृषि संबंधी जैविकीय तकनीक को अग्रिम तरीके के रूप में अपनाने पर अनिश्चितता किसी के भी हित में नहीं है। यह अत्यधिक महत्वपूर्ण है कि केंद्रीय सरकार कृषि में जैविकीय तकनीक के उपयोग के विषय में भविष्य में स्पष्ट दृष्टिकोण अपनाये। अन्यथा देश को गैर-तकनीक विकल्पों के अनुसरण की भयानक चुनौतियों का सामना करना पड़ेगा।

कीमत निर्धारण नीति

जो समष्टि आर्थिक नीतिगत उपाय प्रत्यक्ष रूप से कृषि क्षेत्र से संबंधित नहीं है वे भी इस क्षेत्र को वृहत् रूप से प्रभावित कर सकते हैं। जिससे उत्पादन एवं सामाजिक संबंधों में परिवर्तन हो जाता है। ये नीतियाँ विशेष रूप से व्यापार की शर्तों में परिवर्तन एवं कीमत निर्धारण, राजकोषीय साख एवं विदेशी विनिमय दर से संबंधित नीतियों के माध्यम से भारतीय कृषि को प्रभावित करती रही हैं। ये बातें वर्तमान संरचनात्मक समायोजन प्रक्रिया के कारण हाल ही में अधिक महत्वपूर्ण हो गई हैं।

हाल के वर्षों में कीमत निर्धारण की बात ने अत्यधिक ध्यान आकर्षित किया है। इसके दो बड़े कारणों की चर्चा की जा सकती है। प्रथम, दुर्जेय कृषि पक्ष की राजनीतिक शक्ति में वृद्धि हो गई है। द्वितीय, कीमत निर्धारण रणनीति को कृषीय बातों पर बहस में सबसे आगे लाने का दूसरा कारण उन मजबूत समष्टिपरक संबंधों से उत्पन्न होता है जिनमें लोकप्रिय एकमुश्त संरचनात्मक सुधारों सहित स्थिरीकरण के परिणामों का महत्वपूर्ण रूप में परिवर्तित कर देने की संभावना होती है। राजकोषीय, मौद्रिक, विदेशी विनिमय दर तथा साख नीतियाँ कृषीय कीमत परिवेश को महत्वपूर्ण रूप में प्रभावित कर सकती हैं तथा एक पुनर्निवेशन संबंधों के माध्यम से कृषि सहित संपूर्ण अर्थव्यवस्था के सभी क्षेत्रों को प्रभावित करती हैं। कीमत निर्धारण के धर्मसंकट द्वारा प्रस्तुत चुनौती को पूरा करने के लिए एक कपटपूर्ण दृष्टिकोण कृषि क्षेत्र से वर्तमान नकारात्मक संरक्षण को हटाना तथा कीमतों को अगले कुछ वर्षों तक वृद्धियों को डगमगाते हुए स्वत: ठीक होने देना है किन्तु इस प्रकार की अनुमति देते समय यह अत्यधिक महत्वपूर्ण है कि जनसंख्या के निर्धन एवं संवेदनशील लोगों को एक सार्थक एवं व्यवहार्य सुरक्षा कवच प्रदान किया जाय। इसे केवल निर्धनता निवारण एवं रोजगार सृजन कार्यक्रमों पर आबंटन में वृद्धि करने तथा एक थोड़ी-सी लक्ष्यपूर्ण जनसंख्या के लिए सार्वजनिक वितरण प्रणाली (PDS) को मजबूत बनाने के माध्यम से ही प्राप्त किया जा सकता है।

राजकोषीय नीतियाँ

राजनीतिक रूप से बनी रहने वाली नीति का निर्माण करना होगा क्योंकि ऐसा कोई कारण प्रतीत नहीं होता कि जो लोग कृषि क्षेत्र में किये गये सार्वजनिक विनियोगों से सर्वाधिक लाभान्वित हुए हैं उन्हें इस संबंध में उनके देय से मना करने की अनुमति दी जाय। संभवत: इस संदर्भ में एक लाभदायक नीतिगत विकल्प, विशेष रूप से उर्वरक एवं विद्युत पर, आगत अनुदानों को कम करना है। हम लोगों को यह मानना होगा कि यदि लाभान्वितों से लागत वसूल करने के लिए जल शुल्क एवं विद्युत की दरों में उचित स्तर तक वृद्धि न की गई तो समय के साथ इन महत्वपूर्ण आगतों की पूर्ति बहुत खराब हो जाएगी जो कृषि तथा संपूर्ण राष्ट्र को हानि पहुँचाएगी।

कृषि में सार्वजनिक विनियोग में निरंतर कमी सिंचाई जैसे कठोर विनियोगों में रही है। इस बात की संभावना प्रतीत नहीं होती है कि सार्वजनिक क्षेत्र के अपेक्षाकृत अधिक विनियोग एवं अन्य उचित नीतिगत उपायों के बिना न्यून कृषीय वृद्धि के लक्षण वाले विस्तृत क्षेत्र उत्पन्न हो सकते हैं तथा वे अधिक सीमा तक संस्थागत साख का उपयोग कर सकते हैं। विनियोग में कृषि के अंश में कमी सरकारी व्यय में उसके अंश की अपेक्षा अधिक तीव्र गति से हुई है। इसके अतिरिक्त निजी विनियोग में कोई गति नहीं आई है।

आगम पूर्तियाँ

उर्वरकों का उपयोग कुछ फसलों एवं कुछ क्षेत्रों तक ही संकेंद्रित है तथा यह धनी किसानों के पक्ष में विषम है। सरकार को इन अनुदानों को एक चरणबद्ध तरीके से कम करना होगा। सिंचाई में विनियोग में वृद्धि करना उर्वरकों को अनुदान देने की अपेक्षा कृषि उत्पादन में वृद्धि करने का अधिक कार्यकुशल तरीका है। सिंचाई से संबंधित बातें स्वयं में ही महत्वपूर्ण हैं। जल शुल्कों का न्यून स्तर एवं कम एकत्रीकरण, असंतोषजनक रखरखाव तथा तेजी से बढ़ते प्रतिष्ठान व्ययों ने देश में सिंचाई व्यवस्था की कार्यप्रणाली को रोगी बना दिया है। उत्पादन में वृद्धि के लिए सुधरी हुई तकनीक सर्वाधिक महत्वपूर्ण होती है। उपलब्ध प्रमाण यह प्रदर्शित करते हैं कि किसानों के खेतों में सुधरे हुए खेती के तरीकों से प्राप्त उपज के स्तर तथा किसानों द्वारा अपनाये जाने वाले खेती के सामान्य तरीकों के बीच बहुत बड़ा अंतर होता है। किसानों को बेहतर तकनीक हस्तांतरण करने की विस्तार सेवाओं की आवश्यकता के अतिरिक्त इसमें महत्वपूर्ण तत्व गुणवत्ता युक्त बीजों की उपलब्धता होती है। अधिकांश किसान 'बीज' एवं 'अनाज' में अंतर नहीं करते हैं तथा साधारण अनाज को बीज के रूप में उपयोग करते हैं। शोध संस्थानों के पास बीज की मात्रा में वृद्धि करने की बहुत सीमित क्षमता है। वे थोड़ी मात्रा में ही गुणवत्ता वाले बीज की पूर्ति कर सकते हैं। भारत में सार्वजनिक क्षेत्र की भूमिका का विस्तार करके तथा निजी क्षेत्र को बड़े पैमाने पर बीज के व्यवसाय में प्रोत्साहित करके बीजों के एक प्रतिस्पर्धी बाजार को विकसित करने की आवश्यकता है। हम ऐसा अनुभव करते हैं कि कुछ अनुदानों को अन्य आगतों से हस्तांतरित करके बीजों पर अधिक अनुदान देना अधिक लाभकर सिद्ध होगा।

कृषीय साख

ग्रामीण साख संरचना को पुनर्जीवन प्रदान करना कृषि वृद्धि के लिए महत्वपूर्ण होता है क्योंकि अभी भी उधार देने वाले व्यक्ति साख के स्रोत के लिए महत्वपूर्ण प्रतीत होते हैं। फिर भी ऐसा प्रतीत होता है कि उन तत्वों के अध्ययन करने की आवश्यकता है जो छोटे किसानों द्वारा संस्थागत साख की प्राप्ति को प्रभावित करते हैं। साख की समय पर पूर्ति

महत्वपूर्ण होती है तथा कुशल उत्पादक क्षेत्रों को नियंत्रित की जाती है। साख संस्थाओं का सुधार सहकारिता के सभी स्तरों एवं व्यावसायिक बैंक क्षेत्र तक पहुँचना चाहिए। दीर्घकाल से बनी हुई अलाभकार क्षेत्रीय ग्रामीण बैंकों की समस्या (RRBs) के समाधान करने की भी आवश्यकता है।

कृषि विपणन

कृषि विपणन से संबंधित गतिविधियों को वृहत् सरकारी समर्थन प्रदान किया जाय। बाजार प्रणालियाँ कुछ सीमा तक अकुशल एवं यहां तक की पुरानी बनी रहती हैं। कीमत समर्थनकारी क्रियाएँ गेहूँ एवं चावल की फसलों के पक्ष में होती हैं तथा इन फसलों में भी वे घाटे वाले राज्यों में लगभग अस्तित्व में ही नहीं हैं। चीनी एवं कपास के लिए भी बाजार हस्तक्षेप कार्यक्रम विद्यमान हैं किन्तु वे अकुशलतापूर्वक किये जाते हैं। इसके साथ ही भारतीय कृषि का व्यावसायीकरण करने में किसी को भी सतर्क होना पड़ता है क्योंकि यह साधन युक्त धनी क्षेत्रों को अनुचित लाभ पहुँचा सकता है। पिछड़े जनपदों में विपणन संरचनाएँ व्यावसायिक तरीके से कार्य नहीं करती हैं। पिछड़े क्षेत्रों में वर्ग संबंधों एवं विपणन कार्यों की प्रावैगिकी समझना महत्वपूर्ण होता है।

खाद्य भंडारण क्रियाएँ

भारतीय खाद्य निगम (FCI) द्वारा व्यवस्थित खाद्यान्नों की आर्थिक लागतों में तीव्र गति से वृद्धि की गई है। आर्थिक लागत एवं खरीद कीमतों के बीच बढ़ते हुए अंतर से समस्या में अत्यधिक वृद्धि हो गई है जो खरीद एवं वितरण से संबंधित आकस्मिक व्ययों में तीव्र वृद्धि सूचित करता है। इसके अतिरिक्त FCI को साख अनुदान का तत्व भी मिलता है जिसकी गणना इसकी लागत में स्पष्ट रूप से नहीं की जाती है। खाद्य अनुदानों को बनाए रखने की समस्या अब तक अधिकांशतः सहज बनाने योग्य नहीं रही है क्योंकि खाद्य सुरक्षा को सुनिश्चित करना किसी भी सरकार की महत्वपूर्ण चिंता होती है। अतः समस्या के समाधान के लिए PDS को एक संकुचित लक्ष्यपूर्ण समूह तक पहुँच को ही सीमित करने की आवश्यकता होगी।

खाद्य भंडारण क्रियाओं में एक महत्वपूर्ण बात भंडार के अनुकूलतम स्तर है जो सार्वजनिक एजेंसियों को बनाए रखना होता है। भंडार के अनुकूलतम स्तरों की क्रमबद्ध स्तरों की क्रमबद्ध गणना के लिए बहुत कम प्रयास किया गया है। नवनिर्मित नियमों पर पुनः अवलोकन करने की आवश्यकता है। इस प्रश्न के केवल भंडार के स्तर के समन्वित ढाँचे बल्कि खरीद कीमत एवं कुल खरीद से संबंधित नीतियों के परीक्षण किये जाने को भी आवश्यकता है। PDS कुल खरीद को एक छोटे लक्ष्यपूर्ण समूह तक प्रतिबंधित करने का निर्णय आवश्यक रूप से भंडार के नियम करने के कार्य से पूर्व होना चाहिए।

तकनीक एवं सततता

तकनीक आत्मसात करने, भूमि उपयोग तथा कृषीय वृद्धि की सततता के अनेक आयाम होते हैं। प्रथम एवं सबसे महत्वपूर्ण प्राथमिकता के आधार पर उस शुष्क भूमि तकनीक के प्रसारण को प्रारंभ करने की आवश्यकता है जो पहले कुछ निश्चित फसलों या कुछ निश्चित क्षेत्रों के लिए प्रारंभ किये गये गहन कार्य से मेल खाता है। घटिया एवं उपेक्षित भूमि आधार, आधारभूत ढाँचे के विकास को कम प्राथमिकता, अकुशल अनुसंधान एवं विस्तार सेवाएँ तथा शुष्क भूमि क्षेत्रों के कृषि के अधिक प्रावैगिक भागों के साथ प्रतिस्पर्धा करने में संपूर्ण असमर्थता जैसे अनेक विपरीत तथ्य शुष्क भूमि तकनीक के प्रसारण में भयंकर बाधाएँ बनी हुई हैं। अतः केवल तकनीक में ही विनियोग नहीं करना होगा बल्कि सहयोगी सीमितताओं को भी दूर करना होगा ताकि मध्यम एवं दीर्घकाल तक इन क्षेत्रों की वृद्धि सतत् बनी रहे। एक अतिरिक्त बात यह भी है कि संभवतः कृषि जलवायु क्षेत्रीय नियोजन (ACRP) एक उचित ढाँचा प्रदान करता है क्योंकि शुष्क भूमि तकनीक प्रकृति से ही क्षेत्र विशिष्ट होती है। द्वितीय, सिंचाई व्यवस्था की सततता का एक महत्वपूर्ण प्रश्न उत्पन्न होता है। चूँकि कृषि को उच्च वृद्धि मार्ग पर स्थापित करने के प्रयास किये जा रहे हैं अतः सततता की समस्या महत्वपूर्ण होना एक बाध्यता बन गई है।

संस्थागत व्यवस्थाएँ

भूमि सुधारों पर पुनः नया जोर संरचनात्मक समायोजन प्रक्रिया का सार हो सकता है। कड़वी दवाइयाँ बहुत कम स्वादिष्ट होती हैं किन्तु रुग्णता को ठीक करने के लिए अपरिहार्य हो जाती हैं। राज्य हस्तक्षेप में पक्षपात भूमि सुधारों के रूप में क्षतिपूरक हस्तक्षेप के लिए पर्याप्त कारण बन जाते हैं। भूमि काश्तकारी को सम्मिलित करते हुए कृषि संबंधी सुधारों में अंतर्राज्यीय अंतर प्रासंगिक रुचि के बने रहते हैं। कृषि क्षेत्र में संरचनात्मक सुधारों के लिए कुछ अन्य संस्थागत व्यवस्थाओं का भी सुझाव दिया जा सकता है। साख पक्ष में उत्पादन तथा दीर्घकालीन विनियोगों के उद्देश्यों से ऋण देने की धनराशि में वृद्धि करने के लिए कुछ अन्य संस्थागत कार्यप्रणाली की आवश्यकता है। फसल बीमा के क्षेत्र एवं उसमें और अधिक लाभकारी नकद फसलों को सम्मिलित करके उसका पुनर्निमाण किया जा सकता है ताकि इसकी क्रियाओं को प्रति अनुदानित किया जा सके। विपणन पक्ष में, वितरण क्रियाओं के लिए क्षेत्रीय आधार पर मोटे अनाजों के विपणन नेटवर्क में सुधार करने के लिए उपाय प्रारंभ किये जा सकते हैं तथा इसके लिए सभी व्यावहारिक उद्देश्यों से NAFED को FCI के समान मान्यता देने की आवश्यकता है। सिंचाई व्यवस्था के रखरखाव के लिए एक विशेष कार्यक्रम तथा अन्य क्षेत्र विशिष्ट आधार पर शुष्क भूमि तकनीक का प्रसारण करने की आवश्यकता है। अंत में, इस बात पर जोर दिया जा सकता है कि कृषि श्रमिक यद्यपि भूमिहीन होता है, किन्तु वह कृषि अर्थव्यवस्था की रीढ़ का सृजन करता है। अतः न्यूनतम मजदूरी अधिनियम के प्रबंधन एवं अतिरेक भूमि को इन श्रमिकों में वितरित करने के संस्थागत उपाय कृषीय उत्पादन योजनाओं एवं संबंधों के लिए अनिवार्य होते हैं। यह अवश्य कहा जा सकता है कि हाल के समय में संस्थागत सुधार अपना अपेक्षित स्थान ग्रहण नहीं कर रहे हैं। उसी समय यह भी बताना जरूरी है कि संस्थागत परिवर्तन के लिए माँग में परिवर्तन आपूर्ति एवं तकनीक में परिवर्तनों द्वारा प्रेरित है।

पूर्ववर्ती भूमि कब्जा

भारत में ब्रिटिश सम्राज्य को विस्तारित करने व उसे सुदृढ़ता करने के लिए कंपनी को धन की अवश्यकता थी। ब्रिटिश हुकूमत अपने आर्थिक खर्चे, जैसे- कच्चे माल की खरीददारी, सिविल तथा सैनिक अधिकारियों के वेतन आदि की पूर्ति के लिए कृषि व्यवस्था में हस्तक्षेप के कारण भारतीय कृषि का परपरागत स्वरूप बदलने लगा। क्लाइव के समय तक भू-राजस्व पद्धति में कोई बड़ा परिवर्तन नहीं आया था तथा इस समय तक बिचौलियों के माध्यम से भू-राजस्व की वसूली होती थी। किन्तु इसके पश्चात् ब्रिटिश हुकूमत द्वारा नये प्रकार के कृषि संबंधों की शुरुआत हुई। ब्रिटिश हुकूमत द्वारा भारत में तीन प्रकार की भू-पद्धतियाँ अपनाई गई–

(i) स्थायी बन्दोबस्त

(ii) रैय्यतवाड़ी व्यवस्था

(iii) महालवाड़ी व्यवस्था

स्थायी बंदोबस्त

इसके अंतर्गत जमींदारों को भूमि का मालिकाना हक प्रदान करते हुए उनके साथ एक निश्चित भू-राजस्व अदायगी का समझौता किया गया। वस्तुतः यह बंदोबस्त ब्रिटेन में तत्कालीन समय में चल रही उदारवादी विचारधारा (फिजियो क्रेटिक) से प्रेरित था, जिसके अंतर्गत भू-स्वामी वर्ग एक प्रगतिशील जमींदार वर्ग में परिवर्तित हो गया था तथा इससे कृषि उत्पादन को प्रोत्साहन मिला एवं सरकार की आय सुनिश्चित हुई।

बिना किसी प्रशासनिक व्यय के भू-राजस्व की एक सुनिश्चित रकम प्राप्त करना।

जमींदारों के रूप में एक देशी समर्थक वर्ग का निर्माण करना।

यद्यपि प्रारंभ में इस व्यवस्था से संबंधित कुछ समस्याएं थीं :

- समझौता किससे किया जाए ? (किसान से या जमींदार से)
- राज्य को पैदावार का कितना भाग लगान के रूप में प्राप्त हो?
- यह समझौता कुछ वर्षों हेतु हो या स्थायी?

भूमि का मालिकाना हक जमींदार को दिया गया। लगान की वसूली का 10/11 भाग सरकार को तथा 1/11 भाग जमींदारों का हिस्सा तय हुआ। जमींदारों के लिए 'सूर्यास्त कानून' लाया गया। इसके अंतर्गत एक निश्चित तिथि तक जमींदारी को बेदखल किया जा सकता था। इसका विस्तार बंगाल, बिहार, उड़ीसा, पूर्वी उत्तर प्रदेश के कुछ क्षेत्र (1793 में इसे स्थायी कर दिया गया)। भारत में स्थायी बंदोबस्त लागू करने का श्रेय लॉर्ड कॉर्नवालिस तथा उनके सलाहकार जेम्स ग्रांट को जाता है।

कॉर्नवालिस की सोच थी कि जिस प्रकार ब्रिटेन में जमींदारों ने स्वयं के हिस्से में बढ़ोतरी के लिए कृषि को प्रोत्साहन दिया था तथा आधुनिक तरीके से कृषि शुरू की थी, जिससे ब्रिटेन में किसानों (ज्यादा उपज के रूप में), जमींदारों (ज्यादा लगान के रूप में), आम नागरिकों (खाद्यान्न उपलब्धता के रूप में) तथा सरकार (सुनिश्चित रकम के रूप में) सभी को फायदा हुआ था, उसी प्रकार इससे भी ऐसा ही होगा। किंतु कॉर्नवालिस की सोच सही साबित नहीं हुई तथा इस व्यवस्था के आमतौर पर नकारात्मक प्रभाव ही निकले, जो इस प्रकार हैं :

नकारात्मक प्रभाव

- किसानों की स्थिति अत्यंत खराब हो गई, क्योंकि जहाँ एक तरफ मालिकाना हक उनके हाथ से चला गया, वहीं दूसरी तरफ जमींदारों को लगान वसूली के संदर्भ में स्वतंत्र छोड़ दिया गया। उच्च लगान दरों के कारण किसान, साहूकार एवं महाजनों के ऋण जाल में फंस गए, क्योंकि भू-राजस्व नकद में वसूल किया जाता था।
- भूमि विक्रय की वस्तु बन जाने के कारण जोतों का विखंडनीकरण हुआ तथा साथ-ही-साथ ग्रामीण क्षेत्र का परंपरागत सद्भावनापूर्ण वातावरण समाप्त हो गया।
- कृषकों का सामूहिक भूमि एवं चारागाह इत्यादि पर से भी अधिकार समाप्त हो गया।
- कृषि के वाणिज्यीकरण को प्रोत्साहन मिला, जिससे खाद्यान्नों की कमी हुई एवं अकाल पड़ने लगे।
- 'सूर्यास्त कानून' के कारण 'दूरस्थ जमींदारों' को प्रोत्साहन।
- सरकारी भू-राजस्व स्थायी हो गया।

नकारात्मक प्रभाव के कारण

- भारत की स्थानीय परिस्थितियां भिन्न थीं। जैसे–बड़े-बड़े खेतों का अभाव, जमींदारों की संकीर्ण सोच एवं पूंजी निवेश की कमी इत्यादि।
- ब्रिटेन में सरकार का मुख्य उद्देश्य कृषि को प्रोत्साहन देना था, जबकि भारत में अपने औपनिवेशिक हितों की पूर्ति के लिए ज्यादा-से-ज्यादा राजस्व वसूलना प्रमुख लक्ष्य था।

सकारात्मक प्रभाव

- आत्मनिर्भर ग्रामीण अर्थव्यवस्था समाप्त हो गई।
- कृषि का वाणिज्यीकरण हुआ, इससे कृषि उत्पादों का मूल्यवर्द्धन हुआ।
- आर्थिक एकीकरण हुआ तथा इसने राष्ट्रवाद के विकास में योगदान दिया।
- आधुनिक उद्योग-धंधों के लिए कच्चा माल, जैसे–कपास, जूट इत्यादि की कृषि को प्रोत्साहन मिला।

रैय्यतवाड़ी व्यवस्था

इस व्यवस्था के अंतर्गत रैय्यत अर्थात् किसानों के साथ बंदोबस्त किया गया तथा उन्हें भूमि का मालिकाना हक प्रदान करते हुए, प्रशासनिक अमलों के माध्यम से भू-राजस्व वसूली की व्यवस्था की गई। यह व्यवस्था मद्रास के तत्कालीन गवर्नर थॉमस मुनरो (1820-27) द्वारा 1820 में प्रारंभ की गई। यह व्यवस्था मद्रास, बंबई, कर्नाटक तथा असम के कुछ भागों में लागू की गई। ब्रिटिश भारत का लगभग 51% भाग इसके अंतर्गत था।

इन क्षेत्रों में बड़े-बड़े जमींदार नहीं थे। स्थायी बंदोबस्त के अंतर्गत सरकार की रकम स्थिर हो गई थी, जिससे ब्रिटिश कंपनी को अतिरिक्त लाभ नहीं मिल पा रहा था। जमींदारों के अत्यधिक शोषण से कृषक

असंतोष बढ़ता जा रहा था, जो खतरनाक हो सकता था। कंपनी स्थायी बंदोबस्त से प्रशासनिक झंझट में पड़ती जा रही थी (जमींदारी नीलामी प्रथा द्वारा)। रैय्यतवाड़ी व्यवस्था के तहत् कृषक को जमीन का मालिक मान लिया गया, जब तक वह सरकार को निर्धारित मालगुजारी देते रहें। निर्धारित समय पर भू-राजस्व नहीं देने पर सरकार जमीन को नीलाम कर सकती थी। भूमि को विक्रय योग्य माना गया।

नकारात्मक प्रभाव

- अधिकाधिक राजस्व वसूलने के लिए मनमाने ढंग से भू-राजस्व का निर्धारण किया गया तथा किसानों को बलपूर्वक खेत जोतने को बाध्य किया गया।
- राजस्व निर्धारण ज्यादा होने के कारण किसानों को लाभ नहीं हो पाया।
- इसने ग्रामीण समाज की सामूहिक संपत्ति की अवधारणा समाप्त कर दी।
- मालगुजारी नकद में चुकानी होती थी एवं उसका निर्धारण बाजार मूल्य के आधार पर हुआ, जबकि किसानों को बाजार मूल्य नहीं मिल पाते थे।
- अकाल तथा सूखे की स्थिति में कभी-कभी ही राहत मिलती थी।
- ग्रामीण ऋणग्रस्तता में वृद्धि हुई।
- भूमि का विखंडनीकरण तीव्र हुआ तथा जोत का आकार घटा।
- आर्थिक असमानता में वृद्धि हुई।

सकारात्मक प्रभाव

- कृषकों को जमीन पर मालिकाना हक मिला।
- मालगुजारी की रकम तय करते वक्त आगतों पर होने वाले खर्च को ध्यान में रखा गया।
- प्रचलित आत्मनिर्भर ग्रामीण अर्थव्यवस्था टूटकर अखिल भारतीय अर्थव्यवस्था का निर्माण हुआ।
- भारतीय अर्थव्यवस्था का सीमित पूंजीवादी रूपांतरण हुआ।

महालवाड़ी व्यवस्था

लॉर्ड हेस्टिंग्स के काल में ब्रिटिश सरकार ने लागू किया। यह व्यवस्था मध्य प्रांत, उत्तर प्रदेश (आगरा) एवं पंजाब में लागू की गई। इस व्यवस्था के अंतर्गत 30% भूमि थी। यह व्यवस्था रैय्यतवाड़ी तथा जमींदारी व्यवस्था का मिला-जुला स्वरूप थी। इसे पंजाब, राजस्थान एवं उत्तर प्रदेश के क्षेत्रों में लागू किया गया। इन क्षेत्रों में हालांकि जमींदार थे, परंतु जमींदारी प्रथा के नकारात्मक परिणामों को ध्यान में रखते हुए इसमें संशोधन आवश्यक था। दूसरी तरफ रैय्यतवाड़ी व्यवस्था में कृषकों को मालिकाना हक प्राप्त हुआ तथा सरकार को भी बढ़ी रकम मिलती थी, किंतु उसमें प्रशासनिक अमले का भी खर्च उठाना पड़ता था।

प्रावधान

'महाल' को राजस्व वसूली की इकाई निर्धारित किया गया। 'महाल' का अर्थ-गाँवों का समूह था। भू-राजस्व का बंदोबस्त महाल प्रमुख (लंबरदार) से किया गया। यह कमीशन एजेंट की तरह कार्य करता था। सैद्धांतिक रूप से भूमि पूरे गाँव या महाल की मानी जाती थी, परंतु व्यावहारिक रूप से किसान महाल की भूमि को आपस में बांट लेते थे तथा लगान महाल प्रमुख (लंबरदार) के पास जमा कर देते थे। महाल प्रमुख को यह अधिकार था कि वह लगान अदा न करने वाले किसान को उसकी भूमि से बेदखल कर सकता था। लगान का निर्धारण महाल, गाँव के उत्पादन के आधार पर किया गया था। किसानों से लगान वसूलने की दर निर्धारित कर दी गई तथा सरकार इसमें परिवर्तन कर सकती थी।

नकारात्मक प्रभाव

- भू-राजस्व दर ज्यादा होने के कारण किसान तबाह हो गए।
- अकाल तथा सूखे में भी राहत नहीं दी गई।
- कृषि उत्पादकता वृद्धि तथा कृषि निवेश न के बराबर हुआ।
- इसने महाल प्रमुखों को अत्यधिक शक्तिशाली बना दिया।
- किसान-सरकार के प्रत्यक्ष संबंध समाप्त हो गए।

सकारात्मक प्रभाव

महालवाड़ी व्यवस्था के अंतर्गत सरकार एवं लंबरदारों के फायदे के साथ-साथ कृषकों के शोषण की गुंजाइश भी कम थी। इस कारण महालवाड़ी क्षेत्रों में अकाल तथा विद्रोहों की बारंबारता नहीं दिखती।

इस प्रकार, अंग्रेजों द्वारा भारत में भू-राजस्व वसूलने की विभिन्न पद्धतियों को अपनाया गया। इन पद्धतियों को अलग-अलग क्षेत्रों में अलग-अलग समय पर लागू किया गया। किंतु इन सभी प्रयासों के पीछे मूल भावना अधिकाधिक भू-राजस्व हड़पकर अपनी आय में वृद्धि करना था। किसानों की भलाई से उनका कोई संबंध नहीं था। इसके कारण धीरे-धीरे भारतीय कृषक वर्ग कंगाल होने लगा तथा भारतीय कृषि बर्बाद हो गई।

ग्रामीण भारत में कृषक संबंध एवं भूमि प्रबंधन

भारतीय समाज प्राथमिक रूप से ग्रामीण समाज ही है हालांकि नगरीकरण बढ़ रहा है। भारत के बहुसंख्यक लोग गाँव में ही रहते हैं (69 प्रतिशत 2011 की जनगणना के अनुसार) उनका जीवन कृषि अथवा उससे संबंधित व्यवसायों से चलता है। इसका अर्थ यह हुआ कि बहुत से भारतियों के लिए भूमि उत्पादन का एक महत्वपूर्ण साधन है। भूमि संपत्ति का एक महत्वपूर्ण प्रकार भी है। लेकिन भूमि न तो केवल उत्पादन का साधन है और न ही केवल संपत्ति का एक प्रकार। न ही केवल कृषि है जो उनके जीविका का एक प्रकार है। यह जीने का एक तरीका है।

राबर्ट रेडफील्ड के अनुसार, "वे ग्रामीण लोग जो जीवन निर्वा के लिए अपनी भूमि पर नियंत्रण बनाए रखते है और उसे जातते है तथा कृषि जिनके जीवन के परम्परागरत तरीके का एक भाग है और जो कुलीन वर्ग

या नगरीय लोगों की ओर देखते है और उनसे प्रभावित होते है, जिनके जीवन का ढंग उनसे कुछ सभ्य होता है, कृषक समाज कहलाता है।''

अधिकतम ग्रामीण जनसंख्या के लिए कृषि जीविका का एकमात्र महत्वपूर्ण स्रोत या साधन है। लेकिन ग्रामीण सिर्फ कृषि ही नहीं है। बहुत से ऐसे क्रियाकलाप हैं जो कृषि और ग्राम्य जीवन की मदद के लिए है और वे ग्रामीण भारत में लोगों की जीविका के स्रोत है।

भारत के स्वतंत्र होने के बाद नेहरू और उनके नीति सलाहकारों ने नियोजित विकास के कार्यक्रमों की तरफ अपना ध्यान केंद्रित किया कृषिकीय सुधारों के साथ ही साथ औद्योगीकरण भी इसमें शामिल था। नीति निर्माताओं ने उस समय भारत की निराशाजनक कृषि स्थिति पर जवाबी मुद्दें बताए। इसमें शामिल किए गए मुख्य मुद्दें थे- पैदावार का कम होना, आयातित अनाज पर निर्भरता और ग्रामीण जनसंख्या के एक बड़े भाग में गहन गरीबी का होना। कृषि की उन्नति के लिए कृषिक संरचना में महत्वपूर्ण सुधार किए गए और विशेष रूप से भूस्वामित्व एवं भूमि के बँटवारे की व्यवस्था में भी सुधार किए जाए। सन् 1950 से 1970 के बीच में भूमि सुधार कानूनों की एक श्रृंखला को शुरू किया गया- इसे राष्ट्रीय स्तर के साथ राज्य स्तर पर भी चलाया गया- इसका इरादा इन परिवर्तनों को लाने का था।

विधेयक में पहला सबसे महत्वपूर्ण परिवर्तन था जमींदारी व्यवस्था को समाप्त करना, इससे उन बिचौलियों की फ़ौज समाप्त हो गई जो कि कृषक और राज्य के बीच में थी। भू-सुधार के लिए पास किए गए कानूनों में यह संभवतः सबसे अधिक प्रभावशाली कानून था। यह महत्वपूर्ण क्षेत्रों में भूमि पर जमींदारों के उच्च अधिकारों को दूर करने में और उनकी आर्थिक एवं राजनीतिक शक्तियों को कम करने में सफल रहा। निश्चित रूप से, यह बिना संघर्ष के नहीं हो सकता था, लेकिन इसने अंततोगत्वा वास्तविक भूस्वामियों एवं स्थानीय कृषकों की स्थिति को मजबूत कर दिया। हालाँकि, जमींदारी उन्मूलन ने भूसामंतवाद या पट्टेदारी या साझाकृषि व्यवस्था को पूरी तरह साफ नहीं किया।

भूमि सुधारः वर्ष 1949 में भूमि सुधार पर गौर करने और कृषि और 'भूमि उपज को बढ़ावा देने के लिए अर्थशास्त्री जी. कुमारप्पा की अध्यक्षता में एक समिति बनाई गई थी। इस समिति ने जमींदारी उन्मूलन, सुरक्षित और लाभदायक भूमि अधिकार, भूमि स्वामित्व की हद और भूमिहीन किसानों के बीच अधिशेष भूमि के पुनर्वितरण का सुझाव दिया।

भूमि सुधार के अन्तर्गत मध्यस्थों को समाप्त करने के लिए देश में भूमि सुधार उपाय शुरू किए गए थे। इसके तहत निम्न कदमों को उठाया गयाः (i) बिचौलियों का खात्मा (ii) (क) किरायदारों द्वारा जमींदारों को भुगतान किए जाने वाले किराए के लिए काश्तकारी सुधार (ख) किराएदारों के कार्यकाल की सुरक्षा, और (ग) किराएदारों को स्वामित्व का अधिकार प्रदान करना, और (iii) भूमिहीन मजदूरों और सीमांत किसानों के बीच वितरण के बीच वितरण के लिए भूमि की खरीद हेतु जुताई योग्य भूमि का अधिरोपण।

भारतीय कृषि में संकट की निरन्तरता

श्री जीत मिश्र एवं डी. नरसिम्हा रेड्डी ने जोर दिया है कि कृषि को अपेक्षाकृत बड़े सन्दर्भ में देखा जाना चाहिए। जिसमें केवल उत्पादन ही नहीं, बल्कि उत्पादक भी समान रूप से महत्वपूर्ण होते हैं। आज दोनों ही संकट में हैं। भारतीय कृषि में वर्तमान संकट के दो आयाम हैं। कृषि सम्बन्धी तथा कृषक सम्बन्धी। पहला विकास सम्बन्धी संकट है जो कार्यक्रमों की घटिया डिजाइन तथा संसाधनों के अपर्याप्त आबंटन से उत्पन्न होने वाले इस क्षेत्र की उपेक्षा में निहित हैं तथा बाद वाला जीविका संकट है जो कृषि पर आधारित जनसंख्या के बहुत बड़े भाग के जीवित रहने के आधार को ही जोखिम में डाल देता है। एक ओर खेती की उपेक्षा है तो दूसरी ओर कृषक की उपेक्षा है। दोनों आयाम इस अर्थ में एक-दूसरे से अन्तर्सम्बन्धित हैं कि अपेक्षाकृत बड़े संरचनात्मक सन्दर्भ की समस्या को उस समस्या से अलग नहीं किया जा सकता है जिसका सामना एक किसान को करना पड़ता है। चिन्ता का विषय है कि कृषि में यह संकट, जो लगभग दो दशकों से बना रहा, ऐसे समय पर हो रहा है जबकि सम्पूर्ण भारतीय अर्थव्यवस्था में वृद्धि ऊँची हो रही है।

जोत के सीमान्तीकरण में वृद्धि हुई है। कुल क्रियात्मक जोतों में से 3/5 भाग से अधिक 1 हेक्टेयर से कम भूमि थी तथा लगभग 1/5 भाग भूमियों का आकार 1 से 2 हेक्टेयर के बीच था। किसानों की ऋण-ग्रस्तता के समान उनकी आत्महत्याएँ बड़े संकट के चिह्न हैं तथा उनमें बढ़ती हुई घटनाएँ दिखाई दे रही हैं तथा वे गैर-किसानों की उपेक्षा बहुत अधिक बनी हुई हैं। किसानों की चिन्ताओं एवं समस्याओं का हल करने में सहायता करने तथा उन्हें संगठित करने के लिए संस्थागत ढाँचे की आवश्यकता है। इसके साथ ही संसाधन-समृद्ध क्षेत्रों में बड़े किसानों से प्रारम्भ होने वाली हरित क्रान्ति तकनीक से भिन्न न्यून संसाधन वाले शुष्क एवं सूखाग्रस्त क्षेत्रों के लघु एवं सीमान्त किसानों पर संकेन्द्रित सामुदायिक प्रबन्धन द्वारा सतत् कृषि को प्रोत्साहित करना चाहिए। ऐसे समय में जबकि खेती से प्रतिफल कम होते जा रहे हैं, आगतों के लिए बाजार पर निर्भरता में वृद्धि हो रही है। वर्षा पोषित/ शुष्क भूमि क्षेत्रों में फसल-खेती से सम्बन्धित शोध एवं विस्तार सेवाओं की आश्चर्यजनक असफलता के परिणामस्वरूप अनियंत्रित आगत विक्रेता पर विश्वास बढ़ता गया है जो पूर्तिकर्ता प्रेरित माँग का सृजन करता है।

ग्रामीण निर्धनता सबल रूप से कृषि की स्थिति से जुड़ी हुई है। आत्महत्या बड़े संकट का चिह्न है तथा इसकी अनुपस्थिति किसी भी प्रकार से संकट की अनुपस्थिति को सूचित नहीं करती है। किसानों की आत्महत्याओं की बढ़ती हुई घटना कृषकों के संकट के चिह्न हैं किन्तु यह कृषि सम्बन्धी संकट की भी अभिव्यक्ति है।

यह इस तथ्य को सूचित करता है कि आत्महत्या करने वाले प्रत्येक किसान के पीछे सैकड़ों-हजारों की संख्या में समस्याएं होती हैं। इसके अतिरिक्त बड़ी रुग्णता या कृषक एवं कृषि सम्बन्धी संकट केवल उन क्षेत्रों तक ही सीमित नहीं हैं जो अधिक हत्याएँ बता रहे हैं बल्कि यह बहुत अधिक क्षेत्र तक विस्तृत है।

तकनीक एवं संस्थागत विकल्प

वर्तमान कृषक संकट के लक्षणों में से एक खेती से न्यून प्रतिफल हैं। उत्पादन में वृद्धि करने के उद्देश्य से हरित क्रान्ति जैसे तकनीकी हस्तक्षेप उत्पादन के रूप में भूमि के आकार के प्रति तटस्थ रहे हैं किन्तु संसाधनों के प्रति तटस्थ नहीं थे। जिससे सीमान्त एवं लघु किसानों के लिए यह एक महँगी आवश्यकता बन गई थी। हाल के वर्षों में, अनिश्चितताओं के समाधान के उद्देश्य से अनेक वित्तीय साधन प्रारम्भ किए गए, किन्तु वे जोखिम को कम करने के बजाय प्रायः उसमें वृद्धि करने के रूप में समाप्त हो गए। समय की आवश्यकता लागतों में कमी करने की है। तकनीक उत्पाद केन्द्रित होने के बजाय ज्ञान केन्द्रित होती है। सीमान्त एवं लघु किसानों की बहुत बड़ी संख्या में प्रयोगों की सफलतापूर्वक पुनरावृत्ति के अन्य बातों के साथ संस्थागत व्यवस्थाओं की आवश्यकता होती है।

उच्च मूल्य कृषि की ओर विविधीकरण

सतत् आर्थिक एवं आय वृद्धि, शहरीकरण तथा वैश्वीकरण से भारत में उच्च मूल्य वाली खाद्य वस्तुओं की माँग में तीव्र गति से वृद्धि हो रही है। दूध, माँस, मछली, फल, सब्जियों की माँग वर्तमान स्तर से दुगुनी होने की आशा है। यह तथ्य विशेष रूप से छोटी जोत वाले स्वामियों एवं लाखों उत्पादकों को एक अवसर तथा साथ ही चुनौती भी प्रदान करता है जिनका भारतीय कृषि पर प्रभुत्व (जोतों की 80 प्रतिशत व हेक्टेयर से कम) होता है। उच्च मूल्य कृषि में उत्पादन एवं श्रम की खपत में रेशेदार फसलों के अपेक्षा सापेक्षिक लाभ होता है तथा इस प्रकार इसे छोटी जोत वालों के लिए आय एवं रोजगार में वृद्धि करने के लिए महत्वपूर्ण माना जाता है। इसके अतिरिक्त वैश्वीकरण उच्च मूल्य खाद्य वस्तुओं के निर्यातों में वृद्धि करने का अवसर प्रदान करता है।

फिर भी, इस बात में सन्देह है कि छोटी जोत वाले किसान इन उभरते हुए अवसरों का लाभ उठा सकेंगे। अधिकांश उच्च मूल्य खाद्य वस्तुएँ नाशवान होती हैं तथा उनके उपभोग केन्द्रों/बाजारों या भंडार गृहों या अपेक्षाकृत कम नाशवान रूपों प्रसंस्करण केन्द्रों तक तुरन्त परिवहन की आवश्यकता होती है जो भारत में दयनीय रूप से अपर्याप्त है। उच्च मूल्य कृषि वस्तुओं के बाजार मुख्य रूप से शहरी एवं अर्धशहरी क्षेत्रों में संकेन्द्रित है तथा दूरवर्ती ग्रामीण स्थानों के विशेष रूप से छोटी जोत के स्वामियों के लिए परिवहन सुविधाएँ अपर्याप्त हैं। अन्य शब्दों में, बाजारों में पहुँच परिवहन सुविधाओं एवं फसल कटाई के बाद आधारभूत ढाँचे की कमी विपणन की क्रय-विक्रय लागतों में वृद्धि कर देती है जिससे उत्पादक उच्च मूल्य कृषि में विविधीकरण से हतोत्साहित होते हैं।

उच्च मूल्य वाली कृषि की वृद्धि के लिए बाजारों की पहुँच अत्यधिक महत्वपूर्ण होती हैं। बाजारों की पहुँच को उच्च मूल्य वस्तुओं की माँग एवं उत्पादन स्थानों से उपभोक्ता केन्द्रों तक उच्च मूल्य वस्तुओं के परिवहन की सुविधा प्रदान करने वाले तत्वों के रूप में परिभाषित किया जाता है। भारत में उच्च मूल्य वस्तुओं का अधिकांश उत्पादन ग्रामीण क्षेत्रों में होता है। उसके पश्चात् शहरी क्षेत्रों के बाजारों में उनका परिवहन किया जाता है जहाँ बड़े उपभोग केन्द्र होते हैं। इस प्रकार बाजारों की पहुँच का अनुमान शहरीकरण एवं सड़क घनत्व से लगाया जा सकता है। शहरीकरण उच्च मूल्य वस्तुओं की माँग का एक महत्वपूर्ण निर्धारक है।

अखिल भारतीय स्तर पर उच्च मूल्य वाली खाद्य वस्तुओं (फल, सब्जियाँ, जानवरों के उत्पाद, मसाले, चाय तथा कॉफी) कृषीय उत्पाद के सकल मूल्य का लगभग 40 प्रतिशत योगदान करते हैं। तथापि, उच्च मूल्य कृषि की घटना में अत्यधिक क्षेत्रीय विभिन्नताएँ होती हैं। क्षेत्रीय रूप से फलों का उत्पादन देश के पूर्वी एवं पश्चिमी तटों तथा उत्तर-पश्चिमी एवं उत्तर-पूर्वी क्षेत्रों में संकेन्द्रित है। उत्तर-पश्चिमी क्षेत्रों में सब्जियों का संकेन्द्रण सबसे कम है। दुग्ध उद्योग अधिकांशतः देश के उत्तरी एवं पश्चिमी भागों तथा दक्षिण-पश्चिम भाग के कुछ क्षेत्रों में संकेन्द्रित है। माँस एवं अण्डा उत्पादन का संकेन्द्रण पूर्वी, उत्तर-पूर्वी एवं दक्षिणी भागों में अपेक्षाकृत अधिक है। पश्चिम में बड़े शहरों के अधिक निकट के कुछ क्षेत्रों में माँस उत्पादन की गहनता भी अधिक है। तथापि, माँस की विभिन्न श्रेणियाँ होती है किन्तु मुर्गे का माँस दक्षिण में तथा छोटे जुगाली करने वाले जानवरों का माँस पूर्व एवं पश्चिम में प्रमुख है।

शेष कृषि की तुलना में उच्च मूल्य कृषि अधिक तेजी से विकसित हो रही है। माँग का अस्तित्व उच्च मूल्य कृषि की वृद्धि की एक आवश्यक किन्तु पर्याप्त दशा नहीं है। इस प्रकार शहरी जनपदों में परिवहन जैसे आधारभूत ढाँचे उच्च मूल्य कृषि की वृद्धि के लिए पूर्वापेक्षा होती है। इसकी वृद्धि से आय तथा रोजगार के अवसरों में वृद्धि के द्वारा लाखों छोटी जोत के स्वामियों के लाभान्वित होने की सम्भावना है। उच्च मूल्य कृषि छोटी जोत के स्वामियों के अपेक्षाकृत अधिक अनुपात वाले क्षेत्रों में संकेन्द्रित है तथा उसमें शेष कृषि की अपेक्षा अधिक तीव्र गति से वृत्ति होती रही है। यह कृषीय क्षेत्र की सम्पूर्ण वृद्धि की गति तीव्र करेगी तथा न्याय पर सकारात्मक प्रभाव डालेगी। क्योंकि दुग्ध उद्योग जैसी कुछ गतिविधियाँ छोटी जोत के स्वामियों में ही संकेन्द्रित हैं। इसके अतिरिक्त, अधिकांश उच्च मूल्य वस्तुओं (HVCs) का उत्पादन श्रम प्रधान होता है तथा उच्च मूल्य वस्तु के विस्तार का रोजगार पर अत्यधिक प्रभाव होने की आशा की जाती है। उत्पादन अपने उत्पादन पोर्ट फोलियो में परिवर्तन द्वारा उभरते हुए माँग ढाँचे का प्रत्युत्तर सकारात्मक रूप में दे रहे हैं। यद्यपि, उच्च मूल्य कृषि पूरे देश में फैली हुई है किन्तु इसमें पर्याप्त स्थानीय अन्तर होते हैं।

गहन उच्च मूल्य वस्तु (HVC) क्षेत्रों में फल सर्वाधिक महत्वपूर्ण होते हैं जिसके पश्चात् क्रमशः दूध, सब्जियाँ एवं मुर्गी पालन होता है। विस्तृत HVC क्षेत्रों में दुग्ध बड़ी वस्तु होती है तथा इसके पश्चात् क्रमशः सब्जियाँ, फल एवं मुर्गी पालन होता है। सामान्यतः उच्च मूल्य कृषि अधिक वर्षा, सिंचाई एवं यंत्रीकरण के न्यून स्तर, छोटी जोतों तथा श्रम की अपेक्षाकृत अधिक पूर्ति वाले क्षेत्रों में अधिक प्रचलित है। उच्च मूल्य कृषि प्रेरित वृद्धि के अधिक न्याय संगत होने की आशा की जाती है क्योंकि छोटी जोत के स्वामियों में विविधता करने की अधिक प्रवृत्ति पाई जाती है।

उच्च मूल्य कृषि की वृद्धि के लिए बाजार तक पहुँच अत्यधिक महत्वपूर्ण होती है। सामान्य रूप से HVC के बाजार अधिकांशतः शहरी केन्द्रों में

संकेन्द्रित हैं इससे ग्रामीण उत्पादन केन्द्रों से शहरी बाजारों तक उपज के हस्तान्तरण से जुड़ी हुई लागतों में वृद्धि हो जाती है। यह वृद्धि सुदूरवर्ती क्षेत्रों के छोटी जोतों के स्वामी उत्पादकों के सम्बन्ध में और अधिक होती हैं। इसके अतिरिक्त अधिकांश HVC कीमतें अत्यधिक परिवर्तनशील होती हैं तथा बाजार में उनकी पहुँच में थोड़ी-सी वृद्धि हो जाने पर कीमतें बहुत तेजी से कम हो जाती हैं। बाजार जोखिमों को कम करने एवं क्रय-विक्रय लागतों को कम करने के विकल्पों में ग्रामीण क्षेत्रों में HVC के लिए विशेष बाजार स्थापित करना तथा उत्पादक संघों, सहकारिताओं एवं ठेका कृषि जैसी संस्थाओं के माध्यम से कृषि में निजी क्षेत्र की भागीदारी को प्रोत्साहन देना सम्मिलित होता है। उच्च मूल्य कृषि के लिए आधारभूत ढाँचे की आवश्यकता अन्य खाद्य एवं अखाद्य वस्तुओं से भिन्न होती है। नाशवान होने के कारण उच्च मूल्य खाद्य वस्तुओं के लिए शीतायनयुक्त परिवहन, शीत भंडार गृह एवं तुरन्त प्रसंस्करण की आवश्यकता होती है। तथापि, ये दयनीय रूप से अपर्याप्त हैं। इस प्रकार के आधारभूत ढाँचे की सुविधा प्रदान करने के लिए अत्यधिक विनियोग की आवश्यकता होती है। हाल ही में, भारत सरकार ने उच्च मूल्य कृषि को तीव्र बनाने के लिए कुछ नीतिगत प्रयास किए हैं। इसका केन्द्र बिन्दु अधिकांशतः खाद्य प्रसंस्करण के माध्यम से पृष्ठगामी सम्बद्धताओं को मजबूत बनाने में है।

महत्वपूर्ण बिन्दु

- प्रथम पंचवर्षीय योजना से ही कृषि के विकास पर ध्यान देना आरम्भ कर दिया गया था।
- ऐसे पौधे जिन्हें लगाया जाता है तथा जिनके उत्पादों का संग्रह किया जाता है उन्हें फसल कहा जाता है।
- खाद्य फसलों के अंतर्गत अनाज व दाल शामिल होते हैं वहीं गैर खाद्य फसलों के तहत नगदी, बागानी व बागवानी फसल आते हैं।
- खाद्यान्न फसलों को ही मुख्य फसल कहा जाता है।
- कृषि भूमि में एक से अधिक फसलों को उगाना बहुआयामी कृषि कहते हैं।
- फसलों को क्रमिक रूप से उगाना फसल चक्रण कहलाता है।
- भारत में कृषि पिछेड़पन का मुख्य कारण – जोत का आकार कम होना, भूमि का स्थायित्व, वित्तीय उपलब्धता की कमी, आदि है।
- वर्ष 2005 में नेशनल हार्टीकल्चर मिशन की शुरुआत की गई थी।
- भारतीय कृषि क्षेत्र में तकनीकी पिछड़ापन बहुत ही ज्यादा है।
- उन्नत बीजों के प्रयोग से कृषि क्षेत्र में 10 – 20% की वृद्धि संभव है।

2

भूमि व्यवस्था एवं भूमि सुधार

भूमि सुधार की परिभाषा व अर्थ

'भूमि सुधार' से आशय भूमि के साथ किसानों के सम्बन्धों में संस्थागत परिवर्तनों से है। इसमें कुछ ऐसे विशिष्ट कार्यक्रम सम्मिलित किए जाते हैं जिनसे कृषि उत्पादन में वृद्धि होती है और साथ ही सामाजिक न्याय को भी बल मिलता है। भूमि सुधार में भूमि स्वामित्व के पुनर्वितरण को सम्मिलित किया जाता है। भूमि सुधार भूमि व्यवस्था से अधिक व्यापक शब्द है।

सामान्यत: भूमि सुधार के अन्तर्गत निम्नलिखित बातें सम्मिलित हैं–(i) मध्यस्थों की समाप्ति, (ii) आसामी कानून में सुधार तथा (iii) जोत की अधिकतम सीमा निर्धारित करना।

यदि 'भूमि सुधार' शब्द का प्रयोग अत्यन्त व्यापक रूप में किया जाए तो इसके अन्तर्गत उपर्युक्त तीन बातों के अतिरिक्त कृषि का पुनर्गठन, उप-विभाजन तथा अपखण्डन का निराकरण–चकबन्दी, सहकारी खेती, भूदान आदि को भी सम्मिलित किया जाता है। इस प्रकार, 'भूमि सुधार' का क्षेत्र अत्यन्त विस्तृत है। व्यापक अर्थ में भूमि सुधार के अन्तर्गत कृषि प्रणाली व क्रियाओं के सम्बन्ध में किए गए वे सभी सुधारात्मक कार्यक्रम सम्मिलित किए जाते हैं जिनसे कार्यक्षमता एवं कृषि की उत्पादकता में वृद्धि होती है।

भूमि सुधार का महत्व

किसी भी राष्ट्र की अर्थव्यवस्था में कृषि का महत्वपूर्ण स्थान होता है। यह न केवल लोगों की आजीविका का ही साधन है, वरन् मानवीय व पशु आहार तथा औद्योगिक कच्चे माल की आपूर्ति का एक महत्वपूर्ण स्रोत है। कृषि विकास से ही देश की त्वरित आर्थिक प्रगति एवं जीवन स्तर में सुधार सम्भव है, क्योंकि इसके विकास से ही ग्रामीण विकास सम्भव है।

भारतीय कृषि अनेक समस्याओं से ग्रसित है, जिनमें भू-स्वामित्व एवं भू-प्रबंध सम्बन्धित समस्याएँ विशेषत: उल्लेखनीय हैं। इन समस्याओं के निराकरण द्वारा ही देश में कृषि को और अधिक गति से प्रोत्साहित किया जा सकता है। देश के कृषि विकास में भू-सुधारों की महत्वपूर्ण भूमिका होती है। भूमि सुधार से अर्द्ध-विकसित देशों का आर्थिक विकास कृषि विकास पर निर्भर है। कृषि का विकास किस विधि से किया जाए, इसके सम्बन्ध में दो प्रकार की विचारधाराएँ हैं अर्थात् कृषि की उत्पादकता मुख्यत: दो प्रकार के तत्वों पर निर्भर है, संस्थागत (institutional) तथा प्राविधिक (technological)। पहली विचारधारा के अनुसार, कृषि विकास के लिए संस्थागत परिवर्तन तथा कृषि का पुनर्गठन आवश्यक है। संस्थागत परिवर्तनों के अन्तर्गत मध्यस्थों की समाप्ति, किसान को स्थाई काश्तकारी के अधिकार प्रदान करना, अनार्थिक जोतों को समाप्त कर आर्थिक जोतों का निर्माण करना तथा भूमि का उचित लगान निश्चित करना सम्मिलित है। इन परिवर्तनों की अनुपस्थिति में किसान पूर्णरूप से परिश्रम नहीं करता, उसकी बचत व नियोजन क्षमता कम रहती है। फलस्वरूप, वह कृषि विकास नहीं कर पाता। अत: कृषि के विकास के लिए संस्थागत परिवर्तन आवश्यक है।

दूसरी विचारधारा के अनुसार, कृषि विकास के लिए प्राविधिक तत्वों (technological factors) पर जोर देना आवश्यक है। कृषि उत्पादकता का सम्बन्ध प्राविधिक तत्वों से है तथा कृषि का विकास कृषि के उन्नत एवं आधुनिक तरीकों से तय किया जा सकता है।

वस्तुत: कृषि विकास संस्थागत परिवर्तन तथा प्राविधिक आवश्यकताओं की पूर्ति दोनों पर ही निर्भर है। जब तक संस्थागत परिवर्तन नहीं होंगे तब तक प्राविधिक सुविधाओं का समुचित प्रयोग नहीं हो सकेगा। अत: प्राविधिक सुविधाओं के अधिकतम उपयोग के लिए संस्थागत परिवर्तन आवश्यक हैं। रूस तथा ब्रिटेन में कृषि के विकास के लिए पहले संस्थागत परिवर्तन किए गए। भूमि सुधार संस्थागत परिवर्तन का ही प्रतीक है। अत: कृषि के विकास के लिए भूमि सुधार आवश्यक है। **प्रो. सेम्युअल्सन** (Samuelson) ने भूमि सुधार कार्यक्रमों के महत्व को बताते हुए लिखा है, ''सफल भूमि सुधार कार्यक्रमों ने अनेक देशों में साहित्यिक भाषा में मिट्टी को सोने में बदल दिया है।''

भूमि सुधार के उद्देश्य

भारत में भूमि सुधार कार्यक्रमों के निम्नलिखित उद्देश्य बताए जा सकते हैं :

1. कृषि की कार्यकुशलता में वृद्धि लाने के उद्देश्य से भूमि धारण (landtenure) तथा काश्तकारी अधिकारों से सम्बन्धित तथ्यों का अन्वेषण करना एवं तद्नुरूप सुधार निर्धारित करना।

2. भूमि के समान वितरण को प्रोत्साहन देना।
3. देश में विद्यमान आय व सामाजिक असमानता का उन्मूलन करना।
4. शोषणमुक्त कृषि समाज की स्थापना करना क्योंकि यह सुधार लगान के उचित निर्धारण, जोत की पूर्ण सुरक्षा व लगान की न्यायोचित वसूली आदि में सहायक सिद्ध होता है।
5. वास्तविक कृषक को भूमि स्वामित्व प्रदान करना, जिससे देश में कृषि विकास को बल मिल सके।
6. कृषि व उद्योगों में सन्तुलन स्थापित करना–कृषि के ढाँचे में रूपान्तर, जिससे अन्त में औद्योगिक विकास की पूर्ति हो सके। इसके पश्चात् कृषि की उथल-पुथल और उद्योगों के साथ सन्तुलित करना।
7. राजनीतिक उद्देश्य–भूमि सुधार का राजनीतिक उद्देश्य भी हो सकता है ताकि विशाल ग्रामीण जनसमूह को अपने पक्ष में किया जा सके।

भारत में भूमि सुधार सम्बन्धी प्रयत्न

क्र. सं.	(क) भूमि सुधार : प्रमुख क्षेत्र		(क) के अन्तर्गत किये गये प्रयत्नों का विवरण
1.	मध्यस्थों की समाप्ति	(i)	जमींदारी उन्मूलन
		(ii)	जागीरदारी का उन्मूलन
2.	काश्तकारी विधानों में सुधार	(i)	भू-स्वामित्व की सुरक्षा
		(ii)	लगान सम्बन्धी नियम
		(iii)	भू-स्वामित्व का स्वभाव
3.	जोतों की अधिकतम सीमा का निर्धारण	(i)	वर्तमान जोतों का सीमा-निर्धारण
		(ii)	भावी जोतों का सीमा-निर्धारण
4.	आर्थिक जोत के निर्माण	(i)	खेती की चकबन्दी की दिशा में किए गए
		(ii)	सहकारी खेती प्रयत्न
		(iii)	सहकारी ग्राम-प्रबन्ध
5.	भूमि पुनर्वितरण योजना		भूदान तथा ग्रामदान
6.	भूमि सुधार अधिनियमों को संविधान की नवीं अनुसूची में सम्मिलित करना		
7.	भू-अभिलेखों का अभिनवीकरण		

निम्नलिखित अनुच्छेदों में उपयुक्त सभी कार्यक्रमों का सारगर्भित विवेचन प्रस्तुत है :

1. **कृषि का पुनर्संगठन**–भूमि सुधार कार्यक्रमों में कृषि का पुनर्संगठन भी अति महत्वपूर्ण है। इसके अन्तर्गत चकबन्दी, सहकारी कृषि, भू-प्रबन्ध सुधार, भूमिहीनों के पुनर्वास के भूदान आन्दोलन आदि कार्यक्रमों को सम्मिलित किया जाता है। इन कार्यक्रमों के सफल कार्यान्वयन से अनार्थिक जोतों की समाप्ति व भूमि की उत्पादकता में वृद्धि होती है, फलतः कृषि उत्पादन बढ़ता है। कृषि के पुनर्संगठन के इन कार्यक्रमों में चकबन्दी एक ऐसी व्यवस्था है, जिसमें भूमि के इधर-उधर बिखरे छोटे-छोटे भू-खण्डों को मिलाकर स्वेच्छा से विधि के द्वारा बड़े चकों में रूपांतरित कर दिया जाता है। विभिन्न योजना अवधियों में भूमि की चकबन्दी के प्रयास काफी फलीभूत हुए हैं। अब तक लगभग 6 करोड़ हेक्टेयर भूमि की चकबन्दी की जा चुकी है। इसी प्रकार से ग्रामीण क्षेत्र के तीव्र विकास के लिए सहकारी कृषि के विकास पर बल दिया गया है। इसमें व्यक्तिगत स्वामित्व की सुरक्षा करते हुए भूमि का एकीकरण किया जाता है और संयुक्त रूप से खेती की जाती है।
2. **भू-जोतों का सीमा-निर्धारण**–आयोजना काल में भू-जोतों की उच्चतम सीमाएँ निर्धारित की गई हैं ताकि भू-वितरण में समानता स्थापित की जा सके और सामाजिक न्याय का मार्ग प्रशस्त हो। उच्चतम सीमा से अधिक भूमि सरकार द्वारा अपने अधिग्रहण में ली गई तथा इस प्रकार प्राप्त अतिरिक्त भूमि का भूमिहीन किसानों में वितरण किया गया।
3. **काश्तकारी सुधार**–भूमि सुधार कार्यक्रमों में काश्तकारी सुधार भी महत्वपूर्ण है। इसके अन्तर्गत विभिन्न राज्यों में काश्तकारी कानून लागू किए गए हैं जिनमें लगान में कमी, काश्तकारों को भू-स्वामित्व दिया जाना तथा स्थायी सुधारों के लिए मुआवजे की व्यवस्था किया जाना शामिल हैं। किसानों से न्यायोचित लगान वसूल किए जाने पर बल दिया गया है। विभिन्न राज्यों ने पृथक्-पृथक् अधिनियम पारित कर लगान की दरों का नियमन किया है।
4. **जमींदारी प्रथा की समाप्ति व मध्यस्थों का अन्त**–जमींदारी प्रथा कृषि एवं ग्रामीण समाज के लिए अभिशाप सिद्ध हुई, जिसने शोषण, वर्ग-विभेद, असमानताओं एवं कृषि के पिछड़ेपन को प्रोत्साहित किया। सरकार एवं किसानों के बीच मध्यस्थों का जन्म हुआ, जिनका उन्मूलन करना स्वतंत्रता प्राप्ति के पश्चात् आवश्यक समझा गया। इस दिशा में सर्वप्रथम 'कृषि सुधार समिति' (1948) की यह सिफारिश अत्यधिक उल्लेखनीय है कि भूमि पर स्वामित्व वास्तविक काश्तकार का होना चाहिए तथा जिन व्यक्तियों ने कृषि भूमि पर लगातार खेती की है, उन्हें उस भूमि का मालिकाना हक दे देना चाहिए। तत्पश्चात् इस मध्यस्थ वर्ग का उन्मूलन किया गया। देश के 40 प्रतिशत कृषि क्षेत्र पर जमींदारी वर्ग का स्वामित्व था। अब विभिन्न राज्य सरकारों ने अधिनियम पारित कर जमींदारी प्रथा का पूर्ण उन्मूलन कर दिया है। इस प्रक्रिया के फलस्वरूप लगभग दो करोड़ कृषकों का प्रत्यक्षतः सरकार से सम्बन्ध स्थापित हो गया है तथा लगभग 60 लाख हेक्टेयर भूमि का भूमिहीन व सीमान्त किसानों में वितरण किया जा चुका है। काश्तकारों को भूमि का मालिकाना हक मिल जाने से उनको जमींदारों के शोषण से मुक्ति मिली है तथा सामाजिक न्याय का मार्ग प्रशस्त हुआ है।
5. **भूमि अभिलेख**–भूमि अभिलेखों का आधुनिकीकरण न केवल भूमि सुधारों को लागू करने के लिए आवश्यक है, बल्कि ऋण के लिए भी आवश्यक है जिसका मिलना भूमि सम्बन्धी हक पर बहुत अधिक निर्भर होता है। भूमि अभिलेखों की स्थिति प्रत्येक राज्य में अलग है।

कुछ राज्यों में तो ये अभिलेख काफी संख्या में अद्यतन हैं, पर अन्यों में, विशेषतः पूर्वी प्रदेश जहाँ जमींदारी प्रथा पुरानी है, अभिलेखों में दी गई प्रविष्टियों का वास्तविकता से कम ही सम्बन्ध है। अतः सारे देश में भूमि अभिलेखों के संकलन और संशोधन का एक कार्यक्रम व्यवस्थित ढंग से शुरू किया गया है, ताकि स्वामित्व और आसामियों, बँटाइदारों और अन्य धारकों के अधिकारों के बारे में उद्यतन स्थिति स्पष्ट हो जाए। भूमि अभिलेख आन्ध्र प्रदेश, हरियाणा, हिमाचल प्रदेश, जम्मू व कश्मीर, गुजरात, पंजाब, राजस्थान, केरल, महाराष्ट्र, मध्य प्रदेश, उत्तर प्रदेश और पश्चिमी बंगाल में काफी सीमा तक संकलित एवं संशोधित है। सभी राज्यों को निर्देश दिए गए हैं कि वे भूमि-अभिलेखों को ठीक रखें।

6. **राज्यों के भूमि सुधार अधिनियमों की संवैधानिक स्थिति–**भूमि आधार कार्यक्रमों के प्रभावी क्रियान्वयन के लिए केन्द्र द्वारा एक अत्यन्त महत्वपूर्ण कदम यह उठाया गया कि राज्यों के भूमि सुधार सम्बन्धी विभिन्न अधिनियमों को समय-समय पर अनेक संविधान संशोधनों द्वारा संविधान की नवीं अनुसूची में सम्मिलित किया गया। इस प्रकार ये विभिन्न अधिनियम अब विधि मान्य हो जाने के कारण किसी भी न्यायालय द्वारा किसी मूल अधिकार के उल्लंघन के आधार पर निष्प्रभावी नहीं क्रिए जा सकेंगे।

अन्ततः भूमि के कुशल प्रबन्ध की ओर भी विभिन्न पंचवर्षीय योजनाओं में समुचित ध्यान दिया गया है। इसके अन्तर्गत आधुनिक कृषि प्रौद्योगिकी का उपयोग करके भूमि की उर्वरा शक्ति व उत्पादकता वृद्धि के प्रयास किए जाते हैं। इस दिशा में साठ के दशक के मध्य में कार्यान्वित हरित क्रांति का महत्वपूर्ण स्थान रहा है। इसी के फलस्वरूप आज देश खाद्यान्न के मामले में आत्मनिर्भर हो पाया है।

7. **भूदान आन्दोलन–**इसका भी कृषि पुनर्संगठन कार्यक्रमों में विशिष्ट स्थान है। इस आन्दोलन का मुख्य उद्देश्य न्याय एवं समानता के आधार पर भूमि का वितरण करना था। इसके अन्तर्गत, बिना किसी दबाव के बड़े भू-स्वमियों से अपनी भूमि का 1/6 भाग त्याग करने को कहा गया, ताकि इस प्रकार से प्राप्त भूमि का भूमिहीन किसानों में वितरण किया जा सके। यह आन्दोलन आचार्य विनोबा भावे द्वारा वर्ष 1951 में तेलंगाना क्षेत्र में प्रारम्भ किया गया था। प्राप्त आंकड़ों के अनुसार, अब तक देश में अनुमानतः 42 लाख एकड़ भूमि प्राप्त हुई है जिसमें से 1.3 लाख एकड़ भूमि का वितरण किया जा चुका है।

भूमि सुधारों के सफल कार्यान्वयन के लिए सुझाव इस दुर्गम समस्या के दो हल सामने आते हैं। उनमें से एक डॉ. डैनियल थॉर्नर (Dr. Daniel Thorner) का अतिसाधारण तथा सीधा सुझाव है, आज भी सही है अर्थात् जमीन जोतने-बोने वाले किसान को सब रस्मों व रुकावटों को दूर करके संक्षिप्त रूप से भूमि सौंप देना। इसके पश्चात् दूसरा तरीका है राजनीतिक शिक्षा का, जिससे किसानों को अपने अधिकारों का ज्ञान हो सके। यदि भूमि के पुनर्वितरण की अनिवार्य माँग एक ठोस व संगठित रूप से कृषकों द्वारा रख दी जाए तो एक जनतंत्रीय समाज का विरोध करना असम्भव है। अतः है इन दोनों ढगों का सम्मिश्रण आवश्यक है।

भूमि प्रकार सूची

क्रम स.	भूमि प्रकार	भूमि प्रकार का विवरण	भूमि प्रकार का कोड (गाटा यूनिक कोड का 15-16 अंक)
1.	1	ऐसी भूमि, जिसमें सरकार अथवा गाँव सभा या अन्य स्थानीय अधिकारिकी जिसे 1950 ई. के उ. प्र. ज. वि. एवं भू. व्य. अधि. की धारा 117-क के अधीन भूमि का प्रबन्ध सौंपा गया हो, खेती करता हो।	11
2.	1-क	भूमि, जो संक्रमणीय भूमिधरों के अधिकार में हो।	12
3.	1-क(क)	रिक्त	13
4.	1-ख	ऐसी भूमि, जो गवर्नमेंट ग्रांट एक्ट के अन्तर्गत व्यक्तियों के पास हो।	14
5.	2	भूमि, जो संक्रमणीय भूमिधरों के अधिकार में हो।	21
6.	3	भूमि, जो असामियों के अध्यासन या अधिकार में हो।	31
7.	4	भूमि, जो उस दशा में बिना आगम के अध्यासीनों के अधिकार में हो जब खसरे के स्तम्भ 4 में पहले से ही किसी व्यक्ति का नाम अभिलिखित न हो।	41
8.	4-क	उ.प्र. अधिकतम जोत सीमा आरोपण अधि. अन्तर्गत अर्जित की गई अतिरिक्त भूमि-(क), जो उ. प्र. जोत सी. आ. अ. के उपबन्धों के अधीन किसी अन्तरिम अवधि के लिए किसी पट्टेदार द्वारा रखी गई हो।	42
9.	4-क(ख)	अन्य भूमि।	43

10.	5-1	कृषि योग्य भूमि-नई परती	51
11.	5-2	कृषि योग्य भूमि- पुरानी परती	52
12.	5-3-क	कृषि योग्य बंजर-इमारती लकड़ी के वन।	53
13.	5-3-ख	कृषि योग्य बंजर-ऐसे वन जिसमें अन्य प्रकार के वृक्ष, झाड़ियों के झुण्ड, झाड़ियाँ इत्यादि हों।	54
14.	5-3-ग	कृषि योग्य बंजर-स्थाई पशुचर भूमि तथा अन्य चराई की भूमियाँ।	55
15.	5-3-घ	कृषि योग्य बंजर-छप्पर छाने की घास तथा बाँस की कोठियाँ।	56
16.	5-3-ङ	अन्य कृषि योग्य बंजर भूमि।	57
17.	5-क-क	वन भूमि, जिस पर अनु.जन. व अन्य परम्परागत वन निवासी (वनाधिकारों की मान्यता) अधि.-2006 के अन्तर्गत वनाधिकार दिए गए हों-कृषि हेतु	58
18.	5-क-(ख)	वन भूमि, जिस पर अनु.जन. व अन्य परम्परागत वन निवासी (वनाधिकारों की मान्यता) अधि.-2006 के अन्तर्गत वनाधिकार दिए गए हों-आबादी हेतु	59
19.	5-क-(ग)	वन भूमि, जिस पर अनु.जन. व अन्य परम्परागत वन निवासी (वनाधिकारों की मान्यता) अधि.-2006 के अन्तर्गत वनाधिकार दिए गए हों-सामुदायिक वनाधिकार हेतु	60
20.	6-1	अकृषिक भूमि-जलमग्न भूमि।	61
21.	6-2	अकृषिक भूमि-स्थल, सड़कें, रेलवे, भवन और ऐसी दूसरी भूमियाँ, जो अकृषित उपयोगों के काम में लायी जाती हों।	62
22.	6-3	कब्रिस्तान और श्मशान (मरघट), ऐसे कब्रिस्तानों और श्मशानों को छोड़ कर, जो खातेदारों की भूमि या आबादी क्षेत्र में स्थित हों।	63
23.	6-4	जो अन्य कारणों से अकृषित हो।	64
24.	7	भूमि, जो असामियों के अध्यासन या अधिकार में हो।	71
25.	7	भूमि के ऐसे अध्यासीन, जिन्होंने खसरे के स्तम्भ 4 में उल्लिखित व्यक्ति की सम्मति के बिना भूमि पर अधिकार कर लिया हो।	91

भारत में भूमि सुधार कार्यक्रमों के सफल कार्यान्वयन द्वारा ग्रामीण विकास को प्रोत्साहित किया जा सकता है, वरन् देश में व्याप्त गरीबी एवं आर्थिक असमानताओं को दूर करने में भी मदद मिल सकती है। इनके सफल कार्यान्वयन के लिए निम्नलिखित सुझाव उपयोगी सिद्ध होंगे–

1. भूमि सुधार कार्यक्रमों की सफलता के लिए यह नितांत आवश्यक है कि भूमि का सही लेखा-जोखा रखा जाए। भूमि सम्बन्धी अभिलेखों को सही प्रकार से रखने के लिए अत्याधुनिक कम्प्यूटर प्रणाली को प्रयुक्त किया जाना चाहिए।
2. भूमि सुधार कार्यक्रमों के सफल कार्यान्वयन के लिए कुशल प्रशासनिक तंत्र का होना अति आवश्यक है। कार्यकुशल प्रशासनिक संगठन द्वारा ही इन्हें असली जामा पहनाया जा सकता है। इस सन्दर्भ में जिला स्तर पर भूमि सुधार अधिकारी की नियुक्ति की जा सकती है।
3. भूमि सुधार कार्यक्रमों से सम्बन्धित वर्तमान कानूनों में संशोधन करके इन्हें अधिक प्रभावी बनाया जाना चाहिए।
4. भूमि सुधार कार्यक्रमों को तेजी के साथ कार्यान्वित किया जाना चाहिए, सीमाबन्दी से प्राप्त अतिरिक्त भूमि को भूमिहीनों में शीघ्रतापूर्वक वितरित किया जाना चाहिए।
5. कृषि भूमि के गैर-कृषि उपयोग एवं गैर-कृषकों को हस्तान्तरण पर रोक लगाई जानी चाहिए।

भूमि की उच्चतम जोत

भारत जैसे देश में जनसंख्या की निरन्तर वृद्धि के कारण प्रति व्यक्ति भूमि की मात्रा बहुत कम रह गई है, यह आवश्यक है कि भूमि की जोत की उच्चतम सीमा भी निर्धारित भूमिहीनों को यथासम्भव जीवन-निर्वाह हेतु भूमि उपलब्ध हो जाए। इस प्रकार की भूमि की उच्चतम सीमाओं के निर्धारण की समस्याएँ एक-दूसरे से सम्बन्धित एवं पूरक हैं। यदि सरकार एक निश्चित सीमा से अधिक सम्पूर्ण भूमि स्वयं ले ले तो वे भू-खण्ड भूमिहीनों में वितरित किए जा सकते हैं।

भूमि की उच्चतम सीमा निर्धारित करने के लिए प्रायः दो कार्य करने आवश्यक होते हैं। प्रथम, भविष्य में जोतों के आकार में वृद्धि रोकने तथा

द्वितीय, जो जोत पहले से ही बड़ी है, उनके अतिरिक्त भाग (उच्च सीमा के ऊपर) लेकर व्यक्तियों में बाँटना।

उद्देश्य भूमि की उच्चतम सीमा निर्धारित करने के निम्नलिखित उद्देश्य हो सकते हैं–

1. अधिशेष भूमि (surplus land) को भूमिहीनों में बाँटना अर्थात् सामाजिक न्याय।
2. जो भू-खण्ड बहुत बड़े हैं, उन्हें उचित आकार में परिवर्तित करना ताकि उनका प्रबन्ध सरलता से हो सके अर्थात् उत्पादन में वृद्धि।
3. अधिक लोगों के लिए रोजगार की व्यवस्था करना।
4. अधिशेष भूमि में से ग्रामीण क्षेत्रों में बेघरों, कृषि श्रमिकों, कारीगरों, शिल्पकारों आदि को वास भूमि (home stead land) देना इत्यादि।

उच्चतम सीमा निर्धारण के गुण (Merits of Ceilling)

जोत की अधिकतम सीमा-निर्धारण के पक्ष में निम्न तर्क दिए जा सकते हैं–

1. **चकबन्दी को प्रोत्साहन** (Incentive of Consolidation of Holding)– इससे उपयुक्त आकार के खेतों की रचना होगी और चकबन्दी को प्रोत्साहन मिलेगा।
2. **कृषि आय का समान वितरण** (Equal Distribution of Agricultural Income)– इससे कृषि आय का समान वितरण करने में सुविधा होगी।
3. **भूमि का समान वितरण** (Equal Distribution of Land)– अधिकतम जोत सीमा निर्धारण से भूमि वितरण की विषमताएँ दूर हो जाएँगी।
4. **सहकारी कृषि** (Co-operative Farming) बड़ी जोतो की समाप्ति से समानता आएगी तथा सहकारी कृषि को प्रोत्साहन मिलेगा।
5. **गहरी खेती में उपयुक्त** (Intensive Farming)– इस निर्धारण से गहन खेती को प्रोत्साहन मिलेगा और कृषि उत्पादकता में वृद्धि होगी।
6. **समाजवादी व्यवस्था में सहायक** (Helpful in the Establishment of Socialistic Economy)– अधिकतम जोत निर्धारण केन्द्रीयकरण की प्रवृत्तियों को नियंत्रित करेगा।

उच्चतम सीमा निर्धारण के दोष (Demerits of Ceiling)

यद्यपि भूमि की उच्चतम सीमा का निर्धारण कई दृष्टिकोणों से महत्वपूर्ण एवं लाभदायक है, परन्तु इसमें दोष भी अन्तर्निहित हैं–

1. **भूमि का अभाव** (Shortage of Land)– भारत जैसे देश में जहाँ भूमि का अभाव है, आदर्श जोत निर्धारित कर उसे पुनर्वितरित करने से भी विशेष लाभ की सम्भावना नहीं है।
2. **सामाजिक संघर्ष** (Increase in Class Struggle)– भूमि की जोत निर्धारित करने में भूमिपतियों व भूमिहीनों में जो संघर्ष होता है वह चरम सीमा पर पहुँच जाता है और कभी-कभी इसके भयानक दुष्परिणाम हो सकते हैं, किन्तु सम्भावित संघर्ष के भय से डरकर किसी अच्छे काम को न करना दुर्बलता का द्योतक है।
3. **जोतों का पुनर्गठन** (Reorganisation of Holdings)– भूमि के छोटे टुकड़ों को बड़ा और बड़े टुकड़ों को छोटा करना सरल कार्य नहीं है, क्योंकि जिन व्यक्तियों के पास अधिक भूमि है वे सरलता से उसे देना नहीं चाहेंगे। अतः इसे प्राप्त करने के लिए व्यवस्था सम्बन्धी कठिनाई आनी स्वाभाविक है।
4. अतिरिक्त भूमि के सरकार द्वारा अधिग्रहण के कारण बड़े भू-स्वामियों को दिए जाने वाले मुआवजे के फलस्वरूप सरकार पर क्षतिपूर्ति का अतिरिक्त भार भी पड़ा है।
5. सीमा निर्धारण के पश्चात् छोटे भू-स्वामी पनपेंगे और उत्तराधिकार के नियमानुसार भूमि का विभाजन निरन्तर जारी रहा तो आगामी पीढ़ियों को अनार्थिक जोतें ही हाथ लगेंगी।
6. इससे कृषि के यंत्रीकरण की प्रक्रिया हतोत्साहित होगी, क्योंकि सीमा निर्धारण के पश्चात् बड़े पैमाने के उत्पादन के लाभ नहीं मिल पाएँगे।
7. इससे ग्रामीण आय एवं शहरी आय में अन्तराल बढ़ने की सम्भावना रहती है।

सहकारी खेती

सहकारी खेती वह खेती होती है जिसके अंतर्गत भू-स्वामी किसान स्वेच्छा से अपनी जमीनें एक में मिलाकर संयुक्त रूप से खेती करते हैं। सहकारी खेती भूमि के अपखंडन तथा जोत उप-विभाजन की समस्या को दूर करती है। सहकारी खेती चार प्रकार की होती है- (1) सहकारी काश्तकारी खेती, (2) सहकारी सामूहिक खेती, (3) सहकारी बेहतर खेती तथा (4) सहकारी संयुक्त खेती।

सहकारी आन्दोलन

सहकारिता का तात्पर्य सहयोग से है। विकास हेतु निर्धारित लक्ष्यों को कुछ लोगों द्वारा मिलजुल कर एक-दूसरे के सहयोग से सामूहिक व संगठित प्रयास किया जाता है, इसे 'सहकारिता' कहते हैं।

कोलबर्ट के अनुसार, "सहकारिता ऐसा संगठन है जिसमें मानव व्यक्ति के रूप में समानता के आधार पर अपने आर्थिक हितों की पूर्ति के लिए स्वेच्छा से सहयोग करता है।"

उपरोक्त विवेचन के आधार पर सहकारिता के लक्ष्य स्पष्ट होते हैं:-

(i) विकास के लक्ष्यों को प्राप्त करने हेतु किया गया सामूहिक प्रयास

(ii) संस्थागत व संगठित तरीके से मिल-जुल कर सहयोग करना

भारत सरकार द्वारा वर्ष 1901 में एड्वर्ड लॉ की अध्यक्षता में गठित समिति के सिफारिशों के आधार पर सहकारी समितियों के संगठन की संभावना को बल मिला तथा भारत सरकार ने वर्ष 1904 में 'सहकारी साख अधिनियम' को पारित किया, किन्तु यह अपने उद्देश्य को प्राप्त करने में सफल नहीं हुआ क्योंकि सहकारी समितियों को आर्थिक सहायता पहुँचाने वाली कोई भी संस्था नहीं थी। अतः इसमें सुधार हेतु निरंतर संशोधन होते रहे। वर्ष 1904 की कमियों को दूर करने के लिए वर्ष 1912 में दूसरा अधि नियम पारित किया गया तथा वर्ष 1919 में सहकारिता को केन्द्रीय सूची से हटाकर प्रांतीय सूची में शामिल कर दिया गया। प्रांतीय सूची में शामिल करने के बाद विभिन्न प्रांतों में सहकारिता की सफलता का पता लगाने हेतु समितियों का गठन किया गया। वर्ष 1929 से 1932 के मध्य विश्व में

महामंदी का दौर था और इस महामंदी की मार सहकारी समितियों पर भी पड़ी, जिसके कारण इन्हें उचित अनुदान नहीं मिल सका। सहकारिता को उस समय बल मिला जब वर्ष 1935 में रिजर्व बैंक का गठन हुआ तथा उसके पश्चात् सहकारिता में काफी सुधार आया। द्वितीय विश्वयुद्ध के दौरान कृषि पदार्थों के मूल्यों में वृद्धि हुई तथा समितियों में सुधार देखा गया।

सहकारी आन्दोलन की उपलब्धियाँ

सहकारी आंदोलन की प्रमुख उपलब्धियाँ:

- कृषकों द्वारा कृषि क्षेत्र में निवेश की महत्ता को समझा जाने लगा।
- सहकारी समितियों के कुशल संचालन के लिए विवादों का निपटारा ग्राम स्तर पर ही किया जाने लगा।
- सहकारी समितियों के सशक्त होने से साख सृजन की क्षमता का विस्तार हुआ, जिसके परिणामस्वरूप कृषक साहूकारों के ऋण दुश्चक्र से बाहर निकलने में सफल रहे।
- सहकारी समितियों द्वारा किसानों को उचित मूल्य पर ऊर्वरक, कृषि यंत्र, उन्नत किस्म की बीजों को उपलब्ध कराया जाता था, जिसके कारण कृषि उत्पादकता में वृद्धि हुई।

सहकारी आन्दोलन की कमियाँ

- सहकारी समितियों के पास संसाधनों का अभाव था। अत: ये दीर्घकालिक समय के लिए लाभदायक नहीं साबित हो सकीं।
- सहकारी आंदोलन का प्रभाव व्यापक नहीं था। अत: इसे छोटे किसानों व खेतिहर मजदूर ने नहीं अपनाया।
- अशिक्षा, धार्मिक रूढ़िवादिता आदि के प्रभाव के कारण भी सहकारी आंदोलन का प्रचार-प्रसार प्रभावित हुआ तथा अपने व्यापक लक्ष्यों को प्राप्त नहीं कर सका।
- सहकारी समितियों द्वारा केवल उत्पादन कार्यों के लिए ऋण देना इसकी सीमा को निर्धारित करता है।

निष्कर्षत: यह कहा जा सकता है कि सहकारी आंदोलन का उद्देश्य भारतीय ग्रामीण समाज के लिए सकारात्मक व विकासमूलक था, किंतु समाज में व्याप्त कमियों, अशिक्षा, छुआछूत, सामाजिक असमानता आदि के कारण यह उतना प्रभावी साबित नहीं हुआ जितनी कि इस आंदोलन से अपेक्षा थी।

सहकारी साख

साख समितियों और सहकारी बैंकों की भूमिका सहकारी आंदोलन में प्रमुख थी।

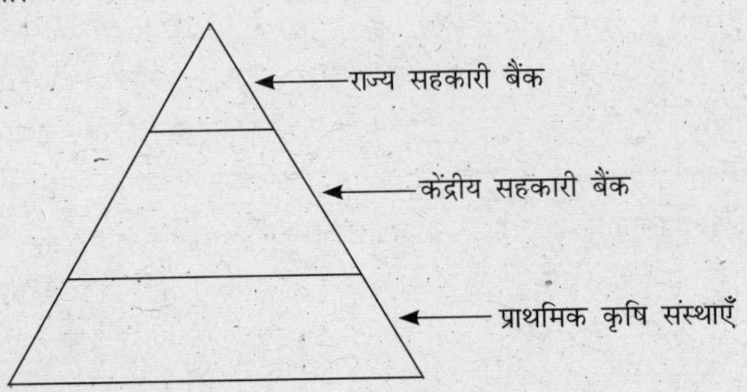

सहकारिता विभाग के इस संगठन का उद्देश्य कृषकों को सस्ते ऋण उपलब्ध कराने के साथ-साथ निर्धन व निर्बल वर्ग के लोगों का स्तर भी ऊपर उठाना था। 'खुसरो समिति' (1989) की सिफारिश के अनुसार, सहकारी साख संस्थाओं को निर्मित किया गया। सहकारी साख संस्थाओं को तीन स्तरों में बाँटा गया।

सहकारी विपणन

समुचित विपणन व्यवस्था के बिना उत्पादन की क्रिया पूर्ण नहीं मानी जाती है। कृषकों को उनकी उपज का मूल्य देकर उनको प्रोत्साहित किया जाता है। दूसरी पंचवर्षीय योजना के दौरान सहकारी विपणन को आरम्भ किया गया था। इस व्यवस्था के अंतर्गत उत्पादक वर्ग अपने उत्पादों को उपभोक्ताओं तक पहुँचाने संबंधी सभी कार्यों को पूरा करने के लिए संगठित हो जाता है। विपणन का मुख्य उद्देश्य किसानों की सौदा करने की शक्ति को मजबूत करना है, शामिल सदस्यों को उपज का उचित मूल्य दिलाना तथा मध्यस्थों को हटाना है ताकि मूल्य में स्थिरता लाई जा सके।

सहकारी आंदोलन का भारत में वर्तमान परिदृश्य

सहकारी समितियां ग्रामीण क्षेत्र में ज्यादा कार्यरत हैं। वर्तमान में देश में लगभग 5 लाख 49 हजार सहकारी समितियां है। इन समितियों के अंतर्गत एक ग्राम क्षेत्र के 75% ग्रामीण परिवारों को शामिल किया जाता है। सहकारी समितियाँ ऋण संबंधी समस्याओं से ज्यादा जूझ रही हैं, इसलिए भारत सरकार द्वारा वर्ष 2004 में प्रो. ए. वैद्यनाथन की अध्यक्षता में समिति का गठन किया गया था तथा इस समिति की रिपोर्ट के आधार पर ऋण संगठनों को लेकर सुधारात्मक कार्य चल रहा हैं। इसके अलावा सहकारिता आंदोलन को तीव्रता प्रदान करने के लिए संविधान का 106वों संशोधन विधेयक, 2006 का प्रस्ताव लाया गया।

सहकारिता आंदोलन के परिणाम

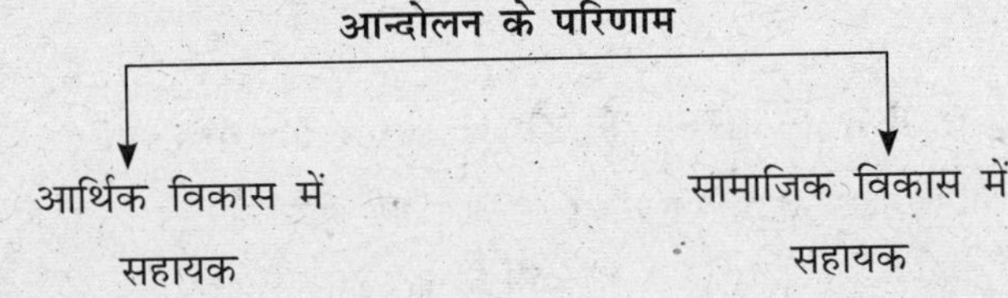

आर्थिक विकास में सहायक

सहकारिता आंदोलन की ग्रामीण विकास में महत्वपूर्ण भूमिका रही है। कृषि क्षेत्र में, उर्वरक उत्पादन में सहकारिता आंदोलन का महत्वपूर्ण योगदान रहा है। उर्वरक सहकारी समिति एशिया महाद्वीप में विशेष स्थान रखती है जो देश के उर्वरक उत्पादन में 40% योगदान देती है। चीनी उत्पादन में भी सहकारिता आन्दोलन ने महत्वपूर्ण योगदान दिया है। वर्तमान समय में चीनी उत्पादन में सहकारी समितियों का कुल योगदान 55% है। दुग्ध उत्पादन में विश्व में देश को प्रथम स्थान पर पहुँचाने के पीछे भी सहकारिता आंदोलन की प्रमुख भूमिका रही है। गुजरात के आनंद नामक स्थान पर अमूल नाम के उत्पाद ने सहकारिता आन्दोलन की सफलता का मानक स्थापित किया है।

सामाजिक विकास में सहायक

सहकारिता आंदोलन के कारण सामाजिक जीवन में भी विकास की गाथा लिखी गई तथा इसके कई सकारात्मक परिणाम हमें दिखाई दिए। सहकारिता आन्दोलन के जातिगत व्यवस्था के नियम में शिथिलता देखी गई। ग्रामीण समुदाय में निम्न जातियों, पिछड़ी जातियों, भूमिहीनों के जीवन स्तर पर सकारात्मक प्रभाव दिखाई दिया। इनमें नेतृत्व क्षमता का विकास हुआ तथा जागरूकता आई। गरीबी को कम करने में भी इस आंदोलन ने विशेष योगदान दिया। सहकारी कृषि, विपणन, साख आदि संस्थाओं ने गरीबी को कम करने में सकारात्मक भूमिका निभाई। इस आंदोलन के माध्यम से ग्रामीण स्तर तक लोकतांत्रिक मूल्यों का संचार हुआ और कहीं-न-कहीं इस व्यवस्था ने निचले स्तर तक पंचायती राज की जमीन को तैयार करने का काम किया।

महिलाओं की स्थिति में व्यापक परिवर्तन आया, ग्रामीण महिलाएं आर्थिक व सामाजिक रूप से सशक्त हुईं। 'राष्ट्रीय सहकारी विकास निगम' द्वारा सहायता प्राप्त महिला सहकारी समितियों ने महिलाओं को इस दिशा में प्रोत्साहित किया। महिलाओं में इस व्यवस्था के कारण आत्मनिर्भरता, जागरूकता व निर्णय लेने की क्षमता का विकास हुआ। जनजातियों में भी सहकारिता आंदोलन की स्वीकृति हुई तथा उनके जीवन में भी विकास की कहानी आरम्भ हुई। जनजातियों के संदर्भ में 'भारतीय जनजातीय विकास परिसंघ' की भूमिका प्रमुख रही।

अपेक्षित सफलता न मिलने के कारण

- सहकारी समितियों के संचालन पर बड़े भू-स्वामियों, जमीदारों व साहूकारों का आधिपत्य था। इन्होंने इन समितियों के माध्यम से कमजोर वर्ग का शोषण किया तथा अपनी स्थिति को मजबूत करने का प्रयास किया।
- सहकारिता आंदोलन मुख्य रूप से ग्रामीण जन के लिए था, किन्तु इसका आयोजन सरकार द्वारा किया गया। अतः आज भी ग्रामीण स्तर पर इसे एक सरकारी योजना मानते हैं और उसमें किसी भी तरह की सहभागिता नहीं करते हैं।
- लालफीताशाही, नौकरशाही की जटिलता के कारण भी सहकारी समितियों के कार्य में गतिहीनता आई। चूँकि इस प्रक्रिया को सरल व त्वरित होना चाहिए था, किंतु व्यावहारिक स्तर पर इसमें कठिनाईयां आईं।
- अशिक्षा व जनजागरूकता के अभाव ने भी सहकारिता आंदोलन को कमजोर ही किया, जिसके परिणामस्वरूप इनका अपेक्षित विकास नहीं हो सका।

बहुउद्देशीय सहकारी समितियाँ

सर्वप्रथम वर्ष 1937 में कृषि साख विभाग की ओर से रिजर्व बैंक को बहुउद्देशीय सहकारी समितियों की स्थापना के संबंध में सुझाव दिया गया था और वर्ष 1954 में अखिल भारतीय ग्रामीण साख सर्वेक्षण रिपोर्ट में छोटी-छोटी सहकारी साख समितियों को मिलाकर बड़ी बहुउद्देशीय सहकारी समितियों के गठन की बात कही गई। वर्ष 1959 में अखिल भारतीय कांग्रेस के नागपुर अधिवेशन में सहकारिता से सम्बन्धित एक विशेष प्रस्ताव में सेवा समितियों की स्थापना की वांछनीयता को स्वीकार कर लिया गया।

कृषि आगत

कृषि की दक्षता अर्थात् उत्पादन की प्रवृत्ति कुछ विशेष कृषि आगत पर निर्भर करती है। विकासशील कृषि के लिए अनुकूल संस्थानात्मक और संगठनात्मक संरचना आदि के अतिरिक्त कृषि आगत एवं विधियों में सुधार करना भी आवश्यक होता है।

कृषि के लिए कुछ महत्वपूर्ण आगतों की आवश्यकता है जिसमें कृषि के लिए सिंचाई, उर्वरक, बीज तथा मशीन आदि प्रमुख हैं।

सिंचाई

खेती के लिए जल अनिवार्य तत्व है। यह वर्षा द्वारा अथवा कृत्रिम सिंचाई से प्राप्त किया जाता है। जिन क्षेत्रों में वर्षा काफी और ठीक समय पर होती है, उनमें पानी की कोई समस्या नहीं है। किन्तु कुछ क्षेत्रों में वर्षा न केवल कम होती है अपितु अनिश्चित भी है। आन्ध्र प्रदेश, मध्य प्रदेश, पंजाब और राजस्थान ऐसे प्रदेश हैं। इन क्षेत्रों में खेती के लिए कृत्रिम सिंचाई नितान्त आवश्यक है क्योंकि इसके बिना खेती सम्भव ही नहीं। कुछ क्षेत्रों में प्रचुर मात्रा होने पर भी वर्ष भर में वर्षा के दिन बहुत थोड़े होते हैं। परिणामतः सारे वर्ष खेती नहीं हो सकती। इन क्षेत्रों में सिंचाई की सुविधा उपलब्ध होने से वर्ष में एक से अधिक फसल उगाने में सहायता मिलेगी। अन्त में चावल और गन्ना आदि कुछ ऐसी खाद्य और व्यापारिक फसलें हैं जिन्हें प्रचुर, नियमित और लगातार जल मिलना आवश्यक है। अधिक उपज के लिए केवल वर्षा पर निर्भर नहीं रहा जा सकता। तात्पर्य यह है कि वर्षा काफी होने पर भी संभव है कि सारे वर्ष में समान और समुचित रूप में न हों तथा जहाँ वर्षा की मात्रा कम हो, वहाँ पानी न मिल सकने के कारण अधिक उत्पादन में बाधा पड़े। संक्षेप में पानी निरन्तर प्राप्त होता रहना आवश्यक है। दूसरों शब्दों में, कृषि के लिए सिंचाई अत्यावश्यक तत्व है। देश के विभिन्न भागों में वर्ष भर में एक न एक समय अकाल की सी स्थिति विद्यमान रहती है। इन क्षेत्रों को अकाल से बचाना आवश्यक है। इसके अतिरिक्त दुहरी और यदि सम्भव हो सके तो तिहरी फसल उगाने तथा कृषि-उपज में वृद्धि कराने के लिए भी पानी प्रचुर मात्रा में निरन्तर उपलब्ध कराया जाना आवश्यक है।

विभिन्न फसलों के अन्तर्गत सिंचित क्षेत्र

फसलें	सिंचित क्षेत्र
1. धान	58.7
2. गेहूं	92.9
3. गन्ना	94.3
4. कुल खाद्यान्न	49.8

5.	कुल अनाज	55.4
6.	तिलहन	27.6
7.	दलहन	16.1
8.	कपास	35.9
9.	ज्वार	9.7
10.	बाजरा	8.5
11.	मक्का	25.3
12.	जौ	75.3

भारत में सिंचाई के स्रोत

जबकि 1950-51 में नहरें सिंचाई का सबसे बड़ा स्रोत थीं, अब इनका महत्व सापेक्ष दृष्टि से कम हो गया है। कुँए (जिनमें ट्यूबवैल भी शामिल है) 2005-06 में कुएँ लगभग 59 प्रतिशत सिंचाई उपलब्ध कराते थे। इनमें ट्यूबवैल अधिक महत्वपूर्ण बने जा रहे हैं और इनका भाग 34 प्रतिशत कर पहुँच गया है। नहरें दूसरा सिंचाई का प्रधान स्रोत हैं और उसके द्वारा लगभग 26 प्रतिशत भूमि की सिंचाई की जाती है। सिंचाई के स्रोतों में तालाबों का महत्व गिर गया है और इसका भाग जो 1950-51 में 17.2 प्रतिशत था कम होकर 2005-06 में केवल 3.3 प्रतिशत हो गया है।

9 दिसम्बर 2015 को जारी कृषि संगणना 2010-11 के द्वितीय चरण के रिपोर्ट के प्रमुख तथ्य अधोलिखित हैं: यथा वर्ष 2010-11 के दौरान सकल फसल क्षेत्र 195.24 मिलियन हेक्टेयर था जबकि निवल बुआई क्षेत्र 141.27 मि. हेक्टेयर तथा निवल सिचिंत क्षेत्र 64.56 मिलियन हेक्टेयर था। 2017 के अनुसार नलकूप सिंचाई का सबसे प्रमुख स्रोत है इसके द्वारा 45.70 भाग पर सिंचाई की जाती है।

साधन	सिंचाई के शीष 4 प्रमुख साधन क्षेत्र (% में)
नलकूप	45.70
नहर	23.90
कुआं	16.61
तालाब	2.70
अन्य स्रोत	11.09

भारत में सिंचाई कार्यों को दो वर्गों में विभक्त किया गया है–बड़े सिंचाई कार्य और छोटे सिंचाई कार्य। 1978-79 से योजना आयोग ने सिंचाई परियोजनाओं का नया वर्गीकरण चालू किया है।

(क) बड़ी सिंचाई योजनाएँ-इनमें वे परियोजनाएँ शामिल की जाती हैं जिनके नियन्त्रण-आधीन 10,000 हैक्टेयर से अधिक कृषि योग्य क्षेत्रफल हो।

(ख) मध्यम सिंचाई योजनाएँ-इनमें वे परियोजनाएँ शामिल की जाती हैं जिनके नियन्त्रण अधीन 2,000 से 10,000 हैक्टेयर कृषि योग्य क्षेत्रफल हो।

(ग) छोटी सिंचाई योजनाएँ-इनमें वे परियोजनाएँ शामिल की जाती हैं जिनके नियन्त्रण आधीन 2,000 हैक्टेयर तक क्षेत्रफल हो।

बड़ी सिंचाई परियोजनाओं के निर्माण में अनेक तकनीकी और प्रशासनिक कठिनाइयाँ विद्यमान रहती हैं। किन्तु इन परियोजनाओं की क्षमता अधिक होती है, यहाँ तक कि इनसे लाखों एकड़ भूमि सींची जा सकती है। इनके कारण अकाल का खतरा पूर्णतया टल सकता है। इसके अतिरिक्त बड़ी सिंचाई परियोजनाएँ बहुउद्देश्यीय परियोजनाएँ होती हैं जिनका उद्देश्य सिंचाई के लिए पानी प्रदान करने के अतिरिक्त बाढ़ नियन्त्रण, नौचालन और जल-विद्युत का निर्माण करना भी होता है।

छोटी सिंचाई परियोजनाओं के मुख्य गुण यह हैं कि इनके लिए कम धन की आवश्यकता पड़ती है। इनका निर्माण कम समय में हो जाता है और कृषि-उत्पादन पर इनका प्रभाव तुरन्त प्रकट हो जाता है। शीघ्र फल प्राप्त करने की दृष्टि से छोटी सिंचाई परियोजनाएँ बहुत उपयोगी होती हैं। अत: सरकार की वर्तमान नीति यह है कि बड़ी और छोटी दोनों प्रकार की सिंचाई परियोजनाओं का संतुलित विकास किया जाए। छोटी सिंचाई योजनाओं द्वारा कुल सिंचित क्षेत्र के लगभग 59 प्रतिशत को पानी उपलब्ध कराया जाता है।

जब भारत ने 1950-51 में आर्थिक विकास आरम्भ किया तो बड़ी तथा मध्यम सिंचाई के आधीन 97 लाख हेक्टेयर भूमि थी और छोटी सिंचाई के आधीन 129 लाख हेक्टेयर। इस प्रकार कुल मिलाकर 226 लाख हेक्टेयर भूमि को सिंचाई प्राप्त थी।

महत्वपूर्ण उपलब्धियाँ–बड़ी एवं मध्यम सिंचाई परियोजनाओं पर भारी विनियोग करने से महत्वपूर्ण परिणाम सामने आये हैं। बड़ी तथा मध्यम परियोजनाओं द्वारा स्थापित सिंचाई-दक्षता के कारण सिंचाई आधीन क्षेत्र जो 1950-51 में 100 लाख हेक्टेयर था बढ़कर 2006-07 में 102.77 लाख हेक्टेयर हो गया है। कृषि में सफलता और खाद्यान्नों में आत्मनिर्भरता प्राप्त करने के एकमात्र उपाय के रूप में सिंचाई सबसे अधिक महत्वपूर्ण कारण तत्व है।

बड़ी सिंचाई परियोजनाओं के साथ बहुत-सी समस्याएँ जुड़ी हुई हैं। सर्वप्रथम, यह देखा गया है कि जितनी भूमि नई परियोजनाओं द्वारा उत्पादन के अधीन लाई जाती है, उतनी ही भूमि जलग्रस्तता और लवणता के कारण उत्पादन से बाहर चली जाती है। दूसरी, बड़ी परियोजनाओं की परिपक्व अवधि बहुत लम्बी होती है। कई बार तो यह परिपक्व अवधि बढ़ते-बढ़ते एक या दो दशक या इससे भी अधिक हो जाती है। तीसरे, इन प्रोजेक्टों के साथ जुड़े हुए अनेक अधिकारी सामान्यत: भ्रष्ट एवं अकुशल होते हैं और इस कारण लागत वृद्धि कहीं अधिक हो जाती है। चौथे, बहुमूल्य कृषि भूमि का एक बड़ा भाग वितरण प्रणाली का विकास करने में नष्ट हो जाता है। अन्तिम परन्तु यह कम महत्वपूर्ण बात नहीं है कि धीरे-धीरे रिसने से पानी की उपलब्धि में बहुत हानि होती है और कई बार यह हानि छोड़े गए पानी की 50 प्रतिशत मात्रा के उच्च स्तर तक पहुँच जाती है। इसका मुख्य कारण यह है कि वितरण सम्बन्धी नालियाँ कच्ची होती हैं और परिणामत: जलग्रस्तता एक गम्भीर समस्या बन जाती है।

बड़े सिंचाई बाँधों के पक्ष में सम्मोहन समाप्त होना चाहिए और पहले की तुलना में छोटी सिंचाई के लिए कहीं अधिक राशि का प्रावधान होना चाहिए। छोटी सिंचाई की परिपाक अवधि भी कहीं छोटी होती है और इसका कार्यान्वयन निजी क्षेत्र द्वारा कुँए, ट्यूबवेल, पम्पसेट आदि स्थापित करके किया जाता है। अतः इसमें वितरण सम्बन्धी नालियों के कारण भूमि का अपव्यय नहीं होता। छोटी सिंचाई के साथ जलग्रस्तता की समस्याएँ भी जुड़ी नहीं रहती। किसान पानी के प्रयोग में किफायत करते हैं क्योंकि यह व्यवस्था प्रत्यक्षतः उनके नियन्त्रण आधीन होती है। अतः बेहतर प्रबन्ध की दृष्टि से भारी वित्तीय लागत एवं पर्यावरण पर दुष्प्रभाव डालने वाले बड़े बाँध लाभकारी नहीं है परन्तु इस दृष्टि से सिंचाई अधिक लाभप्रद है क्योंकि इससे भूमिगत-जल का अधिकतम प्रयोग सुनिश्चित किया जाता है और सिंचाई स्रोतों पर बेहतर नियंत्रण रहता है।

हाल ही के वर्षों में बहुत से बुनियादी प्रश्न उठाए गए हैं और समय आ गया है कि सिंचाई नीति पर पुर्नविचार कर नई नीति का निर्माण किया जाए और बहुउद्देश्यीय नदी घाटी परियोजनाओं पर बल कम किया जाए।

सहयोगी सिंचाई प्रबन्ध और जल-प्रयोक्ता संस्थाएँ–राष्ट्रीय जल नीति (1987) ने सिंचाई प्रणालियों के प्रबन्ध के विभिन्न पहलुओं में किसानों को भागीदारी देने पर विशेष बल दिया विशेषकर जल-वितरण और जल-दरों की वसूली के सम्बन्ध में। इस उद्देश्य से विभिन्न राज्यों में जल प्रयोक्ता संस्थाएं कायम की गई। परन्तु योजना आयोग द्वारा की गई समीक्षा से पता चलता है कि इन संस्थाओं द्वारा केवल 8 लाख हेक्टेयर कृषि क्षेत्र का प्रबन्ध किया जा रहा है। यह स्थिति बहुत ही असन्तोषजनक है। इन संस्थाओं की मन्द प्रगति के लिए निम्नलिखित कारकतत्व उत्तरदाई है:–

- सरकार द्वारा प्रबन्धित प्रणालियों के चिरकाल से वर्तमान होने के कारण किसानों में जल-प्रयोक्त संस्थाओं में पहल करने की इच्छा समाप्त हो गई है।
- किसान भागीदारी पद्धति अपनाने में हिचकिचाते हैं जब तक कि उन्हें जल के सम्भरण में लोचशीलता व्यवहार्यता एवं आवश्यकता के अनुसार उपलब्धि का आश्वासन प्राप्त न हो जाए।
- किसानों को डर है कि नयी प्रणाली के आधीन उन्हें अपेक्षाकृत ऊँची जल-दरों के अतिरिक्त संचालन एवं अनुरक्षण पर भी खर्च करना पड़ेगा।
- सहयोगी सिंचाई प्रबन्ध के लिए धन-राशि की अनुपलब्धि एक और बाधा है। कमान-क्षेत्र प्रोग्राम के आधीन एक समय साहाय्य प्रदान करना जल-प्रयोक्ता संस्थाओं को बनाए रखने के लिए अपर्याप्त है।
- किसानों की जनसख्या में समरूपता का अभाव जल-प्रयोक्ता संस्थानों की स्थापना में एक और रुकावट है। किसानों में वर्ग और जाति के आधार पर भेदभाव उन्हें सामूहिक रूप में संगठित होने के मार्ग में रूकावट हैं।
- अधिकारतन्त्रीय प्रशासन में जल-प्रयोक्ता संस्थाओं की स्थापना के प्रति वचनबद्धता का अभाव है।

योजना आयोग ने एक कार्यदल स्थापित किया है जिसका उद्देश्य जल-प्रयोक्ता संस्थाओं के क्षेत्र विस्तार के उपायों के लिए सुझाव देना है। आवश्यकता इस बात की है कि जल-प्रयोक्ता संस्थाओं के वित्त-प्रबन्ध के लिए एक अलग खाता खोला जाए और इन्हें कमान-क्षेत्र विकास का उपांग न समझा जाए।

राज्य का कार्यभार–सिंचाई में निजीकरण के परिणामस्वरूप सरकार का सिंचाई के वित्त-प्रबन्ध में प्रत्यक्ष कार्यभाग कम हो जाएगा परन्तु इसका एक सुविधाजनक और नियन्त्रक का कार्यभाग बहुत बढ़ जाएगा। मुख्य क्षेत्र जिनमें सरकार को अपना कार्यभाग निभाना है, निम्नलिखित हैं–

- जब किसी निजी क्षेत्र की भागीदारी मध्यम और छोटे सिंचाई प्रोजेक्टों के लिए उपयुक्त है, इससे बड़े प्रोजेक्टों के सम्बन्ध में समस्याएँ पैदा हो सकती हैं। अतः बड़े प्रोजेक्टों के वित्त-प्रबन्ध के लिए सरकार को ही भूमिका निभानी होगी।
- निजी क्षेत्र की सहायता के लिए वन, पर्यावरण, बेदखल किए गए परिवारों को फिर बसाने, भूमि प्राप्त करने आदि के लिए सरकार को विभिन्न विभागों से स्वीकृति उपलब्ध करानी होगी।
- सरकार को निजी क्षेत्र के विनियोक्ताओं को कुछ रियायतें देनी चाहिए ताकि वे अपनी प्रत्याय दर बढ़ा सकें। ये रियायतें कर-छूट, ऋण-स्थगन, पर्यटक सुविधाओं, नौ परिवहन आदि के रूप में दी जा सकती हैं।
- निजी बैंक के विनियोग पर प्रत्याय की गारण्टी देनी होगी।
- इस प्रकार की सहभागिता में सरकार को अपने और निजी क्षेत्र के दायित्व एक सन्धि में स्पष्ट करने होंगे।

उर्वरक और खाद

कृषि उत्पादन को बढ़ाने की किसी भी योजना में रासायनिक खादों का महत्वपूर्ण भाग होता है। भारत की भूमि चाहे नाना प्रकार की है तथा कई प्रकार से उपजाऊ है, परन्तु इसमें नाइट्रोजन और फॉस्फोरस की कमी है जो कि कार्बनिक खाद के साथ फसल के उत्पादन को बढ़ावा देते हैं। जनसंख्या के तीव्र गति से बढ़ने के साथ, खाद्यान्न उत्पादन को बढ़ाने के लिए अधिकाधिक मात्रा में रासायनिक खादों का प्रयोग एक अनिवार्य उपाय हो जाता है।

उर्वरक उपभोग–उर्वरक उत्पादन में भारत का विश्व में चीन एवं अमेरिका के बाद तीसरा स्थान है। विश्व उर्वरक उपभोग में 14.84 प्रतिशत योगदान के साथ चीन के बाद भारत का दूसरा स्थान है।

देश में 2010-11 एवं 2011-12 में उर्वरकों की खपत क्रमशः 28.12 तथा 27.9 मिलियन टन थी। यह खपत वर्ष 2015-16 में कम होकर 26.75 मिलियन टन हो गई थी। भारत अभी भी नाइट्रोजनी उर्वरकों की अपनी खपत 94% व फास्फेटी उर्वरकों की खपत का 82% की उत्पादन कर पाता है। पोटाशी उर्वरकों के लिए भारत पूरी तरह से आयात पर निर्भर है। वर्ष 2010-11 से देश में पोटाश उर्वरक की खपत 35.14 लाख टन थी। जबकि वर्ष 2014-15 एवं 2015-16 में पोटाश उर्वरक की खपत क्रमशः 25.32 एवं 24.02 लाख टन रही।

उन्नत बीज

भारतीय किसान खेती में उन्नत बीजों के महत्व से परिचित हैं। कारण यह है कि उन्नत बीजों द्वारा 10 से 20 प्रतिशत उत्पादन वृद्धि हो सकती है। परन्तु वे सामान्यतया इस प्रकार के बीजों का प्रयोग करते हैं, क्योंकि या तो अच्छे बीज जो बुआई के लिए रखे जाते हैं, उपभोग कार्य में लाए जाते हैं या संग्रह न कर सकने के कारण वे नष्ट हो जाते हैं। अधिक महत्व की बात यह है कि किसान उन्नत बीजों का प्रयोग करें। कृषि विभाग तथा भारतीय कृषि अनुसंधान परिषद् ने उन्नत बीजों का विकास करने और उन्हें लोकप्रिय बनाने के लिए महत्वपूर्ण कार्य किया है। उदाहरणार्थ, विश्व में प्रसिद्ध गेहूँ और धान की कुछ सर्वोत्तम किस्मों का भारत में विकास किया जा रहा है परन्तु ये बीज थोड़ी मात्रा में उपलब्ध हैं। द्वितीय योजना में उन्नत किस्मों में बीज की माँग को पूरा करने के लिए प्रत्येक उपखंड स्तर पर विकास खण्ड बनाए गए। सरकार ने **1963 में राष्ट्रीय बीज निगम की स्थापना** की है जिसका उद्देश्य देश भर के लिए उन्नत उत्पादिता वाले बीजों का उत्पादन एवं वितरण करना है। अधिक उपजाऊ किस्म के बीजों का प्रोग्राम 1966 में चालू किया गया और 1997-98 तक 760 लाख हेक्टेयर भूमि अधिक उपभाऊ किस्म के बीजों के आधीन लाई गई।

बीज उत्पादन के तीन चरण होते हैं। एक ब्रीडर बीजों का उत्पादन। दो, आधार बीजों का उत्पादन और तीन, प्रमाणित बीजों का किसान तक वितरण। उपरोक्त तालिका में हाल ही के वर्षों में अच्छे बीजों के उत्पादन एवं वितरण के विभिन्न चरणों के आंकड़े दिए गये हैं। जिससे पता चलता है कि वर्ष 2008-09 में ब्रीडर बीजों का उत्पादन 1,00,000 क्विंटल, आधार बीजों का उत्पादन 9.69 लाख क्विंटल और प्रमाणित बीजों का वितरण 190 लाख क्विंटल रहा था। यह पिछले से काफी बेहतर स्थिति थी।

कृषि का यन्त्रीकरण

भारतीय किसानों द्वारा इस्तेमाल किए जाने वाले औजार और उपकरण सामान्यतया पुराने तथा आदिकालीन हैं जबकि पश्चिमी देशों के किसान उन्नत तथा अद्यतन फार्म-मशीनरी का प्रयोग करते हैं। कृषि के यन्त्रीकरण के फलस्वरूप, इन देशों में भी कृषि क्रान्ति हुई है, जिसकी तुलना 18वीं शताब्दी में हुई औद्योगिक क्रान्ति से की जा सकती है। कृषि के यन्त्रीकरण के कारण उत्पादन में वृद्धि हुई और लागत में कमी। इसके अतिरिक्त कृषि मशीनरी द्वारा बंजर भूमियों को काश्त योग्य बनाया जा सका। इसीलिए तो पश्चिमी देशों की समृद्धि का मुख्य कारण कृषि के यन्त्रीकरण को ही समझा जा सकता है। सामान्यतः यह विकास सुदृढ़ हो गया कि कृषि के यन्त्रीकरण के बिना प्रगतिशील कृषि सम्भव नहीं।

कृषि के यन्त्रीकरण का अर्थ है कि जहां भी सम्भव हो पशु तथा मानवशक्ति का मशीनरी द्वारा प्रतिस्थापन किया जाए। हल चलाने का कार्य ट्रैक्टरों द्वारा होना चाहिए, बुवाई और उर्वरक डालने का कार्य ड्रिल द्वारा करना चाहिए, इसी प्रकार फसल काटने का कार्य भी मशीनों द्वारा किया जाना चाहिए, कृषि के पुराने ढंगों और औजारों अर्थात् लकड़ी के हलों, बैलों, दरान्ती आदि की जगह मशीनों का प्रयोग किया जाना चाहिए। अतः यन्त्रीकरण का अर्थ खेती की सभी क्रियाओं में हल चलाने से लेकर फसल काटने तथा बेचने तक मशीनों का प्रयोग होता है।

भारत में कृषि के विकास की गति तेज करने के लिए यन्त्रीकरण का प्रश्न महत्वपूर्ण बनता जा रहा है। जहाँ एक ओर तो कृषि के यन्त्रीकरण के पक्के समर्थक मिलते हैं, वहीं दूसरी ओर विरोधी पक्ष के विचारक भारत की वर्तमान आर्थिक एवं सामाजिक परिस्थितियों में फार्म-मशीनरी का प्रयोग बिल्कुल अनुचित मानते हैं। बहुत से सरकारी प्रोग्राम कृषि उपकरणों और मशीनरी की उन्नति से सम्बन्धित थे। ये फार्म यन्त्रीकरण और उपकरणों की देश में प्रोन्नति को बढ़ावा देते रहे हैं। इसका उद्देश्य फार्म-क्रियाओं से जुड़ी हुई नीरसता को कम करना है। किसानों को कृषि मशीनरी के क्रय में सहायता करने के लिए सरकार उधार के रूप में सहायता मुहैया करवाती है।

राष्ट्रीय किसान आयोग

राष्ट्रीय किसान आयोग का गठन 18 नवंबर, 2004 में एम.एस. स्वामीनाथन की अध्यक्षता में किया गया था। इसका मुख्यालय नई दिल्ली में प्रख्यात कृषि विज्ञानी है। इसका उद्देश्य किसानों के हितों की सुरक्षा करना है, आयोग ने चार रिपोर्टें दी हैं-दिसम्बर 2004 में, अगस्त 2005 में, दिसम्बर 2005 में, और अप्रैल 2006 में। पाँचवाँ तथा अन्तिम रिपोर्ट 4 अक्टूबर, 2006 को प्रस्तुत की गई थी। इन रिपोर्टों में 'अधिक तेज तथा अधिक समावेशी विकास' की प्राप्ति के लिए उपाय सुझाये गये थे।

स्वामीनाथ की अध्यक्षता में गठित आयोग की सिफारिशों के अनुसार किसानों को उनकमी फसलों के दाम उसकी लागत में कम-से-कम 50 प्रतिशत जोड़ के दिया जाना चाहिए था। इस रिपोर्ट में मुख्यतः फसलों की मूल्य निर्धारण नीति और ऋण नीति पर भी ज्यादा जोर दिया गया है। आयोग के अनुसार कृषि सुधार के लिए जन-सहभागिता व जनजागरुकता की जरूरत है तथा इस दिशा में समग्र प्रयत्न किया जाना चाहिए। आयोग ने समान जन वितरण की भी संस्तुति की है। इसके अतिरिक्त पंचायत के द्वारा अंतिम व्यक्ति तक पोषण योजना को पहुंचाने की भी सिफारिश की है। वितरण प्रणाली में व्यापक सुधार संबंधी संस्तुति भी आयोग ने की। हालांकि किसानों पर राष्ट्रीय आयोग की रिपोर्टों में अधिकांश सिफारिशों को अभी तक लागू नहीं किया जा सका है।

सामुदायिक विकास कार्यक्रम

भारत सरकार द्वारा 2 अक्टूबर, 1952 को 'सामुदायिक विकास कार्यक्रम योजना' की शुरूआत की गई थी। भारतीय योजना आयोग द्वारा अपने प्रतिवेदन में इसकी रूप रेखा को निर्धारित किया गया था। योजना आयोग के अनुसार, सामुदायिक विकास एक ऐसी योजना है, जिसके द्वारा नवीन

साधनों की खोज करके ग्रामीण समाज के सामाजिक व आर्थिक जीवन में परिवर्तन लाया जा सकता है। 'सामुदायिक विकास योजना' का मुख्य उद्देश्य सामाजिक-आर्थिक आत्मनिर्भरंता में वृद्धि करना है। अगर संक्षिप्त रूप से कहा जाए तो इस योजना का मुख्य उद्देश्य सहकारिता व स्वयं सहायता में वृद्धि करना था।

'सामुदायिक विकास कार्यक्रम' की उपलब्धियां

- कृषि क्षेत्र में ग्रामीण स्तर पर उन्नत किस्म के बीज एवं कीटनाशकों की उपलब्धता सुनिश्चित की गई।
- फसलों के विविधीकरण पर बल दिया गया। परिणामस्वरूप, उत्पादकता में वृद्धि देखी गई।
- कृषि उत्पादकता बढ़ने से आय में वृद्धि, हुई जिसके कारण ग्रामीण अर्थव्यवस्था में सुधार हुआ।
- रोजगार में वृद्धि हेतु लघु व कुटीर उद्योगों को बढ़ावा दिए जाने के कारण स्थानीय संसाधनों का समुचित दोहन हुआ, जिसके परिणाम सकारात्मक हुए।
- शिक्षा के क्षेत्र में विद्यालय व प्रौढ़ शिक्षा केन्द्रों की स्थापना की गई। वर्ष 1957 तक 14,000 नए स्कूलों तथा 35,000 प्रौढ़ शिक्षा केन्द्रों की स्थापना की गई।
- राजनीतिक जागरूकता को बढ़ावा देने का प्रयास किया गया। परिणामस्वरूप राजनीतिक व्यवस्था में लोगों की सहभागिता बढ़ी।
- सड़क निर्माण के तहत 28,000 मील पक्की तथा 80,000 मील कच्ची सड़कों का निर्माण कार्य हुआ।
- सामुदायिक विकास कार्यक्रम के तहत ही लोकतांत्रिक विकेन्द्रीकरण व पंचायती राज का आधार तैयार होना आरम्भ हुआ।
- ग्रामीण अर्थव्यवस्था में तेजी से सुधार देखा गया। धीमी रफ्तार से ही सही, लेकिन सही दिशा में भारत में विकासात्मक कार्यों की शुरुआत हुई।

शताब्दियों की गुलामी, रूढ़िवादिता, अंधविश्वास, छुआछूत, शोषित समाज, अशिक्षा, बेरोजगारी जैसी समस्याओं के समाधान हेतु सामुदायिक विकास योजना की रूपरेखा पहली पंचवर्षीय योजना में बनाकर लागू कर दी गई। 'सामुदायिक विकास कार्यक्रम' के अंतर्गत ग्रामीणों के बेहतर जीवन स्तर के लिए विकास व नवाचार के साथ वैज्ञानिक दृष्टिकोण को विकसित करने का प्रयास, स्थानीय आवश्यकता के अनुसार अनुकूल योजना बनाने का संकल्प, कार्यकर्ताओं को प्रशिक्षित कर योजनाओं के क्रियान्वयन में सहभागी बनाना तथा लोकतांत्रिक तरीके से योजनाओं का क्रियान्वयन करना सामुदायिक विकास कार्यक्रम का मुख्य उद्देश्य था। सामुदायिक विकास कार्यक्रम में कृषि, सिंचाई के साधनों, शैक्षिक विकास, आवास, सफाई, मनोरंजन आदि की व्यवस्था के तत्व को सम्मिलित किया गया। संक्षेप में, 'सामुदायिक विकास कार्यक्रम' को तीन उद्देश्यों के साथ स्पष्ट किया जा सकता है:-

(i) ग्रामीण समाज का समुचित विकास करना

(ii) ग्रामीण जनता को सामुदायिक जीवन पद्धति के लिए जागरूक करना

(iii) ग्रामीणजनों को विकासात्मक कार्य में जोड़कर विश्वास की भावना, जिम्मेदारी की भावना आदि को विकसित करना।

राष्ट्रीय प्रसार सेवा

2 अक्टूबर, 1953 को 'राष्ट्रीय प्रसार सेवा' कार्यक्रम प्रारंभ किया, किंतु यह भी असफल सिद्ध हुआ। सामुदायिक विकास कार्यक्रम तथा राष्ट्रीय प्रसार सेवा की विफलता के बाद सन् 1957 में बलवंतर राय मेहता की अध्यक्षता में एक समिति बनाई गई। इस समिति ने त्रिस्तरीय पंचायत राज संस्थाओं की स्थापना करने की सिफारिश की।

किसान क्रेडिट कार्ड योजना

किसानों को उचित दर पर ऋण देने के लिए केंद्र सरकार द्वारा किसान कार्ड योजना प्रारंभ की गई है। यह कार्ड किसानों को असंगठित क्षेत्र से उच्च ब्याज दरों पर रुपए उधार लेने से बचाने के लिए लांच किया गया। इसकी प्रमुख विशेषता यह है कि यदि किसान समय से पहले अपना ऋण चुकाते हैं तो उन्हें अतिरिक्त छूट दी जाएगी।

किसान क्रेडिट कार्ड योजनाः एक दृष्टि में

- ऋण पर दी जाने वाली ब्याज दर 2.00% तक कम हो सकती है
- बैंक 1.60 लाख रुपये तक के पर सुरक्षा/सिक्योरिटी नहीं
- विभिन्न आपदाओं में फसल बीमा कवरेज
- किसान स्थायी विकलांगता या मृत्यु की दशा में बीमा कवरेज प्रदान किया जाता है। अन्य जोखिम भी प्रदान किए जाते हैं।
- भुगतान अवधि फसल की कटाई और उसकी व्यापार अवधि के अनुसार निर्धारित
- कार्ड धारक अधिकतम 3.00 लाख रुपये तक का लोन
- क्रेडिट कार्ड आउंट में पैसा जमा, उन्हें उच्च दर पर ब्याज मिलेगा
- कार्डधारकों द्वारा समय पर भुगतान करने में विफल रहने पर चक्रवृद्धि बयाज का प्रावधान

उल्लेखनीय है कि किसान क्रेडिट कार्ड लोन (Kisan Credit Card Loan) वे लोग पात्र हैं जो कृषि, संबद्ध गतिविधियों या अन्य गैर-

न्यूनतम आयु - 18 वर्ष व

अधिकतम आयु - 75 वर्ष होनी चाहिए।

यदि आवेदक वरिष्ठ नागरिक (60 वर्ष से अधिक आयु) है, तो एक सह-आवेदक अनिवार्य जहां सह-आवेदक अनिवार्य है जहां सह-आवेदक एक कानूनी उत्तराधिकारी होना चाहिए

- किसान क्रेडिट कार्ड लोन के लिए आवेदन करने के लिए
- काडपहचान प्रमाण-मतदाता पहचान/पत्र/पैन कार्ड/पासपोर्ट/आधार कार्ड/ ड्राइविंग लाइसेंस, आदि होने चाहिए

- काडपता प्रमण-मतदाता पहचान पत्र/पासपोर्ट/आधार कार्ड/ड्राइवगि लाइसेंस, आदि तथा जमीन के दस्तावेज होने चाहिए।

एक बार जब ग्राहक को अपना क्रेडिट कार्ड मिल जाता है, तो वे तुरंत इसका इस्तेमाल नकद निकासी या डायरेक्ट खरीदारी करने के लिए करना शुरू कर सकते हैं। भारत में किसान क्रेडिट कार्ड प्रदान करने वाले शीर्ष बैंक भारतीय स्टेट बैंक, पंजाब नेशनल बैंक, पंजाब नेशनल बैंक, एक्सिस बैंक इत्यादि हैं।

❍❍❍

3

भारतीय संदर्भ में ग्राम विकास

भारतीय ग्राम समाज की संरचना

भारतीय समाज विश्व के सबसे जटिल समाजों में से एक है। यहाँ विभिन्न प्रकार के लोग अलग-अलग धर्म, भाषा तथा भिन्नतायुक्त भौगोलिक स्थिति में निवास करते हैं। इन विभिन्नताओं के आधार पर समाजशास्त्रियों ने कई आधारों पर समाज को विभाजित कर उन्हें समझने का प्रयास किया है। इस विभाजन में जनसंख्या, गृह निर्माण, वैधानिक व सरकारी आधार शामिल हैं वे जिसके तहत गाँव, कस्बे, नगर आदि आते हैं। भारतीय समाज को स्पष्टता के साथ जानने के लिए हमें ग्रामीण समाज व शहरी समाज को समझना आवश्यक है। आजादी के पश्चात् भारतीय समाज में कई तरह के परिवर्तन हमें दिखाई देते हैं। उदाहरण के तौर पर, संयुक्त परिवार का होना भारतीय समाज की मुख्य विशेषता थी, किंतु आज आधुनिकता के दौर में औद्योगीकरण व नगरीकरण के कारण एकल परिवार की महत्ता बढ़ती जा रही है और संयुक्त परिवार का विघटन होने लगा है। संयुक्त परिवार में विघटन के कारण भारतीय समाज में कई तरह की समस्याएँ देखने को मिली हैं जिसका प्रभाव कृषि के जोतों पर भी पड़ा। बँटवारे के कारण जोत के आकार छोटे होते चले गए, जिससे विक्रय हेतु अनाज की उपलब्धता कम होने लगी तथा गरीबी व निर्धनता तेजी के साथ बढ़ी। वहीं एक ओर जहाँ नगरीय व शहरी समाज के विकसित होने के कारण आय में वृद्धि हुई वहीं दूसरी ओर मलिन बस्तियों, अलगाव, प्रदूषण आदि में भी वृद्धि हुई जिसका प्रत्यक्ष व अप्रत्यक्ष प्रभाव भारतीय समाज में देखने को मिला। भारतीय समाज को परिपक्व तरीके से समझने के हमें शहरी समाज व ग्रामीण समाज का तुलनात्मक अवलोकन करना होगा।

ग्रामीण समाज

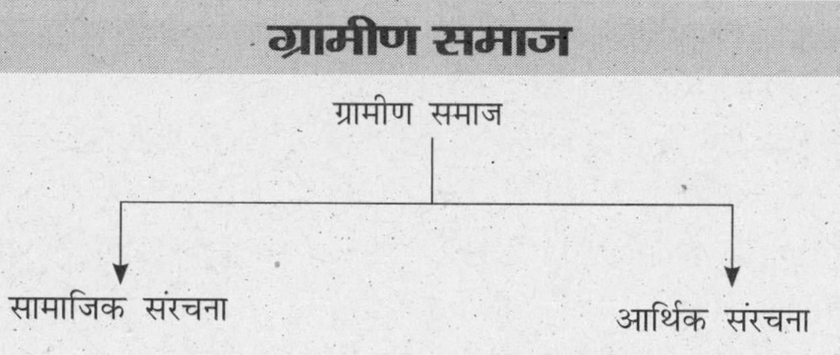

भारत ग्रामों के देश के रूप में प्रसिद्ध है। इसीलिए भारत को 'गाँवों का देश' भी कहा जाता है। भारत में 'ग्रामीण' शब्द के अर्थ को आमदनी के आधार पर परिभाषित किया गया है। भारत में ग्रामीण समाज का अर्थ एक बड़े गांव के तौर पर या कई छोटे-छोटे गांवो के समूह के आधार पर किया जा सकता है।

विभिन्न विद्वानों ने 'ग्राम' शब्द की व्याख्या को अलग-अलग तरीके से प्रस्तुत करने का प्रयास किया है। कुछ विद्वान कृषि को आधार मान कर ग्राम की पहचान को निर्धारित करते हैं, वहीं कुछ विद्वान शहरी समाज की विपरीत व्यवस्था को ग्रामीण समाज के तौर पर इंगित करते हैं। समाजशास्त्र के दृष्टिकोण से ग्रामीण समाज को स्पष्ट करने का प्रयास निम्नवत्त किया गया है-

- ग्रामीण समाज को शहरी समाज की तुलना में एक छोटा समूह माना गया है। इस समाज में बुनियादी सुविधाओं का अभाव होता है।
- ग्रामीण समाज की आबादी कम होती है तथा समान स्थिति व प्रस्थिति के लोग एक साथ रहते हैं।
- ग्रामीण समाज कृषि पर आधारित होता है। अत: आत्मनिर्भरता का गुण इस समाज में पाया जाता है। इसके अतिरिक्त ग्रामीण समाज के अन्य व्यक्ति मिट्टी के बर्तन, शिल्प कला आदि कार्यों में भी संलग्न रहते हैं।
- ग्रामीण समाज परंपरागत समाज होता है। इस समाज में रूढ़ियों, प्रथाओं, लोककलाओं आदि का महत्वपूर्ण स्थान होता है। अगर यह कहा जाए कि परपरागंत लोक कलाएं ग्रामीण समाज में बसती हैं तो यह गलत नहीं होगा।
- सटीकता के साथ कहा जाए तो ग्रामीण समाज ऐसा समाज है जहाँ कृषि की प्रधानता, जनसंख्या घनत्व कम या जनसंख्या में कमी, प्रकृति से निकटता, सामाजिक एकरूपता, गतिशीलता का अभाव व सरल जीवन शैली पाई जाती है।

ग्रामीण समाज को गहन तौर पर समझने के लिए हमें इसकी विशेषताओं सामाजिक संरचना व आर्थिक संरचना के घटकों को समझना होगा।

ग्रामीण समाज की विशेषताएँ

- मुख्य व्यवसाय कृषि
- प्रकृति से घनिष्ठ संबंध
- कम जनसंख्या, समरूपता
- प्राथमिक संबंधों की प्रधानता
- सरल एवं सादा जीवन
- सामाजिक गतिशीलता का अभाव
- सामुदायिक भावना
- धर्म, प्रथा एवं रूढ़ियों का महत्त्व
- संयुक्त परिवार, जाति प्रथा, जजमानी प्रथा
- ग्राम पंचायत, भाग्यवादी
- जनमत का अधिक महत्त्व, स्त्रियों की निम्न स्थिति
- अशिक्षा
- आत्मनिर्भरता

शहरी समाज

शहरी समाज को 'नगरीय समाज' कहना ज्यादा उपयुक्त होगा। नगरीय समाज में उद्योगों की बहुलता व भिन्नता होती है। नगरीय समाज में भौतिकता, द्वितीयक संबंधों को बढ़ावा, जटिलता, कृत्रिमता जैसे लक्षण व्यापक तौर पर दिखाई देते हैं। नगरीकरण के विकास का कारण मुख्यतः गांवों से लोगों का प्रवासन औद्योगिक क्षेत्र में होना है। इस समाज में गैर-कृषि गतिविधियों की अधिकता होती है तथा जनघनत्व तेजी के साथ बढ़ता है।

नगरीय समाज के संबंध में विभिन्न समाजशास्त्रियों ने अपने-अपने मत रखे हैं। ममफोर्ड के अनुसार, शहरों की उत्पत्ति गाँवों से ही हुई है। चार्ल्स बूले ने शहरी समाज के विकास के लिए परिवहन को उत्तरदायी माना है। उनका यह भी मानना है कि संचार व्यवस्था के विकास के कारण इसमें तेजी आई।

एण्डर्सन ने विकास में परिवर्तन को महत्वपूर्ण कारक माना है। उनका मानना है कि आविष्कार ही परिवर्तन को बढ़ावा देता है।

विभिन्न समाजशास्त्रियों के विचारों के आधार पर यह कहा जा सकता है कि शहरी समाज गतिशील समाज है और यह एक अवसर के रूप में ग्रामीण जनता को अपनी ओर आकर्षित करता है।

शहरी समाज की विशेषताएँ

(i) जनघनत्व ज्यादा होना- शहरी क्षेत्रों में जनसंख्या का संकेन्द्रण औद्योगिक इकाइयों के इर्द-गिर्द ज्यादा होता है, जिसके परिणामस्वरूप मलिन बस्तियों का निर्माण व प्रति वर्ग किलोमीटर अत्यधिक लोगों का बसाव होता है।

(ii) गैर-कृषि कार्यों में संलग्नता- शहरी समाज में बड़ी संख्या में लोग गैर-कृषि कार्यों में लगे होते हैं। औद्योगिक इकाइयों में जहाँ लोग श्रमिक के तौर पर कार्य करते हैं वहीं इस समाज में सेवा क्षेत्र का भी विकास तेजी से होता है, जिससे रोजगार की उपलब्धता और बढ़ती है।

(iii) एकल परिवार- शहरी समाज की मुख्य विशेषता एकल परिवार है। शहरीकरण के दौरान समाजशास्त्रियों ने सबसे ज्यादा ध्यान भारतीय समाज की मुख्य विशेषताओं में संयुक्त परिवार से एकल परिवार की ओर अग्रसर होने पर दिया। शहरी क्षेत्रों में जनघनत्व ज्यादा होने व रहने के लिए कम स्थान के कारण इस प्रवृत्ति का विकास ज्यादा तेजी से देखने को मिला।

(iv) जाति प्रथा का ह्रास- जाति प्रथा ग्रामीण समाज में व्यापक तौर पर अपना प्रभाव रखती है। शहरी समाज के विकास के दौरान लोगों द्वारा अपने जातिगत नियमों को बनाए रखना लंबे समय तक संभव नहीं रहा। इसका मुख्य कारण वर्ण विभाजन के आधार पर श्रम विभाजन का अतिक्रमण शहरी समाज में काफी तीव्रता के साथ हुआ। अतः शहरी समाज भारतीय समाज की मुख्य विशेषता के रूप में सामने आया।

नगरीकरण के सामाजिक प्रभाव एवं समस्याएँ

नगरीकरण के निम्नलिखित सामाजिक प्रभाव एवं समस्याएँ है- (1) शहरों में भीड़-भाड़ अधिक होना, (2) शहरी संरचना पर अत्यधिक दबाव, (3) प्रदूषण की समस्या, (4) रिहायशी जगह की कमी होना, (5) गांवों से शहरों की और पलायन, (6) ध्वनि प्रदूषण, (7) एकल परिवारों का बढ़ता चलन, (8) गन्दी बस्तियों का जन्म।

ग्रामों के प्रकार

भारतीय गांवों के प्रकार

भारत सरकार द्वारा गांव को 5 भागों में बांटा गया है-

1. छोटे आकार के गांव (जनसंख्या 500 से कम हो) इनकी संख्या 351650 है।
2. मध्यम आकार के गांव (जनसंख्या 500-2000) संख्या-184463
3. बड़े आकार के गांव (जनसंख्या 2000-5000) संख्या-26565
4. बहुत बड़े आकार के गांव (जनसंख्या 5000 से अधिक) संख्या-4197
5. गैर-बसे गांव-48085

2011 की जनगणना के अनुसार भारत में कुल 597485 गांव हैं।

ग्रामीण विकास, परिवर्तन एवं समस्याएँ

गाँव एक ऐसा समुदाय है जिसमें अधिकांश व्यक्ति खेती या खेती से संबंधित छोटे-छोटे व्यवसायों के द्वारा आजीविका उपार्जित कर अपना व अपने परिवार का पालन-पोषण करते हैं। स्वतंत्रता के बाद यह अनुभव किया गया कि ग्रामीण जीवन में परिवर्तन लाए बिना भारतीय ग्रामीण समाज का विकास नहीं किया जा सकता है।

इन सभी प्रयत्नों के तुरन्त बाद ग्रामीण विकास के लिए अनेक सामाजिक-आर्थिक, प्रयत्न किए जाने लगे। इन सभी प्रयत्नों के परिणामस्वरूप भारत में परंपरागत ग्रामीण जीवन में तेजी से परिवर्तन दिखाई देने लगा। संक्षेप में, इन परिवर्तनों तथा इनसे उत्पन्न होने वाली कुछ प्रमुख समस्याओं को निम्नलिखित रूप से समझा जा सकता है-

- **सामाजिक जीवन में परिवर्तनः** वर्तमान गाँवों में मुद्रा का प्रचलन बढ़ जाने के कारण जजमानी व्यवस्था लगभग समाप्त हो चुकी है। इसके फलस्वरूप विभिन्न जातियों के परंपरागत संबंध पहले के समान नहीं रहें।
- **आर्थिक जीवन में परिवर्तनः** गाँवों के चतुर्दिक विकास के लिए जो योजनाएं बनाई गई उन योजनाओं के फलस्वरूप गाँव की आर्थिक स्थिति में परिवर्तन हुए हैं।
- **राजनीतिक जीवन में परिवर्तनः** ग्रामीण जीवन में एक बदलाव और आया है। यह बदलाव है राजनीतिक। आज ग्रामीण स्वयं को एक कमजोर समूह के रूप में नहीं देखते, बल्कि उन्होंने दबाव समूह के रूप में विकसित होकर जनता के चुने हुए प्रतिनिधियों को प्रभावित करना आरम्भ कर दिया है।

ग्रामीण समाज में सामाजिक विकास एवं परिवर्तन

आधुनिक समय में ग्रामवासियों के सामाजिक जीवन में अनेक प्रकार के परिवर्तनों को देखा जा सकता है। इन्हें निम्नलिखित आधारों पर समझा जा सकता है-

- जाति-प्रथा में परिवर्तन
- परिवार के कार्यों और आदर्शों में परिवर्तन
- केन्द्रीय परिवारों का जन्म
- बाल विवाह के दृष्टिकोण में परिवर्तन
- विधवा-पुनर्विवाह पर बदलता दृष्टिकोण
- जातियों के कार्य-ढाँचे में परिवर्तन
- स्त्रियों की स्थिति में परिवर्तन
- ऊँच-नीच की भावना में परिवर्तन
- खान-पान पर प्रतिबन्ध लचीले हुए

सामाजिक संरचना

सामाजिक संरचना की परिभाषाः समाज का वह रूप जिसमें विभिन्न समूह एक-दूसरे के साथ संगठित रहते हैं, उसे सामाजिक संरचना कहते हैं।

परिवारः सामाजिक समूह में परिवार सबसे छोटी इकाई है। 'परिवार' शब्द अंग्रेजी के 'Family' शब्द का अनुवाद है जिसकी उत्पत्ति लैटिन शब्द के 'Famulu's से हुई है। प्रत्येक मनुष्य किसी न किसी रूप में परिवार का सदस्य अवश्य होता है। परिवार यौन संबंधों की अनुमति, सुरक्षा, सन्तानोत्पत्ति की व्यवस्था, भावनात्मक घनिष्ठता आदि की पूर्ति करता है ताकि व्यक्ति का विकास सामाजिकता के साथ-साथ भावनात्मक स्तर पर बेहतर तरीके से हो सके। ग्रामीण समाज में संयुक्त परिवार पाए जाते हैं। सामाजिक परिवर्तन, शहरीकरण व नगरीकरण के कारण संयुक्त परिवारों का विघटन काफी तेजी के साथ हुआ है। विभिन्न समाजशास्त्रियों ने परिवार को परिभाषित किया है जिनमें से कुछ परिभाषाएँ निम्नलिखित हैं-

डी.एन. मजूमदार–परिवार ऐसे व्यक्तियों का समूह है, जो एक मकान में रहते हैं, रक्त संबंधी होते हैं और स्थान, स्वार्थ तथा पारस्परिक कर्त्तव्य बोध के आधार पर समान होने की चेतना या भावना रखते हैं।

आई.पी. देसाई– संबंधों और सम्पत्ति की संयुक्तता ही संयुक्त परिवार की मुख्य विशेषता है, भले ही उनके चूल्हे अलग हैं।

परिवार की उत्पत्ति के सिद्धांत

(i) यौन साम्यवाद सिद्धांत
(ii) उद्विकासवादी सिद्धांत
(iii) मातृसत्तात्मक सिद्धांत
(iv) पितृसत्तात्मक सिद्धांत
(v) एकल विवाह का सिद्धांत

(i) यौन साम्यवाद सिद्धांत- इस सिद्धांत को मानने वाले विद्वान मॉर्गन, फ्रेजर तथा ब्रिफाल्ट हैं। इन विद्वानों का मानना है कि समाज के विकसित होने से पहले यौन स्वच्छंदता की स्थिति थी तथा कोई भी स्त्री-पुरुष किसी के साथ भी यौन संबंध बना सकते थे। इन विद्वानों का मानना है कि यौन नियमन के अलावा ऐसा कोई कारण नहीं था जो परिवार जैसी संस्था को निर्मित कर सके। यौन संबंधी अनियमितता के कारण कोई भी समाज सभ्य बन ही नहीं सकता। अतः सामाजिक संगठन में स्थायित्व के लिए यह यौन नियमितता अति आवश्यक है।

(ii) उद्विकासवादी सिद्धांत- इस सिद्धांत का प्रतिपादन बेकोफोन ने किया। इन्होंने परिवार के स्थायित्व में स्त्रियों व कृषि व्यवस्था के विकास को सहसंबंधित किया है। इनका मानना है कि कृषि के विकास से पूर्व स्त्रियों को मार दिया जाता था किन्तु कृषि के विकास के उपरान्त जीवन में स्थायित्व आया तथा जीवनयापन के लिए आवश्यक खाद्यान्नों की उपलब्धता बढ़ी। अतः बहुविवाह जैसे नियम आए तथा परिवार जैसी संस्था ने धीरे-धीरे अपना आकार लेना आरम्भ किया। इस सिद्धांत को मॉर्गन ने और स्पष्टता के साथ प्रस्तुत किया तथा उद्विकास के इस क्रम को तीन भागों में बांटा–

(i) रक्त संबंधी परिवार
(ii) सिंडसमियन परिवार
(iii) एकविवाही परिवार

(iii) मातृसत्तात्मक परिवार सिद्धांत– लॉर्ड अवेबरी द्वारा इस सिद्धांत को प्रतिपादित किया गया है। इस सिद्धांत के अनुसार, आदिम काल में स्त्रियों द्वारा ही बच्चों का पालन-पोषण किया जाता था। यौन साम्यवाद की स्थिति में पितृत्व का निर्धारण कठिन था, अतः ऐसी स्थिति में माता के ऊपर ही बच्चे की सम्पूर्ण जिम्मेदारी आ जाती थी। अतः यह स्वाभाविक हो सकता है कि इसी प्रक्रिया से मातृसत्तात्मक परिवार का विकास हुआ हो तथा इसी की अगली कड़ी के तौर पर पितृसत्तात्मक परिवार अस्तित्व में आया हो।

(iv) पितृसत्तात्मक परिवार सिद्धांत– प्लेटो, अरस्तु जैसे महान विचारकों ने परिवार की उत्पत्ति हेतु पितृसत्तात्मक पक्ष को महत्वपूर्ण माना है। इन्होंने पुरुष प्रधानता को आधार बना कर इस बात को सही साबित करने का प्रयास किया है कि परिवार के विकास हेतु पितृसत्तात्मक

व्यवस्था ही उत्तरदायी है तथा उसके पश्चात् ही मातृसत्तात्मक परिवारों का विकास हुआ।

(v) एकल विवाह का सिद्धांत– वेस्टरमार्क द्वारा लिखित पुस्तक 'दि हिस्ट्री ऑफ ह्यूमन मैरिज में एकल विवाह के सिद्धांत का प्रतिपादन किया गया है। इस सिद्धांत के अनुसार एकल विवाह ही परिवार की उत्पत्ति का एकमात्र कारण रहा है।

सामाजिक परिवर्तन

भारतीय समाज को अनेक विद्वान एक अपरिवर्तनशील लोगों समाज मानते रहे हैं। इस जड़ता को अंग्रेजों ने तोड़ा। हम परिवर्तन की चर्चा में अंग्रेजी राज के आरंभ को यानी 18वीं शताब्दी के आरंभ को एक संदर्भ बिंदु मानकर चलना चाहते हैं! उसके पहले भी परिवर्तन प्रवसन से, राजनीतिक शक्ति बदलने से एवं अन्य कारणों से हो रहे थे।

अंग्रेजी राज के आरंभ होने एवं संघर्ष तथा सहयोग की मूल द्वन्द्वात्मक प्रक्रिया जिसने अन्य समाजों की भाँति परिवर्तनों को जन्म दिया, उस समय में यह कुछ अधिक हुआ। एक ओर अंग्रेजों की कूटनीति से एवं स्वयं अपनी राजनीति से भारत के इसमें क्षेत्रीय राज्य आपस में लड़ भी रहे थे और सहयोग भी कर रहे थे। ईस्ट इंडिया कम्पनी को बाद में पश्चिम के अन्य देशों से लड़ना भी पड़ा एवं समय-समय पर एक दूसरे से मिलना भी पड़ा। अंग्रेजों एवं भारतीयों में भी संघर्ष एवं सहयोग चलता रहा। पश्चिम के अन्य समाजों के समान अंग्रेज भी बड़े क्रूर एवं नृशंस थे। उन्होंने 1857 के प्रथम स्वतंत्रता संग्राम को दबाने में क्रूरता की वे मिशालें पेश की जिसका मानवता ने बहुत कम अनुभव किया है।

परिवर्तन का एक बड़ा कारण सामाजिक एवं राजनीतिक आंदोलन था। राष्ट्रीय आंदोलन के साथ-साथ भारत में आदिवासी, किसान एवं अन्य समूह अनेक स्थानों पर आंदोलन कर रहे थे। आरंभ में कांग्रेस ने अपने औपचारिक सम्मेलन के साथ-साथ समाज सुधार सम्मेलन करने की परिपाटी को भी आरंभ किया व भारत के अभिजन ने विशेष रूप से मध्यवर्गीय अभिजन ने अपने प्रयासों से सामाजिक परिवर्तन किया। गोगेन्द्र सिंह के अनुसार भारतीय अभिजन का आकार तुलनात्मक रूप में छोटा था परंतु इसने व्यापक भूमिका का निर्वाह किया।

व्यापार ने समाज को बदला। उद्योग भारत में कमजोर रहे एवं आज भी हैं। उद्योग का आर्थिक और राजनीतिक महत्व है। उद्योगपति देश की अर्थव्यवस्था एवं राजनीति पर हावी हैं परंतु उद्योग का विस्तार कम है। वी. पी. गिरि ने कहा कि उद्योग में काम करने वाला मजदूर गांव जाने पर भूस्वामी जैसा व्यवहार करता है। यातायात के साधनों, संचार माध्यमों, लोकतंत्र की राजनीति एवं प्रक्रिया एवं वर्तमान समय के आंदोलनों ने भारतीय समाज को परिवर्तित किया है। उदारीकरण की प्रक्रिया ने भारत में बहुत तेज परिवर्तन उत्पन्न किये हैं। उदारीकरण के कारण बाजार गांव तक पहुंचा है, महिलाओं में आत्मनिर्भरता का भाव पैदा हुआ है, पारंपरिक शिल्प खत्म हुए हैं, परिवार कमजोर हआ है एवं विवाह की संस्था में दरार पड़नी शुरू हो गई है।

भारत में परिवर्तन की प्रक्रियाएँ : भारत में अंग्रेजी राज ने एक नवजागरण को जन्म दिया। यह नवजागरण ब्राह्मण सवर्ण नवजागरण अधिक था। वे चाहते थे कि, भारत में आंतरिक विरोध को बढ़ाया जाए। इसलिए एशियाटिक सोसायटी ऑफ बंगाल, बंकिमचंद्र चटर्जी जैसे अफसरों एवं साहित्यकारों के माध्यम से मस्लिम विरोध एवं हिंदू राष्ट्रवाद को बढ़ाया। उपरोक्त कारणों से परिवर्तन की जो प्रक्रियाएं चली उनका चरित्र एवं स्वरूप, अलग-अलग था।

भारतीयकरण (Indianization): आदिवासी समाज में परिवर्तन की चर्चा का आरम्भ अंकलेश्वर अयप्पन ने किया। इसे इतिहासकार देवराज चनाना ने आगे बढ़ाया। इस प्रक्रिया को न केवल हिंदुत्ववादियों ने बल्कि गांधी एवं गांधीवादियों ने हिंदू राष्ट्रीयता के साथ जोड़ दिया। इसलिये यह प्रचलन से बाहर हो गया। यह एक उपयोगी धारणा है। भारत में तमाम अवरोधों के बावजूद एक साझी संस्कृति विकसित हो रही है। आम जीवन में इसे गंगा जमुना की संस्कृति कहते हैं। इस साझी संस्कृति के विकास की प्रक्रिया को ही हम भारतीयकरण कहते हैं। यह नैतिक दृष्टि से एवं नीतिगत दृष्टिकोण (Ethical Point of Vicne) से निष्पक्ष है। इसके चार आयाम हैं:

(क) भारत में क्रमशः समान लक्ष्यों एवं आदर्शों का विकास हो रहा है। इसे आकांक्षाओं की समानता कह सकते हैं। सवर्ण एवं दलित, हिंदू, मुस्लिम, ईसाई एवं सिक्ख एवं आदिवासी युवा अपनी-अपनी वर्गीय स्थिति के अनुसार एक समान लक्ष्य को ओर उन्मुख हैं।

(ख) देश में समान नायकों, प्रतीकों का विकास हो रहा है।

इस्लामीकरण : मुसलमानों में ठीक संस्कृतिकरण के समान तो नहीं परंतु इसी प्रकार की इस्लामीकरण की धारणा प्रचलित है। इस धारणा के संबंध में मुसलमान पिछड़ी जातियां एवं दलित जातियां अशराफों यानी मुस्लिम उच्च जातियों पर पूर्वाग्रह का आरोप लगाती हैं। सरल शब्दों में जब कोई निम्न जाति का मुसलमान पैसे वाला हो जाता है तब वह शास्त्रीय इस्लामी जीवन शैली एवं व्यवहार अपना लेता है। इसके संबंध में एक लोकप्रिय कविता में यह भी कहा गया कि, इस साल फसल अच्छी हुई है, मैं जुलाई से शेख हो गया हूँ। इन्साह अल्लाह अगले साल यदि फसल अच्छी हुई मैं शेख से सैयद हो जाऊँगा।

महान परंपरा एवं लघु परंपरा (Great Tradition And Little Tradition): राबर्ट रेडफील्ड ने मैक्सिको में अपने अध्ययन के दौरान परिवर्तन की व्याख्या के लिये इन धारणाओं विकसित किया। महान परंपरा व्यापक, शास्त्रीय, उच्च वर्गीय एवं व्यवहार के स्वरूपों को कहते हैं। लघु परंपरा क्षेत्रीय एवं स्थानीय, निम्न वर्गीय एवं अनपढ़ तथा अशास्त्रीय नियमों तथा जीवन शैली को कहते है।

इन धारणाओं का प्रयोग भारत के संदर्भ में अनेक विद्वानों ने किया। गोगेंद्र सिंह ने शास्त्रीय नियमों, व्यापक रूप में प्रचलित शास्त्रीय भाषाओं, मूल्यों को महान परंपरा कहा एवं स्थानीय बोली, वीर-गाथाओं, कहानियों को लघु परंपरा कहा। लघु परंपगए महान परंपराओं को स्थानीय संदर्भ में अपनाती हैं। इस धारणा पर भी उच्च वर्गीय पूर्वाग्रह का आरोप लगाया जाता है।

सार्वभौमीकरण एवं स्थानीयकरण (Universalization and Parochialization): राबर्ट रेडफील्ड के शिष्य मैकिम मैरियट ने अलीगढ़ के पास किशनगढ़ी गांव का अध्ययन करके इन धारणाओं को दिया। उनके अनुसार यदि कोई स्थानीय नियम, सामाजिक स्वरूप व्यापक रूप से प्रसारित हो जाता है एवं प्रतिष्ठित हो जाता है जैसे तुलसीदास का रामचरित मानस एक स्थान में रचा

गया एवं उत्तर भारत के बड़े क्षेत्र में फैल गया, तब यह सार्वभौमीकरण है। इसके विपरीत केंद्रीय स्तर पर शक्ति समूहों की कोई केंद्रीय व्यवस्था एवं तत्व यदि स्थानीय स्तर पर एक स्थानीय संदर्भ में अपनाई जाती है तब वह स्थानीयकरण है। उदाहरण के लिये लगान फिल्म के गाने भारत के प्रत्येक क्षेत्र में स्थानीय भाषाओं में गाये जाते हैं। उसकी धुनों को स्थानीय बोली में अपना लिया गया। मैरियट ने रेडफील्ड की धारणाओं का प्रयोग करते हुए कहा, जब लघु परंपरा महान परंपरा के तत्वों को अपने ढंग से बदल कर एवं ढालकर अपनाती है तब यह स्थानीयकरण है, जब महान परंपरा में लघु परंपरा के तत्व अपनाये जाते हैं, तब वह सार्वभौमीकरण है।

सामाजिक परिवर्तन के प्रतिमानः सामाजिक परिवर्तन के तीन प्रतिमान हैं: समरैखिक परिवर्तन, उतार-चढ़ाव परिवर्तन तथा चक्रीय परिवर्तन।

सामाजिक परिवर्तन के कारकः सामाजिक परिवर्तन के निम्नलिखित कारक हैं- भौतिक या प्राकृतिक कारक, भौगोलिक कारक, जैविक एवं जनांकिकीय कारक, प्रौद्योगिकी कारक, आर्थिक कारक, सांस्कृतिक कारक तथा मनोवैज्ञानिक कारक।

संयुक्त परिवार

भारत को प्रायः 'संयुक्त परिवारों का देश' भी कहा जाता है। मूल परिवार का अर्थ जहाँ एक विवाहित युगल और उनके अविवाहित बच्चे से होता है वहीं संयुक्त परिवार के तहत् उस परिवार में दो से तीन पीढ़ी के सदस्य शामिल होते हैं। ऐसे परिवार में एक ही छत के नीचे समान रसोई में भोजन करते हैं। सम्पत्ति में समान स्वामी होते हैं। एक ही कुल देवी-देवता की पूजा करते हैं तथा भावनात्मक रूप से एकजुट रहते हैं।

संयुक्त परिवार की विशेषताएँ

- संयुक्त परिवार के सभी सदस्य एक ही मकान में एक साथ रहते हैं।
- संयुक्त परिवार की संयुक्तता सम्पत्ति पर भी होती है।
- संयुक्त परिवार में दो या तीन पीढ़ी के सदस्य एक साथ निवास करते हैं।
- संयुक्त परिवार में बुजुर्गों की सुरक्षा के साथ-साथ बच्चों के मनोरंजन की स्थायी व्यवस्था होती है।
- समाज संयुक्त परिवार को धार्मिक व सामाजिक कार्यों के संदर्भ में एक इकाई के रूप में देखता है।
- संयुक्त परिवार में मुखिया की स्थिति प्रमुख होती है। परिवार में सबसे बड़ा पुरुष ही मुखिया होता है तथा उसकी भूमिका न्यायाधीश, पालक आदि के समान होती है साथ ही, श्रम विभाजन हेतु उसका निर्णय महत्वपूर्ण होता है।
- एकल परिवार की तुलना में संयुक्त परिवार में स्थायित्व ज्यादा होता है।
- समूहवाद की भावना संयुक्त परिवार में ज्यादा देखने को मिलती है।
- संयुक्त परिवार के सभी व्यक्तियों की प्रस्थिति व भूमिका निश्चित होती है।
- पार्सन्स के अनुसार, संयुक्त परिवार में व्यक्तिवाद व निजी अभिमुखन की संभावना नहीं होती है।
- संयुक्त परिवार में उत्पादन की प्रमुख इकाई के रूप में कृषि का महत्वपूर्ण योगदान होता है।
- संयुक्त परिवार की संयुक्तता को निर्धारित करने वाले प्रमुख तत्व हैं- सहभागिता, संयुक्त आवास, सम्पत्ति का संयुक्त स्वामित्व, भावनात्मक एकता आदि।

संयुक्त परिवार के दोष

- संयुक्त परिवार में प्रायः सभी सदस्य कार्य में संलग्न नहीं होते हैं, अतः अत्यधिक मेहनत करने वाले सदस्यों पर भार ज्यादा रहता है।
- संयुक्त परिवार में व्यक्ति व्यापार या उद्योग में जोखिम नहीं लेता है, एक संतोषजनक आर्थिक आधार पर ही जीवन-बसर चलता है।
- संयुक्त परिवार में घर का मुखिया पुरुष ही होता है, अतः ऐसी स्थिति में स्त्रियों की भूमिका केवल घरेलू कार्यों तक ही सीमित रह जाती है। न्याय, निर्णय तथा अधिकारों के मामले में उनकी कोई भूमिका नहीं रहती है।
- संयुक्त परिवार में पक्षपातपूर्ण फैसले लेने की भी समस्या देखी जाती है। प्रायः ऐसा आक्षेप मुखिया पर लगता है। अतः परिवार में आपसी मन-मुटाव व द्वेष की भावना पनपती है।

संयुक्त परिवार के विघटन के कारक

- औद्योगिक क्रांति के कारण संयुक्त परिवार का विघटन तेजी के साथ हुआ है।
- ग्रामीण उद्योगों का समाप्त होना, स्त्रियों की शिक्षा व रोजगार में अवसर, व्यक्तिगत योग्यता पर बल आदि शहर में ऐसे तमाम कारण थे जिन्होंने ग्रामीणों को अपनी ओर आकर्षित किया। परिणामस्वरूप, संयुक्त परिवार का ह्रास तीव्र गति से हुआ।
- यातायात के कुशल संचालन, रेल, डाक, तार आदि के विकास ने गांव व शहरों की दूरी को कम किया। इस व्यवस्था ने ग्रामीणों को शहरों की ओर आकर्षित किया।
- पाश्चात्य शिक्षा के विकास के कारण भी संयुक्त परिवार में विघटन देखने को मिला। पाश्चात्य शिक्षा व्यक्तिगत स्वतंत्रता व एकल परिवार पर बल देती थी, अतः भारतीयों ने पाश्चात्य शिक्षा से शिक्षित होकर, इसे तीव्रता प्रदान की।
- ब्रिटिश हुकुमत द्वारा फूट डालो और शासन करो की नीति के परिणामस्वरूप संयुक्त परिवार में विघटन हुआ। इसका प्रमाण हिन्दू उत्तराधिकार अधिनियम, 1929 को लागू करना था। इसमें व्यक्ति को सम्पत्ति का अधिकार दिया गया। यदि वह संयुक्त परिवार से अलग रहता है तो भी वह दावा कर सकता है।
- हिन्दू स्त्रियों को सम्पत्ति में अधिकार अधिनियम 1939 के तहत दिया गया। इससे संयुक्त परिवार में संपत्ति की संयुक्तता का सिद्धांत खण्डित हुआ, जिसके परिणामस्वरूप विघटन और तेजी के साथ बढ़ा।
- ग्रामीण स्तर पर संयुक्त परिवार में श्रम विभाजन एक-दूसरे को निर्भर बनाते थे जिससे परिवार में एकता बनी रहती थी, किंतु उद्योगों का श्रम

विभाजन एक नई अवधारणा को लेकर आया, जिससे यह परम्परागत अवधारणा धूमिल हुई।

- परम्परागत समाज में सुरक्षा हेतु संयुक्त परिवार की भूमिका प्रमुख थी, किन्तु ब्रिटिशकाल में पुलिस, न्यायालय की व्यवस्था आदि ने सुरक्षा के मानको में बदलाव लाया। अतः सुरक्षात्मक दृष्टिकोण से भी निर्भरता संयुक्त परिवार में कम हुई तथा विघटन हुआ।
- स्त्रियों की दशा में सुधार हेतु विभिन्न आन्दोलन चलाए गए। स्त्रियों को भी यह बात समझ में आई कि संयुक्त परिवार की व्यवस्था कहीं-न-कहीं उनके अधिकारों व स्वतंत्रता को कम करती है। अतः ऐसी स्थिति में उन्होंने भी आगे बढ़ने का फैसला किया तथा एकल परिवार को महत्त्व दिया।
- बढ़ती जनसंख्या ने भूमि पर निर्भरता को बढ़ाया तथा कृषि लाभ को कम किया, संयुक्त परिवार में ऐसी स्थिति को देखा गया। अतः आय वृद्धि हेतु कृषि ज्यादा लंबे समय तक सहायक नहीं हो सकती थी। इस कारण भी शहरों की तरफ पलायन बढ़ा।
- संयुक्त परिवार में आपसी मन-मुटाव, कलह आदि बड़ी तेजी के साथ बढ़ रहे थे, अतः सुखमय जीवन के लिए भी लोग संयुक्त परिवार से निकलने लगे।
- नगरीकरण, शहरीकरण, शिक्षा की समुचित व्यवस्था, स्वास्थ्य सेवाओं की उपलब्धता, मनोरंजन के अवसर व व्यक्तिगत स्वतंत्रता आदि ने ग्रामीण समाज की मुख्य विशेषता रहे संयुक्त परिवार को तेजी के साथ विघटित कर दिया।

जाति व्यवस्था

जाति व्यवस्था भारतीय समाज की प्रमुख विशेषता है। भारतीय समाज के अतिरिक्त ऐसी व्यवस्था विश्व के किसी भी समाज में नहीं पाई जाती। ग्रामीण समाज में यह मुख्य सामाजिक संस्था है। स्थानीय भाषा में इसे 'जात', 'जैत' आदि कहा जाता है। जाति व्यवस्था के विकास में नातेदार व विवाह जैसी संस्थाएं सहायक हैं और इसे बढ़ावा देती हैं। समाजशास्त्री हेराल्ड गोल्ड के अनुसार, जाति एकाधिकार रूपी संघ है। भारतीय जाति व्यवस्था समाज के कुछ जाति समूहों के अंतर्गत बँटी हुई है। जाति समूह अंतर्विवाही होता है तथा इसकी सदस्यता जन्मजात होती है। इसके अंतर्गत विभिन्न जातियों द्वारा सामाजिक सहवास व खान-पान निषेधों का पालन किया जाता है।

जाति व्यवस्था के लक्षण

- जाति के आधार पर समाज में ऊँच-नीच का सोपानक्रम होता है।
- भारत में जाति व्यवस्था का बँटवारा ब्राह्मण, क्षत्रिय, वैश्य व शूद्र के आधार पर हुआ है तथा इसी वर्गीकरण के आधार पर कई उपजातियाँ भी हैं।
- भारतीय जाति व्यवस्था समाज को कुछ खण्डों या वर्गों में विभाजित करती है।
- जाति व्यवस्था के अंतर्गत प्रत्येक जाति का एक परंपरागत व्यवसाय होता है। उस जाति से संबंधित लोग ईश्वरीय कृपा मानकर उस कार्य को आजीवन करते हैं।
- जाति व्यवस्था में जहाँ ब्राह्मणों को सर्वोच्च स्थान दिया गया है वहीं शूद्रों की स्थिति सबसे निम्न है।
- सभी जातियाँ कुछ-न-कुछ प्रतिबंध का आरोपण करती हैं। इनमें विवाह और भोजन से संबंधित प्रतिबंध मुख्य हैं।
- प्रत्येक जाति अंतर्विवाह के नियम को कड़ाई से लागू करती है।
- जाति व्यवस्था में पेशेवर जातियाँ, जैसे-कुम्हार, धोबी, ब्राह्मण आदि सभी प्रकार्यात्मक तरीके से एक-दूसरे को अपनी सेवाएँ देते रहते हैं।
- सेवा प्रदान करने वाली जाति को कमीन तथा सेवा प्राप्त करने वाली जाति को जजमान कहते है।
- लुईस ड्यूमा ने जातियों को शुचिता और दूषिता के सिद्धांतों के आधार पर सोपान क्रम में व्यवस्थित किया है।

जजमानी प्रथा

ग्रामीण समाज में जजमानी व्यवस्था को कृषक परिवार का मुख्य बिन्दु माना जाता है। विशेष जातियों का लाभ कृषक परिवार प्राप्त करता है। जो परिवार सेवा को प्राप्त करता है उसे 'जजमान' या 'संरक्षक' कहा जाता है तथा जो सेवा प्रदान करता है वह 'कमीन' कहलाता है। भारत में देखा गया है कि जजमानी प्रथा मुख्य रूप से सेवाओं के बदले आवश्यक वस्तुओं की प्राप्ति है अर्थात् सेवा करने वाले व्यक्ति जिस परिवार को सेवा देते हैं उस पर आश्रित रहते हैं। जजमानी संबंध वंशानुगत होते हैं। विविध परिवारों को ये पीढ़ी-दर-पीढ़ी अपनी सेवाएं प्रदान करते रहते हैं और जो परिवार सेवा प्राप्त करते हैं वे भी इनकी सेवा को बंद करने का अधिकार नहीं रखते हैं। ये संबंध काफी घनिष्ठ होते हैं। संरक्षक का यह दायित्व होता है कि वह सेवा करने वालों का ध्यान रखे। आश्रित अपने संरक्षकों का पूरे वर्ष ध्यान रखते हैं और एवज में फसल कटाई के दौरान उत्पाद का एक हिस्सा देते हैं। जजमानी प्रथा को एक प्रकार से कार्य के पश्चात् अदायगी के तौर पर भी देखा जा सकता है, किंतु यह मजदूरी श्रम से पूरी तरह भिन्न है।

विभिन्न समाजशास्त्रियों का मानना है कि भारतीय ग्रामीण समाज में प्रचलित यह व्यवस्था शोषणकारी है। जजमानी प्रथा में बड़ी जातियों व कृषक परिवारों को ही ज्यादा लाभ होता है। जितनी सेवा बड़ी जाति व किसान परिवारों के द्वारा ली जाती है उसके एवज में दी जाने वाली सहायता बहुत ही कम होती है। पिछले कुछ दशकों में इस व्यवस्था में काफी परिवर्तन आए हैं। विभिन्न आन्दोलनों, शिक्षा प्रसार, मजदूरों का शहरों की ओर पलायन आदि ने इस व्यवस्था को काफी कमजोर किया है। बहुत-सी जातियाँ, जो जजमानी व्यवस्था के भाग के रूप में कार्य करती थीं, उन्होंने खुद को अब इससे अलग कर लिया है। इन जातियों को इस व्यवस्था से अलग होने के बाद कई लाभ मिले हैं। एक उन्नत परिवर्तनशील व शिक्षित समाज में इन जातियों की सहभागिता भी लगातार बढ़ती जा रही है।

सामाजिक गतिशीलता का अभाव

भारतीय ग्रामीण समाज में सामाजिक गतिशीलता काफी कम पाई जाती है। इसके लिए कई कारक उत्तरदायी हैं। जाति व्यवस्था आज भी ग्रामीण समाज में अपनी पैठ बनाए हुए है। योग्यता होने के बावजूद भी निम्न जातियों के लिए उन्नति का मार्ग अवरुद्ध ही रहता है। इसका दुष्परिणाम कहीं-न-कहीं समाज को ही उठाना पड़ता है। वर्तमान परिदृश्य में अगर योग्यता के अनुसार आगे बढ़ने का मौका न मिले तो समाज में नए विचारों का समावेश उस तरह से नहीं हो सकता है जैसे विश्व के अन्य देशों के समाजों में पाया जाता है। जातिगत व्यवस्था के अंतर्गत विषमजातीय वैवाहिक प्रतिबंध भारतीय ग्रामीण समाज में जाति व्यवस्था को और कठोर बनाते हैं।

ग्रामीण समाज में शिक्षा का वैसा समुचित विकास नहीं हो सका है जैसा कि शहरों में हुआ है। वैज्ञानिक व तार्किक ज्ञान के अभाव में ग्रामीण समाज आज भी पुरानी व्यवस्थाओं पर आधारित है। कृषि की पुरानी तकनीकी, परपंरागत बीज आदि का उपयोग इन्हें आर्थिक लाभ की ओर नहीं ले जा रहा है। साथ ही, परिवहन की व्यापक व्यवस्था का न होना भी कृषि उत्पादों को बेहतर बाजार के पहुँच से बाधित करते हैं। अत: आर्थिक तौर पर ग्रामीण समाज उतने सशक्त नहीं हो सके हैं।

ग्रामीण समाज में धार्मिक क्रियाकलापों व रूढ़ियों की बहुलता होती है। धार्मिक क्रियाविधियों में ग्रामीण समाज के व्यक्ति बढ़-चढ़कर हिस्सा लेते हैं। यह एक तरह से सामाजिक एकता को बढ़ावा देता है।

आर्थिक संरचना

ग्रामीण समाज आत्मनिर्भर होते हैं। अपनी आवश्यक वस्तुओं की उपलब्धता ग्रामीण समुदाय द्वारा स्वयं या एक-दूसरे की सहायता से पूर्ण कर ली जाती है। ग्रामीण क्षेत्र में कृषि मुख्य कार्य होता है। विभिन्न मौसमों के अनुसार यहाँ कृषि कार्य के अंतर्गत गेहूँ, जौ, चना, मटर, मसूर, सरसों आदि का उत्पादन किया जाता है। अपनी स्वयं की आवश्यकताओं की पूर्ति के साथ-साथ यह देश की अर्थव्यवस्था में भी अपना महत्वपूर्ण योगदान देते हैं। यही कारण है कि भारत को 'कृषि प्रधान देश' कहा जाता है और देश की 50% से ज्यादा आबादी इस पर निर्भर है। कृषि उत्पादों से हमें उद्योगों के लिए कच्चे माल की प्राप्ति होती है, कपास, जूट आदि जो कपड़ा उद्योग में उपयोग किया जाता है।

पशुपालन भी ग्रामीण समाज की आर्थिक क्रियाओं में योगदान देता है। कृषि कार्य में इसे सहायक माना जाता है। पशुओं का उपयोग कृषि कार्य में किया जाता है, साथ ही हमें पशुओं से दूध एवं मांस की प्राप्ति होती है। दूध स्वास्थ्य लाभ व अतिरिक्त दूध के उत्पादन से विक्रय कर लाभ की प्राप्ति होती है। भेड़ पालन से ऊन बनाने के लिए किसानों को बाल मिलते है जिन्हें बाजार में बेच कर किसानों को अच्छी आय प्राप्त होती है।

पशुपालन के अतिरिक्त मत्स्य पालन, मधुमक्खी पालन आदि कार्य ग्रामीण समाज को आर्थिक रूप से मजबूत बनाते हैं। इन कार्यों हेतु भौगोलिक कारक ज्यादा उत्तरदायी हैं। उदाहरण के तौर पर नदी, तालाबों के किनारे गांवों में मत्स्य की प्राप्ति तथा उनको बाजार में बेचना किसानों को अनुकूल माहौल प्रदान करता है। वहीं पहाड़ी क्षेत्रों में मधुमक्खी पालन का व्यवसाय ज्यादा फलीभूत होता है। इस प्रकार कृषि के अलावा अन्य ऐसे कई कार्य हैं जो भारतीय ग्रामीण समाज को आर्थिक रूप से मजबूत करते हैं।

ग्राम के प्रकार

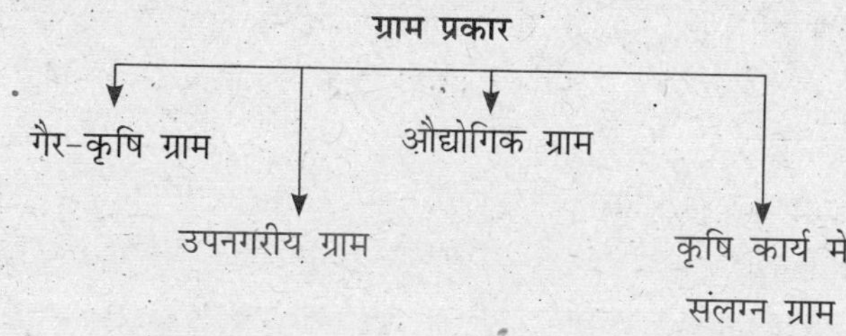

- **गैर-कृषि ग्राम-** इस प्रकार के गांवों में कृषि कार्य नहीं होते। इसका कारण बंजर भूमि की उपलब्धता, सिंचाई की समुचित व्यवस्था न होना, गांव की आबादी कम होना या ग्रामीणों का कृषि के अतिरिक्त अन्य गतिविधियों। जैसे-कारीगर, दस्तकार, शिल्पकार्य आदि में संलग्न होना है।

ग्रामीण समाज व नगरीय समाज में अंतर	
ग्रामीण समाज	**नगरीय समाज**
1. ग्रामीण समाज में जनसंख्या में कमी पाई जाती है तथा जनसंख्या में समरूपता के गुण होते हैं।	1. नगरीय समाज में जनसंख्या की बहुलता तथा विभिन्नता विद्यमान रहती है।
2. ग्रामीण समाज में व्यवसाय का मुख्य आधार कृषि है।	2. नगरीय समाज में व्यवसाय के अतिरिक्त औद्योगिक इकाइयों से उत्पादन कार्य किया जाता है।
3. यहाँ जनघनत्व काफी कम होता है।	3. यहाँ जनसंख्या का घनत्व काफी ज्यादा होता है।
4. संयुक्त परिवार की प्रधानता होती है।	4. एकल परिवार की प्रधानता होती है।
5. विवाह के नियम कठोर होते हैं तथा अंतर्जातीय विवाह ही होते है।	5. बहिर्जाति विवाह का प्रचलन काफी तीव्रता के साथ बढ़ा है।
6. ग्रामीण समाज के लोग सरल अन्धविश्वासी व भाग्यवादी होते हैं।	6. नगरीय समाज के लोग तार्किकता व वैज्ञानिक तथ्यों पर ज्यादा बल देते हैं।
7. ग्रामीण समाज में समुदाय का आकार लघु होता है।	7. नगरीय समाज में समुदाय का आकार बड़ा होता है।
8. ग्रामीण समाज में सामाजिक गतिशीलता का अभाव पाया जाता है।	8. नगरीय समाज में सामाजिक गतिशीलता में व्यापक संचलन पाया जाता है।
9. ग्रामीण समाज में प्राथमिक व अनौपचारिक संबंध पाए जाते हैं।	9. नगरीय समाज में द्वितीयक संबंधों की प्रधानता होती है साथ ही, औपचारिक संबंध पाए जाते हैं।
10. ग्रामीण समाज में शिक्षा का स्तर निम्न होता है।	10. शहरी समाज में शिक्षा के स्तर पर विशेष बल दिया जाता है।
11. ग्रामीण समाज में सामाजिक नियंत्रण - प्रथा, परम्परा, परिवार, धर्म आदि के माध्यम से होता है।	11. नगरीय समाज में समाज का नियंत्रण कानून, पुलिस, न्यायालय के माध्यम से होता है।

- **उपनगरीय ग्राम**- नगरों व महानगरों से लगी सीमा में कई गांव स्थित होते हैं। ऐसे गाँवों को 'उपनगरीय गाँव' कहते हैं। इन गांवों की सबसे बड़ी विशेषता ग्रामीण व नगरीय विशेषताओं का सामाजिक व सांस्कृतिक मिश्रण है।
- **औद्योगिक ग्राम**- किसी ग्रामीण क्षेत्र में अगर उद्योग व कारखानों का निर्माण होता है तो उसे 'औद्योगिक ग्राम' कहते हैं। इस गांव के अधिकांश निवासी उसी कार्य में श्रमिक के तौर पर संलग्न हो जाते हैं।
- **कृषि कार्य में संलग्न ग्राम**- जब किसी गांव में आजीविका का मुख्य साधन 'कृषि हो तो उसे कृषि कार्य में संलग्न ग्राम' कहते हैं। इन गांवों का आकार तुलनात्मक रूप से छोटा होता है।

ग्रामीण विकास की अवधारणा

'विकास' शब्द अपने आप में व्यापक अर्थ लिए हुए है। प्रायः यह सुना या पढ़ा जाता है कि अमुक देश विकसित राष्ट्र है या अमुक देश विकासशील राष्ट्र है। विकास की कई कसौटियाँ होती हैं। कोई भी देश विकसित तब बनता है जब उसके ग्रामीण और शहरी क्षेत्र विकसित हों। दूसरे शब्दों में, हम यह कह सकते हैं कि विकास का अर्थ आर्थिक संवृद्धि का न्यायपूर्ण वितरण है। इसके अंतर्गत बेहतर स्वास्थ्य, आवास, शिक्षा, सामाजिक कल्याण आदि आते हैं। इनकी सहायता से मानव जीवन के स्तर को ऊपर उठाने का प्रयास किया जाता है। विकास के महत्वपूर्ण अंग निम्नलिखित हैं-

- निर्धनता, गरीबी व असमानता में कमी लाना।
- व्यक्तियों के भौतिक कल्याण में वृद्धि करना।
- शिक्षा, स्वास्थ्य, आवास आदि में वृद्धि करना।
- लाभ के वितरण में समानता लाना।
- विकास के प्रसार हेतु संस्थागत ढांचे का विकास करना।
- मात्रात्मक उत्पादन में वृद्धि के साथ-साथ प्रौद्योगिक उन्नति को बेहतर करना है।

विकास की अवधारणा स्पष्ट होने के बाद ग्रामीण विकास की संकल्पना को सूक्ष्म तौर पर देखना आवश्यक है। विभिन्न शोधकर्ताओं ने विभिन्न योजनाओं व क्रियाकलापों के माध्यम से ग्रामीण विकास को बढ़ाने पर बल दिया है।

ग्राम विकास के प्रमुख उद्देश्य

- आधारभूत जरूरतों, जैसे-भोजन, कपड़ा, आवास, रोजगार आदि की पूर्ति करना।
- गरीबी में कमी लाना तथा ग्रामीण क्षेत्र में उत्पादकता को बढ़ाना।
- प्रशासन का विकेन्द्रीकरण करना तथा बड़े स्तर पर लोगों को इसमें शामिल करना ताकि वे विकास व नियोजन में भागीदार बन सकें।
- न्याय प्रक्रिया को व्यापक बनाना ताकि सभी को न्याय मिल सके।

ब्रिटिश शासनकाल में भारत का आर्थिक शोषण बड़े स्तर पर हुआ, जिसके कारण हमारा देश सभी क्षेत्रों में पिछड़ गया। औद्योगिक क्षेत्र, कृषि क्षेत्र, समाज में असमानता आदि ऐसे तमाम लक्षण समय के साथ चुनौती बनकर सामने आए। ग्रामीण क्षेत्र में ब्रिटिश सरकार लगान को बढ़ा-चढ़ाकर लगाती थी, यहाँ तक कि अतिरिक्त आय को किसी-न-किसी रूप में ब्रिटेन भेज देती थी। रैयतवाड़ी, महालवाड़ी, जमीदारीं जैसी। गांवों के लिए अभिशाप के समान थी। भारतीय ग्रामीण क्षेत्र में जहाँ शिल्पकला, हस्तकला आदि उन्नत अवस्था में थे। जिसे राजघरानों से आर्थिक लाभ मिलता था, कर दमन भी अंग्रेजों ने किया। इन कलाओं को न तो संरक्षण प्रदान किया और न ही इन्हें फलने-फूलने का मौका दिया। यह कहना अतिशयोक्ति नहीं होगा कि ब्रिटिश हुकूमत से पहले भारतीय ग्रामीण समाज पूर्णतः आत्मनिर्भर थे, किन्तु ब्रिटिश हुकूमत के दौरान इन्हें पंगु बना दिया गया।

वर्ष 1947 में आजादी मिलने के पश्चात् आजाद भारत में कई तरह की चुनौतियाँ थी। शिक्षा, स्वास्थ्य व आर्थिक स्थिति पर देश काफी पीछे जा चुका था। विभाजन के दंश ने भारत को और कमजोर कर दिया था। इन तमाम कठिनाइयों के बावजूद कहीं से तो शुरूआत करनी थी। भारत सरकार ने उद्योगों के साथ-साथ ग्रामीण क्षेत्र पर ज्यादा ध्यान दिया। भारत की 70% से ज्यादा आबादी गांवों में निवास करती थी। अतः यह तत्कालीन सरकार जानती थी कि गांवों के समुचित विकास से ही भारत सभी क्षेत्रों में आर्थिक व सामाजिक तौर पर तेजी से विकास कर सकता है। हालांकि ग्रामीण समाज में अशिक्षा, आधारभूत संरचना का अभाव, स्वास्थ्य, परंपरागत कृषि आदि कई तरह की समस्याएं मौजूद थी, जिनसे वह जूझ रहा था, लेकिन ग्रामीण समाज में कृषि उत्पादकता को बढ़ाने के लिए भूमि सुधार करना अति आवश्यक था। कृषि भूमि के वितरण में काफी असमानता थी, अतः सरकार ने भूमि सुधार कार्यक्रमों को लागू किया।

भूमि सुधार कार्यक्रम

'भूमि सुधार' का तात्पर्य ऐसे संस्थागत परिवर्तनों से होता है, जिसमें किसानों के पक्ष में संसाधनों का वितरण होता है। 'भूमि सुधार कार्यक्रम' का मुख्य उद्देश्य यह था कि भूमि को ऐसा स्वरूप प्रदान किया जाए या इस तरह वितरित किया जाए ताकि सभी के कल्याण के साथ-साथ कृषि उत्पादकता में वृद्धि लाई जा सके। इसके लिए सरकार ने निम्नलिखित कदम उठाए:-

1. **मध्यस्थों की समाप्ति**- भूमि सुधार कार्यक्रमों के द्वारा सरकार द्वारा मध्यस्थों के पूर्ण उन्मूलन का लक्ष्य रखा गया। ब्रिटिश हुकूमत के समय मध्यस्थ वर्ग किसानों के उत्पीड़न को बढ़ाता था, क्योंकि बिचौलिए के रूप में उत्पादन का अतिरिक्त हिस्सा वह किसानों से हड़प लेता था। जिसको लेकर किसानों में काफी रोष था। आजाद भारत ने भी इस समस्या को गंभीरता से लिया तथा इसे समाप्त करने का फैसला किया। पहली योजना के अन्त में सरकार द्वारा कुछ छोटे क्षेत्रों को छोड़कर 40 मध्यस्थों का पूरी तरह उन्मूलन कर दिया गया। इसी दौरान सरकार ने बेनामी भूमि का पता लगाया तथा उसे भूमिहीन कृषकों में बांट दिया। मध्यस्थों की समाप्ति की प्रक्रिया में काफी लंबा समय लगा। 1967 ई. तक लगभग 23.8 लाख एकड़ बेनामी भूमि भूमिहीन किसानों को बांटी गई।
2. **काश्तकारी सुधार**- काश्तकारी व्यवस्था के अंतर्गत भूमि का मालिक स्वयं खेती न करके जमीन काश्तकारों को पट्टे पर देता था। इस सुधार के तहत काश्तकारों के लिए स्वामित्व अधिकार की व्यवस्था की गई। नेशनल सैम्पल सर्वे 1953-54 के अनुसार,

सम्पूर्ण भारत की लगभग 25% भूमि पट्टे पर दी गई थी। स्वतंत्रता पूर्व काश्तकारों से उपज का लगभग 34% से 75% तक लगान लिया जाता था। काश्तकारी सुधार के तहत लगान सकल उपज का 1/4 व 1/5 से अधिक नहीं लेने की अनुशंसा की गई।

3. **प्रति परिवार भूमि की अधिकतम सीमा निर्धारित करना-** विभिन्न राज्यों में भूमि हदबंदी कानून बनाए गए। इन्हें 1972 में केंद्र द्वारा जारी दिशा-निर्देशों के अनुरूप संशोधित किया गया। इसमें व्यक्ति को छोड़कर परिवार को एक इकाई माना गया तथा अधिकतम भूमि की सीमा निर्धारित की गई व अतिरिक्त भूमि के पुनर्वितरण का लक्ष्य रखा गया।
4. **चकबंदी करना-** चकबंदी व्यवस्था के अंतर्गत विभिन्न भागों में बिखरी हुई किसानों की भूमि को एक स्थान पर इकट्ठा करना था ताकि कृषि कार्य में सहूलियत हो सके तथा मौसम के अनुसार अत्यधिक अन्न का उत्पादन किया जा सके। वर्तमान समय में लगभग 49% कृष्य क्षेत्रफल को चकबंदी के अधीन लाया जा चुका है। चकबंदी का व्यापक स्तर पर लाभ, खासकर हरित क्रांति के दौरान देखने को मिला। भूमि के इकट्ठा होने से उन्नत किस्म के बीज व सिंचाई व्यवस्था के विकास से कृषि उत्पादकता में ज्यादा वृद्धि देखी गई।

भूमि सुधार की असफलता के कारण

भारत सरकार द्वारा 'भूमि सुधार कार्यक्रम' को बड़े स्तर पर लागू किया गया, किन्तु इसके परिणाम ज्यादा सकारात्मक नहीं दिखे। समय के साथ इस कार्यक्रम की विफलता के कई कारण दिखाई दिए। विभिन्न राज्यों में खुदकाश्त की परिभाषा दोषपूर्ण थी। जमींदारी प्रथा का नाम बदल दिया गया, लेकिन उसकी व्यवस्था पूर्ववत् बनी रही। भारत में भूमि को प्रतिष्ठा से जोड़कर देखा जाता है, अतः आर्थिक दृष्टिकोण से इतर इसे सामाजिक प्रतिष्ठा से जोड़े जाने पर भी व्यवस्था के सुधार में बाधा पहुँची। जमींदारों ने सीमाबंदी कानून से बचने के लिए अपनी भूमि का बड़ा हिस्सा सगे-संबंधियों को हस्तांतरित कर दिया।

राजनीतिक इच्छाशक्ति की कमी भी भूमि सुधार कार्यक्रम को असफल बनाने में सहायक सिद्ध हुई। प्रशासनिक व्यवस्था में व्याप्त भ्रष्टाचार, नेतृत्व की कमी आदि के कारण 'भूमि सुधार कार्यक्रम' सफल साबित नहीं हो सका। प्रशासनिक तंत्र में व्याप्त भाई-भतीजावाद भी इस असफलता के लिए काफी जिम्मेदार रहा।

कृषि जोत का आकार

भारत में खेत के आकार के आधार पर जोतो को 5 वर्गों में बाँटा जाता है-

1.	सीमान्त जोतें	–	1.0 हेक्टेयर से कम
2.	लघु जोतें	–	1.00 – 2.00 हेक्टेयर
3.	अर्द्धमध्यम जोतें	–	2.00 – 4.00 हेक्टेयर
4.	मध्यम आकार की जोते	–	4.00 – 10.00 हेक्टेयर
5.	बड़ी जोतें	–	10.00 हेक्टेयर से अधिक

पंचायती राज (स्थानीय शासन)

स्थानीय स्वशासन केंद्रीय शासन के अधिनियम द्वारा निर्मित एक ऐसी शासकीय इकाई है जिसमें नगर या ग्राम जैसे क्षेत्र की जनता द्वारा निर्वाचित प्रतिनिधि होते हैं और जो अपने अधिकार क्षेत्र की सीमाओं के अंतर्गत प्राधिकारों का प्रयोग करते हैं। जॉन. जे. क्लार्क का कथन है कि स्थानीय सरकार एक राष्ट्र या राज्य की सरकार का वह भाग होती है जो मुख्य रूप से ऐसे विषयों पर विचार करती है जिनका संबंध एक विशेष जिले या स्थान के लोगों से होता है। अतः स्पष्ट है कि प्रत्येक देश की सरकार अपनी स्थानीय समस्याओं के समाधान के लिए स्थानीय संस्थाओं की व्यवस्था करती है। यह स्वशासन केंद्रीय सरकार तथा राज्य सरकार से स्वरूपतः भिन्न होते हुए भी उनके नियंत्रण में काम करता है।

स्थानीय शासन की विशेषताएँ

उपर्युक्त विवेचना से स्थानीय शासन की निम्नलिखित विशेषताएँ परिलक्षित होती हैं–

- स्थानीय स्वशासन की विभिन्न संस्थाओं की स्थापना संविधान द्वारा न होकर राज्य सरकारों के अधिनियम द्वारा होती है।
- सरकार प्रशासन की सुविधा की दृष्टि से इन संस्थाओं के जिम्में कुछ अधिकारों को हस्तांतरित करती है।
- स्थानीय संस्थाओं के अधिकार तथा कार्य निश्चित एवं सीमित होते हैं।
- स्थानीय संस्थाओं के लिए संबद्ध क्षेत्र की जनसंख्या में सामुदायिक भावना बनी रहती है।
- स्थानीय स्वशासन स्थानीय जनता द्वारा प्रत्यक्ष रूप से या उनके प्रतिनिधियों के माध्यम से चलाया जाता है।
- स्थानीय संस्थाओं की एक प्रमुख विशेषता यह होती है कि इनके क्षेत्र सीमित तथा निश्चित होते हैं।

सामान्यता स्थानीय स्वशासन तथा स्थानीय शासन को एक ही माना जाता है, परंतु दोनों के अर्थों में भिन्नता है। जहां स्थानीय स्वशासन के अंतर्गत प्रशासन वहां की जनता के निर्वाचित प्रतिनिधियों द्वारा संचालित होता है, वहीं स्थानीय शासन या प्रशासन केंद्र या प्रांतीय अधिकारियों द्वारा चलाया जाता है। उदाहरण के लिए पंचायत समिति का प्रमुख स्थानीय स्वशासन के अंतर्गत आता है जो विकास खंड अधिकारी राज्य स्तर का पदाधिकारी होता है। सरकार का उद्देश्य स्थानीय शासन पर स्थानीय स्वशासन का नियंत्रण स्थापित कर जनतंत्रात्मक विकेंद्रीकरण की भावना को साकार करना है।

स्थानीय स्वशासन की आवश्यकता

स्थानीय स्वशासन की अवधारणा कोई नई अवधारणा नहीं है। आदिकाल से ही प्रत्येक शासन प्रणाली में स्थानीय शासन की इकाईयां किसी-न-किसी स्वरूप में विद्यमान रही हैं। वर्तमान में लोकतांत्रिक परंपराओं एवं शासन प्रणाली के अस्तित्व में होने तथा उसके प्रचार-प्रसार से स्थानीय स्वशासन का महत्व और बढ़ गया है। इस कारण यह है कि लोकतंत्र वहीं सफल हो सकता है और यथार्थ रूप ग्रहण कर सकता है जहां समाज के निचले

से निचले स्तर तक के व्यक्ति को भी शासन कार्य में सहभागिता प्राप्त हो। स्थानीय स्वशासन की आवश्यकता निम्नलिखित कारणों से होती है–

- स्थानीय स्वशासन की आवश्यकता जनता का शासन से प्रत्यक्ष संबंध स्थापित करने के लिए भी होती है। वर्तमान में अप्रत्यक्ष या प्रतिनिधिकारी लोकतंत्र पाया जाता है जिनमें जनता प्रत्यक्षतः भाग न लेकर वरन अपने प्रतिनिधियों के माध्यम से शासनकार्य में भाग लेती है। स्थानीय स्वशासन की संस्थाओं के माध्यम से ही शासन के प्रत्यक्ष संपर्क में आने का अवसर प्राप्त होता है।
- केंद्र और राज्य सरकार के अधिकारी/कर्मचारी स्थानीय हितों तथा समस्याओं से पूर्णतया अनभिज्ञ रहते हैं। उनकी स्थानीय समस्याओं के निदान, हितों के संरक्षण तथा आवश्यकताओं के संदर्भ में कोई विशेष रुचि नहीं होती है। अतः स्थानीय समस्याओं के निदान, उनके हितों के संरक्षण तथा आवश्यकताओं की पूर्ति हेतु स्थानीय स्वशासन महती आवश्यकता होती है।
- राज्य जनसंख्या और आकार की दृष्टि से काफी बड़े होते हैं। ऐसे में केंद्र तथा राज्य सरकारों के उत्तरदायित्व बढ़ गए हैं। फलतः समयाभाव के कारण केंद्र सरकार तथा राज्य सरकारें स्थानीय आवश्यकताओं तथा हितों की पूर्ति पर यथोचित ध्यान नहीं दे पाती है। स्थानीय संस्थाओं के अस्तित्व में होने के फलस्वरूप शासन की कार्यकुशलता में वृद्धि की संभावना बनी रहती है।
- स्थानीय स्वशासन के कारण जनता में स्वयं पर शासन करने की क्षमता, स्वतंत्र चिंतन, उत्तरदायित्व और शासन संबंधी समस्याओं में जागृति उत्पन्न होती है। इससे लोगों की समस्याओं का स्वयं ही समाधान निकलने लगते हैं।
- जनता को राजनीतिक रूप से शिक्षित करने के लिए भी स्थानीय स्वशासन की आवश्यकता होती है। लास्की का कथन है कि स्थानीय स्वशासन की व्यवस्था शासन के किसी भी अन्य भाग की अपेक्षा अधिक शिक्षाप्रद है। लोकतंत्र तभी सफल हो सकता है जब नागरिक राजनीतिक रूप से शिक्षित हो। राजनीतिक रूप से शिक्षित व्यक्ति में ही जागरूकता आती है जो मताधिकार के समुचित प्रयोग और राजनीतिक सहभागिता के लिए वांछनीय है। स्थानीय स्वशासन की संस्थाओं में ही व्यक्ति को सर्वप्रथम अपने राजनीतिक अधिकारों के प्रयोग करने का अवसर उपलब्ध होता है।

स्थानीय स्वशासन की संस्थाओं की विद्यमानता तथा उनका प्रभावी प्रदर्शन लोकतंत्र की सफलता सुनिश्चित करता है। ब्राइस का कथन समीचीन प्रतीत होता है कि "स्थानीय स्वशासन नागरिकों में सामान्य समस्याओं में सामान्य रुचि तथा अत्यंत कुशलता और ईमानदारी से उन मामलों की देख-रेख करने की व्यक्तिगत एवं सामूहिक कर्तव्य भावना उत्पन्न करता है।

भारत में स्थानीय शासन के विकास का ऐतिहासिक क्रम

- स्थानीय स्वशासन (Local Self-government) से आशय शासन की उस प्रणाली से है, जिसमें निचले स्तर पर लोगों को शासन में भागीदार बनाकर लोकतांत्रिक विकेंद्रीकरण (Democratic Decentralisation) को सुनिश्चित किया जाता है तथा लोगों को अपनी समस्याएं स्वयं हल करने के लिए सक्षम बनाया जाता है।
- स्थानीय स्वशासन संस्थाओं का अस्तित्व मौर्यकाल से ही रहा है। मध्यकालीन भारत में मुगलों के अधीन भी ये संस्थाएं अस्तित्व में रहीं। आधुनिक काल में ब्रिटिश शासन द्वारा भी स्थानीय स्वशासन के लिए कुछ प्रयास किए गए।
- 1864 ई. में भारत सरकार के एक प्रस्ताव द्वारा स्थानीय स्वशासन को मान्यता प्रदान की गई। इसके बाद वर्ष-1870 में लॉर्ड मेयो ने पंचायतों को कार्यात्मक एवं वित्तीय स्वायत्तता प्रदान की।
- 1882 ई. में तत्कालीन वायसराय लॉर्ड रिपन (Lord Ripon) ने स्थानीय स्वशासन के लिए एक प्रस्ताव पारित किया, जिसके द्वारा पूरे देश में उपखंड अथवा तालुका बोर्ड तथा जिला बोर्ड स्थापित करने का सुझाव दिया। इस प्रस्ताव को स्थानीय स्वशासन का मैग्नाकार्टा (MagnaCarta) कहा जाता है।
- सन् 1907 में, स्थानीय स्वायत्तशासी संस्थाओं की स्थिति की जांच करने के लिए C.E.H. चार्ल्स हॉबहाउस की अध्यक्षता में राजकीय विकेंद्रीकरण आयोग (शाही आयोग) का गठन किया गया था। आयोग ने वर्ष 1909 में प्रस्तुत रिपोर्ट में स्वायत्त संस्थाओं के विकास पर बल दिया।
- वर्ष 1915 में लॉर्ड हार्डिंग (Lord Harding) ने भी अपनी शासकीय रिपोर्ट में स्थानीय स्वशासन को सशक्त बनाने का मत व्यक्त किया।
- सन् 1920 में संयुक्त प्रांत, असोम (असम), बंगाल, बिहार, चेन्नई (मद्रास) और पंजाब में पंचायतों की स्थापना के लिए कानून बनाया गया।
- भारत शासन अधिनियम-1935 के द्वारा स्थानीय स्वशासन को पूर्णतः राज्य का विषय बना दिया गया

स्थानीय स्वशासन संबंधी संस्थाओं के कार्य

स्थानीय स्वशासन के कार्य परिस्थितियों के ऊपर निर्भर करते हैं। जिस प्रकार विभिन्न राष्ट्रों में स्थानीय सरकारों की संरचना भिन्न-भिन्न होती है, उसी प्रकार से उनके कार्य भी भिन्न-भिन्न होते हैं। स्थानीय स्वशासन संबंधी कार्य केंद्रीय, प्रांतीय तथा स्थानीय सरकारों के मध्य कार्य विभाजन पर निर्भर करते हैं। सामान्यतः स्थानीय स्वशासन संबंधी कार्य निम्नलिखित हैं–

- स्थानीय संस्थाओं का प्रमुख कार्य भौतिक सुविधा विषयक है। इसका आशय अपनी सीमा क्षेत्र में रहने वाले लोगों के लिए भौतिक सुविधाओं यथा सड़कों तथा पुलों का रख-रखाव, जल आपूर्ति का समुचित प्रबंध, परिवहन की व्यवस्था करना, विद्युत तथा गैस आपूर्ति की देख-रेख करना होता है।
- स्थानीय संस्थाओं को अपने क्षेत्र के अंतर्गत नागरिकों के सांस्कृतिक एवं शैक्षणिक विकास के लिए अनेक कार्यों का संपादन करना पड़ता है। इन कार्यों में अनिवार्य प्रारंभिक शिक्षा की व्यवस्था, यथासंभव माध्यमिक एवं उच्च शिक्षा की व्यवस्था, औद्योगिक शिक्षा का प्रबंध, पुस्तकालयों का प्रबंध, कला को प्रोत्साहन, मनोरंजन के साधनों का प्रबंध आदि प्रमुख हैं।
- सामाजिक एवं स्वास्थ्य रक्षा से संबंधित कार्य भी स्थानीय संस्थाओं को करना पड़ता है। इसके अंतर्गत स्थानीय स्वशासन की संस्थाओं द्वारा रोगों की रोकथाम और चिकित्सा विषयक कार्य किए जाते हैं। यथा नालों तथा नालियों की सफाई, शुद्ध पेयजल की व्यवस्था, दूषित खाद्य पदार्थों

की बिक्री पर प्रतिबंध, छूत की बीमारियों तथा महामारियों को रोकने का उपाय करना, औषधि एवं चिकित्सा केंद्रों की स्थापना एवं उनका प्रबंध करना।

- स्थानीय संस्थाओं द्वारा अनेकों कल्याणात्मक कार्य भी किए जाते हैं। निर्धन व्यक्तियों, अपंगों आदि की वित्तीय मदद करना, अस्पताल, पार्क, पुस्तकालय आदि का रख-रखाव भी स्थानीय संस्थाओं द्वारा किया जाता है।

स्थानीय शासन से लाभ अथवा गुण

लोकतांत्रिक देशों में स्थानीय स्वशासन जन सामान्य के विकास में केंद्रीय भूमिका का निर्वाह करता है। क्योंकि लोकतांत्रिक व्यवस्था में जनमानस को शासन के प्रत्येक स्तर पर सहभागिता प्राप्त होती है। स्थानीय स्वशासन से लोगों में जागरूकता, चेतना, कर्तव्य भावना, उत्तरदायित्व, कार्य करने की लालसा तथा एकीकृत रहने की भावना का उदय होता है। स्थानीय स्वशासन के लाभ अथवा गुण निम्नलिखित हैं–

- स्थानीय स्वशासन के माध्यम से नागरिकों में नागरिकता बोध, स्वतंत्रता तथा स्वशासन की भावना पैदा होती है। डी. टाकयावेली का कथन ''किसी देश में स्वतंत्र शासन तो स्थापित हो सकता है, परंतु बिना स्थानीय संस्थाओं के उसमें स्वतंत्रता की भावना नहीं पैदा हो सकती है'' समीचीन प्रतीत होता है।
- स्थानीय संस्थाओं में व्यक्ति को शासन की कला का प्रशिक्षण मिलता है तथा उसे सर्वप्रथम अपने अधिकारों के प्रयोग करने का अवसर मिलता है स्थानीय स्वशासन के क्षेत्र में प्राप्त अनुभव और प्रशिक्षण का प्रयोग केंद्र और राज्य सरकारों की गतिविधियों में किया जा सकता है। लास्की के अनुसार स्थानीय सरकार किसी अन्य सरकार की तुलना में अधिक शिक्षाप्रद होती है। स्थानीय सरकार नागरिकों में कर्तव्यों और उत्तरदयित्व की भावना का निवेश करती है। स्थानीय संस्थाएं व्यक्ति को न केवल अन्य लोगों के लिए कार्य करना सिखाती है बल्कि अन्य लोगों के साथ कार्य करना सिखाती है। लास्की का यह भी कहना है कि केवल उन्हीं व्यक्तियों को केंद्रीय या प्रांतीय सरकार के क्षेत्र में जनता के प्रतिनिधि के रूप में कार्य करने का अधिकार प्राप्त होना चाहिए जो कम-से-कम 3 वर्ष स्थानीय संस्थाओं में कार्य कर चुके हों।
- स्थानीय महत्व के विषयों को स्थानीय सरकार के द्वारा अच्छी तरह से संचालित किया जा सकता है। स्थानीय स्वशासन का आशय होता है कि स्थानीय मामलों का नियमन और प्रशासन क्षेत्र के ही लोगों द्वारा चुने गए प्रतिनिधियों के माध्यम से किया जाए। ध्यातव्य है कि स्थानीय समस्याओं के निराकरण में केंद्रीय और प्रांतीय कर्मचारियों की उतनी संवेदनशीलता नहीं होती है, जितनी अपेक्षित होती है। इसका कारण यह है कि केंद्रीय तथा राज्य सरकारों के अधिकारी उन समस्याओं से न तो प्रत्यक्षत: संबंधित होते हैं और न ही उनको समस्याओं के आयामों के विषय में कोई जानकारी होती है। इसके विपरीत स्थानीय लोगों में उक्त दोनों ही बातों का समावेश होता है। इससे स्पष्ट है कि स्थानीय विषयों का प्रबंध स्थानीय लोगों द्वारा अधिक संतोषजनक ढंग से किया जा सकता है।
- स्थानीय स्वशासन के अस्तित्व में होने से केंद्र और राज्य सरकारों के कार्यभारों में कमी हो जाती है। ध्यातव्य है कि कल्याणकारी राज्य की अवधारणा के विकास के साथ ही केंद्र तथा राज्य सरकारों के दायित्वों में अत्यधिक वृद्धि हुई है। इस स्थिति में स्वभाविक है कि स्थानीय मामलों में केंद्र या राज्य सरकारें अपेक्षित समय नहीं दे पाएगी। स्थानीय संस्थाओं द्वारा स्थानीय मामलों में केंद्र या राज्य सरकारें अपेक्षित समय नहीं दे पाएगी। स्थानीय संस्थाओं द्वारा स्थानीय मामलों के कार्यों को संपादित कर देने से केंद्र तथा राज्य सरकारों को अन्य कार्यों को करने के लिए पर्याप्त समय मिल जाता है।
- स्थानीय संस्थाएं सामान्यजनों में सार्वजनिक विषयों के प्रति वैसी ही रुचि पैदा करती है जैसा कि व्यक्तिगत मामलों में रुचि होती है। ध्यातव्य है कि लोकतंत्र की सफलता के लिए सार्वजनिक विषयों में जनमानस की रुचि होना अति आवश्यक है।
- एडमण्ड बर्क का कथन है कि स्थानीय स्वशासन उस शृंखला की पहली कड़ी है जिसके द्वारा हम राष्ट्र और मानवता के प्रति प्रेम की ओर अग्रसर होते हैं।

सार्वजनिक मामलों अथवा विषयों में आम लोगों में रुचि पैदा करने में स्थानीय संस्थाएं काफी उपयोगी होती हैं। इनके माध्यम से व्यक्ति अपने दैनिक जीवन की समस्याओं यथा शिक्षा, सफाई, चिकित्सा आदि में रुचि लेता है। यही रुचि आगे चलकर राष्ट्रव्यापी जीवन में रुचि को जन्म देती है।

स्थानीय स्वशासन की सफलता के लिए आवश्यक शर्तें

स्थानीय स्वशासन के क्षेत्र में कार्यरत संस्थाएं तभी सफलता की मंजिल प्राप्त कर सकती है जब उनको उचित परिवेश प्राप्त हो। उचित परिवेश के अभाव में स्थानीय संस्थाएं गुटबंदी, बेईमानी और संकुचित प्रवृत्ति का शिकार होकर रह जाती है। स्थानीय स्वशासन की सफलता के लिए निम्नलिखित शर्तों का पूरा होना आवश्यक है–

- नैतिक चरित्र स्थानीय संस्थाओं की सफलता के लिए पहली कड़ी है। स्थानीय स्वशासन की सफलता के लिए नागरिकों का नैतिक दृष्टि से चरित्रवान होना आवश्यक है। उनमें ईमानदारी, सदाचार तथा देश-प्रेम की भावना निहित होनी चाहिए।
- किसी भी कार्य को करने के लिए समुचित मात्रा में धन का होना आवश्यक है। स्थानीय इकाइयों की सफलता के लिए यह आवश्यक है कि उनको अपनी गतिविधियों को संचालित करने के लिए समुचित वित्तीय संसाधन उपलब्ध कराए जाएं।
- स्थानीय संस्थाओं के लिए अपने पदाधिकारियों का चयन करते समय जनता को अपने मत का प्रयोग विवेकपूर्ण ढंग से करना चाहिए। जनता को जातिगत या सांप्रदायिक आधार पर मतदान नहीं करना चाहिए। इसके साथ-साथ जनता को यह भी ध्यान रखना चाहिए कि अपना मत किसी भ्रष्ट व्यक्ति को न दे जो लालची, धूर्त तथा नैतिक दृष्टि से चरित्रहीन हो।
- स्थानीय स्वशासन की सफलता के लिए यह आवश्यक है कि इससे

संबंधित संस्थाओं के क्रियाकलापों की समयबद्ध समीक्षा निरंतर होती रहे। ऐसा होने पर संस्थाएं अपने निर्धारित कर्तव्य से विमुख नहीं होंगी तथा विगत अनुभव के आधार पर इनकी कार्य प्रणाली में अपेक्षित सुधार लाया जा सकता है।

स्थानीय स्वशासन की समस्याएँ

स्थानीय स्वशासन की निम्नलिखित समस्याएँ होती हैं–

- स्थानीय स्वशासन की संस्थाओं का क्षेत्र काफी सीमित होता है। इसलिए कोई भी धनी और प्रभावशाली व्यक्ति या वर्ग अपने स्वार्थों की पूर्ति के निमित इन पर अपना प्रभाव जमा लेता है।
- स्थानीय स्वशासन की दूसरी समस्या चयन निर्वाचन की है। निर्वाचन के समय कोई भी व्यक्ति दलबंदी, पक्षपात, जातीयता तथा बहुमत की निरंकुशता स्थापित कर सकता है।
- एक अन्य समस्या स्थानीय स्वायत्त संस्थाओं का अनुदार व्यक्तियों का प्रभाव है। ये जनता के हित में कोई कार्य नहीं करते हैं।
- कभी-कभी स्थानीय स्वायत्त संस्थाओं पर अनुदार व्यक्तियों का प्रभाव है। ये जनता के हित में कोई कार्य नहीं करते हैं।
- स्थानीय संस्थाओं के सम्मुख वित्तीय समस्या भी सदैव बनी रहती है। जिसके कारण वे कार्यों को सही ढंग से अंजाम नहीं दे पाती है और अपने लक्ष्यों की पूर्ति में विफल रहती है।
- स्थानीय स्वायत्त संस्थाओं का सृजन सरकारी अधिनियमों के द्वारा होता है। फलतः वे सरकारी नियंत्रण से मुक्त नहीं हो पाती है।

नियोजनकाल में भारत में पंचायती राज्य संस्थाएँ

स्वतंत्रता प्राप्ति के पश्चात् विकेंद्रीकरण के महत्व को स्वीकार कर एवं महात्मा गांधी के विचारों का सम्मान करते हुए भारतीय संविधान के अनुच्छेद–40 के अंतर्गत पंचायती राजव्यवस्था को स्थान दिया गया। अनुच्छेद–40 के अंतर्गत कहा गया है कि राज्यग्राम पंचायतों को गठित करने के लिए कदम उठाएगा एवं स्वशासन की इकाई के रूप में कार्य करने के लिए आवश्यक शक्ति एवं सत्ता प्रदान करें। ध्यातव्य है कि अनुच्छेद–40 राजनीति निर्देशक सिद्धातों का एक अंग है। सामाजिक-आर्थिक कार्यक्रमों के विकेंद्रीकरण की दिशा में पहला कदम 1952 में सामुदायिक विकास कार्यक्रम के रूप में उठाया गया। सामुदायिक विकास कार्यक्रम से आशय उन संगठित एवं सुनियोजित क्रियाओं से है, जिनमें विकास और कल्याणकारी क्रियाओं में जनसमुदाय के साथ-साथ राजकीय प्रयास को भी सम्मिलित किया जाता है।

पंचायती राज का विकास

- स्वतंत्रता प्राप्ति के बाद गांधीजी के ग्राम स्वराज की अवधारणा को साकार करने के उद्देश्य से पंचायती राज व्यवस्था पर विशेष बल दिया गया और इसके लिए केंद्र में पंचायती राज एवं सामुदायिक विकास मंत्रालय की स्थापना की गई। एस.के.डे. को इसका मंत्री बनाया गया।
- संविधान सभा में पंचायती राज व्यवस्था का समर्थन प्रसिद्ध गांधीवादी श्री मन्नारायण अग्रवाल ने किया और पंचायती राज को संविधान के नीति-निदेशक तत्वों के भाग में सम्मिलित किया गया (अनुच्छेद–40)। स्वतंत्र भारत में जे.सी. कुमारप्पा ने गांधीवादी आदर्शों के आधार पर गांधीवादी अर्थव्यवस्था का समर्थन किया।
- 2 अक्टूबर, 1952 को तत्कालीन प्रधानमंत्री पं. जवाहरलाल नेहरू की पहल पर सामुदायिक विकास कार्यक्रम प्रारंभ किया गया। सामुदायिक विकास का पहला स्थापित कार्यक्रम राष्ट्रीय प्रसार सेवा था, जिसे वर्ष 1953 में फोर्ड फाउंडेशन की मदद से प्रारंभ किया गया था।
- इस कार्यक्रम का मुख्य उद्देश्य देश के आर्थिक विकास एवं सामाजिक पुनरुद्धार कार्यक्रमों के प्रति जनता में रुचि पैदा करना तथा उसकी भागीदारी को बढ़ाना था, परंतु इसमें जनता को अधिकार नहीं दिया गया, जिस कारण यह कार्यक्रम सरकारी अधिकारियों तक सीमित रह गया और असफल हो गया।
- इसके बाद पंचायती राज व्यवस्था के संबंध में सुझाव देने के लिए समय-समय पर कई समितियों का गठन किया गया। जिसकी विवेचना आगे की गई है।

जन समुदाय और सरकार की विकासगत और कल्याणकारी क्रियाओं के समन्वय को ही सामुदायिक विकास कहा जाता है। भारत में सामुदायिक विकास कार्यक्रम शुरू करने का उद्देश्य ग्रामीण जनसंख्या में प्रगतिशील दृष्टिकोण उत्पन्न करना, सरकारी कार्य की आदत लोगों में डालना, अधिक उत्पादन करना और रोजगार अवसरों की वृद्धि को प्रोत्साहित करना था। परंतु दुर्भाग्यवश विकेंद्रीकरण नियोजन का यह पहला प्रयास नौकरशाही के अकुंशों के कारण विफल हो गया। यह कार्यक्रम न तो लोगों की सहभागिता ही प्राप्त कर सका और न ही जनांदोलन का रूप ले सका। इससे यह स्पष्ट हो गया कि जब तक प्रत्येक गांव की आवश्यकताओं एवं साधनों को मद्देनजर रखते हुए स्वबं ग्रामीणों द्वारा ग्राम विकास की योजनाएं नहीं बनाई जाती हैं तब तक यह कार्यक्रम सफल नहीं हो सकता है। दूसरी और यह भी अनुभव किया गया कि गांवों की उन्नति पूर्णरूप से ऐसे शक्तिशाली संगठन पर अवलंबित है जिनकी पहुंच घर-घर हो और जो गांव के सभी लोगों को उत्पादन एवं विकास कार्यों में भागीदार बना सकें। सामुदायिक कार्यक्रम की विफलता के बाद सरकार ने इस दिशा में नीतिगत कदम उठाने के लिए बलवंत राय मेहता समिति का गठन किया।

बलवंत राय मेहता समिति (1957) और उसकी सिफारिशें

द्वितीय पंचवर्षीय योजना में यह अनुभव किया गया कि जिले के अंदर संगठित जनतांत्रिक प्रशासनिक ढांचे की आवश्यकता है। इस उद्देश्य की पूर्ति के लिए 1957 में बलवंत राय मेहता समिति का गठन किया गया। बलवंत राय मेहता ने अपनी रिपोर्ट नवंबर, 1957 में प्रस्तुत की। **बलवंत राय मेहता समिति की प्रमुख सिफारिशें निम्नवत् हैं–**

- लोकतांत्रिक विकेंद्रीकरण के लिए ग्राम, खंड तथा जिला स्तर पर त्रिस्तरीय ढांचा स्थापित करने की अनुशंसा की।
- पंचायतों के कार्यों के संबंध में समिति ने सिफारिश की कि पंचायत समिति के कार्यों में सभी रूपों में कृषि विकास, पशुओं का सुधार, स्थानीय उद्योग, जन स्वास्थ्य एवं कल्याणकारी कार्यों का उत्थान, प्राथमिक पाठशालाओं की व्यवस्था तथा आंकड़ों का संग्रह समाविष्ट होना चाहिए।
- समिति ने अपने रिपोर्ट में यह अनुशंसा की थी कि लोकतांत्रिक

विकेंद्रीकरण तथा सामुदायिक विकास कार्यक्रम को सफल बनाने के लिए पंचायती राजसंस्थाओं का गठन किया जाए।

बलवंत राय मेहता समिति की अनुशंसा के बाद विधानमंडलों द्वारा पारित पंचायती राज अधिनियमों के अंतर्गत राज्य सरकारों ने आवश्यक समितियों का गठन किया। इस प्रकार लोकतांत्रिक विकेंद्रीयकरण और विकास कार्यक्रमों में जनता का सहयोग प्राप्त करने के उद्देश्य से पंचायती राज की शुरुआत की गई। पंचायती राज में जो भावना या उद्देश्य निहित है, वह यह है कि गांव के लोग अपने शासन का उत्तरदायित्व स्वयं संभाले। वे अपनी आवश्यकताओं के विषय में स्वयं निर्णय ले और उनको क्रियान्वित करे। ध्यातव्य है कि इसी उद्देश्य की प्राप्ति के लिए बलवंत राय समिति ने लोकतांत्रिक विकेंद्रीकरण की अनुशंसा की थी। इसके क्रियान्वयन के लिए पंचायती राज अधिनियमों का गठन किया गया। राजस्थान और आंध्र प्रदेश ने सर्वप्रथम 2 अक्टूबर, 1959 को ग्रामीण स्थानीय शासन की पंचायती राजपद्धति को अपनाया। परंतु इसके बावजूद पंचायती संस्थाओं के पतन का दौर शुरू हो गया तथा सरकारें भी इसके प्रति उदासीन हो गए। जिला स्तरीय पंचायती संस्थाओं पर राजनीतिज्ञों तथा नौकरशाहों का दबदबा कायम हो गया और इस कारण खंड तथा ग्राम समितियां भी युक्तिसंगत नहीं बन पाई। यहां तक कि पंचायती राज निकायों के चुनाव स्थागित कर दिए गए।

अशोक मेहता समिति (1977)

मार्च, 1977 में केंद्र में सत्ता परिवर्तन के बाद पदारूढ़ नई जनता सरकार ने 12 दिसंबर, 1977 को पंचायती राज संस्थाओं की कार्य प्रणाली का अध्ययन करने एवं प्रचलित ढांचे में आवश्यक परिवर्तन के संदर्भ में सुझाव देने के लिए अशोक मेहता की अध्यक्षता में एक उच्च स्तरीय समिति की नियुक्ति की। अशोक मेहता समिति के गठन का उद्देश्य निम्नलिखित थे–

- राज्यों तथा केंद्र शासित प्रदेशों में विकेंद्रीकरण के संबंध में वर्तमान स्थिति का तथा जिला से लेकर गावों तक पंचायती राज संस्थाओं के क्रियाकलापों की पद्धति का पुनरीक्षण जिससे त्रुटियों एवं कमियों का पता लगाया जा सके।
- भविष्य में एकीकृत ग्रामीण विकास में पंचायती राज संस्थाओं को अपनी भावी भूमिका निभाने में समर्थ बनाने के उद्देश्य से उनका पुनर्गठन एवं कमियों और त्रुटियों को दूर करने के संदर्भ में उपयुक्त सुझाव देना।
- निर्वाचन पद्धति सहित पंचायती राज व्यवस्थाओं के गठन की पद्धति की जांच करना तथा पंचायती राजव्यवस्था के कार्य निष्पादन पर उनके प्रभावों का मूल्यांकन करना।
- पंचायती राज संस्थाओं, सरकारी प्रशासन तंत्र तथा ग्रामीण विकास में संलग्न सहकारी तथा स्वयंसेवी संस्थाओं के मध्य सहयोगपूर्ण संबंधों के संदर्भ में अनुशंसा देना।
- पंचायती राज संस्थाओं को सुपुर्द जिम्मेदारियों को निभाने के लिए पर्याप्त धन सुनिश्चित करने हेतु आवश्यक वित्त सहित अन्य मामलों के संदर्भ में सुझाव देना।
- पंचायती राज संस्थाएं समिति प्रणाली के आधार पर अपने कार्यों को संपन्न करेगी।
- जिलाधिकारी सहित जिला स्तर के सभी अधिकारी अंततः जिला परिषद् के अधीन रखे जाएंगे।
- उक्त संस्थाओं के निर्वाचनों में राजनीतिक दलों को खुले रूप में अपने चुनाव चिह्न के आधार पर चुनाव लड़ने की अनुमति होनी चाहिए क्योंकि राजनीतिक दल लोकतंत्र की प्रक्रिया के एक अंग हैं।
- अनुसूचित जातियों एवं जनजातियों के लिए निर्वाचन क्षेत्र सुरक्षित हो तथा उनमें महिलाओं के लिए भी स्थान होना चाहिए।
- मेहता समिति ने एक महत्वपूर्ण अनुशंसा यह भी की थी कि राज्य सरकारों को दलगत राजनीतिक कारणों के आधार पर पंचायती राज्य संस्थाओं को पदच्युत नहीं करना चाहिए। यदि किन्हीं परिस्थितियों में ऐसा करना अनिवार्य हो जाता है तो 5 माह के अंदर ही उसका पुनर्निवाचन कराया जाना चाहिए।
- मेहता समिति ने अपने प्रतिवेदन में विकास संबंधी कार्यों को जिला परिषदों को हस्तांतरित करने की अनुशंसा की थी। समिति ने यह भी कहा था कि इस कार्य में कार्यरत समस्त कर्मचारी वर्ग जिला परिषद् के अधीन यह कार्य करेगा।
- मेहता समिति के मत से ग्रामीण विकास शहरी-ग्रामीण अटूट क्रम का एक भाग है। इसलिए ग्रामीण क्षेत्रों में शहरी सुविधाओं की स्थापना की जानी चाहिए।

अशोक मेहता समिति की सिफारिशें काफी महत्वपूर्ण थी। ग्राम पंचायतों के स्थान पर मंडल पंचायतों के गठन संबंधी सुझाव को लेकर इसकी आलोचना भी की गई है। इसके संदर्भ में तर्क यह दिया जाता है कि ग्राम पंचायत की समाप्ति पंचायती राज की कल्पना की मूल इकाई की समाप्ति होगी।

अशोक मेहता समिति की सिफारिशें

अशोक मेहता समिति ने **अगस्त, 1978 में अपना प्रतिवेदन** केंद्र सरकार को सुपुर्द कर दिया। अशोक मेहता समिति का मत था कि प्रशासन के विकेंद्रीकरण के लिए कार्य मूलकता आवश्यक है। मेहता समिति ने अपने प्रतिवेदन में कहा था कि जहां करोड़ों व्यक्तियों का संबंध है और जहां निर्धन लोगों की स्थिति में सुधार के लिए बहुत बड़ी संख्या में सूक्ष्म परियोजनाएं बनाई जा रही है, वहां प्रशासन का विकेंद्रीकरण एक अनिवार्य आवश्यकता होती है। मेहता समिति ने अपने उक्त कथन को केंद्र में रखते हुए 132 सिफारिशें की थी। अशोक मेहता समिति के प्रमुख अनुशंसाए निम्नवत् हैं–

- अशोक मेहता समिति ने **त्रिस्तरीय पद्धति की जगह द्विस्तरीय पद्धति** अपनाने की अनुशंसा की थी। जिला पंचायत को मजबूत बनाने तथा ग्राम पंचायत के स्थान पर मंडल पंचायत की स्थापना करने की मेहता समिति ने अनुशंसा की थी।
- जिले को विकेंद्रीकरण की धुरी माना जाए तथा जिलापरिषद् को समस्त विकास कार्यों का केंद्र बिंदु बनाया जाए। जिला परिषद् ही जिले के आर्थिक नियोजन का कार्य करेगी, समस्त विकास कार्यों में सामंजस्य स्थापित करेगी तथा निचले स्तर का मार्ग प्रदर्शन करेगी।

- जिला परिषद् के बाद मंडल पंचायतों को विकास कार्यक्रमों का आधारभूत संगठन बनाया जाना चाहिए। मंडल पंचायतों का गठन कई गांवों से मिलकर होगा। मंडल पंचायतें 15,000 से 20,000 की जनसंख्या पर गठित की जाएगी। मंडल पंचायतों को कार्यक्रम क्रियान्वयन की दृष्टि से धरातलीय संगठन के रूप में विकसित किया जाए। धीरे-धीरे पंचायत समितियां समाप्त हो जाएंगी और उनका स्थान मंडल पंचायत ले लेगी।

मेहता समिति के ही एक सदस्य ने लिखा है कि मुझे जिला परिषद् और मंडल पंचायतों से कोई आपत्ति नहीं है। आपत्ति इस बात की है कि समिति ने अपने प्रतिवेदन में ग्राम सभा का कहीं उल्लेख नहीं किया है जबकि ग्रामसभा ही पंचायती राजसंस्थाओं की आत्मा है।

1980 में केंद्र में पुनः सत्ता परिवर्तन हुआ और श्रीमती इंदिरा गांधी प्रधानमंत्री पद पर आसीन हुई है। श्रीमती गांधी की सरकार ने अशोक मेहता समिति की रिपोर्ट को अस्वीकार कर दिया। परंतु बदली हुई राजनीतिक परिस्थितियों में केंद्र तथा राज्य सरकारों द्वारा पंचायती राजव्यवस्था के संदर्भ में गंभीर चिंतन की प्रक्रिया शुरू हो गई। आठवीं पंचवर्षीय योजना के दस्तावेज में योजना आयोग ने स्पष्ट शब्दों में कहा था कि ग्रामीण विकास कार्यक्रमों में निरंतर वृद्धि हो रही है और इन कार्यक्रमों को लागू करने के लिए पंचायती राज के माध्यम से जन सहभागिता प्राप्त करना आवश्यक है। 1984 में तत्कालीन प्रधानमंत्री श्रीमती इंदिरा गांधी ने सभी मुख्यमंत्रियों को पत्र लिखकर पंचायतों का चुनाव यथाशीघ्र कराने के निर्देश दिए। देश में महात्मा गांधी के सपनों को साकार करने के लिए पंचायती राज की स्थापना के लिए सुझाव देने हेतु 1985 में जी.के.वी. राव तथा 1986 में एल. एम. सिंघवी की अध्यक्षता में एक समिति का गठन किया गया।

जी.के.वी. राव समिति (1985) और उसकी सिफारिशें

दिसंबर, 1985 में जी.के.वी. राव समिति ने अपना प्रतिवेदन सरकार को प्रस्तुत किया। राव समिति ने अपने प्रतिवेदन में पंचायतों की आर्थिक, उनके निर्वाचन तथा कार्यकलापों पर प्रकाश ढाला था। समिति का यह भी कहना था कि राज्य सरकारें लोकतांत्रिक विकेंद्रीकरण की प्रक्रिया के प्रति उदासीन रही है। राव समिति ने पंचायती राज व्यवस्था को मजबूत एवं सुदृढ़ बनाने के लिए निम्नलिखित सुझाव दिया–

- विकास कार्यक्रमों एवं योजनाओं का सृजन करने, निर्णय लेने तथा उसको मूर्त रूप देने का दायित्व पंचायतों को सौंपा जाना चाहिए क्योंकि पंचायती संस्थाएं जनता के अधिक सन्निकट हैं।
- राव समिति ने जिला स्तर पर विशेष रूप से विकेंद्रीकरण करने की अनुशंसा की थी। जिला परिषद् के एक सदस्य को 30,000 से 40,000 की जनसंख्या का प्रतिनिधित्व करना चाहिए। इनका कार्यकाल 8 वर्ष का होना चाहिए। बैंकों, शहरी-स्थानीय स्वायत्त संस्थाओं के प्रतिनिधि, विधायकों एवं संसद सदस्यों को भी जिला परिषद् से संबंधित करने की अनुशंसा समिति ने की थी।
- राव समिति ने कृषि पशुपालन, सहकारिता, लघु सिंचाई, प्राथमिक एवं प्रौढ़ शिक्षा, लोक स्वास्थ्य, ग्रामीण जलापूर्ति, जिले की सड़कें, लघु एवं ग्रामोद्योग, अनुसूचित जाति एवं अनुसूचित जनजाति का कल्याण, समाज एवं महिला कल्याण और सामाजिक-वानिकी जैसे कार्यों को जिला परिषदों को हस्तांतरित करने की अनुशंसा की थी।
- जिला स्तर पर सभी कार्यालय जिला परिषद् के अधीन होने चाहिए। कार्यों के संपादन के लिए जिला परिषदों की विभिन्न समितियों का गठन किया जाना चाहिए।
- पंचायती संस्थाओं को पर्याप्त मात्रा में आवश्यक वित्त की उपलब्धता सुनिश्चित की जानी चाहिए। इसके लिए मुख्यमंत्री की अध्यक्षता में राज्य विकास परिषद् का गठन किया जाना चाहिए।
- जिला स्तर के नीचे जिला परिषद् सदृश्य संरचना वाली पंचायती समिति या मंडल पंचायतों का गठन होना चाहिए। इसके अतिरिक्त प्रत्येक गांव में ग्राम सभा का गठन होना चाहिए।
- राव समिति ने पंचायत या ग्राम एवं मंडल पंचायत स्तर पर बच्चे/ महिलाओं एवं प्रौढ़ों के कल्याणार्थ, एक उप समिति के गठन की अनुशंसा की थी। इस उप समिति में महिला सदस्यों का बहुमत होना चाहिए।

एल.एम. सिंघवी समिति (1986) और उसकी सिफारिशें

ग्रामीण विकास मंत्रालय भारत सरकार ने 16 जून, 1986 को पंचायती राजसंबंधी संकल्पना प्रपत्र तैयार करने के लिए एल.एम. सिंघवी की अध्यक्षता में एक समिति का गठन किया था। सिंघवी समिति ने अपना प्रतिवेदन 27 नवंबर, 1986 को ग्रामीण विकास मंत्रालय को सुपुर्द कर दिया। सिंघवी समिति ने पंचायती संस्थाओं की वर्तमान स्थिति का अवलोकन एवं मूल्यांकन करने के बाद पंचायती राजव्यवस्था को पुनर्जीवित करने के लिए व्यापक सिफारिशें अपने प्रतिवेदन में की थी। सिंघवी समिति ने पंचायती संस्थाओं में राजनीतिज्ञों तथा नौकरशाही के हस्तक्षेप को रोकने के लिए पंचायती राज से संबंधित कुछ पहलुओं को संवैधानिक दर्जा देने की भी अनुशंसा की थी। सिंघवी समिति ने ग्राम पंचायतों के गठन के साथ-साथ न्याय पंचायतों के गठन की भी अनुशंसा की थी। सिंघवी समिति ने पहली बार पंचायती राजव्यवस्था से संबंधित संविधान संशोधन विधेयक का मसौदा भी तैयार किया था। सिंघवी समिति का मत था कि पंचायतों का उन्मुख (नीचे से ऊपर की ओर) लोकतांत्रिक विकेंद्रीकरण हो।

पी.के. थुंगन समिति (1988)

वर्ष-1988 में थुंगन समिति ने भी पंचायती राज को संवैधानिक आधार देने का समर्थन किया, परंतु थुंगन समिति के अनुसार, भारत में पंचायतों का संबंध सीधा संघ सरकार से होना चाहिए। अतः समिति ने पंचायती राज को राज्यों का विषय नहीं माना। थुंगन समिति की सिफारिशें निम्नलिखित हैं–

- त्रिस्तरीय पंचायती राज को संवैधानिक आधार दिया जाए। पंचायती राज में महिलाओं, अनुसूचित जाति, अनुसूचित जनजाति और अन्य पिछड़ा वर्ग को आरक्षण दिया जाए।

- प्रत्येक राज्य में वित्त आयोग की स्थापना की जाए।
- एक नियोजन तथा समन्वय समिति बनाई जाए, जिसका अध्यक्ष राज्य नियोजन मंत्री होगा तथा जिला परिषद्ों के अध्यक्ष इस समिति के सदस्य होंगे।
- ग्राम पंचायतों को सीमित न्यायिक अधिकार दिए जाएं।
- पंचायतों का कार्यकाल 5 वर्ष हो, तथापि राज्यों की इच्छानुसार कम भी हो सकता है, परंतु यह किसी भी दशा में 3 वर्ष से कम नहीं होगा।

वी.एन. गाडगिल समिति

इस समिति का गठन कांग्रेस पार्टी के भीतर किया गया था। जिसे विभिन्न समितियों की रिपोर्टों पर विचार करते हुए पंचायती राज कार्यक्रम के संबंध में सिफारिशें देनी थीं।

64वां संविधान संशोधन विधेयक

जी.वे.के. राव समिति एवं एल. एम. सिंघवी समिति द्वारा तैयार किए गए पंचायती राज संबंधी दस्तावेज, दिसंबर, 1987 से जून, 1988 तक 5 स्थानों पर आयोजित कार्यशालाओं तथा अप्रैल 1989 में आयोजित पंचायती राज के निष्कर्षों के आधार पर 64वां संविधान संशोधन विधेयक सृजित किया गया। इस विधेयक का उद्देश्य देश में पंचायती प्रणाली को प्रभावी तरह से लागू करने, पंचायतों के चुनाव नियमित करने तथा 5 वर्ष तक उनको भंग न करने देना आदि के लिए संवैधानिक प्रावधान करना था। ध्यातव्य है कि 64वां संविधान संशोधन विधेयक 15 मई, 1989 को लोकसभा में प्रस्तुत किया गया। तत्कालीन प्रधानमंत्री राजीव गांधी ने इस विधेयक को ऐतिहासिक तथा क्रांतिकारी बताते हुए कहा था कि इससे संविधान के मूल ढांचे पर कोई प्रभावी नहीं पड़ेगा, परंतु विपक्ष द्वारा इसके विरोध में तर्क प्रस्तुत किया जाने लगा। विपक्ष का यह तर्क था कि संविधान के अनुच्छेद–246 के अंतर्गत यह राज्यों के अधीन है अत: संसद को इस विधेयक को लाना उचित नहीं है। तत्कालीन विधि मंत्री पी. शिवशंकर ने कहा कि संविधान के अनुच्छेद–368 के अंतर्गत संविधान संशोधन का अधिकार केंद्र (संसद) को है। यह भी स्पष्ट किया गया कि इसे पारित हो जाने के बाद जम्मू-कश्मीर की विधानसभा की स्वीकृति के बाद इसे वहां भी लागू किया जा सकता है। नागालैंड, मिजोरम, मेघालय, स्वायत्त जिला परिषद् वाले क्षेत्रों, आदिवासी क्षेत्रों, निकोबार, लक्षद्वीप, पांडिचेरी और दिल्ली में इसे लागू नहीं किया जा सकता है, क्योंकि वहां या तो पहले से ही पारंपरिक पंचायत व्यवस्था विद्यमान है अथवा वहां विशेष परिस्थिति है। प्रस्तावित विधेयक के अनुसार संविधान संशोधन हो जाने के एक वर्ष के अंदर पंचायती राज्य कानून सभी राज्यों को बनाने थे।

उक्त 64वें संविधान संशोधन विधेयक में यह प्रावधान था कि संविधान में एक नया भाग जोड़ा जाएगा। जिसमें पंचायतों की परिभाषा, उनकी संरचना, स्थानों का आरक्षण, कार्यकाल, तथा पंचायतों की शक्तियों, प्राधिकार तथा उत्तरदायित्व का उल्लेख होगा। उक्त विधेयक में पंचायतों को कर लगाने, उनकी विधियां स्थापित करने, वित्तीय स्थिति की समीक्षा के लिए वित्त आयोग की नियुक्ति, उनकी लेखाओं की जांच, उनके बारे में विधानमंडलों के अधिकार आदि का भी विशद् वर्णन किया गया था।

पंचायती राज व्यवस्था के संदर्भ में गठित समितियां

क्र.	समिति	वर्ष
1.	बलवंत राय मेहता समिति	1957
2.	संथानम समिति	1962
3.	सादिक अली समिति	1964
4.	अशोक मेहता समिति	1977
5.	जी.वी.के. राव समिति	1985
6.	एल.एम. सिंघवी समिति	1986
7.	पी.के. थुंगन समिति	1988

इसके अतिरिक्त उक्त संविधान संशोधन विधेयक में यह प्रावधान किया गया था कि सभी राज्यों में तीन स्तर वाली पंचायती राजव्यवस्था का गठन किया जाएगा। ग्राम पंचायत उसकी मौलिक इकाई होगी तथा उसका निर्वाचन प्रत्यक्ष आधार पर होगा। बाद में क्षेत्र अथवा विकास समिति अप्रत्यक्ष आधार पर ग्राम प्रतिनिधियों से निर्वाचित की जाएगी तथा जिला परिषद्ों का गठन किया जाएगा। संशोधन विधेयक में राज्यों को यह भी सलाह दी गई थी कि संविधान के अनुच्छेद–280 के अंतर्गत ऐसा एक वित्त आयोग का गठन करें जो पंचायती राज संस्थाओं के लिए वित्तीय संसाधन उपलब्ध कराने की व्यवस्था सुनिश्चित करें।

64वें संविधान संशोधन विधेयक को अक्टूबर, 1989 में लोकसभा द्वारा दो-तिहाई बहुमत से पारित कर दिया गया परंतु 13 अक्टूबर, 1989 को राज्यसभा में दो-तिहाई बहुमत के अभाव में अस्वीकार कर दिया गया। यद्यपि राज्यसभा की संख्या गणित को देखते हुए यह आश्चर्यजनक नहीं था, परंतु सरकार ऐसे महत्वपूर्ण संविधान संशोधन विधेयक पर आवश्यक बहुमत नहीं जुटा पाई यह आश्चर्य जनक था। ध्यातव्य है कि 64वां संविधान संशोधन विधेयक मात्र 6 मतों के अंतर से पारित नहीं हो सका था। यह दूसरा अवसर था जब सत्तारूढ़ दल की ओर से लाए गए संविधान संशोधन विधेयक को राज्यसभा ने अस्वीकार कर दिया था। इसके पूर्व 1964 में राजाओं के प्रिवीवर्स को समाप्त करने का विधेयक 1 मत से राज्यसभा में गिर गया था। विपक्ष का कहना था कि सरकार प्रस्तावित योजना के माध्यम से जिस प्रकार राजनीतिक एवं आर्थिक सत्ता का और प्रशासन का विकेंद्रीकरण करना चाहती थी, उससे विकेंद्रीकरण के स्थान पर सत्ता का केंद्रीयकरण होता तथा भारत का संघीय स्वरूप विकृत होगा।

इसके अतिरिक्त राज्यसभा ने नगर पालिकाओं को मजबूत बनाने की दृष्टि से लाया गया 65वां संशोधन विधेयक अस्वीकृत कर दिया था। उक्त दोनों विधेयकों को सत्तापक्ष तथा विपक्ष द्वारा 9वीं लोकसभा में मुद्दा बनाया गया।

राष्ट्रीय मोर्चा सरकार द्वारा 64वें संशोधन विधेयक की पुनर्प्रस्तुति

9वीं लोकसभा के निर्वाचन के बाद दिसंबर, 1989 में केंद्र में वी. पी.

सिंह के नेतृत्व में नई सरकार पदारूढ़ हुई। 3 दिसंबर, 1989 को राष्ट्र के नाम दूरदर्शन तथा आकाशवाणी से प्रसारित प्रथम संदेश में प्रधानमंत्री वी. पी. सिंह ने कहा कि ''सत्ता सचिवालय की चहारदीवारी में ही न बंधी रहे बल्कि चौपालों एवं मोहल्लों तक पहुंचें हमारी सरकार का यह पूरा प्रयास होगा। इसके लिए नया पंचायती राज कानून बनाकर राम मनोहर लोहिया तथा जय प्रकाश नारायण के सपनों को साकार किया जाएगा।'' 1 जनवरी, 1990 को केंद्र सरकार द्वारा अपने चुनावी वायदों को पूरा करने के लिए समयबद्ध कार्य योजना की घोषणा की गई, उसमें भी पंचायती राज संबंधी विधेयक लाने की बात कही गई थी।

पंचायती राज और स्थानीय निकाय संस्थाओं को प्रभावी बनाने के लिए 11 एवं 12 जून, 1990 को नई दिल्ली में मुख्यमंत्रियों का एक सम्मेलन आयोजित किया गया जिसमें यह निर्णय लिया गया कि पंचायती राज एवं स्थानीय निकायों का आधार व्यापक बनाया जाना चाहिए तथा इसके लिए संविधान में संशोधन किया जाना चाहिए। सम्मेलन में यह भी निर्णय लिया गया कि संसद के मानसून सत्र में इसके लिए विधेयक लाया जाएगा।

पंचायती राज संस्थाओं को संवैधानिक दर्जा

- वर्ष 1989 में तत्कालीन प्रधानमंत्री श्री राजीव गांधी ने पंचायतों के सुधार व सशक्तिकरण में विशेष रुचि ली तथा एल.एम.सिंघवी समिति और थुंगन समिति की सिफारिशों के आधार पर लोकसभा में 64 वां संविधान संशोधन विधेयक प्रस्तुत किया। जिसे लोकसभा द्वारा पारित कर दिया गया, लेकिन राज्यसभा द्वारा अस्वीकार कर दिए जाने के कारण विधेयक समाप्त हो गया।
- तत्पश्चात्, वर्ष 1992 में पंचायत संबंधी प्रावधान के लिए प्रधानमंत्री पी.वी. नरसिम्हा राव द्वारा 73 वां संविधान संशोधन विधेयक संसद में लाया गया, जिसे लोकसभा एवं राज्यसभा ने क्रमशः 22 एवं 23 दिसंबर, 1992 को पारित कर दिया।
- 17 राज्यों की विधानसभाओं द्वारा अनुमोदित किए जाने के बाद 20 अप्रैल, 1993 को राष्ट्रपति ने इस विधेयक पर अपनी सहमति प्रदान कर दी। 24 अप्रैल, 1993 से 73 वां संविधान संशोधन अधिनियम पूरे देश में लागू हो गया।
- 24 अप्रैल को प्रत्येक वर्ष पंचायत दिवस मनाया जाता है, 73वें संविधान संशोधन अधिनियम को सर्वप्रथम लागू करने वाला राज्य मध्य प्रदेश है। जहां इस अधिनियम के अनुसार 1994 में सबसे पहले पंचायती चुनाव कराए गए।

सितंबर, 1990 में स्थानीय निकायों के नियमित निर्वाचन कराने तथा इनको संवैधानिक गारंटी देने के लिए राष्ट्रीय मोर्चा सरकार द्वारा 74वां संविधान संशोधन विधेयक प्रस्तुत किया गया। इस संशोधन विधेयक द्वारा संविधान में ''स्थानीय निकाय'' नाम से एक नया भाग-9 जोड़ने की व्यवस्था की गई। विधेयक के प्रावधानों के अनुसार प्रत्येक गांव में ग्रामसभा होगी, गांवों में पंचायतों की स्थापना, पंचायतों की ग्राम स्तर पर सभी सीटों के निर्वाचन की प्रत्यक्ष व्यवस्था थी। विधेयक में गांवों और शहरों के बीच के क्षेत्रों के लिए नगर पंचायतें, छोटे शहरी क्षेत्रों के लिए नगर-निगम गठित करने का प्रावधान किया गया। विधेयक में आबादी के अनुसार अनुसूचित जातियों एवं जन जातियों के लिए स्थान आरक्षित करने महिलाओं के लिए कम-से-कम एक-तिहाई स्थान आरक्षित करने की व्यवस्था की गई। स्थानीय निकायों को लेवी कर और शुल्क आदि लगाने और उनकी वसूली का भी अधिकार दिया गया। इसके अतिरिक्त विधेयक में 1 वर्ष के अंदर एक वित्त आयोग गठित करने, प्रत्येक 5 वर्ष में स्थानीय निकायों की वित्तीय स्थिति की समीक्षा करने तथा विधानमंडलों को इनके चुनाव करने के लिए प्रावधान करने का अधिकार प्रदान करने की भी व्यवस्था की गई थी, परंतु वी. पी. सिंह सरकार के नवंबर, 1990 में पतन होने के बाद यह विधेयक संसद द्वारा पारित नहीं हो सका।

73वां संविधान संशोधन अधिनियम, 1992

73वां संविधान संशोधन अधिनियम, 1992, 23 अप्रैल, 1994 से पूरे देश में लागू हो गया। ध्यातव्य है कि मजबूत और लोकप्रिय पंचायती राज संस्थाओं की स्थापना और उनके निर्वाचन को संवैधानिक आधार प्रदान करने के लिए 73वां संविधान संशोधन विधेयक 16 सितंबर, 1991 को लोकसभा में प्रस्तुत किया गया जिसे दिसंबर, 1991 में नाथूराम मिर्धा की अध्यक्षता में गठित संयुक्त संसदीय समिति को सुपुर्द कर दिया गया। संयुक्त संसदीय समिति द्वारा विधेयक पर अपनी सिफारिश करने के बाद विधेयक को 73वां संविधान संशोधन विधेयक के रूप में संख्यामित किया गया। जिसे लोकसभा ने 22 दिसंबर, 1992 को तथा राज्यसभा ने 23 दिसंबर, 1993 को अपनी स्वीकृति प्रदान कर दी। 17 राज्यों द्वारा अनुमोदित किए जाने के बाद 20 अप्रैल, 1993 को राष्ट्रपति ने इसे अपनी स्वीकृति प्रदान कर दी और यह अधिनियम बन गया। वस्तुतः 73वां संविधान संशोधन विधेयक 64वें संविधान संशोधन विधेयक की ही संशोधित प्रति थी, इसमें वे सभी बिंदु सम्मिलित किए गए। मुख्य अंतर ढांचे के बारे में था। 64वें संविधान संशोधन विधेयक में तीनों स्तर पर पंचायती राज संस्थाओं का गठन आवश्यक रखा गया था, जबकि 73वें संविधान संशोधन विधेयक में केवल ग्राम स्तर की बाध्यता थी। मध्य स्तर एवं जिला स्तर पर गठन के बिंदु को राज्य सरकारों की इच्छा पर छोड़ दिया गया। 64वें संविधान संशोधन विधेयक की तरह 73वें संविधान संशोधन विधेयक को अनुच्छेद-243 के अंतर्गत नवें भाग के रूप में जोड़े जाने के लिए प्रस्तुत किया गया।

73वें संविधान संशोधन द्वारा एक नया अध्याय 9 जोड़ा गया। अध्याय 9 के द्वारा संविधान में 16 अनुच्छेद और 11वीं अनुसूची जोड़ी गई। 73वें संविधान संशोधन अधिनियम की मुख्य विशेषताएं निम्नवत् हैं–

1. **अनुच्छेद-243 (क)** के अनुसार प्रत्येक गांव में एक **ग्राम सभा** होगी जो राज्य विशेष के विधान मंडल के द्वारा प्रदत्त अधिकारों का उपयोग तथा निर्धारित कर्तव्यों का निर्वाह ग्राम स्तर पर करेगी।
2. **अनुच्छेद-243 (ख)** में पंचायतों के गठन का प्रावधान किया गया है। प्रत्येक राज्य में ग्राम स्तर, मध्यवर्ती स्तर तथा जिला स्तर पर पंचायती राज संस्थाओं का गठन किया जाएगा, परंतु जिस राज्य में कुल जनसंख्या 20 लाख से कम है वहां मध्यवर्ती स्तर पर पंचायतों

का गठन नहीं किया जाएगा वहां पंचायतें द्विस्तरीय होगी जबकि अन्य राज्यों में त्रिस्तरीय होंगी।

3. **अनुच्छेद–243 (ग)** में पंचायतों की संरचना का प्रावधान किया गया है। राज्य विधानमंडलों को विधि द्वारा पंचायतों की संरचना के लिए उपबंध करने की शक्ति दी गई है, परंतु किसी भी स्तर पर पंचायत के प्रादेशिक क्षेत्र की जनसंख्या और निर्वाचन द्वारा भरे जाने वाले स्थानों की संख्या के मध्य अनुपात राज्य में यथा संभव एक ही रहेगा। पंचायतों के सभी स्थान पंचायत राज्य क्षेत्र के प्रादेशिक निर्वाचन क्षेत्रों से प्रत्यक्ष निर्वाचन द्वारा चुने गए व्यक्तियों से भरे जाएंगे। इस प्रयोजन के लिए प्रत्येक पंचायत क्षेत्र को ऐसी विधि से निर्वाचन क्षेत्रों में विभाजित किया जाएगा कि प्रत्येक निर्वाचन क्षेत्र की जनसंख्या और उसको आवंटित स्थानों की संख्या के मध्य समस्त पंचायत क्षेत्र में यथासाध्य एक ही हो।
4. **अनुच्छेद–243 (घ)** में कहा गया है कि अनुसूचित जातियों/अनुसूचित जनजातियों के स्थानों का आरक्षण प्रत्येक स्तर पर उनकी जनसंख्या के अनुपात में किया जाएगा। इसी अनुच्छेद– में यह भी कहा गया है कि किसी पंचायत में कुल सदस्य संख्या कम-से-कम एक-तिहाई महिलाओं के लिए आरक्षित होगी। ये स्थान किसी पंचायत में विभिन्न निर्वाचन क्षेत्रों के लिए बारी-बारी से निर्धारित किए जा सकते हैं।
5. **अनुच्छेद–243 (ङ)** में प्रावधानित है कि प्रत्येक 5 वर्ष बाद नियमित निर्वाचन कराया जाएगा।
6. **अनुच्छेद–243 (छ)** में यह प्रावधानित है कि राज्य की विधानसभाएं पंचायतों के अधिकार, कर्तव्य तथा प्रशासनिक एवं वित्त व्यवस्था संबंधी ऐसे नियम बनाए कि संस्थाएं लोकतांत्रिक विकेंद्रीकरण को यर्था रूप से चरितार्थ करते हुए जन आकांक्षाओं के अनुरूप प्रभावी ढंग से कार्य कर सकें।
7. **अनुच्छेद–243 (ज)** में यह प्रावधानित है कि 73वें संविधान संशोधन के प्रारंभ से एक वर्ष के अंदर और उसके बाद प्रत्येक 5 वर्ष के अवसान पर पंचायतों की वित्तीय स्थिति का पुनर्निरीक्षण करने के लिए एक वित्त आयोग का गठन करेगा। वित्त आयोग निम्नलिखित विषय में राज्यपाल को अपनी अनुशंसा देगा–
   (a) ऐसे करों, शुल्कों, पथ करों और फीसों को दर्शाना जो पंचायतों को प्रदान की जा सकें।
   (b) राज्य की संचित निधि में से पंचायतों के लिए सहायता अनुदान।
   (c) पंचायतों की वित्तीय स्थिति के सुधार के लिए उपाय बनाना।
8. **अनुच्छेद–243 (ट)** में राज्य निर्वाचन आयोग के गठन के संदर्भ में प्रावधान किया गया है। इसमें कहा गया है कि पंचायतों का निर्वाचन कराने के लिए राज्य निर्वाचन आयुक्त की नियुक्ति की जाएगी। राज्य निर्वाचन आयुक्त को हटाने की प्रक्रिया उच्च न्यायाधीश के हटाने की प्रक्रिया के सदृश्य होगी।
9. **73वें संविधान** संशोधन की मुख्य विशेषता यह रही कि वह अन्य बातों के साथ-साथ अनुसूचित जातियों, अनुसूचित जनजातियों और महिलाओं के लिए सीटों का आरक्षण किया गया और स्थानीय निकायों की वित्तीय स्थिति सुधारने के लिए राज्य वित्त आयोग के गठन को अनिवार्य बनाया गया। इस अधिनियम के माध्यम से पंचायती व्यवस्था को प्रभावी बनाने के लिए राज्य निर्वाचन आयोग के गठन का भी प्रावधान किया गया है।
10. **73वें संविधान संशोधन** द्वारा स्थापित पंचायती राज का मुख्य उद्देश्य ग्रामवासियों के मध्य शक्तियों का विकेंद्रीकरण करके विकासात्मक प्रशासन में उनकी सहभागिता सुनिश्चित करना तथा गांवों को सामाजिक एवं आर्थिक न्याय उपलब्ध कराकर नीति-निदेशक सिद्धांतों में उल्लिखित सामाजिक, आर्थिक न्याय की अवधारणा को मूर्त रूप देने का एक प्रयास है।
11. इस अधिनियम के माध्यम से पंचायती राज शक्तियों के विकेंद्रीकरण प्रशासन में लोगों की सहभागिता और सामुदायिक विकास का प्रतिनिधित्व सुनिश्चित होगा और इससे सामाजिक सशक्तिकरण को बढ़ावा मिलेगा। इसके साथ ही महात्मा गांधी के स्वप्नों को पूरा करने और ग्रामीण स्वावलंबन को प्रोत्साहन मिलेगा।

11वीं अनुसूची में रखे गए विषय (अनुच्छेद–243 छह)	
11वीं अनुसूची में पंचायती राज संबंधी 29 विषय रखे गए हैं **जिन पर पंचायतें विधि बनाकर उन कार्यों को कर सकेंगी। ये कार्य/विषय निम्नवत् हैं–**	
1.	कृषि एवं कृषि विस्तार।
2.	भूमि सुधार, भूमि सुधार कार्यक्रमों का क्रियान्वयन, चकबंदी और भूमि संरक्षण।
3.	लघु सिंचाई, जल प्रबंधन तथा जल आच्छादन एवं निकास।
4.	पशुपालन, दुग्ध उद्योग और फार्म वन उद्योग।
5.	मत्स्य उद्योग।
6.	सामाजिक वन उद्योग और फार्म वन उद्योग।
7.	लघु उत्पादन।
8.	लघु उद्योग, खाद्य प्रसंस्करण सहित।
9.	खादी, ग्राम तथा कुटीर उद्योग।
10.	ग्रामीण आवासन।
11.	ईंधन और चारा।
12.	सड़कें, पुलिया, पुल, नौघाट, जलमार्ग तथा संचार के अन्य साधन।
13.	ईंधन और चारा।
14.	गैर-पारंपरिक ऊर्जा स्रोत।
15.	ग्रामीण विद्युतीकरण।
16.	गरीबी उन्मूलन कार्यक्रम।

17.	पुस्तकालय।
18.	शिक्षा, (प्राथमिक तथा माध्यमिक विद्यालय)।
19.	तकनीकी प्रशिक्षण तथा व्यावसायिक शिक्षा।
20.	प्रौढ़ तथा अनौपचारिक शिक्षा।
21.	सांस्कृतिक क्रियाकलाप।
22.	बाजार और मेले।
23.	स्वास्थ्य और स्वच्छता।
24.	परिवार कल्याण।
25.	स्त्री और बाल विकास।
26.	समाज कल्याण।
27.	अनुसूचित जातियों/अनुसूचित जनजातियों का कल्याण।
28.	सार्वजनिक वितरण प्रणाली।
29.	सामुदायिक आस्तियों (परिसंपत्तियों) का अनुरक्षण।

पंचायती राज के संदर्भ में 11वें वित्त आयोग की सिफारिशें

11वें वित्त आयोग में पंचायतों की वित्तीय स्थिति को सुदृढ़ करने के लिए निम्न सिफारिशें की गई–

- राज्य वित्त आयोग की रिपोर्ट में एक विशेष अध्याय वित्त पर शामिल हो तथा राज्य सरकारें राज्य वित्त आयोग की रिपोर्ट प्रस्तुत होने के बाद 6 माह के भीतर की गई कार्यवाही की रिपोर्ट राज्य विधानमंडल में रखेंगी।
- पंचायतों की सभी श्रेणियों के लेखा परीक्षण एवं नियंत्रण, नियंत्रक एवं महालेखा परीक्षक को सौंपा जाए।
- भूमि एवं कृषि फार्म की आय पर कर को स्थानीय निकायों द्वारा समुचित रूप से लगाकर इस धन का प्रयोग नागरिक सेवाओं में सुधार के लिए किया जाए।
- राज्य के लेखाशीर्ष पर 6 पदों का सृजन किया जाए जिनमें 3 पंचायती राज संस्थाओं के लिए तथा 3 शहरी स्थानीय संस्थाओं के लिए हो।
- पंचायतों के पास जहां प्रशिक्षित लेखाकार नहीं है प्रत्येक पंचायत पर 4,000 रुपए राशि प्रतिवर्ष लेखों के रख-रखाव पर खर्च की जाए।
- पंचायतों के वित्त पोषण के आंकड़ों को जिला, राज्य तथा केंद्र स्तर पर और कंप्यूटर तथा वी. सेट के माध्यम से जोड़कर विकसित किया जाए।

विभिन्न राज्यों में पंचायती राज संस्थाओं की स्थिति

राज्य	स्तर	संस्थाएं
जम्मू-कश्मीर	एक स्तरीय	ग्राम पंचायत
केरल	एक स्तरीय	ग्राम पंचायत
मणिपुर	एक स्तरीय	ग्राम पंचायत
त्रिपुरा	एक स्तरीय	ग्राम पंचायत
सिक्किम	एक स्तरीय	ग्राम पंचायत
ओडिशा (उड़ीसा)	द्विस्तरीय	1. ग्राम पंचायत, 2. पंचायत समिति
दादरा व नगर हवेली	द्विस्तरीय	1. ग्राम पंचायत, 2. पंचायत समिति
दिल्ली	द्विस्तरीय	1. ग्राम पंचायत, 2. पंचायत समिति
पुड्डुचेरी	द्विस्तरीय	1. ग्राम पंचायत, 2. पंचायत समिति
असोम (असम)	द्विस्तरीय	1. ग्राम पंचायत, 2. पंचायत समिति
कर्नाटक	द्विस्तरीय	1. ग्राम पंचायत, 2. पंचायत समिति
हरियाणा	द्विस्तरीय	1. ग्राम पंचायत, 2. पंचायत समिति
मध्य प्रदेश	द्विस्तरीय	1. ग्राम पंचायत, 2. पंचायत समिति
छत्तीसगढ़	त्रिस्तरीय	1. ग्राम पंचायत, 2. पंचायत समिति, 3. जिला परिषद्
राजस्थान	त्रिस्तरीय	1. ग्राम पंचायत, 2. पंचायत समिति, 3. जिला परिषद्
उत्तर प्रदेश	त्रिस्तरीय	1. ग्राम पंचायत, 2. पंचायत समिति, 3. जिला परिषद्
हिमाचल प्रदेश	त्रिस्तरीय	1. ग्राम पंचायत, 2. पंचायत समिति, 3. जिला परिषद्
पंजाब	त्रिस्तरीय	1. ग्राम पंचायत, 2. पंचायत समिति, 3. जिला परिषद्
उत्तराखंड	त्रिस्तरीय	1. ग्राम पंचायत, 2. पंचायत समिति, 3. जिला परिषद्
झारखंड	त्रिस्तरीय	1. ग्राम पंचायत, 2. पंचायत समिति, 3. जिला परिषद्
महाराष्ट्र	त्रिस्तरीय	1. ग्राम पंचायत, 2. पंचायत समिति, 3. जिला परिषद्
आन्ध्र प्रदेश	त्रिस्तरीय	1. ग्राम पंचायत, 2. पंचायत समिति, 3. जिला परिषद्

तेलंगाना	त्रिस्तरीय	1. ग्राम पंचायत, 2. पंचायत समिति, 3. जिला परिषद्
तमिलनाडु	त्रिस्तरीय	1. ग्राम पंचायत, 2. पंचायत समिति, 3. जिला परिषद्
गुजरात	त्रिस्तरीय	1. ग्राम पंचायत, 2. पंचायत समिति, 3. जिला परिषद्
पं. बंगाल	चार स्तरीय	1. ग्राम पंचायत, 2. पंचायत समिति, 3.आंचलिक परिषद्, 4. जिला परिषद्
मेघालय	जनजातीय परिषद्	जनजातीय परिषद्
नागालैंड	जनजातीय परिषद्	जनजातीय परिषद्
मिजोरम	जनजातीय परिषद्	जनजातीय परिषद्

73वें संविधान संशोधन अधिनियम के संस्थागत प्रावधान

अनुच्छेद–40 के तहत यह प्रावधान किया गया है कि राज्य ग्राम पंचायतों के गठन के लिए कदम उठाएगा और उन्हें स्वायत्त शासन की इकाई के रूप में कार्य करने के योग्य बनाने के लिए आवश्यक शक्तियां और अधिकार प्रदान करेगा। 73वें संविधान संशोधन अधिनियम में निम्नलिखित संस्थागत प्रावधान किए गए हैं–

ग्राम सभा और उसके विविध पक्ष

- इस अधिनियम द्वारा ग्राम सभा को संवैधानिक दर्जा दिया गया है। किसी ग्राम की निर्वाचक नामावली में दर्ज नामों वाले व्यक्तियों को सामूहिक रूप से ग्राम सभा कहा जाता है। ग्राम सभा में एक या एक से अधिक गांव शामिल किए जा सकते हैं।
- अनुच्छेद–24(क) के अनुसार, ग्राम सभा, गांव के स्तर पर ऐसी शक्तियों का प्रयोग और ऐसे कार्यों का संपादन करेगी, जो राज्य विधानमंडल विधि द्वारा उपबंधित करे।

पंचायतों का गठन और संरचना

- अनुच्छेद–243(ब) भारत में त्रिस्तरीय पंचायती राज व्यवस्था का प्रावधान करता है। प्रत्येक राज्य में ग्राम स्तर पर ग्राम पंचायत, मध्यवर्ती स्तर पर क्षेत्र पंचायत और जिला स्तर पर जिला पंचायत के गठन का प्रावधान है, किंतु उस राज्य में जिसकी जनसंख्या 20 लाख से कम है, वहां मध्यवर्ती स्तर पर पंचायतों का गठन करना आवश्यक नहीं है। भारत में पश्चिम बंगाल ऐसा राज्य है, जहां चार स्तरीय पंचायत व्यवस्था अपनाई गई है। वहां पंचायतों के चार स्तर यथा–ग्राम पंचायत, अंचल पंचायत, आंचलिक परिषद् और जिला परिषद् हैं।
- अनुच्छेद–243(स) में पंचायतों की संरचना के बारे में प्रावधान किया गया है। इसके तहत राज्य विधानमंडल को विधि द्वारा पंचायतों की संरचना के संबंध में उपबंध करने की शक्ति प्रदान की गई है, परंतु किसी भी स्तर पर, पंचायत के प्रादेशिक क्षेत्र की जनसंख्या और ऐसी पंचायत में निर्वाचन द्वारा भरे जाने वाले स्थानों की संख्या में अनुपात समस्त राज्य में यथासंभव एक ही होगा।
- पंचायतों के सभी स्थान प्रादेशिक निर्वाचन क्षेत्रों से प्रत्यक्ष निर्वाचन द्वारा चुने गए प्रतिनिधियों द्वारा भरे जाएंगे।
- ग्राम पंचायत के अध्यक्ष का चुनाव राज्य द्वारा बनाई गई विधि के अनुसार होगा तथा मध्यवर्ती व जिला पंचायतों के अध्यक्ष का चुनाव उसके निर्वाचित सदस्यों द्वारा अपने में से किया जाएगा।
- लोकसभा, राज्यसभा, विधानसभा तथा विधानपरिषद् के सदस्यों का मध्यवर्ती व जिला पंचायतों में प्रतिनिधित्व (पदेन सदस्य के रूप में) राज्य विधानमंडल द्वारा बनाई गई विधि द्वारा निर्धारित किया जाएगा।

पंचायत समिति

ग्राम स्तर से ऊपर खंड या क्षेत्रीय स्तर आता है। इस स्तर पर समितियां स्थापित की गई है। यह पंचायती राज व्यवस्था का मध्यवर्ती स्तर है।

- **संगठनः** किसी भी खंड में जितनी भी ग्राम पंचायतें होती हैं, उनके सरपंच संबद्ध पंचायत समिति के सदस्य होते हैं। संबद्ध पंचायत समिति के क्षेत्रों से निर्वाचित लोकसभा तथा राज्य विधानसभा के सदस्यों को भी इसका सह–सदस्य बनाया जाता है।
- **कार्यालयः** पंचायत समितियों का कार्यकाल पांच वर्ष है। समय से पहले भंग किए जाने की दशा में यह जरूरी है कि नई समिति के गठन के लिए छह महीनों के भीतर चुनाव करवाए जाएं।
- **पदाधिकारीः** पंचायत समिति अपना अध्यक्ष चुनती है। उसके मुख्य प्रशासनिक अधिकारी को खंड विकास अधिकारी कहते हैं। इस पदाधिकारी के नीचे कई सहायक विकास अधिकारी होते हैं, जो कृषि, सहकारिता, पशुपालन इत्यादि के विशेषज्ञ होते हैं।

पंचायत समिति के कार्य

भारत के अधिकांश राज्यों में पंचायत समिति पंचायती राजव्यवस्था की धुरी है। इस रूप में पंचायत समिति के निम्नलिखित महत्वपूर्ण कार्य हैं–

- समिति के क्षेत्र में सड़कों का निर्माण व रख–रखाव।
- उन्नत किस्म के बीज और रासायनिक खाद्य का प्रबंध करना, कीटनाशक दवाओं का वितरण तथा उन्नत किस्म के कृषि यंत्रों का वितरण।
- प्राथमिक स्वास्थ्य केंद्रों तथा प्रसूति-केंद्रों की स्थापना।
- ग्रामीण क्षेत्र में शौचालय व पक्की नालियां बनवाना, धुंआरहित चूल्हों तथा गोबर गैस संयंत्रों का वितरण, गांवों में चिकित्सालय व स्वास्थ्य केंद्रों की स्थापना करना।
- युवक संघों, महिला मंडलों तथा किसान गोष्ठियों की स्थापना करना।
- कृषि के लिए ऋण की व्यवस्था करना।
- विभिन्न क्षेत्रों में सहकारी समितियों की स्थापना करना।

- कुटीर, ग्रामीण तथा लघु उद्योगों का विकास करना।
- अनुसूचित जातियों, अनुसूचित जनजातियों व अन्य पिछड़े वर्गों के लाभ के लिए सरकार द्वारा सहायता प्राप्त छात्रावासों का प्रबंध करना।

पंचायत समिति के आय के साधन

पंचायत समितियों के आय के मुख्य साधन निम्नलिखित हैं–

- राज्य सरकार द्वारा पंचायत समिति को अनुदान दिया जाता है। इस अनुदान को निश्चित करने की जिम्मेदारी अब पंचायत वित्त आयोग को दी जा रही है।
- राज्य सरकार को प्राप्त भू-राजस्व का एक निश्चित प्रतिशत पंचायत समितियों को दिया जाता है।
- पंचायत समितियां स्वयं बहुत से कर वसूल करती हैं।

पंचायतों का कार्यकाल

- सभी स्तर की पंचायतों का कार्यकाल (Duration of Panchayats) प्रथम अधिवेशन की तिथि से 5 वर्ष निर्धारित किया गया है।
- अनुच्छेद–243E (3) के अनुसार, पंचायत के नए निर्वाचन निवर्तमान पंचायत के कार्यकाल के समाप्त होने के पूर्व ही करा लिए जाएंगे और यदि उसे समय से पूर्व भंग किया गया है, तो 6 माह की अवधि पूरी होने से पहले ही पुनः चुनाव करा लिया जाएंगे, किंतु यदि भंग की हुई पंचायत का निर्धारित कार्यकाल 6 माह से कम रह गया हो, तो चुनाव कराए जाना आवश्यक नहीं होगा। पुनर्गठित पंचायत का कार्यकाल शेष अवधि तक ही होगा।

पंचायतों की शक्ति

राज्य विधानमंडल को यह शक्ति दी गई है कि वह पंचायतों को ऐसी शक्तियां और प्राधिकार प्रदान करे, जो उन्हें स्वायत्त संस्थाओं के रूप में कार्य करने में समर्थ बनाने के लिए आवश्यक हों। ये शक्तियां निम्नलिखित कार्यों के संबंध में हो सकती हैं–

- आर्थिक विकास और सामाजिक न्याय के लिए योजनाएं तैयार करना।
- आर्थिक विकास और सामाजिक न्याय की योजनाओं को कार्यान्वित करना।
- अनुसूची–11 में 29 विषय ऐसे दिए गए हैं जिनके संबंध में पंचायतों को शक्ति का अनिवार्य रूप से हस्तांतरण किया गया है।
- पंचायतों को सामाजिक एवं आर्थिक विकास के संदर्भ में पर्याप्त अधिकार दिए गए हैं और वह स्थानीय स्तर पर उत्पादकीय संपत्तियों का सृजन करके और आधारिक संरचना का विकास करके अपने आय के स्रोतों में वृद्धि कर सकती है।

पंचायतों में आरक्षण

- अनुच्छेद–243D के अंतर्गत पंचायतों में अनुसूचित जातियों, अनुसूचित जनजातियों तथा महिलाओं के लिए स्थानों के आरक्षण का प्रावधान किया गया है।
- अनुसूचित जातियों तथा अनुसूचित जनजातियों के लिए स्थानों का आरक्षण उनकी जनसंख्या के अनुपात में होगा। इसमें से एक-तिहाई (1/3 भाग) स्थान इन वर्गों की महिलाओं के लिए आरक्षित होंगे
- अनुसूचित जातियों तथा अनुसूचित जनजातियों की महिलाओं के लिए आरक्षित स्थानों को चक्रानुक्रम (By rotation) से आवंटित किया जाएगा। आरक्षण की यह व्यवस्था पंचायत अध्यक्ष पदों के लिए भी समान रूप से लागू होती है।
- 83वें संविधान संशोधन अधिनियम 2000 द्वारा यह प्रावधान किया गया है कि अनुसूचित जातियों के लिए आरक्षण संबंधी प्रावधान अरुणाचल प्रदेश में लागू नहीं होंगे। अरुणाचल प्रदेश में अनुसूचित जातियों का अस्तित्व नहीं होने के कारण यह प्रावधान किया गया है।
- अनुसूचित जातियों और जनजातियों के लिए आरक्षण अनुच्छेद–334 में निर्धारित अवधि तक प्रभावी रहेगा। संविधान के 95 वें संशोधन (2010) द्वारा यह अवधि 25 जनवरी, 2020 ई. तक निर्धारित की गई है।
- महिलाओं के लिए आरक्षण की कोई समय-सीमा निर्धारित नहीं की गई है।
- अन्य पिछड़े वर्गों के लिए पंचायत में आरक्षण का प्रावधान नहीं है, किंतु राज्य विधानमंडल, अन्य पिछड़े वर्गों को किसी स्तर की पंचायतों में अथवा पंचायत अध्यक्ष के पदों पर आरक्षण का प्रावधान कर सकता है।

जिला परिषद्

पंचायती राजव्यवस्था की जिला परिषद् एक महत्वपूर्ण संस्था है। यह संस्था अपने अधीन काम करने वाली ग्रामीण स्वशासन संस्थाओं तथा राज्य सरकार के मध्य कड़ी का कार्य करती है।

संगठन

जिले की सभी पंचायत समितियों के प्रधान, जिला परिषद् के सदस्य होते हैं। साथ ही संबद्ध जिले से निर्वाचित लोकसभा राज्य विधान सभा और विधान परिषद् के सभी सदस्य जिला परिषद् के सदस्य माने जाते हैं। कुछ स्थान, अनुसूचित जातियों, जनजातियों तथा महिलाओं के लिए आरक्षित होते हैं।

कार्यकाल

सभी जिला परिषदों के लिए 5 वर्ष की समान अवधि (कार्यकाल) का प्रावधान है। समय से पूर्व भंग होने की स्थिति में यह आवश्यक होगा कि भंग होने की तिथि से छह माह के भीतर चुनाव करवा लिए जाएं।

जिला चेयरमैन एवं उसके कार्य

जिला परिषद् का एक सभापति या प्रमुख होता है, जिसका चुनाव परिषद् के सदस्य करते हैं, जो निम्नलिखित कार्यों को संपादित करता है–

- जिले की सभी ग्राम् पंचायतों व पंचायत समितियों के कार्यों में तालमेल कायम करना।
- जिले की पंचायत समितियों के बजट का निरीक्षण करना।
- राज्य सरकार द्वारा दिए गए अनुदान को पंचायत समितियों में वितरित करना।

- कृषि विकास, आर्थिक व सामाजिक विकास, भूमि व ग्राम नियोजन, जन-स्वास्थ्य, साक्षरता आदि से संबंधित गतिविधियों को सुनियोजित करना।
- आदिवासी एवं पर्वतीय क्षेत्रों के लिए विकास योजनाएं लागू करना। सूखे और बाढ़ की संभावना वाले क्षेत्रों के लिए विशेष कार्यक्रम तैयार करना।

आय के साधन

73वें संशोधन अधिनियम द्वारा यह व्यवस्था की गई है कि जिला परिषद्ों के पास एक मजबूत वित्तीय आधार हो। राज्य सरकार भी जिला परिषद्ों को अनुदान देती है।

जिला परिषद् के कार्य

जिला परिषद् एक समन्वय तथा पर्यवेक्षण करने वाला निकाय है। साधारणतया यह निम्नलिखित कार्यों का संपादन करती है-

- पंचायत समितियों के विकास कार्यक्रमों एवं योजनाओं में समन्वय स्थापित करना।
- पंचायत समितियों में राज्य सरकार से प्राप्त तत्कालीन अनुदान वितरित करना।
- पंचायत समितियों के बजट का योजना के अनुरूप निरीक्षण करना तथा निर्देश देना।
- पंचायतों के कार्यों की प्रगति की राज्य सरकार को सूचनाएँ देना तथा आवश्यक निर्देश प्राप्त करना।
- प्रधानों, प्रमुख आदि की गोष्ठियाँ करवाना तथा संपर्क बनाए रखना।
- जिले से संबंधित कृषि तथा उत्पादन के कार्यों को योजनाबद्ध ढंग से पूरा करवाना।
- समय-समय पर राज्य सरकार द्वारा सौंपे गए कार्य जैसे-प्राइमरी शिक्षा, प्रौढ़ शिक्षा आदि कार्यों की प्रगति के लिए प्रभावी कार्य करना।
- विकास कार्यक्रमों के संबंध में राज्य सरकार को सलाह देना।

पंचायत वित्त आयोग

73वें संशोधन अधिनियम में यह भी व्यवस्था है कि इसके लागू होने के एक वर्ष के भीतर और उसके पश्चात् प्रत्येक पांच वर्ष बाद राज्य सरकार पंचायतों की वित्तीय स्थिति का पुनर्विलोकन करने के लिए वित्त आयोग का गठन करेगी। पंचायतों की वित्तीय स्थिति का पुनर्विलोकन करने के लिए अनुच्छेद–243 के तहत एक राज्य वित्त आयोग के गठन का प्रावधान किया गया है। राज्यपाल प्रत्येक पांच वर्ष तक एक वित्त आयोग का गठन करता है। राज्य वित्त आयोग निम्नलिखित विषयों पर अपनी सिफारिश राज्य सरकार को प्रस्तुत करता है–

- राज्य द्वारा वसूले गए करों, शुल्कों, पथकरों और फीसों के राज्य और पंचायतों के बीच वितरण को।
- पंचायतों द्वारा विनियोजित किए जा सकने वाले कर, शुल्क पथकर व फीसों की अवधारणा को,
- राज्य की संचित निधि से पंचायतों के लिए सहायता अनुदान को, निर्धारित करते हैं।
- पंचायतों की वित्तीय स्थिति में सुधार के लिए अपेक्षित उपायों के बारे में सुझाव देता है।
- किसी अन्य विषय में, जो राज्यपाल द्वारा पंचायतों के ठोस वित्तपोषण के हित में आयोग को निर्दिष्ट किया जाए।
- राज्य का विधानमंडल विधि द्वारा आयोग की संरचना, सदस्यों की योग्यताएं और उनके चयन की रीति निर्धारित करेगा।
- आयोग अपनी प्रक्रिया स्वयं अवधारित करेगा और उसे अपने कृत्यों के पालन के लिए ऐसी शक्तियां प्राप्त होंगी जो राज्य विधानमंडल विधि द्वारा उसे प्रदान करें।
- राज्यपाल आयोग द्वारा की गई प्रत्येक सिफारिश और उसके बारे में की गई कार्यवाही का स्पष्टीकरण (Explanatory Memorandum) राज्य विधानमंडल के समक्ष रखवाता है।
- राज्य द्वारा उदगृहणीय और उनके बीच विभाज्य कर, शुल्क, पथकर और फीस के शुद्ध आगमों का राज्य और पंचायतों के बीच वितरण और पंचायतों के विभिन्न स्तरों में उसका आवंटन।
- कौन-से कर, शुल्क, पथकर और फीस पंचायतों को दिए जा सकते हैं?
- पंचायतों को सहायता अनुदान।
- वित्त आयोग का प्रतिवेदन और उस पर की गई कार्यवाही का ज्ञापन राज्य विधानमंडल के समक्ष रखा जाएगा।

राज्य निर्वाचन आयोग

अनुच्छेद–243(K) के तहत एक राज्य निर्वाचन आयोग के गठन का प्रावधान किया गया है तथा उसे पंचायतों एवं नगरपालिकाओं के सभी निर्वाचनों के लिए निर्वाचक नामावली तैयार करने तथा निर्वाचनों के संचालन के अधीक्षण, निर्देशन और नियंत्रण की शक्ति प्रदान की गई है।

- राज्य निर्वाचन आयोग में एक निर्वाचन आयुक्त होता है, जो राज्यपाल द्वारा नियुक्त किया जाता है।
- राज्य निर्वाचन आयुक्त की सेवा शर्तें और पदावधि द्वारा निर्धारित की जाती हैं तथा राज्य निर्वाचन आयुक्त की नियुक्ति के पश्चात् उसकी सेवा शर्तों में कोई परिवर्तन नहीं किया जा सकता है।
- राज्य निर्वाचन आयुक्त को उसी आधार पर और उसी प्रक्रिया से उसके पद से हटाया जा सकता है, जो उच्च न्यायालय के न्यायाधीशों के लिए निर्धारित है।
- निर्वाचन के दौरान आयोग के अनुरोध पर राज्यपाल उसे उतनी संख्या में कर्मचारी उपलब्ध कराता है, जितने उसे अपने कर्तव्य निर्वहन के लिए आवश्यक हों।
- पंचायतों के निर्वाचन के संबंध में सभी विषयों पर विधि बनाने का अधिकार राज्य विधानमंडल को है।
- पंचायत चुनाव का निर्णय राज्य सरकार द्वारा किया जाता है। भारत के निर्वाचन आयोग की भांति ही राज्य निर्वाचन आयोग भी एक स्वतंत्र

संवैधानिक निकाय है। नगरपालिकाओं के लिए निर्वाचक नामावली तैयार करवाने तथा निर्वाचन कराने का दायित्व राज्य निर्वाचन आयोग को अनुच्छेद–243 ZA के अंतर्गत दिया गया है।

पंचायती राज संस्थाओं पर राज्य सरकार का नियंत्रण

भारत में स्थानीय-स्वशासन संस्थाओं का विषय भारतीय संविधान में वर्णित राज्य-सूची के अंतर्गत आता है। 73वें संविधान-संशोधन के बाद भी यह राज्य सूची का विषय बना हुआ है, परिणामस्वरूप भारत में पंचायती राज संस्थाएं राज्यों की व्यवस्थापिका द्वारा बनाए गए कानूनों के अंतर्गत कार्य करती हैं। विश्व के सभी देशों में स्थानीय स्वशासन संस्थाओं के अधिकार और कार्यक्षेत्र कानून द्वारा परिभाषित किए जाते हैं। भारत में भी विभिन्न राज्यों ने अपने अपने यहां कानून बनाकर पंचायती राज संस्थाओं की स्थापना की है। जिसमें इनके कर्तव्य, अधिकार और कार्यक्षेत्र का पूर्ण विवरण मिलता है।

कुछ विद्वतजनों का विश्वास है कि स्थानीय स्वशासन संस्थाओं अथवा पंचायती राज संस्थाओं के लिए नियंत्रण एवं पर्यवेक्षण की व्यवस्था करना अनुचित ही नहीं बल्कि अनिष्टकारक भी है। इनका मानना है कि यदि स्वशासन पर बाहरी नियंत्रण थोपा गया तो वह स्वशासन ही नहीं रहेगा तथा उनका स्वायत्त स्वरूप नष्ट हो जाएगा। इसलिए उनके स्वायत्तशासी स्वरूप को बनाए रखने के लिए नियंत्रण की व्यवस्था नहीं होनी चाहिए, किंतु दूसरा वर्ग इस तथ्य को अमान्य घोषित करता है। उनकी मान्यता है कि नियंत्रण का अर्थ हस्तक्षेप का अभाव नहीं होता और किसी भी प्रकार के निदेशन, पर्यवेक्षण और नियंत्रण से स्वशासन सीमित नहीं होता।

पंचायत (अनुसूचित क्षेत्रों में विस्तार) अधिनियम, 1996

- 73वां संविधान संशोधन अधिनियम 24 अप्रैल, 1993 से लागू तो हो गया, परंतु आदिवासी बहुल अनुसूचित क्षेत्रों को इस संविधान संशोधन की परिधि से बाहर रखा गया, लेकिन संविधान के अनुच्छेद–243(ङ) के खंड 4(ख) के अनुसार संसद कानून बनाकर इसे वर्जित अनुसूचित क्षेत्रों तथा आदिवासी क्षेत्रों में भी लागू कर सकती है।
- इस ध्येय को ध्यान में रखकर 73 वें संशोधन के लाभों को आदिवासियों तक पहुंचाने के लिए संसद ने पंचायत उपबंध (अनुसूचित क्षेत्रों में विस्तार) विधेयक, दिसंबर 1996 में पारित किया तथा राष्ट्रपति के हस्ताक्षर के बाद यह विधेयक 24 दिसंबर, 1996 से लागू हो गया, इस अधिनियम को पेसा (PESA) के नाम से भी जाना जाता है उल्लेखनीय है कि वर्तमान में यह भारत के उन राज्यों में लागू है जहां अनुच्छेद–244(1) के अंतर्गत 5वीं अनुसूची के प्रावधान प्रवर्तित हैं।

पेसा (PESA) अधिनियम की प्रमुख विशेषताएं

- सामाजिक और आर्थिक विकास के कार्यक्रमों और परियोजनाओं को ग्राम स्तर पर पंचायतों द्वारा लागू करने से पहले सभी कार्यक्रमों और परियोजनों की स्वीकृति ग्राम सभा देगी।
- अनुसूचित क्षेत्रों में गौण खनिजों हेतु लाइसेंस या खनन पट्टे देने के लिए ग्राम सभा की सिफारिश अनिवार्य होगी।
- इस अधिनियम में ग्राम सभा को अत्यंत सशक्त बनाया गया है।
- प्रत्येक ग्राम सभा द्वारा अपने लोगों की परंपराओं, उनके सांस्कृतिक दावे के संकल्प को पारित कर उपखंड स्तर की समिति को भेजना।
- राज्य विधानसभा अनुसूचित क्षेत्रों में पंचायतों को स्वशासन के योग्य बनाने हेतु उचित शक्तियां एवं अधिकार प्रदान करेगी।

अनुसूचित क्षेत्रों में पंचायत विस्तार अधिनियम

- अनुसूचित क्षेत्रों में पंचायत विस्तार अधिनियम लोकतान्त्रिक विकेंद्रीकरण के साथ-साथ अनुसूचित क्षेत्रों सशक्त करने के लिए केंद्र सरकार ने वर्ष 1996 में लागू किया।
- इस अधिनियम के अनुसार, प्रत्येक गांव में एक ग्रामसभा होगी, जो आदिवासी क्षेत्रों की परंपरा, रीति-रिवाज, प्राकृतिक संसाधनों की रक्षा व संरक्षण करेगी। इस अधिनियम के द्वारा अनुसूचित क्षेत्रों व जनजाति क्षेत्रों के प्रशासन के तहत निवास करने वाले लोगों को स्वशासन तथा शोषण मुक्त जीवन प्रदान करने का प्रयास किया गया है।

न्याय पंचायत

ग्रामवासियों को सस्ता और शीघ्र न्याय प्रदान करने के उद्देश्य से 73 वें संविधान संशोधन द्वारा एक न्याय पंचायत की व्यवस्था की गई। प्रायः तीन या चार पंचायतों के लिएं एक न्याय पंचायत होगी, जिसके कुछ सदस्य मनोनीत होंगे तथा कुछ का निर्वाचन पंचायतों के द्वारा होगा। इसकी अधिकारिता छोटे दीवानी व फौजदारी मामलों तक सीमित होगी तथा दंडस्वरूप यह 50 रुपए से लेकर 1000 रुपए तक का जुर्माना लगा सकती है।

अनुसूचित जाति एवं अन्य पारंपरिक वनवासी (वन अधिकारों की मान्यता) अधिनियम

इस अधिनियम का उद्देश्य वन में निवास करने वाले अनुसूचित जनजातियों और परंपरागत वन निवासियों को मान्यता प्राप्त अधिकारों में, दीर्घकालीन उपयोग के लिए जिम्मेदारी और प्राधिकार तथा जैव-विविधता का संरक्षण और पारिस्थितिक संतुलन बनाए रखना है। यह अधिनियम 1 जनवरी, 2008 से लागू है। इस अधिनियम के अंतर्गत ग्राम सभा को निम्नलिखित कार्य सौंपे गए हैं।

- किसी व्यक्ति या सामुदायिक वन अधिकारों या दोनों की प्रकृति और सीमा को अवधारित करने की प्रक्रिया प्रारंभ करना।
- वन में निवास करने वाली अनुसूचित जनजातियों और अन्य परंपरागत वन निवासियों के दावे को स्वीकार करते हुए समेकन और सत्यापन के दावे के संकल्प को पारित कर उपखंड स्तर की समिति को भेजना।
- अधिनियम को क्रियान्वित करने के लिए वन्यजीव, वन और जैव-विविधता के संरक्षण के लिए अपने सदस्यों में से समितियों का गठन करना। अनुसूचित क्षेत्रों में गौण खनिजों हेतु लाइसेंस या खनन पट्टे देने के लिए ग्राम सभा की सिफारिश अनिवार्य है। इस अधिनियम में ग्राम सभा को अत्यंत सशक्त बनाया गया है।

पंचायती राज से संबंधित समितियां (संवैधानिकरण के बाद)

क्र.सं.	समिति का नाम	अध्यक्ष	नियुक्ति वर्ष	कार्यभार ग्रहण वर्ष
1.	पंचायती राज संस्थाओं के अधिकारों तथा प्रकार्यों के हस्तांतरण हेतु गठित टास्क फोर्स (कार्यदल)	ललित माथुर	2001	2006
2.	निम्नतम (Grassroot) स्तर पर नियोजन के लिए गठित विशेषज्ञ समूह	वी. रामचंद्रन	2005	2006
3.	जिला-स्तर नियोजन की नियमावली तैयार करने का कार्यदल	श्रीमती राजवंत संधू	2008	2008
4.	DRDA-जिला ग्रामीण एजेंसी के पुनर्गठन के लिए गठित समिति	वी. रामचंद्र	2010	2012
5.	आम वस्तुओं एवं सेवाओं की कुशल आपूर्ति के लिए पंचायतों के उत्तोलन (Leveraging) की विशेषज्ञ समिति	मणिशंकर अय्यर	2012	2013

संस्कृतिकरण

- प्रो. एम.एन. श्रीनिवास ने 'संस्कृतिकरण' की अवधारणा प्रस्तुत की। उन्होंने सर्वप्रथम दक्षिण भारत के कुर्ग लोगों के सामाजिक और धार्मिक जीवन का अध्ययन करने के लिए संस्कृतिकरण की अवधारणा का प्रयोग किया।
- संस्कृतिकरण वह प्रक्रिया है, जिसके द्वारा कोई निम्न हिंदू जाति अथवा जनजाति अथवा अन्य समूह किसी उच्च और प्राय: द्विज जाति के समान अपने रीति-रिवाजों, धार्मिक कर्मकांडों और विचारधारा तथा जीवन पद्धति को बदलने लगता है। **—डॉ. श्रीनिवास**
- संस्कृतिकरण एक ऐसी प्रक्रिया है, जिसके अनुसार निम्न हिंदू जातियां या जनजातियां उच्च अथवा द्विज कही जानेवाली जातियों की दिशा में अपनी प्रथाओं, संस्कारों, विचारों तथा जीवन शैली को बदलने की पहल करती हैं।
- संस्कृतिकरण की अवधारणा के माध्यम से श्रीनिवास ने जाति-व्यवस्था में सामाजिक गतिशीलता का विश्लेषण किया है। उनके अनुसार, संस्कृतिकरण द्वारा जाति-व्यवस्था में पदमूलक परिवर्तन होता है, न कि संरचनात्मक परिवर्तन।
- एक जीवन पद्धति का दूसरी जीवन पद्धति द्वारा विस्थापन पर-संस्कृतिकरण है।
- डॉ. एम.एन. श्रीनिवास ने मुख्य रूप से जाति की गतिशीलता की प्रक्रिया व्यक्त करने के लिए संस्कृतिकरण के प्रत्यय का उपयोग किया है। संस्कृतिकरण सामाजिक गतिशीलता को व्यक्त करने की एक मुख्य प्रणाली मानी गई है। यह संस्कृतिकरण करनेवाली जाति में केवल पदमूलक परिवर्तन को ही प्रकट करती है।
- संस्कृतिकरण से सामाजिक व्यवस्था में परिवर्तन नहीं होता, अपितु केवल व्यक्ति के स्थान में परिवर्तन पाया जाता है।
- संस्कृतिकरण, पश्चिमीकरण तथा लौकिकीकरण से लोगों की सामाजिक प्रस्थिति में परिवर्तन होता है। नगरीकरण में नगर बसाए, बनाए अथवा विकसित किए जाते हैं। यह सामान्यत: व्यक्ति की प्रस्थिति पर कोई असर नहीं डालता। नगरीकरण लोगों की जीवन शैली दर्शाता है।
- श्रीनिवास ने संस्कृतिकरण और पाश्चात्यीकरण की प्रक्रिया के माध्यम से जाति-व्यवस्था की गतिशीलता का विश्लेषण किया है। उनके अनुसार, संस्कृतिकरण की प्रक्रिया द्वारा जाति-व्यवस्था में पदमूलक परिवर्तन होता है, जबकि संपूर्ण व्यवस्था संरचनात्मक दृष्टि से अपरिवर्तित ही पाई गई है।
- निम्न जातीय समूह किसी उच्च जातीय समूह के समान सामाजिक प्रतिष्ठा प्राप्त करने हेतु प्रयास करते हैं और उनकी जीवन-शैली एवं सांस्कृतिक क्रियाकलापों का अनुकरण करते हैं। अनुकरण की इसी प्रक्रिया को 'संस्कृतिकरण' कहते हैं।
- प्राचीन राजनीतिक व्यवस्था ने संस्कृतिकरण की प्रक्रिया को प्रोत्साहित करने में विशेष योगदान दिया है।
- यातायात एवं संचार के साधन, आर्थिक सुविधाएँ, शिक्षा का प्रचार, 18 वीं एवं 19वीं सदी के विभिन्न सामाजिक सुधार आंदोलन, नगरीकरण एवं नवीन संवैधानिक प्रयास आदि संस्कृतिकरण की प्रक्रिया को प्रोत्साहित करने वाले कारक हैं।
- यदि उच्च जातियाँ अपनी परंपरागत जीवन शैली का त्याग करें अथवा निम्न जाति की जीवन शैली को अपनाने लगें, तो यह स्थिति असंस्कृतिकरण कहलाती है।
- यदि भारतीय सामाजिक संरचना का सूक्ष्म अवलोकन किया जाए, तो ऐसा प्रतीत होता है कि भारत में संस्कृतिकरण की अपेक्षा असंस्कृतिकरण की प्रक्रिया ही अधिक क्रियाशील है। **—डॉ. डी.एन. मजूमदार**
- पुनः संस्कृतिकरण एक ऐसी घटना है, जिसमें पहले से पश्चिमीकृत या आधुनिकीकृत समूह आधुनिकीकरण के बहुत से प्रतीकों, जैसे—वेशभूषा, भाषा, खानपान, जीवन शैली एवं राजनीतिक विचारों का त्याग करता है तथा परंपरात्मक सांस्कृतिक प्रतीकों एवं विश्वासों की ओर पुन: लौटता है।

संस्कृति की अवस्थाएँ

- सोरोकिन ने ऐतिहासिक तथ्यों को आधार बनाकर संस्कृति की तीन अवस्थाओं का प्रतिपादन किया है—विचारात्मक, इंद्रियात्मक तथा आदर्शात्मक। समाज इन्हीं के बीच घूमता रहता है। इसी आधार पर सोरोकिन ने सीमाओं का सिद्धांत, स्वाभाविक परिवर्तन का सिद्धांत तथा ध्रुवीकरण का सिद्धांत विश्लेषित किया।
- नृजाति केंद्रवाद की अवधारणा का सर्वप्रथम प्रयोग समनर ने किया था। यह संवेगात्मक मनोवृत्ति मानी गई है, जिसके अनुसार व्यक्ति अपने समूह, जाति, प्रजाति, समाज अथवा संस्कृति को अन्य प्रजातियों अथवा संस्कृतियों की अपेक्षा श्रेष्ठ मानता है तथा दूसरे के प्रति घृणा, द्वेष, संदेह, उदासीनता, अरुचि जैसे मनोभाव व्यक्त करता है।

आधुनिकीकरण

भारत में आधुनिकीकरण का सूत्रपात अंग्रेजों ने किया। श्रीनिवास की धारणा है कि पश्चिमीकरण एवं आधुनिकीकरण में अंतर है परंतु पश्चिम के संपर्क से

ही भारत में व्यक्तिवाद, युक्तिपूर्णता, सार्वभौमिकता, धर्मनिरपेक्षता एवं समानता के मूल्य कम या अधिक आरंभ हुए। आधुनिकता का अर्थ धर्म का समाप्त होना भी है। भारत में यह नहीं हुआ। सामाजिक एवं सांस्कृतिक जीवन में धर्म की जो भूमिका एवं वर्चस्व था वह जरूर बहुत कमजोर हो गया। अंग्रेजी राज में ही विज्ञान एवं प्रौद्योगिकी बढ़ा। आजादी के बाद ये और बढ़ गये। भारत में अर्थव्यवस्था, राजनीतिक व्यवस्था, संस्कृति में आधुनिकता का तत्व है। ये सभी आधुनिक नहीं हुए। भारत में आधुनिकता के आर्थिक एवं राजनीतिक आधार मजबूत नहीं हैं। इसलिये भारतीय आधुनिकता पनीला है, इसमें परंपरा गुंथी है।

धर्म

हिंदू धर्म

सतयुग में सत्य को धर्म माना गया, त्रेतायुग में यज्ञ को धर्म मानां गया, द्वापर युग में 'ज्ञान' को तथा कलियुग में 'दान' को उत्तम धर्म माना गया है। हिंदू दर्शन पाप, पुण्य, धर्म आदि आध्यात्मिक/धार्मिक विचारों में भी विश्वास रखता है।

हिंदू धर्म में अपवित्रता और पवित्रता के विचार भी बड़े महत्त्व के हैं। यद्यपि अपवित्रता एवं पवित्रता के नियम अलग-अलग क्षेत्रों में भिन्न-भिन्न हैं, लेकिन हर जगह जीवन का एक बड़ा भाग उनके अंतर्गत आता है। अपवित्रता का विचार सफाई से नहीं, जन्म से संबंधित है।

हिंदू धर्म में संस्तरण इन अर्थों में विद्यमान है—वर्ण एवं जाति में, व्यक्ति के करिश्माई लक्षणों या गुणों में, जैसे—'सत्व गुण', 'रजो गुण', 'तमो गुण' और जीवन लक्ष्य के मूल्यों में, जैसे—धर्म, अर्थ यानी धन, काम और मोक्ष।

हिंदू धर्म की सबसे विचारणीय सामान्य विशेषता मूर्तिपूजा में विश्वास है, मूर्ति में समरूपता नहीं। यह संप्रदाय के अनुसार भिन्न है। प्रत्येक संप्रदाय का अपना इष्टदेव होता है, जो अलग मंदिर में रखा जाता है और जिसकी विशेष अवसर पर पूजा की जाती है।

हिंदू दर्शन के अनुसार, जीवन चार अवस्थाओं या आश्रमों में विभाजित है—ब्रह्मचर्य, गृहस्थ, वानप्रस्थ एवं संन्यास। विभाजन की यह योजना धर्मशास्त्रीय अनुमोदन के आधार पर है। आदर्श रूप में यह 'द्विजों' (Twice born) अर्थात् ब्राह्मण, क्षत्रिय, वैश्यों में सभी पुरुषों के लिए थी। प्रत्येक अवस्था में निश्चित कर्तव्य और क्रियाकलाप निर्धारित हैं।

जीवन के चार उद्देश्य

हिंदू धर्म जीवन के चार उद्देश्य बताता है, जिन्हें व्यक्ति को अवश्य प्राप्त करना चाहिए। यदि जीवन का मुख्य लक्ष्य मोक्ष की प्राप्ति है तो इस धरती पर दीर्घायु की कामना उसकी तात्कालिक इच्छा होती है।

पुरुषार्थ के सिद्धांत में इन्हीं दो लक्ष्यों का सामंजस्य है।

भक्ति संप्रदायों का अभ्युदय

शंकराचार्य ने आठवीं-नौवीं, रामानुजाचार्य ने ग्यारहवीं-बारहवीं और माधवाचार्य ने तेरहवीं शताब्दी में एकेश्वरवाद के प्रचार के लिए देश के कोने-कोने में मठों की स्थापना की। रामानुज ने वैष्णव संप्रदाय की स्थापना की।

पंद्रहवीं और सोलहवीं शताब्दियों में भक्ति संप्रदायों का अभ्युदय हुआ, जिन्होंने हिंदू धर्म में कुछ नवीन मूल्य प्रचलित करने का प्रयत्न किया। तुकाराम और रामदास जैसे संतों ने हिंदू धर्म में समतावाद व गैर-संस्तरण मूल्य व्यवस्था पर बल दिया। उन्होंने हिंदू परंपराओं के उदारीकरण तथा इसलाम के साथ समन्वय का भी प्रयत्न किया।

इसलाम धर्म में सामूहिकता संस्तरण से अलग की जाती है।

सूफियों ने संसार की नश्वरता, वैरागी व्यक्तित्व, नैतिकता तथा आत्म-बलिदान संबंधी गुणों पर बल दिया। सूफी संतों और दर्शनशास्त्रियों द्वारा प्रचारित संस्कारहीनता और अमूर्त एकेश्ववाद संबंधी विचारों ने भी हिंदुओं को प्रभावित किया।

दयानंद सरस्वती, विवेकानंद और गांधीजी ने हिंदू धर्म के मूलभूत आदर्शों व सांस्कृतिक लक्ष्यों को अस्वीकार नहीं किया। ये सभी लोग वर्णाश्रम व्यवस्था, संस्तरण के सिद्धांत तथा कर्मयोग या विच्छिन्न सामाजिक क्रिया के पक्षधर थे। इन सभी ने जाति की संस्कार संबंधी अयोग्यताओं को हिंदू परंपरा की अज्ञानताओं पर आधारित माना तथा उन्हें अस्वीकार करने की सलाह दी।

जैन धर्म

जैन धर्म आत्मसंयम के द्वारा नैतिक गुणों की प्राप्ति कर आत्मा की मुक्ति का साधन बताता है, जबकि बौद्ध धर्म 'निर्वाण' के द्वारा आत्मा की मुक्ति की बात करता है।

जैन दर्शन

जैन धर्म के उद्भव के बारे में स्पष्ट जानकारी नहीं है। ऋग्वेद में 'ऋषभदेव' और 'अरिष्टनेमि' नामक दो तीर्थंकरों का वर्णन है। उनके सबसे महान् तीर्थंकर 'वर्धमान महावीर' के अतिरिक्त तेईस अन्य भी थे।

महावीर से ठीक पहले जो तीर्थंकर हुए, उनका नाम पार्श्वनाथ था। उन्होंने 83 दिनों की कठोर तपस्या के बाद सर्वोच्च ज्ञान की प्राप्ति की थी। वे वाराणसी के निवासी थे। वे एक क्षत्रिय राजकुमार थे, जिन्होंने राजसिंहासन छोड़कर संन्यास धारण किया था।

पार्श्वनाथ की चार मुख्य शिक्षाएं थीं—झूठ मत बोलो, चोरी न करो, कोई संपत्ति मत रखो, किसी को कष्ट मत दो।

महावीर ने पार्श्वनाथ की चार शिक्षाओं के साथ 'ब्रह्मचर्य' को जोड़ दिया। वास्तव में जैन धर्म की स्थापना पार्श्वनाथ (23वें) के आध्यात्मिक शिष्य 'वर्धमान महावीर' (पथ-प्रदर्शक) ने की। उन्हें 'जिन' (विजेता) भी कहा जाता था तथा इनके अनुयायी जैन कहलाए। 'जिन' शब्द का अर्थ है— 'जीतने वाला'।

जैन परंपरा के अनुसार, इस धर्म में कुल 24 तीर्थंकर हुए। इनमें पहले तीर्थंकर ऋषभदेव हैं, किंतु 23वें तीर्थंकर पार्श्वनाथ को छोड़कर पूर्ववर्ती तीर्थंकरों की ऐतिहासिकता संदिग्ध है।

जैन अनुश्रुतियों के अनुसार, पार्श्वनाथ को 100 वर्ष की आयु में 'सम्मेद' पर्वत पर निर्वाण प्राप्त हुआ।

महावीर स्वामी को जैन धर्म का संस्थापक माना जाता है तथा वे इस संप्रदाय के 24वें तीर्थंकर थे। उनका जन्म करीब 540 ई.पू. में, वैशाली के

निकट कुंडग्राम के ज्ञातृक कुल में हुआ था। उनके पिता 'सिद्धार्थ' ज्ञातृक कुल के प्रधान थे। उनकी माता लिच्छवी गणराज्य की राजकुमारी थी। उनका नाम यशोदा था। 30 वर्ष की अवस्था में माता-पिता के देहांत के बाद महावीर ने गृहत्याग दिया था।

12 साल की कठोर तपस्या के बाद उन्हें कैवल्य (ज्ञान) प्राप्त हुआ। इसी तपस्या के कारण उन्हें 'महावीर', 'जिन', 'अर्हत' आदि नामों से जाना जाने लगा।

जैन धर्म के अनुसार, यह संसार छह द्रव्यों से मिलकर बना है। ये छह द्रव्य हैं—जीव, पुद्गल (भौतिक तत्त्व), धर्म, अधर्म, आकाश और काल।

जैन धर्म में सल्लेखना से तात्पर्य है— 'उपवास द्वारा शरीर का त्याग'।

जैन धर्म दो समुदायों में विभक्त हो गया—(1) तेरापंथी (श्वेतांबर, जो सफेद कपड़े पहनते हैं), (2) समैय (दिगंबर, जो नग्न रहते हैं)।

भद्रबाहु एवं उनके अनुयायियों को दिगंबर कहा गया है। ये दक्षिणी जैनी कहे जाते थे।

महावीर ने अपने जीवनकाल में ही एक संघ की स्थापना की, जिसमें 11 प्रमुख अनुयायी सम्मिलित थे। ये गणधर कहलाए।

कर्म-फल से बचने के लिए महावीर ने त्रिरत्नों का सिद्धांत बतलाया। ये त्रिरत्न इस प्रकार हैं—सत्य विश्वास (सम्यक् श्रद्धा), सत्य, ज्ञान (सम्यक् ज्ञान) सत्य कर्म (सम्यक् आचार)।

स्याद्वाद (अनेकांतवाद) अथवा सप्तभंगीनय को ज्ञान की सापेक्षता का सिद्धांत कहा जाता है।

महावीर स्वामी के समय में ही 10 गणधरों की मृत्यु हो गई थी। सिर्फ एक सुधर्मण जीवित था। महावीर स्वामी का देहांत संभवतः ई.पू. 468 में दक्षिण बिहार में पावा नामक स्थान पर 72 वर्ष की आयु में हुआ।

महावीर ने वेदों एवं वैदिक कर्मकांडों को नकारते हुए लोगों को शुद्ध, सरल तथा संयमित जीवन जीवन जीने का उपदेश दिया। उनके अनुसार जीवन का मुख्य उद्देश्य कैवल्य (निर्वाण) का ज्ञान प्राप्त करना है।

महावीर ने सामाजिक समानता पर जोर दिया। उन्होंने जाति प्रथा को स्वीकार तो किया, लेकिन उसका आधार कर्म को बताया, न कि जन्म को। उनका मानना था कि मनुष्य अपने कर्मों से ही अच्छा या बुरा होता है, न कि अपने जन्म से।

जैनों ने ईश्वर के अस्तित्व को स्वीकार नहीं किया, सामान्यतया उन्होंने उसकी अवहेलना या उपेक्षा की।

महावीर 'कर्म-सिद्धांत और 'आत्मा' के पुनर्जन्म में विश्वास करते थे। उनका विश्वास था कि, पूर्व जन्म में अर्जित पुण्य या पाप के अनुसार ही किसी व्यक्ति का जन्म उच्च या निम्न कुल में होता है।

महावीर ने बताया है कि चांडालों में भी मानवीय गुण का होना संभव है। उनके अनुसार अपने अच्छे कर्मों द्वारा निम्न जाति में उत्पन्न व्यक्ति भी मोक्ष प्राप्त कर सकता है। जैन धर्म में सभी वस्तुओं में आत्मा की परिकल्पना की गई है।

महावीर ने मोक्ष या उच्चतम आध्यात्मिक अवस्था प्राप्त करने के लिए पवित्र, नैतिक और कल्याणकारी जीवन पद्धति, कठोर काया-क्लेश एवं प्रायश्चित्तों का प्रावधान किया।

जैन धर्म में तप पर अत्यधिक बल दिया गया है। आत्मा को घेरनेवाले भौतिक तत्त्व का दमन करने के लिए काया-क्लेश भी आवश्यक है। स्वयं महावीर स्वामी ने भी कठोर काया-क्लेश से ज्ञान प्राप्त किया था।

विश्व में दो तत्त्व होते हैं—जीव (चेतन) और आत्मा (अचेतन)। जीव कार्य करता है, अनुभव करता है तथा दुःख भोगता है एवं मर जाता है, परंतु आत्मा शाश्वत है। इसका जन्म एवं पुनर्जन्म होता है। जीव का अंतिम लक्ष्य पुनर्जन्म चक्र से छुटकारा पाना तथा निर्वाण की प्राप्ति करना है।

पांच प्रतिज्ञाएँ (पंज अणुव्रत)

जैन धर्म के त्रियरत्न के अनुशीलन में आचरण पर बड़ा बल दिया गया है। इस संबंध में पांच महाव्रतों के पालन का विधान है—(1) अहिंसा (2) सत्यवचन, (3) अस्तेय (चोरी न करना), (4) अपरिग्रह (धन का संचय न करना), (5) ब्रह्मचर्य। इनमें से पहले चार पूर्ववर्ती तीर्थंकर (पार्श्वनाथ) की देन थे, जबकि अंतिम को महावीर ने जोड़ा था। जैन भिक्षुओं द्वारा कठोरतापूर्वक इनका पालन करने के कारण वे महाव्रत कहलाते थे तथा गृहस्थ जीवन व्यतीत करने वाले जैनियों के लिए भी इन्हीं व्रतों की व्यवस्था है, किंतु इनकी कठोरता में पर्याप्त कमी आ गई थी, इसलिए उन्हें अणुव्रत कहा गया।

त्रिरत्न

जैन धर्म के त्रिरत्न हैं—सम्यक् ज्ञान, सम्यक् कर्म और सम्यक् ध्यान।

सिख धर्म

सिख धर्म का उदय पंद्रहवीं शताब्दी में हुआ। इस धर्म के संस्थापक गुरु नानकदेव तथा उनकी शिष्य परंपरा के नौ गुरुओं ने धर्म में कपट, आडंबर, मिथ्याचार के विरुद्ध उपदेश दिए। सिख धर्म के पांच धार्मिक चिह्न (ककार) हैं—केश, कंघा, कड़ा, कृपाण और कच्छा।

बौद्ध धर्म

छठी शताब्दी ई.पू. अत्यधिक धार्मिक उथल-पुथल का युग था। भारत में महावीर जैन व गौतम बुद्ध ने ब्राह्मणों के प्रभुत्व और क्रूरता का विरोध किया, वेदों तथा वैदिक कर्मकांडों का खंडन किया, यज्ञों की निंदा की तथा अहिंसा, अपरिग्रह व प्रेम के सिद्धांतों की शिक्षा दी। महावीर ने जैन धर्म की स्थापना की और गौतम बुद्ध ने बौद्ध धर्म को जन्म दिया। ये दोनों धर्म हिंदू धर्म के सुधरे हुए नवीन रूप हैं। इनके अतिरिक्त हमें भागवत, शैव तथा शाक्त धर्मों के विषय में जानकारी मिलती है।

बौद्ध दर्शन की तीन महत्त्वपूर्ण अवधारणाएं हैं—अनित्यता, अनात्मा, अनीश्वरवाद।

अनित्यता—बुद्ध के अनुसार, जीवन एक परिवर्तन प्रक्रिया में सतत् संलग्न है। कोई भी वस्तु हमेशा अपने उसी रूप में स्थिर नहीं रह सकती। सभी भौतिक वस्तुएं क्षणभंगुर होती हैं, सभी वस्तुएं नष्ट होनेवाली हैं। अतः इनसे स्नेह करना दुख का कारण है। इनको ठीक से समझे बिना निर्वाण की प्राप्ति संभव नहीं है।

अनात्मा—बुद्ध ने सभी लोगों को अनात्मवाद की शिक्षा दी। यह शिक्षा बौद्ध धर्म को विलक्षणता प्रदान करती है। महात्मा बुद्ध ने आत्मा के अमर होने की बात का खंडन किया। चूंकि विश्व की प्रत्येक वस्तु अनित्य है, इसलिए

नित्य आत्मा की परिकल्पना नहीं की जा सकती। बुद्ध ने इस बात का भी खंडन किया कि मृत्यु के बाद आत्मा दूसरा शरीर धारण कर लेती है, परंतु उन्होंने पुनर्जन्म की व्याख्या करने के लिए 'प्रतीत्यसमुत्पाद' (आश्रित उत्पत्ति) का सिद्धांत दिया। इसके अनुसार 'अविद्या' पुनर्जन्म तथा जन्म-मरण के चक्र का मूल कारण है। अविद्या का कारण संस्कार (कर्म की रचना) है। संस्कार का कारण विज्ञान (गर्भ में पुनर्जन्म संबंधी चेतना प्रारंभ होती है) है। विज्ञान का कारण नामरूप (मानसिक और शारीरिक अस्तित्व) है। नामरूप का कारण षडायतन (छह ज्ञानेंद्रियां) हैं। षडायतन का कारण स्पर्श (संवेदी) प्रभाव है। स्पर्श का कारण वेदना (भावना) है। वेदना का कारण तृष्णा (इच्छा) है। तृष्णा का कारण उपादान (प्रक्रिया) है। उपादान का कारण भाव (अस्तित्व प्रक्रिया) है। भाव का कारण जाति (पुनर्जन्म की इच्छा) है। पुनर्जन्म का कारण जन्म-मरण है। यह बौद्ध धर्म का अति महत्त्वपूर्ण सिद्धांत है जिसका उपदेश स्वयं बुद्ध ने दिया था।

अनीश्वरवाद—बौद्ध धर्म मूलतः अनीश्वरवादी है और बुद्ध को अज्ञेयवादी कहा जाता है। उन्होंने ईश्वर के अस्तित्व को स्वीकार या अस्वीकार नहीं किया। बुद्ध ने ईश्वर के स्थान पर मानव-प्रतिष्ठा पर ही बल दिया। ईश्वर कौन है ? आत्मा क्या है ? आत्मा की प्रकृति कैसी है ? आदि प्रश्नों का उत्तर बुद्ध ने मौन रहकर दिया।

महात्मा बुद्ध का भी जैन धर्म की तरह कर्म तथा आवागमन के सिद्धांत पर पूर्ण विश्वास था। उनका मत था कि मनुष्य अपने भाग्य का स्वयं निर्माता है, वह जैसा कर्म करेगा, वैसे फल उसे भोगना ही है। व्यक्ति अपने कर्म फल के कारण ही बार-बार जन्म लेता है। यही कर्म सिद्धांत है। बुरे कर्मों का नाश करने से ही जीवन-मरण के चक्र से मुक्ति मिल सकती है और यही मोक्ष है।

बौद्ध धर्म के अनुसार जीवन का अंतिम सत्य एवं परम लक्ष्य 'निर्वाण' प्राप्त करना है। निर्वाण का शाब्दिक अर्थ 'दीपक का बुझ जाना' अर्थात् अपनी सभी तृष्णाओं और वेदनाओं का अंत करना है।

इसलाम दर्शन

इसलाम दर्शन के अंतर्गत ज्ञान प्राप्ति पर बल दिया गया है। यह ज्ञान 'कुरान' में उल्लिखित है, जिसे पढ़ने, सीखने, अपनाने और व्यवहार में प्रयोग करने का समन्वित नाम ही शिक्षा है। इसी शिक्षा द्वारा मनुष्य के भौतिक और आध्यात्मिक पक्षों के विकास को महत्त्व दिया जाता है।

इसलामी दर्शन में ज्ञान के अतिरिक्त शिक्षा के अन्य उद्देश्य भी हैं, जैसे—सामाजिक विकास, आर्थिक विकास, नैतिक विकास, सांस्कृतिक विकास आदि।

इसलामी शिक्षा के पाठ्यक्रम में विभिन्न सामान्य विषयों के साथ-साथ 'नमाज', 'रोजा', 'जकात', 'हज' आदि की क्रियाएं भी सम्मिलित हैं।

एक तरह से इसलामी शिक्षा को दैनिक क्रियाकलापों से जोड़ा गया है।

इसलामी शिक्षा पद्धतियों में मुख्यतः निम्नलिखित विधियां अपनाई जाती रही हैं—तर्क विधि, व्याख्यान विधि, उपदेश विधि, स्वाध्याय विधि, अनुकरण विधि आदि।

इसलामी शिक्षा के अंतर्गत शिक्षक का महत्त्वपूर्ण स्थान होता है। उसका कर्तव्य है— लोगों को कुफ्र के अंधेरे से निकालकर ईमान के उजाले में लाना।

ईसाई धर्म

यह (मसीही या क्रिस्चन) एक इब्राहीमी धर्म है जो प्राचीन यहूदी परंपरा से निकला है। अन्य इब्राहीमी धर्मों के समान यह भी एक एकेश्वरवादी धर्म है। ईसाई परंपरा के अनुसार इसकी शुरूआत प्रथम सदी ई. में फिलीस्तीन में हुई, जिसके अनुयायी 'ईसाई' कहलाते हैं। यह धर्म यीशु मसीह की शिक्षाओं पर आधारित है। ईसाइयों में मुख्ययतः तीन समुदाय हैं, कैथोलिक, प्रोटेस्टेंट और ऑर्थोडॉक्स तथा इनका धर्मग्रंथ बाइबिल है। ईसाइयों के धार्मिक स्थल को चर्च कहते हैं। विश्व में सर्वाधिक लोग ईसाई धर्म को मानते हैं।

ईसाई धर्म के अनुसार मूर्तिपूजा, हत्या, व्यभिचार व किसी को भी व्यर्थ आघात पहुंचाना पाप है। चौथी सदी तक यह धर्म किसी क्रांति की तरह फैला, किन्तु इसके बाद ईसाई धर्म में अत्यधिक कर्मकांडों की प्रधानता तथा धर्मसत्ता ने दुनिया को अंधकार युग में धकेल दिया था। फलस्वरूप पुनर्जागरण के बाद से इसमें रीति-रिवाज़ों के बजाय आत्मिक परिवर्तन पर अधिक जोर दिया जाता है।

भारतीय समाज में धर्म की सकारात्मक भूमिका

आर्थिक विकास में सहायक - धार्मिक प्रभाव के कारण समाज की अर्थव्यवस्था में भी परिवर्तन होता है, मैक्स वेबर ने इस बात को स्पष्ट किया है कि प्रोटेस्टेंट धर्म में पूंजीवाद का विकास किया।

सामाजिक संगठन का आधार - सामाजिक संगठन का उत्तरदायित्व तभी पूर्ण होगा जब समाज के सदस्य सामाजिक संगठन द्वारा बनाए गए सामाजिक मूल्यों एवं आदर्शों का पालन करें। इसके साथ ही समाज क सदस्य अपने कर्तव्य का पालन भी करें। धर्म का योगदान इन सभी परिस्थितियों को उत्पन्न करने में रहा है।

सामाजिक नियंत्रण का प्रभावपूर्ण साधन- आदिम समाजों में जब राज्य कानून आदि औपचारिक व्यवस्थाएं नहीं थी तब धर्म ही अपने सदस्यों के तौर-तरीके पर अंकुश लगाकर समाज में अपना नियंत्रण स्थापित किए रहता था। आज मनुष्य राज्य के कानून को तो तोड़ सकता है किंतु धार्मिक नियमों की अवहेलना कर ईश्वरी दंड का भागी नहीं बनना चाहता है।

व्यक्तित्व के विकास में सहायक - धर्म समाज तथा व्यक्ति दोनों को संगठित करता है तथा व्यक्ति के व्यक्तित्व में सहायक होता है।

भावनात्मक सुरक्षा - धर्म में मानव अपनी परिस्थितियों के चारों ओर से घिरा रहता है। व्यक्ति विज्ञान सिद्धांतों का पालन करके जीवित नहीं रह सकता क्योंकि मनुष्य के जीवन के लिए अनुभव शील तथा व्यवहारिक दोनों बातों का महत्व होता है। इन बातों का समावेश धर्म में ही होता है।

सामाजिक नियमों एवं नैतिकता की पुष्टि - प्रत्येक समाज में कुछ सामाजिक नियम होते हैं जो होते तो अलिखित है। परंतु समाज के दृष्टिकोण से अति महत्वपूर्ण होते हैं और इन नियमों का पालन करना मनुष्य का कर्तव्य होता है। अनेक सामाजिक नियमों को धार्मिक भावनाओं से जोड़ दिया जाता है। जिसके परिणामस्वरूप इन नियमों का महत्व और बढ़ जाता है।

सामाजिक परिवर्तन का नियंत्रण - औद्योगिकरण तथा नगरीकरण के कारण आधुनिक समाज में तेजी से परिवर्तन हो रहा है। समाज के लिए परिवर्तन लाभदायक तथा हानिकारक दोनों हो सकते हैं। लेकिन समस्या इस बात की है

कि परिवर्तन होने के कारण मानव अपने आप को परिवर्तित नहीं कर पाता है। जबकि समाज में विघटन की स्थिति उत्पन्न होती है ऐसे समय में धर्म परिवर्तन को प्रोत्साहित करता है तथा मनुष्य में आत्मबल पैदा करता है कि ईश्वर जो कुछ करता है वहां अच्छा करता है।

कर्तव्य का निर्धारण - धर्म केवल अलौकिक शक्ति में ही विश्वास नहीं करता बल्कि नैतिक कर्तव्य तथा उनका पालन करना भी सुनिश्चित करता है। जैसा कि गीता में कहा गया है "कर्म करो फल की चिंता मत करो"।

सद्गुणों का विकास - यद्यपि समाज में सभी वर्गों के लोग मंदिरों तथा तीर्थ स्थलों में नहीं जाते। फिर भी धर्म का प्रभाव समाज के सदस्यों पर किसी न किसी रूप में अवश्य दिखाई पड़ता है। न जाने कितने व्यक्तियों का व्यक्तित्व तथा चरित्र धार्मिक आस्थाओं के कारण ही परिवर्तित हो जाता है। अत: धर्म मनुष्य के नैतिक तथा आध्यात्मिक दोनों ही जीवन में समाहित है।

मनोरंजन प्रदान करता है - यदि धर्म मानव को केवल धर्म ही करने पर बल दे, तो मनुष्य एक मशीन की तरह हो जाएगा तथा उसमें स्थिरता आ जाएगी। विभिन्न उत्सवों और त्यौहारों तथा विभिन्न अवसरों पर धर्म मानव को मनोरंजन प्रदान करता है। इन्हीं अवसरों के माध्यम से मानव का मानव से संपर्क हो पाता है। भावनात्मक एकता बढ़ती है तथा सहयोग की भावना का विकास होता है।

सामाजिक एकता में सहायक - धर्म समाज में एकता की भावना पैदा करता है। समाज के कल्याण को स्थान देकर समाज के एकीकरण में बढ़ोतरी करता है तथा साथ ही सामाजिक मूल्य के महत्व को भी स्पष्ट करता है। दुखीराम का मानना है जो लोग धर्म में विश्वास करते हैं उन सभी लोगों को धर्म एकता के एक सूत्र में पिरोता है।

पवित्रता की भावना को जन्म देता है - धर्म मानव को दो भागों में बाँटता है - साधारण तथा पवित्र धर्म ही व्यक्तियों को अपवित्र कार्यों से दूर रखकर पवित्र कार्यों की ओर प्रेरित करता है। क्योंकि पवित्र जीवन यापन करना ही धार्मिक जीवन का एक अहम पहलू है।

भारतीय समाज में धर्म की नकारात्मक भूमिका

तनाव, भेदभाव एवं संघर्ष के लिए उत्तरदाई - विभिन्न धर्मों के मानने वाले अपने-अपने धर्म को श्रेष्ठ समझते हैं तथा एक दूसरे के धर्म को तुच्छ समझते हैं तथा आपस में लड़ते रहते है।

विज्ञान विरोधी - धर्म अलौकिक शक्ति पर विश्वास करता है जबकि विज्ञान निरीक्षण एवं प्रयोग पर। धर्म हमको विज्ञान से दूर ले जाता है। जबकि विज्ञान आविष्कारों के तर्क के आधार पर धार्मिक विचारधाराओं को गलत ठहराता है।

धर्म समाज के लिए अफीम है - मार्क्स के मतानुसार ईश्वर पाप पुण्य स्वर्ग-नरक कर्म फल एवं पुनर्जन्म आदि धारणाएं लोगों को सांसारिक कष्टों के प्रति निष्क्रिय बना देती हैं। धार्मिक व्यक्ति ईश्वर की इच्छा समझकर सभी कष्टों को स्वीकार कर लेता है।

धर्म सामाजिक प्रगति में बाधक - धर्म आज तक अपने अनुयायियों को हजारों साल पुरानी मान्यताओं, कर्मकांड, विधि विधानों को मनवाता रहा है तथा धर्म नई विचारधाराओं तथा सिद्धांतों का भी विरोधी है। अत: धर्म व्यक्ति को आगे की ओर नहीं बल्कि पीछे की ओर ही धकेलता है।

सामाजिक समस्याओं में वद्धि - सरकार ने बाल विवाह दहेज प्रथा आदि समस्याओं के निराकरण के लिए कानून बनाए हैं। फिर भी अंधविश्वासी लोग सरकारी कानूनों की अवहेलना करना ही उचित समझते हैं।

समय के साथ परिवर्तन में अक्षम - धर्म, समाज में जिस तरह से परिवर्तित हो रहा है उसके अनुसार धर्म बदलती परिस्थितियों के साथ कदम से कदम मिलाकर चलने में असमर्थ है। इसीलिए धर्म हमारे जीवन में दीर्घकाल तक स्थिर नहीं रह पाता है।

अकर्मण्यता को जन्म देता है - धर्म से व्यक्ति अकर्मण्य भी बन जाता है। बिना परिश्रम के पंडे पुजारी ईश्वर के नाम पर अपना भरण-पोषण करते हैं। इस प्रकार के विचारों से मनुष्य कर्तव्यपरायण नहीं हो पाता है तथा वह निष्क्रिय हो जाता है। कुछ व्यक्ति धार्मिक क्रियाकलापों के माध्यम से ही बिना कार्य किए धन की प्राप्ति में लिप्त रहते हैं।

भारतीय समाज पर पाश्चात्य प्रभाव

धार्मिक जीवन में परिवर्तन- पश्चिमीकरण के प्रभाव से भारत में 19वीं शताब्दी में एक व्यापक समाज सुधार आरम्भ हुआ। पश्चिमी संस्कृति के मानवतावाद और सामाजिक समानता से प्रभावित होकर यहाँ आर्य समाज, ब्रह्म समाज और रामकृष्ण मिशन जैसी सुधार संस्थाओं की स्थापना हुई। पश्चिमी जीवन के अनुसार ही यहाँ. भूत-प्रेत, शकुन-अपशकुन, भाग्य सम्बन्धी विचारों, बेकार के कर्मकाण्डों तथा धार्मिक विश्वासों पर आधारित अस्पृश्यता, सती प्रथा, बाल-विवाह और देव-दासी प्रथा जैसी कुरीतियों का विरोध बढ़ने लगा। मानव सेवा को ईश्वर की सच्ची सेवा के रूप में देखा जाने लगा है ।

सांस्कृतिक व्यवहारों में परिवर्तन- पश्चिमीकरण के प्रभाव से हमारे खान-पान, वेशभूषा, व्यवहार के तरीकों तथा उत्सवों के आयोजनों में व्यापक परिवर्तन हुआ है। परम्परागत उत्सवों की जगह अब ऐसी पार्टियों को अधिक महत्व दिया जाता है जिनमें धर्म पर आधारित किसी तरह के आडम्बर का समावेश नहीं होता।

शिक्षा-प्रणाली में परिवर्तन- स्वतन्त्रता के बाद परम्परागत शिक्षा व्यवस्था की जगह वैज्ञानिक और व्यावसायिक शिक्षा को अधिक महत्व दिया जाने लगा। इसके फलस्वरूप नई पीढ़ी की मनोवृत्तियों और विचारों में परिवर्तन हो जाने से मनुस्मृति में दिये गये धर्म और संस्कृति सम्बन्धी व्यवहारों का विरोध बढ़ने लगा।

विवाह संस्था में परिवर्तन- पश्चिमी संस्कृति के प्रभाव से समाज में विलम्ब विवाह का प्रचलन बढ़ा, बहुपत्नी विवाह का विरोध बढ़ने के कारण इसे कानून के द्वारा समाप्त कर दिया गया, सभ्रान्त परिवारों में दहेज की प्रथा समाप्त हो गई, अन्तर्जातीय विवाहों में वृद्धि होने लगी, बहिर्विवाह और कुलीन विवाह के नियम कमजोर पड़ गये तथा स्त्री को किसी भी तरह के उत्पीडन की दशा में अपने पति से विवाह-विच्छेद कर लेने का अधिकार मिल गया।

लोक संस्कृति

लोक संस्कृति का निर्माण दो शब्दों से मिल कर हुआ है- लोक और संस्कृति। लोक का अर्थ ऐसे लोगो से है जो प्राय: असभ्य और अशिक्षित है। संस्कृति का अर्थ सीखा गया वह व्यवहार है, जो पीढ़ी दर पीढ़ी हस्तांतरित होता है।

लोक संस्कृति का वास्तविक अर्थ उस संस्कृति से है जो ग्रामीण और

विशेषकर कृषक समाज से उदय होती है और उसी समाज में विकसित होती है। ग्रामीण लोक संस्कृति को परिभाषित करते हुए जॉर्ज फोस्टर ने बताया है कि लोक संस्कृति को जीवन की एक सामान्य जीवन यापन की विधि के रूप में देखा जा सकता है जो एक क्षेत्र विशेष के रूप में बहुत से गाँवों, कस्बों तथा नगरों के कुछ लोगों या सभी लोगों की विशेषता के रूप में होती है और एक लोक समाज उन व्यक्तियों के एक संगठित समूह के रूप में है जिसकी एक अपनी पृथक लोक संस्कृति होती है।

भारत में अमूर्त सांस्कृतिक विरासत

भारत की अमूर्त सांस्कृतिक विरासत इसकी 5000 वर्ष पुरानी सांस्कृति एवं सभ्यता से आरंभ होती है। डा. ए. एल. बाशम ने अपने लेख "भारत का सांस्कृतिक इतिहास" में यह उल्लेख किया है कि जबकि सभ्यता के चार मुख्य उद्‌गम केंद्र पूर्व से पश्चिम की ओर बढ़ने पर, चीन, भारत, फर्टाइल क्रीसेंट तथा भूमध्य सागरीय प्रदेश, विशेषकर यूनान और रोम हैं, भारत को इसका सर्वाधिक श्रेय जाता है क्योंकि इसने एशिया महादेश के अधिकांश प्रदेशों के सांस्कृतिक जीवन पर अपना गहरा प्रभाव डाला है। इसने प्रत्यक्ष और अप्रत्यक्ष रूप से विश्व के अन्य भागों पर भी अपनी संस्कृति की गहरी छाप छोड़ी है।

भारतीय सभ्यता हमेशा से ही स्थिर न होकर विकासोन्मुख एवं गत्यात्मक रही है। भारत में स्थल और समुद्र के रास्ते व्यापारी और उपनिवेशी आए। प्राचीन समय से ही भारत कभी भी विश्व से अलग-थलग नहीं रहा। इसके परिणामस्वरूप, भारत में विविध संस्कृति वाली सभ्यता विकसित हुई, जो प्राचीन भारत से आधुनिक भारत तक की अमूर्त कला और सांस्कृतिक परंपराओं से सहज ही परिलक्षित होता है, चाहे वह गंधर्व कला विद्यालय का बौद्ध नृत्य, जो यूनानियों के द्वारा प्रभावित हुआ था, हो या उत्तरी एवं दक्षिणी भारत के मंदिरों में विद्यमान अमूर्त सांस्कृतिक विरासत हो।

इसमें कोई आश्चर्य की बात नहीं कि भारतीय संस्कृति की विविधताओं से आकर्षित होकर अनेक लेखकों ने इसके विभिन्न पक्षों एवं अवधारणाओं का बखूबी वर्णन किया है। इन लेखों में भारतीय संस्कृति की जटिल तथा प्रायः विरोधी वर्णन पढ़ने को मिलते हैं। इसकी सर्वोत्तम व्याख्या अर्थशास्त्र में नोबल पुरस्कार विजेता डॉ. अमर्त्य सेन के लेखों में मिलती है। उनके अनुसार, आधुनिक भारतीय संस्कृति इसकी ऐतिहासिक परंपराओं का जटिल सम्मिश्रण है- जिस पर शताब्दियों से शासन करने वाले औपनिवेशिक शासन तथा वर्तमान पश्चिमी सभ्यता का व्यापक प्रभाव पड़ा है। पश्चिमी लेखकों ने प्रायः महत्वपूर्ण तरीके से भारतीय संस्कृति एवं परंपराओं और इसकी विविधताओं के महत्व को नकारा है। भारत कभी भी एक समरूप सभ्यता वाला राष्ट्र नहीं रहा है और न ही हो सकता है। इसका सर्वोत्तम उदाहरण इसकी अमूर्त विरासत है। भारत विविधता में एकता के अखंडित स्वरूप वाले सबसे बड़े प्रजातंत्र का प्रतिनिधित्व करता है, शायद विश्व में यह सर्वत्र अनुपम है। परिवर्तनशील अधिवासों तथा राजनीतिक सत्ता के इतिहास के बावजूद भारत की वर्तमान सांस्कृतिक विरासत के स्वरूप का निर्धारण सैकड़ों अनुकूलनों, मनोरंजनों तथा सह-अस्तित्व के आधार पर निर्धारित हुआ है ।

भारतीय संस्कृति और पर्यावरण संरक्षण

प्राचीन काल से ही भारत में प्रकृति के साथ संतुलन करके चलने का महत्वपूर्ण संस्कार है। प्राचीन काल से ही पेड़ों, नदियों, तालाबों, पहाड़ों, गुफाओं, कन्दराओं, घाटियों के किनारे बैठकर हमारे ऋषियों, तपस्वियों, चिन्तकों, साधु-सन्तों ने ज्ञान अर्जन किया और धार्मिक ग्रन्थों की रचना की तथा देश-विदेशों में भ्रमण करके भारतीय चिन्तकों ने अपनी सभ्यता तथा संस्कृति से विश्व जनसमुदाय को अवगत कराया।

भारतीय संस्कृति पर्यावरण-संरक्षण में महत्त्वपूर्ण तथा सकारात्मक भूमिका रखती है। इसमें मानव तथा प्रकृति के बीच अटूट रिश्ता कायम किया गया है। जो पूर्णतः वैज्ञानिक तथा संतुलित है। हमारे शास्त्रों में पेड़-पौधों, पुष्प, पहाड़, झरने, पशु-पक्षी, जंगली जानवर, नदियाँ, सरोवर, वन, मिट्‌टी, घाटियाँ यहाँ तक कि पत्थर भी पूज्य हैं और उनके प्रति स्नेह तथा सम्मान की बात बतलाई गई है। बुद्धिजीवियों का यह चिन्तन पर्यावरण को प्रदूषण से मुक्त रखने के लिये सार्थक तथा संरक्षण के लिये बहुमूल्य है।

OOO

4

ग्राम विकास शोध

सामाजिक अनुसंधान

किसी भी विषय क्षेत्र के लिए अनुसंधान महत्वपूर्ण है। इसकी सहायता से अस्पष्ट विषयों में स्पष्टता आती है तथा तथ्यात्मक व तार्किक ज्ञान में वृद्धि होती है। शोध व अनुसंधान का क्षेत्र काफी व्यापक है। तकनीकी विषयों के साथ-साथ मानविकी विषयों में भी अनुसंधान के कार्य सफलतापूर्वक किए जाते हैं। सामाजिक अनुसंधान की सहायता से सामाजिक जीवन की क्रिया-प्रक्रियाओं, जीवन-व्यवहारों तथा क्रियाकलापों आदि की जाँच की जाती है, ताकि वस्तुनिष्ठ निष्कर्ष को प्राप्त किया जा सके। **पी.वी. यंग** नामक समाजशास्त्री द्वारा सामाजिक अनुसंधान की परिभाषा निम्नवत् दी गई है–

'सामाजिक अनुसंधान के अंतर्गत नए तथ्यों की खोज, पुराने तथ्यों का सत्यापन, उनकी क्रमबद्धताओं तथा अन्तर्सम्बन्धों, कार्य-कारण व्याख्याओं तथा उन्हें नियंत्रित करने वाले स्वाभाविक नियमित खोज के रूप में कर सकते हैं।"

सामाजिक विज्ञान के क्षेत्र में मानव का अत्यंत महत्व है और सामाजिक अनुसंधान इसी मानव के सामाजिक पक्षों को लेकर क्रियाकलाप को प्रतिपादित करता है। इस अनुसंधान की दो मुख्य विशेषताएँ, इसका सामाजिक होना तथा अनुभवजन्य होना चाहिए। सामाजिक ग्रामीण अनुसंधान, सामाजिक अनुसंधान का ही एक रूप है। इस अनुसंधान के तहत ग्रामीण क्षेत्र में मानवीय संबंधों, आर्थिक क्रियाकलापों, सामाजिक घटनाओं आदि का अध्ययन किया जाता है।

अनुसंधान की विशेषताएँ

- सामाजिक ग्रामीण अनुसंधान की प्रणाली वैज्ञानिक होती है। इनमें तथ्यों का संकलन, परीक्षण, निरीक्षण, वर्गीकरण, सामान्यीकरण आदि की प्रक्रिया अपनाई जाती है। इस अनुसंधान के तहत निष्कर्षों की पुष्टि अनुसंधान के बाद प्राप्त तथ्यों के आधार पर की जाती है।
- सामाजिक ग्रामीण अनुसंधान में ऐसे विषयों का चयन किया जाता है जो ग्रामीण क्रियाकलापों से संबंधित हों, जिसके कारण परिणाम आदि पर विशेष ध्यान देते हुए अनुसंधान कार्य को पूर्ण किया जाता है।
- अनुसंधान कार्यों का मुख्य उद्देश्य तथ्यों का सत्यापन करना है, साथ ही नए तथ्यों की खोज करना है। तथ्यों के सत्यापन की प्रक्रिया में करण-कारण पर विशेष बल दिया जाता है, साथ हीं सामाजिक गतिशीलता के कारण नित आ रहे परिवर्तनों का परीक्षण किया जाता है।
- सामाजिक अनुसंधान के अंतर्गत शुद्ध अनुसंधान व व्यावहारिक अनुसंधान पर बल दिया जाता है। शुद्ध अनुसंधान के अंतर्गत ज्ञान प्राप्ति व किसी सिद्धांत के प्रतिपादन पर विशेष बल दिया जाता है, वहीं, व्यावहारिक अनुसंधान की प्रक्रिया के अंतर्गत निदानात्मक लक्ष्य रखा जाता है।
- सामाजिक अनुसंधान की प्रयोगात्मक पद्धति के आधार पर हम सामाजिक घटनाओं को नियंत्रित करने का प्रयास करते हैं। इस नियंत्रित स्थिति का निरीक्षण-परीक्षण कर अनुसंधानकर्ता एक तथ्यात्मक निष्कर्ष पर पहुँचने का प्रयास करते हैं।
- सामाजिक अनुसंधान का क्षेत्र काफी व्यापक होता है। इसके अंतर्गत मानव जीवन की सम्पूर्ण सामाजिक प्रक्रियाओं को शामिल किया जाता है। इसमें सामाजिक समस्याओं को भी शामिल किया जाता है।

सामाजिक अनुसंधान की क्रियाविधि

अनुसंधान की रूपरेखा

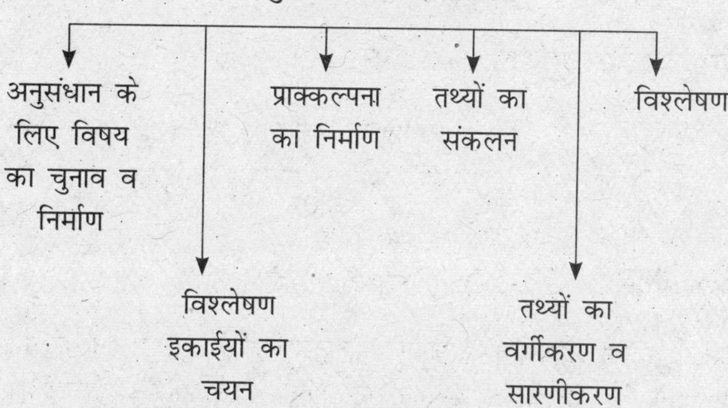

अनुसंधान के लिए विषय का चुनाव व निर्माण

अनुसंधान की शुरूआत विषय के चुनाव से या निर्माण से आरम्भ होती है। यह विषय आनुभाविक व सामाजिक, दोनों हो सकता है। अनुसंधान के विषय ढांचे के निर्माण में व्यापक मानदंडों को शामिल किया जाता

है। इनमें राजनीति, धर्म, शिक्षा, परिवार आदि का चयन किया जाता है। वर्तमान संदर्भ में सामाजिक समस्या जैसे विषय अनुसंधानकर्ता को आकर्षित करते हैं क्योंकि यह मानव दशा की बुनियादी समस्याओं के साथ जुड़ा रहता है। भारतीय सन्दर्भ में वंचित वर्ग का मुद्दा काफी महत्वपूर्ण है ताकि सामाजिक उन्नयन के लक्ष्य को प्राप्त किया जा सके।

- **विश्लेषण इकाइयों का चयन–** चयनित विषय व घटनाओं के विश्लेषण को 'इकाई' कहा जाता है। समस्या विशेष या अनुसंधान हेतु कोई क्षेत्र का निर्धारण 'इकाई' कहलाता है। उदाहरणस्वरूप, यदि हम किसी ग्राम में समस्या के तौर पर जातिवाद को अध्ययन के तौर पर चयनित करते हैं तो यह अनुसंधानकर्ता के लिए एक इकाई होगी।
- **प्राक्कल्पना का निर्माण–** सामाजिक अनुसंधान के प्रमुख उद्देश्य के तौर पर प्राक्कल्पना का निर्माण शोधकर्ता अपने सामान्य ज्ञान, अनुभव व पूर्व सर्वेक्षण के आधार पर करता है। प्राक्कल्पना का निर्माण कर अनुसंधानकर्ता उसकी सत्यता के परीक्षण का प्रयास करता है। इस प्रकार प्राक्कल्पना, अनुसंधान का एक महत्वपूर्ण भाग बन जाती है।
- **तथ्यों का संकलन–** किसी भी अनुसंधान को करने से पूर्व अनुसंधानकर्ता तटस्थता हेतु तथ्यों का संकलन करता है। तथ्यों के संकलन के समय अनुसंधानकर्ता को यह विशेष बात ध्यान रखनी होती है कि उसमें किसी भी प्रकार का पक्षपात दृष्टिकोण को विकसित न करें, ऐसा न करने से इसकी संभावना प्रबल हो जाती है कि निष्कर्ष किसी विशेष तथ्य के निकट हो सकता है।
- **तथ्यों का वर्गीकरण व सारणीकरण–** अनुसंधानकर्ता द्वारा तथ्यों का संकलन किया जाता है तथा उसके बाद अनुसंधान के मांग की अनुसार वर्गीकरण का कार्य किया जाता है ताकि विभिन्न पक्षों का आकलन तार्किक तरीके से करके उचित निष्कर्ष पर पहुँचा जा सके।
- **विश्लेषण–** अनुसंधान की सम्पूर्ण क्रिया सम्पन्न करने के बाद अनुसंधानकर्ता प्राप्त निष्कर्षों का विश्लेषण करता है। विश्लेषण के माध्यम से अनुसंधानकर्ता अपने प्राक्कल्पना की वैधता की पुष्टि करता है। साथ ही, प्राक्कल्पना की तार्किकता को निष्कर्ष के विश्लेषण के माध्यम से सहसंबंधित करता है।

सामाजिक अनुसंधान के प्रकार

अनुसंधान के प्रकार

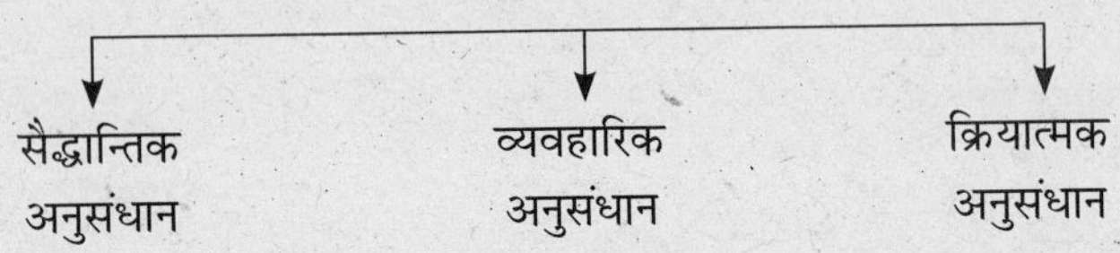

- **सैद्धांतिक अनुसंधान–** 'सैद्धांतिक अनुसंधान' ऐसे अनुसंधान को कहा जाता है, जिसका लक्ष्य ज्ञान की प्राप्ति करना होता है। इसमें ज्ञान का विस्तार करना भी, अनुसंधान का लक्ष्य माना जाता है। सैद्धांतिक अनुसंधान के माध्यम से शैक्षणिक महत्व वाले क्षेत्रों में अनुसंधानात्मक कार्य किए जाते हैं। नवीन सिद्धांतों की स्थापना करना, खोज करना, प्राक्कल्पना का परीक्षण करना तथा तथ्यों का सत्यापन करना आदि इसके प्रमुख लक्ष्य हैं।
- **व्यवहारिक अनुसंधान–** व्यवहारिक अनुसंधान सैद्धांतिक अनुसंधान के विपरीत होता है। इसमें सामाजिक जीवन के व्यवहारिक पक्षों का चयन किया जाता है, उदाहरणस्वरूप-गरीबी, बेरोजगारी, जाति व्यवस्था आदि। व्यवहारिक अनुसंधान में सामाजिक जीवन को प्रभावित करने वाले बाह्य व आतंरिक पक्षों को शामिल किया जा सकता है। आतंरिक पक्षों में जहाँ सामाजिक ताना-बाना होता है वहीं बाह्य पक्ष में प्रदूषण, स्वास्थ्य, उद्योग आदि विषयों को लेकर अनुसंधान कार्य किया जाता है। इस अनुसंधान के माध्यम से हम सामाजिक समस्याओं के निराकरण पर विशेष बल देते है। व्यवहारिक अनुसंधान प्रक्रिया से हम ग्रामीण समाज व शहरी समाज आदि में व्याप्त कुरीतियों का तार्किक व सैद्धांतिक तरीके से निराकरण प्रस्तुत कर सकते हैं।
- **क्रियात्मक अनुसंधान–** क्रियात्मक अनुसंधान का लक्ष्य समाज में प्रत्यक्ष रूप से व्याप्त बुराइयों का अनुसंधान के माध्यम से प्राप्त परिणामों की सहायता से उन्मूलन करना है। इस अनुसंधान का मुख्य लक्ष्य विद्यमान में व्याप्त परिस्थितियों में परिवर्तन लाना है। क्रियात्मक अनुसंधान की प्रक्रिया कई चरणों में सम्पन्न होती है, जैसे-समस्या का चुनाव, विश्लेषण, प्राक्कल्पना का निर्माण, समस्या निराकरण, क्रियात्मक मूल्यांकन आदि। विभिन्न समाजविज्ञानियों व अनुसंधानकर्ताओं द्वारा इसे कुछ और रूपरेखा के प्रकारों में बाँटा गया है–

सामाजिक अनुसंधान की रूपरेखा के प्रकार

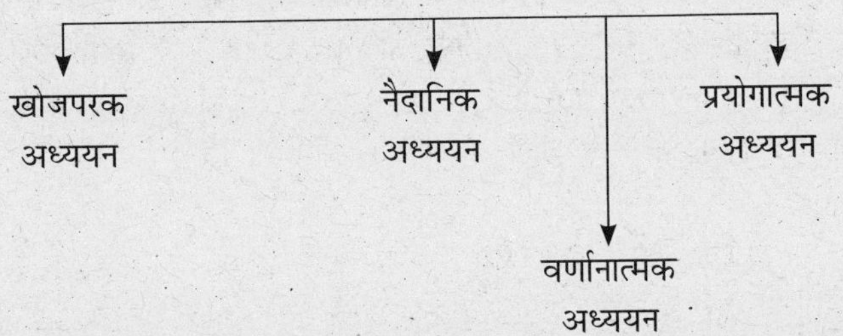

- **खोजपरक अध्ययन–** खोजपरक अध्ययन को प्राथमिकता तब प्रदान की जाती है जब उपर्युक्त विषय में अनुसंधानकर्ता को कम जानकारी प्राप्त होती हो। इस तरह के अध्ययन में तथ्यों को एकत्रित किया जाता है। इन तथ्यों की सहायता से ठोस परिकल्पना का निर्माण कर अनुसंधान कार्य को बढ़ावा दिया जाता है। खोजपरक अनुसंधान में अनुसंधानकर्ता मार्गदर्शी सिद्धांत का अनुसरण करता है। इस प्रकार के अनुसंधान की प्रक्रिया काफी लचीली होती है। वस्तुतः खोजपरक अनुसंधान, अनुसंधान प्रक्रिया का प्रारम्भिक चरण होता है।
- **नैदानिक अध्ययन–** नैदानिक अध्ययन वैसी घटनाओं व क्रियाओं की जाँच करने के लिए किया जाता है, जिसकी बारंबारता ज्यादा होती है। नैदानिक अनुसंधान में सामाजिक समस्याओं के बारे में जानकारी का पूर्व अनुमान लगाया जाता है। पूर्वाग्रहों से इतर समस्या के समाधान पर इसका ज्यादा जोर होता है। नैदानिक अध्ययन का दायरा बड़ा होता है तथा इसमें समुदाय, वर्ग या किसी सामाजिक परिघटना आदि को शामिल किया जाता है।

- **वर्णनात्मक अध्ययन–** वर्णनात्मक अध्ययन में किसी घटना, परिघटना आदि का वर्णन करना होता है। इसमें घटना के आयामों का विस्तृत व क्रमबद्ध तरीके से प्रस्तुतीकरण करने का प्रयास किया जाता है।
- **प्रयोगात्मक अध्ययन–** सामाजिक विषयों में प्रयोगात्मक अध्ययन को सदैव एक चुनौती माना जाता है क्योंकि तकनीकी व विज्ञान संबंधी विषयों में प्रयोगात्मक अध्ययन काफी सफल रहा है तथा हमें वस्तुनिष्ठ निष्कर्ष प्राप्त होते हैं। ऐसा माना जाता है कि तकनीकी व वैज्ञानिक विषयों में ही तार्किक सिद्धांतों की प्रस्तुति प्रदान की जा सकती है। सामाजिक क्षेत्र में विद्यमान विभिन्न क्रियाकलापों के अनुसंधान में अनुसंधानकर्ता कारक का परीक्षण कर कारणों की व्याख्या करने का प्रयास करता है।

सामाजिक अनुसंधान के कारक

सामाजिक अनुसंधान के प्रमुख कारक निम्नलिखित हैं–

- जिज्ञासा, सामाजिक अनुसंधान हेतु प्रेरित करती है। उदाहरण के तौर पर, भारतीय नातेदारी व्यवस्था व ग्रामीण स्तर पर जातिवाद के व्यवहार आदि की जिज्ञासा अनुसंधान को बढ़ावा देती है। तकनीकी विषयों में जहाँ प्रत्यक्ष क्रियाकलापों के कारणों को ज्ञात करने के लिए अनुसंधान कार्य होते हैं वहीं मानविकी विषयों में अप्रत्यक्ष कारकों को जानने का प्रयास होता है।
- समाज में अचानक घटित होने वाली घटना भी अनुसंधानकर्ता को प्रेरित करती है।
- समाज में घटित घटनाओं में कार्य-करण के संबंध होते है। अतः इसके प्रमाणन हेतु यह आवश्यक है।
- समाज में व्याप्त समस्याओं के कारण व उनके निदान हेतु अनुसंधानपरक कार्य अति आवश्यक है।
- नवीन विधियों के माध्यम से समाज में अनुसंधान कार्य को बढ़ावा मिलता है। अतः अनुसंधानकर्ता द्वारा यह सदैव प्रेरक कारक के तौर पर कार्य करता है।
- समाज में जब भी कभी अप्रत्याशित व नवीन घटनाएँ घटित होती हैं तब भी इनकी व्याख्या समाज विज्ञानियों द्वारा की जाती है।

सामाजिक अनुसंधान का महत्व

सामाजिक अनुसंधान के माध्यम से अनुसंधानकर्ता तार्किक निष्कर्ष पर पहुँचने का प्रयास करता है। इससे वैज्ञानिक दृष्टिकोण का विकास होता है, साथ ही घटनाओं के घटित होने वाले कारणों व कारकों के बारे में हमें जानकारी प्राप्त होती है। सामाजिक अनुसंधान के महत्व को निम्नलिखित बिंदुओं के आधार पर समझा जा सकता है–

- सामाजिक अनुसंधान में सामाजिक घटनाओं के कारणों का पता लगाया जाता है। परिवार, सामाजिक परिवर्तन आदि किस रूप में अग्रसर हो रहे हैं, इसका अनुमान लगाकर कर समाज को उस परिवर्तन के लिए तैयार किया जाता है।
- सामाजिक अनुसंधान की सहायता से सामाजिक समस्याओं के कारणों का पता कर उनका निदान खोजने का प्रयास किया जाता है।
- सामाजिक अनुसंधान की सहायता से अज्ञान को दूर करके तार्किक दृष्टिकोण को बढ़ावा दिया जाता है।
- नवीन तथ्यों की जानकारी का एकमात्र उपाय अनुसंधान है।
- सामाजिक प्रगति, सामाजिक परिवर्तन आदि को बढ़ावा देने के लिए समुचित ज्ञान का होना आवश्यक है। यह कार्य भी अनुसंधान के माध्यम से सम्पन्न होता है।
- वर्तमान स्थिति का आकलन कर सामाजिक दिशा का आकलन करना सामाजिक अनुसंधान की मुख्य विशेषता है।
- सामाजिक नियंत्रण करने हेतु अनुसंधान से प्राप्त ज्ञान का प्रयोग किया जाता है।
- सामाजिक समस्याओं के वैज्ञानिक विश्लेषण में अनुसंधान का महत्वपूर्ण योगदान है।
- सामाजिक कल्याण कार्यक्रम के क्रियान्वयन में सामाजिक अनुसंधान सहायक है व सामाजिक व आर्थिक तौर पर पिछड़े व्यक्तियों के पिछड़ेपन के कारण का पता लगाकर उसका नैदानिक स्वरूप प्रस्तुत किया जाता है ताकि उन व्यक्तियों को समाज की मुख्यधारा में शामिल किया जा सके।
- समस्त विषय, मानव जाति के उन्नयन व वर्तमान स्थिति के अध्ययन के आधार पर निष्कर्ष का प्रतिपादन करते हैं। सामाजिक अनुसंधान इसमें प्रतिगामी भूमिका का निर्वहन करता है।
- सामाजिक अनुसंधान से प्राप्त ज्ञान के आधार पर भविष्य में घटित होने वाली घटनाओं का अनुमान लगाया जा सकता है। यह सकारात्मक व नकारात्मक हो सकते हैं।

सामाजिक अनुसंधान की सीमाएँ

सामाजिक अनुसंधान की कुछ सीमाएँ हैं, जो सामाजिक अनुसंधान की प्रक्रिया को प्रभावित करती हैं, साथ ही अनुसंधान क्रिया पर प्रश्नचिन्ह भी लगाती हैं–

- सामाजिक घटनाओं की जटिलता के कारण एक विषय-वस्तु के चयन में समस्या आती है। अगर किसी विषय-वस्तु का चयन कर अनुसंधान कार्य आरम्भ कर भी दिया जाए तो सामाजिक दृष्टिकोण की संभावना कम ही होती है कि चयनित विषय पर ही निष्कर्ष प्राप्त हो क्योंकि सामाजिक घटनाएँ विभिन्न पक्षों में काफी संश्लेषित होती हैं।
- सामाजिक अनुसंधान में अवधारणाओं में अस्पष्टता होती है। इसका प्रमुख कारण है विभिन्न समाजशास्त्रियों में मतैक्य का अभाव होना है। सामाजिक विषयों में ऐसे कई बिन्दु हैं जिनमें विभिन्न अनुसंधानकर्ताओं के निष्कर्ष में विरोधाभास पाया जाता है।
- वैज्ञानिक व तकनीकी विषयों में मापन की क्रिया सुचारू रूप से होती है, जैसे–किग्रा. ली. आदि। इससे अनुसंधान में जहाँ तार्किकता, सत्यता एवं वस्तुनिष्ठता का समावेश होता है, वहीं सामाजिक अनुसंधान में मापन की कोई वैज्ञानिक प्रक्रिया को नहीं अपनाया जाता, अपितु वे

अनुमान पर ही आधारित होते हैं जिसके कारण उनके निष्कर्ष त्रुटिपूर्ण हो सकते हैं।

- सामाजिक अनुसंधान में प्रयोगशाला का अभाव पाया जाता है। अपितु विभिन्न समाजशास्त्रियों द्वारा यह कहा जाता है कि सामाजिक अनुसंधानकर्ता के लिए पूरा समाज ही प्रयोगशाला है। अतः इसका व्यापक दायरा है। एक स्थिर प्रयोगशाला में अनुसंधानकर्ता चरों को नियंत्रित करने का प्रयास करता है, वहीं सामाजिक अनुसंधानकर्ता के पास ऐसा कोई विकल्प नहीं होता है।
- तकनीकी व वैज्ञानिक विषयों के अनुसंधान से प्राप्त निष्कर्षों का पुनः प्रमाणीकरण संभव है वही मानविकी व सामाजिक विषयों के अनुसंधान में इसकी संभावना प्रायः कम ही रहती हैं कि पूर्व प्राप्त निष्कर्षों का पुनः प्रभावीकरण हो। प्रायः देखा गया है कि इसमें विषमता आ जाती है।

सामाजिक सर्वेक्षण

- सामाजिक शोध की इस पद्धति के अंतर्गत निश्चित क्षेत्र में जाकर वहां की समस्याओं का अवलोकन करके विभिन्न जानकारियों तथा तथ्यों का संकलन किया जाता है। इसे सर्वेक्षण या मात्रात्मक शोध भी कहा जाता है।
- सर्वेक्षण किसी भी समस्या के समाधान या उपाय तथा योजनाएं तैयार करने में सहायता करते हैं।
- मात्रात्मक डिजाइन, कई मामलों के मध्य छोटी मात्रा के लक्षणों के बीच संबंधों पर प्रकाश डालते हुए, सामाजिक घटना की मात्रा निर्धारित करने और संख्यात्मक आंकड़ों के विश्लेषण के प्रयास से संबद्ध है।
- सर्वेक्षण अनुसंधान नहीं, अपितु मात्र स्पष्टीकरण है, क्योंकि यह समस्याओं को परिभाषित करता है, न कि उपकल्पनाओं का परीक्षण। **—पार्क**

सर्वेक्षण

- शोधकर्ता साक्षात्कार, प्रश्नावली या एक विशेष आबादी का प्रतिनिधित्व करने के लिए चुने गए लोगों के एक समूह से यादृच्छिक चयन सहित समान पुनर्निवेश प्राप्त करता है।
- साक्षात्कार या प्रश्नावली से प्राप्त सर्वेक्षण खुले अंतवाले अथवा बंद अंतवाले हो सकते हैं।

सामाजिक सर्वेक्षण के उद्देश्य

- सामाजिक सर्वेक्षण का उद्देश्य समाज सुधार एवं समाज कल्याण होता है।
- सर्वेक्षण एक सहयोगी या संगठनात्मक प्रक्रिया है, जो सदैव एक अध्ययन दल द्वारा संपन्न की जाती है।
- सर्वेक्षण में अत्यधिक गहन एवं सूक्ष्म सूचनाओं के बजाय सतही एवं विस्तृत सूचनाएं एकत्रित की जाती हैं।
- सर्वेक्षण व्यावसायिक एवं पेशेवर दोनों प्रकार के होते हैं।
- सामाजिक सर्वेक्षण के निष्कर्षों से उपकल्पना तो की जा सकती है, लेकिन इससे सिद्धांतों की स्थापना करना प्रायः असंभव होता है।

सामाजिक सर्वेक्षण पद्धति

- सामाजिक सर्वेक्षण पद्धति समकालीन समाज की समस्याओं के अध्ययन के लिए एक बहुमूल्य तकनीक है। यह एक अनुसूची या प्रश्नावली द्वारा निश्चित जनसमुदाय के प्रति चयनित समूह के सूचनादाताओं के आंकड़े एकत्रित करती है। इस तकनीक को समाजशास्त्र के क्षेत्र में व्यावहारिक और सैद्धांतिक प्रश्नों के उत्तर देने के लिए प्रायः काम में लाया जाता है।
- भारत में सामाजिक सर्वेक्षण पद्धति द्वारा निम्नलिखित अध्ययन किए गए हैं—भिक्षावृत्ति की समस्या, मदिरापान, महिलाओं में अपराध की प्रवृत्ति, दहेज एवं बाल अपराध और महिलाओं के विरुद्ध हिंसा आदि।
- इसी पद्धति से कींस ने सन् 1940 में अमेरिका में यौनाचार का सर्वेक्षण किया था।

सामाजिक सर्वेक्षण की विशेषताएँ

- तथ्यों का संकलन
- वैज्ञानिक पद्धति
- सहकारी प्रयास
- निष्कर्षों एवं सुझावों का प्रसार
- निश्चित भौगोलिक क्षेत्र
- परिमाणात्क पक्ष
- तथ्यों की वैषयिकता
- एक व्यवसाय

सामाजिक सर्वेक्षण के प्रकार

- प्रचार सर्वेक्षण
- तथ्य-संकलन सर्वेक्षण
- वैज्ञानिक सर्वेक्षण
- विवरणात्मक सर्वेक्षण
- व्याख्यात्मक सर्वेक्षण
- मूल्यांकनात्मक सर्वेक्षण
- निदानात्मक सर्वेक्षण
- भविष्य निर्देशक सर्वेक्षण
- द्वितीयक विश्लेषण सर्वेक्षण
- नियमित सर्वेक्षण
- कार्यवाहक सर्वेक्षण
- गुणात्मक सर्वेक्षण
- गणनात्मक सर्वेक्षण
- नगरीय सर्वेक्षण
- ग्रामीण सर्वेक्षण
- जनजातीय सर्वेक्षण
- जन-गणना सर्वेक्षण
- निदर्शन सर्वेक्षण
- अन्तिम सर्वेक्षण

- आवृत्तिपूर्ण सर्वेक्षण
- पूर्वगामी सर्वेक्षण
- मुख्य सर्वेक्षण

शोध-प्रारूप

- निर्णय क्रियान्वित करने की स्थिति आने से पूर्व ही निर्णय करने का प्रक्रिया शोध प्रारूप कहलाती है। **—आर.एल. एकोफ**
- शोध प्रारूप में योजना , संरचना एवं युक्ति शामिल हैं। **—एफ.एन. कर्लिंजर**
- अभ्यासगत समस्या के निराकरण हेतु प्रायोजित शोध को व्यावहारिक शोध कहते हैं। व्यावहारिक शोध ऐसे वैज्ञानिक सिद्धांतों की खोज पर बल देता है, जिनके द्वारा व्यावहारिक महत्ता की समस्याओं का तत्काल समाधान ढूंढ़ा जा सकता है।

शोध प्रारूप के प्रकार

- शोध प्रारूप के प्रकार निम्नलिखित प्रकार से हो सकते हैं—
- अन्वेषणात्मक शोध प्रारूप (Exploring or Formulative) (सामाजिक प्रघटनाओं के अंतर्निहित कारण)।
- वर्णनात्मक शोध प्रारूप।
- निदानात्मक शोध प्रारूप।
- प्रयोगात्मक शोध प्रारूप।

उपकल्पना

- शोध प्रक्रिया में निष्कर्ष से पूर्व ही शोध प्रारंभ करते समय अनुमान पर आधारित ऐसे निष्कर्ष, जिनकी सत्यता की परीक्षा होनी है, उपकल्पना कहलाते हैं।
- उपकल्पना द्वारा शोध कार्य को दिशा एवं निश्चितता प्रदान की जाती है। यह शोध क्षेत्र को सीमित कर देती है, जिससे तथ्य संकलन में सरलता रहती है।

उपकल्पना के प्रकार

- सकारात्मक
- नकारात्मक
- शून्य
- अनुभवात्मक समानताओं से संबंधित उपकल्पना, मान्यता एवं लोकाक्ति, जैसे—गंजा व्यक्ति, धनवान, कौवा एवं नाई चतुर होते हैं।
- संबंधात्मक या जटिल आदर्श प्रारूपों से संबंधित उपकल्पना अल्पसंख्यक समूह, पारिस्थितिकीय दशाओं से संबंधित अध्ययन, दुर्खीम का आत्महत्या संबंधी अध्ययन।
- विश्लेषणात्मक उपकल्पना या कारणात्मक उपकल्पना।

आंकड़े एकत्रित करने की पद्धतियाँ

शोध संबंधी आंकड़े निम्नलिखित दो पद्धतियों से एकत्र किए जाते हैं—

1. संगणना विधि—संगणना में संपूर्ण क्षेत्र की प्रत्येक इकाई का अध्ययन किया जाता है, जबकि निदर्शन में समग्र में से कुछ इकाइयों का अध्ययन किया जाता है।
2. निदर्शन विधि—एक बहुत बड़े समूह का वह छोटा प्रतिनिधि निदर्शन कहलाता है, जिसमें समूह के समस्त लक्षण विद्यमान होते हैं।

वैज्ञानिक पद्धति

- ज्ञान प्राप्त करने के लिए व्यवस्थित रूप से खोज करना ही 'शोध' कहलाता है।
- समाज के हित के लिए किसी भी प्रकार की खोज को सामाजिक शोध के रूप में परिभाषित किया जाता है।
- सामाजिक शोध के अंतर्गत विभिन्न समस्याओं का समाधान, सिद्धांतों का विकास एवं विस्तार और वर्तमान सिद्धांतों का परीक्षण आदि किया जाता है।
- शोध एक ऐसी विधि है, जिसमें ऐतिहासिक दस्तावेजों तथा अन्य लिखित और पुरातत्त्वीय स्रोतों का प्रयोग कच्ची सामग्री के रूप में किया जाता है।
- इस सामग्री का सैद्धांतिक तथा तुलनात्मक आधार पर विश्लेषण करके सामान्यीकरण के नियम बनाए जाते हैं।

वैज्ञानिक विधि

- समाजशास्त्र में वैज्ञानिक विधि अथवा पद्धति उसे कहते हैं जिसके माध्यम से सामाजिक समस्याओं का व्यवस्थित ढंग से अध्ययन किया जा सके। इससे प्राप्त होनेवाले निष्कर्ष सार्वभौमिक और सर्वमान्य होते हैं।
- विज्ञान पद्धति के साथ चलता है, विषय-वस्तु के साथ नहीं। **—चेज**
- विज्ञान का अर्थ ज्ञान प्राप्त करने का व्यवस्थित तरीका या कुशल खोज है। **—चर्चमैन एवं एकोफ**
- विस्तृत अर्थ में वैज्ञानिक पद्धति व्यवस्थित अवलोकन, वर्गीकरण एवं विवेचन है। **—लुंडबर्ग**
- वैज्ञानिक पद्धति में धर्म, दर्शन या परिकल्पना का कोई स्थान नहीं होता है। वैज्ञानिक पद्धति का अर्थ निरीक्षण, परीक्षण, प्रयोग एवं वर्गीकरण की एक व्यवस्थित कार्य-प्रणाली है। **—ऑगस्त कॉम्टे**
- सत्य तक पहुंचने हेतु कोई मार्ग नहीं है। अतएव विश्व का ज्ञान प्राप्त करने हेतु वैज्ञानिक पद्धति के मार्ग से गुजरने के अलावा कोई मार्ग नहीं है। **—कार्ल पियर्सन**

वैज्ञानिक पद्धति के चरण

- **बर्नार्ड** ने वैज्ञानिक पद्धति की प्रक्रिया को छह चरणों में इस प्रकार प्रस्तुत किया है— 1. परीक्षण, 2. सत्यापन, 3. परिभाषा, 4. वर्गीकरण, 5. संगठन और 6. निष्कर्ष।
- **जॉर्ज ए. लुंडबर्ग** ने वैज्ञानिक पद्धति को चार चरणों में प्रस्तुत किया है—

1. कार्यकारी प्राकल्पना।
2. तथ्यों का अवलोकन एवं लेखन।
3. एकत्रित तथ्यों का संगठन।
4. सामान्यीकृत नियमों का प्रतिपादन।

- **ऑगस्त कॉम्टे** ने वैज्ञानिक पद्धति की प्रक्रिया को चार चरणों में निम्नलिखित रूप में प्रस्तुत किया—

1. विषय का चुनाव।
2. अवलोकन द्वारा तथ्यों का संकलन।
3. तथ्यों का परीक्षण।
4. नियमों का प्रतिपादन।

- अन्य समाजशास्त्रियों से हटकर **मोर्स** ने वैज्ञानिक पद्धति की प्रक्रिया को विस्तृत रूप से 10 चरणों में प्रस्तुत किया—

1. उद्देश्य की परिभाषा।
2. अध्ययन की समस्या।
3. अनुसूची में समस्या का विश्लेषण।
4. क्षेत्र का निर्धारण।
5. समस्त लिखित स्रोतों का निरीक्षण।
6. क्षेत्रीय कार्य।
7. सामग्री व्यवस्थित करना।
8. परिणामों का विश्लेषण।
9. निष्कर्ष।
10. रेखाचित्रों द्वारा तथ्यों का प्रस्तुतीकरण।

वैज्ञानिक पद्धति की विशेषताएँ

- वैज्ञानिक विधि अथवा पद्धति तथ्यों एवं प्रघटनाओं को समझने के लिए व्यवस्थित अवलोकन, वर्गीकरण एवं विवेचन है। इसकी समाजशास्त्रियों ने निम्नलिखित विशेषताएं बताई हैं—

1.	प्रामाणिकता।	2.	वस्तुनिष्ठता।
3.	निश्चयात्मकता।	4.	सामान्यता।
5.	क्रमबद्धता।	6.	कार्य-कारण संबंध।
7.	पूर्वानुमान।	8.	सैद्धांतिक सार्वभौमिकता।
9.	भविष्यवाणी की क्षमता।	10.	तर्क प्रधानता।

अवलोकन

- अवलोकन को अध्ययन एवं शोध की प्रमुख प्रविधि माना जाता है। अवलोकन द्वारा सूक्ष्म, उद्देश्यपूर्ण एवं प्रत्यक्ष अध्ययन किया जा सकता है।
- इंद्रियजन्य डाटा का उपयोग करते हुए, कोई व्यक्ति सामाजिक घटना या व्यवहार के बारे में जानकारी रिकॉर्ड करता है।
- अवलोकन तकनीक या तो प्रतिभागी अवलोकन अथवा गैर-प्रतिभागी अवलोकन हो सकती है।
- प्रतिभागी अवलोकन में शोधकर्ता क्षेत्र में जाता है, जैसे— एक समुदाय या काम की जगह पर और उसे गहराई से समझने हेतु एक लंबी अवधि के लिए क्षेत्र की गतिविधियों में भागीदारी करता है। इन तकनीकों के माध्यम से प्राप्त डाटा का मात्रात्मक या गुणात्मक तरीकों से विश्लेषण किया जा सकता है।

अवलोकन के प्रकार

- नियंत्रित अवलोकन या संरचित अवलोकन।
- अनियंत्रित अवलोकन—सहभागी, असहभागी, अर्धसहभागी।
- सामूहिक अवलोकन।

सहभागी अवलोकन

- कोई अवलोकनकर्ता जब विशिष्ट अवलोकन विधि के द्वारा अध्ययन किए जानेवाले समूह के आंतरिक सदस्य के रूप में समूह क्रियाकलापों में सहभागी बनता है, तो उसे सहभागी अवलोकन कहा जाता है।
- अवलोकन को मुख्यत: दो भागों में बांटा गया है—1. सहभागी अवलोकन, 2. असहभागी अवलोकन।
- प्रमुख समाजशास्त्री **पी.वी. यंग** आदि ने सहभागी और असहभागी अवलोकन को अनियंत्रित और असंरचित अवलोकन कहा है।

क्या है सहभागी अवलोकन

- सहभागी अवलोकन से तात्पर्य ऐसी दशा से है जिसमें अवलोकनकर्ता अध्ययन किए जानेवाले समूह का अत्यधिक घनिष्ठ सदस्य बन जाता है और उस समूह की सभी गतिविधियों में स्वयं भाग लेता है।—**पीटरमान**
- सहभागी अवलोकन तथ्य संकलन की एक विधि नहीं है, बल्कि कई विधियों का सम्मिलित रूप है।
  —मैकाल एवं सिमोंस
- सहभागी अवलोकन का उस समय उपयोग किया जाता है, जब अनुसंधानकर्ता उस समूह के सदस्य के रूप में स्वीकार कर लिया जाता है। **—गुडे एवं हैट**
- अनियंत्रित सहभागी अवलोकनकर्ता सामान्यत: उस समूह के साथ अथवा उसके जन-जीवन में भाग लेता है जिसका वह अध्ययन कर रहा होता है। **—पी.वी. यंग**
- सहभागी अवलोकनकर्ता एक बाहरी व्यक्ति होता है, जो अस्थायी रूप से समूह का अंदरूनी व्यक्ति बन जाता है। **—सिनपओ यंग**

सहभागी एवं असहभागी अवलोकन में अंतर

- सहभागी अवलोकन में अवलोकनकर्ता समूह की गतिविधियों में सहभागिता करता है, जबकि असहभागी अवलोकन में अवलोकनकर्ता पूर्ण रूप से भाग नहीं लेता।
- सहभागी अवलोकन में अवलोकनकर्ता विषय-वस्तु का पूर्ण रूप से अध्ययन करता है, ज़बकि असहभागी अवलोकन में अवलोकनकर्ता विशेष पक्ष का ही अध्ययन करता है।
- सहभागी अवलोकन में अवलोकनकर्ता दोहरी भूमिका—अवलोकनकर्ता एवं सहभागीदार की भूमिका निभाता है, जबकि असहभागी अवलोकन में अवलोकनकर्ता तटस्थ भूमिका निभाता है।

- सहभागी अवलोकन में अवलोकनकर्ता को समूह की बहुत सी गुप्त आंतरिक जानकारियां प्राप्त हो जाती हैं, जबकि असहभागी अवलोकन में अवलोकनकर्ता को कोई आंतरिक जानकारी प्राप्त नहीं हो पाती।

अर्न्तवस्तु विश्लेषण

- अंतर्वस्तु विश्लेषण वस्तु विश्लेषण दरों को मापने के लिए संचारों को व्यवस्थित, वस्तुनिष्ठ और मात्रात्मक ढंग से अध्ययन और विश्लेषण करने की पद्धति है। **—रलिंगर**
- अंतर्वस्तु विश्लेषण साक्षात्कारों, प्रश्नावलियों, अनुसूचियों और अन्य लिखित या मौखिक भाषा और अभिव्यक्ति द्वारा प्राप्त अनुसंधान तथ्यों के अंतर्वस्तु का क्रमबद्ध वस्तुनिष्ठता तथा परिमाणात्मक वर्णन हेतु अपनाई जानेवाली एक प्रविधि है। **—पॉलिंग यंग**
- सामाजिक घटनाओं की ऐसी गुणात्मक अध्ययन प्रविधि, जिसमें शोधकर्ता अध्ययन विषय से संबंधित तथ्यों की अंतर्वस्तु को उचित श्रेणियों में विभाजित करके उनका वस्तुनिष्ठ विश्लेषण करते हैं।
- सर्वप्रथम सन् 1926 में **मैलकॉम विल्ली** ने अंतर्वस्तु विश्लेषण का प्रयोग समाचार-पत्रों के अध्ययन में किया।
- इस प्रविधि की प्रमुख इकाइयां शब्द, वाक्य या अनुच्छेद, पात्र, मद, स्थान एवं समय की माप हैं।

निदर्शन प्रविधि

- निदर्शन के चयन में शोधकर्ता को प्रायः तीन प्रकार की समस्याओं का सामना करना पड़ता है—
- निदर्शन के आधार की समस्या।
- अभिनत निदर्शन की समीक्षा।
- विश्वसनीयता की समस्या।

निदर्शन के प्रकार

- प्रायिकता निदर्शन या दैव निदर्शन।
- गैर-प्रायिकता निदर्शन या उद्देश्यमूलक निदर्शन।

सामग्री एकत्रीकरण की विधियाँ

- किसी भी तथ्य का अध्ययन करने के लिए आंकड़ों को एकत्रित करना होता है। आंकड़ों को एकत्र करने के दो मुख्य स्रोत हैं—
- **प्राथमिक स्रोत**—क्षेत्रीय कार्य से संबंधित आंकड़ों को प्राथमिक स्रोत कहते हैं। इसकी अनेक प्रविधियां प्रचलित हैं जैसे—अवलोकन, प्रश्नावली, अनुसूची, साक्षात्कार आदि।
- **द्वितीयक स्रोत**—इस प्रकार के आंकड़े प्रकाशित अथवा अप्रकाशित रूप में प्राप्त होते हैं, जैसे—आत्मकथाएँ, डायरी, रिपोर्ट, लेख, अभिलेख आदि।

दैव निदर्शन के गुण या लाभ

- सरल पद्धति
- प्रतिनिधित्वपूर्ण
- निष्पक्षता
- समय और धन की बचत
- अशुद्धता की जाँच

दैव निदर्शन के दोष या सीमाएँ

- समग्र की सूची का अभाव
- सजातीयता का अभाव
- विकल्प का अभाव
- नियंत्रण का अभाव
- संयोग पर निर्भरता
- पक्षपात की सम्भावना

प्रश्नावली

- यह लिखित उत्तेजना एवं लिखित प्रत्युत्तर पर आधारित विधि है। प्रायः डाक द्वारा उत्तरदाता के पास भेजी जाती है। इसे सूचनादाता स्वयं भरकर पुनः अध्ययनकर्ता को लौटाता है।
- प्रश्नावली विभिन्न व्यक्तियों को उत्तर देने के लिए प्रेषित की गई प्रश्नों की एक सूची है। **—बोगाड्र्स**
- सामान्य रूप से प्रश्नावली से तात्पर्य प्रश्नों के उत्तर प्राप्त करने की पद्धति है जिसमें एक पत्रक का प्रयोग किया जाता है जिसे उत्तरदाता स्वयं भरता है। **—गुडे एवं हाट**
- मूलभूत रूप में प्रश्नावली उत्तेजकों का एक समूह है जिसे शिक्षित लोगों के सम्मुख प्रस्तुत किया जाता है, ताकि इन उत्तेजकों के प्रभाव से उत्पन्न उनके शाब्दिक व्यवहार का परीक्षण किया जा सके। **—लुंडबर्ग**
- प्रश्नावली द्वारा विस्तृत एवं व्यापक रूप से लोगों से सूचनाएं संकलित की जा सकती हैं।
- एक अच्छी प्रश्नावली में कम संख्या में एवं सरल-स्पष्ट शैली में प्रश्न होने चाहिए। प्रश्न बोधगम्य, व्यवस्थित तथा रुचिकर हों।

अनुसूची

- अध्ययन विषय से संबंधित प्रश्नों की एक व्यवस्थित एवं वर्गीकृत सूची को अनुसूची कहा जाता है। इसे अध्ययनकर्ता सूचनादाता के पास स्वयं ले जाकर भरता है।
- अनुसूची प्रायः ऐसे प्रश्नों के समूह का नाम है जिन्हें एक साक्षात्कारकर्ता अन्य व्यक्ति से आमने-सामने की स्थिति में पूछता है तथा उसके उत्तर स्वयं भरता है। **—गुडे एवं हाट**
- अनुसूची उन तथ्यों के प्राप्त करने की एक औपचारिक पद्धति का प्रतिनिधित्व करती है जो वैषयिक रूप में है और स्पष्ट रूप में देखने योग्य है। **—बोगाड्र्स**
- अनुसंधानकर्ता अनुसूची को पथ-प्रदर्शन, अन्वेषण के क्षेत्र को सीमित करने का साधन, स्मृति का यंत्र तथा तथ्यों को लिपिबद्ध करने का एक तरीका है। **—पी.वी. यंग**
- अनुसूची प्रश्नों की एक सूची से अधिक कुछ भी नहीं है जिनका उपकल्पना

या उपकल्पनाओं की जांच के लिए उत्तर देना आवश्यक दिखाई देता है। **—मैकोर्मिक**

- अनुसूची में साक्षात्कार, अवलोकन एवं प्रश्नावली तीनों की विशेषताएं पाई जाती हैं। अनुसूची का प्रयोग शिक्षित या अशिक्षित सभी के लिए किया जा सकता है।

साक्षात्कार

- साक्षात्कार एक मौखिक प्रत्युत्तर पर आधारित विधि है।
- साक्षात्कार एक मनोवैज्ञानिक-सामाजिक प्रक्रिया है। इसमें अध्ययनकर्ता एवं उत्तरदाता के मध्य आमने-सामने का मौखिक वार्तालाप होता है और अध्ययनकर्ता एवं उत्तरदाता के मध्य घनिष्ठता बनाए रखना आवश्यक होता है, तभी गहन सूचनाएं प्राप्त हो सकती हैं।
- साक्षात्कार द्वारा शिक्षित, अशिक्षित सभी स्तर के लोगों, अमूर्त एवं भूतकालीन घटनाओं का अध्ययन किया जा सकता है।
- साक्षात्कार द्वारा सूचनाओं का सत्यापन भी किया जा सकता है।
- इसमें अधिक समय, धन एवं श्रम के साथ-साथ एक कुशल साक्षात्कारकर्ता की आवश्यकता होती है, क्योंकि यह जटिल मनोवैज्ञानिक प्रविधि है।

सांख्यिकी, समान्तर माध्य, माध्यिका, बहुलक

सांख्यिकी

- कारणों से प्रभावित सामूहिक संख्यात्मक तत्वों के संग्रहण, प्रस्तुतीकरण, विश्लेषण और विवेचन की विधियों का अध्ययन किया जाता है। जिसके परिणाम स्वरूप एक निष्कर्ष प्राप्त होता है। इसका प्रयोग प्रायः दो अर्थो में होता है प्रथम सांखिकीय आँकड़ों द्वारा संख्यात्मक विवरण को स्पस्ट करना तथा दूसरा विभिन्न विषयों की सहायता से आँकड़ों या समंको का संकलन, विश्लेषण और विवेचन करना ।
- विभिन्न विद्वानों ने सांख्यिकी की विभिन्न परिभाषा दी है
- **प्रो. ए. एल बाउले के अनुसार**- "किसी भी अनुसंधान से जुड़े और अंकों में व्यक्त किए गए उन तथ्यों के विवरण को आंकड़े या डाटा कहते हैं, जिन्हें एक दूसरे के संबंध में रखा जाता है"।
- **प्रो बोलिस एवं रोबट्स के अनुसार** - "समंक तथ्यों के परिणाम स्वरूप पहलुओं के संख्यात्मक विवरण हैं, जो मदो की गिनती या माप रूप से व्यक्त होते हैं"।
- **क्रॉक्सटन क्राउडिन के द्वारा** - "सांख्यिकी को संख्यात्मक तत्वों के संग्रहण, प्रस्तुतीकरण, विश्लेषण तथा विवर्तन के रूप में परिभाषित किया गया है"।

सांख्यिकी की विशेषताएँ

वर्तमान युग में सांख्यिकी का अधिक महत्व है। जीवन के प्रत्येक क्षेत्र में सांख्यिकी अनेक सेवाएं प्रदान भी कर रही है।

1. समंक तथ्यों के समूह हैं-

श्री होरेस स्क्रिस्ट के अनुसार समंक किसी व्यक्ति या वस्तु विशेष के लिए नही होते हैं अपितु वे किसी समूह के तथ्यों को प्रदर्शित करते हैं। अर्थात जब एक व्यक्ति के लिए कोई संख्या दी जाये तब वह समंक नही होगा, लेकिन जब एक समूह के लिए दी जाये तब समंक कहलाएगा।

2. यह साधन प्रस्तुत करती है, निष्कर्ष नही

सांख्यिकी केवल साधन प्रस्तुत करती है, निष्कर्ष नही। यदि अनुसन्धानकर्ता की भावना पक्षपातपूर्ण हो, तो सांख्यिकी निष्कर्ष अशुद्ध हो जाते है, क्योंकी ऐसी दशा मे अनुसन्धानकर्ता सदैव ऐसा प्रयास करता है कि परिणाम उसकी पूर्व धारणा के अनुसार हो।

3. गणितीय शुद्धता का अभाव

सांख्यिकी के नियम केवल औसतन ही सही होते है, उनमे गणितीय शुद्धता का अभाव पाया जाता हैं।

4. समंको का संकलन गणना अथवा अनुमान द्वारा

होरेस स्क्रिस्ट के अनुसार समंको का संकलन या तो साधारण गणना के आधार पर या फिर पूर्व घटनाओं एवं अनुभवो के आधार पर अनुमान लगाकर किया जाता है। यदि समंक संकलन का क्षेत्र सीमित है, तब गणना विधि के द्वारा और यदि क्षेत्र विस्तृत हो तब अनुमानित आधार पर इनका संकलन किया जाता है।

5. सजातीय आवश्यक

सांख्यिकी समंको की तुलना हेतु उनका सजातीय होना आवश्यक है। कपड़ों और जूतों की तुलना संभव नही हैं।

6. संकलन सुव्यवस्थित तरीके से हो

समंको का संकलन स्क्रिस्ट के अनुसार सुव्यवस्थित ढंग से होनी चाहिए। यदि उनका संकलन योजनानुसार नही किया गया हो तब वे समंक नही कहलायेंगे।

सांख्यिकी का महत्व

1. व्यक्तिगत अनुभवों मे वृद्धि

सांख्यिकी पद्धति के अभाव मे अनुसन्धानकर्ता द्वारा निकाले गये निष्कर्ष केवल अनुमान मात्र होते है। उनमे दृढता नही होती। सांख्यिकी पद्धति अनुसन्धानकर्ता के ज्ञान व अनुभव मे वृद्धि करती हैं।

2. संक्षिप्त व्याख्या

सांख्यिकी अनुसंधान के निष्कर्षों व परिणामों मे से अनावश्यक एवं अवांछित सामग्री हटाकर उन्हें संक्षिप्त एवं सरल रूप मे प्रस्तुत करता हैं।

3. सामान्य नियमों का निर्माण

सांख्यिकी पद्धति से मिले परिणामों को छोटे अथवा विशेष क्षेत्र पर नियम रूप मे लागू किया जा सकता है एवं क्षेत्र यदि विस्तृत है तो उस सम्बन्ध मे विभिन्न नियम भी इन परिणामों के आधार पर बनाये जा सकते है।

4. जटिल तथ्यों को सरल बनाना

अनुसंधान के दौरान संकलित जानकारी अत्यन्त जटिल तथा अव्यवस्थित होती हैं। सामान्य व्यक्ति न उसे समझ सकता है और न कोई निष्कर्ष ही निकाल सकता है।

5. सामाजिक समस्याओं के समाधान मे सहायक

सांख्यिकी कि सहायता से देश में अशिक्षा, बेकारी, अपराध, भिक्षावृत्ति आदि सामाजिक समस्याओं के सम्बन्ध मे जानकारी प्राप्त की जाती है। साथ ही इन समस्याओं के समाधान के उपाय तथा वे उपाय कहां तक सफल हुए है, इनका पता भी सांख्यिकी की मदद से लगाया जा सकता है।

6. भविष्य के लिए पूर्वानुमान

सांख्यिकी के द्वारा पूर्वानुमान भी लगाये जाते है। इसमे वर्तमान तथ्यों का विश्लेषण करके प्राप्त निष्कर्षों के आधार पर भविष्य के लिए अनुमान लगाये जाते है।

सांख्यिकी का उपयोग विशाल सूचनाओं, जटिल आकड़ों को सांख्यिकी नीतियों से वर्गीकृत करके उनको चित्र, बिंदुरेखा और माध्य निकालकर आसानी से समझने योग्य और स्मरण रखने योग्य बनाया जाता है। इसका प्रयोग किसी भी विषय चाहे वह विज्ञान हो या फिर कोई अन्य विषय आदि के नियम बनाने में इसकी नीतियों की सहायता अवश्य ली जाती है।

सामाजिक शोध में सांख्यिकी

- सांख्यिकी के अध्ययनों में वर्गीकरण एवं सारणीयन के बाद तथ्यों की जटिलता कम करने और उन्हें तुलना योग्य बनाने के लिए सभी समंकों में से एक ऐसा अंक खोजना, जो सभी समंकों का प्रतिनिधित्व कर सके। ऐसे मूल्य को केंद्रीय प्रवृत्ति अथवा औसत (average) कहा जाता है।
- सांख्यिकी तथ्यों के परिमाणात्मक पहलुओं के संख्यात्मक विवरण हैं, जो मदों में गिनती अथवा माप के रूप में व्यक्त होती है।
  —वॉलिस एवं रॉबर्ट्स
- सांख्यिकी अनुमान और संभाविता का विज्ञान है। **—बोडिंगटन**
- सांख्यिकी किसी प्राकृतिक अथवा सामाजिक समस्या से संबंधित माप की गणना या अनुमान का क्रमबद्ध एवं व्यवस्थित तरीका है जिससे इनके अंतर्संबंधों का प्रदर्शन किया जा सके। **—कानर**
- सांख्यिकी को संख्यात्मक समंकों के संग्रहण, प्रस्तुतीकरण, विश्लेषण और निर्वचन के रूप में परिभाषित किया जा सकता है।**—क्रॉक्सटन एवं काउडन**

केंद्रीय प्रवृत्ति की माप

- सामाजिक अनुसंधान में संकलित किए गए तथ्य कच्चे माल की तरह माने जाते हैं। इनमें सटीक एवं प्रामाणिक निष्कर्ष निकालने के लिए इन्हें क्रमबद्ध, निश्चित और गहन स्वरूप प्रदान करना आवश्यक है।
- यदि गुणात्मक आंकड़ों को संकलित किया गया तो पहले इन्हें परिमाणात्मक आंकड़ों में बदला जाता है। इसके बाद श्रेणियों और सारणियों के रूप में क्रमबद्ध करते हुए सांख्यिकी विधियों से इनका विश्लेषण किया जाता है।
- सामाजिक अनुसंधान में मुख्य रूप से तीन माध्यों का प्रयोग किया जाता है—1. समांतर माध्य, 2. माध्यिका, 3. बहुलक।

समांतर माध्य

- समांतर माध्य को माध्य, मध्यमान अथवा औसत भी कहा जाता है।
- माध्य वह मूल्य होता है, जो किसी पद-श्रेणी के समस्त पदों के मूल्यों के योग को पदों की संख्या के भाग देने से प्राप्त होता है।
- समांतर माध्य समस्त सांख्यिकीय विधियों की आधारशिला माना जाता है। इसे कुल पदों के योग को पदों की कुल संख्या से भाग देने पर प्राप्त किया जा सकता है।

समान्तर माध्य के गुण

- समान्तर माध्य की गणना करना तथा इसे समझना अत्यन्त सरल है।
- इसमें पदों को आरोही या अवरोही क्रम में क्रमबद्ध करना आवश्यक है।
- सभी विधियों से हल करने पर उत्तर एक समान आने के कारण समान्तर माध्य की जाँच सम्भव है।

समान्तर माध्य के दोष

- समकमाला का एक भी मूल्य ज्ञात नह हो, तो समान्तर माध्य नहीं निकाला जा सकता।
- समान्तर माध्य को बिन्दुरेखीय विधि द्वारा ज्ञात नहीं किया जा सकता।
- अनुपात, दर एवं प्रतिशत आदि का समान्तर माध्य से अध्ययन सम्भव नहीं है।

माध्यिका

- माध्यिका वह केंद्रीय मूल्य है, जो क्रमबद्ध एवं व्यवस्थित समंकमाला को दो समान भागों में विभाजित करता है।

माध्यिका के गुण

- माध्यिका बहुत सरलता से ज्ञात की जा सकती है साथ ही इसे समझना भी आसाना है।
- माध्यिका दिए हुए पदों का ही एक अंश होता है। इसलिए वह संपूर्ण समूहों का उचित प्रतिनिधित्व करती है। इसका मान सभी पदों पर आधारित होता है।
- यदि पदों की संख्या ज्ञात हो, तो बिना समस्त पदों का परिणाम जाने ही माध्यिका ज्ञात की जा सकती है।

माध्यिका के दोष

- केवल माध्यिका में ही संपूर्ण श्रेणी को आरोही व अवरोही क्रम में व्यवस्थित करना आवश्यक है अन्यथा माध्यिका मूल्य सही नहीं होगा।
- माध्यिका श्रेणी के सभी पदों पर आधारित न होने के कारण इसे उचित प्रतिनिधित्व माप नहीं कहा जा सकता।
- माध्यिका की बीजगणितीय माप करना सम्भव नहीं है। उदाहरणनार्थ-विभिन्न श्रेणियों की केवल माध्यिका ज्ञात हो, तो उनकी सम्मिलित माध्यिका ज्ञात नहीं की जा सकती है।

बहुलक

- किसी शृंखला में जिस मूल्य की आवृत्ति सबसे अधिक होती है, उसे बहुलक कहा जाता है। बहुलक माप के पैमाने पर वह बिंदु है, जहां एक वितरण में सर्वाधिक आवृत्ति होती है। **—गिलफोर्ड**

बहुलक के गुण

- सर्वाधिक प्रतिनिधित्व
- सरल एवं लोकप्रिय
- श्रेणी की महत्वपूर्ण माप
- चरम मूल्यों पर न्यूनतम प्रभाव
- बिन्दुरेखीय विधि द्वारा निर्धारण

बहुलक के दोष

- सभी मूल्यों पर आधारित नहीं
- बीजगणितीय विश्लेषण संभव नहीं
- निश्चितता का अभाव
- अनुपयुक्त माप

माध्य निकालने की विधियाँ

- माध्य निकालने की तीन विधियां प्रचलित हैं—
  1. सरल श्रेणी से माध्य निकालना।
  2. खंडित श्रेणी से माध्य निकालना।
  3. अखंडित श्रेणी से माध्य निकालना।

सरल श्रेणी से माध्य निकालना

- इस विधि को व्यक्तिगत श्रेणी से माध्य निकालना भी कहा जाता है। इसका सूत्र है—

$$X=\frac{\sum x}{N}$$

इस सूत्र में, X = माध्य, $\sum$ = योग,
x = पदों का मूल्य, N = पदों की संख्या।

उदाहरण के लिए— 1, 2, 4, 5, 8 का माध्य निकालना है। दिए गए सूत्र के अनुसार,

$\sum x$ = 1 + 2 +4 +5 + 8 = 20

अतः $X=\frac{20}{5} = 4$

उत्तर— माध्य = 4

खंडित श्रेणी से माध्य निकालना

- इस विधि को विच्छिन्न श्रेणी से माध्य निकालना भी कहा जाता है। इसका सूत्र है—

$$X=\frac{\sum fx}{\sum f}$$

इस सूत्र में, X = माध्य, $\sum$ = योग,
x = पदों का मूल्य, f= आवृत्ति,
$\sum f$ = आवृत्तियों का योग।

उदाहरण के लिए—निम्नलिखित पदों का माध्य ज्ञात करना है—

x	1	2	3	4	5	6	7
f	2	5	7	3	9	12	4

$\sum fx = 1 \times 2 + 2 \times 5 + 3 \times 7 + 4 \times 3 + 5 \times 9 + 6 \times 12 + 7 \times 4$
$= 2 + 10 + 21 + 12 + 45 + 72 + 28$
$= 190$

$\sum f = 2 + 5 + 7 + 3 + 9 + 12 + 4$
$= 42$

अतः $X= \frac{190}{42} = 4.52$

अखंडित श्रेणी से माध्य निकालना

- इस विधि को सतत श्रेणी से माध्य निकालना भी कहा जाता है। इसका सूत्र है—

$$X=\frac{\sum mf}{\sum f}$$

इस सूत्र में, X = माध्य, $\sum$ = योग, m = मध्य बिंदु, f = आवृत्ति, $\sum$ f = आवृत्तियों का योग।

उदाहरण के लिए—एक कक्षा में बच्चों के भार का वितरण निम्नलिखित है। इस वितरण में माध्य ज्ञात करना है—

भार (कि.ग्रा. में)	बच्चों की संख्या (आवृत्ति)
20 - 30	12
30 - 40	20
40 - 50	18

इस विधि में सबसे पहले मध्य बिंदु और फिर $\sum mf$ निकालना है—

भार वर्गांतर (कि.ग्रा. में)	मध्य बिंदु (m)	आवृत्ति (f)	$f \times m$
20 - 30	25	12	300
30 - 40	35	20	700
40 - 50	45	18	810

$\sum f = 12 + 20 + 18 = 50$

$\sum f \times m = 300 + 700 + 810 = 1810$

अतः $X = \frac{1810}{50} = 36.2$

विचलन

- एक केंद्रीय मूल्य के दोनों ओर पाए जानेवाले चर मूल्यों के विचलन या प्रसार की सीमा ही विचलन है। **—बुक एवं डिक**
- जिस सीमा तक व्यक्तिगत पद-मूल्यों में भिन्नता होती है, उसकी माप को विचलन कहते हैं। **—कानर**

विचलन की माप

- पदों के मान उनके माध्य से जिस सीमा तक विचलित हैं, वह विचलन अथवा विक्षेपण कहलाता है।

विचलन की मापों के प्रकार

- परिसर।
- चतुर्थांक।
- माध्य विचलन।
- मानक विचलन।

सह-संबंध

- यह सत्य सिद्ध होता है कि प्रायः दो चर एक ही दिशा अथवा विपरीत दिशाओं में बढ़ने या घटने की प्रवृत्ति रखते हैं। इनके बीच एक संबंध पाया जाता है, जिसे सह-संबंध कहते हैं। **—किंग**
- दो अथवा दो से अधिक समूहों, वर्गों या आंकड़ों की श्रेणियों के मध्य पाए जानेवाले निश्चित संबंध को सह-संबंध कहते हैं। **—बोडिंगटन**
- जब दो या दो से अधिक राशियां सहानुभूति से परिवर्तित होती हैं, जिनमें से एक में होनेवाले परिवर्तनों के परिणामस्वरूप दूसरी राशि में भी परिवर्तन होने की प्रवृत्ति पाई जाती है। इस प्रकार की राशियां सह-संबंधित कहलाती हैं। **—कानर**
- जब दो पद श्रेणियों में इस प्रकार संबंध हों कि एक पद श्रेणी में होनेवाले परिवर्तनों के साथ ही दूसरी श्रेणी में भी परिवर्तन हो जाए, तो उसे सहसंबंध कहते हैं।
- सहसंबंध के अंतर्गत किसी एक चर के मूल्यों में परिवर्तन होने पर दूसरे चर के मूल्यों में भी परिवर्तन हो जाता है।

सह-संबंध के प्रकार

- सह-संबंध निम्नलिखित प्रकार के होते हैं—
  1. धनात्मक सह-संबंध—जब परिवर्तन एक ही दिशा में होता है।
  2. ऋणात्मक सह-संबंध—जब परिवर्तन विपरीत दिशा में होता है।
  3. रेखीय सह-संबंध—जब दो चरों के मूल्यों में परिवर्तन स्थिर अनुपात में होता है।
  4. अरेखीय सह-संबंध—जब परिवर्तन को सीधी रेखा द्वारा नहीं दरसाया जा सकता।

सह-संबंध मापन की विधियां

- प्रकीर्ण या विक्षेप आरेख चित्रों द्वारा या अनुमानित।
- ग्राफीय विधि एक दिशा में धनात्मक सह-संबंध और विपरीत दिशा में ऋणात्मक सह-संबंध।
- सह-संबंध गुणांक।

विश्वसनीयता

- किसी सामाजिक शोध की वह विधि, जिससे समान दशाओं एवं परिस्थितियों में एक ही परिणाम प्राप्त हो, विश्वसनीयता कहलाती है।
- विश्वसनीयता में निम्नलिखित दो तत्त्वों का मुख्य रूप से समावेश होता है—
  - शुद्धतामूलक स्थिरता।
  - पुनः उत्पादकता।

विश्वसनीयता के प्रकार

- टेस्ट रिटेस्ट विश्वसनीयता।
- समानांतर स्वरूप विश्वसनीयता।
- स्पिलिट हॉफ विश्वसनीयता।
- रेशनल इक्वालेंस विश्वसनीयता।
- आंतरिक स्कोर विधि।

वैधता

- जिस विधि में तथ्य की सही माप करने की क्षमता हो, उसे वैधता अथवा प्रामाणिकता कहा जाता है।
- किसी परीक्षण की वैधता उसकी वह सीमा है, जिस सीमा तक वह सही मापता है, जिसके लिए उसका निर्माण किया गया है। **—क्रॉनबैक**
- वैधता की परिभाषा सत्य प्रसरण के उस अनुपात में की जाती है, जो उस परीक्षण के उद्देश्य के प्रसंग में हो। **—फ्रेडरिक जी. बाउन**
- सामान्यतः वैधता विशिष्ट उद्देश्य की प्राप्ति में परीक्षण की प्रभावशीलता की ओर इंगित करती है। **—स्टोडला एवं स्टोर्डल**

5

भारतीय एवं ग्रामीण विकास

क्या है समाज?

- व्यक्तियों के बीच मानवीय संबंधों का समुच्चय 'समाज' के नाम से जाना जाता है।
- समाज के विकास में सामाजिक संबंधों की केंद्रीय भूमिका होने के कारण ही समाज को 'संबंधमूलक अवधारणा' भी कहा जाता है।
- 'समाज' शब्द समाज की समाजशास्त्रीय अवधारणा के संबंध में भ्रम उत्पन्न करता है, जैसे—पश्चिमी समाज, भारतीय समाज, ब्रह्म समाज, आर्य समाज, ब्राह्मण समाज, वैश्य समाज इत्यादि।
- भारतीय समाज संरचनात्मक एवं प्रकार्यात्मक दृष्टि से अनेक अद्वितीय एवं बहुआयामी विशेषताओं से संपन्न है।
- एक ओर सामाजिक स्तरीकरण की जाति आधारित व्यवस्था ने समाज में लोगों की स्थिति, विशेषाधिकार एवं भूमिका निर्धारित की। वहीं धर्म की भूमिका विचलनकारी व्यवहारों को प्रतिबंधित कर नैतिक मूल्यों से पूर्ण एवं अनुकूलनकारी बनाए रखने की रही है।
- मार्क्स का कहना है कि अर्थ समाज का मूल कारक है। अर्थ से चेतना का विकास होता है।
- मैकाइवर का मानना है कि समाज सतत परिवर्तनशील और जटिल व्यवस्थायुक्त होता है। यह सामाजिक संबंधों का जाल माना गया है।
- समाज का अस्तित्व सभी कालों एवं सभी भू-क्षेत्रों में रहा है। समाज के कारण ही मनुष्यों में सामाजिक विशेषताएं होती हैं।
- प्रत्येक समाज का एक निश्चित स्थान होता है। इस स्थान का सामाजिक और सांस्कृतिक अर्थ महत्त्वपूर्ण होता है, न कि भौगोलिक विशेषताएं।

सामाजिक जीवन

- समाज में संतानोत्पत्ति एवं संतान का भरण-पोषण आवश्यक है, जो सामूहिक या सामाजिक जीवन में ही संभव है।
- व्यक्ति न तो जन्म से सामाजिक होता है और न ही समाज विरोधी। समाज के द्वारा ही वह जैविकीय प्राणी से एक सामाजिक प्राणी में विकसित होता है।

सामाजिक प्राणी

- अरस्तू ने मानव को एक सामाजिक प्राणी माना है। उसकी सारी आवश्यकताएं, इच्छाएं समाज के द्वारा ही पूरी की जाती हैं। मनुष्य की जीवन-मृत्यु से संबंधित सारी प्रथाओं का निष्पादन समाज द्वारा ही पूरा किया जाता है। अतः मनुष्य एक सामाजिक प्राणी है।
- अरस्तू को 'राजनीतिशास्त्र का जनक' कहा जाता है। अरस्तू ने समाज तथा राज्य के महत्त्व को प्रतिपादित करते हुए कहा है कि समाज के बिना पुरुष या तो पशु है अथवा ईश्वर।
- व्यक्तित्व के विकास का प्रारंभिक स्तर 'स्व' का विकास है। यह 'स्व' का विकास ही व्यक्ति में सामाजिक जीवन की क्षमता का द्योतक है।

सामाजिक एकता

- 'समाज' जहां सामाजिक संबंधों की व्यवस्था के रूप में एक अमूर्त, जटिल एवं व्यापक अवधारणा है, वहीं 'एक समाज' कुछ व्यक्तियों के विशिष्ट समूह के रूप में मूर्त, सरल एवं लघु संगठन है।
- जनसंख्या, विशेषीकरण, संगठन व निरंतरता समाज की प्रमुख चार प्राथमिक आवश्यकताएं हैं। **—किंग्सले डेविस**
- पालन-पोषण, दुर्घटनाओं से रक्षा, प्रजनन कार्य जनसंख्या को बनाए रखने के लिए प्रमुख आवश्यकताएं हैं। इनकी पूर्ति से ही जनसंख्या का निर्वाह होता है।
- सदस्यों में उचित श्रम-विभाजन समाज के अस्तित्व को बनाए रखने के लिए जरूरी है। इससे मनुष्य में सहयोग की भावना बनती है और संगठन में दृढ़ता भी आती है।
- दुर्खीम ने अपनी पुस्तक 'डिवीजन ऑफ लेबर इन सोसाइटी' में एकता का उल्लेख किया है कि यांत्रिक एकता प्राचीन समाज में पाई जाती है। वास्तव में यांत्रिक एकता की अनुशक्ति दमनात्मक और सावयवी एकता की अनुशक्ति स्वैच्छिक, क्षतिपूरक होती है।
- एकता का आशय निकटतापूर्ण संबंध, एकीकरण अथवा हम की भावना के पाए जाने से है। यह एक सामाजिक मनोवैज्ञानिक स्थिति है। यह एक होने की भावना 'हम एक हैं' को व्यक्त करती है। यह उस कड़ी का पर्याय है, जो समाज के सदस्यों को एक साथ जोड़े रखती है।

- समाज के सदस्यों के मध्य एकता की भावना अनिवार्य तत्त्व है। भावनाओं के विकास के परिणामस्वरूप सहयोगात्मक व असहयोगात्मक भावनाओं का विकास होता है।

एक समाज

- समाज से बिलकुल भिन्न 'एक समाज' कोई भी ऐसा संगठन है, जिसके माध्यम से व्यक्ति अपना जीवन व्यतीत करते हैं। **—ई.बी. र्यूटर**
- 'एक समाज' विस्तृत अर्थों में वह संगठन है, जिसे कार्यात्मक और सांस्कृतिक क्षेत्रों में स्वतंत्र अधिकार प्राप्त है और उसका कुछ दूसरे संगठनों पर भी प्रभुत्व रहता है। **—रोनाल्ड फ्रीडमैन**

सरल समाज

- सरल समाजों में राजनीतिक संगठन का आधार नातेदारी होता है। लोग वंश के आधार पर राजनीतिक सत्ता ग्रहण करते हैं और समाज के रीति-रिवाजों के अनुसार राजनीतिक प्रक्रिया चलाते हैं। सरल समाज के उदाहरण कृषक एवं जनजाति समाज मुख्य हैं।
- सरल समाज ऐसी एकात्मक क्रियाशील समष्टि है, जो अन्य किसी समाज के अधीन नहीं होता। सरल समाज के विभिन्न अंश कुछ सार्वजनिक लक्ष्यों के लिए सहयोग करते हैं। सरल समाज में संरचना एवं प्रकार्य सरल होते हैं। आदिम जनजातियां सरल समाज की उदाहरण हैं।

समाज के प्रकार

- दुर्खीम के अनुसार, दो प्रकार के समाज हैं—एक यांत्रिक दृढ़तावाला समाज और दूसरा सावयवी एकतावाला समाज। दुर्खीम ने समाज का वर्गीकरण श्रम-विभाजन के आधार पर किया है।
- कॉम्टे ने समाज के अध्ययन को सामाजिक स्थिति विज्ञान तथा सामाजिक गति विज्ञान में वर्गीकृत किया है। उन्होंने सामाजिक स्थिति विज्ञान के अंतर्गत समाज की संस्थाओं, जैसे—परिवार, राज्य आदि के अध्ययन को शामिल किया है। सामाजिक गति विज्ञान के अंतर्गत समाज को एक संपूर्ण इकाई के रूप में देखा जाता है।
- जनजातीय समाज, कृषक समाज, औद्योगिक समाज तथा औद्योगिकोत्तर समाज आदि समाज के मुख्य चार प्रकार हैं।

समाज की विभिन्न श्रेणियां

- व्यक्ति में अंतर्निहित भिन्नताओं के आधार पर प्रत्येक समाज विभिन्न श्रेणियों में विभाजित होता है, जिनमें एक निश्चित स्थान निर्धारित रहता है।
- समाज में उच्च और निम्न श्रेणियों के विकास, उनके स्थान व क्रम का निर्धारण, उनके मध्य सुविधा और शक्ति के विभाजन में असमानता की पद्धति और प्रक्रिया 'सामाजिक स्तरीकरण' कहलाती है।
- समाज में स्तर-निर्धारण की प्रक्रिया सामाजिक स्तरीकरण है, जिसके आधार पर व्यक्ति एवं समूह की प्रस्थिति उच्च एवं निम्न स्तर में विभाजित रहती है।

सामाजिक क्रियाएं

- दो व्यक्तियों के आपस में मिलने पर उनके मध्य जो अंत:क्रियाएं होती हैं, उन्हें 'सामाजिक क्रियाएं' कहते हैं, जिनके आधार पर ही उनके मध्य मानवीय संबंध स्थापित होते हैं।
- सामाजिक संबंध अमूर्त होते हैं, इसलिए स्वाभाविक रूप से समाज भी अमूर्त है अर्थात् इससे किसी ठोस यथार्थ का पता नहीं चलता।
- समाज सामूहिक अंत:क्रियाओं की विधाओं के माध्यम से जीवन और अस्तित्व की मौलिक और इनसे प्रादुर्भूत आवश्यकताओं को संतुष्टि प्रदान करता है।
- समाज पारस्परिक अंत:क्रियाओं को प्रोत्साहित करता है और इसके अवसर प्रदान करता है।
- मनुष्य अपनी अंत:क्रिया समाज में रहकर ही करता है।
- किसी भी समाज में श्रम-विभाजन का संबंध दो प्रकार के जनसंख्या घनत्व से होता है—भौतिक एवं नैतिक घनत्व।
- भौतिक घनत्व का संबंध व्यक्तियों की संख्या में वृद्धि हो जाने से है, जबकि नैतिक घनत्व का संबंध व्यक्ति की अंत:क्रिया में वृद्धि हो जाने से।

सामाजिक प्रक्रियाओं के प्रकार

- मोटे तौर पर सामाजिक प्रक्रियाएं दो प्रकार की होती हैं—सहकारात्मक तथा विरोधात्मक।
- समाज में विचार तथा भावनाएं अपने आरंभिक चरण में व्यक्तिगत स्तर पर ही उदित होती हैं। समाज के अन्य सदस्यों से अंत:क्रिया करने के क्रम में ये विचार तथा मनोभाव चेतना का रूप धारण करते हैं। **—दुर्खीम**
- जटिल समाजों में अर्थव्यवस्था लाभांश अभिप्रेरित होती है। इसके विपरीत आदिम समाजों में मुनाफाखोरी की प्रवृत्ति नहीं पाई जाती थी, क्योंकि उत्पादन अधिकांशत: सामूहिक रूप से होता था। वे पारस्परिक दायित्वों एवं सामूहिकता की भावना से ओत-प्रोत होते थे, इसलिए मुनाफा कमाने की बात नहीं सोचते थे।

असहयोगात्मक प्रक्रियाएं

- तार्किक क्रिया पूर्व निश्चित किसी बाह्य लक्ष्य तथा संबद्ध साधनों को ध्यान में रखकर संपन्न की जाती है, जबकि अतार्किक क्रिया अनिश्चित होती है और साधनों को ध्यान में रखे बिना ही की जाती है।
- प्रतिस्पर्धा, संघर्ष, प्रतिकूलन आदि असहयोगात्मक प्रक्रियाएं हैं। प्रतिस्पर्धा सीमित लक्ष्य को प्राप्त करने के लिए व्यक्तियों के बीच एक अचेतन, अवैयक्तिक प्रक्रिया का उदाहरण है, जबकि संघर्ष ऐसी प्रत्यक्ष प्रक्रिया है, जो चेतन एवं व्यक्तिगत होती है। संघर्ष कभी-कभी हिंसात्मक हो जाता है। असहयोगात्मक प्रक्रियाएं सामाजिक गठबंधनों को कमजोर बनाती हैं।

विशिष्ट कार्य

- विशिष्ट कार्यों से अभिप्राय समाज द्वारा व्यक्ति की प्राथमिक व मौलिक आवश्यकताओं की संतुष्टि से है।
- प्राकृतिक साधनों का उपयोग व समुचित वितरण कर जनसंख्या का भरण-पोषण करना समाज का महत्त्वपूर्ण कार्य है।
- समाज में संतानोत्पत्ति एवं संतान का भरण-पोषण आवश्यक है, जो सामूहिक या सामाजिक जीवन में ही संभव है।

समाज की आवश्यकताएँ

- सदस्यों में उचित श्रम-विभाजन समाज के अस्तित्व को बनाए रखने के लिए जरूरी है। इससे मनुष्य में सहयोग की भावना बनती है और संगठन में दृढ़ता भी आती है।
- सामाजिक आवश्यकता एवं मानदंडों के अनुरूप संपादित कार्यों के आधार पर ही संबंधित व्यक्तियों का समाज में क्रम निर्धारित होता है।
- अनौपचारिक नियंत्रण में उन साधनों को शामिल किया जाता है, जो समाज की आवश्यकताओं के अनुसार, अपने आप ही विकसित होते हैं, जैसे—जनरीतियां, प्रथाएं, रूढ़ियां, परंपराएं, जनमत आदि।
- समाज व्यक्ति की प्राथमिक आवश्यकता और व्यवस्था से उत्पन्न व्यक्ति तथा समूह की अन्य अनेक आवश्यकताओं की संतुष्टि के अवसर प्रदान करता है।
- व्यक्ति की विभिन्न आवश्यकताओं की पूर्ति के लिए समाज का विशेषीकरण, श्रम-विभाजन एवं औद्योगिकीकरण जैसी आधुनिक विशेषताओं पर आधारित होना अति आवश्यक है।

सामाजिक असमानता

- लुंडबर्ग के अनुसार, स्तरीकृत समाज ऐसा माना जाता है, जिसमें असमानता होती है तथा ऐसे विभेद होते हैं, जो उनके द्वारा उच्च/निम्न समाकलित किए जाते हैं।
- सामाजिक स्तरीकरण सामाजिक असमानता का ही एक प्रकार है। प्रस्थिति की असमानता अथवा पद का विभेदीकरण सामाजिक स्तरीकरण की प्रमुख विशेषता है।

सामाजिक व्यवस्था

- प्रत्येक समाज में स्थायित्व एवं निरंतरता हेतु सामाजिक व्यवस्था में स्थिरता अनिवार्य है।
- विशिष्ट कार्यों से अभिप्राय समाज द्वारा व्यक्ति की प्राथमिक व मौलिक आवश्यकताओं की संतुष्टि से है।

समाज की विशेषताएँ

- समाज अपने में ही एक संघ है, यह कथन मैकाइवर का है। समाज की अपनी कुछ महत्त्वपूर्ण विशेषताएं हैं, जैसे—व्यक्तियों का समूह, विभिन्नताएं तथा विभिन्न प्रकार की समानताएं, सहयोग एवं संघर्ष की भावना, व्यावहारिकता।
- प्रत्येक जीवित प्राणी समाज में कुछ सामाजिक विशेषताओं का प्रदर्शन करता है।
- मानव एक ऐसा प्राणी है, जो जैविक व सामाजिक विशेषताओं के साथ ही मूलतः सामाजिक-सांस्कृतिक विशेषताओं का धारक है।

सामाजिक संबंध

- **मैकाइवर और पेज** (Maciver and Page) के अनुसार, 'समाजशास्त्र सामाजिक संबंधों के बारे में है और सामाजिक संबंधों का ताना-बाना ही समाज है।'
- मातुलेय मातृसत्तात्मक समाजों में प्रचलित एक सामान्य प्रथा है। इसके तहत किसी परिवार में पिता की अपेक्षा मामा की भूमिका अधिक महत्त्वपूर्ण होती है।
- पितृ प्रधान समाजों में बुआ की महत्त्वपूर्ण भूमिका 'पितृत्वेय प्रथा' कहलाती है।

समाज का लक्ष्य

- **मर्टन** के अनुसार, प्रत्येक समाज का अपना लक्ष्य होता है और उसे प्राप्त करने के लिए संस्थागत साधन भी होते हैं, लेकिन समाज में व्यक्तियों की प्रस्थिति समान नहीं होती। इसी वजह से लक्ष्य प्राप्ति के अवसर सभी व्यक्तियों के लिए समान नहीं होते।
- **पैरेटो** ने समाज की व्याख्या मुख्य रूप से संरचनात्मक-प्रकार्यात्मक उपागम के आधार पर की है। वे समाज को एक यांत्रिक सावयव मानते हैं, जिसके निर्णायक अंग महत्त्वपूर्ण कार्य संपन्न करते हैं। ये अंग अपने प्रकार्यों के माध्यम से समाज की निरंतरता में योग देते हैं।

सामाजिक विकास

- लगभग 2300 साल पहले सर्वप्रथम **प्लेटो** ने सामाजिक विषयों—प्रथाओं, सामाजिक संबंधों, स्त्रियों की स्थिति आदि के संदर्भ में समाज का अध्ययन किया था।
- लगभग उन्हीं दिनों भारत में भी **मनु** आदि स्मृतिकारों ने सामाजिक संबंधों, स्त्रियों की स्थिति आदि का अध्ययन किया और कुछ नियम बनाए, लेकिन इनकी अपेक्षा यूनानी विचारकों के विचार व्यवस्थित हैं।
- तेरहवीं शताब्दी में **थॉमस एक्यूनस, दांते** आदि विचारकों ने सामाजिक संबंधों व घटनाओं को समझाने के लिए तर्क को स्थान दिया।
- पंद्रहवीं शताब्दी तक आते-आते सामाजिक घटनाओं और संबंधों के स्वतंत्र अध्ययन की प्रवृत्ति आरंभ हो गई।
- अठारहवीं शताब्दी के अधिकतर विचारकों ने उन आरंभिक समाजशास्त्रीय सिद्धांतों की रूपरेखा प्रस्तुत की, जिसके आधार पर मार्क्स, एंजिल्स आदि ने समाज की वर्ग-संघर्षवादी व्याख्या की।
- **डार्विन** के उद्विकास के नियम के अनुसार, विकास की प्रक्रिया में जीव की संरचना सरलता से जटिलता की ओर बढ़ती है। यह नियम प्राकृतिक चयन के सिद्धांत पर आधारित है। स्पेंसर ने सर्वप्रथम इसे सामाजिक विकास के संदर्भ में लागू किया।
- **स्पेंसर** ने सामाजिक विकास के मार्ग में आदिम, पुरातन, सैनिक तथा औद्योगिक अवस्थाओं को प्रतिपादित किया। स्पेंसर ने ही सामाजिक और राजनीतिक संगठन के ऐतिहासिक विकासवाद का विस्तृत विवरण प्रस्तुत किया।
- **डलरिच बेक** ने प्रतिवर्ती आधुनिकीकरण की अवधारणा का प्रतिपादन किया था।
- **डलरिच** ने इस अवधारणा का प्रयोग आधुनिक सामाजिक विकास की एक ऐसी अवस्था के लिए किया, जब आधुनिकता के तीव्र विकास के कारण परंपरा और आधुनिकता के बीच सामंजस्यवाला चरण समाप्त हो जाता है।
- पश्चिमी यूरोप में समाजों का विकास सामंती राज्यों से हुआ, पूर्वी यूरोप

में निरंकुश राज्यों से, अमेरिका, कनाडा और ऑस्ट्रेलिया में उपनिवेशवाद से, लेटिन अमेरिका में अल्पतंत्रीय विजित उपनिवेशवादी समाजों से और जापान में केंद्रीय सामंती राज्यों से।

- सामाजिक विकास के महत्त्वपूर्ण निदर्शक व संकेतक हैं—जीवन स्तर में सुधार या परिवर्तन, गरीबी उन्मूलन, शिक्षा में विस्तार, रोजगार के स्तर में वृद्धि, सामाजिक न्याय अर्थात् अवसरों का समान वितरण, कमजोर समूहों का उत्थान, जीवन की विविध कठिनाइयां और विषमताओं से सुरक्षा, समाज कल्याण सुविधाओं में सुधार आदि।
- सामाजिक विकास के अभिकल्प तैयार करने की विधि में निम्नलिखित सम्मिलित हैं—नीति नियोजन अर्थात् उद्देश्य निश्चित करना, कार्यक्रम बनाना अर्थात् संसाधनों को जुटाना, क्रियान्वयन अर्थात् निर्णय लेने की प्रक्रिया में जनता की भागीदारी, मूल्यांकन अर्थात् उद्देश्यों और क्रियान्वयन के बीच की दूरी को मापना तथा भविष्य की योजनाओं के लिए प्रतिपुष्टि।

आधुनिक समाज

- आधुनिक समाज में प्रशासन राज्य द्वारा निर्धारित विधि-विधानों के अंतर्गत संचालित किया जाता है।
- आधुनिक समाज की विशेषताएं इस प्रकार हैं—ऐच्छिक सहयोग, व्यापक श्रम-विभाजन, खुला सामाजिक संस्तरण, संवेदनात्मक संबंधों की प्रभुता, द्वितीयक समूहों की प्रधानता और मुक्त अर्थव्यवस्था, संविदात्मक संबंध, औपचारिक संबंध, अत्यधिक श्रम-विभाजन, लौकिक विचार, नगरीकरण, औद्योगिकीकरण इत्यादि, जबकि दूसरी तरफ परंपरागत या प्राचीन समाज में अनौपचारिक संबंध, कम श्रम-विभाजन, धर्म का प्रभुत्व, औद्योगिकीकरण एवं नगरीकरण का अभाव इत्यादि विशेषताएं पाई जाती हैं।

ग्राम विकास कार्यक्रम और प्रबंधन

ग्रामीण समाज में विभिन्न योजनाओं के माध्यम से नियोजित विकास को 'ग्रामीण विकास कार्यक्रम' की संज्ञा दी गई हैं। इस तरह की विकासात्मक योजना का मुख्य उद्देश्य है, ग्रामीण समाज में आर्थिक विकास के साथ-साथ सामाजिक विकास को बढ़ावा दिया जाए। नियोजन की प्रक्रिया व विकासात्मक कार्यक्रम की सहायता से ग्रामीण व्यक्ति ग्रामीण क्षेत्र में उपलब्ध संसाधनों का समुचित दोहन करता है। इससे उस क्षेत्र की सामाजिक स्थिति में सुधार आता है, साथ ही उसकी आर्थिक स्थिति मजबूत होती है। अगर ग्रामीण क्षेत्र की आर्थिक स्थिति मजबूत होती है तो इससे देश की आर्थिक स्थिति व विकास को बल मिलता है।

भारत की लगभग 70% आबादी गाँवों में निवास करती है। प्राचीनकाल से लेकर मध्यकाल तक ग्रामीण क्षेत्र आत्मनिर्भर थे, किंतु आधुनिक काल में ब्रिटिश हुकूमत के कारण सर्वाधिक पतन ग्रामीण क्षेत्रों का हुआ। ज्यादा लगान, कच्चे माल के तौर पर नगदी फसलों का उत्पादन, शिल्पकला, हस्तकला आदि के पतन ने ग्रामीण क्षेत्र को पिछड़ेपन, बेरोजगारी, निर्धनता व शोषण की तरफ धकेल दिया। फलस्वरूप, ब्रिटिश हुकूमत के शासनकाल तक ग्रामीण समाज पीड़ित रहा।

आजादी के बाद भारत सरकार ने इन स्थितियों को बदलने के लिए प्रयास आरम्भ किए। भारत सरकार को यह भलीभाँति पता था कि ग्रामीण क्षेत्रों का उत्थान किए बिना सम्पूर्ण देश का विकास संभव नहीं है। इसलिए सरकार द्वारा ग्रामीण क्षेत्र को बल देने के लिए विभिन्न योजनाओं, कार्यक्रमों व नियमों पर जोर दिया गया। प्रशासनिक मशीनरी को इसके लिए तैयार किया गया तथा सुधार की कार्यवाही को व्यापक स्तर पर आरम्भ किया गया।

ग्रामीण स्तर पर, सामाजिक न्याय पर आधारित कार्यक्रमों को भी लागू किया गया, जैसे महिलाओं की स्थिति में सुधार हेतु कार्यक्रम, अनुसूचित जाति व जनजाति के लिए कानून व्यवस्था, सीमांत मजदूर व किसानों के लिए कल्याणकारी योजनाएं, प्रशासनिक स्तर पर पंचायती राज, सहकारी समिति, ग्रामीण ऋण व बैंकिंग की व्यवस्था, सूचना संचार का विकास आदि ताकि ग्रामीण समाज भी विश्व के साथ कदम से कदम मिलाकर चल सके। सरकार द्वारा की गई इस पहल में कई योजनाएँ सफलतापूर्वक अपने लक्ष्य को प्राप्त कर सकी तथा ग्रामीण समाज को सशक्त बनाने में इन्होंने महत्वपूर्ण भूमिका निभाई।

ग्रामीण विकास कार्यक्रम की उपलब्धियाँ

- ग्रामीण विकास कार्यक्रम गरीबी मिटाने की दिशा महत्वपूर्ण कदम रहा। इस कार्यक्रमों के द्वारा गरीबी रेखा से नीचे रहने वाले परिवारों को सहायता देकर उन्हें गरीबी रेखा के ऊपर लाया गया एवं वित्तीय सहायता प्रदान कराने उन्हें स्वरोजगार प्रदान करने का प्रयास किया गया तथा सुधार की कार्रवाई को व्यापक स्तर पर आरम्भ किया गया।
- ग्रामीण विकास कार्यक्रम के माध्यम से बेरोजगारी दूर कर लोगों को स्वावलम्बी बनाने का प्रयास किया गया है। 48 प्रतिशत से अधिक जनसंख्या जो गरीबी रेखा के नीचे जीवनयापन कर रही थी, उनके जीवन में इन कार्यक्रमों के कारण व्यापक परिवर्तन आया है।
- ग्रामीण विकास कार्यक्रम में अनुसूचित जातियों-जनजातियों, छोटे कृषकों, सीमांत कृषकों व भूमिहीन श्रमिकों के लिए रोजगार के व्यापक अवसर उपलब्ध कराए गए हैं।
- महिलाओं के उत्थान के लिए विशेष प्रयास किए गए हैं। कुटीर उद्योग को बढ़ावा देना, ट्राइसेम जैसी योजनाओं के क्रियान्वयन ने महिला सशक्तिकरण में महत्वपूर्ण भूमिका निभाई है। इससे महिलाओं का सामाजिक स्तर उन्नत हुआ है।
- गरीब किसानों को ग्रामीण विकास कार्यक्रम के तहत आर्थिक उन्नयन हेतु विभिन्न प्रकार के संस्थागत ऋण उपलब्ध कराकर उन्हें आर्थिक तौर पर सशक्त करने का प्रयास किया गया है।
- ग्रामीण विकास कार्यक्रम से कृषि उत्पादन में वृद्धि हुई और जीवन स्तर में सुधार हुआ है तथा रोजगार के अवसर भी बढ़े हैं।

ग्रामीण विकास कार्यक्रम की समस्याएँ एवं चुनौतियाँ

भारत सरकार द्वारा चलाए जा रहे ग्रामीण विकास कार्यक्रमों की सफलता में कई बाधाएँ भी हैं, जिसके कारण ये योजनाएँ ज्यादा सफल नहीं हो सकी हैं। इन समस्याओं के विषय में हम बिन्दुवार चर्चा करेंगे-

(i) अशिक्षा - भारतीय ग्रामीण समाज में अशिक्षा एक बहुत बड़ा

अभिशाप है। इसके कारण ग्रामीण जन किसी कार्यक्रम के उद्देश्य को समझ नहीं पाते हैं और न ही उसका समुचित लाभ उठा पाते हैं। विभिन्न महत्वपूर्ण योजनाओं में इनकी सहभागिता काफी कम होती है। अतः यह अतिआवश्यक है कि ग्रामीण जन को शिक्षित किया जाए ताकि वे ग्रामीण विकास कार्यक्रम में भाग ले सके तथा इन कार्यक्रमों को सफल बनाकर लाभान्वित हो सकें।

(ii) **गरीबी** - ग्रामीण समाज में गरीबी, व्यापक तौर पर पाई जाती है। गरीबी के कारण स्वास्थ्य में कमी, आवश्यक वस्तुओं की पूर्ति में बाधा, नवाचार से दूर आदि समस्याओं से रू-ब-रू होना पड़ता है। अतः ग्रामीण स्तर पर यह आवश्यक है कि प्राथमिकता के आधार पर योजना का क्रियान्वयन किया जाए। अगर कुछ हद तक गरीबी का निवारण कर ग्रामीण विकास हेतु अन्य कार्यक्रमों में तेजी लाई जा सकती है तो पहले उन्हें क्रियान्वित करना आवश्यक है। उदाहरण के तौर पर, अगर आय बढ़ाने वाली योजनाओं के परिणामस्वरूप अन्य योजनाओं पर सकारात्मक प्रभाव दिखाई देता है तो पहले आय वृद्धि वाली योजनाओं का क्रियान्वयन करना चाहिए।

(iii) **सामाजिक प्रथाएं** - भारतीय ग्रामीण समाज में अंधविश्वास, जादू-टोने, रूढ़ियों, प्रथाओं की अधिकता रही है। तार्किक ज्ञान के अभाव में इनका वर्चस्व भारतीय ग्रामीण समाज में दिखाई देता है। ग्रामीण समाज में अनेक कुप्रथाएँ, जैसे-जातिवाद, छुआछूत, पर्दा प्रथा आदि विकासात्मक कार्यक्रम को हतोत्साहित करती हैं।

(iv) **जनसंख्या वृद्धि** - जनसंख्या विस्फोट भारत की बहुत बड़ी समस्या है। इसके कारण संसाधनों का समुचित वितरण सभी के मध्य नहीं हो पाता तथा प्रशासनिक मशीनरी व व्यवस्था पर भी दबाव बना रहता है। अत्यधिक जनता के कारण सभी को विभिन्न योजनाओं का लाभ भी नहीं मिल पाता। अतः यह आवश्यक है कि जनसंख्या को नियंत्रित करने का प्रयास किया जाए।

(v) **आधारभूत संरचना का अभाव** - किसी भी समाज या देश को विकसित करने के लिए यह आवश्यक है कि उस देश में आधारभूत संरचना को बढ़ावा दिया जाए। विकसित आधारभूत संरचना के कारण विभिन्न कार्यक्रमों व योजनाओं को आसानी से सफल बनाया जा सकता है तथा लोगों को लाभान्वित किया जा सकता है। यातायात, संचार के साधनों की समुचित व्यवस्था, रेल, डाक आदि का विकास ग्रामीण क्षेत्रों में बहुत ही कम हुआ है। अतः यह आवश्यक है कि इस बाधा को दूर करने का प्रयास किया जाना चाहिए तथा आधारभूत संरचनाओं के निर्माण में विशेष ध्यान दिया जाना चाहिए। संरचना विकास निर्माण प्रक्रिया के दो लाभ हैं, पहला, निर्माण कार्य के दौरान स्थानीय लोगों को रोजगार मिलता है तथा दूसरा, निर्माण कार्य पूर्ण होने के पश्चात् वहाँ की जनसंख्या के लिए स्थायी रोजगार की संभावना भी बढ़ जाती है।

(vi) **भ्रष्टाचार का प्रसार** - भ्रष्टाचार, भाई-भतीजावाद आदि ऐसी समस्याएं है जो भारत के सरकारी तंत्र को खोखला कर रही हैं। उदाहरण के तौर पर, गरीब व्यक्ति को योजना का लाभ पहुँचाने के एवज में रकम की मांग, ऋण लेते समय बैंक के अधिकारियों द्वारा रिश्वत की मांग आदि ऐसी समस्याएं हैं जो लोककल्याणकारी कार्यों में बाधा पहुँचाती हैं। अतः यह आवश्यक है कि कठोर कानून बनाकर भ्रष्टाचारियों के खिलाफ कठोरतम कार्रवाई की जाए।

(vii) **प्रशासनिक तंत्र में समन्वय का अभाव**- प्रशासनिक तंत्र में यह देखा गया है कि अधिकारियों के मध्य योजना के क्रियान्वयन समन्वय का अभाव मिलता है। इसका एक कारण गैर-प्रशिक्षित कर्मचारियों को योजना में शामिल करना है। इसके कारण योजना का वह प्रतिफल प्राप्त नहीं हो पाता है जो योजना के आरम्भ करने से पूर्व निर्धारित किया गया था।

(viii) **योजना का क्रियान्वयन लम्बी अवधि तक न होना** - भारतीय राजनीतिक व्यवस्था में यह देखा गया है कि चुनाव के दौरान विभिन्न राजनीतिक दलों द्वारा कई कार्यक्रमों की घोषणा की जाती है। सत्ता में आने के बाद उनको आरम्भ भी किया जाता है, किंतु समय के साथ इन योजनाओं के क्रियान्वयन में उदासीनता आने लगती है, जिसके परिणामस्वरूप योजनाएँ सभी तक सफलतापूर्वक नहीं पहुँचती हैं।

इन तमाम समस्याओं के बावजूद भारतीय परिवेश में यह अति आवश्यक है कि ग्रामीण क्षेत्र में कार्यक्रमों का संचालन ईमानदारी एवं पारदर्शिता के साथ समयबद्ध तरीके से किया जाए। तकनीकी सहायता के माध्यम से अधिक-से -अधिक लोगों को इसमें जोड़ा जाए। ग्रामीण विकास की गति धीमी है, अतः यह आवश्यक है कि विकास कार्यक्रमों के तहत लघु उद्योगों को बढ़ावा दिया जाए ताकि गाँव आत्मनिर्भर बन सकें तथा रोजगार का सृजन व उत्पादन छोटे स्तर पर संभव हो सके। भविष्य में जनकल्याणकारी कार्यक्रमों को जन-जन तक पहुँचाने के लिए यह आवश्यक है कि जनसंख्या को नियंत्रित किया जाए। इसके लिए परिवार नियोजन संबंधी नीतियों को सरकार द्वारा लागू किया जाना चाहिए। शिक्षा के स्तर पर परपंरागत शिक्षा के साथ-साथ तकनीकी शिक्षा पर भी बल देना चाहिए। ग्रामीण स्तर पर ऐसा करके अधिकतर युवा कौशलीकृत होकर देश के विभिन्न क्षेत्रों में अपना योगदान दे सकते हैं। रोजगार के साथ-साथ आय में वृद्धि भारतीय ग्रामों को सशक्त व खुशहाल बनाएगी। प्रशासनिक स्तर पर संवेदनशीलता को बढ़ाना होगा, कार्यक्रम की नियमित मॉनिटरिंग, प्रशिक्षित कर्मचारियों का सहयोग व ग्राम पंचायत को अधिकांश योजनाओं में शामिल करना ग्रामीण विकास कार्यक्रम हेतु एक क्रांतिकारी कदम होगा। आधारभूत संरचना के निर्माण में ग्रामीणों की सलाह व रोजगार के तौर पर उनका सहयोग लेना विकासात्मक कार्यों को गति देगा। इस प्रकार विभिन्न कार्यक्रमों के माध्यम से उन्हें जोड़ा जा सकता है। विभिन्न कार्यक्रमों हेतु जन-जागरूकता फैलाना ताकि लोगों की सहभागिता बढ़े और ज्यादा-से-ज्यादा लोग इसका लाभ ले सकें, आवश्यक है।

राष्ट्रीय कृषि विकास योजना

कृषि और संबद्ध क्षेत्रो में धीमी वृद्धि से चिंतित और कृषि को बढ़ावा देने के लिए भारत सरकार द्वारा 23 मई, 2007 को राष्ट्रीय कृषि विकास योजना

(RKVY) की शुरुआत की गई। इस योजना का उद्देश्य कृषि जलवायु, प्राकृतिक संसाधन और प्रोद्योगिकी को ध्यान में रखते हुए कृषि का विकास करना है।

आरकेवीवाई (RKVY) योजना कृषि एवं संबंद्ध क्षेत्रों में सार्वजनिक निवेश बढ़ाने के लिए राज्यों को प्रोत्साहित करती है। इस योजना के तहत राज्यों को अपनी आवश्यकता, प्राथमिकताओं और कृषि-जलवायु आवश्यकताओं के अनुसार योजना के तहत परियोजना/कार्यक्रमों का चयन, नियोजन अनुमोदन और निष्पादन के लिए छूट एवं स्वायत्तता प्रदान की गई।

यह योजना दो अवधि (11वीं और 12वीं पंचवार्षिक योजना) तक कार्यान्वित की गई है। वर्ष 2013-14 तक योजना का कार्यान्वयन 100 प्रतिशत केन्द्रीय सहायता के साथ राज्य योजना स्कीम के लिए अतिरिक्त केन्द्रीय सहायता (एसीए) के रूप में किया गया था। इसे 100 प्रतिशत केन्द्रीय सहायता के साथ वर्ष 2014-15 में एक केन्द्रीय प्रायोजित योजना में परिवर्तित किया गया। वर्ष 2015-16 से योजना की वित्तपोषण प्रणाली को केन्द्र और राज्यों के बीच 60:40 (पूर्वोत्तर राज्यों और हिमालयी राज्यों के लिए 90:10) के अनुपात में संशोधित किया गया है। केन्द्रशासित क्षेत्रों के लिए वित्त पोषण पद्धति 100 प्रतिशत केन्द्रीय अनुदान है।

राष्ट्रीय बागवानी मिशन (एनएचएम)

भारत सरकार द्वारा राष्ट्रीय बागवानी मिशन की शुरुआत वर्ष 2005-06 (दसवीं योजना) के दौरान केन्द्र प्रायोजित योजना के रूप में की गई थी। इस योजना का उद्देश्य भारत में बागवानी क्षेत्र का व्यापक वृद्धि करने के साथ-साथ बागवानी उत्पादन में वृद्धि करना था। 11 वीं योजना के दौरात भारत सरकार की सहायता का अंश 85 प्रतिशत तथा राज्य सरकारों का अंशदान 15 प्रतिशत था।

उत्तर पूर्व के आठ राज्यों को छोड़कर सभी राज्य तथा केंद्र शासित प्रदेशों को इस मिशन के अंतर्गत लाया गया था। उपरोक्त छूटे हुए सभी राज्यों को "उत्तर-पूर्व राज्यों में उद्यान विज्ञान के एकीकृत विकास हेतु तकनीकी मिशन" नामक अभियान के तहत लाया गया था।

राष्ट्रीय खाद्य सुरक्षा मिशन

भारत सरकार द्वारा खाद्यान्न उत्पादन में आई स्थिरता एवं बढ़ती जनसंख्या की खाद्य उपभोग को ध्यान में रखते हुए, अगस्त 2007 में केन्द्र प्रायोजित राष्ट्रीय खाद्य सुरक्षा मिशन योजना का शुभारंभ किया था।

इस योजना का मुख्य लक्ष्य सुस्थिर आधार पर गेहूँ, चावल व दलहन की उत्पादकता में वृद्धि लाना था ताकि देश में खाद्य सुरक्षा की स्थिति को सुनिश्चित किया जा सके। इसका दृष्टिकोण समुन्नत प्रौद्योगिकी के प्रसार एवं कृषि प्रबंधन पहल के माध्यम से इन फसलों के उत्पादन में व्याप्त अंतर को दूर करना है।

राष्ट्रीय खाद्य सुरक्षा मिशन के तीन घटक होंगे-

1 चावल राष्ट्रीय खाद्य सुरक्षा मिशन

2 गेहूँ राष्ट्रीय खाद्य सुरक्षा मिशन

3 दलहन राष्ट्रीय खाद्य सुरक्षा मिशन

राष्ट्रीय बाँस मिशन

केंद्रीय मंत्रिमंडल की आर्थिक मामलों की समिति द्वारा 14वें वित्त आयोग (2018-19 तथा 2019-20) की शेष अवधि के दौरान सतत् कृषि के लिये राष्ट्रीय मिशन (NATIONAL MISSION FOR SUSTAINABLE AGRICULTURE - NMSA) के अंतर्गत केंद्र प्रायोजित राष्ट्रीय बाँस मिशन (NATIONAL BAMBOO MISSION - NBM) को स्वीकृति दी गई।

इस योजना के तहत बांस की खेती से लोगों को बड़े पैमाने पर रोजगार मुहैया कराया जाएगा। इससे रोजगार के लिए गांवों से शहरों की ओर हो रहे पलायन पर भी रोक लगेगी। किसान गांव में बंजर भूमि पर हरा सोना उगाकर अपना भविष्य संवार सकेंगे। अन्य संबंधित सामग्री के लिए बैंक से लोन दिलाया जाएगा, जिस पर किसानों को 50 प्रतिशत (अधिकतम पचास हजार रुपये) की सब्सिडी मिलेगी।

यह सब्सिडी तीन वर्ष में तीन किस्तों में दी जाएगी। पहले साल 60 फीसदी, दूसरे साल 30 फीसदी व तीसरे साल 20 फीसदी अनुदान दिया जाएगा। छोटे काश्तकारों को बांस उगाने पर एक पौधे पर 120 रुपये की सब्सिडी मिलेगी।

नार्थ ईस्ट को छोडकर अन्य क्षेत्रों में इसकी खेती के लिए 50 फीसदी सरकार और 50 फीसदी किसान लगाएगा। 50 फीसदी सरकारी शेयर में 60 फीसदी केंद्र और 40 फीसदी राज्य की हिस्सेदारी होगी। जबकि नार्थ ईस्ट में 60 फीसदी सरकार और 40 फीसदी किसान लगाएगा। 60 फीसदी सरकारी पैसे में 90 फीसदी केंद्र और 10 फीसदी राज्य सरकार का शेयर होगा।

राष्ट्रीय तिलहन और ताड़ तेल मिशन

केंद्र सरकार द्वारा खाद्य तेलों के आयात पर देश की निर्भरता को कम करने और अगले पांच वर्षों में पामतेल की घरेलू पैदावार को प्रोत्साहित करने के लिए 18 अगस्त, 2021 को 11,040 करोड़ रुपये के राष्ट्रीय खाद्य तेल मिशन- आयल पॉम को मंजूरी दी। यह केंद्र सरकार द्वारा प्रायोजित नई योजना है, जिसका फोकस पूर्वोत्तर के क्षेत्रों तथा अंडमान और निकोबार द्वीप समूह पर है।

इस योजना का मुख्य उद्देश्य घरेलू खाद्य तेल की कीमतों को कम करना जो महँगे पाम तेल के आयात पर निर्भर हैं। जिसके अंतर्गत वर्ष 2025-26 तक पाम तेल का घरेलू उत्पादन तीन गुना बढ़ाकर 11 लाख मीट्रिक टन करना। इससे किसानों को अत्यधिक लाभ होगा, पूंजी निवेश बढ़ेगा, रोजगार सृजन होगा, आयात पर निर्भरता कम होगी और किसानों की आय में भी वृद्धि होगी।

इस योजना में दो प्रमुख क्षेत्रों पर विशेष ध्यान दिया गया है। पाम ऑयल के किसान ताजे फलों के गुच्छे (एफएफबी) तैयार करते हैं, जिनके बीज से तेल निकलता है। ताड़ की खेती के लिए सहायता में काफी बढ़ोतरी की गई है। पहले प्रति हेक्टेयर 12 हजार रु. दिए जाते थे, जिसे बढ़ाकर 29 हजार रु. प्रति हेक्टेयर कर दिया गया है। इसके अलावा रखरखाव और फसलों के दौरान भी सहायता में बढ़ोतरी की गई है। पुराने बागों को दोबारा चालू करने के लिए 250 रु. प्रति पौधा के हिसाब से विशेष सहायता दी जा रही है, यानी एक पौधा रोपने पर 250 रु. मिलेंगे। पौधारोपण सामग्री की कमी दूर करने के लिए, बीजों की पैदावार करने वाले बागों को सहायता दी जाएगी। इसके तहत भारत के अन्य

स्थानों में 15 हेक्टेयर के लिए 80 लाख रु. तक की सहायता राशि दी जाएगी, जबकि पूर्वोत्तर तथा अंडमान क्षेत्रों में यह सहायता राशि 15 हेक्टेयर पर एक करोड़ रु. निर्धारित की गई है। इसके अलावा शेष भारत में बीजों के बाग के लिए 40 लाख रु. और पूर्वोत्तर तथा अंडमान क्षेत्रों के लिए 50 लाख रु. तय किए गए हैं। पूर्वोत्तर और अंडमान को विशेष सहायता का भी प्रावधान है, जिसके तहत पहाड़ों पर सीढ़ीदार अर्धचंद्राकार में खेती, बायो-फेंसिंग और जमीन को खेती योग्य बनाने के साथ एकीकृत किसानी के लिए बंदोबस्त किए गए हैं। पूर्वोत्तर राज्यों और अंडमान के लिए उद्योगों को पूंजी सहायता के संदर्भ में पांच मीट्रिक टन प्रति घंटे के हिसाब से पांच करोड़ रु. का प्रावधान किया गया है।

राष्ट्रीय सतत कृषि मिशन (एनएमएसए)

भारत सरकार द्वारा पूर्व में संचालित योजनाओ यथा राष्ट्रीय सूक्ष्म सिचाई मिशन , राष्ट्रीय जैविक खेती परियोजना, राष्ट्रीय मृदा स्वास्थ एवं उर्वरता प्रबंधन परियोजना तथा वर्षा असंचित क्षेत्र विकास कार्यक्रम का समावेश कर एक नया कार्यक्रम वर्ष 2014-15 से क्रियान्वित किया गया।

राष्ट्रीय सतत कृषि मिशन का उद्देश्य

1. कृषि को स्थान विशिष्ट तथा एकीकृत/संयुक्त कृषि प्रणालियों को बढ़ावा दे कर और अधिक उत्पादक, सतत, लाभकारी और जलवायु प्रत्यास्थ बनाना।

2. समुन्नित मृदा और नमी संरक्षण उपायों के माध्यम से प्राकृतिक संसाधनों का संरक्षण करना।

3. मृदा उर्वरता, वृहत् एवं सूक्ष्म पोषक तत्वों के मृदा परीक्षण तथा समुचित उर्वरकों के प्रयोग इत्यादि के आधार पर व्यापक मृदा स्वास्थ्य प्रबंधन पद्धतियां अपनाना।

4. 'प्रति बूंद अधिक फसल हासिल करने के लिए व्याप्ति बढ़ाने हेतु कुशल जल प्रबंधन के माध्यम से जल संसाधनों का इष्टतम उपयोग।

5. जलवायु परिवर्तन अनुकूलन और अल्पीकरण के क्षेत्र में अन्य चालू मिशनों अर्थात राष्ट्रीय कृषि विस्तार एवं प्रौद्योगिकी मिशन, राष्ट्रीय खाद्य सुरक्षा मिशन, राष्ट्रीय कृषि जलवायु प्रत्यास्थता पहल (एनआईसीआरए) इत्यादि के सहयोग से किसानों एवं पणधारियों की क्षमता बढ़ाना ।

6. महात्मा गांधी राष्ट्रीय ग्रामीण रोजगार गारंटी स्कीम (मनरेगा), एकीकृत पनधारा कार्यक्रम (आईडब्ल्यूएमपी), आरकेवीवाई इत्यादि जैसी अन्य स्कीमों/मिशनों से संसाधनों को लेकर और एनआईसीआरए के माध्यम से वर्षा सिंचित प्रौद्योगिकियों को मुख्य धारा में लाते हुए वर्षा सिंचित कृषि की उत्पादकता सुधारने हेतु चयनित ब्लाकों में प्रायोगिक मॉडल, और एनएपीसीसी के तत्वाधान में राष्ट्रीय सतत कृषि मिशन के मुख्य उद्देश्यों को पूरा करने हेतु प्रभावी अंतर और आंतरिक विभागीय/मंत्रालय के मध्य समन्वय स्थापित करना।

इस मिशन के कार्यात्मक क्षेत्रो के अन्तर्गत10 आयामों को समाहित किया गया है, जिसमे उपयुक्त कृषि पद्धतियों को बढ़ावा देने के लिए बीज और जल छिडकाव, कीट, पोषक तत्व, कृषि पद्धतियाँ, ऋण, बीमा, बाजार, सूचना और आजीविका विविधीकरण शामिल हैं।

6

ग्रामीण सामाजिक विकास हेतु संचालित प्रमुख योजनाएँ

आत्मनिर्भर भारत अभियान

प्रधानमंत्री श्री नरेन्द्र मोदी ने 12 मई, 2020 को राष्ट्र को संबोधित करते हुए कोविड-19 के विरुद्ध सफलता प्राप्त करने के लिए एक 'आत्मनिर्भर भारत अभियान' शुरू करने की घोषणा की।

'आत्मनिर्भर भारत अभियान' मुख्यत: पाँच स्तम्भों पर खड़ा है, ये हैं–

- ऐसी अर्थव्यवस्था के निर्माण को प्रोत्साहन देना, जो वृद्धिशील परिवर्तन ही नहीं, बल्कि लम्बी छलांग सुनिश्चित करती हो।
- ऐसी प्रणाली (सिस्टम) का विकास करना, जो 21वीं शताब्दी की प्रौद्योगिकी संचालित व्यवस्थाओं पर आधारित हो।
- ऐसे विशेष बुनियादी ढाँचे के निर्माण पर जोर देना, जो भारत की विशेष पहचान दर्शाए।
- उत्साहशील आबादी, जो आत्मनिर्भर भारत के लिए ऊर्जा का स्रोत है, और
- मांग, जिसके तहत हमारी मांग एवं आपूर्ति श्रृंखला की ताकत का उपयोग पूरी क्षमता से हो।

कोविड संकट के दौरान सरकार द्वारा इससे पहले की गई घोषणाओं और आरबीआई द्वारा लिए गए निर्णयों से जुड़ी राशि को मिला देने पर यह पैकेज लगभग 20 लाख करोड़ रुपये का है, जो देश के सकल घरेलू उत्पाद (जीडीपी) के लगभग 10 प्रतिशत के बराबर है।

'आत्मनिर्भर भारत अभियान' का मुख्य बल चार एल (L) पर दिया गया हैं ये हैं– लैण्ड (भूमि), लेबर (श्रम) लिक्विडिटी (तरलता) और लॉ (कानून)। यह अभियान आत्मनिर्भर देश को वैश्विक आपूर्ति श्रृंखला में कड़ी प्रतिस्पर्धा के लिए तैयार करेगा। इस अभियान को तैयार करते समय यह ध्यान रखा गया है कि यह न केवल विभिन्न सेक्टरों में दक्षता निर्माण पर जोर दे वरन् उनकी गुणवत्ता पर भी विशेष बल दे। यह अभियान एम.एस.एम.ई., कुटीर उद्योग, मध्यम वर्ग, मजदूर वर्ग सहित विभिन्न वर्गों की जरूरतों को ध्यान रखते हुए लाया गया है।

'वोकल फॉर लोकल' के मंत्र के साथ लॉन्च किए गए इस अभियान के तहत अब स्वदेशी उत्पादों का गर्व से प्रचार करने और इन स्वदेशी उत्पादों को वैश्विक बनाने में मदद करने की बात की गई है।

इस अभियान को पाँच किश्तों में श्रेणीबद्ध करते हुए प्रथम किश्त की घोषणा 13 मई, 2020 को की गई, जिसमें सूक्ष्म, लघु एवं मध्यम उद्यमों के त्वरित विकास की पहल से संबंधित उपायों की घोषणा है–

- एम.एस.एम.ई. सहित अन्य व्यवसायों के लिए 3 लाख करोड़ रुपये की आपातकालीन कार्यशील पूँजी सुविधा का प्रावधान किया गया है। इसके तहत व्यवसायों को राहत प्रदान करने के लिए 29 फरवरी, 2020 तक बकाया ऋण के 20 प्रतिशत की अतिरिक्त कार्यशील पूँजी रियायती ब्याज दर पर सावधि ऋण के रूप में प्रदान की जाएगी। यह सुविधा 25 करोड़ रुपये तक के बकाया ऋण और 100 करोड़ रुपये तक के टर्नओवर वाली उन इकाइयों के लिए उपलब्ध होगी, जिनके खाते मानक हैं।
- इसके अंतर्गत अब एम.एस.एम.ई. की नई परिभाषा भी गढ़ी गई हैं। निवेश और टर्नओवर की नई सीमा निर्धारित कर एम.एस.एम.ई. की परिभाषा को संशोधित किया गया है।

अब नई कैटेगरी के तहत विनिर्माण और सेवा क्षेत्र के ऐसे उद्यम सूक्ष्म उद्यम के अंतर्गत आएँगे, जो 1 करोड़ रुपये से कम निवेश और 5 करोड़ रुपये से कम टर्नओवर के होंगे। 10 करोड़ रुपये से कम निवेश और 50 करोड़ रुपये से कम टर्नओवर वाले उद्यम, लघु उद्यम के रूप में जाने जाएँगे। मझोले उद्यम की सीमा 50 करोड़ रुपये से कम निवेश और 250 करोड़ रुपये से कम टर्नओवर की रखी गई है।

- इसके अंतर्गत ऐसे एम.एस.एम.ई., जो कर्ज के बोझ तले दबे है या एन.पी.ए. की समस्या से जूझ रहे हैं, उनके लिए 20,000 करोड़ रुपये का प्रावधान किया गया है।
- इसमें एम.एस.एम.ई. फण्ड ऑफ फण्ड्स के माध्यम से 50,000 करोड़ रुपये की इक्विटी सुलभ कराने का प्रावधान भी किया गया है।
- 200 करोड़ रुपये तक की सरकारी निविदाओं के लिए कोई वैश्विक निविदा जारी नहीं करने का प्रावधान भी किया गया है।
- एम.एस.एम.ई. के लिए ई-मार्केट लिंकेज को बढ़ावा देने का प्रावधान है, जो व्यापार मेलों और प्रदर्शनियों के प्रतिस्थापन के रूप में कार्य करेगा।
- व्यावसायिक और संगठित कामगारों के लिए कर्मचारी भविष्य निधि सहायता की बात की गई है। ईपीएफ अंशदान को नियोक्ताओं और

कर्मचारियों के लिए 3 माह तक घटाए जाने का भी प्रावधान बनाया गया है।

- कर व्यवस्था को सरल करते हुए 'स्रोत पर कर कटौती' और 'स्रोत पर संग्रहीत कर' की दरों में कटौती का भी प्रावधान किया गया है।

इस अभियान की दूसरी किश्त की घोषणा 15 मई, 2020 को की गई, जिसके अंतर्गत प्रवासियों, किसानों, छोटे कारोबारियों और रेहड़ी-पटरी वालों सहित अन्य गरीबों की सहायता के लिए अल्पकालिक एवं दीर्घकालिक, दोनों उपायों का प्रावधान किया गया है।

- इसके अंतर्गत प्रवासी कामगारों के लिए सभी राज्यों एवं केन्द्र शासित प्रदेशों को प्रति कामगार दो महीने (मई एवं जून, 2020) के लिए प्रति महीने प्रति कामगार 5 किलोग्राम की दर से खाद्यान्न और साथ ही प्रति परिवार 1 किलोग्राम चने का मुफ्त आवंटन किए जाने का प्रावधान किया गया है।
- केन्द्र सरकार प्रवासी श्रमिकों और शहरी गरीबों के लिए सस्ते किराए के आवास परिसरों के निर्माण से संबंधित योजना शुरू करेगी।
- प्रवासियों को भारत में किसी भी उचित मूल्यवाली दुकान से पी.डी.एस. (राशन) खरीदने में सक्षम बनाने के लिए मार्च, 2020 तक प्रौद्योगिकी प्रणाली के उपयोग की बात है। यह है–एक राष्ट्र, एक राशन कार्ड।
- केन्द्र सरकार मुद्रा शिशु ऋण लेने वालों में शीघ्र भुगतान करने वालों को 12 महीने की अवधि के लिए 2 प्रतिशत का ब्याज उपदान प्रदान करेगी, जिनके ऋण 50,000 रुपये कम के हैं।
- स्ट्रीट वेंडरों के लिए 5,000 करोड़ रुपये की ऋण सुविधा का प्रावधान किया गया है। इसके तहत प्रत्येक उद्यम के लिए 10,000 रुपये की प्रारंभिक कार्यशील पूँजी की बैंक ऋण सुविधा दी जाएगी। यह योजना शहर के साथ-साथ ग्रामीण क्षेत्रों के विक्रेताओं को भी कवर करेगी, जो आस-पास के शहरी इलाकों में अपना व्यवसाय चलाते हैं।
- पी.एम.ए.वाई. (शहरी) के तहत एम.आई.जी. के लिए क्रेडिट लिंक्ड सब्सिडी योजना के विस्तार के माध्यम से आवासन क्षेत्र मध्यम आय समूह को 70,000 करोड़ रुपये के प्रोत्साहन का प्रावधान किया गया है।
- क्षेत्रीय ग्रामीण बैंकों और ग्रामीण सहकारी बैंकों की फसल ऋण आवश्यकता को पूरा करने के लिए नाबार्ड 30,000 करोड़ रुपये की अतिरिक्त पुनर्वितीयन सहायता प्रदान करेगा।
- क्षतिपूरक वनीकरण कोष प्रबंधन एवं योजना प्राधिकरण (कैम्पा) के अंतर्गत लगभग 6,000 करोड़ रुपये की निधियों का उपयोग शहरी क्षेत्रों सहित वनीकरण एवं वृक्षारोपण कार्यों, वन प्रबंधन, वन संरक्षण, वन एवं वन्य जीव संबंधी आधारभूत सुविधाओं के विकास आदि में खर्च किया जाएगा।
- इस किश्त के अंतर्गत, 'किसान क्रेडिट कार्ड योजना' के तहत 2.5 करोड़ किसानों को 2 लाख करोड़ रुपये के ऋण प्रोत्साहन का भी प्रावधान किया गया है।

इस अभियान की तृतीय किश्त में कृषि, खाद्य प्रसंस्करण, मत्स्य पालन से संबंधित सुधार प्रक्रियाओं का उल्लेख किया गया है।

- किसानों के लिए कृषि-द्वार (फार्म-गेट) आधारभूत ढांचे पर केन्द्रित 100000 करोड़ रुपये के कृषि ढाँचा कोष के निर्माण की बात की गई है। इसमें प्राथमिक कृषि सहकारी समितियों, किसान उत्पादक संगठनों, कृषि उद्यमियों, स्टार्ट-अप आदि से संबंधित आधारभूत ढांचे में सुधार की व्यापक पहल शामिल है।
- सूक्ष्म खाद्य उपक्रमों (एम.एफ.ई.) के औपचारिकरण के लिए 10,000 करोड़ रुपये की योजना प्रस्तुत की गई हैं। इसके अंतर्गत 2 लाख सूक्ष्म खाद्य उपक्रमों (एम.एफ.ई.) की सहायता के लिए 'वैश्विक पहुँच के साथ वोकल फॉर लोकल' का शुभारम्भ किया जाएगा। इससे ऐसे उद्यमियों को फायदा होगा। जिन्हें एफ.एस.एस.ए.आई.। खाद्य मानकों को हासिल करने, ब्रांड खड़ा करने और विपणन के लिए दक्षता और प्रौद्योगिकी उन्नयन की आवश्यकता है।
- इस किश्त के अंतर्गत 'प्रधानमंत्री मत्स्य संपदा योजना' के माध्यम से मछुआरों के लिए 20,000 करोड़ रुपये का प्रावधान किया गया है। जिसके अंतर्गत सरकार समुद्री, अंतर्देशीय मछली पालन और एक्वा. कल्चर से जुड़ी अन्य गतिविधियों के लिए 11,000 करोड़ रुपये, साथ ही आधारभूत ढाँचा तथा फिशिंग हार्बर्स, कोल्ड स्टोरेज (शीत भण्डारण), बाजार आदि के लिए 9,000 करोड़ रुपये की धनराशि उपलब्ध कराएगी।
- अन्य उपायों में पशुपालन से संबंधित आधारभूत ढाँचे के विकास के लिए 15,000 करोड़ रुपये, औषधीय महत्व के पौधे एवं इससे संबंधित खेती को बढ़ावा देने के लिए 4,000 करोड़ रुपये, 'राष्ट्रीय पशु रोग नियंत्रण कार्यक्रम' जिसमें कि खुरपका-मुँहपका रोग और ब्रुसेलोसिस शामिल हैं, के लिए 13,343 करोड़ के कुल परिव्यय की बात की गई है। मधुमक्खी पालन से संबंधित कार्यों के लिए 500 करोड़ रुपये का प्रावधान भी किया गया हैं।

इस अभियान की चतुर्थ किश्त में सरकार ने आठ महत्वपूर्ण सेक्टरों यथा- कोयला क्षेत्र, खनिज क्षेत्र, रक्षा क्षेत्र, नागरिक उड्डयन क्षेत्र, विद्युत क्षेत्र, अंतरिक्ष क्षेत्र, सामाजिक अवसंरचना से संबंधित क्षेत्र व परमाणु ऊर्जा क्षेत्र में व्यापक ढाँचागत सुधार की पहल की है। ये पहल इस प्रकार हैं–

- सरकार कोयला क्षेत्र में विभिन्न उपायों के माध्यम से प्रतिस्पर्धा, पारदर्शिता और निजी क्षेत्र की भागीदारी को प्रोत्साहन देगी।
- खनिज क्षेत्र में भी निजी निवेश को प्रोत्साहित करने की पहल की गई है। खनन पट्टों के हस्तांतरण में कैप्टिव और नॉन-कैप्टिव खाद्यानों के बीच के अंतर को समाप्त कर इस क्षेत्र में व्यापक नीतिगत सुधार पर बल दिया गया है।
- रक्षा उत्पादन में बढ़ोत्तरी एवं आत्मनिर्भर बनने के लिए 'मेक इन इंडिया' पर विशेष बल दिया गया है। रक्षा उत्पादन में नीतिगत सुधार की पहल करते हुए स्वचालित मार्ग के जरिए रक्षा विनिर्माण में

प्रत्यक्ष विदेशी निवेश की सीमा 49 प्रतिशत से बढ़ाकर 74 प्रतिशत करने की पहल की गई है।

- नागरिक उड्डयन क्षेत्र के लिए कुशल एयरस्पेस प्रबंधन की पहल करते हुए कहा गया है कि इस क्षेत्र में प्रतिबंधों में ढील दी जाए ताकि नागरिक उड़ानें अधिक कुशलता से संचालित हो सकें।
  पीपीपी के माध्यम से अधिक विश्व-स्तरीय हवाई अड्डे, परिचालन और रख-रखाव की भी पहल की गई है।
- विद्युत क्षेत्र में टैरिफ संबंधी नीतिगत सुधार पर विशेष जोर देते हुए निम्न पहल की गई हैं–
  (i) अब डिस्कॉम की विफलताओं के कारण उपभोक्ताओं पर बोझ नहीं डाला जाएगा।
  (ii) क्रॉस सब्सिडी में सुधार की पहल की गई है।
  (iii) केन्द्र शासित प्रदेशों में बिजली विभागों/उपदेयताओं के निजीकरण की बात की गई है।
- अंतरिक्ष क्षेत्र के अंतर्गत उपग्रहों, प्रक्षेपणों और अंतरिक्ष आधारित सेवाओं में निजी क्षेत्र को समान अवसर प्रदान करने की पहल की गई है।
- सामाजिक आधारभूत ढाँचे के सुधार हेतु, संशोधित व्यवहार्यता अंतर वित्तपोषण योजना के माध्यम से निजी क्षेत्र में निवेश को बढ़ावा देने पर बल दिया गया है।
- परमाणु ऊर्जा क्षेत्र में सुधार की प्रक्रिया को आगे बढ़ाते हुए कैंसर और अन्य बीमारियों के लिए सस्ता उपचार प्रदान करने और मानवता के कल्याण को बढ़ावा देने के लिए, चिकित्सा आइसोटोप के उत्पादन के लिए पीपीपी मोड में अनुसंधान रिएक्टर की स्थापना पर बल दिया गया है।

इस अभियान की पंचम किश्त के अंतर्गत सात सेक्टरों में सुधारों और अन्य उपायों की घोषणा की गई है।

- मनरेगा के आबंटन में 40,000 करोड़ रुपये की वृद्धि कर रोजगार को बढ़ावा देने पर विशेष फोकस रखा गया है।
- स्वास्थ्य क्षेत्र में सुधार प्रक्रिया को आगे बढ़ाते हुए ग्रामीण और शहरी क्षेत्रों में स्वास्थ्य एवं कल्याण केन्द्रों की संख्या में बढ़ोत्तरी पर विशेष बल दिया गया है।
- अन्य सुधारों के अंतर्गत कोविड के बाद समानता के साथ प्रौद्योगिकी आधारित शिक्षा की पहल, कम्पनी अधिनियम के तहत की गई गलती (चूक) को अपराध की श्रेणी से बाहर करना, दिवालिया एवं शोधन अक्षमता संहिता से संबंधित उपायों के माध्यम से कारोबार में सुगमता लाना, नए और आत्मनिर्भर भारत के लिए सार्वजनिक क्षेत्र उद्यम नीति की पहल करना, कम्पनियों के लिए कारोबार करने में सुगमता लाना और राज्य सरकारों को सहायता की विशेष पहल की गई है।

प्रधानमंत्री गरीब कल्याण योजना

यह योजना कोरोना वायरस के खिलाफ लड़ाई में मदद करने के उद्देश्य से 26 मार्च, 2020 को लॉन्च की गई। केंद्रीय वित्त एवं कॉरपोरेट कार्य मंत्री श्रीमती निर्मला सीतारमण ने गरीबों के लिए इस वायरस के विरुद्ध लड़ाई लड़ने में मदद हेतु इस योजना के तहत 1.70 लाख करोड़ रुपये के राहत पैकेज की घोषणा की। इन राहत पैकेजों का उद्देश्य गरीब एवं वंचित वर्ग के लोगों के हाथों में भोजन एवं पैसा देकर उनकी यथासंभव सहायता करना है, ताकि उन्हें आवश्यक वस्तुओं को खरीदने में कठिनाई का सामना न करना पड़े।

'प्रधानमंत्री गरीब कल्याण योजना' में निम्नलिखित उपायों को सम्मिलित किया गया है–

प्रधानमंत्री गरीब कल्याण पैकेज– इसके अंतर्गत सरकारी अस्पतालों और स्वास्थ्य केन्द्रों में कोविड-19 से लड़ने वाले स्वास्थ्यकर्मियों के लिए बीमा योजना का प्रावधान किया गया है। डॉक्टर, नर्स, वार्ड-बॉय, आशा कार्यकर्ता, सफाई कर्मचारी एवं अन्य स्वास्थ्य कार्यकर्त्ता एक विशेष बीमा योजना के तहत बीमा कवर किए जाएंगे।

कोविड-19 मरीजों का इलाज करते समय किसी भी स्वास्थ्य प्रोफेशनल के साथ दुर्घटना होने पर उन्हें इस योजना के तहत 50 लाख रुपये का मुआवजा प्रदान किया जाएगा। एक अनुमान के मुताबिक, लगभग 22 लाख स्वास्थ्यकर्मी इस बीमा कवर के अंदर आएंगें।

प्रधानमंत्री गरीब कल्याण अन्न योजना– इस पैकेज के अंतर्गत केन्द्र सरकार तीन महीनों अर्थात् अप्रैल, मई एवं जून, 2020 (जिसे नवंबर, 2020 तक बढ़ा दिया गया) के दौरान खाद्यानों की उपलब्धता को सुनिश्चित किया गया। भारत की लगभग दो-तिहाई जनसंख्या (लगभग 80 करोड़ लोग) इस योजना के तहत कवर किए गए। इनमें से प्रत्येक व्यक्ति को इस दौरान मौजूदा निर्धारित अनाज के मुकाबले दोगुना अनाज दिया गया। साथ में एक किलो दाल देने का भी प्रावधान किया गया।

'प्रधानमंत्री गरीब कल्याण योजना' के अंतर्गत शामिल अन्य उपायों में किसान, वरिष्ठ नागरिक, मनरेगा मजदूर, स्वयं सहायता समूह आदि के लिए भी विभिन्न प्रकार की सहायता का प्रावधान किया गया है।

इस योजना के तहत 1 अप्रैल, 2020 से मनरेगा मजदूरी में 20 रुपये की बढ़ोत्तरी की गई है। अब उनकी दैनिक मजदूरी 182 रुपये से बढ़कर 202 रुपये होगी। इससे लगभग 13.62 करोड़ परिवार लाभान्वित होंगे।

किसानों को लाभ प्रदान करने हेतु 2020-21 में देय 2,000 रुपये की प्रथम किश्त अप्रैल, 2020 में ही 'पीएम किसान योजना' के तहत खाते में डाल दी गई। इससे लगभग 7 करोड़ किसानों को लाभ हुआ।

गरीबों की मदद हेतु कुल 40 करोड़ 'प्रधानमंत्री जन-धन योजना' की महिला खाताधारकों को अगले तीन महीनों (अप्रैल, मई, जून, 2020) के दौरान प्रतिमाह 500 रुपये की अनुग्रह राशि दी गई।

'पीएम गरीब कल्याण योजना' के तहत अगले तीन महीनों (अप्रैल, मई, जून 2020) में 8 करोड़ गरीब परिवारों को गैस सिलेंडर मुफ्त में दिए गए।

इस पैकेज के तहत सरकार ने अगले तीन महीनों (अप्रैल, मई, जून 2020) के दौरान संगठित क्षेत्रों में कम पारिश्रमिक पाने वालों की मदद हेतु उनके पी.एफ. खातों में उनके मासिक पारिश्रमिक का 24 प्रतिशत भुगतान करने का प्रस्ताव किया, ताकि उनके रोजगार में व्यवधान या खतरे को कम किया जा सके।

इस योजना के तहत ऐसी लगभग 3 करोड़ वृद्ध विधवाएँ और दिव्यांग श्रेणी के लोग, जो कोविड-19 के कारण उत्पन्न हुए आर्थिक व्यवधान की वजह से असुरक्षित हुए हैं, उन्हें सरकार द्वारा तीन महीनों (अप्रैल, मई, जून 2020) के दौरान कठिनाइयों से निपटने हेतु 1,000 रुपये दिए गए।

इस योजना के अन्य उपायों के तहत संगठित क्षेत्र को भी सहायता प्रदान करने की पहल हुई है। कर्मचारी भविष्य निधि नियमनों में संशोधन कर 'महामारी' को भी उन कारणों में शामिल किया गया जिसे ध्यान में रखते हुए कर्मचारियों को अपने खातों से कुल राशि के 75 प्रतिशत का गैर-वापसी योग्य अग्रिम या तीन महीने का पारिश्रमिक, जो भी कम हो, प्राप्त करने की अनुमति दी गई है।

केन्द्र सरकार ने निर्माण श्रमिकों को राहत देने के लिए राज्य सरकारों को 'भवन और निर्माण श्रमिक कल्याण कोष' का उपयोग करने का आदेश दिया है। इसके अंतर्गत लगभग 3.5 करोड़ पंजीकृत श्रमिक हैं। साथ ही, राज्य सरकारों से 'जिला खनिज कोष' के तहत उपलब्ध धनराशि के उपयोग की भी सलाह दी गई, ताकि कोविड-19 महामारी के संक्रमण को फैलने से रोकने के लिए चिकित्सा परीक्षण और अन्य संबंधित आवश्यकताओं को पूरा किया जा सके।

प्रधानमंत्री सुरक्षा बीमा योजना

इस योजना का शुभारंभ 9 मई, 2015 को कोलकाता से किया गया। इस योजना का लक्ष्य सभी भारतीयों, विशेषकर गरीब और कमजोर तबकों एवं असंगठित क्षेत्र के श्रमिकों के लिए सार्वभौमिक सामाजिक सुरक्षा प्रणाली का निर्माण करना है।

इस योजना के तहत 18-70 वर्ष की आयु के सभी बचत बैंक खाताधारक इसके पात्र होंगे। इस योजना के प्रावधानों के अनुसार, प्रीमियम राशि 12 रुपये प्रति वर्ष निर्धारित की गई है। यह स्वतः भुगतान प्रणाली के माध्यम से जुड़ी होगी। दुर्घटना में मृत्यु अथवा पूर्ण अपंगता पर 2 लाख रुपये, आंशिक अपंगता पर 1 लाख रुपये का प्रावधान इस योजना के तहत निर्धारित किया गया है।

प्रधानमंत्री जीवन ज्योति बीमा योजना

यह योजना स्वाभाविक तथा दुर्घटनावश मृत्यु, दोनों के संबंध में लागू होगी। इस योजना के तहत प्राप्य राशि 2 लाख रुपये होगी। इस योजना के तहत अंशदान 330 रुपये वार्षिक होगा तथा यह 18-50 वर्ष की आयु वर्ग के संबंध में लागू होगी।

राष्ट्रीय स्वास्थ्य बीमा योजना

यह योजना 2 अक्टूबर, 2007 को असंगठित क्षेत्र में गरीबी रेखा से नीचे रह रहे परिवारों (बी.पी.एल. परिवारों) के लिए शुरू की गई तथा यह 1 अप्रैल, 2008 से लागू कर दी गयी। इसमें कुल बीमित राशि प्रतिवर्ष प्रति परिवार 30,000 रुपये है। प्रीमियम की राशि केन्द्र एवं राज्य सरकार द्वारा 75:25 अनुपात में वहन की जाती है। पूर्वोत्तर राज्यों तथा जम्मू कश्मीर में यह वहनीय अनुपात 90:10 का है।

संपूर्ण बीमा ग्राम योजना

इस योजना का शुभारंभ 13 अक्टूबर, 2017 को तत्कालीन दूर संचार राज्य मंत्री (स्वतंत्र प्रभार) मनोज सिन्हा द्वारा किया गया। इस योजना के तहत प्रत्येक जिले से कम-से-कम एक गाँवों जिसमें न्यूनतम 100 परिवार हों, को चिह्नित कर उस गाँव के सभी परिवारों को कम-से-कम एक ग्रामीण डाक जीवन बीमा पॉलिसी से आच्छादित किया जाएगा। सभी सांसद आदर्श गाँवों को इसके अंतर्गत सम्मिलित किया गया है।

कौशल विकास कार्यक्रम

भारत एक मानव संसाधन बाहुल्य देश की श्रेणी में आता है। ऐसे में यदि इस संसाधन को कुशल विकास के साथ जोड़ दिया जाए तो यह देश को तरक्की के नये आयाम तक ले जाएगा। इन्हीं उद्देश्यों को मूलभूत रखते हुए ग्यारहवीं पंचवर्षीय योजना में सरकार ने अधिकाधिक मानव संसाधनों को शामिल करते हुए पूरे देश में एक व्यापक कौशल विकास कार्यक्रम की शुरूआत की। सरकार द्वारा कौशल विकास की समन्वित कार्रवाई योजना में वर्ष 2022 तक 500 मिलियन कुशल कार्मिक तैयार करने का लक्ष्य रखा गया है, जिससे देश को विभिन्न क्षेत्रों में कुशल लोगों का साथ और मार्गदर्शन प्राप्त हो सके।

एक त्रिस्तरीय संस्थागत संरचना इस संबंध में पहले से ही तैयार कर ली गई है, जो 'कौशल विकास मिशन' को आगे बढ़ाने का कार्य करेगी। ये है—प्रधानमंत्री राष्ट्रीय कौशल विकास परिषद्, राष्ट्रीय कौशल विकास निगम एवं राष्ट्रीय कौशल विकास समन्वय बोर्ड। राष्ट्रीय कौशल विकास समन्वय बोर्ड ने कौशल विकास से संबंधित पाँच मुख्य विषयों पर कार्य किया है, जो निम्न हैं—

- प्रशिक्षुता प्रशिक्षण (अपरेंटिसशिप ट्रेनिंग) से संबंधित कार्य।
- पाठ्यक्रम में सतत् आधार पर संशोधन से संबंधित कार्य।
- व्यावसायिक शिक्षा से संबंधित कार्य।
- प्रत्यापन एवं प्रमाणन प्रणाली से संबंधित कार्य।
- कौशल के अभाव की स्थिति के निर्धारण से संबंधित कार्य।

'राष्ट्रीय कौशल विकास निगम' की स्थापना कौशल विकास के संबंध में निजी क्षेत्र के प्रयास को प्रोत्साहन देने के लिए, वित्त मंत्रालय की एक निर्लाभ निगम (नॉन प्रॉफिट) के रूप में संस्थागत व्यवस्था है। 'राष्ट्रीय कौशल विकास निगम' विभिन्न कौशल क्षेत्रों में ट्रेनिंग के संबंध में पाठ्यक्रम तथा मानक तय करेगा। 'राष्ट्रीय कौशल विकास निगम' की वित्तीय व्यवस्था हेतु 'राष्ट्रीय कौशल विकास फण्ड' की भी स्थापना की गयी है। जो एक ट्रस्ट के रूप में कार्य करेगी। राष्ट्रीय कौशल विकास निगम के पाठ्यक्रमों तथा मानकों के अनुरूप कोई भी संस्था या संगठन युवाओं की कौशल विकास के संबंध में ट्रेनिंग दे सकता है। साथ ही, ट्रेनिंग के उपरान्त अधिकृत संस्था द्वारा ली जाने वाली परीक्षा के बाद ट्रेनिंग के संबंध में प्रमाण-पत्र तथा 10,000 रुपये नकद इनाम की भी व्यवस्था है।

'राष्ट्रीय कौशल विकास निधि' को 'राष्ट्रीय कौशल विकास निगम' के लिए निधियां प्राप्त करने वाले एक न्यास के रूप में निगमित किया गया है।

प्रधानमंत्री किसान सम्मान निधि योजना

इस योजना का उद्देश्य लघु एवं सीमांत कृषकों को निवेश एवं अन्य आवश्यकताओं हेतु एक सुनिश्चित पूरक आय उपलब्ध कराने के साथ-साथ फसल कटाई के मौसम से पूर्व किसानों की आकस्मिक आवश्यकताओं को भी पूरा करने में मदद करना है।

इस योजना की औपचारिक शुरूआत प्रधानमंत्री नरेंद्र मोदी द्वारा 24 फरवरी, 2019 को गोरखपुर (उत्तर प्रदेश) से की गई। पूर्व में इस योजना के तहत लाभार्थी कृषक परिवार के पास राज्य तथा केन्द्रशासित प्रदेशों के भू-अभिलेखों में सम्मिलित रूप से अधिकतम दो हेक्टेयर तक की कृषि योग्य भूमि का स्वामित्व होना चाहिए था, लेकिन 31 मई, 2019 को केंद्रीय मंत्रिमंडल द्वारा लिए गए निर्णय के तहत किसानों के लिए अधिकतम दो हेक्टेयर तक की कृषि योग्य भूमि के स्वामित्व की बाध्यता को समाप्त कर दिया गया है। इन सुधारों के बाद 'प्रधानमंत्री किसान योजना' के दायरे में अब कुल लगभग 14.5 करोड़ लाभार्थी शामिल हो गये हैं। इस योजना के तहत पात्र परिवारों (लघु एवं सीमांत कृषकों) को प्रतिवर्ष 6,000 रुपये की आर्थिक सहायता, आधार से जुड़े बैंक खातों में प्रत्यक्षतः चार-चार माह की तीन किश्तों (प्रत्येक किश्त 2,000 रुपये) में उपलब्ध कराए जाने का प्रावधान था। इस योजना को 1 दिसंबर, 2018 से प्रभावी माना गया है तथा पात्र कृषक परिवारों को यह लाभ इसी तिथि के पश्चात् की अवधि से देय होना सुनिश्चित हुआ।

प्रधानमंत्री किसान पेंशन योजना

31 मई, 2019 को प्रधानमंत्री नरेन्द्र मोदी के द्वितीय कार्यकाल के प्रथम मंत्रिमंडलीय बैठक के दौरान 'प्रधानमंत्री किसान पेंशन योजना' को स्वीकृति प्रदान की गई। इस योजना के प्रावधानों के तहत 18-40 वर्ष का कोई भी किसान इस योजना में शामिल हो सकता है। इस योजना में किसानों को 60 वर्ष की आयु प्राप्त करने पर 3,000 रुपये न्यूनतम निर्धारित पेंशन दिए जाने का प्रावधान है। इस योजना के पात्र किसानों द्वारा किए गए अंशदान के बराबर राशि ही केंद्र सरकार पेंशन निधि में जमा कराएगी।

प्रधानमंत्री जी-वन योजना

28 फरवरी, 2019 को प्रधानमंत्री नरेंद्र मोदी की अध्यक्षता में मंत्रीमंडल की आर्थिक मामलों की समिति ने, प्रधानमंत्री जी-वन (Ji-VAN) जैव ईंधन वातावरण अनुकूल फसल अवशेष निवारण) योजना, को मंजूरी प्रदान की। इस योजना हेतु वर्ष 2018-19 से वर्ष 2023-24 की अवधि के दौरान कुल 1,969.50 करोड़ रुपये के वित्तीय परिव्यय को मंजूरी प्रदान की गई है। इस योजना के प्रावधानों के अंतर्गत वाणिज्यिक स्तर पर 12 परियोजनाओं को और प्रदर्शन स्तर पर दूसरी पीढ़ी की 10 एथेनॉल परियोजनाओं को दो चरणों में वित्तीय सहायता प्रदान की जाएगी।

राष्ट्रीय पोषण मिशन

कुपोषण जनित समस्याओं के समाधान तथा देश में पोषण के स्तर में सुधार हेतु केंद्रीय मंत्रिमंडल द्वारा 30 नवंबर, 2017 को 'राष्ट्रीय पोषण मिशन' को स्वीकृति प्रदान की गई। 'राष्ट्रीय पोषण मिशन' का लक्ष्य ठिगनेपन, अल्प पोषण तथा जन्म के समय कम वजन के बच्चों में, प्रत्येक में 2 प्रतिशत वार्षिक की कमी लाना है। इस मिशन के अंतर्गत रक्ताल्पता के संदर्भ में प्रतिवर्ष 3 प्रतिशत की कमी लाने का लक्ष्य रखा गया है।

इस मिशन को चरणबद्ध तरीके से पूरे देश में लागू कराए जाने का प्रावधान है, जिसके तहत वर्ष 2017-18 में 315 जिले, वर्ष 2018-19 में 235 जिले तथा वर्ष 2019-20 में शेष सभी जिलों को शामिल किया जाएगा। वर्ष 2017-18 से प्रारंभ होकर तीन वर्षों की अवधि हेतु इस मिशन के लिए लगभग 9,500 करोड़ रुपये के बजट का प्रावधान किया गया है। इस मिशन हेतु आबंटित राशि में 50 प्रतिशत भारत सरकार के बजटीय समर्थन द्वारा, जबकि शेष 50 प्रतिशत इंटरनेशनल बैंक फॉर रिकंस्ट्रक्शन एंड डिवलपमेंट (आई.बी.आर.डी.) अथवा अन्य बहुपक्षीय विकास बैंकों से जुटाया जाएगा।

प्रधानमंत्री वय वंदना योजना

प्रधानमंत्री वय वंदना योजना का शुभारंभ 21 जुलाई, 2017 को तत्कालीन केंद्रीय वित्त मंत्री अरुण जेटली द्वारा नई दिल्ली से किया गया। इस योजना का उद्देश्य वृद्धावस्था के दौरान सामाजिक सुरक्षा उपलब्ध कराने के साथ-साथ 60 वर्ष एवं इससे अधिक आयु के नागरिकों को अनिश्चित बाजार स्थितियों के कारण उनकी ब्याज हानि के कारण होने वाली हानि से उन्हें संरक्षित करना है। यह योजना भारतीय जीवन बीमा निगम द्वारा संचालित हो रही है। इसके अंतर्गत विनियोजित राशि 7.5 लाख है तथा इसकी अवधि 10 वर्ष है। इस पर ब्याज दर 8 प्रतिशत वार्षिक है, जो मासिक आधार पर देय है। जमाकर्त्ता की मृत्यु के बाद जमा राशि नामित व्यक्ति को प्राप्त हो जाएगी।

प्रधानमंत्री मातृ वंदना योजना

यह योजना 1 जनवरी, 2017 से प्रभावी है। 'प्रधानमंत्री मातृ वंदना योजना' राष्ट्रीय खाद्य सुरक्षा अधिनियम, 2013 के प्रावधानों के अनुरूप महिला एवं बाल विकास मंत्रालय द्वारा क्रियान्वित की जा रही है। इस योजना के प्रावधानों के अंतर्गत गर्भवती महिलाओं तथा स्तनपान कराने वाली माताओं के प्रथम बच्चे के जन्म पर पोषण संबंधी जरूरतों को पूरा करने हेतु 5,000 रुपये नकद प्रदान किए जाएँगे। इस राशि को तीन किस्तों में प्रदान किए जाने का प्रावधान है। 1000 रुपये की प्रथम किश्त गर्भावस्था के पंजीकरण के समय दी जाएगी। 2,000 रुपये की द्वितीय किश्त गर्भावस्था के 6 माह बाद कम-से-कम एक प्रसव पूर्व जांच कराने के बाद दी जाएगी। तृतीय किश्त के रूप में 2,000 रुपये बच्चे के जन्म के पंजीकरण होने तथा उसके टीकाकरण चक्र शुरू होने पर प्रदान की जाएगी।

इस योजना के अंतर्गत लाभ उन गर्भवती महिलाओं को अनुमान्य नहीं होगा जो केन्द्र या राज्य में सार्वजनिक नियमित रोजगार में हैं या जो किसी कानून व्यवस्था के अंतर्गत ऐसा लाभ प्राप्त कर रही हैं।

मिशन इन्द्रधनुष

इस योजना का शुभारंभ भारत सरकार द्वारा दिसंबर, 2014 में किया गया। यह योजना स्वास्थ्य एवं परिवार कल्याण मंत्रालय के अंतर्गत कार्य कर रही

है। इस योजना का प्रमुख उद्देश्य सभी शिशुओं तथा गर्भवती महिलाओं को तीव्र गति से पूर्ण टीकाकरण मुहैया कराना है। इसके अंतर्गत दो वर्ष के सभी बच्चों को सभी उपलब्ध टीकों से टीकाकरण तथा सभी गर्भवती महिलाओं को सात वैक्सीन द्वारा टीकाकरण कराना है। इसके अंतर्गत टिटनेस, पोलियो, डिप्थीरिया, टी.बी., हेपीटाइटिस-बी, जापानी इनसेफलाइटिस आदि बीमारियों को रखा गया है। वर्ष 2017 से इसमें न्यूमोनिया को भी शामिल कर लिया गया है।

आयुष्मान भारत

23 सितंबर, 2018 को प्रधानमंत्री नरेंद्र मोदी द्वारा 'आयुष्मान भारत योजना' की घोषणा की गई। इस योजना का प्रमुख उद्देश्य है–गरीब एवं वंचित वर्ग को उच्च गुणवत्ता वाली स्वास्थ्य सेवाएं उपलब्ध कराना और साथ ही साथ उनका स्वास्थ्य बीमा भी करवाना, जो स्वयं ऐसा कर पाने में अक्षम हैं।

'आयुष्मान भारत' की विशेषताएँ–

- इस महत्वाकांक्षी योजना के तहत देश के 10 करोड़ से अधिक परिवारों और 50 करोड़ से अधिक लोगों को कवर किया जाने का प्रावधान है। इस प्रकार यह विश्व में स्वास्थ्य क्षेत्र की सबसे बड़ी योजना होगी।
- 'आयुष्मान भारत' के अंतर्गत दो तरह की स्वास्थ्य सेवाओं को अपनाया गया है। प्रथम, स्वास्थ्य तथा कल्याण केंद्रों का निर्माण करना ताकि घरों के नजदीक ही बेहतर इलाज उपलब्ध हो सके और दूसरा, 'प्रधानमंत्री जन आरोग्य योजना' को लॉन्च किया गया है, जिसके अंदर गरीब और आर्थिक रूप से कमजोर लोग शामिल होते हैं। इस प्रकार सार्वभौमिक स्वास्थ्य कवरेज व सतत् विकास लक्ष्य, 2030 की दिशा में यह एक महत्वपूर्ण कदम है।
- यह योजना, इस मामले में भी विशेष है कि स्वास्थ्य सेवाओं के अंतर्राष्ट्रीय मानकों के स्तर पर भारत की स्वास्थ्य सेवाएं ज्यादा अच्छी स्थिति में नहीं है, अतः फलस्वरुप अच्छे इलाज की तलाश में प्रतिवर्ष लगभग 6 करोड़ लोग गरीबी रेखा के नीचे चले जाते हैं, अतः यह योजना न केवल स्वास्थ्य की स्थिति में बेहतर सुधार ला सकेगी वरन् गरीबी उन्मूलन कार्यक्रम में एक सशक्त सहायक उपकरण की भी तरह कार्य करेगी।
- इस योजना के तहत देश की करीब 40 फीसदी आबादी को लक्ष्य बनाया गया है, जिसमें लगभग 8.30 करोड़ ग्रामीण परिवार और 2.33 करोड़ शहरी परिवार शामिल होंगे।
- इस योजना के तहत प्रतिवर्ष प्रति परिवार 5 लाख रुपये तक का स्वास्थ्य बीमा उपलब्ध कराया जाएगा।
- यह योजना कई प्रकार की बीमारियों को कवर करती है। इसमें कुल 1,350 मेडिकल पैकेज हैं; इसमें 23 गंभीर बीमारियों और मानसिक स्वास्थ्य को भी शामिल किया गया है।
- इस योजना में दूसरे व तीसरे स्तर की स्वास्थ्य सेवाओं को पूर्णतः कवर किया गया है।
- इस योजना के अंतर्गत निजी और सरकारी, दोनों अस्पताल सम्मिलित हैं।
- इस योजना की एक बड़ी विशेषता यह है कि इस योजना का लाभार्थी भारत में किसी भी जगह पर इस योजना का लाभ ले सकता है अर्थात् यह योजना राष्ट्रीय स्तर पर पोर्टेबल है।

योजना की पात्रता की शर्तें

इस योजना के लाभार्थियों का चयन सामाजिक, आर्थिक, जातीय जनगणना 2011 के आधार पर किया जाएगा।

इस योजना के पात्र मुख्यतः वे लोग होंगे जो बेघर हैं या झुग्गी-झोंपड़ी या मलिन बस्तियों में रहते हैं या सफाई कर्मचारी हैं। दूसरे शब्दों में कहा जाए तो समाज का सबसे वंचित तबका इस योजना का लाभार्थी है।

इस योजना की शर्तों के अनुरूप जिनके पास 50 हजार रुपये से ज्यादा सीमा का क्रेडिट कार्ड हो या जिसके परिवार का कोई सदस्य सरकारी नौकरी में हो या जिनके पास दो पहिया, तीन पहिया या चार पहिया वाहन या फिर फिशिंग बोट हो या आयकर भरने वाला परिवार या तीन अथवा उससे अधिक कमरे का पक्की दीवारों और छत वाला मकान हो या 2.5 एकड़ से ज्यादा एक सिंचाई यंत्र के साथ सिंचित भूमि वाले परिवार आदि को इस योजना में शामिल नहीं करने का प्रावधान किया गया है।

बेटी बचाओ, बेटी पढ़ाओ योजना

इस योजना की शुरूआत 22 जनवरी, 2015 को हरियाणा के पानीपत जिले से हुई। यह योजना तीन मंत्रालयों– महिला एवं बाल विकास मंत्रालय, स्वास्थ्य एवं परिवार कल्याण मंत्रालय और मानव संसाधन मंत्रालय अब शिक्षा मंत्रालय की संयुक्त पहल है।

इस योजना का उद्देश्य लिंग आधारित भेदभाव को खत्म करके लिंगानुपात को ऊपर उठाना है। इसके उद्देश्यों में गंभीर रूप से गिरते हुए शिशु लिंगानुपात में बहुक्षेत्रीय हस्तक्षेप द्वारा लड़कियों की शिक्षा का प्रवर्तन तथा उनका सर्वांगीण सशक्तिकरण सम्मिलित है।

प्रारंभ में इसे देश के सबसे कम लिंगानुपात वाले 100 जिलों में लागू किया गया था। जिसके तहत 1 वर्ष में जन्म लिंगानुपात में 10 अंकों की वृद्धि का लक्ष्य रखा गया था। वर्तमान में इस योजना का विस्तार भारत के सभी जिलों तक किया जा चुका है।

प्रधानमंत्री उज्ज्वला योजना

'स्वच्छ ईंधन, बेहतर जीवन' के आदर्श वाक्य के साथ 'प्रधानमंत्री उज्ज्वला योजना' का शुभारंभ 1 मई, 2016 को बलिया (उत्तर प्रदेश) से किया गया। इस योजना का लक्ष्य गरीबी रेखा से नीचे जीवनयापन करने वाले निर्धन परिवारों को स्वच्छ ईंधन (एल.पी.जी.) उपलब्ध कराना है।

इस योजना के प्रावधानों के अंतर्गत तीन वर्षों (2016-19) में गरीबी रेखा के नीचे जीवनयापन करने वाले 5 करोड़ परिवारों की महिलाओं को निःशुल्क रसोई-गैस कनेक्शन उपलब्ध कराने का लक्ष्य रखा गया था, जिसे, 2018-19 में संशोधित कर 8 करोड़ कर दिया गया है। यह योजना बी.पी.एल. परिवारों के लिए प्रत्येक एल.पी.जी. कनेक्शन पर 1,600 रुपये

की वित्तीय सहायता प्रदान करती है। इस योजना के तहत सामाजिक, आर्थिक जनगणना 2011 के अंतर्गत चिह्नित गरीब परिवार की प्रौढ़ महिला सदस्य को बिना किसी जमा राशि को जमा (सिक्योरिटी मनी) किए हुए एल.पी.जी. कनेक्शन दिया जाएगा। यह योजना पेट्रोलियम तथा प्राकृतिक गैस मंत्रालय द्वारा प्रबन्धित है।

दीनदयाल अंत्योदय योजना-राष्ट्रीय शहरी आजीविका मिशन– 'स्वर्ण जयंती शहरी रोजगार योजना', जो दिसम्बर, 1997 में शुरू की गयी थी, सितम्बर 2013 में पुनर्गठित करके 'राष्ट्रीय शहरी आजीविका मिशन' के नाम से शुरू की गई। जुलाई, 2015 को इसे पुनः पुनर्गठित करके 'दीनदयाल अन्त्योदय योजना-राष्ट्रीय शहरी आजीविका मिशन' कर दिया गया।

इस योजना का लक्ष्य शहरों में लाभोन्मुख स्वरोजगार तथा कौशल आधारित रोजगार के अवसरों को बढ़ावा देकर शहरी गरीबी एवं उसकी सुभेधता (उपेक्षिता) को दूर करना है। साथ ही, शहरी बेघर लोगों को आवश्यक सेवाओं से युक्त आश्रय प्रदान करना है। 20 फरवरी, 2016 को सरकार ने देश के सभी सांविधिक शहरी स्थानीय निकायों को इसके अंतर्गत शामिल कर लिया है।

इस मिशन में 'कौशल प्रशिक्षण एवं प्लेसमेंट' के माध्यम से रोजगार के लिए प्रत्येक शहरी गरीब के प्रशिक्षण पर 15,000 रुपये तक व्यय किए जाते हैं। साथ ही, पूर्वोत्तर एवं जम्मू-कश्मीर में इस पर 18,000 रुपये तक व्यय किए जाते हैं। इस मिशन का कार्यान्वयन आवास एवं शहरी गरीबी उपशमन मंत्रालय द्वारा किया जा रहा है।

दीनदयाल अंत्योदय योजना-राष्ट्रीय ग्रामीण आजीविका मिशन

यह वर्ष 1999 में शुरू की गई 'स्वर्ण जयंती ग्राम स्वरोजगार योजना' की उत्तरवर्ती योजना है जिसे 3 जून, 2011 को 'राष्ट्रीय ग्रामीण आजीविका मिशन' में परिवर्तित कर दिया गया है। वर्तमान में इसका नाम परिवर्तित कर 'दीनदयाल अंत्योदय योजना-राष्ट्रीय ग्रामीण आजीविका मिशन' कर दिया गया है।

इस योजना का लक्ष्य ग्रामीण क्षेत्रों में स्वरोजगार एवं कुशल मजदूरी रोजगार के माध्यम से गरीबों की आजीविका में सतत् सुधार करना है। इस योजना के प्रावधानों के अंतर्गत प्रत्येक ग्रामीण गरीब परिवार की कम-से-कम एक महिला सदस्य को समयबद्ध तरीके से स्वयं सहायता समूह (एस.एम.जी.) के अंतर्गत लाना है। इस योजना के तहत लगभग 7 करोड़ ग्रामीण परिवारों की आजीविका में सुधार का लक्ष्य रखा गया है।

प्रधानमंत्री आवास योजना (शहरी)

इस योजना का शुभारंभ 25 जून, 2015 को हाउसिंग एण्ड अर्बन पॉवर्टी एलीवेशन मिनिस्ट्री के अंतर्गत किया गया। इसके अंतर्गत वर्ष 2015 से वर्ष 2022 के बीच इस योजना पर कार्य होगा। इस योजना का प्रमुख उद्देश्य वर्ष 2022 तक शहरी गरीबों को आवास उपलब्ध करना है। इस योजना के तहत वर्ष 2022 तक 1.20 करोड़ मकानों के निर्माण का लक्ष्य रखा गया है। यह योजना जनगणना 2011 के अनुसार, घोषित सभी 4,041 सांविधिक कस्बों को कवर करेगी। इसका कार्यान्वयन तीन चरणों में किया जाएगा–

- अप्रैल, 2015-मार्च, 2017 तक 100 शहरों के लिए।
- अप्रैल, 2017-मार्च, 2019 तक अतिरिक्त 200 शहर।
- अप्रैल, 2019-मार्च, 2022 तक शेष सभी शहर।

इस योजना के तहत मकान निर्माण की ऐसी तकनीक पर बल दिया जाएगा, जिससे मकान वहनीय हो तथा निर्माण में तीन महीने से अधिक का समय नहीं लगे।

प्रधानमंत्री आवास योजना (ग्रामीण)

ग्रामीण विकास मंत्रालय के अंतर्गत चल रही इस योजना का प्रारम्भ 20 नवम्बर, 2016 को किया गया था। इस योजना का लक्ष्य वर्ष 2022 तक सबके लिए आवास के रूप में रखा गया है। इस योजना के प्रथम चरण में वर्ष 2019 तक 1 करोड़ मकान बनाने का लक्ष्य रखा गया। इस योजना के प्रावधानों के तहत मैदानी क्षेत्रों में प्रति इकाई 1.20 लाख रुपये और पहाड़ी क्षेत्रों में 1.30 लाख रुपए की सहायता का प्रावधान किया गया है।

इस योजना के लाभार्थियों की पहचान हेतू सामाजिक-आर्थिक जातीय जनगणना, 2011 का उपयोग किया जाएगा। इस योजना में यह भी व्यवस्था है कि लाभार्थी चाहे तो ₹ 70,000 का बैंक ऋण प्राप्त कर सकता है। इस योजना की लागत वहन करने में केन्द्र तथा राज्य की हिस्सेदारी मैदानी क्षेत्रों में 60:40 के अनुपात तथा पहाड़ी क्षेत्रों में 90:10 के अनुपात में होगी। इस योजना के अंतर्गत मकान के आवंटन को परिवार के महिला सदस्य के नाम में में करने की वरीयता होगी।

भारत निर्माण योजना

इस योजना को दिसम्बर, 2005 में ग्रामीण क्षेत्रों में अवस्थापना तथा आधारभूत सुविधाओं के निर्माण के लिए शुरू किया गया।

'भारत निर्माण योजना' के छः अंग हैं– सड़क, सिंचाई, जल-आपूर्ति, भवन निर्माण, ग्रामीण विद्युतीकरण तथा ग्रामीण टेलिकॉम कनेक्टिविटी। इन आधारभूत सुविधाओं को प्रदान कर ग्रामीण भारत में भी एक स्तर तक मूलभूत नगरीय सुविधाएँ प्रदान करने की कोशिश की गई है। इस प्रकार यह ग्रामीण तथा शहरी क्षेत्रों में अंतराल में कमी लाने तथा ग्रामीण क्षेत्रों में लोगों के जीवन की गुणवत्ता में सुधार लाने से संबंधित योजना है।

ग्रार्मीण आवास से संबंधित 'इंदिरा आवास योजना', विद्युतीकरण से संबंधित 'राजीव गाँधी ग्रामीण विद्युतीकरण योजना' सड़क निर्माण से संबंधित 'प्रधानमंत्री ग्राम सड़क योजना' आदि इसमें सम्मिलित योजनाएँ हैं।

भारत निर्माण योजना के प्रमुख उद्देश्य

- वंचित वर्गों के लिए 60 लाख अतिरिक्त मकानों का निर्माण कर अगले पाँच वर्ष में आवास लक्ष्य को दो गुणा करना।
- ग्रामीण जलापूर्ति कार्यक्रम को वर्ष 2011 तक पूरा करना।
- सिंचाई के अंतर्गत 1 करोड़ हेक्टेयर अतिरिक्त जोत को लाना।
- 1,000 से अधिक जनसंख्या वाले (पहाड़ी क्षेत्रों में 500 से अधिक) ग्रामों को सड़क से जोड़ना।
- विद्युतीकरण से बचे हुए 1,25,000 गाँवों तथा 2.30 करोड़ घरों को बिजली सुविधा प्रदान करना।

- अवशिष्ट 66,822 गाँवों को टेलीफोन सुविधा प्रदान करना।

यह योजना इस बात में भी विशेष महत्व रखती है कि ग्रामीण अवस्थापना को विकसित करने से ग्रामीण क्षेत्र का विकास तथा रोजगार सृजन में बढ़ोत्तरी होगी, जो बेरोजगारी को कम करने में महत्वपूर्ण भूमिका निभाएगी।

प्रधानमंत्री ग्रामोदय योजना

इस योजना का लक्ष्य ग्रामीण सड़कों के पुनर्निर्माण तथा ग्रामीण जुड़ाव (कनेक्टिविटी) से है। इस योजना के प्रावधानों के अंतर्गत इस क्षेत्र से संबंधित विशिष्ट योजनाओं को क्रियान्वित करने के लिए राज्य सरकारों को केन्द्रीय सहायता दी जाएगी। केन्द्र सरकार में इससे संबद्ध मंत्रालय इसके संबंध में दिशा-निर्देश तय करेगा तथा क्रियान्वयन का नियमन भी करेगा। पूर्व से कार्य कर रही आधारभूत न्यूनतम सेवा स्कीम इस नई योजना में सम्मिलित कर दी जाएगी।

इंदिरा आवास योजना

वर्ष 1985-86 से प्रारम्भ तथा वर्ष 1999-2000 में पुनर्गठित यह योजना गाँव में गरीबों के लिए मुफ्त में मकान के निर्माण की प्रमुख योजना है। यह एक केन्द्र प्रायोजित योजना है जिसका वित्तपोषण केन्द्र और राज्यों के बीच 75:25 (केन्द्र शासित प्रदेश में 100%) के अनुपात में किए जाने का प्रावधान था, परन्तु 1 अप्रैल, 2013 से यह 50:50 अनुपात का किया गया।

गंगा ग्राम परियोजना

गंगा ग्राम परियोजना का शुभारंभ 23 दिसंबर, 2017 को नई दिल्ली के विज्ञान भवन में आयोजित 'गंगा ग्राम स्वच्छता सम्मेलन' में किया गया। 'नमामि गंगे योजना' के अंतर्गत चल रही यह परियोजना गंगा नदी के तट पर बसे गाँवों के सर्वांगीण स्वच्छता विकास से संबंधित है। इसका उद्देश्य गंगा तटीय गाँवों को आदर्श ग्राम के रूप में विकसित करना है। यह योजना पेयजल एवं स्वच्छता मंत्रालय के अधीन क्रियान्वित होगी।

इस योजना के तहत गंगा के किनारे स्थित लगभग 4,470 गाँवों का स्वच्छता आधारित एकीकृत विकास किया जाएगा, जिसमें से 1,674 ग्राम पंचायतों में शौचालयों के निर्माण के लिए 829 करोड़ रुपये का प्रावधान किया गया है। इस योजना में निम्नांकित बातों पर बल दिया गया है–

- ठोस एवं तरल अपशिष्ट प्रबंधन
- तालाबों एवं जल संसाधनों का पुनरुद्धार
- जल संरक्षण परियोजनाएं
- जैविक बागवानी एवं चिकित्सकीय पौधों की कृषि को प्रोत्साहन आदि

प्रधानमंत्री सहज बिजली हर घर योजना (सौभाग्य : SAUBHAGY)

इस योजना की शुरूआत सितम्बर, 2017 में ऊर्जा मंत्रालय के अंतर्गत की गई है। इस योजना के तहत ग्रामीण क्षेत्रों में सभी एपीएल तथा बीपीएल परिवारों को तथा शहरी क्षेत्रों में सभी बीपीएल परिवारों को मुफ्त बिजली कनेक्शन प्रदान करने का प्रावधान है। इस योजना का प्रमुख लक्ष्य देश के सभी भागों में सभी परिवारों का सार्वभौमिक विद्युतीकरण है। ग्रामीण विद्युत निगम इस योजना के क्रियान्वयन के लिए नोडल एजेन्सी नामित की गई है। इस योजना के तहत लाभार्थियों की पहचान सामाजिक-आर्थिक जनगणना 2011 के तहत की जाएगी।

समर्थ योजना

आर्थिक मामलों की मंत्रिमंडलीय समिति द्वारा 20 दिसंबर, 2017 को कपड़ा क्षेत्र में क्षमता निर्माण हेतु एक नई योजना को मंजूरी प्रदान की गई थी। इसी के परिप्रेक्ष्य में कपड़ा मंत्रालय द्वारा 23 अप्रैल, 2018 को 'समर्थ योजना' के दिशा-निर्देश जारी किए गए।

यह योजना 1300 करोड़ रुपये के परिव्यय से वर्ष 2017-18 से वर्ष 2019-20 तक, तीन वर्षों के लिए है। इस योजना के प्रावधानों के अनुसार, 10 लाख लोगों को कपड़ा क्षेत्र से संबंधित प्रशिक्षण प्रदान कराने का लक्ष्य रखा गया है, जिससे वे आजीविका के बेहतर विकल्पों को प्राप्त कर सकें।

अगस्त, 2019 में केन्द्रीय कपड़ा मंत्रालय ने 'समर्थ योजना' के तहत 16 राज्य सरकारों के साथ समझौता-ज्ञापन हस्ताक्षरित किए, जिससे 4 लाख लोगों को कौशल प्रदान किया जा सकेगा।

साथी पहल

'साथी' (SATHI: सस्टेनेबल एण्ड एक्सिलरेटेड एडॉप्शन ऑफ इफिशिएण्ट टेक्सटाइल टेक्नोलॉजी टू हेल्प स्मॉल इंडस्ट्रीज) विद्युत मंत्रालय एवं कपड़ा मंत्रालय की एक संयुक्त पहल है। 24 अक्टूबर, 2017 को इस पहल के क्रियान्वयन हेतु समझौता किया गया।

इस पहल के अंतर्गत विद्युत मंत्रालय के अधीन 'ऊर्जा दक्षता सेवा लिमिटेड' (ई.ई.एस.एल.) द्वारा थोक मात्रा में ऊर्जा दक्ष पोवरलूम मशीनें खरीदकर उन्हें लघु एवं मध्यम पोवरलूम इकाइयों को बिना किसी अग्रिम लागत के प्रदान किया जाएगा। पोवरलूम धारकों द्वारा इसे 4-5 वर्षों में किस्तों में इन मशीनों का पुनर्भुगतान ऊर्जा दक्षता सेवा लिमिटेड को किया जाएगा। इस प्रक्रिया से पोवरलूम उद्योग की ऊर्जा दक्षता तथा उत्पादकता दोनों में वृद्धि होगी।

प्रधानमंत्री कृषि सिंचाई योजना

इस योजना का शुभारंभ 1 जुलाई, 2015 को किया गया। इस योजना में 'त्वरित सिंचाई लाभ कार्यक्रम', 'समेकित वॉटरशेड प्रबंधन कार्यक्रम' तथा 'खेत में जल प्रबंधन' को सम्मिलित कर दिया गया है। इस योजना का लक्ष्य उचित तकनीकों, प्रौद्योगिकियों एवं पद्धतियों के माध्यम से जल का दक्ष उपयोग एवं क्षेत्रीय स्तर पर सिंचाई में निवेश संवर्धन करना है।

राष्ट्रीय स्तर पर इस योजना की निगरानी एवं निरीक्षण प्रधानमंत्री की अध्यक्षता में गठित एक अंतर-मंत्रालयी राष्ट्रीय संचालन समिति द्वारा की जाती है, जिसमें सभी संबंधित मंत्रालयों के केंद्रीय मंत्री सदस्य हैं।

इस योजना के अंतर्गत 5 वर्षों (2015-16 से 2019-20) के लिए 50,000 करोड़ रुपये के व्यय का प्रावधान किया गया है। राज्यों के कृषि विभाग इस योजना के कार्यान्वयन हेतु नोडल एजेंसी होंगे।

प्रधानमंत्री फसल बीमा योजना

इस योजना का शुभारंभ 13 जनवरी, 2016 को किया गया। यह योजना खरीफ वर्ष 2016 से प्रभावी है। इस योजना का लक्ष्य प्राकृतिक आपदाओं, कीटों एवं बीमारियों के परिणामस्वरूप फसलों की क्षति की स्थिति में किसानों को वित्तीय सहयोग प्रदान करना है।

इस योजना के अंतर्गत विभिन्न प्रकार की फसलों को कवर किया गया है। इसके अंतर्गत रबी, खरीफ, वाणिज्यिक एवं बागवानी फसलें शामिल की गई हैं।

इस योजना में किसानों द्वारा देय प्रीमियम राशि खरीफ फसलों पर 0.2 प्रतिशत, रबी पर 1.5 प्रतिशत और वाणिज्यिक एवं बागवानी फसलों पर 5 प्रतिशत है। इस योजना के प्रावधानों के अनुसार प्रीमियम राशि, बीमित राशि या अनुमानित भावी क्षति, दोनों में से जो कम हो, का निर्दिष्ट प्रतिशत होगा।

मृदा स्वास्थ्य कार्ड योजना

19 फरवरी, 2015 को प्रधानमंत्री नरेंद्र मोदी द्वारा राजस्थान के सूरतगढ़ में इस योजना का शुभारंभ किया गया। 'स्वस्थ धरा, खेत हरा' के आदर्श वाक्य के साथ प्रधानमंत्री ने इस योजना का शुभारंभ किया था।

इस योजना का लक्ष्य मृदा स्वास्थ्य में सुधार हेतु किसानों को मृदा की वास्तविक स्थिति को बताना है, जिससे संपोषणीय कृषि को बढ़ावा दिया जा सके। इस योजना के प्रावधानों के अंतर्गत अगले 3 वर्षों में 14 करोड़ किसानों को मृदा स्वास्थ्य कार्ड जारी करना है। ये कार्ड प्रत्येक तीन वर्ष के चक्र में एक बार जारी किए जाएँगे।

यह योजना कृषि एवं सहकारिता विभाग की देख-रेख में भारत के सभी राज्यों एवं केन्द्रशासित प्रदेशों में लागू की जा रही है।

स्मार्ट सिटी मिशन

इस मिशन की शुरूआत 25 जून, 2015 को की गई। इस मिशन का लक्ष्य शहरों में बुनियादी सुविधाओं का विकास कर, नागरिकों को सभ्य एवं गुणवत्तापूर्ण जीवन शैली प्रदान करने के साथ एक स्वच्छ एवं टिकाऊ पर्यावरण का निर्माण करना है।

इस मिशन के अंतर्गत सभी राज्यों एवं संघ राज्य क्षेत्रों को समग्र रूप से 100 स्मार्ट सिटीज वितरित किए जाने का लक्ष्य है, जिसमें से अब तक लगभग 100 से ऊपर शहर चुने जा चुके हैं।

इस मिशन के वित्तीयन के अंतर्गत केन्द्र द्वारा प्रति शहर, प्रति वर्ष 100 करोड़ रुपये और इतनी ही राशि का योगदान राज्यों द्वारा करने का प्रावधान किया गया है।

अटल पेंशन योजना

इस योजना की शुरूआत 1 जून, 2015 को पूर्व की 'स्वावलंबन योजना' का विलय करके किया गया। इस योजना की घोषणा वित्तमंत्री ने 2015-16 के केन्द्रीय बजट में की थी। यह योजना वित्त मंत्रालय के अधीन चल रही एक पेंशन योजना है।

इस योजना का लक्ष्य निजी क्षेत्र में कार्यरत असंगठित गरीब कामगारों को सामाजिक सुरक्षा प्रदान करना है। यह योजना असंगठित क्षेत्र में कार्य कर रहे उन सभी नागरिकों से संबंधित होगी, जो किसी वैधानिक सामाजिक सुरक्षा योजना के सदस्य नहीं हैं।

इस योजना के तहत अभिदाताओं को उनके अंशदान के आधार पर 60 वर्ष की आयु पूरी होने पर 1,000-5,000 के बीच पेंशन का प्रावधान है। इस योजना की पात्रता की शर्तों के अनुसार 18-40 वर्ष की आयु के सभी बैंक खाताधारक इसके पात्र होंगे। अभिदाता द्वारा अंशदान की न्यूनतम अवधि 20 वर्ष है। 5 वर्षों तक अंशदान का 50 प्रतिशत या 1,000 रुपये प्रतिवर्ष, जो भी कम हो, उसका वहन सरकार द्वारा किए जाने का प्रावधान है।

बालिका समृद्धि योजना

इस योजना का शुभारंभ बालिकाओं के प्रति समाज के दृष्टिकोण में बदलाव लाने के लक्ष्य के साथ वर्ष 1997 में किया गया। जून, 1999 में इसे पुनर्गठित किया गया। वर्ष 1999 के पूर्व शहरी एवं ग्रामीण क्षेत्रों में गरीबी रेखा से नीचे के परिवार में पैदा हुई बालिका की माँ को 500 रुपये का अनुदान दिया जाता था पुनर्गठित योजना में बालिका के पैदा होने के बाद प्रति बालिका 500 रुपये का जो अनुदान दिया जाता था, उसे नवजात बालिका के नाम पर ब्याज प्रदान करने वाले खाते में जमा कर दिया जाता है।

किशोरी शक्ति योजना

यह योजना किशोरवय की लड़कियों के सशक्तिकरण को ध्यान में रखकर लाई गई है। 11 से 18 वर्ष की किशोरियों के लिए यह एक विशेष योजना है, जिसके अंतर्गत आई.सी.डी.सी.एस. अवसंरचना का उपयोग करते हुए पोषाहार, साक्षरता तथा व्यावसायिक दक्षता के साथ किशोरियों के बहुमुखी विकास को बढ़ावा दिया जाता है।

माँ कार्यक्रम

इस कार्यक्रम का शुभारंभ 5 अगस्त, 2016 केन्द्रीय स्वास्थ्य एवं परिवार कल्याण मंत्रालय द्वारा शुरू किया गया है।

इस कार्यक्रम का प्रमुख उद्देश्य स्तनपान के लाभ के संबंध में लोगों में जागरूकता को फैलाना है, विशेष रूप से माताओं को इस लाभ के बारे में जागरूक करना इस कार्यक्रम का प्रमुख लक्ष्य है, ताकि इससे स्तनपान की प्रवृति को बढ़ावा मिल सके। इस कार्यक्रम के तहत केन्द्रीय स्वास्थ्य एवं परिवार कल्याण मंत्रालय द्वारा 30 करोड़ रुपये के आवंटन का प्रावधान किया गया है, जिसमें प्रत्येक जिले के लिए लगभग 4.3 लाख रुपये आवंटित हैं।

जल शक्ति अभियान

केन्द्रीय जल शक्ति मंत्री गजेन्द्र सिंह शेखावत ने 1 जुलाई, 2019 को इस अभियान का शुभारंभ नई दिल्ली में किया। इस अभियान का प्रमुख लक्ष्य जल की कमी वाले क्षेत्रों में जल प्रबंधन, जल संचय एवं जल संरक्षण की पहल पर कार्य करना है।

देश में जल स्तर की लगातार गिरावट, पानी की किल्लत और वर्ष 2019 में अपेक्षाकृत कमजोर मानसून से उपजी परिस्थितियों के बीच पूरे देश में इस अभियान की शुरूआत की गई है। इस अभियान के तहत सरकार का लक्ष्य देश के प्रत्येक परिवार को सम्पोषणीय आधार पर प्राथमिकता के साथ शुद्ध पेयजल उपलब्ध कराना है।

इस अभियान में देश के 256 जिलों के 1,592 विकास खण्डों को शामिल किया गया है। जल शक्ति अभियान से संबंधित कुछ प्रमुख पहलू निम्नलिखित हैं–

- जल संरक्षण एवं वर्षा जल का संचयन
- जल का पुनः उपयोग
- पारम्परिक एवं अन्य जल स्रोतों का कायाकल्प
- जलोन्सारण क्षेत्रों का निर्माण
- वनीकरण

प्रधानमंत्री जन-धन योजना

'मेरा खाता, भाग्य विधाता' के आदर्श वाक्य के साथ यह योजना 28 अगस्त, 2014 को शुरू की गई। इस योजना का प्रमुख लक्ष्य गरीब एवं वंचित वर्गों का वित्तीय समावेशन कर उन्हें आर्थिक रूप से सशक्त करना है। वंचित एवं गरीब लोगों को वित्तीय सेवाओं, यथा बचत बैंक खाता, साख (क्रेडिट), बीमा, पेंशन आदि की उपलब्धता इस योजना के प्रमुख घटक हैं। इस योजना के तहत वित्तीय जागरूकता का संवर्धन एवं प्रत्यक्ष लाभ अंतरण से इन्हें संबद्ध करना ही इसका प्रमुख उद्देश्य है। इस योजना की एक प्रमुख विशेषता रूपे डेबिट कार्ड के साथ 1 लाख रुपये का दुर्घटना बीमा भी है।

प्रधानमंत्री मुद्रा योजना

इस योजना की शुरूआत 8 अप्रैल, 2015 को की गई। मुद्रा (MUDRA: माइक्रो यूनिट डेवलपमेंट एंड रिफाइनेंस एजेन्सी) का गठन कंपनी अधिनियम, 2013 के अंतर्गत, भारतीय लघु उद्योग विकास बैंक की एक अनुषंगी इकाई के रूप में की गई है।

'प्रधानमंत्री मुद्रा योजना' का प्रमुख उद्देश्य है 'धनहीन को धन प्रदान करना।' इस योजना के तहत पिरामिड के निम्नतम स्तर के व्यापक आर्थिक एवं सामाजिक विकास के लिए सर्वोत्तम एवं वैश्विक स्तर की एकीकृत वित्तीय सहायता सेवा प्रदान इसका करना लक्ष्य निर्धारित किया गया है। इस योजना के अंतर्गत सूक्ष्म संस्थाओं को तीन श्रेणियों में विभाजित किया गया है–

- शिशु उद्योग–50 हजार रुपये तक।
- किशोर उद्योग–50 हजार से 5 लाख रुपये तक।
- तरुण उद्योग–5 लाख से 10 लाख रुपये तक।

स्वच्छ भारत अभियान

गाँधी जयंती के अवसर पर 2 अक्टूबर, 2014 को शुरू हुए 'स्वच्छ भारत अभियान' का लक्ष्य वर्ष 2019 तक भारत को खुले में शौच की प्रवृत्ति से मुक्त बनाना है। इस अभियान का महत्व इस बात से ही आंका जा सकता है कि स्वयं प्रधानमंत्री श्री नरेन्द्र मोदी ने नई दिल्ली में राजपथ पर इस अभियान का शुभारंभ करते हुए कहा, "वर्ष 2019 में महात्मा गाँधी की 150वीं जयंती के अवसर पर भारत उन्हें स्वच्छ भारत के रूप में सर्वश्रेष्ठ श्रद्धांजलि दे सकता है।"

इस अभियान का लक्ष्य व्यक्तिगत, सामूहिक और सामुदायिक शौचालयों के निर्माण के माध्यम से हासिल किया जाना था, ताकि गाँधी जी की 150वीं जयंती (2 अक्टूबर, 2019) तक संपूर्ण भारत को स्वच्छ बनाया जा सके। इसमें ग्राम पंचायत के जरिए ठोस और तरल अपशिष्ट प्रबंधन के साथ गाँवों को साफ रखे जाने की योजना है। इस अभियान को सही तरीके से लागू करने के लिए 19 सदस्यीय विशेषज्ञ समिति का गठन किया गया है। इस अभियान के तहत कुल 4,041 सांविधिक नगरों में 5 वर्षों तक चलने वाले इस कार्यक्रम की अनुमानित लागत लगभग 62,000 करोड़ रुपये होगी।

'स्वच्छ भारत अभियान' के दो उप-अभियान हैं– प्रथम, स्वच्छ भारत ग्रामीण अभियान एवं दूसरा, स्वच्छ भारत शहरी अभियान।

स्टार्ट-अप इंडिया

'स्टार्ट-अप इंडिया' की घोषणा 15 अगस्त, 2015 को की गई थी, जबकि इस स्कीम का शुभारंभ 16 जनवरी, 2016 को हुआ। इस स्कीम का प्रमुख उद्देश्य नवोन्मेष को बढ़ावा देना तथा कारोबार की शुरूआत हेतु अनुकूल वातावरण का सृजन करना है। इस स्कीम के अर्हता के अनुसार कंपनी का गठन अथवा पंजीकरण भारत में होना अनिवार्य है। साथ ही, किसी वित्तीय वर्ष में वार्षिक कारोबार (टर्न ओवर) 25 करोड़ से अधिक न हो। कंपनी प्रौद्योगिकी या बौद्धिक संपदा आधारित नए उत्पादों, प्रक्रियाओं अथवा सेवाओं के नवप्रवर्तन, विकास, अनुप्रयोग या वाणिज्यिकरण के संबंध में कार्य कर रही हो या इसमें बड़ी मात्रा में रोजगार सृजन अथवा परिसम्पति सृजन का सामर्थ्य विद्यमान हो, नवप्रवर्तन आधारित स्टार्टअप को वित्तीय सहायता देने के लिए 10000 करोड़ रुपये के फंड की स्थापना की गई है। इस फंड का प्रबंधन सिडबी (SIDBI) द्वारा किया जाएगा।

स्टैंड-अप इंडिया

'स्टैंड-अप इंडिया' की घोषणा 15 अगस्त, 2015 को की गई थी, जबकि इसका शुभारंभ 5 अप्रैल, 2015 को नोएडा (उत्तर प्रदेश) से किया गया।

इस स्कीम का लक्ष्य संस्थागत साख संरचना तक अनुसूचित जाति-. जनजाति एवं महिला उद्यमियों की पहुँच को आसान व सुलभ बनाना है। इसके अंतर्गत सभी वाणिज्यिक बैंकों की प्रत्येक शाखा से कम-से-कम एक अनुसूचित जाति/जनजाति तथा एक महिला ऋणग्राहियों को 10 लाख से करोड़ रुपये तक का ऋण किसी नवउद्यम हेतु उपलब्ध करवाना है। सिडबी (SIDBI) इस स्कीम के तहत 10,000 करोड़ रुपये की पुनर्वित्त खिड़की उपलब्ध करवाएगा। साथ ही, इस स्कीम में यह भी प्रावधान है कि नेशनल क्रेडिट गारंटी ट्रस्ट कंपनी लिमिटेड (NCGTL) 5,000 करोड़ रुपये के कोष के माध्यम से एक विशेष क्रेडिट गारंटी तंत्र का निर्माण करेगा।

मेक इन इंडिया

'मेक इन इंडिया' स्कीम का शुभारंभ 25 सितम्बर, 2014 को किया गया। इस योजना का प्रमुख उद्देश्य विनिर्माण क्षेत्र के बेहतर संवर्धन हेतु भारत को महत्वपूर्ण विनिर्माण निवेश तथा अभिनव प्रयोगों के वैश्विक केंद्र के रूप में परिवर्तित करना है, ताकि भारत इस क्षेत्र विशेष में एक महत्वपूर्ण हब के रूप में स्थापित हो सके।

'मेक इन इंडिया' योजना के लिए 25 विशेष औद्योगिक क्षेत्रों की पहचान की गई, ताकि इनका बेहतर संवर्धन हो सके। इस योजना के तहत वर्ष 2022 तक सकल घरेलू उत्पाद (जीडीपी) में विनिर्माण क्षेत्र की हिस्सेदारी को 16 प्रतिशत से बढ़ाकर 25 प्रतिशत करना एवं इस क्षेत्र में 100 मिलियन अतिरिक्त रोजगार का सृजन करना लक्ष्य रखा गया है।

संगम परियोजना

इस परियोजना का शुभारंभ मार्च, 2019 में किया गया। भारत में अधिकारियों और कार्यकर्ताओं को स्वच्छ भारत ई-लर्निंग पोर्टल पर प्रशिक्षित करने के लिए माइक्रोसॉफ्ट और भारत के आवासन व शहरी कार्य मंत्रालय की संयुक्त भागीदारी में इस परियोजना का क्रियान्वयन किया गया है।

'संगम' वास्तव में एक 'क्लाउड-होस्टेड' मोबाइल फर्स्ट कम्युनिटी लर्निंग प्लेटफॉर्म है, जिसके माध्यम से स्वच्छ भारत ई-लर्निंग पोर्टल पर नगरपालिका के अधिकारियों को प्रशिक्षण प्रदान किया जाएगा।

प्रवासी तीर्थ दर्शन योजना

22 जनवरी, 2019 को प्रधानमंत्री नरेन्द्र मोदी द्वारा 15वें 'प्रवासी भारतीय दिवस' के उद्घाटन के दौरान 'प्रवासी तीर्थ दर्शन योजना' को तैयार किए जाने संबंधी उद्घोषणा की गई।

इस योजना के तहत चयनित भारतीय प्रवासियों के एक समूह को केन्द्र सरकार वर्ष में 2 बार भारत में धार्मिक स्थानों की यात्रा कराएगी। इस योजना के प्रावधानों के तहत अभीष्ट प्रवासियों के चयन में मॉरीशस, सूरीनाम, गुयाना, फिजी, त्रिनिदाद एवं टोबैगो और जमैका में रहने वाले गिरमिटिया (भारतीय श्रमिकों के वंशज) लोगों को प्राथमिकता दी जाएगी।

स्वदेश दर्शन योजना

इस स्कीम की शुरूआत जनवरी, 2015 में पर्यटन मंत्रालय द्वारा की गई थी। यह पूर्ण रूप से केन्द्र समर्थित स्कीम है। इस स्कीम का प्रमुख उद्देश्य विशिष्ट उद्देश्य आधारित पर्यटन सर्किट्स विकसित करना है। इन पर्यटन सर्किट को उच्च पर्यटन मूल्य, प्रतिस्पर्धात्मकता तथा पोषणीयता के सिद्धांत के आधार पर विकसित किया जाएगा। इस स्कीम के तहत प्रारंभ में 5 सर्किट्स विकसित करने की बात की गई है, ये हैं–बुद्धिस्ट सर्किट, हिमालयन सर्किट, कृष्णा सर्किट, उत्तरी-पूर्वी सर्किट तथा कोस्टल सर्किट। इस स्कीम में और भी सर्किटों को सम्मिलित किया गया, जैसे– वन्यजीव सर्किट्स, ट्राइबल सर्किट, रेगिस्तान सर्किट, सूफी सर्किट, तीर्थंकर सर्किट, हेरिटेज सर्किट, इको सर्किट आदि। वर्तमान में इनकी संख्या 15 है।

उड़ान योजना

'उड़े देश का आम नागरिक' नामक टैग लाइन के साथ सिविल एविएशन मंत्रालय द्वारा 27 अप्रैल, 2017 से संचालित 'उड़ान योजना' क्षेत्रीय एविएशन बाजार को विकसित करने से संबंधित है। यह क्षेत्रीय हवाई-अड्डों के विकास तथा क्षेत्रीय कनेक्टिविटी से संबंधित भारत सरकार की स्कीम है, जो आम आदमी को उड़ान की सुविधा तथा सहूलियत से जोड़नै की व्यवस्था से संबंधित है। इस स्कीम का प्रमुख लक्ष्य क्षेत्रीय स्तर पर वहनीय, आर्थिक दृष्टि से व्यवहार्य तथा लाभप्रद उड़ान सृजित करना है, ताकि छोटे और मझोले शहरों में आम आदमी के लिए भी उड़ान वहनीय हो सके। यह स्कीम 200 से 800 किलोमीटर के बीच लागू होगी। इस स्कीम की क्रियान्वयन अथॉरिटी 'एयरपोर्ट अथॉरिटी ऑफ इंडिया को बनाया गया है। साथ ही, इस स्कीम के तहत केन्द्र सरकार ने एयरलाइन्स को इसके अंतर्गत होने वाली हानि से राहत देने के लिए सब्सिडी व्यवस्था का भी प्रावधान किया है।

दीनदयाल स्पर्श योजना

'दीनदयाल स्पर्श योजना' का शुभारंभ 3 नवंबर, 2017 को तत्कालीन दूरसंचार राज्य मंत्री (स्वतंत्र प्रभार) मनोज सिन्हा द्वारा किया गया।

यह एक छात्रवृत्ति योजना है जिसका प्रमुख उद्देश्य डाक टिकटों के प्रति अभिरुचि को बढ़ावा देना है, साथ ही इस क्षेत्र में शोध कार्य को प्रोत्साहित करना भी है। इसका पूर्ण रूप डाक टिकटों के प्रति अभिरुचि और शोधकार्य के प्रोत्साहन हेतु छात्रवृत्ति (SPARSH: स्कॉलरशिप फॉर प्रोमोशन ऑफ एप्टिट्यूड एण्ड रिसर्च इन स्टाम्प्स ऐज ए हॉबी) है। यह योजना कक्षा 6 से 9 तक के विद्यार्थियों के लिए है। इस योजना के तहत पूरे भारत में 920 छात्रवृत्तियाँ (500 रुपये प्रतिमाह) प्रदान की जाएंगी।

संकल्प और स्ट्राइव योजनाएँ

आर्थिक मामलों की मंत्रिमंडलीय समिति द्वारा 11 अक्टूबर, 2017 को 'संकल्प' एवं 'स्ट्राइव' योजनाओं को स्वीकृति प्रदान की गई। ये दोनों योजनाएँ बाजार आवश्यकताओं के अनुरूप कौशल विकास से संबंधित हैं।

'संकल्प' आजीविका संवर्धन हेतु कौशल अभिग्रहण और ज्ञान जागरूकता' (SANKALP: स्किल्स एक्यूजिशन एण्ड नॉलेज अवेयरनेस फॉर लाइवलीहुड प्रोमोशन) का संक्षिप्त रूप हैं, वहीं 'स्ट्राइव' 'औद्योगिक मूल्य संवर्धन हेतु कौशल सशक्तिकरण' (STRIVE-स्कील स्ट्रेनथिंग फॉर इंडस्ट्रियल वैल्यू इनहेंसमेंट) का संक्षिप्त रूप है।

अटल भूजल योजना

प्रधानमंत्री नरेंद्र मोदी द्वारा 25 दिसम्बर, 2019 को कम भूजल स्तर वाले क्षेत्रों में भूजल संरक्षण को प्रोत्साहन देने के लिए 'अटल भूजल योजना' का शुभारंभ किया गया।

इस योजना की रूपरेखा सहभागी भूजल प्रबंधन के लिए संस्थागत संरचना को सुदृढ़ करने तथा 7 राज्यों, यथा गुजरात, कर्नाटक, महाराष्ट्र, मध्य प्रदेश, हरियाणा, राजस्थान एवं उत्तर प्रदेश में टिकाऊ भूजल संसाधन

प्रबंधन के लिए समुदाय स्तर पर व्यवहारगत बदलाव लाने के मुख्य उद्देश्य के साथ बनाई गई है।

इस योजना के प्रावधानों के अंतर्गत 6,000 करोड़ रुपये के कुल परिव्यय में 50 प्रतिशत विश्व बैंक ऋण के रूप में होगा, जिसका भुगतान केन्द्र सरकार करेगी। शेष 50 प्रतिशत नियमित बजटीय सहायता से केन्द्रीय सहायता के रूप में उपलब्ध कराया जाएगा।

इस योजना के कार्यान्वयन से इन राज्यों के 78 जिलों में लगभग 8,350 ग्राम पंचायतों को लाभ पहुँचने की उम्मीद है। इसके तहत तटीय क्षेत्रों के युवाओं को मत्स्य पालन से जोड़कर रोजगार के सृजन का प्रावधान भी किया गया है।

प्रधानमंत्री मत्स्य संपदा योजना

20 मई, 2020 को प्रधानमंत्री नरेन्द्र मोदी की अध्यक्षता में केन्द्रीय मंत्रिमण्डल ने 'प्रधानमंत्री मत्स्य संपदा योजना' के क्रियान्वयन को मंजूरी प्रदान की। इस योजना का प्रधान लक्ष्य नीली क्रांति के माध्यम से देश में मत्स्य पालन क्षेत्र के सतत् और जवाबदेह विकास को सुनिश्चित करना है।

वित्त वर्ष 2020-21 से 2024-25 तक अर्थात् 5 वर्षों की अवधि के लिए इस योजना को लागू किया जाएगा। कुल 20,050 करोड़ रुपये की अनुमानित लागत वाली यह योजना, केन्द्रीय योजना और केन्द्र प्रायोजित योजना के रूप में लागू की जाएगी। इसमें केन्द्र की हिस्सेदारी 9,407 करोड़, राज्यों की हिस्सेदारी 4,880 करोड़ रुपये तथा लाभार्थियों की हिस्सेदारी 5163 करोड़ रुपये होगी।

'प्रधानमंत्री मत्स्य संपदा योजना' के दो घटक होंगे। पहला, केन्द्रीय योजना और दूसरा, केन्द्र प्रायोजित योजना। केन्द्र प्रायोजित योजना को तीन प्रमुख श्रेणियों में विभाजित किया गया है, ये हैं- उत्पादन और उत्पादकता को प्रोत्साहन, अवसंरचना और उत्पादन पश्चात् प्रबंधन तथा मत्स्य पालन प्रबंधन और नियामक फ्रेमवर्क।

गोल कार्यक्रम

केन्द्रीय जनजातीय कार्यमंत्री अर्जुन मुंडा ने 15 मई, 2020 को नई दिल्ली में फेसबुक की साझेदारी में जनजातीय कार्य मंत्रालय के कार्यक्रम 'गोल (गोइंग ऑनलाइन ऐज लीडर्स)', की शुरूआत की।

डिजिटल रूप से सक्षम यह कार्यक्रम आदिवासी युवाओं के अंदर छिपी हुई प्रतिभाओं की खोज करने के लिए एक उत्प्रेरक के रूप में भूमिका निभाने की परिकल्पना करता है, जो न केवल उनके व्यक्तिगत विकास में सहायता करेगा बल्कि उनके समाज के बहुमुखी उन्नयन में भी योगदान देगा। 'गोल प्रणाली' का प्रमुख उद्देश्य डिजिटल प्रणाली के माध्यम से आदिवासी समाज के युवाओं को मेंटरशिप प्रदान करना है।

वर्तमान में यह कार्यक्रम 5,000 आदिवासी युवाओं को डिजिटल प्लेटफॉर्म और उपकरणों की पूर्ण क्षमता का उपयोग करने, व्यापार करने के नए तरीके सीखने, नए अवसरों का तलाश करने और उनके साथ जुड़ने का उद्देश्य रखता है। इस कार्यक्रम की एक प्रमुख विशेषता है कि यह आदिवासी महिलाओं को डिजिटल विश्व के साथ जोड़कर उनके सशक्तिकरण संबंधित प्रयास को आगे बढ़ाने हेतु माहौल तैयार करने की दिशा में बहुत आगे तक ले जाएगा।

दीन दयाल उपाध्याय 'श्रमेव जयते' कार्यक्रम

इस कार्यक्रम की शुरूआत 16 अक्टूबर, 2014 को की गई। यह कार्यक्रम श्रम तथा रोजगार मंत्रालय के अंतर्गत क्रियान्वित है।

इस कार्यक्रम का लक्ष्य श्रम क्षेत्र में पारदर्शिता एवं दक्षता के माध्यम से औद्योगिक विकास हेतु अनुकूल परिवेश तैयार करना है। इस कार्यक्रम के अंतर्गत 5 योजनाएँ यथा-समर्पित श्रम सुविधा पोर्टल, आकस्मिक निरीक्षण की नई व्यवस्था, यूनिवर्सल खाता संख्या, प्रशिक्षु प्रोत्साहन योजना तथा पुनर्गठित राष्ट्रीय स्वास्थ्य बीमा योजना शामिल की गई हैं। श्रम सुविधा पोर्टल के अंतर्गत ऑन लाइन रजिस्ट्रेशन की सुविधा मुहैया कराने के लिए श्रमिकों को यूनीक लेबर आइडेंटीफिकेशन नम्बर के आवंटन का भी प्रावधान है।

अटल भाषांतर योजना

इस योजना का शुभारंभ दिसंबर, 2018 में किया गया। विदेश मंत्रालय द्वारा भाषा विशेषज्ञों को प्रशिक्षण देने के प्रधान लक्ष्य के साथ 'अटल भाषांतर योजना को क्रियान्वित करने की योजना है।

इस योजना के अंतर्गत भाषा विशेषज्ञों को प्रशिक्षित करके हिंदी भाषा में अरबी, जापानी, रूसी, फ्रांसीसी, चीनी एवं स्पेनिश से विलोमतः अनुवाद करने हेतु भाषा विशिष्ट दुभाषियों के एक विशेष समूह को तैयार किया जाएगा।

दीनदयाल अंत्योदय योजना-राष्ट्रीय ग्रामीण आजीविका मिशन

'राष्ट्रीय ग्रामीण आजीविका मिशन' (एन.आर.एल.एम.) ग्रामीण विकास मंत्रालय की एक केंद्रीय प्रायोजित योजना है। 'स्वर्ण जयंती ग्राम स्वरोजगार योजना' (एस.जी.एस.वाई.) के पुनर्गठन के बाद इसे जून, 2011 में शुरू किया गया। ग्रामीण विकास मंत्रालय का ग्रामीण आजीविका प्रभाग राज्य ग्रामीण आजीविका मिशनों (एस.आर.एल.एम.) के साथ भागीदारी करके इस मिशन को क्रियान्वित करता है। इस मिशन को अब 'दीनदयाल अंत्योदय योजना–राष्ट्रीय ग्रामीण आजीविका मिशन (डी.ए.वाई.-एन.आर.एल.एम.)' नाम दिया गया है। इस मिशन का उद्देश्य है, विविध प्रकार के तथा लाभकारी स्वरोजगार एवं कुशल मजदूरी रोजगार के अवसरों को बढ़ावा देते हुए गरीबी को कम करना, जिससे ग्रामीण गरीबों की आय में सतत् आधार पर उल्लेखनीय वृद्धि हो। इस मिशन में सामुदायिक संस्थाओं को प्रोत्साहित करते हुए उन्हें सुदृढ़ बनाने की कार्यनीति अपनाने का प्रयास किया जाता है जो आगे चलकर ग्रामीण गरीबों की आजीविकाओं में सुधार लाने का कार्य कर सकती हैं। इस मिशन में वर्ष 2024-25 तक सभी ग्रामीण गरीब परिवारों तक चरणबद्ध ढंग से पहुंचते हुए उनकी आजीविकाओं में व्यापक तरीके से सुधार लाने का प्रयास किया जाता है। विशिष्ट बात यह है कि इस मिशन का उद्देश्य राज्यों और संघ शासित क्षेत्रों में 647 से अधिक जिलों, 6,559 ब्लॉकों, 2,38,000 ग्राम पंचायतों और लगभग 6,40,000 गांवों में बसे 70 से 80 मिलियन गरीब ग्रामीण परिवारों की जीवन दशा में सुधार लाना है।

इस मिशन के उद्देश्यों को 4 महत्वपूर्ण घटकों अर्थात् (क) सामाजिक एकजुटता और गरीब परिवारों की स्थायी सामुदायिक संस्थाओं को बढ़ावा (ख) ग्रामीण गरीबों का वित्तीय समावेशन (ग) स्थायी आजीविका और (घ) तालमेल तथा हकदारी में निवेश करके पूरा करने का प्रयास किया जाता है।

महिला किसान सशक्तीकरण परियोजना

दीनदयाल अंत्योदय योजना-राष्ट्रीय ग्रामीण आजीविका मिशन के अंतर्गत आजीविका संवर्धन के लिए वर्ष 2010-11 में 'महिला किसान सशक्तीकरण परियोजना (एम.के.एस.पी.)' नामक एक विशेष कार्यक्रम शुरू किया गया। कृषि में महिलाओं की भूमिका को स्वीकारने का यह एक ठोस प्रयास है। महिलाओं की क्षमता तथा उनकी आय बढ़ाने और कृषि एवं उससे संबद्ध कार्यकलापों में उनकी भूमिका बढ़ाने के लिए निवेश किया जाता है। इस परियोजना का उद्देश्य अति निर्धन परिवारों के लिए प्राथमिक आजीविका कार्यकलापों को सुरक्षित रखकर एवं इन्हें बढ़ाकर अति निर्धनों के लिए पोषण सुरक्षा सुनिश्चित करना है। एम.के.एस.पी. का मुख्य उद्देश्य कृषि आधारित आजीविकाओं में उत्पादकता और महिलाओं की भागीदारी बढ़ाने के लिए कृषि में सुव्यवस्थित निवेश करते हुए महिलाओं को अधिकार-संपन्न बनाना है।

स्टार्ट-अप ग्राम उद्यमिता कार्यक्रम (एस.वी.ई.पी.)

'स्टार्ट-अप ग्राम उद्यमिता कार्यक्रम' का उद्देश्य ग्रामीण गरीबों को उद्यम लगाने में सहायता करके और जब तक उद्यम सुचारू रूप से काम न करने लगे तब तक सहायता उपलब्ध कराते हुए गरीबी से उबारने में उनकी सहायता करना है। कार्यक्रम में किए गए उपायों से 3 पारिस्थितिकीय तंत्रों-ज्ञान, एडवाइजरी और वित्तीय पारिस्थितिकी की कमी का समाधान हो जाता है। स्टार्ट-अप ग्राम उद्यमिता कार्यक्रम में उद्यमों को व्यवसाय कौशल, व्यवसाय संबंधी जानकारी, ऋण उपलब्ध कराया जाता है और दीनदयाल अन्त्योदय योजना राष्ट्रीय ग्रामीण आजीविका मिशन स्व-सहायता समूहों और उनके संघों का उपयोग करते हुए उद्यमों के पहले महत्वपूर्ण 6 महीनों के दौरान व्यावसायिक सहायता प्रदान की जाती है। कौशल संबंधी प्रशिक्षण ऐसे स्थानीय लोगों द्वारा दिया जाएगा जो व्यवसाय प्रबंधन, निगरानी में प्रशिक्षित होंगे और आई.सी.टी. के उपयोग से श्रव्य-दृश्य सहायक सामग्री के उपयोग में सहायता करेंगे।

दीन दयाल उपाध्याय ग्रामीण कौशल्य योजना

युवाओं में बेहतर निवेश के रूप में भागीदारी मोड के जरिए मौजूदा कौशल एवं नियोजन परियोजनाओं को आगे बढ़ाना तथा उभरते हुए बाजार में आजीविका अवसरों को एक नई दिशा प्रदान करना इसका उद्देश्य है। सुदृढ़ करने के लिए सार्वजनिक, निजी, गैर-सरकारी और सामुदायिक संगठनों के साथ भागीदारी के अलग-अलग मॉडल तैयार किए जाएंगे। औद्योगिक संघों और क्षेत्र-विशिष्ट कर्मचारी संघों के साथ मजबूत संबंध भी बनाया जाएगा।

ग्रामीण स्व-रोजगार प्रशिक्षण संस्थान

दीन दयाल अंत्योदय योजना-राष्ट्रीय ग्रामीण आजीविका मिशन में सार्वजनिक क्षेत्र के बैंकों को देश के सभी जिलों में ग्रामीण स्व-रोजगार प्रशिक्षण संस्थान (आर.एस.ई.टी.आई.) स्थापित करने के लिए प्रोत्साहित किया जाता है। ग्रामीण स्वरोजगार प्रशिक्षण संस्थान आवश्यकता आधारित प्रयोगात्मक प्रशिक्षण कार्यक्रम के माध्यम से जिले के बेरोजगार ग्रामीण युवाओं को स्व-रोजगार वाले उद्यमियों के रूप में बदल देते हैं, और उसके बाद उन्हें मौके पर व्यवस्थित सहायता एवं बैंकों से सहायता उपलब्ध कराई जाती है। बैंकों को चयन, प्रशिक्षण तथा प्रशिक्षण पश्चात् फॉलो-अप चरणों में शामिल किया जाता है। ग्रामीण स्वरोजगार प्रशिक्षण संस्थान अपने उद्देश्यों को पूरा करने के लिए गरीबों की संस्थाओं सहित अन्य संगठनों के साथ भागीदारी करता है। ग्रामीण स्वरोजगार प्रशिक्षण संस्थान मुख्य रूप से ग्रामीण युवकों के लिए निःशुल्क, विशिष्ट एवं गहन अल्पावधिक रिहायशी स्वरोजगार प्रशिक्षण कार्यक्रम चलाता है जहां उन्हें मुफ्त भोजन और रहने का स्थान भी मुहैया कराया जाता है।

आजीविका ग्रामीण एक्सप्रेस योजना

'सरकार' ने दीन दयाल अंत्योदय योजना-राष्ट्रीय ग्रामीण आजीविका मिशन (डी.ए.वाई.-एन.आर.एल.एम.) के अंतर्गत 'आजीविका ग्रामीण एक्सप्रेस योजना (ए.जी.ई.वाई.)' नाम एक नई उप योजना शुरू की है। ए.जी.ई.वाई. का मुख्य उद्देश्य है (1) डी.ए.वाई.-एन.आर.एल.एम. के अंतर्गत पिछड़े ग्रामीण क्षेत्रों में एस.एच.जी. के सदस्यों को सार्वजनिक परिवहन सेवाएं संचालित करने में मदद करते हुए उनके लिए आजीविका का वैकल्पिक स्रोत उपलब्ध कराना और (2) डी.ए.वाई.-एन.आर.एल.एम. के फ्रेमवर्क में उपलब्ध सहायता का उपयोग करते हुए क्षेत्र के समग्र आर्थिक विकास के लिए दूरस्थ गांवों में मुख्य सेवाएं और सुविधाएं (बाजार, शिक्षा और स्वास्थ्य की उपलब्धता सहित) उपलब्ध कराने के लिए सुरक्षित, वहन योग्य और समुदाय की निगरानी वाली ग्रामीण परिवहन सेवाएं (ई-रिक्शा, 3 और 4 पहिया मोटर वाहन) उपलब्ध कराना।

दीन दयाल उपाध्याय-ग्रामीण कौशल योजना

मजदूरी रोजगार से जुड़े कार्यक्रमों को वैश्विक मानकों के आधार पर तैयार करने के महत्वाकांक्षी उद्देश्य के साथ ग्रामीण विकास मंत्रालय ने रोजगार से जुड़े कौशल विकास कार्यक्रम को 'राष्ट्रीय ग्रामीण आजीविका' मिशन के 'तहत दीन दयाल उपाध्याय' ग्रामीण कौशल्य योजना (डी.डी.यू.-जी.के.वाई.), के रूप में 25 सितंबर, 2014 को पुनर्गठित किया। इसे पुनर्गठित करने में ग्रामीण विकास मंत्रालय ने कौशल विकास प्रशिक्षण कार्यक्रमों के कार्यान्वयन में अपने 15 वर्षों से अधिक अवधि के अनुभवों से अर्जित ज्ञान का उपयोग किया है। दीनदयाल उपाध्याय-ग्रामीण कौशल्या योजना एक राष्ट्रव्यापी रोजगार से जुड़ा कौशल विकास प्रशिक्षण कार्यक्रम है जिसका वित्त पोषण भारत सरकार का ग्रामीण विकास मंत्रालय करता है।

यह योजना राष्ट्रीय कौशल विकास नीति का एक महत्वपूर्ण घटक है, जिसमें ग्रामीण गरीब युवाओं पर विशेष ध्यान दिया जाता है। उसका उद्भव

ग्रामीण गरीबों की विभिन्न स्रोतों से आय अर्जित करने वाली आवश्यकताओं और ग्रामीण युवाओं की व्यावसायिक आकांक्षाओं की पूर्ति के लिए हुआ है। परियोजना कार्यान्वयन एजेंसी (पी.आई.ए.) पी.पी.पी. मोड में कौशल विकास कार्यक्रमों को कार्यान्वित करती है। प्रत्येक पी.आई.ए. के लिए यह अनिवार्य है कि 70 प्रशिक्षित अभ्यर्थियों को रोजगार दिलाए। इस परियोजनाओं का वित्त पोषण सभी राज्यों (पूर्वोत्तर राज्यों और हिमालयन राज्यों के अलावा) में 60:40 के अनुपात में केन्द्र और राज्य द्वारा किया जाता है जबकि पूर्वोत्तर राज्यों और हिमालयन राज्यों में 90:10 के अनुपात में वित्तपोषण किया जाता है। जम्मू एवं कश्मीर में परियोजनाएं केंद्र सरकार द्वारा शत-प्रतिशत वित्तपोषित होती हैं।

इस योजना का उद्देश्य भारत को वैश्विक स्तर पर उत्पादन केन्द्र के रूप में स्थापित करने वाले प्रधानमंत्री के 'मेक इन इंडिया' अभियान में योगदान करना है जबकि देश के अन्य प्रमुख कार्यक्रमों में महत्वपूर्ण योगदान देने के लिए इसके प्रयासों में सामंजस्य बिठाना है।

इस योजना राष्ट्रीय कौशल एजेंडा तथा देश के 15-35 आयु वर्ग के 430 मिलियन यह लोगों, जो कि लगभग 70 प्रतिशत है और ग्रामीण क्षेत्रों में रहते हैं, के लिए महत्वपूर्ण है। यह योजना ग्रामीण युवकों की क्षमताओं के निर्माण के माध्यम से अधिक आवश्यक 'जनसांख्यिकीय लाभ' के रूप राष्ट्र के लोगों के जीवन में सुधार करने की क्षमता रखता है।

प्रधानमंत्री ग्राम सड़क योजना

यद्यपि ग्रामीण सड़क संविधान के अंतर्गत राज्य सूची में है, भारत सरकार ने राज्यों की सहायता करने के लिए गरीबी उपशमन कार्यनीति के हिस्से के रूप में केन्द्र द्वारा प्रायोजित योजना के रूप में दिनांक 25 दिसम्बर, 2000 को 'प्रधानमंत्री ग्राम सड़क योजना शुरू की थी।' प्रधानमंत्री ग्राम सड़क योजना (पी.एम.जी.एस.वाई.) का मुख्य उद्देश्य मैदानी क्षेत्रों में कोर नेटवर्क में शामिल 500 (जनगणना-2001 के अनुसार) और इससे अधिक आबादी वाली सड़क से न जुड़ी पात्र बसावटों को बारहमासी सड़क (आवश्यक पुलियाओं और पूरे वर्ष यातायात के लिए खुली रहने वाली आर-पार निकासी संरचनाओं वाली) सुविधा उपलब्ध कराना है। 'विशेष श्रेणी के राज्यों, (पूर्वोत्तर सिक्किम, हिमाचल प्रदेश, जम्मू एवं कश्मीर और उत्तराखंड), मरुभूमि वाले क्षेत्रों, जनजातीय (अनुसूची-5) क्षेत्रों और गृह मंत्रालय/योजना आयोग द्वारा यथा निर्धारित 88 चुनिंदा जनजातीय एवं पिछड़े जिलों के संबंध में इसका उद्देश्य कोर नेटवर्क के अनुसार सड़क से न जुड़ी 250 (जनगणना-2001) और इससे अधिक आबादी वाली पात्र बसावटों को सड़क से जोड़ना है। इस कार्यक्रम के अंतर्गत सभी पात्र बसावटों के लिए एकल बारहमासी सड़क संपर्क की परिकल्पना की गई है। वामपंथी उग्रवाद से अधिक प्रभावित ब्लॉकों (गृह मंत्रालय द्वारा निर्धारित) में 100 व्यक्तियों की आबादी वाली बसावटों को भी सड़क से जोड़ने के लिए अतिरिक्त छूट दी गई है।

प्रधानमंत्री आवास योजना-ग्रामीण

भारत सरकार ने सार्वजनिक आवास के लिए अतीत में, 'ग्राम आवास कार्यक्रम', (1957) से शुरू करके 'राष्ट्रीय ग्रामीण रोजगार कार्यक्रम' (1980) और ग्रामीण भूमिहीन रोजगार गारंटी कार्यक्रम, (1983) तथा वर्ष 1985 में, इंदिरा आवास योजना (आई.ए.वाई.) तक कई कार्यक्रम शुरू किए। गरीबी रेखा से नीचे जीवनयापन करने वाले परिवारों की आवास संबंधी आवश्यकताओं की पूर्ति के लिए इंदिरा आवास योजना को 1 जनवरी, 1996 से स्वतंत्र कार्यक्रम बनाया गया। हालांकि इंदिरा आवास योजना का कार्यान्वयन पिछले काफी लंबे समय से हो रहा था, लेकिन यह देखा गया कि बड़ी संख्या में ऐसे ग्रामीण परिवार मौजूद हैं, जिनके लिए आधारभूत सुविधाओं की उपलब्धता सीमित है। इन कमियों और त्रुटियों को दूर करने के लिए 'इंदिरा आवास योजना' नामक पूर्ववर्ती ग्रामीण आवास योजना को 1 अप्रैल, 2016 से प्रधानमंत्री आवास योजना-ग्रामीण (पी.एम.ए.वाई.-जी) के रूप में पुनर्गठित किया गया।

इस योजना का लक्ष्य सुदृढ़ सेवा प्रदायगी और निगरानी व्यवस्था तथा योजना की बेहतर संरचना के माध्यम से 'वर्ष 2022 तक सभी के लिए आवास' के उद्देश्य की पूर्ति करना है। इस योजना के इस लक्ष्य की पूर्ति के लिए 2018-19 तक ग्रामीण भारत में एक करोड़ मकानों का निर्माण करना और पूरी ग्रामीण आबादी को 2022 तक पक्के मकानों में कवर करना है।

इस योजना की प्रमुख विशेषताएं इस प्रकार हैं:

(i) मैदानी क्षेत्रों में 1.20 लाख रु. और पर्वतीय राज्यों, दुर्गम क्षेत्रों और एकीकृत कार्य योजना (आई.ए.पी.) जिलों में 1.30 लाख रु. की इकाई सहायता।

(ii) इसके साथ-साथ, लाभार्थी को 'स्वच्छ भारत अभियान' (जी), मनरेगा के तहत या अन्य समर्पित वित्तीय स्रोतों से शौचालय के निर्माण के लिए 12,000 रू. की सहायता प्राप्त होती है और मनरेगा के अंतर्गत तालमेल द्वारा मैदानी इलाकों में 90 श्रम दिवस और पर्वतीय राज्यों, दुर्गम क्षेत्रों और आई.ए.पी. जिलों में 95 श्रम दिवसों का सहयोग प्राप्त होता है।

(iii) लाभार्थी को घर के निर्माण हेतु 70,000 रुपये तक का ऋण लेने की सुविधा दी जाएगी, जो कि ऐच्छिक होगी।

(iv) आवास का यूनिट साइज न्यूनतम 25 वर्गमीटर होगा, जिसमें स्वच्छ रसोई के लिए समर्पित स्थान शामिल है।

(v) लाभार्थियों की पहचान ग्राम सभाओं के माध्यम से सामाजिक-आर्थिक और जाति आधारित जनगणना (एस.ई.सी.सी., 2011) के आंकड़ों के आधार पर की जाएगी।

(vi) मैदानी क्षेत्रों में इस योजना की लागत में भारत सरकार और राज्य सरकारें 60:40 के अनुपात में और पूर्वोत्तर एवं 3 हिमालयी राज्यों (जम्मू एवं कश्मीर, हिमाचल प्रदेश और उत्तराखंड) में 90:10 के अनुपात में भागीदारी करेंगी। भारत सरकार का संघ शासित प्रदेशों को पूरी लागत प्रदान करना।

सांसद आदर्श ग्राम योजना

'सांसद आदर्श ग्राम योजना' (एस.ए.जी.वाई.) ग्रामीण विकास मंत्रालय की एकमात्र ऐसी योजना है जिसमें पहली बार ग्राम पंचायत स्तर पर विकास करने के लिए सांसदों के नेतृत्व, क्षमता, प्रतिबद्धता और ऊर्जा का उपयोग

प्रत्यक्ष रूप से किया जा रहा है। देश भर में विकसित मॉडल ग्राम पंचायतों का सृजन करने के उद्देश्य से 11 अक्तूबर, 2014 को सांसद आदर्श ग्राम योजना (एस.ए.जी.वाई.) का शुभारंभ किया गया। प्राथमिक रूप से मार्च, 2019 तक तीन आदर्श ग्रामों को विकसित करने का लक्ष्य रखा गया है जिसमें से एक गांव वर्ष 2016 तक विकसित कर लिया है। इसके बाद वर्ष 2024 तक ऐसे पांच आदर्श ग्रामों (प्रत्येक वर्ष एक) का चयन करके उनको विकसित किया जाएगा। इन 'आदर्श ग्रामों' से ग्रामीण समुदाय में स्वास्थ्य, स्वच्छता, हरियाली और सौहार्दता को बढ़ावा देने में मदद मिलेगी और ये ग्राम स्थानीय विकास एवं शासन का विद्यालय बनकर पड़ोसी ग्राम पंचायत को प्रेरित करेंगे।

संसद सदस्य एक उत्प्रेरक की भूमिका निभाएंगे। वे आदर्श ग्राम के रूप में विकसित की जाने वाली ग्राम पंचायत का निर्धारण करेंगे, समुदाय से संपर्क करेंगे, योजना के मूल्यों के प्रचार-प्रसार में मदद करेंगे, सही माहौल तैयार करने के लिए प्रारंभिक कार्यकलाप शुरू करने में सहयोग करेंगे तथा आयोजना प्रक्रिया में मदद करेंगे। जिला कलेक्टर इस योजना का कार्यान्वयन करने के लिए नोडल अधिकारी होता है। जिला कलेक्टर भागीदारी करने वाले संबंधित विभागों के प्रतिनिधियों के साथ मासिक समीक्षा बैठक का आयोजन कराते हैं। संबंधित माननीय सांसद समीक्षा बैठक की अध्यक्षता करते हैं। संबंधित ग्राम पंचायतों के मुखियों को इन मासिक बैठकों में आमंत्रित किया जाता है।

श्यामा प्रसाद मुखर्जी मिशन

'श्यामा प्रसाद मुखर्जी मिशन' अथवा 'राष्ट्रीय रुर्बन मिशन' (एन.आर.यू.एम.) माननीय प्रधानमंत्री द्वारा 5142.08 करोड़ रु. के परिव्यय के साथ 21 फरवरी, 2016 को शुरू किया गया था। यह ग्रामीण क्षेत्रों में विकास के लिए उत्प्रेरक कार्यक्रमों की सेवा प्रदायगी हेतु बनाया गया एक अद्भुत कार्यक्रम है। इसमें दिए गए अनिवार्य पूरक वित्त पोषण (सी.जी.एफ.) के रूप में प्रत्येक रुर्बन क्लस्टर के लिए अनुमानित 30 प्रतिशत निवेश तक की निधि सहायता के साथ इस मिशन के तहत देश में वस्तुपरक आर्थिक विकास वाले 300 रुर्बन क्लस्टर तैयार किए जा रहे हैं, जबकि 70 प्रतिशत निधियां निजी निवेश संस्थागत वित्त पोषण के साथ-साथ राज्य और केंद्र के कार्यक्रमों में तालमेल के माध्यम से राज्यों द्वारा जुटाई जा रही हैं। केंद्रीय प्रायोजित योजना के रूप में पुनः वर्गीकृत करते हुए पूरक वित्त पोषण में अब केंद्र और राज्य के बीच भागीदारी का अनुपात मैदानी क्षेत्रों में 60:40 का है और हिमालयी एवं पूर्वोत्तर राज्यों में 90:10 का है।

ये रुर्बन क्लस्टर कृषि सेवाओं, पर्यटन और एस.एम.ई. के क्षेत्रों में विषय विशिष्ट आर्थिक विकास केंद्रों पर आधारित ऐसे क्लस्टर होंगे, जो कि खुले में शौच से मुक्त होंगे, जिनमें अपशिष्ट शून्य होगा, पर्यावरण के अनुकूल प्रौद्योगिकियों से स्ट्रीट लाइट की पर्याप्त सुविधाएं होंगी, जहां परिवारों को सुरक्षित पेयजल और एल.पी.जी. कनेक्शन प्राप्त होंगे।

गरीबी उन्मूलन कार्यक्रम

भारत ग्राम प्रधान देश है। यहाँ की लगभग 70% से अधिक आबादी गाँवों में निवास करती है। ब्रिटिश शासन से पूर्व ये गाँव आत्मनिर्भर थे तथा अपनी सभी आवश्यकताओं की पूर्ति कर लेते थे। शिल्पकला, काष्ठकला लघु व कुटीर उद्योग आदि इनकी पहचान थी। ब्रिटिश शासन काल में सरकार की नीतियाँ तथा ग्रामीण समाज की उपेक्षा ने इन गाँवों की समस्याओं को बढ़ा दिया। अत्यधिक लगान, थोपी गई फसल का उत्पादन आदि के लिए ग्रामीणों को विवश कर दिया, जिसके परिणामस्वरूप देश में गरीबी का दौर शुरू हुआ। आजाद भारत की सरकार इस समस्या को भलिभाँति जानती थी, अतः अपने शुरुआती प्रयासों में सरकार द्वारा गरीबी की समस्या का निवारण का प्रयास प्रारम्भ किया गया। सरकार द्वारा ग्रामीण विकास हेतु अनेकों कार्यक्रम बनाए गए, इनमें 'गरीबी उन्मूलन कार्यक्रम' प्रमुख था।

'गरीबी उन्मूलन कार्यक्रम' का अर्थ नियोजित परिवर्तन के तहत ग्रामीण गरीबी को दूर करने के लिए बनाए गए विभिन्न योजनाओं व कार्यक्रमों से है। गरीबी उन्मूलन के लिए सरकार द्वारा विभिन्न पंचवर्षीय योजनाओं में लक्ष्य बनाए गए तथा विभिन्न योजनाओं का संचालन किया गया, ताकि तय समय पर गरीबी को देश से समाप्त किया जा सके।

गरीबी उन्मूलन हेतु चलाए गए विभिन्न कार्यक्रम

गरीबी निवारण को प्राथमिकता पाँचवीं पंचवर्षीय योजना में मिली थी, किंतु गरीबी निवारण का नारा छठी योजना में दिया गया तथा गरीबी निवारण के लिए सभी बड़े कार्यक्रमों की योजना इसी पंचवर्षीय योजना में आरम्भ हुई थी। छठी योजना में गरीबी निवारण तथा रोजगार सृजन पर विशेष बल दिया गया। गरीबी निवारण से संबंधित कल्याणकारी कार्यक्रमों को हम कुछ वर्गों में बांट सकते हैं- (i) रोजगार सृजन संबंधित योजनाएँ, (ii) सब्सिडी आधारित योजनाएँ, (iii) आर्थिक तथा सामाजिक सुरक्षा से संबंधित योजनाएँ, (iv) स्वास्थ्य, शिक्षा आदि से संबंधित योजनाएँ, (v) महिलाओं के सशक्तिकरण तथा बाल विकास से जुड़ी योजनाएँ, (vi) भौतिक अवस्थापना से संबंधित योजनाएँ। भारत सरकार द्वारा चलाई गई योजनाएँ इन्हीं में से किसी एक वर्ग से संबंधित रहती हैं।

समन्वित ग्रामीण विकास कार्यक्रम

2 अक्टूबर, 1980 को छठी पंचवर्षीय योजना के दौरान इस योजना की शुरुआत हुई थी। भारत सरकार की यह योजना गरीबी व बेरोजगारी निवारण हेतु चलाई गई सबसे महत्वपूर्ण योजना थी, किंतु यह मूलतः गरीबी निवारण से संबंधित योजना है। इस योजना के तहत कृषि से संबंधित अनेक क्षेत्रों में रोजगार का सृजन किया गया। इस कार्यक्रम में पहले से चल रही तमाम योजनाओं, जैसे-एमप्लॉयमेंट गारंटी स्कीम, सूखा संवेदन क्षेत्र विकास कार्यक्रम, कमांड एरिया डेवलपमेंट प्रोग्राम आदि का विलय कर दिया गया। यह योजना 1 अप्रैल, 1999 तक चली तथा उसके बाद इसे 'स्वर्ण जयंती ग्राम स्वरोजगार योजना' के रूप में पुनर्गठित किया गया।

प्रधानमंत्री रोजगार योजना

इस योजना की शुरूआत 2 अक्टूबर, 1993 को की गई थी। इसका मुख्य लक्ष्य शिक्षित बेरोजगारों को पोषणीय रोजगार प्रदान करना था। इस योजना में 18 से 35 वर्ष के युवकों को शामिल किया गया था, जिन्होंने कम-से-कम 6 माह का तकनीकी प्रशिक्षण लिया हो। इसमें अन्य शर्तों

के अंतर्गत पारिवारिक वार्षिक आय को ₹ 24,000 से कम रखा गया। इस योजना के लाभार्थी को 1 लाख रुपए का ऋण प्रदान किया जाता है।

ग्रामीण भूमिहीन रोजगार गारंटी कार्यक्रम

इस कार्यक्रम की शुरूआत 15 अगस्त, 1983 को हुई थी। इसका 100% वित्तपोषण केन्द्र सरकार पर भारित था। इस योजना के अंतर्गत ग्रामीण क्षेत्रों में रोजगार सृजन को बढ़ावा देना, उत्पादक सम्पत्तियों के निर्माण का प्रयास करना आदि शामिल था। इन प्रयासों के परिणामस्वरूप यह अनुमान लगाया गया था कि ग्रामीण क्षेत्र के जीवन की गुणवत्ता में सुधार होगा।

ट्राइसेम (TRYSEM)

ट्रेनिंग ऑफ रूरल यूथ फॉर सेल्फ एम्प्लायमेंट, के तहत ग्रामीण युवाओं को प्रशिक्षण प्रदान कर बेरोजगारी को दूर करने का प्रयास किया गया। इस योजना की शुरूआत 15 अगस्त, 1979 को की गई थी। उन युवाओं को इस योजना के लिए आदर्श माना गया जिनकी वार्षिक आय ₹3500 से कम हो।

ग्रामीण रोजगार सृजन कार्यक्रम

इस कार्यक्रम की शुरूआत वर्ष 1995 में की गई थी। इसे ग्रामीण क्षेत्रों के साथ-साथ छोटे शहरों में भी लागू किया गया। इस कार्यक्रम का क्रियान्वयन खादी और ग्रागोद्योग आयोग द्वारा किया गया। इरा योजना के तहत ग्राग उद्योगों की स्थापना के लिए बैंकों से ऋण की व्यवस्था की गई।

प्रधानमंत्री आदर्श ग्राम योजना

इस योजना की शुरुआत वर्ष 2009-10 के बजट भाषण के पश्चात की गई। एकीकृत विकास को बढ़ावा देने के लिए यह योजना काफी प्रभावी मानी गई। इस योजना के लिए 100 करोड़ के आवंटन में इस योजना को लागू किया गया, जहाँ जनजातीय आबादी 50% के लगभग थी।

महात्मा गाँधी राष्ट्रीय ग्रामीण रोजगार गारण्टी अधिनियम

महात्मा गाँधी राष्ट्रीय ग्रामीण रोजगार गारण्टी अधिनियम (MNREGA) का शुभारम्भ 2 फरवरी, 2006 को आन्ध्र प्रदेश से किया गया था। इस योजना की पहले राष्ट्रीय ग्रामीण रोजगार गारण्टी कार्यक्रम के नाम से जाना जाता था, जिसे 2 अक्तूबर, 2009 को बदलकर महात्मा गाँधी राष्ट्रीय ग्रामीण रोजगार गारण्टी अधिनियम कर दिया गया। देश के समस्त जिलों में लागू रोजगार सृजन करने वाली भारत की यह सबसे महत्वपूर्ण योजना है। इस योजना के तहत

- ग्रामीण परिवार के कम-से-कम एक सदस्य को 100 दिन का गारण्टीड रोजगार प्रदान करना होगा।
- इस योजना के एक-तिहाई महिलाओं को रोजगार देना होगा।
- इस योजना के अन्तर्गत अकुशल शारीरिक श्रम करने वाले को रोजगार प्रदान किया जाएगा।
- रोजगार सृजन ग्रामीण परिवार को 5 किमी. अन्दर करना होगा।
- जॉब कार्ड प्राप्त होने की स्थिति 15 दिन के भीतर काम उपलब्ध कराना होगा, कार्य उपलब्ध न कराने की स्थिति में बेरोजगारी भत्ता देय होगा।
- जिला स्तर पर पंचायते मनरेगा की मानीटरिंग का कार्य करेगी।
- केन्द्र सरकार द्वारा वेतन देयता के लिए नेशनल एम्प्लॉयमेंट गारण्टी फंड तथा राज्य सरकार स्टेट एम्प्लॉयमेंट गारण्टी फंड की स्थापना करती है।
- मनरेगा के क्रियान्वयन के लिए राज्य सरकार द्वारा ब्लाक स्तर पर प्रोग्राम अधिकारी की नियुक्ति की जाती है।
- इस योजना के अंतर्गत होने वाले व्यय का अनुपात 90:10 है।
- ग्राम सभा के अनुमोदन पर ही परियोजनाओं की पहचान क्रियान्वयन तथा देखरेख होती है।
- मनरेगा में सम्पूर्ण ग्राम रोजगार योजना का राष्ट्रीय अनाज योजना का विलय कर दिया गया है।
- मनरेगा मांग प्रेरित स्कीम है, इस योजना के समानान्तर कोई दूसरी योजना नहीं है। इस योजना को कानूनी अधिकार के रूप में स्थापित किया गया है।

नेशनल रूरल लिवलीहुड मिशन

2 जून, 2011 को इस योजना की शुरुआत राजस्थान के बासवाड़ा ग्राम से की गई थी। इस मिशन का उद्देश्य गरीब परिवारों को स्वरोजगार व कौशल मजदूरी वाले रोजगार के अवसर को उपलब्ध कराना है। इस योजना के तहत–

- बाहरी रोजगार के लिए लोगों का कौशल विकास करना
- स्व रोजगारियों एवं उद्यमियों का पोषण
- ग्रामीणों के रोजगार विकल्पों का विस्तार करना
- इस योजना के अन्तर्गत बी.पी.एल. परिवारों को 100% कवरेज दिया गया है।

कौशल विकास योजना

11वीं पंचवर्षीय योजना में कौशल विकास योजना का शुभारम्भ किया गया है। इस योजना के तहत् वर्ष 2022 तक 500 मिलियन कुशल कार्मिक तैयार करने का लक्ष्य रखा गया है। इसमें 5 मुख्य विषयों के संबंध में कार्य किया जाना है।

- व्यावसायिक शिक्षा,
- प्रशिक्षुता प्रशिक्षण,
- प्रत्यापन एवं प्रमाणन प्रणाली
- पाठ्यक्रम में सतत् आधार पर संशोधन
- कौशल के अभाव में स्थिति का समुचित निर्धारण

1 जनवरी, 2009 को राष्ट्रीय कौशल विकास फण्ड की स्थापना की गई थी, जो एक ट्रस्ट के तौर पर काम करेगी तथा कौशल विकास मिशन को आगे बढ़ाने के लिए तीन स्तरीय संस्थागत संरचना का विकास पहले ही कर लिया गया है।

इनमें शामिल हैं–

- राष्ट्रीय कौशल विकास निगम
- प्रधानमंत्री राष्ट्रीय कौशल विकास परिषद्
- राष्ट्रीय कौशल विकास समन्वय बोर्ड

प्रधानमंत्री रोजगार सृजन कार्यक्रम

'प्रधानमंत्री रोजगार सृजन कार्यक्रम' की शुरूआत 15 अगस्त, 2008 को की गई थी। इस योजना का मुख्य उद्देश्य शहरी व ग्रामीण क्षेत्रों में माइक्रो इंटरप्राइजेज की स्थापना करना तथा इनके माध्यम से रोजगार का सृजन करना है। माइक्रो इंटरप्राइजेज की स्थापना हेतु इस योजना के तहत सब्सिडी प्रदान करना था। इस योजना का क्रियान्वयन ग्रामीण क्षेत्र में खादी व ग्रामोद्योग आयोग तथा शहरी क्षेत्र में डिस्ट्रिक्ट इंडस्ट्रीज सेंटर द्वारा होगा।

अन्नपूर्णा योजना

'अन्नपूर्णा योजना' का शुभारम्भ 2 अक्टूबर, 2000 को गाजियाबाद से किया गया था। इसका उद्देश्य देश के निर्धन व्यक्ति को रोटी प्रदान करना है। इस योजना के तहत वृद्धावस्था में पेंशन न पाने वाले व्यक्तियों के लिए 10 किलोग्राम अनाज बिना मूल्य के प्रदान करने का प्रावधान किया गया है। किन्तु वर्ष 2001-02 में पेंशन पाने वाले वृद्धों को भी इसमें शामिल कर लिया गया।

अन्त्योदय अन्न योजना

इस योजना की शुरूआत दिसम्बर, 2000 में की गई थी। इस योजना के तहत बी.पी.एल. परिवारों में से 1 करोड़ निर्धनतम परिवारों को इस योजना हेतु चुना जाता था। इस योजना के तहत अर्द्ध परिवारों को 25 किलोग्राम अन्न मुहैया कराया जाता है जिसमें 2 रुपया प्रति किलो गेहूँ तथा चावल 3 रुपए किलो दिया जाता है। वर्ष 2002 में अनाज की मात्रा को 25 से बढ़ाकर 35 किलोग्राम कर दिया गया।

इंदिरा गांधी राष्ट्रीय वृद्धावस्था पेंशन स्कीम

राष्ट्रीय वृद्धावस्था पेंशन स्कीम की शुरुआत 15 अगस्त, 1995 को की गई थी। इस योजना का नाम 19 नवंबर, 2007 को बदलकर इंदिरा गांधी राष्ट्रीय वृद्धावस्था पेंशन स्कीम कर दिया गया। इस योजना के तहत् 60 वर्ष से ज्यादा बुजुर्गों के लिए 200 रुपए तथा 80 वर्ष से ज्यादा बुजुर्गों के लिए 500 रुपए का प्रावधान किया गया है।

राष्ट्रीय सामाजिक सहायता कार्यक्रम

इस योजना के तीन घटक- राष्ट्रीय वृद्धावस्था पेंशन स्कीम, राष्ट्रीय परिवार लाभ स्कीम तथा मातृत्व लाभ स्कीम है। इनके माध्यम से 'राष्ट्रीय सामाजिक सहायता कार्यक्रम' का क्रियान्वयन होता है। यह पूर्णतः केन्द्र प्रायोजित योजना है।

आम आदमी बीमा योजना

इस योजना का शुभारम्भ 20 अक्टूबर, 2007 को किया गया था। इस योजना के तहत ग्रामीण भूमिहीन परिवारों के आय अर्जित करने वाले व्यक्ति की स्वाभाविक मृत्यु पर या स्थायी रूप से विकलांग होने पर बीमा सुरक्षा प्रदान की गई है। इस संबंध में 200 रुपये प्रतिव्यक्ति, प्रतिवर्ष प्रीमियत देय होगा। प्रीमियम का 50% केन्द्र सरकार वहन करेगी तथा शेष राशि को बीमित व्यक्ति द्वारा वहन किया जाएगा।

जवाहर ग्राम समृद्धि योजना

इस योजना की शुरूआत 1 अप्रैल, 1999 को की गई थी तथा सितम्बर 2001 में इसे 'सम्पूर्ण ग्रामीण रोजगार योजना' में मिला दिया गया। इस योजना का मुख्य उद्देश्य ग्रामीण क्षेत्रों में माँग पर आधारित सामुदायिक अवसंरचना का विकास करने के साथ-साथ, ग्रामीण क्षेत्रों में बेरोजगार व अल्प बेरोजगार व्यक्तियों के लिए रोजगार का सृजन करना है। इस योजना का क्रियान्वयन दिल्ली व चण्डीगढ़ के अलावा देश के सभी राज्यों में किया जा रहा है। योजना के अंतर्गत होने वाले व्यय में केन्द्र व राज्य का अनुपात 75 : 25 है, किंतु केन्द्रशासित प्रदेशों में व्यय का वहन पूर्णतः केन्द्र सरकार द्वारा किया जाएगा।

स्वावलम्बन योजना

60 वर्ष से अधिक आयु वाले लोगों के लिए शुरु की गई 'स्वावलम्बन योजना एक पेंशन योजना है जिसकी शुरुआत 27 सितंबर, 2010 को की गई। इसका क्रियान्वयन 'पेंशन फंड रेगुलेटरी एण्ड डेवेलपमेंट अथॉरिटीं तथा 'भारतीय जीवन बीमा निगम' द्वारा किया जाता है।

दीनदयाल उपाध्याय – राष्ट्रीय ग्रामीण रोजगार मिशन

इस योजना की शुरुआत 1 अप्रैल, 1999 को की गई थी। इसमें 6 योजना को विलय किया गया, जिनमें दस लाख कुआँ योजना, गंगा कल्याण योजना, ग्रामीण क्षेत्र में महिला एवं बाल विकास कार्यक्रम, ग्रामीण दस्तकारों को उन्नत औजारों की किट की आपूर्ति का कार्यक्रम, समन्वित ग्राम विकास कार्यक्रम, स्वरोजगार के लिए ग्रामीण युवाओं का प्रशिक्षण कार्यक्रम, ग्रामीण क्षेत्र में महिला एवं बाल विकास कार्यक्रम शामिल है।

इन्दिरा आवास योजना

इंदिरा आवास योजना की शुरुआत वर्ष 1985-86 में की गई थी। इस योजना के तहत् अनुसूचित जाति व जनजाति तथा मुक्त बधुँआ मजदूरों को निःशुल्क आवास उपलब्ध कराना है।

प्रधानमंत्री ग्राम सड़क योजना

इस योजना का आरम्भ 25 दिसम्बर, 2000 को किया गया था। यह पूर्णतः केन्द्र द्वारा प्रायोजित है। इस योजना के तहत ग्रामीण क्षेत्रों में कनेक्टिविटी को बढ़ाने के लिए बारहमासी सड़कों का निर्माण करना है। इनके निर्माण आधारों में शामिल है।

- मैदानी इलाकों में 1000 से अधिक आबादी वाले गाँवों को शामिल करना।
- पहाड़ी इलाकों में 500 से अधिक आबादी वाले गाँवों को शामिल करना।
- जनजातीय इलाके में 250 से अधिक आबादी वाले गाँवों को शामिल करना।

त्वरित ग्रामीण जल आपूर्ति कार्यक्रम

वर्ष 1972-73 में 'त्वरित ग्रामीण जल आपूर्ति कार्यक्रम' का प्रारम्भ किया गया था। इस कार्यक्रम का उद्देश्य राज्य सरकारों के प्रयासों से ग्रामीण क्षेत्र में स्वच्छ तथा पर्याप्त पेयजल उपलब्ध कराना है। ग्रामीण क्षेत्र में वैज्ञानिक व तकनीकी सहायता से इस कार्यक्रम को बढ़ावा देने का प्रयास किया जा रहा है। इस कार्यक्रम को और अधिक प्रभावी बनाने के लिए भारत सरकार द्वारा वर्ष 1986 में इसे 'राष्ट्रीय पेयजल मिशन' के रूप में परिवर्तित कर दिया तथा वर्ष 1991 में इसका नाम बदलकर 'राजीव गाँधी राष्ट्रीय पेयजल मिशन' कर दिया गया।

निर्मल भारत अभियान

ग्रामीण क्षेत्र में स्वच्छता को बढ़ावा देने के लिए इस योजना का 1 अप्रैल, 2012 को शुभारम्भ किया गया। इस अभियान के मुख्य उद्देश्यों में ग्रामीण क्षेत्र के जीवन स्तर में सुधार करना और वर्ष 2022 तक सभी गाँवों में स्वच्छता को हासिल करना है। इसके लिए' गरीबी रेखा से नीचे व ऊपर रहने वाले परिवारों के लिए शौचालयों की व्यवस्था करना है। ऑगनबाड़ी में स्वच्छता को बढ़ावा देना, ग्रामीण क्षेत्र में ठोस व तरल अपशिष्ट पदार्थों का प्रबंधन करना, स्थायी स्वच्छता के लिए ग्राम पंचायत द्वारा समितियों का निर्धारण करना शामिल है।

प्रधानमंत्री ग्रामोदय योजना

आर्थिक सुधार में तेजी लाने के साथ-साथ इनका लाभ समाज के सभी वर्गों तक पहुँचाने के लिए 'प्रधानमंत्री ग्रामोदय' योजना की शुरूआत की गई थी। इनमें छह तत्वों को शामिल किया गया था-शिक्षा, स्वास्थ्य, पेयजल, आवास, सड़कें व विद्युतीकरण। इस योजना का क्रियान्वयन देश के सभी राज्यों व संघशासित प्रदेशों में है।

भारत निर्माण योजना

इस योजना की शुरुआत 16 दिसम्बर, 2005 को की गई थी। यह परियोजना भारत सरकार की महत्वाकांक्षी योजनाओं में से एक है। इस योजना के तहत् ग्रामीण क्षेत्रों में आधारभूत संरचना के 6 क्षेत्रों का चयन कर उनके विकास के लिए रणनीति बनाई गई है। 6 क्षेत्र हैं–

- सिंचाई
- ग्रामीण सड़के
- ग्रामीण आवास
- ग्रामों का विद्युतीकरण
- ग्राम दूरसंचार
- ग्रामीण जलापूर्ति

इस योजना के तहत् निर्धारित लक्ष्यों को प्राप्त करने का समय 4 वर्ष रखा गया है।

राष्ट्रीय स्वास्थ्य मिशन (एन.एच.एम.)

'राष्ट्रीय स्वास्थ्य मिशन' में दो उपमिशन शामिल है-(i) राष्ट्रीय ग्रामीण स्वास्थ्य मिशन व (ii) राष्ट्रीय शहरी स्वास्थ्य मिशन।

- 'राष्ट्रीय ग्रामीण स्वास्थ्य' मिशन की शुरूआत 12 अप्रैल, 2005 को की गई थी।
- इस मिशन के तहत दूर-दराज के निर्धनतम व्यक्तियों व परिवारों को स्वास्थ्य सेवा उपलब्ध कराई जाती है।
- इस योजना में केन्द्र-राज्य का वित्त पोषण का अनुपात 60:40 है।

राष्ट्रीय शहरी स्वास्थ्य मिशन

- केंद्रीय मंत्रिमंडल ने मई, 2013 को राष्ट्रीय शहरी स्वास्थ्य मिशन को एनएचएम के उप-मिशन के रूप में आरंभ करने की मंजूरी दी थी।
- इसके तहत शहरी गरीबों और अन्य कमजोर वर्ग तक गुणवत्तापूर्ण स्वास्थ्य सुविधा प्रदान करना था।

राष्ट्रीय पोषण मिशन

- 30 नवम्बर, 2017 को प्रधानमंत्री नरेंद्र मोदी की अगुवाई में 'राष्ट्रीय पोषण मिशन' का शुभारम्भ किया गया।
- इस मिशन के संचालन में केन्द्र व राज्य का वित्त पोषण 60:40 है तथा हिमालयी क्षेत्रों व पूर्वोत्तर राज्यों हेतु 90:10 है।

प्रधानमंत्री मातृ वंदना योजना

- गर्भवती व स्तनपान कराने वाली महिलाओं के पोषण के लिए इस योजना का शुभारम्भ किया गया था।
- इस योजना की शुरूआत वर्ष 2010 में की गई थी।
- वर्ष 2014 तक इस योजना को 'इंदिरा गाँधी मातृत्व सहयोग योजना' के नाम से जाना जाता था, 2017 में इसका नाम 'प्रधानमंत्री मातृ वंदना योजना' कर दिया गया।
- इस योजना के तहत 5,000 रुपये की नगद प्रोत्साहन राशि गर्भवती महिलाओं व स्तनपान कराने वाली महिलाओं को सीधे उनके खाते में प्रेषित कर दी जाती है।
- इस योजना के तहत वित्त पोषण केन्द्र-राज्य के मध्य 60:40 है। बिना विधानसभा वाले संघशासित प्रदेशों के लिए 100% अनुदान केन्द्र सरकार द्वारा किया जाता है।

जननी शिशु सुरक्षा कार्यक्रम

- इस योजना की शुरूआत 1 जून, 2011 को गई ।
- इस योजना के तहत सभी महिलाओं को शल्य क्रिया सहित प्रसव का निःशुल्क अधिकार प्रदान किया गया है।
- इस योजना के अंतर्गत निःशुल्क औषधि, निःशुल्क निदान तथा निःशुल्क आहार आदि की व्यवस्था की गई है।

भारत नवजात कार्य योजना

- इस कार्य योजना की शुरूआत 18 सितम्बर, 2014 को हुई थी।
- इस योजना का उद्देश्य जन्म के समय से लेकर पहले 48 घंटों तक प्रत्येक नवजात को आवश्यक सुविधाएँ प्रदान करना है। उसके बाद

पहले 42 दिनों तक घर पर यह सुविधा उन्हें प्राप्त हो सकती है।

- इस योजना द्वारा नवजात शिशुओं की मृत्युदर में कमी लाना लक्षित है।

राष्ट्रीय बाल स्वास्थ्य कार्यक्रम

- इस योजना की शुरूआत वर्ष 2013 में की गई थी।
- इस योजना में जन्म के समय विकृतियों, बीमारियों, कमियों, विकलांगता आदि का पता लगाकर नैदानिक उपाय प्रदान किए जाते हैं।

जनश्री बीमा योजना

- इस बीमा योजना की शुरूआत 10 अगस्त, 2000 को की गई थी।
- इसके अंतर्गत प्रति व्यक्ति प्रीमियम राशि 200 रुपये रखी गई है।
- इस योजना की शुरूआत, सामाजिक सुरक्षा सामूहिक योजना। और के में ग्रामीण सामूहिक जीवन बीमा योजना, के स्थान पर किया गया है।

सुरक्षित मातृत्व आश्वासन (सुमन) योजना

- मातृ व नवजात शिशुओं की मृत्यु का शून्यीकरण के लक्ष्य को ध्यान में रखते हुए केन्द्र सरकार ने 'सुरक्षित मातृत्व आश्वासन (सुमन) योजना' की शुरूआत की थी।
- इस के तहत 6 माह तक सभी माताओं और सभी बीमार नवजातों को निःशुल्क स्वास्थ्य लाभ प्रदान किया जाएगा।
- गर्भावस्था के दौरान व बाद में आने वाली मुश्किलों की पड़ताल और प्रबंधन के लिए कोई खर्च नहीं करना होगा।

○○○

7

भारत में विभिन्न कृषि क्रांतियाँ

हरित क्रांति

आजादी के समय खाद्यान्नों की स्थिति गंभीर बनी हुई थी। खाद्यान्नों की आपूर्ति की तुलना में मांग अधिक थी। इस मांग एवं आपूर्ति के मध्य को आयात व राशनिंग के माध्यम से पूरा करने के प्रयास किए गए। परन्तु सरकार को खाद्यान्नों के लिए विदेशी स्रोतों पर निर्भरता के खतरों का अनुभव होने लगा था, इसलिए सरकार ने घरेलू आपूर्ति बढ़ाने के उपाय करने आरम्भ कर दिए।

कृषि क्षेत्र में अल्प उत्पादकता को दूर करने के एक उपाय पूंजी की मात्रा में वृद्धि कर उत्पादन तकनीक में परिवर्तन लाना था। इसी बीच मैक्सिको में गेहूं की नई किस्म सामने आई, जिसने विकासशील देशों में आशा की किरण जागृत की। नोबल पुरस्कार से सम्मानित नार्मन बोरलॉग ने उन्नत बीज प्राप्त करने की दिशा में विशेष कार्य किया। उन्हें हरित क्रान्ति का जनक भी कहा जाता है।

परंतु भारत में हरित क्रांति का जनक आनुवांशिक-विज्ञानी डा. एम.एस. स्वामीनाथन को जाता है। डा. स्वामीनाथन ने वर्ष 1966 में मैक्सिको के बीजों को पंजाब की घरेलू किस्मों के साथ मिश्रित करके उच्च उत्पादकता वाले गेहूं के बीजों को विकसित किया।

वस्तुत: हरित क्रांति देश में कृषि उत्पादन में तीव्र वृद्धि करने के लिए अपनाई गइ एक रणनीति थी। इसके तहत अनाज उगाने के लिए पारंपरिक बीजों के स्थान पर उन्त किस्म के अधिक उपज देने वाले बीजों, रासायनिक उर्वरकों व नवीनतम कृषि यंत्रों का समुचित प्रयोग किया गया। जिसके आश्चर्यजनक व अत्यंत सकारात्मक परिणाम सामने आए तथा कृषि उत्पादकता में उल्लेखनीय वृद्धि हुई।

हरित क्रांति के व्यापक प्रभाव देखे गए तथा पंजाब, हरियाणा, प. उत्तर प्रदेश, मध्य प्रदेश, तमिलनाडु, आंध्र प्रदेश राज्य इससे विशेष रूप से लाभान्वित रहे। इन राज्यों में कृषि उत्पादकता में वृद्धि हुई तथा कृषकों में नवीन तकनीकी व उन्नत बीजों के बारे में जागरूकता बढ़ी। वस्तुत: हरित क्रांति भारतीय कृषि में एक उल्लेखनीय घटना थी इसके तहत फसलें बोने के तौर-तरीकों और उसे बाजार में विपणन करने तथा कृषकों को ऋण सुविधाएं प्रदान करने तक के महत्वपूर्ण कार्य किए गए।

हरित क्रांति के प्रभाव

हरित क्रांति के निम्नलिखित प्रभाव सामने आए।

- हरित क्रांति के माध्यम से देश खाद्यान्न में आत्मनिर्भरता प्राप्त करने में सफल रहा।
- इसके प्रभाव से वंचित गेहूं उत्पादक को सापेक्षता अधिक लाभ पहुंचा है, जिससे क्षेत्रीय असमानाओं में वृद्धि हुई है।
- इस क्रांति के माध्यम से कृषि श्रमिकों की मौद्रिक आग में वृद्धि हुई है।

हरित क्रांति एक दृष्टि में

1. उच्च उत्पादकता देने वाले बीजों का प्रयोग।
2. कीटनाशी दवाओं का प्रयोग।
3. विभिन्न रासायनिक उर्वरकों का प्रयोग।
4. कृषि यंत्रीकरण का उच्च विस्तार।
5. लघु एवं मध्यम सिंचाई परियोजना का विस्तारीकरण।
6. भूमि को संरक्षित करने की नई तकनीकों का प्रयोग।
7. कृषि से संबंधित उत्पादों के समर्थन मूल्य का निर्धारण।
8. व्यापक कृषि शोध एवं भूमि परीक्षण को प्रोत्साहन।
9. कृषि विपणन सुविधाओं से संबधित गतिविधियों में वृद्धि।
10. कृषि एवं ऋण सुविधाओं में वृद्धि।

- वर्ष 1980-81 के बाद के काल से देश में उत्पादन वृद्धि में उत्पादकता वृद्धि का बड़ा योगदान है।
- इस क्रांति ने जहां एक ओर उत्पादन व उत्पादकता में वृद्धि की वहीं दूसरी ओर पारिस्थितिकी पर भी विपरीत प्रभाव डाला है।
- हरित क्रांति के परिणामस्वरूप कृषि निर्वाह स्तर से उठकर अधिक्य स्तर पर आ गई है तथा आत्मनिर्भरता में वृद्धि आई। गेहूं, मक्का, गन्ना, बाजरा, धान इत्यादि फसलों के प्रति हेक्टेयर उत्पादन में वृद्धि हुई।

प्रथम चरण (1960-70)

भारत सरकार द्वारा वर्ष 1961 में गहन कृषि जिला कार्यक्रम (Intersive Agriculture District Programme- IADP) प्रारंभ किया गया। यह कार्यक्रम सफल रहा तथा फसलों का उच्च उत्पादन हुआ। इसकी सफलता

से प्रोत्साहित होकर 1965 ई. में गहन कृषि क्षेत्र कार्यक्रम शुरू किया गया। इसके तहत उन क्षेत्रों पर अधिक ध्यान दिया गया जहाँ कृषि के विकास की संभावना अधिक थी ताकि खाद्यान्न के उत्पादन में तीव्र वृद्धि हो। उन क्षेत्रों के बारे में कृषकों को आवश्यक निर्देश व सेवाएं दी गई।

हरित क्रान्ति की सफलता में विभिन्न निगमों व संस्थाओं की महत्वपूर्ण भूमिका रही है। इसके लिए देश में 400 कृषि फार्म स्थापित किए गए हैं। वर्ष 1963 में राष्ट्रीय बीज निगम की स्थापना की गई है। इसके साथ ही वर्ष 1963 में राष्ट्रीय सहकारी विकास निगम की स्थापना की गई, जिसका मुख्य उद्देश्य कृषि उपज का विपणन, प्रसंस्करण एवं भण्डारण करना था। विश्व बैंक की सहायता से राष्ट्रीय बीज परियोजना भी प्रारम्भ की गई, जिसके अन्तर्गत कई बीज निगम बनाये गए। भारतीय राष्ट्रीय कृषि सहकारिता विपणन संघ (नेफेड) की स्थापना की गई जो एक शीर्ष विपण संगठन है, जो प्रबन्धन, विपणन एवं कृषि सम्बंधित चुनिन्दा वस्तुओं के आयात निर्यात का कार्य करता है। इसके अतिरिक्त राष्ट्रीय कृषि एवं ग्रामीण विकास बैंक की स्थापना कृषि वित्त के कार्य हेतु की गईं।

मृदा परीक्षण कार्यक्रम का उद्देश्य भूमि का उर्वरा शक्ति का पता लगाकर कृषकों को तदुनरूप रासायनिक खांदों एवं उत्तम बीजों के प्रयोग की सलाह देना था।

हरित क्रांति के दौरान नई कृषिक विकास विधि एवं हरित क्रान्ति में आधुनिक कृषि उपकरणों, जैसे-ट्रैक्टर, थ्रेसर, हार्वेस्टर, बुलडोजर तथा डीजल एवं बिजली के पम्पसेटों आदि ने उल्लेखनीय भूमिका निभायी। इस प्रकार कृषि में पशुओं तथा मानव शक्ति का प्रतिस्थापन संचालन शक्ति द्वारा किया गया है, जिससे कृषि क्षेत्र के उपयोग एवं उत्पादकता में वृद्धि हुई है।

कृषकों में व्यावसायिक साहस की क्षमता को विकसित करने के उद्देश्य से देश में कृषि सेवा केन्द्र स्थापित करने की योजना लागू की गई है। जहां व्यक्तियों को तकनीकी प्रशिक्षण दिया जाता है, फिर इनसे सेवा केंद्र स्थापित करने को कहा जाता है। इसके लिये उन्हें राष्ट्रीयकृत बैंकों से सहायता प्रदान की जाती है।

कृषि में तकनीकी एवं संस्थागत सुधार

नवीन कृषि नीति से रासायनिक उर्वरकों के उपभोग की मात्रा में तेजी से वृद्धि हुई है। जहाँ वर्ष 1960-1961 में रासायनिक उर्वरकों का उपयोग प्रति हेक्टेयर दो किलोग्राम होता था, वहीं जो 2008-2009 में बढ़कर 128.6 किग्रा प्रति हेक्टेयर हो गया है। इसी प्रकार, 1960-1961 में देश में रासायनिक खादों की कुल खपत 2.92 लाख टन थी, जो 2008-2009 में बढ़कर 249.09 लाख टन हो गई।

हरित क्रांति से देश में अधिक उपज देने वाले उन्नतशील बाजों का प्रयोग बढ़ा है तथा बीजों की नई नई किस्मों की खोज की गई है। अभी तक अधिक उपज देने वाला कार्यक्रम गेहूँ, धान, बाजरा, मक्का व ज्वार जैसी फसलों पर लागू किए गए।

इससे सिंचाई सुविधाओं का तेजी के विस्तार किया गया जिसके फलस्वरूप वर्ष 1951 में देश में कुल सिंचाई क्षमता 223 लाख हेक्टेयर थी, जो बढ़कर 2008-2009 में 1,073 लाख हेक्टेयर हो गई। देश में वर्ष 1951 में कुल संचित क्षेत्र 210 लाख हेक्टेयर था, जो बढ़कर 2008-2009 में 673 लाख हेक्टेयर हो गया।

IAAP के अच्छे परिणामों तथा अधिक खाद्यान्न के लिए बढ़ती हुई आवश्यकताओं को देखते हुए सरकार ने (IADP) प्रारंभ किया जहाँ कृषि विकास की संभावना बहुत अधिक थी। दोनों कार्यक्रमों से भारत में हरित क्रांति प्राप्त करने में सर्वाधिक सहायता मिली। डॉ. नार्मन बोरलॉग, डा. एम.एस. स्वामीनाथ तथा सी. सुब्रह्मण्यम जो तत्कालीन भारत के कृषि मंत्री थे नई कृषि प्रौद्योगिकी लाने में महत्वपूर्ण भूमिका निभाई। नई रणनीति का मुख्य उद्देश्य किसानों को आवश्यक आदान और सेवाओं की सुलभता प्रदान कर खाद्यान्न में आत्मनिर्भरता प्राप्त करना था। इसे निम्नलिखित क्षेत्रों में प्रचुर सार्वजनिक निवेश के अधीन पर्याप्त कृषि अनुसंधान, विस्तार और विपणंन, आधारभूत संरचना स्थापित किया गया था: (i) पृष्ठीय और भौमजल सिंचाई; (ii) कृषि उपकरणों और उर्वरकों का विनिर्माण; (iii) कृषि मूल्य आयोग की स्थापना; (iv) निजी बैंकों का राष्ट्रीयकरण; और (v) किसानों को ऋण सुविधाएँ प्रदान करने के लिए सहकारी ऋण संस्थाओं की स्थापना। इसके अतिरिक्त, इस अवधि के दौरान नलकूप प्रौद्योगिकी का आविष्कार, कृषि उत्पादकता, विशेषकर पंजाब, हरियाणा और पश्चिमी उत्तर प्रदेश में वृद्धि करने में योगदान से फसल स्वरूप में परिवर्तन करने में सहायक हुआ। बहुत कम समय में हरित क्रांति के अंतर्गत गेहूँ क्रांति संपूर्ण उत्तर भारत में फैल गई और गेहूँ के उत्पादन और उत्पादकता में भारी वृद्धि हुई जो आगे चल कर ऐसी क्रांति चावल की खेती में हुई। हरित क्रांति ने भारतीय अर्थव्यवस्था के रूपांतरण में असाधाारण योगदान किया।

उत्पादकता के उच्चतर स्तर और फसल गहनता ने इसे भूमि बचत प्रौद्यगिकी बनाया। परंतु अगली फसल के लिए भूमि खाली करने के लिए किसानों को समय पर फसल कटाई और आगे आने वाली फसल के लिए भूमि तैयार करने सहित विभिन्न फार्म क्रियाएँ करने की आवश्यकता थी। इसके लिए आधुनिक फार्म मशीनों, जैसे ट्रैक्टरों, थ्रेशरों, सिंचाई पम्पों आदि का प्रयोग आवश्यक था। इस प्रकार प्रौद्योगिकी फार्म मशीनें, सिंचाई पम्पों आदि के विनिर्माण में अधिक निवेश आकर्षित करने तथा छोटे कस्बों तथा ग्रामीण क्षेत्रों में बैंकिंग और विपणन ढाँचागत सुविधाएं स्थापित करने में सहायक हुई। चूंकि प्रौद्योगिकी में भारी आधारभूत संरचना अंतर्निहित है, इसलिए प्रौद्योगिकी उन बड़े किसानों के लिए अधिाक उपयुक्त थी जो अपने विशाल आकार के फार्मों के कारण उनका अधिकतम उपयोग करने के लिए फार्म मशीनें और उपकरण खरीदने में खर्च कर सकते थे। यद्यपि HYV (High Yielding Variety) फसलें अपनाने के लिए भारी मशीनरी पर निवेश आवश्यक था परंतु किराये पर और अन्य आदानों की खरीद पर अधिक खर्च करना छोटे किसानों के लिए भी आवश्यक था। ऋण की सीमित सुलभता के कारण छोटे और सीमांत किसानों के पास निवेश करने की अधिक क्षमता नहीं थी।

इस प्रकार यद्यपि HYV उर्वरक-सिंचाई प्रौद्योगिकी को पैमाने के प्रति निरपेक्ष समझा गया था और प्रचलित सभी आकार की जोतों पर भूमि

की उत्पादकता बढ़ी। फिर भी वास्तव में यह संसाधन निरपेक्ष नहीं थी। इसलिए छोटे और सीमांत आकार की जोतों पर सामूहिक खेती, जैसे कुछ संस्थागत उपायों के माध्यम से नई प्रौद्योगिकी का प्रयोग लागत प्रभावी बनाना आवश्क है।

द्वितीय चरण (1970-1980)

प्रथम चरण की सफलता के बाद हरित क्रांति का मूल्यांकन किया गया। इससे जहाँ बेहद सकारात्मक परिणाम प्राप्त हुए, वहीं कई सामाजिक व पर्यावरणीय समस्याएं भी उत्पन्न हुई। द्वितीय चरण में उच्च उत्पादकता देने वाले बीज (High Yielding Variety) को राष्ट्रव्यापी विस्तारीकरण किया गया तथा अधिकांश फसलें इससे लाभान्वित हुई।

हरित क्रांति के द्वितीय चरण में विस्तार के लिए 14 राज्यों के 169 जिलों को चुना गया। ये वे जिले थे जहाँ अभी तक नवीन कृषि तकनीक का उपयोग नहीं किया जा रहा था।

1. इस चरण में पूर्वी भारत, तटवर्ती भारत तथा पहाड़ी भारत में हरित क्रांति के विस्तार को प्राथमिकता दी गई।
2. द्वितीय चरण में चावल, दलहन, तिलहन पर अधिक ध्यान दिया गया। उल्लेखनीय है कि पहले चरण में गेहूं को विशेष प्राथमिकता दी गई थी।
3. द्वितीय चरण में सिंचाई के वैकल्पिक साधनों अर्थात् ट्यूबेल, डीजल, पंपसेट सिंचाई को महत्व दिया गया तथा ड्रिप सिंचाई, एवं स्प्रिंकल सिंचाई को प्राथमिकता दी गई।

वास्तव में द्वितीय चरण में हरित क्रांति का विस्तार उन क्षेत्रों में करने की नीति बनाई गई जहां कृषि में अल्प विकास हुआ था। ऐसे फसलों को प्राथमिकता दी गई जो इन क्षेत्रों के जलवायु के अनुरूप थे। लेकिन इन सभी क्षत्रों की कुछ मूलभूत समस्याएं भी थीं। इन समस्याओं का विवरण निम्नानुसार है:

1. खेत के आकार का छोटा होना
2. भूमिहीन एवं निर्धन कृषकों की अधिकता
3. बटाईदारी व्यवस्था
4. बाढ़ और सूखे का मिश्रित प्रभाव
5. सभी कृषि भूमि पर संरचनात्मक सुविधाओं का अभाव

समाधान

1. नहर सिंचाई की अपेक्षा ट्यूबेल सिंचाई को प्राथमिकता दी गई ताकि जल जमाव और मृदा में लवणीयता कम हो।
2. संरचनात्मक सुविधाओं के विकास हेतु लघु एवं छोटी-छोटी सिंचाई परियोजना शुरू की गई।
3. रासायनिक उर्वरकों एवं बीजों के छोटे पैकेट बनाए गए, जिसका उपयोग छोटे किसानों को उर्वरक व शुद्ध बीज प्राप्त हो सके।
4. कीटनाशकों पर उत्पाद शुल्क को समाप्त कर दिया गया।

हरित क्रांति के दूसरे चरण में प्रादेशिक विषमता में काफी कमी आई। पर्यावरण की समस्याओं के सामाधान की भी कोशिश की गई।

हरित क्रांति के सकारात्मक प्रभाव

1. **फसल उत्पादन में वृद्धिः** इसके परिणामस्वरूप वर्ष 1978-79 में 131 मिलियन टन अनाज का उत्पादन हुआ और भारत विश्व के सबसे बड़े कृषि उत्पादक देश के रूप में स्थापित हो गया। हरित क्रांति के दौरान गेहूं और चावल की अधिक उपज देने वाली किस्मों के तहत फसल क्षेत्र में काफी वृद्धि हुई।
2. **खाद्यान्न आयात में कमी:** इस क्रांति के कारण भारत खाद्यान्न में आत्मनिर्भर हो गया और केंद्रीय पूल में पर्याप्त भंडार था, यहां तक कि भारत खाद्यान्न निर्यात करने की स्थिति में था। खाद्यान्न की प्रति व्यक्ति शुद्ध उपलब्धता में भी वृद्धि हुई।
3. **किसानों को लाभ:** हरित क्रांति की शुरुआत से किसानों की आय के स्तर में बढ़ोतरी हुई। कृषि उत्पादकता में सुधार हेतु किसानों द्वारा अपनी अधिशेष आय का पुनः निवेश किया गया। 10 हेक्टेयर से अधिक भूमि वाले बड़े किसानों को इस क्रांति से विशेष रूप से विभिन्न आदानों जैसे-HYV बीज, उर्वरक, मशीन आदि में बड़ी मात्रा में निवेश करने से लाभ प्राप्त हुआ। इसने पूंजीवादी कृषि को भी बढ़ावा दिया।
4. **औद्योगिक विकासः** हरित क्रांति ने बड़े पैमाने पर कृषि मशीनीकरण को बढ़ावा दिया जिससे ट्रैक्टर, हार्वेस्टर, थ्रेशर, कंबाइन, डीज़ल इंजन, इलेक्ट्रिक मोटर, पंपिंग सेट इत्यादि विभिन्न प्रकार की मशीनों की मांग उत्पन्न हुई। इसके अलावा रासायनिक उर्वरकों, कीटनाशकों, खरपतवारनाशी आदि की मांग में भी काफी वृद्धि हई है। कृषि आधारित उद्योगों के रूप में पहचाने जाने वाले विभिन्न उद्योगों में कई कृषि उत्पादों का उपयोग कच्चे माल के रूप में भी किया जाता था।
5. **ग्रामीण रोज़गारः** बहुफसली और उर्वरकों के उपयोग के कारण श्रम बल की मांग में उल्लेखनीय वृद्धि हुई। हरित क्रांति से न केवल कृषि श्रमिकों हेतु बल्कि औद्योगिक श्रमिकों के लिए भी कारखानों और पनबिजली स्टेशनों से संबंधित सुविधाओं का निर्माण होने से रोज़गार के विभिन्न अवसर निर्मित हुए।

हरित क्रांति के नकारात्मक प्रभाव

1. गैर-खाद्य अनाज शामिल नहीं: यद्यपि गेहूं, चावल, ज्वार, बाजरा और मक्का सहित सभी खाद्यान्न का उत्पादन क्रांति स्तर पर हुआ परंतु अन्य फसलों जैसे- मोटे अनाज, दलहन और तिलहन को हरित क्रांति के दायरे से बाहर रखा गया था। कपास, जूट, चाय और गन्ना जैसी प्रमुख व्याबसायिक फसलें भी हरित क्रांति के लाभ से लगभग अछूती रहीं।
2. **उच्च उत्पादक किस्म का सीमित कवरेजः** अधिक उपज देने वाला किस्म कार्यक्रम (HYVP) केवल पांच फसलों: गेहूं, चावल, ज्वार, बाजरा और मक्का तक ही सीमित था। इसलिए गैर-खाद्यान्नों को नई रणनीति के दायरे से बाहर रखा गया। गैर-खाद्य फसलों में HIV बीज या तो अभी तक विकसित नहीं हुए थे या किसान उनके प्रयोग हेतु जोखिम उठाने हेतु तैयार नहीं थे।

3. **क्षेत्रीय असमानताएँ:** हरित क्रांति प्रौद्योगिकी ने अंतर-क्षेत्रीय और अंतरा-क्षेत्रीय स्तरों पर आर्थिक विकास में असमानताओं को और अधिक बढ़ाया। इस क्रांति का प्रभाव अभी तक कुल फसली क्षेत्र के 40 प्रतिशत पर ही दिखा है जबकि 60 प्रतिशत क्षेत्र अभी भी इससे अछूता है। इसका सबसे अधिक प्रभाव उत्तर में पंजाब, हरियाणा और पश्चिमी उत्तर प्रदेश और दक्षिण में आंध्र प्रदेश एवं तमिलनाडु में है। हलाकि इसका प्रभाव असम, बिहार, पश्चिम बंगाल और ओडिशा सहित पूर्वी क्षेत्र तथा पश्चिमी एवं दक्षिणी भारत के शुष्क और अर्ध-शुष्क क्षेत्रों में शायद ही हुआ हो। हरित क्रांति ने केवल उन्हीं क्षेत्रों को प्रभावित किया जो पहले से ही कृषि की दृष्टि से बेहतर स्थिति में थे। इस प्रकार हरित क्रांति के परिणामस्वरूप क्षेत्रीय असमानता की समस्या और बढ़ गई है।
4. **रसायनों का अत्यधिक उपयोग:** हरित क्रांति के परिणामस्वरूप उन्नत सिंचाई परियोजनाओं और फसल किस्मों हेतु कीटनाशकों और सिंथेटिक नाइट्रोजन उर्वरकों का बड़े पैमाने पर उपयोग हुआ। कीटनाशकों गहन उपयोग से जुड़े उच्च जोखिम के बारे में किसानों को शिक्षित करने हेतु कोई प्रयास नहीं किया गया। आमतौर पर अप्रशिक्षित खेतिहर मजदूरों द्वारा निर्देशों या सावधानियों का पालन किए बिना ही फसलों पर कीटनाशकों का छिड़काव किया जाता था। इससे फसलों को फायदे से ज्यादा नुकसान होता है यह पर्यावरण और मिट्टी के प्रदूषण का कारण भी बनता है।
5. **पानी की खपत:** हरित क्रांति में शामिल की गई फसलें जलप्रधान फसलें थीं। इन फसलों में से अधिकांश अनाज/ खाद्यान्न थीं जिन्हें लगभग 50% जल आपूर्ति की आवश्यकता होती है। नहर प्रणाली की शुरुआत की गई, इसके अलावा सिंचाई पंपों का उपयोग भी बढ़ा, जिसने भूजल के स्तर को और भी नीचे ला दिया जैसे- गन्ना और चावल जैसी अधिक जल आपूर्ति की आवश्यकता वाली फसलों में गहन सिंचाई के कारण भूजल स्तर में गिरावट आई। पंजाब एक प्रमुख गेहूं और चावल की खेती वाला क्षेत्र है, इसलिए यह भारत में सबसे ज़्यादा जल की कमी वाले क्षेत्रों में से एक है।
6. **मृदा और फसल उत्पादन पर प्रभाव:** फसल उत्पादन में वृद्धि सुनिश्चित करने हेतु बार-बार एक ही फसल चक्र को अपनाने से मृदा में पोषक तत्त्वों की कमी हो जाती है। नए प्रकार के बीजों की ज़रूरतों के हिसाब से किसानों द्वारा उर्वरकों का अधिक उपयोग किया गया। इन क्षारीय रसायनों के उपयोग से मिट्टी के पीएच स्तर में बढ़ोतरी हो गई है। मृदा में जहरीले रसायनों के उपयोग से लाभकारी रोगजनक नष्ट हो गए , जिससे उपज में और गिरावट आई।
7. **बेरोज़गारी:** पंजाब को छोड़कर और कुछ हद तक हरियाणा में हरित क्रांति के तहत कृषि यंत्रीकरण ने ग्रामीण क्षेत्रों में खेतिहर मजदूरों के मध्य व्यापक स्तर पर बेरोज़गारी को बढाया है। इसका सबसे ज़्यादा असर गरीब और भूमिहीन मज़दूर पर देखा गया।
8. **स्वास्थ्य पर प्रभाव:** रासायनिक उर्वरकों और कीटनाशकों जैसे- फॉस्फामिडोन, मेथोमाइल, ट्रायज़ोफोस और मोनोक्रोटोफॉस के बड़े पैमाने पर उपयोग के परिणामस्वरूप कैंसर, गुर्दे का फेल होना, मृत शिशुओं और जन्म दोषों सहित कई गंभीर स्वास्थ्य बीमारियाँ उत्पन्न हुईं। 11.3.2.2 जैव विविधता की/क्षति ग्रामीण आजीविका को धारणीय बनाए रखने और खाद्य सुरक्षा प्राप्त करने के लिए जैव विविधता आवश्यक है। परंतु HYV बीजों के प्रयोग ने उन देशी प्रजातियों पर आगरित कृषि कार्यप्रणाली बदल डाली जो पीढ़ियों के दौरान निर्मित हुई थी। इसके कारण बहुत से /महत्त्वपूर्ण जीन कोपों की जननिक संवेदनशीलता, गिगड़ते हुए जैव विविधता और/कृषि जननिक संसाधनों को क्षति हुई।

श्वेत क्रांति

देश की स्वतन्त्रता के बाद हरित क्रांति और श्वेत क्रांति ही वो दो क्रांतियाँ थी, जिनके कारण भारत की आर्थिक स्थिति में बड़े परिवर्तन आए। देश में श्वेत क्रान्ति वर्ष 1970 में शुरू हुई थी, इससे डेयरी इंडस्ट्री में काफी बदलाव आए और गरीब किसानों को रोजगार मिला। इस कार्यक्रम के कारण देश में स्वस्थ जानवरों की संख्या बढ़ गई, दुग्ध उत्पादन के लिए मॉडर्न टेक्नोलॉजी का इस्तेमाल भी किया जाने लगा। जिससे इस क्रान्ति ने भारत को दुनिया में सबसे ज्यादा दूध उत्पादन करने वाले देशों की श्रेणी में ला दिया और इसी प्रोग्राम ने एक समय तक दूध की कमी से जूझने वाले भारत को दुनिया में दुग्ध उत्पादन में अग्रणी बनाया।

स्वतन्त्रता के बाद देश के ग्रामीण क्षेत्रों का विकास बहुत महत्वपूर्ण हो गया था, क्योकि तब ना केवल फसल उत्पादन एक समस्या थी, बल्कि दुग्ध उत्पादन के क्षेत्र में भी देश पिछड़ रहा था। दूध और डेयरी के उत्पादों को बाहर से आयात करने से देश पर आर्थिक भार बढ़ने लगा था। वर्ष 1950 और 1960 में भले दुग्ध उत्पादन बढ़ा था, लेकिन एनुअल प्रोडक्शन ग्रोथ इन सालों में नेगेटिव रह रही थी। देश की स्वतन्त्रता के बाद पहले दशक में एनुअल कम्पाउंड ग्रोथ 1.64 प्रतिशत थी, जो की 1960 के अंत तक 1.15 प्रतिशत ही रह गयी। इस कारण भारत सरकार ने डेयरी सेक्टर में नीतियों में बड़े परिवर्तन करते हुए दुग्ध उत्पादन में आत्म-निर्भर होने का प्रयास किया।

भारत में श्वेत क्रांति के जनक वर्गीज कुरियन थे। उन्होंने देश में दुग्ध उत्पादन करने वाली सबसे बड़ी कम्पनी अमूल की स्थापना की। अमूल के चेयरमेन वर्गीज कुरियन के एक्सपेरिमेंटल पैटर्न पर यह ऑपरेशन फ्लड आधारित था। इस कारण इन्हें ही एनडीडीबी (NDDB) का चेयरमेन भी बनाया गया था। इन्हे ऑपरेशन फ्लड के आर्किटेक्ट के तौर पर भी जाना जाता हैं। उस समय तत्कालीन प्रधानमंत्री लाल बहादुर शास्त्री के नेतृत्व में कई अन्य कम्पनियों ने और अमूल के इंफ्रास्ट्रक्चर एरेंजमेंट और रिसोर्स के मनेजमेंट के साथ नेशनल डेयरी डेवलपमेंट बोर्ड को शुरू किया गया। कुरियन के साथ उनके मित्र एच.एम. डालया ने भैंस के दूध से मिल्क पाउडर बनाने और कंडेंसड मिल्क बनाने की तकनीक के आविष्कार में योगदान दिया।

श्वेत क्रांति के चरण

यह क्रान्ति कोई छोटी सी पाँच वर्षीय योजना नहीं थी, बल्कि सरकार द्वारा बनाई गई एक सुनियोजित 3 चरणों में होने वाली दीर्घकालीन योजना थी।

पहला चरण

यह चरण जुलाई, 1970 में शुरू हुआ था, जो कि 1980 तक चला था। इसका उद्देश्य 10 राज्यों में 18 मिल्क शेड्स लगाना था। ये सभी मिल्क शेड्स 4 बड़े शहर (दिल्ली,मुंबई,कोलकाता और चेन्नई) मार्केट से जुड़े थे। इस चरण के अंत तक 1981 में 13,000 गाँवों में डेयरी को-आपरेटिव विकसित हो चुके थे, जिनमें 15,000 किसान शामिल थे। पहले चरण में यूरोपियन इकनोमिक

कम्युनिटी द्वारा गिफ्ट दिए गये स्किम्ड मिल्क पाउडर और बटर की सेल की गई थी और इससे ही आर्थिक सहायता मिली थी। NDDB ने ये प्रोग्राम प्लान किया था और यूरोपियन इकनोमिक कम्युनिटी (EEC) की मदद से इसकी डिटेल्स निर्धारित की थी।

दूसरा चरण

वर्ष 1981 से 1985 तक चले इस चरण का उद्देश्य पहले चरण को ही आगे बढाते हुए कर्नाटक,राजस्थान और मध्य-प्रदेश जैसे अन्य राज्यों में भी डेयरी डेवलपमेंट प्रोग्राम चलाना था। 1985 में इस चरण के अंत तक 136 मिल्क शेड्स बन गए, जो की 34,500 गाँवों तक फैले थे और 43000 गाँवों में 4.25 मिलियन तक दूध का उत्पादन होने लगा।

1989 तक घरेलू दुग्ध उत्पादन भी 22000 टन हो गया, इन सब में इसी का वर्ल्ड बैंक लोन ने बहुत मदद की। ऑपरेशन फ्लड को यूरोपियन इकनोमिक कम्युनिटी,वर्ल्ड बैंक और भारत के नेशनल डेयरी डेवलपमेंट द्वारा संयुक्त रूप से स्पोंसर किया जा रहा था।

तीसरा चरण

तीसरे चरण ने सफेद क्रान्ति को और मजबूत और विकसित किया, इस दौरान दुग्ध उत्पादन बढ़ा,और इंफ्रास्ट्रक्चर में भी सुधार हुआ। कॉपरेटिव सदस्यों के लिए वेटरनरी फर्स्ट एंड हेल्थ केयर सर्विसेज,फीड एंड आर्टिफिशयल इनसेमिनेशन सर्विसेज दी गई। इस चरण के दौरान 30,000 नए डेयरी कॉपरेटिव जोड़े गये। वर्ष 1988-1989 में तो मिल्क शेड्स की संख्या भी बढ़कर 173 हो गयी, इसकी एक विशेषता यह भी थी कि इसमें महिला सदस्यों की संख्या भी बढ़ने लगी थी। वर्ष 1995 में तो वुमन डेयरी कोऑपरेटिव लीडरशिप प्रोग्राम (WDCLP) को एक पाइलट प्रोजेक्ट के तौर पर भी लांच किया गया। जिसका उद्देश्य डेयरी कॉपरेटिव मूवमेंट में महिलाओं की भागीदारी बढ़ाना था। गांवों में मुख्य स्ट्रेटजी लोकल महिलाओं को ट्रेनिंग देना और उनका लेटेन्ट पोटेंशियल बढ़ाना था। इस चरण में ज्यादा महत्व जानवरों को पोषण युक्त भोजन देने, नए इनोवेशन जैसे थिलेरिओइसिस के लिए वैंक्सीन बनाने, प्रोटीन फीड बाईपासिंग और दुधारू जानवरों की संख्या बढ़ाने पर दिया।

यह चरण जब वर्ष 1996 में समाप्त हुआ और तब तक 9.4 मिलियन किसानों के बीच में 73,300 डेयरी को ऑपरेटिव बन चुके थे। इस चरण के अंत तक हालांकि प्राइवेट एजेंसी कोऑपरेटिव गाँवों से दूध उत्पादन नहीं कर पाए, लेकिन फिर भी इस चरण ने अपने तय किए गए लक्ष्य से ज्यादा हासिल कर लिया था।

श्वेत क्रांति के लाभ

देश में दुग्ध उत्पादन बढ़ा मात्र 40 वर्ष में 20 मिलियन मैट्रिक टन से 100 मिलियन मैट्रिक टन हो गया। और ये सिर्फ इस डेयरी कोपरेटिव मूवमेंट के कारण सम्भव हुआ।

इस क्रान्ति ने देश के किसानों को ज्यादा से ज्यादा जानवर रखने को प्रोत्साहित किया, जिसके कारण देश में 500 मिलियन तक भैंसे और मवेशी हो गए। जो की दुनिया में सबसे ज्यादा हैं।

डेयरी कोपरेटिव मूवमेंट देश के सभी हिस्सों में हुआ जिसका फायदा 22 राज्यों के 180 जिलों के 125000 गांवों को मिला। यह मूवमेंट अपने विकसित उपलब्धियों और राज्यों और जिलों के सपोर्टिव सिस्टम के कारण बहुत सफल रहा

श्वेत क्रांति की हानियाँ

श्वेत क्रान्ति की सफलता को देखकर समझा जा सकता हैं कि इसकी हानियाँ बहुत कम थी, परन्तु कुछ मुश्किलें अवश्य थी, जिनका सामना दुग्ध उत्पादकों और किसानों करना पड़ा था। जैसे विदेशी नस्ल के जानवर दूध तो ज्यादा देते, लेकिन उनका यहाँ की परिस्थिति में सर्वाइव करना मुश्किल था। इस कारण उनका भोजन और अन्य आवश्यकताओं की पूर्ति के लिए भी आम ग्रामीणों और प्राइवेट सेक्टर की छोटी कम्पनियों पर आर्थिक बोझ बढ़ जाता था। इस दौरान प्राप्त किये जाने वाले दूध में सभी पोषक तत्व नहीं होते थे,जिससे स्वास्थ पर बुरा प्रभाव पड सकता था।

पीली क्रांति

हरित क्रांति की अगली कड़ी के रूप में यानी हरित क्रांति के द्वितीय चरण में, विकास की योजना बनाई गई, जिसके अन्तर्गत तिलहनों के उत्पादन में वृद्धि लाने के लिए नवीन रणनीति अपनायी गयी । दूसरे शब्दों में, खाद्य तेलों और तिलहन फसलों के उत्पादन के क्षेत्र में अनुसंधान और विकारा की रणनीति को पीली क्रान्ति का नाम दिया गया । 1980 के दशक में जब देश का खाद्य तेल आयात चिन्ताजनक स्तर पर पहुंच गया तब भूतपूर्व प्रधानमंत्री राजीव गांधी ने स्वयं हस्तक्षेप करके तिलहन पर तकनीकी मिशन शुरु कराया। इस क्रांति के जनक तत्कालीन प्रधानमंत्री श्री राजीव गाँधी को माना जाता है।

पीली क्रांति के तहत तिलहन उत्पादन में आत्मनिर्भरता प्राप्त केने की दृष्टि से उत्पादन, प्रसंस्करण और प्रबन्ध प्राद्योगिकी का सर्वोत्तम उपयोग करने के उद्देश्य से तिलहन प्रौद्योगिकी मिशन प्रारम्भ किया गया। 'पीली क्रांति' के परिणामस्वरूप ही हमारा देश खाद्य तेलों और तिलहन उत्पादन में महत्वपूर्ण उपलब्धि हासिल कर सका है।

- सोयाबीन, सूरजमुखी, अरण्डी, अलसी, कुसुम्ब, मूँगफली, तिल प्रमुख तिलहन है।
- हमारे देश की कुल कृषि भूमि में तिलहन की कृषि बिल्कुल कम प्रतिशत में थी।
- तिलहन की फसल के लिए घरेलु बीजों तथा निम्न गुणवत्ता के बीजों का उपयोग किया जाता था। जिससे तेल के उत्पादन और गुणवत्ता पर भी प्रभाव पड़ता था।
- अच्छी किस्म की खाद और उर्वरक का उपयोग नहीं करने से तिलहन की फ़सल ख़राब होती थी।
- वैज्ञानिक तरीको और तकनिकी तरीको से तिलहन की खेती नहीं की जाती थी। जिससे फसल की सुरक्षा और गुणवत्ता पर प्रभाव पड़ता था।
- हरित क्रांति के फलस्वरूप मिश्रित कृषि को बढावा मिला था। लेकिन किसान दलहन की फसलो पर ज्यादा ध्यान देते थे। जिससे तिलहन उत्पादन में पुरे देश में बड़ी मात्रा में कमी आई थी।

देश में तिलहन उत्पादन को बढ़ावा देने के लिए अनेक कार्यक्रम चलाए गए थे तथा तत्कालीन प्रधानमंत्री श्री राजीव गाँधी के नेतृत्व में पूरे कार्यक्रम को क्रियान्वित किया गया जिसमें तिलहन फसलो की गुणवत्ता और क्षमता को बढ़ाने में जोर दिया गया। इस क्रांति में निम्न अनुसार कार्य किये गए -

न्यूनतम मूल्य में वृद्धिः किसानो का तिलहन की फसलों के प्रति आकर्षण बढ़ाने के लिए तिलहन के उत्पादनों का न्यूनतम मूल्य को बढ़ा दिया गया। सन 1989 के आस-पास कृषि लागत और कीमत आयोग ने तिलहन की फसलों की वसूली कीमतों पर भारी वृद्धि कर दी थी।

उच्चा गुणवत्ता के बीजः सरकार ने किसानों को उच्च गुणवत्ता के बीज उपलब्ध कराए। जिससे तिलहन की फसलों की गुणवत्ता और मात्रा में वृद्धि हुई।

राष्ट्रिय तिलहन और वानस्पतिक विकास बोर्ड (NOVOD) की स्थापनाः इस कार्यक्रम के तहत राष्ट्रिय तिलहन और वानस्पतिक विकास बोर्ड की स्थापना की गई थी। जिसका संक्षिप्त नाम नोवोड (NOVOD) है। तथा इस बोर्ड के अंतगर्त विभिन्न कार्यक्रम चलाकर तिलहन की पैदावार को संभावित क्षमता तक बढ़ाने के लिए प्रयत्न किये जाते है।

नीली क्रांति

नीली क्रांति की शुरुआत 1960 के मध्य दशक में हुई थी उसके बाद से विश्व भर में मछली पालन में तेजी आई है। चीन ने इस क्रांति की शुरुआत की थी। भारत नीली क्रांति में विश्व में दूसरा सबसे बड़ा उत्पादक देश हैं। इसकी शुरुआत सातवीं पंचवर्षीय योजना से हुई थी जो वर्ष 1985 से वर्ष 1990 के बीच कार्यान्वित की गई। इस दौरान सरकार ने फिश फार्मर्स डेवलपमेंट एजेंसी (FFDA) को प्रायोजित किया। आठवीं पंचवर्षीय योजना (वर्ष 1992 से वर्ष 1997) के दौरान सघन मरीन फिशरीज़ प्रोग्राम शुरू किया गया। जिसमें बहुराष्ट्रीय कंपनियों से सहयोग को प्रोत्साहित किया गया। कुछ समय बाद तूतिकोरिन, पोरबंदर, विशाखपत्तनम, कोच्चि और पोर्ट ब्लेयर में फिशिंग बंदरगाह स्थापित किये गए। इसके अन्तर्गत उत्पादन बढ़ाने साथ ही साथ प्रजातियों में सुधार के लिए बड़ी संख्या में अनुसंधान केंद्र भी स्थापित किये गए।

भारत में नीली क्रांति का जनक हीरालाल चौधरी और डॉक्टर अरुण कृष्णन को माना जाता है। भारत में मछली पालन का इसके जीडीपी में लगभग 1% और कृषि GDP में 5% का योगदान करता है । देश में वर्ष 1950-51 मछली उत्पादन में अंतर्देशीय मछली उत्पादन का 29% रहा था। जो की 2017-2018 में बढ़कर 71% हो गया। आंध्र प्रदेश में सबसे ज्यादा 34.50 लाख टन अंतर्देशीय मछली का उत्पादन किया है जबकि गुजरात में समुद्री मछलियों का सबसे ज्यादा उत्पादन हुआ है।

गुलाबी क्रांति

जिस प्रकार हरित क्रांति का संबंध खाद्यान्नों से है और श्वेत क्रांति का संबंध दुग्ध उत्पादन से है उसी प्रकार गुलाबी क्रांति की शुरुआत भारत में फार्मास्युटिकल, प्याज और झींगा उत्पादन को बढ़ाने के लिए की गई। भारत में गुलाबी क्रांति का जनकः दुर्गेश पटेल थे। गुलाबी क्रांति झींगा मछली के उत्पादन से संबंधित है। भारत के समग्र कृषि निर्यात में वर्ष 2016-17 के दौरान शीर्ष योगदान समुद्री उत्पाद (2.1%) का है। समुद्री उत्पाद में मछली का निर्यात भी समाहित है। भारत के समस्त मछली निर्यात में झींगा मछली का प्रमुख योगदान है।

भारत संसार का सबसे बड़ा झींगा मछली निर्यातक देश है। इस मछली के उत्पादन को बढ़ाने के लिए एक मिशन तैयार किया गया, जिससे झींगा मछली का उत्पादन बढ़ाया जा सके। इस मिशन के परिणामस्वरूप झींगा मछली के उत्पादन एवं निर्यात में वृद्धि हुई, जिसे गुलाबी क्रांति (Pink Revolution) की उपमा प्रदान की गई। (भारत में गुलाबी क्रांति) गुलाबी क्रांति का संबंध प्याज उत्पादन से भी है। भारत में आंध्र और तमिलनाडु में झींगा मछली का उत्पादन काफी बढ़ा है, आंध्र प्रदेश के नेल्लोर जिले को 'भारत की झींगा राजधानी' कहा जाता है ।

रजत क्रांति

देश में अंडा उत्पादन एवं मुर्गी पालन को बढ़ावा देने के लिए रजत क्रांति या सिल्वर क्रांति (Silver Revolution) की शुरुआत की गई। मुर्गियों से अधिक अंडे व मांस उत्पादन के लिए देश में 5 बड़े कुक्कुट फार्म बंगलौर, मुंबई, भुवनेश्वर, दिल्ली और शिमला में स्थापित किए गए।

यहां पर उन्नत नस्ल की मुर्गियों को आयात कर संकरण द्वारा उम्दा नस्ल की मुर्गियों का विकास किया गया। भारत में आंध्र प्रदेश अंडे का सबसे बड़ा उत्पादक राज्य है। आज देश का मुर्गी व्यवसाय विश्व का सबसे बड़ा व तेजी से बढ़ने वाला क्षेत्र बनकर उभरा है। आज देश का मुर्गी पालन का व्यवसाय 13 फीसदी वार्षिक की दर से वृद्धि कर रहा है।

इन्द्रधनुषी क्रांति

इंद्रधनुषी क्रांति सभी क्रांतियो पर निगरानी से संबंधित है। जुलाई 2000 में नई राष्ट्रीय कृषि नीति की घोषणा की गई। नई कृषि नीति का वर्णन इंद्रधनुषी क्रांति के रूप में किया गया है। जिसमें सभी प्रत्यक्ष या अप्रत्यक्ष रूप से देश के कृषि क्षेत्र में आई विभिन्न क्रांतियों यथा- हरित, श्वेत, पीली, नीली, लाल, सुनहरी, गुलाबी, भूरी, धूसर, रजत, एवं खाद्यान्न श्रृंखला क्रांति को एक साथ लेकर चलना होगा। इसी को इंद्रधनुषी (सतरंगी) क्रांति (Rainbow Revolution) कहा गया है।

काली क्रांति

काली क्रांति का संबंध पेट्रोलियम एवं उससे संबंधित उद्योगों से है। किसी भी अर्थव्यवस्था का आधारभुत साधन पेट्रोलियम उद्योग होता है। भूगर्भ से प्राप्त कच्चे तेल का शोधन करने के बाद विभिन्न उत्पाद तैयार किए जाते है जो कृषि, उद्योग एवं यातयाता का आधार बनते है। पेट्रोलियम पर आधारित पेट्रोरसायन ने भारतीय अर्थव्यवस्था का रंग ही बदल दिया है। 1990 के दशक से इस उद्योग ने क्रांतिकारी रूप से अपना विस्तार किया है।

❍❍❍

भाग–2
उत्तर प्रदेशः ग्राम समाज एवं विकास

1

उत्तर प्रदेशः एक दृष्टि में

प्रशासनिक संक्षिप्तिकी

प्रदेश का नाम	– 1836 से उत्तर-पश्चिम प्रान्त
	– 1877 से आगरा एवं अवध का संयुक्त प्रान्त
	– 1937 से केवल संयुक्त प्रान्त
	– 26 जनवरी, 1950 से उत्तर प्रदेश
प्रदेश की राजधानी	– 1836 से आगरा
	– 1858 से इलाहाबाद
	– 1921 से लखनऊ (आंशिक)
	– 1935 से लखनऊ (पूर्णतः)
राज्य का पुनर्गठन	– 1 नवम्बर, 1956 को
राज्य का विभाजन	– 9 नवम्बर, 2000 (13 जिलों को काटकर उत्तराखण्ड बना)
राज्यकीय भाषा	– 1947 से हिन्दी I तथा 1989 से उर्दू II
राजकीय पशु	– बारहसिंगा
राजकीय पक्षी	– सारस (क्रेन)
राजकीय वृक्ष	– अशोक
राजकीय पुष्प	– पलाश (4 जनवरी, 2011 से)
राजकीय खेल	– हॉकी
राजकीय चिन्ह	– 1 वृत्त में ऊपर तीर-धनुष, बीच में गंगा-यमुना नदियाँ और नीचे दायें-बायें 2 मछलियाँ है। (यह चिन्ह 1938 ई. में स्वीकृत हुआ)
राष्ट्रीय राजधानी क्षेत्र (एन.सी.आर.) में सम्मिलित उत्तर प्रदेश के जिले	– 8 (मेरठ, गाजियाबाद, गौतमबुद्धनगर, बुलन्दशहर, हापुड़ बागपत शामली और मुजफ्फरनगर)
राज्य मछली	– चीतल (गंगा, यमुना, कोसी, गोमती, सतलुज नदियों में पायी जाती है।)
राज्य विधानमण्डल	– द्विसदनात्मक
राज्य विधानसभा का प्रथम गठन	– जुलाई, 1937
वर्तमान में विधान सभा सदस्यों की कुल संख्या	– 404 (403 निर्वाचित+1 मनोनित एंग्लो-इण्डियन)
सर्वाधिक विधानसभा सीटों वाला जिला	– प्रयागराज (12 सीट)
सबसे कम विधान सभा सीटों वाले जिले	– श्रावस्ती/महोबा/चित्रकूट (2-2 सीटें)
विधान परिषद् का गठन किया गया	– 1937 में (1937 से अनवरत)
वर्तमान में विधान परिषद् सदस्यों की संख्या	– 100
प्रदेश में लोक सभा सीटों की संख्या	– 80
मतदाताओं की संख्या की दृष्टि से सबसे बड़ा व सबसे छोटा संसदीय क्षेत्र	– गाजियाबाद
प्रदेश में राज्य सभा सीटों की संख्या	– 31
उच्च न्यायालय	– इलाहाबाद (खण्डपीठ-लखनऊ)
आर्थिक अपराधों के लिए विशेष न्यायालय	– लखनऊ, आगरा, मेरठ, वाराणसी व बरेली में
सबसे बड़े सम्भाग (मण्डल)	– कानपुर, लखनऊ व मेरठ (6-6 जिले)
सबसे छोटे सम्भाग (मण्डल)	– मिर्जापुर, आजमगढ़, बस्ती, झाँसी व सहारनपुर (3-3 जिले)
ब्लाकों की संख्या	– 821 (उ. प्र. 2014)
नगर निकायों वाले कुल नगर	– 630 (उ. प्र. 2014)

नगर निकाय (निगमें) — 13 (नवीनतम—सहारनपुर, सितम्बर 2009 में सृजित)

नगर निकाय (पालिका परिषदें) — 194

नगर निकाय (नगर पंचायतें) — 423

जिला पंचायतें — 75 (उ. प्र. 2014)

क्षेत्र पंचायतें — 821 (उ. प्र. 2014)

न्याय पंचायतें — 8,135 (उ. प्र. 2014)

कुल आबाद ग्राम — 97,914 (उ. प्र. 2014)

प्रथम बार राष्ट्रपति शासन — 25.2.1968 से 25.2.1969 तक

अब तक कुल राष्ट्रपति शासन — 10 बार

निकटतम (10वाँ) राष्ट्रपति शासन — 8.03.2002 से 3.05.2002 तक

प्रथम मुख्यमन्त्री — पं. गोविन्द बल्लभ पंत (1 अप्रैल, 1946 से 27 दिसम्बर, 1954)

राज्य एवं देश की प्रथम महिला मुख्यमन्त्री — सुचेता कृपलानी

राज्य की द्वितीय महिला मुख्यमन्त्री — सुश्री मायावती

सबसे कम उम्र के मुख्यमन्त्री— अखिलेश यादव

सर्वाधिक बार मुख्यमन्त्री — सुश्री मायावती (चार बार)

उत्तर प्रदेश के मुख्यमन्त्री व देश के प्रधानमन्त्री — चौ. चरण सिंह व विश्वनाथ प्रताप सिंह

राज्य की प्रथम राज्यपाल — श्रीमती सरोजनी नायडू

राज्य एवं देश की प्रथम महिला राज्यपाल — श्रीमती सरोजनी नायडू (15 अगस्त, 1947 से 2 मार्च, 1949)

सर्वाधिक बार राज्यपाल — श्री मुहम्मद शफी कुरैशी व बी.एल. जोशी (2 बार)

स्वतन्त्रता के बाद प्रथम विधानसभा अध्यक्ष — राजर्षि पुरुषोत्तम दास टण्डन

सर्वाधिक बार विधानसभा अध्यक्ष — श्री आत्माराम गोविंद खेर व केशरी नाथ त्रिपाठी (3-3 बार)

विधान सभा अध्यक्ष व मुख्यमन्त्री पद को सुशोभित किया — श्रीपति मिश्र व श्री बनारसीदास ने

स्वतन्त्रता के बाद प्रथम विधान परिषद् सभापति — चन्द्रभाल

भौगोलिक संरचना संक्षिप्तिकी

आकार	—	लम्बवत्
ग्लोब पर स्थिति	—	23°-52′ से 30°-24′ उत्तरी अक्षांश तथा 77°-05′ से 84°-38′ पूर्वी देशान्तर के मध्य
पूर्व से पश्चिम की लम्बाई	—	650 किमी
दक्षिण से उत्तर की चौड़ाई	—	240 किमी
प्रदेश का कुल क्षेत्रफल	—	2,40,928 वर्ग किमी (भारत का 7.33%)
क्षेत्रफल की दृष्टि से देश में स्थान	—	4वाँ (राजस्थान, मध्य प्रदेश व महाराष्ट्र के बाद)
सर्वाधिक क्षेत्रफल वाले 4 जिले घटते क्रम में	—	खीरी, सोनभद्र, हरदोई, सीतापुर
प्रदेश का सर्वाधिक नम भूमि (वेटलैण्ड) क्षेत्र वाला जिला	—	सोनभद्र (5.08%)
प्रदेश का सबसे पूर्वी और पश्चिमी जिला	—	बलिया तथा शामली
प्रदेश का सबसे उत्तरी और दक्षिणी जिला	—	सहारनपुर तथा सोनभद्र
नेपाल से सटे 7 जिले क्रमशः पूरब से पश्चिम	—	महराजगंज, सिद्धार्थ नगर, बलरामपुर, श्रावस्ती, बहराइच, लखीमपुर और पीलीभीत।
प्रदेश की नेपाल सीमा लम्बाई	—	लगभग 579 किमी
प्रदेश से सटे राज्यों की संख्या	—	9 (8 राज्य + 1 केन्द्रशासित प्रदेश)
उत्तराखण्ड से सटे 7 जिले क्रमशः पश्चिम से पूरब	—	सहारनपुर, मुजफ्फरनगर, बिजनौर, मुरादाबाद, रामपुर, बरेली और पीलीभीत।
हरियाणा से सटे 6 जिले क्रमशः उत्तर से दक्षिण	—	सहारनपुर, शामली, बागपत, गौतमबुद्ध नगर, अलीगढ़ और मथुरा।
दिल्ली से सटे 2 जिले क्रमशः उत्तर से दक्षिण	—	गाजियाबाद, गौतमबुद्ध नगर
हरियाणा और उत्तर प्रदेश के बीच सीमा निर्धारक नदी	—	यमुना
राजस्थान से सटे 2 जिले क्रमशः उत्तर से दक्षिण	—	आगरा एवं मथुरा

मध्य प्रदेश से सटे 11 जिले क्रमशः दक्षिण से उत्तर	–	आगरा, इटावा, जालौन, झाँसी, ललितपुर, महोबा, बाँदा, चित्रकूट, प्रयागराज, मिर्जापुर और सोनभद्र।
बिहार से 7 सटे जिले क्रमशः दक्षिण से उत्तर	–	सोनभद्र, चन्दौली, गाजीपुर, बलिया, देवरिया, कुशीनगर (पडरौना) और महाराजगंज
छत्तीसगढ़ से सटे जिले	–	केवल सोनभद्र
झारखण्ड से सटे जिले	–	केवल सोनभद्र
सोनभद्र से सटे राज्यों की संख्या	–	4 (मध्य प्रदेश, छत्तीसगढ़, झारखण्ड तथा बिहार)
सहारनपुर से सटे राज्यों की संख्या	–	3 (हरियाणा, हिमाचल तथा उत्तराखण्ड)
प्रदेश के सबसे दक्षिणी बिन्दु को स्पर्श करने वाला राज्य	–	छत्तीसगढ़
प्रदेश के सबसे उत्तर-पश्चिमी बिन्दु को स्पर्श करने वाला राज्य	–	हिमाचल प्रदेश
प्रदेश के सबसे पूर्वी और पश्चिमी बिन्दु को स्पर्श करने वाला राज्य	–	बिहार और हरियाणा
प्रमुख नदियाँ	–	गंगा, यमुना, रामगंगा, गोमती और घाघरा
राज्य की सर्वाधिक प्रदूषित नदी	–	यमुना
उत्तर प्रदेश में गंगा की लम्बाई	–	लगभग 1000 किमी.
सर्वाधिक (133 किमी.) गंगा तट वाला जिला	–	बदायूँ
केन्द्र ने गंगा को राष्ट्रीय नदी का दर्जा दिया	–	2008-09 में
प्रयागराज, कौशाम्बी, हमीरपुर, इटावा, बटेश्वर, आगरा, मथुरा, वृन्दावन, बागपत आदि 10 नगर हैं	–	यमुना के तट पर
अयोध्या, गोला, बरहलगंज, बरहज आदि हैं	–	सरयू तट पर
गाजियाबाद, नोएडा व ग्रेटर नोएडा	–	हिंडन के किनारे हैं
सोनभद्र	–	सोन तट पर
मुरादाबाद	–	रामगंगा तट पर
प्रतापगढ़	–	सई नदी तट पर स्थित है।

प्रदेश के 18 मण्डल एवं सम्बद्ध जिले

मण्डल	जिलों की संख्या	सम्बद्ध जिले
कानपुर	6	कानपुर नगर, कानपुर देहात, इटावा, फर्रूखाबाद, कन्नौज व औरैया
अयोध्या	5	अयोध्या, सुल्तानपुर, बाराबंकी, अमेठी व अम्बेडकर नगर
आगरा	4	आगरा, मथुरा, फिरोजाबाद व मैनपुरी
गोरखपुर	4	गोरखपुर, महाराजगंज, देवरिया व कुशीनगर
बरेली	4	बरेली, बदायूँ, शाहजहाँपुर व पीलीभीत
चित्रकूट	4	चित्रकूट, बाँदा, हमीरपुर व महोबा
(मुख्यालय बांदा)		
आजमगढ़	3	आजमगढ़, मऊ, बलिया
सहारनपुर	3	सहारनपुर, मुजफ्फरनगर व शामली
लखनऊ	6	लखनऊ, उन्नाव, रायबरेली, सीतापुर, हरदोई व लखीमपुर खीरी
मेरठ	6	मेरठ, गाजियाबाद, बुलंदशहर, गौतमबुद्ध नगर, बागपत व हापुड़
अलीगढ़	4	अलीगढ़, एटा, हाथरस व कासगंज
वाराणसी	4	वाराणसी, जौनपुर, गाजीपुर व चन्दौली
देवीपाटन (मुख्यालय गोंडा)	4	गोंडा, बलरामपुर, श्रावस्ती व बहराइच
मुरादाबाद	5	मुरादाबाद, रामपुर, बिजनौर, अमरोहा व संभल
प्रयागराज	4	प्रयागराज, प्रतापगढ़, फतेहपुर, कौशाम्बी
मिर्जापुर	3	मिर्जापुर, सोनभद्र व भदोही
बस्ती	3	बस्ती, सिद्धार्थनगर व संत कबीरनगर
झाँसी	3	झाँसी, ललितपुर व जालौन

कुछ नवसृजित जिले, सृजन तिथि व मूल जिले

1. अम्बेडकर नगर (29.9.1995) फैजाबाद से
2. हाथरस (3.5.1997) अलीगढ़ व मथुरा से
3. चन्दौली (25.5.1997) वाराणसी से
4. कुशीनगर (13.5.1994) देवरिया से
5. भदोही (20.6.1994) वाराणसी से
6. गौतमबुद्धनगर (15.9.1997) गाजियाबाद व बुलन्दशहर से
7. औरैया (18.9.1997) इटावा से
8. हापुड़ (28.9.2011) गाजियाबाद से
9. अमेठी (5 जुलाई, 2013) रायबरेली व सुल्तानपुर से
10. महोबा (11.2.1995) हमीरपुर से
11. कौशाम्बी (4.4.1997) प्रयागराज से
12. अमरोहा (28.4.1997) मुरादाबाद से
13. चित्रकूट (6.5.1997) बांदा से
14. बलरामपुर (25.5.1997) गोण्डा से
15. श्रावस्ती (25.5.1997) बहराइच से
16. संत कबीर नगर (5.9.1997) बस्ती व सिद्धार्थ नगर से
17. कन्नौज (18.9.1997) फर्रुखाबाद से
18. कासगंज (17.4.2008) एटा से
19. संभल (28.9.2011) मुरादाबाद व बदायूँ से
20. शामली (28.9.2011) मुजफ्फर नगर से
21. भीमनगर (28.9.2011) मुरादाबाद और बदायूं से
22. प्रबुद्धनगर (28.9.2011) सहारनपुर से
23. पंचशीलनगर (28.9.2011) प्रयागराज से

* 2011 में तीन नए जिलों की स्थापना की गई थी और तीन तहसीलों को जिले का दर्जा दिया गया था। वर्ष 1994 से 2011 तक 20 नए जिलों का गठन हुआ है।

खनिज, वन व वन्य जीव संरक्षण संक्षिप्तिकी

प्रमुख खनिज – बॉक्साइट, डायस्पोर, डोलोमाइट, जिप्सम, चूना-पत्थर, मैग्नेसाइट, ओकर (गेरू), फास्फोराइट, फायरोफाइलाइट, सिलिका सैण्ड, गन्धक व कोयला आदि हैं।

राज्य में मिलने वाले प्रमुख उपखनिज – सामान्य बालू, मोरंग, बजरी, इमारती पत्थर, संगमरमर, कंकड़ शोरा व लाइमस्टोन आदि हैं।

वन रिपोर्ट 2019 – 15वीं

राज्य में वनाच्छादन – 6.15% (14,805,65 वर्ग किमी)

राज्य में वृच्छादन – 7,342 वर्ग किमी

कुल रिकॉर्डेड (अभिलिखित) वन क्षेत्र – 6.88% (16,592 वर्ग किमी)

कुल रिकॉर्डेड वन क्षेत्र में रक्षित वन – 72.79% (12,070 वर्ग किमी)

कुल रिकॉर्डेड वन क्षेत्र में संरक्षित वन – 6.98% (1,157 वर्ग किमी)

कुल रिकॉर्डेड वन क्षेत्र में अवर्गीकृत वन – 20.23% (3.355 वर्ग किमी)

सबसे कम वन क्षेत्रफल वाले 5 जिले – संत रविदास नगर (भदोह), मैनपुरी, देवरिया, मऊ व बलिया

सर्वाधिक वन प्रतिशत वाले 5 जिले – सोनभद्र, चन्दौली, पीलीभीत, मिर्जापुर व चित्रकूट

राज्य में पाये जाने वाले वनों के प्रकार – समशीतोष्ण, उष्णकटिबंधीय, पर्णपाती तथा कंटीले।

प्राणी उद्यान (चिड़िया घर) संचालित – 2 (लखनऊ व कानपुर)

भारत का प्रथम रात्रि वन्य जीव पार्क (नाइट सफारी पार्क) – ग्रेटर नोएडा

राष्ट्रीय चम्बल अभ्यारण्य में वन्य जीव (शेर) पार्क (लायन सफारी पार्क) – इटावा

राष्ट्रीय उद्यान – 1 (दुधवा, खीरी, 1977 में घोषित)

प्रदेश का प्रथम टाइगर रिजर्व (बाघ अभ्यारण्य) – दुधवा (1987 में घोषित)

प्रदेश का दूसरा टाइगर रिजर्व – पीलीभीत–शाहजहाँपुर (जून, 2014 में घोषित)

पर्यटन सुविधायुक्त टाइगर रिजर्व – दुधवा टाइगर रिजर्व

राज्य का प्रथम वन्य जीव विहार – चन्द्रप्रभा (चन्दौली, 1957)

सबसे छोटा वन्य जीव विहार – महावीर स्वामी वन्य जीव विहार, ललितपुर (5.40 वर्ग किमी)

सबसे बड़ा पक्षी विहार – लाख बहोशी पक्षी विहार, कन्नौज (80 वर्ग किमी)

सबसे छोटा पक्षी विहार – पटना पक्षी विहार, एटा (1 वर्ग किमी.)

- प्रदेश में कुल कृषि पारिस्थितिकीय क्षेत्र —20
- प्रदेश में कुल कृषि जलवायु क्षेत्र —9
- प्रदेश में कुल मृदा समूह क्षेत्र —8
- प्रदेश में कुल बीज विधायन संयंत्र —42
- ड्रिप एवं स्प्रिंकलर सिंचाई तकनीक शुरू की गई है —बुन्देलखण्ड क्षेत्र
- प्रदेश की सबसे पुरानी नहर है —पूर्वी यमुना नहर (1830)
- 1977-78 से निर्माणाधीन सरयू नहर परियोजना को राष्ट्रीय परियोजना घोषित किया गया —अगस्त, 2012 में

केन्द्र व राज्य स्तरीय संस्थान/संगठन

केन्द्रीय संस्थान/संगठन

- पशु जैविक औषधि संस्थान —लखनऊ
- सेन्ट्रल लेप्रोसी इन्स्टीट्यूट —आगरा
- आयुर्वेदिक रिसर्च सेन्टर —लखनऊ
- इंडियन इन्स्टीट्यूट ऑफ शुगर टेक्नोलॉजी —कानपुर
- सेन्ट्रल ग्रासलैण्ड एण्ड फॉडर रिसर्च इन्स्टीट्यूट, (चारागाह एवं चारा अनुसंधान) —झाँसी
- इंडियन इन्स्टीट्यूट ऑफ वेजीटेबल रिसर्च —जक्खिनी, वाराणसी
- केन्द्रीय अंतर्स्थलीय मत्स्यिकी अनुसंधान संस्थान —प्रयागराज
- नेशनल बॉटनिकल गार्डेन —लखनऊ
- नेशनल इंस्टीट्यूट ऑफ फैशन टेक्नोलॉजी (निफ्ट) —रायबरेली
- सेन्ट्रल एवियन (पक्षी) रिसर्च इन्स्टीट्यूट —इज्जतनगर (बरेली)
- राजीव गाँधी पेट्रोलियम इंस्टीट्यूट —जायस, अमेठी (निर्माणाधीन)
- नेशनल इंस्टीट्यूट ऑफ फार्मास्यूटिकल एजुकेशन एंड रिसर्च इंस्टीट्यूट —रायबरेली
- इंडियन इंस्टीट्यूट ऑफ स्पेस साइंस एण्ड टेक्नोलॉजी —मेरठ
- क्लॉथ (कपड़ा) रिसर्च इन्स्टीट्यूट —गाजियाबाद
- बीरबल साहनी इंस्टीट्यूट ऑफ पेलियोबॉटनी —लखनऊ
- भारतीय सूचना प्रौद्योगिकी संस्थान (IIIT) (प्रथम परिसर) —इलाहाबाद
- इंस्टीट्यूट ऑफ सोशल स्टडीज —लखनऊ
- इन्दिरा गाँधी राष्ट्रीय उड़ान अकादमी —फुर्सतगंज (रायबरेली)
- केन्द्रीय आलू अनुसंधान केन्द्र —मेरठ
- नेशनल बायोफर्टिलाइजर डेवलपमेन्ट सेन्टर —गाजियाबाद
- हरीशचन्द्र अनुसंधान संस्थान —झूंसी, प्रयागराज
- स्कूल ऑफ पेपर टेक्नोलॉजी —सहारनपुर
- केन्द्रीय कांच व सिरामिक अनुसंधान व प्रसार केन्द्र —खुर्जा (बुलन्दशहर)
- सेन्ट्रल ड्रग रिसर्च इंस्टीट्यूट —लखनऊ
- सेन्ट्रल इंस्टीट्यूट ऑफ मेडिसिन एण्ड एरामैटिक प्लांट्स —लखनऊ
- टी. वी. डेमोन्स्ट्रेशन एण्ड ट्रेनिंग सेन्टर —आगरा
- नेहरू इंस्टीट्यूट ऑफ आफथैलमोलॉजी —सीतापुर
- इंडियन शुगर केन रिसर्च इंस्टीट्यूट —लखनऊ
- इंडियन वेटरनिरी रिसर्च इंस्टीट्यूट, (पशु चिकित्सा अनुसंधान संस्थान) —बरेली
- नेशनल ब्यूरो ऑफ फिश जेनेटिक रिसोर्सेस —लखनऊ
- नेशनल बॉटनिकल रिसर्च इंस्टीट्यूट —लखनऊ
- बॉटनिकल गार्डन ऑफ द इण्डियन रिपब्लिक —नोएडा
- केन्द्रीय बकरी अनुसंधान संस्थान (सी.आई.आर.जी.) —मथुरा
- सेन्ट्रल इंस्टीट्यूट फॉर सबट्रापिकल हार्टीकल्चर —लखनऊ
- सेन्ट्रल टेक्सटाइल्स इंस्टीट्यूट —कानपुर
- इंडियन इंस्टीट्यूट ऑफ टेक्नोलॉजी —कानपुर
- भारतीय चमड़ा रंगाई एवं जूता संस्थान —कानपुर
- भारतीय हथकरघा तकनीकी संस्थान —चौकाघाट (वाराणसी)
- इंडियन इंस्टीट्यूट ऑफ हैन्डलूम टेक्नोलॉजी —वाराणसी
- मोतीलाल नेहरू राष्ट्रीय प्रौद्योगिकी संस्थान —प्रयागराज
- भारतीय सूचना प्रौद्योगिकी संस्थान (राज्य का दूसरा) (पीपीपी आधारित) —लखनऊ
- इंडियन टेक्नोलॉजिकल रिसर्च सेन्टर —लखनऊ
- जी.बी. पंत सामाजिक विज्ञान अनुसंधान संस्थान —झूंसी, प्रयागराज
- नेशनल पैराशूट ट्रेनिंग कॉलेज —आगरा
- नेशनल सेन्टर फॉर एग्रो फॉरेस्ट्री —झाँसी
- मेहता इंस्टीट्यूट ऑफ मैथ्स एण्ड फिजिक्स —प्रयागराज
- इंडस्ट्रीयल टॉक्सीलॉजिकल्स रिसर्च सेन्टर —लखनऊ
- भारतीय प्रबन्धन संस्थान (आई.आई.एम.) —लखनऊ
- सेन्ट्रल इंस्टीट्यूट ऑफ होटल मैनेजमेण्ट (निर्माणाधीन) —जगदीशपुर (अमेठी)

राज्य स्तरीय प्रमुख कृषि संस्थान/संगठन

- नरेन्द्र देव कृषि एवं प्रौद्योगिकी विश्व विद्यालय कुमारगंज —फैजाबाद
- चन्द्रशेखर आजाद कृषि एवं प्रौद्योगिकी विश्व विद्यालय —कानपुर
- सरदार पटेल कृषि एवं प्रौद्योगिकी विश्व विद्यालय मोदीपुरम —मेरठ
- बांदा कृषि एवं प्रौद्योगिकी विश्व विद्यालय (2010) —बांदा
- उत्तर प्रदेश कृषि अनुसंधान परिषद् —लखनऊ

राज्य स्तरीय प्रमुख चिकित्सा संस्थान/संगठन

- गणेश शंकर विद्यार्थी स्मारक मेडिकल कॉलेज (1956) —कानपुर
- लाला लाजपतराय स्मारक मेडिकल कॉलेज (1962) —मेरठ
- बाबा राघवदास मेडिकल कॉलेज (1969) —गोरखपुर
- डॉ. राममनोहर लोहिया इंस्टीट्यूट ऑफ मेडिकल साइन्सेज (2004) —लखनऊ
- उच्च स्तरीय कैंसर संस्थान (2014) —लखनऊ (निर्माणाधीन)
- जे. के. कैंसर संस्थान (1955) —कानपुर
- मानसिक चिकित्सा संस्थान —आगरा, वाराणसी व बरेली
- बच्चों का सुपर स्पेशियलिटी चिकित्सा व शिक्षण संस्थान —नोएडा

- पं. दीन दयाल उपाध्याय पशु चिकित्सा विज्ञान विश्व विद्यालय एवं गौअनुसंधान संस्थान —मथुरा
- किंग जार्ज मेडिकल कॉलेज (1911) (राज्य का प्रथम) —लखनऊ
- सुपर स्पेशियलिटी अस्पताल व चिकित्सा विश्व विद्यालय (2014) (राज्य का द्वितीय) —ग्रेटर नोएडा
- सरोजनी नायडू मेमोरियल कॉलेज (1854) —आगरा
- मोतीलाल नेहरू मेमोरियल कॉलेज (1961) —प्रयागराज
- महारानी लक्ष्मीबाई मेडिकल कालेज (1965) —झाँसी
- संजय गांधी स्नातकोत्तर आयुर्विज्ञान संस्थान (1983) —लखनऊ
- उत्तर प्रदेश ग्रामीण आयुर्विज्ञान एवं अनुसंधान संस्थान (2005) —सैफई (इटावा)
- लक्ष्मीपति सिंहानिया हृदय रोग संस्थान (1975) —कानपुर
- सेन्टर ऑफ बायोमेडिकल मैग्नेटिक रेजोनेन्स (2001) —लखनऊ
- मस्तिष्क ज्वर उन्मूलन शोध केन्द्र —गोरखपुर

राज्यपाल

नाम	कार्यकाल
1. श्रीमती सरोजिनी नायडू	15 अगस्त, 1947 से 2 मार्च, 1949
2. विधु भूषण मलिक (कार्यवाहक)	3 मार्च, 1949 से 1 मई, 1949
3. होरमासजी पेरोशॉ मोदी	2 मई, 1949 से 1 जून, 1952
4. कन्हैयालाल माणिक लाल मुंशी	2 जून, 1952 से 9 जून, 1957
5. वाराह वेंकट गिरी	10 जून, 1957 से 30 जून, 1960
6. डॉ. बी. रामकृष्ण राव	1 जुलाई, 1960 से 15 अप्रैल, 1962
7. विश्वनाथ दास	16 अप्रैल, 1962 से 30 अप्रैल, 1967
8. डॉ. बेजवाड़ा गोपाला रेड्डी	1 मई, 1967 से 30 जून, 1972
9. शशिकान्त वर्मा (कार्यवाहक)	1 जुलाई, 1972 से 13 नवम्बर, 1972
10. अकबर अली खान	13 नवम्बर, 1972 से 24 अक्टूबर, 1974
11. डॉ. मैरी चेन्ना रेड्डी	25 अक्टूबर, 1974 से 1 अक्टूबर, 1977
12. गनपत राव देवजी तपासे	2 अक्टूबर, 1977 से 27 फरवरी, 1980
13. चन्द्रशेखर प्रसाद नारायण सिंह	28 फरवरी, 1980 से 31 मार्च, 1985
14. मोहम्मद उस्मान आरिफ	31 मार्च, 1985 से 11 फरवरी, 1990
15. बी. सत्य नारायण रेड्डी	12 फरवरी, 1990 से 25 मई, 1993
16. मोतीलाल बोहरा	25 मई, 1993 से 3 मई, 1996
17. मोहम्मद शफी कुरैशी	3 मई, 1996 से 19 जुलाई, 1996
18. रोमेश भण्डारी	19 जुलाई, 1996 से 17 मार्च, 1998
19. मोहम्मद शफी कुरैशी	17 मार्च, 1998 से 19 अप्रैल, 1998
20. सूरजभान	20 अप्रैल, 1998 से 23 नवम्बर, 2000
21. विष्णुकान्त शास्त्री	24 नवम्बर, 2000 से 3 जुलाई, 2004 तक
22. टी.वी राजेश्वर	3 जुलाई, 2004 से 27 जुलाई, 2009 तक
23. बी. एल. जोशी	28 जुलाई, 2009 से 23 जून, 2014
24. डॉ. अजीज कुरैशी (कार्यवाहक)	23 जून, 14 से 22 जुलाई, 2014
25. राम नाईक	22 जुलाई, 2014 से 28 जुलाई, 2019 तक
26. आनंदीबेन मफत भाई पटेल	28 जुलाई, 2019 से अब तक

मुख्यमन्त्री

नाम	कार्यकाल
1. पं. गोविन्द बल्लभ पन्त	1 अप्रैल, 1947 से 28 दिसम्बर, 1954
2. डॉ. सम्पूर्णानन्द	28 दिसम्बर, 1954 से 7 दिसम्बर, 1960
3. चन्द्रभानु गुप्त	7 दिसम्बर, 1960 से 2 अक्टूबर, 1963
4. श्रीमती सुचेता कृपलानी	2 अक्टूबर, 1963 से 14 मार्च, 1967
5. चन्द्रभानु गुप्त	14 मार्च, 1967 से 3 अप्रैल, 1967
6. चौधरी चरण सिंह	3 अप्रैल, 1967 से 25 फरवरी, 1968
7. राष्ट्रपति शासन	25 फरवरी, 1968 से 25 फरवरी, 1969
8. चन्द्रभानु गुप्त	26 फरवरी, 1969 से 17 फरवरी, 1970
9. चौधरी चरण सिंह	17 फरवरी, 1970 से 2 अक्टूबर, 1970
10. राष्ट्रपति शासन	2 अक्टूबर, 1970 से 18 अक्टूबर, 1970
11. त्रिभुवन नारायण सिंह	18 अक्टूबर, 1970 से 4 अप्रैल, 1971
12. कमलापति त्रिपाठी	4 अप्रैल, 1971 से 12 जून, 1973
13. राष्ट्रपति शासन	12 जून, 1973 से 8 नवम्बर, 1973
14. हेमवती नन्दन बहुगुणा	8 नवम्बर, 1973 से 30 नवम्बर, 1975
15. राष्ट्रपति शासन	30 नवम्बर, 1975 से 21 जनवरी, 1976
16. नारायण दत्त तिवारी	21 जनवरी, 1976 से 30 अप्रैल, 1977
17. राष्ट्रपति शासन	30 अप्रैल, 1977 से 23 जून, 1977
18. रामनरेश यादव	23 जून, 1977 से 28 फरवरी, 1979
19. बनारसी दास	28 फरवरी, 1979 से 17 फरवरी, 1980
20. राष्ट्रपति शासन	17 फरवरी, 1980 से 9 जून, 1980
21. विश्वनाथ प्रताप सिंह	9 जून, 1980 से 19 जून, 1982
22. श्रीपति मिश्र	19 जून, 1982 से 3 अगस्त, 1984
23. नारायण दत्त तिवारी	3 अगस्त, 1984 से 24 सितम्बर, 1985
24. वीर बहादुर सिंह	24 सितम्बर, 1985 से 25 जून, 1988
25. नारायण दत्त तिवारी	25 जून, 1988 से 5 दिसम्बर, 1989
26. मुलायम सिंह यादव	5 दिसम्बर, 1989 से 24 जून, 1991
27. कल्याण सिंह	24 जून, 1991 से 6 दिसम्बर, 1992
28. राष्ट्रपति शासन	6 दिसम्बर, 1992 से 4 दिसम्बर, 1993
29. मुलायम सिंह यादव	4 दिसम्बर, 1993 से 3 जून, 1995
30. सुश्री मायावती	3 जून, 1995 से 17 अक्टूबर, 1995
31. राष्ट्रपति शासन	18 अक्टूबर, 1995 से 17 अक्टूबर, 1996
32. राष्ट्रपति शासन	17 अक्टूबर, 1996 से 21 मार्च, 1997
33. सुश्री मायावती	21 मार्च, 1997 से 21 सितम्बर, 1997

34. कल्याण सिंह	21 सितम्बर, 1997 से 12 नवम्बर, 1999
35. रामप्रकाश गुप्त	12 नवम्बर, 1999 से 28 अक्टूबर, 2000
36. राजनाथ सिंह	28 अक्टूबर, 2000 से 8 मार्च, 2002
37. राष्ट्रपति शासन	8 मार्च, 2002 से 3 मई, 2002
38. सुश्री मायावती	3 मई, 2002 से 29 अगस्त, 2003
39. मुलायम सिंह यादव	29 अगस्त, 2003 से 13 मई, 2007
40. सुश्री मायावती	13 मई, 2007 से 15 मार्च, 2012
41. अखिलेश यादव	15 मार्च, 2012 से 19 मार्च, 2017
42. योगी आदित्यनाथ	19 मार्च, 2017 से अब तक

विधानसभा अध्यक्ष

नाम	कार्यकाल
1. राजर्षि पुरुषोत्तम दास टण्डन	31 जुलाई, 1937 से 10 अगस्त, 1950
2. नफीसुल हसन	21 दिसम्बर, 1950 से 19 मई, 1952
3. आत्माराम गोविन्द खेर	20 मई, 1952 से 25 मार्च, 1962
4. मदन मोहन वर्मा	26 मार्च, 1962 से 16 मार्च, 1967
5. जगदीश शरण अग्रवाल	17 मार्च, 1967 से 16 मार्च, 1969
6. आत्माराम गोविन्द खेर	17 मार्च, 1969 से 18 मार्च, 1974
7. वासुदेव सिंह	18 मार्च, 1974 से 12 जुलाई, 1977
8. बनारसी दास	12 जुलाई, 1977 से 26 फरवरी, 1979
9. जगन्नाथ प्रसाद (कार्यकारी)	27 फरवरी, 1979 से 12 फरवरी, 1980 (कार्यकारी)
10. श्रीपति मिश्र	7 जुलाई, 1980 से 18 जुलाई, 1982
11. यादवेन्द्र सिंह (कार्यकारी)	19 जुलाई, 1982 से 24 अगस्त, 1982
12. धर्म सिंह	25 अगस्त, 1982 से 15 मार्च, 1985
13. नियाज हसन	15 मार्च, 1985 से 8 जनवरी, 1990
14. हरिकिशन श्रीवास्तव	9 जनवरी, 1990 से 30 जुलाई, 1991
15. केशरी नाथ त्रिपाठी	30 जुलाई, 1991 से 15 दिसम्बर, 1993
16. धनीराम वर्मा	15 दिसम्बर, 1993 से 20 जून, 1995
17. बरखूराम वर्मा (कार्यकारी)	20 जून, 1995 से 17 जुलाई, 1995
18. बरखूराम वर्मा	18 जुलाई, 1995 से 26 मार्च, 1997
19. केशरीनाथ त्रिपाठी	27 मार्च, 1997 से 14 मई, 2002
20. केशरीनाथ त्रिपाठी	14 मई, 2002 से 19 मई, 2004
21. डॉ. वकार अहमद शाह (कार्यकारी)	19 मई, 2004 से 26 जुलाई, 2004
22. माता प्रसाद पांडे	26 जुलाई, 2004 से 18 मई, 2007
23. सुखदेव राजभर	18 मई, 2007 से 13 अप्रैल, 2012
24. माता प्रसाद पांडे	13 अप्रैल, 2012 से 30 मार्च, 2017
25. हृदयनारायण दीक्षित	30 मार्च, 2017 से अब तक

विधान परिषद सभापति

नाम	कार्यकाल
1. श्री चन्द्र भाल	26 जनवरी, 1950 से 6 मई, 1958
2. श्री निजामुद्दीन (कार्यकारी)	6 मई, 1958 से 19 जुलाई, 1958
3. श्री रघुनाथ विनायक धुलेकर	20 जुलाई, 1958 से 5 मई, 1963
4. श्री दरबारी लाल शर्मा (प्रोटेम)	6 मई, 1964 से 4 अगस्त, 1964
5. श्री दरबारी लाल शर्मा	5 अगस्त, 1964 से 5 मई, 1968
6. श्री दरबारी लाल शर्मा (प्रोटेम)	6 मई, 1968 से 1 मार्च, 1969
7. श्री वीरेन्द्र स्वरूप (कार्यकारी)	2 मार्च, 1969 से 14 मार्च, 1969
8. श्री वीरेन्द्र स्वरूप	15 मार्च, 1969 से 5 मई, 1974
9. श्री देवेन्द्र प्रताप सिंह (कार्यकारी)	6 मई, 1974 से 10 जून, 1974
10. श्री वीरेन्द्र स्वरूप	11 जून, 1974 से 26 फरवरी, 1980
11. श्री वीरेन्द्र बहादुर सिंह चंदेल	18 जून, 1980 से 5 अक्टूबर, 1980
13. श्री वीरेन्द्र बहादुर सिंह चंदेल	6 अक्टूबर, 1980 से 5 मई, 1982
12. श्री शिव प्रसाद गुप्त (कार्यकारी)	6 मई, 1982 से 2 मार्च, 1983
13. श्री वीरेन्द्र बहादुर सिंह चंदेल	3 मार्च, 1983 से 5 मई, 1988
14. श्री जगदीश चन्द्र दीक्षित (प्रोटेम)	6 मई, 1988 से 5 अप्रैल, 1989
15. श्री जगदीश चन्द्र दीक्षित	6 अप्रैल, 1989 से 7 मार्च, 1990
16. श्री शिव प्रसाद गुप्त (प्रोटेम)	13 मार्च, 1990 से 8 अप्रैल, 1990
17. श्री शिव प्रसाद गुप्त (प्रोटेम)	9 अप्रैल, 1990 से 4 जुलाई, 1990
18. श्री शिव प्रसाद गुप्त	5 जुलाई, 1990 से 6 जुलाई, 1992
19. श्री नित्यानन्द स्वामी (कार्यकारी)	7 जुलाई, 1992 से 9 मई, 1996
20. श्री नित्यानन्द स्वामी (प्रोटेम)	23 मई, 1996 से 23 अप्रैल, 1997
21. श्री नित्यानन्द स्वामी	24 अप्रैल, 1997 से 8 नवम्बर, 2000
22. ओम प्रकाश शर्मा (प्रोटेम)	17 नवम्बर, 2000 से 5 मई, 2002
23. श्री कुँवर मानवेन्द्र सिंह (प्रोटेम)	6 मई, 2002 से 2 अगस्त, 2004
24. श्री चौधरी सुखराम सिंह यादव	3 अगस्त, 2004 से 15 जून, 2010
25. श्री श्री कमलाकांत गौतम (कार्यकारी)	16 जनवरी, 2010 से 20 जनवरी, 2010
26. श्री गणेशशंकर पाण्डेय	21 जनवरी, 2010 से 15 जनवरी, 2016
27. ओमप्रकाश शर्मा	16 जनवरी, 2016 से 11 मार्च, 2016
27. श्री रमेश यादव	11 मार्च, 2016 से 30 जनवरी, 2021
* वर्तमान में पद रिक्त	—

ऐतिहासिक परिदृश्य

पाषाण काल

- उत्तर प्रदेश के इतिहास का आरम्भ पाषाण युग से होता है।

- मिर्जापुर, सोनभद्र, बुंदेलखण्ड और प्रतापगढ़ में पुरा एवं नवपाषाण काल आदि के औजार मिले हैं।
- उत्तर प्रदेश के मिर्जापुर जिले में बेलन घाटी में पुरापाषाण कालीन औजार प्राप्त हुए हैं।
- चित्रकारी के विभिन्न नमूने मिर्जापुर जिले की विन्ध्य पर्वत श्रेणियों में प्राप्त हुए हैं।
- मिर्जापुर, सोनभद्र, बुंदेलखण्ड, प्रतापगढ़ आदि प्राचीन और नवपाषाण काल के नमूने मिले हैं।
- इन्द्रप्रस्थ, कुरु महाजनपद की राजधानी थी, जिसका विस्तार मेरठ से दिल्ली तक था।
- सूक्ष्म पाषाण, जिन्हें पत्थर के द्वारा परिष्कृत किया जाता है, दक्षिणी उत्तर प्रदेश से प्राप्त हुए हैं।
- मेरठ के आलमगीरपुर से हड़प्पा कालीन वस्तुएँ मिली हैं।
- बेलन घाटी के उत्तरी पृष्ठों पर लगातार तीनों अवस्थाएँ पुरा, मध्य तथा नवपाषाण काल तीनों पाये जाते हैं।
- मध्य पाषाण काल में मानव शरीर के अस्थिपंजर का सबसे पहला अवशेष प्रतापगढ़ (उ.प्र.) के सराय नाहर तथा महदहा से मिला है।
- विन्ध्य के उत्तरी पृष्ठों पर मिर्जापुर जिले और इलाहाबाद जिले में भी कई नवपाषाण स्थल मिले हैं।
- इलाहाबाद में नवपाषाण काल में ईसा पूर्व छठी शताब्दी में भी चावल का उत्पादन होता था।
- इलाहाबाद में स्थित कोल्डिहवा एक मात्र ऐसा नव-पाषाणिक स्थल है, जहाँ से चावल के प्राचीनतम साक्ष्य मिले हैं।
- अतरंजीखेड़ा, राजघाट, कौशाम्बी और सोंख में पॉलिशदार काला मृद्भांड, धूसर मृद्भांड आदि मिले हैं।
- मध्यपाषाण काल में प्रयुक्त होने वाले उपकरणों को माइक्रोलिथ कहते हैं।
- नव पाषाण काल के प्रथम प्रस्तर उपकरण उत्तर प्रदेश के टोंस नदी घाटी में सर्वप्रथम 1860 ई. में मिले हैं।

हड़प्पा काल

- उत्तर प्रदेश में मात्र आलमगीरपुर (मेरठ) ऐसा जिला है, जहाँ हड़प्पा कालीन साक्ष्य मिले हैं।
- हड़प्पा सभ्यता को 'सिन्धु सभ्यता','सिन्धु घाटी की सभ्यता' और 'हड़प्पा सभ्यता' भी कहते हैं।
- हड़प्पा काल के अवशेष हिन्डन नदी के तट पर तथा भाटपुरा एवं मानपुरा (बुलंदशहर) में भी नए उत्खनन मिले हैं।
- आलमगीरपुर में खोजकर्त्ता यज्ञ दत्त शर्मा हैं।
- हड़प्पा की संस्कृति तथा वैदिक संस्कृति की गणना आद्य इतिहास में की जाती है।
- उत्तर प्रदेश में, पश्चिमी उत्तर प्रदेश ऐसा स्थान है, जो हड़प्पा काल का साक्ष्य देता है।
- हुलासखेड़ा में कुषाणकाल से गुप्त युग तक के भौतिक अवशेष मिले हैं।
- पश्चिमी उत्तर प्रदेश में बर्तन, मृदभांड आदि हड़प्पा कालीन की पुष्टि करते हैं।
- मुजफ्फरनगर जिले के मांडी गाँव में खुदाई के दौरान पुरातात्विक महत्व की सामग्री प्राप्त हुई है।
- मुजफ्फरनगर के समीप कैराना क्षेत्र में लौह युग के साक्ष्य मिले हैं।
- राजघाट (वाराणसी के समीप) से काले मृद्भाण्ड संस्कृति के साक्ष्य मिले हैं।
- कानपुर, उन्नाव, मिर्जापुर, मथुरा आदि कुछ जिलों में ताँबे के साक्ष्य मिले हैं।

प्राचीन काल (विशिष्ट तथ्य)

- शतपथ ब्राह्मण में कोशल (अवध) का उल्लेख प्राप्त है।
- प्राचीनकाल में कन्नौज 'कान्यकुब्ज' के नाम से प्रसिद्ध था।
- प्राचीन काल में उत्तर प्रदेश का गंगा का मैदान 'मध्य क्षेत्र' कहलाता था।
- अहिच्छत्र से गुप्तकालीन 'यमुना' की एक मूर्ति प्राप्त हुई है।
- चेदि महाजनपद की राजधानी शुक्तिमती थी।
- अहिच्छत्र से 'मित्र' की उपाधि वाले राजाओं के सिक्के मिले हैं।
- अयोध्या, भगवान राम की जन्मभूमि थी।
- अतंरजीखेड़ा का वर्णन ह्वेनसांग ने 'पिलोशान' के रूप में किया।
- अतंरजीखेड़ा में गैरिक मृद्भाण्ड तथा कृष्ण लोति मृद्भाण्ड के अवशेष मिले। अयोध्या का प्राचीन नाम अयाज्सा कौशल देश था।
- अशोक ने बुद्ध स्तूप का निर्माण अयोध्या में भी कराया था।
- आदिनाथ सहित पाँच तीर्थंकरों की जन्मभूमि अयोध्या थी।
- कन्नौज गुप्त शासकों तथा मौखरियों के समय प्रमुख नगर था।
- हर्षवर्द्धन के काल में कन्नौज 'नगरमहोदयश्री' के नाम से जाना जाता था।
- कन्नौज पर अपनी प्रभुता स्थापित करने के लिए पाल, प्रतिहार तथा राष्ट्रकूटों के मध्य संघर्ष रहा।
- गुर्जर-प्रतिहारों ने कन्नौज पर अधिकतम काल तक शासन किया।
- मोहम्मद गौरी के समय कन्नौज का शासक जयचन्द गहड़वाल था।
- बौद्धकाल में शाक्य गणराज्य की राजधानी कपिलवस्तु थी।
- श्रावस्ती-वाराणसी मार्ग तथा वैशाली-पुरुषपुर मार्ग पर केन्द्र कपिलवस्तु था।
- कुशीनगर मल्ल गणराज्य की राजधानी थी। जहाँ बुद्ध को परिनिर्वाण मिला।
- वत्स की राजधानी कौशाम्बी थी। इसे आद्य नगरी भी कहा जाता है।
- हूण नेता तोरमाण ने कौशाम्बी को विशेष क्षति पहुँचाई थी।
- अशोक का चौदहवाँ शिलालेख कालसी से मिला।
- कालसी में ईंटों की वेदी मिली है, जो शीलवर्मन के अश्वमेध यज्ञ का साक्ष्य देती है।
- काशी का सर्वप्रथम उल्लेख मिला है—अथर्ववेद से।
- जैन तीर्थंकर सम्भवनाथ तथा चन्द्रप्रभु श्रावस्ती से सम्बन्धित थे।
- सूरजमल जाट ने मथुरा को भरतपुर राज्य की राजधानी घोषित किया।

- मथुरा के मन्दिरों को 1028 ई. में महमूद गजनवी ने लूटा था।
- मथुरा भगवान कृष्ण की जन्मभूमि थी।
- मथुरा श्वेताम्बर जैन मत का केन्द्र थी।
- मौर्योत्तर युग में मथुरा एशिया से सम्बद्ध रेशम मार्ग से जुड़ा था।
- मथुरा में कुषाणों के सिक्के मिले हैं। यह कुषाणों की पूर्व राजधानी थी।
- गुप्तकालीन मन्दिरों में भीतरगाँव का मन्दिर छोटी पकी ईंटों से निर्मित है।
- बाँसखेड़ा अभिलेख में हर्ष के हस्ताक्षरों की अनुलिपि है।
- हर्ष प्रति पाँचवें वर्ष प्रयाग में महामोक्ष परिषद् का आयोजन करता था।
- देवगढ़ के मन्दिरों में दशावतार का मन्दिर सर्वाधिक प्रसिद्ध है।
- 1194 ई. में मोहम्मद गोरी ने जयचन्द को हराया था।
- आजीवक सम्प्रदायक के प्रवर्तक मक्खलि गोसाल की जन्मभूमि श्रावस्ती थी।
- श्रावस्ती से कनिष्क के दो प्रमुख अभिलेख मिले हैं। बौद्ध दर्शन के अनुसार भगवान बुद्ध, इन्द्र तथा ब्रह्मा के साथ धरती पर संकिसा में आए थे।

मध्यकाल (विशिष्ट तथ्य)

- आगरा की स्थापना सुल्तान सिकन्दर लोदी ने 1504 ई. में की थी।
- मध्ययुग में राजस्थान तथा दक्षिण में मालवा की ओर जाने वाले मार्ग पर स्थित होने के कारण आगरा का राजनीतिक, आर्थिक व व्यापारिक महत्व स्थापित था।
- मुगल साम्राज्य के संस्थापक बाबर ने आगरा को अपनी राजधानी बनाया था।
- जहाँगीर के काल में नूरजहाँ ने आगरा में अपने पिता एत्मादुद्दौला का मकबरा बनवाया था।
- शाहजहाँ द्वारा निर्मित आगरा में 'ताजमहल' तथा 'मोती मस्जिद' स्थापत्य कला के श्रेष्ठ प्रतीक हैं।
- यूरोपियन यात्री राल्फ फिंच, वर्नियर ने आगरा के वैभव की प्रशंसा की है।
- सल्तनतकाल व मुगलकाल में कड़ा महत्त्वपूर्ण इक्ता (सूबा) समझा जाता था।
- सुल्तान जलालुद्दीन खिलजी के समय कड़ा का सूबेदार अलाउद्दीन खिलजी था।
- कड़ा से ही अलाउद्दीन खिलजी ने 1296 ई. में अपना सफल अभियान (देवगिरि अभियान) सम्पन्न किया था।
- 1296 ई. में सुल्तान जलालुद्दीन खिलजी की हत्या अलाउद्दीन खिलजी ने कड़ा में करवा दी थी।
- बारहवीं शताब्दी ई. के पश्चात् कालिंजर तुर्कों, अफगानों, मुगलों के आक्रमण से प्रभावित रहा था।
- 1022 ई. में महमूद गजनवी ने कालिंजर को पदाक्रान्त किया था।
- 1202 ई. में कुतुबुद्दीन ऐबक ने चन्देल शासक परमार्दिदेव को कालिंजर में पराजित किया था।
- 1545 ई. में कालिंजर के सैन्य अभियान के दौरान बारूद विस्फोट से शेरशाह सूरी की मृत्यु हो गयी थी।
- मुगल सम्राट अकबर ने 1569 ई. में कालिंजर के शासक रामचन्द्र को पराजित कर आधिपत्य स्थापित कर लिया था।
- बारहवीं शताब्दी के अन्त में कुतुबुद्दीन ऐबक ने कालपी को दिल्ली सल्तनत का अंग बना लिया था।
- फिरोजशाह तुगलक के पश्चात् कालपी एक स्वतन्त्र मुस्लिम राज्य बन गया था।
- 1435 ई. में मालवा के हुशंगशाह ने कालपी पर अधिकार कर लिया था।
- राजा बीरबल कालपी से सम्बद्ध था। कालपी में बीरबल का रंगमहल तथा मुगल टकसाल के अवशेष प्राप्त हुए हैं।
- कुतुबुद्दीन ऐबक ने 1192 ई. में कोइल पर अधिकार स्थापित कर लिया था।
- 5 जनवरी, 1659 ई. को औरंगजेब ने खाजवा (khajwa) के युद्ध में शाहशुजा को पराजित कर उत्तराधिकार युद्ध में निर्णायक सफलता प्राप्त की थी।
- पूर्व मध्यकाल में गढ़कुण्डार पर परमारों ने आधिपत्य स्थापित किया था।
- पृथ्वीराज चौहान के समय गढ़कुण्डार का चन्देल शासक परमाल था।
- चन्देलों को पराजित कर पृथ्वीराज चौहान ने गुढ़कुण्डार पर अधिकार कर लिया था।
- पृथ्वीराज के सेनानायक खेतसिंह ने गुढ़कुण्डार में खंगार राज्य की स्थापना की थी।
- 1531 ई. तक गढ़कुण्डार बुन्देलों की राजधानी रही थी।
- 1194 ई. में कन्नौज के गहड़वाल नरेश जयचन्द को चन्दावर के युद्ध में मुहम्मद गोरी ने पराजित किया था।
- मुगल सम्राट बाबर ने 1528 में चुनार पर अधिकार स्थापित कर लिया था।
- शेरशाह सूरी के दमन के क्रम में हुमायूँ ने चुनार के किले की घेराबन्दी की थी, परन्तु शेरशाह ने ही चुनार पर अपना नियन्त्रण स्थापित रखने में सफलता प्राप्त की थी।
- तुगलक वंश के पतन के दौर में जौनपुर मलिक हुसैन शर्की के नेतृत्व में स्वतन्त्र हो गया और शर्की सल्तनत की जौनपुर में स्थापना हुई।
- 1492 ई. में सुल्तान सिकन्दर लोदी ने जौनपुर को दिल्ली सल्तनत का अंग बना लिया था।
- साहित्य, स्थापत्य कला, संगीत कला के लिए जौनपुर के शर्की सुल्तानों का चिरस्मरणीय योगदान रहा था। अटाला मस्जिद शर्की स्थापत्य कला का श्रेष्ठ प्रतीक है। इन्हीं विशेषताओं के कारण जौनपुर को 'शीराज-ए-हिन्द' कहा जाता था।

- 1732 ई. में जौनपुर युद्ध के बाद झाँसी स्थानीय ओरछा शासक छत्रसाल द्वारा पेशवा बाजीराव प्रथम को सौंप दी गयी थी।
- झाँसी में लक्ष्मीबाई का महल, महादेव मन्दिर, मेहंदी बाग आज भी विद्यमान हैं।
- अकबर बादशाह ने प्रयाग की पुर्नस्थापना कर 'इलाहाबाद' (अब 'प्रयागराज') नाम दिया था। इलाहाबाद के किले का निर्माण भी अकबर ने कराया था।
- सलीम (जहाँगीर) का जन्म फतेहपुर सीकरी में शेख सलीम की खानकाह में हुआ था।
- 1573 ई. से 1588 ई. तक फतेहपुर सीकरी मुगल साम्राज्य की राजधानी रही थी।
- दिल्ली सल्तनत काल में बदायूँ सर्वाधिक महत्त्वपूर्ण इक्ता थी।
- सुल्तान बनने से पूर्व इल्तुतमिश बदायूँ का इक्तादार था।
- सूफी सन्त शेख निजामुद्दीन औलिया का सम्बन्ध बदायूँ से था।
- बदायूँ व्यापारिक मार्ग (दिल्ली-लखनौती मार्ग) का प्रमुख केन्द्र स्थल था।
- 1193 ई. में कुतुबुद्दीन ऐबक ने बरन को दिल्ली सल्तनत का अंग बना लिया था।
- 831 ई. में महोबा में चन्देलों ने अपनी राजधानी स्थापित की थी।
- तेरहवीं शताब्दी के प्रारम्भ में महोबा पर तुर्कों का आधिपत्य स्थापित हो गया था।
- मध्यकाल में राजपूत सरदार हरदत्त ने मेरठ में एक किला निर्मित कराया था।
- 12वीं शताब्दी के अन्त में कुतुबुद्दीन ऐबक ने मेरठ को दिल्ली सल्तनत में सम्मिलित कर लिया था।
- फिरोजशाह तुगलक ने अशोक स्तम्भ मेरठ से उठवाकर दिल्ली में स्थापित कराया था।
- 10 मई, 1857 को भारत में महान् विद्रोह का विस्फोट मेरठ से हुआ था।
- लखनऊ की प्रसिद्धि उत्तर मुगल काल में प्रारम्भ हुई, जब अवध के सूबेदार सआदत खाँ ने अपनी स्वतन्त्र सत्ता स्थापित की थी।
- लखनऊ के अन्तिम नवाब वाजिद अली शाह थे, जिन्हें 1856 ई. में अंग्रेजों ने पदच्युत कर अवध का ब्रिटिश साम्राज्य में विलय कर लिया था।
- लखनऊ की चर्चित इमारतें हैं– इमामबाड़ा, भूल भुलैया, छतरमंजिल।
- लखनऊ कत्थक नृत्य का केन्द्र था।
- 1857 ई. के महान् विप्लव की प्रमुख वीरांगना बेगम हजरत महल ने लखनऊ में अंग्रेजों से लोहा लिया था।
- सम्भल सल्तनत काल में महत्त्वपूर्ण इक्ता के रूप में चर्चित था।
- सम्भल में मुगल बादशाह बाबर ने मस्जिद का निर्माण कराया था।
- 29 मई, 1658 को सामूगढ़ के युद्ध में दारा के नेतृत्व में शाही सेना की पराजय औरंगजेब व मुराद की संयुक्त सेना के हाथों हुई थी। युद्ध में विजय प्राप्त करने पर औरंगजेब ने शाहजहाँ को आजीवन नजरबन्द कर दिया था, मुराद को छल से बन्दी बना लिया था और अपने को बादशाह घोषित कर दिया था।
- सिकन्दरा में मुगल सम्राट अकबर ने अपना मकबरा बनवाया था, जिसे 1613 ई. में सम्राट जहाँगीर ने पूर्ण कराया था।

जैन तीर्थ-स्थल

1. **कौशाम्बी :** जनपद के ग्राम पभोसा में छठे तीर्थंकर भगवान पद्म प्रभु से सम्बन्धित स्थल।
2. **वाराणसी :** सप्तम तीर्थंकर भगवान सुपार्श्वनाथ एवं तेईसवें भगवान पार्श्वनाथ का जन्म स्थल।
3. **अयोध्या :** जैन धर्म के प्रथम तीर्थंकर भगवान ऋषभनाथ, द्वितीय तीर्थंकर भगवान अजितनाथ, चतुर्थ तीर्थंकर भगवान अभिनन्दननाथ एवं पंचम तीर्थंकर भगवान सुमतिनाथ का जन्म-स्थल।
4. **महोबा :** 'गोरख पहाड़' पर चट्टानों को काटकर निर्मित 24 तीर्थंकरों की प्रतिमाओं हेतु विख्यात है।
5. **देवगढ़ :** 'देवताओं के किले' के रूप में विख्यात, प्राचीन जैन मूर्तियों एवं शिल्प-कला हेतु सुप्रसिद्ध स्थल है।
6. **श्रावस्ती :** तृतीय तीर्थंकर भगवान सम्भवनाथ एवं विख्यात शोभनाथ मन्दिर से सम्बन्धित।
7. **काकण्डी :** नवें तीर्थंकर भगवान सुविधानाथ का निवास-स्थल है।

आधुनिक काल (विशिष्ट तथ्य)

- 1937 ई. से 1950 ई. तक उत्तर प्रदेश अपने पुराने नाम 'संयुक्त प्रान्त' (यूनाइटेड प्राविन्सेज) से चर्चित था।
- अंग्रेजी राज्य की स्थापना के प्रथम चरण में उत्तर प्रदेश 'बंगाल प्रेसीडेन्सी' का ही अंग था।
- बंगाल 'प्रेसीडेन्सी' का भाग होने के समय इस क्षेत्र को 'पश्चिमी प्रान्त' भी कहते थे।
- आगरा प्रेसीडेन्सी बनने पर उत्तर प्रदेश का क्षेत्र 'बंगाल प्रेसीडेन्सी' से निकालकर आगरा प्रेसीडेन्सी में सम्मिलित कर दिया गया था।
- 1836 ई. में इस प्रदेश का नाम 'उत्तर-पश्चिम प्रान्त' (नार्थ-वेस्टर्न प्राविन्सेज) हो गया तथा मुख्यालय आगरा बनाया गया।
- 7 फरवरी, 1856 को अवध को ब्रिटिश साम्राज्य में सम्मिलित कर लिया गया था।
- अवध को ब्रिटिश साम्राज्य में सम्मिलित करते समय अवध में 12 जिले (लखनऊ, बाराबंकी, फैजाबाद, गोण्डा, बहराइच, लखीमपुर खीरी, सीतापुर, हरदोई, उन्नाव, सुल्तानपुर, प्रतापगढ़, रायबरेली) थे।
- 1857 ई. की विद्रोह की लड़ाई के पश्चात् 1858 ई. में वायसराय लॉर्ड कैनिंग ने पूरे उत्तरी-पश्चिमी प्रान्त को एक लेफ्टिनेंट गवर्नर के द्वारा शासित प्रान्त बना दिया था।
- 1858 ई. में उत्तरी-पश्चिमी प्रान्त का मुख्यालय इलाहाबाद बनाया गया था।
- 1868 ई. में उत्तरी-पश्चिमी प्रान्त का उच्च न्यायालय भी आगरा से इलाहाबाद स्थानान्तरित कर दिया गया था।

- 1877 ई. तक अवध का प्रशासनिक व उच्च न्यायिक मुख्यालय लखनऊ रहा था तथा उत्तरी-पश्चिमी प्रान्त का इलाहाबाद (अब 'प्रयागराज')।
- 1877 ई. में इन दोनों प्रान्तों (अवध व उत्तरी-पश्चिमी प्रान्त) को लेफ्टिनेंट गवर्नर तथा मुख्य आयुक्त का पद समाप्त कर 'आगरा व अवध का संयुक्त प्रान्त' (यूनाइटेड प्राविन्सेज ऑफ आगरा एण्ड अवध) कर दिया गया था।
- ले. गवर्नर का पद इस एकीकृत प्रान्त (यूनाइटेड प्राविन्सेज ऑफ आगरा एण्ड अवध) का सर्वोच्च प्रशासनिक पद बन गया था।
- 1920 ई. के चुनावों के पश्चात् संयुक्त प्रान्त आगरा-अवध (यूनाइटेड प्राविन्सेज ऑफ आगरा एण्ड अवध) की सरकार इलाहाबाद से लखनऊ स्थानान्तरित कर दी गयी थी।
- 1935 ई. तक प्रान्तीय सचिवालय के इलाहाबाद से लखनऊ स्थानान्तरण का कार्य पूरा करने के बाद लखनऊ को इस प्रान्त की राजधानी घोषित किया गया था।
- 1937 ई. में यूनाइटेड प्राविन्सेज ऑफ आगरा एण्ड अवध का नाम परिवर्तित कर 'संयुक्त प्रान्त' (यूनाइटेड प्राविन्सेज) रख दिया गया था। यह नाम 26 जनवरी, 1950 तक चलता रहा।

1857 की क्रान्ति तथा राष्ट्रीय आन्दोलन में उत्तर प्रदेश का योगदान

- 1857 ई. में उत्तरी भारत की जनता ने तथा जमींदारों, राजाओं ने अंग्रेजी शासन के विरुद्ध एक महान् विद्रोह कर दिया, यह एक स्व-स्फूर्त विद्रोह था, जिसे सावरकर ने भारत का प्रथम स्वाधीनता संग्राम कहा था।
- कोलकाता (तत्कालीन 'कलकत्ता') के निकट स्थित बैरकपुर के 34वीं देशी सैनिक छावनी के मंगल पाण्डे (उत्तर प्रदेश निवासी) ने 21 मार्च, 1857 को खुला विद्रोह कर अपने एडजुडेण्ट लेफ्टिनेंट हेनरी बाग पर गोली चला दी; इस घटना के फलस्वरूप मंगल पाण्डे को 7 अप्रैल, 1857 को बैरकपुर में फाँसी पर चढ़ा दिया गया था।
- 24 अप्रैल, 1857 को मेरठ की देशी सेना ने नये कारतूसों को छूने से इंकार कर दिया। इससे क्रुद्ध अंग्रेज अधिकारियों ने 9 मई, 1857 को सैनिकों की वर्दी उतरवा ली, फलस्वरूप 10 मई, 1857 को पूरी छावनी के सैनिकों ने विद्रोह कर दिया; विद्रोही सैनिकों ने अंग्रेज अधिकारियों की हत्या कर दी।
- 1857 ई. के इस विद्रोह से सर्वाधिक प्रभावित क्षेत्र था अवध और बुन्देलखण्ड।
- 1857 ई. के इस विद्रोह में दोआब क्षेत्र ने भी सक्रिय योगदान किया था।
- 1857 ई. के इस विद्रोह में शीघ्र ही अलीगढ़, बरेली, लखनऊ, कानपुर, इलाहाबाद (अब 'प्रयागराज') को स्वतन्त्र कराने के बाद विद्रोही सैनिकों व जमींदारों ने वहाँ अपनी सरकारें स्थापित कर ली थी।
- 1857 ई. के इस महान् विप्लव में बरेली का प्रशासन 'खान बहादुर खान' नामक रोहिल्ला सैन्य अधिकारी ने ग्रहण कर लिया था।
- 1857 ई. के इस महान् विप्लव में कानपुर के प्रशासन पर 'नाना साहब' का अधिकार था।
- 1857 ई. के इस महान् विप्लव में इलाहाबाद पर एक अध्यापक 'मौलवी लियाकत अली' का अधिकार था।
- कानुपर (बिठूर) में नाना साहब विद्रोह का नेतृत्व कर रहे थे, उनके अधीन 10 हजार सैनिक तथा कृषक अंग्रेजों के विरुद्ध संघर्षरत थे।
- कानपुर तथा लखनऊ में ब्रिटिश सैन्य अधिकारी कैम्पबेल, जनरल हैवलाक, विन्ढम ने विद्रोह को कुचलने का प्रयास किया था।
- 1857 के विद्रोह में तात्या टोपे विद्रोहियों के प्रमुख योद्धा थे।
- मई, 1857 में अंग्रेजों ने बरेली पर पुनः अधिकार कर लिया था।
- झाँसी में विद्रोह का नेतृत्व महारानी लक्ष्मीबाई ने किया था; इस विद्रोह के दमन में जनरल ह्यूरोज को सक्रिय किया गया था।
- रानी लक्ष्मीबाई ने वीरता से संघर्ष करते हुए वीरगति प्राप्त की थी।
- 1857 का महान् विद्रोह अन्ततः असफल हो गया।
- 1857 के विद्रोह की असफलताओं से भावी राष्ट्रवाद के बीज अंकुरित हुए थे।
- सर सैयद अहमद खाँ ने भी प्रगतिशील आन्दोलन का पथ प्रशस्त किया।
- 1857 ई. में सर सैयद अहमद खाँ ने अलीगढ़ में 'मोहम्मडन एंग्लो ओरियण्टल विद्यालय' की स्थापना की, जो बाद में अलीगढ़ मुस्लिम विश्वविद्यालय बन गया।
- सोमवार, 28 दिसम्बर, 1885 को मध्याहन 12 बजे 'गोकुलदास तेजपाल संस्कृत कॉलेज, बम्बई' में भारतीय राष्ट्रीय कांग्रेस का प्रथम अधिवेशन सम्पन्न हुआ था, जिसमें सम्पूर्ण भारत से 72 प्रतिनिधि सम्मिलित हुए थे। इस सम्मेलन में उत्तर प्रदेश का प्रतिनिधित्व गंगाप्रसाद वर्मा, प्राणनाथ पण्डित, मुंशी ज्वाला प्रसाद, जानकीनाथ घोषाल, रामकली चौधरी, बाबू जमुनादास, बाबू शिव प्रसाद चौधरी, लाला बैजनाथ ने किया था।
- 1888 ई. में इलाहाबाद (अब 'प्रयागराज') के कांग्रेस अधिवेशन के समय प्रान्त के गवर्नर सर आकलैण्ड कॉल्विन थे, जिन्होंने अधिवेशन न होने देने का प्रयत्न किया था।
- 1888 ई. में अंग्रेजों के कांग्रेस विरोध ने सर सैयद अहमद खाँ को प्रेरित किया था कि वे भी कांग्रेस विरोध को स्वर दें और वे भी कांग्रेस विरोधी बन गये थे।
- बनारस (अब 'वाराणसी') के राजा शिवप्रसाद 'सितारे हिन्द' भी कांग्रेस के विरोधी तथा अंग्रेजों के पक्षधर थे।
- उत्तर प्रदेश (तत्कालीन नाम 'यूनाइटेड प्राविन्सेज') में कांग्रेस कमेटी का पहला सम्मेलन पं. मोतीलाल नेहरू की अध्यक्षता में हुआ था।
- 1909 ई. में प्रदेश कांग्रेस का राजनीतिक सम्मेलन पुनः मोतीलाल नेहरू की अध्यक्षता में आगरा में हुआ था।
- 1916 ई. में कांग्रेस और मुस्लिम लीग का अधिवेशन एक साथ लखनऊ में सम्पन्न हुआ था; मुस्लिम लीग का नेतृत्व मुहम्मद अली जिन्ना कर रहे थे। इस अधिवेशन में कांग्रेस और लीग की एकता ने मूर्त रूप धारण किया था। इसे ही 'कांग्रेस-लीग समझौता' कहा गया है।
- अक्टूबर, 1920 में यू. पी. कांग्रेस का प्रान्तीय सम्मेलन मुरादाबाद में आयोजित हुआ था, इस सम्मेलन की अध्यक्षता डॉ. भगवानदास ने की

थी। इस सम्मेलन को महात्मा गाँधी, मदन मोहन मालवीय, मोतीलाल नेहरू, जवाहरलाल नेहरू, स्वामी श्रद्धानन्द, हकीम अजमल खाँ, मौलाना शौकत अली, मौलाना मुहम्मद अली तथा मौलाना हसरत मोहानी जैसी राजनीतिक हस्तियों की उपस्थिति ने उल्लेखनीय बना दिया था। सम्मेलन में महात्मा गाँधी के असहयोग आन्दोलन प्रस्ताव को स्वीकार कर लिया गया था।

- असहयोग आन्दोलन के दौरान बनारस (अब 'वाराणसी') में राष्ट्रीय शिक्षा के विकास हेतु काशी विद्यापीठ की स्थापना की गयी थी।
- अक्टूबर, 1921 में उत्तर प्रदेश कांग्रेस का राजनीतिक सम्मेलन मौलाना हसरत मोहानी की अध्यक्षता में आगरा में सम्पन्न हुआ था, जिसमें ब्रिटेन के युवराज (प्रिन्स ऑफ वेल्स) की भारत यात्रा का बहिष्कार करने का निर्णय लिया गया था।
- 1926 ई. के चुनावों में संयुक्त प्रान्त में 'नेशनलिस्ट पार्टी' को अधिकाधिक सीटें प्राप्त हुई थीं।
- नवम्बर, 1928 के अन्तिम दिनों में साइमन आयोग का लखनऊ में बहिष्कार किया गया था। विरोध का नेतृत्व जवाहरलाल नेहरू ने किया था।
- भारतीय कम्युनिस्ट पार्टी का पहला सम्मेलन दिसम्बर, 1925 में पेरियार की अध्यक्षता में कानपुर में हुआ था।
- असहयोग आन्दोलन की वापसी के पश्चात् निराश मध्यवर्गीय युवाओं ने क्रान्तिकारी सैन्यवाद की गतिविधियों को प्रारम्भ किया। संयुक्त प्रान्त में इन्हीं क्रान्तिकारी गतिविधियों का परिणाम '9 अगस्त, 1925' को लखनऊ के निकट काकोरी ट्रेन डकैती की घटना थी।
- काकोरी ट्रेन डकैती घटना के अभियुक्तों में पं. रामप्रसाद बिस्मिल, अशफाक उल्ला खाँ, ठाकुर रोशन सिंह को फाँसी की सजा हुई थी। रामकृष्ण खत्री, मन्मथनाथ गुप्त आदि को दीर्घकालीन कारावास का दण्ड मिला था।
- 'हिन्दुस्तान सोशलिस्ट रिपब्लिकन एसोसिएशन' के सेनापति चन्द्रशेखर आजाद चुने गये थे।
- 'हिन्दुस्तान सोशलिस्ट रिपब्लिकन एसोसिएशन' का मुख्यालय आगरा बनाया गया था। क्रान्तिकारी शिव वर्मा, डॉ. गया प्रसाद कटियार तथा जयदेव कपूर को सहारनपुर में क्रान्तिकारियों द्वारा संचालित बम फैक्टरी के साथ गिरफ्तार कर लिया गया था।
- 27 फरवरी, 1931 को इलाहाबाद (अब 'प्रयागराज') के अल्फ्रेड पार्क में चन्द्रशेखर आजाद एक पुलिस मुठभेड़ में शहीद हो गये थे।
- 1931 ई. में जवाहरलाल नेहरू ने इलाहाबाद (अब 'प्रयागराज') में करबन्दी का आन्दोलन प्रारम्भ किया था। इस आन्दोलन में जयप्रकाश नारायण, लालबहादुर शास्त्री, नेहरू जी के अनन्य सहयोगी के रूप में जुड़े थे।
- संयुक्त प्रान्त में सम्पूर्णानन्द, परिपूर्णानन्द, कमलापति त्रिपाठी, तारापद भट्टाचार्य ने समाजवादी दल की स्थापना की थी।
- प्रो. एन. जी. रंगा, इन्दुलाल याज्ञनिक, स्वामी सहजानन्द के प्रयासों से लखनऊ में अखिल भारतीय किसान सम्मेलन का आयोजन 1936 ई. में किया गया था। इस सम्मेलन में सामन्तवाद के उन्मूलन तथा लगान व कर्जों में छूट की माँग रखी गयी थी।
- मुस्लिम लीग व कांग्रेस के मध्य मतभेदों को समाप्त करने के उद्देश्य से गोविन्द बल्लभ पन्त ने चौधरी खलिकजुमा से भेंट की, लखनऊ में हुई इस भेंट का भी कोई परिणाम नहीं निकला था।
- मुस्लिम लीग व कांग्रेस के मध्य मतभेदों को दूर करने के लिए 12 जुलाई, 1937 को मौलाना आजाद तथा चौधरी खलिकुज्जमा से लखनऊ में भेंट की परन्तु परिणाम व्यर्थ रहा।
- अक्टूबर, 1939 में गांधी जी द्वारा आन्दोलन का प्रस्ताव पारित करते ही संयुक्त प्रान्त की कांग्रेस सरकार ने देश की अन्य कांग्रेसी सरकारों के साथ त्याग-पत्र दे दिया।
- 1942 ई. के 'भारत छोड़ो' आन्दोलन के दौर में संयुक्त प्रान्त के बलिया में (10 अगस्त, 1942) को प्रबल जन-आन्दोलन हो गया, जिसमें अनेक रेलवे स्टेशन, डाकखाने, थाने जला दिये गये। इस आन्दोलन में बलिया के स्थानीय कांग्रेसी नेता चितू पाण्डे के नेतृत्व में बलिया में एक अस्थायी सरकार की स्थापना कर दी गयी थी।
- 22 अगस्त, 1942 से बलिया में अंग्रेज सरकार का दमन प्रारम्भ हुआ; आम जनता से भारी जुर्माना वसूला गया; हजारों निर्दोष लोगों को बन्दी बनाया गया तथा प्रताड़ित किया गया; अन्ततः बलिया को सेना ने पुनः विजित किया और ब्रिटिश सरकार ने लन्दन को यह टेलीग्राम दिया कि "बलिया को पुनर्विजित कर लिया गया है।"
- 15 अगस्त, 1947 को भारत को स्वतन्त्रता प्राप्त होते ही संयुक्त प्रान्त में स्वतन्त्र भारत की प्रथम काँग्रेसी सरकार का इस महत्वपूर्ण प्रान्त में पं. गोविन्दबल्लभ पन्त के नेतृत्व में गठन हो गया था।

अवधा के नवाब-राजा (कालक्रम)

पहला नवाब	सआदत खाँ (बुरहानुल्मुल्क) (अवध में नवाबी का संस्थापक)	1732 से 1739 ई.
दूसरा नवाब	सफदरजंग	1739 से 1753 ई.
तीसरा नवाब	शुजाउद्दौला	1753 से 1775 ई.
चौथा नवाब	आसफउद्दौला	1775 से 1797 ई.
पाँचवाँ नवाब	वजीर अली (मात्र चार माह सिंहासन पर रहा, तत्पश्चात् हटा दिया गया)	1797 से 1798 ई.
छठवाँ नवाब	सआदत अली खाँ	1798 से 1814 ई.

सातवाँ नवाब	गाजीउद्दीन हैदर (1819 ई. में ब्रिटिश सरकार ने उसे राजा की उपाधि से सम्मानित किया और वह अपने खानदान में पहला राजा कहलाया)	1814 से 1819 ई.
पहला राजा	गाजीउद्दीन हैदर	1819 से 1827 ई.
द्वितीय राजा	नासिरउद्दीन हैदर	1827 से 1837 ई.
तृतीय राजा	मुहम्मद अली शाह	1837 से 1842 ई.
चतुर्थ राजा	अमजद अली शाह	1842 से 1847 ई.
पंचम	वाजिद अली शाह (फरवरी, 1856 ई. में राजा को पदच्युत कर अंग्रेजों ने अवध को ब्रिटिश साम्राज्य में सम्मिलित कर लिया)	1847 से 1856 ई.

विख्यात शिलालेख

- **अयोध्या शिलालेख**—इस शिलालेख में अयोध्या में पहली ई. में हुए पुष्यमित्र शुंग के वंशज सम्राट धनवेद का पारिवारिक विवरण दिया गया है।
- **अहरौरा शिलालेख**—यह छोटा-सा शिलालेख है, जो वाराणसी के समीप अहरौरा ग्राम में मिला था।
- **शिवलिंग शिलालेख (फतेहपुर)**—रेह ग्राम में प्राप्त यह शिलालेख शिवलिंग पर अंकित था, जिसकी चार पंक्तियाँ ही सुरक्षित बची थीं।
- **सारनाथ स्तम्भ लेख**—सम्राट अशोक द्वारा बनवाया गया स्तम्भ सर्वाधिक महत्वपूर्ण पुरावशेष है। स्वतन्त्र भारत के राष्ट्रीय प्रतीक 'सिंह' को इसी के शीर्ष से लिया गया है।
- **प्रयाग दुर्ग का स्तम्भ लेख**—इसे अशोक स्तम्भ भी कहा जाता है। इस पर समुद्रगुप्त (हरिषेण द्वारा लिखित 'प्रयाग प्रशस्ति') की भारत विजय का विवरण है। अकबर ने इस स्तम्भ को पुन: किले में लगवाया था।
- **कौशाम्बी शिलालेख**—इस शिलालेख में सम्राट अशोक की रानी तिस्सरखा (तिष्यरक्षिता) का लेख उद्धृत है।
- **कनिष्क के स्तम्भ लेख व मथुरा अभिलेख**—इसमें प्रथम शताब्दी के अन्तिम चरण के विवरण ब्राह्मी लिपि में उद्धृत हैं।
- **मेरठ स्तम्भ लेख**—इस पर सात लेख हैं। इसे चौदहवीं शताब्दी में फिरोजशाह तुगलक दिल्ली लेकर आया था। यह अब भी वहीं है।
- **पिपरहवा का धातुलेख**—उत्तर प्रदेश में सिद्धार्थनगर जिले में स्थित पिपरहवा ग्राम में मिले कलश पर अंकित इस लेख से यह सिद्ध हुआ कि प्राचीन कपिलवस्तु ही पिपरहवा था।
- **सौहगौरा कांस्यलेख**—गोरखपुर जिले से प्राप्त इस कांस्य लेख में मौर्यकाल में अकाल से सामना करने हेतु संग्रहीत अनाज भंडारों की व्यवस्था का वर्णन किया गया है।
- **स्कंदगुप्त का भीतरी अभिलेख**—गाजीपुर जिले के भीतरी स्थान पर स्थित इस लेख का निर्माण गुप्त शासक स्कंदगुप्त ने अपने पिता कुमारगुप्त की याद में करवाया था।

उत्तर राज्य में सल्तनतकालीन प्रमुख स्थापत्य निर्माण

	प्रमुख निर्माण	निर्माता
1.	लाल दरवाजा (जौनपुर)	हुसैन शाह शर्की
2.	जौनपुर नगर	फिरोजशाह तुगलक
3.	आगरा शहर	सिकन्दर लोदी
4.	जामा मस्जिद (जौनपुर)	हुसैन शाह शर्की
5.	झंझरी मस्जिद (जौनपुर)	इब्राहिम शाह शर्की
6.	अटाला मस्जिद (जौनपुर)	इब्राहिम शाह शर्की
7.	जामा मस्जिद (बदायूँ)	इल्तुतमिश

राज्य में मुगलकालीन स्थापत्य कला

	प्रमुख स्थापत्य निर्माण	निर्माता
1.	शेख सलीम चिश्ती का मकबरा (फतेहपुर सीकरी)	अकबर
2.	जहाँगीरी महल (आगरा)	अकबर
3.	फतेहपुर सीकरी शहर	अकबर
4.	आगरा का किला, इलाहाबाद का किला	अकबर
5.	जामा मस्जिद (सम्भल)	बाबर
6.	बाबरी मस्जिद (अयोध्या)	मीर बाकी
7.	बीरबल महल तथा जामा मस्जिद	अकबर
8.	बुलन्द दरवाजा (फतेहपुर सीकरी)	अकबर
9.	फतेहपुर सीकरी का पंचमहल, खास महल, जोधाबाई महल,	अकबर
10.	मरियम उज्जमानी का मकबरा (सिकन्दरा)	जहाँगीर
11.	एत्मादुद्दौला का मकबरा (आगरा)	नूरजहाँ
12.	अकबर का मकबरा (सिकन्दरा)	जहाँगीर
13.	आगरा के किले में दीवाने आम, दीवाने खास तथा मोती मस्जिद	शाहजहाँ
14.	ताजमहल (आगरा)	शाहजहाँ

1857 के विद्रोह के प्रमुख केन्द्र एवं नेतृत्वकर्ता

	विद्रोह केन्द्र	नेतृत्वकर्ता
1.	झाँसी	लक्ष्मीबाई
2.	बरेली	खान बहादुर खान
3.	लखनऊ	बेगम हजरत महल
4.	कानपुर	नाना साहब, ताँत्या टोपे, अजीमुल्लाह

5.	इलाहाबाद	लियाकत अली
6.	फैजाबाद	मौलवी अहमदुल्लाह
7.	कालपी	ताँत्या टोपे
8.	मथुरा	देवी सिंह
9.	मेरठ	कदम सिंह

भूगोल

अवस्थिति

- भूगर्भिक दृष्टि से उत्तर प्रदेश प्राचीनतम गोंडवाना लैंड का भूभाग है।
- उत्तर प्रदेश के दक्षिण भाग में स्थित पठारी भाग प्रायद्वीपीय भाग का ही अंग है, जिसका निर्माण विंध्य क्रम की शैलों द्वारा प्री-कैम्ब्रियन युग में हुआ है।
- उत्तर प्रदेश का अक्षांशीय विस्तार 23° 52′ से 30°24′ उत्तरी अक्षांश के मध्य है।
- उत्तर प्रदेश का देशांतरीय विस्तार 77°05′ पूर्व से 84°38′′ पूर्वी देशान्तर के मध्य है।
- उत्तर प्रदेश की सीमाएँ केन्द्र शासित प्रदेश दिल्ली सहित कुल 9 राज्यों से लगी हुई हैं।
- **उत्तर प्रदेश की सीमा को स्पर्श** करने वाले राज्य हैं— हिमाचल प्रदेश, हरियाणा, राजस्थान, मध्य प्रदेश, छत्तीसगढ़, झारखण्ड, बिहार एवं उत्तराखण्ड।
- प्रदेश की पूर्वी सीमा बिहार एवं झारखण्ड से लगी हुई है।
- उत्तर प्रदेश की पश्चिमी सीमा हरियाणा, राजस्थान तथा केन्द्र शासित प्रदेश दिल्ली से लगी है।
- प्रदेश की उत्तरी सीमा नेपाल के अतिरिक्त उत्तराखण्ड एवं हिमाचल प्रदेश से लगी हुई है।
- उत्तर प्रदेश की न्यूनतम सीमा रेखा से स्पर्श करने वाला राज्य हिमाचल प्रदेश है।
- उत्तर प्रदेश की दक्षिणी सीमा मध्य प्रदेश एवं छत्तीसगढ़ को स्पर्श करती है।
- उत्तर प्रदेश की सबसे लम्बी सीमा मध्य प्रदेश से स्पर्श करती है।
- उत्तर प्रदेश का एकमात्र जिला सहारनपुर है, जिसकी सीमा हिमाचल प्रदेश से लगती है। इसके अतिरिक्त इस जिले की सीमा हरियाणा एवं उत्तराखंड से भी लगी हैं।
- सबसे कम जिलों को स्पर्श करने वाला जिला ललितपुर है।
- उत्तर प्रदेश के सर्वाधिक जिलों को स्पर्श करने वाला राज्य मध्य प्रदेश है।
- सर्वाधिक जिलों को स्पर्श करने वाला जिला बदायूँ है।
- उत्तर प्रदेश के महाराजगंज, सिद्धार्थ नगर, बलरामपुर, श्रावस्ती, बहराइच, खीरी एवं पीलीभीत जिलों की सीमा नेपाल को स्पर्श करती है।
- उत्तर प्रदेश की सीमा को स्पर्श करने वाला एकमात्र विदेशी राष्ट्र नेपाल है।
- सर्वाधिक प्रदेशों को स्पर्श करने वाला उत्तर प्रदेश का एक मात्र जिला सोनभद्र है। यह मध्य प्रदेश, छत्तीसगढ़, झारखण्ड एवं बिहार को स्पर्श करता है।

विभिन्न राज्यों से लगे उत्तर प्रदेश के जिले

हिमाचल प्रदेश	—	सहारनपुर
हरियाणा	—	सहारनपुर, शामली, बागपत, गौतमबुद्ध नगर, अलीगढ़, मथुरा
राजस्थान	—	मथुरा, आगरा
मध्य प्रदेश	—	सोनभद्र, मिर्जापुर, प्रयागराज, चित्रकूट, बाँदा, महोबा, झाँसी, ललितपुर, आगरा, इटावा, जालौन
छत्तीसगढ़	—	सोनभद्र
झारखंड	—	सोनभद्र
बिहार	—	महाराजगंज, कुशीनगर, देवरिया, बलिया, गाजीपुर, चंदौली, सोनभद्र
उत्तराखंड	—	सहारनपुर, मुजफ्फरनगर, बिजनौर, मुरादाबाद, रामपुर, बरेली, पीलीभीत
के.शा.प्र. दिल्ली	—	गाजियाबाद एवं गौतमबुद्ध नगर

- उत्तर प्रदेश का कुल भौगोलिक क्षेत्रफल 2,40,928 वर्ग किमी. है, जो कि भारत के कुल क्षेत्रफल (32,87,263 वर्ग किमी) के लगभग 7.33% के बराबर है।
- पूर्व से पश्चिम तक इसकी लम्बाई 650 किमी तथा उत्तर से दक्षिण तक चौड़ाई 240 किमी है।
- उत्तर प्रदेश का वर्तमान भौगोलिक स्वरूप 9 नवम्बर, 2000 को अस्तित्व में आया है।
- 9 नवम्बर, 2000 को उत्तर प्रदेश के 13 पर्वतीय जिलों को काटकर उत्तरांचल (अब **उत्तराखंड**) राज्य का निर्माण किया गया है।

भौतिक विभाग

- उत्तर प्रदेश को वर्तमान में मुख्यतः तीन प्राकृतिक प्रदेशों में विभाजित किया गया है—**(i) भाबर एवं तराई का प्रदेश, (ii) गंगा-यमुना का मैदान** एवं **(iii) दक्षिण का पठारी प्रदेश।**
- पश्चिम में सहारनपुर से लेकर पूर्व में देवरिया एवं कुशीनगर (पडरौना) तक एक पतली सी पट्टी भाबर और तराई कहलाती है।
- भाबर क्षेत्र वह पर्वतीय भू-भाग है, जो कंकड़-पत्थरों से निर्मित है।
- इस क्षेत्र का विस्तार उत्तर प्रदेश के बिजनौर, सहारनपुर, पीलीभीत, शाहजहाँपुर एवं लखीमपुर खीरी जिलों में है।
- तराई क्षेत्र, भाबर के दक्षिण में दलदली एवं गाद मिट्टी वाला क्षेत्र है, जो महीन अवसादों से निर्मित है।

- जंगली और ऊँची घनी घासों से ढका हुआ तराई क्षेत्र कभी 80 से 90 किमी तक चौड़ा था तथा इसके अन्तर्गत सहारनपुर, बिजनौर, रामपुर, बरेली, पीलीभीत, लखीमपुर खीरी, बहराइच, गोंडा, बस्ती, सिद्धार्थ नगर, गोरखपुर, महाराजगंज, देवरिया और कुशीनगर जिलों के भाग आते थे। इधर कुछ वर्षों से भूमि सुधार कार्यों के कारण इसकी चौड़ाई काफी कम हो गई है, जिससे इसका काफी भाग उपजाऊ भूमि के रूप में किसानों को प्राप्त हो गया है।
- प्रदेश के ऊँचाई वाले भागों में मिलने वाली प्राचीनतम जलोढ़ मिट्टी को राढ़ (Rarh) नाम से जाना जाता है।
- **गंगा-यमुना के विस्तृत मैदानी प्रदेश** को तीन उप-विभागों में बाँटा गया है—(i) गंगा-यमुना का ऊपरी मैदान, (ii) गंगा का मध्य मैदानी प्रदेश एवं (iii) गंगा का पूर्वी मैदान।
- गंगा-यमुना के ऊपरी मैदान का विस्तार लगभग 500 किमी. लम्बी एवं 80 किमी. चौड़ी पट्टी के रूप में है।
- गंगा-यमुना के मध्य मैदानी प्रदेश का विस्तार उत्तर प्रदेश के सहारनपुर, बिजनौर, मेरठ, मुजफ्फरनगर, बुलंदशहर, अलीगढ़, हाथरस, मथुरा, आगरा, मैनपुरी, एटा, बदायूं, मुरादाबाद तथा बरेली जिलों में मिलता है (नवसृजित 3 जिलों—शामली, हापुड़ एवं संभल में भी)।
- गंगा के पूर्वी मैदान का विस्तार उत्तर प्रदेश के वाराणसी, जौनपुर, गाजीपुर, आजमगढ़, बलिया, मिर्जापुर, सोनभद्र एवं संत रविदास नगर में है।
- गंगा-यमुना के विस्तृत मैदानी प्रदेश की समुद्र तल से औसत ऊँचाई 300 मीटर है।
- इस विस्तृत मैदानी प्रदेश का निर्माण अभिनूतन एवं अतिनूतन युग में नदी घाटी में अवसादीकरण से हुआ है।
- इस विस्तृत मैदानी प्रदेश का ढाल पश्चिमांचल में उत्तर से दक्षिण की ओर तथा पूर्वांचल में पश्चिमोत्तर से दक्षिण-पूर्व की ओर है।
- उत्तर प्रदेश में दक्षिण पठारी प्रदेश का कुल क्षेत्रफल 45200 वर्ग किमी है।
- दक्षिण पठारी प्रदेश के अन्तर्गत बुंदेलखण्ड एवं बघेलखण्ड के भू-भाग सम्मिलित हैं।
- यह क्षेत्र दक्कन के पठार का ही प्रसरण है, तथा इस भू-भाग की उत्तरी सीमा यमुना तथा गंगा नदी द्वारा निर्धारित है तथा दक्षिणी सीमा विंध्य पर्वत द्वारा निर्धारित होती है।
- इसके अन्तर्गत झांसी, जालौन, हमीरपुर, महोबा, चित्रकूट, ललितपुर और बांदा जिले, प्रयागराज जिले की मेजा और करछना तहसीलें, गंगा के दक्षिण में पड़ने वाला मिर्जापुर का हिस्सा तथा चंदौली जिले की चकिया तहसील आती है।
- इस पठारी क्षेत्र की सामान्य ऊँचाई 300 मीटर के आसपास है तथा कुछ स्थानों पर यह ऊँचाई 450 मीटर से भी अधिक है। मिर्जापुर, सोनभद्र की पहाड़ियाँ लगभग 600 मीटर तक ऊँची हैं।
- बुन्देलखण्ड का निर्माण उत्तर प्रदेश के दक्षिणी उच्च प्रदेश में विंध्य काल की प्राचीनतम नीस चट्टानों द्वारा तथा निम्न प्रदेशों में नदियों द्वारा निक्षेपित मिट्टी से हुआ है।
- बुन्देलखण्ड के पश्चिमी भाग में काली मृदा (रेगुर) का विस्तार है, जो मालवा पठार का ही विस्तार है।
- कैमूर शृंखला बुंदेलखण्ड से लगी हुई है। इसकी रचना विंध्यन शैलों से हुई है।
- बघेलखण्ड क्षेत्र में शंक्वाकार टीले बहुतायत से मिलते हैं।
- बघेलखंड के उत्तर एवं दक्षिण में क्रमशः सोनपुर एवं रामगढ़ की पहाड़ियाँ अवस्थित हैं।
- दक्षिण पठारी प्रदेश की औसत ऊँचाई 300 मीटर है।
- दक्षिण पठारी प्रदेश का ढाल दक्षिण से उत्तर की ओर है।
- दक्षिण पठारी प्रदेश की प्रमुख नदियाँ चंबल, बेतवा, केन, सोन एवं टोंस हैं।
- कम वर्षा के कारण इस पठारी क्षेत्र में वृक्ष-वनस्पतियाँ छोटी होती हैं। यहाँ की मुख्य फसलें ज्वार, तिलहन, चना और गेहूँ हैं।

उत्तर प्रदेश की जलवायु

उत्तर प्रदेश जलवायु की दृष्टि से उपोष्ण कटिबन्ध में आता है। यहाँ की जलवायु उष्ण कटिबन्धीय मॉनसून प्रकार की है। तराई क्षेत्रों में यह नमी लिए रहती है और दक्षिण पठारी क्षेत्र में ग्रीष्म ऋतु में नमी बिल्कुल नहीं रहती है।

- उत्तर प्रदेश को मुख्यतः दो जलवायु प्रदेशों में विभाजित किया जाता है—
  (i) आर्द्र एवं उष्ण प्रदेश
  (ii) साधारण आर्द्र एवं उष्ण प्रदेश
- आर्द्र एवं उष्ण प्रदेश को तराई क्षेत्र 120-180 cm वार्षिक वर्षा) एवं पूर्वी उत्तर प्रदेश (100-120 cm तक औसत वार्षिक वर्षा) में विभाजित किया जाता है।
- साधारण आर्द्र एवं उष्ण प्रदेश के अन्तर्गत मैदानी क्षेत्र जहाँ औसत वार्षिक वर्षा 80-100 सेमी. है। पश्चिमी मैदानी क्षेत्र और बुन्देलखण्ड के पठारी और पहाड़ी प्रदेशों में वर्षा की मात्रा कम पाई जाती है। इसका कारण है कि प्रदेश में पूरब से पश्चिम और उत्तर से दक्षिण जाने पर आर्द्रता की मात्रा घटती जाती है।
- कोपेन के अनुसार उत्तर प्रदेश में जलवायु का शुष्क शीत वाला मॉनसूनी प्रकार अर्थात् Cwg मिलता है।
- थार्नथ्वेट के अनुसार उत्तर प्रदेश में CBw अर्थात् सम शीतोष्ण उपार्द्र जलवायु का विस्तार मिलता है।
- उत्तर प्रदेश में मुख्यतः तीन ऋतुएँ—(i) शीत ऋतु, (ii) ग्रीष्म ऋतु और (iii) वर्षा ऋतु होती हैं।
- उत्तर प्रदेश में शीत ऋतु अक्टूबर से फरवरी तक रहती है।
- उत्तर प्रदेश में शीत ऋतु में सर्वाधिक ठण्डा महीना जनवरी रहता है।
- शीत ऋतु में उत्तर प्रदेश का तापमान उत्तर से दक्षिण की ओर बढ़ता जाता है।
- उत्तर प्रदेश के दक्षिण पठारी भाग में शीत ऋतु का औसत अधिकतम तापमान 28.3°C तथा न्यूनतम तापमान 13.3°C रहता है।
- उत्तर प्रदेश के मध्य मैदानी क्षेत्र में शीत ऋतु का औसत अधिकतम तापमान 27.7°C होता है।

- शीतकालीन चक्रवातों के द्वारा उत्तर प्रदेश के उत्तर-पश्चिम क्षेत्रों में 7-10 सेमी तक वर्षा की प्राप्ति होती है।
- उत्तर प्रदेश में ग्रीष्म ऋतु मार्च से मध्य जून तक रहती है।
- उत्तर प्रदेश में ग्रीष्म ऋतु का औसत अधिकतम तापमान 36-39°C तथा न्यूनतम तापमान 21-23°C होता है।
- ग्रीष्म ऋतु में कुछ स्थानों पर तापमान 47°C तक चला जाता है।
- उत्तर प्रदेश के बुन्देलखण्ड क्षेत्र में सर्वाधिक औसत तापमान पाया जाता है। इसका कारण इसकी कर्क रेखा से अधिक निकट अवस्थिति का होना है।
- उत्तर प्रदेश के झांसी एवं आगरा जिलों में सबसे अधिक गर्मी पड़ती है।
- ग्रीष्म ऋतु में उत्तर प्रदेश में पश्चिमी हवाएँ तीव्र गति से चलती हैं; इन शुष्क एवं गर्म हवाओं को 'लू' कहते हैं।
- उत्तर प्रदेश में वर्षा ऋतु जून के अन्तिम सप्ताह से प्रारम्भ होकर अक्टूबर तक रहती है।
- उत्तर प्रदेश में सर्वाधिक वर्षा जुलाई एवं अगस्त के महीनों में होती है।
- उत्तर प्रदेश की अधिकांश मॉनसूनी वर्षा बंगाल की खाड़ी की मॉनसून शाखा से प्राप्त होती है, इससे उत्तर प्रदेश की कुल वर्षा का लगभग 75-80% भाग प्राप्त होता है।
- उत्तर प्रदेश में अरब सागर मॉनसून शाखा से नाममात्र की वर्षा ही प्राप्त होती है। इस शाखा की अधिकांश वर्षा प्रदेश के दक्षिण पठारी भाग में होती है।

उत्तर प्रदेश की मिट्टियाँ

मृदा या मिट्टी पृथ्वी की ऊपरी सतह पर मिलने वाले असंगठित पदार्थों की ऊपरी परत है, जो चट्टानों के विखण्डन एवं वियोजन तथा वनस्पतियों के अवसादों के योग से बनती है। उत्तर प्रदेश की मिट्टियों को प्रो. वाडिया, कृष्णन एवं मुखर्जी के वैज्ञानिक विश्लेषण के आधार पर दो भागों में विभाजित किया जाता है—(i) गंगा के विशाल मैदान की नूतन और उप-नूतन मिट्टियाँ तथा (ii) दक्षिण पठार की प्राचीन रवेदार और विंध्यन शैलीय या बुंदेलखण्डीय मिट्टियाँ।

- उत्तर प्रदेश के विशाल मैदान में जलोढ़ एवं कॉप मिट्टी का विस्तार मिलता है।
- भाबर पर्वतपदीय क्षेत्र है, यहाँ की मिट्टी, मोटी बालुओं तथा कंकड़ और पत्थरों से निर्मित बहुत छिछली है। इस क्षेत्र में नदियाँ लुप्त हो जाती हैं, इसके समानान्तर निचले भाग में तराई क्षेत्र विस्तारित है। यहाँ की मृदा उपजाऊ, नम, दलदली और समतल है।
- प्राचीनतम कॉप मिट्टी क्षेत्रों को बांगर कहते हैं।
- नवीन कॉप मिट्टी वाले क्षेत्रों को खादर कहते हैं।
- उत्तर प्रदेश के गंगा-यमुना दोआब एवं गंगा-रामगंगा दोआब क्षेत्रों में बांगर एवं खादर क्षेत्र विस्तृत हैं।
- उत्तर प्रदेश में दोमट एवं बलुई मिट्टी को क्षेत्रीय भाषा में सिक्टा, करियाल एवं धनका भी कहते हैं।
- बांगर मिट्टी को दोमट, मटियार, बलुई दोमट, भूंड या पुरातन कॉप मिट्टी के नाम से भी जाना जाता है।
- उत्तर प्रदेश के पूर्वी भाग में बांगर मिट्टी को उपरहार मिट्टी भी कहा जाता है।
- उत्तर प्रदेश के दक्षिणी पठार की मिट्टियों को बुंदेलखंडीय मिट्टी कहते हैं।
- बुंदेलखंडीय मिट्टियों को भोंटा, भाड़, कावड़, पड़वा, राकड़ तथा इस क्षेत्र की काली मृदा को 'करेल कपास' अथवा 'रेगुर' आदि नामों से भी जाना जाता है।
- भोंटा मिट्टी विंध्य पर्वतीय क्षेत्रों में पाई जाती है।
- इस मिट्टी में मोटे अनाज वाली फसलें उगाई जाती हैं।
- भाड़ मिट्टी, काली मिट्टी या रेगुर मिट्टी के समान चिकनी होती है।
- भाड़ मिट्टी में सिलिकेट, लोहा एवं एल्यूमीनियम खनिज पदार्थ पाए जाते हैं।
- मांट मिट्टी उत्तर प्रदेश के पूर्वी क्षेत्रों में पाई जाती है। इस मिट्टी में चूना अधिक होता है।
- राकड़ मिट्टी उत्तर प्रदेश के दक्षिण पर्वतीय एवं पठारी ढलानों पर पाई जाने वाली मिट्टी है।
- लाल मिट्टी उत्तर प्रदेश के मिर्जापुर, सोनभद्र जिलों में पाई जाती है।
- लाल मिट्टी का निर्माण बालूमय लाल शैलों के अपक्षय से हुआ है।
- लाल मिट्टी का विस्तार बेतवा एवं घसान नदियों के जलप्लावित क्षेत्रों में भी पाया जाता है।
- लाल मिट्टी में गेहूँ, चना एवं दाल आदि फसलें उगाई जाती हैं।
- ऊसर एवं रेह मिट्टी उत्तर प्रदेश के अलीगढ़, मैनपुरी, कानपुर, सीतापुर, उन्नाव, एटा, इटावा, रायबरेली एवं लखनऊ जिलों में पाई जाती है।
- बंजर नामक मृदा उत्तर प्रदेश के गोरखपुर, बस्ती, महाराजगंज, सिद्धार्थ नगर एवं गोंडा जिलों में पाई जाती है।
- जलप्लावित नदी के किनारे पाई जाने वाली मिट्टी को उत्तर प्रदेश में ढूंह के नाम से जाना जाता है।
- टर्शियरी मिट्टी उत्तर प्रदेश में शिवालिक पहाड़ी क्षेत्रों में पाई जाती है।
- उत्तर प्रदेश के उत्तर-पश्चिम भाग की मिट्टी में फॉस्फेट खनिज की कमी पाई जाती है।
- उत्तर प्रदेश के जौनपुर, आजमगढ़ तथा मऊ जनपदों की मृदा में पोटाश की कमी पाई जाती है।
- प्रदेश के अलीगढ़, मैनपुरी, कानपुर, उन्नाव, एटा, इटावा, रायबरेली, अमेठी सुल्तानपुर, प्रतापगढ़, जौनपुर और प्रयागराज जिलों में अधिक सिंचाई एवं उर्वरकों के इस्तेमाल से लगभग 10 प्रतिशत भूमि ऊसर हो चुकी है।
- प्रदेश के जालौन, झाँसी, ललितपुर और हमीरपुर जिलों में काली मृदा का विस्तार होने के कारण चना, गेहूँ, अरहर एवं तिलहन प्रमुख उपजें हैं।

उत्तर प्रदेश की नदियाँ

- उत्तर प्रदेश की सर्वाधिक लम्बी नदी 'गंगा नदी' है।
- हिमालय पर्वत से निकलने वाली उत्तर प्रदेश की प्रमुख नदियाँ– गंगा, यमुना, रामगंगा, घाघरा, गंडक और राप्ती हैं।
- उत्तर प्रदेश के मैदानी भाग से निकलने वाली प्रमुख नदियाँ–गोमती, वरुण, रिहंद, पांडो और ईसन हैं।
- दक्षिण पठार से निकलने वाली उत्तर प्रदेश की प्रमुख नदियाँ– चंबल, बेतवा, केन, सोन, टोंस, कन्हार तथा रिहन्द हैं।
- गंगा नदी की प्रमुख सहायक नदियाँ–रामगंगा, घाघरा, गंडक, बूढ़ी गंडक बागमती, कोसी एवं यमुना हैं। उत्तरी किनारे से मिलने वाली सहायक नदियाँ रामगंगा, गोमती, घाघरा, गंडक, कोसी व बागमती तथा दक्षिण किनारे से मिलने वाली सहायक नदियाँ यमुना एवं सोन हैं।
- गंगा नदी, यमुना एवं पौराणिक सरस्वती नदी से प्रयागराज में मिलती है।
- गंगा नदी का उद्गम गोमुख (गंगोत्री हिमनद) से होता है।
- उद्गम स्थान पर गंगा को भागीरथी के नाम से जाना जाता है।

उत्तर प्रदेश की प्रमुख नदियाँ

नदियाँ	उद्गम	लम्बाई (किमी)
गंगा	उत्तराखंड	2525
यमुना	उत्तराखंड	1376
घाघरा	तिब्बत	1080
चंबल	मध्य प्रदेश	1050
सोन	मध्य प्रदेश	780
रामगंगा	उत्तराखंड	690
राप्ती	नेपाल	640
बेतवा	मध्य प्रदेश	590
गोमती	उत्तर प्रदेश	940
केन	मध्य प्रदेश	427
टोंस	मध्य प्रदेश	264
शारदा	उत्तराखंड	350

उत्तर प्रदेश में स्थित प्रमुख झीलें

झील का नाम	स्थिति/स्थान	झील का नाम	स्थिति/स्थान
कीठम (सूरसरोवर)	आगरा	सुरहाताल	बलिया
गौर झील	रामपुर	करेला	लखनऊ
बड़ा ताल (गोखुर)	शाहजहाँपुर	भुंग ताल/विसैथा	रायबरेली
बरुआ सागर	झाँसी	राधाकुण्ड	मथुरा
कुन्द्रा समुंदर	उन्नाव	बल्हापारा	कानपुर
मदन सागर	महोबा	राजा का बांध	सुल्तानपुर
टांडादरी (दरारगर्त)	मिर्जापुर	औंधी ताल	बनारस

- बिजनौर जनपद से गंगा नदी उत्तर प्रदेश में प्रवेश करती है।
- गंगा नदी उत्तराखंड, उत्तर प्रदेश, बिहार तथा पश्चिम बंगाल राज्यों से होकर बहती है।
- कन्नौज के निकट गंगा नदी से रामगंगा नदी मिलती है।
- गंगा नदी के किनारे स्थित उत्तर प्रदेश के प्रमुख नगर हैं–फर्रुखाबाद, कन्नौज, कानपुर, प्रयागराज, मिर्जापुर, वाराणसी एवं गाजीपुर।
- कानपुर, गंगा नदी के दायें किनारे एवं वाराणसी बायें किनारे पर स्थित है।
- यमुना नदी का उद्गम यमुनोत्री हिमनद में स्थिम बंदरपूंछ से होता है।
- यमुना नदी उत्तर प्रदेश के सहारनपुर, शामली, बागपत, गाजियाबाद, गौतमबुद्ध नगर, अलीगढ़, मथुरा, हाथरस, आगरा, इटावा, औरैया, जालौन, हमीरपुर, बांदा, फतेहपुर एवं प्रयागराज जिलों से होकर बहती है।
- चंबल नदी, यमुना नदी से इटावा के पास मिलती है।
- बेतवा, यमुना नदी से हमीरपुर के निकट मिलती है।
- बांदा में भोजहा के निकट, यमुना नदी से केन नदी मिलती है।
- उत्तर प्रदेश के मथुरा, वृंदावन, आगरा, इटावा, कालपी, हमीरपुर नगर यमुना नदी के किनारे अवस्थित हैं।
- रामगंगा नदी का उद्गम हिमालय की दूधाटोली श्रेणी (पौड़ी गढ़वाल) से होता है।
- शारदा नदी का उद्गम कुमाऊँ हिमालय से होता है। प्रारम्भ में इसे काली गंगा या गौरी गंगा के नाम से जाना जाता है।
- शारदा नदी पीलीभीत एवं नेपाल की सीमा निर्धारित करती है।
- शारदा नदी ब्रह्मदेव के निकट मैदानी भागों में प्रवेश करती है।
- अयोध्या सरयू नदी के किनारे अवस्थित है।
- घाघरा नदी का उद्गम मापचां चुगो हिमनद (तिब्बत) से होता है।
- राप्ती नदी का उद्गम स्थल रुकुम कोट (नेपाल) है।
- राप्ती की प्रमुख सहायक नदी रोहिणी है।
- चंबल नदी का उद्गम जनापाव पहाड़ी, महू (मध्य प्रदेश) से होता है।
- चंबल की प्रमुख सहायक नदियाँ काली सिंध, पार्वती एवं बनास हैं।
- चंबल नदी मध्य प्रदेश, राजस्थान एवं उत्तर प्रदेश राज्यों की सीमा को निर्धारित करती है।
- बेतवा नदी का उद्गम कुमरा गाँव, रायसेन (मध्य प्रदेश) से होता है।
- केन नदी का उद्गम कैमूर पहाड़ियों से होता है। इसे कर्णवती उपनाम से भी जाना जाता है।
- केन नदी एवं यमुना नदी का संगम चिल्ला (फतेहपुर) के निकट होता है।
- सोन नदी उत्तर प्रदेश के मिर्जापुर एवं सोनभद्र जिलों से होकर प्रवाहित होती है।
- गोमती नदी उत्तर प्रदेश के पीलीभीत, शाहजहांपुर, खीरी, सीतापुर, लखनऊ, सुल्तानपुर एवं जौनपुर जिलों से होकर प्रवाहित होती हुई गाजीपुर जिले में गंगा नदी से मिल जाती है।
- उत्तर प्रदेश की राजधानी लखनऊ, गोमती नदी के किनारे ही स्थित है।

भू-गर्भिक संरचना

- भू-गर्भिक दृष्टि से उत्तर प्रदेश भारत के प्राचीनतम भू-खण्ड गोण्डवानालैण्ड महाद्वीप का भाग है।
- राज्य की भू-गर्भिक संरचना का निर्माण चार प्रकार के शैल समूहों से हुआ है–
  (i) विंध्यन शैल समूह
  (ii) बुंदेलखण्ड नीस
  (iii) टर्शियरी शैल समूह
  (iv) क्वार्टनरी शैल समूह।

विंध्यन शैल समूह

- राज्य के दक्षिण में स्थित पठारी भाग विंध्यन शैल समूह द्वारा निर्मित है।
- दक्षिण में स्थित इस पठारी भाग का निर्माण पूर्व-कैम्ब्रियन युग में हुआ।
- इस शैल समूह का निर्माण समुद्र से भू-गर्भिक शक्तियों द्वारा अपरदित पदार्थों के धरातल पर निक्षेपण एवं उसके जमाव से हुआ है।
- इसमें मुख्यतः चूना-पत्थर, बलुआ पत्थर, डोलोमाइट आदि खनिज पाए जाते हैं।
- कैमूर श्रेणी का निर्माण विंध्यन शैलों द्वारा हुआ है, जिसमें कठोर बलुआ पत्थर, क्वार्टजाइट एवं कांग्लोमरेट खनिज पाए जाते हैं।

बुंदेलखण्ड नीस

- बुंदेलखण्ड नीस का निर्माण आद्य कल्प में हुआ।
- इन शैलों में लाल ओरथोक्लेज फेल्स्पार, लाल क्वार्ट्ज हार्नब्लेण्ड क्लोराइड आदि खनिजों का मिश्रण पाया जाता है।

टर्शियरी शैल समूह

- राज्य के उत्तरी भाग में अवस्थित हिमालय पर्वत श्रेणियों का निर्माण टर्शियरी कल्प में अंगारालैण्ड एवं गोण्डवानालैण्ड के मध्य स्थित टैथिस सागर में अत्यधिक मात्रा में अवसादों के निक्षेपण एवं भू-गर्भिक हलचलों के कारण इन निक्षेपित पदार्थों के ऊपर उठने से हुआ।
- उत्तरी भाग में स्थित शिवालिक श्रेणियों का निर्माण रेत, कंकड़, पत्थर एवं कांग्लोमेरेट द्वारा हुआ है।

क्वार्टरनरी शैल समूह

- राज्य के तराई एवं भाबर क्षेत्र का निर्माण क्वार्टरनरी शैल समूहों द्वारा हुआ है।
- इसमें मुख्यतः बलुआ पत्थर, कंकड़, बालू आदि पाए जाते हैं।
- भाबर क्षेत्र में मोटे कंकड़-पत्थर पाए जाते हैं, जबकि तराई क्षेत्र का निर्माण महीन अवसादों द्वारा हुआ है।
- राज्य में गंगा-यमुना के मैदान में पाए जाने वाले बाँगर एवं खादर क्षेत्र का निर्माण भी क्वार्टनरी काल में हुआ है।

विभिन्न नदियों का गंगा संगम स्थल

नदी	संगम-स्थल	नदी	संगम-स्थल
विष्णुगंगा	विष्णुप्रयाग	वरुणा	वाराणसी
नन्दाकिनी	त्रिशूल पर्वत	धौली	विष्णुप्रयाग
मन्दाकिनी	रुद्रप्रयाग	पिण्डार	त्रिशूल पर्वत
गोमती	कैथी (गाजीपुर)	अलकनन्दा	देवप्रयाग (भागीरथी से)
गंगा-यमुना -सरस्वती	प्रयागराज	घाघरा	छपरा
रामगंगा	कन्नौज	सोन	पटना
गण्डक	हाजीपुर (वैशाली)	कोसी	काढ़ागोला (कटिहार)

नदियों के किनारे बसे प्रमुख नगर

नदी का नाम	स्थित प्रमुख नगर
1. यमुना नदी	मथुरा, वृन्दावन, आगरा, इटावा, कालपी, कौशाम्बी, हमीरपुर।
2. गंगा नदी	कानपुर, वाराणसी, गढ़मुक्तेश्वर, कन्नौज, प्रयागराज, गाजीपुर आदि।
3. सरयू नदी	अयोध्या।
4. गोमती नदी	लखनऊ, जौनपुर, सुल्तानपुर, शाहजहाँपुर, सीतापुर, खीरी।
5. रामगंगा नदी	बिजनौर, मुरादाबाद, बरेली, बदायूँ।
6. राप्ती नदी	गोरखपुर, बस्ती, गोंडा, बहराइच।

वन एवं वन्य जीव

- सर्वप्रथम 1935 ई. में वन्य जीव संरक्षण के लिए देहरादून में 'मोतीचूर वन्य जीव विहार' की स्थापना की गयी।
- उत्तर प्रदेश की प्रथम वन नीति वर्ष 1952 में तथा द्वितीय वन नीति वर्ष 1998 में घोषित की गयी।
- राष्ट्रीय वन नीति 1988 के अनुसार किसी भी भौगोलिक क्षेत्र के 33.33 प्रतिशत भू-भाग पर वन होने आवश्यक हैं।
- उ.प्र. में सर्वाधिक वन तराई एवं भाबर क्षेत्रों में पाए जाते हैं।
- उ.प्र. में मुख्यतः तीन प्रकार के वन पाए जाते हैं–
  (1) उष्ण कटिबन्धीय नम पर्णपाती वन
  (2) उष्ण कटिबन्धीय शुष्क पर्णपाती वन
  (3) उष्ण कटिबन्धीय कंटीली झाड़ियाँ
- उ.प्र. में उष्ण कटिबन्धीय नम पर्णपाती वन तराई एवं भाबर क्षेत्रों में पाए जाते हैं।
- नम पर्णपाती वनों में साल, बेर, गूलर, पलाश, महुआ, सेमल, आँवला, जामुन, बांस तथा बेंत आदि के वृक्ष पाए जाते हैं।
- उ.प्र. में शुष्क पर्णपाती वन पूर्व, मध्य एवं पश्चिम मैदानी क्षेत्रों में पाए जाते हैं।

- शुष्क पर्णपाती वनों में नीम, पीपल, शीशम, जामुन, अमलतास, बेल एवं अंजीर के वृक्ष पाए जाते हैं।
- झाड़ियाँ एवं घासें शुष्क पर्णपाती वनों में ही पाई जाती हैं।
- उ.प्र. के मैदानी नम भूमि और नदियों के किनारे नीम, पीपल, शीशम, आम, जामुन, महुआ, बबूल एवं इमली के वृक्ष मिलते हैं।
- उ.प्र. के दक्षिणी भाग में कँटीली झाड़ियों वाले उष्ण कटिबन्धीय वन पाये जाते हैं। इनमें अकेसिया, कंटीले लेगुमेस, यूफर्बियास, फुलाई, कत्था, कक्को, धामन, रेऊनझा तथा नीम के वृक्ष बहुतायत में मिलते हैं।
- उ.प्र. के बुंदेलखण्ड एवं बघेलखंड क्षेत्रों में मुख्यत: ढाक, टीक, महुआ, सलाई, चिरौंजी तथा तेंदू के वृक्ष पाये जाते हैं।
- विरोजा एवं तारपीन के तेल की प्राप्ति चीड़ वृक्ष की राल से होती है।
- वनों पर आधारित उत्तर प्रदेश के कुछ प्रमुख केन्द्र इस प्रकार हैं—
  - बेंत, फर्नीचर, कत्था, माचिस एवं प्लाईवुड—बरेली, नजीबाबाद एवं ज्वालापुर
  - कागज का प्रमुख केन्द्र—सहारनपुर
  - बीड़ी, चीनी मिट्टी के खिलौने—मिर्जापुर, झाँसी
  - लकड़ी के खिलौने—सोनभद्र, वाराणसी
  - खेल का सामान—मेरठ
- वर्तमान में उत्तर प्रदेश में 1 राष्ट्रीय उद्यान, 11 वन्य जीव विहार, 12 पक्षी विहार, 2 टाइगर रिजर्व तथा 2 प्राणी उद्यान हैं, जबकि विभाजन से पूर्व 3 राष्ट्रीय उद्यान, 17 वन्य जीव विहार, 12 पक्षी विहार तथा 3 प्राणी उद्यान थे।
- दुधवा राष्ट्रीय उद्यान-प्रदेश का एकमात्र राष्ट्रीय उद्यान लखीमपुर खीरी तथा पीलीभीत में विस्तृत है। यह वर्ष 1968 में स्थापित किया गया। इसमें शेर, बारहसिंगा, गैंडा आदि का संरक्षण किया जाता है।

उत्तर प्रदेश आर्थिक

- प्रदेश को 9 कृषि-जलवायु प्रदेशों में बाँटा गया है।
- कृषि-जलवायु प्रदेशों के वर्गीकरण के आधार मृदा, वर्षा, तापमान, जल एवं मानव संसाधन हैं।
- सर्वाधिक चना बुंदेलखंड क्षेत्र में पैदा होता है।
- प्रदेश में सर्वाधिक महत्वपूर्ण नकदी फसल गन्ना है, जो सर्वाधिक सिंचित भी है।
- गाजीपुर में राज्य की एकमात्र अफीम फैक्ट्री है।
- लंगड़ा आम मुख्य रूप से वाराणसी में पैदा होता है।
- दशहरी आम के उत्पादन में उत्तर प्रदेश अग्रणी है, जो मुख्य रूप से मलीहाबादी क्षेत्र (लखनऊ के समीपवर्ती क्षेत्र) में उत्पादित किया जाता है।
- खाद्यान्न उत्पादन की दृष्टि से उ. प्र. देश के राज्यों में प्रथम स्थान पर है तथा पंजाब दूसरे स्थान पर है।
- उ. प्र. गेहूँ, गन्ना, आलू तथा मसूर के उत्पादन में देश में प्रथम स्थान पर है।
- रबी की फसल के अन्तर्गत गेहूँ, जौ, मटर, चना, तंबाकू, सरसों, लाही एवं आलू आदि फसलें उगाई जाती हैं।
- खरीफ की फसल के अंतर्गत चावल, गन्ना, ज्वार, बाजरा, मक्का, कपास, सनई एवं कुछ दलहन फसलों का उत्पादन भी किया जाता है।
- जायद की फसल के अंतर्गत खरबूजा, तरबूज, ककड़ी, काशीफल एवं प्याज का उत्पादन किया जाता है।
- उ. प्र. के जिन जिलों में गेहूँ प्रमुख रूप से पैदा किया जाता है, वे इस प्रकार हैं—मेरठ, बुलंदशहर, सहारनपुर, आगरा, अलीगढ़, मुजफ्फरनगर, मुरादाबाद, इटावा, कानपुर, फर्रुखाबाद एवं फतेहपुर।
- उ. प्र. के दक्षिणी पठारी क्षेत्र में गेहूँ की कृषि नहीं की जाती है।
- उ. प्र. में धान की बुआई मई-जून माह में की जाती है तथा इसे सितंबर-अक्टूबर माह में काटा जाता है।
- उ. प्र. के प्रमुख चावल उत्पादक जिले-पीलीभीत, सहारनपुर, महाराजगंज, देवरिया, गोंडा, बहराइच, बस्ती, रायबरेली, मऊ, बलिया, लखनऊ, वाराणसी और गोरखपुर हैं।
- उ. प्र. में बाजरा मई से जुलाई माह के मध्य बोया जाता है तथा सितंबर से दिसम्बर माह के मध्य काटा जाता है।
- उ. प्र. में बाजरा के प्रमुख उत्पादक जिले आगरा, मथुरा, बदायूँ, अलीगढ़, मुरादाबाद, एटा, फिरोजाबाद, मैनपुरी, इटावा, शाहजहाँपुर, प्रतापगढ़, गाजीपुर, फर्रुखाबाद और कानपुर हैं।
- उ. प्र. में मक्का मई-जून में बोया जाता है एवं अगस्त-सितंबर में काटा जाता है।
- उ. प्र. में प्रमुख मक्का उत्पादक जिले मेरठ, गाजियाबाद, बुलंदशहर, फर्रुखाबाद, बहराइच, गोंडा, जौनपुर, एटा, फिरोजाबाद एवं मैनपुरी हैं।
- उ. प्र. में जौ की खेती मुख्यत: वाराणसी, आजमगढ़, जौनपुर, बलिया, मऊ, गाजीपुर, गोरखपुर, इलाहाबाद एवं प्रतापगढ़ जिलों में की जाती है।
- चने की कृषि उ. प्र. के हल्की दोमट तथा शुष्क मिट्टी वाले भागों में की जाती है।
- उ. प्र. के प्रमुख चना उत्पादक जिले ललितपुर, बाँदा, हमीरपुर, झाँसी, मिर्जापुर, सोनभद्र, कानपुर, फतेहपुर, सीतापुर एवं बाराबंकी हैं।
- उ. प्र. में प्रमुख अरहर उत्पादक जिले वाराणसी, झाँसी, ललितपुर, इलाहाबाद एवं लखनऊ हैं।
- उ. प्र. में गन्ना उत्पादक दो प्रमुख क्षेत्र तराई एवं गंगा-यमुना दोआब हैं।
- तराई क्षेत्र के प्रमुख गन्ना उत्पादक जिले रामपुर, बरेली, पीलीभीत, सीतापुर, लखीमपुर खीरी, गोंडा, बस्ती, बलिया, महराजगंज, देवरिया एवं गोरखपुर हैं।
- दोआब क्षेत्र के प्रमुख गन्ना उत्पादक जिले मेरठ, गाजियाबाद, मुजफ्फरनगर, सहारनपुर, बुलंदशहर, अलीगढ़ एवं मुरादाबाद (हापुड़, शामली एवं संभल भी) हैं।
- उ. प्र. के मेरठ जिले का गन्ना उत्तम कोटि का माना जाता है।
- मूंगफली की कृषि मुख्यत: खरीफ फसल के अंतर्गत की जाती है।
- मूंगफली की फसल जून-जुलाई में बोई जाती है एवं नवंबर-दिसंबर में खोद ली जाती है।

- उ. प्र. में मूंगफली के प्रमुख उत्पादक जिले सीतापुर, हरदोई, एटा, मुरादाबाद और बदायूँ हैं।
- अलसी का उत्पादन मुख्यतः उ. प्र. के मिर्जापुर, सोनभद्र, इलाहाबाद, गोंडा, बहराइच और हमीरपुर जिलों में होता है।
- सरसों की फसल मुख्यतः रबी ऋतु की फसल है।
- उ. प्र. के प्रमुख सरसों उत्पादक जिले गोंडा, बहराइच, मिर्जापुर, सोनभद्र, कानपुर, सीतापुर, सहारनपुर, एटा, मेरठ, फैजाबाद, इटावा, सुल्तानपुर, मथुरा, अलीगढ़ एवं बुलंदशहर हैं।
- उ. प्र. के कपास के प्रमुख उत्पादक क्षेत्र गंगा-यमुना दोआब, रूहेलखंड और बुंदेलखंड हैं।
- उत्तर प्रदेश में उत्पादित पान की प्रमुख प्रजातियाँ हैं—महोबा, देशावरी, कलकतिया, कपूरी, बंग्ला, मगही, सांची, बनारसी, सोफिया, मीठा एवं रामटेक।
- पान प्रयोग एवं प्रशिक्षण केन्द्र **महोबा** में स्थित है।
- माल्टा का उत्पादन उ. प्र. के मेरठ, वाराणसी एवं सहारनपुर जिलों में किया जाता है।
- उ. प्र. के प्रमुख लीची उत्पादक जिले सहारनपुर एवं मेरठ हैं।
- उ. प्र. का प्रमुख आंवला उत्पादक जिला प्रतापगढ़ है। उ. प्र. में देश के कुल आंवला उत्पादन का 60 प्रतिशत से अधिक भाग उत्पादित किया जाता है।
- उत्तर प्रदेश एक कृषि प्रधान देश है।
- उपलब्ध आँकड़ों के आधार पर उ. प्र. में लगभग 70% क्षेत्र में सिंचाई सुविधा उपलब्ध है।
- सिंचाई क्षेत्र की प्रतिशतता की दृष्टि से उत्तर प्रदेश का पंजाब और हरियाणा के बाद तीसरा स्थान है।
- कृषि आँकड़ों के आधार पर लगभग 190 लाख हेक्टेयर भूमि कृषि योग्य है।
- सिंचाई के आधार पर क्षेत्र का विभाजन :
  1. गंगा-यमुना दोआब तथा यमुना के पश्चिम का क्षेत्र
  2. गंगा-घाघरा दोआब
  3. घाघरा के उत्तर का क्षेत्र
  4. बुन्देलखण्ड क्षेत्र तथा गंगा नदी के दक्षिण में इलाहाबाद, वाराणसी, सोनभद्र तथा चंदौली जिले का भाग।
- गंगा यमुना दोआब तथा यमुना के पश्चिम के क्षेत्र की सिंचाई मुख्यतः ऊपरी गंगा नहर, निचली गंगा नहर, पूर्वी यमुना नहर, मध्य गंगा नहर का निर्माण 1977-78 ई. में प्रारम्भ किया गया।
- इस परियोजना के तहत बिजनौर के समीप गंगा नदी पर बैराज का निर्माण किया गया।
- इस परियोजना के अन्तर्गत गंगा नदी का वर्षाकाल के अतिरिक्त जल का उपयोग मुख्यतः धान की सिंचाई हेतु किया जाता है।
- इस परियोजना से लाभान्वित जिले गाजियाबाद, बुलंदशहर, अलीगढ़, मथुरा, हाथरस तथा फिरोजाबाद आदि हैं।
- मध्य गंगा नहर के द्वितीय चरण गंगा नदी के बाएँ किनारे से बिजनौर में निर्मित बैराज से गंगा एवं गंगा दोआब में मुरादाबाद, ज्योतिबा फुले नगर, बदायूँ एवं बरेली जिले में सिंचाई सुविधा उपलब्ध कराई जा रही है।
- बदायूँ सिंचाई परियोजना, बरेली जिले में स्थित रामगंगा नदी पर स्थित है।
- बदायूँ, दातागंज तथा शाहजहाँपुर में सिंचाई का एकमात्र साधन भू-जल है।
- जरौली पम्प नहर परियोजना फतेहपुर जनपद में प्रस्तावित है।
- ऊपरी गंगा नहर सिंचाई आधुनिकीकरण परियोजना को विश्व बैंक द्वारा सहायता प्राप्त थी।
- आगरा नहर का निर्माण रबी फसल के लिये किया गया था।
- आगरा नहर दिल्ली के ओखला स्थान पर यमुना नदी के दाएँ तट से निकलती है।
- इस नहर से मथुरा व आगरा जनपद में सिंचाई की जाती है।
- राजा महेन्द्र रिपुदमन सिंह चम्बल डाल नहर परियोजना, आगरा जिले में स्थित है।
- गोकुल बैराज परियोजना की स्थापना आगरा में जनवरी से जुलाई तक जल की कम उपलब्धता के कारण बनाई गयी। गंगा बैराज कानपुर में स्थित है।
- आगरा बैराज परियोजना, आगरा शहर को पेयजल उपलब्ध कराने हेतु बनायी गयी है।
- जिर्गो जलाशय बाँध जिर्गो नदी पर मिर्जापुर में स्थित है।
- माताटीला बाँध बेतवा नदी पर अवस्थित है। यह झाँसी में है।
- गोविन्द बल्लभ पंत सागर परियोजना रिहन्द नदी पर स्थित है। यह मिर्जापुर में स्थित है।
- मुसा कहन्द, कर्मनाशा नदी पर स्थित बाँध है। यह बाँध वाराणसी में स्थित है।
- रामगंगा बाँध, रामगंगा नदी पर बिजनौर जिले में स्थित है। काठी बाँध, रामगंगा नदी पर बिजनौर जिले में स्थित है।
- मेजा बाँध, निर्माणाधीन है, यह बेलन नदी पर स्थित है। मेजा बाँध, मिर्जापुर में स्थित है।
- शारदा मुख्य नहर चम्पावत जिले के बनवासा स्थल पर शारदा नदी से निकलती है।
- शारदा नहर प्रणाली की कुल लम्बाई 9,743 किमी. है।
- अन्तः बेसिन स्थानान्तरण द्वारा घाघरा नदी के जल का उपयोग करते हुए शारदा सहायक परियोजना का निर्माण किया गया।

- ज्ञानपुर पम्प नहर परियोजना को मार्च, 1991 में स्वीकृति मिली है।
- सरयू नहर परियोजना द्वारा लाभान्वित जिले बहराइच, श्रावस्ती, बलरामपुर, गोंडा, सन्त कबीरनगर, सिद्धार्थनगर, बस्ती एवं गोरखपुर।
- बाण सागर बाँध एवं नहर प्रणाली, उत्तर प्रदेश, मध्य प्रदेश तथा बिहार राज्य की संयुक्त परियोजना है।
- राजघाट बाँध व राजघाट नहर परियोजना, ललितपुर जिले में स्थित है। यह बेतवा नदी पर अवस्थित बाँध है। यह बाँध उत्तर प्रदेश व मध्य प्रदेश के सहयोग से बनाया गया है।
- यह परियोजना बुन्देलखण्ड, ललितपुर, झाँसी, जालौन तथा हमीरपुर जनपद को लाभान्वित करेगी।
- कनहर सिंचाई परियोजना, सोनभद्र जिले में स्थित है।
- मौहदा बाँध, हमीरपुर जिले में बिरमा नदी पर स्थित है।
- गुन्थ बाँध परियोजना, चित्रकूट में गुन्थ नाला पर स्थित है।
- चरखारी डाल नहर परियोजना, मौदहा बाँध परियोजना का अंश है।
- कचनौदा बाँध परियोजना, ललितपुर जिले में स्थित है।
- पथरई बाँध परियोजना, झाँसी जनपद में स्थित है।

उत्तर प्रदेश की कुछ अन्य प्रमुख नहरें

नहर	स्थिति/सम्बन्धित नदी	लाभान्वित जिले
1. पूर्वी यमुना नहर	फैजाबाद, यमुना नदी	सहारनपुर, मेरठ, गाजियाबाद, मुजफ्फरपुर
2. बेतवा नहर	परिच्छा (झाँसी), बेतवा नदी	झाँसी, जालौन, हमीरपुर
3. केन नहर	पन्ना (मध्य प्रदेश), केन नदी	बाँदा
4. घाघरा नहर	घाघरा नदी	मिर्जापुर, सोनभद्र
5. धंसान नहर	धंसान नदी (बेतवा की सहायक नदी)	हमीरपुर
6. सपरार नहर	करोंदा गांव (मऊरानीपुर, झाँसी), सपरार नदी	झाँसी, हमीरपुर
7. रानी लक्ष्मीबाई बाँध नहर	माताटीला (झाँसी), बेतवा नदी	हमीरपुर, जालौन
8. ऊपरी गंगा नहर	हरिद्वार, गंगा नदी	गाजियाबाद, मेरठ, सहारनपुर, मुजफ्फरनगर, अलीगढ़, मथुरा, एटा, इटावा, कानपुर, फतेहपुर।
9. निचली गंगा नहर	नरौरा (बुलन्द शहर) गंगा नदी	बुलन्दशहर, अलीगढ़, एटा, मैनपुरी, फिरोजाबाद, कानपुर, फतेहपुर, इलाहाबाद।

प्रमुख बाँध

बाँध का नाम	किस नदी पर	स्थिति/स्थान
माताटीला	बेतवा	झाँसी
मुशाकहंद	कर्मनाशा	चंदौली
जिर्गो	जिर्गो	मिर्जापुर
मैजा (निर्माणाधीन)	बेलन	मिर्जापुर
पारीछा	बेतवा	झाँसी
जामनी	जामनी	ललितपुर
कालागढ़	रामगंगा	कालागढ़
रोहिणी	रोहिणी	ललितपुर
शहजाद	शहजाद	ललितपुर
गोविन्द सागर	शहजाद	ललितपुर
शजनाम	शजनाम	ललितपुर
सुकमा-डुकमा	बेतवा	झाँसी
चन्द्रप्रभा	चन्द्रप्रभा	चंदौली
अर्जुन बाँध नहर	चरखारी (हमीरपुर) अर्जुन नदी	हमीरपुर
नगवां बाँध नहर	नगवां, कर्मनाशा नदी	मिर्जापुर, सोनभद्र
अहरौरा बाँध नहर	अहरौरा (वाराणसी), गडई नदी	वाराणसी, मिर्जापुर

नौगढ़ बाँध नहर	नौगढ़ (चंदौली), कर्मनाशा नदी	चंदौली, गाजीपुर
सरयू/घाघरा नहर	नानपारा (बहराइच), घाघरा नदी	बहराइच, गोंडा, बस्ती
बेलन टोंस नहर	रीवा (मध्य प्रदेश)	इलाहाबाद
रंगबा बाँध नहर	मध्य प्रदेश, बरने नदी	बाँदा
बाणगंगा बैराज नहर	बस्ती, बाणगंगा नदी	बस्ती
रामगंगा	रामगंगा	धामपुर (बिजनौर)
गोविन्द बल्लभ पंत सागर (रिहंद)	रिहंद	पिपरी (सोनभद्र)
काठी	रामगंगा	बिजनौर

उत्तर प्रदेश में आधारिक संरचना

- क्षेत्रीय असन्तुलन दूर करने के लिए पूर्वांचल एवं बुन्देलखण्ड में उद्योग स्थापना हेतु विशेष सहूलियत देने की व्यवस्था की गयी है।
- प्रदेश में सर्वांगीण औद्योगिक विकास के दृष्टिकोण से सूचना प्रौद्योगिक नीति, बायोटेक नीति, खाद्य प्रसंस्करण नीति तथा ऊर्जा नीति की घोषणा की गई है।
- उत्तर प्रदेश राज्य औद्योगिक विकास निगम, नोएडा, ग्रेटर नोएडा एवं अन्य औद्योगिक विकास प्राधिकरणों तथा संस्थाओं द्वारा प्रदेश में औद्योगिक अवस्थापना सुविधाओं का विकास किया जा रहा है।
- लखनऊ औद्योगिक विकास प्राधिकरण (लीडा) एवं दादरी औद्योगिक विकास प्राधिकरण (डीडा) की स्थापना की जा रही है।
- **उद्योग बन्धु**—प्रदेश के औद्योगिक विकास हेतु विभिन्न नीतियाँ तैयार करना, उद्यमियों को प्रदेश में उपलब्ध सुविधाओं, जैसे- भूमि, विद्युत आदि से सम्बन्धित सूचनाएँ प्रदान करता है।
- उद्यमियों को विभिन्न स्वीकृतियाँ अनुमोदन निर्गत कराने हेतु प्रदेश में एकल मेज व्यवस्था का अनुश्रवण कराना तथा विभिन्न औद्योगिक संगठनों तथा विभागों से समन्वय स्थापित करता है।
- प्रदेश में सुदृढ़ औद्योगिक वातावरण सृजित करने हेतु अवस्थापना, खाद्य प्रसंस्करण, ऊर्जा, पर्यावरण, श्रम, कर एवं निबंधन इलेक्ट्रॉनिक आदि वर्किंग ग्रुप की बैठकें आयोजित करना, कार्यवृत्त निर्गत करना तथा लिए गए निर्णयों के अनुपालन का अनुश्रवण करता है।
- निगम द्वारा प्रदेश में औद्योगिक क्षेत्रों में 7500 से भी अधिक बृहद्, मध्यम व लघु इकाइयों की स्थापना हुई है।

आर्थिक क्षेत्र

- अधिसूचित आर्थिक क्षेत्र (SEZs) 31 हैं।
- वर्तमान स्थिति के अनुसार उत्तर प्रदेश में कुल 8 संचालित विशेष आर्थिक क्षेत्र (Operational SEZs) हैं। इनमें से 1 केन्द्र सरकार द्वारा स्थापित बहु-उत्पाद प्रकार का आर्थिक क्षेत्र 'नोएडा स्पेशल इकोनॉमिक जोन' है तथा शेष 7 संचालित विशेष आर्थिक क्षेत्र (Notified Operational SEZs) इस प्रकार हैं—

1. मुरादाबाद SEZ, मुरादाबाद
2. एच.सी.एल. टेक्नोलॉजीस, नोएडा
3. मोजर बेयर, ग्रेटर नोएडा
4. विप्रो लिमिटेड, ग्रेटर नोएडा
5. सी व्यू डेवलपर्स लिमिटेड, नोएडा
6. एनआईआईटी टेक्नोलॉजीस, नोएडा
7. आचविस सॉफ्टेक, नोएडा
8. अर्शिया नॉर्दन एफटीब्लूजेड लिमिटेड, खुर्जा बुलंदशहर

- मोजर बेयर सौर ऊर्जा सहित गैर-परम्परागत ऊर्जा क्षेत्र का SEZ है।

प्रमुख औद्योगिक निगम व प्राधिकरण

- **लखनऊ औद्योगिक विकास प्राधिकरण**—इसकी स्थापना नोएडा एवं ग्रेटर नोएडा की तर्ज पर लखनऊ एवं उन्नाव के मध्य वर्ष 2005 में की गई।
- **उत्तर प्रदेश इलेक्ट्रॉनिक निगम लिमिटेड (अपट्रॉन)** — इसकी स्थापना वर्ष 1976 में पिकप की एक सहायक कम्पनी के रूप में लखनऊ में की गई थी।
- ग्रेटर नोएडा की स्थापना वर्ष 1991 में की गई। यहाँ देश के सबसे बड़े नॉलेज पार्क की स्थापना की जा रही है।
- **उत्तर प्रदेश वित्तीय निगम** की स्थापना नई एवं मध्यम उद्योगों की स्थापना के लिए ऋण देने के लिए वर्ष 1954 में कानपुर में की गई। उत्तर प्रदेश राज्य हथकरघा निगम का गठन राम सहाय आयोग की संस्तुतियों के आधार पर 9 जनवरी, 1973 को कानपुर में किया गया।
- **उत्तर प्रदेश लघु उद्योग निगम लिमिटेड**—इसकी स्थापना वर्ष 1958 में की गई, जिसके 6 क्षेत्रीय कार्यालय हैं—कानपुर, लखनऊ, इलाहाबाद, आगरा, बरेली एवं गाजियाबाद।
- **उत्तर प्रदेश औद्योगिक सहकारी संघ (यूपिका)**—इसकी स्थापना वर्ष 1952 में कानपुर में की गई।
- **उत्तर प्रदेश राज्य चर्म विकास एवं विपणन निगम**—इसकी स्थापना 12 फरवरी, 1974 को आगरा में की गई।
- **उद्यमिता विकास संस्थान**—इसकी स्थापना वर्ष 1986 में स्वायत्तशासी संस्था के रूप में की गई।
- **प्रदेशीय औद्योगिक व पूँजी निवेश**—निगम (पिकप) की स्थापना वृहत एवं मध्यम उद्योगों को दीर्घकालीन ऋण देने के लिए वर्ष 1972 में लखनऊ में की गई।
- **उत्तर प्रदेश राज्य औद्योगिक विकास निगम**—इसकी स्थापना मार्च, 1961 में कानपुर में की गई।

उत्तर प्रदेश के प्रमुख लघु एवं कुटीर उद्योग

उद्योग	केन्द्र
1. चीनी मिट्टी के बर्तन	खुर्जा, गाजियाबाद
2. दियासलाई उद्योग	बरेली, सहारनपुर, प्रयागराज, मेरठ, रामपुर
3. साबुन उद्योग	कानपुर, आगरा, मोदीनगर, गाजियाबाद, मेरठ
4. गलीचा निर्माण	आगरा, वाराणसी, भदोही, मिर्जापुर
5. दरी निर्माण	बरेली, आगरा, अलीगढ़, इटावा, मिर्जापुर, शाहजहाँपुर
6. रंग-रोगन एवं नल के पाइप	कानपुर, मेरठ, गाजियाबाद, मोदीनगर, प्रयागराज, लखनऊ
7. औषधि निर्माण	कानपुर, झाँसी, लखनऊ, सहारनपुर
8. टॉर्च निर्माण	लखनऊ
9. सिगरेट निर्माण	सहारनपुर एवं गाजियाबाद
10. वॉर्निश	बरेली, लखनऊ
11. कंबल निर्माण	मुजफ्फरनगर, नजीबाबाद, लावड़ (मेरठ)
12. हथकरघा एवं सूती वस्त्र	मेरठ, खेकड़ा (बागपत), देवबन्द, धामपुर, सिकंदराबाद, टांडा, मगहर, मऊ, मुबारकपुर
13. लकड़ी के खिलौने	लखनऊ और वाराणसी
14. बेंत की छड़ियाँ	बरेली
15. लकड़ी का फर्नीचर	हाथरस, वाराणसी, सहारनपुर, बरेली
15. लकड़ी पर नक्काशी	सहारनपुर और नगीना
16. खेल का सामान	आगरा, मेरठ
17. बर्तनों पर कलई एवं नक्काशी	मुरादाबाद और मिर्जापुर
18. पीतल की मूर्तियाँ	मथुरा
19. पीतल के ताले, सरौते, चाकू, कैंचियाँ एवं छुरे	हाथरस, मथुरा, अलीगढ़ एवं मेरठ
20. पीतल और कलई के बर्तन	वाराणसी, मिर्जापुर, फर्रुखाबाद, हाथरस, अतरौली, मुरादाबाद, शामली, हापुड़ और बड़ौत
21. ज़री, चिकन कारी और गोटे का काम	लखनऊ एवं वाराणसी
22. इत्र एवं सुगन्धित तेल	कन्नौज, गाजीपुर, जौनपुर, लखनऊ एवं प्रयागराज

- **नवीन ओखला औद्योगिक विकास प्राधिकरण (नोएडा)**—नोएडा का प्रारम्भ 1976 ई. में मूल रूप से औद्योगिक क्षेत्रों के विकास के लिए किया गया।
- **गोरखपुर औद्योगिक विकास प्राधिकरण (गीडा)**— गीडा की स्थापना पूर्वांचल के समग्र एवं सुनियोजित औद्योगिक विकास हेतु की गयी है।
- **ताज एक्सप्रेस वे औद्योगिक विकास प्राधिकरण**—इस प्राधिकरण का निर्माण 1976 ई. में किया गया। इसमें गौतमबुद्ध नगर के 37 गाँव, अलीगढ़ के 17 गाँव, आगरा के 26 गाँव, मथुरा के 34 गाँव तथा मांट तहसील के 71 गाँव शामिल हैं। इसमें कुल 185 गाँव शामिल हैं।
- **पिकप, लखनऊ**—पिकप की स्थापना कम्पनी अधिनियम 1956 के अन्तर्गत 1972 में की गयी।

प्रदेश में केन्द्र सरकार के प्रमुख प्रतिष्ठान

प्रतिष्ठान	अवस्थिति
डीजल लोकोमोटिव वर्क्स	वाराणसी
राष्ट्रीय ताप बिजली निगम (NTPC)	सिंगरौली (सोनभद्र)
भारत पम्प्स एण्ड कम्प्रेसर्स	नैनी (इलाहाबाद)
इंडियन टेलीफोन इंडस्ट्रीज	नैनी
इंडियन टेलीफोन इंडस्ट्रीज	रायबरेली
आयुध उपस्कर कारखाना	हजरतपुर (फिरोजाबाद)
हिन्दुस्तान एयरोनॉटिक्स लिमिटेड	लखनऊ
हिन्दुस्तान एयरोनॉटिक्स लिमिटेड	कानपुर
हिस्दुस्तान एयरोनॉक्टिस लिमिटेड	कोरबा मुंशीगंज
अपट्रॉन केपेसिटर सिस्टम लिमिटेड	लखनऊ
अपट्रॉन डिजिटल सिस्टम लिमिटेड	लखनऊ
भारत इलेक्ट्रॉनिक लिमिटेड	गाजियाबाद
स्कूटर्स इण्डिया लिमिटेड	लखनऊ
भारतीय चमड़ा रंगाई तथा जूता संस्थान	कानपुर

कृत्रिम अंग निर्माण निगम	कानपुर
तेल शोधन कारखाना	मथुरा
हिन्दुस्तान एल्यूमीनियम कॉर्पोरेशन (HINDALCO)	रेणुकूट (सोनभद्र)

ऊर्जा संसाधन

- किसी भी प्रदेश का सर्वांगीण विकास ऊर्जा की उपलब्धता पर निर्भर करता है।
- पारम्परिक स्रोत-कोयला, खनिज तेल, आणविक खनिज एवं जल विद्युत ऊर्जा है।
- गैर-परम्परागत स्रोत-सौर ऊर्जा, पवन ऊर्जा, बायो ऊर्जा, ज्वारीय ऊर्जा, भू-तापीय ऊर्जा इत्यादि।
- उत्तर प्रदेश में ऊर्जा के पारम्परिक स्रोत-कोयला तथा जल।
- NTPC द्वारा पहला 'ताप विद्युत संयंत्र' सिंगरौली में लगाया गया।
- कोयले पर आधारित ताप विद्युत परियोजनाएँ-दादरी ताप विद्युत परियोजना, रिहन्द ताप विद्यत परियोजना तथा ऊँचाहार ताप विद्युत परियोजना है। फिरोज गाँधी ऊँचाहार ताप विद्युत संयंत्र की क्षमता 1000 MW है।
- उत्तर प्रदेश में तेल भण्डारों का अभाव तथा कोयले की अल्प मात्रा के कारण जल विद्युत का प्रयोग होता है।
- Pressurised Heavy Water Reaction (PHWR) के डिजाइन पर बुलन्दशहर (नरौरा) में 235 MW के दो इकाइयों वाले परमाणु रिएक्टर हैं।

खनिज संसाधन

- खनिज संसाधन की दृष्टि से उत्तर प्रदेश एक निर्धन राज्य है।
- यहाँ देश के कुल खनिज उत्पादन का एक प्रतिशत खनिज प्राप्त होता है।
- खनिज संसाधन मुख्यतया दक्षिण के पठारी भाग में मिलता है।
- खनिज सम्पदा के विकास के लिए भू-तत्व एवं खनिकर्म निदेशालय की स्थापना 1955 ई. में की गई थी।
- उत्तर प्रदेश राज्य खनिज विकास निगम की स्थापना 1974 ई. में की गई।
- खनिज बहुल जिलों की संख्या 10 है।
- खनिज उत्पादन की दृष्टि से उत्तर प्रदेश का 10वाँ स्थान है।
- देश के खनिज उत्पादन का लगभग 2.6% उत्पादित होता है।
- खनिजों से प्राप्त राजस्व के 5% भाग में खनिज विकास निधि स्थापित करने की योजना है।
- राज्य में सभी उपलब्ध खनिज पदार्थ मुख्य रूप से 8 दक्षिण जिलों में केन्द्रित हैं, ये जिलें हैं— आगरा, ललितपुर, झाँसी, हमीरपुर, बाँदा, प्रयागराज, मिर्जापुर, सोनभद्र।
- शारदा एवं रामगंगा नदियों की रेत में सोने के कण पाये जाते हैं।
- यह राज्य लौह अयस्क के मामले में पिछड़ा राज्य है।
- काँच बालू उत्पादन में इसका पहला स्थान है।
- मिर्जापुर जिले में स्थित कोयले की खुदाई कोल इंडिया लिमिटेड द्वारा की जाती है, जिसका उपयोग ओबरा के ताप विद्युत गृह में किया जाता है।
- बॉक्साइट से एल्यूमीनियम बनाया जाता है।
- एल्यूमीनियम का उपयोग रेणुकूट (मिर्जापुर) फैक्ट्री में होता है।
- पाइरोफिलाइट खनिज झाँसी और हमीरपुर जिलों में पाया जाता है।
- चूना पत्थर के संचित भंडार की दृष्टि से उत्तर प्रदेश का दूसरा स्थान है। चूना पत्थर मुख्य रूप से मिर्जापुर तथा सोनभद्र में पाया जाता है।
- डोलोमाइट मिर्जापुर, बाँदा, सोनभद्र जिले में पाया जाता है। उच्च स्तर का डोलोमाइट मिर्जापुर के कजराहट में पाया जाता है।
- डोलोमाइट का उपयोग इस्पात उद्योग, पोर्टलैण्ड सीमेन्ट, प्लास्टर ऑफ पेरिस आदि में किया जाता है।
- रॉक फास्फेट बाँदा और ललितपुर जिले में पाया जाता है।
- कोयला सोनभद्र जिले के निचले गोंडवाना क्षेत्र में पाया जाता है।
- सोनभद्र के सिंगरौली क्षेत्र में कोयले का विशाल भण्डार है।
- इस क्षेत्र में खुदाई का कार्य 'कोल इंडिया लिमिटेड' द्वारा किया जाता है।
- प्रदेश के सोनभद्र जिले में चायना क्ले पाया जाता है।
- मिर्जापुर जिले में बांसी एवं मकरीखोह क्षेत्र में गोंडवाना युग की चट्टानों में फायर क्ले का निक्षेप पाया जाता है।
- ललितपुर तांबा उत्पादन का मुख्य क्षेत्र है।
- ताँबा मुख्यत: आग्नेय और परतदार चट्टानों में नसों के रूप में मिलता है।
- पाइरोफिलाइट-महोबा, झाँसी ललितपुर एवं हमीरपुर जिलों में पाया जाता है।
- इस खनिज का उपयोग ताप सह एवं सिरेमिक उद्योग में किया जाता है।
- एस्बेस्टस, मिर्जापुर से प्राप्त होता है। इसका उपयोग सीमेन्ट निर्माण एवं विद्युत उपकरणों में होता है।
- सेलखड़ी खनिज, हमीरपुर व झाँसी जिले में पाया जाता है।
- मिर्जापुर जिले में पाइराइट्स के भण्डार मिले हैं।
- पोटाश लवण प्रदेश के कानपुर, गाजीपुर, इलाहाबाद और वाराणसी जिलों में पाया जाता है।
- हीरा मुख्य रूप से बाँदा तथा मिर्जापुर जिले के जंगलों में पाया जाता है।
- हीरा भण्डार का यह क्षेत्र पन्ना के काफी समीप है।
- उत्तर प्रदेश के ललितपुर जिले में यूरेनियम के सीमित भण्डार मिले हैं।

उत्तर प्रदेश—कला एवं संस्कृति

प्रमुख घराने

- स्वामी हरिदास को अनेक विद्वान ध्रुपद की डागुर बानी का प्रवर्तक मानते हैं। उन्होंने मन्दिरों में ध्रुपद गायन द्वारा अर्चना पद्धति का श्रीगणेश किया।
- हरिदासी सम्प्रदाय के पाँच मुख्य संगीत अर्चना केन्द्र थे—

(i) बांके बिहारी का मन्दिर—जहाँ स्वामी हरिदास को दर्शन हुए।

(ii) निधिवन—स्वामी हरिदास तथा उनके शिष्यों के आश्रम एवं स्वामी जी का समाधि-स्थल।

(iii) गोरेलाल का मन्दिर—स्वामी जी की शिष्य परम्परा में नरहरि देव के उपास्य।

(iv) श्री रसिक बिहारी—स्वामी रसिक देव के ठाकुर।

(v) थट्टी स्थान—स्वामी ललित मोहिनी देव द्वारा स्थापित।

उत्तर प्रदेश के प्रमुख मेले/उत्सव

उत्सव का नाम		स्थान
1. होलिकात्सव	—	मथुरा
2. आगरा पर्यटन उत्सव	—	आगरा
3. सैय्यद सालार उर्स	—	बहराइच
4. रामायण मेला	—	चित्रकूट
5. कम्पिल पर्यटनोत्सव	—	कम्पिल (फर्रुखाबाद)
6. ढाई घाट मेला	—	शाहजहाँपुर
7. बटेश्वर मेला	—	बटेश्वर (आगरा)
8. देवा मेला	—	बाराबंकी
9. सोरों मेला	—	कासगंज
10. कालिंजर मेला	—	बाँदा
11. नवरात्रि मेला	—	आगरा
12. श्रृंगीरामपुर मेला	—	फर्रुखाबाद
13. बिठूर गंगा महोत्सव	—	कानपुर
14. राम बारात	—	आगरा
15. खिचड़ी मेला (मकर संक्रांति)	—	गोरखपुर
16. गोविन्द सागर मेला	—	अम्बेडकर नगर
17. वाराणसी पर्यटन उत्सव	—	वाराणसी
18. लखनऊ महोत्सव	—	लखनऊ
19. परिक्रमा मेला	—	अयोध्या
20. गंगा महोत्सव	—	वाराणसी
21. त्रिवेणी महोत्सव	—	प्रयागराज
22. कन्नौज पर्यटनोत्सव	—	कम्पिल (फर्रुखाबाद)
23. कबीर मेला	—	मगहर (संत कबीर नगर)
24. नौचंदी मेला	—	मेरठ
25. हरिदास जयंती	—	वृंदावन
26. कुम्भ मेला (प्रति 12 वर्ष में)	—	प्रयाग
27. गढ़मुक्तेश्वर गंगा मेला	—	हापुड़
28. मकनपुर मेला	—	फर्रुखाबाद
29. गोला गोकर्णनाथ मेला	—	लखीमपुर खीरी
30. बल सुंदरी देवी मेला	—	अनूपशहर
31. देवीपाटन मेला	—	बलरामपुर
32. कैलाश मेला	—	आगरा (कैलाश एवं सिकन्दरा में)
33. लट्ठमार होली	—	बरसाना (मथुरा)
34. आयुर्वेद महोत्सव	—	झाँसी
35. कजली महोत्सव	—	महोबा
36. रामनगरिया मेला	—	फर्रुखाबाद
37. श्रावणी मेला	—	फर्रुखाबाद
38. शाकम्भरी देवी मेला	—	सहारनपुर
39. रामनवमी मेला	—	अयोध्या (फैजाबाद)

लोक संगीत

- उत्तर प्रदेश सांस्कृतिक विविधता का प्रदेश है।
- विभिन्न अवसरों पर विभिन्न क्षेत्रों में अनेक लोक गीत प्रचलन में रहे हैं।
- प्रदेश के प्रमुख लोक गीत हैं—बिरहा, चैती, कजरी, रसिया आल्हा, पूरन भगत भर्तृहरि आदि।

बिरहा

- यह पूर्वांचल में गाया जाता है।
- इसे वीर रस में करताल का प्रयोग करके गाया जाता है।

चैती

- यह एक ऋतु गीत है।
- चैती के द्वारा प्रेम की अभिव्यक्ति की जाती है।

कजरी

- सावन में महिलाओं द्वारा गाया जाता है।
- यह विवाह गीत तथा ऋतु-गीत है।

रसिया

- यह ब्रजभूमि का गीत है।
- श्री कृष्ण की उपासना में यह गाया जाता है।

आल्हा

- यह बुंदेलखण्ड, महोबा में प्रचलित लोक गीत है।
- इसे वीर रस में गाया जाता है।

सोहर

- यह संस्कार गीत है।

उत्तर प्रदेश जनगणना—2011 अंतिम आंकड़े

- 2011 की अंतिम जनगणना रिपोर्ट के अनुसार, राज्य की कुल जनसंख्या—19,98,12,341 (उन्नीस करोड़ अठ्ठानवे लाख बारह हजार तीन सौ इकतालिस) है। यह भारत की कुल जनसंख्या का 16.51 प्रतिशत (2001

में 16.16 प्रतिशत) है, जो पिछले दशक से 3,36,14, 420 अधिक है।

- अंतिम आँकड़ों के अनुसार, उत्तर प्रदेश की कुल जनसंख्या में पुरुष जनसंख्या 52.29% (10,44,80,510) है, जो 2001 की जनगणना के अनुसार 52.69% थी।
- उत्तर प्रदेश की कुल जनसंख्या में महिला जनसंख्या 9,53,31,831 है, जो कि उत्तर प्रदेश की कुल जनसंख्या का 47.71 प्रतिशत है।
- अंतिम आँकड़ों के अनुसार, 0-6 आयु वर्ग की जनसंख्या 30,791,331 है, जो कि उत्तर प्रदेश की कुल जनसंख्या का 15.41 प्रतिशत है।
- जनगणना 2011 के अंतिम आँकड़ों के अनुसार, उत्तर प्रदेश के जिलों में सर्वाधिक जनसंख्या क्रमशः (घटते क्रम में) इलाहाबाद, मुरादाबाद, गाजियाबाद, आजमगढ़ एवं लखनऊ की है।
- जनगणना 2011 के अंतिम आँकड़ों के अनुसार, उत्तर प्रदेश के जिलों में न्यूनतम जनसंख्या क्रमशः (बढ़ते क्रम में) महोबा, चित्रकूट, हमीरपुर, श्रावस्ती एवं ललितपुर की हैं।

जनसंख्या घनत्व

- जनगणना 2011 के अंतिम आँकड़ों के अनुसार, उत्तर प्रदेश में जनघनत्व (1 वर्ग किमी. में औसतन निवासित व्यक्तियों की संख्या) 829 है, जबकि 2001 में यह संख्या 690 थी।
- जनगणना 2011 के आँकड़ों के अनुसार, उत्तर प्रदेश के अधिकतम जनघनत्व वाले जिले क्रमशः (घटते क्रम में) हैं—गाजियाबाद (3971), वाराणसी (2395), लखनऊ (1816), संत रविदास नगर (1555) तथा कानपुर नगर (1452)।
- जनगणना 2011 के आँकड़ों के अनुसार, उत्तर प्रदेश के न्यूनतम जनघनत्व वाले जिले क्रमशः (बढ़ते क्रम में) हैं—ललितपुर (242), सोनभद्र (270), हमीरपुर (275), महोबा (279) एवं चित्रकूट (308)।

लिंगानुपात

- जनगणना, 2011 के अंतिम आँकड़ों के अनुसार, उत्तर प्रदेश में लिंगानुपात (प्रति 1000 पुरुषों पर महिलाओं की संख्या) 912 है, जबकि 2001 में यह संख्या 898 थी।
- जनगणना 2011 के अंतिम आँकड़ों के अनुसार, उत्तर प्रदेश का लिंगानुपात समग्र भारत के लिंगानुपात (943) से 31 कम है तथा इस दृष्टि से इसका स्थान देश के सभी राज्यों/संघीय क्षेत्रों में 26वां है।
- जनगणना 2011 के अंतिम आँकड़ों के अनुसार, उत्तर प्रदेश के अधिकतम लिंगानुपात वाले जिले क्रमशः (घटते क्रम में) हैं— जौनपुर (1024), आजमगढ़ (1019), देवरिया (1017), प्रतापगढ़ (998) एवं सुल्तानपुर (983)
- जनगणना 2011 के अंतिम आँकड़ों के अनुसार, उत्तर प्रदेश के न्यूनतम लिंगानुपात वाले जिले क्रमशः (बढ़ते क्रम में) हैं—गौतमबुद्ध नगर (851), हमीरपुर (861), बागपत (861), कानपुर नगर (863), एवं बाँदा (863)।
- जनगणना 2011 के अंतिम आँकड़ों के अनुसार, राज्य के औसत शिशु लिंगानुपात से 37 जिलों का लिंगानुपात अधिक है तथा राष्ट्रीय शिशु लिंगानुपात (919) से 23 जिलों का लिंगानुपात (919) राष्ट्रीय औसत के समान तथा बाँदा/संत रविदास नगर/मिर्जापुर का शिशु लिंगानुपात (902) राज्य के औसत शिशु लिंगानुपात के समान है।
- उत्तर प्रदेश के सर्वाधिक शिशु लिंगानुपात वाले जिले क्रमशः (घटते क्रम में) हैं—बलरामपुर (950), संत कबीर नगर (942), बहराइच (935), सिद्धार्थ नगर (935) एवं बाराबंकी (932)।
- जनगणना 2011 के आंकड़ों के अनुसार, उत्तर प्रदेश के न्यूनतम शिशु लिंगानुपात वाले जिले क्रमशः (बढ़ते क्रम में) हैं—बागपत (841), गौतमबुद्ध नगर (843), गाजियाबाद (850), मेरठ (852) एवं बुलन्दशहर (854)।

दशकीय वृद्धि पर

- जनगणना 2011 के आँकड़ों के अनुसार, उत्तर प्रदेश में जनसंख्या की दशकीय (2001-2011) वृद्धि दर 20.2 प्रतिशत रही है (1991-2001 के दौरान 25.85%) जो कि समग्र भारत की 17.7 प्रतिशत की दर कहीं अधिक है।
- 2001-2011 के दौरान उत्तर प्रदेश में दशकीय वृद्धि दर में गिरावट राष्ट्रीय स्तर से अधिक रही है।
- जनगणना 2011 के आँकड़ों के अनुसार, दशकीय वृद्धि दर की दृष्टि से उत्तर प्रदेश का देश के राज्यों/संघीय क्षेत्रों में 14वाँ तथा 28 राज्यों में 10वाँ स्थान है।
- जनगणना 2011 के आँकड़ों के अनुसार, 2001 से 2011 के दौरान उत्तर प्रदेश के सर्वाधिक दशकीय वृद्धि दर वाले जिले क्रमशः (घटते क्रम में) हैं—गौतमबुद्ध नगर (49.1%), गाजियाबाद (41.3%), श्रावस्ती (30.5), बहराइच (29.3%), बलरामपुर (27.7%)।
- जनगणना 2011 के आँकड़ों के अनुसार, 2001 से 2011 के दौरान उत्तर प्रदेश के न्यूनतम दशकीय वृद्धि दर वाले जिले क्रमशः (बढ़ते क्रम में) हैं—कानपुर नगर (9.9%), हमीरपुर (11.1%), बागपत (11.9%), फतेहपुर (14.1%), देवरिया (14.2%)।

साक्षरता दर

- जनगणना, 2011 के अन्तिम आँकड़ों के अनुसार, उत्तर प्रदेश में कुल साक्षरता दर 67.7 प्रतिशत है (2001 में 56.3%) जो कि समग्र भारत की साक्षरता दर (73.0 प्रतिशत) से 5.3% कम है। 2001-2011 के दौरान प्रदेश की साक्षरता में 11.4% की वृद्धि हुई।
- उत्तर प्रदेश साक्षर जनसंख्या वृद्धि में (57.25%) देश का तीसरा राज्य है।
- जनगणना 2011 के अन्तिम आँकड़ों के अनुसार, उत्तर प्रदेश के सर्वाधिक साक्षरता दर वाले जिले क्रमशः (घटते क्रम में) हैं—गौतमबुद्ध नगर (80.1%), कानपुर नगर (79.7%), औरैया (78.9%), इटावा (78.4%), गाजियाबाद (78.1%) एवं (77.3%)।
- जनगणना 2011 के अन्तिम आँकड़ों के अनुसार, उत्तर प्रदेश के न्यूनतम दर वाले जिले क्रमशः (बढ़ते क्रम में) हैं—श्रावस्ती (46.7%), बहराइच (49.4%), बलरामपुर (49.5%), बदायूँ (51.3%) तथा रामपुर (53.3%)।
- जनगणना 2011 के अन्तिम आँकड़ों के अनुसार, उत्तर प्रदेश में पुरुष

साक्षरता दर 77.28 प्रतिशत (2011 में 68.82 प्रतिशत) है, जबकि समग्र भारत में यह 80.9 प्रतिशत के स्तर पर है। 2001-2011 के दौरान उत्तर प्रदेश के पुरुष साक्षरता दर में 8.48 प्रतिशत की वृद्धि हुई है।

- जनगणना 2011 के अन्तिम आँकड़ों के अनुसार, उत्तर प्रदेश के सर्वाधिक पुरुष साक्षरता दर वाले जिले क्रमश: (घटते क्रम में) हैं—गौतमबुद्ध नगर (88.1%), औरैया (86.1%), इटावा (86.1%), गाजियाबाद (85.4%) एवं झांसी (85.4%)।
- जनगणना 2011 के अन्तिम आँकड़ों के अनुसार, उत्तर प्रदेश के न्यूनतम पुरुष साक्षरता दर वाले जिले क्रमश: (बढ़ते क्रम में) हैं—श्रावस्ती (57.2%), बहराइच (58.3%), बलरामपुर (59.7%), बदायूँ (61%), एवं रामपुर (61.4%)।
- जनगणना 2011 के अन्तिम आँकड़ों के अनुसार, उत्तर प्रदेश में महिला साक्षरता दर 57.2 प्रतिशत (2011 में 42.2%) हैं, जबकि समग्र भारत में यह 64.6 प्रतिशत के स्तर पर है।
- जनगणना 2011 के अन्तिम आँकड़ों के अनुसार, उत्तर प्रदेश के सर्वाधिक महिला साक्षरता दर वाले जिले क्रमश: (घटते क्रम में) हैं—कानपुर नगर (75.1%), लखनऊ (71.5%), गौतमबुद्ध नगर (70.8%), औरैया (70.6%) एवं गाजियाबाद (69.8%)।
- जनगणना 2011 के अन्तिम आँकड़ों के अनुसार, उत्तर प्रदेश के न्यूनतम महिला साक्षरता दर वाले जिले क्रमश: (बढ़ते क्रम में) हैं—श्रावस्ती (34.8%), बलरामपुर (38.4%), बहराइच (39.2%), बदायूँ (40.1%) एवं रामपुर (44.4)।

नगरीकरण

- जनगणना, 2011 के आँकड़ों के अनुसार, उत्तर प्रदेश में कुल नगरीय जनसंख्या 44,495,063 है, जो राज्य की कुल जनसंख्या का 22.3 प्रतिशत है।
- जनगणना 2011 के आँकड़ों के अनुसार, उत्तर प्रदेश में कुल ग्रामीण जनसंख्या 155,317,278 है, जो राज्य की कुल जनसंख्या का 77.7 प्रतिशत है।
- जनगणना 2011 के आँकड़ों के अनुसार, उत्तर प्रदेश में नगरीय साक्षरता दर 75.14 प्रतिशत है, जिसमें नगरीय पुरुष साक्षरता दर 80.45 तथा नगरीय महिला साक्षरता दर 60.96 प्रतिशत है।
- जनगणना 2011 के आँकड़ों के अनुसार, उत्तर प्रदेश में ग्रामीण साक्षरता दर 65.46 प्रतिशत है, जिसमें ग्रामीण पुरुष साक्षरता दर 76.33 प्रतिशत तथा ग्रामीण महिला साक्षरता दर 48.48 प्रतिशत है।
- जनगणना 2011 के आँकड़ों के अनुसार, उत्तर प्रदेश का सर्वाधिक नगरीय जनसंख्या वाला जिला गाजियाबाद एवं न्यूनतम नगरीय जनसंख्या वाला जिला श्रावस्ती है।
- जनगणना 2011 के आँकड़ों के अनुसार, उत्तर प्रदेश का सर्वाधिक ग्रामीण जनसंख्या वाला जिला इलाहाबाद एवं न्यूनतम ग्रामीण जनसंख्या वाला जिला गौतमबुद्ध नगर।
- सर्वाधिक एवं न्यूनतम ग्रामीण प्रतिशतता वाला जिला क्रमश: श्रावस्ती (96.5%) एवं गाजियाबाद (32.4%) है।
- जनगणना 2011 के आँकड़ों के अनुसार, उत्तर प्रदेश का सर्वाधिक नगरीकरण प्रतिशत वाला जिला गाजियाबाद (67.6%) एवं न्यूनतम नगरीकरण प्रतिशत वाला जिला श्रावस्ती (3.5%) है।

अनुसूचित जाति

- 30 अप्रैल, 2013 को जारी जनगणना, 2011 के अन्तिम आँकड़ों के अनुसार, उत्तर प्रदेश में अनुसूचित जाति (SC) की जनसंख्या 41,357,608 (पुरुष 21,676,975 तथा महिलायें 19,680,633) हैं।
- प्रदेश में सर्वाधिक अनुसूचित जाति जनसंख्या वाले जिले क्रमश: (घटते क्रम में हैं)—सीतापुर (14,46,427), इलाहाबाद (13,09,851), हरदोई (12,74,505), आजमगढ़ (11,71,378)।
- प्रदेश में सबसे कम अनुसूचित जाति जनसंख्या वाले जिले क्रमश: (बढ़ते क्रम में) हैं—बागपत (1,49,060), श्रावस्ती (1,89,334), गौतमबुद्ध नगर (2,16,105), महोबा (2,20,898)।
- 2001 की जनगणनानुसार, उत्तर प्रदेश के सर्वाधिक अनुसूचित जाति प्रतिशतता वाले जिले (घटते क्रम में) थे—सोनभद्र (41.92%), कौशाम्बी (36.10%), सीतापुर (31.87%), हरदोई (31.36%) तथा उन्नाव (30.64%)
- जनगणना 2011 के आँकड़ों के अनुसार, प्रदेश में अनुसूचित जाति जनसंख्या के सबसे कम प्रतिशतता वाले जिले क्रमश: (बढ़ते क्रम में) हैं—बागपत (11.44%), बरेली (12.53%), बलरामपुर (12.90%), गौतमबुद्ध नगर (13.11%), व रामपुर (13.18%)।

अनुसूचित जनजाति

- 2011 की जनगणना के अन्तिम आँकड़ों के अनुसार, उत्तर प्रदेश में अनुसूचित जनजातियों की जनसंख्या 11,34,273 है, जिसमें 5,81,083 पुरुष एवं 5,53,190 स्त्रियाँ हैं।
- राज्य की कुल जनसंख्या में अनूसुचित जनजातियों की जनसंख्या का प्रतिशत 0.6 है, जबकि भारत की कुल जनसंख्या में अनुसूचित जनजातियों की जनसंख्या का प्रतिशत 8.6 है।
- सर्वाधिक अनुसूचित जनजाति जनसंख्या वाले जिले क्रमश: (घटते क्रम में) हैं—सोनभद्र (3,85,018), बलिया एवं (1,10,114) देवरिया (1,09,894)
- न्यूनतम अ.ज.जा. जनसंख्या वाले राज्य के जिले क्रमश: (बढ़ते क्रम में) हैं—बागपत (14), कन्नौज (15) एवं बदायूँ (58)।
- सर्वाधिक अ.ज.जा. जनसंख्या प्रतिशत वाले जिले क्रमश: (घटते क्रम में) हैं—सोनभद्र (20.7%), ललितपुर (5.9%), देवरिया (3.5%) एवं बलिया (3.4%)।
- जनगणना 2011 के आंकड़ों के अनुसार, उत्तर प्रदेश के अ.ज.जा. में लिंगानुपात 951 है।

उत्तर प्रदेश में जनजातीय संरचना

- उत्तर प्रदेश में अनुसूचित जनजातियाँ संख्या तथा प्रतिशतता के दृष्टिकोण से बहुत कम हैं।

- प्रदेश में सर्वाधिक अनुसूचित जनजातियों की संख्या तथा प्रतिशतता वाला जिला-लखीमपुर खीरी है।
- प्रदेश में जालौन व फैजाबाद में अनुसूचित जनजाति का एक भी व्यक्ति नहीं है।
- थारू: इनका निवास क्षेत्र उत्तराखण्ड, उत्तर प्रदेश, बिहार तथा नेपाल के बीच का तराई भाग है।
- उत्तर प्रदेश में प्रमुख जिले गोंडा, लखीमपुर खीरी, बहराइच, महाराजगंज, गोरखपुर में थारू जनजाति का विस्तार है।
- थारू किरात के वंशज माने जाते हैं।
- इनका नाम 'थारू' पड़ने के निम्न मत हैं–
  1. ये लोग 'थार' के मरुस्थल से आकर बसे हैं, इसीलिए 'थारू' नाम पड़ा।
  2. अधिक मदिरा (थार) ग्रहण करने के कारण ये 'थारू' कहलाते हैं।
- थारू जनजाति हिन्दू धर्म को मानती है।
- थारू पुरुष धोती पहनते हैं तथा चोटी रखते हैं।
- थारू स्त्रियाँ लहँगा, चुन्नी, कढ़ाईदार कुर्ता धारण करती हैं।
- थारू स्त्रियाँ खुद के द्वारा मारी गई मछलियाँ ही खाती हैं। पुरुषों द्वारा स्पर्श मछली ये ग्रहण नहीं करती हैं।
- इनके घर उत्तर-दक्षिण की ओर होते हैं।
- इनके घर लकड़ी के लट्ठे और नरकुल से बने होते हैं।
- इनमें विवाह की निम्न दो प्रथाएँ प्रचलित हैं–
  1. बदला प्रथा–एक दूसरे की बहन के साथ विवाह
  2. तीन टिकठी प्रथा–एक दूसरे की बहन से विवाह न करके निकटतम कन्या से विवाह।
- विवाह की रस्म पक्की हो जाने को 'पक्की पोढ़ी' कहते हैं।
- बोक्सा सबसे पहले तराई में 'बनबसा' नामक स्थान पर बसे।
- ये उत्तर प्रदेश में बिजनौर जिले में छोटी-छोटी ग्रामीण बस्तियों के रूप में निवास करते हैं।
- बोक्सा पतवार राजपूतों के वंशज माने जाते हैं।
- ये मुख्य रूप से हिन्दी बोलते हैं, तथा देवनागरी लिपि में पढ़ते-लिखते हैं।
- ये छोटी कद-काठी व छोटी आँख वाले होते हैं।
- ये विवाह को 'समझौते' के तौर पर करते हैं, विवाह को दोनों पक्षों में कोई भी पक्ष तोड़ सकता है।
- बोक्सा का प्रमुख भोजन चावल और मछली है।
- शराब पीना बोक्सा पुरुषों का स्वभाव है।
- बोक्सा पुरुष धोती, कुर्ता, पगड़ी आदि पहनते हैं।
- रंग-रूप में ये निम्न जाति के हिन्दुओं के समान दिखते हैं।
- ये संयुक्त परिवार में रहते हैं।
- इनमें विधवा विवाह एवं बहुविवाह दोनों प्रचलित हैं।
- शिक्षा और जागरूकता से भोक्सा जनजाति का सतत् उत्थान हो रहा है।
- भोक्सा हिन्दू धर्म को मानते हैं।
- ये महादेव, काली-देवी, देवी-दुर्गा आदि की आराधना करते हैं।
- उत्तराखण्ड के काशीपुर की चामुण्डा देवी इनकी प्रमुख देवी है।
- खरवार जनजाति मुख्य रूप से मिर्जापुर में निवास करती हैं।
- 11 वीं तथा 12वीं शताब्दी में ये समृद्ध अवस्था में थे।
- चन्देलों के आक्रमण से इनका पतन हो गया।
- ये शिकार करके आजीविका चलाते थे।
- भाषा में ये शब्दों को खींच कर बोलते हैं।
- 'रे', 'तोर', 'मोर', 'कोकट', 'ओकेर' इत्यादि शब्दों का प्रयोग भाषा में होता है। प्राय: ये आवाजें नाक से निकाली जाती है।
- पुरुष ऊँची धोती, बनियान तथा पगड़ी पहनते हैं।
- स्त्रियाँ साड़ी, बाजू-बन्ध तथा आभूषण धारण करती हैं।
- ये हिन्दू धर्म को मानते हैं।
- जितुआ, अनन्त चौदस, होली, नवरात्रि इसके प्रमुख त्योहार हैं।
- माहीगीर बिजनौर के नजीबाबाद क्षेत्र में निवास करते हैं।
- इसके अतिरिक्त ये जलालाबाद, मनेरा, मंडवार, धारानगर इत्यादि जगहों पर रहते हैं।
- ये मुख्यत: मछुआरे होते हैं।
- माहीगीर जनजाति का प्रसंग 'महाभारत' में भी मिलता है।
- ये खड़ी बोली की तरह की भाषा का प्रयोग करते हैं।
- माहीगीर इस्लाम धर्म को मानते हैं।
- विवाह की रस्म इस्लाम धर्म के अनुसार होती है।
- भोजन में माँस का प्रयोग करते हैं।
- माहीगीर जनजाति के परिवार के सभी सदस्य एक साथ बैठकर भोजन करते हैं।
- कानून और व्यवस्था के लिए पंचायत होती है।

उत्तर प्रदेश के विभिन्न जिलों में जनजातियों की संख्या

उत्तर प्रदेश की जनजाति जनसंख्या-2011

क्र.	जिला	जनजाति जनसंख्या (2011)
1.	सहारनपुर	980
2.	मुजफ्फरनगर	317
3.	मेरठ	3390
4.	गाजियाबाद	3968

5.	बुलन्दशहर	198
6.	गौतम बुद्ध नगर	2215
7.	बागपत	14
8.	अलीगढ़	629
9.	आगरा	7255
10.	मथुरा	1520
11.	मैनपुरी	478
12.	एटा	140
13.	फिरोजाबाद	2565
14.	हाथरस	268
15.	फैजाबाद	931
16.	बाराबंकी	610
17.	अम्बेडकर नगर	746
18.	सुल्तानपुर	696
19.	चित्रकूट धाम	366
20.	बाँदा	163
21.	हमीरपुर	474
22.	महोबा	647
23.	झाँसी	3873
24.	ललितपुर	71,010
25.	जालौन	832
26.	मिर्जापुर	20,132
27.	सोनभद्र	3,85,018
28.	संत रविदास नगर	1,873
29.	बस्ती	3,620
30.	सिद्धार्थ नगर	12,021
31.	संत कबीर नगर	1,553
32.	गोरखपुर	18,172
33.	देवरिया	1,09,894
34.	महाराजगंज	16,435
35.	कुशीनगर	80,269
36.	वाराणसी	28,617
37.	गाजीपुर	28,712
38.	जौनपुर	4,736
39.	चन्दौली	41,725
40.	प्रयागराज	7,955
41.	फतेहपुर	340
42.	कौशाम्बी	193
43.	प्रतापगढ़	723
44.	आजमगढ़	9,327
45.	बलिया	1,10,119
46.	मऊ	22,915
47.	बलरामपुर	24,887
48.	गोण्डा	870
49.	बहराइच	11,961
50.	श्रावस्ती	5,534
51.	कानपुर नगर	3,753
52.	कानपुर देहात	801
53.	औरैया	150
54.	कन्नौज	15
55.	इटावा	169
56.	फर्रुखाबाद	230
57.	लखनऊ	7,506
58.	सीतापुर	1602
59.	हरदोई	349
60.	उन्नाव	2926
61.	रायबरेली	1756
62.	लखीमपुर खीरी	53,375
63.	बरेली	3227

उत्तर प्रदेशः राजस्व विभाग

राजस्व विभाग प्रारम्भ में सामान्य प्रशासन विभाग, न्याय विभाग, आबकारी विभाग, निबंधन विभाग, मनोरंजन कर विभाग व राजस्व विभाग का एक समन्वित संगठन रहा है। शासन सत्ता के विकेन्द्रीयकरण के संबंध में अपनाई गई नीति के तहत वर्ष 1973 में सी.आर.पी.सी. में सशोधन के साथ-साथ जिला कलेक्टर से न्यायिक शक्तियों तथा न्याय विभाग को हस्तगत करते हुए कतिपय अधिनियमों एवं धाराओं में राजस्व विभाग के अधिकारियों को मजिस्ट्रेट की शक्तियाँ यथावत शासन द्वारा पूर्व की भांति बनायी रखी गई जिसके तहत आज भी कार्य सम्पादित होते हैं।

राजस्व विभाग मंत्री राजस्व के अधीन है, जिनकी सहायता के लिए सचिवालय स्तर पर प्रमुख विभागाध्यक्ष होते है।

1. राजस्व परिषद
2. चकबंदी आयुक्त
3. भूमि अध्यप्ति निदेशक
4. राहत आयुक्त
5. प्रमुख संपादक, जिला गजेटियर

राजस्व परिषद

उत्तर प्रदेश राजस्व परिषद की स्थापना तत्कालीन ईस्ट इंडिया कंपनी के द्वारा वर्ष 1831 में की गई थी। इसका मुख्यालय इलाहाबाद (वर्तमान- प्रयागराज) में स्थित है।

राजस्व परिषद के कार्य

- उत्तर प्रदेश राजस्व परिषद सरकारी भूमि के संरक्षक के रूप में कार्य करता है और राज्य के लिए भूमि अभिलेखों के उचित रखरखाव को सुनिश्चित करता है।

- साथ ही यह विभाग भूमि सुधार के कार्यान्वयन और जरूरतमंद और योग्य व्यक्तियों को भूमि प्रदान करता है।
- यह विभाग उत्तर प्रदेश के लोगों को विभिन्न सरकारी योजनाओं की सेवाओं की कुशल वितरण प्रदान करता है।
- प्राकृतिक आपदाओं से प्रभावित लोगों के लिए राहत और कार्यान्वयन पुनर्वास उपायों को प्रदान करना इस विभाग का कार्य होता है।

राजस्व परिषद राजस्व प्रशासन का सबसे महत्वपूर्ण विभागाध्यक्ष है। इसके अंतर्गत मण्डलायुक्त, जिलाधिकारी एवं उनके अधीन समस्त राजस्व प्राधिकारी आते है। मण्डलायुक्त को सहयोग देने के लिए अपर मण्डलायुक्त होते हैं। इसी प्रकार जिलाधिकारी के अधीन अपर जिलाधिकारी, उपजिलाधिकारी, तहसीलदार, नायब तहसीदलार, राजस्व निरीक्षक तथा लेखपाल आते है। इसके अतिरिक्त राजस्व परिषद के अधीन सर्वेक्षण एवं अभिलेख क्रियायें संचालित होती है। यह कार्य जिलाधिकारी, अपर जिलाधिकारी के पर्यवेक्षण में सहायक अभिलेख अधिकारी द्वारा किया जाता है। राजस्व परिषद में प्रशासनिक एवं न्यायिक सदस्य होते है। राजस्व परिषद का लखनऊ में प्रशासनिक कार्यालय है। यहाँ पर प्रशासनिक एवं न्यायिक सदस्य वादो का निस्तारण करते है। प्रशासनिक सदस्य प्रशासनिक कार्यो का भी सम्पादन करते है। इलाहाबाद में राजस्व परिषद के न्यायिक सदस्य बैठते है। महानिरीक्षक निबंधन राजस्व परिषद के पदेन अपर सचिव होते है। इनका मुख्यालय इलाहाबाद में है। राजस्व परिषद का सृजन राजस्व परिषद अधिनियम के अंतर्गत किया गया है।

चकबंदी आयुक्त

राजस्व सचिव शाखा के अधीन दूसरे विभागाध्यक्ष चकबंदी आयुक्त है। इस विभाग का काम खातेदारों की बिखरी जोतों को एकत्रित करना है। इसके अतिरिक्त यह विभाग खातेदारों की जोतों से एक निर्धारित प्रतिशत से कटौती करके उसे विभिन्न सार्वजनिक उद्देश्यो के लिये आरक्षित करता है। खातेदारों को चक आवंटित करने के साथ-साथ चको के लिए नाली एवं चकमार्ग की व्यवस्था की जाती है। चकबंदी आयुक्त के अधीन अपर आयुक्त चकबन्दी, संयुक्त/उप/सहायक संचालक चकबन्दी, बंदोबस्त अधिकारी, चकबन्दी (जिसके अंतर्गत अपर बंदोबस्त अधिकारी चकबन्दी एवं सहायक बंदोबस्त अधिकारी भी शामिल है) चकबन्दी अधिकारी, सहायक चकबन्दी अधिकारी, चकबन्दीकर्ता तथा चकबन्दी लेखपाल होते है। इसके अतिरिक्त आयतीकरण इकाइयों में आयतीकरण अधिकारी, सहायक आयतीकरण अधिकारी एवं अन्य कर्मचारी होते है।

भूमि अध्यप्ति निदेशक

निदेशक भमि अध्यप्ति का कार्यालय राजस्व परिषद लखनऊ में स्थित है। भूमि अर्जन अधिनियम के अन्तर्गत कार्यवाही करने के स्तर पर विशेष भूमि अध्यप्ति अधिकारियों एवं / अथवा अपर जिलाधिकारी (भूमि अध्यप्ति) की तैनाती की जाती हैं। भूमि अध्यप्ति अधिनियम के अन जिलाधिकारी, मण्डलायुक्त एवं राजस्व परिषद द्वारा अवार्ड उनकी शक्तियों के अनसार घोषित किये जाते हैं। यह कार्यवाही भूमि अजन अधिनियम भूमि अर्जन मैनुअल तथा शासनादेशो के अनुसार की जाती है।

राहत आयुक्त

राजस्व विभाग के अधीन एक विभागाध्यक्ष राहत आयुक्त है । इस पर पर विशेष सचिव या सचिव स्तर के अधिकारी की तैनाती की जाती है। राहत आयुक्त का प्रमुख कार्य दैवी आपदाओं के संबध में आर्थिक सहायता प्रदान करना तथा आपदा प्रबंधन की योजना तैयार करना है। इस आपदा राहत का वितरण जिलाधिकारियों के माध्यम से किया जाता है।

प्रमुख संपादक जिला गजेटियर

राजस्व विभाग के अधीन पाँचवा एवं अंतिम विभागाध्यक्ष प्रमुख संपादक जिला गजेटियर है। इनका कार्यालय जवाहर भवन लखनऊ में स्थित है। इस विभाग का कार्य जिलों के गजेटियर तैयार करना है। गजेटियर में जिले से संबंधित सभी आवश्यक सूचनाँए रहती हैं । प्रदेश स्तर पर अंग्रेजी भाषा में एक राज्य गजेटियर जो पाँच खण्डो में है, तैयार कराया गया है।

शासन के राजस्व विभाग में कुल 14 अनुभाग हैं। इन अनुभागों में किए जाने वाले कार्य का विवरण इस प्रकार है:

(i) राजस्व अनुभाग-1 में भूमि से संबंधित अधिनियमों एवं नियमावलियों का कार्य, अंतर्राज्यीय सीमा विवाद के फलस्वरूप उत्तर प्रदेश राज्य में अंतरित हुए क्षेत्रों में राजस्व विधियों का लागू किया जाना, उत्तर प्रदेश के गैर-जमींदारी विनाश क्षेत्रों में जमींदारी का उन्मूलन तथा भूमि व्यवस्था लागू करना, जमींदारी विनाश तथा अधिकतम जोत सीमा आरोपण अधिनियम 1960 के फलस्वरूप राज्य में निहित हुई संपत्तियों के प्रबन्ध हेतु उनका ग्राम पंचायतों तथा अन्य स्थानीय निकायों में निहितन संबंधी कार्य, ग्राम पंचायतों एवं स्थानीय प्राधिकारियों में निहित सम्पत्तियों का पुर्नग्रहण संबंधी कार्य, राजस्व ग्राम के सृजन तथा उनके नाम परिवर्तन से संबंधित कार्य किये जाते है।

(ii) राजस्व अनुभाग-2 में ग्राम पंचायत में निहित भूमि तथा अन्य सम्पत्तियों से संबंधित सामान्य नीति का निर्धारण किया जाता है एवं ग्राम पंचायत भूमि के आवंटन से संबंधित आँकड़ो का संकलन किया जाता है। इसके अतिरिक्त ग्राम पंचायतों में निहित सम्पत्तियों के नियंत्रण संबंधी कार्य एवं उनसे होने वाली आय का आय-व्यय का तथा ग्राम पंचायत कोष संबंधी कार्य किया जाता है ! इसके अतिरिक्त ग्राम पंचायत भूमि से अनाधिकृत कब्जों को हटाने की कार्यवाही, आवंटित भूमि पर आवंटियो को कब्जा दिलाने संबंधी कार्य, भूमि प्रबन्ध समितियों से संबंधित कार्य, ग्राम पंचायतों तथा भूमि प्रबन्ध समितियों के वादो से संबंधित कार्य, ग्राम पंचायत के अधिवक्ताओं से संबंधित कार्य, उत्तर प्रदेश भूमि प्रबन्ध समिति नियम संग्रह के संशोधन तथा पुनरीक्षण से संबंधित कार्य एवं ग्राम पंचायत तथा भूमि प्रबन्ध समितियों से संबंधित अन्य कार्य किये जाते है।

(iii) राजस्व अनुभाग-3 राजस्व सचिव शाखा के सभी 14 अनुभागो के अधिष्ठान से संबंधित कार्य करता है। इस शाखा में राजस्व सचिव शाखा केअनुभाग अधिकारियों तथा अनुभाग के समूह 'ग' एवं 'घ' के मासिक वेतन के आहरण वितरण संबंधी कार्य, समूह 'ग' एवं 'घ' के कर्मचारियों की चरित्र पंजिकाओं, सेवा पुस्तिकाओ एवं भविष्य निर्वाह निधि पास बुकों के रख-रखाव का कार्य, शाखा के अधिकारियों/कर्मचारियों के प्रशिक्षण एवं अवकाश स्वीकृति संबंधी कार्य, राजस्व विभाग की सेवा नियमावलियों के समन्वय का कार्य, राजस्व विभाग के

अस्थायी पदों की निरन्तरता का कार्य एवं अस्थायी पदों के स्थायी किये जाने का समन्वय कार्य, राजस्व विभाग के अधिकारियों/कर्मचारियों की वार्षिक प्रविष्टि तथा स्कीनिंग के समन्वय का कार्य, अपराध अनुसंधान विभाग, सतर्कता विभाग, प्रशासनिक न्यायाधिकरण के जॉच परिणामों के कार्यान्वयन एवं समन्वय आदि के कार्य किये जाते है। इस शाखा में ही विभाग का बजट प्राप्त होता है।

(iv) राजस्व अनुभाग-4 में मंडल, जिला तथा तहसील कार्यालयों से संबंधित समस्त कार्य किया जाता है। इसके अतिरिक्त राजस्व विभाग में आई.ए.एस. तथा पी.सी.एस. अधिकारियों के पदो के सृजन का कार्य, राजस्व परिषद एवं जिलों में भू-अभिलेखो के सुढ़दीकरण, आधुनिकीकरण, कम्प्यूटीकरण का कार्य, छटनीशुदा कर्मचारियो के समायोजन का कार्य, समाज कल्याण विभाग द्वारा विनिर्दिष्ट विकलांगो, दृष्टिहीनों के समायोजन संबंधी कार्य, मोटर दुर्घटना प्रतिकर दावों का कार्य, राजस्व नियम-संग्रह के संशोधन/ पुनरीक्षण का कार्य, लेखपाल प्रशिक्षण विद्यालयों की स्थापना, वित्त आयोग को सूचना उपलब्ध कराये जाने का कार्य, लोक लेखा समिति से संबंधित समन्वय आदि के कार्य किये जाते है।

(v) राजस्व अनुभाग-5 में नये मंडलों, जिलों एवं तहसीलों के सृजन तथा उससे संबंधित विभिन्न कार्य, मण्डलों, जिलों तथा तहसीलों के आवासीय एवं अनावासीय भवनों के निर्माण हेतु भूमि अर्जन संबंधी कार्य, विभिन्न राजकीय विभागो को राजस्व विभाग की भूमि उपलबध कराये जाने से संबंधित कार्य, राजस्व भवनों के लघु निर्माण,मरम्मत तथा रखरखाव संबंधी कार्य, भारत-नेपाल/चीन (तिब्बत) सीमा विवाद संबंधी कार्य, अंतरप्रान्तीय सीमा विवाद से संबंधित कार्य, जिलों तथा तहसीलो के भू-क्षेत्रों के पुनरीक्षण तथ पुनर्निमाण संबंधी कार्य किये जाते है।

(vi) राजस्व अनुभाग-6 में मुख्यत: राजस्व परिषद से संबंधित कार्य किया जाता है। इसके अतिरिक्त राजकीय संस्थान से संबंधित कार्य, कलेक्ट्रेट के नियंत्रण की भूमि संबंधी कार्य, रेलवे की अतिरिक्त भूमि के बन्दोबस्त संबधी कार्य, शत्रु एवं निष्क्रान्त संपत्तियों तथा विस्थापितों (प्रतिकर एवं पुनर्वासन) अधिनियम,1954 से संबंधित कार्य, विस्थापितों को सहायता एवं उनके पुनर्वास का कार्य, केन्द्रीय तथा केन्द्रपोषित योजनाओं के समन्वय का कार्य तथा व्यय-बचत आयोग से संबंधित समन्वय कार्य किया जाता है।

(vii) राजस्व अनुभाग-7 में राजस्व वसूली से संबंधित कार्य तथा तथा तकावी की छूट तथा स्थगन (दैवी आपदाओं के कारणो को छोड़ी। कार्य, भू-राजस्व की भॉति बकाया की वसूली से संबंधित समस्त रिट याचिकाओं का कार्य, जमींदारी विनाश प्रतिकर संबंधी कार्य किए जाते है।

(viii) इस अनुभाग में चकबन्दी विभाग से संबंधित समस्त कार्य किये जाते है।

(ix) इस अनुभाग में तहसीलदार एवं उनके अधीनस्थ कर्मचारियों से संबंधित कार्य, किसान बही से संबंधित समस्त कार्य, कृषि गणना संबंधी कार्य, राजस्व अधिकारियों के शीतकालीन एवं मानसूनी दौरो संबंधी कार्य, खातेदारो के बीच निजी भूमि संबंधी विवाद एवं अन्य मुकदमों संबंधी कार्य, खेतो की हदबन्दी संबंधी कार्य, नामांतरण एवं बंटवारे संबधी कार्य, भू-लेख नियमावली से संबंधित कार्य किये जाते है।

(x) राजस्व अनुभाग-10 में प्राकृतिक आपदा से प्रभावित व्यक्तियों को सहायता देने के संबंध में प्रमाण-पत्र व शिकायत संबधी कार्य किया जाता है। इस हेतु इस अनुभाग द्वारा जिलाधिकारियो को धन का आवंटन किया जाता है। इसके अतिरिक्त दैवी आपदा के फलस्वरूप हुई विभागीय सार्वजनिक परिसम्पत्तियों की क्षति की मरम्मत, पुनर्निर्माण/पुनर्स्थापना हेतु विभागो को धनराशि का आवंटन भी इसी अनुभाग द्वारा किया जाता है। यह अनुभाग मोटरबोट से संबंधित समस्त कार्य करता है। अभावग्रस्त क्षेत्रों में मोटर वाहनों, टेलीफोन, वायरलेस तथा कर्मचारी वर्ग की व्यवस्था करता है। यह जिला बाढ़ नियंत्रण तथा आपदा योजनाएं तैयार करता है। प्राकृतिक आपदा के कारण भू-राजस्व, लगान एवं अन्य सरकारी देयों की माफी एवं स्थगन से संबंधित कार्य भी करता है। सरकारी खर्चे में मितव्ययिता को भी यह देखता है। गबन के मामले इसी के द्वारा व्यवहृत होते है।

(xi) राजस्व अनुभाग-11 राष्ट्रीय आपदा न्यूनीकरण तथा प्रबंधन समिति का कार्य, इनकी योजनायें बनाने का कार्य, बाढ़ तथा दैवी आपदा से संबंधित अधिनियमों तथा नियमावलियों को देखता है। यह दैनिक बाढ़ एवं बाढ़ क्षति सूचना का संकलन करता है। मौसम तथा कृषि की दशा से संबंधित पाक्षिक अर्द्ध शासकीय रिपोर्ट का संकलन तथा प्रकाशन करता है। भुखमरी की सूचना तथा जाँच, राजस्व प्रशासन रिपोर्ट तथा सामान्य प्रशासन रिपोर्ट, फसलों तथा फलों एवं फल वृक्षो के संक्रामक रोग, कृषि विभाग द्वारा प्रसारित किये जाने वाले पाक्षिक विवरण संबंधी कार्य, वर्षा, साख्यिकीय आंकड़े तथा सूचनायें मांगने का कार्य, अग्नि दुर्घटनाओ के कारण हुई क्षति की सूचनायें तथा दैवी आपदाग्रस्त लोगों के पुनर्वासन आदि संबंधी कार्य करता है।

(xii) राजस्व अनुभाग-12 में अधिकतम जोत सीमा कियान्वयन एवं अतिरिक्त घोषित भूमि के बन्दोबस्त आदि का कार्य, भू-राजस्व अधिनियम तथा भूमि सुधार संबंधी अधिनियमों के अन्तर्गत मुकदमों का कार्य करता है।

उत्तर प्रदेश के समस्त खातेदारों /सहखातेदारों के लिए व्यक्तिगत दर्घटना बीमा योजना का संचालन दिनांक 5.10.04 से किया जा रहा है। याद किसी व्यक्ति का नाम खतौनी में खातेदार / सहखातेदार के रूप में अंकित है और उसकी मृत्यु दुर्घटना से हो जाती है तो उसके वैधानिक उत्तराधिकारी/उत्तराधिकारियों को बीमा कंपनी द्वारा एक लाख रूपये की धनराशि प्रदान की जाती है। बीमा प्रीमियम का भुगतान राज्य सरकार द्वारा बीमा कंपनी को क्रिया जाता है।

चकबंदी विभाग

उत्तर प्रदेश में चकबंदी योजना का प्रारम्भ सन् 1954 में मुजफ्फर नगर जिले की कैराना तहसील व सुल्तानपुर जिले की मुसाफिर खाना तहसील से हुआ था। सफल परीक्षण के उपरान्त चकबंदी योजना को सन् 1958 से सम्पूर्ण प्रदेश में लागू किया गया। चकबंदी योजना के संचालन हेतु चकबंदी संचालक/आयुक्त के अधीन चकबंदी विभाग का गठन किया गया। चकबंदी संचालक के कार्यो में सहयोग हेतु अतिरिक्त चकबंदी संचालक व संयुक्त चकंबदी संचालक का प्रावधान किया गया है।

जनपद स्तर पर चकबंदी प्रक्रिया के सुचारू रूप से संचालन हेतु जिला उप-संचालक चकबंदी, उप संचालक चकबंदी, बन्दोबस्त अधिकारी चकबंदी, चकबंदी अधिकारी एवं सहायक चकबंदी अधिकारियों की नियुक्ति कार्य के सापेक्ष किये जाने का प्रावधान किया गया है।

चकबंदी प्रक्रिया राज्य सरकार की कल्याणकारी योजना है जो कि प्रत्येक कटक के काश्तकारों, जनता, जन प्रतिनिधियों तथा भूमिप्रबन्धक समिति की सहभागिता से सम्पादित की जाती है। अधिकतम सहभागिता एवं पारदर्शिता हेतु

प्रत्येक कटक के लिये एक चकबंदी समिति गठित की जाती है जिसमें कम से कम पांच और अधिक से अधिक 11 सदस्य होते हैं। समिति को अधिक सुदृढ़ बनाने के लिए, बंदोबस्त अधिकारी चकबन्दी, अधिकतम चार व्यक्तियों के नाम सम्मिलित कर सकता है, जो विशेष होल्डिंग के एकाउंट होल्डर (अनुच्छेद-3(2-एए) एवं नियम-3ए) से संबंधित होंगे तथा जिनके पास निर्धारित और अपेक्षित योग्यता होगी।

राजस्व न्यायालय

उत्तर प्रदेश में कुल 2652 राजस्व न्यायालयों जिनमें नायब तहसीलदार न्यायालय से लेकर राजस्व परिषद तक के न्यायालय सम्मिलित हैं। राजस्व न्यायालय के अंतर्गत जिलाधिकारी (कलेक्टर) से लेकर नायब तहसीलदार तह के सभी न्यायालय पंजीबद्ध होते है।

लेखपाल के कुछ महत्वपूर्ण कागजात

1. खसरा
2. नक्शा
3. खतौनी
4. किसान बही
5. सीमा चिन्हों की सूची
6. गांव रजिस्टर
7. खेवट

भूमि पैमाइश संबंधी महत्वपूर्ण शब्दावली

नक्शा

- प्रति गांव का एक नक्शा होता है जिसे हम सजरा भी कहते है।
- इस नक्शे पर गांव की चौहद्दी मतलब सीमा दर्ज रहती है, इससे गांव की चौहद्दी के साथ-साथ खेत की चौहद्दी का पता चलता है।
- नक्शें का दौरा को राजस्व की भाषा में पड़ताल कहते हैं।
- प्रथम पड़ताल को खरीफ पड़ताल कहते हैं जो 10 अगस्त से प्रारंभ की जाती है।
- दूसरी पड़ताल को रवि पड़ताल कहते हैं जो 1 जनवरी से प्रारंभ होती है।
- तीसरी पड़ताल जो जायद पड़ताल कहते हैं जो 1 मई से प्रारंभ होती है।

खसरा

- यह लेखपाल का बहुत की महत्वपूर्ण कागजात होता है इन्हें कही-कही गिरदावरी भी कहते हैं जैसे पंजबा, हरियाणा।
- खसरा स्वयं अधिकार अभिलेख नहीं है किंतु अधिकार अभिलेख की आधारशिला है।
- खसरा में 22 खाने होते हैं।
- कृषि आंकड़े और खतौनी के लिए जिन तत्वों की आवश्यकता होती है वे सब लेखपाल द्वारा खसरे में लिखे जाते हैं।
- इसका प्रयोग सजरा नामक दस्तावेज के साथ किया जाता है जिसमें पूरे गांव का नक्शा होता है जो इस गांव की सभी भूमिपतियों की परिभाषा देता है।
- खसरा कृषि संबंधि कानूनी दस्तावेज है।

खतौनी

- खतौनी शब्द उत्तर प्रदेश भू राजस्व अधिनियम में वर्णित नहीं है लेकिन अधिनियम में वार्षिक प्रशिक्षण नामक जो कागजात धारा 33 में वर्णित है वहीं खतौनी के नाम से जाना जाता है।
- कहीं-कहीं इसको जमाबंदी भी कहते हैं जैसे- पंजाब और हरियाणा।
- हर 6 साल में इसे नवीनीकृति किया जाता है।
- इसमें 13 खाने होते हैं।
- इसमें जोत्रो का वर्णन होता है कि यह किसी हैसियत से भूमि धारण कर रहे होते हैं।

किसान बही

- यह लेखपाल द्वारा तैयार की गई वह दस्तावेजी पुस्तक होती है जो कि किसान के पास जाती है।
- यह मात्र ₹10 शुल्क दिए जाने पर किसान को उपलब्ध कराई जाती है।

सीमा चिन्हों की सूची

- इस अभिलेख में सीमा और बंदोबस्त चिन्हों का वर्णन होता है।
- यह कागजात इसी विवाद ग्रस्त भूमि या सीमा विवाद को निपटाने में पर्याप्त होता है।
- यह कागजात खसरा में ही नत्थी रहता है।

गांव रजिस्टर

- यह रजिस्टर धारा-31 के अंतर्गत कलेक्टर द्वारा प्रत्येक 5 वर्ष में तैयार कराया जाता है। जिसमें तीन बातों का उल्लेख रहता है।
- नई प्रक्रिया से प्रभावित क्षेत्र
- एहत वाली खेती वाले क्षेत्र
- जिसकी मालगुजारी पूर्णता समाप्त कर दी गई हो वाले क्षेत्र

खेवट

- यह जमीनदारी का एक रजिस्टर होता था।
- सन 1950 में उत्तर प्रदेश जमींदारी उन्मूलन एवं भूमि सुधार अधिनियम के लागू होने से पहले दो अधिकार होते थे- खेवट और खतौनी।
- खतौनी अभी रखी जाती है क्योकि यह एक ऐसा रजिस्टर होता है जिसमें यह वर्णन होता है कि कौन जोतदार किस हैसियत से भमू को धारण कर रहा है।

लेखपाल से संबंधित कुछ महत्वपूर्ण तथ्य

- पटवारी राजस्व विभाग का ही कर्मचारी होता है।
- पटवारी प्रणाली का प्रारंभ सर्वप्रथम शेरशाह सूरी के शासनकाल में हुआ था।

- मुगल सम्राट अकबर ने इसे बढ़ावा दिया तथा ब्रिटिश काल में इतने मामूली परिवर्तन हुए किंतु प्रणाली जारी रही वर्ष 1918 में सभी गांव में सरकार के प्रतिनिधि के रूप में लेखपाल नियुक्त किया गया।
- उत्तर प्रदेश में पटवारी के पद को चौधरी सिंह के जमाने में ही समाप्त कर दिया गया था और अब उन्हें लेखपाल कहा जाता है।

मध्यवर्तियों का उन्मूलन (Abolition of Intermediaries)– इस कानून के अनुसार, किसान और राज्य के बीच का प्रत्येक मध्यवर्ती भूमि से बेदखल हो गया। मध्यवर्ती से मतलब उस प्रत्येक व्यक्ति से है जो भूमि पर स्वत्व तो रखता था, किन्तु स्वयं खेती नहीं करता था।

माफी या ठेके और रहन दखली– इस कानून के अन्तर्गत भूमि पर व्यक्ति का अधिकार अथवा मालगुजारी निश्चित की जा चुकी है, साथ ही सभी प्रकार के ठ़ेके और भोग बन्धक की व्यवस्था समाप्त कर दी गई है। अब जमींदारी केवल साधारण रहन पर रखी जा सकेगी। यदि ठेके और भोग बन्धक भू-स्वामी की सीर अथवा खुद काश्त थी अथवा उस पर खेती करता था और वह उसका कौटुम्बिक क्षेत्र था तो वह भूमि उसे वापस हो गई है, परन्तु जहाँ तक ठेके की बात है यह तो तभी सम्भव होगा जब ठेके की भी अवधि पूरी हो जाए। यदि ऐसा नहीं है तो ठेकेदार अथवा रहनदार (यदि वह कुछ शर्त पूरी करें) भूमि पर सीरदार की हैसियत से अधिकार का स्वामी हो गया।

असली किसान को प्राप्त अधिकारों की सुरक्षा (Security, Physical Rights to Real Farmer)–यद्यपि भूतपूर्व जमींदार अपनी वास्तविक खुद काश्त और बागों पर, यदि वे उनके पास थे, स्वामी बन गया है, परन्तु गाँव के उस व्यक्ति को भी भूमि जोतता था, अपनी जोतों पर और बागों पर और साथ ही उसके छुटपुट पेड़ों पर इस कानून के अन्तर्गत कब्जे की गारंटी दी गई और साथ ही यह भी घोषित कर दिया कि वह बेदखल नहीं किया जा सकता। कुछ ऐसे जोतदार (जमीन को जोतने वाले) भी थे, जिनका कानून द्वारा मिले भौतिक अधिकारों से वंचित रहने के लिए जमींदारों के उनके नाम केवल ठेकेनामा भर दिया था। ऐसे व्यक्तियों को भी इस कानून के अन्तर्गत अपनी जोतों पर उपरोक्त गारन्टी मिल गई है, इस प्रकार अब सभी प्रकार के किसानों का राज्य से प्रत्यक्ष सम्बन्ध हो गया है।

ग्रामवासियों के हित के साधन (Welfare Means of Villagers)– जमींदार तो अपने घर और कुओं का स्वामी था। अब गाँवों के प्रत्येक निवासी को, चाहे वह काश्तकार हो अथवा अन्य अपने घर, कुंओं व उनसे संलग्न भूमि तथा गाँव की आबादी के अन्तर्गत अपने पेड़ों का मालिक घोषित कर दिया गया है। इस अधिकार के लिए उसे किसी प्रकार का मूल्य नहीं चुकाना पड़ा।

ग्राम समाज में निहित सम्पत्ति और उसकी रक्षा (Property of Gram Samaj and its Security)– सम्पूर्ण सामान्य भूमि (Common land) और उस पर लगे हुए सारे पेड़, उन पेड़ों को छोड़कर जो (ऐसे व्यक्तियों ने लगाए हो जो भूमि के स्वामी हैं और वे पेड़ इन्हीं लोगों के अधिकार में बने रहें) गाँव की आबादी की सारी भूमि, चरागाह, रास्ते, मार्ग, पोखर, तालाब, घाट, खलियान, पैंठ या बाजार के स्थल (यदि वह स्थल किसी भूमि-धर की कृषि जोत पर न हो) राज्य द्वारा अधिकार में कर लिए गए हैं। इसी प्रकार वह सारी भूमि, जो किसी व्यक्ति विशेष की कृषि जोत अथवा उसका बाग, मकान या कुआँ नहीं है, अब राज्य में निहित हो गए है। इस भूमि में से प्राय: 90 लाख एकड़ भूमि प्रबन्ध के लिए ग्राम समाज को सौंप दी गई है और शेष प्रायः 27 लाख एकड़ भूमि, जिस पर निजी जंगल थे अथवा जो गाँव की साधारण आवश्यकताओं से अधिक थी, वन विभाग को दे दी गई ताकि उसका विकास वैज्ञानिक नीति से किया जा सके।

उसी प्रकार 8 अगस्त, 1946 के बाद चराई अथवा जंगल की लकड़ी लेने या मछली पकड़ने के जो भी ठेके लिए गए थे, वे सभी अवैध घोषित कर दिए गए हैं। साथ ही, ग्राम समाज को यह अधिकार भी दिया गया कि वह उन सभी व्यक्तियों को बेदखल कर सकता है जिन्होंने उपरोक्त दिनांक के बाद चरागाहों, श्मशानों, कब्रिस्तानों, तालाबों, पोखरों, रास्तों और जमींदार होने की हैसियत से उन्हें अपनी खुद काश्त में शामिल कर लिया हैं। साथ ही, सार्वजनिक उपयोग की भूमि अथवा किसी अन्य सम्पत्ति पर 30 जून, 1952 से पूर्व अथवा उसके पश्चात् भी यदि किसी ने हस्तक्षेप किया है, अथवा उस पर गैर-कानूनी रूप से कब्जा कर लिया है, उसको भी बेदखल करने के लिए एक संक्षिप्त नियम बन चुका है।

वर्तमान भू-धृति या पट्टेदारी प्रथा

1. **भूमिधर** (Bhumidhar)– भूतपूर्व जमींदार और काश्तकार भी, जो हस्तान्तरित करने का अधिकार रखते थे, भूमिधर अर्थात् भूमि के स्वामी बना दिए गए हैं। इन्हें भूमि में स्थायी, पैतृक और हस्तान्तरित करने के अधिकार मिल गए। वे अपनी भूमि को अपनी इच्छानुसार कृषि के कार्यों के लिए प्रयोग में ला सकते हैं। यह अधिकार केवल उतने ही क्षेत्रफल पर मिलता है जिस पर वे स्वयं खेती करते थे। इस प्रकार बागों के मालिक सभी भूतपूर्व जमींदारों को भी अपने बागों का भूमिधर घोषित कर दिया गया है। इस भूमि का अब तक जिस प्रकार उपयोग करते आए हैं, उसका अधिकार तो उन्हें पूर्ववत् बना ही रहेगा, किन्तु उसको हस्तांतरित करने के उनके अधिकार पर कुछ रोक अवश्य लगा दी गई है कि वे अपनी भूमि को किसी ऐसे व्यक्ति को नहीं बेच सकेंगे जिसके पास पहले से ही साढ़े बारह एकड़ भूमि है या जिसके पास भूमि चली जाने से साढ़े बारह एकड़ से अधिक भूमि हो जाएगी। सीरदार अपने लगान का 20 गुना जमींदारी उन्मूलन कोष में जमा करके भूमिधर बन सकते हैं। उनकी मालगुजारी 40 वर्ष के लिए आधी हो जाएगी। यह उल्लेखनीय है कि उत्तर प्रदेश में काश्तकारी के कुल क्षेत्रफल का ठीक 1/3 भूमिधरों के अन्तर्गत है।
2. **सीरदार** (Sirdar)– अन्य सभी काश्तकार, चाहे वे आसामी हों अथवा शिकमी, अपने वास्तविक कब्जे की भूमि के सीरदार अर्थात् हलधर घोषित कर दिए गए हैं। उनकी अपनी अधिकार की भूमि को कृषि, बागवानी और पशुपालन के लिए प्रयोग करने की स्वतंत्रता है, किन्तु उस भूमि को हस्तान्तरित करने का अधिकार उन्हें नहीं है। भूमिधर और सीरदार के अधिकार स्थायी और पैतृक हैं। उनको भूमि की अदला-बदली का अधिकार है। इस प्रकार की अदला-बदली के कारण इन दोनों ही वर्गों के काश्तकारों का अधिकार नई भूमि पर किसी

सीरदार से भूमि बदलकर नई जमीन का भूमिधर ही बना रहता है। अत: इस प्रकार सीरदार से भूमिधर की भूमि लेकर उसका सीरदार ही रहता है। वे अपनी भूमि कृषि के अतिरिक्त अन्य प्रयोगों में नहीं ला सकते।

3. **आसामी** (Asami)– काश्तकारों का एक तीसरा किन्तु एक बड़ा छोटा वर्ग है जिसे 'आसामी' कहा जाता है। इस वर्ग में वे काश्तकार आते हैं जो किसी असमर्थ भूमिधर या सीरदार की भूमि जोतते अथवा जो चरागाहों, जलमग्न भूमि अथवा ऐसी भूमि जोतते हैं जो नदी तल में स्थित है या सामुदायिक बाग है अथवा जहाँ अस्थायी खेती होती है या जिस भूमि से ग्राम समाज अथवा किसी स्थानिक निकाय का सलेज फार्म हो या मैल गाड़ने के गड्ढे हों, आसानी के अधिकार मौरुसी तो हैं, परन्तु स्थायी नहीं।
4. **अधिवासी** (Adhivasi)– चौथे वे काश्तकार, जिनके भूमि में कोई स्थायी अधिकार न थे और जिनमें लगान पर जोतने वाले कृषक और उप-कृषक भी सम्मिलित थे, अधिवासी कहलाए। कानून प्रारम्भ होने के 5 वर्ष तक इन्हें भूमि रखने का अधिकार दिया गया। यदि 5 साल बाद किसान परम्परा से चले आए सीर के लगान का 15 गुना जमा कर दें या उप-कृषक प्रधान कृषक के लगान का 15 गुना जमा कर दें तो उन्हें भूमिधर के अधिकार प्राप्त हो जाएँगे, परन्तु वर्ष 1955 में इस कानून में एक संशोधन के द्वारा, सबको सीरदार बना दिया गया।

मालगुजारी की दर (Rate of Land Revenue)

जमींदारी विनाश पर जो व्यक्ति अपने आप भूमिधर हो गए हैं वह तो उस भूमि पर उतना ही लगान अथवा मालगुजारी का 20 गुना चुकाकर भूमिधर बन गए हैं अथवा भविष्य में इसी प्रकार भूमिधर बनेंगे उनकी मालगुजारी आधी हो गई है, किन्तु जिन सीरदारों की मालगुजारी बहुत अधिक है, उसे इस प्रकार घटाने की व्यवस्था की गई है कि वह पिछले बन्दोबस्त में उस भूमि के लिए निर्धारित की गई मौरुसी दर से दोगुने से अधिक न हो। यदि किसी मामले में सीरदार पर मालगुजारी बँधी ही नहीं थी अथवा वह खेत बटाई पर लिए हुए था तो जमींदार से सीधे जमीन देने वाले सीरदार की मालगुजारी की शर्त कि वे रु. 250 वार्षिक या उससे कम मालगुजारी अदा करने वाले व्यक्ति की जमीन न हो, मौरुसी दर के बराबर निश्चित की गई है। अपने चालीस वर्ष तक किसी भी भूमिधर अथवा सीरदार की मालगुजारी में वृद्धि न होगी। व्यवस्था यह भी है कि जो लोग भूमि पर सस्ते फलों के बाग लगाते हैं अथवा इमारती लकड़ी के वृक्ष लगाते हैं उनसे मालगुजारी कम ली जाएगी।

भूमि के संग्रह और विभाजन पर रोक (Check on Pooling and Distribution of Land)

कुछ थोड़े-से व्यक्तियों के पास भूमि जमा न हो जाए इसलिए कानून में यह व्यवस्था कर दी गई है कि परोपकार (Charitable) संस्थाओं को छोड़कर अन्य कोई भी व्यक्ति, जिसके पास आज साढ़े बारह एकड़ अथवा उससे अधिक भूमि है, भविष्य में अपने अथवा संयुक्त परिवार के किसी सदस्य के नाम से न तो कोई अन्य भूमि खरीद सकेगा और न भेंट अथवा उपहार रूप ही अतिरिक्त भूमि प्राप्त कर सकेगा। यदि उसके पास साढ़े बारह एकड़ से कम भूमि है तो वह अवश्य ही इतनी भूमि खरीद सकता है कि उसकी जोत की सारी भूमि का योग साढ़े बारह एकड़ से अधिक न हो पाए।

छोटी-छोटी जोतों का बँटवारा न हो तो इसके लिए यह व्यवस्था कर दी गई है कि ऐसी संयुक्त जोत अथवा जोतों का, जिनका क्षेत्रफल 2.125 एकड़ अथवा 5 पक्के बीघे से अधिक नहीं है, किसी कानूनी अदालत द्वारा बँटवारा नहीं किया जा सकता है। यदि किसी संयुक्त जोत के हिस्सेदारों की आपस में नहीं पटती और उनमें से कोई एक या अधिक हिस्सेदार अदालत से बँटवारे की प्रार्थना करते हैं तो वह सारी भूमि उन्हीं में आपस में नीलाम कर दी जाएगी और उन्हीं में से किसी एक के हाथ बेच दी जाएगी। जिन क्षेत्रों में चकबन्दी हो चुकी है वहाँ के लिए यह व्यवस्था की गई है कि यदि कोई भूमि निकटस्थ पड़ोसी काश्तकार को न बेचकर किसी अन्य को बेची जाती है और वह भूमि बेचने वाले के ऐसे चक का हिस्सा है जिसका रकबा 3.125 एकड़ से कम है तो उसके चक का हिस्सा नहीं अपितु सम्पूर्ण चक ही बेचना पड़ेगा, किन्तु यदि खरीदकर बेचने वाले का निकटस्थ अथवा पड़ोसी काश्तकार है तो बेचने वाला अपनी भूमि का कोई भी हिस्सा उसको बेच सकता है और उस पर इस प्रकार का कोई भी प्रतिबन्ध न होगा।

समर्पित छोड़ी हुई अथवा खाली भूमि की व्यवस्था (Management of Unclaimed Land)

यदि कोई जमींदार अपनी जोत को समर्पित कर देता है अथवा उसको सर्वथा छोड़ देता है तो यह भूमि ग्राम समाज के अधिकार में चली जाएगी। साथ ही, यदि कोई काश्तकार, चाहे वह भूमिधर हो अथवा सीरदार, अपनी किसी जोत अथवा उसके किसी विशेष हिस्से पर लगातार 3 वर्ष तक खेती नहीं करता और उसकी वह जोत अथवा उसके हिस्से विशेष का क्षेत्रफल साढ़े बारह एकड़ से अधिक है तो उस खाली भूमि को खेती के लिए प्रयोग करने का उस काश्तकार को 6 महीने का एक और अवसर देने के पश्चात् भी उसके खाली पड़े रहने पर कलेक्टर चाहे तो स्वयं और चाहे तो पंचायत द्वारा मामूली लगान पर किसानों का 9 साल या इससे कम की अवधि पर पट्टे दे सकता है।

भूमि विवादों की रोकथाम के लिए उत्तर प्रदेश सरकार के नए उपाय

गाँवों में भूमि के ऊपर ही सबसे अधिक विवाद होते हैं जिससे अशांति उत्पन्न होती है और हिंसात्मक झगड़े हो जाते हैं। ऐसे 15 जिलों में, जहाँ भूमि विवाद अपेक्षाकृत अधिक हैं, मुख्य राजस्व अधिकारी नियुक्त किए जा रहे हैं जिनका सिर्फ एक काम होगा–भूमि विवादों का निपटारा।

7 लाख से अधिक आबादी वाली 35 तहसीलों में एक-एक डिप्टी कलेक्टर व 5 लाख से अधिक जनसंख्या वाली 99 तहसीलों में एक-एक अतिरिक्त तहसीलदार भी नियुक्त किया जा रहा है। इन सबसे भूमि विवादों

का जल्दी निपटारा होगा और शांति भंग होने की आशंका कम हो जाएगी।

जिन्हें भूमि आबंटित की गई है, तहसिल कर्मियों को खुद मौके पर जाकर उनकी जमीन का सही इन्दराज करेगा। जोत हरबन्दी से जो जमीन अतिरिक्त घोषित हुई है, उनके मामलों की सुनवाई अब मण्डल आयुक्त किया करेंगे। इससे इन मामलों के निस्तारण में तेजी आएगी। अभी तक ये अपीलें जिला जज के यहाँ जाती थीं।

राजस्व प्रशासन में अपेक्षित सुधार लाने तथा भूमि विवादों के त्वरित निपटारे की सम्यक् व्यवस्था करने के उद्देश्य से प्रदेश में 33 नई तहसीलें गठित होंगी। इस कार्यक्रम के अधीन सरकार ने अगले 5 वर्षों में प्रतिवर्ष कम-से-कम 5 नई तहसीलें सृजित करने का निर्णय किया। आदिवासी और जनजाति कल्याण की दिशा में मंत्रिमण्डल ने एक अन्य निर्णय यह किया कि मिर्जापुर जिले में कैमूर पर्वतमाला के 1,15,350 आदिवासियों एवं जनजातियों के लोगों को 1,48,157 एकड़ ऐसी भूमि, जिस पर वे खेती करते आए हैं, उन्हें दे दी जाए। इस भूमि का उनके पक्ष में बन्दोबस्त करने की व्यवस्था की जा रही है।

सर्वेक्षण

पृथ्वी पर विभिन्न पदार्थों की सापेक्ष स्थिति निर्धारण हेतु आवीक्षण एवं मापन कला को 'सर्वेक्षण' कहते हैं। अतः इसमें सरल रैखिक एवं कोणीय माप तथा वस्तुओं की सापेक्ष ऊँचाई के निर्धारण का समावेश है। मूलतः सर्वेक्षण दो प्रकार के होते हैं–(i) समतल-सर्वेक्षण (Plane Surveying) जिसमें पृथ्वी की वक्रता पर ध्यान नहीं दिया जाता तथा सभी क्षैतिज अथवा ऊर्ध्वाधर (Vertical) दिशा में होते हैं, (ii) भू-पृष्ठ-सर्वेक्षण (Geodetic Survey) जिसमें पृथ्वी तल की वक्रता, जो कि 341 मील में 1 फीट होती है, का भी ध्यान रखा जाता है। अतः सामान्यतया 100 वर्ग मील तक के क्षेत्र के सर्वेक्षण में वक्रता त्रुटि नगण्य होती है।

सर्वेक्षण की शुद्धता इसके प्रयोजन पर निर्भर है। इस दृष्टिकोण से इसे दो समूहों में विभक्त किया जा सकता है; (i) त्रिभुजीकरण (Triangulation) जिसमें सम्पूर्ण क्षेत्र को त्रिभुजों में विभक्त कर लेते हैं तथा सभी कोणों व एक भुजा (आधार) का माप ले लेते हैं। इस प्रकार के सर्वेक्षण अधिक शुद्ध होते हैं। (ii) आड़-मितिया माला रेखन (Traversing), जो कि अपेक्षाकृत द्रुत तथा कम शुद्ध होता है, इसका विवरण अगले पृष्ठों में होगा।

प्रयोजन के अनुसार इसको धरातल सर्वेक्षण, (Topographical Surveying), भू-कर सर्वेक्षण (Cadastral Surveying), भूगर्भिक सर्वेक्षण (Geological Surveying), सैन्य-सर्वेक्षण (Military Surveying) आदि अनुभागों में विभक्त किया जा सकता है।

सर्वेक्षण कार्य 3 चरणों में सम्पन्न किया जा सकता है : (i) क्षेत्रीय निरीक्षण (Field reconnaissance), (ii) क्षेत्रीय कार्य (Field Work), तथा (iii) कार्यालय कार्य (Office Work)। इनके अतिरिक्त सर्वेक्षक को प्रयुक्त यंत्रों का विधिवत् ज्ञान तथा उसके रख-रखाव का पूरा ध्यान रखना चाहिए।

(i) क्षेत्रीय निरीक्षण–सर्वेक्षण का एक महत्वपूर्ण अंग है। इसके अन्तर्गत सम्बद्ध क्षेत्र की प्रकृति का निरीक्षण, क्षेत्रीय चित्रण (Field sketch), तथा सर्वेक्षण रेखाओं व स्टेशनों के निर्धारण कार्य सम्मिलित हैं।

(ii) क्षेत्रीय कार्य में यथार्थ यात्रिंक सर्वेक्षण तथा क्षेत्रीय लेखन कार्य सम्मिलित है।

(iii) कार्यालयीय कार्य–इसके अन्तर्गत अनुलेखित आंकड़ों के आधार पर मानचित्रण का सम्पूर्ण कार्य आता है।

सामान्य संकेत

(i) क्षेत्र पुस्तिका (Field Notebook)–कड़े आवरण (Cover) में बँधी हुई पुस्तिका का प्रयोग करना चाहिए जिसमें बड़ी सावधानी स्वच्छता तथा नियमित ढंग से आंकड़ों को लिखना चाहिए जिससे मूल निर्मित मानचित्र के नष्ट हो जाने पर बिना पुनः सर्वेक्षण के ही मानचित्र बनाया जा सके।

(ii) आलेखन हेतु पेन्सिल का ही प्रयोग होना चाहिए। पेन्सिल इतनी कठोर हो कि सरलतापूर्वक मिट न सके।

(iii) सर्वेक्षक को यथासम्भव मानचित्र निर्माण में सहायक सभी आवश्यक आंकड़ों को क्षेत्र पुस्तिका में लिख लेना चाहिए।

(iv) क्षेत्र-चित्रण (Field-sketch)–सर्वेक्षण क्षेत्र का बिना मापक का एक सामान्य पर अति स्वच्छ तथा सभी आवश्यक सूचनायुक्त क्षेत्र-चित्र कम समय में बना लेना चाहिए। आवश्यकता पड़ने पर किसी छोटे भाग का भी एक बड़ा चित्र बना लेना चाहिए।

जरीब तथा फीते द्वारा सर्वेक्षण

'जरीब-मापन((Chaining) शब्द का अर्थ जरीब तथा फीते द्वारा दूरियों का मापन होता है। किसी भी सर्वेक्षण में रेखीय मापन एक आवश्यक प्रक्रिया होती है जो कि सामान्य तथा एक अति साधारण विधि समझी जाती है, पर इसके द्वारा मापन हेतु बहुत ही धैर्य तथा सावधानी की आवश्यकता होती है। प्रायः जरीब मापन का प्रयोग निम्न कार्यों में अधिक उपयोगी होता है–(i) छोटे क्षेत्रों के विस्तृत सर्वेक्षण हेतु, जिसमें कृषि क्षेत्रों आदि की सीमा निर्धारण सम्मिलित है, (ii) उन प्रदेशों में जहां क्षैतिज मापन सरलतापूर्वक किया जा सके, (iii) जहां प्रयुक्त समय का ध्यान न देते हुए शुद्ध मापन की आवश्यकता हो तथा (iv) जब वृहत् क्षेत्रों का सर्वेक्षण शीघ्र करना हो।

उपकरण

जरीब-फीते के सर्वेक्षण में निम्न उपकरण प्रयोग किए जाते हैं :

(i) जंजीर या जरीब (Chain), फीता (Tape), खसका दंड (Offset rod), आरेख दंड (ranging rod), तीर (Arrow), प्रकाशकीय गुनिया (Optical square), द्रोणी दिक्सूचक (Trough compass) तथा गुनिया यंत्र (cross staff)

जंजीर–यह कठोर लोहे अथवा इस्पात के छड़ों की कड़ियों का यंत्र होता है जिसमें दो सिरों पर पीतल का हत्था (handle) होता है। प्रत्येक जंजीर में 100 कड़ियाँ होती हैं जो लोहे के छल्लों द्वारा एक-दूसरे से जुड़ी रहती हैं। दसवीं तथा नब्बेवीं कड़ी पर एक दांत वाले पीतल के टैग व बीसवीं तथा अस्सीवीं कड़ियों पर दो दांत वाले टैग, तीसवीं तथा सत्तरवीं कड़ियों पर तीन दाँत वाले टैग तथा चालीसवीं व साठवीं कड़ियों पर चार दाँत वाले टैग लगे रहते हैं। मध्य में एक गोला टैग लगा रहता है जो पचासवीं कड़ी का द्योतक होता है। ये टैग मापन की शीघ्रता में सहायक होते हैं।

सामान्यतया भारत में दो प्रकार की जंजीरों का प्रयोग होता रहा है। (1) इंजीनियरी जंजीर, जो 100 फुट लम्बी होती है तथा जिसमें प्रत्येक कड़ी (छोर की अन्तिम कड़ियों को छोड़कर) 1 फीट होती है तथा (2) गंटर जरीब, जोकि 66 फीट की होती है तथा प्रत्येक कड़ी 0.66 फीट होती है (अन्तिम कड़ियों को छोड़कर)। मील, बीघा व एकड़ की भारतीय पद्धति के मापन में इस जंजीर का प्रयोग सुविधाजनक होता है क्योंकि 80 जंजीर, 1 मील तथा 10 वर्ग जंजीर 1 एकड़ के बराबर होती है।

आधुनिक दशमलवीय प्रणाली के व्यावहारिक प्रचलन के परिणामस्वरूप मीटरी जंजीरों का प्रयोग प्रारम्भ हो गया है। ये जंजीरें 10, 20, 25 व 30 मीटर की होती हैं। इनमें भी 100 कड़ियां होती हैं।

फीता–लम्बाई नापने वाला यंत्र, जो कपड़े अथवा पीतल के तार या इस्पात का बना होता है। यह सामान्यतया 50 या 100 फीट लम्बा होता है। दशमिक प्रणाली में 25 मीटर, 50 मीटर के फीते अधिक प्रचलित हैं। फीतों की लम्बाई कम-से-कम 3 फीट तथा अधिकतम 1,000 फीट भी होती है।

खसका दण्ड–लकड़ी अथवा खोखले लोहे का बना गोल दण्ड, जो 7 से 10 फीट लम्बा होता है, जिसका एक सिरा नुकीला होता है। यह एक फुट के चिन्ह पर विभिन्न रंगों से रंगा होता है, जिससे सुगमतापूर्वक दृष्टिगत हो सके।

आरेखन दण्ड–यह प्राय: आकृति में खसका दण्ड के समान होता है। इसका प्रयोग सर्वेक्षण रेखाओं के शुद्धिकरण तथा रेखा के मोड़ों की भूमि पर निर्धारित करने के लिए किया जाता है। यदा-कदा इनके ऊपरी सिरों पर रंगीन झण्डियाँ भी लगा देते हैं।

तीर–यह 15" से 18" लम्बी लोहे की पतली छड़ होती है, जिसका एक सिरा नुकीला तथा दूसरा गोलाई में मुड़ा होता है। इसका प्रयोग जंजीर द्वारा लम्बाई नापने में किया जाता है। जंजीर लेकर आगे चलने वाला व्यक्ति प्रत्येक पूर्ण जंजीर की लम्बाई पर इस तीर को जमीन में धंसा देता है तथा जंजीर का दूसरा सिरा पकड़े पीछे चलने वाला व्यक्ति इसे उखाड़ता तथा इकट्ठा करता रहता है तथा अन्त में तीरों की संख्या से दूरी ज्ञात कर लेते हैं।

प्रकाशकीय गुनिया–यह यंत्र दोहरे परावर्तन के सिद्धान्त (Law of Double Reflection) पर आधारित है, जिसका उपयोग जंजीर रेखा पर कोई सर्वेक्षणीय वस्तु किस बिन्दु पर समकोण बनाती है, ज्ञात करने के लिए किया जाता है। इस यंत्र में दो छोटे समतल दर्पण एक-दूसरे से 45 डिग्री का कोण बनाते हुए पीतल के प्लेट पर ऊर्ध्वाधर जड़े रहते हैं। इन दर्पणों के ऊपर पीतल की प्लेट में चौकोर छिद्र होते हैं। इसके उपयोग की विधि चित्र द्वारा स्पष्ट है। जंजीर रेखा पर किसी स्थान पर खड़ा सर्वेक्षक जंजीर रेखा के अन्तिम छोर पर गड़े आरेखन दण्ड को दर्पण A के ऊपर खुले भाग से देखता है और सर्वेक्षणीय वस्तु (D) के प्रतिबिम्ब को दर्पण B पर देखता है जो कि परावर्तित होने के बाद दर्पण A पर दिखलाई पड़ती है। तत्पश्चात् सर्वेक्षक जंजीर रेखा पर आगे-पीछे चलकर उस बिन्दु को निश्चित करता है, जहाँ यह प्रतिबिम्ब व आरेखन दण्ड एक सीध में दिखाई पड़ें। यही अभीष्ट बिन्दु होता है।

द्रोणी दिक्सूचक–अचुम्बकीय धातु के बक्स में लम्बवत् धुरी पर टिकी चुम्बकीय सूई युक्त यह यंत्र चुम्बकीय उत्तर दिशा के निर्धारण में प्रयोग किया जाता है। यंत्र के साथ लगी पेंच द्वारा सूई को स्थिर किया जा सकता है। प्रयोग के समय यह पेंच ढीला कर दिया जाता है जिससे सूई स्वतंत्रतापूर्वक क्षैतिज तल में घूर्णन कर सकती है। जिस अवस्था में इसके दो सिरे शून्य पर होंगे उस अवस्था में यह उत्तर-दक्षिण दिशा में होगी।

सर्वेक्षण विधि

सर्वेक्षण कार्य प्रारम्भ करने के पूर्व सर्वेक्षक द्वारा जंजीर की लम्बाई किसी प्रामाणिक इस्पात-फीता से मापकर अथवा समतल धरातल पर शुद्ध माप-चिन्ह लगाकर शुद्ध कर लेनी चाहिए। यदि जंजीर की लम्बाई कड़ियाँ सीधा करने पर भी अधिक बड़ी या छोटी प्रतीत हो तो छल्लों को पीटकर उसे शुद्ध कर लें।

जंजीर-सर्वेक्षण के लिए आवश्यक है कि क्षेत्र को मापनीय भुजाओं वालें त्रिभुजों में विभक्त कर लिया जाए। मान लिया कि क्षेत्र ABCD का सर्वेक्षण करना है। यदि कर्ण की लम्बाई तथा अन्य भुजाओं की लम्बाई माप सकें तो क्षेत्र का आलेखन किया जा सकता है अर्थात् क्षेत्र को दो भुजाओं में विभक्त करके उनकी ज्ञात भुजाओं के आधार पर आलेखन कर सकते हैं। यदि कुछ बाधाओं के कारण कर्ण का माप न किया जा सके तो ab या cd योजक रेखाओं का माप आवश्यक है। इन योजक रेखाओं से आलेखन करने के लिए Ac, Ad तथा cd की लम्बाई भी अंकित कर लेनी चाहिए। अब त्रिभुज Acd का आलेखन ज्ञात भुजाओं के आधार पर किया जा सकता है। Ad तथा Ac को नापी गई लम्बाई के अनुसार क्रमशः B व C तक बढ़ा लेंगे। B तथा C को केन्द्र मानकर क्रमशः BD तथा CD के बराबर दूरी का चाप खींचने पर कटान-बिन्दु D मिल जाएगा और फिर सम्पूर्ण क्षेत्र का आलेखन कर लेंगे। रेखाचित्र की शुद्धता की जाँच करने के लिए जंजीर से नापते समय पड़ताल-रेखाओं (Check-lines), और BO, CO, DO या अन्य को नाप लेते हैं और फिर नापी गई लम्बाई का सत्यापन रेखाचित्र से कर लेते हैं।

लम्बाई को नाप लेने से पहले सर्वेक्षक को चाहिए कि द्रोणी-कम्पास की सहायता से चुम्बकीय उत्तर दिशा ज्ञात कर ले और क्षेत्र का हस्त-चित्र तैयार कर ले जिसमें प्रमुख वस्तुएं, जैसे पेड़, मकान आदि तथा सर्वेक्षण बिन्दु (Station Point) को जोड़ने वाले त्रिभुज आदि प्रदर्शित किए गए हों। क्षेत्र में इन स्टेशनों की लकड़ी की खूंटियों से चिन्हित कर लेते हैं। इनका चुनाव करते समय निम्नलिखित तथ्यों को ध्यान में रखना आवश्यक है :

1. सर्वेक्षण बिन्दु सुगम हों।
2. केन्द्रों की संख्या न्यूनतम हो, त्रिभुज सम्भवतया समद्विबाहु एवं बड़े हों।
3. त्रिभुजों की भुजाएं सीमा रेखा तथा अन्य वस्तुओं के पास हों जिससे खसका (Offsets) अधिक लम्बे न हों।
4. रेखाचित्र की आधार-रेखा (Base line) क्षेत्र के मध्य में और लम्बी हो।
5. जंजीर-रेखाएं (Chain lines) किसी गड्ढे, खाई, झांड़ी या अन्य बाधाओं से होकर न गुजरें।

(Optical square) अथवा क्रॉस-स्टाफ या फीते से किया जा सकता है। फिर सर्वेक्षक दूसरी जंजीर-दूरी निर्धारित करेगा और तत्सम्बद्ध माप्य वस्तुओं की खसका-दूरी पूर्ववर्णित विधि द्वारा नाप लेगा।

1. प्राकृतिक कारण–तापक्रम की विभिन्नता, बाधाएं आदि।
2. यात्रिंक अशुद्धता जो उनके निर्माण में संबद्ध, आदि।
3. व्यक्तिगत अवलोकन में भूल।

त्रुटियों का पुनर्वर्गीकरण किया जा सकता है।

1. **व्यक्तिगत भूलें**–जो मानसिक भ्रान्ति, असावधानी और अनुभवहीनता के कारण होती है, जैसे जंजीर, फीते की लम्बाई पढ़ने आदि की भूल।
2. **स्थायी त्रुटियाँ**–कुछ निवारणीय त्रुटियाँ किसी निश्चित कारण से भी होती हैं जैसे यदि जंजीर की लम्बाई एक इंच कम है, तो प्रत्येक बार जुड़कर संचित त्रुटि हो जाएगी जिसे धन या ऋण चिन्हों से दूर किया जा सकता है।
3. **आकस्मिक त्रुटियाँ**–जैसे तीर को जंजीर के ठीक छोर पर न लगने के कारण यदा-कदा भूमि के कठोर होने पर तीर के छिद्र के स्थान पर चिन्ह मात्र शेष रह पाता है जिसकी बाद में पहचान नहीं हो पाती। ये त्रुटियाँ धनात्मक या ऋणात्मक निम्न तालिका के अनुसार हो सकती हैं–

(1) जंजीर की अशुद्ध लम्बाई +
(2) जंजीर का गलत संरेखण (Alignment) +
(3) जंजीर का अक्षैतिज होना +
(4) जंजीर के तनाव में कमी +
(5) अवनमन (sag) के कारण +
(6) जंजीर कील का गलत लगाना +
(7) तापक्रम की विभिन्नता +
(8) जंजीर की लम्बाई पढ़ने, गिनने में भूल +

जंजीर-मापन की बाधाएँ

ढाल भूमि

किसी ढाल पर क्षैतिज-दूरी प्राप्त करने के दो तरीके हैं : (i) ढाल के साथ दूरी की माप और गणना द्वारा शुद्धि, (ii) सोपानीय (Stepping) विधि द्वारा छोटी क्षैतिज दूरियों की नाप, जिसमें जंजीर से भूमि का स्पर्श न हो सके।

(i) **गणना द्वारा**–ढाल पर की लम्बाई तथा क्षैतिज प्रक्षेप के मध्य लम्बाई के अन्तर 'C' को सन्निकटत: द्वारा प्रकट करते हैं जिसमें d = ढाल की ऊँचाई तथा S ढाल की लम्बाई है।

यदि ढाल का कोण x ज्ञात हो तो क्षैतिज-प्रक्षेप की गणना निम्न सूत्र द्वारा भी की जा सकती है:

प्रक्षेप $= S \cos x$

(ii) **सोपान विधि**–जंजीर या फीते का एक सिरा भूमि पर बिन्दु A पर रखते हैं। दूसरा व्यक्ति फीते की छोटी लम्बाई लेकर क्षैतिज रूप में पकड़ लेता है और सुहावल (Plumb-bob) की सहायता से फीते के सिरे के ठीक नीचे का बिन्दु ज्ञात कर लेता है। यही क्रिया कई सोपानों में दूहराकर पूर्ण लम्बाई ज्ञात कर ली जाती है। संरेखण की शुद्धता का ध्यान रखा जाता है।

प्लेन-टेबल सर्वेक्षण
(Plane-Table Surveying)

सामान्यतया प्लेन-टेबल सर्वेक्षण के लिए निम्नलिखित उपकरण आवश्यक हैं :

(1) प्लेन-टेबल तथा त्रिपाद (Tripod)।
(2) दर्शरेखक (Alidade or Sighting Rule)।
(3) जंजीर या फीता, दूरियां नापने के लिए।
(4) पाणसल (Spirit Level)।
(5) द्रोणी-दिक्सूचक (Trough Compass or Box Compass)।
(6) कुछ आरेखण-दण्ड तथा खूंटियाँ।
(7) एक जोड़ा दूरबीन (Field Glasses)।
(8) साहुल (Plumb-Bob)।

रेखण सामग्री–कागज, पेन्सिल, रबर, रेखणपिन, चाकू, पेन्सिल-कटर, आलेखन मापक (Plotting Scale)।

प्लेन टेबल : चित्र के अनुसार यह विपाद पर कसा हुआ समपटल होता है। इसका ऊपरी भाग पक्की चीड़ या सागौन का 15" X 10" या 30" X 24" आकार का बना होता है। तख्त के नीचे छिद्रालु बत्ते (Battens) लगे होते हैं, जिनके समीप विस्तारण या संकुचन हेतु कुछ रिक्त स्थान होते हैं। इसके निचले भाग में मध्य में पीतल की प्लेट लगी होती है, जिसका उभरा हुआ सिरा त्रिपाद के सिरे के मध्य-छिद्र में लगाकर विगंनट (Wingnut) से कस देते हैं। त्रिपाद का सिरा त्रिदंड-युक्त त्रिपंखीय (three Winged) मोटी लकड़ी का बना होता है।

दर्शरेखक : यह पूर्णतया सीधी, सामान्तर कोरवाली मजबूत पटरी होती है, जिसके दोनों सिरे पर मुड़ने वाली पट्टियाँ (flaps) लगी होती हैं। एक पल्ले में पतला छिद्र तथा दूसरे में बीच का भाग कटा हुआ होता है जिसमें लम्बवत् तार लगे होते हैं। पटरी के किनारे मापक युक्त भी होते हैं। जब किसी लक्ष्य बिन्दु को देखना होता है तो दर्शरेखक को आधार रेखा के सहारे इस प्रकार रखते हैं कि तार वाला पल्ला लक्ष्य बिन्दु की ओर तथा दूसरा द्रष्टा की ओर रहे। बड़े क्षेत्रों के सर्वेक्षण हेतु दूरवीक्षक-युक्त दर्शरेखक का प्रयोग होता है। इससे लम्बवत् कोष का भी अध्ययन करते हैं तथा दृश्य-वैधिता को (Sight Vanse) हटा देते हैं।

जरीब या फीता : फीते का प्रयोग दूरियाँ नापने के लिए होता है और यदि एक ही आधार-रेखा हो तो विशेष सावधानी आवश्यक होती है। इसका प्रयोग खसका की नाप तथा अन्य नापों की जाँच के लिए भी होता है।

स्प्रिट लेबल : इसे प्लेन टेबल (समपटल) को समतल में लाने के लिए प्रयोग किया जाता है। कभी-कभी यह दर्शरेखक के साथ ही लगा रहता है।

साहुल : यह धातु का प्राय: शंकु आकार, टुकड़ा होता है, जिसका शीर्ष नीचे को होता है। ऊपर की ओर हुक में धागा बांध कर चिमटी के हुक में बाँध देते हैं। इसका प्रयोग धरातलीय बिन्दुओं को कागज पर

अंकित करना तथा यदि कागज पर व भूमि पर बिन्दु ज्ञात हों तो उनको ऊर्ध्वाधर स्थिति में स्थापित करने के लिए किया जाता है।

रेखण सामग्री : कागज साफ, चिकना तथा नमी के प्रभाव से मुक्त हो। अधिक नम मौसम में सेल्युलॉयड (Celluloid) कागज का प्रयोग किया जाए। आभायुक्त (tinted) कागज आंख के लिए लाभप्रद होते हैं। कागज सदैव तख्त से बड़ा हो। रेखण पेन्सिल मुलायम न हो, किन्तु दृष्टिकोण (sight line) बनाने के लिए पतली व नुकीली हो।

इन सामग्रियों के अतिरिक्त बरसाती आवरण (Water Proof Cover) की भी आवश्यकता पड़ सकती है।

निर्देश

(1) टेबल कसा होना चाहिए।
(2) किसी स्टेशन पर अभिस्थापन कार्य पश्चावलोकन (black sights) द्वारा किया जाए; कम्पास का प्रयोग जाँच के लिए करें।
(3) कार्य के समय समपटल पर बल न दें और त्रिपाद से अलग रहें। समपटल की ऊँचाई सुविधाजनक हो।
(4) दर्शरेखक की कोर पूर्णतया सीधी हो और रेखाएँ कोर से सटी हों। जहां तक सम्भव हो पेन्सिल लम्बवत् रहे।
(5) किरणें सम्भवतया पतली हों। तख्त के साथ बालू कागज लटकाए रखना सुविधाजनक होगा। किरणों को अधिक लम्बी न खींचकर लक्ष्य बिन्दु के पास छोटी रेखाएं खींच लें और दूसरी किरण से काटते समय केवल बिन्दु अंकित करें।
(6) खींची गई किरणें प्रतीकयुक्त हों जिससे कटान बिन्दुओं के निर्धारण में भ्रान्ति न हो।
(7) सावधानी के लिए प्रत्येक स्टेशन का कटान तीन-चार स्टेशनों से कर लें। स्टेशन छोड़ने से पूर्व जाँच लें कि टेबल ठीक हो। छोटी दूरियों को जरीब या फीते से नाप कर लम्बाई की जाँच कर लें।
(8) सर्वेक्षणीय वस्तुओं के अनुसार मापक चुनें। 10 के अपवर्त्य चुनना उत्तम होगा।
(9) सर्वेक्षण के लिए अन्य कागज भी आवश्यक हों तो कुछ स्टेशनों को उस पर स्थानान्तरित कर लें।

त्रुटियों के स्रोत

(1) केन्द्रण की त्रुटि।
(2) समपटल का ढीलापन तथा असमतलित अवस्था के कारण त्रुटि।
(3) त्रुटिपूर्ण अवलोकन के कारण।
(4) रेखाएं पूर्णतया सीधी न खींचने से।
(5) आधार-रेखा की अशुद्ध माप।
(6) मौसमीय परिवर्तन से।
(7) किरणों के अशुद्ध संकेत से।

चकबन्दी प्रक्रिया

- राज्य सरकार जोत चकबन्दी अधिनियम की धारा 4(1)/4(2) के अन्तर्गत ग्रामों में चकबन्दी कराने हेतु विज्ञप्ति जारी करती है। पुनः चकबन्दी आयुक्त धारा 4क(1)/4क(2) के अन्तर्गत चकबन्दी प्रक्रिया प्रारम्भ करने हेतु अधिसूचना जारी करते हैं। इस अधिसूचना के प्रभाव स्वरूप राजस्व न्यायालय में चलने वाले समस्त वाद उपशमित (अवेट) हो जाते हैं और बंदोबस्त अधिकारी चकबन्दी की पूर्व अनुमति के बिना कोई भी खातेदार कृषि कार्य से इतर कार्य हेतु अपनी जीत का उपयोग नहीं कर सकता है।
- धारा 4(2)/4क(2) के प्रकाशन के उपरान्त ग्राम में चकबन्दी समिति का गठन भूमि प्रबन्धन समिति के सदस्यों में से किया जाता है। यह समिति चकबन्दी प्रक्रिया के प्रत्येक स्तर पर चकबन्दी प्राधिकारियों को सहयोग एवं परामर्श प्रदान करती है।
- तदोपरान्त चकबन्दी लेखपाल ग्राम में जाकर अधिनियम की धारा-7 के तहत भूचित्र संशोधन, स्थल के अनुसार करता है एवं चकबन्दीकर्ता धारा-8 के अन्तर्गत पड़ताल कार्य करता है, जिसमें गाटों की भौतिक स्थिति, पेड़, कुओं, सिंचाई के साधन व अन्य समुन्नतियों का अंकन आकार पत्र-2(क) में करता है। खतौनी में पाई जाने वाली अशुद्धियों का अंकन आकार पत्र-4 में करता है।
- पड़ताल के उपरान्त सहायक चकबन्दी अधिकारी द्वारा चकबन्दी समिति के परामर्श से विनिमय अनुपात का निर्धारण गाटों की भौगोलिक स्थिति, उत्पादन, समुन्नतियों आदि के आधार पर किया जाता है। अधिनियम की धारा-8क के अन्तर्गत सिद्धान्तों का विवरण पत्र तैयार किया जाता है, जिसमें कटौती का प्रतिशत, सार्वजनिक उपयोग की भूमि का आरक्षण तथा चकबन्दी प्रक्रिया के दौरान अपनाए जाने वाले सिद्धान्तों का उल्लेख किया जाता है।
- इस प्रारम्भिक स्तर पर की गई समस्त कार्रवाइयों से खातेदारों को अवगत कराने के लिए अधिनियम की धारा-9 के अन्तर्गत आकार पत्र-5 का वितरण किया जाता है, जिससे खातेदार अपने खाते की स्थिति तथा गाटो के क्षेत्रफल की अशुद्धियाँ जान जाता है।
- आकार पत्र-5 में दिए गए विवरणों तथा खातेदारों से प्राप्त आपत्तियों के आधार पर सहायक चकबन्दी अधिकारी/चकबन्दी अधिकारी द्वारा अभिलेखों को शुद्ध करते हुए आदेश पारित किए जाते हैं। इन आदेशों से क्षुब्ध व्यक्ति बन्दोबस्त अधिकारी चकबन्दी के यहाँ अपील कर सकते हैं। धारा-9 के अन्तर्गत वादों के निस्तारण के बाद धारा-10 के अन्तर्गत पुनरीक्षित खतौनी बनाई जाती है, जिसमें खातेदारी की जोतों सम्बन्धी, त्रुटियों को शुद्ध रूप में दर्शाया जाता है।
- सहायक चकबन्दी अधिकारी द्वारा चकबन्दी समिति के परामर्श से प्रस्तावित चकबन्दी योजना बनाई जाती है और धारा-20 के अन्तर्गत आकार पत्र-23 भाग-1 वितरण किया जाता है, जिसमें खातेदारों की जोतों के विभाजन सहित प्रस्तावित जोत का अंकन रहता है। इससे क्षुब्ध व्यक्ति क्रमशः चकबन्दी अधिकारी के यहाँ आपत्ति एवं बन्दोबस्त अधिकारी चकबन्दी के यहाँ अपील कर अनुतोष प्राप्त कर सकता है।
- बन्दोबस्त अधिकारी चकबन्दी द्वारा प्रस्तावित चकबन्दी योजना को धारा-23 के अन्तर्गत पुष्टिकृत किया जाता है, जिसके बाद नई जोतों पर खातेदारों

को कब्जा दिलाया जाता है। इस सम्पूर्ण प्रक्रिया से क्षुब्ध कोई खातेदार धारा-48 के अन्तर्गत उप संचालक चकबन्दी के न्यायालय में निगरानी दायर कर अनुतोष प्राप्त कर सकता है।

- अधिनियम की धारा-27 के अन्तर्गत अन्तिम अभिलेख (बन्दोबस्त) तैयार किया जाता है, जिसमें आकार पत्र 41 व 45 बनाया जाता है तथा नए नक्शे का निर्माण किया जाता है, जिसमें पुराने गाटों के स्थान पर नए गाटे बना दिए जाते हैं। इस सम्पूर्ण प्रक्रिया की प्रत्येक स्तर पर गहन जाँच की जाती है।
- इस प्रकार चकबंदी एक चरणबद्ध गतिविधि है।
- गांवों में पांच वर्ष की अधिकतम समय अवधि निर्धारित है।

चकबन्दी का उद्देश्य तथा उत्तर प्रदेश के चकबन्दी अधिनियम 1953 के मुख्य तत्व

चकबन्दी के सम्बन्धित विधि के उद्देश्य और कारण जो कि उपरोक्त प्रस्तर में उद्धृत किए गए हैं। इसके अतिरिक्त चकबन्दी प्रक्रिया से जिन उद्देश्यों की प्राप्ति हुई है, इन्हें संक्षेप में निम्न प्रस्तरों से उल्लिखित किया जा रहा है–

- चूँकि चकबन्दी प्रक्रिया किसी ग्राम के पिछले बन्दोबस्त के आधार पर की जाती है, इसलिए चकबन्दी प्राधिकारी खेतवार पड़ताल के समय इस बात का आकलन करते हैं कि पिछले बन्दोबस्त तथा वर्तमान चकबन्दी प्रक्रिया प्रारम्भ प्रक्रिया होने के समय की अवधि में किसी प्रकार के अवैधानिक आदेश तो नहीं पारित किए गए हैं। विशेष रूप से ग्रामसभा/स्थानीक प्राधिकारी या राज्य सरकार में निहित भूमि तथा उत्तर प्रदेश 'जमींदारी विनाश एवं भूमि व्यवस्था अधिनियम' की धारा 132 की भूमि के सम्बन्ध में जाँच की जाती है। यदि इस प्रकार के कोई अवैधानिक आदेश या इंद्राज चकबन्दी प्राधिकारियों के संज्ञान में आते हैं तो इन्हें दुरूस्त किया जाता है।
- अत्यधिक समय हो जाने के कारण किसी ग्राम के नष्ट हो चुके स्थायी सीमा चिन्हों को चकबन्दी प्रक्रिया के अन्तर्गत पुर्नस्थापित करते हुए तथा सीमा को यथा स्थान सुनिश्चित करना चकबन्दी प्राधिकारियों का दायित्व होता है।
- किसी ग्राम में चकबन्दी प्रक्रिया के दौरान प्रत्येक चक को चकरोड तथा नाली की जाती है।
- चकबन्दी प्रक्रिया में ग्राम के चारों ओर परिपथ का निर्माण किया जाता है, जिससे कृषकगणों/ग्रामीण जनता का आवागमन सरल हो सके।
- सार्वजनिक प्रयोजन के लिए चकबन्दी प्रक्रिया में भूमि की व्यवस्था तथा उनका सीमांकन सुनिश्चित किया जाता है यथा स्कूल, चिकित्सालय, सामुदायिक केन्द्र, खेल का मैदान, पशु चिकित्सालय आदि।
- भविष्य के आबादी के प्रसार के लिए भूमि आवंटित की जाती है। यह भूमि सामान्य वर्ग के अतिरिक्त अनुसूचित जाति/अनुसूचित जनजाति के उन व्यक्तियों के लिए होती है, जो भूमिहीन हों तथा जिनके पास आवास न हों।
- राजस्व ग्राम की खतौनी, खसरा तथा शजरा (भूचित्र) का नवीनीकरण किया जाता है, जिससे कि लम्बे समय तक रख-रखाव किया जा सकें।
- भूमि से सम्बन्धित विवादों (स्वत्व, भूचित्र संशोधन जातों का विभाजन, दाखिल खारिज अभिलेखों का शुद्धीकरण आदि) को लम्बी प्रक्रिया के बजाय संक्षिप्त कार्रवाई के द्वारा निस्तारित किया जाता है, क्योंकि चकबन्दी अधिनियम एक स्वतः परिपूर्ण विशेष अधिनियम है, जिसके अन्तर्गत चकबन्दी प्राधिकारियों को अधिकार भी प्रदान किए गए हैं।
- चकबन्दी अधिनियम की एक महत्वपूर्ण विशेषता है कि यह कृषकों की विभिन्न स्तरों पर विधिक प्रक्रिया से सुरक्षा प्रदान करता है। ग्राम के चकबन्दी प्रक्रिया में आने के पश्चात् अन्य न्यायालयों का अधिकार क्षेत्र समाप्त कर दिया जाता है।
- अधिनियम यह व्यवस्था करता है कि ग्राम के कृषकों के द्वारा निर्वाचित चकबन्दी समिति का परामर्श चकबन्दी प्रक्रिया के प्रत्येक स्तर पर प्राप्त करना अनिवार्य होगा। इस प्रकार इस प्रक्रिया के सभी स्तर पर चकबन्दी समिति, ग्राम सभा तथा सामान्य कृषकगणों का परामर्श प्राप्त किया जाता है।
- यह राज्य के विवेक पर निर्भर करता है कि कोई ग्राम या उसका भाग चकबन्दी प्रक्रिया के अन्तर्गत प्रख्यापित किया जाए। इस सम्बन्ध में अधिनियम में एक मात्र प्रतिबन्ध है कि किसी ग्राम में धारा-52 के प्रकाशन के 20 वर्ष पश्चात् ही उसे पुनः चकबन्दी हेतु प्रख्यापित किया जा सकता है। विशेष परिस्थितियों में यह अवधि 10 वर्ष की हो सकती है।
- यद्यपि अधिनियम तथा नियमावली में किसी ग्राम में चकबन्दी प्रक्रिया प्रारम्भ करने हेतु कोई पूर्व शर्त नहीं रखी गई है सिवाय इसके जोकि पूर्व प्रस्तर में उल्लिखित है, किन्तु प्रशासनिक निर्देशों के द्वारा कतिपय औपचारिकताएं आवश्यक हैं तथा ग्राम सभा के द्वारा चकबन्दी प्रारम्भ किए जाने हेतु किया गया प्रस्ताव, ग्राम के कुल क्षेत्रफल का 40 प्रतिशत कृषि योग्य होना, ग्राम की अधिकांश जनता का चकबन्दी के पक्ष में होना तथा अन्त में कलेक्टर/जिला उप संचालक चकबन्दी द्वारा पुनः चकबन्दी कराये जाने की संस्तुति।
- अधिनियम इस बात की व्यवस्था करता है कि यदि किसी ग्राम में चकबन्दी प्रक्रिया गतिमान है और किसी स्तर पर यह प्रतीत होता है कि ग्राम में चकबन्दी प्रक्रिया बन्द किया जाना आवश्यक है, तो अधिनियम की धारा 6(1) के अन्तर्गत चकबन्दी आयुक्त को अधिकार प्रदान किए गए हैं कि सम्बन्धित ग्राम में चकबन्दी प्रक्रिया समाप्त करने सम्बन्धी विज्ञाप्ति जारी करे। इस हेतु जोत चकबन्दी नियमावली के नियम-17 में कतिपय पूर्व शर्तें वर्णित हैं।
- अधिनियम की महत्वपूर्ण विशेषता है कि यह इन विवादों को दीवानी एवं माल न्यायालयों में उठाए जाने पर प्रतिबन्ध लगाता है, जिन ग्रामों

में चकबन्दी हो चुकी है तथा वे विवाद या तो चकबन्दी में उठाए जा चुके हैं अथवा उठाए जाने चाहिये थे और नहीं उठाए गए।

- यह अधिनियम चकबन्दी प्राधिकारियों को उनके द्वारा सदाशयता से इस अधिनियम के अन्तर्गत किए गए कार्यों के प्रति किसी वाद, अभियोजन अथवा अन्य विधिक कार्यवाही से संरक्षा प्रदान करता है।
- अधिनियम इस बात की भी व्यवस्था करता है कि किसी ग्राम में अधिनियम की धारा-52(1) के अन्तर्गत प्रकाशन स्वरूप चकबन्दी प्रक्रिया समाप्त हो जाने के उपरान्त भी इस अधिनियम के अन्तर्गत पारित तथा लेख्य याचिकाओं में पारित आदेशों का क्रियान्वयन इसी अधिनियम के अन्तर्गत नियुक्त प्राधिकारियों के द्वारा किया जाएगा।

इतिहास एवं पृष्ठभूमि

चकबन्दी योजना का इतिहास

- 1925-26–सहकारी समिति के माध्यम से
- 1939–संयुक्त प्रान्त जोत चकबन्दी अधिनियम, ऐच्छिक स्वरूप होने के कारण सफल नहीं (6,004 ग्राम)
- 1947–कार्यक्रम समाप्त
- 1954–उ.प्र. जोत चकबन्दी अधिनियम प्रयोगात्मक रूप से मुजफ्फरनगर जिला-कैराना तहसील सुल्तानपुर जिला-मुसाफिरखाना तहसील
- 1958–सम्पूर्ण प्रदेश में लागू

चकबन्दी प्रक्रिया में लम्बित गांवों की स्थिति

(दिनांक 01-04-2007)

वर्ष	ग्रामों की संख्या
5 वर्ष से कम	1,523
5 से 10 वर्ष	1,007
10 से 15 वर्ष	1,799
15 से 20 वर्ष	1,017
20 से 25 वर्ष	336
25 से अधिक	424
योग	**6,106**

भूमिका, कार्य एवं जिम्मेदारियाँ

- काश्तकारों के बिखरे हुए खेतों को एकजाई करना।
- प्रत्येक चक्र के लिए चकमार्ग, सिंचाई की नाली।
- ग्राम में सम्पर्क मार्ग का प्रबन्ध।
- कमजोर वर्ग के लिए आबादी का प्रबन्ध।
- सुनियोजित विकास हेतु भूमि की व्यवस्था।
- भूमि सम्बन्धी विवादों का स्थल पर निस्तारण।
- कृषि उत्पादकता में वृद्धि।

प्रथम चक्र में लिए गए ग्रामों की संख्या (01-04-2007)

कुल राजस्व ग्रामों की संख्या	प्रथम चक्र में लिए गए ग्रामों की संख्या	प्रथम चक्र में पूर्ण किए गए चकबन्दीकृत ग्रामों की संख्या	अवशेष
1,07,327	1,00,453	98,461	1,992

अभी तक चकबन्दी प्रक्रिया में नहीं लिए गए ग्रामों की संख्या-6874

द्वितीय चक्र में लिए गए ग्रामों की संख्या (01-04-2007)

द्वितीय चक्र में लिए गए ग्रामों की संख्या	द्वितीय चक्र में पूर्ण किए गए चकबन्दीकृत ग्रामों की संख्या	अवशेष
24,152	20,038	4,114

चकबन्दी योजना की शक्ति

- चकबन्दी के उद्देश्य ही इसकी शक्ति है।
- चकबन्दी प्रक्रिया का अपने आप में पारदर्शी एवं जन सहभागिता पूर्ण एवं कल्याणकारी होना।
- चकबन्दी प्रक्रिया समयबद्ध, कल्याण उन्मुख, भूमि सुधार योजना है।
- चकबन्दी आयुक्त को समस्त प्रकार के अधिकार प्राप्त होना/कार्य संचालन में सुविधा।
- ग्रामसभा की भूमि का संरक्षण।
- ग्राम के भावी सर्वांगीण विकास हेतु सार्वजनिक उपयोग की भूमि यथा आबादी, स्कूल, चिकित्सालय, खेल का मैदान, खाद के गड्ढे, पंचायत घर आदि का आरक्षण।
- कमजोर वर्ग के लिए आवास हेतु भूमि की व्यवस्था कर ग्रामीण सामाजिक स्तर में सुधार।
- प्रत्येक किसान को इसकी बिखरी जोतों के स्थान पर एकजाई जोत प्रदान करना।
- प्रत्येक खेत की सिंचाई की सुविधा, चकमार्ग प्रदान करके हरित क्रान्ति में योगदान।
- प्रत्येक ग्राम में आवागमन हेतु सम्पर्क मार्ग उपलब्ध कराकर विकास की ओर अग्रसर करना।
- कृषकों के आपसी मेड़ों के विवाद को सुलझाना।
- दीवानी/राजस्व न्यायालयों का हस्तक्षेप ने होने से कार्य संचालन में सुविधा।

आपकी जमीन, आपका अधिकार, सबको मिले अपना उत्तराधिकार

भूमि विवादों को जड़ से खत्म करने के लिए मुख्यमंत्री योगी आदित्यनाथ द्वारा विशेष अभियान शुरू किया गया। 15 दिसम्बर, 2020 से दो माह का यह विशेष अभियान है। इस विशेष विरासत अभियान से राज्य के करीब 1,08,000 राजस्व गाँवों में वर्षों से लंबित पड़े विरासत के प्रकरणों को निस्तारित किया जाएगा। यह अभियान 5 चरणों में चलाया गया।

ООО

2

सिंचाई के प्रमुख साधन

सिंचाई के प्रमुख साधन

उत्तर प्रदेश की अर्थव्यवस्था में कृषि प्रधान राज्य होने के कारण सिंचाई का महत्वपूर्ण स्थान है. प्रदेश में गंगा, यमुना, घाघरा, गंडक आदि अनेक प्रमुख नदियां एवं उनकी सहायक नदियों के प्रवाहित होने के कारण सतही जल प्रचुर मात्रा में उपलब्ध है. साथ ही साथ उत्तर प्रदेश में अधिकांश क्षेत्रों में भूमिगत जल की भी प्रचुरता है. उत्तर प्रदेश के कुल भौगोलिक क्षेत्र (240.93 लाख हेक्टेयर), में से 193.07 लाख हेक्टेयर कृषि योग्य है तथा 178.87 लाख हेक्टेयर कृषित क्षेत्र है. प्रदेश के कुल कृषित क्षेत्र का सिंचित भाग 78.48% है. उत्तर प्रदेश का देश में प्रतिशत सिंचित क्षेत्र की दृष्टि से पंजाब एवं हरियाणा के बाद तीसरा स्थान है.

प्रदेश में सृजित सिचाई संसाधनों का विवरण

नहर प्रणाली	71,781.97 किमी (71782 किलोमीटर)
कुल सतही जल	126.20 मिलियन एकड़ फुट
सिंचाई हेतु उपलब्ध जल	71.20 मिलियन एकड़ फुट
जलाशय	67
राजकीय नलकूप (चलीत)	27,988
लघुडाल नहरें	243
वृहद एवं मध्यम पंप नहर	27

प्रदेश में विभिन्न क्षेत्रों में खेती के लिए पानी की कमी को पूरा करने के लिए कई प्रकार से सिंचाई की जाती है जिसमें मुख्य साधन निम्नलिखित है- कुआं, तालाब, नहरें, नलकूप

कुआँ

प्राचीन काल से ही प्रदेश में सिंचाई का प्रमुख साधन कुआँ रहा है। कुँए प्रदेश के पर्वतीय और पथरीले हिस्से को छोड़कर शेष सभी स्थानों पर काफी संख्या में पाए जाते हैं। प्रदेश के विभिन्न हिस्सों में कुओं से सिंचाई करने के लिए सुविधा अनुसार विभिन्न प्रकार विधियाँ अपनाई जाती हैं, जिनमें रेहट, ढेकुली, पैर (दो बैलों द्वारा खींच कर) का प्रचलन काफी समय से है। आज भी कुओं द्वारा ही प्रदेश के अधिकांश खेतों की सिंचाई की जा रही है।

गंगा की घाटी के मध्य क्षेत्र में कुँओं द्वारा सिंचाई की जाती है। पूर्वी उत्तर प्रदेश के गोंडा, बहराइच, बस्ती, फैजाबाद, सुल्तानपुर, जौनपुर, रायबरेली, प्रतापगढ़, वाराणसी, आजमगढ़, मऊ, बलिया, गाजीपुर, गोरखपुर, महाराजगंज एवं देवरिया जिलों में कुँओं द्वारा सिंचाई की जाती है।

तालाब

प्रदेश में कृषि योग्य भूमि के कुछ भाग की सिंचाई तालाबों द्वारा भी की जाती है। खेतों के पास तालाब आदि होने पर मोखे द्वारा या अन्य स्थानीय विधियों द्वारा तालाब से सिंचाई की जाती है। वर्षा काल में तालाबों में वर्षा का पानी भर जाता है, जिसके द्वारा आवश्यकता पड़ने पर सिंचाई की जाती है। कभी कभी कम वर्षा होने पर तालाबों में प्रचुर मात्रा में जल एकत्र नहीं हो पाता है। जिसके फलस्वरूप कृषि बिना पानी के सूख जाती है। अत: वर्तमान में कृषि के लिए केवल तालाबों पर निर्भर रहना उचित नहीं है। नहरें के एक अच्छा विकल्प साबित हो रही है।

नहर

उत्तर प्रदेश में बड़ी-बड़ी नदियों के होने के कारण नहर द्वारा सिंचाई की सुविधा उपलब्ध है। प्रदेश का पूर्वी भाग अवश्य पर्याप्त वर्षा प्राप्त करता है, किन्तु पश्चिमी भाग में सिंचाई की विशेष आवश्यकता पड़ती है। अत: प्रदेश के पश्चिमी भाग में ही नहरों का निर्माण अधिकता से किया गया है।

नलकूप

उत्तर प्रदेश में नलकूपों द्वारा सर्वाधिक सिंचाई की जाती है। राज्य में वर्ष 2005-06 में राजकीय नलकूपों की संख्या 28,020 थी। राज्य में शुद्ध सिंचित क्षेत्रफल का लगभग 72% क्षेत्र वर्तमान में नलकूपों द्वारा सींचा जाता है। प्रदेश में राजकीय एवं निजी दोनों प्रकार के नलकूपों द्वारा सिंचाई का प्रचलन है किंतु

यहां निजी नलकूपों की संख्या अधिक है। प्रदेश के मेरठ, फिरोज़ाबाद, इटावा, मुजफ्फनगर, बुलंदशहर, फर्रुखाबाद, अलीगढ़ एवं सहारनपुर जिलों में नलकूपों द्वारा सर्वाधिक सिंचाई की जाती है।

प्रदेश की विभिन्न नहर परियोजनाएँ

प्रदेश की सिंचाई व्यवस्था को सुदृढ़ बनाने हेतु अनेक लघु, मध्यम एवं वृहत सिंचाई परियोजनाएँ संचालित की जा रही है, जिनका विवरण इस प्रकार है -

- **गोकुल बैराज परियोजना** - आगरा और मथुरा की पेयजल समस्या के निदान हेतु इस परियोजना का क्रियान्वयन किया जा रहा है।
- **गंगा-बैराज (कानपुर)**- कानपुर नगर की जल आपूर्ति की समस्या के समाधान हेतु।
- **गंगा-घाघरा दोआब** - राज्य के इस सबसे बड़े प्राकृतिक भाग में क्षेत्रफल 80.24 लाख हे. तथा बोया हुआ क्षेत्रफल 69.87 लाख हे. है। शारदा नहर प्रणाली जल प्रबन्ध सुधार परियोजना - राज्य की इस सबसे लम्बी नहर प्रणाली का निर्माण वर्ष 1928 में गंगा-घाघरा दोआब के 25.50 लाख हे. क्षेत्र में सिंचाई सुविधा प्रदान करता है। यह नहर चम्पावत जिले के बनबसा स्थल (उत्तर प्रदेश-नेपाल सीमा के निकट) पर शारदा नदी से निकलती है। शारदा नहर प्रणाली की कुल लम्बाई 9743 किमी है। इस नहर से पीलीभीत, चम्पावत, बरेली, ऊधमसिंह नगर, शाहजहाँपुर, रायबरेली, हरदोई, उन्नाव, लखीमपुर, बाराबंकी, सीतापुर तथा लखनऊ में सिंचाई की जाती है।
- **शारदा सहायक परियोजना** - लखीमपुर, लखनऊ, बाराबंकी, रायबरेली, प्रतापगढ़, सीतापुर, सुल्तानपुर, जौनपुर, आजमगढ़, फैजाबाद, मऊ, वाराणसी, बलिया, अम्बेडकर नगर तथा गाजीपुर जनपदों को पानी की आपर्ति हेतु इस परियोजना का निर्माण किया जा रहा है।
- **ज्ञानपुर पम्प नहर परियोजना** - इस परियोजना को मार्च, 1991 में स्वीकृति दी गई थी। इसके अन्तर्गत इलाहाबाद, भदोही, वाराणसी एवं मिर्जापुर जनपदों के क्षेत्र शामिल हैं।
- **सरयू नहर परियोजना** - बहराइच, श्रावस्ती, गोंडा, सन्त कबीर नगर, बलरामपुर, सिद्धार्थनगर, बस्ती एवं गोरखपुर जनपदों में घाघरा, सरयू एवं ताप्ती नदियों से उपलब्ध जल द्वारा सिंचाई सुविधा उपलब्ध कराई जाती है।
- **बाण गंगा बाँध एवं नहर प्रणाली** - उत्तर प्रदेश, मध्य प्रदेश तथा बिहार राज्य की संयुक्त परियोजना के अन्तर्गत केन्द्र सरकार के अधीन बाण सागर नियन्त्रण परिषद् की स्थापना की गई है।
- **राजघाट बाँध तथा राजघाट नहर परियोजना** - इस परियोजना के अन्तर्गत ललितपुर जनपद में बेतवा नदी पर राजघाट के निकट यह परियोजना निर्माणाधीन है। इस परियोजना का निर्माण बेतवा नदी परिषद के द्वारा उत्तर प्रदेश एवं मध्य प्रदेश के सहयोग से किया जा रहा है।
- **बदायूँ सिंचाई परियोजना** - बरेली जिले में रामगंगा नदी पर 674.50 मी. लम्बा बैराज बनाकर बरेली जिले के अलावा बदायूँ एवं दातागंज तथा शाहजहाँपुर जिले को सिंचाई सुविधा उपलब्ध कराए जाने के उद्देश्य से बदायूँ सिंचाई परियोजना प्रस्तावित है।
- **जरौली पम्प नहर परियोजना** - इस परियोजना मे फतेहपुर जनपद के असोधन विकास खण्ड के ऐझी कोटवा ग्राम में यमुना नदी के बाये तट पर एक पम्प गृह प्रस्तावित है।
- **ऊपरी गंगा नहर सिंचाई आधुनिकीकरण परियोजना** - पश्चिमी उत्तर प्रदेश के गंगा-यमुना दोआब मे रबी फसल की सिंचाई व्यवस्था हेतु वर्ष 1854 मे ऊपरी नहर का निर्माण किया गया।
- **राजा महेन्द्र रिपुदमन सिंह चम्बल डालनहर परियोजना** - आगरा जनपद की तहसील वाह एवं इटावा जनपद की तहसील इटावा मे सिंचाई सुविधा उपलब्ध कराने हेतु चम्बल डाल नहर परियोजना निर्माणाधीन है।
- **मध्य गंगा नहर परियोजना** - वर्षा ऋतु में गंगा नदी में पर्याप्त जल उपलब्धता को देखते हुए मध्य गंगा नहर परियोजना का निर्माण 1978-78 मे प्रारम्भ किया गया। इस परियोजना के तहत बिजनौर जनपद के समीप गंगा नदी पर बैराज का निर्माण कर 115.54 किमी लम्बी प्रमुख नहर को गंगा नहर में 190.8 किमी पर मिलाया गया है। इस परियोजना से लाभान्वित होने वाले जिले गाजियाबाद, बुलन्दशहर, अलीगढ़, मथुरा, हाथरस एवं फिरोजाबाद आदि जनपद लाभान्वित होगे।
- **समानान्तर माण्ट शाखा एवं समानान्तर हाथरस शाखा** - मध्य गंगा नहर योजना में समानान्तर माण्ट शाखा एवं समानान्तर हाथरस शाखा की कुल 86.0 किमी लम्बाई में नहरों का निर्माण प्रस्तावित है।
- **मध्य गंगा नहर परियोजना, द्वितीय चरण** - गंगा नदी के बाये किनारे से बिजनौर से निर्मित बैराज से गंगा एवं रामगंगा दोआब में मुरादाबाद, ज्योतिबाफूले नगर, बदायूँ तथा बरेली जिले के क्षेत्रों में सिंचाई सुविधा उपलब्ध कराने के उद्देश्य से मध्य गंगा नहर परियोजना प्रस्तावित है।
- **कनहर सिंचाई परियोजना** - सोनभद्र जिले की दुद्धी तहसील में सिंचाई सुविधा उपलब्ध कराने हेतु कनहर नदी पर उपयोग करने की योजना है।
- **मौहदा बाँध परियोजना** - यह परियोजना हमीरपुर जनपद की मौहदा तहसील में छानी ग्राम के निकट बिरमा नदी पर निर्माणाधीन है।
- **कचनौदा बाँध परियोजना** - इस परियोजना के अन्तर्गत ललितपुर जिले की महरौनी तहसील में सजनम नदी पर निर्मित है। इस परियोजना का उद्देश्य ललितपुर जिले में गोविन्द सागर बाँध की नहर प्रणाली के टेल भाग में सिंचाई की कमी की पूर्ति करना है।
- **गुन्टा बाँध परियोजना** - चित्रकूट जनपद में रैपुरा ग्राम के निकट गुन्टा नाला पर निर्माणाधीन बाँध।
- **चरखारी हाल नहर परियोजना** - यह परियोजना मौहदा बाँध परियोजना

का एक भाग है। महोबा जिले में चरखारी तहसील में सिंचाई उपलब्ध कराने हेतु।

- **भोरंट/उटारी बाँध परियोजना** - इस परियोजना के अन्तर्गत ललितपुर जिले की महरौनी तहसील में जामनी बाँध से निकलने वाली बायीं जामनी नहर के टेल कमाण्ड में सिंचाई की जाती है।
- **पथरई बाँध परियोजना** - झाँसी जनपद के मऊरानीपुर तहसील के बंगरा ब्लॉक में पथरई नदी पर निर्माणाधीन परियोजना।
- **पूर्वी गंगा नहर परियोजना** - इस परियोजना के अन्तर्गत हरिद्वार में नवनिर्मित भीम गोडा शीर्ष के बायीं ओर 48.55 किमी लम्बी व 137.4 क्यूसेक शीर्ष क्षमता की प्रमुख नहर निकाली गई है। मुख्य नहर से पाँच शाखाएँ चन्दोक, नगीना, नजीबाबाद, नहटोर, अलावलपुर निकाली गई है।
- **राजघाट बाँध परियोजना** - इस परियोजना से झाँसी, जालौन एवं हमीरपुर जिले लाभान्वित होते हैं।
- **लखवाड़ी बाँध परियोजना** - इस परियोजना से सहारनपुर, मुजफ्फरनगर एवं मेरठ जिले लाभान्वित है।
- **जमरानी बाँध परियोजना** - इस परियोजना से रामपुर बरेली का तराई एवं भाबर क्षेत्र लाभान्वित है।
- **बेवर फीडर परियोजना** - निचली गंगा नहर प्रणाली की वर्तमान बेवर शाखा के अन्तिम आने वाले मैनपुरी तथा इटावा जनपदों में पानी की कमी को दूर करने हेतु काली नदी पर मोहर घाट के समीप एक बैराज बनाने का प्रस्ताव है।

उत्तर प्रदेश के प्रमुख बांध

बांध	नदी	स्थान
गोविन्द बल्लभ पन्त सागर (रिहंद) बाँध	रिहंद	पिपरी (सोनभद्र)
राजघाट बाँध	बेतवा	ललितपुर
गोविन्द सागर बाँध	शहजाद	ललितपुर
मौदहा बाँध	बिरमा	हमीरपुर
रामगंगा बाँध	रामगंगा	धामपुर
काठी बाँध	रामगंगा	बिजनौर
आहरौरा बाँध	गराई	मिर्जापुर
ओबरा बाँध	रिहंद	सोनभद्र
शजनाम बाँध	शजनाम	ललितपुर
मेजा बाँध	बेलन	मिर्जापुर
माताटीला बाँध	बेतवा	झांसी
परीछा बाँध	बेतवा	झाँसी
अर्जुन बाँध	अर्जुन	महोबा
रोहिणी बाँध	रोहिणी	ललितपुर
जमनी बांध	जामनी	ललितपुर
सुकमा-डुकमा बाँध	बेतवा	झांसी
शहजाद बाँध	शहजाद	ललितपुर
कालागढ़ बाँध	रामगंगा	कालागढ़
पथराई बाँध	पथारी और सुखनाई	झांसी
चंद्रप्रभा बाँध	चंद्रप्रभा	चंदौली
झलारपुर बाँध	करदिया	महोबा
कनहर बाँध	कनहर	सोनभद्र

उत्तर प्रदेश की प्रमुख नहरें

ऊपरी गंगा नहर

उद्गम स्थल/सम्बंधित नदी: हरिद्वार (उत्तराखंड), गंगा नदी

लाभान्वित जिले: सहारनपुर, मुज़फ्फरनगर, मेरठ, बुलंदशहर, अलीगढ़, मथुरा, एटा, फ़िरोज़ाबाद, इटावा, मैनपुरी, कानपुर, फ़तेहपुर, गाजियाबाद और फरुखाबाद।

मध्य गंगा नहर

उद्गम स्थल/सम्बंधित नदी: बिजनौर, गंगा नदी।

लाभान्वित जिले: बुलंदशहर, अलीगढ़, गाजियाबाद, हाथरस, मथुरा और फ़िरोजाबाद।

निचली गंगा नहर

उद्गम स्थल/सम्बंधित नदी: नरोरा (बुलंदशहर), गंगा नदी।

लाभान्वित जिले: बुलंदशहर, फ़तेहपुर, प्रयागराज, अलीगढ़, मैनपुरी, गाजियाबाद, एटा, फ़िरोज़ाबाद, कानपुर और फरुखाबाद।

रामगंगा नहर

उद्गम स्थल/सम्बंधित नदी: कालागढ़ (पौढ़ी), रामगंगा नदी
लाभान्वित जिले: बिजनौर, अमरोहा, मुरादाबाद और रामपुर।

पूर्वी यमुना नहर

उद्गम स्थल/सम्बंधित नदी: फैज़ाबाद (सहारनपुर)/ यमुना नदी।

लाभान्वित जिले: सहारनपुर, मुज़फ्फरनगर, मेरठ, गाजियाबाद और दिल्ली।

आगरा नहर

उद्गम स्थल/सम्बंधित नदी: ओखला (दिल्ली के पास), यमुना नदी।

लाभान्वित जिले: दिल्ली, गुड़गाँव (गुरुग्राम), भरतपुर और आगरा।

शारदा नहर

उद्गम स्थल/सम्बंधित नदीः बनवासा (नेपाल सीमा) / शारदा नदी।

लाभान्वित जिलेः पीलीभीत, बरेली, शाहजहाँपुर, लखीमपुर,सीतापुर, हरदोई, बाराबंकी, उन्नाव, लखनऊ, रायबरेली, प्रतापगढ़, सुल्तानपुर और इलाहाबाद (प्रयागराज)।

सरयू या घाघरा नहर

उद्गम स्थल/सम्बंधित नदीः कतरनिया (बहराइच)/ घाघरा।

लाभान्वित जिलेः बहराइच, श्रावस्ती, बलरामपुर, गोंडा और बस्ती।

घाघरा नहर

उद्गम स्थल/सम्बंधित नदीः मिर्ज़ापुर/घाघरा (सोन की सहायक नदी)

लाभान्वित जिलेः सोनभद्र और मिर्जापुर।

बेतवा नहर

उद्गम स्थल/सम्बंधित नदीः पारीक्षा (झाँसी)/ बेतवा।

लाभान्वित जिलेः झाँसी, हमीरपुर और जालौन।

केन नहर

उद्गम स्थल/सम्बंधित नदीः पन्ना (मध्य प्रदेश)/ केन नदी।

लाभान्वित जिलेः बाँदा।

गंडक नहर

उद्गम स्थल/सम्बंधित नदीः नेपाल/ बूढ़ी गंडक नदी।

लाभान्वित जिलेः गोरखपुर, कुशीनगर, महाराजगंज और देवरिया।

रानी लक्ष्मीबाई बांध नहर

उद्गम स्थल/सम्बंधित नदीः मातातिला (ललित)/ बेतवा नदी

लाभान्वित जिलेः हमीरपुर, जालौन, झाँसी और ललितपुर।

राजघाट नहर

उद्गम स्थल/सम्बंधित नदीः ललितपुर। बेतवा नदी।

लाभान्वित जिलेः हमीरपुर, जालौन, झाँसी और ललित।

उत्तर प्रदेश सिंचाई योजना

19वीं शताब्दी के उत्तरार्द्ध में सिंचाई के विकास के महत्व को समझा जाने लगा था। वर्ष 1897-98 एवं 1899-1900 में पड़े भयंकर सूखों में सिंचाई के नियोजित एवं त्वरित विकास ने महती भूमिका निभाई। वर्ष 1901 में गठित प्रथम इरीगेशन कमीशन को देश में सूखे के विरूद्ध निपटने में सिंचाई के क्षेत्र में रिपोर्ट उपलब्ध कराने का कार्य सौंपा गया। कमीशन द्वारा निजी सिंचाई साधनों के विकास हेतु कतिपय सुझाव दिये गये। वर्ष 1939 में शासन द्वारा Agricultural Reorganization समिति गठित की गई, जिसने वर्ष 1941 में अपनी रिपोर्ट दी। इसमें अन्य के अलावा जल उठाने के साधन/मशीनरी, छोटी बोरिंग, नलकूप, कूप छेदकों की ट्रेनिंग आदि के सम्बन्ध में कतिपय अनुशंसायें की गई थी। उपरोक्त संस्तुतियों को वर्ष 1947 में मुख्य कृषि अभियन्ता के अधीन कार्यान्वित किया गया। सिंचाई का कार्य प्रदेश को तीन जोन में बाँटकर कराया गया, जिसके मुख्यालय मेरठ, कानपुर तथा वाराणसी बनाए गए। इस प्रकार निजा नलकपों हेत बोरिंग का कार्य पहले एग्रीकल्चरल इन्जीनियरिंग विभाग के माध्यम से किया जाता था।

पहली जुलाई 1954 को इस विभाग को नियोजन विभाग से सम्बद्ध किया गया, तत्पश्चात् वर्ष 1964 में शासनादेश सं. 5819/38-8-517/1964 दिनांक 08.10.1964 द्वारा आयुक्त कृषि उत्पादन एवं ग्राम्य विकास की देख-रेख में लघु सिंचाई विभाग की स्थापना की गई।

यूपी लघु सिंचाई योजना के उद्देश्य

- इस विभाग का मुख्य उद्देश्य कृषि उत्पादन में वृद्धि हेतु कृषकों के निजी सिंचाई साधनों का निर्माण कराकर उन्हें आत्मनिर्भर बनाना है, जिससे प्रदेश के हर खेत में सुनिश्चित् सिंचाई सुविधा उपलब्ध हो सके तथा प्रदेश के कृषक अधिकाधिक खाद्यान्न उत्पादन कर प्रदेश व देश के आर्थिक विकास में योगदान कर सकें।
- उपरोक्त उद्देश्य की पूर्ति के क्रम में लघु सिंचाई विभाग द्वारा कृषकों को निजी लघु सिंचाई संसाधनों के विकास हेतु अनुदान इत्यादि की विधाएं प्रदान की जाती है तथा तकनीकी मार्गनिर्देशन दिया जाता है।
- विभिन्न योजनाओं के अन्तर्गत विभाग द्वारा प्रदत्त अनुदान उत्प्रेरक का कार्य करता है और लघु सिंचाई साधनों के निर्माण के लिए स्वयं का निवेश करने हेतु कृषकों को प्रेरित करता है।
- प्रदेश में गहराते भूजल संकट के दृष्टिगत विभाग वर्षा जल संचयन,सतही जल के इष्टतम उपभोग एंव जल संरक्षण की विधाओं को प्रोत्साहित कर भूजल संर्वधन हेतु प्रयासरत है।

उत्तर प्रदेश लघु सिंचाई योजना के अंतर्गत विभिन्न परियोजनाएँ

1. मुख्यमंत्री लघु सिंचाई योजना (ज़िला योजना)

(अ) उथले नलकूप

यह विभाग की फ्लैगशिप स्कीम है जो 1985 से संचालित की जा रही है। इस योजना का मुख्य उद्देश्य लघु एवं सीमान्त कृषकों को कृषि उत्पादकता में वृद्धि हेतु उन्हें सिंचाई के क्षेत्र में आत्मनिर्भर बनाना है। योजना में 110 एम.एम. (4") व्यास पी. वी.सी. पाइप से 30 मी- गहराई तक के उथले नलकूपों का निर्माण कराकर सिंचाई सुविधा उपलब्ध कराई जाती है।

(ब) मध्यम गहरे नलकूप

प्रदेश के 31 से 60 मीटर गहराई वाले जलग्राही क्षेत्रों में मध्यम गहरे नलकूप निर्माण की योजना वर्ष 2004-05 से क्रियान्वित की जा रही है। योजना में सभी जाति/श्रेणी के कृषक पात्र हैं। योजनान्तर्गत नलकूप की लागत का 50 प्रतिशत अधिकतम ₹75,000.00 अनुदान अनुमन्य है, जिसमें बोरिंग/ड्रिलिंग, पम्पसेट, एसेम्बली (बोरिंग में प्रयुक्त पाइप) पम्प हाउस, ऊर्जीकरण इत्यादि का व्यय सम्मिलित है। जल वितरण प्रणाली हेतु भूमिगत पाइप लाइन/पक्की नाली निर्माण, एच.डी.पी.ई. पाइप हेतु लागत का 50 प्रतिशत अधिकतम ₹10,000.00 की अतिरिक्त अनुदान कृषकों को अनुमन्य है। इस प्रकार जल वितरण प्रणाली को सम्मिलित करते हुए कुल ₹85,000.00 का कुल अनुदान अनुमन्य है। योजना के अन्तर्गत निर्मित नलकूपों के ऊर्जीकरण की समस्या के समाधान हेतु उक्त वर्णित अनुदान के अतिरिक्त प्रत्येक नलकूप पर ऊर्जीकरण हेतु उत्तर प्रदेश पावर कारपोरेशन की प्रचलित दर पर प्रति नलकूप 0.68 लाख अथवा जो भी कम हो, अनुमन्य हैं। इस प्रकार कुल ₹1.53 लाख का अनुदान अनुमन्य है।

(स) गहरे नलकूप

प्रदेश के बुन्देलखण्ड के पठारी क्षेत्रों में जहाँ पर हैण्ड बोरिंग सेट के द्वारा नलकूप निर्माण सम्भव नहीं था वहाँ वर्ष 1982-83 से गहरी बोरिंग योजना प्रारम्भ की गई एवं तत्पश्चात आवश्यकता को देखते द्वारा वर्ष 1998 से सम्पूर्ण प्रदेश के कठिन एवं गहरे स्ट्रेट वाले क्षेत्रों में इसका विस्तार किया गया। इस योजना सभी श्रेणी के कृषक पात्र हैं। योजनान्तर्गत अधिकतम ₹1,00,000.00 अनुदान दिया जाता है, जिसमें ऊर्जीकरण का व्यय सम्मिलित है।

योजनां के अन्तर्गत निर्मित नलकूपों के ऊर्जीकरण की समस्या के समाधान हेतु उक्त वर्णित अनुदान के अतिरिक्त प्रत्येक नलकूप पर ऊर्जीकरण हेतु उत्तर प्रदेश पावर कारपोरेशन की प्रचलित दर पर प्रति नलकूप 0.68 लाख अथवा जो भी कम हो, अनुमन्य है। यह धनराशि नलकूप का छिद्रण हो जाने के पश्चात नलकूप के ऊर्जीकरण हेतु लाभार्थी के नाम सहित उत्तर प्रदेश पॉवर कारपोरेशन को उपलब्ध कराई जाएगी। इसके फलस्वरूप वर्तमान में नलकूप निर्माण हेतु ₹1.00 लाख का जो अनुमन्य अनुदान है, उसमें बोरिंग/ड्रिलिंग, पम्पसेट, एसेम्बली (बोरिंग में प्रयुक्त पाइप) पम्प हाउस, ऊर्जीकरण इत्यादि की लागत सम्मिलित की जायेगी।

इसके अतिरिक्त जल के अपव्यय को रोकने हेतु जल वितरण प्रणाली की स्थापना के लिए ₹0.10 लाख का अनुदान अनुमन्य है। इस प्रकार कुल ₹1.78 लाख का अनुदान अनुमन्य है।

2. डॉ. राम मनोहर लोहिया सामुदायिक नलकूप योजना

योजना में निजी सिंचाई कार्यक्रम के अन्तर्गत दो प्रकार के समूहों का गठन कर (अनुसूचित जाति/जनजाति कृषक बाहुल्य समूह, सामान्य श्रेणी के लघु एवं सीमान्त कृषक बाहुल्य समूह) गठन कर सामूहिक नलकूपों का निर्माण किया जाता है। योजनान्तर्गत अनुसूचित जाति/जनजाति बाहुल्य समूह हेतु ₹5.00 लाख तथा सामान्य श्रेणी के कृषक समूह हेतु ₹3.92 लाख का अनुदान अनुमन्य है।

3. चेकडैम निर्माण जिला योजना

प्रदेश में पठारी क्षेत्रो में वर्षा जल का उपयोग सिंचाई के साथ-साथ भूगर्भ जल रिचार्ज हेतु विशेष रूप से बुन्देलखण्ड में नालों पर चैकडैम/ चेकडैम कम रपटा बनाकर यह कार्य किये जा रहे हैं। यह सामुदायिक योजनायें हैं। इनका रख-रखाव सम्बन्धित लाभार्थी समूह/ग्राम सभा द्वारा किया जाता है। चेकडैम निर्माण हेतु जिला योजना, 13वाँ वित्त आयोग द्वारा संस्तुत अनुदान, भारत सरकार की विशेष योजनाओं इत्यादि से धनराशि प्राप्त होती है।

चेकडैम/चेकडैम कम रपटा के निर्माण से निम्न लाभ प्राप्त हैं-

- वर्षा जल का सिंचाई कार्यों में अधिकाधिक उपयोग।
- भूगर्भ जल रिचार्ज में वृद्धि ।
- नलकूप की तुलना में सस्ती सिंचाई सुविधा
- ग्रामीणों हेतु आवागमन का विकास।
- पर्यावरण के सन्तुलन में सहायक।
- अतिरिक्त रोजगार सृजन।

प्रति चैकडेम लगभग 20 हे. सिंचाई की सुविधा उपलब्ध होती है। प्रति चैकडेम लगभग 1 हे. मी. जल का रिचार्ज प्रति वर्ष होता है।

4. वर्षा जल संचयन योजनान्तर्गत तालाबों का निर्माण/ जीर्णोद्धार (राज्य योजना)

योजना के अन्तर्गत 01 से 05 हे. तक के तालाबों का निर्माण/जीर्णोद्धार कार्य अतिदोहित एवं क्रिटिकल श्रेणी में वर्गीकृत विकासखण्डों में कराया जाता है। कार्य से वर्षा जल का संरक्षण कर भूजल रिचार्ज में वृद्धि की जाती है तथा वर्षा जल का सिंचाई कार्यों में उपयोग किया जाता है।

5. ब्लास्ट कूप (बुन्देलखण्ड पैकेज एवं PMKSY(HKKP)

योजना के अन्तर्गत बुन्देलखण्ड एवं विन्ध्य के पठारी क्षेत्रों में 04 से 06 मीटर व्यास के एवं 15 मी. तक गहरे कूपों का निर्माण किया जाता है।

6. सामूहिक मिनी ग्रीन ट्यूबवेल योजना (राज्य योजना)

प्रदेश के सामान्य, अनुसूचित जाति/जनजाति श्रेणी के लघु एवं सीमान्त कृषक समूहों को सौर ऊर्जा चालित पम्पसेट आधारित नलकूपों का निर्माण कराकर सिंचाई सुविधा उपलब्ध कराने के उद्देश्य से उत्तर प्रदेश सरकार द्वारा "सामूहिक मिनी ग्रीन ट्यूबवेल" नामक नई योजना प्रारम्भ की गई है। सामूहिक मिनी ग्रीन ट्यूबबेल योजना का मूल उद्देश्य सौर ऊर्जा को बढ़ावा देकर, पर्यावरण हितैषी (Eco-Friendly) एवं सस्ती सिंचाई सुविधा कृषक समूहों को उपलब्ध कराकर उनकी उत्पादकता। आय में वृद्धि किया जाना है।

योजना के अन्तर्गत सामान्य श्रेणी के समूह हेतु केन्द्रांश ₹0.73 लाख तथा राज्यांश ₹2.43 लाख कुल ₹3.16 लाख का अनुदान अनुमन्य है। अनुसूचित

जाति/जनजाति श्रेणी के समूह हेतु केन्द्राशं ₹0.73 लाख तथा राज्याशं ₹2.99 लाख कुल ₹3.72 लाख का अनुदान अनुमन्य है।

7. प्रधानमंत्री कृषि सिंचाई योजना (हर खेत को पानी)

भारत सरकार द्वारा संचालित प्रधानमंत्री कृषि सिंचाई योजना के घटक "हर खेत को पानी' के अन्तर्गत प्रदेश के कुल 15 जनपदों के ऐसे 38 विकासखण्डों का चयन किया गया है। जो सुरक्षित विकासखण्डों के श्रेणी में आते हैं जहाँ औसतन वार्षिक वर्षा 750 एम.एम. अथवा उससे अधिक होती है। इस योजना में ऐसे कृषकों को लाभान्वित किया जाना है जो लघु एवं सीमान्त श्रेणी के अन्तर्गत आते है तथा अनुसूचित जाति, अनुसूचित जनजाति महिला कृषकों को वरीयता प्रदान की जायेगी। इस घटक के अन्तर्गत 60 प्रतिशत अंश भारत सरकार का एवं 40 प्रतिशत अंश राज्य सरकार का है।

8. बुन्देलखण्ड पैकेज

केन्द्र सरकार द्वारा वित पोषित बुन्देलखण्ड पैकेज के अन्तर्गत जनपद झाँसी, ललितपुर, जालौन, हमीरपुर, बाँदा, महोबा एवं चित्रकूट में चेकडैम, तालाबों का जीर्णोद्धार एवं नये ब्लास्ट वेल के निर्माण की योजना (जनपद जालौन, हमीरपुर एवं बाँदा को छोड़कर) संचालित है।

3

उत्तर प्रदेश में कृषि व्यवस्था एवं प्रमुख योजनाएँ

उत्तर प्रदेश भारत का चौथा सबसे बड़ा और सबसे अधिक आबादी वाला राज्य है। इसका इतिहास अंतहीन है और कभी न खत्म होने वाला आकर्षण का केंद्र कहा जा सकता है। उत्तर प्रदेश गंगा के मैदानी उपजाऊ क्षेत्र का बड़ा हिस्सा है। राज्य की महत्वपूर्ण नदियां गंगा और यमुना हैं। पूर्व में, उत्तर प्रदेश बिहार से, दक्षिण में मध्य प्रदेश, पश्चिम में राजस्थान, दिल्ली, हिमाचल प्रदेश, हरियाणा और उत्तर में उत्तराखंड से घिरा है। प्रदेश की उत्तरी सीमा नेपाल से लगी हुई है। राज्य का क्षेत्रफल 2,38,286 वर्ग किलोमीटर है।

राज्य के अधिकांश लोग खेती पर निर्भर हैं तथा गेहूँ, धान, गन्ना, दलहन,तिलहन और आलू यहाँ की मुख्य फसलें हैं। आमतौर पर पशुधन में गाय, भैंस, बकरी व अन्य जानवर हैं। उत्तर प्रदेश के कुल भौगोलिक क्षेत्र का लगभग 12.8 प्रतिशत वन है। राज्य की जनसंख्या 2011 की जनगणना के अनुसार 199.81 मिलियन है जो देश की कुल जनसंख्या का 16.50% है। राज्य में लिंग अनुपात राष्ट्रीय औसत के 1000 पुरुषों के मुकाबले 933 महिलाओं की तुलना में 1000 पुरुषों पर प्रति 829 महिलायें है। साक्षरता प्रतिशत पुरुष 68.8 प्रतिशत् और महिलाओं में 42.2 प्रतिशत है। उत्तर प्रदेश में प्राकृतिक संपदा बहुतायत में है। वनस्पतियों और जीवों की विविधता बड़ी और छोटी नदियों, जलवायु परिस्थितियों और मिट्टी के विभिन्न प्रकार की किस्मों के कारण उत्तर प्रदेश में डोलोमाइट, जिप्सम, मैग्नेटाइट, फास्फोराइट, और बॉक्साइट जैसे खनिज उपलब्ध हैं। कई उद्योग उस क्षेत्र में मौजूद खनिजों की उपलब्धता के आधार पर स्थापित किये गये हैं। उद्योगो द्वारा तराजू, ताले, पत्र बक्से, फर्नीचर, बैज और बेल्ट, चमड़े के सामान, कैंची, हथकरघा, कालीन, कांच, बिजली का सामान, आदि का निर्माण होता है।

कृषि जलवायु क्षेत्र

उत्तर प्रदेश को वर्षा एवं मृदा के आधार पर नौ कृषि जलवायु क्षेत्रों में बांटा गया है जिनमे केंद्रीय मैदानी, दक्षिण-पश्चिमी अर्ध शुष्क, बुंदेलखंड, पूर्वी मैदान, उत्तर-पूर्वी मैदान, विंध्य, भाबर और तराई, पश्चिमी मैदान और मध्य पश्चिमी मैदानी क्षेत्र हैं।

कृषि जलवायु क्षेत्रों की विशेषताएँ

उत्तर प्रदेश के 8 कृषि जलवायु क्षेत्र अधिक विभिन्नता को लिये हुए है जो बुंदेलखंड की शुष्कता (वार्षिक वर्षा औसतन 650 मिमी) से लेकर उत्तर-पूर्वी क्षेत्र (जहाँ वार्षिक वर्षा औसतन 1400 मिमी) तक है। इस प्रदेश के तापमान में बहुत उतार चढाव है। एक तरफ पश्चिमी मैदान का न्यूनतम तापमान 1.5° सेल्सियस होता है तो दूसरी तरफ बुन्देलखण्ड मे 47.8° सेल्सियस रहता है। यहाँ की फसल सघनता 111 प्रतिशत (पश्चिमी क्षेत्र) से 157 प्रतिशत् (पश्चिमी क्षेत्र) तक है। प्रत्येक कृषि जलवायु क्षेत्र की बाध्यताएँ भिन्न प्रकार की हैं जिनमें मुख्यत: मध्य मैदानी क्षेत्र मे लवणीय मृदा, खारा पानी,दक्षिण पश्चिमी अर्ध शुष्क में क्षारीयता और कटावदार नाले, बुंदेलखंड क्षेत्र में वर्षा आधारित खेती, उत्तर-पूर्वी मैदान में कटावदार लवणीय एवं क्षारीय मृदा व खारा पानी और पूर्वी मैदानी क्षेत्र में दियारा, विन्ध्य क्षेत्र मे कटावदार चट्टानी भूमि के साथ लवणता और क्षारीयता, पश्चिमी क्षेत्र में जलभराव के साथ भाबर और तराई क्षेत्र जो कृषि विकास में मुख्य रुप से बाधक है।

क्षेत्रफल और फसल उत्पादकता स्तर

उत्तर प्रदेश में विभिन्न कृषि जलवायु क्षेत्रों में भिन्न-भिन्न प्रकार की फसलें उगायी जाती हैं। जिसमें खाद्यान्न, दलहन, तिलहन, गन्ना, सब्जी एवं मसालें की फसलें प्रमुख हैं। कुल क्षेत्रफल के 80 प्रतिशत भाग पर खाद्यान्न फसलें एवं 20 प्रतिशत् क्षेत्र में अन्य फसलें ली जाती हैं। क्षेत्रों के आधार पर यह प्रत्येक क्षेत्र में एक या एक से अधिक फसल कृषि परिस्थिति के अनुकुल है। कुल नौ कृषि जलवायु क्षेत्र में छह कृषि जलवायु क्षेत्रों में मृदा उर्वरता एवं सिंचाई का स्तर बेहतर है जहाँ धान, गेहूँ, गन्ना फसल चक्र सबसे अधिक प्रचलित है और मुख्य रूप से इन क्षेत्रों में सबसे अधिक धान, गेहूँ और गन्ने का उत्पादन होता है। 3 क्षेत्रों, दक्षिण-पश्चिमी अर्धशुष्क क्षेत्र, बुन्देलखण्ड और विंध्य क्षेत्रों में अपेक्षाकृत कम सिंचाई सुविधाओं और औसत मृदा उर्वरता की वजह से अधिक क्षेत्र में दलहन एवं तिलहन का उत्पादन होता है।

खरीफ खाद्यान्न फसलों में धान मुख्य फसल है जो अकेले कुल क्षेत्रफल का 69 प्रतिशत् क्षेत्रफल आच्छादित करती है। कुल खरीफ खाद्यान्न उत्पादन का लगभग 78 प्रतिशत उत्पादन धान का है। दलहनी फसलों में उर्द व मूंग लगभग 5.1 प्रतिशत् क्षेत्रफल में आच्छादित है जबकि उत्पादन का मात्र 1.26 प्रतिशत् योगदान है। मूंगफली और तिल मुख्य तिलहनी फसलें हैं जो कुल क्षेत्र में दोनों फसलो की 2.62 प्रतिशत हिस्सेदारी है जबकि चावल उत्पादन 9 कृषि जलवायु

क्षेत्रों में से केवल 3 कृषि जलवायु क्षेत्रों मध्य मैदानी, उत्तर-पूर्व मैदानी व पूर्वी मैदानी क्षेत्र में कुल क्षेत्रफल का लगभग 86 प्रतिशत् क्षेत्रफल इन्ही तीनों क्षेत्रों में है। भाभर व तराई, पश्चिमी मैदानी एवं मध्य पश्चिम मैदानी क्षेत्रों में उत्पादन 22 कुन्तल/हे. है जबकि अन्य क्षेत्रों में यह मात्र 20 कु./हे. से भी कम है। मध्य मैदानी क्षेत्र में उत्पादन 17.75 कु./हे. है जो कि राज्य के औसत उत्पादन 19.76 कु0/हे) से कम है। मुख्य खाद्यान्न फसल में मक्का मध्य मैदानी क्षेत्र में अधिकतम क्षेत्रफल (30) प्रतिशत् है जो क्रमशः दक्षिण पश्चिमी अर्धशुष्क, उत्तर पूर्वी मैदानी क्षेत्र 17.0 व 16.0 प्रतिशत् क्षेत्रफल अच्छादित है जिसमें दक्षिणी पश्चिमी अर्धशुष्क का उत्पादन 20.18 कु./हे. अधिकतम तथा उत्तर पूर्वी मैदानी क्षेत्र की उत्पादकता 8.96 कु./हे. है। क्षेत्र संख्या प्रथम, तृतीय, आठवीं एवं नौवीं की उत्पादकता राज्य की औसत उत्पादकता (16.3 कु./हे.) से कम है। राज्य में ज्वार के कुल क्षेत्रफल में मध्य मैदानी क्षेत्र एवं बुन्देलखण्ड क्षेत्र की हिस्सेदारी 80 प्रतिशत् है जबकि इन दोनों क्षेत्रों की औसत उत्पादकता पूर्वी मैदानी क्षेत्र की औसत उत्पादकता से कम है। बुन्देलखण्ड क्षेत्र की उत्पादकता (9.49 कु./हे.) है, जो राज्य की औसत उत्पादकता से कम है। खाद्यान्न फसल में बाजरा मुख्य है जो कि दक्षिणी पश्चिमी अर्धशुष्क में 50 प्रतिशत की भागीदारी के साथ ही मध्य पश्चिम मैदानी क्षेत्र में 19 प्रतिशत तथा मध्य मैदानी क्षेत्र में 17.5 प्रतिशत है। बाजरे की उत्पादकता उत्तर-पूर्वी मैदानी क्षेत्र (17.48 कु./हे) है जबकि इसका क्षेत्रफल कम है। राज्य की उत्पादकता (14.88 कु./हे.) की तुलना में मध्य मैदानी क्षेत्र की उत्पादकता (8.96 कु./हे.) कम है।

रबी खाद्यान्न फसलों में गेहूँ प्रमुख फसल है जो इस क्षेत्र का 78.0 प्रतिशत हिस्सेदारी खाद्यान्न के तहत और उत्पादन के हिसाब से 90.0 प्रतिशत के आसपास योगदान देता है।

33.5 कु./हे. औसत उपज के साथ पश्चिमी मैदानी क्षेत्रों के बीच अधिकतम उत्पादकता के पास है। तीन अन्य क्षेत्रों, भाबर और तराई, मध्य पश्चिमी मैदानी और दक्षिण पश्चिमी अर्ध शुष्क में राज्य की उत्पादकता 27.20 कु०/हे. की तुलना में अधिक उत्पादकता है, जबकि, शेष पांच जोनों के बाकी कम उत्पादकता और विंध्य क्षेत्र के साथ औसत उपज 18.2 कु./हे. से नीचे है।

खरीफ दलहनी फसलों में अरहर, उर्द और मूंग तथा रबी में चना, मसूर, और मटर प्रमुख हैं। दालों में चना एक मुख्य एवं महत्वपूर्ण फसल है जिसकी हिस्सेदारी राज्य के कुल दलहन क्षेत्रफल की 31.4 प्रतिशत है। इसके बाद मसूर 24.2 प्रतिशत्, उर्द एवं मूंग 16.4 प्रतिशत् व अरहर और मटर प्रत्येक की हिस्सेदारी 14 प्रतिशत् है। कृषि जलवायु क्षेत्र-वार विश्लेषण से पता चलता है कि बुंदेलखंड क्षेत्र की हिस्सेदारी प्रमुख दालों में सबसे अधिक (44.5 प्रतिशत्) जबकि मध्य मैदानी क्षेत्र की हिस्सेदारी (20.5 प्रतिशत) है। जो कि राज्य के कुल क्षेत्रफल का लगभग 65 प्रतिशत् क्षेत्रफल में है। उत्तर पूर्व मैदानी व पूर्व मैदानी क्षेत्र की हिस्सेदारी अरहर के क्षेत्र में भी अच्छी है। दलहनी फसलों की उत्पादकता को देखते हुए यह पता चलता है कि उर्द और मूंग के मामले में, मध्य पश्चिमी मैदानी और पूर्वी मैदानी क्षेत्रो में क्रमशः 6.28 और 6.02 क्विंटल/हेक्टेयर की उच्चतम उत्पादकता है। हालांकि, बुंदेलखंड क्षेत्र की औसत उपज (3.79 क्विंटल/हेक्टेयर) है जो कि राज्य की औसत उपज से 4.35 कु./हे. से कम है। तीनों क्षेत्रों दक्षिण पश्चिम, अर्ध शुष्क, मध्य मैदानी व पूर्व मैदानी क्षेत्रों में चने की औसत उपज 10.0 कु./हे. है जबकि भाबर, तराई व विंध्य क्षेत्र में औसत उपज राज्य की औसत उपज (8.41 कु./हे.) से कम है। मसूर का क्षेत्रफल बुंदेलखण्ड में सबसे अधिक है जबंकि इसकी औसत उपज 4.07 कु./हे. जो कि सभी क्षेत्रों में न्यूनतम है। अरहर के क्षेत्र में मध्य पश्चिम मैदानी क्षेत्र की औसत उपज सबसे अधिक 9.09 कु./हे. है। मध्य मैदानी क्षेत्र का क्षेत्रफल अधिकतम है साथ ही इसकी उत्पादकता 18.19 कु./हे. है जो कि अधिकतम है। अरहर के महत्वपूर्ण क्षेत्रों में उत्तर पूर्व मैदानी क्षेत्र की पैदावार 6.18 कु./हे. है जो कि राज्य की औसत उपज 12.56 कु./हे. से अपेक्षाकृत कम है। मटर की उत्पादकता में दक्षिण पश्चिम अर्ध शुष्क क्षेत्र का उत्पादन 18.12 कु./हे. है जोकि अधिकतम है। बुन्देलखण्ड क्षेत्र का उत्पादन (7.65 कु./हे.) को छोड़कर अन्य क्षेत्रों का उत्पादन या तो राज्य की औसत उत्पादन से अधिक है या इसके बराबर है, तिलहन में मूंगफली व तिल खरीफ की मुख्य फसलें है तथा राई और सरसों रबी की मुख्य फसलें है जबकि अलसी भी कुछ क्षेत्र में बोई जाती है। राई और सरसों की भागीदारी राज्य के कुल तिलहन क्षेत्रफल का 66 प्रतिशत् है। विभिन्न कृषि जलवायु क्षेत्रों में विभिन्न तिलहन फसलों के विश्लेषण में पाया गया कि मध्य मैदानी एवं बुन्देलखण्ड क्षेत्रों में मूंगफली एवं तिल का क्षेत्रफल सबसे अधिक है। इसी प्रकार दक्षिण पश्चिम अर्ध शुष्क एवं मध्य मैदानी क्षेत्र को मिलाकर सरसों एव राई का क्षेत्रफल लगभग 62 प्रतिशत् है। तिलहन की औसत उत्पादकता विभिन्न क्षेत्रों में मध्य मैदानी एवं बुन्देलखण्ड क्षेत्रों में अधिकतम क्षेत्रफल में है। जबकि मूंगफली की औसत उपज सबसे कम है। राई एवं सरसों की पैदावार दक्षिण पश्चिम अर्ध शुष्क क्षेत्र में अन्य क्षेत्रों की अपेक्षा अधिकतम है। जबकि अन्य महत्वपूर्ण क्षेत्रों- मध्य मैदानी अपेक्षाकृत कम उत्पादन 9.15 कु./हे. है जो कि राज्य की औसत उपज 9.87 कु./हे.) से कम है। दक्षिण पश्चिम अर्धशुष्क व पश्चिम मध्य को छोड़कर राई एवं सरसों की उत्पादकता राज्य की उत्पादकता से कम है। भाबर तराई व पश्चिम मध्य क्षेत्र का गन्ना क्षेत्रफल राज्य के कुल क्षेत्रफल का 50 प्रतिशत् है। गन्ना उत्पादन के अन्य महत्वपूर्ण क्षेत्र मध्य पश्चिम मैदानी, मध्य मैदानी क्रमशः 28.50 व 14 प्रतिशत् है। उत्तर पूर्व मैदानी एवं पूर्व मैदानी क्षेत्र मिलाकर लगभग 17.6 प्रतिशत् है। इसके अतिरिक्त अन्य क्षेत्रों में गन्ना क्षेत्रफल बहुत कम है। उत्पादकता में मध्य मैदानी क्षेत्र की औसत अधिकतम उपज 640 कु०/हे० है, पूर्व मध्य क्षेत्र की उत्पादकता न्यूनतम 411 कु०/हे.) है। क्षेत्र VI, VII, VIII और IX की उत्पादकता राज्य की उत्पादकता (573.0 कु./हेक्टेयर) की तुलना में कम हैं। राज्य में आलू का क्षेत्रफल मध्य मैदानी क्षेत्र में अकेले 35.0 प्रतिशत है, तथा दक्षिण पश्चिमी अर्धशुष्क क्षेत्र (21.0 प्रतिशत) और पूर्वी मदानी क्षेत्र (18.0 प्रतिशत) क्षेत्र में है। उत्पादकता के हिसाब से दक्षिण पश्चिमी अर्ध शुष्क क्षेत्र में सर्वाधिक उत्पादकता (273.0 कु./हेक्टेयर) के साथ विभिन्न क्षेत्रों में पहले स्थान पर है जबकि उत्तर पूर्वी मैदानी क्षेत्र 184.5 कु./हेक्टेयर औसत उपज के साथ, सबसे कम उपज वाला क्षेत्र है।

अनुसंधान एवं प्रसार केन्द्र

राज्य के चार कृषि विश्वविद्यालयों, कानपुर, फैजाबाद, मेरठ, बांदा और एक डीम्ड कृषि विश्वविद्यालय, इलाहाबाद में कृषि अनुसंधान के सर्वांगीण

विकास का दायित्व है। साथ ही ये राज्य के विभिन्न कृषि जलवायु क्षेत्रों के लिए तकनीकी आवश्यकताओं को भी पूरा करते हैं। इन विश्वविद्यालयों के अलावा, मथुरा में पशु चिकित्सा विश्वविद्यालय को विशेष रूप से पशुपालन अनुसंधान का दायित्व सौंपा गया है। बीएचयू, वाराणसी का कृषि विज्ञान संस्थान भी कृषि अनुसंधान के क्षेत्र में पूर्वी उत्तर प्रदेश को अपनी सेवाओं से उत्पादन के क्षेत्र में लाभ पहुंचा रहा है। ये संस्थान अपने-अपने क्षेत्रों में कृषि तकनीकियों को विकसित करते हैं। राज्य के सम्बन्धित विभाग जैसे कृषि, बागवानी, पशुपालन, मत्स्य पालन, रेशम उत्पादन किसानों की तकनीकों के माध्यम से लाभान्वित कर रहे हैं।

कृषि विज्ञान केंद्र (केवीके)

देश का पहला कृषि विज्ञान केन्द्र पांडिचेरी में 1974 में भारतीय कृषि अनुसंधान परिषद द्वारा स्थापित किया गया था। वर्तमान में, 684 कृषि विज्ञान केन्द्र अलग मेजबान संगठनों के तहत देश भर में कार्य कर रहे हैं। उत्तर प्रदेश में 72 जिलों में से 69 ग्रामीण जिलों में कृषि विज्ञान केन्द्र संचालित किये जा रहे है। ये केवीके राज्य कृषि विश्वविद्यालयों (48), केन्द्रीय विश्वविद्यालय (1), पशु चिकित्सा विश्वविद्यालय (1), आईसीएआर संस्थानों (5), शैक्षिक संस्थानों (4) गैर-सरकारी संगठनों (10) प्रशासनिक नियंत्रण के तहत राज्य में स्थापित किये गए है। केवीके के जनादेश हैं - प्रौद्योगिकी आकलन और क्षमता विकास (टाडा-सीडी) के लिए प्रदर्शन। केवीके की गतिविधियों में शामिल हैं - खेत पर विभिन्न फसल प्रणाली के तहत कृषि प्रौद्योगिकियों के स्थान विशिष्टता की पहचान के लिए परीक्षण, अग्रिम पंक्ति प्रदर्शनों द्वारा किसानों के खेतों पर प्रौद्योगिकियों की उत्पादन क्षमता स्थापित करना, किसानों और प्रसार कर्मियों को अपने ज्ञान और आधुनिक कृषि तकनीकों पर कौशल को अद्यतन करने की क्षमता में विकास करना, जिले की कृषि अर्थव्यवस्था में सुधार लाने में सार्वजनिक, निजी और स्वैच्छिक क्षेत्र की पहल का समर्थन करने के लिए ज्ञान और संसाधन केंद्र के रूप में काम करना, तथा सूचना और संचार प्रौद्योगिकी और अन्य मीडिया के द्वारा किसानों के हित के लिए विभिन्न विषयों पर परामर्श प्रदान करना। इसके अतिरिक्त, गुणवत्तायुक्त तकनीकी उत्पादों (बीज, रोपण सामग्री, जैव एजेंटों, पशुधन) का उत्पादन और उन्हें किसानों के लिए उपलब्ध कराना, नवाचारों की पहचान करना और लेखाजोखा करना भी इन केंद्रों की जिम्मेदारी है। कृषि विज्ञान केन्द्र के तकनीकी सहयोग की जिम्मेदारी राज्य के चार कृषि विश्वविद्यालयों को दिया गया है। कृषि विज्ञान केन्द्रों की निगरानी के लिए ग्यारह (11) अटारी देश में कृषि अनुसंधान परिषद द्वारा स्थापित किया गया है। आईसीएआर-अटारी, कानपुर सक्रिय रूप से योजना में कार्यरत है तथा निगरानी और क्षेत्र में कृषि विज्ञान केन्द्र की गतिविधियों की समीक्षा करने की पहचान को प्राथमिकता और प्रौद्योगिकी एकीकरण और प्रचार-प्रसार से संबंधित विभिन्न गतिविधियों के लिए प्रभावी कार्यकरण क्रम तथा कृषि विज्ञान केन्द्र के लिए वित्तीय और ढांचागत समर्थन एवं कार्यान्वयन सहयोग के लिए क्षेत्र में राज्य कृषि विश्वविद्यालयों, भाकृअनुप संस्थानों/संगठनों, विभागों और स्वैच्छिक संगठनों के साथ समन्वय स्थापित कर रहा है।

राज्य सरकार की कृषि नीति

कृषि का सकल राज्य घरेलू उत्पाद (जी.एस.डी.पी.) में 25.7% (वर्तमान लागत पर 2017-18 में और 22.7% स्थिर कीमत में) का अंशदान है। इस राज्य में 177.21 लाख हेक्टेयर खेती योग्य क्षेत्र है जिसके विरुद्ध शुद्ध बोया गया क्षेत्रफल 166 लाख हेक्टेयर है, जिसमें से 86.7 प्रतिशत सिंचित भूमि है। प्रदेश का खाद्यान्न, गन्ना, आलू, दूध, मांस तथा बागवानी में देश में पहला स्थान है।

किसान की आय को दोगुना करने के लक्ष्य को पूरा करने के लिए यह जरूरी है कि कृषि उत्पाद की बेहतर माँग न केवल राष्ट्रीय स्तर पर उत्पन्न की जाए बल्कि इसे अंतर्राष्ट्रीय स्तर पर भी उत्पन्न किया जाए और निर्यात बढ़ाकर बेहतर कीमत प्राप्त की जाए। किसानों को अपने उत्पादों की बेहतर कीमत प्राप्त करने में सक्षम बनाने के लिए कृषि उत्पादों के निर्यात पर जोर देना जरूरी है। इसके लिए राज्य में एक स्थायी कृषि निर्यात नीति के गठन की आवश्यकता है।

राष्ट्रीय कृषि निर्यात में उत्तर प्रदेश का 7.35% योगदान है। वर्ष 2018-19 में - निर्यात की गई मात्रा की दृष्टि से भारत से कुल कृषि निर्यात में उत्तर प्रदेश का भैंस के मांस में 50.34%, गेंहूँ में 37.88%, प्राकृतिक शहद में 26.59%, ताजे आम में 4.12%, अन्य ताजे फलों में 15.84%, दुग्ध उत्पादों में 13.31%, गैर-बासमती चावल में 4.02%, बासमती चावल में 3.21%, पुष्प कृषि उत्पाद में 0.57%, प्रसंस्कृत फलों, उनके जूस और मेवों आदि में 0.51% का योगदान रहा है।

वाणिज्य एवं उद्योग मंत्रालय, भारत सरकार द्वारा वर्ष 2018 में लगभग 30+ बिलियन यू.एस. डॉलर के कृषि निर्यात से दोगुना करते हुए वर्ष 2022 में लगभग 60+ बिलियन यू.एस. डॉलर करने के उद्देश्य से राष्ट्रीय कृषि निर्यात नीति प्रतिपादित की गई है। यह परिकल्पना की गई है कि प्रत्येक राज्य द्वारा इस उद्देश्य को हासिल करने में मदद करने के लिए अपनी कृषि निर्यात नीति प्रतिपादित की जाएगी। इस दृष्टिकोण से उत्तर प्रदेश कृषि निर्यात नीति राष्ट्रीय लक्ष्य के सामंजस्य में निरुपित की जा रही है।

उत्तर प्रदेश कृषि निर्यात नीति 2019 का दृष्टिकोण "कृषि उत्पादों के निर्यात को बढ़ावा देने के लिए नये ढांचे की व्यवस्था करना, कृषि फसलों एवं उत्पादों के निर्यात की क्षमता का सदुपयोग करना तथा किसानो एवं अन्य हितधारकों की आय पर्यास रूप से बढ़ाना"।

नीति का उद्देश्य

- उत्तर प्रदेश से कृषि निर्यात को वर्ष 2024 तक 2524 मिलियन यू.एस. डॉलर अर्थात 17591 करोड़ के वर्तमान मूल्य से दोगुना करना।
- पर्यावरण को रक्षित करने वाले कृषि उत्पादों के निर्यात को सुगम करना और अप्रसंस्कृत कृषि उत्पादों के निर्यात से मूल्य वर्द्धित उत्पादों की ओर गमन।
- निर्यात के लिए उन संभावित कृषि फसलों और उत्पादों की पहचान करना और बढ़ावा देना जो देशी एवं जैविक हैं और जो अंतर्राष्ट्रीय बाजारों में प्रतिस्पर्धा कर सकते हैं।
- अंतर्राष्ट्रीय बाजार का आंकलन करने और इसके प्रबंधन से संबंधित बाधाओं को दूर करने के लिए संस्थागत कार्यप्रणाली बनाना।

- निर्यात योग्य कृषि उत्पादों और वैश्विक अवसरों से संबंधित जानकारी को किसानों तक पहुँचाने के लिए ढांचा विकसित करना।
- कृषि क्षेत्र में निर्यात को बढ़ाने के लिए राज्य में मुख्य विभागों के बीच सहक्रियाशील अवसरो पर ध्यान देना।
- बाजारों का विस्तार करते हुए किसानों की आमदनी को बढ़ाना जिससे उन्हें बेहतर कीमत मिल सके।

कार्यान्वयन के लिए रणनीति

- संस्थागत कार्यप्रणाली, विभागों के बीच ज्यादा तारतम्य को मजबूत करना और मौजूदा संस्थागत ढांचे का प्रभावी उपयोग करना।
- राज्य से कृषि निर्यात की सुविधा के लिए बुनियादी ढांचे को सक्षम बनाना और गुणवत्ता नियंत्रण सुनिश्चित करना और सभी स्तर पर आवश्यक मानक बनाए रखना।
- हितधारकों के लिए संपर्क बिंदु के रूप में राज्य स्तरीय कृषि निर्यात सुविधा केन्द्र स्थापित करना।
- कृषि फसलों और उत्पादों के निर्यातकों के लिए व्यवसाय को सुगम बनाने के तरीकों को बढ़ावा देना और सुविधाजनक बनाना।
- आधुनिक मूल्य शृंखला बनाने के लिए निजी क्षेत्र के निवेशों को प्रोत्साहित करना जो वैश्विक बाजार से अच्छी तरह से एकीकृत हो।
- अच्छी कृषि पद्धतियों को प्रोत्साहित करना, रोग मुक्त क्षेत्रों को विकसित करना और ताजे फल और सब्जियों के निर्यात के लिए लंबी दूरी के समुद्री प्रोटोकोल को बढ़ावा देना।
- कार्मिकों और हितधारकों की क्षमता का विकास करना।
- नवोन्मेष और स्टार्ट-अप को प्रोत्साहित करने के लिए व्यवस्थाएं स्थापित करना।
- राज्य को अंतर्राष्ट्रीय बाजार के अवसरों से जोड़ने के लिए बढ़ावा देने के कार्यक्रम आयोजित करना।
- ज्यादा निवेश के लिए व्यवसाय आकर्षित करना और राज्य के ब्रांड का प्रचार करने पर जोर देना।
- जिले या जिलों के समूह में क्षेत्रों के क्लस्टर बनाते हुए क्लस्टर पद्यति के माध्यम से राज्य से कृषि निर्यात को बढ़ाना, ऐसे क्षेत्रों के क्लस्टर जिनने निर्यात योग्य कृषि उत्पाद पारंपरिक रूप से उत्पादित या प्रसंस्कृत किया जा रहा है या जो इस उद्देश्य के लिए उपयुक्त है।
- राष्ट्रीय और राज्य स्तर की संस्थाओं के सहयोग से अनुसंधान और विकास को प्रोत्साहित करना।

कार्यान्वयन ढाँचा

- संस्थागत कार्यप्रणाली को मजबूत करना: इस नीति को कृषि एवं कृषि क्षेत्र से जुड़े सम्बंधित सभी विभाग जैसे कृषि विभाग, कृषि विपणन एवं कृषि विदेश व्यापार विभाग जिसमें राज्य कृषि उत्पादन मंडी परिषद् उत्तर प्रदेश भी सम्मिलित है, पशुपालन विभाग, खाद्य एवं औषधि प्रशासन, मत्स्य, डेयरी एवं दुग्ध विकास विभाग, उद्यान एवं खाद्य प्रसंस्करण विभाग, चीनी उद्योग एवं गन्ना विकास विभाग एवं उन अन्य विभागों, जिन्हें इस नीति के अंतर्गत गठित राज्य स्तरीय निगरानी समिति निर्देशित कर सकेगी, द्वारा लागू किया जाना और यह विभाग इस -नीति के सम्बंधित विभाग कहा जाना प्रस्तावित है।
- नीति के कार्यान्वयन को मजबूत और निगरानी करने के लिए एक "राज्य स्तरीय निर्यात निगरानी समिति" बनाई जाएगी।

जोतों का आकार

कृषि गणना 2010-11 के आंकड़ों से विदित होता है कि प्रदेश में कुल जोतों में एक हेक्टेयर से कम आकार वाली जोतों का प्रतिशत 79.5 था, जो कि वर्ष 2015-16 में बढ़कर 80.2 प्रतिशत हो गया। स्पष्ट है कि प्रदेश में जोतों का औसत आकार घटता जा रहा है।

प्रदेश में आकार वर्गानुसार क्रियात्मक जोतों की संख्या व क्षेत्रफल

	2000-01		2015-16	
आकार वर्ग (हेक्टे. में)	क्रियात्मक जोतों की सं. (हजार में)	कुल क्षेत्रफल (हजार में)	क्रियात्मक जोतों का सं.(हजार में)	कुल क्षेत्रफल (हजार हेक्टे. में)
1.0 से कम	16658.9 (76.9)	6647.7 (37.0)	19100 (80.2)	7298 (441.8)
1.0-2.0	3087.1 (14.2)	4365.8 (24.3)	3008 (12.6)	4175 (23.9)
2.0-4.0	1427.1 (6.6)	3905.6 (21.7)	1314 (5.5)	3560 (20.4)
4.0-10.0	463.0 (2.1)	2579.9 (14.03)	377 (1.6)	2075 (11.9)
10.0 और अधिक	32.1 (0.2)	484.3 (2.7)	23 (0.1)	343 (2.0)
योग	**23668.2 (100.0)**	**17983.3 (100.3)**	**23822 (100.3)**	**17450 (100.3)**

स्रोत: राजस्व परिषद, उत्तर प्रदेश

कृषि में कार्यरत कर्मकारों की स्थिति

वर्ष 2011 की जनगणनानुसार उत्तर प्रदेश में कुल 658.15 लाख कर्मकार थे, जिसमें 190.58 लाख कृषक एवं 199.39 लाख कृषि श्रमिक थे। कुल कर्मकारों में कृषकों एवं कृषि श्रमिकों का प्रतिशत अंश 59.3 था। वर्ष 2001 एवं 2011 की जनगणनानुसार प्रदेश में कृषको की संख्या घट रही है तथा कृषि श्रमिकों की संख्या बढ़ रही है

प्रदेश में कर्मकारों का विवरण

		इकाई	कर्मकारों की संख्या		कर्मकारों की प्रतिशत	
			2001	2011	2001	2011
1	कृषक	लाख	221.68	190.58	41.1	29.0
2	कृषि श्रमिक	लाख	134.01	199.39	24.8	30.3
3	पारिवारिक उद्योग	लाख	30.31	38.99	5.6	5.9
4	अन्य	लाख	153.84	229.19	28.5	34.8
	योग		**539.84**	**6558.15**	**100.0**	**100.0**

राज्य कृषि उत्पादन मण्डी परिषद, के प्रमुख कार्यक्रमों के क्रियान्वयन एवं उपलब्धियों का विवरण

- भारत सरकार द्वारा निर्गत अध्यादेश जून, 2020 के क्रम में मण्डी परिसरों के बाहर के व्यापार को पूरी तरह लाईसेन्स व मण्डी शुल्क से मुक्त कर दिया गया है। इससे किसान अपना सामान कहीं भी और किसी भी व्यापारी को तत्काल बेच सकतें हैं।
- कोरोना काल के दौरान फल एवं सब्जियों के कृषकों के हितार्थ 45 कृषि जीन्सों को गैर-अधिसूचित कर मण्डी शुल्क समाप्त किया गया, ताकि कृषकों को विपणन में सुविधा रहे।
- मण्डी परिषद की आय को बढ़ाने के लिए नियमित समीक्षा द्वारा तथा कर चोरी पर लगाम के फलस्वरूप वित्तीय वर्ष 2019-2020 में मण्डी समितियों की कुल आय ₹1997.00 करोड़ एवं वित्तीय वर्ष 2020-2021 के जुलाई तक मण्डी समितियों की कुल आय ₹430.00 करोड़ हो गई।
- गड्ढामुक्तिकरण योजना के अन्तर्गत वर्ष 2017 से जून, 2020 तक 10136 कि.मी. सम्पर्क मार्ग, ₹1228.45 करोड़ की लागत से मण्डी परिषद द्वारा अपने आन्तरिक संसाधनों से पूरी तरह से नवीनीकृत/ब्लैक टाप कर दिया गया है।
- भारत सरकार एवं प्रदेश सरकार की महत्वाकांक्षी परियोजना राष्ट्रीय कृषि बाजार (ई-नैम) के अन्तर्गत कृषकों को उपज का सही मूल्य दिलाने के लिए प्रदेश की 125 मण्डियों के अन्तर्गत वित्तीय वर्ष 2020-2021 में लगभग ₹250.00 करोड़ का डिजिटल व्यापार किया गया है।
- मण्डी समितियों के आन्तरिक कार्यो को भी ऑनलाईन करने की दिशा में ई-मण्डी योजना के अन्तर्गत वित्तीय वर्ष 2020-2021 में लगभग 07 हजार ई-लाईसेन्स एवं 07 लाख से अधिक प्रवेश पर्ची, 6 आर, 9 आर तथा अन्य ऑनलाईन पर्चियां निर्गत की गईं।
- प्रदेश में जुलाई, 2020 में "वृक्षारोपण अभियान" चलाकर 16 लाख पौधे रोपड़ हेतु कृषकों को नि:शुल्क वितरित किये गये।
- "मुख्यमंत्री कृषक कल्याणकारी योजना" (मुख्यमंत्री कृषक दुर्घटना सहायता योजना, मुख्यमंत्री खेत-खलिहान अग्निकाण्ड दुर्घटना सहायता योजना, मुख्यमंत्री कृषक उपहार योजना एवं मुख्यमंत्री कृषक छात्रवृत्ति योजना) के अन्तर्गत वर्ष 2019-2020 में ₹37.81 करोड़ आवंटित करते हुए 20,850 कृषकों एवं वित्तीय वर्ष 2020-2021 जून, 2020 तक में ₹3.80 करोड़ से भी अधिक की धनराशि आवंटित करते हुए 2,899 कृषकों को लाभान्वित किया गया है।
- राज्य सरकार द्वारा पल्लेदारों/ श्रमिकों के बैंक खातों में ₹1000.00 हस्तान्तरित किये जाने सम्बन्धी योजना के अन्तर्गत 20,000 से अधिक श्रमिकों की सूचना नगर निगम व अन्य जनपदीय प्राधिकारियों को उपलब्ध कराकर लाभान्वित किया गया।

उत्तर प्रदेश सरकार की विभिन्न योजनाएँ

उत्तर प्रदेश भाग्यलक्ष्मी योजना

इस योजना की शुरुआत यूपी के मुख्यमंत्री योगी आदित्य नाथ जी के द्वारा राज्य की लड़कियों को लाभ पहुंचाने के लिए की गयी है। इस योजना के अंतर्गत राज्य की आर्थिक रूप से गरीब परिवार की बेटियों के जन्म होने पर 50,000 रूपये की आर्थिक सहायता राज्य सरकार द्वारा प्रदान की जाएगी और बेटी की माँ को भी 5100 रूपये की धनराशि वित्तीय सहायता के प्रदान किए जायेगे। इस यूपी भाग्य लक्ष्मी योजना के तहत जब लड़की 6 वीं कक्षा में आएगी तो माता-पिता को 3,000 रुपये, 8 वीं कक्षा में 5000 रुपये, कक्षा 10 में 7,000 रुपये और 12 वीं कक्षा में 8,000 रुपये दिए जाएंगे। इस योजना के अंतर्गत लड़की के 21 वर्ष की आयु होने तक लड़की के माता-पिता को 2 लाख रुपये का कुल धनराशि वित्तीय सहायता के रूप में प्रदान की जाएगी । इस योजना के तहत आवेदक के परिवार की वार्षिक आय 2 लाख रूपये से कम होनी चाहिए ।

उत्तर प्रदेश श्रमिक भरण पोषण योजना

इस योजना को राज्य के श्रमिकों के भरण पोषण के लिए आर्थिक सहायता प्रदान की जाएगी। इस उत्तर प्रदेश श्रमिक भरण पोषण योजना के अंतर्गत राज्य के 15 लाख दिहाड़ी मजदूरों और निर्माण क्षेत्र (रिक्शा वाले, खोमचे वाले, रेहड़ी वाले, फेरी वाले, निर्माण कार्य करने वाले) के 20.37 लाख श्रमिकों को आम दिनों की जरूरतों को पूरा करने के लिए प्रति व्यक्ति 1,000 रुपये की आर्थिक सहायता प्रदान करने की घोषणा की है। कोरोना वायरस की वजह से बहुत से मजदूर बेरोजगार हो गए, जिसके कारण मजदूरों का कोई आय का साधन नहीं

है इस मजदूर भत्ता योजना के तहत नगर विकास के 16 लाख दिहाड़ी सफाई कर्मचारी, 58000 ग्राम सभाओ में 20 –20 मजदूर लिए जायेगे।

मजदूर भत्ता योजना

इस योजना के तहत राज्य सरकार द्वारा मजदूरों को प्रदान की जाने वाली आर्थिक सहायता सीधे लाभार्थियों के बैंक अकाउंट में ट्रांसफर की जाएगी। श्रम विभाग, नगर विकास और ग्राम सभाओं में पंजीकृत मजदूरों को इस योजना का लाभ मिलेगा। इस योजना के तहत बीपीएल परिवारों को 20 किलो गेहूं और 15 किलो चावल सरकार मुफ्त में देगी।

मुख्यमंत्री युवा स्वरोजगार योजना

इस योजना को राज्य के बेरोजगार युवाओ को रोजगार के अवसर प्रदान करने के लिए आरम्भ की गयी है। इस योजना के तहत आवेदक की आयु 18 वर्ष से 40 वर्ष के बीच होनी चाहिए । इसके अंतर्गत राज्य के बेरोजगार युवाओ को खुद का रोजगार शुरू करने के लिए 25 लाख रूपये तक की आर्थिक सहायता राज्य सरकार द्वारा प्रदान की जाएगी। मुख्यमंत्री युवा स्वरोजगार योजना के तहत उत्तर प्रदेश के योग्य बेरोजगार युवाओं को कम ब्याज दर में लोन सुविधा प्रदान की जाएगी। इस योजना के तहत उद्योग क्षेत्र के लिए 25 लाख रूपये की वित्तीय सहायता उपलब्ध कराई जाएगी और सेवा क्षेत्र के लिए 10 लाख रूपये की वित्तीय सहायता प्रदना की जाएगी। साथ ही सरकार द्वारा परियोजना लागत की कुल राशि की 25% मार्जिन मनी सब्सिडी भी दी जाएगी। उद्योग क्षेत्र के लिए अधिकतम 6.25 लाख रूपये और सेवा क्षेत्र के लिए 2.50 लाख रूपये का मार्जिन मनी उपलब्ध कराई जाएगी।

कन्या सुमंगला योजना

इस योजना की शुरुआत वर्ष 2019 में प्रदेश की लड़कियों के भविष्य को उज्जवल बनाने के लिए की गई है। इस योजना के अंतर्गत बेटी के जन्म से लेकर पढाई तक का पूरा खर्च सरकार द्वारा आर्थिक सहायता के रूप में प्रदान किया जायेगा। (MKSY) के तहत परिवार की अधिकतम 2 लड़कियों को ही पात्र माना जायेगा। कन्या सुमंगला योजना के तहत बालिकाओ को 15000 रूपये की कुल धनराशि राज्य सरकार द्वारा आर्थिक सहायता के रूप में प्रदान जाएगी और बालिकाओं को दी जाने वाली कुल धनराशि 6 समान किश्तों में प्रदान की जाएगी। इस कन्या सुमंगला योजना 2020 के अंतर्गत कन्याओ के परिवार की वार्षिक आय अधिकतम 3 लाख या इससे कम होनी चाहिए।

इस योजना के अंतर्गत दी जाने वाली धनराशि

- **पहली किश्त** – कन्या के 1 अप्रैल 2019 या इसके बाद जन्म होने पर तथा इस योजना के तहत कन्या के लिए आवेदन जन्म से लेकर 6 माह के अंदर करना पर 2000 रूपये की धनराशि दी जाएगी।
- **दूसरी किश्त** – कन्या के एक वर्ष के तक के पूर्ण टीकाकरण के उपरांत 1000 रूपये की धनराशि दी जाएगी।
- **तीसरी किश्त** – कन्या के कक्षा 1 में प्रवेश लेने पर 2000 रूपये की धनराशि प्रदान की जाएगी।
- **चौथी किश्त** – कन्या के कक्षा 6 में प्रवेश लेने पर 2000 रूपये की धनराशि प्रदान की जाएगी।
- **पांचवी किश्त** – इसके बाद कक्षा 9 में प्रवेश लेने के उपरांत3000 रूपये की धनराशि प्रदान की जाएगी।
- **छठी किश्त** – कक्षा 10 /12 वी उत्तीर्ण करके चालू शैक्षिणिक सत्र के दौरान स्नातक /डिग्री या कम से कम दो वर्षीय डिप्लोमा में प्रवेश लेने पर 5000 रूपये की धनराशि प्रदान की जाएगी।

उत्तर प्रदेश जनसुनवाई

राज्य सरकार द्वारा उत्तर प्रदेश के कई प्रकार की सुविधा प्रदान करने के लिए जनसुनवाई पोर्टल को आरम्भ किया है। अगर राज्य के लोगो को किसी प्रकार की कोई शिकायत है तो वह जनसुनवाई पोर्टल के माध्यम ऑनलाइन दर्ज करवा सकते है। इस उत्तर प्रदेश जनसुनवाई पोर्टल पर दर्ज की गयी शिकायत का समाधान सम्बंधित विभाग द्वारा किया जायेगा। राज्य के जिन लोगो का किसी सरकारी विभाग से जुडी कोई कार्य नहीं हो रहा है तथा बहुत ही कठिनाइयों का सामना करना पड़ रहा है तो वह (UP Jansunwai Portal) पर अपनी शिकायत दर्ज करा सकते है। राज्य के जो मजदूर लॉक डाउन की वजह से दूसरे राज्यों में फंसे हैं और जो प्रदेश से बाहर दूसरे राज्यों से आना-जाना चाहते हैं । तो वह जनसुनवाई पोर्टल पर रजिस्ट्रेशन कर सकते है।

उत्तर प्रदेश बेरोजगारी भत्ता

इस योजना के अंतर्गत राज्य के शिक्षित बेरोजगार युवाओ को उत्तर प्रदेश सरकार द्वारा बेरोजगारी भत्ता प्रदान किया जायेगा। इस योजना के अंतर्गत राज्य के इण्टरमीडिएट (12th) से स्नातक (Graduation) के शिक्षित बेरोजगार युवाओं को बेरोजगारी भत्ते के रूप में 1000 से 1500 रूपये उपलब्ध कराया जायेगा। इस उत्तर प्रदेश बेरोजगारी भत्ता का उद्देश्य बेरोजगार युवाओ की आर्थिक तंगी के कारण वह विभिन्न सरकारी व गैर सरकारी विभागों में निकलने वाली भर्तियों में आवेदन नहीं कर पाते उनको प्रतिमाह बेरोजगारी भत्ता के रूप में आर्थिक सहायता प्रदान किया जाएगा।

यूपी राशन कार्ड

उत्तर प्रदेश सरकार द्वारा राज्य के जो इच्छुक लाभार्थी नया राशन कार्ड बनाना चाहते है या पुराने राशन कार्ड का नवीनीकरण करना चाहते है। वह खाद्य और आपूर्ति विभाग की ऑफिसियल वेबसाइट पर जाकर ऑनलाइन आवेदन कर सकते है। राज्य के लोग यूपी राशन कार्ड के जरिये सरकार द्वारा प्रतिमाह हर शहर तथा हर गांव में भेजा जाने वाला राशन जैसे गेहूँ ,चावल ,चीनी आदि रियायती दरों पर प्राप्त कर सकते है। सभी परिवारो को APL,BPL,AAY(अत्योदय) सूची में वर्गीकृत किया गया है इन श्रेणियों के परिवारों की आर्थिक स्थिति तथा आय के अनुसार एपीएल ,बीपील ,राशन कार्ड बनाये जाते है।

- APL Ration Card राज्य के उन परिवारों के लिए जारी किया गया है जो गरीबी रेखा से ऊपर जीवन यापन कर रहे है।
- BPL Ration Card राज्य के उन परिवारों के लिए जारी किया गया है जो गरीबी रेखा से नीचे जीवन यापन कर रहे है।
- AAY Ration Card उन परिवारो के लिए जारी किया गया है जो बहुत ही ज़्यादा गरीब है और उनके पास कोई आय का साधन नहीं है। राशन कार्ड लोगो की आय के आधार पर जारी किए जाते है।

यूपी सम्पत्ति एवं विवाह पंजीकरण

उत्तर प्रदेश सरकार द्वारा यूपी सम्पत्ति एवं विवाह पंजीकरण की प्रक्रिया को ऑनलाइन कर जारी कर दिया गया है। राज्य के जो इच्छुक लाभार्थी अपनी सम्पति एवं विवाह का पंजीकरण करना चाहते है तो वह स्टाम्प एवं पंजीकरण विभाग की ऑफिसियल वेबसाइट (IGRSUP) पर ऑनलाइन कर सकते है।

यह स्टाम्प एवं पंजीकरण विभाग उत्तर प्रदेश के लोगो को विभिन्न प्रकार की ऑनलाइन सेवाएं जैसे अचल सम्पति पंजीकरण, विवाह पंजीकरण, भर मुक्त प्रमाण पत्र 12 साला एवं विलेखो प्रमाणित प्रतिलिपि उपलब्ध कराता है। इसके अंतर्गत विवाह प्रमाण पत्र लेने के लिए किसी भी कार्यालय जाने की आवश्यकता नहीं होगी।

श्रमिक पंजीकरण यूपी

इस योजना का शुभारम्भ उत्तर प्रदेश के मुख्यमंत्री योगी आदित्य नाथ जी के द्वारा राज्य के श्रमिकों को लाभ पहुंचाने के लिए किया गया है। इस योजना के तहत राज्य सरकार राज्य के सभी मजदूर वर्ग को पंजीकृत होने की सुविधा प्रदान कर रही है इस योजना के अंतर्गत पंजीकृत हुए मजदूरों को राज्य सरकार सभी सरकारी योजनाओं के लाभ प्रदान किया जायेगा। इस उत्तर प्रदेश श्रमिक पंजीकरण के ज़रिये राज्य सरकार मजदूर वर्ग के लोगो को आसानी से आर्थिक सहायता प्रदान कर सकेंगी।

यूपी पेंशन योजना

उत्तर प्रदेश सरकार द्वारा राज्य के वृद्धजनों ,विकलांग लोगो और विधवा महिलाओ को पेंशन प्रदान करने के लिए यूपी पेंशन योजना का शुभारम्भ किया है। यूपी पेंशन योजना के अंतर्गत उत्तर प्रदेश सरकार राज्य के वृद्धजनों ,विकलांग और विधवा महिलाओ को पेंशन धनराशि प्रदान करके आर्थिक सहायता पंहुचा रही है जिससे वह किसी पर निर्भर न रहे और अपनी आर्थिक ज़रूरतों को पूरा कर सके। इस योजना का लाभ उठाने के लिए सभी इच्छुक लाभार्थियों को 60 वर्ष या उससे अधिक आयु का होना आवश्यक है। इस योजना के अंतर्गत तीन तरह की पेंशन योजना आती है।

उत्तर प्रदेश पेंशन योजना के प्रकार

वृद्धावस्था पेंशन योजना

इस योजना के अंतर्गत उत्तर प्रदेश के 60 वर्ष या उससे अधिक आयु के वृद्धजनों को सरकार द्वारा प्रतिमाह 800 रूपये की पेंशन धनराशि आर्थिक सहायता के रूप में प्रदान की जाएगी।

वृद्धावस्था पेंशन योजना के तहत पहले बूढ़े लोगो को 750 रूपये की पेंशन दी जा रही थी जिसको सरकार द्वारा बढ़कर 800 रूपये महिला कर दिया गया है। इस योजना के तहत पेंशन धनराशि प्राप्त करके सभी बूढ़े नागरिक अपनी वृद्धावस्था में अच्छे से जीवन यापन कर सकते है।

विधवा पेंशन योजना

विधवा पेंशन योजना विधवा महिलाओ के लिए है इस योजना के अंतर्गत राज्य की विधवा महिलाओ को यूपी सरकार द्वारा प्रतिमाह 500 रूपये की पेंशन धनराशि आर्थिक सहायता के रूप में प्रदान की जाएगी। जिससे महिलाए अपना भरण पोषण आसानी से कर सकती है और उन्हें किसी पर निर्भर नहीं रहना पड़ेगा। इस योजना के कार्यान्वयन से समाज के आर्थिक रूप से कमजोर वर्ग का विकास किया जाएगा।

इस योजना के तहत राज्य की केवल उन विधवा महिलाओ को पात्र माना जायेगा जिनकी स्थिति आर्थिक रूप से कमज़ोर है, इस योजना के तहत सरकार द्वारा दी जाने वाली धनराशि सीधे लाभार्थी विधवा महिलाओ के बैंक अकाउंट में ट्रांसफर की जाएगी।

विकलांग पेंशन योजना

इस योजना के तहत राज्य के विकलांग नागरिको को राज्य सरकार द्वारा प्रतिमाह 500 रूपये की धनराशि आर्थिक सहायता के रूप में प्रदान की जाएगी। इस धनराशि के माध्यम से विकलांग लोग अपना जीवनयापन अच्छे से कर सकेंगे। इस विकलांगता पेंशन योजना के तहत, 18 वर्ष से अधिक आयु के सभी विकलांग व्यक्तियों और जिसका नाम अखिल भारतीय अंतिम बीपीएल सूची BPL List) में दिखाई देता है, उन्हें प्रति माह 500 रुपये दिए जायेगे। इस UP Viklang Pension के तहत आवेदन करने वाले व्यक्ति कम से कम 40 % विकलांग होने चाहिए।

यूपी भूलेख

राज्य के नागरिको के लिए उत्तर प्रदेश सरकार यूपी भूलेख की सभी जानकारी ऑनलाइन कर दी है। राज्य के लोग अब अपनी भूमि से जुड़ी सभी जानकारी जैसे भूमि अभिलेख खेत के कागजात, खेत का नक्शा, भूमि का ब्यौरा ,खाता आदि आसानी से ऑनलाइन देख सकते है।

यूपी भूलेख का मतलब है कि भूमि से सम्बंधित लिखित रूप से जानकारी। इस उत्तर प्रदेश भूलेख पोर्टल की सुविधा से पहले राज्य के लोगो को अपनी भूमि कि जमाबंदी, खसरा, खतौनी, भूमि का नक्शा तथा अन्य सभी जानकारी प्राप्त करने के लिए परवरखाने जाना पड़ता था और बहुत सी कठिनाइयों का सामना करना पड़ता था लेकिन अब राज्य के लोग घर बैठे इंटरनेट के माध्यम से उत्तर प्रदेश भूलेख पोर्टल पर सरलता से ऑनलाइन देख सकते है।

प्रमुख योजनाएँ

योजना/परियोजना	प्रारम्भ	उद्देश्य/प्रावधान
मेक इन इंडिया	25 सितम्बर, 2014	भारत को विनिर्माण क्षेत्र का केन्द्र बनाना।
सांसद आदर्श ग्राम योजना	11 अक्टूबर, 2014	31 मार्च, 2019 तक प्रत्येक सांसद को तीन आदर्श ग्रामों का विकास करना है।
प्रधानमन्त्री जन-धन योजना	28 अगस्त, 2014	सभी परिवारों की बैंक खातों तक पहुँच सुनिश्चित करना।
डिजिटल भारत	20 अगस्त, 2014	देश को डिजिटल के साथ शक्तिसम्पन्न एवं सूचना आधारित अर्थव्यवस्था बनाना।
पं. दीनदयाल उपाध्याय श्रमेव जयते कार्यक्रम	16 अक्टूबर, 2014	श्रम कानूनों में सुधार लाना।

पं. दीनदयाल उपाध्याय अंत्योदय योजना	25 सितम्बर, 2014	शहरी व ग्रामीण क्षेत्रों में कौशल विकास एवं अन्य साधनों के रोजगार अवसरों की उपलब्धता बढ़ाकर निर्धनता कम करना।
पं. दीनदयाल उपाध्याय ग्राम ज्योति योजना (DDUGI)	20 नवम्बर, 2014	ग्रामीण क्षेत्रों में विद्युत आपूर्ति सुनिश्चित करना।
स्वच्छ भारत मिशन (ग्रामीण)	2 अक्टूबर, 2014	ग्रामीण परिवारों को शौचालय की सुविधा प्रदान करना।
बेटी बचाओ, बेटी पढ़ाओ (BBBP)	22 जनवरी, 2015	भ्रूण हत्या रोकना व महिला सशक्तिकरण
प्रधानमन्त्री सुरक्षा बीमा योजना	9 मई, 2015	18–70 वर्ष आयु वर्ग के लोगों के लिए साधारण बीमा/दुर्घटना बीमा, 2 लाख रुपए तक
प्रधानमन्त्री जीवन ज्योति बीमा योजना	9 मई, 2015	18–50 वर्ष के लोगों के लिए 2 लाख रुपए का जीवन बीमा।
अटल पेंशन योजना	9 मई, 2015	असंगठित क्षेत्र के लोगों के लिए मासिक पेंशन सुनिश्चित करना।
अमृत (Atal Mission for Rejuvenation and Urban Transformation—AMRUT)	25 जून, 2015	एक लाख से अधिक जनसंख्या वाले 500 से अधिक शहरों में आधारिक संरचना व अन्य सुविधाओं का विकास करना।
स्मार्ट सिटी परियोजना	25 जून, 2015	2015–16 से 2019–20 के दौरान 100 चुनिंदा शहरों का स्मार्ट सिटी के रूप में विकास।
कौशल ऋण योजना	15 जुलाई, 2015	बेरोजगारों को कौशल ऋण की सुविधा उपलब्ध कराना।
प्रधानमन्त्री कौशल विकास योजना	15 जुलाई, 2015	युवाओं को व्यावसायिक व तकनीकी ज्ञान के रूप में कौशल विकास की शिक्षा दिलाना।
राष्ट्रीय कौशल विकास मिशन	15 जुलाई, 2015	देश की युवा मानव शक्ति को वैश्विक चुनौतियों से निपटने के लिएकौशल एवं योग्यता उपलब्ध कराना।
इन्द्रधनुष योजना	14 अगस्त, 2015	सार्वजनिक क्षेत्र के बैंकों के सुधार की दिशा में व्यापक बदलाव हेतु।
सहज योजना	30 अगस्त, 2015	नए LPG उपभोक्ताओं को बेहतर सुविधा देने के लिए ऑन लाइन LPG कनेक्शन उपलब्ध कराना।
किसान योजना	6 जनवरी, 2015	फसल बीमा कार्यक्रम के लिए आवश्यक पैदावार आकलन और फसल कटाई प्रयोगों का बेहतर नियोजन किया जाना।
पैनकैप और ई-सहयोग योजना	27 अक्टूबर, 2015	आयकर रिटर्न त्रुटियों को ई-मेल के माध्यम से सही करना व दूर-दराज के इलाके के लिए विशेष पैन कैप तथा ई-सहयोग (कागजरहित) उपलब्ध कराना।
इंप्रिंट (IMPRINT) इंडिया	5 नवम्बर, 2015	देश में इंजीनियरिंग चुनौतियों की पहचान करने और उनका समाधान करने हेतु।
स्वर्ण मौद्रीकरण योजना	5 नवम्बर, 2015	घरों व अन्य संस्थानों में निष्क्रिय पड़े सोने का उत्पादक कार्यों में उपयोग करने के लिए स्वर्ण जमा करने वालों को जमा स्वर्ण पर ब्याज मिलता है।
स्वर्ण बाँड योजना	5 नवम्बर, 2015	निवेश के लिए सोना खरीदने वालों को स्वर्ण की फिजिकल डिलीवरी के स्थान पर स्वर्ण मूल्य में अंकित बाँडों की बिक्री।
स्वर्ण बुलियन योजना	5 नवम्बर, 2015	10 ग्राम व 20 ग्राम वजन के सोने के सिक्कों की बिक्री।
अमृत योजना	15 नवम्बर, 2015	मरीजों को सस्ती दर पर दवा उपलब्ध कराने हेतु।
प्रसाद और स्वदेश दर्शन योजना	नवम्बर, 2015	देश में धार्मिक और आध्यात्मिक पर्यटन को बढ़ावा देने हेतु।
ब्लू रिवोल्यूशन योजना	21 नवम्बर, 2015	मत्स्य पालन के लिए एकीकृत और समग्र विकास हेतु अनुकूल वातावरण बनाना।
राष्ट्रीय रुर्बन मिशन योजना	21 फरवरी, 2016	गाँव को स्मार्ट गाँव में बदलना, स्थानीय स्तर पर रोजगार देना, पलायन रोकना और ग्रामीण क्षेत्र में आर्थिक विकास को गति देना।
तेजस्विनी योजना	22 दिसम्बर, 2015	विश्व बैंक की सहायता से झारखंड सरकार द्वारा 11 से 24 वर्ष आयु की किशोरी, बालिका और महिलाओं को व्यावसायिक प्रशिक्षण।
उदय योजना	5 नवम्बर, 2015	अत्यधिक कर्ज में डूबे राज्यों को बिजली वितरण कंपनियों को कर्ज से मुक्ति दिलाने हेतु।
स्टैण्ड अप इंडिया	5 अप्रैल, 2016	SC/ST व महिला उद्यमियों में उद्यमशीलता को बढ़ावा देने हेतु।
स्टार्ट अप इंडिया	16 जनवरी	नए शुरू किए जा रहे उद्यमों को बढ़ावा देने हेतु अर्थात् स्वरोजगार एवं प्रतिभा उपयोग (Self Employment and Talent Utilization—SETU) की शुरुआत हेतु।
श्यामा प्रसाद मुखर्जी, नेशनल रूर्बन मिशन	21 फरवरी, 2016	गाँवों का क्लस्टर आधारित विकास
सबके लिए घर (शहरी) योजना	25 जून, 2015	शहरी क्षेत्रों में सभी पात्र (मलिन बस्तियों के निवास व निर्धन) जनों के लिए आवास की सुविधा उपलब्ध करवाना।
कृषि डाक प्रसार सेवा योजना	5 मई, 2015	उन्नत बीजों को डाक के माध्यम से चिन्हित गाँवों के किसानों तक पहुँचाना।
सेतु भारतम् योजना	4 मार्च, 2016	राष्ट्रीय राजमार्गों को रेलवे क्रॉसिंग रहित बनाने के लिए ओवर/अंडर ब्रिजों का निर्माण।
उज्ज्वला योजना	1 मई, 2016	BPL परिवारों को निःशुल्क LPG कनेक्शन प्रदान करना।
प्रधानमन्त्री युवा योजना	9 नवम्बर, 2016	युवाओं को वैश्विक प्रतिस्पर्धा के लिए तैयार करना।
राष्ट्रीय स्वास्थ्य नीति	15 मार्च, 2017	सभी क्षेत्रों में स्वास्थ्य सम्बन्धी स्थिति में सुधार।

उड़ान योजना	17 अप्रैल, 2017	क्षेत्रीय उड्डयन बाजार विकसित करने के लिए।
प्रधानमन्त्री मातृत्व वंदना योजना	17 मई, 2017	मातृत्व सुरक्षा
प्रधानमन्त्री वय वंदना योजना	21 जुलाई, 2017	60 वर्ष से अधिक आयु के व्यक्तियों के लिए पेंशन
उड़ान योजना	7 मार्च, 2019	बेकार पड़ी तथा कम विकसित हवाई पट्टियों का विकसित करना।
किसान सम्मान निधि योजना	2019-20	किसानों की मदद पहुँचाने की दृष्टि से इस योजना को प्रारंभ किया गया।
अटल भूजल योजना	25 दिसम्बर, 2019	भू-जल प्रबंधन में सुधार।

ग्रामीण विकास एवं रोजगार कार्यक्रम

योजना/परियोजना	प्रारम्भ	उद्देश्य/प्रावधान
● एकीकृत बाल सुरक्षा योजना	दिसम्बर, 2008	बच्चों को सुरक्षित वातावरण उपलब्ध कराना।
● प्रियदर्शनी योजना*	22 दिसम्बर, 2008	महिलाओं को स्वावलम्बी बनाने व उनके सशक्तिकरण हेतु।
● स्वर्ण जयंती ग्राम्य स्वरोजगार योजना (वर्तमान में आजीविका मिशन)	उत्तर प्रदेश शासन द्वारा संचालित	16 वर्ष से ऊपर के आयु के 10,000 विकलांगों को प्रशिक्षित करने हेतु।
● रेशम परियोजना का प्रारंभ	उत्तर प्रदेश शासन द्वारा संचालित	राष्ट्रीय ग्रामीण रोजगार गारंटी के अन्तर्गत शहतूत प्रजाति के रोपण एवं रेशम उत्पादन के लिए।
● आरोग्यश्री योजना	उत्तर प्रदेश शासन द्वारा संचालित	गरीबी रेखा के नीचे रहने वाले लोगों के मुफ्त इलाज हेतु।
● ग्रीन कॉरिडोर परियोजना	30 सितम्बर, 2008	ग्रामीण सड़कों को राष्ट्रीय राजमार्गों से जोड़ने हेतु।
● प्रधानमंत्री रोजगार सृजन कार्यक्रम	15 अगस्त, 2008	इसमें पूर्व में संचालित दो कार्यक्रमों 'प्रधानमंत्री रोजगार योजना' व 'ग्रामीण रोजगार सृजन कार्यक्रम' का विलय किया गया।
● एरो परियोजना	अगस्त, 2008	डाकघरों को उन्नत बनाने हेतु।
● मछुआरों के लिए जनश्री बीमा योजना	10 जुलाई, 2008	यह बिहार सरकार की योजना है जो भारतीय जीवन बीमा के सहयोग से संचालित है।
● ई-पासपोर्ट योजना	25 जून, 2008	इसके अन्तर्गत ई-पासपोर्ट धारकों के सम्बन्ध में समस्त जानकारी एक इलेक्ट्रानिक्स चिप में रहेगी। भारत अब 41वाँ देश हो गया है, जहाँ यह योजना लागू है।
● हितार्थ उष्षाकिरण योजना	29 जून, 2008	यह मध्य प्रदेश सरकार की योजना है। उद्देश्य-घरेलू हिंसा की शिकार महिलाओं को आर्थिक सुरक्षा उपलब्ध कराने हेतु।
प्रधानमंत्री मत्स्य संपदा योजना	2020	इस योजना का उद्देश्य मत्स्य पालन क्षेत्र का निर्यात बढ़ाना है
प्रधानमंत्री कुसुम योजना	2019	किसानों को सिंचाई के लिए सौर ऊर्जा से चलने वाले सोलर पंप प्रदान करना
श्यामा प्रसाद मुखर्जी रुर्बन मिशन (एसपीएमआरएम)	21 फरवरी, 2016	एकीकृत एवं समावेशी ग्रामीण विकास को बढ़ावा
पीएम आवास योजना	2016	
प्रधानमंत्री कौशल विकास योजना	2015	
दीनदयाल उपाध्याय ग्रामीण कौशल योजना	2014	ग्रामीण युवाओं को कौशल योग्य बनाना
सांसद आदर्श ग्राम योजना:	11 अक्टूबर, 2014	
दीनदयाल अंत्योदय योजना - राष्ट्रीय शहरी आजीविका मिशन (डीएवाई-एनयूएलएम) -	2013	
राष्ट्रीय ग्रामीण आजीविका मिशन	2011	
एकीकृत वाटरशेड प्रबंधन कार्यक्रम	2009-2010	इसका उद्देश्य मृदा, वनस्पति और जल का संरक्षण और विकास करके पारिस्थितिकी संतुलन को बहाल करना है।

OOO

4

उत्तर प्रदेश की प्रमुख फसलें, फल, सब्जी, मसालें, औषधीय पौधें एवं फूल

उत्तर प्रदेश की अर्थव्यवस्था में कृषि का अग्रणी स्थान है। राज्य की कुल आय में कृषि तथा पशुपालन को सर्वाधिक (41.5%) योगदान प्राप्त है। इस प्रकार कहा जा सकता है कि कृषि प्रदेश की अर्थव्यवस्था का मेरुदण्ड है। राज्य के कुल कर्मकारों में कृषि कर्मकारों का योगदान 65.9% है।

उत्तर प्रदेश की कुल कृषि योग्य भूमि 25,304 हजार हेक्टेयर है, जो देश की कुल कृषि योग्य भूमि का 12% है। उत्तर प्रदेश का देश की कृषि उपज में महत्वपूर्ण योगदान रहता है। देश के खाद्यान्न उत्पादन में उत्तर प्रदेश का प्रथम स्थान है। उत्तर प्रदेश में औसत भूमि का आकार 0.9 हेक्टेयर है जो कृषि की प्रगति में एक प्रमुख अवरोधक है। राज्य के पूर्वी हिस्से में कुल बोए क्षेत्र का सिंचित हिस्सा केवल 60.4 प्रतिशत है, जबकि पश्चिमी हिस्से में यह 80.8 प्रतिशत और मध्यांचल में 65.8 प्रशित है। प्रदेश में आम, आलू, गन्ना आदि प्रमुख फसलें हैं। देश का 40-45% आलू उत्तर प्रदेश में उत्पादित होता है।

फसल की परिभाषा

पौधों के ऐसे समूह, जिसको मनुष्य खाद्य रूप में अपने उपयोग के लिए उगाता है और जो मनुष्य की अर्थव्यवस्था में महत्वपूर्ण स्थान रखता है, उसे 'फसल' कहते हैं। दूसरे शब्दों में आर्थिक महत्व वाले पौधों का ऐसा समूह, जो किसी निश्चित भौगोलिक क्षेत्र में उगाया गया हो, उसे 'फसल' कहा जाता है।

फसलें मनुष्य को भोजन, कपड़ा, ईंधन, औषधि, लकड़ी, मसाला इत्यादि प्रदान करती है, फसलों के द्वारा पशुओं तथा पक्षियों के लिए चना, दाना आदि प्राप्त होते हैं। फसलों के द्वारा बहुत-से उद्योगों के लिए कच्चा माल प्राप्त होता है। उदाहरण, चीनी-उद्योग, कागज-उद्योग, कपड़ा-उद्योग, चाय-उद्योग इत्यादि।

पौधों का सबसे महत्वपूर्ण कार्य वातावरण से कार्बन-डाइऑक्साइड लेना तथा ऑक्सीजन एवं ऊर्जा मनुष्यों को प्रदान करना है। ऑक्सीजन के बिना, प्राणियों का जीवन सम्भव नहीं है। विश्व के सभी प्राणियों का जीवन प्रत्यक्ष एवं परोक्ष रूप में हरे पौधों पर निर्भर करता है। यदि धरती से समस्त वनस्पतियाँ नष्ट हो जाएँ तो कुछ समय बाद धीरे-धीरे सभी समाप्त हो जाएँगे।

फसलों का वर्गीकरण उनके जीवन-चक्र उपजने की ऋतु उपयोग इत्यादि के आधार पर किया जा सकता है।

- **ऋतुओं के आधार पर फसलों का वर्गीकरण (Classification of crops on the basis of season)**–फसलों के वितरण पर जलवायु का महत्वपूर्ण प्रभाव होता है। फसलों का अंकुरण वृद्धि एवं पकने के लिए निश्चित तापमान, वातावरण की आंद्रता, वायुवेग, वर्षा की प्रचंडता एवं समय आदि पर निर्भर करता है। ऋतुओं के आधार पर फसलों को हमारे देश में तीन वर्गों में विभाजित किया गया है।
- **खरीफ (kharif)** –खरीफ ऋतु में वातावरण में ऊँचा तापमान व आद्रता पायी जाती है। बरानी अर्थात् जिन भूमियों में सिंचाई के साधन नहीं होते हैं, वहाँ पर वर्षा आरंभ होने पर फसलों की बोवाई जून-जुलाई में करते हैं। सिंचित क्षेत्रों में जुताई कपास पाटा करके वर्षा के कुछ समय पूर्व हीं फसल बोई जाती है। धान, मक्का, ज्वार, बाजरा, मूँगफली, उड़द, जूट, कपास, लोबिया इत्यादि इसी वर्ग की मुख्य फसलें है।
- **रबी (Rabi)**–इस वर्ग की फसलों को अंकुरण एवं प्रारम्भिक वृद्धि के लिए ठण्डी जलवायु एवं अल्प प्रकाश काल (Short day period) की आवश्यकता होती है। इनको पकने के लिए अधिक तापमान के साथ ही दीर्घ प्रकाश काल (Long day period) की आवश्यकता होती है। ये फसलें अक्टूबर-नवम्बर में लगायी जाती है। उदाहरण-गेहूँ, जौ, चना, मटर, मंसूर, सरसों, लाही आलू, जई बरसीम इत्यादि।
- **गरमा (Summer)**–इस वर्ग की फसलें अधिक तापमान एवं अधिक प्रकाश काल में वृद्धि करती है। इन फसलों में सूखा गर्म हवा एवं लू सहने की क्षमता पायी जाती है। इन फसलों को फरवरी-मार्च में लगाया जाता है। जैसे-धान, मूँग, उड़द, खरबूजा, तरबूजा, सूर्यमुखी, लोबिया इत्यादि।

जीवन चक्र

- **चक्र के आधार पर फसलों का वर्गीकरण (Classification of Crops on basis of Life cycle)**–फसलें अपनी पूर्ण वृद्धि एवं विकास में

कितना समय लेंगी, इस आधार पर इन्हें तीन वर्गों में विभाजित किया गया है।

- **एकवर्षी** (Annual)–इस वर्ग की फसलें अपना जीवन–चक्र एक साल या इससे कम समय में पूरा कर लेती है। इस समय अवधि में उगने से लेकर पकने तक का समय सम्मिलित है। जैसे–धान, गेहूँ, ज्वार, बाजरा, उड़द, मूँग, चना, मसूर, सोयाबीन, सरसों, पालक इत्यादि।
- **द्विवर्षी (Biennials)**–इस वर्ग की फसलें प्रथम वर्ष में अपना वानस्पतिक वृद्धि करती है, दूसरे वर्ष में पौधों में फूल एवं फल तथा बीज तैयार करते हैं। इस प्रकार ये अपना जीवन–चक्र दो साल में पूरा कर लेती है। जैसे–चुकन्दर (Sugar beet), प्याज।
- **बहुवर्षी (Pernnials)** – इस वर्ग की फसलें अपना जीवन–चक्र दो साल या अधिक समय में पूरा करती है। ये अनेक वर्षों तक जीवित रहती है साथ ही एकवर्षी द्विवर्षी फसलों के समान फूल एवं फल तथा बीज तैयार होने के बाद भी इनका जीवन चक्र जारी रहता है। जैसे–नेपियर घास, रिजका इत्यादि।

फसल-चक्र

किसी निश्चित क्षेत्र में एक नियत अवधि में फसलों का इस क्रम में उगाया जाना कि उर्वरा शक्ति कम-से-कम ह्रास हो फसल-चक्र कहलाता है। इसके कई लाभ हैं; यथा- मृदा की उर्वरा शक्ति सुरक्षित रहती है; रोग कीट तथा खरपतवार के नियंत्रण में मदद मिलती है, सीमित साधनों का अधिकतम उपयोग कर अधिक उत्पादन लेना संभव होता है: मृदा अपरदन में कमी आती है। प्रदेश में विभिन्न क्षेत्रों के लिए भिन्न-भिन्न फसल-चक्र अपनाएँ जाते हैं, जो इस प्रकार हैं-

पूर्वी उत्तर प्रदेश के लिए फसल-चक्र

- धान-मसूर 1 वर्षीय
- धान-गेहूँ-सरसों 2 वर्षीय
- ज्वार+ अरहर + गेहूँ 1 वर्षीय
- धान-जौ 1 वर्षीय
- धान-मटर 1 वर्षीय
- गन्ना-पेड़ी, हरी खाद 3 वर्षीय
- धान या मक्का-गेहूँ 1 वर्षीय

पश्चिमी उत्तर प्रदेश के लिए फसल-चक्र

- मक्का-आलू प्याज 1 वर्षीय
- जवार-गेहूँ 1 वर्षीय
- मक्का-आलू-गेहूँ 1 वर्षीय
- मक्का-आलू-गन्ना 2 वर्षीय
- धान-गेहूँ अथवा जौ 1 वर्षीय

बुन्देलखण्ड के लिए फसल-चक्र

- ज्वार-अरहर 1 वर्षीय
- कोंदो-चना जवार-चना 1 वर्षीय
- ज्वार-जौ 1 वर्षीय
- ज्वार+ अरहर, परती-गेहूँ 3 वर्षीय
- तिल-अलसी 1 वर्षीय

आर्थिक महत्व के आधार पर वर्गीकरण

इस वर्गीकरण को समय वर्गीकरण भी कहा जाता है। यह बहुत ही महत्वपूर्ण वर्गीकरण है एवं फसलों को उनके उपयोग के आधार पर निम्न प्रकार से विभाजित किया गया है–

- **अनाज की फसलों या धान्य फसलें** (Cereal crops)–(Bread producing crops are known as Cereals)–इस वर्ग की फसलों के दाने अनाज के रूप में खाने के उपयोग में आते हैं। इनका वानस्पतिक अंग पशुओं को खिलाने के काम आता है। इसके अंतर्गत धान, गेहूँ, जौ के अलावा मिलेट्स (Millets) मक्का, ज्वार, बाजरा एवं कुछ छोटी मिलेट्स (Minor Smaller Millats) जैसे साँवा, कोदो, चीना, काकुन, मडुआ एवं कुटकी इत्यादि फसलें आती हैं।
- **दलहनी फसलें (pulses Legume crops)**–इन फसलों के दाने एवं बीज को प्रोटीन के मुख्य स्रोत के रूप में प्रयोग किया जाता है। इन्हें दाल (pulse) के रूप में खाया जाता है। इसके अंतर्गत अरहर, चना, मूँग, उड़द, मसूर, मटर, खेसारी इत्यादि फसलें आती हैं।
- **तिलहन फसलें (Oliseed crops)**–इस वर्ग में कुछ अदलहनी एवं दलहनी फसलें आती है, जिनके दाने एवं बीज तेल के प्रमुख स्रोत है। इस वर्ग में राई, सरसों, तीसी, कुसुम, मूँगफली, तिल, अंडी, सोयाबीन, सूरजमुखी इत्यादि प्रमुख है।
- **रेशेवाली फसलें (Fibre crops)**–इस वर्ग की फसलों से जीवनपयोगी वस्तुएँ जैसे कपड़ा, रस्सा, बोरा, टाट, रेशा आदि प्राप्त होता है। इस वर्ग में कपास, जूट, पटसन, सनई, प्रमुख है।
- **चारे की फसलें (Forage crops)**–इसके अंतर्गत आने वाली फसलों को केवल चारा प्राप्त करने के लिए उगाया जाता है। इनका प्रयोग हरे एवं सूखे चारे के रूप में करते हैं। इस वर्ग में बाजरा, कुल्थी, ग्वार, मक्का, बरसीम, नेपियर, जई, जौ, लोबिया, सेजी, नेपियर, घास, गिनी घास इत्यादि प्रमुख हैं।
- **शर्करा की फसलें (Sugar crops)**– इस फसलों के तने एवं जड़ में शर्करा संग्रहीत रहती है, जिससे बाद में चीनी तैयार करते हैं। गन्ना एवं चुकंदर–प्रमुख फसलें हैं।
- **सब्जी वाली फसलें (Vegetable crops)**– इन फसलों की परिवर्तित जड़ों तथा तनों के साथ पत्तों का खाने के लिए उपयोग किया जाता है। उदाहरण, आलू, प्याज, बैगन, भिंडी, मूली, नेनुआ, परवल, टिंडा, गोभी, शलजम, मेथी, पालक, धनियाँ।
- **उत्तेजक फसलें (Stimulant crops)**–इन फसलों के प्रयोग से शरीर में उत्तेजना आती है। तम्बाकू, चाय, कॉफी इत्यादि उत्तेजक फसलें हैं।
- **जड़ तथा कन्द वाली फसलें (Root and tuber crops)**–इन फसलों

की परिवर्तित जड़ों तथा तनों का खाने के लिए उपयोग किया जाता है। इसमें आलू, शकरकन्द, चुंकन्दर, गाजर, मूली, शलजम आते हैं।

- **मसाले वाली फसलें (Condiment crops)**–इन फसलों को स्वाद एवं खुशबू के लिए मसाले, सब्जियों, अचार एवं कुछ खास पकवानों में प्रयोग किया जाता है। इसके अंतर्गत जीरा, धनियाँ, सौफ, इलायची, हल्दी, अदरख, मेथी, मिर्च, लहसुन, प्याज, तेजपत्ता आते हैं।
- **औषधीय फसलें (Medicinal crops)**–इन फसलों के तने, जड़ पत्तों एवं पंचांग का प्रयोग औषधि उत्पादन में किया जाता है। तुलसी, मेन्था, पिपरमिंट, पुदीना, इसबगोल, आर्टिमिसिया, कालमेघ, ग्वारपाठा या घृतकुमारी, सर्पगंधा, अश्वगंधा, गिलोय, आँवला, हर्रे, बहेरा, धतूरा फसलों का उपयोग औषधि के रूप में होता है।
- **फल वाली फसलें (Fruit crops)**–इन फसलों में पुष्प के अंडाशय के अतिरिक्त पुष्प के अन्य भागों से भी फलों का विकास होता है। आम, अमरूद, लीची, कटहल, जामुन, सेब, नाशपाती, अनार, नारियल, केला, नारंगी, मौसमी, अंगूर, अन्नानास, खरबूजा, तरबूजा, सिंघाड़ा, पपीता, बेर, खीरा, ककड़ी आते हैं।
- **रोपस्थली फसलें (Plantation crops)**– इस वर्ग की अधिकांश फसलों के अर्क एवं गुदे के प्रयोग से शरीर में उत्तेजना आती है। इसके अंतर्गत मुख्य फसल के तौर पर चाय, कॉफी एवं कोक, जिससे चॉकलेट बनायी जाती है, के अतिरिक्त रबड़ की खेती होती है।
- **वानस्पतिक परिवार के आधार पर वर्गीकरण (Classification on the basis of Botanical Family)**–फसलों के वर्गीकरण वानस्पितक परिवार के आधार पर निम्नलिखित रूप से किया गया है।
- **घास परिवार** (Gramineae Family)–इसके अंतर्गत धान, गेहूँ, जौ, ज्वार, बाजरा, मक्का, गन्ना मुख्य फसलें हैं।
- **दलहन–परिवार** (Leguminoceae Family)–मटर, चना, मूँग, मसूर, उड़द, अरहर, सोयाबीन, सनई, ढाँचा, लोबिया इस काल की मुख्य फसलें हैं।
- **सरसों–परिवार** (Cruciferae family)–इसमें सरसों, राई, तोरी, मुख्य फसल है।
- **कपास–परिवार** (Malvaceae family)–इसमें कपास, पटसन मुख्य फसल है।
- **आलू–परिवार** (Solanaceae family)–इस कुल के मुख्य फसल आलू, टमाटर, बैंगन, तम्बाकू, मुख्य फसल है।
- **जूट–परिवार** (Tiliaceae family)–जूट इस कुल की मुख्य फसल है।
- **अलसी–परिवार** (Linaceae family)–अलसी या तीसी इस परिवार की मुख्य फसल है।
- **सूरजमुखी–परिवार** (Composite family)–सूरजमुखी इस कुल की मुख्य फसल है।
- **रेंड़ी या अण्डी–परिवार** (Euphorbiaceae family)–इस परिवार की मुख्य फसल अण्डी (Castor) है।
- **चुकन्दर–परिवार** (Chenopodiaceae family)–प्याज, लहसुन इस कुल की मुख्य फसल है।
- **कद्दू–परिवार** (Cucurbitaceae family)–कद्दू, करेला, खीरा, ककड़ी, खरबूजा, परवल इस कुल की मुख्य फसलें हैं।
- **प्याज परिवार** (Liliaceae)–प्याज लहसुन इस कुल की मुख्य फसल है।
- **गाजर परिवार** (Umpelliferae)–गाजर, सौंफ, जीरा, धनिया मुख्य फसल है।
- **फसलों के विशेष उपयोग के आधार पर वर्गीकरण** (Classification on the basis Special Use of crops)–फसलों के विशेष उपयोग के आधार पर उन्हें निम्नलिखित वर्गों में विभाजित किया जा सकता है–
- **नकदी फसलें** (Cash/Commercial crops)–इस वर्ग की फसलों को इसलिए उगाया जाता है। इसे बेचकर किसान अन्य आवश्यकताओं की पूर्ति के लिए तुरंत धन कमा सके। जैसे–आलू, गन्ना, कपास, तम्बाकू, मिर्च इत्यादि।
- **अंतवर्ती फसलें** (Catch crops)–जब मुख्य फसल असफल सिद्ध होती है, तब आकस्मिक रूप से ऐसी फसलें आगामी दूसरी मुख्य फसल को पकड़ने के लिए उगायी जाती है। बोवाई के बीच किसी कारण खेत अधिक समय तक खाली रहता है, तो उस बीच कम अवधि में तेजी से तैयार होने वाली फसलों को उगाया जाता है,जिसे अंतवर्ती फसल कहते है। जैसे–मूँग, उड़द, सावाँ, चीना, तोरी इत्यादि।
- **सुरक्षा/सीमा/रोधी फसलें** (Guard/Boarder/Barrier crops)–कुछ फसलें खेत के बॉर्डर/ सीमा के रूप में या जंतुओं से सुरक्षा के लिए मुख्य फसल के चारों ओर बार्डर के रूप में उगाई जाती है। रोधी फसलें हवा की गति को भी कम करती है, जैसे–कुसुम (Safflower)। ऐसी फसलें प्रायः काँटेदार होती है। चने के खेत के चारों ओर कुसुम इसी उद्देश्य से लगाई जाती है।
- **कीट–आकर्षक फसलें** (Trap crops)–मुख्य फसल को कीटों से बचाने के लिए ऐसी फसल को उसके चारों तरफ लगाकार मृदाजनित (Soil-born) हानिकारक जीव जैसे परजीवी खर-पतवार या कीट-पतंग को फंसाया (Trap) जाता है, जिस पर मुख्य फसलवाली कीड़े आक्रमण करते हों। जैसे–मुख्य फसल कपास के चारों तरफ भिंडी लगाकर कॉटन रेड बग (Cotton Red Bug) का नियंत्रण, तंबाकू में ओरबन्कि का आलू–परिवार (मिर्च) के पौधा द्वारा नियंत्रण, लाल गेंदा फूल के पौधों द्वारा टमाटर/ फूलगोभी में डायमंड बैक मोथ का नियंत्रण।
- **आवरण फसलें** (Cover crops)–इस प्रकार की फसलें भूमि को अच्छी तरह से ढँक देती है, जिससे पानी एवं हवा से होने वाली अपरदन या क्षरण से बचाव हो जाता है। ऐसी फसलों की वानस्पतिक वृद्धि तेजी से होती है और मिट्टी के ऊपर एक आवरण बनाती है। जैसे–मूँग, उड़द, सोयाबीन, लोबिया, मूँगफली, शकरकंद, पैराघास।
- **ऊर्जा फसलें** (Energy crops)–तरल ऊर्जा प्राप्त करने के लिए (जैसे Ethanol तथा Alcohal) खेती की जाती है, जैसे–जटरोफा, आलू, टपियोका, गन्ना।
- **काष्ठ फसलें** (Woods crops)–काष्ठ का निर्माण जिम्नोस्पर्म एवं द्विबीजपत्री पौधों के स्तम्भों में कैम्बियम की सक्रियता से होता है। उत्पादों में काष्ठ सबसे महत्वपूर्ण है। इसका उपयोग ईंधन, फर्नीचर,

भवन निर्माण तथा कागज एवं रेयान उद्योग में किया जाता है। इसके अतिरिक्त काष्ठ से फाइबर, कागज, स्नेहक, मोटर, गाड़ियों के तेल, साबुन, पशु, आहार एवं अन्य लाभदायक वस्तुएँ भी प्राप्त होती है। काष्ठ के मुख्य पौधे शीशम, साल, सागौन, गम्हार, कटहल, काला सिरिस, तून, पोपूलस, आम, जामुन, अखरोट, शहतूत, विलो है।

- **हरी खाद की फसलें** (Green manure crops)–हरी खाद की फसलों को कुछ समय तक उगाने के बाद नेत्रजन की बचत के लिए मिट्टी में दबा दिया जाता है। दलहनी फसलों को ही अधिकतर हरी खाद के लिए उगाया जाता है। सनई, ढँचा, मूँग, उड़द, लोबिया इत्यादि इस वर्ग की मुख्य फसल है।
- **फसलों का पारिस्थितिकी के आधार पर वर्गीकरण** (Classification on the basis of Ecology)– इन फसलों के पौधों की बाहरी एवं आंतरिक संरचना पर उनके वातावरण का प्रभाव होता है। पौधों में स्वयं को वातावरण में समायोजन करने की सामर्थ्य होती है, जिसे अनुकूलन (Adaptation) की क्षमता कहते हैं। अनुकूलन का तात्पर्य पौधों के वो विशेष बाहरी एवं आंतरिक सरंचनाओं के विकास है, जिससे वातावरण विशेष में पौधों में वृद्धि करने, फलने-फूलने तथा प्रजनन के लिए पूर्ण सक्षमता प्राप्त हो जाती है और वे अपना जीवन चक्र पूरा कर लेते हैं।

  फसलों को **पारिस्थितिकी** के आधार पर उन्हें निम्नलिखित वर्गों में विभाजित किया जा सकता है–
- **जलोद्भिद फसलें** (Hydrophytes crops)–यह फसलें बहुत अधिक पानी वाली जगहों पर पायी जाती है। इनके कुछ भाग यथा प्रकंद आदि पानी के संपर्क में रहते हैं। सिंघाड़ा कमल इस वर्ग के उदाहरण है।
- **शुष्कोद्भिद फसलें** (Xerophytes crops)–ये फसलें बहुत ही शुष्क वातावरण एवं भूमि में पाये जाते हैं। इन क्षेत्रों में या पानी कम होता है। अथवा होता ही नहीं है। नागफनी घीक्वार इसके उदाहरण है।
- **मध्योद्भिद फसलें** (Mesophytes crops)–ये फसलें सामान्य वातावरण भूमि में पाये जाते हैं। इन क्षेत्रों में नातो पाली कम होता है ना हीं प्रकाश की कमी होती है। धान, गेहूँ, आम, चना, सरसों, शीशम, गुलाब, इसके उदाहरण है।
- **लवणोंद्भिद फसलें** (Halphytes crops)–ये फसलें विशेष वातावरण एवं भूमि में पाये जाते हैं। इन क्षेत्रों के जल एवं पानी में सोडियम क्लोराइड, मैग्नीशियम क्लोराइड, मैग्नीशियम सल्फेट जैसे लवण की अधिकता होती है। मुम्बई, केरल, अण्डमान व निकोबार द्वीप समूहों के समुद्रतटीय वेलाचली अनूप वनों (Littiral swamp) के मैन्ग्रोव वनस्पति इसके उदाहरण हैं।
- **कृषि महत्व के आधार पर वर्गीकरण** (Classification on the basis of Agricultural Importance)–बीज आकार, फसल की जल माँग, मृदा उर्वरता, जड़ों के बढ़ाव आदि के आधार पर किसानों के हित में इस वर्गीकरण के लिए किया गया है।
- **बीज का आकार** (Seed Size)–बोवाई की गहराई का संबंध बीज के आकार से होता है। मोटे बीज अधिक गहराई पर एवं छोटे बीज कम गहराई एवं नमी पर बोए जाते हैं। इस आधार पर फसलों को तीन वर्गों में बाँटा जा सकता है।
- **छोटे बीज वाली फसल** (Small Seed Size Crop)–गोभी, बरसीय, सरसों।
- **मध्यम आकार के बीजवाली फसल** (Medium Seed Size crop)– गेहूँ, जौ, धान, जई, ज्वार।
- **बड़े बीज वाली फसलें** (Large Size seed crop)–मक्का, मटर, चना, कपास, अंडी।
- **जड़ों की गहराई** (Depth of roots)–मिश्रित खेती एवं फसल चक्र में फसलों के चयन में अलग-अलग गहराई से पोषक तत्वों एवं नमी के अवशोषण के आधार पर फसलों का चयन किया जाता है। कम गहराई वाली फसल के साथ ज्यादा गहरी जड़वाली फसल को फस्ल चक्र में रखकर बेहतर नमी एवं पोषक तत्व प्रबंधन प्राप्त होता है। जड़ों के आधार पर फसलों का वर्गीकरण दो भागों में किया जा सकता है।
- **उथली जड़वाली फसलें** (Shallow Rooted Crop)–धान, गेहूँ, मक्का, जौ।
- **गहरी जड़वाली फसलें** (Deep Root Crops)–अरहर, कपास, जौ, ज्वार।
- **जड़ों पर ग्रंथियाँ** (Nodules an Roots)–मिटी में नेगजन की मात्रा में दलहनी फसलों के प्रयोग से वृद्धि होती है। क्योंकि इनकी जड़ों पर जीवाणुओं द्वारा ग्रंथियों का निर्माण किया जाता है, जो वातावरण से नेत्रजन एकत्रित करती है एवं पौधों को आपूर्ति करती है। इस आधार पर फसलों को दो वर्गों में बांटा गया है।
- **दलहनी फसलें** (Legumes)– मटर, चना, मूँग, सनई, ढैचा में नेत्रजन की लघु मात्रा आवश्यक होती है।
- **अदलहनी फसलें** (Non Legumes)–गेहूँ, धान, ज्वार, उर्वरकों की अधिक आवश्यकता होती है।
- **पानी की आवश्यकता** (Water Requirment)–फसलों को जल की आवश्यकता के आधार पर निम्न वर्गों में विभक्त करते हैं।
- **अधिक पानी सहन करने वाली फसल**–धान, सिंघाड़ा।
- **अधिक सिंचाई चाहने वाली फसल**–गन्ना, बालू, सब्जियाँ व बरसीम।
- **औसत सिंचाई वाली फसलें**–गेहूँ की ऊँची (Tall) जातियाँ, मक्का, जौ, जई व लोबिया।
- **कम सिंचाई वाली फसलें**–चना, मटर, अरहर, बाजरा व कपास।
- **सूखा सहन करने वाली फसलें**–ज्वार, ग्वार, बाजरा, कपास, व साँवा।
- **मृदा समूह व बनावट** (Soil Texture & Soil pH)–मृदा समूह व मृदा कणों के गठन (Texture) के आधार पर भी फसलों को विभिन्न वर्गों में रखा जाता है। ये वर्ग निम्न प्रकार है–
- **मटियार भूमि की फसलें** (Crops of heavy Soils)–धान, कपास, चना।

- **दोमट भूमि की फसलें** (Crops of loamy Soils)–सभी फसलें।
- **दोमट बलुआ भूमियों की फसलें** (Crops of sandy loam soils)– आलू, गाजर, शलजम, मूली, चुकन्दर व शकरकंद।
- **रेतीली भूमियों की फसलें** (Crops of sandy soils)–खरबूजा व तरबूजा।
- **ऊसर भूमियों की फसल** (Crops of usar soils)–धान, चुकन्दर, कपास, जौ, बरसीम व गोभी।
- **अम्लीय भूमियों की फसलें** (Crops of acidic soils)–राई।
- **मृदा कटाव** (Soil erosion)–मृदा कटाव को रोकने के आधार पर फसलों का वर्गीकरण निम्न प्रकार है–
  मृदा कटाव को बढ़ाने वाली फसलें–मक्का, सरसों, अण्डी, अरहर।
  मृदा कटाव को घटाने वाली फसलें–मूंग, लोबिया, गेहूँ व जौ।

फसलों की जातियों का वर्गीकरण

फसलों की जातियों का वर्गीकरण शस्य उत्पादन में महत्वपूर्ण होता है। फसल चक्र, पानी, मृदा, जलवायु, रोग तथा कीटों आदि की समस्याओं को ध्यान में रखकर फसल की जाति विशेष का चुनाव करके अधिक पैदावर ली जा सकती है। कुछ विशेष बातों के आधार पर फसलों की जातियों का वर्गीकरण निम्न प्रकार करते हैं–

- संकर ओज (Hybrid Vigour)
- संकर किस्में (Hybrid Varieties)
- अंसकरित किस्में (Non hybrid Varieties)
- उपयोगिता (Utility)
- चारे की किस्में (Fooder Varieties)
- अनाज की किस्में (Grain Varieties)

अनाज व धान्य फसलें

धान

उत्पत्ति स्थल : प्राचीनतम ग्रंथ ऋग्वेद, आचार्य पाराशर द्वारा कृषि सुग्रह कृष्ण–सुदामा संवाद, हस्तिनापुर की खुदाई से प्राप्त संसार में चावल का प्राचीनतम अवशेष वैदिक काल से ही विभिन्न धार्मिक उत्सवों, पर्वों एवं कार्यों में चावल का उपयोग आदि के आधार पर अनेक इतिहासकारों एवं पुरातत्ववेत्ताओं ने धान का उत्पत्ति स्थल भारत को माना है।

वितरण : संसार का अधिकांश धान (90 प्रतिशत) दक्षिण–पूर्वी एशिया में पैदा होता है। इस भाग में भारत तथा चीन कुल मिलाकर संसार का आधा धान उत्पादित करता है। एक–चौथाई उत्पादन, इन्डोनेशिया, वियतनाम, बांग्लादेश, बर्मा, थाईलैण्ड, फिलिपींस, जापान, पाकिस्तान, कोरिया आदि देशों में होता है। इन क्षेत्रों के अलावा अमेरिकी, अफ्रीकी एवं यूरोपियन, महादेश के कुछ देश भी धान के प्रमुख उत्पादक हैं।

भारत के सभी राज्यों में धान की खेती शुष्क क्षेत्रों से लेकर भारी वर्षा वाले क्षेत्र के अतिरिक्त कश्मीर की घाटी तथा हिमालय के ढालों पर 3.000 मीटर तक तथा केरल के समुद्री तटवर्ती क्षेत्रों में समुद्रतल से 3 मीटर नीचे तक की जाती है।

उपयुक्त जलवायु

धान की फसल को विभिन्न प्रकार की जलवायु तथा मिट्टियों में पनपने की क्षमता है। धान को उन सभी क्षेत्रों में सफलतापूर्वक उगाया जा सकता है, जिसमें 4–6 माह के दौरान औसत तापमान 21° से. या इससे अधिक रहता है। फसल की अच्छी बढ़वार के लिए 20°–25° से. तापमान अनुकूल रहता है। धान के लिए रात्रि का तापमान कम (15°से. से नीचे नहीं) रहना अच्छा है। धान का बीज 10° से. से कम और 40° से. ज्यादा पर अंकुरित नहीं होता है। धान के बीज के अंकुरण के लिए 30° से. सर्वोत्तम तापमान है।

सूर्य के प्रकाश/दिन की लम्बाई का धान की देशी परंपरागत लम्बी अवधि की किस्मों जैसे–कतरनी, सोनाचूर आदि के लिए विशेष महत्व है। प्रकाश की अवधि धान के परंपरागत (संवेदनशील) किस्मों के पुष्पन को प्रभावित करती है। लेकिन अब दिन की लम्बाई के प्रति असंवेदनशील तथा न्यून संवेदनशील किस्मों जैसे–सीता, श्वेता, मंसूरी, स्वर्णा आदि के विकसित होने से प्रकाश की अवधि का प्रभाव घट गया है। अतः तापमान एवं जल की उपलब्धता को ध्यान में रखते हुए धान की खेती सालों भर किसी भी मौसम में की जा सकती है।

फसल मौसम

धान की खेती मुख्यतः खरीफ में की जाती है। सिंचाई की सुविधा और तापमान की अनुकूलता के अनुसार कुछ क्षेत्रों में गरमा और शीत/वसंत (बोरो) में भी धान की खेती होती है।

क्रमांक	फसल ऋतु	बोवाई	कटाई
1.	खरीफ	मई–जून	अक्टूबर–नवम्बर
2.	बोरी	अक्टूबर–नवम्बर	अप्रैल
3.	गरमा	मार्च	जून–जुलाई

मृदा

धान की खेती के लिए पानी को रोकने की अच्छी क्षमता वाली चिकनी मटियार या मटियार–दोमट मृदा सबसे अच्छी मानी जाती है। धान की खेती 4.0–7.5 से पी.एच. माल या इससे अधिक पी.एच. मान. वाली मृदा में की जाती है, परंतु सबसे उपयुक्त भूमि 6.5 पी.एच. मानी जाती है।

उत्तर प्रदेश में प्रमुख धान उत्पादक क्षेत्रः सहारनपुर, देवरिया, पीलीभीत, गोण्डा, बहराइच, बस्ती, रायबरेली, मउट, बलिया, लखनऊ तथा महाराजगंज।

गेहूँ

गेहूँ उत्तर प्रदेश की रबी फसलों में एक महत्वपूर्ण फसल है। खाद्यान्न फसलों में धान के बाद गेहूँ का दूसरा स्थान हैं। गेहूँ में उपलब्ध प्रोटीन की मात्रा, नाइसीन, थाइएनिंग तथा ग्लूटेन के कारण यह न सिर्फ एक पौष्टिक आहार

है, बल्कि/केक/ब्रेड उद्योग के लिए अति महत्वपूर्ण है। गेहूँ का भूसा पशुचारे का अच्छा स्रोत है।

उत्पत्ति एवं विकास

प्रागैतिहासिक सभ्यताओं के अवशेषों से पता चलता है, कि गेहूँ की उत्पत्ति स्थल दक्षिण–पश्चिम एशिया होगा। ईराक के जारमो (विश्व का सबसे पुराना गाँव) से मिले गेहूँ के कार्बनयुक्त दानों से पता चलता है कि संभवतः गेहूँ की खेती का प्रारम्भ यहीं से हुआ था। ऐसा माना जाता है कि भारत में आर्यों द्वारा गेहूँ लाया गया तथा उसी समय से भारत में गेहूँ की खेती की जा रही है।

द्वितीय विश्व युद्ध के उपरान्त मैक्सिको तथा संयुक्त राज्य अमेरिका के कुछ अनुसंधानकर्ताओं ने जापान में ''नोरिन'' नाम का एक गेहूँ उगा देखा, ऊँचाई दूसरे की किस्मों से कम थी, लेकिन ''नोरिन'' की उत्पादन क्षमता कम थी और उसमें अनेक दूसरे अवगुण थे। इस गेहूँ के कुछ नमूने वैज्ञानिक अपने साथ ले गए। डा. ओ.ए. वोगल ने वाशिंगटन राज्य में सर्वप्रथम अमेरिकी गेहूँ के साथ नोरिन का संकरण कराया। इस प्रकार नोरिन गेहूँ का बौनापन और दूसरी उत्तम जातियों की उत्पादन–क्षमता तथा रोग–रोधित को एक नई किस्म में एकत्रित करने का प्रयत्न किया गया और संयुक्त राज्य अमेरिका में सर्वप्रथम एक बौना गेहूँ जेन्स के नाम से किसानों को दिया गया।

साथ ही, मैक्सिको में भी नोबेल पुरस्कार विजेता नॉरमन आर्नेस्ट बोरलॉग के नेतृत्व में ''मोरिन'' गेहूँ के बौनेपन का वसन्तकालीन गेहूँ में समावेशन किया गया। भारत में समय की बचत के लिए (वह समय जो बौने किस्मों को निकालने में लगता है) कृषि वैज्ञानिकों ने अमेरिका के रॉकफेलर फाउन्डेशन से कुछ बौनी किस्मों का बीज देने के लिए आग्रह किया। इस प्रकार भारत में सर्वप्रथम 1963 में गेहूँ की बौनी किस्में आई। प्रारंभ में सोनोरा–63, सोनोरा–64, लरमारोजो 64 ए, मायो–64 में से प्रत्येक किस्म का 100 किलोग्राम बीज तथा 613 दूसरी किस्मों के नमूने भी भारत को मिले। रबी, 1964 में अखिल भारतीय गेहूँ विकास परियोजना के अंतर्गत देश के 155 शोध केन्द्रों पर मैक्सिको से आये बौने गेहूँ की किस्मों का परीक्षण किया गया। परीक्षण में सोनोरा–64 तथा लरमारोजो का उपज स्थानीय लम्बी प्रभेदों की तुलना में ज्यादा मिला। 1965 में सोनोरा–64 और लरमारोजो के बीज को किसानों को प्रत्यक्षण हेतु दिया गया। इसके साथ ही गेहूँ के किस्मों के विकास में सोनालिका, कल्यानण सोना आया। 1970 में यू.पी. 301, हीरा तथा लाल बहादुर किस्मों को विकसित किया गया। प्रत्येक वर्ष गेहूँ की बौनी किस्मों का विकास देश के कृषि जलवायु क्षेत्र के हिसाब से निरंतर किया जा रहा है।

जलवायु

गेहूँ ठंडे मौसम की फसल है। इसके लिए विभिन्न अवस्थाओं पर भिन्न–भिन्न तापमान की आवश्यकता होती है। अंकुरता के लिए इष्टतम तापमान 20–25° से. और बढ़वार के लिए इष्टतम तापमान 25° से. तथा दाना भरते समय/पकने के समय इष्टतम औसत तापमान 14–15° से. उपयुक्त है। जलवायु परिवर्तन के कारण तापमान का बढ़ना और वर्षा का कम होना अनुमानित किया जा रहा है।

मिट्टी

गेहूँ की खेती के लिए दोमट मिट्टी सर्वोत्तम होती है। जल निकासी और सिंचाई के उचित प्रबंधन से मटियार और रेतीली मिट्टी में भी गेहूँ की खेती की जा सकती है। गेहूँ के लिए मिट्टी का पी.एच. मान 7.0 अच्छा होता है। अम्लीय या क्षारीय मिट्टी में गेहूँ की अच्छी पैदावार नहीं होती है।

उत्तर प्रदेश में प्रमुख गेहूँ उत्पादक क्षेत्रः मेरठ, मुजफ्फरनगर, बुलंदशहर, सहारनपुर, आगरा, अलीगढ़, मुरादाबाद, इटावा, कानपुर, फर्रुखाबाद आदि।

मक्का

इसकी खेती खरीफ, रबी एवं जायद तीनों मौसम में की जाती है। खाद्यान्न फसलों में मक्का सबसे अधिक उपज देने वाला फसल है। मक्का का उपयोग खाद्यान्न, पशु आहार, औद्योगिक महत्व की अनेक वस्तुओं को बनाने में तथा हरा चारा के रूप में किया जाता है। मक्का के विभिन्न खाद्यान्न किस्मों में मक्का न सिर्फ उपज देने वाली फसल है, बल्कि पौष्टिक आहार देने वाला भी फसल है। आर्थिक महत्व तथा जलवायु परिवर्तन के युग में मक्का भविष्य का फसल है।

उद्‌भव एवं विकास

मक्का का उद्‌भव मध्य अमेरिका तथा मैक्सिको माना जाता है। प्राचीन मैक्सिकोवासियों के वर्षा के देवता ''टालोक–आजटेक'' को मक्का के पौधे के साथ दिखाया जाता है। सन् 1492 में जब कोलम्बस ने नई दुनिया का पता लगाया तो पुरानी दुनिया को अमेरिया के साथ मक्का का भी पता लगा। भारत में मक्का सोलहवीं सदी में पुर्तगालियों द्वारा लाया गया।

जलवायु

मक्का मूलतः गर्म मौसम का पौधा है। अंकुर के समय 21° से. तथा वृद्धि के समय 32° से. तापमान उपयुक्त पाया गया है। नरमजरियाँ निकलते समय अधिक तापमान तथा कम नमी का होना हानि प्रद है। मक्का के पकने की अवस्था को छोड़कर शेष सभी अवस्थाओं में तापमान 25° से. के आस–पास होना चाहिए। पकते समय गर्म तथा शुष्क वातावरण ठीक होता है।

मिट्टी

मक्का की खेती के लिए अच्छी जल निकासी वाली उपजाऊ बलुई दोमट मिट्टी जिसमें जैवाशप्रचुर मात्रा में हो तथा पी.एच. मान 5.5–7.5 उपयुक्त माना जाता है। मक्का जल–जमाव के प्रति संवेदनशील है।

उत्तर प्रदेश में मक्का उत्पादक क्षेत्रः मेरठ, गाजियाबाद, बुलंदशहर, फर्रुखाबाद, मैनपुरी, गोण्डा, जौनपुर, एटा, फिरोजाबाद।

दलहन फसलें

भारतीय खान–पान में ''दाल'' का प्रमुख स्थान है। माँस (Meat) में पाये

जाने वाले पौष्टिक तत्व दालों में भी उपलब्ध है तथा दालों में प्रोटीन (20–28%) प्रचुर मात्रा में पाई जाती है। अतः शाकाहारियों के लिए यह प्रोटीन व ऊर्जा का अच्छा स्रोत हैं। इसके अतिरिक्त 100 ग्राम दाल में 60 प्रतिशत कार्बोहाइड्रेट 345 Kcal ऊर्जा, कैल्शियम 140 मि.ग्रा., फास्फोरस 300 मि.ग्रा., लोहा (Iron) 8 मि.ग्रा पाया जाता है। दाल एक दलहनी फसल होने के कारण इसके जड़ों में गांठें बनाती है। उनमें विद्यमान जीवाणु संर्वध वायुमण्डल के असंयुक्त नाइट्रोजन को भूमि प्रदान करती है। जिसके फलस्वरूप इस फसल के बाद बुवाई करने वाली फसल में नाइट्रोजन की मात्रा कम देनी पड़ती है तथा कारखानों में उत्पादित नाइट्रोजन उर्वरक की बचत कर सकते हैं।

अरहर

अरहर की खेती खरीफ और रबी दोनों मौसम में की जाती है। संसार का 90 प्रतिशत अरहर भारत में पैदा किया जाता है। अरहर दाल की खेती का नंबर चना के बाद दूसरा है तथा पूरे दलहनी फसलों का 20 प्रतिशत दाल अरहर फसल से प्राप्त होती है। अरहर दाल 2203 प्रतिशत, प्रोटीन 1.7 प्रतिशत वसा, 73 मि.ग्रा कैल्शियम, 304 मि.ग्रा. फास्फोरस, 5 से 8 मि.ग्रा. लोहा प्रति 100 ग्राम में पाई जाती है।

उत्पत्ति–अरहर मूल रूप से भारत में पाया जाता है और यहीं से इसने अफ्रीका में प्रवेश किया तथा संसार के अन्य देशों में इसकी खेती की जाती है। खासकर उष्ण कटिबंधीय तथा उपोष्ण कटिबंधीय क्षेत्र तथा शीतोष्ण क्षेत्रों जहाँ गर्मी पड़ती है, में की जाती है।

वितरण/क्षेत्र विस्तर–अरहर की खेती भारत में औसतन 36 लाख हेक्टेयर में करते हैं, जिससे 27 लाख टन दाल मिलती है। जो कि दलहनी फसलों के क्षेत्र एवं उत्पादन का 15.6 तथा प्रतिशत है।

खेती के लिए उपयुक्त मिट्टी तथा जलवायु–इसकी खेती गर्म (40° से.ग्रे.) तथा कम तापमान (5–10° सें.ग्रे.) दोनों अवस्था में कर सकते हैं। इसे लम्बे अंतर वाले मौसम में खेती की जा सकती है तथा इसे उष्ण कटिबंधीय तथा उष्ण कटिबंध क्षेत्रों तथा शीतोष्ण जहाँ गर्मी कम पड़ती है, इसकी खेती सफलतापूर्वक की जा सकती है। अरहर की खेती सभी प्रकार की मिट्टी में की जा सकती है। हल्की बलुई मिट्टी (Sandy soil) से लेकर भारी दोमट मिट्टी जहाँ पर जल निकास की समुचित व्यवस्था हो, खेती के लिए उपयुक्त है। जहाँ पर 650 मि.मी. वर्षा होती है। वहाँ पर भी इसकी खेती संभव है। पाला इसका सबसे बड़ा दुश्मन है जिससे इसे बचाना चाहिए। पाला पड़ने वाले क्षेत्रों में इसकी खेत्ती संभव नहीं है।

उत्तर प्रदेश में अरहर उत्पादक क्षेत्रः ललितपुर, वाराणसी, झाँसी, प्रयागराज और लखनऊ।

चना

चना हमारे भोजन का एक प्रमुख अंग है। हम अपने दैनिक जीवन में चना को विभिन्न रूपों में उपयोग करते हैं। जैसे–दाल, छोले, बेसन से बनी स्वादिष्ट मिठाइयां एवं नमकीन, साग, हरा चना, सत्तू इत्यादि। चना के हरे पत्ते में मेलीक अम्ल (Mallic acid) तथा साइट्रिक अम्ल (Citric acid) पाया जाता है, जो शरीर के रक्त को साफ करता है। साथ-ही-साथ ही पेट जनित बीमारियों में लाभकारी है। चना में 18–22 प्रतिशत प्रोटीन, 61–62 प्रतिशत कार्बोहाइड्रेट (Carbohydrate), 4.5 प्रतिशत वसा, तथा 28 मि.ग्रा. कैल्शियम, 301 मि.ग्रा. फास्फोरस, 12.3 मि.ग्रा. लोहा (Iron) प्रति 100 ग्राम में पाया जाता है। चना का फसल मिट्टी में 41–134 किलोग्राम/हे. की दर से वायुमण्डलीय नेत्रजन स्थापित करता है, जो कि बाद में बोयी जाने वाली फाल के लिए लाभकारी हैं। चना का भूसा पशुओं के लिए पौष्टिक चारे के रूप में उपयोग होता है। चना के एक हेक्टेयर फसल से 25–30 क्विंटल फसल अवशेष प्राप्त होता है, जिसका उपयोग पशु आहार के रूप में करते हैं।

उत्पत्ति

इसकी उत्पत्ति का मूल स्थान दक्षिण-पश्चिम एशिया शायद अफगानिस्तान।

विस्तार/क्षेत्र विस्तार–चना की खेती लगभग 71 लाख हेक्टेयर भूमि में की जाती है, जिससे 57.5 लाख टन चना की उपज प्राप्त होती है। इस फसल की खेती गंगा और जमुना के ऊपरी बेसिन (basin) में करते हैं। इसके अलावा इसकी खेती राजस्थान, मध्य प्रदेश तथा महाराष्ट्र में करते हैं।

मिट्टी एवं जलवायु–इसकी खेती सभी प्रकार के मिट्टी में की जा सकती है। लेकिन धनहर क्षेत्रों की भारी मिट्टी वाली भूमि इस फसल के लिए अधिक उपयुक्त है। ठंडे मौसम (रबी) में चने की खेती करते हैं तथा 15°—25° से.ग्रे. का तापमान इसके वानस्पिक विकास के लिए उचित पाया जाता है।

उत्तर प्रदेश में चना उत्पादक क्षेत्रः हमीरपुर, बांदा, झाँसी, ललितपुर, जालौन, मिर्जापुर, सोनभद्र, कानपुर, फतेहपुर, सीतापुर, बाराबंकी, आगरा और प्रयागराज।

मसूर

रबी दलहनी फसलों में चना के बाद मसूर एक दूसरी पौष्टिक दलहन फसल है। उत्तर प्रदेश के ताल क्षेत्रों का एक प्रमुख फसल है। मसूर के दालों में 24–26 प्रतिशत प्रोटीन, 57–60 प्रतिशत कार्बोहाइड्रेट (Carbohydrate), 1.3 प्रतिशत वसा, 3.2 प्रतिशत रेशा, 69 मि.ग्रा. कैल्शियम, 300 मि.ग्रा. फास्फोरस, 7 मि.ग्रा. लोहा प्रति 100 ग्राम में पाया जाता है तथा विटामिन A तथा रिवोफ्लेवीन (riboflavin) प्रचुर मात्रा में मिलती है। इसका उपयोग दाल के रूप में करते हैं।

उत्पत्ति–मसूर पुरानी फसलों में से एक है, जिसकी उत्पत्ति टर्की (Turkey) तथा दक्षिण ईरान क्षेत्रों में हुई, जिसके बाद इसका प्रवेश यूरोप, भारत तथा चीन में हुआ। इसकी खेती उपोष्ण कटिबन्धीय (Sub-tropical) जलवायु से लेकर शीतोष्ण (Temperate) जलवायु तक की जाती है।

खेती के लिए उपयुक्त मिट्टी एवं जलवायु–इसके पौधों के समुचित विकास के लिए सर्वोत्तम तापमान 15 से 25° से.ग्रे. पाया गया है। मसूर की खेती सभी प्रकार की मिट्टी में की जा सकती है, लेकिन बलुई, दोमट, दोमट तथा भारी मिट्टी में खेती कर अच्छी उपज प्राप्त कर सकते हैं।

मटर

मटर उत्तर प्रदेश का एक प्रमुख रबी दलहनी फसल है। इससे विभिन्न प्रकार के शाकाहारी भोजन तैयार किए जाते हैं। इसको मुख्यत: दाल और सब्जी के रूप में उपयोग करते हैं इसके अलावा इसकी खेती पशुओं के चारे के रूप में की जाती है तथा 25 क्विंटल प्रति हेक्टेयर की दर से पौधे के अवशेष (Plant residue) प्राप्त करते हैं, जिसे पशु आहार के रूप में उपयोग होता है। इसमें 22.5 प्रतिशत प्रोटीन, 62 प्रतिशत कार्बोहाइड्रेट (Carbohydrate), 1.8 प्रतिशत वसा, होता है तथा 64 मि.ग्रा. कैल्शियम, 4.8 मि.ग्रा. लोहा, प्रति 100 ग्राम मटर में पाया जाता है। इस पौधे में कुछ औषधीय गुण जैसे पोलिफिनोल (Polyphenol) पाये जाते हैं, जो पेट जनित कैंसर (Cancer) से बचाव करता है। इसमें अधिक मात्रा में प्रोटीन तथा रेशा होता है, जो मधुमेह रोगियों (डाइबेटिक टाइप–2) में चीनी (Sugar) के पचने की क्रिया में अवरोध पैदाकर इसको नियंत्रण करने में सहयोग करता है।

खेती के लिए उपयुक्त मिट्टी एवं जलवायु–कम अवधि में तैयार होने वाली मटर के लिए बलुई दोमट (Sandy loam) मिट्टी को प्राथमिकता दी जाती है अन्यथा केवाल दोमट (Clay loam) या सिल्ट दोमट (Silt loam) मिट्टी, जिसमें पानी के निकास की उचित व्यवस्था को उपयुक्त पाया गया है।

मटर के अच्छे वानस्पिक विकास (Vegetative growth) एवं प्रजनन (Reproduction) के लिए क्रमश: 21° से.ग्रे. एवं 16° से.ग्रे. तथा 16° से.ग्रे. एवं 10° से.ग्रे. दिन और रात का तापमान होना चाहिए। 27° से.ग्रे. से अधिक तापमान पौधों के विकास में अवरोधक होता है तथा परागण की क्रिया को विपरीत रूप से प्रभावित करता है।

उड़द

उड़द एक अतिविशिष्ट एवं महत्वपूर्ण दलहन फसल है, जिसकी भारतवर्ष में पुराने समय से खेती की जा रही है। यह फसल पौष्टिक होता है तथा मधुमेह के रोगियों को खाने की सलाह दी जाती है, लेकिन अधिक मात्रा में खाने पर यह नुकसानदेह हो सकता है। उड़द में 24–25 प्रतिशत प्रोटीन, 1.3 प्रतिशत वसा, 3.5 प्रतिशत खनिज लवण (minerals), 10.9 प्रतिशत पानी, 4.1 प्रतिशत रेशा तथा 124 मि.ग्रा. कैल्शियम, 326 मि.ग्रा. फास्फोरस, 7.3 मि.ग्रा. लोहा एवं 347 Kcal ऊर्जा प्रति 100 ग्राम में पाई जाती है। इसकी दाल से दक्षिण भारतीय खाने जैसे–इडली, डोसा, उत्तपम, बड़ा बनाने में प्रयोग करते हैं, जो कि भारतीय बाजार में लोकप्रिय व्यंजन है। इसकी उपज खरीफ और रबी दोनों मौसम में होता है। भारतवर्ष में करीब 32.4 लाख हेक्टेयर में इसकी खेती की गई तथा प्रति हेक्टेयर से औसतन 461 किलोग्राम उड़द के दाने प्राप्त हुए।

उत्पत्ति–इसकी उत्पत्ति दक्षिण एशिया में हुई है। कुछ वैज्ञानिक इसकी उत्पत्ति भारतवर्ष (India) को मानते हैं।

खेती के लिए उपयुक्त मिट्टी एवं जलवायु–इसकी अच्छी उपज लेने के लिए दोमट या केवाल दोमट में खेती करते हैं। मिट्टी का pH 6-7 होना चाहिए तथा जल निकास का उचित प्रबंध होना आवश्यक है।

इसके अच्छी खेती के लिए शुष्क मौसम तथा वातावरण का तापमान 25° से.ग्रे. से 35° से.ग्रे. के बीच होना चाहिए। इस फसल की बुवाई इस प्रकार से करते हैं कि इसकी कटाई शुष्क मौसम में की जा सके ताकि अधिक एवं अच्छे गुणों से परिपूर्ण दाने की प्राप्ति हो सके।

तिलहनी फसलें (Oilseed Crop)

भारत संसार के सबसे बड़े तेल उत्पादक देशों में एक है तथा इन तेलहनी फसलों का भारतीय कृषि अर्थव्यवस्था में एक प्रमुख स्थान है। वनस्पति तेल के उत्पादन में अमेरिका (U.S.A.) चीन, ब्राजील तथा अर्जेन्टीना (Argentina) के बाद भारत का पाँचवां स्थान है तथा इससे सालाना 80,000 करोड़ रुपये का व्यापार होता है। संसार का लगभग 12–15 प्रतिशत तेलहन क्षेत्र, 78% तेलहन पैदा करने वाला तथा 6–7 वनस्पति तेल पैदा करने वाला, 9–12 प्रतिशत तेल आयात करने वाला तथा 9–10 प्रतिशत तेल खाने वाला देश भारत है। घरेलू बाजार में वनस्पति तेल तथा वसा की मात्रा 6 प्रतिशत प्रति वर्ष खपत है, जबकि इसकी घरेलू आपूर्ति मात्र 2 प्रतिशत प्रतिवर्ष है, जिसके फलस्वरूप इसकी उपलब्धता घट रही है और तेल का आयात विदेशों से करना पड़ता है।

मूंगफली

मूँगफली भारत की सबसे महत्वपूर्ण फसल है। इस फसल में विश्व की कुल क्षेत्रफल का 30.4 प्रतिशत प्रतिशत तथा कुल उत्पादन का लगभग 28.4 भाग भारत में ही पैदा होता है। मूँगफली एक उत्तर प्रदेश प्रमुख तेलहनी फसल है। उत्तर प्रदेश में इसके खेती की अपार संभावना है तथा भारत की कृषिगत अर्थव्यवस्था में महत्वपूर्ण भूमिका निभा सकती है। यह देश में खाद्य तथा वनस्पति तेल के रूप में पाई जाती है। इसके अतिरिक्त आवश्यक जैविक खनिज पदार्थ (जैसे फास्फोरस, कैल्शियम, लोहा आदि) तथा साथ ही कुछ आवश्यक विटामिन (थियासीन, राईवोफ्लैविन तथा निकोटिनिक अम्ल) भी इसमें प्रचुर मात्रा में पाये जाते हैं।

मूँगफली के तेल का उपयोग प्रमुख रूप से वनस्पति घी के उत्पादन में किया जाता है। इसके तेल का उपयोग पशु चिकित्सा की दवाईयाँ, साबुन एवं सौंदर्य प्रसाधन वाले उद्योगों में भी किया जाता है। इसकी खल्ली एक बहुमूल्य पशुआहार एवं खाद है। मूँगफली की जड़ें, दलहन कुल की अन्य फसलों की भाँति वायुमण्डल से प्रचुर मात्रा में नाइट्रोजन लेकर भूमि में जमा (स्थापित) करती है तथा भूमि की उर्वरा शक्ति बढ़ाती है।

उत्पत्ति स्थल : इसका उद्भव ब्राजील देश (दक्षिणी अमेरिका) माना गया है। भारत में इसका प्रवेश सर्वप्रथम तमिलनाडु तथा पश्चिम बंगाल में अलग–अलग रूप से हुआ। दक्षिण भारत में यह फिलीपींस से सर्वप्रथम तामिलनाडु में लाया गया। वहाँ अभी भी इसे 'मनीला कोटाई' कहते हैं। उत्तर भारत में इसका प्रवेश स्वतंत्र रूप से चीन से बंगाल होते हुए हुआ, अत: पूर्व भारत में प्राय: इसे "चिनिया बादाम" कहते हैं।

क्षेत्र विस्तार/वितरण : पिछली आधी सदी में विश्व में, मूँगफली क्षेत्रफल में काफी वृद्धि हुई है। दुनिया के अनेक देशों में यह एक प्रमुख फसल बन गई है। भारत में औसतन 67.83 लाख हेक्टेयर क्षेत्रफल में

उगाई जाती है, जिसमें प्रतिवर्ष औसतन 75.49 लाख मैट्रिक टन उत्पादन प्राप्त किया जाता है। मूँगफली सबसे अधिक गुजरात, आंध्र प्रदेश, महाराष्ट्र, तमिलनाडु तथा कर्नाटक राज्यों में उगाई जाती है। अब बिहार, मध्य प्रदेश, उत्तर प्रदेश, राजस्थान तथा पंजाब में भी यह काफी महत्वपूर्ण फसल माने जाने लगी है।

मृदा एवं जलवायु : हल्की बलुई, जिसमें जल निकास की उचित व्यवस्था हो, मूँगफली की खेती की जा सकती है। मूँगफली उष्ण कटिबंधीय जलवायु की फसल है। सामान्य रूप से 120–125 से.मी. वर्षा वाले क्षेत्रों में इसकी अच्छी फसल ले सकते हैं। फसल की कटाई के समय मौसम साफ तथा सूखा रहना चाहिए। सामान्य रूप से मूँगफली की खेती के लिए 21–27 से.ग्रे. तापमान ठीक रहता है तथा इस तापमान में बीजों का अंकुरण भी ठीक से होता है तथा बीजों में तेल के विकास पर भी अच्छा प्रभाव पड़ता है।

उत्तर प्रदेश में मूंगफली उत्पादक क्षेत्रः हरदोर्द, एटा, सीतापुर, बदायूँ, मुरादाबाद इत्यादि।

तोरी, सरसों तथा राई

भारत में उगाई जाने वाली तिलहनी फसलों में तोरिया, सरसों तथा राई समूह वाली फसलों का स्थान मूंगफली के बाद दूसरा है। ये फसलें सामान्य रूप से उत्तरी भारत की प्रमुख तिलहनी फसलें हैं। इनके विश्व के कुल क्षेत्रफल का 36.8 प्रतिशत तथा कुल उत्पादन का लगभग 23.4 प्रतिशत भाग भारत में ही पैदा किया जाता है। इन फसलों से प्राप्त तेल को भोजन पकाने वाले तेल के रूप में प्रमुख रूप से प्रयोग किया जाता है। उत्तरी भारत का यह मुख्य खाद्य तेल है। इसके बीज में सामान्य रूप से 36–48 प्रतिशत तेल की तथा 28 प्रतिशत प्रोटीन की मात्रा होती है। तोरी की किस्म में तेल की मात्रा 40–48 प्रतिशत, सरसों में 42–48 प्रतिशत तथा राई में 36–42 प्रतिशत के करीब पाई जाती है। तेल को सामान्य रूप से गाँव की धानी, या एक्सपेलर मशीन द्वारा सरल पूर्वक निकाला जा सकता है। धानी तथा एक्सपेलर से निकला हुआ कच्चा तेल भोजन पकाने के लिए बड़ा ही उपयुक्त होता है। साथ ही इसको जलाने, तेल मालिश तथा लकड़ी या चमड़े के बने सामानों को मुलायम करने के लिए भी प्रयोग किया जा सकता है। सामान्य रूप से राई के बीज को सब्जी के मसाले, मछली पकाने के मसाले के रूप में, अचार एवं रसम आदि बनाने में भी प्रयोग कर सकते हैं।

तेल निकालने की विधि पर निर्भर करते हुए बीज में से मशीनों द्वारा तेल के निष्कर्षण विधि से सामान्य रूप में 30–40 प्रतिशत तेल ही निकाला जा सकता है। इसकी खल्ली (Oil clace) एक अच्छी पशु आहार है, पर सामान्य रूप से इसे मुर्गियों तथा सूअरों को नहीं खिलाया जा सकता है। गाय, भैंसों के आहार के रूप में इनकी खल्ली (Oilclace) का बड़ा ठंडा तथा पाचक प्रभाव पड़ता है। साथ ही इससे पशु रोगों के रोकथाम में भी सहायता मिलती है। खल्ली में लगभग 4.9 प्रतिशत नाइट्रोजन, 2.5 प्रतिशत फास्फोरस तथा 1.5 प्रतिशत पोटाश होता है।

तेलहन फसलों के बाजार मूल्य एवं वार्षिक मौसम में बदलाव के कारण इसका क्षेत्रफल घटता तथा बढ़ता है। अच्छे मौसम में तेलहन की अच्छी उपज होती है।

उत्पत्ति : तोरी का उत्पत्ति स्थान पूर्वी अफगानिस्तान माना गया है, जहाँ से बाद में ये फसलें पंजाब होते हुए पश्चिम बंगाल तथा आसाम तक फैल गई।

वितरण : आसाम, उड़िया, पं. बंगाल, मेघालय, त्रिपुरा, हरियाणा, जम्मू, मध्य प्रदेश तथा राजस्थान, बिहार और उत्तर प्रदेश।

मिट्टी एवं जलवायु : तोरी (तोरिया), सरसों तथा राई मुख्य रूप से शीतोष्ण तथा समशीतोष्ण जलवायु की तिलहनी फसलें हैं। इसकी खेती रबी मौसम में करते हैं। ठंडा तापमान, पर्याप्त मृदा आद्रता तथा साफ एवं खुले आसमान का इसके बीज एवं तेल की उपज पर अनुकूल प्रभाव डालते हैं। फल आते समय अत्यधिक कोहरे, बदली तथा अत्यधिक ठण्डी हवाओं वाला मौसम बीजों के बनने एवं मधुमक्खियों द्वारा फूलों के परागण के लिए उपयुक्त नहीं रहता है। राई और गोभी सरसों के पाले के प्रति आमतौर से सहिष्णुता पाई जाती है। फूल आने के बाद पौधों को पर्याप्त प्रकाश मिलते रहने से फलियों का विकास अच्छा होता है। फसल की कटाई के समय मौसम साफ रहना चाहिए, नहीं तो बीज की गुणवत्ता पर बुरे मौसम का काफी प्रभाव पड़ सकता है। कम वर्षा वाले क्षेत्रों में भी सिंचाई की समुचित व्यवस्था होने पर इन फसलों की खेती सफलतापूर्वक की जा सकती है।

उत्तर प्रदेश में सरसों उत्पादक क्षेत्रः गोण्डा, बहराइच, मिर्जापुर, सोनभद्र, कानपुर, सहारनपुर, एटा, फैजाबाद, इटावा, सुल्तानपुर, मथुरा, अलीगढ़ तथा बुलंदशहर।

सूर्यमुखी

सूर्यमुखी एक तेलहनी फसल है। इसे भोजन पकाने वाले तेल के रूप में प्रयोग किया जा सकता है। इसके साथ इसे "वनस्पति, घी तथा साबुन–प्रसाधन उद्योगों में उपयोग किया जाता है। हृदय रोगियों के लिए यह काफी लाभदायक तेल पाया गया है। इसके खल्ली में (Oil Cake) में 40–44 प्रतिशत प्रोटीन होता है, अतः इसे अच्छे पशुआहार के रूप में उपयोग कर सकते हैं। इसके जल्दी पकने शुष्कता प्रतिरोधिता एवं प्रकाश असंवेदिता आदि गुणों के कारण इसे बहुफसली कृषि प्रणाली में ले सकते हैं।

उत्पत्ति स्थल–सूर्यमुखी का उत्पत्ति स्थल पश्चिम मैक्सिको तथा दक्षिण-पश्चिम संयुक्त राज्य अमेरिका पाया गया है।

मिट्टी तथा जलवायु–सूर्यमुखी की सफल खेती के लिए प्रचुर उर्वरा शक्तिशाली उदासीन (neutral) pH वाली दोमट तथा मटियार दोमट भूमियाँ उपर्युक्त रहती है। सामान्य रूप से इसकी खेती जीवांश युक्त तथा नमी बनाए रखने वाली हर भूमि में की जा सकती है। जिस खेत में सूर्यमुखी लगाना हो उसमें जल निकास का प्रबंध उत्तम होना चाहिए। सूर्यमुखी में शुष्कता सहिष्णुता होती है, अतः यह फसल अस्थायी सूखे का मुकाबला कर सकती है।

सूर्यमुखी समशीतोष्ण (Sub-temperate) तथा शीतोष्ण जलवायु का पौधा है। पर यह शुष्कता सहिष्णु तथा प्रकाश के लिए असंवेदी है। इसके पौधे सामान्य रूप से दिन के लिए निरपेक्षता वाला (Day Neutral) होता है। धूप में ऑक्सिन–सांद्रणों के कारण तना तथा मुण्डक सूर्य की तरह मुड़ जाते हैं। सामान्य रूप से सूर्यमुखी का पौधा तापक्रम के प्रति संवेदनशील होता है।

उन्नत किस्में : संकुल (कम्पोजिट) – मोरडेर, सूर्या, सी.ओ.–1, पैराडेविक, डी.आर.एस.एफ. (ओ.पी.)

संकर प्रभेद : बी.एस.एच.–1, के.बी.एस.एच.–1, एम.एस.ए.एच.–1, 8 और 17, के.बी.एस.एच.।

नगदी फसलें

गन्ना/ईख

गन्ना उत्तर प्रदेश राज्य की प्रमुख नगदी फसल है, जिस पर उत्तर प्रदेश का एक मुख्य कृषि आधारित चीनी उद्योग निर्भर करता है। गन्ने से चीनी, खांडसारी तथा गुड़ तैयार किया जाता है। गन्ना उद्योग से खोई और छोटा उप–उत्पादन के रूप में मिलता है। खोई का उपयोग ईधन, कागज, प्लास्टिक, बोर्ड आदि चीजों को बनाने में आना है तथा छोआ का उपयोग विभिन्न प्रकार के एल्कोहल उद्योग, सिट्रिक अम्ल, इथनॉल–बिजली उत्पादन आदि में किया जाता है। छोआ का उपयोग पशुआहार में मिलाकर पशु को खिलाने में भी किया जाता है। गन्ने के पौधे की ऊपरी हरी पत्ती पशु चारे का उत्तम स्रोत है। गन्ना उद्योग से निकला प्रेसमड लवणीय–क्षारीय मिट्टी को सुधारने के काम में आता है। शहरों में सालों भर गन्ने के रस का व्यवसाय चलता है।

उद्भव एवं विकास

अधिकांश वैज्ञानिकों का मत है कि गन्ने की उत्पत्ति भारत में हुई। कुछ ऐसे प्रमाण उपलब्ध है कि भारत में गन्ने की खेती ऋग्वेद काल (2500–11400 ई.पू.) में की जाती थी। सन् 600 ई. में चीनी लोग गन्ने से चीनी बनाने की विधि सीखने भारत में पाटलीपुत्र आए थे, जिससे पता जलता है कि उन दिनों भारत में गन्ने से शर्करा बनाने की विधि ज्ञात थी। धीरे-धीरे गन्ना दुनियाँ के उन सभी भागों में पहुँच गया, जहाँ की जलवायु इसके लिए उपयुक्त थी। सोलहवीं शताब्दी तक गन्ना यूरोप के विभिन्न देशों और ब्राजील, क्यूबा तथा मैक्सिको जैसे दूरस्थ देशों के बीच एक व्यापारिक कड़ी बन गया।

जलवायु–गन्ना के अंकुरण के लिए आदर्श तापमान 33°–38° से. है। जब तापमान 15° से कम होता है, तो अंकुरण बहुत कम हो जाता है। बढ़वार के समय लम्बी अवधि तक गर्म और नम मौसम तथा अधिक वर्षा अनुकूल है। गन्ना आमतौर पर 20–35° से. तापमान के बीच अच्छा पनपता है। तैयार होते समय आमतौर पर शुष्क, ठंडा तथा पाले रहित मौसम और चमकीली धूप तथा किसी प्रकार की आँधी तथा ठंडी हवा का न चलना, गन्ने के लिए अच्छा है।

मृदा : गन्ने के लिए दोमट मृदा अच्छी है। इसे चिकनी तथा बलुई मृदा में भी लगाया जा सकता है। गन्ने की खेती के लिए मृदा का पी. एच. मान 6.0 से 7.5 उपयुक्त माना गया है।

खेत की तैयारी : दो जुताई मिट्टी पलटने वाले हल या ट्रैक्टर से करने के बाद एक–दो बार देशी हल से जोत कर मिट्टी को बारीक व हल्का बना लें। प्रत्येक जुताई के बाद पाटा लगाना आवश्यक है ताकि जमीन समतल एवं मिट्टी में नमी बरकरार रहे।

उन्नत किस्में

परिस्थिति	प्रभेद	औसत उपज (टन/हे.)	रस में चीनी की मात्रा (प्रतिशत)
आगात (मध्य नवम्बर से करने योग्य)	बी.ओ. 120	82.0	17.2
	बी.ओ. 130	72.0	17.5
	बी.ओ. 138	75.5	17.1
	बी.ओ. 139	84.0	17.4
	बी.ओ. 145	82.0	17.4
	सी.ओ.पी. 9301	83.0	17.3
मध्यकालीन प्रभेद	सी.ओ.पी. 9206	82.0	17.6
(जनवरी से करने योग्य)	सी.ओ.पी. 9202	78.5	17.4
	सी.ओ.पी. 9302	90.0	17.2
	बी.ओ. 91	70.0	16.7
	बी.ओ. 136	80.0	16.9
	बी.ओ. 137	80.0	16.9
	बी.ओ. 141	88.0	16.8
	बी.ओ. 147	88.5	17.6

बीज दर–सिराउर एवं नाली विधि में 50–60 क्वि/हे. या 45 से 50 हजार तीन आँखों वाली गेडियाँ (गिल्लियाँ)। दोहरी जुड़वाँ पंक्ति विधि में 75–80 क्वि/हे. या 60 से 65 हजार तीन आँखों वाली गेडियाँ (गिल्लियाँ) की आवश्यकता होती है।

बीज का चुनाव–बुवाई हेतु गन्ने के ऊपरी दो तिहाई भाग को, जो स्वस्थ रोग एवं कीट व्याधि से मुक्त हो एवं जल जमाव रहित क्षेत्रों में उगाया गया हो, का चुनाव करना चाहिए।

बीजोपचार–रोपाई के पूर्व गेडियाँ (गिल्लियाँ) को बेविस्टीन दवा के 2.0 ग्राम प्रति लीटर पानी के घोल में आधा घंटा डुबोकर उपचारित कर लेना चाहिए।

मृदा उपचार

क्लोरपाईरीफॉस 20 प्रतिशत तरल, 5 लीटर दवा को 1500 लीटर पानी में घोल कर प्रति हेक्टेयर की दर से उपचारित करें अथवा 15 किलोग्राम प्रति हेक्टेयर फोरेट 10 जी दवा को नाली में गेडियाँ (गिल्लियाँ) के ऊपर भुरकाव करना चाहिए।

रोपाई का समय

शरदकालीन – 15 अक्टूबर से 30 नवम्बर

बसंतकालीन – 15 फरवरी से 15 मार्च

रोपाई की दूरी–पंक्ति-से-पंक्ति की दूरी 90 से.मी. रखें

रोपन विधि–

सिराउ विधि–उत्तर प्रदेश सीनियर रिजन से 90 सें.मी की दूरी पर 20–25 से.मी. गहरी सिराउर खोलकर अनुशंसित मात्रा में उर्वरक डालकर गन्ने के गेडियों (गिल्लियाँ) को सिराउर में आँख-से-आँख मिलाकर बिछा दें। इसके बाद मिट्टी उपचार कर गेडियों (गिल्लियाँ) को ढंक दे।

ट्रेन्च विधि–यह विधि उपजाऊ मृदा में जहाँ सिंचाई की पर्याप्त सुविधा होती है। अधिक उपज प्रांप्त करने के लिए बनाई जाती है। इस विधि में एक माह पहले 90 से.मी. की दूरी पर 30. से.मी. गहरी और 30 सेमी चौड़ी नाली बनाई जाती है तथा नालियों में गन्ने की रोपाई कर दी जाती है।

जुड़वाँ पंक्ति विधि–इस विधि में बिहार सीनियर से 90 से.मी. पर सिराउर खोलकर कुदाल से सिराउर की चौड़ाई 20 से.मी. की जाती है। नाली के दोनों किनारों पर तीन आँख वाली गन्ना के गेड़ियों को सिर से सिर मिलाकर सटाकर बिछा दिया जाता है। इस विधि में बीज दर बढ़ जाता है और उपज भी लगभग 40 प्रतिशत बढ़ जाती है।

उत्तर प्रदेश में गन्ना उत्पादक क्षेत्रः राज्य का तराई क्षेत्र और गंगा-यमुना का दोआब।

जूट

रेशे वाली फसलों में जूट बंगाल, बिहार, पूर्वी उत्तर प्रदेश का महत्वपूर्ण फसल है। बिहार में जूट को पटुआ कहा जाता है। जूट का उपयोग टाट का कपड़ा, बोरा, पैकिंग सामग्री आदि बनाने में किया जाता है। जूट से रेशा निकालने के बाद बचे डंढल का उपयोग जलावन, बारूद का कोयला, कागज उद्योग आदि कार्यों में आता है। जूट के कोमल हरी पत्तियों की सब्जी भी बनती है।

उद्भव एवं विकास

प्रारम्भिक दिनों से ही जूट की खेती भारत में की जाती है। जूट का पहला निर्यात यूरोप में 1828 में हुआ था। व्यावसायिक रेशा के लिए दो प्रकार के जूट की खेती की जाती है–कैप्सूलेरिस और ओलिटोरियस। ओलिटोरियस का उत्पत्ति स्थान अफ्रीका तथा कैप्सूलेरिस का भारत–वर्षा के क्षेत्र में माना जाता है।

क्षेत्र विस्तार/वितरण

विश्व के लगभग 70 प्रतिशत जूट का उत्पादन भारत और बांग्लादेश में होता है। जूट का पहला निर्यात यूरोप में 1828 में हुआ था। व्यावसायिक रेशा के लिए दो प्रकार के जूट की खेती की जाती है–कैप्सूलेरिस और ओलिटोरियस। ओलिटोरियस का उत्पत्ति स्थान अफ्रीका तथा कैप्सूलेरिस का भारत–बर्मा के क्षेत्र में माना जाता है।

चीन, थाईलैण्ड, ब्राजील, पेरू, बर्मा, नेपाल और वियतनाम में भी जूट की खेती होती है। भारत के प्रमुख राज्यों में पश्चिम बंगाल, आसाम, उत्तर बिहार, दक्षिण–पूर्वी उड़ीसा, मेघालय, त्रिपुरा और पूर्वी उत्तर प्रदेश में जूट की खेती होती है।

जलवायु

नमी वाले गर्म क्षेत्र जहाँ का तापमान 24–37° से. (अनुकूलतम 34° से. के आस-पास) रहता हो, जूट की खेती के लिए उपयुक्त है। जूट के विकास के लिए 55–90 प्रतिशत सापेक्ष सान्द्रता, 1500 मी. वार्षिक वर्षापात (250 मि.मी. वर्षापात मार्च–मई) सर्वाधिक उपयुक्त मौसम है। जूट का नवजात पौधा जल–जमाव के प्रति अतिसंवेदी है। कैप्सूलेरिस का पौधा अवस्था में जल–जमाव सहन कर सकता है, परंतु ओलिटोरियस का पौधा जल, जमाव बिलकुल सहन नहीं करता है।

मिट्टी

जूट को प्रायः सभी प्रकार की मिट्टी–चिकनी, बलुई एवं दोमट तक में उगाया जा सकता है। जूट के लिए मिट्टी का उपयुक्त पी.एच. मान 50–75 होना चाहिए। बलुई और मटियार मिट्टी जूट के लिए उपयुक्त नहीं है। अम्लीय किंतु चूना रहित उदासीन भूमि तथा हल्की दोमट एवं बलुई दोमट मृदा जूट की खेती के लिए अधिक उपयुक्त है।

उत्तर प्रदेश में जूट उत्पादक क्षेत्रः बहराइच, महाराजगंज, देवरिया, गोण्डा, सीतापुर तथा लखीमपुर खीरी।

चारा की फसलें–ज्वार, मक्का, जई, नेपियर घास, बरसीम

दुग्ध उत्पादन में चारा पर आधारित पशु आहार की भूमिका अतिविशिष्ट एवं महत्वपूर्ण है। इसमें मुख्यतः हरे चारे का महत्व और भी बढ़ जाता है जबकि जानवरों के नस्ल सुधारने हेतु संकर एवं उन्नत नस्ल की पशुओं में वृद्धि हो रही है। हरे चारे में विटामिन 'ए' और खनिज पदार्थ पर्याप्त मात्रा में पाए जाते हैं तथा यह प्रोटीन का अच्छा स्रोत है। हरा चारा पशुओं के दुग्ध उत्पादन में वृद्धि करता है तथा उत्पादन में होने वाली लागत को भी कम करता है। साथ-ही-साथ पशुओं की प्रजनन शक्ति को बढ़ाते हैं एवम् पशुओं को बाँझ होने से बचाते हैं। अतः श्वेत क्रान्ति की सफलता के लिए पशु सुधार के साथ–साथ पौष्टिक चारे का उचित प्रबंध आवश्यक है।

उत्तर प्रदेश में कृषि योग्य भूमि का 4.26 प्रतिशत भूमि में चारे की खेती होती है, जबकि राष्ट्रीय स्तर पर 4.9 प्रतिशत भूमि में चारे की खेती की जा रही है। पशुओं के खिलाने के लिए उत्तर प्रदेश में लगभग 30 प्रतिशत सूखा चारा एवं 65 प्रतिशत हरे चारे की कमी है। हरे चारे की कमी को पूरा करने के लिए कृष्य चारे के अंतर्गत क्षेत्रफल बढ़ाना संभव नहीं है, क्योंकि चारा फसलों को अनाजों, दलहनों, तिलहनों, सब्जी फसलों के साथ प्रतिस्पर्धा है।

अतः प्रति हेक्टेयर चारे की उपज बढ़ाने के लिए अधिक उपज देने वाली किस्में, जिसकी पौष्टिकता अधिक हो तथा कीड़े और बीमारियों से मुक्त हो, की खेती उचित प्रबंधन के अंतर्गत करनी चाहिए। ऐसी परिस्थिति में यह आवश्यक है कि दानों वाली फसलों (Grain crops) के साथ चारे की फसलें (fodder crops) भी फसल चक्र में रखी जाएँ।

ज्वार एवं बाजरा

ज्वार चारा खरीफ मौसम की एक प्रमुख फसल है। ज्वार चारा फसल की खेती उष्ण कटिबंधीय तथा समशीतोष्ण क्षेत्र में उगाई जाती है। पशुओं के लिए इसका चारा पौष्टिक होता है तथा इसमें औसतन 7–8 प्रतिशत प्रोटीन, 32–33 प्रतिशत रेशा, 0.50 प्रतिशत कैल्शियम तथा 0.24 प्रतिशत फास्फोरस पाया जाता है। ज्वार का हरा चारा, कड़वी (Hay) तथा साइलेज (Silage) के रूप में उपयोग कर सकते हैं।

उत्पत्ति–सामान्य रूप से ज्वार की उत्पत्ति पश्चिम अफ्रीका है, परंतु कुछ वैज्ञानिकों के अनुसार इसकी उत्पत्ति इथियोपिया माना गया है।

जलवायु–33–34^0 सें.ग्रे. पर ज्वार की अच्छी वृद्धि होती है। बुवाई के समय न्यूनतम तापमान 18–21^0 सें.ग्रे. के बीच होना चाहिए। ज्वार 38 से 75 सेमी. वर्षा वाले स्थानों में अधिक उपज देता है।

भूमि–इसकी खेती सभी प्रकार की भूमि में की जा सकती है – दोमट, बलुई दोमट तथा हल्की व औसत काली मिट्टी, जहाँ जल निकास की व्यवस्था हो, सर्वोत्तम मानी जाती है। मिट्टी की pH 6.5 से 7.0 खेती के लिए उपयुक्त पाई जाती है।

उत्तर प्रदेश में बाजरा उत्पादक क्षेत्रः मथुरा, आगरा, बदायूँ, अलीगढ़, मुरादाबाद, फिरोजाबाद, एटा, मैनपुरी, कानपुर तथा गाजीपुर।

किस्में

एक कटाई वाली किस्में–PC 6, PC 9, PC 23, HC 171, HC 260, Rio (रियो)

बहुकटाई वाली किस्में–एम.पी. चरी, मीठी सूडान (SSG-59-3), JC 69

'मीठी सूडान' तथा जे. 69 मार्च से अक्टूबर तक 700–800 क्विंटल प्रति हेक्टेयर हरा चारा देते हैं। इन किस्मों में ध्यूरिन (Dhurin) नामक ग्लुकोसाइड (Glucoside) अपेक्षाकृत कम होती है तथा इनसे 2–3 कटाइयों तक हरा चारा प्राप्त होता है, जबकि एम.पी. चरी से दो कटाइयों में 650. 700 क्विंटल चारा/हे. प्राप्त होता है।

जई

जई रबी मौसम की महत्वपूर्ण चारा फसल है जिसमें 10–12 प्रतिशत प्रोटीन होता है। इस चारे में 30–35 प्रतिशत शुष्क पदार्थ, 32–38 प्रतिशत रेशा, 0.35–0.48 प्रतिशत कैल्शियम तथा 0.15–0.33 प्रतिशत फास्फोरस पाया जाता है। इसमें कार्बोहाइड्रेट अधिक मात्रा में होती है। अतः इसे 'हे' (कड़वी) अथवा साइलेज के रूप में लिया जा सकता है।

वितरण–उत्तर प्रदेश में जई की खेती उन सभी स्थानों पर कर सकते हैं जहाँ गेहूँ की खेती सफलतापर्वूक की जाती है। जई की सिंचित एवं असिंचित दोनों अवस्था में खेती कर सकते हैं, लेकिन सिंचित स्थानों पर इसकी उपज अधिक होती है।

जलवायु–सामान्यतः 21–24^0 से.ग्रे. तापमान वाले क्षेत्रों में जई की खेती करते हैं। सिंचित स्थिति में जई चारा की उपज अधिक होती है। कम तापक्रम पर बीज का अंकुरण कम होता है तथा अंकुरण में लगने वाले समय की अवधि बढ़ती जाती है। ऐसी दशा में फसल देर से पकती है। जई की सर्वोत्तम वृद्धि के लिए वायुमंडलीय तापमान 15–25 डिग्री से.ग्रे. तक उचित माना जाता है।

मिट्टी/भूमि–बलुई दोमट से लेकर मटियार दोमट किस्म की मिट्टी में जई चारा के लिए उपयुक्त पाया गया है। यह फसल उष्णकटिबंध से लेकर शीतोष्ण कटिबंध क्षेत्र में इसकी खेती सफलतापूर्वक की जा सकती है। इसकी खेती क्षारीय भूमि में भी की जा सकती है। परंतु अधिक क्षारीय अथवा अम्लीय भूमि इसके लिए उपयुक्त नहीं है।

किस्में

एक कटाई वाली किस्में–केन्ट, OS-6, OS-7

बहु कटाई वाली किस्में–UPO-94, PO-3

उत्तर प्रदेश में जौ उत्पादक क्षेत्रः जौनपुर, बलिया, वाराणसी, आजमगढ़, मऊ, गाजीपुर, गोरखपुर, प्रतापगढ़ और प्रयागराज।

कपास, तम्बाू तथा अल्सीः उत्तर प्रदेश के सहारनपुर, मुजफ्फरनगर, मेरठ, गाजियाबाद, बुलंदशहर, अलीगढ़, आगरा, इटावा, कानपुर, रामपुर तथा बरेली जिलें में कपास की खेती होती है। वाराणसी, मेरठ, गाजिाबाद, बुलंदशहर, मैनपुरी तथा फर्रुखाबाद में तम्बाकू उत्पादित होता है। मिर्जापुर, सोनभद्र, गोण्डा, बहराइच तथा हमीरपुर अलसी के प्रमुख उतपादक जिले हैं।

प्रदेश में सब्जियाँ तथा मसाला उत्पादन

सब्जियाँ

आलू

- उत्तर प्रदेश में आलू के उत्पादन में अग्रणी है। वैसे तो सम्पूर्ण प्रदेश में आलू की खेती की जाती है, लेकिन मुख्य उत्पादन क्षेत्रों में फर्रुखाबाद, कन्नौज, हाथरस, आगरा, मेरठ, बदायूँ, बागपत, फिरोजाबाद, रामपुर, अलीगढ़, गाजियाबाद, इटावा आदि जिले आते हैं।
- केन्द्रीय आलू अनुसंधान संस्थान, शिमला से प्राप्त ब्रीडर आलू बीज को राज्य के 19 राजकीय आलू बीज सम्वर्धन प्रक्षेत्रों द्वारा सम्बर्धित करके पूरे प्रदेश में वितरित किया जाता है।
- वर्तमान में प्रदेश में कुल मिलाकर एक हजार से अधिक शीतगृह हैं, जिनकी कुल भण्डारण क्षमता प्रदेश के कुल आलू उत्पादन का लगभग 65 प्रतिशत है।
- आलू एवं अन्य शाक-भाजियों के अनुसंधान के लिए गाजियाबाद में एक 'आलू अनुसंधान केन्द्र' बाबूगढ़ स्थापित किया गया है।
- प्रदेश के तीन कृषि निर्यात क्षेत्रों लखनऊ, सहारनपुर, आगरा में से आगर आलू के लिए स्थापित है। आलू को 'ताज ब्राण्ड' नेम से बेचा जाता है।

मूली

मूली जल्दी से बढ़ने वाला एकवर्षीय शाक है। यह क्रुसीफेरी (Crucifereae) कुल का पौधा है तथा इसका वानस्पतिक नाम–रेफेनस सैटाइवस (Raphanus sativus L) है। मूली में खाने योग्य भाग को फ्यूजीफार्म (सपरिवर्तित तर्कु

रूप मूल) कहते हैं। इसका प्रयोग पकाकर खाने, ताजा कच्चा खाने या सलाद, अचार आदि में होता है। इसकी पत्तियों का भी उपयोग सब्जी के लिए किया जाता है। इसमें मुख्य रूप से विटामिन ए, बी एवं 'सी' मिलते हैं तथा अल्प मात्रा में कार्बोहाइड्रेट, लोहा एवं प्रोटीन भी पाए जाते हैं। यह ठंडक प्रदान करने एवं भूख बढ़ाने के साथ-साथ बवासीर, पीलिया एवं यकृत की बीमारियों के लिए लाभदायक है। मूली में चरपराहट वाष्पशील 'आइसोथायोसाइनेट' के कारण होती है।

उन्नत किस्में

मूली की किस्मों को एशियाई तथा यूरोपियन दो भागों में बांटा जाता है। एशियाई किस्में ऊष्ण कटिबन्धीय जलवायु तथा समशीतोष्ण जलवायु के लिए उपयुक्त है। इन किस्मों की जड़ें लंबी एवं स्वाद में चरपरी होती हैं तथा 45-50 दिनों में तैयार हो जाती हैं। जापानी व्हाइट, पूसा देशी, पूसा चेतकी, पूसा रेशमी, पंजाब सफेद, अर्का निशान्त, जौनपुरी आदि इस वर्ग की प्रमुख प्रजातियाँ हैं। पूसा चेतकी अधिक गर्मी एवं पूसा हिमानी अत्यधिक ठंडी के लिए काफी उपयुक्त है।

यूरोपियन किस्में शीतोष्ण जलवायु की फसल हैं। इसकी जड़ें मैदानी भागों में अच्छी होती हैं और 30 दिनों में तैयार हो जाती हैं, परंतु बीज पर्वतीय क्षेत्रों में ही बनते हैं। पूसा हिमानी, व्हाइट इसीकिल, रैपिड रेड व्हाइट टिप्ड, स्कार्लेट ग्लोब आदि इस वर्ग की प्रमुख प्रजातियाँ हैं।

जलवायु

मुख्य रूप से मूली ठंडे मौसम की फसल है परंतु एशियाई किस्में यूरोपियन किस्मों की अपेक्षा अधिक गर्मी सहन कर सकती हैं। अत्यधिक गर्म मौसम में जड़ें छोटी, कड़ी एवं अधिक चरपरी हो जाती हैं। सर्वोत्तम गंध, स्वाद एवं संरचना के लिए $10\text{-}15.5^0$ सेल्सियस तापमान ठीक माना जाता है।

मिट्टी

वैसे तो मूली को सभी प्रकार की मिट्टी में उपजाया जा सकता है। परंतु अच्छी पैदावार के लिए भुरभुरी, जीवांश युक्त बलुई दोमट भूमि सर्वोत्तम होती है। खेत को 4-5 जुताई करके समतल बना लेते हैं।

गाजर

गाजर अम्बेलीफेरी (Umbellifereae/Apiaceae) कुल का पौधा है जिसका वानस्पतिक नाम–डौकस कैरोटा (Daucus carota L) है। इसकी खेती पूरे भारत वर्ष में पर्वतीय क्षेत्रों से लेकर मैदानी भागों तक होती है। इसकी सपरिवर्तित शंकु रूप मूल (कोनिकल फार्म) का प्रयोग सब्जी, सलाद, मुरब्बा, हलवा, मिठाई, अचार आदि में होता है। काली गाजर से कांची नामक पेय पदार्थ बनाया जाता है जो भूख बढ़ाने वाला होता है। एशियाई किस्मों में लाल रंग एन्थोसायनिन एवं यूरोपियन किस्मों में नारंगी रंग कैरोटीन नामक पिगमेंट के कारण होता है। कैरोटीन से विटामिन 'ए' की प्राप्ति होती है। इसमें मुख्य रूप से विटामिन 'बी' एवं 'बी-2' की मात्रा भी पाई जाती है। गाजर का उत्पत्ति स्थान दक्षिण-पश्चिम एशिया विशेष रूप से अफगानिस्तान है।

उन्नत किस्में

गाजर की किस्मों को एशियाई तथा यूरोपियन दो भागों में बांटा जाता है। एशियाई किस्मों में जड़ और बीज दोनों ही मैदानी भागों में बनते हैं, परंतु यूरोपियन किस्मों में मैदानी भागों में जड़ें तो अच्छी बनती हैं, लेकिन बीज पैदा नहीं होते हैं। एशियाई किस्में वार्षिक हैं तथा इसकी जड़ें शंकुनुमा अर्थात् ऊपर सिर पर चौड़ी और क्रमशः पतली होती जाती हैं। यूरोपियन किस्में द्विवर्षीय, छोटे आकार की एक समान रूप से गोल, अच्छी नारंगी रंग की होती हैं। एशियाई किस्मों में पूसा केसर, पूसा मेघाली, पूसा रुधिर, पूसा आसिता मुख्य हैं।

यूरोपियन किस्मों में चैन्टनी, नैन्टेज, पूसा यमदग्नि, जिनो और चमन मुख्य हैं।

जलवायु

मुख्य रूप से गाजर ठंडे मौसम की सब्जी है, परंतु वृद्धि एवं विकास के लिए मूली से ज्यादा लम्बी अवधि की आवश्यकता पड़ती है। बीज के अंकुरण के लिए $7.2\text{-}293.9^0$ सेल्सियस तथा वृद्धि के लिए $18.3\text{-}23.9^0$ सेल्सियस तापमान की आवश्यकता होती है। कैरोटीन के विकास के लिए 15.6 से 21.1^0 सेल्सियस तापमान उपयुक्त होता है। 15.6^0 सेल्सियस से कम एवं 21.1^0 सेल्सियस से अधिक तापमान होने पर कैरोटीन की मात्रा घट जाती है। जड़ के विकास की प्रारम्भिक अवस्था में जड़ का रंग सफेद होता है तथा बाद में बदलकर पीलापन लिए हुए सफेद और फिर सफेदी लिए हुए हल्का पीला, गहरा पीला फिर धीरे-धीरे नारंगी रंग का हो जाता है।

मिट्टी

गाजर के लिए अच्छी जल निकास वाली, जीवांश युक्त गहरी भुरभुरी हल्की दोमट भूमि जिसका पी.एच. मान 6.5 हो, सर्वोत्तम होती है। भारी मिट्टी में जड़ विकास अवरुद्ध हो जाता है तथा जड़ों से शाखाएँ भी निकल आती हैं।

चुकन्दर

चुकन्दर चिनोपोडिएसी (Chenopodiaceae) कुल का पौधा है जिसका वानस्पतिक नाम- बीटा वल्गैरिस (Beta Vulgaris L) है। इसके खाने योग्य भाग को नेपीफार्म (संपरिवर्तित जड़ कुम्भी रूप मूल) कहते हैं। इसे छोटे स्तर पर भारत के लगभग सभी राज्यों में उगाया जाता है। इसका प्रयोग प्रायः सब्जी सलाद अचार एवं विभिन्न संसाधन के लिए करते हैं। इसे अन्य सब्जियों के साथ मिलाकर या मांस के साथ भी पकाते हैं। इसमें प्रोटीन कार्बोहाइड्रेट, कैल्सियम, विटामिन 'सी' प्रचुर मात्रा में पाए जाते हैं। चुकन्दर का उत्पति स्थान यूरोप माना जाता है। यह द्विवर्षीय शाक है तथा इसका खाने वाला भाग सपरिवर्तित जड़ कुम्भी रूप मूल है। चुकन्दर में हल्के लाल एवं गाढ़े लाल रंग की संरचना को जोनिंग कहते हैं।

उन्नत किस्में

क्रिमसन ग्लोब एवं डेट्रोइट डार्क रेड किस्मों को भारतीय कृषि अनुसंधान संस्थान नई दिल्ली द्वारा संस्तुत की गई है।

जलवायु

चुकन्दर ठंडी जलवायु का पौधा है, परंतु अपेक्षाकृतगर्म मौसम में भी उगाया जा सकता है। जड़ एवं रंग के अधिकतम विकास के लिए 18-21^{0} सेल्सियम तापमान उपयुक्त होता है। जब तापमान 10^{0} सेल्सियस से कम रहता है तो जड़ अपने पूरे आकार में आने से पहले ही बीज डंठल पैदा करती है और जड़ें भी विक्रय योग्य नहीं रह जाती हैं।

मिट्टी

चुकन्दर को सभी प्रकार की मिट्टी में उपजाया जा सकता है- परंतु अच्छी पैदावार के लिए भुरभुरी जीवांश युक्त बलुई दोमट मिट्टी जिसका पी.एच. मान 5.8-7 हो सर्वोत्तम होती है। इसे 9-10 पी.एच. मान वाली क्षारीय मिट्टी में भी उपजाई जा सकती है। खेत को 4-5 जुताई करके समतल बना लेते हैं।

प्याज

प्याज एक लाभदायक कंद वाली ठंडे मौसम की फसल है। प्याज का वैज्ञानिक नाम ऐलियम सेपा एल है जो कि अमेरिलिडेसी परिवार का सदस्य है। इसकी उत्पत्ति उत्तर पश्चिम भारत अफगानिस्तान, पश्चिमी एशिया तथा भू मध्य सागरीय क्षेत्र में हुई। भारतीय आहार में प्याज का बहुत अधिक उपयोग होता है। प्याज में अलाइल प्रोफाइल डाइ सल्फाइड नाम का घटक पाया जाता है जिसके कारण इसमें एक विशेष प्रकार का गंध और स्वाद रहता है। प्याज में प्रचुर मात्रा में विटामिन तथा कैल्शियम, फॉस्फोरस, पोटैशियम खनिज होते हैं। इसका उपयोग सब्जी और सलाद के रूप में किया जाता है। प्याज का प्रतिवर्ष भारी मात्रा में विदेशों में निर्यात किया जाता है। म.प्र. महाराष्ट्र, कर्नाटक राज्यों में इसकी खेती काफी बड़े पैमाने पर की जाती है।

जलवायु और भूमि प्याज के रोपे मुख्य खेत में लगाने के दो माह तक औसतन तापमान 10 से 18 डिग्री सेल्सियस होना लाभकारी होता है तापमान 21 डिग्री सेल्सियस से अधिक होने पर पौधों की बढ़वार व गाँठों का विकास प्रभावित होता है। पौधों की वृद्धि के लिए छोटे दिन व कम तापक्रम तथा कंद वृद्धि के लिए बड़े दिन व अधिक तापक्रम की आवश्यकता होती है।

प्याज की खेती हर प्रकार की भूमि जिसमें जीवाश्म की भरपूर मात्रा हो व जल निकास का अच्छा प्रबंध हो, आसानी से की जा सकती है, परंतु दोमट मिट्टी उत्तम होती है।

उन्नत किस्में

प्याज की किस्मों को उनके छिलके के रंग के अनुसार लाल, सफेद व पीली-तीन ग्रुप में विभाजित किया जाता है। लाल छिलके वाली किस्मों में पूसा रेड, एग्रीफाउड रेड एन-53) एन-404) नासिक रेड, पूसा रतनार, पूसा माधवी, सफेद छिलके वाली किस्मों में पूसा व्हाइट फ्लेट, पटना सफेद मुख्य है व पीले छिलके वाली एग्रीग्रेनो, अर्ली यलोग्लोब, अर्का पिताम्बर प्रमुख है।

बीज एवं बुवाई का समय प्याज की बुवाई सीधे खेत में बीज बोकर भी की जा सकती है परंतु अधिक उत्पादन लेने हेतु सदैव रोप तैयार करके रोपण द्वारा ही खेती करनी चाहिए। सामान्यत: डेढ़ से दो माह में रोप तैयार हो जाती है। प्याज का 8-10 किलोग्राम बीज प्रति हेक्टेयर पर्याप्त रहता है।

रबी प्याज की खेती मैदानी भागों में मध्य अक्टूबर से मध्य नवंबर तक की जाती है। अधिक जल्दी प्याज बोने पर गाँठों की बढ़वार अधिक होकर वह फट जाती है। उनमें बीच में कड़ा डंठल पड़ जाता हैं। इस कारण ये गाँठे अपेक्षाकृत खाने लायक नहीं रहती है। देर से प्याज बोने पर गाँठें छोटी रह जाती है, जिससे पैदावार घट जाती है। अच्छे उत्पादन के लिए बुवाई का उचित समय नवंबर का पहला व दूसरा सप्ताह है।

खेत की तैयारी एवं रोपण उत्पादन लेने हेतु एक गहरी जुताई के बाद 2-3 जुताई करके मिट्टी को भुरभुरा बना लें। अंतिम तैयारी के समय खाद एवं उर्वरक की संतुलित मात्रा मिलाकर सिंचाई हेतु क्यारियाँ बना ले। पहले से तैयार खेत में 15 अक्टूबर से 30 नवंबर तक रोपण कर देना चाहिए। रोपण के लिए लाइन-से-लाइन की पूरी 15 सेमी तथा पौध से पौध की दूरी 10 सेमी रखनी चाहिए तथा तुरंत बाद सिंचाई करना चाहिए।

खाद एवं उर्वरक प्याज की फसल के लिए 20-25 टन सड़ी हुई गोबर की खाद नेत्रजन 20-100 कि.ग्रा स्फूर 80 कि.ग्रा व पोटाश 70 कि.ग्रा तथा सल्फर 20 कि.ग्रा प्रति हेक्टेयर की आवश्यकता होती है सिंचाई एवं रवर पतवार नियंत्रण सामान्य रूप से 10 से 12 दिन के अंतराल में 15-20 सिंचाई पर्याप्त रहती है। प्याज में सदैव हल्की सिंचाई करनी चाहिए और पौधों की बढ़वार एवं कद बनते समय मिट्टी में नमी रखना नितांत आवश्यक है। प्याज के पौधों की जड़े अपेक्षाकृत कम गहराई तक जाती है। अत: अधिक गहराई नहीं करनी चाहिए। खरपतवार नाशक दवा का भी प्रयोग किया जा सकता है।

लहसुन

परिचय

लहसुन एक लाभदायक एवं ठंडे मौसम की फसल है। लहसुन का वैज्ञानिक नाम ऐलियम सटाइवम एल है जो कि जो कि अमेरिलिडेसी परिवार का सदस्य है। इसकी उत्पत्ति मध्य एशिया तथा भूमध्य सागरीय क्षेत्र में हुई है। भारतीय आहार में लहसुन का बहुत अधिक उपयोग होता है। लहसुन में विटामिन तथा कैल्शियम, फॉस्फोरस, पोटैशियम, खनिज प्रचुर मात्रा में पाए जाते हैं। लहसुन में डाई अलाइल डाइ सल्फाइड नाम का घटक पाया जाता है जिसके कारण लहसुन में एक विशेष प्रकार का गंध और स्वाद रहता है।

भूमि और जलवायु

इसके लिए उचित जल निकास वाली दोमट भूमि अच्छी रहती है। भारी भूमि में इसके कंदों का समुचित विकास नहीं हो पाता है। लहसुन को ठंडी जलवायु कि आवश्यकता होती है। अधिक गर्म और लम्बे दिन इसके कंद निर्माण के लिए उत्तम नहीं रहते हैं।

उन्नत प्रजातियाँ

यमुना सफेद, यमुना जी-282 यमुना जी-50 प्रजाति का बीज लोकप्रिय है।

मिर्च

मिर्च भारत के अनेक राज्यों में पहाड़ी व मैदानी क्षेत्रों में तीखे फलों के लिए उगाई जाती है। इसका वानस्पतिक नाम केप्सिकम एनम (Capsicum annunm) है तथा यह सोलेनेसी (Solanacese) कुल से संबंध रखता है। इसका उद्भव स्थान दक्षिण अमेरिका है। भारत में मिर्च का प्रयोग हरी मिर्च की तरह एवं मसाले के रूप में किया जाता है। इसे सब्जियों और चटनियों में डाला जाता है। मिर्च के सुखाए हुए फलों में 0.16 से 0.39 प्रतिशत तक तथा सूखे बीजों में 26.1 प्रतिशत तेल पाया जाता है।

मिर्च में तीखापन या तेजी ओलियोरेज़िन कैप्सेसिन नामक एक उड़नशील एल्केलॉइड के कारण होती है, तथा इसका लाल रंग कैप्सेन्थिन व कैप्सरूबिन नामक ओलियोरजिन के कारण होता है। बाजार में आमतौर पर मिलने वाली मिर्च में कैप्सीसिन की केवल 0.1 प्रतिशत मात्रा पायी जाती है। मिर्च में अनेक औषधीय गुण भी होते हैं व इसके फल विटामिन-सी के धनी होते हैं।

उन्नतशील किस्में

पूसा ज्वाला, पूसा सदाबहार काशी, अनमोल काशी गौरव पंत सी-1 जापानी लोंग अर्का, लोहित एन.पी 46 ए, जवाहर-218 गुंटूर-1, 2, 3, 4 व 5, पूरी रेड

बीजदर

एक से 1.5 किलोग्राम अच्छी मिर्च का बीज लगभग एक हेक्टेयर में रोपने लायक पर्याप्त पौध बनाने के लिए काफी होता है।

फूलगोभी

फूलगोभी का वैज्ञानिक नाम ब्रासिका ओलीरेसिथा वार बोटराइटिस है जो कि ब्रासिकैसि परिवार का सदस्य है। इसमें क्रोमोसोम की संख्या 2N=18 होती है। उत्पत्ति स्थल भूमध्य सागरीय क्षेत्र आरसाइप्रस में माना जाता है और पुर्तगालियों द्वारा भारत में लाया गया। यह भारत की प्रमुख सब्जी है। फूलगोभी की खेती पूरे वर्ष में की जाती है। इसको सब्जी, सूप और अचार के रूप में प्रयोग करते हैं। इसमें विटामिन बी पर्याप्त मात्रा के साथ-साथ प्रोटीन तथा खनिज भी अन्य सब्जियों के तुलना में अधिक पाया जाता है।

जलवायु और भूमि

फूलगोभी के लिए ठंडी और आर्द्र जलवायु की आवश्यकता होती है यदि दिन अपेक्षाकृत छोटे हों तो फूल (जिसे कर्ड कहते हैं) की बढ़ोत्तरी अधिक होती है। फूल तैयार होने के समय तापमान अधिक होने से कर्ड पत्तेदार और पीले रंग के हो जाते हैं। अगेती जातियों के लिए अधिक तापमान और बड़े दिनों की आवश्यकता होती है 20-27 डिग्री सेल्सियस तापमान पौधों के अधिक समुचित विकास और कर्ड के उत्तम गुणों के लिए सर्वोत्तम माना गया है। फूलगोभी को गर्म दशाओं में उगाने से सब्जी का स्वाद तीखा हो जाता है। फूलगोभी की खेती प्रायः जून से शुरू होकर अप्रैल तक होती है।

जिस भूमि का पी.एच. मान 5-5 से 7 के मध्य हो वह भूमि फूलगोभी के लिए उपयुक्त मानी गई है। साधारणतया फूलगोभी की खेती विभिन्न प्रकार की भूमियों में की जा सकती है। भूमि जिसमें पर्याप्त मात्रा में जैविक खाद उपलब्ध हो इसकी खेती के लिए अच्छी होती है। भूमि तैयार करने हेतु उसकी जुताई 2 बार मिट्टी पलटने वाले हल से करने के बाद दो बार कल्टीवेटर चलाना चाहिए और प्रत्येक जुताई के बाद पाटा अवश्य लगाना चाहिए।

उन्नतशील प्रजातियाँ फूलगोभी की मौसम के आधार पर तीन प्रकार की प्रजातियाँ होती हैं। अगेती, मध्यम और पछेती प्रजातियाँ। अगेती प्रजातियाँ सबौर अग्रिम, पूसा दिपाली अर्ली कुवारी, अर्ली पटना पन्त गोभी 2 पन्त गोभी 3, पूसा कार्तिक पूसा अर्ली पटना अगेती है आदि अगेती प्रजातिया है। पन्त शुभ्राः इम्प्रूव जापानी हिसार 114 एस-1 नरेन्द्र गोभी 1 पंजाब जॉइंट अर्ली स्नोबॉल, पूसा हाइब्रिड 1 पूसा अगहनी, एवं पटना मध्यम मध्यम प्रकार की प्रजातियाँ हैं और पछेती प्रजातियाँ में स्नोबॉल 16 पूसा स्नोबॉल 1 पूसा स्नोबॉल 2, पूसा के 1 दानिया, पूसा सेन्थेटिक जॉइट स्नोबॉल इत्यादि प्रचलित है।

बीज बुवाई एवं रोपाई एक हेक्टेयर खेत के लिए 450 ग्राम से 500 ग्राम बीज की आवश्यकता होती है। स्वस्थ पौध तैयार करने के लिए पौधशाला में भूमि तैयार कर बीज की बुवाई करना चाहिए। बुवाई से पहले 2 से 3 ग्राम कैप्टन या बईविस्टीन प्रति किलोग्राम बीज की दर से शोधित कर लेना चाहिए। 25 से 30 दिन बाद पौध रोपाई हेतु तैयार हो जाते हैं।

फसल समय के अनुसार रोपाई एवं बुवाई की जाती है। जैसे अगेती में मध्य जून से जुलाई के प्रथम सप्ताह तक पौध डालकर पौध तैयार करके 45 सेन्टी मीटर पंक्ति से पंक्ति और 45 सेंटी मीटर पौध-से-पौध की दूरी पर पौध डालने के 25 दिन बाद रोपाई करनी चाहिए। मध्यम फसल में मध्य जुलाई से अगस्त के मध्य में पौध डालना चाहिए। पौध तैयार होने के बाद पौध डालने के 30 दिन बाद 45-50 सेंटी मीटर पंक्ति से पंक्ति और 50 सेन्टीमीटर पौध से पौध की दूरी पर रोपाई करनी चाहिए। पिछेती फसल में मध्य सितंबर से मध्य नवम्बर तक पौध डाल देना चाहिए। 30 दिन बाद पौध तैयार होने पर रोपाई 60 सेन्टीमीटर पंक्ति से पंक्ति और 50-60 सेन्टीमीटर पौध से पौध की दूरी पर रोपाई करनी चाहिए।

बैंगन

बैंगन का वानस्पतिक नाम सोलनम मेलोनजेना (Solanum melongend) है तथा यह सोलेनेसी (Solanaceae) कुल का पौधा है। इसका उद्भव स्थान भारत है। बैंगन सालों भर पैदा होने वाली एक पौष्टिक सब्जी है जिसमें औषधीय गुण भी मौजूद है। विशेषकर उजला बैंगन मधुमेह रोगियों के लिए बहुत ही फायदेमद है, साथ ही बैंगन में विटामिन 'ए' एवं खनिज भी होते हैं।

मिट्टी एवं जलवायु

बलुई दोमट मिट्टी बैंगन उगाने के लिए सबसे बेहतर है। बैंगन की अच्छी फसल के लिए 21-30 डिग्री सेल्सियस तापमान उचित होता है। 35 डिग्री सेल्सियस तापमान पर फल लगने पर प्रतिकूल प्रभाव पड़ता है।

उन्नत किस्में

प्रकार	किस्में
गोल	पूसा हाईब्रिड-6 पूसा हाईब्रिड 9 पूसा बिन्दु पूसा उत्तम, स्वर्ण मणि, काशी संदेश, पंत ऋतुराज
लंबा	राजेंद्र बैंगन-2, राजेंद्र अन्नपूर्णा, पूसा हाईब्रिड-5 अर्का शिरीष, अर्का कुसुमाकर, अर्का नीलकंठ

बुवाई बीज की मात्र एवं पौधा रोपण

एक हेक्टेयर क्षेत्रफल में फसल उगाने हेतु मुक्त परागित किस्मों का लगभग 400 ग्राम बीज पर्याप्त है। संकर किस्मों के बीज की मात्रा 250 ग्राम पर्याप्त रहती है। बीजों को पौधशाला में लगाया जाता है तथा लगभग 28-35 दिन बाद रोपाई की जाती है भारी आकार वाली किस्मों के लिए पंक्ति की दूरी 70 से.मी. तथा पौधों से पौधों की दूरी 60 से.मी. रखी जाती है। छोटे आकार वाली किस्मों के लिए पंक्ति तथा पौध की दूरी का फासला 60 × 60 या × 60 × 45 से.मी. रखा जा सकता है।

बीज बुवाई व पौध रोपण का समय

फसल	बुवाई का समय	पौध रोपण का समय
शरद फसल	मई-जून	जून के अंत-जुलाई मध्य
बसंत-ग्रीष्म फसल	नवम्बर मध्य	जनवरी अंत
वर्षा ऋतु फसल	फरवरी-मार्च	मार्च-अप्रैल

खाद और उर्वरक

खेत तैयार करते समय 25-30 टन गोबर की सड़ी खाद मिट्टी में अच्छी तरह मिला देनी चाहिए। इसके अतिरिक्त 100-120 कि.ग्रा. नाइट्रोजन, 60 कि.ग्रा. स्फूर, एवं 60 कि.ग्रा. पोटाश खेत तैयारी के समय प्रयोग करें। नाइट्रोजन की एक तिहाई मात्रा और स्फूर एवं पोटाश की पूरी मात्रा खेत में आखिरी बार तैयारी करते समय इस्तेमाल की जानी चाहिए। बची नाइट्रोजन की मात्रा को तीन खुराकों में देना चाहिए और पौधे की रोपाई के 30 दिन, 45 दिन और 60 दिन बाद दी जानी चाहिए।

सूक्ष्म पोषक तत्वों का प्रयोग

सूक्ष्म पोषक तत्वों के प्रयोग से सिर्फ उपज ही नहीं बढ़ती बल्कि फल की गुणवत्ता में भी वृद्धि आती है, ये पोषक तत्व फलों में शर्करा, शुष्क तत्व एवं विटामिन 'सी' की मात्रा बढ़ाते हैं। इसी प्रकार 0.15 प्रतिशत कॉपर के प्रयोग से फूलों तथा फलों की संख्या एवं गुणवत्ता में वृद्धि होती है और 0.5 प्रतिशत जिंक के उपयोग करने से फलों का वजन में वृद्धि पायी जाती है।

सिंचाई

पहली सिंचाई रोपाई के तुरन्त बाद करनी चाहिए। शरद कालीन फसल में आवश्यकतानुसार 7-12 दिन के अंतराल पर एवं ग्रीष्मकालीन फसल में 3-4 दिन के अंतराल पर सिंचाई करनी चाहिए। नाइट्रोजन देने के बाद सिंचाई आवश्यक है।

टमाटर

टमाटर एक महत्वपूर्ण सब्जी फसल है, इसे विलायती बैंगन भी कहते हैं। इसका वानस्पतिक नाम सोलानम लाईकोपर्सिकम (Solamun bycopersicum) है तथा यह सोलानेसी (Solanaceae) कुल से संबंध रखता है। इसका उद्‌भव स्थान दक्षिण अमरीका में पेरु एकूयाडोर बोलीविया क्षेत्र (Peru, Ecuador, Bolivia region) है। पौष्टिक गुणों से भरपूर होने के कारण इसे मुख्य सब्जी फसल कहा जाता है। टमाटर में विटामिन 'ए' व 'सी' की मात्रा अधिक होती है। इसकी खेती वर्ष भर की जा सकती है। इसका उपयोग ताजा फल के रूप में तथा उन्हें पका कर डिब्बाबंदी करके, अचार, चटनी, सूप, सॉस आदि बनाकर भी किया जाता है। टमाटर में लाल रंग लाइकोपीन नामक पदार्थ से होता है जिसे प्रमुख एंटिऑक्सीडेन्ट माना जाता है।

मिट्टी एवं जलवायु

बलुई दोमट मिट्टी टमाटर के लिए सबसे बेहतर है। टमाटर की अच्छी फसल के लिए 18-25 डिग्री सेल्सियस तापमान उचित होता है। 27 डिग्री सेल्सियस के अधिक तापमान पर इसका लाल रंग फीका पड़ने लगता है। जब रात्रि का तापमान 13 डिग्री सेल्सियस से कम और दिन का तापक्रम 28 डिग्री सेल्सियस से अधिक होने लगता है तब परागण व फल लगने पर प्रतिकूल प्रभाव पड़ता है।

उन्नतशील किस्में

पन्तनगर टमाटर-1, पूसा सदाबहार, पूसा संकर-1, पूसा संकर-2 अर्का सौरभ, अर्का विकास, अर्का रक्षक, अंकों सम्राट के.टी.-4 एन.डी.टी.-108, एन.डी. टी.-6, सी.ओ.-1, एस-120, पंजाब केसरी, पंजाब ट्रोपिक, काशी विशेष, काशी अनुपम, काशी शरद, बादशाह, शहँशाह, अविनाश-2 अविनाश-3 रूपाली, वैशाली पंजाब बरखा बहार-1 व पंजाब बरखा बहार-2 आदि भी अत्यन्त लोकप्रिय किस्में हैं।

पत्ता गोभी

पत्ता गोभी का वैज्ञानिक नाम ब्रासिका ओलीरे सियावर कैपिटाटा है जो कि ब्रासिकैसि परिवार का सदस्य है। इससे क्रोमोसोम की संख्या 2n = 18 होती है। यह रबी मौसम की एक महत्वपूर्ण पत्तेदार सब्जी है। उत्पत्ति स्थल भूमध्य सागरीय क्षेत्र और साइप्रस में मानी जाती है। पुर्तगालियों द्वारा भारत लाई गई इस सब्जी का उत्पादन देश के प्रत्येक प्रदेश में किया जाता है। इसे बन्धा तथा बंदगोभी के नाम से भी पुकारा जाता है। पत्ता गोभी में विशेष सुगन्ध सिनीग्रिन ग्लूकोसाइड के कारण होती है। इसमें प्रचुर मात्रा में विटामिन 'ए' और 'सी' तथा कैल्शियम, फॉस्फोरस खनिज होते हैं। इसका उपयोग सब्जी और सलाद के रूप में किया जाता है।

जलवायु और भूमि

बंद गोभी की अच्छी वृद्धि के लिए ठंडी आर्द्र जलवायु की आवश्यकता होती है। इसमें पाले को सहन करने की विशेष क्षमता होती है। बंद गोभी के बीज का अंकुरण 27-30 डिग्री सेल्सियस तापमान पर अच्छा होता है। इस किस्म में एक विशेष गुण पाया जाता है। यदि फसल खेत में उगी हो तो थोड़ा पाला पड़ जाए तो उसका स्वाद बहुत अच्छा होता है।

इसकी खेती विभिन्न प्रकार की भूमियों में की जा सकती है किंतु रेतीली दोमट भूमि सर्वोत्तम रहती है। जिंस भूमि का पी.एच. मान 5.5 से 7.5 हो वह भूमि इसकी खेती के लिए उपयुक्त रहती है। खेत की तैयारी के लिए एक जुताई मिट्टी पलटने वाले हल से या ट्रैक्टर से करें 3-4 गहरी जुताइयाँ देशी हल से कर के पाटा चलाकर समतल कर लेना चाहिए।

प्रजातियां

अगेती किस्में–प्राइड ऑफ इंडिया गोल्डन एकर, अर्लीड्रमहेड, कोपेनहैगेन मार्केट, पूसा सिंथेटिक, मीनाक्षी आदि मध्य वर्गीय किस्में ऑलग्रीण, अर्लिसेप्टेम्बर, पूसा मुक्ता

पिछेती किस्में–लेटलाइर्जड्रमहैड, पूसा ड्रमहैंड, दानिशबॉल हैड, लेट के-1, लेट फ्लेटडेंच

कद्दूवर्गीय (लक्कार वाली) सब्जियाँ

कद्दूवर्गीय सब्जियाँ बहुत महत्वपूर्ण कुल से संबंध रखती हैं तथा पूरे विश्व में बहुतायत मात्रा में अपने विभिन्न गुणों के लिए पसंद की जाती हैं। इन्हें सलाद के लिए (खीरा), आचार के लिए (करेला, खीरा) मिठाई के लिए (परवल, कद्दू, लौकी इत्यादि) पकाने के लिए, फल के रूप में (तरबूज, खरबूजा) इस्तेमाल में लाया जाता है। सभी कद्दूवर्गीय सब्जियाँ को उगाने के लिए लगभग एक समान आवश्यकताएँ होती हैं।

जलवायु

गर्म और आर्द्र मौसम कद्दूवर्गीय फसलों के लिए उपयुक्त होता है। ये फसलें पाला सहन नहीं कर पाती हैं तथा तापमान एवं प्रकाश के उतार चढ़ाव से अत्यधिक प्रभावित होती है।

भूमि

कद्दूवर्गीय सब्जियों को सभी प्रकार की मृदाओं में उगाया जा सकता है। फिर भी दोमट और रेतीली दोमट मिट्टी विशेष उपयुक्त होती है। मिट्टी में जैविक पदार्थ प्रचुर मात्रा में होना चाहिए तथा जल निकास का उचित प्रबंध होना चाहिए।

इसे साधारण अम्लीय से साधारण क्षारीय मिट्टी में भी उगाया जा सकता है।

खाद एवं उर्वरक

खेत की अन्तिम जुताई के समय 200-250 क्विंटल सड़ी गोबर की खाद मिला देना चाहिए। सामान्यत: अच्छी उपज लेने के लिए प्रति हेक्टेयर 80-120 किग्रा. नाइट्रोजन, 60-80 किग्रा. फॉस्फोरस एवं 60-80 किग्रा. पोटाश की आवश्यकता पड़ती है। इससे फास्फेट एवं पोटाश की पूरी मात्रा और नाइट्रोजन की आधी मात्रा नाली बनाते समय कतार में डालते हैं। नाइट्रोजन की चौथाई मात्रा रोपाई के 20-25 दिन बाद देकर मिट्टी चढ़ा देते हैं तथा चौथाई मात्रा 40 दिन बाद टापड्रेसिंग से देना चाहिए।

निराई एवं गुड़ाई

पौधों की निराई बीज गिराने के 10-15 दिन के अंतराल तक कर लेनी चाहिए। पौधों के बढ़वार की प्रारम्भिक अवस्था (लताओं के आने के समय) में खेत को खरपतवारमुक्त रखना चाहिए। गुड़ाई एवं मिट्टी चढ़ाने का कार्य नाइट्रोजन के उपरिवेशन के समय करते हैं।

सिंचाई

गर्म मौसम की फसल में सिंचाई का विशेष रूप से ध्यान रखना अति आवश्यक है। 5-6 दिन के अंतराल पर सिंचाई करना लाभदायक होता है। बरसात की फसल में पानी की कम आवश्यकता होती है।

मुख्य कद्दूवर्गीय फसलों का वानस्पतिक नाम, उद्भव, उन्नत किस्में एवं संकर किस्में

सामान्य नाम (Common Name)	वानस्पतिक नाम (Botanical Name)	उद्भव स्थान (Origin)	उन्नत किस्में (Improvedvarieties)	संकर किस्में (Hybrids)
खीरा	कुकुमिस सटाइवस	भारत	जापानीज लोंग ग्रीन, स्ट्रेट	पूसा संयोग, पंत संकर
(Cucumber)	(Botanical Name)		(Improvedvarieties)	(Hybirds)
लौकी/कद्दू (Bottlegourd)	लेगनेरिया सेसेरारिया (Logenarisiceraria)	अफ्रीका	काशी गंगा, नरेन्द्र रश्मि, नरेन्द्र ज्यो. ति, पूसा नवीन पूसा संदेश, पंजाब कोमल, राजेंद्र चमत्कार	पूसा मेघदूत, पूसा, हाइब्रिड-3
कुम्हड़ा/कदिमी (Pumpkin)	कुकुरबिटा मोरचाटा (Cucurbitamoschata)	उत्तरी एवं दक्षिणी अमेरिका	काशी हरित, पूसा विशेष पूसा विश्वास	पूसा हाइब्रिड-1
करेला (Bitter Gourd)	मोमोर्डीका चरंटिका (Moinordicacharanlia)	भारत-बर्मा	काशी उर्वसी, पूसा विशेष, पूसा दो मौसमी, कल्याणपुर बारामासी, अर्का हरित, अर्का सुमित, अर्का सुजात	पूसा हाइबिड-1, पूसा हाइब्रिड-2

आरा तोरई/झिंगली (Ridge Groud)	लुफा अकुटंगुला (Monordicacharantia)	भारत-बर्मा	पूसा नसदार, पूसा सदाबहार, सतपुतिया, स्वर्ण मंजरी, स्वर्ण उपहार	-
घिया तोरई/मेनुआ (Sponge Gourd)	लुफा सिलेंड्रिका (Luffaclindrica)	भारत	पूसा चिकनी, पूसा सुप्रिया, पूसा स्नेहा, राजेंद्र नेनुआ-1	-
खरबूजा (Muskmelon)	कुकुमिस मेलो (Cucumismelo)	भारत एवं ईरान	काशी मधु, दुर्गापुरा मधु, हिसार मधुर, पंजाब सुनहरी हरा मधु, पूसा सरबती, पूसा मधुरस, अर्का जीत, अर्का	पंजाब हाइब्रिड, पूसा रसराज राजहंस
तरबूज (Watermelon)	टिकोजैन्थस डिओका (Citullushnatus)	अफ्रीका	सुगर बेबी, दुर्गापुरा मीठा,	अर्का ज्योति, बधु, मिलन
परवल (Pointed Gourd)	ट्रिकोजैन्थस डिओका (Tricosanthesdioica)	भारत	स्वर्ण अलौकिक, स्वर्ण रेखा, राजेंद्र पलवल-1, राजेन्द्र परवल-2	-

विभिन्न फसलों के लिए मौसम, बुवाई का समय, बीज दर, पौध अंतराल, तुड़ाई का समय एवं उपज

फसल	मौसम	बुवाई का समय	बीज दर (कि.ग्रा. हे.)	पौध अंतराल (मी.)	तुड़ाई का समय	उपज (कु./हे.)
परवल (Pointed Gourd)	बहुवर्षीय	अगस्त से नवम्बर (कलम)	5000-6000 कलम प्रति हे.	1.5×0.60.-0 75	फरवरी से जुलाई	125-150
खीरा (Cucumber)	गर्मी/बरसात	फरवरी से मार्च	2-3	1.5-2.5 × 0.60 -0.90	मई से जुलाई	150-200
करेला (Bitter Gourd)	गर्मी	जून से जुलाई	4-5	2-3× 1-1.50	अगस्त से अक्टूबर	350-450
लौकी/कंदू (Bottlegourd)	गर्मी/बरसात	फरवरी से मार्च	5-6	1.2-2.5× 0 60-1.20	मई से जुलाई	150-200
कुम्हड़ा/कदिमा (Pumpkin)	गर्मी/बरसात	जून से जुलाई	4-5	2.35× 0	अगस्त से अक्टूबर	200-300
घिया तोरई/नेनुआ (Sponge Gourd)	गर्मी/बरसात	फरवरी	2.5-3	2.5-3× 0	अप्रैल से	150-200
आरा तोरई/झिंगली (Ridge Gourd)	गर्मी/बरसात	जून से जुलाई	3-3.5	2.5-3× 0 60-1.20	सितम्बर से दिसम्बर	150-200
तरबूज (Watermelon)	गर्मी	जनवरी से मार्च	4-5	2.5-3.5 × 0 90-1.20	अप्रैल से मई	300-400
खरबूजा (Muskmelon)	गर्मी	जनवरी से फरवरी	3-4	1.5-2.5 × 0 60-1.20	सितम्बर से	150-200

करेला

सूक्ष्म पोषक तत्वों एवं पादप वृद्धि नियामकों का प्रयोग

बीतोपचार हेतु 3-4 मिली ग्राम प्रति लीटर बोरॉन का पर्णीय छिड़काव करने से पैदावार में अच्छी वृद्धि होती है। जब पौधों में 274 पत्तियाँ आ जाएँ तब मैलिक हाइड्राजाइड 50-150 पी.पी.एम. एवं जिब्रेलिक एमिड 60 पी.पी.एम. की दर से छिड़काव करने से मादा एवं नर पुष्पों के अनुपात में वृद्धि होती है। एथरल 25 पी.पी.एम. की दर से छिड़काव करने से मादा पुष्पों की संख्या में वृद्धि होती है।

तुड़ाई

किस्म के अनुसार बीज रोपण के 60-70 दिन बाद फल की तुड़ाई की जाती है। फल को अपरिपक्व एवं कोतल अवस्था में तोड़ा जाता है। फल को निश्चित समय अंतराल पर तोड़ने से पैदावार में काफी वृद्धि होती है।

खरबूजा

सुक्ष्म पोषक तत्वों एवं पादप वृद्धि नियामकों का प्रयोग

कैल्शियम 20-30 पी.पी.एम. और बोरॉन 7.5-10.0 पी.पी.एम. के छिड़काव करने से फल के उत्पादन, छिलके की मोटाई और पौध में वृद्धि होती है। सिल्वर थायोसल्फेट 300-400 पी.पी.एम. की दर से छिड़काव करने से पौध में ज्यादा फल लगते है तथा उपज में बढ़ोत्तरी होती है।

कटाई

यह एक क्लाइमैट्रिक फल है इसलिए पूरी तरह से पकने से पहले भी हम

तोड़ सकते हैं। हमें इसकी तुड़ाई बाजार की दूरी के अनुसार करनी चाहिए।

परिपक्वता के लक्षण

- छिलकों के रंग में परिवर्तन।
- पकने से पहले फल के निचले समह पर डंठल के चारों ओर दरारें आ जाती हैं।
- फूल स्लिप (पूर्ण फिस्लन): पूरी तरह से पके हुए फल को तोड़ने से तना आसानी से अलग हो जाता है और बड़े आकार का स्कार (धब्बा) की तरह निशान छोड़ता है।
- हाफ स्लिप (अर्द्ध फिस्लन): इसमें फल को तना से अलग करने पर छोटे आकार का स्कार (धब्बा) की तरह निशान छोड़ता है।

अधिक दूरी के परिवहन के लिए इसे अर्द्ध फिसलन अवस्था में तोड़ना चाहिए।

तरबूज

सूक्ष्म पोषक तत्व एवं पादप वृद्धि नियामकों का प्रयोग

औसत पैदावार एवं अच्छी गुणवत्ता फलों के लिए 3-4 पी.पी.एम. बोरॉन, 3-4 पी.पी.एम. मोलिब्डेनम एवं 20-25 पी.पी.एम. कैल्सियम को पौधे के दो एवं चार पत्ती वाली अवस्था नी छिड़काव करना चाहिए। पौध में अधिक मादा पुष्प तथा अधिक फल पाने के लिए 50 पी.पी.एम. टीबा (TIBA) को पौध के दो एवं चार पत्ती वाली अवस्था में छिड़काव करना चाहिए।

कटाई, छंटाई एवं सहारा देना (Training] pruning and staking) तरबूज को पौधों को कटाई, छंटाई एवं सहारा देने से या मचान पर चढ़ा कर सहारा देने से फल की गुणवत्ता बढ़ती है।

खीरा

पादप वृद्धि नियामकों का प्रयोग

ईथरेल 150-200 पी.पी.एम. की दर से छिड़काव करने से मादा पुष्पों की संख्या तथा लगना बढ़ जाता हैं। जिब्रेलिक एसिड 1500-2000 पी.पी.एम. एवं सिल्वर नाइट्रेट 200-300 पी.पी.एम. की दर से छिड़काव करने पर मादा पुष्पन वाली खीरे की प्रजाति में नर फूलों की संख्या में वृद्धि होती है जो बीजोत्पादन में सहायक है।

कटाई, छटाई एवं सहारा देना (Training, pruning ang staking) बोवर विधि से खीरे की ट्रेनिंग प्रायः की जाती है, मचान को 1.5 मी. की उचाई पर तथा कतार-से-कतार 2 मी. की दूरी और पौधे-से-पौधे 1 मी. की दूरी पर लगाना चाहिए। जापानी जलबा हरा व पूसा संयोग किस्में इस विधि के लिए उचित हैं। खीरा में द्वितीयक लत के प्रूनिंग या छंटाई करने से फल लगना बढ़ जाता है।

भिंडी

भिंडी एक लोकप्रिय सब्जी है। इसका वानस्पतिक नाम अबेल्मोस्कस एसकुलेंटस (Abelmescus esculentus) है। यह मालवेसी (Malvaceae) कुल का पौधा है तथा इसका उत्पत्ति स्थान अफ्रीका है। भिंडी भी टमाटर, बैंगन और मिर्च की भांति वर्ष में दो बार आसानी से उगाई जा सकती है। इसमें प्रचुर मात्रा में कैल्शियम, फॉस्फोरस विटामिन ए, बी तथा 'सी' पाए जाते हैं। हमारे देश की जलवायु में भिंडी की पूर्णरूपेण अनुकूलता व नई किस्मों के विकास से आज भारत विश्व में भिंडी का सबसे बड़ा उत्पादक राष्ट्र बन गया है।

जलवायु

भिंडी गर्म मौसम की सब्जी है। भिंडी के पौध पाले को सहन करने में असमर्थ होते हैं। लगातार वर्षा भिंडी के लिए अनुपयुक्त है। अतः फालतू पानी को निकाल देना चाहिए। बीज उगने के लिये 27-30 डिग्री से. तापमान उपयुक्त होता है तथा 17° सेल्सियस पर बीज अंकुरित नही होते हैं। यह फसल ग्रीष्म तथा खरीफ दोनों ही ऋतुओं में उगाई जाती है।

भूमि

भिंडी को उत्तम जल निकास वाली सभी तरह की भूमि में उगाया जा सकता है, किंतु जीवांश पदार्थ युक्त दोमट मिट्टी इसके लिए सर्वोत्तम होती है। भूमि का पी.एच. मान 6 से 6.8 होना उपयुक्त रहता है।

उत्तम किस्में (Improved varities)

- **कोयम्बटूर 1**–इस किस्म के फल सिंदूरी लाल रंग के होते हैं। फलों में रेशा कम, प्रोटीन और स्टार्च अधिक होते हैं। यह किस्म 30 दिन में 14 टन प्रति हेक्टेयर तक पैदावार देती है।
- **पूसा ए-4**–यह भिंडी की एक उन्नत किस्म है। यह पीत रोगरोधी किस्म है। फल मध्यम आकार के गहरे कम लेस वाले तथा आकर्षक होते हैं। फूल बनने के लगभग 15 दिन बाद से फल आना शुरू हो जाते हैं। इसकी औसत पैदावार ग्रीष्म में 10 टन व खरीफ में 15 टन प्रति हे. है।
- **परभनी क्रान्ति**–यह किस्म पीत रोगरोधी है। फल बुवाई के लगभग 50 दिन बाद आना शुरू हो जाते हैं। फल गहरे एवं 15-16 से.मी. लम्बे होते हैं। इसकी पैदावार 9-12 टन प्रति हे. है।
- **पंजाब-7**–यह किस्म पीत रोगरोधी है। फल हरे एवं मध्यम आकार के होते हैं। बुवाई के लगभग 55 दिन बाद फल आने शुरू हो जाते हैं। इसकी पैदावार 8-20 टन प्रति हे. है।

मटर

मटर रबी की एक महत्वपूर्ण सब्जी तथा प्रोटीन की मात्रा से भरपूर है। इसका वानस्पतिक नाम पाइसम सेटाईवम (Pisum sativum L.) है। यह लेगुमिनोसी (Leguminosae) कुल का पौधा है तथा इसका उद्भव स्थान मध्य एशिया, नियर ईस्ट, मेडिटरेनियन, एबीसीनिया (Central Asia, near East, Mediterranean, Abyssinia) है। आजकल मटर की डिब्बाबंदी भी की जाती है। स्वाद और पौष्टिकता दृष्टि से मटर अत्यंत महत्वपूर्ण फसल है।

जलवायु (Climate)

मटर ठंडी जलवायु की फसल है। छोटे पौधों में पाला सहने की विशेष क्षमता होती है। यदि फलियों के निर्माण के समय शुष्क मौसम हो जाये तो मटर के उत्पादन पर प्रतिकूल प्रभाव पड़ता है। मटर के बीज 19-22 डिग्री सेल्सियस न्यूनतम तापमान पर अंकुरित हो जाते हैं।

भूमि (Soil)

मटर की विभिन्न प्रकार की भूमियों में उगाया जा सकता है, परंतु उचित जल निकास वाली दोमट मिट्टी इसके लिए उपयुक्त रहती है। जिस भूमि का पी.एच. मान 5.5-6 के बीच में होता है वह मटर की खेती के लिए अनुपयुक्त मानी गई है।

उन्नतशील किस्में (Improved Varieties)

- **अगेती किस्में**-अलास्का, अर्केल, असौजी, मेटरीयोर, एल्डरमैन, जवाहर मटर 3 एवं 4 काशी उदय काशी नन्दिनी काशी मुक्ति, काशी कनक, आजाद मटर-1 आदि मुख्य हैं।
- **मध्यम किस्में**-बोनाविलें, लिंकन, न्यू लाइन परफैक्शन, जवाहर मटर-1 एवं 2 काशी शक्ति, काशी आरती, पालम प्रिया, आजाद मटर-3 आदि मुख्य हैं।
- **पछेती किस्में**-एन.पी. 29 सिल्विया, आजाद मटर-2 अर्लि जायंट आदि मुख्य हैं।

प्रमुख मसालें

मसाला–मसाले ऐसे वानस्पतिक उत्पाद हैं जो भोजन को सुगंधित, स्वादिष्ट, चटपटा एवं सरस बनाने हेतु इस्तेमाल किये जाते हैं।

संपूर्ण विश्व में सत्तर (70) प्रकार की मसाला फसलें उगाई जाती हैं। भारतवर्ष में विभिन्न मसाला फसलें जैसे-काली मिर्च, बड़ी इलायची, लौंग, दालचीनी, हलदी, अदरक, धनिया, सौंफ, मेंथी, मंगरैला, अजवाइन, जावित्री, जायफल, जीरा, सोवा, केसर तथा लहसुन इत्यादि बड़े पैमाने पर उगाई जाती है।

हल्दी

हल्दी अरेसी (Zingiberaceae) कुल का पौधा है जिसका वानस्पतिक नाम-कुरकुमा डोमेस्टिका है। यह तने का संपरिवर्तित रूप है जिसे राइजोम (Rhizome) कहते हैं। यह बिहार की प्रमुख मसाला फसल हैं। भारत विश्व का सबसे बड़ा हल्दी उत्पादक देश हैं। इसका उपयोग हमारे भोजन में नित्यदिन किया जाता है। इसका सभी धार्मिक एवं सामाजिक कार्यों में मुख्य स्थान प्राप्त है। हल्दी में अत्यन्त औषधीय गुण है जिसका उपयोग दवा एवं सौन्दर्य प्रसाधनों में भी होता है। हल्दी के निर्यात से भारत को करोड़ों रुपए की विदेशी मुद्रा अर्जित होती है। हल्दी का पीला रंग, करकुमिन तत्व के कारण होता है। इसका स्वाद तीखा एवं कड़वा होता है तथा यह गर्म, दस्तावर, कृमिनाशक, बलवर्धक, पीड़ानाशक, सौंदर्यवर्धन, मूत्र प्रवाही, घाव भरने वाला, कप, वात, रक्तरोग, श्वेतकुष्ठ, सूजन, चोट, खरोंच में लाभकारी है। मुँह की दुर्गन्धनाशक, पीलिया और यकृत दाह, महिलाओं के लिए प्रसव के पश्चात तथा त्वचा रोगों में भी उपयोगी है। इसकी उत्पत्ति स्थान ट्रापिकल साउथ ईस्ट एशिया है।

जलवायु

हल्दी की खेती उष्ण और उप-शीतोष्ण जलवायु में की जाती है। फसल के विकास के समय गर्म एवं नम जलवायु परन्तु गाँठ बनने के समय ठंड जलवायु अर्थात् 25-30° सेल्सियस तापमान की आवश्यकता होती है।

उन्नत प्रभेद

राजेन्द्र सोनिया-इस प्रभेद के पौधे छोटे अर्थात् 60-80 से.मी. लम्बे तथा 195-120 दिन में तैयार हो जाती है। इस प्रभेद की उपज क्षमता 400-450 क्विंटल प्रति हेक्टेयर तथा पीलापन 8-8.5 प्रतिशत होती है।

राजेन्द्र हलदी-5-इसके पौधे भी छोटे अर्थात् 80-100 से.मी. लम्बे तथा 210-220 दिन में तैयार हो जाती है। इस प्रभेद की उपज क्षमता 500-550 क्विंटल प्रति हेक्टेयर तथा पीलापन 7.0 प्रतिशत होती है।

सुगुना-यह प्रजाति 190 दिनों में 290-300 कु./हेक्टेयर पैदावार होती है। इसे सुखाने के बाद 12 प्रतिशत रिकवरी मिलता है तथा इसमें 7.3 प्रतिशत कुरकुमिन पाया जाता है।

एन.डी.आर.-18-इसके पौधे मध्यम आकार अर्थात् 115-120 से.मी. लंबी होती है तथा इसको तैयार होने में 215-225 दिन का समय लगता है। इसकी उपज क्षमता 350 से 375 क्विंटल प्रति हेक्टेयर है।

अदरक

मसाला फसलों में अदरक का महत्वपूर्ण स्थान है। इसका वानस्पतिक नामजिन्जीबर आफिसीनेल (Zingiber afficinale) है। यह कंदीय फसल है जिसकी गांठों का प्रयोग व्यंजनों को खुशबूदार या चटपटा बनाने में किया जाता है। आयुर्वेद में इसके कई उपयोग बताए गए हैं। इसका उत्पत्ति स्थान दक्षिण-पूर्वी एशिया में है। भारत में अदरक की खेती सबसे अधिक क्षेत्रफल में केरल राज्य में होती है जिससे उत्पादन भी सर्वाधिक प्राप्त होती है। भारत के अन्य उत्पादन करने वाले राज्य हैं-मेघालय, मणिपुर, मिजोरम, नागालैण्ड, असम, पश्चिम बंगाल, उड़ीसा बिहार, मध्य प्रदेश, हिमाचल प्रदेश, तमिलनाडु, आन्ध्र प्रदेश, कर्नाटक, उत्तर प्रदेश इत्यादि।

जलवायु–अदरक की खेती के लिए गर्म तथा नम जलवायु अनुकूल होती है। इसकी खेती समुद्र तल से 1500 मीटर की ऊँचाई वाले स्थानों पर सफलतापूर्वक की जाती है। इसकी अच्छी पैदावार के लिए रोपनी से अंकुरण तक साधारण वर्षा, पौधों की वृद्धि के समय नियमित एवं अधिक वर्षा तथा फसल तैयार होने के समय अपेक्षाकृत सूखा मौसम लाभप्रद है।

प्रभेद–नदिया, जोरहट, सुप्रभा, सुरुचि, सुरभि, वरदा आदि प्रमुख हैं।

मिट्टी (भूमि)–अदरक की खेती उन सभी जीवांशयुक्त बलुई दोमट मिट्टी में की जा सकती है, जहाँ जल निकास का उचित प्रबंध हो तथा पानी इकट्ठा न होने पाए। क्षारीय मिट्टी इसकी खेती के लिए उपयुक्त

नहीं होती है। भारी मिट्टी में प्रकन्दों का विकास ठीक ढंग से नहीं हो पाता है तथा अधिक नमी बनी रहने पर प्रकन्द विगलन रोग लगने का भय रहता है। उत्तर-पूर्वी राज्यों की पहाड़ी ढालों की लाल मिट्टी में इसकी उपज बहुत ही अच्छी होती है।

धनिया

धनिया को धनियालु, कोथमल्ली, कोट्टाम्बरी, धाने, कुस्तुंबरी इत्यादि नामों से भी जाना जाता है। इसका वानस्पतिक नाम कोरिएण्ड्रम सटाइवम (Coriandrum sativum) तथा कुल (परिवार) एपियेसी (Apiaceae) है। धनिया की पत्तियाँ सूपव एवं अन्य भोज्य पदार्थों में सुगंध एवं स्वाद बढ़ाने में काम आती है। धनिया के फल का इस्तेमाल करी चूर्ण (पाउडर) बनाने में तथा मसाला के रूप में काफी मात्रा होता है। हल्दी के बाद सबसे ज्यादा इस्तेमाल, मसाला के रूप में धनिया का ही होता है। कई औषधियों के निर्माण में भी इसका प्रयोग किया जाता है।

धनिया की उत्पत्ति संभवतः मेडीटेरेनियन क्षेत्र में हुई है। मानव द्वारा उपयोग में लाया जाने वाले मसालों में यह भी एक प्राचीनतम मसाला है।

वांछित जलवायु–इसकी खेती एक विस्तृत जलवायु क्षेत्र में की जा सकती है, लेकिन इसकी सर्वोत्तम खेती 12° से 24° सेन्टीग्रेड तापमान के बीच की जा सकती है। यह कुछ हद तक पाला भी सह सकता है। बीजों का अंकुरण 12° से 15.5^{o} सेन्टीग्रेड के बीच होता है। यदि तापमान 27° सेन्टीग्रेड के ऊपर चला जाता है तो इसकी वृद्धि कमजोर पड़ जाती है एवं जल्द ही फूल वाली अवस्था आ जाती है।

वांछित मिट्टी एंव खेत की तैयारी–धनिया की फसल यों तो कई प्रकार कि मिट्टियाँ में उगाई जा सकती हैं, लेकिन इसकी अच्छी फसल के लिए समुचित जल निकासी वाली मध्यम से भारी मिट्टी उपयुक्त होती है। भारतवर्ष में इसकी खेती काली कपास वाली मिट्टी (ब्लैक कॉटन सॉइल) में भी सफलतापूर्वक की जा सकती है। खेत कि तीन-चार बार अच्छी तरह से जुताई करके पाटा लगाकर खेत को समतल बना लेना चाहिए। खेत की तैयारी करते समय फसल अवशेषों, घास एवं ईंट-पत्थरों के टुकड़ों को हटा देना चाहिए। खेत की अंतिम जुताई के समय खेत में लगभग 15 से 20 टन गोबर की सड़ी-गली खाद (एफ.आई.एम.) प्रति हेक्टेयर के हिसाब से अच्छी तरह मिला देनी चाहिए। अधिक पी.एच. मान वाली मिट्टी में भी इसकी खेतीं की जा सकती है।

उन्नत किस्में–स्माल सिडेड, बोल्ड सिडेड, एन.पी. (डी.) 92, पंत हरितमा इत्यादि इसकी कुछ उन्नत किस्में हैं।

सौंफ

सौंफ का वानस्पतिक नाम फोइनीकुलम वल्गेयर (Foeniculum vulgare) एवं कुल (परिवार) एपियेसी (Apiaceae)/ अम्बेलीफेरी (Umbelliferae) है। इसका जन्म स्थल भूमध्य सागरीय प्रदेश है, जहाँ की जलवायु सम-शीतोष्ण है। सौंफ स्वाद प्रदान करने वाली मसाला फसल है। आयुर्वेदिक चिकित्सा पद्धति में सौंफ की महत्वपूर्ण भूमिका है। सौंफ का बीज सब्जी, आचार, चटनी, दाल इत्यादि में मसाले के रूप में प्रयोग किया जाता है। भारत में सौंफ की खेती बिहार, उत्तर प्रदेश, गुजरात, हरियाणा तथा पंजाब में होती है।

जलवायु–सौंफ ठंडी जलवायु की फसल है। फसल की अच्छी बढ़वार के लिए शुष्क व सर्द वातावरण काफी उपयुक्त होता है। सर्दी के साथ वर्षा होने पर या हवा में आर्द्रता अधिक होने पर इसमें चूर्णी फफूँद नामक बीमारी लगने का भय रहता है। बीज पकने के समय मौसम साफ एवं धूपदार रहने पर फसल जल्दी पक जाती है

प्रभेद–यू.फ.-8, यू.फ.-102 यू.फ.-03 राजेन्द्र सौरभ कोयम्बटूर-1

लैम-1 एवं लैम-2 सौंफ की मुख्य किस्में हैं।

मिट्टी (भूमि)–बलुइ दोमट मिट्टी के अतिरिक्त सभी प्रकार की भूमि में जिसमें जीवांश पदार्थों की मात्रा अधिक हो, इसकी खेती की जा सकती है, परन्तु हल्की भुरभुरी उपजाऊ दोमट मिट्टी जिसमें चूने की अधिकता हो, सबसे अच्छी होती है।

अजवाइन

अजवाइन पोषक तत्व से भरपूर एक मसाले वाली फसल है। इसका वानस्पतिक नाम ट्रैकीसपरमम अम्मी (Trachyspermum ammi) तथा कुल (परिवार) एपियेसी (Apiaceae) है। अजवाइन का मूल उत्पत्ति स्थान मिस्र माना गया है। इसकी खेती भारत में मुख्य रूप से मध्य प्रदेश, पश्चिम बंगाल, उत्तर प्रदेश, गुजरात, राजस्थान, महाराष्ट्र एवं बिहार में की जाती है।

प्रमुख किस्में–लैम सेलेक्सन-1, लैम सेलेंक्सन-2, एन.पी. (डी.)-30, एन.पी. (डी.)-79, एन.पी. (जे.)-66, एन.पी. (के.)-15

जलवायु–अजवाइन एक ठंडे मौसम की फसल है इसे लगाते समय सर्द एवं सूखा मौसम तथा फसल तैयारी के समय गर्म धूप आवश्यक है।

मिट्टी–अजवाइन की खेती सभी प्रकार की मिट्टियों में की जा सकती है। मटियार दोमट मिट्टी जिसमें प्रचुर मात्रा में जैविक तत्व हो इसकी खेती के लिए सर्वोत्तम है। खेत में जल जमाव फसल के लिए हानिकारक है।

उत्तर प्रदेश में फल उत्पादन

नये बागों की स्थापना, स्थल का चुनाव तथा बगीचे का अभिविन्यास

फलों की खेती बहुवर्षीय कृषि प्रणाली के अन्तर्गत की जाती है। इस कारण बाग स्थापना के दौरान किसी भी प्रकार की गलती हो जाने पर उसे सुधारना बहुत ही कठिन हो जाता है। इसलिए फल बाग की स्थापना के लिए विशेष योजना बनाने की आवश्यकता होती है। जिससे भविष्य में होने वाली किसी भी प्रकार की गलती से बचा जा सके। जलवायु, मृदा एवं सिंचाई आदि फल वृक्षों की वृद्धि एवं विकास को प्रभावित करने वाले प्रमुख कारक हैं। अतः नये बागों की स्थापना हेतु फल विशेष के अनुकूल स्थान का ही चुनाव करना चाहिए।

स्थल का चुनाव

नये फल बाग की स्थापना हेतु स्थल का चुनाव करते समय निम्न बातों का ध्यान रखना चाहिए।

जलवायु

प्रत्येक फल वृक्ष की अच्छी उपज के लिए उचित तापक्रम की आवश्यकता होती है, जैसे आम के लिए 23.8-26.8 डिग्री सेल्सियस तापमान सर्वोत्तम होता है। इससे अधिक या कम तापमान होने पर पौधे की वृद्धि, विकास एवं उपज विपरीत रूप से प्रभावित होती है। इसी प्रकार यदि नींबू वर्गीय फसलों में तापमान 40 डिग्री सेल्सियस से ऊपर चला जाता है, तो फूल एवं फल झुलसने लगते हैं। तापमान के बहुत कम होने और ओले तथा पोले की स्थिति में भी वृद्धि एवं उपज प्रभावित होती है। फूलों के खिलने के समय यदि वर्षा होती है तो फूल गिरने लगते हैं। वातावरण में अधिक नमी हानिकारक कीट एवं रोगों के प्रसार हेतु भी अनुकूल होती है। अतः जिस जगह पर बाग लगाना हो, वहां की जलवायु के अनुकूल पौधों का ही चुनाव करना चाहिए।

मृदा

फल वृक्षों की अच्छी उपज के लिए मृदा एक बहुत ही महत्वपूर्ण कारक है। जिसे स्थान पर बाग लगाना हो वहां की मृदा के गुणों के अनुसार ही फल वृक्षों का चुनाव करना चाहिए। सामान्यतः फलों के बाग लगाने के लिए अच्छे जलनिकास वाली जीवांशयुक्त, उर्वरक एवं गहरी दोमट या बलुई दोमट मिट्टी जिसका पी.एच. मान 6.5-7.5 के मध्य हो, सर्वोत्तम मानी जाती है। फल वृक्षों की जड़ें भूमि में काफी गहराई तक जाती है, अतः भूमि में अधिक गहराई तक कोई कंकरीली सतह नहीं होनी चाहिए। बाग लगाने के लिए निचली जमीन का चुनाव कभी नहीं करना चाहिए अन्यथा वर्षाकाल में जलभराव का खतरा हमेशा बना रहता है। विभिन्न समस्याग्रस्त मृदाओं में भी विभिन्न फल वृक्षों के बाग लगाये जा सकते हैं, जिससे अच्छी उपज एवं आमदनी की जा सकती है। विभिन्न समस्याग्रस्त मृदाओं के लिए उपयुक्त फल वृक्ष निम्न प्रकार से है-

मृदा प्रकार (Soil Type)	उपयुक्त फल (Suitable Fruits)
अम्लीय मृदा (Acidic soil)	स्ट्रॉबेरी, अन्नानास, अंजीर
क्षारीय मृदा (Alkaline soil)	अमरूद, आँवला, खजूर, सपोटा
लवणीय मृदा (Salt affected soil)	खजूर, बेर, आँवला, बेल, अमरूद
शुष्क क्षेत्र (Arid regions)	आँवला, बेर, बेल, इमली, फालसा, शरीफा, करौंदा
अनुपयोगी मृदा (Waste land)	बेर, खजूर, सपोटा, शहतूत, जामुन, करौंदा

परिवहन की सुविधा

बाग लगाने हेतु ऐसे स्थान का चुनाव करना चाहिए, जो सड़क के माध्यम से बाजार एवं शहर से जुड़ा हुआ हो, जिससे उत्पाद को बाजार भेजने एवं बाग के लिए सभी जरूरी संसाधन लाने में सुविधा हो।

मजदूरों की उपलब्धता

बाग से सम्बन्धित विभिन्न कार्यों हेतु पर्याप्त संख्या में मजदूरों की उपलब्धता होनी चाहिए। उपरोक्त के अतिरिक्त निम्न बातों का भी पूर्ण ध्यान देना चाहिए।

1. जिस स्थान पर बाग लगाने की योजना हो, यदि वहां पर कोई खाद्य प्रसंस्करण इकाई हो तो उसके अनुसार फल वृक्षों का चुनाव करने से उत्पाद को बेचने में कोई समस्या नहीं होती है।
2. नये बाग की स्थापना हेतु कारखानों से दूर किसी स्थान का चुनाव करना चाहिए, क्योंकि उनसे होने वाले प्रदूषण से पौधों की वृद्धि पर बुरा प्रभाव पड़ता है, जैसे ईंट बनाने वाले भट्ठों के पास स्थित आम के बागों में Black tip रोग का प्रकोप बहुत ज्यादा होता है।
3. प्रयास यही करना चाहिए कि बाग और बागवान के घर के बीच की दूरी कम-से-कम हो जिससे बाग की देखभाल ठीक प्रकार से हो पाए।

बाग स्थापना की योजना

नये बाग की स्थापना के लिए भवन, सड़क, रास्ते, सिंचाई व्यवस्था, बाड़, वायु रोधी पट्टी, अभिविन्यास, रोपण विधियां एवं दूरी आदि की पूर्व योजना बनाना अत्यन्त आवश्यक है। सामान्यतः कुल क्षेत्रफल का 10 प्रतिशत भाग भवन, सड़क, रास्ते, नलकूप, सिंचाई की नालियां आदि के लिए प्रयोग किया जाता है।

बाड़ एवं वायुरोधी पौधे लगाना

बगीचे की सुरक्षा हेतु बाड़ एवं वायुरोधी पट्टी लगाना अत्यन्त आवश्यक है। इससे जानवरों एवं मनुष्यों को बाग में घुसकर नुकसान करने से रोका जा सकता है। साथ-ही-साथ वायुरोधी पट्टी के माध्यम से बाग के पौधों को तेज चलने वाली हवाओं से भी बचाया जा सकता है। अस्थायी बाड़ के रूप में कांटेदार झाड़ीदार पौधों जैसे करौंदा, जंगली बेर, पुट्स (लैन्टाना कैमरा)आदि को लगाया जा सकता है। इस प्रकार की बाड़ कम खर्चीली तथा अतिरिक्त आय देने वाली होती है। स्थायी सुरक्षा हेतु स्थायी बाड़ को ही लगाना जिसमें 8-10 फीट ऊँचे लोहे के एंगल एवं कंटीले तारों का प्रयोग किया जाता है। ये काफी खर्चीला होता है, परन्तु एक बार लगाने पर ये काफी सालों तक चलता है।

वायुरोधी पट्टी के अन्तर्गत बाग के उत्तर एवं पश्चिम दिशा में ऊँचे पौधों की दोहरी कतार लगायी जाती है। इसका मुख्य उद्देश्य बगीचों को तेज चलने वाली गर्म एवं ठण्डी हवाओं से पौधों को बचाना है। इन पौधों को यथा सम्भव बाग स्थापना से पहले लगा लेना चाहिए, जिससे इनके अनुसार ही मुख्य पौधों को लगाया जा सके। इसके लिए ऐसे पौधों का चुनाव किया जाता है, जिनकी पत्तियाँ सघन, तने सीधे तथा ऊँचाई अधिक होती है। इस हेतु जामुन, बीजू, आम, सिलवर, ओक, अशोक, शीशम, सागौन एवं नीम इत्यादि वृक्षों को चुना जा सकता है। वायुरोधक पट्टी के लिए बहुत अधिक फैलाव वाले वृक्ष जैसे बरगद, पीपल आदि का चुनाव नहीं करना चाहिए।

भवन एवं सड़कें

बाग से सम्बधित भवन बाग के केन्द्र में बनाये जाने चाहिए, जिससे पूरे बाग में सभी तरफ भवन से दूरी लगभग समान हो। आवश्यकतानुसार भण्डार कक्ष, पैकिंग शेड, कृषि यन्त्र शेड आदि का निर्माण किया जाता है। सामान्यत: 10 से 15 फीट चौड़ाई की सड़कें बाग के प्रत्येक कोने तक बनायी जाती है। जिससे बाग में कृषि यन्त्रों, मशीनों तथा अन्य वाहनों का आवागमन आसानी से हो सके।

सिंचाई

बाग में पौधों के समुचित विकास के लिए सिंचाई की भी व्यवस्था होनी चाहिए। किसी भी स्थिति में बाग में पानी की कमी से भारी नुकसान उठाना पड़ सकता है। इसके लिए बागवान के पास यदि स्वयं का ट्यूबवेल हो तो सर्वोत्तम होता है। यदि सिंचाई हेतु ड्रिप सिंचाई प्रणाली आदि का प्रयोग किया जाना हो तो रोपाई से पूर्व ही इसकी पूरी योजना बना लेनी चाहिए एवं रोपाई पद्धति के अनुसार ही इनकी स्थापना करनी चाहिए। कुछ स्थानों पर नहर के पानी से भी बाग की सिंचाई की जाती है। ऐसी स्थिति में बाग में ही उचित स्थान पर तालाब की स्थापना भी की जा सकती है। तालाब का आकार व गहराई इतना रखना चाहिए कि तालाब के पानी सम्बन्धी सभी आवश्यकताएँ पूर्ण हो सकें। सिंचाई की व्यवस्था बाग में उस स्थान पर करनी चाहिए, जहाँ से सभी जगहों पर एक समान तथा आसानी से पानी पहुँच सके।

जलनिकास

यद्यपि फल वृक्षों को अधिक मात्रा में जल की आवश्यकता होती है, परंतु जल जमाव की स्थिति पौधों के लिए बहुत ही हानिकारक है। लगातार 24 घण्टे तक पानी भरा रहने से पपीते एवं आड़ू के पौधों की वृद्धि रुक जाती है तथा पौधे मर भी सकते हैं। अत: बाग लगाते समय बाग के अन्दर नालियां बनाकर जल निकास का उचित प्रबन्ध करना चाहिए। नालियां भूमि में ढाल के समानान्तर बनानी चाहिए एवं इनकी गहराई 45-60 से. मी. रखनी चाहिए।

बाग लगाने की विभिन्न विधियाँ

फल वृक्ष आकार में बड़े होते हैं। जिससे उनका फैलाव भी अधिक होता है। पौधों के बीच की दूरी का उनकी वृद्धि एवं विकास से सम्बन्ध है। सौर विकिरण, पोषक तत्वों एवं जल आदि के समुचित उपयोग एवं इन सभी संसाधनों के उपयोग हेतु पौधों में परस्पर कम-से-कम प्रतिस्पर्धा हेतु पूर्ण विकसित फल वृक्ष के आकार एवं फैलाव के अनुरूप ही बाग लगाने के समय पौधों के बीच की दूरी एवं लगाने की विधि का निर्धारण करना चाहिए।

रेखांकन

नये बाग की स्थापना के क्रम में पौध-से-पौध एवं पंक्ति से पंक्ति की दूरी निर्धारण करके उसी अनुसार खेत में लेआउट (Layout) बनाया जाता है। जिसमें सर्वप्रथम खेत में किसी भी तरफ से एक आधार रेखा क ख मानी जाती है। यह आधार रेखा अपने अनुमान के अनुसार किसी स्थायी संरचना जैसे सड़क, भवन आदि का सहारा लेकर सीधी बनायी जाती है। अब इस आधार रेखा में बिन्दु से एक लम्बवत रेखा (90 अंश का कोण) बनाते हैं। इसी प्रकार क्रमशः ग बिन्दु से ग घ एवं घ बिन्दु से लम्बवत रेखा खींचते हुए क बिन्दु से मिला देते हैं। रेखांकन की यह विधि समतल या मैदानी भागों के लिए उपयुक्त है परंतु अधिक ढाल वाले स्थान जहाँ कन्टुर या टेरेस फार्मिंग की जाती हो, वहां पर कन्टुर की ऊँचाई के अनुसार रेखांकन किया जाता है, जो सीधी रेखा में नहीं होता है।

लम्बवत रेखा हेतु 90 अंश के कोण का निर्माण

खेत में 90 अंश का कोण बनाने के लिए पाइथागोरस प्रमेय के सिद्धान्त पर आधार रेखा क ख पर एक सांकेतिक बिन्दु अ इस प्रकार निर्धारित करते हैं कि अ क के बीच की दूरी 30 फीट हो, इसके पश्चात् अ बिन्दु से 50 फीट की दूरी क ग रेखा पर एक बिन्दु लेते हैं तथा इस बिन्दु से क बिन्दु की दूरी नापते हैं, जो 40 फीट होनी चाहिए। इसी प्रकार सभी कोनों पर समकोण की जांच कर लेते हैं। यह कार्य लूज मीटर टेप की सहायता से आसानी से किया जा सकता है जिसमें टेप के सिरे को क बिन्दु पर लगाकर 30 फीट की दूरी पर अ बिन्दु पर एक खूंटी गाड़कर टेप को मोड़कर क ग रेखा पर 80 फीट के निशान पर खूंटी गाड़ देते हैं। टेप के बचे भाग को वापस क बिन्दु से मिला देते हैं, जो टेप में 120 फीट माप के निशान पर आना चाहिए। यह पूरी प्रक्रिया भूमि के किसी भी तरफ आधार रेखा मानकर की जा सकती है।

बाग में पौधों की रोपाई

बाग की स्थापना के लिए पौधों की रोपाई दो प्रकार से की जाती है। प्रथम विधि में नर्सरी में तैयार पौधों को बाग के लिए तैयार की गयी भूमि में लगाया जाता है एवं दूसरी विधि में जिस स्थान पर पौधे लगाने हो, सीधे वहीं पर पौधों को लगाया जाता है। इसे स्थानिक विधि कहते हैं। इस विधि में फल वृक्ष के अनुसार पौधे से पौधे एवं पंक्ति से पंक्ति की दूरी के अनुसार गड्ढे तैयार करके प्रत्येक गड्ढे में मुलवन्त (Rootstock) तैयार करने हेतु बीजों की बुआई या बीजू पौधों की रोपाई की जाती है जिससे तैयार पौधों पर इच्छित प्रजाति की ग्राफ्टिंग या बडिंग कर दी जाती है।

राज्य के कुल प्रमुख फल पट्टी क्षेत्र

जनपदों का नाम	फल पट्टी क्षेत्र	फल
लखनउ	माल, मलिहाबाद, काकोरी, बक्शी का तालाब	आम
सहारनपुर	बेहट	आम
बागपत	खेकड़ा, रटोल, जानी, पिलान	आम
मेरठ	शाहजहाँपुर, मारा	आम
बुलन्दशहर	स्याना, ऊँचा गाँव	आम

मुरादाबाद/जे.पी. नगर	अमरोहा, जोया, गजरौला, हसनपुर	आम
प्रतापगढ़	कुण्डा, कालाकांकर, सदर मंगरौरा	आम, आँवला
वाराणसी/चिरईगाँव	चन्दौली	आम
उन्नाव	सफीपुर हसनगंज, औरास, मियागंज, फतेलपुर, चौरासी	आम
बदायूँ	कंकराला	अमरूद
सीतापुर	महमूदाबाद	आम
हरदोई	शाहाबाद	आम
फैजाबाद	मसौधा, सुहावल	आम
इलाहाबाद/कौशाम्बी	चायल, मूरतगंज	अमरूद

प्रमुख फलों तथा प्रतिरोपित फसलों की खेती

आम

भारतवर्ष के मैदानी भागों में उत्पन्न होने वाले फलों में आम का प्रथम स्थान है। यह देश के प्रायः सभी भागों में उगाया जाता है। इसकी उत्तम सुगंध, आकर्षक रंग, खुशबू, स्वादिष्टता, अच्छा आकार मूल्य एवं आसान उपलब्धता के कारण भारत का राष्ट्रीय फल (Nationl Fruit) कहा जाता है। देश के प्रायः सभी भागों का पसंदीदा फल होने के कारण इसे 'फलों का राजा' (King of fruit) भी कहा जाता है। यह पोषक तत्वों से भरपूर फल है। जिसमें स्वास्थ्य के दृष्टिकोण से आवश्यक पोषक तत्व जैसे, विटामिन ए, बी, सी और लवण प्रचुर मात्रा में पाये जाते हैं। कुछ प्रभेदों में बीटा कैरोटीन भी पायी जाती है। आम के कच्चे फलों का उपयोग चटनी, अचार, शर्बत आदि रूपों में किया जाता है तथा पके फलों का उपयोग मुख्य रूप से खाने एवं शर्बत, अमावट आदि बनाने के लिए किया जाता है।

जलवायु एवं मिट्टी

आम उष्ण जलवायु का मुख्य फल है, परंतु इसे उष्ण एवं समशीतोष्ण दोनों जलवायु में सफलता पूर्वक उत्पादित किया जा सकता है। ऐसे क्षेत्र, जहाँ जून से सितम्बर तक अच्छी वर्षा होती है वहां आम का अच्छा उत्पादन होता है। अधिक न्यून तापक्रम पर इसके पौधे पाला से प्रभावित होकर नष्ट हो जाते हैं। केवल कंकरीली, पथरीली एवं उसर भूमि को छोड़कर आम की खेती सभी प्रकार की मिट्टी में की जा सकती है। परंतु पौधे की अच्छी वृद्धि एवं उत्तम फलन के लिए अच्छे जल निकास वाली दोमट मिट्टी अच्छी होती है जिसका पी.एच मान 6.0 से 9.0 हो। आम की जड़ें जमीन में काफी गहराई तक फैलती है। इसलिए इसके बढ़वार के लिए कम से कम 2.0 से 2.5 मीटर तक गहरी एवं कंकड़-पत्थर रहित मिट्टी होनी चाहिए।

संकर किस्में

विभिन्न संस्थानों द्वारा विकसित आम की संकर किस्में निम्न प्रकार है-

आम्रपाली–यह दशहरी तथा नीलम (दशहरी × नीलम) किस्मों के संकरण से भारतीय कृषि अनुसंधान संस्थान, नई दिल्ली द्वारा विकसित किस्म है। यह अन्य व्यावसायिक किस्मों की अपेक्षा काफी बौना किस्म का है। यह आम के सघन खेती के लिए सबसे उपयुक्त किस्म है। इसमें फल नियमित और अधिक होता है। इसका फल जुलाई के अंतिम सप्ताह तक पकता है।

मल्लिका–यह किस्म भी दिल्ली केन्द्र द्वारा नीलम एवं दशहरी (नीलम × दशहरी) किस्मों के संकरण से विकसित की गई है। फलन नियमित और फल का वजन लगभग 350 ग्राम होता है। फल पकने पर आकर्षक पीला नारंगी रंग का होता है। फल की भंडारण क्षमता बहुत अच्छी है।

प्रवर्धन–आम का प्रसारण मुख्यतः दो विधियों द्वारा किया जाता है, जिन्हें क्रमशः बीजू और वानस्पतिक प्रसारण कहते हैं। आम की गुठली द्वारा तैयार पौधों को बीज पौधा कहा जाता है। इन पौधों के फलों में मातृ-पितृ अनुवंशिक गुणों का अभाव रहता है। इस प्रकार के पौधों में फलन कम तथा विलंब (लगभग 10 वर्ष के बाद) से होता है।

खाद एवं उर्वरक

पौधों की उचित वृद्धि तथा अच्छी फसल के लिए समुचित रूप से खाद एवं उर्वरक का उपयोग करना चाहिए। आम के पेड़ों में उनकी आयु के अनुसार दी जाने वाली खाद एवं उर्वरक की मात्रा निम्न प्रकार है-

वर्ष	कम्पोस्ट (किग्रा.)	यूरिया (किग्रा.)	सिंगल फॉस्फेट (किग्रा.)	क्यूरेट ऑफ यूरिया (किग्रा.)
प्रथम	10.0	0.2	0.3	0.15
द्वितीय	20.0	0.4	0.6	0.30
तृतीय	30.0	0.6	0.9	0.45
चतुर्थ	40.0	0.8	1.2	0.60
पंचम	50.0	1.0	1.5	0.75
षष्ठम्	60.0	1.2	1.8	0.90
सप्तम्	70.0	1.4	2.1	1.05
अष्टम्	80.0	1.6	2.4	1.20
नवम्	90.0	1.8	2.7	1.35
दशम्	100.0	2.0	3.0	1.50

खाद देने का उचित समय जुलाई-अगस्त माह है। लेकिन पोषक तत्वों का अधिक वर्षा से होने वाली क्षति को देखते हुए कम्पोस्ट की पूरी मात्रा एवं उर्वरक की आधी मात्रा जुलाई में और शेष मात्रा का प्रयोग सितम्बर माह में करना अधिक लाभप्रद होता है।

पौधे की आयु एवं आकार के अनुसार खाद देने की विधि अलग-अलग होती है। छोटे पौधों में पेड़ के फैलाव तक बेसिन बनाकर खाद देना उचित होता है। यदि वयस्क पौधा अपने सर्वाधिक फैलाव में

आ गया हो तो बगीचे में जुलाई माह में हल के पीछे (Furrow) में उर्वरक एवं कम्पोस्ट डालकर पाटा चला दें।

सिंचाई–छोटे पौधों की सिंचाई नियमित रूप से मिट्टी की नमी को देखते हुए लगभग एक सप्ताह के अंतर पर अवश्य करें। फलने वाले बगीचे में आवश्यकतानुसार सिंचाई करनी चाहिए। लेकिन किसी भी परिस्थिति में नवम्बर माह में सिंचाई नहीं करनी चाहिए। जब मटर के दाने के आकार के फल लग जाएं तब पुन: सिंचाई नियमित अंतराल पर करते रहना चाहिए।

फलों की तुड़ाई–सामान्यत: आम का फल-फूल आने के 90 दिनों के अंदर पक जाते हैं। फल जब पकने की स्थिति में होता है, तब दो-चार पके फल पेड़ से टपकने लगते हैं। ऐसी अवस्था में फलों को तोड़ लेना चाहिए। फल तोड़ने के लिए आजकल आधुनिक उपकरण 'मैंगो हारवेस्टर' का प्रयोग किया जाता है।

उपज–कलमी पौधे पाँच वर्ष की आयु से फल देना प्रारंभ कर देतें हैं। और 20 वर्ष की आयु में पूरा फल देने लगते हैं। एक पूर्ण वयस्क पेड़ से औसतन 1500 से 2000 फल प्राप्त होते हैं।

आम में लगने वाले प्रमुख कीट

- **मधुआ (Mango Hopper) :** यह कीट आम को काफी नुकसान पहुंचाता है। आरंभिक अवस्था में कीट पेड़ की छाल में छिपा रहता है। यह स्फान आकृति वाला भूरे रंग का कीट है। यह कीट आम में मंजर आने पर नई पत्तियों एवं फूलों का रस चूसकर काफी हानि पहुंचाता है। यह काफी मात्रा में मधु के समान चिपचिपा द्रव छोड़ता है। अत्यधिक प्रकोप होने पर पत्तों एवं फलों पर चमक स्पष्ट रूप से दिखाई पड़ती है।

  उपचार–पहला छिड़काव इमीडाक्लोप्रीड दवा का 1.0 मि.ली. मात्रा प्रति 3 लीटर पानी में घोलकर करना चाहिए। दूसरा एवं तीसरा छिड़काव ऐसीफेट 0.5 ग्राम अथवा मोनोसील नामक कीटनाशी 2.0 मी.ली. प्रतिलीटर पानी में घोलकर करना चाहिए।

- **दहिया (Mealy Bug) :** इस कीट के शिशु एवं मादा चिपटे तथा गोल आकार के होते हैं और इनके शरीर पर सफेद पाउडर चिपका रहता है। दिसम्बर माह में कीड़े जमीन से वृक्ष पर चढ़ने लगते हैं और मार्च तक इनकी संख्या एवं आकार इतना बढ़ जाता है कि डालियों पर सफेद आवरण छा जाता है। इस कीट के आक्रमण से फूल गिर जाते हैं और फल अच्छी तरह नहीं लगते हैं।

  उपचार–दिसम्बर माह के तीसरे सप्ताह में वृक्ष के तना के चारों ओर औसटिको ग्रीस की 10 सेमी. चौड़ी लेप लगा दें। ऐसा करने से पेड़ पर चढ़ने वाले कीड़े इसमें सटकर मर जाते हैं। अलकाथीन या सेलोफीन कागज की 20 सेमी. चौड़ी पट्टी पेड़ के चारों तरफ लपेट दें। ऐसा करने से कीट पेड़ पर नहीं चढ़ पाएगा। यदि कीट पेड़ पर चढ़ गए हो तो साइपरमेथ्रीन 2.0 मि.ली. प्रति लीटर पानी में घोलकर 15 दिनों के अंतराल पर दो छिड़काव कर देने से काफी हद तक होने वाले नुकसान से बचा जा सकता है।

(ग) फल मक्खी (Fruit fly)–देर से पकने वाले किस्मों में इस कीट का अधिक आक्रमण होता है। फल मक्खी लगने से फल खाने योग्य नहीं रह जाता है।

उपचार–गर्मी में बगीचे की जुताई कर देने से मिट्टी के अंदर छिपे फल मक्खी के अंडे-बच्चे मर जाते हैं। मई माह में किसी कीटनाशक दवा का एक छिड़काव कर देने से यह कीट लगभग समाप्त हो जाता है।

आम में लगने वाले प्रमुख रोग

(क) पाउडरी मिल्ड्यू (Powdery Mildew)–मंजर निकलते समय आकाश में बादल छाये रहने पर या हल्की वर्षा होने पर मंजर अपना प्राकृतिक रंग गंवाकर काला या भूरा हो जाता है।

उपचार–सल्फेक्स, थायोकिट अथवा कोहसान नाम किसी फफूंदी नाशक दवा की 20 मि.ली. मात्रा प्रति लीटर पानी में घोलकर छिड़काव किया जाता है। केलथेन 2.0 ग्राम को केलीक्सीन 2.0 ग्राम के साथ प्रति लीटर पानी में घोलकर 15 दिनों के अंतर पर दो बार छिड़काव करना चाहिए।

(ख) एन्थ्रकनोज (Anthracnose)–यह रोग पत्ती एवं फल पर अंडाकार काला धब्बा उत्पन्न करता है। कई धब्बे आपस में मिलकर एक बड़े दाग का रूप धारण कर लेते हैं, जिसके कारण फल का बाजार भाव काफी कम हो जाता है।

उपचार–ब्लाईटोक्स या फाईटोलान का 0.2 प्रतिशत घोल का छिड़काव वर्षा आरंभ होने के पश्चात् 10 दिनों के अंतर पर करना चाहिए।

(ग) मैलफोरमैशन (Malformation)–यह रोग पत्ती एवं मंजर दोनों पर लगता है। छोटी-छोटी पत्तियाँ का गुच्छों में निकलना इस रोग का लक्षण है। मंजर का अपने औसत आकार से कुछ अधिक बड़ा होना तथा औसत समय से अधिक समय तक पेड़ पर लगे रहना इस रोग का प्रमुख लक्षण है। इस रोग से प्रभावित मंजर पर फल नहीं लगते हैं।

उपचार

(क) रोगमुक्त कलमी पौधा लगाना चाहिए।

(ख) यदि पौधे में रोग के लक्षण प्रकट हो जाए तो उत्पत्ति स्थान से 10 सेमी. पीछे तक तेज चाकू की सहायता से काट कर हटा दें। कटे स्थान पर बोर्डो पेस्ट या तूतिया एवं चूना के बराबर मात्रा से बने पेस्ट को लगा दें।

उत्तर प्रदेश में आम उत्पादक क्षेत्र: लखनऊ, बरेली, मेरठ, गाजियाबाद, कानपुर, सहारनपुर तथा हरदोई।

पपीता

पपीता (Carica Papaya I.)–कैरिकेसी (Cericacete) कुल (Family) का एक महत्वपूर्ण पौधा है। इस फल की उत्पत्ति उत्तरी अमेरिका (North America) में हुई। इसे 16वीं सदी में भारत लाया गया। विश्व के विभिन्न देशों एवं क्षेत्रों जैसे ऑस्ट्रेलिया, हवाई, ताइवान, पेरू, फ्लोरिडा, टेक्सास, कैलीफोर्निया, गोल्ड

कोस्ट, मध्य एवं दक्षिण अफ्रीका के बहुत सारे भाग, पाकिस्तान, बांग्लादेश एवं भारत आदि में पपीते की खेती प्रमुखता से की जाती है। पपीता उत्पादन में भारत का विश्व में प्रथम स्थान है। पपीता एक बहुत ही पौष्टिक फल है। पपीते के पके हुए फल के प्रति 100 ग्राम गूदे से 40 कैलोरी ऊर्जा, 0.5 ग्रा. प्रोटीन, 0.1 ग्रा. वसा, 9.5 ग्रा. कार्बोहाइड्रेट, 2020 आई.यू. विटामिन ए एवं 0.04 मि.ग्रा. विटामिन बी पाया जाता है। इसके पके फलों से जैम, स्क्वैश, हलवा, खीर, टूटी फ्रूटी आदि उत्पाद भी बनाये जाते हैं। पपीते के परिपक्व फलों (Mature fruits) से निकलने वाले दूधिया स्राव को सुखाकर पपेन का निर्माण किया जाता है, जो एक प्रोटियोलिटिक एनजाइम (Proteolytic enzyme) की तरह कार्य करता है। इसका प्रयोग मांस को मृदु बनाने में, च्यूंगम तथा सौन्दर्य प्रसाधन आदि बनाने में किया जाता है।

जलवायु एवं मृदा

पपीता को मुख्य रूप से ऊष्ट (Tropical) एवं उपोष्ण (Sub tropical) जलवायु वाले भागों में उगाया जाता है। इसकी अच्छी वृद्धि एवं विक. ास के लिए 25-30 डिग्री सेल्सियस तापमान की आवश्यकता होती है। अधिक तेज हवाओं एवं 10^0 से. से क्रम तापमान होने पर पौधे की वृद्धि प्रभावित होती है। पपीते की अच्छी उपज प्राप्त करने हेतु कम-से-कम 1.8 मी. गहरी जीवांशयुक्त बलुई दोमट भूमि जिसका पी.एच. 6.5-7.5 हो, उपयुक्त होती है।

प्रजातियाँ

पपीता एक बहुलिंगी पौधा है जिसमें नर, मादा एवं द्विलिंगी पौधे पाये जाते हैं। पपीते में पृथकलिंगी (Dioecious) तथा उभयलिंगी (Gynodioecious) दो प्रकार की प्रजातियाँ (Varieties) पायी जाती हैं। पृथकलिंगी (Dioecious) प्रजाति में नर व मादा पुष्प अलग अलग पौधों पर निकलते हैं, जबकि उभयलिंगी (Gynodioecious) प्रजातियों में मादा (Female) तथा द्विलिंगी (Hermaphrodity/Bisexual) दोनों प्रकार के पौधे पाये जाते हैं, जबकि नर पौधे नहीं पाये जाते हैं। पपीते की मुख्य प्रजातियाँ निम्नलिखित हैं-

पृथकलिंगी (Dioecious) प्रजातियाँ	उभयलिंगी (Gynodiecious) प्रजातियाँ
पूसा जायन्ट, पूसा ड्वार्फ, पूसा नन्हा, सी.ओ. 1, सी.ओ. 2, सी. ओ. 5, पिंक फ्लैश स्वीट	पूसा डिलिशियस, पूसा मजेस्टी कुर्ग हनी डयू, सनराइस सोलो, ताइवान, सूर्या एवं सी.ओ. 3

उपर्युक्त प्रजातियों में से कुर्ग हनी ड्यू, पूसा डिलीसियस एवं पिंक फ्लैश स्वीट आदि प्रजातियों को पके फल के रूप में खाने के लिए उपयुक्त माना जाता है, जबकि सी.ओ. 2, सी.ओ. 5 एवं सी.ओ. 6 प्रजातियाँ पपेन उत्पादन के लिए उपयुक्त मानी जाती हैं। इसके अलावा पूसा जायन्ट प्रजाति डिब्बाबंदी के लिए अच्छी मानी जाती है।

प्रवर्द्धन (Propagation) : पपीते का प्रवर्द्धन मुख्य रूप से बीज (Seed) द्वारा किया जाता है। पपीते की नर्सरी मार्च से जून के मध्य लगायी जाती है, जिससे तैयार पौध की रोपाई जुलाई-अगस्त में की जाती है। परंतु जिस स्थान पर बारिश बहुत अधिक होती है, वहीं इसकी रोपाई अक्टूबर से करना उचित रहता है, क्योंकि अधिक पानी के कारण पौधे की जड़ों में सड़न प्रारम्भ हो जाता है। इसकी डायोसियस प्रजातियों के लिए 250-300 ग्रा. एवं गायनोडायोसियस प्रजातियों के लिए 500 ग्रा. बीज की आवश्यकता होती है।

खाद, उर्वरक एवं सिंचाई

पपीते के प्रत्येक पौधे को कुल 20 किलो कम्पोस्ट, 1 किलो नीम की खली, 1 किलो बोन मील, 250 ग्रा. नाइट्रोजन, 250 ग्रा. फॉस्फोरस एवं 350 ग्रा. पोटाश की आवश्यकता होती है। नाइट्रोजन, फॉस्फोरस एवं पोटाश की पूरी मात्रा को चार भागों में बाँटकर रोपाई के क्रमशः 1, 3, 5, 7 महीने बाद देना चाहिए।

पपीते की अच्छी उपज के लिए मृदा में पर्याप्त नमी का बना रहना आवश्यक है। किसी भी अवस्था में जल जमाव पौधे के लिए हानिकारक होता है। 24 घंटे से अधिक समय तक पानी लगे रहने पर पौधे की जड़ें सड़ने लगती हैं तथा अन्ततः पौधा मर जाता है। किसी भी प्रकार की खाद एवं उर्वरक के प्रयोग के तुरन्त बाद सिंचाई करनी चाहिए। गर्मी के दिनों में एक सप्ताह व ठंडी के दिनों में प्रत्येक 15 दिन के अंतराल पर सिंचाई करनी चाहिए।

प्रमुख कीट एवं रोग

लाल मकड़ी (Red mite) एवं फल मक्खी (Fruit fly) पपीते की उपज को प्रभावित करने वाले प्रमुख कीट हैं, जबकि आर्द्र गलन (Damping of seeding) तना/पाद विगलन (Stem or foot rot), फल विगलन (Fruit rot), चूर्णी फफूंद (Powdery mildew), ऐन्थ्रेक्नोस (Anthracnose), रिंग स्पॉट या वलय रोग (Ring spot disease), पर्ण कुंचन (Leafcur) एवं मोजैक विषाणु (Mosaic) पपीते की उपज को प्रभावित करने वाले प्रमुख रोग हैं।

केला

केला (Musa accuninatax Musa bulbisana Colla) म्यूसेसी (Musaceae) कुल का एक प्रमुख फल है, जो मुख्य रूप से एक ऊष्ण जलवायु का फल (Tropical fruit crop) है, जो उपोष्ण जलवायु (Subtropical climate) में भी सफलतापूर्वक उगाया जा रहा है। यह एक प्राचीनतम फल वृक्ष माना जाता है एवं दक्षिण पूर्व एशिया या भारतीय उपमहाद्वीप (असम, बर्मा, इन्डो-चाइना) को इसका उत्पत्ति स्थल माना जाता है। हमारे देश में केले की खेती बड़े पैमाने पर होती है। केला उत्पादन में विश्व में भारत का प्रथम स्थान है। तमिलनाडु, महाराष्ट्र, आन्ध्र प्रदेश, कर्नाटक, पं. बंगाल एवं बिहार आदि भारत के प्रमुख केला उत्पादक राज्य हैं। केला एक बहुत ही पौष्टिक फल है, जिससे 67-137 कैलोरी ऊर्जा एवं 27 प्रतिशत कार्बोहाइड्रेट प्राप्त होता है। इसके साथ ही इसमें 290.0 पी.पी.एम. फॉस्फोरस एवं 80.0 पी.पी.एम. कैल्शियम पाया जाता है।

केले के पौधो के प्रमुख भाग

केले के पौधे का मुख्य तना भूमिगत होता है, जिसे प्रकन्द (Rhizome)

कहते हैं। इसे ही केले का सत्य तना (True stem) कहते हैं, जबकि भूमि के ऊपर दिखने वाले भाग को आभासी तना कहते हैं, क्योंकि यह पत्तियों के एक दूसरे के ऊपर कसे होने से बनता है। केले की पत्तियाँ आकार में काफी बड़ी होती है। केले के एक पौधे में पुष्प (Flower) आने के समय तक कुल 40 पत्तियां निकल जाती हैं। केले में स्पेडिक्स प्रकार का पुष्पक्रम पाया जाता है। केले के घौंद में आधार की तरफ मादा पुष्प (Female flowers) एवं सिरे के तरफ नर पुष्प (Male flowers) होते हैं। केवल मादा पुष्पों से ही फल बनते हैं। केले के फलों के पूरे गुच्छे को गहर या घौंद कहते हैं। पूरी घौंद फलों के छोटे-छोटे गुच्छों में बंटा होता है, जिन्हें हत्था (Hand) कहते हैं, जबकि केवल एक फल छीमी (Finger) कहलाता है। केले के फल बेरी प्रकार के होते हैं।

मृदा एवं जलवायु

केले की खेती के लिए अच्छे जल निकास वाली दोमट भूमि, जिसमें कार्बनिक पदार्थ अधिक मात्रा में उपस्थित हो, उपयुक्त मानी जाती है। मृदा का पीएच मान (pH value) 4.5-7.5 के मध्य होना चाहिए। केला मुख्य रूप से ऊष्ण जलवायु का पौधा है, अतः इसकी समुचित वृद्धि विकास एवं अच्छी उपज हेतु गर्म एवं आर्द्र जलवायु की आवश्यकता होती है। इस खेती के लिए अनुकूलतम तापमान 20-40 डिग्री सेल्सियस होता है। तापमान 10 डिग्री सेल्सियस से कम होने पर पौधे की वृद्धि रुक जाती है।

प्रजातियाँ

केले की कुछ प्रजातियाँ पके फल के रूप में, जबकि कुछ को सब्जी के रूप में खाया जाता है। ड्वार्फ कावेन्डिष, रोबस्टा, मालभोग, चिनिया, चम्पा, अल्पान, जी-9 आदि पके फल के रूप में खायी जाती है, जबकि नेन्द्रन, मुठिया, बंधन आदि प्रजातियों को सब्जी के रूप में खाया जाता है।

प्रसारण

केले का प्रसारण अधोमूस्तारी (Suckers) एवं ऊतक संवर्द्धन तकनीक (Tissue culture technique) से विकसित पौधों द्वारा किया जाता है। अधोभूस्तारी दो प्रकार के होते हैं 1. नुकीली पत्तियों वाले तलवारी सकर (Sword sucker) 2. चौड़ी पत्तियों वाले (Wqater sucker) केले के प्रसारण हेतु तलवारी संकर या टिश्यू कल्चर तकनीक से तैयार पौधे उपयुक्त होते हैं। टिश्यू कल्चर तकनीक से तैयार पौधे रोगमुक्त (Disease free) होते हैं।

पौधो लगाना

- **रोपण दूरी (Planting distence)**–बौनी प्रजातियों के लिए 1.5 × 1.5.–1.8 × 1.8 मी. एवं लम्बी प्रजातियों के लिए 2.0 × 2.0-2.5 × 2.5 मी. की दूरी पर्याप्त होती है।
- **रोपाई का समय (planting time)**–जून-जुलाई
- पौधे लगाने के लिए 60×60×60 से.मी. के गड्ढे खोदकर उसमें से निकली मिट्टी में 20 कि.ग्रा कम्पोस्ट, 1 कि.ग्रा बोन मील एवं 100 ग्रा. डाई अमोनियम फॉस्फेट मिलाकर गड्ढों को भर देते है।
- मिट्टी भरकर सिंचाई कर देते हैं। जब गड्ढों की मिट्टी बैठ जाए तो पौधे लगाते हैं।

खाद एवं उर्वरक

केले के प्रत्येक पौधे को 20 कि.ग्रा कम्पोस्ट, 1 कि.ग्रा बोन मील, 1 कि.ग्रा नीम की खली, 300 ग्रा नाइट्रोजन, 45-50 ग्रा. फॉस्फोरस एवं 400 ग्रा. पोटैशियम की आवश्यकता होती है। कम्पोस्ट एवं फास्फोरस की पूरी मात्रा को गड्ढे भरते समय मिट्टी में मिला देना चाहिए। नाइट्रोजन की पूरी मात्रा को चार भागों में बाँट कर रोपाई के 1,3,5 एवं 7 महीने देना चाहिए, जबकि पोटैशियम की पूरी मात्रा को 5 भागों में बाँटकर रोपाई के 1,3, 5 एवं 7 महीने बाद एवं घौंद निकलने के समय देना चाहिए।

सिंचाई

सामान्यतः बरसात के मौसम में सिंचाई की आवश्यकता नहीं होती है, परंतु गर्मियों में 5-7 दिन व ठण्ड के मौसम में 10-12 दिन के अन्तराल पर सिंचाई करनी चाहिए। इसके अलावा टपक सिंचाई प्रणाली (Drip irrigatin system) के द्वारा पानी देना, पानी की बचत एवं पौधे के विकास दोनों ही दृष्टिकोण से लाभदायक पाया गया है। इस प्रणाली में पतली पाइपों के माध्यम से नियंत्रित दाब (Pressure) के अन्तर्गत प्रत्येक पौधे के जड़ क्षेत्र (Root zone) में बूंद-बूंद पानी देकर सिंचाई की जाती है।

उत्तर प्रदेश में केला उत्पादक क्षेत्रः वाराणसी, गोरखपुर तथा इलहाबाद।

अमरूद (Guava)

अमरूद (Psidium guava) मैरेटेसी (Myrtaceae) कुल का अत्यंत महत्वपूर्ण फल है तथा इसकी उत्पत्ति मूलतः उत्तरी अमेरिका के मेक्सिको से हुई है। इसकी खेती लगभग सभी प्रदेशों में की जाती है, परंतु प्रमुख उत्पादक राज्य उत्तर प्रदेश, बिहार, आंध्र प्रदेश, झारखण्ड, उड़ीसा, पश्चिम बंगाल, मध्य प्रदेश व छत्तीसगढ़ आदि है। अमरूद के फलों में प्रचुर मात्रा में विटामिन सी, लौह व अन्य खनिज तत्व पाए जाते हैं इसी कारण से इसे 'गरीबों का सेब' के नाम से भी जाना जाता है। इसका पौधा मध्यम आकार एवं बहुत कठोर होता है अतः कम देखभाल में इसकी अनेकों प्रकार के परिलक्षित उत्पाद भी बनाए जाते हैं, जैसे-जैली, स्क्वैश, नेक्टर साइडर, सीरप, कैन्डी एवं टॉफी आदि प्रमुख है।

मृदा एवं जलवायु

अमरूद के सफल उत्पादन हेतु उचित जल निकासी वाली बलुई-दोमट मृदा सर्वाधिक उपयुक्त होती है तथा ऐसी मृदा का पी.एच. मान 7-8 के बीच उपयुक्त होता है। परंतु यदि जिस मुदा का पी.एच. मान सामान्य से कम होता है, वहाँ पर भी अमरूद की खेती आसानी से की जाती है। उपोष्ण जलवायु में फलन वर्षभर में 2-3 बार आते हैं, परंतु इसमें मृग बहार के फल, जो शरद ऋतु में परिपक्व होते हैं, वे गुणवत्ता मे बहुत अच्छे माने जाते हैं। अम्बे बहारें फल बरसात के महीने में तैयार होते हैं तथा इनकी गुणवत्ता व जीवनकाल भी बहुत कम होता है।

प्रजातियाँ

भारत में अमरूद की अनेकों प्रजातियाँ उगायी जाती है, परंतु उनमें से कुछ ही व्यावसायिक दृष्टिकोण से अत्यन्त महत्वपूर्ण है। इनमें इलाहाबाद सफेदा, सरदार (लखनऊ-49) ललित, अर्काभृदुला, श्वेता, अर्का अमूल्य, पन्त प्रभात, हिसार, सफेदा, हिसार सुर्खा, संगम, हरीझा, चित्तीदार, बनारसी आदि प्रमुख किस्में है।

प्रवर्धन (Propogation)

अमरूद के पौधे बीज एवं वानस्पतिक तरीके से तैयार किए जाते हैं, परंतु व्यावसायिक दृष्टिकोण से वानस्पतिक विधि ही फायदेमंद होती है क्योंकि इस विधि से तैयार पौधों में शीघ्र फलन प्रारम्भ हो जाता है और सत्य प्रजाति के फलों की प्राप्ति बनी रहती है। इसका व्यावसायिक प्रवर्धनगूटी (Air Layering) शीर्ष कलम बंधन (Wedge/Top Grafting) तथा स्टूल दाब विधि (Stool or Mould Layering) द्वारा प्रमुखता से किया जाता है।

खाद, उर्वरक एवं सिंचाई

खाद एवं उर्वरक की उचित मात्रा सही समय पर देना आवश्यक होता है, अतः इसकी मात्रा का निर्धारण पौध की आयु एवं क्षेत्र के अनुसार अलग-अलग होता है, लेकिन सामान्यतया एक वर्ष पुराने पौधे को 60:20 :30 ग्राम एनपीके देने की संस्तुति की जाती है तथा उर्वरक की यही मात्रा प्रतिवर्ष बढ़ाई जाती है, जो कि 6 वर्षों के बाद उर्वरक की मात्रा बढ़कर 360:180:180 ग्राम एन.पी.के. हो जाती है तथा उसके बाद उर्वरक की यही मात्रा प्रतिवर्ष दी जाती है। पौधे की वार्षिक खाद जरूरत को दो भागों में अलग करके पहला भाग फरवरी-मार्च एवं दूसरा भाग अक्टूबर माह में दिया जाता है। फरवरी-मार्च में गोबर की सड़ी खाद (20-25 किग्रा.) एवं उपरोक्त एन.पी.के. में से फॉस्फोरस एवं पोटाश की पूरी मात्रा नाइट्रोजन की आधी मात्रा मुख्य तने से 1 मी. दूर पर पौधे के छत्रक के नीचे चारों ओर 15 से.मी. गहरी पट्टी में देकर मृदा से ढक दे तथा शेष नाइट्रोजन की मात्रा अक्टूबर में देने के बाद सिंचाई अवश्य कर देना चाहिए।

अमरूद के छोटे एवं नये पौधे को गर्मियों में 10-15 दिन एवं सर्दियों में 20-25 दिन की अंतराल पर परिवर्तित थाला विधि से नियमित सिंचाई करने से पौधों का विकास अच्छा होता है। पुआल या घास का पलवार बिछाने से पानी का अधिक उपयोग खर-पतवारों पर नियंत्रण, उपज एवं गुणवत्ता में धनात्मक वृद्धि होती है।

उत्तर प्रदेश में अमरूद उत्पादक क्षेत्रः इलाहाबाद (अब प्रयागराज), बरेली और फैजाबदा में।

नींबू

नींबू उष्ण या उपोष्ण जलवायु में उगाया जाने वाला एक प्रमुख फल है। इसके खट्टे स्वाद एवं विटामिन-सी की प्रचुरता के कारण इसकी माँग बाजार में अधिक रहती है। यह अन्य नींबू वर्गीय फलों में से एक है तथा इस वर्ग के अन्य फलों की तरह यह भी रूटेसी (Rutaceae) कुल का सदस्य है। इस वर्ग के अन्य फल मुसम्बी, संतरा, गागर नींबू, कागजी नींबू इत्यादि प्रमुख है। बिहार में नींबू वर्गीय फल वृक्षों की व्यावसायिक खेती उतनी प्रचलित नहीं है जबकि नींबू की खेती के लिए बिहार की जलवायु उपयुक्त है। विश्व में नींबू की खेती में भारत का प्रथम स्थान है। बहुत सारी प्रजातियों की मौजूदगी एवं उनमें आपसी समानता या भिन्नता के कारण इन्हें वर्गीकृत करना एक जटिल कार्य है। इसकी उपयोगिता अचार, चटनी, स्क्वैश, कॉर्डियल, आर.टी.एस. नेक्टर, शर्बत, तेल निकालने, रंग बनाने, साइट्रिक एसिड उद्योग इत्यादि में किए जाते हैं। नींबू की उत्पत्ति दक्षिण एशिया से मानी जाती है। इनमें कुछ जातियाँ तो चीन, कुछ भारत और कुछ दोनों देशों के मध्य तथा मलाया द्वीप में उत्पन्न हुई है। **जलवायु-** इसके लिए सामान्य उष्ण जलवायु अच्छी होती है। इसकी अच्छी फसल के लिए 10-35 डिग्री सेल्सियस तक तापक्रम उपयुक्त होता है। ऐसे क्षेत्रों में जहाँ 100-120 से. मी. वार्षिक वर्षा होती हो, वहाँ संतरे की फसल अच्छी होती है।

भूमि का चुनाव- इसके लिए भूमि होनी चाहिए, जिसमें जल-जमाव नहीं होता हो और मिट्टी बलुआ दोमट या मटियार दोमट होनी चाहिए, जिसमें जीवांश पदार्थ की बहुलता हो। मिट्टी का पी.एच. मान 5.5-7.5 तक होना चाहिए।

प्रमुख किस्में

कूर्ग, नागपुर, खासी, किन्नो इत्यादि है। किन्नों एक संकर किस्म है। यह दो (C. nobilis X C. delicoiosa) के cross से बना है।

मुसम्बी (Sweet Orange)- मुसम्बी, हेमलिन जाफा, माल्टा पाइनऐपॅल, सथगुदी, वेलेन्सियालेट, वाशिंगटन नेवल इत्यादि है। यह नींबू वर्ग का एक स्वादिष्ट फल है। इसका उपयोग मुख्य रूप से ताजा रस के लिए किया जाता है। इसकी लोकप्रिय किस्म मुसम्बी है। हेमलिन तथा मुसम्बी आगत किस्म हैं। ब्लड रेड, जाफा पाइन एपिल मध्यम समय में पकने वाली किस्में हैं तथा सतुगुड़ी, वेलेसिया रेड, रूबी वाशिंगटन नॉवेल, शामौती तथा टोरेको पिछात किस्म है। मुसम्बी के फलों पर बहुत हल्की धारियाँ होती है और फल के निचले भाग में एक गोलाकार रिंग होती है जिसे, एरिओल कहते हैं। इसके रस में अम्ल की मात्रा थोड़ी (0.3 प्रतिशत) होती है।

फूल-फल लगने का समय- उत्तर भारत में नींबू वर्गीय फल वृक्षों में फरवरी में बड़ी संख्या में फूल लगते हैं, परंतु 8-10 प्रतिशत फूल ही फल के रूप में विकसित होकर पकने तक पहुँच पाते हैं। शेष फल विभिन्न अवस्थाओं में झड़ जाते हैं।

कागजी नींबू- इसकी उपयोगिता सालोंभर घर की रसोई में होती है। इसका फल, छोटा रसदार खट्टा तथा छिलका पतला होता है। इसका उपयोग अचार, शर्बत, साइट्रिक एसिड उद्योग इत्यादि में होता है। इसका जन्म स्थान हिमालय का वह गर्म भाग है, जो सिक्किम से लेकर असम तथा म्यांमार तक फैला हुआ है।

प्रमुख किस्में- बनारसी, कागजी, साई शरबती, चक्रधर, प्रमालिनी, विक्रम, ताहिती नींबू, पी.के.एम. 1 है।

अन्तः सस्यन- नींबू प्रजाति के फल 7-8 वर्ष में पूरे स्थान को घेर

लेते हैं, तब तक वर्षा-ऋतु में हरी खाद तथा जाड़ों में चना व बरसीम का उत्पादन कर सकते हैं।

फलों की तुड़ाई–पुष्पन के लगभग 9 महीने बाद फल पककर तैयार होते हैं। उत्तर भारत में फल जाड़ों में पककर तैयार होते हैं। दक्षिण भारत में फसल भिन्न-भिन्न समय में तैयार होती है, परंतु पकने में कम समय लगता है।

उपज–नींबूवर्गीय फल वृक्ष से 5-8 वर्ष में व्यावसायिक उत्पादन प्राप्त होता है। फलों का उत्पादन जाति किस्म बाग की देख-रेख और जलवायु पर निर्भर करती है। एक अच्छे माल्टे से 500 फल प्रति पेड़, संतरे से 1000 से 1500 फल प्रति पेड़, ग्रेपफ्रुट से 300 फल प्रति पेड़, लाइम से लगभग 1000 प्रति पेड़ तथा लेमन से 500 फल प्रति पेड़ उपज प्राप्त होती है।

उत्तर प्रदेश में नींबू उत्पादक क्षेत्रः सहारनपुर, मेरठ तथा पूर्वी क्षेत्रों में।

लीची

लीची उपोषण जलवायु प्रदेश का एक सदाबहार फल वृक्ष है। लीची का वैज्ञानिक नाम लीची चाईनेन्सिस (Litchi Chinenisis) है तथा सपेन्डेसी (Sapindacenae) परिवार का सदस्य है। मनमोहक सुगंधयुक्त स्वाद आर्कषक रंग एवं पौष्टिक गुणों के कारण ही इसे 'फलों की रानी' कहा जाता है। लीची उत्पादन में भारत का विश्व में चीन के बाद दूसरा स्थान है। हमारे देश में लीची की बागवानी 84.200 हे. एवं कुल उत्पादन 585.300 मैट्रिक टन है। इसकी औसत उत्पादकता 7.0 टन प्रति हेक्टर है। लीची के फल, पोषक तत्वों से भरपूर एवं स्फूर्तिदायक होते हैं। इसके परिपक्व फल में 11% शर्करा, 0.7% प्रोटीन, 0.3% वसा, 0.7% खनिज पदार्थ एवं अनेक विटामिन प्रचुर मात्रा में पाए जाते हैं। इसकी खेती के लिए एक विशिष्ट जलवायु की आवश्यकता होती है जिसके कारण इसकी व्यावसायिक खेती देश के कुछ सीमित राज्यों में ही की जाती है। भारत में लीची की बागवानी मुख्यतः उत्तरी बिहार, पश्चिम बंगाल, उत्तराखंड, असम, उड़ीसा, हिमाचल प्रदेश, त्रिपुरा, झारखंड, पंजाब, छत्तीसगढ़ एवं हरियाणा में की जाती है। भारत में सबसे पहले लीची के फल त्रिपुरा में पक कर तैयार होते हैं। इसके बाद क्रमशः राँची एवं पूर्वी सिंहभूम (झारखंड): मुर्शिदाबाद (प. बंगाल), मुजफ्फरपुर एवं समस्तीपुर (बिहार), उत्तर प्रदेश के तराई क्षेत्र, पंजाब, उत्तराखंड के देहरादून एवं पिथौरागढ़ की घाटी में फल पक कर तैयार होते हैं। लीची के फल मुख्यतः ताजे फल के रूप में ही ज्यादा पसंद किए जातें हैं। इसके फलों से अनेक प्रकार के पररिक्षित पदार्थ जैसे-फलों की डिब्बाबंदी, फलों का विशुद्ध रस, शरबत, नेक्टर, कार्बोनेटेड पेय, जैम, जैली, लीची का सुखौता, लीची कैंडी, एवं फ्रोजेनलीची आदि के साथ खमीरी पेय पदार्थ सिरका भी बनाये जाते हैं।

भूमि (Soil)

लीची की खेती विभिन्न प्रकार की मिट्टी में की जा सकती है लेकिन सामान्य पी.एच. मान वाली गहरी बलुई दोमट मिट्टी इनके वृक्षों के लिए विशेष उपयुक्त होती है हल्की अम्लीय से लेकर हल्की क्षारीय मिट्टी, लीची की खेती के लिए उत्तम मानी जाती है। चूनायुक्त (20-30 प्रतिशत के कैल्शियम कार्बोनेट) मिट्टी में सफल खेती एवं गुणवत्ता-युक्त उत्पादन होता है, अतः चूने की कमी वाली जगहों में चूने की मात्रा मिलाने की सिफारिश की जाती है। अधिक जलधारण क्षमता एवं हूमस युक्त मिट्टी में इसके पौधों की अच्छी बढ़वार एवं फलोत्पादन होता है।

जलवायु (Climate)

लीची की खेती उपोष्ण जलवायु उत्पादन के लिए बहुत ही उपयुक्त पायी गई हैं। गर्म, एवं आर्द्र जलवायु गर्मी में एवं जाड़े में शुष्क एवं ठंड जलवायु सर्वोत्तम माना जाता है। लीची के फूल निकलने के लिए 20^0 से.ग्रे. तापक्रम जबकि पत्तियों एवं फल वृद्धि के लिए लगभग 30^0 से.ग्रे. तापक्रम की आवश्यकता होती है। सफल लीची उत्पादन हेतु आर्द्रतायुक्त वसंत और गर्मी के मौसम के बाद शरद ऋतु कर समय पर आगमन लीची फूलन फलन के लिए सर्वोत्तम माना जाता है।

किस्म (Varieties)

भारत में लीची की कई किस्में उगायी जाती हैं। व्यावसायिक रूप से प्रमुख किस्म है जैसे-शाही, चाईना, पूर्वी, अर्ली बेदाना, लेट बेदाना, मुम्बई, देहरादून, देहरा-रोज, रोज, रोज-सेन्टेड, अर्ली लार्ज रेड मंदराजी, देशी मुजफ्फरपुर, कस्बा, ग्रीन, अझौली, त्रिकोलिया, स्वर्णरूपा, सबौर मधु, सबौर बेदाना, हाइब्रीड 235 एच-73 इत्यादि।

उत्तर प्रदेश में लीची उत्पादक क्षेत्रः सहारनपुर और मेरठ।

बेर (Ber)

बेर (Zizyphus mauritiana Lam.) रैम्नेसी कुल (Rhamnaceae) का एक महत्वपूर्ण पौधा है जिसकी उत्पत्ति (Origin) भारत में हुई। इसे गरीबों का मेवा भी कहा जाता है क्योंकि बेर विटामिन ए, बी एवं सी आदि का एक अच्छा एवं सस्ता स्त्रोत है। इसे ऐसी अनुपयोगी भूमि में भी उगाया जा सकता है जहाँ अन्य कोई भी फसल नहीं ली जा सकती है। इसकी पत्तियों को भी पशुओं के लिए एक अच्छा चारा माना जाता है। भारत में बेर उत्पादन करने वाले प्रमुख राज्य पंजाब, उत्तर प्रदेश, हरियाणा, राजस्थान, मध्य प्रदेश, बिहार, महाराष्ट्र, असम, आन्ध्र प्रदेश, तमिलनाडु व पश्चिम बंगाल हैं। बेर के फलों को सामान्यतः ताजा ही खाया जाता है परंतु इससे विभिन्न प्रकार के उत्पाद भी बनाये जाते हैं जैसे-जैम, मुरब्बा, स्क्वैश, जेली, कैन्डी आदि। इसे सुखाकर भी खाया जाता है।

मृदा एवं जलवायु (Soil and Climate)–बेर को विभिन्न प्रकार की मृदाओं में उगाया जा सकता है परंतु गहरी बलुई दोमट मिट्टी जो हल्की क्षारीय होती है, वह इसकी खेती के लिए सर्वोत्तम होती है। ऐसी भूमि जहाँ मृदा का पी.एच. मान 8.5 से भी अधिक हो वहां भी बेर को आसानी से उगाया जा सकता है। बेर प्रतिकूल जलवायु सहन करने में सक्षम फल है। यह मुख्य रूप से शुष्क एवं गर्म जलवायु में उगाया जाता है। अच्छे फलन के लिए फलन के समय शुष्क मौसम आवश्यक होता है। यह फल सूखे

की स्थिति को आसानी से सहन कर सकता है क्योंकि इसकी जड़ें काफी गहराई में चली जाती हैं। अधिक पाले की स्थिति बेर की खेती के लिए अच्छी नहीं होती है।

प्रजातियाँ (Varieties)–भारत में बेर की लगभग 300 प्रजातियाँ पायी गयी हैं जिनमें से प्रमुख निम्न प्रकार से हैं–

अगेती किस्म (Early varieties)	मध्य किस्में (Mid varieties)	पछेती प्रजातियां (Late varieties)
गोला, बनारसी गोला, काला गोरा, सफेदा, सेव	बनारसी कड़ाका, कैथली मुन्डिया, मुरहरा, मेहरून	उमरान, इलायची, पठानी, कथा, महारवाली, जोगिया, अजमेरी

प्रवर्धन (Propagation)–बेर का प्रवर्धन बीज के साथ साथ विभिन्न वानस्पतिक विधियों द्वारा भी किया जाता है। बीच द्वारा तैयार किए गए पौधे अपनी प्रजाति के लक्षणों को बनाए रखने में सक्षम नहीं होते हैं जबकि वानस्पतिक विधियों द्वारा तैयार किए गए पौधे गुणों में अपनी प्रजाति के पौधों के समान ही होते हैं। छल्ला कलिकायन (Ring budding) व टी या शील्ड कलिकायन (T or Shield budding) प्रमुख बेर के प्रवर्धन की प्रमुख विधियां हैं। रिंग बडिंग जून में तथा टी या शील्ड बडिंग जुलाई-अगस्त में की जा सकती है।

प्रदेश के फूल, औषधीय तथा सुगंधीय पौधे

फूल

गुलदाउदी

गुलदाउदी एक शोभाकारी पौधा है जिसकी एक वर्षीय तथा बहुवर्षीय दोनों प्रकार की जातियां पाई जाती हैं। इसका कुल कम्पोजिटी है। एक वर्षीय गुलदाउदी के बीज, प्रत्येक वर्ष सितम्बर-अक्तूबर के माह में बोए जाते हैं तथा इसमें फूल सर्दियों में पैदा होते हैं। बहुवर्षीय गुलदाउदी के पौधे पूरे वर्ष भर हरे रहते हैं। यह पौधा सर्दियों के अंत में फूल समाप्त कर देता है। इसके आधार से बहुत से अधो-भूस्तरी निकलते हैं जिनको अलग-अलग नए पौधों के रूप में लगा दिया जाता है। इसके फूल छोटे व बड़े दोनों ही आकारों तथा विभिन्न रंगों में पाए जाते हैं। इसका उपयोग पुष्प सज्जा, माला, गजरा, वेनी, गुलदस्ता बनाने हेतु किया जाता है।

प्रमुख किस्में

पुष्प डंठल हेतु–बीरबल साहनी, हिमानी, नीलिमा, शरद प्रभा, जुबली, नामको, कुंदन, सुजाता, बैगी आदि।

माला हेतु–शरद शोभा, शांति, ज्योत्स्ना, हिमानी, सुनील, अर्चना, कस्तूरी आदि।

प्रवर्धन–बीज, संकर एवं कटिंग द्वारा।

संकर को फरवरी-मार्च में लगाया जाता है तथा कटिंग जुलाई-अगस्त में लगाते हैं। कटिंग के लिए मुलायम तने के ऊपरी भाग (5-7 से.मी.) को काटकर सेराडीक्स, रूटादिक्स आदि से उपचारित करके बालू में लगा दिया जाता है।

गुलाब

गुलाब को पुष्पों का राजा कहा जाता है। जिसका वानस्पतिक नाम रोजास्पीशीज (Rosa species) है। यह रोजेसी कुल का पौधा है। गुलाब का उत्पत्ति स्थान उत्तरी गोलार्द्ध है। सुगन्ध एवं सौंदर्य में गुलाब का फूलों में प्रथम स्थान है। प्राचीन साहित्य में भी गुलाब का व्यापक वर्णन मिलता है और आधुनिक युग में भी गुलाब इसकी सुगंध एवं सुंदरता के कारण इतना महत्वपूर्ण हो गया है बिना इसके कोई शुभ कार्य संपन्न नहीं होते हैं। तथा बिना गुलाब के कोई गार्डन पूरा नहीं माना जाता है। पादप वृद्धि, फूलों के रंग, फूलों के आकार, सुगन्ध, फूलों का धीरे-धीरे खुलना एवं फूल डंडो का लम्बे समय तक ताजा बने रहने की क्षमता के कारण गुलाब अधिक लोकप्रिय है व्यवसायिक रूप से भी गुलाब कि खेती बहुंत लाभप्रद है। वर्तमान में गुलाब की व्यवसायिक खेती प्रमुख रूप से बुल्गारिया, फ्रांस, मोरक्को, टर्की एवं भारत में की जा रही है। डा. जालियस हैफमैन के अनुसार गुलाब का यूरोप में प्रवेश भारत और पर्शिया से हुआ। भारत में गुलाब की खेती मुख्य रूप से कट फ्लावर, गुलाब तेल, गुलाब जल एवं गुलकंद के लिए की जाती है। वर्ष 2013-14 के सर्वे के अनुसार भारत में लगभग 30,870 हेक्टयर क्षेत्रफल में गुलाब की खेती की जा रही है। जिससे लगभग 96,090 मीट्रिक टन बिना डंडी के फूल (Loose flower) का उत्पादन हो रहा है। आज भारत अपनी घरेलू आवश्यकता की मांग को पूरा करने के साथ-साथ गुलाब तेल एवं कट फ्लावर का निर्यात करके विदेशी मुद्रा भी अर्जित कर रहा है।

गुलाब का वर्गीकरण

1. **हाइब्रिड टी गुलाब**–यह किस्म टी रोज एवं हाइब्रिड परपेच्वल के संयोग से विकसित हुई है। इस समूह की प्रथम किस्म "ला फ्रांस" फ्रांस के प्रजनक (Breeder) गुइल्लोट (Guillot) द्वारा 1867 में विकसित की गई थी। इस समूह के अंतर्गत विभिन्न उद्देश्यों के अनुसार विभिन्न रंगों की किस्में उपलब्ध हैं। विभिन्न उद्देश्यों के अनुसार किस्में–

क्यारी में लगाने वाली किस्में (Bedding varieties) :

रंग	किस्में	रंग	किस्में
पीला	अल्समीर गोल्ड, डच गोल्ड, वसंत	लाल	एवम, क्रीमसन ग्लोरी, हेप्पीनेस
गुंलाबी	पिक्चर, फस्ट प्राइज, सोनिया	सफेद	जून ब्राइंड, पास्कली, तुषार आदि

(i) **प्रदर्शनी के लिए (For Exhibition)**–शॉ गर्ल, सुपर स्टार विएना चार्म, ऐफिल टावर, गोल्डन जायंट आदि।

(ii) **सुगन्ध के लिए (Scented Varieties)**–एवन, ब्लू मून, क्रीमसन ग्लोरी, ला फान्स, सेवन्थ हैवन, सुगन्धा, द डॉक्टर आदि।

(iii) **व्यवसायिक किस्में (Commercial varieties)**–यह किस्में कट फ्लावर के लिए उगाई जाती हैं। जैसे सुपर स्टार, हैप्पीनेस, सोनिया, ग्लेडिएटर आदि।

2. **फ्लोरीबंडा**–गुलाब का यह समूह हाइब्रिड टी तथा डवार्फ पोलिएन्था के संयोग से विकसित हुआ है। इसमें फूल छोटे आकार के गुच्छों में आते हैं। जैसे फैशन मोस्ट ब्युटीफूल, एल्स पोल्सन, डी. टी. पोल्सन, जंतर मंतर, क्वीन एलिजाबेथ, आइस बर्ग, हिमांगिनी आदि।
3. **लताएँ (Climbers):** यह काफी लंबी शाखाएँ पैदा करते हैं तथा इन्हें सहारे की आवश्यकता पड़ती है। यह गुलाब आर्चिज़ (Arches), दीवार के साथ एवं पिलर के साथ लगाया जा सकता है। जैसे सिमपेथि, गोल्डन शावर, प्रोस्पेरिटी, आदि।
4. **मिनिएचर (Miniature) :** इस प्रकार के गुलाब को बेबी गुलाब भी कहा जाता है। इसके पौधे घने परंतु छोटे होते हैं। यह मुख्यत: एजिंग, गमलों, रोक्रीज एवं खिड़की में लगाने के लिए उपयुक्त होते हैं। जैसे डेजर्ट चार्म, रोजमरीन, मेरी मार्शल, सन मैड, विंडो रोज आदि।
5. **ग्रांडीफ्लोरा**–हाइब्रीड टी × फ्लोरीबंडा
6. **चाइना रोजेज (Rosachinensis)**
7. **बोरबोन रोज (Rosa bourboniana)**
8. **दमस्क रोज (Rosa damascene)**
9. **फ्रेंच रोज (Rosa gallica)**
10. **मस्क रोज (Rosa moschata)**

जलवायु–गुलाब की खेती समशीतोष्ण जलवायु से लेकर उष्णीय जलवायु में सफलतापूर्वक की जा सकती है। इसकी खेती के लिए दिन का तापमान 25 से 30 डिग्री सेंटीग्रेड तथा रात का तापमान 12 से 15 डिग्री सेंटीग्रेड उत्तम माना जाता है। फूलों की उत्तम पैदावार के लिए प्रचुर मात्रा में धूप व आर्द्रता वाली जलवायु उपयुक्त रहती है।

मिट्टी–गुलाब की खेती हेतु उचित जल निकास वाली दोमट मिट्टी जिसमें नाइट्रोजन की प्रचुर मात्रा हो और उसमें किसी प्रकार की कठोर परत न हो सर्वोत्तम होती है। वैसे तो गुलाब की वृद्धि 7-5 पी. एच. मान तक होती है। परंतु सर्वोत्तम पी.एच. मान 6-5 से 7-0 होता है।

खाद एवं उर्वरक–गुलाब के पौधे तेजी से वृद्धि करते हैं एवं इनमें खूब फूल लगते हैं। इसलिए इनको संतुलित खाद की आवश्यकता होती है। वैसे खाद की मात्रा किसी स्थान की मृदा, जलवायु एवं गुलाब की प्रजाति पर निर्भर करती है। कटाई-छंटाई के बाद 8-10 टन प्रति हेक्टयर प्रति वर्ष की दर से गोबर की खाद पौधों की जड़ों में खुदाई करते समय देनी चाहिए। वैसे तो उर्वरक का एक मिश्रण सभी क्षेत्र के लिए उपयोग किया जाना सम्भव नहीं है।

बाजार में विभिन्न व्यवसायिक मिश्रण उपलब्ध है। जबकि एक मिश्रण जिसमें 1 भाग यूरिया, 3 भाग सुपर फॉस्फेट एवं 2 भाग पोटैशियम सल्फेट हो आदर्श होता है। इस मिश्रण की 40 ग्राम मात्रा प्रति पौधा 3 बार में 15 दिन के अंतराल पर कटाई-छंटाई के बाद देना चाहिए। इसके अतिरिक्त 50 ग्राम खली (नीम/अरण्डी की खली) को प्रति पौधे की दर से प्रथम फूल तुड़ाई के बाद देना चाहिए। यूरिया का 0.2-0.3% घोल का छिड़काव भी लाभप्रद होता है।

प्रमुख कीट

माहु (Aphid)–यह जनवरी-फरवरी में पौधे का रस चूसकर हानि पहुँचाते हैं। इसकी रोकथाम के लिए 0-2% मेटासिस्टोक्स या नुवाक्रोन का छिड़काव करना चाहिए।

थ्रिप्स (Thrips)–ये मार्च से नवम्बर तक क्षति पहुँचाते हैं और ऊतकों को चाटकर धीरे-धीरे नष्ट कर देते हैं जिसके कारण कोशिकाओं में घाव बन जाते हैं। जिससे पत्तियाँ, कलियाँ, और पंखुड़ियाँ सिकुड़कर गिर जाती हैं। इसकी रोकथाम के लिए 0-3% डाईमिथोएट या 0-2% मेटासिस्टोक्स का घोल बनाकर छिड़काव करना चाहिए।

दीमक (Termite)–गुलाब के पौधों को कभी-कभी दीमक से भारी क्षति होती है। प्राय इसका प्रकोप बलुई दोमट मृदा में अधिक होता है। इसकी रोकथाम के लिए पौधों में 10 ग्राम प्रति पौधा थाइमेट डालें एवं ग्रीष्म ऋतु में पौधे में हमेशा नमी बनाए रखें।

प्रमुख रोग

चूर्णी फफूंदी (Powdery Mildew)–यह बीमारी कवक (Fungs) द्वारा फैलती है। इस रोग के प्रकोप से शुरुआत में पौधे की पत्तियों एवं कलियों पर सफेद पाउडर के धब्बे दिखाई देते हैं और धीरे-धीरे यह फैलकर पूरे पौधे पर फैल जाता है। इसकी रोकथाम के लिए 0-05 प्रतिशत कैराथेन का छिड़काव करते हैं।

डाई बैक (Die Back)–यह रोग डिप्लोमा रोजेरम (Diploma rosarum) नामक फफूँद के कारण होता है। इसके अलावा कोल्लेक्टोट्रिकम प्रजाति (Collectotrium sp.) के कारण भी यह रोग देखा गया है। कटाई-छटाई के बाद कटी हुई शाखाओं के अंत में गहरे भूरे बैंगनी धब्बे पाए जाते हैं जो धीरे-धीरे नीचे की ओर बढ़ते जाते हैं और अंत में सारी शाखा काली होकर मर जाती है। इसकी रोकथाम के लिए कटाई-छटाई के बाद बोर्डोमिक्सर दवा का लेप करना चाहिए। इसके अतिरिक्त कैप्टान 0-2% थइथेन एम-450-02% या बाविस्टीन 0.05-1.0% तक के घोल का छिड़काव किया जा सकता है।

डहलिया

डहलिया (Dahlia) एक बहुवर्षीय, कन्दीय पौधा है जिसे माला बनाने के साथ-साथ कर्तित पुष्पों के रूप में भी उपयोग किया जाता है। यह एस्टेरियेसी कुल का सदस्य है जिसे डहलिया वैरिबिलिस (Dahlia varibilis) के नाम से भी जाना जाता है। क्यारियों में डहलिया की बौनी व छोटे पुष्पों की किस्में एवं गमलों में बड़े आकार के पुष्पों वाली किस्में उगाई जाती हैं। डहलिया की कुछ जातियों की उत्पत्ति मैक्सिको और मध्य अमेरिका में हुई है।

किस्में–वर्ल्ड न्यूज (सफेद), अंगोरा (सफेद), फ्रंट रो (खुबानी/नारंगी), मेजर ग्रेनऊ (गहरा लाल), माइक्रो (खुशबूदार), वॉरटोन मेलोडी (गहरा गुलाबी), बैल ऑफ द बाऊ (चिकना गुलाबी)।

जलवायु–पुष्प कलिका की विकास दर तापमान बढ़ने से बढ़ती है और सबसे अच्छी गुणवत्ता के पुष्प 25° सेल्सियस दिन के तापमान पर तथा 16° सेल्सियस रात के तापमान पर पाए गए हैं। अधिकांशत: किस्मों में 12-14 घण्टे की प्रकाश की अवधि पर अच्छा पुष्पन होता है।

मृदा–डहलिया को ज्यादातर गहरी उपजाऊ, हल्की अम्लीय, नम भूमि में, जिसका पी.एच. 6-7 के मध्य हो, उगा सकते हैं। मृदा में हवा का आवागमन एवं जल निकास अच्छा होना चाहिए।

गेंदा

गेंदा एक विख्यात पुष्प देने वाला पौधा है। यह कठोर होता है तथा अधिकतर फूलों के लिए उद्यानों में पैदा किया जाता है। गेंदा का वानस्पतिक नाम Tagetessp है। इसका कुल कम्पोजिटी है। इसकी खेती क्यारियों में पट्टी में तथा गमले में की जाती है। फूलों का रंग पीला या नारंगी तथा लाल पाया जाता है। फूल का व्यास 5-10 से.मी. तक पाया जाता है। इसके पौधे 10 से.मी. से 90 से.मी. तक की ऊँचाई वाले होते हैं जो इनकी किस्म पर निर्भर करता है। इसके फूलों का प्रयोग मालाएं, गुलदस्ते, बटनहोल, पूजा इत्यादि के लिए किया जाता है।

मिट्टी

गेंदे की खेती किसी भी प्रकार की भूमि में की जा सकती है परंतु दोमट, बलुई दोमट या मटियार दोमट मृदा अति उत्तम होती है। जल निकास की व्यवस्था के साथ-साथ सूर्य की रोशनी का उपलब्ध होना भी पौधे के सही विकास के लिए आवश्यक है।

खेत की तैयारी

भूमि की गहरी जुताई करके मिट्टी को भुरभुरी बना देना चाहिए। जुताई से पूर्व 150 कुन्तल गोबर की खाद प्रति एकड़ के हिसाब से मिला दें ताकि जुताई के समय खाद सामान्य रूप से मृदा में मिल जाएँ इसके पश्चात पाटा लगाकर खेत को समतल कर देना चाहिए।

कटिंग द्वारा प्रवर्धन

पौधे की शीर्ष से लगभग 2-3 इंच लम्बी कलमें काटकर बालू में लगाना चाहिए। इनकी जड़ों में यदि सिरेडिक्स अथवा इन्डोलव्यूटाइरिक एसिड रसायन का प्रयोग किया ज़ाता है तो जड़ बनने की प्रक्रिया तेज हो जाती है। साधारणतया 15-20 दिनों में जड़ें निकल जाती हैं।

व्यावसायिक किस्में

अफ्रीकन–पूसा नारंगी, पूसा वसंती, अफ्रीकन येलो, जायंट डबल, जायंट औरेंज

फ्रेंच–पूसा अर्पिता, कपिड येलो, रस्टीरेड, रेडब्रोकेड, कटरस्कॉच

उर्वरक–अच्छी पैदावार लेने हेतु पौधों को उचित मात्रा में उर्वरक देना लाभदायक होता है। अफ्रीकन गेंदे हेतु 20-250 कुन्तल गोबर की सड़ी खाद या कम्पोस्ट, 120-130 किग्रा नाइट्रोजन, 60 किग्रा फॉस्फोरस एवं 60 किग्रा. पोटाश प्रति हेक्टेयर की आवश्यकता होती है जबकि फ्रेंच गेंदे हेतु 125-150 कुन्तल गोबर की सड़ी खाद या कम्पोस्ट, 100 किग्रा नाइट्रोजन, 50 किग्रा. फॉस्फोरस एवं 50 किग्रा. पोटाश प्रति हेक्टेयर संस्तुत है। गोबर की खाद, आधी नत्रजन, पूरी फॉस्फोरस एवं पोटाश की मात्रा बुवाई पर एवं आधी नत्रजन की मात्रा बुआई के 30-35 दिन पश्चात देनी चाहिए।

पिंचिंग–यह क्रिया पौधों को छोटा, झाड़ीनुमा तथा अधिक शाखाओं वाला बनाने के लिए करते हैं जिससे फूल अधिक संख्या में आते हैं। पौधे रोपने के लगभग डेढ़ महीने के पश्चात मुख्य तने की शीर्ष कलिका को ऊपर से से 3 सेमी. काट देना चाहिए। जब ये शाखाएँ 10-1 सेमी. की हो जाएँ तो पुनः एक बार फिर इन शाखाओं के अग्रभाग को तोड़ देना चाहिए।

रजनीगन्धा

व्यावसायिक फूलों में रजनीगन्धा (Tuberose) एक महत्वपूर्ण कन्दीय फूल है। रजनीगंधा का उत्पत्ति स्थान मेक्सिको या दक्षिण अमेरिका है। यह एमरल्डियेसी कुल का सदस्य है जिसे पालिएन्थस टियूबरोसा (Polyanthus tubersa) के नाम से भी जाना जाता है। इसकी खेती कटे फूलों सुगन्धित तेल के लिए की जाती है। इसके खुले फूलों को गजरा, बेनी एवं अन्य सजावट के लिए भी प्रयोग किया जाता है। इसमें पुष्पन जुलाई के अंत से दिसम्बर तक होता है। फरवरी से मार्च तक कन्द सुसुप्तावस्था में रहते हैं।

जलवायु–भारतवर्ष में रजनीगंधा की खेती गर्म व नम जलवायु में की जाती है इसे उगाने के लिए औसत तापमान 20° - 35° सेल्सियस उपयुक्त होता है।

किस्में–रजनीगंधा की किस्मों का वर्गीकरण उसमें पाई जाने वाली पंखुड़ियों की कतारों की संख्या के आधार पर किया जाता है। जितनी पंखुड़ियों की कतारें फूल में होगी, उसी क्रम में उसको वर्गीकृत किया जाता है-जैसे सिंगल टाइप जिनमें पंखुड़ियों की एक कतार होती है, डबल टाइप जिनमें पंखुड़ियों की 3 से अधिक कतारें पाई जाती हैं और मध्यम टाइप जिनमें फूलों में दो या तीन पंखुड़ियों की कतारें पाई जाती हैं। राष्ट्रीय वनस्पति अनुसंधान संस्थान, लखनऊ द्वारा दो किस्में गामा किरणों के प्रयोग से विकसित की गई हैं - स्वर्ण रेखा और रजत रेखा। अखिल भारतीय उद्यान अनुसंधान संस्थान बैंगलुरु द्वारा भी दो संकर किस्में श्रृंगार और सुवासिनी विकसित की गई हैं।

भूमि–रजनीगंधा की खेती के लिए हल्की दोमट मिट्टी से लेकर चिकनी मिट्टी, जिसका पी.एच. मान 6.5-7.5 हो, अच्छी मानी जाती है। भूमि ऐसी जगह पर हो, जहाँ पौधों को पर्याप्त मात्रा में धूप मिले तथा गर्मी के मौसम में दोपहर के बाद खेत में हल्की छाया रहे।

सुगन्धित पौधे

मेंथा

मेंथा के नाम से लोकप्रिय जापानी पोदीना एक सुगंधीय पौधा है जिससे प्राप्त एसेन्शियल आयल्स के उत्पादन की मात्रा की दृष्टि से भारत को सम्पूर्ण विश्व में प्रथम स्थान प्राप्त है। वर्तमान में भारतवर्ष के उत्तर प्रदेश व पंजाब इसकी खेती के लिए अग्रणी राज्य हैं। इसके अलावा जम्मू व कश्मीर, हरियाणा, बिहार, मध्य प्रदेश एवं आंध्र प्रदेश में भी छोटे स्तर पर कहीं-कहीं इसकी खेती की जा रही है। यह पौधा लेमिएसी कुल का सदस्य है। इसका वानस्पतिक नाम मेन्थाअर्वेन्सिस (Mentha arvensis)। तेल का मुख्य घटक मेन्थाल है।

जापानी पोदीना जड़ समूह से फैलाने वाला रोमिल, बहुवर्षीय शाक है, जो जमीन पर भी या पर्व-सन्धियों के स्तर व जड़ों के नीचे रेंगता हुआ बढ़ता है। इसके 1-3 फुट ऊँचे उदग्र स्तम्भ प्रायः शाखित होते हैं। इसके पर्णों के कक्षों में द्विओष्ठीय पुष्पों के पुंज रहते हैं। पत्तियाँ प्रासवत्, त्रिकोणीय एवं कुण्ठित दांतों वाली होती हैं।

औषधीय उपयोग–इसके तेल का उपयोग सर्दी-जुकाम, ज्वर, अतिसार, अपच, बदहजमी दस्त, सिरदर्द, कमर दर्द, गठिया, सौन्दर्य प्रसाधन सामग्रियों एवं पान मसाला व टॉफी आदि में प्रयोग किया जाता है।

भूमि व जलवायु–मेंथा के लिए मुख्य रूप से बलुई, बलुई-दोमट एवं हल्की चिकनी मिट्टी जिनमें कार्बनिक पदार्थ प्रचुर मात्रा में ही उपयुक्त होती है। जिसका पी.एच. 6.0-4.5 होना चाहिए। मेंथा के पौधों के लिए उष्ण एवं शीतोष्ण जलवायु हल्के जाड़े एवं ग्रीष्म ऋतु उपयुक्त है।

उन्नत किस्में–हिमालय, कोसी, सक्षम, सरयू, शिवालिक, गोमती, डमरू एवं एम.ए.एस.-11 आदि।

भूमि की तैयारी–एक या दो जुताई करके खेत को अच्छी तरह तैयार करना चाहिए एवं सभी प्रकार के खरपतवारों को अच्छी तरह निकालकर सुविधानुसार क्यारियाँ बना लेनी चाहिए।

प्रवर्धन–मेंथा का प्रवर्धन सीधे पौधे द्वारा होता है।

बुवाई–पौधे का भूस्तारी पौध द्वारा रोपाई 15 जनवरी से फरवरी के प्रथम सप्ताह तक की जाती है। मेंथा के पौधे नर्सरी में उगाकर बाद में रोपाई कर सकते हैं। यह क्रिया उस समय ज्यादा उपयुक्त है, जब देर से खेत खाली होता है। सिंधी रोपाई में 4-5 क्विंटल पौध की आवश्यकता एवं रोपणविधि द्वारा एक क्विंटल पौध प्रति हेक्टेयर की आवश्यकता होती है।

खाद तथा उर्वरक–खेत की अंतिम जुताई के समय 10 टन सड़ी गोबर की खाद अच्छी तरह मिला देते हैं। औसत किस्म की मृदाओं में 120-150 कि.ग्रा. नेत्रजन, 50-60 कि.ग्रा. फॉस्फोरस एवं 40-60 कि.ग्रा. पोटाश प्रति दो कटाई उर्वरकों के रूप में पर्याप्त होती है। फॉस्फोरस व पोटाश की पूर्ण मात्रा उर्वरकों के रूप में रोपाई के समय ही दी जाती है तथा नेत्रजन की कुल मात्रा का एक तिहाई भाग कल्ले निकलने के बाद उर्वरक के रूप में दिया जाता है, एवं दो तिहाई भाग का प्रयोग समान मात्रा में तीन बार खड़ी फसल में किया जाता है। एक कटाई के लिए नेत्रजन 70-80 कि.ग्रा., फॉस्फोरस 40 कि.ग्रा. एवं पोटाश 30 कि.ग्रा. की आवश्यकता पड़ती है।

सिंचाई–मेंथा की उन्नत फसल के लिए मार्च-अप्रैल में 15-20 दिन के अंतराल से एवं ग्रीष्म ऋतु में 8-10 दिन के अंतराल पर सिंचाई करनी चाहिए। मेंथा की फसल के दौरान लगभग 12-15 सिंचाइयों की आवश्यकता पड़ती है।

लेमनग्रास

लेमनग्रास को उत्तर भारत में अधिकांश लोग नींबू घास के नाम से जानते हैं। नींबू घास भारत वर्ष के विभिन्न भागों में उत्पन्न होने वाली वह प्रमुख घास है जिसका उपयोग सुगंध उद्योग में भी होता है तथा औषधीय कार्यों हेतु भी। इसका वानस्पतिक नाम सिस्बोपोगॉन सिट्रेटस (Cymbopogan Citratus) है। यह घास कुल पोएसी (Poacae) परिवार का सदस्य है। यह पौधा बाजार में वेस्ट इण्डियन (West Indian Lemon Grass) लेमन ग्रास के नाम से जाना जाता है।

यह एक लम्बी, बहुवर्षीय मधुर गन्ध वाली घास है जो 1-2 मीटर तक ऊँची होती है। इसकी पत्तियाँ लम्बी काँस के पौधों जैसी लेकिन कोमल व गुच्छे दार होती है। इस पर छोटे दिनों में वर्षा के दौरान फूल एवं बीज आते हैं। इसके पौधें को एक बार लगाने पर यह 6-8 वर्ष तक चलता रहता है। यह पौधा अत्यन्त कठोर प्रकृतिका एवं सूखा सहन करने की क्षमता रखने वाला होता है। लेमनग्रास में (सिट्राल) नामक मुख्य घटक होता है जो कि इसमें 75 से 85 प्रतिशत तक होता है तथा तेल का प्रतिशत 0.17-0.53 प्रतिशत तक पाया जाता है। भारत लेमनग्रास को उगाने वाला प्रमुख देश है।

लेमनग्रास में पाए जाने वाले सिट्राल द्वारा अल्फा एवं बीटा आयोनोन तैयार किए जाते हैं तथा बीटा आयोनोन को संश्लेषित कर उनका प्रयोग सौन्दर्य प्रसाधनों, साबुनों व इत्र निर्माण आदि में किया जाता है। इसके अतिरिक्त इसका उपयोग विभिन्न महत्वपूर्ण औषधियों के निर्माण में किया जाता है। इसके तेल का प्रयोग कीटनाशी एवं जीवाणुनाशी के रूप में भी किया जाता है।

भूमि व जलवायु–लेमनग्रास की खेती किसी भी प्रकार की भूमि में की जा सकती है। परंतु जीवाशयुक्त दोमट पी.एच. 6.5 - 7.0 जिसमें जल निकास की उचित व्यवस्था हो, सर्वोत्तम होती है। लेमनग्रास की खेती के उष्ण तथा समशीतोष्ण जलवायु, जहाँ 200 - 250 सें.मी. वार्षिक वर्षा हो, आदर्श होती है।

भूमि की तैयारी–भूमि को 4-6 अच्छी तरह जोत कर पाटा लगाकर भुरभुरा बना लेना चाहिए तथा अंतिम जुताई पर सड़ी हुई गोबर की खाद जरूर प्रयोग करनी चाहिए।

उन्नत किस्में–प्रगति प्रमाण, कावेरी, कृष्णा, नीमा, आर.आर.एल.-16, एस.डी.-17, जी.आर.एल., सी.के.पी.-25 आदि।

सिट्रोनेला

सिट्रोनेला का दूसरा प्रचलित नाम जावा सिट्रोनेला भी है। यह एक बहु. वर्षीय, तना विहीन लम्बी पत्तियों वाला सुगंधीय घास है जिनकी पत्तियों से सिट्रोनेला तेल निकाला जाता है एवं जिसकी ऊँचाई लगभग 1.5-2.0 मीटर तक होती है। सिट्रोनेला का पौधा लेमनग्रास एवं पामारोजा से अपेक्षाकृत छोटा लेकिन इसकी पत्तियाँ उनसे चौड़ी होती हैं तथा इसमें स्लिप्स भी अपेक्षाकृत अधिक मोटी होती है।

सिट्रोनेला भी एक बार रोपित करने पर 3-4 वर्षों तक चलता रहता है। इसका वानस्पतिक नाम सिम्बोपोगॉन विन्टेरिएनस (Cymbopogan Winterianus) है। यह घास पोएसी (Poaceae) कुल का सदस्य है। इसके तेल का उपयोग खुशबूदार साबुनों, डियोड्रेंट, मच्छर अवरोधी सामग्री निर्माण में

तथा सौंदर्य प्रसाधनों आदि में किया जाता है। इसके अतिरिक्त यह तेल जिरेनियॉल तथा हाइड्रोक्सी सिट्रोनेलल जैसे सुगंधित रसायनों का भी प्रमुख स्रोत है।

भारत में सिट्रोनेला मुख्य रूप से असम अरुणाचल प्रदेश, नागालैंड, मणिपुर, पश्चिम बंगाल, कर्नाटक, आंध्र प्रदेश व ओडिशा के अतिरिक्त उत्तर प्रदेश, उत्तरांचल एवं मध्य प्रदेश आदि में सफलतापूर्वक उगाई जा रही है।

भूमि व जलवायु–सिट्रोनेला की खेती के लिए बलुई दोमट मिट्टी तथा दोमट मिट्टी जिसका पी.एच. 6.0-7.5 के बीच हो, जिसमें पानी के निकास की अच्छी व्यवस्था हो, उपयुक्त होती है। सिट्रोनेला को गर्म एवं तर जलवायु जहाँ अच्छी व खुली धूप हो तथा औसत वार्षिक वर्षा 200-250 सें.मी. होती हो, उपयुक्त रहती है। इस फसल के लिए तापमान 10-35°से. एवं आर्द्रता 70-80 प्रतिशत तक उत्तम होती है।

भूमि की तैयारी–फसल को बोने से पूर्व खेत को दो - तीन बार क्रास जुताई करके 20-25 टन गोबर की खाद प्रति हेक्टेयर की दर से मिलानी चाहिए।

उन्नत प्रजातियाँ–केन्द्रीय औषधीय एवं सुगंध पौधा संस्थान (सीमैप) द्वारा बायो - 13, मंजूषा, मंजूरी, मंदाकिनी, जलपल्लवी तथा सिम जीवा किस्मों का विकास किया गया है।

प्रवर्धन–सिट्रोनेला घास का प्रवर्धन स्लिप्स द्वारा किया जाता है।

बुवाई–सिट्रोनेला घास की बुवाई के लिए जुलाई, अगस्त अथवा फरवरी, मार्च का समय सर्वोत्तम होता है। स्लिप्स को खेत में बनी लाइनों में 60-30 सें.मी. की दूरी पर 5-8 इंच की गहराई पर लगाना चाहिए। बुवाई के उपरान्त खेत में पानी छोड़ देना चाहिए। एक हेक्टेयर क्षेत्र में लगभग 50,000 स्लिप्स की आवश्यकता होती है। बिजाई के दो सप्ताह उपरान्त स्लिप्स से पत्तियाँ निकलनी शुरू हो जाती हैं।

औषधीय पौधे

औषधीय पौधे वह पौधे होते हैं जिनमें द्वितीयक चयापचय (Secondary metabolites) पाये जाते हैं और इनमें दवा बनाने की क्षमता होती है। द्वितीयक चयापचयों (Secondary metabolites) में अल्कलोइड्स ग्लाइकोसाइड्स, कौमेरीन्स, फ्लेवोनोइड्स, स्टेरोइड्स आदि शामिल होते हैं। यह पौधे भारतीय चिकित्सा पद्धति (आयुर्वेद, यूनानी, सिद्ध और होम्योपेथी) में दवा बनाने का मुख्य आधार होते हैं। यह पौधे देश के अलग-अलग भागों में विभिन्न वातावरण एवं जलवायु में पाये जाते हैं। भारतवर्ष में रोग निवारण के लिए पौधों के प्रयोग का कदाचित सर्वप्रथम वर्णन ऋग्वेद में मिलता है। ऋग्वेद के सूत्रों में वर्णित अनेक औषधियों के नाम तो इतने शुद्ध और स्पष्ट हैं कि आज भी उन नामों से पौधों के विषय में अधिक विवरण प्राप्त नहीं है। चरक और सुश्रुत ने भारतीय वनौषधि पर दो अत्यंत महत्त्वपूर्ण ग्रंथ-चरक संहिता एवं सुश्रुत संहिता लिखे। चरक संहिता में लगभग 700 औषधियों का वर्णन है। सुश्रुत संहिता में शल्य चिकित्सा (Surgery) का वर्णन है। सुश्रुत को विदेशी वैज्ञानिकों ने भी बहुत मान्यता दी है। वे स्वीकार करते हैं कि भारत में शायद 'प्लास्टिक सर्जरी' की प्रथा 2,000 वर्ष पहले से ही थी।

पौधे मानवीय जीवन में महत्वपूर्ण भूमिका निभाते हैं। पौधों से न केवल भोजन संबंधी आवश्यकताओं की पूर्ति होती है, बल्कि जीव जगत से नाजुक संतुलन बनाने में भी ये अग्रणी हैं–कार्बन चक्र हो या भोजन शृंखला के पिरामिड में भी इनका सर्वोच्च स्थान हैं। हमारे शरीर को रोग से बचाए रखने में औषधीय पौधों का अत्यधिक महत्व होता है इसी के कारण भारतीय पुराणों, उपनिषदों, रामायण एवं महाभारत जैसे प्रमाणिक ग्रंथों में इसके उपयोग के अनेक साक्ष्य मिलते हैं। पृथ्वी पर पायी जाने वाली 5,50,000 पौधों की उच्च प्रजाति में से 80,000 से अधिक प्रजातियों में औषधिय गुण पाये जाते हैं। भारत विश्व का ऐसा देश है जिसमें 12 जैव विविधता केन्द्र (Biodiversity centres) है जिनमें 45000 से अधिक विभिन्न प्रकार की पादप प्रजातियों पायी जाती है। भारत की प्रजाति विविधता 16 कृषि जलवायु क्षेत्र, 10 वनस्पति क्षेत्रों एवं 426 बायोम्स (विशिष्ट प्रजातियों का निवास स्थान) के कारण बेजोड़ है। जिनमें से 15000 से 20000 पौधों में बहुत अच्छे औषधीय गुण पाये जाते हैं जबकि केवल 7000 प्रजातियों को ही उनके औषधीय गुणों के लिए पारंपरिक समुदायों द्वारा प्रयोग किया जाता है। दवाएँ पूरे पौधे या पौधे के विभिन्न भागों जैसे पत्ती, तना, छाल, जड़, फूल ओर बीज इत्यादि से बनाई जाती हैं। भारत में वन ही अधिकतर औषधीय पौधों का मुख्य भण्डार है जहाँ से बड़े पैमाने पर दवाएँ बनाने के लिए कच्चा माल यही से प्राप्त होता है।

औषधीय पौधों का महत्व

औषधीय पौधे एवं उनसे प्राप्त उत्पाद हमेशा आधुनिक रसायन पद्धति की अपेक्षा पारंपरिक चिकित्सा पद्धति में मुख्य भूमिका अदा करते हैं। देश में उपलब्ध विभिन्न कृषि जलवायु के साथ आवश्यक वर्षा एवं धूप पौधों के फलने फूलने के लिए एक आदर्श स्थान है। कृत्रिम दवाएँ संश्लेषण करने की अपेक्षा औषधीय पौधे की कटाई व तोड़ाई कम खर्चीली होती है

सिंथेटिक रासायनिक दवा के हानिकारक प्रभाव के कारण पारम्परिक दवाओं की लगातार मांग बढ़ रही है।

आजकल फार्मेसी और जैविक जन्तु नाशक बनाने वाली इकाइयों द्वारा कच्चा माल लेने हेतु घरेलू मांग बढ़ी है।

औषधीय पौधों की खेती से ग्रामीण क्षेत्र में रोजगार के अवसर पैदा होंगे।

बहुत-सी आधुनिक दवाएँ अप्रत्यक्ष रूप से औषधीय पौधों से बनाई जाती है जैसे एस्प्रिन (Aspirin)

विश्व में अधिकतर संस्कृतियों द्वारा पौधे दवा के रूप में प्रत्यक्ष रूप से काम में लिए जाते हैं- जैसे चाइनीज दवा एवं आयुर्वेदिक दवा।

बहुत-सी खाने वाली फसलें औषधीय गुण रखती हैं जैसे- लहसुन।

औषधिय पौधे नई दवाएँ बनाने के स्रोत होते हैं।

औषधीय पौधों का वर्गीकरण

औषधीय पौधों को विभिन्न वर्गों में विभाजित किया जा सकता है, परंतु यहाँ कुछ महत्वपूर्ण वर्गों का ही उल्लेख किया जा रहा है।

1. **पौधों के उपयोगी भाग के अनुसार (Based on partg used)**–पौधे

का व्यवसायिक भाग जोकि दवा बनाने, स्वास्थ्य वर्धक और रोगों से बचाने के उपयोग में लिया जाता है। उसके अनुसार वर्गीकरण निम्न प्रकार है-

1. **संपूरण पौधा (Whole plant)**–कालमेघ (Andrographis paniculata), ब्राह्मी (Barcopa monnieri)
2. **जड़ (Root)**–अश्वगंधा (Withania somnifera), सर्पगंधा (Rauvolfia serpentine)
3. **तना (Stem)**–गिलोय (Tinosporacordifelia)
4. **छाल (Barl)**–अशोक (Saraca asoca)
5. **पत्ती (Leaf)**–एलोवेरा (Aloe vera), मेंहंदी (Lawsonia inermis)
6. **फूल (Flower)**–लजालू (Biophytum sensitivum), पिपली (Piper longum)
7. **फल (Fruit)**–बेर (Aegle marmelos), आंवला (Phyllanthus emblica)
8. **बीज (Seed)**–हेनबेन (Hyoscyamus niger), ईसबगोल (Plantago ovata)

2. पौधे की वृद्धि स्वभाव के अनुसार (Based on growing habit) :

1. **घासें (Grasse)**–दूब घास (Cynodon dactylon)
2. **मूस्ता (Sedges)**–मोथा (Cyperus rotundus)
3. **शाक (Herb)**–ईसबगोल (Plantago ovata), सहदेवी (Vernonia cineria)
4. **झाड़ी (Shrub)**–मकोय (Solonu, nigrum)
5. **लता (Climber)**–सतावरी (Asparagus racemosus)
6. **वृक्ष (Trees)**–नीम (Azadirachta indica)

3. पौधों के आवास के अनुसार (Based on habitat) :

1. **उष्णाकटिबन्धीय (Tropical)**–कालमेघ (Andrographis paniculata)
2. **उपोष्णकटिबंधीय (Sub-tropical)**–पुदीना (Mentha arvensis)
3. **समशीतोष्ण (Temperature)**–बेलाडोना (Atropa belladona)

4. आयुर्वेदिक योगों के अनुसार (Based on Ayurvedic formulations):

1. **दसमूला**–जैसा कि नाम से विदित होता है दसमूल दस पौधों की जड़ों से मिलकर बना होता है।
2. **दसपुष्पा**–दसपुष्पा दस पौधों के फूलों से मिलकर बना आयुवेंदिक योग होता है।
3. **त्रिफला**–तीन फलों से मिलकर बना आयुर्वेदिक योग होता है।

5. जीवन चक्र के अनुसार (Based on life cycle) :

1. एकवर्षीय (Annual)–ईसबगोल (Plantago ovata)
2. द्विवर्षीय (Biennial)–हेनबेन (Hyoseyamus niger)
3. बहुवर्षीय (Perennial)–एलोवेरा (Aloe barbadensis), सेना (Cassia angustifolia)

6.वानस्पतिक आधार पर वर्गीकरण (Botanical classification) **:**

(1) एक बीजपत्री (Mono-cotyledoneae) **:**

1. अमेरीलिडेसी कुल–लहसुन (Allium sativum)
2. लिलिएसी कुल–एलोय (Aloe barbadensis), सतावरी (Asparagus racemosus)
3. एरेसी कुल–वच (Acorus calamus)
4. डायोस्कोरेसी कुल–जमीन कन्द (Dioscorea floribunda)

(2) दो बीजपत्री (Di-cotyledoneae) **:**

1. एस्टेरेसी कुल–भृंगराज (Eclipta alba)
2. कोन्वोल्वुलेसी कुल–कालादाना (Ipomea nil)
3. यूफोरबीएसी–भूमि आंवला (Phylanthus amarus)
4. सोलेनेसी कुल–धतूरा (Datura metel), मकोय (Solanum nigrum)
5. अम्बेलिफेरी कुल–अजवाइन (Trachyspemum ammi)
6. लेग्यूमिनोसी कुल–अशोक (Saraca indica)
7. मालवेसी कुल–गुड़हल (Hibiscus rosa sinensis)
8. मिरटेसी कुल–जामुन (Syzygium jambolana)

5

उत्तर प्रदेश में पशुधन

देश के भौगोलिक क्षेत्र के 7.3 प्रतिशत क्षेत्र को आवरित करने वाला उत्तर प्रदेश, क्षेत्रफल के दृष्टिकोण से चौथा सबसे बड़ा राज्य है, वहीं पशुधन (कुक्कुट को छोड़कर) के मामले में देश में प्रथम स्थान पर है, जहाँ देश के कुल पशुधन का 13.4 प्रतिशत है जबकि कुक्कुट के क्षेत्र में प्रदेश का योगदान 2.56 प्रतिशत है।

दूध, पौष्टिकता प्रदान करने वाला एक महत्वपूर्ण आहार है, इसलिये इसे आदर्श आहार कहते हैं। वर्ष 2019-20 में प्रदेश 318.20 लाख मीट्रिक टन (वृद्धि दर 4.26 प्रतिशत) दुग्ध उत्पादन कर देश में प्रथम स्थान पर था, जो देश के दूध उत्पादन के लगभग 5वें हिस्से के बराबर है। वर्ष 2020-21 में लक्ष्य 401.00 लाख मी.टन के सापेक्ष जुलाई 2020 तक 101.90 लाख मी.टन दुग्ध उत्पादन किया गया है। वर्ष 2019-20 में 310 करोड़ अण्डों का उत्पादन किया गया था, वर्ष 2020-21 में 35000 लाख अण्डों के लक्ष्य के सापेक्ष जुलाई माह तक 9300.00 लाख अण्डों का उत्पादन किया गया है। मांस का उत्पादन वर्ष 2019-20 में 1316.00 हजार मी०टन किया गया था एवं वर्ष 2020-21 में 1510 हजार मी.टन लक्ष्य के सापेक्ष माह जुलाई तक 75.00 हजार मी.टन मांस का उत्पादन किया गया है।

पशु उत्पाद की प्रगति

उत्पाद	2017-18	2018-19	2019-20	2020-21 जुलाई 2020
दूध (लाख मी.टन)	290.52	305.18	318.20	101.90
अण्डा (करोड़ संख्या)	243.98	261	310	93.0
ऊन (हजार कि.ग्रा.)	1299	1316	1316	337
मांस (हजार मी.टन)	1151.12	1227.09	1020.00	75.00

पशु उत्पादों का विवरण

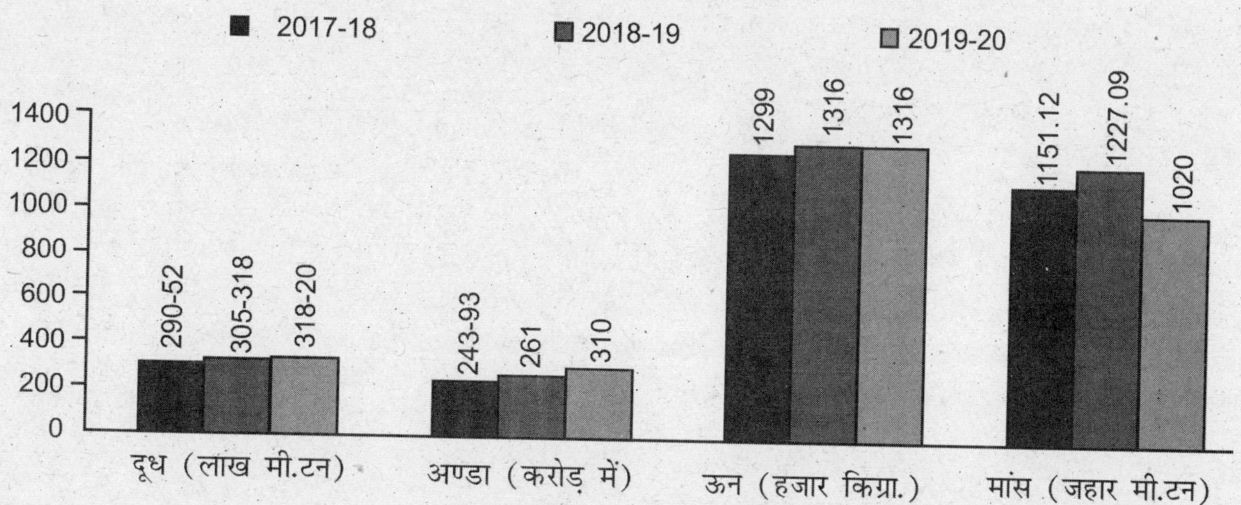

पशुधन

गोवंशीय, महिषवंशीय, बकरी, भेड़, सूकर, कुक्कुट व अन्य पशुधन आदि के स्वास्थ्य, रोग नियंत्रण, टीकाकरण आदि कार्य नियमित रूप से किये जा रहे है, जिससे उच्च प्रजनन क्षमता व उत्पादन में वृद्धि हो सके। पशुपालन सीधे किसानों के हित से जुड़ा है, वर्ष 2022 तक किसानों की आय को दोगुना करने

के लक्ष्य को प्राप्त करने मे यह सहायक सिद्ध होगा। वर्ष 2012 एवं 2017 की पशुगणनानुसार प्रदेश में पशुधन तालिका में दर्शाया गया है:

प्रदेश में पशुधन (लाख में)

पशुधन	2012	2017	वृद्धि दर (प्रतिशत में)
गाय	205.66	202.4	(-)1.76
भैंस	306.25	330.17	7.81
भेड़	13.54	9.85	(-)27.25
बकरी	155.86	144.80	(-)7.10
सूकर	13.34	4.08	(-)69.42
कुक्कुट	186.68	125.16	(-)32.95

प्रदेश में 2202 पशुचिकित्सालय, 2575 पशु सेवा केन्द्र, 267 'डी' श्रेणी पशु औषधालय, 5 सचल पशुचिकित्सालय, 05 पॉलीक्लीनिक, 01 केन्द्रीय प्रयोगशाला, 10 मण्डलीय प्रयोगशाला, 5003 कृत्रिम गर्भाधान केन्द्र, 03 अति-हिमीकृत वीर्य उत्पादन केन्द्र एवं 01 पशु जैविक औषधि उत्पादन संस्थान पशुपालन के क्षेत्र में पशुपालकों को अपनी सेवाएं प्रदान कर रहे हैं।

पशुधन, दुग्ध विकास से संबंधित मुख्य बिन्दु

- वर्ष 2019-20 में प्रदेश 318.20 लाख मीट्रिक टन (वृद्धि दर 4.26 प्रतिशत) दुग्ध उत्पादन कर देश में प्रथम स्थान पर है, जो देश के दूध उत्पादन का लगभग 5वें हिस्से के बराबर होता है।
- माननीय मुख्यमंत्री द्वारा डिटेक्शन ऑफ सोयाबीन इन मिल्क पाउडर हेतु पीसीडीएफ व एनडीडीबी द्वारा विकसित टेस्टिंग स्ट्रिप का शुभारम्भ किया गया है। पीसीडीएफ द्वारा विकसित इस जांच प्रणाली को एनडीडीबी द्वारा मिल्क डे (1 जून, 2018) पर इनोवेशन एवार्ड दिया गया।
- मेरठ, लखनऊ, वाराणसी, इलाहाबाद व झांसी में विटामिन ए व डी युक्त फोर्टीफाइड पराग दुग्ध का विक्रय प्रारम्भ कराया गया है।
- प्रदेश के 5 जनपदों में पायलट बेस पर दुग्ध पट्टी पर पशु चिकित्सा सुविधा, दवाई आदि हेतु सी.एस.आर. कॉल सेन्टर स्थापित किये गये हैं।
- प्रदेश में प्रथम महिला दुग्ध उत्पादक सहकारी संघ लि. शाहजहाँपुर में स्थापित किया गया है।

प्रजनन सेवाएँ

1. भ्रूण प्रत्यारोपण तकनीक को बढ़ावा (पशु उत्थान वर्ण संकर केन्द्र)- भ्रूण प्रत्यारोपण तकनीक को बढ़ावा देते हुए स्वदेशी प्रजाति के उच्च उत्पादक गोवंशीय पशुओं की संख्या में त्वरित वृद्धि हेतु सांडो का उत्पादन सुनिश्चित किया जा रहा है। जनपद बरेली में स्थापित पशु उत्थान वर्णसंकर केन्द्र के माध्यम से उच्च प्रजनन क्षमता के स्वदेशी मादा पशुओं में भ्रूण प्रत्यारोपण तकनीक का प्रयोग करते हुए 1000 भ्रूण उत्पादन किया जाना है जिससे वर्ष 2022 तक लगभग 400 संतति प्राप्त होंगी जिनकी औसत दुग्ध उत्पादन क्षमता 4000 ली. प्रति ब्यांत होगी। पशु उत्थान वर्ण संकर केन्द्र पर स्वदेशी प्रजाति के 200 उच्च जनन क्षमता के सांड़ों का उत्पादन सम्भव होगा।

2. कृत्रिम गर्भाधान आच्छादन में वृद्धि- प्रदेश में उ.प्र. पशु प्रजनन नीति-2018 क्रियान्वित की जा रही है। प्रदेश में वर्तमान में 174 लाख कृत्रिम गर्भाधान का लक्ष्य है जिसके सापेक्ष जुलाई, 2020 तक 22.7 लाख किया गया है। वर्ष 2022 तक 180 लाख प्रजनन योग्य पशुओं को आच्छादित किया जाना प्रस्तावित है। देशी गायों की साहीवाल, थारपारकर, हरियाणा, गंगातीरी प्रजातियों से शत-प्रतिशत उन्नत प्रजनन आच्छादन सुनिश्चित किया जायेगा।

राष्ट्रीय कृत्रिम गर्भाधान कार्यक्रम (एन.ए.आई.पी.) के द्वारा उच्च आनुवांशिक वीर्य के माध्यम से वृहद् स्तर पर पशुओं की नस्ल सुधार कर उनकी उत्पादकता में वृद्धि की जा सकती है। उच्च गुणवत्ता युक्त स्वदेशी गोवंशीय पशुओं की नस्लों का संरक्षण एवं सर्वधन किया जायेगा। वर्ष 2019-20 में योजनान्तर्गत फेज-1 में प्रत्येक जनपद के 300 ग्रामों का चयन किया गया है जहां पर कृत्रिम गर्भाधान का आच्छादन 50 प्रतिशत से कम है। राष्ट्रीय गोकुल मिशन के अन्तर्गत के समस्त जनपदों में कृत्रिम गर्भाधान आच्छादन प्रतिशत बढ़ाए जाने हेतु 15.00 लाख पशुओं में निशुल्क कृत्रिम गर्भधान किया जाना लक्षित है, जिसके सापेक्ष मई 2020 तक 6.60 लाख कृत्रिम गभोधान किया गया है तथा 5.52 लाख ईनाफ पोर्टल पर फीडिंग की गई। फेज-2 को 01 अगस्त, 2020 से 31 मई, 2021 तक संचालित किये जाने का निर्णय लिया गया है। प्रत्येक जनपद में 500 ग्रामों का चयन किया गया है जहां पर कृत्रिम गर्भाधान का आच्छादन 50 प्रतिशत से कम है। योजनान्तर्गत प्रति जनपद 50000 गोवंशीय एवं महिषवंशीय पशुओं में कृत्रिम गर्भाधान का कार्य किया जाना है।

3. बहुउद्देशीय सचल पशु चिकित्सा सेवा- चिकित्सालयों पर पदस्थ पशुचिकित्सा अधिकारियों को मोबिलिटी की समुचित व्यवस्था न होने के कारण पशुपालकों के द्वार पर कृत्रिम गर्भाधान एवं अशक्त पशु को किसी बीमारी में त्वरित आकस्मिक सेवाएं उपलब्ध कराने के दृष्टिगत 774 विकास खण्डों (बुन्देलखण्ड को छोड़कर जहाँ बुन्देलखण्ड पैकेज के अन्तर्गत ये पूर्व से स्थापित हैं) में विकासखण्ड स्तर के पशुचिकित्सालय पर बहुद्देशीय सचल पशुचिकित्सा सेवाएं, सुदूर ग्रामीण क्षेत्रों के द्वार पर चिकित्सा, कृत्रिम गर्भाधान, टीकाकरण. बांझपन निवारण की स्थिति में तत्काल रोकथाम आदि सेवाओं की उपलब्धता सनिश्चित की जा रही है।

पशु स्वास्थ्य एवं रोग नियंत्रण

- **पेस्टडिस पेटिस रूमिनेन्ट्स कण्ट्रोल प्रोग्रामः** भूमिहीन कृषक / पशुपालकों द्वारा जीविकोपार्जन/ लघु व्यवसाय हेतु बकरियों एवं भेड़ों का पालन किया जाता है। इन पशुओं में प्रबल सम्भावना वाली विषाणु जनित पी.पी.आर. बीमारी को महामारी के रूप में फैलने से रोकने हेतु पी.पी. आर.सी.पी. कार्यक्रम चलाया जा रहा है। उक्त बीमारी से 90-95 प्रतिशत पशु प्रभावित होते हैं जिनके सापेक्ष 75 प्रतिशत पशुओं की मृत्यु होने की प्रबल सम्भावना होती है। प्रदेश के लक्षित. पशुओं (भेड़ एवं बकरियों) को रोग मुक्त रखने के उद्देश्य से भारत सरकार के 60 प्रतिशत वित्त पोषण से उक्त योजना चलाई जा रही है।
- पशुओं को कृमिनाशक एवं मिनरल मिक्स्चर सप्लीमेन्ट उपलब्ध कराना- पशुओं को समय से कृमिनाशक एवं मिनरल मिक्स्चर सप्लीमेन्ट उपलब्ध कराने से दुग्ध उत्पादकता में तात्कालिक रूप से लगभग 15 प्रतिशत की वृद्धि सम्भावित होती है। योजनान्तर्गत कृमिनाशक की 2 खुराक एवं 3

कि.ग्रा. मिनरल मिक्सचर सप्लीमेन्ट उपलब्ध कराया जायेगा। वर्ष 2022 तक चरणबद्ध रूप से 250 लाख पशुओं को आच्छादित किया जायेगा।

- पं. दीनदयाल उपाध्याय पशु आरोग्य शिविर मेलों का आयोजन- सचल पशु चिकित्सा क्लीनिक हेतु संचालित वाहनों द्वारा उन्नत पशुपालन एवं पशुचिकित्सा सेवाएं गावों में शिविर लगाकर नि:शुल्क दी जा रही हैं। वर्ष 2019-20 में मण्डल स्तरीय मेलों में 37802 बड़े पशु तथा 50320 छोटे पशु पंजीकृत किये गये है जिसमें 26243 सामान्य चिकित्सा, 40782 पशुओं को कलना दवापान, 1350 पशुओं की लघुशल्य चिकित्सा आदि कार्य प्रमुखतः से किये गये है। इसी प्रकार न्याय पंचायत स्तरीय मेलों में 742680 बडें पशु तथा 547627 छोटे पशु पंजीकृत किये गये है जिसमें 403492 सामान्य चिकित्सा, 648069 पशुओं को कृमिनाशक, दवापान, 12806 पशुओं की लघुशल्य चिकित्सा आदि कार्य प्रमुखता से किये गये है। वर्ष 2020-21 में कोविड-19 के कारण शिविरों का आयोजन नवम्बर, 2020 से मार्च, 2021 तक संचालित कराया जाना प्रस्तावित था। इसका उद्देश्य सरकार की लाभकारी योजनाओं से अवगत कराते हुए उन्नत पशुपालन की क्षमता में विकास कर कृषकों की आय में वृद्धि करना है।

राष्टीय पशरोग नियत्रंण कार्यक्रमः पशु रोग नियंत्रण कार्यक्रम का शुभारम्भ सितम्बर 2019 को पण्डित दीन दयाल पशु चिकित्सा विज्ञान वि.वि. एवं गो-अनुसंधान संस्थान, मथुरा में किया गया। वित्तीय वर्ष 2020-21 के लिए कार्यक्रम के अन्तर्गत खुरपका-मुहपका टीकाकरण हेतु रूपये 100010 करोड की कार्य योजना बनाकर भारत सरकार को प्रस्तुत की गई है। वित्तीय वर्ष 2020-21 के लिए कार्यक्रम के अन्तर्गत बुस्लोसिस टीकाकरण हेतु ₹5.07 करोड़ की कार्य योजना बनाकर प्रस्तुत की गई है। अगस्त, 2020 तक 76.72 लाख पशुधन की टैगिंग करते हुए 47.69 लाख पशुधन का इनाफ पोर्टल पर अंकन किया गया।

पशु आरोग्य मेलों का आयोजनः पशुपालकों को पशु चिकित्सा, कृत्रिम गर्भाधान, बधियाकरण, टीकाकरण, कृमिनाशक दवापान, लघु शल्य चिकित्सा के साथ-साथ अनुर्वरता (बांझपन) से ग्रसित दुधारू पशुओं की पूर्णतः नि:शुल्क चिकित्सा 18 मण्डल मुख्यालय पर आयोजन कर उपलब्ध कराई जाती है।

पशुरोग निदान प्रयोगशालाओं की स्थापनाः प्रदेश की विशाल पशुधन सम्पदा को सुरक्षित, सम्वर्धित तथा रोगमुक्त रखने में सरकार सतत प्रयत्नशील है। प्रदेश में पशुधन की सुरक्षा हेतु नवीन वैज्ञानिक तकनीक आधारित पशुचिकित्सा से यह आवश्यक है कि विभिन्न रोगों को त्वरित जाँच की व्यवस्था हो। पशुचिकित्साधिकारियों को उत्तम पशुचिकित्सा में औषधियों के चिन्हीकरण से बीमार पशुधन जल्दी ठीक होंगे तथा उनके उत्पादन पर प्रतिकूल प्रभाव नही पड़ेगा। बीमार पशुओं के तत्काल निदान होने से पशुपालकों पर आर्थिक बोझ भी नहीं आयेगा। 65-जनपदों के सदर-पशुचिकित्सालयों (जनपद-वाराणसी, आगरा, अयोध्या, कानपुर नगर, मुरादाबाद, बरेली, मेरठ, झांसी, प्रयागराज, एवं गोरखपुर को छोड़कर, जहां पूर्व से ही मण्डलीय रोग निदान प्रयोगशाला स्थापित/कार्यरत है) पर इनकी स्थापना के फलस्वरूप पशुपालकों के पशुओं को नवीन वैज्ञानिक तकनीक आधारित पशुचिकित्सा, पशुचिकित्साधिकारियों को रोगों की पहचान में सुलभता, क्षेत्र में प्रभावी रोग नियंत्रण क्षेत्र में किसी संकामक/महामारी रोग के फैलने की स्थिति में तत्काल रोक आदि लाभ होंगे। वर्ष 2019-20 में उक्त समस्त पशुरोग निदान प्रयोगशालायें वैकल्पिक व्यवस्थान्तर्गत कियाशील है।

गोवंशीय पशुओं का संरक्षण एवं सम्वर्धनः प्रदेश में 20वी पशुगणना के चारागाह क्षेत्र अनुसार 11.84 लाख छुटटा/निराश्रित गोवंश हैं, इनके संरक्षण हेतु वर्ष 2017-18 में बुन्देलखण्ड के प्रत्येक जनपद में 5-5 पशु आश्रय स्थलों के निर्माण हेतु कुल 10 लाख की धनराशि व्यय कर निर्माण कार्य पूर्ण कराया गया तथा पशुओं को संरक्षित किया गया है।

- वर्ष 2018-19 में बुन्देलखण्ड के प्रत्येक जनपद में 1-1 गोवंश वन्य विहार तथा शेष 68 जनपदों में 1-1 वृहद गोसंरक्षण केन्द्र की स्थापना प्रति केन्द्र ₹1.20 करोड़ की धनराशि से की गई है तथा पशुओं को संरक्षित किया गया है।
- वर्ष 2019-20 में बुन्देलखण्ड के जनपदों में 16 गोवंश वन्य विहार तथा शेष 68 जनपदों में 96 वृहद् गोसंरक्षण केन्द्र की स्थापना प्रति केन्द्र ₹1.20 करोड़ की धनराशि से की जा रही है।
- गोसंरक्षण केन्द्रों में मनरेगा के सहयोग से वर्मी कम्पोस्ट, हरा चारा उत्पादन, बाउण्ड्री वाल निर्माण, समतलीकरण, सौर उर्जा आदि कार्य कराये जा रहे है।

चारागाह विकास

- **चारागाह क्षेत्रः** प्रदेश में वर्ष 2013-14 में गोचर/स्थायी चारागाह एवं अन्य चराई की भूमि का विवरण निम्नवत् है-
- पश्चिमी क्षेत्र (30 जनपद) एवं पूर्वी क्षेत्र (28 जनपद) में गोचर भूमि लगभग बराबर है। बुन्देलखण्ड क्षेत्र (7 जनपद) में मात्र 5105 हेक्टेयर भूमि है। सबसे अधिक गोचर भूमि केन्द्रीय क्षेत्र (10 जनपद) में उपलब्ध है। प्रदेश के 75 जनपदों में कुल 65389 हेक्टेयर क्षेत्रफल में गोचर भूमि अभिलेखों में अंकित है।
- इस प्रकार सभी स्त्रोतों से प्राप्त हरे चारे, सूखे चारे एवं दाने की आपूर्ति के बाद भी प्रदेश में पशुओं को खिलाने हेतु लगभग 740.37 लाख मी.टन हरा चारा (46.64 प्रतिशत), 141 लाख मी.टन सूखा चारा(17.26 प्रतिशत) एवं 348.82 लाख मी.टन दाने (82.78 प्रतिशत) की कमी रह जाती है। अतः हरे एवं सूखे चारे की कमी को पूरा करने हेतु लगभग 13.76 लाख हे. अतिरिक्त क्षेत्रफल बोये जाने की आवश्यकता है, जिसके लिए लगभग 4.60 लाख चारा बीज की आवश्यकता है।
- **चारा आच्छादन क्षेत्रफल बढ़ाने हेतु पशुपालकों को चारा उत्पादन पैकेजः** चारा आच्छादन क्षेत्रफल बढ़ाने में प्रमुख समस्या कृषि योग्य भूमि पर खाद्यान्न उत्पादन एवं चारा उत्पादन में प्रतिस्पर्धा का होना है। चारा उत्पादन बढ़ाने हेतु पशुपालकों को "चारा उत्पादन पैकेज" अनुदान सहायता के रूप में दिये जाने की कार्य योजना है, जिससे प्रत्येक वर्ष 8000 हे. अतिरिक्त भूमि पर चारा आच्छादन बढ़ाया जायेगा।
- **पशु संरक्षण एवं संवंधनः** -प्रदेश में देशी गोवंशीय प्रजातियों यथा-साही-वाल, हरियाणा, थारपारकर, गंगातीरी गायों का संरक्षण एवं संवर्द्धन किया जाना अति आवश्यक है। देशी गोवंशीय प्रजातियां ग्लोबल क्लाईमेट चेन्ज की स्थिति में भी अधिक अनुकूलित होती हैं एवं कठिन परिस्थितियों में भी उत्पादन बहुत प्रभावित नहीं होता। इसी के दृष्टिगत पशुपालकों को इन प्रजातियों को पालने हेतु देशी गोवंश संरक्षण एवं संवर्द्धन पैकेज' दिये जाने का कार्यक्रम है। देशी गायों का इन्हीं पशु प्रजातियों के उच्च गुणवत्ता सीमेन से शत-प्रतिशत कृत्रिम गर्भाधान आच्छादन सुनिश्चित किया जा रहा है।

उ.प्र. गो-संरक्षण एवं संवर्द्धन कोष

उ.प्र. में गो संरक्षण एवं संवर्धन कोष के गठन हेतु उ.प्र. गोसंरक्षण एवं संवर्धन कोष नियमावली-2019 प्रख्यापित की गई है जिसके अन्तर्गत-

- गोवंश आश्रय स्थलों में आवासित गोवंश के संरक्षण एवं संवर्धन हेतु पालन पोषण, विकास कार्यों एवं उन्हें स्वावलम्बी बनाने की योजनाओं में सहयोग किया जायेगा।
- गोवंश के संरक्षण एवं संवर्धन के लिये प्रदेश के गोवंश आश्रय स्थलों में अस्थायी/अति आवश्यक प्रकृति की परिसम्पत्तियों का निर्माण तथा उत्पादन इकाइयों/योजनाओं हेतु सहयोग किया जायेगा।
- दान व चन्दे, से सरकारी/गैर-सरकारी संगठन से, मण्डी शुल्क/सेस की 2 प्रतिशत धनराशि, आबकारी विभाग द्वारा लगाई गई 'स्पेशल फीस' या अन्य किसी स्रोत से नियमानुसार प्राप्त धनराशि से कोष की आय होगी।
- कोल में 50 लाख की धनराशि आरक्षित रखी जाएगी जिसका उपयोग आपदाग्रस्त घोषित होने पर जिले में गोवंश के पालन पोषण के प्रयोजन हेतु किया जा सकेगा।

  प्रदेश में 20वी पशुगणना के अनुसार 11.84 लाख छुटटा/निराश्रित गोवंश है, इनके संरक्षण हेतु वर्ष 2017-18 में बुन्देलखण्ड के प्रत्येक जनपद में 5-5 पशु आश्रय स्थलों के निर्माण हेतु कुल 10 लाख की धनराशि व्यय कर निर्माण कार्य पूर्ण कर पशुओं को संरक्षित किया गया है। वर्ष 2018-19 में बुन्देलखण्ड के प्रत्येक जनपद में 1-1 गोवंश वन्य विहार तथा शेष 68 जनपदों में 1-1 वृहद गोसंरक्षण केन्द्र की स्थापना प्रति केन्द्र ₹1.20 करोड़ की धनराशि से की गयी है तथा वर्ष 2019-20 में बुन्देलखण्ड के जनपदों में 16 गोवंश वन्य विहार तथा शेष 68 जनपदों में 96 वृहद गोसंरक्षण केन्द्र की स्थापना प्रति केन्द्र ₹1.20 करोड़ की धनराशि से कराया गया। गोसंरक्षण केन्द्रों में मनरेगा के सहयोग से वर्मी कम्पोस्ट, हरा चारा उत्पादन, बाउण्ड्री वाल निर्माण, समतलीकरण, सौर उर्जा आदि कार्य कराये जा रहे है।
- **गौ-संरक्षण की योजनाः** निराश्रित/बेसहारा गोवंश की समस्या के निराकरण हेतु बुन्देलखण्ड के 7 जनपदों को छोड़कर शेष 68 जनपदों में एक-एक वृहद् गो-संरक्षण केन्द्रों की स्थापना के लिये 120.00 लाख प्रति जनपद की दर से कुल ₹8160.00 लाख धनराशि की व्यवस्था की गई है। बुन्देलखण्ड के 7 जनपदों में "गोवंश वन्य विहार" की स्थापना के लिए ₹120.00 लाख प्रति जनपद की दर से कुल ₹840.00 लाख धनराशि की व्यवस्था की गई है।

बुन्देलखण्ड क्षेत्र में अन्ना प्रथा उन्मूलन की योजना

- बुन्देलखण्ड में पशुपालकों द्वारा गोवंशीय पशुओं को छुट्टा छोड़ दिया जाता है जो फसलों के लिए हानिकारक हैं, जिसे अन्ना प्रथा कहते हैं। अन्ना प्रथा का मुख्य कारण क्षेत्र के गोवंशीय पशुओं का निम्न आनुवंशिक गुणवत्तायुक्त होना है। बुन्देलखण्ड के 7 जनपदों यथा झाँसी, चित्रकूट, बांदा, हमीरपुर, महोबा, ललितपुर एवं जालौन में अन्ना प्रथा उन्मूलन कार्यक्रम चलाया जा रहा है जिसके अन्तर्गत निम्न कोटि के बछड़ों का बधियाकरण, उच्चगुणवत्तायुक्त सांडों की उपलब्धता व उच्चगुणवत्तायुक्त वीर्य से कृत्रिम गर्भाधान का कार्य किया जा रहा है।

जोखिम प्रबन्धन एवं पशुधन बीमा

- ऐसे पशुपालक जिनके परिवार की आजीविका पशुधन पर निर्भर है, उन्हें पशु बीमा कराने के फलस्वरूप पशु मुत्यु के कारण उत्पन्न होने वाले जोखिम के विरूद्ध एक सुरक्षा तंत्र प्राप्त होता है। योजनान्तर्गत बीमा प्रीमियम का बड़ा अंश, औसतन 75 प्रतिशत तक केन्द्र तथा प्रदेश सरकार द्वारा वहन किया जाता है जबकि अवशेष हिस्सा पशुपालक द्वारा वहन किया जाता है। बीमा आच्छादन को 15 प्रतिशत वार्षिक की दर से बढ़ाया जाएगा।

कुक्कुट पालन

- प्रदेश में 108 करोड़ अण्डा प्रतिवर्ष उत्पादित होता है, जबकि 473 करोड़ अण्डे प्रतिवर्ष उपभोग किये जाते है। प्रदेश की आवश्यकता की पूर्ति हेतु निजी क्षेत्र के व्यवसायी लगभग 365 करोड़ अण्डे प्रतिवर्ष अन्य प्रदेशों से आयात करते है। कुक्कुट मांस उत्पादन हेतु वर्तमान में लगभग 1082 लाख ब्रायलर के चूजे प्रदेश के विभिन्न जनपदों में प्रतिवर्ष पाले जा रहे है। जिसमें 972 लाख ब्रायलर चूजे अन्य प्रदेशों से आयात होते है। क्रिटिकल गैप को देखते हुए प्रदेश को अण्डा उत्पादन एवं ब्रायलर चूजा उत्पादन में आत्मनिर्भर बनाने के उद्देश्य से कामर्शियल लेयर पालन तथा ब्रायलर पैरेन्ट फार्म की स्थापना हेतु कुक्कुट विकास नीति-2013 लागू की गयी है, जिसकी अवधि 31 मार्च, 2018 को समाप्त हो गई। पुनः उक्त नीति को 2022 तक बढ़ाया गया है जिसके अन्तर्गत 90.00 लाख पक्षी पाले जाने का लक्ष्य है।
- कुक्कुट विकास नीति के तहत कामर्शियल लेयर्स फार्मिंग की (30,000 पक्षी की एक इकाई) 353 इकाइयां कियाशील है। कामर्शियल लेयर्स फार्मिंग की (10,000 पक्षी की एक इकाई) 308 इकाइयां कियाशील है। ब्रायलर पैरेन्ट फार्म की (10,000 पक्षी की एक इकाई) 36 इकाइयां क्रियाशील है जिनसे कुल 109.05 लाख अतिरिक्त अण्डा प्रतिदिन उत्पादन हो रहा हैं तथा 81340 व्यक्तियों को स्वरोजगार मिला है। नीति अन्तर्गत अद्यतन प्रदेश में ₹1059.24 करोड़ का निवेश हुआ है एवं ₹34.85 लाख अतिरिक्त चूजे प्रतिमाह उत्पादित हो रहे हैं। प्रदेश में बैकयार्ड कुक्कुट पालन को बढ़ावा देने हेतु वर्ष 2022 तक भारत सरकार सहायतित रूरल बैकयार्ड योजनान्तर्गत 2500 मदर यूनिट स्थापित की जायेंगी।

पशुपालकों द्वारा कोविड-19 में किये गये कार्य

- राजकीय एवं निजी पशुचिकित्सालयों के द्वारा अगस्त, 2020 तक 2665000 पशु-पक्षियों को आकस्मिक चिकित्सा उपलब्ध कराई गई। पशुओं के आहार एवं पशु औषधि की उपलब्धता बनाये रखने हेतु निजी क्षेत्र की पशु आहार विक्रय इकाइयों एवं पशु औषधि स्टोर को प्रतिबन्ध से मुक्त रखा गया है।
- प्रदेश में 5098 गो संरक्षण केन्द्रों/स्थलों में कुल 511017 गोवंश संरक्षित किये गये है। पशुओं के भरण-पोषण हेतु विभाग द्वारा उपलब्ध कराई गई धनराशि से भूसे की अतिरिक्त व्यवस्था सुनिश्चित कर दी गई है। चारे-भूसे की उपलब्धता बनी रहे इस हेतु जनपदों में कुल 3444 भूसा बैंक भी स्थापित किये जो चुके हैं।

- लॉक डाउन अवधि में भी विभाग के सहयोग से अगस्त, 2020 को एस.पी.सी.ए., पशु कल्याण संस्थाओं एवं नगर निकायों के माध्यम से कुल 35983 निराश्रित कुत्तों/पशुओं के आहार की व्यवस्था सुनिश्चित की गई एवं विभिन्न जनपदों द्वारा गोवंशीय एवं महिषवंशीय पशुओं में कुल 7672550 टैगिंग किया गया है। कुल 4769137 पशुओं का पंजीकरण इनाफ पोर्टल पर अपलोड कर दिया गया है।

20वीं पशुधन गणना

देश में पशुधन गणना वर्ष 1919-20 से ही समय-समय पर की जाती रही है। पशुधन गणना में सभी पालतू जानवरों और उनकी संख्या को कवर किया जाता है। अब तक राज्य सरकारों और केंद्र शासित प्रदेशों के प्रशासन की भागीदारी से इस तरह की 19 गणनाएँ आयोजित की गई हैं। 20वीं पशुधन गणना सभी राज्यों और केंद्र शासित प्रदेशों की भागीदारी से आयोजित की गई। यह गणना ग्रामीण और शहरी दोनों ही क्षेत्रों में की गई। पशुओं (मवेशी, भैस, मिथुन, याक, भेड़, बकरी, सुअर, घोड़ा, टट्टू, खच्चर, गधा ऊंट, कुत्ता, खरगोश और हाथी) की विभिन्न नस्लों और घरों, घरेलू उद्यमों/गैर-घरेलू उद्यमों और संस्थानों में मौजूद पोल्ट्री पक्षियों (मुर्गी, बतख, एमु, टर्की, बटेर और अन्य पोल्ट्री पक्षियों) की गणना संबंधित स्थलों पर ही की गई है।

20वीं पशुधन गणना मत्स्य पालन, पशुपालन और डेयरी मंत्रालय के पशुपालन एवं डेयरी विभाग द्वारा जारी की गई है। यह गणना न केवल नीति निर्माताओं, बल्कि कृषि विशेषज्ञों, व्यापारियों, उद्ययमियों, डेयरी उद्योग और आम जनता के लिए भी लाभप्रद साबित होगी। यह रिपोर्ट पशुओं की विभिन्न नस्लों की कुल संख्या के साथ-साथ पिछली गणना से इसकी तुलना को भी प्रतिबिंबित करती है।

20वीं पशुधन गणना के महत्वपूर्ण निष्कर्ष निम्नलिखित हैं:

- देश में कुल पशुधन आबादी 535.78 मिलियन है जो पशुधन गणना-2012 की तुलना में 4.6 प्रतिशत अधिक है।
- कुल गोजातीय आबादी (मवेशी, भैंस, मिथुन एवं याक) वर्ष 2019 में 302.79 मिलियन आंकी गई जो पिछली गणना की तुलना में लगभग 1 प्रतिशत अधिक है।
- देश में मवेशियों की कुल संख्या वर्ष 2019 में 192.49 मिलियन है जो पिछली गणना की तुलना में 0.8 प्रतिशत ज्यादा है।
- माता मवेशी (गायों की कुल संख्या) 145.12 मिलियन आंकी गई है जो पिछली गणना (2012) की तुलना में 18.0 प्रतिशत अधिाक है।
- विदेशी/संकर नस्ल और स्वदेशी/अवर्गीय मवेशियों की कुल संख्या देश में क्रमशः 50.42 मिलियन और 142.11 मिलियन है।
- स्वदेशी/अवर्गीय मादा मवेशियोंकी कुल संख्या वर्ष 2019 में पिछली गणना की तुलना में 10 प्रतिशत बढ़ गई है।
- विदेशी/संकर नस्ल वाली मवेशियोंकी कुल संख्या वर्ष 2019 में पिछली गणना की तुलना में 26.9 प्रतिशत बढ़ गई है।
- स्वदेशी/अवर्गीय मवेशी की कुल संख्या पिछली गणना की तुलना में 6 प्रतिशत कम हो गई है। हालांकि, 2012-2019 के दौरान स्वदेशी/अवर्गीय मवेशियोंकी कुल संख्या में कमी की गति 20017-12 के लगभग 9 प्रतिशत की तुलना में अपेक्षाकृत काफी कम है।
- देश में भैंसों की कुल संख्या 109.85 मिलियन है जो पिछली गणना की तुलना में लगभग 1.0 प्रतिशत अधिक है।
- गायों और भैसों में कुल दुधारू पशुओं की संख्या 125.34 मिलियन है जो पिछली गणना की तुलना में 6.0 प्रतिशत अधिक है।
- देश में भेड़ों की कुल संख्या वर्ष 2019 में 74.26 मिलियन है जो पिछली गणना की तुलना में 14.1 प्रतिशत ज्यादा है।
- देश में बकरियों की कुल संख्या वर्ष 2019 में 148.88 मिलियन है जो पिछली गणना की तुलना में 10.1 प्रतिशत अधिक है।
- वर्तमान गणना में देश में सुअरों की कुल संख्या 9.06 मिलियन आंकी गई है जो पिछली गणना की तुलना में 12.03 प्रतिशत कम है।
- मिथुन, याक, घोड़े, टट्टू, खच्चर, गधे, ऊंट सहित अन्य पशुधन आपस में मिलकर कुल पशुधन में लगभग 0.23 प्रतिशत का योगदान करते हैं और उनकी कुल संख्या 1.24 मिलियन है।
- देश में कुल पोल्ट्री संख्या वर्ष 2019 में 851.81 मिलियन आंकी गई है जो 16.8 प्रतिशत की वृद्धि दर्शाती है।
- देश में घरों के आंगन में पोल्ट्री की कुल संख्या 317.07 मिलियन आंकी गई है जो पिछली गणना की तुलना में लगभग 46 प्रतिशत ज्यादा है।
- देश में वाणिज्यिक पोल्ट्री की कुल संख्या 534.74 मिलियन है जो पिछली गणना की तुलना में 4.5 प्रतिशत अधिक है।

20वीं पशुधन गणना के तहंत टैबलेट कंप्यूटरों के जरिये डेटा संग्रह पर विशेष बल दिया गया है। 20वीं पशुधन गणना को निश्चित तौर पर एक अनूठा प्रयास इसलिए माना जाना चाहिए क्योंकि पहली बार संबंधित क्षेत्र से ऑनलाइन संप्रेषण के जरिये घरेलू स्तर के आंकड़ों के डिजिटलीकरण के लिए इस तरह की बड़ी पहल की गई है। राष्ट्रीय सूचना विज्ञान केंद्र (एनआईसी) ने एक मोबाइल एप्लीकेशन सॉफ्टवेयर विकसित किया है और उसका उपयोग डेटा संग्रह के साथ-साथ संबंधित क्षेत्र से एनआईसी के सर्वर पर डेटा के ऑनलाइन संप्रेषण के लिए किया गया। चूंकि भारत एक ऐसा विशाल देश है जहां पशुधन की संख्या भी विशाल है, इसलिए विशेषकर नस्लों और उनकी उम्र-संरचना के साथ ऑनलाइन प्लेटफॉर्म पर डेटा संग्रह करना वास्तव में एक बड़ी चुनौती है। इन चुनौतियों से पार पाते हुए 20वीं पशुधन गणना में 27 करोड़ से भी अधिक घरेलू एवं गैर-घरेलू मवेशी के आंकड़ों का संग्रह किया गया है, ताकि देश में पशुधन और पोल्ट्री की कुल संख्या का सटी आकलन किया जा सके।

मत्स्य पालन

मत्स्य पालन कृषि का ही एक अंग है अतः सरकार द्वारा जून, 2014 में मत्स्य पालन को कृषि का दर्जा प्रान कर कृषि से मिलने वाली सुविधाओं को मत्स्य पालकों को भी समान रूप से उपलब्ध कराई जा रही है। विश्व में भारत का मत्स्य उत्पादन में द्वितीय स्थान है। भारत वर्ष की जी.डी.पी. में मत्स्य पालन का लगभग 1 प्रतिशत योगदान है। जबकि

उत्तर प्रदेश की जी.एस.डी.पी. में मत्स्य उद्योग का योगदान लगभग 0.4% है और कृषि सेक्टर में मत्स्यकी का लगभग 1.73 प्रतिशत योगदान है आंध्र प्रदेश और पश्चिम बंगाल के पश्चात मत्स्य उत्पादन में उत्तर प्रदेश का भारत में तीसरा स्थान है।

प्रदेश में वृहद् एवं मध्यकार जलाशयों, प्राकृतिक झीलों तथा ग्रामीण अंचलों के तालाबों का कुल 5.34 लाख हेक्टेयर उपलब्ध है। इन जल संसाधनों की उपलब्धता तथा मत्स्य पालन के अन्तर्गत लाए गए जल क्षेत्र से संबंधित विवरण निम्नवत् है।

बंधा हुआ जल संसाधन	कुल उपलब्ध जलक्षेत्र (लाख हे.)	मत्स्य पालन के अन्तर्गत उपयोग में लाया गया जलक्षेत्र (लाख हे.)	प्रतिशत
वृहद एवं मध्यकार	2.28	2.26	99.12
जलाश्य प्राकृतिक झीलें	1.33	0.20	15.03
ग्रामीण अंचल के तालाब	1.73	1.20	69.36
योग	5.34	3.66	65.53

मधुमक्खी पालन

भारत में मधुमक्खी पालन का प्राचीन वेद और बौद्ध ग्रंथों में उल्लेख किया गया है। हालांकि भारत में मधुमक्खी पालन की वैज्ञानिक पद्धति 19वीं सदी के अंत में ही शुरू की गई। भारतीय स्वतंत्रता के बाद विभिन्न ग्रामीण विकास कार्यक्रमों के माध्यम से मधुमक्खी पालन को प्रोत्साहित किया जा रहा है।

भारत सरकार द्वारा किसानों की आय वर्ष 2022 तक दोगुणा करने का लक्ष्य हेतु मधुमक्खी पालन को बढ़ावा दिया जा रहा है। इसके लिए आत्मनिर्भर भारत अभियान के तहत मधुमक्खी पालकों के लिए 500 करोड़ का प्रावधान किया गया है। वर्तमान समय में प्रदेश में 16 जिलों में मधुमक्खी पालन कार्यक्रम चलाया जा रहा है, साथ ही राज्य सरकार द्वारा प्रदेश के 4 जिलों इलाहाबाद, मुरादाबाद, बस्ती और सहारनपुर में मधुमक्खी पालन प्रशिक्षण केन्द्र खोले गए हैं।

6

उत्तर प्रदेश में औद्योगिक विकास

उत्तर प्रदेश की अर्थव्यवस्था कृषि प्रधान है। प्रदेश की अर्थव्यवस्था में उद्योग क्षेत्र का योगदान 21.7% है। यहाँ पर कृषि आधारित उद्योग, लघु उद्योग एवं कुटीर उद्योग का विकास अधिक तो गैर-कृषि आधारित उद्योग का विकास कम हुआ है। प्रदेश का सबसे बड़ा उद्योग हथकरघा उद्योग है। कृषि पर आधारित उद्योग चीनी, वनस्पति तेल एवं सूती वस्त्र आदि हैं। इसके अलावा चमड़ा, कागज, सीमेण्ट, ऊनी वस्त्र, शराब, रासायनिक पदार्थ, कांच, एल्युमीनियम एवं कृषि उपकरण आदि प्रदेश के महत्वपूर्ण उद्योग हैं।

- उत्तर प्रदेश के प्रमुख औद्योगिक नगरों में कानपुर का नाम अग्रणी है।
- उत्तर प्रदेश औद्योगिक विकास निगम कानपुर में स्थापित किया गया है।
- रोजगार की दृष्टि से उत्तर प्रदेश का सबसे बड़ा उद्योग हथकरघा है।
- उत्तर प्रदेश का मैनचेस्टर कानपुर को कहा जाता है।
- देश में रजिस्टर्ड कारखानों की संख्या के आधार पर तमिलनाडु, महाराष्ट्र, आन्ध्र प्रदेश व गुजरात के बाद उत्तर प्रदेश का पाचवाँ स्थान है।
- प्रदेश में उद्योगों की स्थापना के सन्दर्भ में सम्भावित उद्यमियों को मार्गदर्शन सुलभ कराने के लिए प्रथम सम्पर्क स्थान के रूप में उद्योग बन्धु की स्थापना 1981 ई. में की गई।
- राज्य के पूर्वी एवं बुन्देलखण्ड क्षेत्रों में उद्योग के तीव्र विकास हेतु पूर्वांचल विकास निधि तथा बुंदेलखण्ड विकास निधि की स्थापना के साथ ही जाडा, सीडा, बीडा, नोएडा आदि संस्थाओं की स्थापना की गई।
- प्रदेश के 'नोएडा' और 'ग्रेटर नोएडा' औद्योगिक क्षेत्रों के रूप में प्रदेश की औद्योगिक उन्नति के लिए तत्पर हैं।
- प्रदेश के गोरखपुर में 'गिडा', जौनपुर में 'सिडा', भदोही में 'बिडा' औद्योगिक प्रगति हेतु विकासोन्मुख हैं।
- प्रदेश के प्रमुख जनपदों: गोरखपुर के सहजनवाँ, झाँसी के बिजौली, शाहजहांपुर के बंभरा, मुरादाबाद के चंधरपुर, बुलन्दशहर के खुर्जा और जौनपुर के सतहरिया, इलाहाबाद के नैनी क्षेत्र में उद्योग स्थापित किए गए हैं।
- नई अवस्थापना एवं औद्योगिक विकास को गति प्रदान करने के लिए प्रदेश में निवेश प्रोत्साहन योजना, नई पूंजीगत ब्याज उपादान योजना, अवस्थापना उपादान योजना व ई.पी.एफ. प्रतिपूर्ति लागू की गई है।

प्रदेश सरकार ने औद्योगिक विकास हेतु जो धनराशि प्रदान की वह इस प्रकार है-

(i) मुख्यमंत्री ग्रामोद्योग रोजगार योजना के अन्तर्गत ग्रामीण क्षेत्रों में 3000 ग्रामोद्योग इकाईयों की स्थापना के लिए 26 करोड़ रुपए।
(ii) पावरलूम बुनकरों को एक निर्धारित दर पर विद्युत आपूर्ति के लिए 150 करोड़ रुपए।
(iii) वस्त्र उद्योग एवं स्पिनिंग से सम्बन्धित उद्यमियों की सहायता के लिए 30 करोड़ रुपए।
(iv) भदोही में कारपेट बाजार को 50 करोड़ रुपए।

वर्तमान में राज्य में कुल 11 संचालित विशेष आर्थिक क्षेत्र इस प्रकार हैं-

(i) नोएडा विशेष आर्थिक क्षेत्र, नोएडा।
(ii) मुरादाबाद विशेष आर्थिक क्षेत्र, मुरादाबाद।
(iii) एच.सी.एल. टेक्नोलॉजी, नोएडा।
(iv) मोसर बेयर, ग्रेटर नोएडा।
(v) विप्रो लिमिटेड, ग्रेटर नोएडा।
(vi) सी व्यू डेवलपर्स लिमिटेड, नोएडा।
(vii) NIIT टेक्नोलॉजी, नोएडा।
(viii) आचविस सॉफ्टेक, नोएडा।
(ix) अंसल आई.टी. सिटी एण्ड पावर्स लि. ग्रेटर नोएडा।
(x) आर्शिया नार्दर्न एफटी डब्ल्यूजेड लि., खुर्जा, बुलन्दशहर।
(xi) अर्थ इन्फ्राटेक प्रा.लि. ग्रेटर नोएडा।

उत्तर प्रदेश की औद्योगिक नीति, 2012

- मुख्यमंत्री अखिलेश यादव की अध्यक्षता में 4 सितम्बर, 2012 को हुई मंत्रिपरिषद की बैठक में उत्तर प्रदेश की अवस्थापना एवं औद्योगिक निवेश नीति, 2012 के प्रारूप को मंजूरी मिली।
- इस नीति में उद्योगों की स्थापना और उन्हें अनापत्ति प्रमाण पत्र दिलाने की प्रक्रिया सरल करने के साथ परंपरागत उद्योगों पर ध्यान केन्द्रित किया गया है। वहीं 200 करोड़ रुपए से अधिक निवेश के मेगा प्रोजेक्ट को विशेष सुविधाएं 'मामला दर मामला' आधार पर विशेष

प्रोत्साहन इम्पावर्ड कमेटी के जरिए मंत्रिपरिषद की मंजूरी दिलाकर उपलब्ध करायी जाएगी।

- इस नीति में वार्षिक 11.2 प्रतिशत की औद्योगिक विकास दर प्राप्त करने का लक्ष्य है। नई नीति में पूर्वांचल और बुन्देलखण्ड के साथ मध्यांचल को विशेष महत्व दिया गया है ताकि इन क्षेत्रों में औद्योगीकरण की गति नोएडा व ग्रेटर नोएडा जैसी हो जाए। इन तीनों क्षेत्रों में इकाइयाँ स्थापित करने वाले उद्यमियों को स्टाम्प शुल्क में 100 प्रतिशत छूट मिलेगी।
- इसके अतिरिक्त अवस्थापना सुविधाओं जैसे सड़क, बिजली, थोक बाजार, ट्रांसशिपमेण्ट केन्द्र, वेयर हाउस, कोल्ड स्टोरेज आदि तथा सूचना प्रौद्योगिकी, जैव प्रौद्योगिकी, कृषि प्रसंस्करण इकाइयों को भी स्टाम्प शुल्क में 100 प्रतिशत छूट दी जाएगी।
- निजी क्षेत्र में स्थापित किए जाने वाले औद्योगिकी क्षेत्रों को भी स्टाम्प शुल्क की 25 प्रतिशत प्रतिपूर्ति होगी।
- लोहा व इस्पात पर प्रवेश कर से छूट दी जाएगी।
- निवेश प्रोत्साहन योजना के तहत पूर्वांचल, बुन्देलखण्ड व मध्यांचल में नई इकाइयों की पात्रता सीमा 10 करोड़ रुपए से घटाकर 12.5 करोड़ रुपए की गई है। इसके तहत इकाइयों द्वारा 10 वर्ष तक जमा किए गए वैट (VAT) व केन्द्रीय बिक्री कर के योग के बराबर धनराशि ब्याजमुक्त ऋण के तौर पर उपलब्ध कराई जाएगी।
- नई पूँजीगत ब्याज उपादान योजना के तहत यदि इन तीनों क्षेत्रों में स्थापित होने वाली औद्योगिक इकाइयाँ प्लांट मशीनरी और पूँजी के लिए बैंकों व वित्तीय संस्थानों से कर्ज लेती हैं तो उसे अदा किए जाने वाले ब्याज पर पाँच प्रतिशत की प्रतिपूर्ति पाँच वर्ष तक की जाएगी।
- इसकी अधिकतम सीमा 50 लाख रुपए होगी। यदि औद्योगिक इकाइयां अपने इस्तेमाल के लिए सड़क, सीवर, जल निकासी, पॉवर लाइन, ट्रांसफार्मर व फीडर जैसी सुविधाएं विकसित करने के लिए कर्ज लेती हैं तो उस पर अदा किए जाने वाले ब्याज की अवस्थापना उपादान योजना के तहत पाँच प्रतिशत की दर से पाँच वर्ष तक एक करोड़ की सीमा तक प्रतिपूर्ति की जाएगी।
- औद्योगिक उत्पादों की गुणवत्ता में सुधार के लिए यदि कोई इकाई टेस्टिंग या क्वालिटी सर्टिफिकेशन लैब या टूल रूम स्थापित करने के लिए ऋण लेती है तो औद्योगिक गुणवत्ता विकास उपादान योजना के तहत उस पर पाँच प्रतिशत की दर से पाँच वर्ष तक अधिकतम एक करोड़ रुपए की सीमा तक प्रतिपूर्ति की जाएगी।
- रोजगार को प्रोत्साहन देने के लिए ईपीएफ प्रतिपूर्ति योजना लागू की जाएगी, जिसमें नई इकाइयों द्वारा 100 या इससे अधिक श्रमिकों को रोजगार उपलब्ध कराने पर श्रमिकों के लिए जमा कराए गए ईपीएफ की 50 प्रतिशत धनराशि सरकार की ओर से तीन वर्ष तक प्रतिपूर्ति के रूप में उपलब्ध करायी जाएगी।

औद्योगिक विकास

- उत्तर प्रदेश के त्वरित एवं समन्वित आर्थिक विकास में औद्योगिक कार्यक्रमों की महत्ता को दृष्टिगत रखते हुए राज्य सरकार द्वारा औद्योगिक विकास को प्राथमिकता प्रदान की गई है।
- उद्योगों की स्थापना के संदर्भ में सम्भावित उद्यमियों को मार्गदर्शन सुलभ कराने हेतु प्रथम सम्पर्क स्थान के रूप में **उद्योग बन्धु** की स्थापना, उद्योग स्थापित करने में आने वाली बाधाओं को दूर करने के लिए प्रक्रिया का सरलीकरण, भूमि, जल एवं विद्युत की एक ही स्थान से क्लीयरेंस की व्यवस्था तथा उद्योगों को त्वरित स्वीकृतियाँ जारी करने हेतु जिला प्राधिकृत समितियों का गठन किया गया है।
- प्रदेश के पूर्वी एवं बुंदेलखण्ड क्षेत्रों में उद्योग के तीव्र विकास हेतु पूर्वांचल विकास निधि तथा बुंदेलखण्ड विकास निधि की स्थापना के साथ ही जीडा, सीडा, बीडा, नोएडा जैसी संस्थाएं भी स्थापित की गई हैं।
- प्रदेश में नवीन औद्योगिक इकाइयों के आधुनिकीकरण, विस्तार तथा रूग्ण औद्योगिक इकाइयों के पुनर्वास पर भी यथेष्ट ध्यान दिया जा रहा है। उत्तर प्रदेश में बड़ी परियोजनाओं में निजी क्षेत्र की सहभागिता हेतु इन्फ्रास्ट्रक्चर इनीसिएटिव फंड की स्थापना की गई है।
- सांख्यिकी डायरी-2011 (अर्थ एवं सांख्यिकी निदेशालय उ.प्र. के) आंकड़ों के अनुसार वर्ष 2008-09 तक उत्तर प्रदेश में कुल 10686 पंजीकृत कारखाने थे जिनमें 7,39,000 लोग काम कर रहे थे।
- उत्तर प्रदेश की अर्थव्यवस्था में औद्योगिक क्षेत्र का योगदान लगभग 20: है तथा यह लगभग 8: श्रम शक्ति को रोजगार उपलब्ध कराता है। प्रदेश का सबसे बड़ा उद्योग हस्तकरघा उद्योग है।

उत्तर प्रदेश के प्रमुख सार्वजनिक प्रतिष्ठान

1. अपट्रान कैपिसिटर सिस्टम लि, लखनऊ 2. अपट्रान डिजिटल सिस्टम लि. लखनऊ . आयुध उपस्कर कारखाना, हजरतपुर (फिरोजाबाद) 4. इंडियन टेलीफोन इंडस्ट्रीज, रायबरेली 5. इंडियन टेलीफोन इंडस्ट्रीज, नैनी (इलाहाबाद) 6. उर्वरक कारखाना, गोरखपुर 7. उर्वरक कारखाना, इलाहाबाद 8. उर्वरक कारखाना गोंडा 9. कृत्रिम अंग निर्माण निगम, कानपुर 10. टांसफार्मर फैक्ट्री, झाँसी 11. डीप फ्रीज मीट प्लांट टुंडला 12. डीजल लोकोमोटिव वर्क्स, वाराणसी 13. तेलशोधक कारखाना, मथुरा 14. भारत पम्प एंड कंप्रेसर, नैनी (इलाहाबाद) 15. भारत इलेक्ट्रॉनिक्स लि गाजियाबाद 16. भारतीय चमड़ा रंगाई तथा जूता संस्थान, कानपुर 17. मॉडर्न बेकरीज, कानपुर 18. राट्रीय ताप बिजली निगम (NTPC), सिंगरौली (सोनभद्र) 19. सिंगरौली कोयला खान, सिंगरौली (सोनभद्र) 20. सीमेण्ट कारखाना चुर्क (मिर्जापुर) 21. सीमेण्ट कारखाना, डाला (मिर्जापुर) 22. सीमेण्ट कारखाना, कजरहट 23. स्कूटर्स इण्डिया लि. लखनऊ 24. हिन्दुस्तान एयरोनॉटिक्स लि, कानपुर 25. हिन्दुस्तान एयरोनॉटिक्स लि. लखनऊ 26. हिन्दुस्तान एल्युमीनियम कार्पोरेशन, रेणुकुट (मिर्जापुर) 27. त्रिवेदी स्ट्रक्चरल, नैनी (इलाहाबाद)।

- पश्चिमी उत्तर प्रदेश औद्योगिक दृष्टि से राज्य का सबसे विकसित क्षेत्र है, जबकि बुंदेलखण्ड क्षेत्र राज्य का औद्योगिक दृष्टि से सबसे पिछड़ा क्षेत्र है।

- प्रदेश में नए उद्यमियों को प्रोत्साहित करने के उद्देश्य से 'उत्तर प्रदेश कैपिटल वेंचर फंड' की स्थापना की गई है।
- 2011 तक नोएडा प्राधिकरण के अन्तर्गत 102 सेक्टर विकसित करने की योजना है। इस प्राधिकरण में औद्योगिक क्षेत्र, आवास क्षेत्र, ग्रुप हाउसिंग क्षेत्र, आवासीय भवन, व्यावसायिक प्रतिष्ठान और संस्थागत क्षेत्र शामिल हैं।
- नोएडा में 'इलेक्ट्रॉनिक सिटी' स्थापित की जा रही है। नोएडा और ग्रेटर नोएडा के नमूने पर पूरे प्रदेश में अन्य औद्योगिक क्षेत्रों का विकास करने के लिए कदम उठाए गए हैं।
- कानपुर को उत्तर भारत का मानचेस्टर कहा जाता है। साफ्टवेयर निर्यात को प्रोत्साहन देने के लिए कानपुर एवं नोएडा में सॉफ्टवेयर टेक्नोलॉजी पार्क स्थापित किया गया है।
- गाजियाबाद में 1306 एकड़ भूमि में औद्योगिक नगरी ट्रोनिका सिटी विकसित की गई है। वाराणसी, आगरा, लखनऊ, गोरखपुर आदि क्षेत्रों में औद्योगिक पार्क विकसित किए जा चुके हैं।
- नोएडा टोल ब्रिज के निर्माण से प्रेरित होकर ताज एक्सप्रेस वे परियोजना अथॉरिटी की स्थापना की गई है।
- ताज एक्सप्रेस वे दिल्ली और आगरा के बीच में एक नए राजमार्ग के रूप में होगा।
- यमुना नदी के किनारे पर चलते यह राजमार्ग एक 'नॉलेज कोरिडोर' के रूप में विकसित होगा, जिसमें निजी क्षेत्र के हाईटेक सूचना प्रौद्योगिकी हैबिटाट, प्राइवेट इन्जीनियरिंग और मेडिकल सुविधाएं आदि ग्रेटर नोएडा से आगरा तक विकसित होंगी और एक नई सिलिकान वैली, जो यमुना तट पर होगी, के रूप में विश्वस्तरीय पहचान बनाएगा।

उत्तर प्रदेश के औद्योगिक निगम एवं प्राधिकरण

- **उत्तर प्रदेश वित्तीय निगम (यूपीएफसी), कानपुरः** उत्तर प्रदेश वित्तीय निगम की स्थापना 1 नवम्बर, 1954 को राज्य वित्तीय निगम अधिनियम, 194 के अन्तर्गत की गई थी।
- यूपीएफसी के मुख्य अंशधारी राज्य शासन तथा भारतीय औद्योगिक विकास बैंक हैं।
- यूपीएफसी ने लघु एवं मध्यम स्तरीय उद्योगों के माध्यम से प्रदेश के सर्वांगीण विकास को सुदृढ़ आधार बनाने का विनम्र प्रयास किया है।
- वर्तमान में यूपीएफसी सर्वाधिक ऋण के रूप में वित्तीय सहायता देने में देश के प्रमुख राज्य वित्तीय निगम के रूप में उभर रहा है तथा प्रदेश में उद्यमिता के विकास की दिशा में उल्लेखनीय भूमिका निभा रहा है।
- छोटी औद्योगिक इकाइयों को स्थायी सम्पत्तियों के साथ ही कार्यशील पूँजी के लिए भी वित्तीय सहायता देने के उद्देश्य से यूपीएफसी सिंगल विंडो योजना के अन्तर्गत 200 लाख रुपए तक परियोजना लागत (कार्यशील पूँजी सहित) वाली इकाइयों को सहायता करता है।
- यूपीएफसी द्वारा महिला उद्यमियों को उद्योग लगाने हेतु महिला उद्यम निधि योजना की शुरूआत दिसम्बर, 2000 से की गई है।
- **प्रदेशीय औद्योगिक व पूँजी निवेश निगम (पिकप), लखनऊः** प्रदेशीय औद्योगिक व पूँजी निवेश निगम उत्तर प्रदेश (पिकप) की स्थापना वर्ष 1972 में उत्तर प्रदेश के औद्योगिक विकास हेतु की गई थी।
- यह उत्तर प्रदेश सरकार का एक उपक्रम है। पिकप उत्तर प्रदेश के भावी उद्यमियों हेतु 30 लाख रुपए तक के आवधिक ऋण टर्म लोन के द्वारा वित्तीय सहायता की स्वीकृति के साथ एक सामान्य शुरूआत से आरम्भ करके प्रदेश में औद्योगिक क्षेत्र में अपनी विस्तृत सेवाओं को उपलब्ध कराते हुए एक महान औद्योगिक वित्तीय संगठन के रूप में उभरा है।
- इसने इलेक्ट्रॉनिक्स, विद्युत, दूरसंचार, रसायन, फूड प्रोसेसिंग, अभियांत्रिकी, कागज आटोमेटिव कम्पोनेन्ट्स, टेक्सटाइल, होटल एवं पर्यटन जैसे विविध क्षेत्रों में औद्योगिक इकाइयों की स्थापना में सहयोग किया है।
- पिकप ने कर बचाने के उपाय के रूप में अवमूल्यन के लाभों को प्राप्त करने के उद्देश्य से वर्ष 1985 में लीजिंग क्षेत्र में प्रवेश करने का साहसिक कदम उठाया।
- पिकप ने उत्तर प्रदेश को एक कृषि आधारित अर्थव्यवस्था से औद्योगीकृत राज्य के रूप में परिवर्तित करने में महत्वपूर्ण भूमिका निभाई है। पिकप का प्रमुख कार्य निम्नलिखित है:-
- विभिन्न योजनाओं के अन्तर्गत मध्यम एवं वृहद स्तर के उद्योगों को आर्थिक सहायता प्रदान करके पूँजी विनियोग उत्प्रेरक के रूप में कार्य करना।
- सम्पूर्ण मर्चेंट बैंकिंग सुविधा उपलब्ध कराना।
- इन उद्योगों को विकास सम्बन्धी सहायता एवं तकनीकी सहायता प्रदान करना।
- औद्योगिक परियोजनाओं में प्रत्यक्ष प्रेरक के रूप में कार्य करना।
- वित्तीय संसाधनों आदि के समन्वय हेतु आरक्षी सेवाओं (एस्कॉर्ट सर्विसेज) के रूप में संस्थागत सहायता प्रदान करना तथा कार्यान्वयन संबंधी आवश्यक सहायता प्रदान करना।
- **उत्तर प्रदेश राज्य हथकरघा निगम लि., कानपुरः** राम सहाय आयोग की संस्तुतियों के आधार पर 9 जनवरी, 1973 को कम्पनी अधिनियम, 1956 की धारा 617 के अन्तर्गत उत्तर प्रदेश शक्ति चालित करघा वित एवं विकास निगम लिमिटेड कम्पनी का उदभव एक शासकीय कम्पनी के रूप में हुआ।
- इस कंपनी का नाम 20 दिसम्बर, 1977 को उत्तर प्रदेश राज्य हथकरघा निगम लिमिटेड में परिवर्तित कर दिया गया।
- इस निगम के मुख्य उद्देश्य निम्नलिखित निर्धारित हुए हैं-
- नए हथकरघों की स्थापना हेतु वित्तीय सहायता उपलब्ध कराना तथा पुराने करघों का आधुनिकीकरण, विकास व सुधार।
- प्रादेशिक हथकरघा उद्योग को उन्नत बनाने हेतु आवश्यक कार्रवाई तथा डिजाइन केंद्रों का गठन, रंगाई केद्रों की स्थापना तथा फेब्रिक प्रिंटिंग इकाइयों की स्थापना तथा विकास।

- हथकरघा उद्योग के विकास में लगी किसी भी संस्था को तकनीकी, विकास या विपणन संबंधी वित्तीय या अन्य सहायता प्रदान करना।
- हथकरघा एवं शक्ति चालित करघों पर बने वस्त्रों की खरीद, बिक्री, आयात, निर्यात तथा इनमें संबंधित संयंत्र जिनकी अप्राकृतिक सूत, ऊन, रंग व रसायन के बनाने में आवश्यकता हो, की खरीद। उपरोक्त से सम्बन्धित निर्माणी इकाई का अधिग्रहण एवं खरीद। व्यवसाय हेतु बिक्री केंद्रों, फैक्टी, उद्योग इत्यादि की खरीद या स्थापना।
- स्थापित करघों की प्रणाली में वांछित सुधार हेतु नए डिजाइन विकसित करने में वांछित तकनीक पर शोध। विपणन या अन्य कार्रवाइयों में विकास व सुधार।
- बुनकर को नवीनतम जानकारी का प्रशिक्षण।
- **उत्तर प्रदेश राज्य औद्योगिक विकास निगम लि., (यूपीएसआईडीसी), कानपुरः** उत्तर प्रदेश के योजनाबद्ध औद्योगिक विकास को गति प्रदान करने के उद्देश्य से मार्च, 1961 में उत्तर प्रदेश शासन द्वारा कंपनीज एक्ट 1956 के अंतर्गत उत्तर प्रदेश राज्य औद्योगिक विकास निगम लि, (यूपीएसआईडीसी) की स्थापना की गई।
- यूपीएसआईडीसी प्रदेश के तीव्र एवं सर्वांगीण औद्योगिक विकास के लिए मुख्य रूप से निम्नलिखित कार्यों को सम्पादित कर रहा है।
- प्रदेश के विभिन्न क्षेत्रों में अवस्थापना सुविधाओं से युक्त एकीकृत औद्योगिक नगरी एवं औद्योगिक क्षेत्रों का विकास करके औद्योगिक एवं अन्य सम्बन्धित जरूरत हेतु भूखण्ड/भवन उपलब्ध कराना।
- औद्योगिक अवस्थापना सुविधाओं के विकास एवं इसमें निजी क्षेत्र की भागीदारी सुनिश्ति कराने के लिए नोडल संस्था के रूप में कार्य करना।
- सार्वजनिक/अर्द्ध सार्वजनिक संस्थाओं के लिए निर्माण कार्य संचय आधार पर सम्पादित करना।
- औद्योगिक क्षेत्रों में मूलभूत सुविधाओं के अतिरिक्त अन्य सहायक अवस्थापना सुविधाओं को उपलब्ध कराने हेतु यूपीएसआईडीसी प्रयासरत है, जिनमें विद्युत आपूर्ति दूरसंचार, सीवरेज एवं जलापूर्ति, यातायात, बैंक, पुलिस चौकी एवं पोस्ट ऑफिस आदि प्रमुख हैं।
- यूपीएसआईडीसी द्वारा प्रदेश सॉफ्टवेयर निर्यात को प्रोत्साहित करने के उद्देश्य से कानपुर में सॉफ्टवेयर प्रौद्योगिकी पार्क की स्थापना की जा रही है।
- केन्द्र सरकार ने आगरा में चर्म उद्योग की क्षमताओं को विकसित करने के उद्देश्य से यूपीएसआईडीसी को आगरा में निर्यात संवर्धन औद्योगिक पार्क स्थापित करने की अनुमति प्रदान की है।
- यूपीएसआईडीसी द्वारा वन्थरा (उन्नाव) में एक चर्म प्रौद्योगिक पार्क स्थापित किया जा रहा है।
- **ग्रोथ सेन्टर परियोजना :** औद्योगिक विकास निगम लिमिटेड द्वारा प्रदेश के जौनपुर, शाहजहाँपुर, दिबियापुर एवं झाँसी में ग्रोथ सेन्टरों का विकास किया जा रहा है।
- **एग्रो पार्क्स :** खाद्य प्रसंस्करण उद्योग मंत्रालय भारत सरकार के सहयोग से कृषि आधारित उद्योगों को बढ़ावा देने हेतु औद्योगिक विकास निगम लिमिटेड, कानपुर एवं कुर्सी रोड (बाराबंकी) तथा करखियांव (वाराणसी) में दो एग्रो पार्क्स विकसित किए गए हैं।
- **विशेष आर्थिक परिक्षेत्र (एस.ई.जेड):** वर्ष 2007 में उत्तर प्रदेश विशेष आर्थिक परिक्षेत्र (संशोधित) नीति जारी की गई, जिसके तहत विभिन्न प्रकार की छूटों एवं सुविधाओं की व्यवस्था के साथ-साथ एस.ई.जेड हेतु अनिवार्य भूमि अर्जन न करने तथा विकासकर्ताओं द्वारा स्वयं भूमि की व्यवस्था करने का प्रावधान किया गया।
- प्रदेश में चार एस.ई.जेड. क्रियाशील हैं। इनमें से पहला ग्रेटर नोएडा और आगरा के बीच 'ताज विशेष आर्थिक क्षेत्र' दूसरा कानपुर में तथा तीसरा भदोही में क्रियाशील है।
- इसके अतिरिक्त मुरादाबाद में यू.पी.एस.आई.डी.सी. द्वारा हस्तशिल्प सेक्टर के लिए विशेष आर्थिक क्षेत्र क्रियाशील है।
- **आईटी विशेष आर्थिक परिक्षेत्र टखोनिका सिटीः** उत्तर प्रदेश राज्य औद्योगिक विकास निगम लिमिटेड द्वारा विकसित ट्रोनिका सिटी (गाजियाबाद) में लगभग 27.13 एकड़ भूखण्ड पर आई.टी./आई.टी.एस., एस.ई.जेड. विकसित की जा रही है।
- **उत्तर प्रदेश निर्यात निगम लि. लखनऊ :** उत्तर प्रदेश निर्यात निगम की स्थापना 20 जनवरी, 1966 को कंपनी अधिनियम, 1956 के अंतर्गत एक पब्लिक लिमिटेड कम्पनी के रूप में की गई थी।
- स्थापना के समय निगम का मुख्य उद्देश्य प्रदेश में उपलब्ध विभिन्न वस्तुओं का निर्यात करना एवं निर्यात को प्रोत्साहन देना था।
- उत्तर प्रदेश शासन द्वारा 1971 में उद्योग निदेशालय द्वारा संचालित गवर्नमेंट यू.पी. हैंडीक्राफ्ट के प्रदर्शन कक्ष भी इस निगम को हस्तांतरित कर दिए गए, जिसके फलस्वरूप निगम की स्थापना का उद्देश्य निर्यात एवं निर्यात प्रोत्साहन के साथ-साथ हस्तशिल्प विकास भी हो गया।
- यह निगम गंगोत्री प्रदर्शन कक्षों तथा विभिन्न प्रदर्शनियों के माध्यम से आंतरिक विपणन का कार्य निगम के लखनऊ स्थित मुख्यालय तथा नई दिल्ली एवं मुम्बई स्थित निर्यात प्रशाखाओं के माध्यम से किया जाता है।
- **राज्य चर्म विकास एवं विपणन निगम लि., आगराः** इस निगम की स्थापना 12 फरवरी, 1974 को उत्तर प्रदेश सरकार द्वारा कंपनी एक्ट 1956 के अन्तर्गत की गई थी। निगम की स्थापना के प्रमुख उद्देश्य निम्नलिखित हैं:-
- औद्योगिक एवं विकसित पद्धतियों से निर्मित पादुकाएं विक्रय हेतु उपलब्ध कराना।
- चर्म एवं पादुका उद्योग के लिए नए बाजार ढूंढकर कार्यरत इकाइयों को विपणन प्रदान करना।
- कुटीर चर्म उद्यमियों के माल के लिए उपयुक्त विपणन की व्यवस्था करना।
- नवीन पद्धतियों एवं निर्माण शैलियों का विकास करना तथा उन्हें व्यापारिक रूप देने के लिए प्रदर्शित करना।
- **उत्तर प्रदेश इलेक्ट्रॉनिक्स निगम लि. (अपट्रान), लखनऊ :** उत्तर प्रदेश इलेक्ट्रॉनिक्स निगम का पंजीकरण 30 मार्च 1974 को दि प्रदेशीय

इंडस्ट्रियल एंड कार्पोरेशन ऑफ यू.पी.लि. (पिकप) की एक सहायक कंपनी के रूप में हुआ था। जुलाई, 1976 में पिकप से पृथक करके अपट्रान को भारतीय कंपनी अधिनियम, 1956 के अन्तर्गत एक स्वतंत्र कंपनी का रूप दे दिया गया।

- उत्तर प्रदेश राज्य में आई.टी. (सूचना प्रौद्योगिकी) एवं इलेक्ट्रॉनिक्स का विकास करना ही यू.पी इलेक्ट्रॉनिक्स निगम लि. (यूपीएलसी), जो कि अपट्रान समूह की समस्त कंपनियों की धारक (Holding) कंपनी है, का प्रमुख उद्देश्य है। इस उद्देश्य की प्राप्ति हेतु निगम ने निम्नलिखित त्रिस्तरीय व्यूह रचना अपनाई है-
- लघु एवं मध्यम स्तरीय उद्यमियों को अपनी निर्माण इकाइयों में सहायता हेतु इलेक्ट्रॉनिक्स संस्थानों के रूप में आधारभूत इन्फ्रास्ट्रक्चर सुविधाओं का सृजन करना। जहाँ पर वृहद् पूंजी निवेश आवश्यक हो, निजी प्रवर्तकों के साथ मिलकर संयुक्त एवं सहायित क्षेत्र की परियोजनाएं स्थापित करना। जहाँ पर परिचालन का स्थल विशाल हो, पूँजी निवेश वृहद एवं जटिल प्रौद्योगिकी सम्मिलित हों, पूर्ण स्वामित्व वाले व्यावसायिक उद्यमों की स्थापना करना।
- राज्य सरकार द्वारा लखनऊ, आगरा, नोएडा एवं वाराणसी में प्रौद्योगिकी पार्कों की स्थापना हेतु निगम को धनराशि उपलब्ध करायी गई है।
- कम्प्यूटर शिक्षा के क्षेत्र में अपट्रान द्वारा दिल्ली, गुरदासपुर, पटना एवं ढाका (बांग्लादेश) में पाँच नवीन फ्रेंचाइजी की नियुक्ति की गई है।
- ग्रामीण क्षेत्र में कम्प्यूटर साक्षरता योजना प्रारम्भ करने के लिए बाह (आगरा) और अतरौली (अलीगढ़) में दो केंद्रों की स्थापना की जा चुकी है।
- लखनऊ में ई-गवर्नेन्स हेतु सॉफ्टवेयर डेवलपमेंट एवं टेस्टिंग के लिए एक केंद्र की स्थापना प्रस्तावित है। लखनऊ, इलाहाबाद एवं गौतमबुद्धनगर के क्रम में कानपुर, आगरा एवं वाराणसी को स्मार्ट सिटी के रूप में प्रवर्तित किया जाना प्रस्तावित है।
- जिला मुख्यालयों में वाइड एरिया नेटवर्किंग की योजना प्रस्तावित है।
- उत्तर प्रदेश की ई-कामर्स हेतु पब्लिक प्लेटफार्म स्थापित किए जाने की भी योजना है।
- **उत्तर प्रदेश औद्योगिक सहकारी संघ (यूपिका):** यूपिका (यू.पी. इंडस्ट्रियल कोआपरेटिव एसोसिएशन) की स्थापना वर्ष 1952 में एक शीर्ष संस्था के रूप में उत्तर प्रदेश सहकारी संस्था अधिनियम, 1912 के अंतर्गत की गई थी।
- यूपिका की स्थापना का मूल उद्देश्य प्रदेश की प्राथमिक बुनकर सहकारी समितियों तथा अन्य औद्योगिक प्राथमिक सहकारी समितियों को उत्पादन तथा विपणन कार्यों में यथोचित मार्गदर्शन प्रदान करना तथा प्रोत्साहन देना है।
- **नवीन ओखला औद्योगिक विकास प्राधिकरण (नोएडा):** उत्तर प्रदेश राज्य के औद्योगिकरण में तीव्रता लाने तथा राष्ट्रीय राजधानी दिल्ली से प्रतिस्पर्धात्मक दरों पर उद्यमियों को आकर्षित करने के मूल उद्देश्य से नोएडा की स्थापना वर्ष 1976 में की गई थी।
- नोएडा द्वारा वर्ष 2011 तक 985 हेक्टेयर औद्योगिक भूमि विकास हेतु निर्धारित थी, जबकि औद्योगिक माँग में तेजी के कारण यह भूमि 1999 तक ही आवंटित हो गई।
- औद्योगिक मांग को पूर्ण करने की दृष्टि से 2457 हेक्टेयर अतिरिक्त भूमि को आवंटन हेतु उपलब्ध कराया गया।
- नोएडा में फाइबर आप्टिक केबल बिछाने से पूरा क्षेत्र इस नेटवर्क से जुड़ गया है।
- **सतहरिया औद्योगिक विकास प्राधिकरण (सीडा):** सीडा का गठन राज्य सरकार के औद्योगिक विकास अधिनियम, 1976 की धारा (3) के अन्तर्गत 30 नवम्बर, 1989 को किया गया।
- यह औद्योगिक क्षेत्र इलाहाबाद, जौनपुर मार्ग पर जौनपुर जिला मुख्यालय से 47 कि.मी. की दूरी पर सतहरिया में स्थित है। सीडा का कार्यक्षेत्र मछलीशहर तहसील के ग्राम सतहरिया तथा उसके आसपास के 37 ग्रामों में अधिसूचित है।
- प्राधिकरण का मूलभूत उद्देश्य अधिसूचित क्षेत्र में भूमि अधिग्रहित कर औद्योगिक अवस्थापना सुविधाओं को विकसित करके औद्योगिक विकास क्षेत्र का सुनियोजित विकास करना एवं उद्यमियों को उदार शर्तों के आधार पर भूखण्ड उपलब्ध कराना है।
- यह प्राधिकरण प्रदेश शासन के औद्योगिक विकास विभाग के प्रशासनिक नियंत्रण में कार्य करता है।
- **उत्तर प्रदेश लघु उद्योग निगम लि., कानपुर :** उत्तर प्रदेश के लघु उद्योगों की आवश्यकताओं की पूति एवं त्वरित विकास के उद्देश्य से इस निगम की स्थापना वर्ष 1958 में एक पूर्ण स्वामित्वाधीन कपनी के रूप में राज्य सरकार द्वारा की गई थी।
- प्रदेश की अधिक-से-अधिक लघु औद्योगिक इकाइयों को निगम द्वारा संचालित विभिन्न योजनाओं का लाभ सुगमता से उपलब्ध कराने के उद्देश्य से निगम में विकेंद्रीकरण के अन्तर्गत प्रदेश में 6 क्षेत्रीय कार्यालय क्रमशः कानपुर, आगरा, गाजियाबाद, लखनऊ, इलाहाबाद, वाराणसी, खुर्जा, बरेली, फिरोजाबाद, गौतमबुद्धनगर तथा गोरखपुर में स्थित हैं।
- निगम आगरा में स्टील अथॉरिटी ऑफ इण्डिया लि., के अभिकर्ता के रूप में कार्य कर रहा है। इसके अतिरिक्त उद्योग निदेशालय (उत्तर प्रदेश) द्वारा निगम को स्थानांतरित दो वाणिज्यिक उत्पाद इकाइयाँ चिनहट (लखनऊ) एवं इलाहाबाद में हैं।
- वर्तमान में इन इकाइयों में उत्पाद कार्य बंद है। निगम द्वारा प्रदेश के लघु उद्योगों के सर्वांगीण विकास हेतु निम्न योजनाएं विगत कुछ वर्षों से चलाई जा रही हैं-
- लघु उद्योगों की मांग पर विभिन्न कच्चे मालों (विशेषकर लौह इस्पात एवं कोयला) को प्रचुरमात्रा में प्राप्त करके उपलब्धता बनाए रखकर वितरित करना।
- लघु उद्योगों द्वारा उत्पादित विभिन्न उत्पादों की बिक्री की सहायता हेतु शासकीय कार्यक्रमों में प्रभावी रूप से भाग लेकर विपणन सहायता उपलब्ध कराना।

- निगम में कार्यरत दक्ष व अनुभवी अभियंताओं के द्वारा प्रदेश के विभिन्न निर्माण कार्यों को निर्धारित मानकों के अनुरूप समय से पूर्ण कराना।
- ख्याति प्राप्त उत्पादनकर्ताओं (जैसे स्टील अथॉरिटी ऑफ इंडिया लि., आईपीसीएल आदि) के उत्पादों के अधिकर्ता के रूप में कार्य करना।
- **वृहद नवीन ओखला औद्योगिक विकास प्राधिकरण (ग्रेटर नोएडा):** उत्तर प्रदेश ने नोएडा के सफल प्रयोग के बाद 102 गावों को शामिल करके उनके विकास के लिए 1991 में उत्तर प्रदेश औद्योगिक विकास अधिनियम के तहत वृहद नवीन ओखला औद्योगिक विकास प्राधिकरण (Greater New Okhala Industrial DevelopmentAuthority-Greater NOIDA) की स्थापना की।
- ग्रेटर नोएडा का उद्देश्य राष्ट्रीय राजधानी क्षेत्र के पास उत्कृष्ट नगर बसाना है, जिसे आर्ट आफ लिविंग भी कहा जा सके।
- इस योजना में अब 123 गाँवों को सम्मिलित किया जा चुका है।
- इस प्राधिकरण की योजना के मुताबिक 2021 तक मास्टर प्लान तैयार कर लिया गया है, जिसमें 25% क्षेत्र हरियाली से भरपूर होगा।
- इस मास्टर प्लान में 19% औद्योगिक क्षेत्र, 12% संस्थागत क्षेत्र, 6% वाणिज्य तथा 25% सिर्फ आवासीय क्षेत्र होगा।
- ग्रेटर नोएडा ने सबसे बड़ी सफलता ढाँचागत सुविधाओं में प्राप्त की है तथा इसके अन्तर्गत सबसे अहम निर्णय 'नालेज पार्क' की स्थापना के सम्बन्ध में लिया गया है।
- लगभग 570 हेक्टेयर क्षेत्र में फैला यह 'नालेज पार्क' पूरे भारत का सबसे बड़ा ज्ञान आधारित परिसर होगा। इसमें शुरू होने वाले संस्थानों में प्रमुख हैं- 5 इंजीनियरिंग, 3 मैनेजमेंट, 1 मैरीन, 1 वास्तुविद् तथा 1 अन्य विषय का संस्थान।
- उत्तर प्रदेश शासन ने रूड़की इंजीनियरिंग विश्वविद्यालय की विस्तार पटल शाखा को ग्रेटर नोएडा के 'नालेज पार्क' में खोलने की मंजूरी प्रदान कर दी हैं जबकि जामिया विश्वविद्यालय ने दिल्ली से बाहर निकल कर ग्रेटर नोएडा में अपना कैंपस बनाने का निर्णय लिया है।
- क्षेत्र की कला एवं संस्कृति को प्रोत्साहन देने के लिए 'पटेल लोक सांस्कृतिक संस्थान' को भी ग्रेटर नोएडा में जमीन आवंटित की गई है, जिसने यहाँ स्टूडियो एवं ऑडीटोरियम बनाने का निर्णय लिया है। वर्ष 2001 में ताज एक्सप्रेस-वे को मंजूरी, ताज इंटरनेशनल एयरपोर्ट एवं नोएडा से ग्रेटर नोएडा के बीच एक्सप्रेस-वे पर कार्य शुरू हुआ, जो ग्रेटर नोएडा के विकास की गति को तीव्र करेगा।
- 300 एकड़ में प्रौद्योगिकी पार्क, 100 एकड़ में वेयर हाउस, 100 एकड़ में बायोटेक पार्क, 125 एकड़ में टॉय सिटी (Toy City) एवं टॉय डिज़ाइन संस्थान, रेलवे स्टेशन से शहर को जोड़ने वाली द माल स्ट्रीट, कन्टेर डिपो व 400 के.वी. के विद्युत गृह को 2001-02 में मंजूरी प्रदान की गई है।
- 2001-02 में ग्रेटर नोएडा ने महिला उद्यमियों को समर्पित उत्तर भारत का पहला महिला उद्यमी पार्क भी स्थापित किया है।
- दिल्ली के प्रगति मैदान पर बढ़ती भीड़ को देखते हुए प्रदर्शनी स्थल के रूप में विकसित करने के उद्देश्य से 'ट्रेड मार्ट' की स्थापना की जा रही है, जो प्रदेश के परम्परागत उत्पादों की बिक्री के प्रमुख केन्द्र के रूप में स्थापित होगा।

उत्तर प्रदेश में स्थित राष्ट्रीय शोध संस्थान

संस्थान	स्थान
औद्योगिक विष विज्ञान अनुसंधान संस्थान	लखनऊ
केन्द्रीय औषधि अनुसंधान संसथान	लखनऊ
राष्ट्रीय वानस्पतिक अनुसंधान संस्थान	लखनऊ
सेंट्रल इंस्टीट्यूट ऑफ मेडिसिनल एंड ऐरोमेटिक प्लाट्स	लखनऊ
बीरबल साहनी इंस्टीट्यूट ऑफ पैलियोबाटनी	लखनऊ
सेंट्रल ग्लास एंडसिरेमिक रिसर्च इंस्टीट्यूट	खुर्जा

प्रदेश के कुछ अन्य उद्योग

उद्योग		अवस्थित
कृत्रिम अंग निर्माण लि.	:	कानपुर
भारतीय चमड़ा रंगाई एवं जूता संस्थान	:	क़ानपुर
मॉडर्न बेकरीज	:	कानपुर
हिन्दुस्तान एयरोनॉटिक्स लिमिटेड	:	लखनऊ/कानपुर
तेल शोधक कारखाना	:	मथुरा
इण्डियन टेलीफोन इंडस्ट्रीज	:	रायबरेली, नैनी
डीजल लोकोमोटिव वर्क्स	:	मडुवाडीह (वाराणसी)
हिन्दुस्तान एल्युमीनियम कारपोरेशन	:	रेनूकूट (सोनभद्र)
टीन के कनस्टर	:	आगरा, इटावा, हाथरस, मैनपुरी व गाजियाबाद
टॉर्च बनाना	:	लखनऊ
चिकन का काम	:	लखनऊ
जरी व चिकन पर गोटे का काम	:	लखनऊ व वाराणसी
कत्था उद्योग	:	बरेली
इत्र	:	कन्नौज, गाजीपुर, लखनऊ, नैनी, जौनपुर।
तबला, बाँसुरी, हारमोनियम आदि	:	मेरठ, लखनऊ एवं
वाद्य यन्त्र		कानपुर

राज्य के प्रमुख खनिज, उद्योग एवं केन्द्र सरकार के प्रमुख औद्योगिक संस्थान

खनिज	क्षेत्र	उद्योग	प्रमुख केंद्र/संस्थान	स्थिति
हीरा	बाँदा एवं मिर्जापुर	ऊनी वस्त्र उद्योग	कानपुर, मिर्जापुर, भदोही, शाहजहांपुर।	डीजल लोकोमोटिव वर्क्स, वाराणसी
सोना	शारदा एवं रामगंगा के रेत में।	रेशमी वस्त्र उद्योग	वाराणसी, कानपुर, इटावा, मोदी नगर।	रेल पहिया कारखाना, रायबरेली
ताँबा	ललितपुर (सोनराई क्षेत्र में)।	कागज उद्योग	सहारनपुर, कानपुर, लखनऊ, मेरठ	उर्वरक कारखाना, गोरखपुर
यूरेनियम	ललितपुर,	इलाहाबाद।		इफ्को उर्वरक कारखाना, फूलपुर (इला)
कोयला	सिंगरौली	चमड़ा उद्योग	कानपुर, आगरा, लखनऊ, मेरठ, बरेली।	माडर्न बेकरीज, कानपुर
संगमरमर	मिर्जापुर, सोनभद्र	एल्युमीनियम	रेणुकूट (सोनभद्र), आगरा, मेरठ	स्कूटर्स इंडिया लि., लखनऊ
जिप्सम	झाँसी, हमीरपुर	उद्योग	कानपुर, अलीगढ़।	तेल शोधन कारखाना, मथुरा
चूना पत्थर	कजराहट, रोहतास (मिर्जापुर)	सीमेंट उद्योग	चुर्क, डल्ला, गजराहट।	कृत्रिम अंग निर्माण निगम, कानपुर
बॉक्साइट	बाँदा, चन्दौली	दियासलाई उद्योग	बरेली, लखनऊ, इलाहाबाद, रामपुर।	भारत इलेक्ट्रानिक्स
				लि. गाजियाबाद
डोलोमाइट	कजराहट क्षेत्र (मिर्जापुर)	रासायनिक उर्वरक	कानपुर, गोरखपुर, आँवला, मगरवाड़ा।	ट्रान्सफार्मर फैक्ट्री, झाँसी
राक फास्फेट	बाँदा	रासायनिक उद्योग	कानपुर, गाजियाबाद, वाराणसी,	रेल कोच फैक्ट्री, लालगंज
पाइराइट्स	मिर्जापुर	इलाहाबाद।	(रायबरेली)	
पाइरोफिलाइट	झाँसी, हमीरपुर	काँच उद्योग	फिरोजाबाद, गाजियाबाद, नैनी	

उत्तर प्रदेश के प्रमुख उद्योग

- **खाद्य तेल उद्योग**- कानपुर, आगरा, गाजियाबाद व मोदीनगर।
- **साबुन उद्योग**- कानपुर, आगरा, मोदीनगर, गाजियाबाद व मेरठ।
- **स्प्रिट व शराब उद्योग**- गाजियाबाद, उन्नाव, लखनऊ, रामपुर, मेरठ, सहारनपुर, दौराला, मंसरूपुर, शाहजहाँपुर और नवाबगंज
- **रासायनिक उद्योग**- कानपुर, वाराणसी, गाजियाबाद, शंकरगढ़ (इलाहाबाद) एवं बरेली।
- **खाद्य उद्योग**- गोरखपुर, कानपुर और इलाहाबाद एवं मगरवाड़ा।
- **सूक्ष्म निर्माण उद्योग**- लखनऊ।
- **सूती वस्त्र उद्योग**- कानपुर, बरेली, मेरठ, हरदोई, हाथरस, अलीगढ़, सहारनपुर, बदायूँ, इलाहाबाद, वाराणसी, रामपुर, मुरादाबाद, मिर्जापुर, मोदीनगर, गाजियाबाद।
- **ऊनी वस्त्र उद्योग**- कानपुर, मिर्जापुर, भदोही, गोपीगंज (संत रविदास नगर), शाहजहाँपुर, इलाहाबाद व खमरिया।
- **नल के पाइप**- इलाहाबाद, कानपुर, गाजियाबाद और लखनऊ।
- **दवायें**- कानपुर, झाँसी, लखनऊ और सहारनपुर।
- **टार्च**-लखनऊ इलाहाबाद।
- **रंग, रोगन एवं वार्निश** - गाजियाबाद, मोदीनगर, कानपुर, मेरठ, बरेली और लखनऊ।
- **टीन के कनस्तर**- हाथरस, आगरा, इटावा, मैनपुरी और गाजियाबाद।
- **सिगरेट**- सहारनपुर व गाजियाबाद।
- **रेशमी वस्त्र उद्योग**- वाराणसी, इटावा, मोदीनगर, कानपुर।
- **जूट उद्योग**- कानपुर व सहजनवा (गोरखपुर)।
- **कागज उद्योग**- सहारनपुर, लखनऊ, इलाहाबाद, कानपुर और मेरठ।
- **गत्ता उद्योग**- इलाहाबाद,कानपुर, सहारनपुर, मेरठ।
- **काँच उद्योग (काँच एवं चूड़ी कारखाने)**- नैनी, फिरोजाबाद, गाजियाबाद, मेरठ, लखनऊ, मक्खनपुर, हिरनगऊ, वाराणसी, सासनी, हाथरस, शिकोहाबाद और बालावली।
- **एल्युमीनियम उद्योग**- रेणुकूट (मिर्जापुर), आगरा, अलीगढ़, मेरठ, कानपुर, मथुरा।
- **वनस्पति घी**–कानपुर, मोदीनगर, गाजियाबाद, मेरठ, इलाहाबाद एवं अलीगढ़।
- **दियासलाई उद्योग**- बरेली, इलाहाबाद, लखनऊ और रामपुर।
- **चमड़ा उद्योग**- कानपुर, आगरा, लखनऊ, मेरठ, बरेली।
- **चीनी उद्योग**- गोरखपुर, मेरठ, कानपुर, शाहजहाँपुर, लखनऊ, वाराणसी, फैजाबाद, इलाहाबाद, बस्ती, बलरामपुर व बरेली।
- **साइकिल उद्योग**- आगरा, वाराणसी, रामपुर, लखनऊ, कानपुर नगर और इलाहाबाद।

- **इलेक्ट्रॉनिक उद्योग**- नोएडा, साहिबाबाद, पनकी, रायबरेली, लखनऊ।
- **सीमेन्ट उद्योग**- चुर्क व डल्ला।
- **लकड़ी व फर्नीचर उद्योग**
- **लकड़ी पर नक्काशी**- सहारनपुर तथा नगीना।
- **लकड़ी के खिलौने**- लखनऊ और वाराणसी।
- **लकड़ी का फर्नीचर**- बरेली, हाथरस, आगरा, वाराणसी, सहारनपुर।
- **बेंत व छड़ियाँ**- बरेली।
- **खेल का सामान**- मेरठ तथा आगरा।
- **पीतल व अन्य धातु के बर्तन**
- **पीतल व कलई के बर्तन**- वाराणसी, मिर्जापुर, मुरादाबाद, फर्रूखाबाद, हाथरस, अतरौली, शामली, हापुड़ एवं बड़ौत।
- **बर्तनों पर कलई और नक्काशी**- मुरादाबाद एवं मिर्जापुर।
- **पीतल की मूर्तियाँ**- मथुरा तथा मुरादाबाद।
- **पीतल के सरोते, चाकू व कैंची**- अलीगढ़, हाथरस, मथुरा, मेरठ, रामपुर।
- **लोहे के बाँट**- सहारनपुर और आगरा।
- **जरी और चिकन पर गोटे का काम**- लखनऊ और वाराणसी।

हथकरघा उद्योग

- **हथकरघा सूती वस्त्र**- मेरठ, देवबन्द, धामपुर, सिकन्दराबाद, पिलखुआ, मगहर, बाराबंकी, इटावा, अमरोहा, मऊ, मुबारकपुर
- **हथकरघा रेशमी वस्त्र**- वाराणसी, मऊ, बिलासपुर, संडीला।
- **रेशमी साडियाँ**- वाराणसी।
- **रेशमी लिहाफ तथा छपे वस्त्र**- फर्रूखाबाद, पिलखुआ व मथुरा।
- **चिकन का काम**- लखनऊ।
- **कम्बल**-मुजफ्फर नगर, नजीबाबाद और लावड (मेरठ)।
- **कालीन एवं दरियाँ**- मिर्जापुर, बरेली, आगरा, मथुरा, अलीगढ़।

अन्य उद्योग

- **हाथ से कागज बनाना**- मथुरा, कालपी और कागजी सराय।
- **शुद्ध घी**- हापुड़, खुर्जा, हाथरस और शिकोहाबाद।
- **बैण्डबाजे**- मेरठ तथा आगरा।
- **हारमोनियम, तबला, बाँसुरी आदि वाद्य यंत्र**- मेरठ, कानपुर तथा लखनऊ।
- **इत्र-फुलेल**- कन्नौज, गाजीपुर, जौनपुर, लखनऊ, नैनी व इलाहाबाद।
- **मिट्टी के खिलौने**- आगरा।
- **चीनी मिट्टी के बर्तन**- खुर्जा, गाजियाबाद तथा लखनऊ।
- **चूड़ी उद्योग**- फिरोजाबाद।

प्रदेश के प्रसिद्ध उद्योग वाले जिले

प्रमुख जिले		उद्योग विशेष
लखनऊ	:	हवाई जहाज निर्माण व चिकन वस्त्र।
कानपुर	:	सूती वस्त्र उद्योग का सबसे बड़ा केंद्र होने के कारण उ.प्र. का मैनचेस्टर कहलाता है, वायुयान निर्माण, उर्वरक उद्योग, आयुध सामग्री निर्माण, जूते, चमड़े का सामान तथा चीनी उद्योग।
औरैया	:	पेट्रो रसायन केंद्र एवं गैस आधारित उर्वरक उत्पादन केंद्र जहाँ यूरिया खाद का उत्पादन किया जाता है।
जगदीशपुर	:	एल्युमीनियम की पतली चादरें (Aluminium Foils) बनायी जाती है।
नैनी	:	स्टील एवं टेलीफोन यंत्र निर्माण उद्योग।
वाराणसी	:	रेलवे के डीजल इंजन बनते हैं।
मिर्जापुर	:	हाथ से बुनी कालीन
चुर्क	:	सीमेंट उद्योग
रेणुकूट	:	'हिण्डाल्को' एल्युमीनियम फैक्ट्री (निजी क्षेत्र)
आगरा	:	चमड़ा तथा जूता
मथुरा	:	देश का दूसरा सबसे बड़ा तेल शोधन कारखाना
मुरादाबाद	:	कांस्य बर्तन, उद्योग
सहारनपुर	:	चीनी, कागज, सिगरेट की फैक्ट्री व लकड़ी में नक्काशी का कार्य
कन्नौज	:	इत्र निर्माण
गाजीपुर	:	गुलाब जल तथा अफीम का प्रमुख उत्पादन

प्रदेश के प्रमुख पार्क/सिटी

प्रमुख पार्क/सिटी		स्थान
एपैरल पार्क फार एक्सपोर्ट (देश का पहला)	:	गाजियाबाद
DNA बैंक (विश्व का द्वितीय एवं एशिया का पहला)	:	लखनऊ
चर्म प्रौद्योगिकी पार्क	:	बनथरा (उन्नाव)
नालेज पार्क	:	ग्रेटर नोएडा
प्लास्टिक सिटी	:	कानपुर एवं जौनपुर
साइंस सिटी	:	लखनऊ
इलेक्ट्रानिक सिटी	:	नोएडा व आगरा
टॉय सिटी	:	ग्रेटर नोएडा
साइबर सिटी	:	कानपुर
लेदर निर्यात संवर्द्धन औद्योगिक पार्क	:	आगरा
हेरिटेज सिटी	:	आगरा एवं वाराणसी
लॉयन सफारी पार्क	:	इटावा
महिला उद्यमी पार्क	:	ग्रेटर नोएडा
मेगा फूड पार्क	:	जगदीशपुर (रायबरेली)
लोहिया पार्क खेल गाँव	:	लखनऊ, आगरा, इलाहाबाद

अन्य महत्वपूर्ण तथ्य

- उत्तर प्रदेश शासन द्वारा प्रदेश के औद्योगिक विकास को त्वरित गति देने के उद्देश्य से 1981 में उद्योग बन्धु की स्थापना उच्च स्तरीय समिति के रूप में की गई थी, जिससे लघु/वृहद औद्योगिक इकाईयों

की समयबद्ध स्थापना एवं सम्बन्धित समस्याओं के निराकरण को सुनिश्चित करने हेतु यथोचित सहायता प्रदान की जा सके।

- औद्योगिक वातावरण के सृजन के महत्वाकांक्षी उद्धमियों को उत्प्रेरित करने तथा आधारभूत सुविधाओं जैसे-भूमि, विद्युत, वित्त, वाणिज्य कर तथा अनुमन्य प्रोत्साहनों एवं सुविधाओं की यह संस्था न केवल जानकारी उपलब्ध करा रही है, बल्कि औद्योगिक नीतियों का प्रतिपादन तथा शासकीय प्रावधानों के फलस्वरूप अनुभव की जा रही बाधाओं के लिए नीतिगत निर्णय लेने तथा नीतियों में यथासंभव आवश्यक संशोधन कराने में उद्योग बन्धु उल्लेखनीय भूमिका निभा रहा है।
- राज्य के हरदोई जिले में प्रदेश के पहले आयुर्वेदिक दवा उद्योग की स्थापना न्यू इंडिया फार्मास्यूटिकल के नाम से की गई है।
- गन्ना भारतीय मूल का पौधा है। भारत में उत्तर प्रदेश का गन्ना उत्पादन में प्रथम स्थान है। गन्ना महत्वपूर्ण नकदी फसल है। गन्ने के क्षेत्रफल की दृष्टि में उत्तर प्रदेश का भारत के क्षेत्रफल का लगभग 50% भाग है। प्रदेश का चीनी उत्पादन की दृष्टि से देश में महाराष्ट्र के बाद दूसरा स्थान है।
- प्रदेश में अंग्रेजो ने 1903 ई. में प्रतापगढ़ (देवरिया) में देश की प्रथम चीनी मिल की स्थापना की थी।
- इस पर नियंत्रण एवं विकास के लिए 1935 ई. में गन्ना विभाग का गठन किया गया। गन्ना उत्पादन में वृद्धि कराने के लिए वर्ष 1948-49 में गन्ना विकास परिषदों का गठन किया गया।
- राम सहाय आयोग की संस्तुतियों के आधार पर 9 जनवरी, 1977 को कंपनी अधिनियम, 1956 की धारा 617 के प्रावधानों के अन्तर्गत उत्तर प्रदेश शक्ति चालित एवं करघा वित्त एवं विकास निगम लिमिटेड कम्पनी का उद्‌भव एक शासकीय कंपनी के रूप में हुआ था।
- उद्योग की दृष्टि से महाराष्ट्र और गुजरात के बाद उत्तर प्रदेश का देश में तीसरा स्थान है।
- हथकरघा उद्योग कृषि के बाद रोजगार देने वाला दूसरा सबसे बड़ा क्षेत्र है।
- देश के कुल हथकरघा उद्यमियों के एक-चौथाई (1/4) इस हथकरघा उद्योग में पाये जाते हैं।
- भारत विश्व में रेशम उत्पादन में द्वितीय स्थान रखता है। जबकि चीन प्रथम स्थान रखता है।
- रेशम की कुल चार किस्में होती हैं। भारत वर्ष ही एकमात्र देश है, जहाँ चारों प्रकार की रेशम की किस्में (शहतूती रेशम, टसर, अरण्डी, मूगा सिल्क) का उत्पादन होता हे। मूंगा रेशम का उत्पादन मात्र भारत में होता है।
- प्रदेश की यह विशेषता है कि इसे उष्ण कटिबन्धीय एवं शीतोष्ण जलवायु प्राप्त है, जहाँ शहतूती रेशम के अलावा ओक टसर रेशम उद्योग के विकास की पर्याप्त सम्भावनाएं व्याप्त हैं।
- वाराणसी की रेशमी साड़ियां विश्वविख्यात हैं। राज्य में रेशम का अधिकतर काम वाराणसी, मऊ, मुबारकपुर एवं इटावा जनपद में होता है।
- शहतूती रेशम का योगदान प्रदेश में सर्वाधिक है, इसके बाद टसर का है।
- प्रदेश में वर्ष 1992 में प्रादेशिक को-आपरेटिव सेरीकल्चर फेडरेशन का गठन रेशम उत्पादन में वृद्धि के लिए किया गया है।
- शहतूती रेशम का अनुसंधान एवं विकास केन्द्र : सुभागपुर, गोण्डा।
- टसर रेशम का अनुसन्धान व विकास केन्द्र : सोनभद्र।
- ईरी रेशम का अनुसंधान एवं विकास केन्द्र : औरैया।

OOO

7

उत्तर प्रदेश में अनुसूचित जनजातियाँ

प्रदेश में अनुसूचित जनजातियों की संख्या बहुत कम है। 2011 की जनगणना के अनुसार राज्य में अनुसूचित जनजातियों की संख्या 11,34,273 (0.6%) है। राज्य के सोनभद्र जिले में अनुसूचित जनजातियों की संख्या सबसे अधिक है। उसके बाद बलिया में और सबसे अधिक बागपत में है। राज्य में निवास करने वाली अनुसूचित जनजातियों में थारू, बुक्सा, खरवार, सहरिया आदि मुख्य हैं।

प्रदेश में 2003 से पूर्व केवल थारू और बुक्सा को ही अनुसूचित जनजाति के श्रेणी में सूचीबद्ध किया गया था, लेकिन 2003 में केन्द्र सरकार ने प्रदेश के दस (1. गोंड, धुरिया, नायक, ओण, पठारी व राज गोंड 2. खरवार/खैरवार 3. सहरिया 4. परहिया 5. बैगा 6. पंखा, पनिका 7. अगरिया 8. पठारी 9. चेरो 10. भुइया, भुनिया) और जनजातियों को अनुसूचित जनजाति की श्रेणी में सूचीबद्ध किया। इस प्रकार प्रदेश में सूचीबद्ध जनजातियों की संख्या 12 हो गई हैं। प्रमुख जनजातियों का सामाजिक/सांस्कृतिक परिचय इस प्रकार है-

थारू

थारू जनजाति के लोग प्रदेश के तराई क्षेत्र के महाराजगंज, सिद्धार्थनगर, श्रावस्ती, बहराइच व लखीमपुर जिलों के उत्तर भागों में निवास करते हैं। ये किरात वंश के हैं तथा कई उपजातियों में विभाजित हैं। थारू नाम की उत्पत्ति के विषय में कुछ विद्वानों का कहना है कि ये लोग राजपूताना के 'थार' मरूस्थल से आकर यहाँ बसे हैं। अतः थारू कहलाते हैं।

- थारू लोग कद में छोटे चौड़ी मुखाकृति और पीले रंग के होते हैं। पुरूषों से स्त्रियाँ कहीं अधिक आकर्षक और सुन्दर होती हैं।
- इनका भोजन चावल है। ये सुअर और मुर्गी पालते हैं और माँस तथा मदिरा का खूब प्रयोग करते हैं।
- थारू जनजाति में संयुक्त परिवार प्रथा है।
- थारूओं में अभी तक बदला विवाह अर्थात बहनों के आदान-प्रदान की प्रथा थी, परन्तु अब कम होती जा रही है। दोनों ओर से जब विवाह तय हो जाता है तो उसे पक्की पोढ़ी कहते हैं।
- विधवा विवाह की भी प्रथा है। इस प्रकार के विवाह में भोज दिया जाता है जिसके लठभरवा भोज कहते हैं।
- ये लोग हिन्दू धर्म को मानते हैं। इनके अनेक देवी देवता होते हैं। ये भूत-प्रेत और जादू-टोना इत्यादि में विश्वास करते हैं।
- बजहर नामक त्यौहार ज्येष्ठ अथवा बैशाख के दिनों में होता है।
- दीपावली को ये शोक के रूप में मनाते हैं। इस दिन ये अपने पूर्वजों को भेंट आदि प्रदान करते हैं। जिसे रोटी कहा जाता है।
- इनकी अर्थव्यवस्था कृषि प्रदान है। ये लोग मुख्यतः धान की खेती करते हैं।
- इनके मुख्य व्यवसाय पशुपालन, लकड़ी ढुलाई, लकड़ी कटाई, शिकार, वन्य भूमियों से लकड़ी, जड़ी-बूटी, फल-फूल एकत्र करना आदि है।
- लखीमपुर जनपद में एक महाविद्यालय थारू जनजाति के लड़के-लड़कियों को शिक्षा प्रदान करने हेतु स्थापित किया गया है। जहाँ पर बड़ी संख्या में ये शिक्षा प्राप्त कर रहे हैं और उच्च सरकारी पदों पर कार्य कर रहे हैं।

बुक्सा

भोक्सा या बुक्सा जनजाति प्रदेश के बिजनौर जिले में छोटी-छोटी ग्रामीण बस्तियों में निवास करती है। अधिकांश लोगों का मत है कि बुक्सा जनजाति पतवार राजपूत घरानों से सम्बन्ध रखती हैं। कुछ विद्वानों ने इन्हें मराठों द्वारा भगाये जाने के बाद यहाँ आकर बसा माना है।

- बक्सा पुरूष लोगों का कद और आँखें छोटी होती हैं। उनकी पलकें भारी, चेहरा चौड़ा एवं नाक चपटी होती है। इनका मुख्य भोजन मछली वे चावल है। इसके अतिरिक्त ये लोग मक्का व गेहूँ की रोटी और दूध, दही का प्रयोग करते हैं। इनके अधिकांश पुरुषों में मद्यपान की आदत होती है। इन लोगों में बन्दर, गाय और मोर का माँस खाना वर्जित होता है।
- इनमें भी सामाजिक स्तरीकरण पाया जाता है। बुक्सा ब्राह्मण समाज में सबसे ऊँचा स्थान रखते हैं, उसके बाद क्रमशः क्षत्रिय बुक्सा, नाई बुक्सा आदि होते हैं। गोत (गोत्र) इनके समाज की मूल इकाई है। सभी भेदों के बाद भी ये गाँव में एक-साथ मिलकर रहते हैं।
- इनका विवाह एक अनुबन्ध मात्र होता है जिसे पति-पत्नी में से कोई

भी किसी समय भंग कर सकता है। इनमें अनुलोम तथा प्रतिलोम विवाह व अन्तर्जातीय विवाह भी होते हैं।

- इनके परिवार का स्वरूप हिन्दू समाज के समान है। अधिकांश संयुक्त तथा विस्तृत परिवार हैं। अब धीरे-धीरे उनकी संख्या में वृद्धि हो रही है।
- इनमें बहुपत्नी प्रथा तथा विधवा विवाह प्रचलित है।
- इनकी बिरादरी पंचायत प्रमुख राजनीतिक संगठन है। जो समाज में न्याय एवं शान्ति व्यवस्था बनाये रखने के लिए उत्तरदायी है। बिरादरी पंचायत चार स्तरों में बँटी है जिनके सर्वोच्च अधिकारी तखत, मुंसिफ, दरोगा और सिपाही नाम से जाने जाते हैं।
- गाँव की पंचायत में तीन स्तर होते है। सरपंच, ग्राम पंचायत का सभापति और मुखिया।
- कृषि के अतिरिक्त बुक्सा जनजाति के लोग गाय, भैंस, बकरी पालते हैं, जिनका दूध भी प्रयोग किया जाता है।

खरवार/खैरवार

प्रदेश के मिर्जापुर, सोनभद्र, देवरिया, बलिया, गाजीपुर व चन्दौली जिले में खरवार जनजाति के लोग निवास करते हैं। इनका मूल क्षेत्र झारखंड का पलामू और अठारह हजारी क्षेत्र है।

- इनकी उपजातियों में सूरजवंशी, पटबन्दी, दौलतबन्दी, खेरी, राउत, मौगती, मोझवाली, गोजूँ आर्मिया आदि हैं। ये शरीर से बलिष्ठ व बहादुर होते हैं। इनकी वाणी में कर्कशता अधिक देखी जाती है तथा किसी शब्द का उच्चारण खींच कर करते हैं।
- ये मुख्यतः हिन्दू धर्म के रीति रिवाजों का पालन करते हैं। ये लोग बघउस, वनसन्ती, दूल्हादेव, घमासान, गोरइया, शिव, दुर्गा, हनुमान आदि देवी-देवताओं के अतिरिक्त वृक्षों में सेमल, पीपल, नीम तथा जन्तुओं में नाग, बिच्छू आदि की पूजा करते हैं। इनकी स्त्रियाँ टोना करने में बड़ी दक्ष होती हैं।
- इस जनजाति के लोग माँसाहारी और शाकाहारी दोनों प्रकार के होते हैं।
- प्रारम्भ में ये लोग जंगलों में शिकार, संग्रहण और लकड़ी काटने का काम करते थे लेकिन अब सरकार द्वारा इन क्रियाओं को प्रतिबन्धित कर देने के कारण इन्हें मजबूर होकर भिक्षाटन करना पड़ता है। क्योंकि इनके पास कृषि योग्य भूमि नहीं है। कभी-कभी इन्हें बंधुआ मजदूरी का भी जीवन व्यतीत करना पड़ता है।

अनुसूचित जनजातियाँः एक दृष्टि में

- 2011 की जनगणना के अनुसार राज्य की कुल जनसंख्या में जनजातियाँ हैं : **0.6%**
- प्रदेश में अनुसूचित जनजाति से रहित जिले हैं : **फैजाबाद व जालौन**
- 2011 की जनगणना के अनुसार सर्वाधिक व सबसे कम SC आबादी व प्रतिशत वाले जिले हैं : **सोनभद्र व बागपत**
- प्रदेश में 2003 से अनुसूचित जनजाति श्रेणी में सूचीबद्ध थीं : **केवल थारू व बुक्सा जनजातियां**
- प्रदेश में 2003 में अनुसूचित जनजाति श्रेणी में सूचीबद्ध की गई : **10 जनजातियाँ**

2003 में सूचीबद्ध की गई जनजातियाँ

(1) गोंड, राजगोंड, पठारी, धुरिया, नायक या ओझा मिलते हैं : **महाराजगंज, सिद्धार्थनगर, बस्ती, गोरखपुर, देवरिया, मऊ, आजमगढ़, जौनपुर, बलिया, गाजीपुर, चन्दौली, मिर्जापुर व सोनभद्र में।**

(2) खरवार/खैरवार मिलते हैं : **देवरिया, बलिया, गाजीपुर, वाराणसी, चंदौली व सोनभद्र में।**

(3) सहरिया मिलते हैं : **ललितपुर में।**

(4) पहरिया मिलते हैं : **सोनभद्र में**

(5) बैगा मिलते हैं : **सोनभद्र में**

(6) पंखा, पनिका मिलते हैं : **सोनभद्र व मिर्जापुर में**

(7) अगरिया मिलते हैं : **सोनभद्र में**

(8) पथारी मिलते हैं : **सोनभद्र में**

(9) चेरो मिलते हैं : **सोनभद्र व चंदौली में**

(10) भुइया, भुनिया मिलते हैं : **सोनभद्र में**

2003 में सूचीबद्ध की गई जनजातियाँ

- मुगल चित्रकला शैली का स्वर्ण काल : **जहाँगीर काल**
- काशी नरेश के संरक्षण में विकसित चित्रकला शैली : **अपभ्रंश तथा कम्पनी शैली**
- आधुनिक चित्रकला की प्रमुख शैलियाँ : **वाश- टेम्पा या लखनऊ शैली**
- लखनऊ चित्रकला शैली के जनक है : **असित कुमार हल्दार**
- प्रदेश के चित्रकला विकास में ग्राफिक विद्या की शुरुआत की : **ललित मोहन सेन ने**
- चमन सिंह ने चित्र व मूर्ति कला पर पुस्तकें लिखी : **50 से अधिक**

प्रमुख जनजातियों का सामाजिक/सांस्कृतिक परिचय

- अपने को किरातवंशीय कहने वाले थारू निवास करते हैं : **महाराजगंज, बलरामपुर, लखीमपुर, श्रावस्ती व बहराइच में**
- थारू हिन्दू धर्म को मानते हैं लेकिन दीपावली मनाते हैं : **शोक रूप में**
- बजहर है थारूओं का एक : **त्यौहार**
- बड़वायक, बंट्ठा, रावत, वृत्तियां, महतों व डहैत आदि थारूओं के हैं: **गोत्र**
- पछांवन, खड्गाभूत, काली, नगरयाई देवी, भूमिया (बड़ा बाबा) : **थारू देवता कारोदेव, राकत, कलुआ आदि है।**
- होली पर आठ दिनों तक थारू स्त्री-पुरुषों द्वारा किया जाता है : **खिचड़ी नृत्य**
- बुक्सा या भोक्सा जनजाति के लोग निवास करते हैं : **बिजनौर में**
- बुक्सा लोगों का सम्बन्ध माना जाता है : **पतवार राजपूत वंश से**
- हिन्दी भाषी बुक्सा हिन्दू धर्म मानते हैं इनकी सबसे पूज्य देवी हैं : **चामुण्डा देवी**
- बुक्सा में हिन्दुओं से मिलता-जुलता है : **वर्ण विभाजन**
- सूरजवंशी, पटबन्दी, दौलदबन्दी, खेरी, राउत, माँगती, मोझयाली : **खरवार की गोजूँ, अमियां आदि उपजातियाँ हैं।**
- खरवार हिन्दू धर्म मानते हैं। इनका प्रमुख नृत्य है : **करमा**

उत्तर प्रदेश की अनुसूचित जनजाति जनसँख्या

जिला	जनजाति जनसँख्या (2001)	जनजाति जनसँख्या (2011)
अलीगढ़	337	629
अयोध्या (फैज़ाबाद)	–	931
आगरा	210	7255
अंबेडकर नगर	10	746
आजमगढ़	239	9327
अमेठी	–	–
अमरोहा	–	164
औरैया	–	150
बिजनौर	1997	2974
बलिया	139	110119
बलरामपुर	–	27887
भदोही (संत रविदास नगर)	–	1873
बदायूं	47	58
बाराबंकी	259	610
बस्ती	201	3620
बरेली	467	3227
बहराइच	10012	11961
बागपत	187	14
बुलंदशहर	175	198
बांदा	60	163
चित्रकूट	–	366
चंदौली	–	41725
देवरिया	331	109894
इटावा	96	169
एटा	139	140
फर्रुखाबाद	803	230
फतेहपुर	339	340
फिरोजाबाद	–	2565
गाजियाबाद	189	3968
गोरखपुर	601	18172
गौतम बुद्ध नगर	–	2215
गोंडा	6201	870
गाजीपुर	464	28712
हाथरस	–	268
हमीरपुर	71	474
हरदोई	43	349
हापुड़	–	–
जौनपुर	124	4736
जालौन	–	832
झांसी	199	3873
कानपुर देहात	703	801
कुशीनगर	–	80269
कानपुर नगर	1179	3753
कन्नौज	–	15
कौशांबी	–	193
कासगंज	–	150
लखीमपुर खेरी	30801	53375
लखनऊ	1234	7506
ललितपुर	169	71010
मुज़फ्फरनगर	68	317
महोबा	–	647
मिर्जापुर	189	20132
मुरादाबाद	461	685
मेरठ	99	3390
मऊ	64	22915
महाराजगंज	2961	16434
मथुरा	18	1520
मैनपुरी	89	478
प्रयागराज	2403	7955
पीलीभीत	1419	1714
प्रतापगढ़	110	723
रायबरेली	1530	1756
रामपुर	66	122
सोनभद्र	159	385018
शामली *	–	–
सहारनपुर	367	980
सम्भल	–	–
सुल्तानपुर	207	696
सीतापुर	299	1602
संत कबीर नगर	–	1553
सिद्धार्थ नगर	86	12021
शाहजहाँपुर	402	508
श्रावस्ती	–	5534
उन्नाव	2524	2926
वाराणसी	175	28617

OOO

8

वन रिपोर्ट–2019

- देश का कुल वनावरण 7,12,249 वर्ग कि.मी. है जोकि, देश के कुल भौगोलिक क्षेत्रफल का 21.67% है।
- देश का कुल वृक्षावरण 95,027 वर्ग कि.मी. आकलित किया गया है जोकि, देश के कुल भौगोलिक क्षेत्रफल का 2.89% है।
- देश का कुल वन एवं वृक्षावरण 8,07,276 वर्ग कि.मी. है जोकि, देश के कुल भौगोलिक क्षेत्रफल का 24.56% है।
- पिछले आकलन अर्थात् 2017 की तुलना में वर्तमान आकलन वनावरण में 3,376 वर्ग कि. मी. (0.56%) एवं वृक्षावरण में 1,2 1 2 वर्ग कि.मी. (1.29%) तथा वन एवं वृक्षावरण दोनों को मिलाकर 5,188 वर्ग कि.मी. (0.56%) की वृद्धि को दर्शाता है।
- पिछले आकलन 2017 की तुलना में अभिलिखित वन क्षेत्र/ग्रीन वॉश के भीतर वनावरण में 330 वर्ग कि.मी. (0.05%) का मामूली ह्रास दर्शाता है जबकि अभिलिखित वन क्षेत्र ग्रीन वॉश के बाहर वनावरण में 4,306 वर्ग कि.मी. की वृद्धि हुई है।
- वनावरण में वृद्धि को दर्शाने वाले शीर्ष पाँच राज्य कर्नाटक (1,025 वर्ग कि.मी.), आंध्र प्रदेश (990 वर्ग कि.मी.), केरल (823 वर्ग कि.मी.), जम्मू एवं कश्मीर (371 वर्ग कि.मी.) तथा हिमाचल प्रदेश (334 वर्ग कि.मी.) है।
- देश के पर्वतीय जिलों का वनावरण 2,84,006 वर्ग कि.मी. है जोकि, इन जिलों के भौगोलिक क्षेत्रफल का 40.30% है। वर्तमान आकलन देश के 140 पर्वतीय जिलों में 544 वर्ग कि.मी. (0.19%) की वृद्धि को दर्शाता है।
- जनजातीय जिलों का वनावरण 4,22,351 वर्ग कि.मी. है जोकि, इन जिलों के भौगोलिक क्षेत्रफल का 37.54% है। वर्तमान आकलन जनजातीय जिलों के अभिलिखित वन क्षेत्र/ग्रीन वॉश के भीतर 741 वर्ग कि.मी. का ह्रास तथा बाहर 1,922 वर्ग कि.मी. की वृद्धि को दर्शाता है।
- उत्तर पूर्वी क्षेत्र का वनावरण 1,70,541 वर्ग कि.मी. है जोकि, इसके भौगोलिक क्षेत्रफल का 65.05% है। वर्तमान आकलन क्षेत्र के वनावरण में 76 5 वर्ग कि.मी. (0.45%) का ह्रास दर्शाता है। असम एवं त्रिपुरा को छोड़कर क्षेत्र के सभी राज्यों के वनावरण में ह्रास देखा गया है।
- पिछले आकलन की तुलना में देश की कच्छ वनस्पति आवरण में 54 वर्ग कि.मी. (1.10%) की वृद्धि हुई है।
- देश में काष्ठ की कुल वर्द्धमान निधि 5,91 5.76 मिलियन घन मीटर आकलित की गई है जिसमें अभिलिखित वन क्षेत्र के भीतर 4,273.47 मिलियन घन मीटर एवं अभिलिखित वन क्षेत्र के बाहर में 1,642.29 मिलियन घन मीटर शामिल है। वन में औसत प्रति हेक्टेयर वर्द्धमान निधि 55.69 मिलियन घन मीटर आकलित की गई है।
- देश का कुल बाँस धारित क्षेत्र 1,60,037 वर्ग कि.मी. आकलित किया गया है। 2017 की तुलना में बांस धारित क्षेत्र में 3,229 वर्ग कि.मी. की वृद्धि हुई है।
- वर्तमान आकलन में, वन में कुल कार्बन स्टॉक 7,124.6 मिलियन टन आकलित किया गया है। आकलन 2017 की तुलना में देश के कुल कार्बन स्टॉक में 42.6 मिलियन टन की वृद्धि हुई है। वार्षिक वृद्धि 2 1 3 मिलियन टन है जोकि, 78.1 मिलियन टन CO_2 के समतुल्य हैं।
- वनों में मृदा जैविक कार्बन (एस ओ सी) विस्तृत कार्बन स्टॉक निकाय का प्रतिनिधित्व करता है, जोकिं 4,004 मिलियन टन आकलित किया गया है। देश के कार्बन स्टॉक में (एस ओ सी) का योगदान 56% है।
- देश अभिलिखित वन क्षेत्र/ग्रीन वॉश के भीतर कुल 62,466 नम भूमियाँ हैं जो 3.83% क्षेत्र को आच्छादित करती हैं। राज्यों में, गुजरात में अभिलिखित वन क्षेत्र के भीतर सबसे अधिक नम भूमि क्षेत्र है इसके बाद पश्चिम बंगाल का स्थान है।
- महाराष्ट्र में ईंधन काष्ठ हेतु वनों पर निर्भरता सबसे अधिक हैं जबकि चारा तथा लघु काष्ठ तथा बाँस की निर्भरता मध्य प्रदेश में सबसे अधिक है। यह आकलित किया गया है कि वन उपांत ग्रामों में रहने वाले लोगों द्वारा लघु काष्ठ का वार्षिक निष्कासन देश के औसत वार्षिक निष्कासन का लगभग 7% है।
- राज्य/संघशासित क्षेत्र में शीर्ष पाँच प्रजातियों से प्रभावित क्षेत्र की सूचना एन.एफ.आई. आंकड़ों के विश्लेषण के आधार पर में दी गई है। वनाग्नि घटनाओं की पुनः आवृत्ति के आधार पर 5 कि.मी. × 5 कि.मी. के ग्रिड

मे विभिन्न वनाग्नि प्रवणता श्रेणियों के अंतर्गत वनाग्नि प्रवण क्षेत्रों को मानचित्रित किया गया है। विश्लेषण से ज्ञात होता है कि देश के वनावरण का 21.40% वनावरण अत्यन्त वनाग्नि प्रवणता श्रेणी के अंतर्गत हैं।

2019 में भारत का वन एवं वृक्षारोपण

श्रेणी	क्षेत्रफल (वर्ग कि.मी. में)	भौगोलिक क्षेत्रफल का %
अत्यन्त सघन वन	99278	3.02
सामान्य सघन वन	308472	9.38
खुले वन	304499	9.26
कुल वनावरण*	**712249**	**21.67**
वृक्षारोपण	95027	2.89
कुल वन एवं वृक्षारोपण	807276	24.56
झाड़ी	46297	1.41
गैर-वन*	2528923	76.92
कुल भौगोलिक क्षेत्रफल	**3287469**	**100.00**

* कच्छ वनस्पति आवरण के अंतर्गत 4,975 वर्ग कि.मी. क्षेत्र शामिल है।
* गैर-वन में वृक्षारोपण शामिल है (प्रतिशत को पूर्णांकित किया गया है)

देश के उत्तरी भाग में स्थित, उत्तर प्रदेश का क्षेत्रफल 2,40,928 वर्ग कि.मी. है, जो देश के भौगोलिक क्षेत्रफल का 7.33% है। राज्य 23°52' उत्तर से 31°28' उत्तर अक्षांश और 77°30' पूर्व से 84°39' पूर्व देशान्तर के मध्य स्थित है और उत्तर में उत्तराखंड, पश्चिम में हरियाणा, दिल्ली और राजस्थान, पश्चिम और दक्षिण-पश्चिम में मध्य प्रदेश, दक्षिण में छत्तीसगढ़ और पूर्व में बिहार है। उत्तर में नेपाल के साथ अंतर्राष्ट्रीय सीमा है। राज्य को तीन विशिष्ट क्षेत्रों में बांटा जा सकता है यथा: उत्तर में शिवालिक क्षेत्र, केन्द्र में गंगा के मैदान और दक्षिण में विन्ध्य के पर्वत ।.उत्तर प्रदेश की जलवायु आर्द्र उष्ण कटिबंधीय है। वार्षिक वर्षा 1,000 मि.मी.से 1,200 मि.मी. तथा वार्षिक तापमान 5° सेल्सियस से 46° सेल्सियस के बीच रहता है। राज्य में कई नदियाँ बहती हैं, जिनमें गंगा, यमुना, गोमती, घाघरा, बेतवा, चंबल तथा गंडक शामिल हैं। राज्य में 75 जिले हैं। जनगणना 2011 के अनुसार उत्तर प्रदेश की जनसंख्या 199.81 मिलियन है जो की भारत की जनसंख्या का 16.50% है। नगरीय और ग्रामीण जनसंख्या क्रमश: 22.27% तथा 77.73% प्रतिशत है। जनजातीय जनसंख्या 0.57% है। राज्य का औसत जनसंख्या घनत्व 829 व्यक्ति प्रति वर्ग किमी है जो राष्ट्रीय औसत के दोगुने से ज्यादा है। 19वीं पशुधन गणना 2012 के अनुसार राज्य की पशुधन संख्या 68.71 मिलियन है।

भौगोलिक क्षेत्रफल	क्षेत्रफल (000' हे. में)	प्रतिशत
भौगोलिक क्षेत्रफल	24093	
भूमि उपयोग के लिए प्रस्तुत क्षेत्र	24170	100.00
वन	1659	6.86
भू-संवर्धन के लिए अनुपलब्ध	3507	14.15
नियमित चरागाह एवं अन्य चराई भूमियाँ	65	0.27
विविध वृक्ष उपज एवं उपवनों के अधीन भूमि	305	1.26
संवर्धनीय बंजर भूमि	405	1.68
वर्तमान परती भूमियों के अतिरिक्त परती भूमियाँ	509	2.11
वर्तमान परती भूमियाँ	1122	4.64
शुद्ध रोपण क्षेत्र	16598	68.67
स्रोत: भमि उपयोग सांख्यिकी, कृषि मंत्रालय, भारत सरकार (2014-15)		

वानिकी परिदृश्य का संक्षिप्त अवलोकन

उत्तर प्रदेश में पांच प्रकार के वन समूह है। जिन्हें आगे 28 वन प्रकारों में वर्गीकृत किया गया है। राज्य का प्रमुख भाग कृषि प्रधान है। हाल के वर्षों में, वन और वृक्षावरण बढ़ाने के लिए राज्य में बड़े पैमाने पर वृक्षारोपण कार्यक्रम किए गए हैं। पौधशाला प्रबंधन योजना के माध्यम से, रोपण के लिए 8 से 12 फीट की ऊंचाई के लंबे पौधे भी लगाए जा रहे हैं। 2019 की वृक्षारोपण अवधि के दौरान, राज्य भर में 22. 5 करोड़ से अधिक पौधे' वृक्ष महाकुंभ कार्यक्रम' के तहत लगाए गए थे। वन क्षेत्रों के बाहर वृक्षारोपण का बढ़ावा देने के लिए, आजीविका में सुधार और किसानों की आय बढ़ाने के लिए राज्य सरकार ने पेड़ों की अधिकांश प्रजातियों का काटने और पारगमन नियमों में छूट दी है।

राज्य में अभिलिखित वन क्षेत्र 16.582 वर्ग कि.मी. है जिसमें 12,070 वर्ग किमी. आरक्षित वन है, 1,157 वर्ग कि.मी. संरक्षित वन है और 3.355 वर्ग कि.मी. अवर्गीकत वन है। 1 जनवरी, 2015 से 5 फरवरी, 2019 की अवधि के दौरान, उत्तर प्रदेश में वन संरक्षण अधिनियम 1980 (पर्यावरण वन एवं जलवायु मन्त्रालय 2019) के अंतर्गत कुल 163.76 हेक्टेयर वन भमि को गैर वानिकी प्रयोजनों हेतु परिवर्तित किया गया है।

एक राष्ट्रीय उद्यान और 26 वन्यजीव अभयारण्य राज्य के संरक्षित क्षेत्र नेटवर्क का गठन करते हैं, जो इसके भौगालिक क्षेत्रफल का 11.82 प्रतिशत है। राज्य में स्थित दुधवा राष्ट्रीय उद्यान एक सींग वाले गैंडों के सफल स्थानान्तरण के लिए जाना जाता है।

वनावरण

अक्टूबर 2017 से जनवरी, 2018 की अवधि के लिए आई.आर.एस. रिसोर्ससैट-2 लिस उपग्रह आंकड़ों के निर्वचन के आधार पर, राज्य में 14,805.65 वर्ग कि.मी.वनावरण है जो राज्य के भौगोलिक क्षेत्रफल का 6.15% है। राज्य मे 2,61 6.43 वर्ग कि.मी. अत्यंत सघन वन 4,080.0 4 वर्ग कि.मी. सामान्य

सघन वन और 8,109.18 वर्ग कि.मी. खुले वन के अन्तर्गत आता है। 2017 आकलन की तुलना में राज्य के वनावरण में 126.65 वर्ग कि.मी.की वृद्धि हुई है।

उत्तर प्रदेश का वनावरण

श्रेणी	क्षेत्रफल	भौगोलिक क्षेत्रफल का %
अ.स.व.	2616.43	1.09
सा.स.व.	4080.04	1.69
खु.व.	8109.18	3.37
कुल	**14805.65**	**6.15**
झाड़ी	586.52	0.24

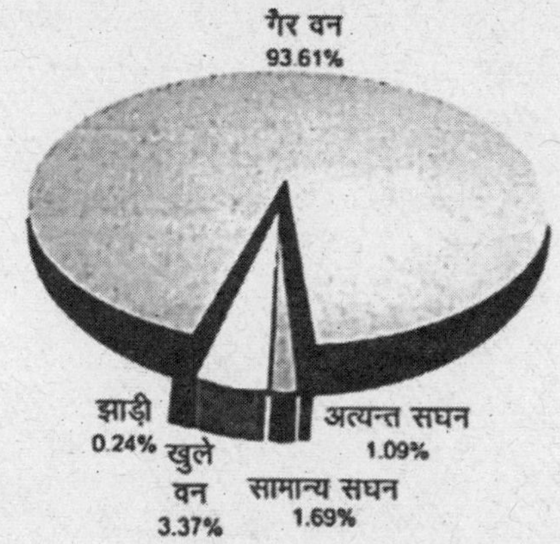

उत्तर प्रदेश का वनावरण

उत्तर प्रदेश में बाह्य वन वृक्ष (ग्रामीण) की शीर्ष पांच वृक्ष प्रजातिया

क्र.सं.	प्रजातियाँ	सापेक्ष प्रचुरता (%)
1	मेंगिफेरा इंडिका	31.54
2	यूकलिप्टस प्रजाति	15.86
3	पोमूलस प्रजाति	9.60
4	अजाडिरेक्टा इंडिका	5.71
5	अकेसिया अरेबिका	5.30

अभिलिखित वन क्षेत्र (या ग्रीन वॉश) के भीतर एवं बाहर वनावरण

राज्य के अभिलिखित वन क्षेत्र (अ.व.क्षे.) 16.582 वर्ग कि.मी. बताया गया है जो इसके भौगोलिक क्षेत्रफल का 6.88% है। राज्य अभिलिखित वन क्षेत्र मे आरक्षित, संरक्षित एवं अवर्गीकृत वन क्रमशः 72.79%, 6.98% और 20.23% है। राज्य से अभिलिखित वन क्षेत्रों की अंकीय सीमा की अनुपलब्धता के कारण, भारतीय सर्वेक्षण विभाग को टपोशीट से अद्यतन ग्रीन वॉश जो की 13.433.75 वर्ग कि.मी. हैं, को अ.व.क्षे.सीमा के रूप में प्रयोग किया गया है और अभिलिखित वन क्षेत्र के भीतर एवं बाहर वनावरण का विश्लेषण नीचे दिया गया है।

(वर्ग कि.मी. में)

अभिलिखित वन क्षेत्र के भीतर वनावरण (या ग्रीन वॉश)				अभिलिखित वन क्षेत्र के बाहर वनावरण (या ग्रीन वॉश)			
अ.स.व.	सा.स.व.	खु.व.	कुल	अ.स.व.	सा.स.व.	खु.व.	कुल
2455	3039	3701	9195	162	1041	4408	5611
26.70%	33.05%	40.25%		2.88%	18.55%	78.57%	

* उत्तर प्रदेश के संदर्भ में ग्रीन वॉश सीमाओं का प्रयोग किया गया है।

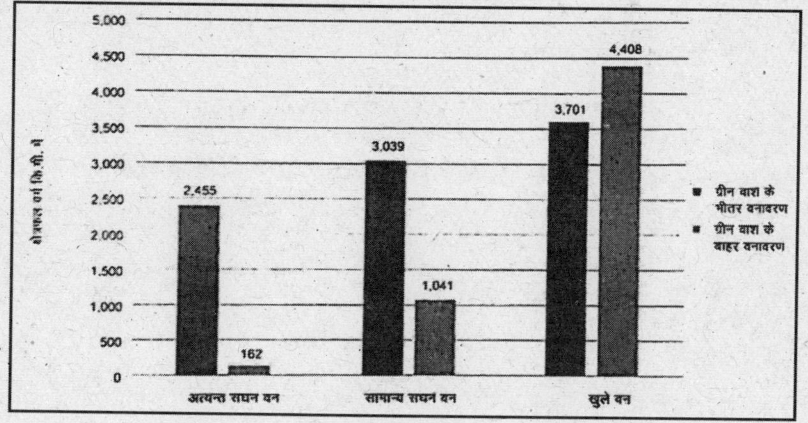

उत्तर प्रदेश के ग्रीन वॉश के भीतर एवं बाहर वनावरण

उत्तर प्रदेश का वनावरण परिवर्तन मैट्रिक्स

	आकलन 2019					कुल भा.व.स्थि.रि. 2017
श्रेणी	अ.स.व.	सा.स.व.	खु.व.	झाड़ी	गैर-वन	
अत्यंत सघन वन	2617	0	0	0	0	2617
सामान्य सघन वन	0	4052	9	0	8	4069
खुले वन	0	25	7899	16	53	7993
झाड़ी	0	0	10	539	2	551
गैर-वन	0	3	191	32	225472	25698
कुल भा.वि.स्थि.रि. 2019	2617	4080	8109	587	225535	240928
शुद्ध परिवर्तन	0	11	116	36	-163	

अभिलिखित वन क्षेत्र (या ग्रीन वॉश के भीतर एवं बाहर नम भूमियाँ)

नम भूमि श्रेणी	नम भूमियों की संख्या	कुल नम भूमि क्षेत्र
अंतः स्थलीय नम भूमि-प्रकृति		
झील/तालाब	92	924
ऑक्स-बो झील/कट-आफ मेंडर	47	742
नदीतट नम भूमि	103	1079
जलभराव	240	3035
नदी/झरना	310	26048
उप-योग	792	31828
अंतःस्थलीय नम भूमि-मानव निर्मित		
जलाश/बांध	504	8754
कुण्ड/तालाब	106	353
जलभराव	50	390
नदी/झरना	660	9497
नम भूमि (<2.25 हे.)	899	899
कुल	**2351**	**42224**
कुल अभिलिखित वन (या ग्रीन वॉश) क्षेत्र (हे. में)		**1343375**
अभिलिखित वन (या ग्रीन वॉश) क्षेत्र के भीतर नम भूमि का %		**3.14%**

(विश्लेषण, नेशनल वेटलैंड एटल्सः इंडिया, 2011 पर आधारित है)

उत्तर प्रदेश का जिलेवार वनावरण

		आकलन 2019						
जिला	भौगोलिक क्षेत्रफल	अत्यन्त सघन वन	सामान्य सघन वन	खुले वन	कुल	भौगोलिक क्षेत्रफल का %	भा.वि.स्थि.रि. 2017 के अनुसार परिवर्तन	झाड़ी
आगरा	4041	0.00	62.68	199.94	262.62	6.50	-9.38	75.14
अलीगढ़	3650	0.00	7.00	59.75	66.75	1.83	-0.25	1.00
प्रयागराज	5482	6.00	26.00	97.21	129.21	2.36	2.21	36.36

अम्बेडकर नगर	2350	0.00	1.00	40.12	41.12	1.75	0.12	0.00
औरेया	2016	0.00	4.96	36.42	41.38	2.05	0.38	10.09
आजमगढ़	4054	0.00	1.00	49.00	50.00	1.23	0.00	0.00
बागपत	1321	0.00	5.00	12.06	17.06	1.29	0.06	0.00
बहराइच	5237	240.00	156.11	153.99	5550.10	10.50	1.10	9.00
बलिया	2981	0.00	0.00	22.15	22.15	0.75	0.15	0.00
बलरामपुर	3349	279.00	157.94	89.07	526.01	15.71	2.01	3.00
बांदा	4408	0.00	55.91	46.00	101.91	2.31	-0.09	4.00
बाराबंकी	4402	3.00	6.00	74.07	83.07	1.89	6.07	5.70
बरेली	4120	0.00	7.00	38.00	45.00	1.09	0.00	0.00
बस्ती	2688	1.00	6.00	22.25	29.25	1.09	0.25	0.00
बिजनौर	4561	39.00	218.38	146.23	403.61	8.85	1.61	5.52
बदायूँ	5168	0.00	8.13	23.91	32.04	0.62	-12.96	6.00
बुलन्दशहर	4512	0.00	49.72	115.40	165.12	3.66	-0.88	0.00
चन्दौली	2541	7.00	192.00	366.26	565.26	22.25	0.26	10.00
चित्रकूट	3216	81.00	319.00	186.40	586.40	18.23	0.40	40.51
देवरिया	2540	0.00	1.00	14.21	15.21	0.60	0.21	0.00
एटा	2431	0.00	0.98	25.20	26.18	1.08	-4.82	-0.26
इटावा	2311	0.00	62.75	188.63	251.38	10.88	9.38	45.05
फैजाबाद	2341	6.00	10.00	73.30	89.30	3.81	3.30	0.96
फर्रुखाबाद	2181	0.00	14.00	33.45	47.45	2.18	0.45	2.00
फतेहपुर	4152	0.00	18.00	35.44	53.44	1.29	0.44	0.00
फिरोजाबाद	2407	0.00	5.00	53.60	58.60	2.43	9.60	27.01
गौतमबुद्ध नगर	1282	0.00	5.00	15.00	20.00	1.56	0.00	0.00
गाजियाबाद	1179	0.00	8.67	16.25	25.22	2.14	-0.78	0.00
गाजीपुर	3377	0.00	1.00	28.00	29.00	0.86	0.00	0.00
गोंडा	4003	67.00	8.36	39.50	114.86	2.87	0.86	0.00
गोरखपुर	3321	28.00	23.00	28.00	79.00	2.38	0.00	0.00
हमीरपुर	4021	0.00	80.00	147.00	227.00	5.65	0.00	14.00
हरदोई	5986	0.00	16.98	126.87	143.82	2.40	-0.15	5.00
जालौन	4565	0.00	60.58	186.73	247.31	5.42	-1.69	37.97
जौनपुर	4038	0.00	11.00	56.02	67.02	1.66	0.02	0.00
झांसी	5024	0.00	42.00	262.05	304.05	6.05	1.05	41.96
ज्योतिबाफूले नगर	2249	0.00	25.00	61.00	86.00	3.82	0.00	0.00
कन्नौज	2093	0.00	0.00	27.82	27.82	1.33	-0.18	0.00
कानपुर देहात	3021	0.00	3.00	38.00	41.00	1.36	0.00	9.00
कानपुर नगर	3155	0.00	7.00	59.00	66.00	2.09	0.00	3.00
कांशीराम नगर	1955	0.00	767	41.13	48.80	2.50	-19.20	0.00
कौशाम्बी	1779	0.00	5.00	22.83	27.83	1.56	0.83	0.33

खीरी	7680	804.91	158.21	309.94	1273.06	16.58	-0.94	4.49
कुशीनगर	2905	0.00	2.00	32.84	34.84	1.20	0.84	0.00
ललितपुर	5039	0.00	128.89	452.40	581.29	11.54	-5.71	33.18
लखनऊ	2528	0.00	162.00	216.87	378.87	14.99	13.87	2.18
महामाया नगर	1840	0.00	1.00	22.00	23.00	1.25	0.00	0.00
महोबा	3144	0.00	21.00	149.00	170.00	5.41	0.00	62.00
महाराजगंज	2952	259.00	101.00	69.07	429.07	14.53	0.07	0.34
मैनपुरी	2760	0.00	1.00	12.64	13.64	0.49	-0.36	0.00
मथुरा	3340	0.00	4.00	53.04	57.04	1.71	-2.96	3.52
मऊ	1713	0.00	0.00	11.00	11.00	0.64	0.00	0.00
मेरठ	2559	0.00	34.00	34.41	68.41	2.67	0.41	0.00
मिर्जापुर	4405	8.00	289.58	506.15	803.73	18.25	-1.27	47.00
मुरादाबाद	3718	0.00	5.00	23.00	28.00	0.75	0.00	0.00
मुजफ्फरनगर	4008	0.00	14.00	52.11	66.11	1.65	26.11	0.00
पीलीभीत	3686	471.00	86.72	129.38	687.11	18.64	-0.89	2.11
प्रतापगढ़	3717	0.00	31.58	86.24	117.82	3.17	15.82	2.00
रायबरेली	4609	0.00	4.00	89.54	93.54	2.03	0.54	1.32
रामपुर	2367	4.00	26.00	45.00	75.00	3.17	0.00	0.00
सहारनपुर	3689	0.00	174.00	269.26	443.26	12.02	70.26	0.00
संत कबीर नगर	1646	0.00	1.00	13.00	14.00	0.85	0.00	1.00
संत रविदास नगर (भदोई)	1015	0.00	0.00	3.12	3.12	0.31	0.12	0.00
शाहजहांपुर	4388	26.00	7.00	26.31	59.31	1.35	-1.69	1.17
श्रावस्ती	1640	151.52	90.23	42.79	284.54	17.35	-0.46	0.00
सिद्धार्थनगर	2895	0.00	8.00	26.08	34.08	1.18	0.08	0.00
सीतापुर	5743	0.00	19.00	190.42	209.42	3.62	0.42	6.30
सोनभद्र	6905	130.00	967.00	1443.29	2540.29	36.79	1.29	28.00
सुल्तानपुर	4436	5.00	15.00	190.03	210.03	4.73	6.03	0.00
उन्नाव	4558	0.00	28.00	236.59	264.59	5.80	14.59	0.00
वाराणसी	1535	0.00	1.00	16.10	17.10	1.11	0.10	0.00
कुल योग	**240928**	**2616.43**	**4080.04**	**8109.18**	**14805.65**	**6.16**	**126.65**	**586.52**

वन एवं वन्य जीव संरक्षण

वृक्षों से ही भूमि संरक्षण, जल संरक्षण एवं पर्यावरण सुरक्षा सुनिश्चित होती है। वन, दुर्लभ प्रजातियों का प्राकृतिक वास है। प्रदेश में वनावरण एवं वृक्षारोपण का कुल क्षेत्रफल 22,148 वर्ग कि.मी. है जो कि कुल भौगोलिक क्षेत्रफल 2,40,928 वर्ग कि.मी. के सापेक्ष मात्र 9.19 प्रतिशत है। यह राष्ट्रीय वन नीति, 1988 के मानक स्तर 33.33 प्रतिशत से कम है।

जैव विविधता

राज्य सरकार जैव विविधता के संरक्षण और संवर्द्धन के लिए सतत् प्रयासरत है। जैव विविधता के संरक्षण और संवर्द्धन के दृष्टिकोण से जैव विविधता अधिनियम, 2002 के प्राविधानों के अन्तर्गत उ.प्र. राज्य जैव विविधता बोर्ड का गठन किया गया है।

प्रदेश की विविधतापूर्ण भौगोलिक संरचना एवं जलवायु में पाये जाने वाले वन्य जीवों एवं जैव विविधता के संरक्षण हेतु प्रदेश में 1 राष्ट्रीय उद्यान, 26 वन्य जीव विहारों, 1 आरक्षित संरक्षण क्षेत्र तथा 4 प्राणि उद्यानों की स्थापना की गयी है। वन्य जीवों के प्रति जनमानस में जागरूकता बढ़ाने के उद्देश्य से जनपद गोरखपुर में शहीद अशफाक उल्लाह खां प्राणि उद्यान का निर्माण, इटावा में बब्बर शेर प्रजनन केन्द्र व लायन सफारी पार्क का विकास किया गई है।

गौरैया व अन्य पक्षियों के प्रति जागरूकता उत्पन्न करने हेतु प्रत्येक वर्ष 20 मार्च को विश्व गौरैया दिवस के रूप में मनाया जाता है। जन सामान्य की वनों एवं पर्यावरण के प्रति जागरूकता उत्पन्न करने हेतु इको टूरिज्म को बढ़ावा दिया जा रहा है।

(क) वानिकी एवं वन्यजीव योजनाएँ

प्रदेश में कार्यान्वित हो रही वृक्षारोपण की मुख्य योजनाओं का विवरण निम्न है:

1. सामाजिक वानिकी

प्रदेश के ग्रामीण क्षेत्रों में काष्ठ, ईधन एवं चारा पत्ती तथा लघु वन उपज की उपलब्धता सुनिश्चित करने हेतु इस योजना के अन्तर्गत विभिन्न प्रकार की भूमि यथा-अवनत वन क्षेत्र, सामुदायिक भूमि, नहर, रेल तथा सड़क के किनारे उपलब्ध भूमि पर वृक्षारोपण कराया जाता है। वर्ष 2019-20 में ₹401.10 करोड़ व्यय कर 29883 हेक्टेयर में वृक्षारोपण कराया गया। योजनान्तर्गत वर्ष 2020-21 में 20334 हेक्टेयर भूमि पर वृक्षारोपण कराए जाने का अनुमान है।

2. शहरी क्षेत्रों में सामाजिक वानिकी

प्रदेश के शहरी क्षेत्रों में पर्यावरण एवं सौन्दर्य को दृष्टिगत रखते हुए सड़कों के किनारे खाली पड़ी भूमि एवं पाकों की भूमि पर इस योजना के अन्तर्गत वृक्षों का रोपण किया जाता है। वर्ष 2010-20 में ₹500.00 लाख व्यय कर 9 हेक्टेयर में वृक्षारोपण कराया गया। योजनान्तर्गत वर्ष 2020-21 में ₹600.00 लाख व्यय का अनुमान है।

3. हरित पट्टी विकास योजना

यह योजना सम्पूर्ण प्रदेश में पर्यावरण सुधार हेतु क्रियान्वित की जा रही है। पर्यावरण सुधार से समस्त प्रदेशवासियों को शुद्ध एवं स्वस्थ पर्यावरण का लाभ प्राप्त होगा। वर्ष 2018-19 में सामाजिक वानिकी के अंतर्गत ₹18558.43 लाख, हरित पटटी विकास योजना के अन्तर्गत ₹171.06 लाख व्यय किये गये।

4. टोटल फारेस्ट कवर योजना

यह योजना जनपद मैनपुरी, आगरा, मथुरा, फिरोजाबाद, बदायूँ, रामपुर, इटावा, कन्नौज, लखनऊ, उन्नाव, फैजाबाद, आजमगढ़, ललितपुर तथा चित्रकूट को पूर्ण रूप से हरा-भरा किए जाने हेतु कार्यान्वित की जा रही है। वर्ष 2018-19 में ₹948 लाख वृक्षारोपण हेतु व्यय किय गये। योजनान्तर्गत वर्ष 2019-20 में ₹251.13 लाख के व्यय का अनुमान व्यक्त किया गया था।

5. वनावरण संवर्धन परियोजना

अवनत वन एवं खुले वन क्षेत्रों में वनावरण संवर्धन के उददेश्य से प्रदेश के 18 जनपदों में नाबार्ड के वित्त पोषण से यह योजना क्रियान्वित की जा रही है। वर्ष 2018-19 में इस योजना में ₹290.56 लाख व्यय कर पौधा रोपण किया गया है। वर्ष 2019-20 में योजनान्तर्गत ₹16.90 लाख के व्यय का अनुमान था।

6. राष्ट्रीय वनीकरण कार्यक्रम

"यह योजना वर्ष 2000-01 से कार्यान्वित की जा रही है। इसके अन्तर्गत जन मानस को वनों की सुरक्षा एवं संवर्द्धन के कार्य से जोड़ने हेतु प्रदेश के प्रत्येक प्रभाग में भारत सरकार से प्राप्त मार्ग निर्देश के अनुसार जनपद स्तर पर गठित वन विकास अभिकरण (एफ.डी.ए.) के द्वारा अधिकाधिक केन्द्रीय सहायता प्राप्त कर जनसहभागिता के माध्यम से वानिकी कार्य सम्पादित किया जाता रहा है। योजनान्तर्गत वर्ष 2017-18 में ₹111.81 लाख व्यय किए गए थे जिससे 314 हे. क्षेत्र में वृक्षारोपण कार्य कराया गया था। भारत सरकार द्वारा वर्ष 2018-19 से यह योजना ग्रीन इण्डिया मिशन में समायोजित कर दी गई है। वर्ष 2020-21 में ₹1500 लाख व्यय का प्रावधान किया गया है।

7. गौरा हरदो आजमगढ़ में वन विहार पार्क का विकास

जनपद आजमगढ़ में बूढ़नपुर तहसील के गौरा हरदो में वन विहार (पार्क) के निर्माण हेतु "गौरा हरदो आजमगढ़ वन विहार पार्क विकास' योजना कार्यान्वित की जा रही है। इस योजना में वर्ष 2019-20 में अनुमानत: ₹56.49 लाख व्यय किए गए। वर्ष 2020-21 में ₹56.49 लाख व्यय का प्रावधान किया गया था।

8-जनपद मऊ में वन देवी जैव विविधता क्षेत्र का संरक्षण एवं विकास व वन देवी पार्क का जीर्णोद्धार तथा वन देवी में गेस्ट हाउस के निर्माण कार्य की योजना

मऊ जनपद के एक मात्र वन मनोरंजन पार्क का जीर्णोद्धार करके यहां की जनता को प्राकृतिक वातावरण उपलब्ध कराने, जनपद के स्कूली बच्चों को पर्यावरणीय शिक्षा प्रदान करने तथा विद्यार्थियों को पर्यावरण के प्रति जागरूक बनाने हेतु यह योजना प्रारम्भ की गई। इस योजना हेतु वर्ष 2019-20 में अनुमानत: ₹100.00 लाख व्यय किये गये। वर्ष 2020-21 में ₹100.00 व्यय का प्रावधान किया गया है।

9. बर्ड फेस्टिवल का आयोजन

पक्षियों के प्रति आम जनता में जागरूकता उत्पन्न करने एवं विद्यार्थियों को इन जीवों के वास स्थल, क्रियाकलाप तथा विदेशी पक्षियों के माइग्रेशन के विषय में जानकारी उपलब्ध कराने हेतु प्रदेश में प्रतिवर्ष दिसम्बर माह के प्रथम सप्ताह में बर्ड फेस्टिवल का आयोजन किया जाता है। इस हेतु वर्ष 2019-20 में अनुमानुत: ₹100.00 लाख व्यय किया गया। वर्ष 2020-21 में ₹100.00 लाख व्यय का प्राविधान किया गया है।

10. नवाब वाजिद अली शाह प्राणि उद्यान, लखनऊ एवं कानपुर प्राणि उद्यान में तितली पार्क का निर्माण

तितलियों का पर्यावरण संरक्षण में महत्वपूर्ण योगदान होता है। यह फूलों के परागण एवं बीजों के अंकुरण में महत्वपूर्ण भूमिका निभाती हैं। तितलियों की संख्या कम होती जा रही है। नवाब वाजिद अली शाह प्राणि उद्यान, लखनऊ एवं कानपुर प्राणि उद्यान में इस तितली पार्क के माध्यम से जन-मानस में तितलियों के बारे में जागरूकता बढ़ाई जायेगी। इस योजना में लखनऊ प्राणि उद्यान में वर्ष 2017-18 में ₹ 24.76 लाख एवं वर्ष 2018-19 में अनुमानत: ₹11.63 लाख व्यय किया गया।

इस योजना हेतु कानपुर प्राणि उद्यान में वर्ष 2019-20 में अनुमानत: ₹40.00

लाख व्यय किया गया। वर्ष 2020-21 में ₹40.00 लाख व्यय का प्रावधान किया गया है।

11. नेशनल प्लान फार कन्जर्वेशन आफ एक्वेटिक ईको सिस्टम

यह योजना भारत सरकार के नेशनल वेटलैण्ड कन्जर्वेशन प्रोग्राम के अन्तर्गत चलाई जा रही है। योजना भारत सरकार एवं राज्य सरकार के संयुक्त वित्त पोषण से चलाई जा रही है। इस योजना का उद्देश्य संरक्षित तथा गैर-संरक्षित वेटलैण्ड की सुरक्षा, प्राकृत वास सुधार, कैचमेंट एरिया ट्रीटमेंट, शोध, स्थानीय समुदायों के साथ भागीदारी प्रबन्ध एवं जल गुणवत्ता अनुश्रवण आदि मदों में सहायता पहुँचाना है। इस योजना के अन्तर्गत वर्ष 2019-20 में ₹457.00 लाख व्यय किए गए। वर्ष 2020-21 में अनुमानतः ₹800.00 लाख व्यय प्रावधान किया गया है।

12. वेटलैण्डस का पारिस्थितिकीय एवं अवस्थापना विकास

प्रदेश के विभिन्न वेटलैण्ड्स के पारिस्थितिकीय विकास हेतु वेटलैण्ड्स की सफाई, हानिकारक खर-पतवार निकालना, पौधा रोपण एवं बीज बुआई, बन्धों का निर्माण तथा अवस्थापना का विकास सम्बन्धी कार्य कराया जाना प्रस्तावित है। इस योजना में वर्ष 2019-20 में अनुमानतः ₹50.00 लाख व्यय किए गए। वर्ष 2020-21 में ₹50.00 लाख व्यय का प्रावधान किया गया है।

(ख) वन्यजीव परिरक्षण योजनाएँ

1. प्रोजेक्ट टाइगर

केन्द्र तथा राज्य सरकार द्वारा वित्त पोषित इस योजना से दुधवा राष्ट्रीय उद्यान को वर्ष 1987 में आच्छादित किया गया। कालान्तर में किशनपुर वन्यजीव विहार, कतर्नियाघाट वन्यजीव विहार, आजमगढ़ टाइगर रिजर्व, बिजनौर तथा पीलीभीत टाइगर रिजर्व को भी संयुक्त रूप से "प्रोजेक्ट टाइगर' योजनान्तर्गत लाया गया।

इस योजना के अन्तर्गत वित्तीय वर्ष 2019-20 में ₹2289.15 लाख का व्यय किए गए। वर्ष 2020-21 में ₹2984.42 लाख व्यय का प्रावधान किया गया है।

2. इन्टीग्रेटेड डेवलपमेन्ट ऑफ वाइल्ड लाइफ हैबिटेट्स

यह योजना भारत सरकार एवं राज्य सरकार के संयुक्त वित्त पोषण से प्रदेश के समस्त पक्षी विहारों एवं वन्यजीव विहारों के विकास हेतु क्रियान्वित की जा रही है। इस योजना हेतु वर्ष 2019-20 में अनुमानतः ₹811.22 लाख व्यय किया गया। वर्ष 2020-21 में ₹1500.00 लाख व्यय का प्रावधान किया गया है।

3. प्रोजेक्ट एलीफैन्ट

यह योजना पर्यावरण एवं वन मंत्रालय, भारत सरकार एवं राज्य सरकार की संयुक्त सहायता से चलाई जा रही है। योजनान्तर्गत हाथी के प्राकृतवास की सुरक्षा व संरक्षण, अवैध शिकार विरोधी गतिविधियों, मानव-वन्यजीव संघर्ष की स्थितियों के अल्पीकरण, स्थानीय समुदायों में वन्यजीव संरक्षण के प्रति चेतना व जागरूकता उत्पन्न करना आदि कार्यों के लिए केन्द्रीय सहायता प्राप्त होती है। योजनान्तर्गत वर्ष 2019-20 में ₹76.95 लाख व्यय किया गया। वर्ष 2020-21 में ₹30.51 लाख व्यय का प्रावधान किया गया है।

4. मयूर संरक्षण केन्द्र का विकास

वृन्दावन जनपद मथुरा में राष्ट्रीय पक्षी मोर के संरक्षण के लिए एक मयूर संरक्षण केन्द्र की स्थापना की जा रही है। योजनान्तर्गत वर्ष 2019-20 में ₹19.54 लाख व्यय किया गया। वर्ष 2020-21 में ₹00.92 लाख का व्यय प्रावधान किया गया है।

5. ईको पर्यटन का विकास

इस योजना के माध्यम से प्रदेश में ईको पर्यटन को बढ़ावा दिया जाता है। यह योजना प्रदेश के उन क्षेत्रों में लागू की जा रही है, जहां प्राकृतिक सौन्दर्य की छटा हो, वन एवं वन्य जीवों की बहुतायत हो और पर्यटकों के लिए क्षेत्र आकर्षक हो। इस योजनार्तगत वर्ष 2017-18 एवं वर्ष 2018-19 दोनों वर्षों में ₹10.29 लाख व्यय किया गया। वर्ष 2019-20 में ₹10.29 लाख व्यय का प्रावधान किया गया है।

6. गोरखपुर में चिड़ियाघर की स्थापना

इस योजना के अन्तर्गत वन्य जीवों के प्रति जनमानस में जागरूकता बढ़ाने के उद्देश्य से जनपद गोरखपुर में शहीद अशफाक उल्लाह खां उद्यान का निर्माण किया जा रहा है।

इस योजना में वर्ष 2019-20 में ₹10000.00 लाख अनुमानतः व्यय किया गया। वर्ष 2020-21 में ₹4000.0 लाख व्यय का प्रावधान किया गया है।

प्रदेश की मुख्य/गौण वनोपज

प्रदेश में वर्ष 2019-20 में 180 हजार घनमीटर इमारती लकड़ी, 20 हजार घन मी. चट्टा जलाने की लकड़ी, 47 हजार कौड़ी बांस तथा 189 हजार मानक बोरी तेंदू पत्ता का उत्पादन हुआ। इमारती लकड़ियों में साल, सागौन, शीशम, खैर, यूकेलिप्टस आदि प्रमुख है।

भाग–3

अभ्यास प्रश्न

अभ्यास प्रश्न- 1

1. ग्राम सभा के संगठन में सुधार हेतु सिंधवी समिति कब गठित की गई थी?
(a) 1959 (b) 1986
(c) 1988 (d) 1977

2. शिक्षा का अधिकार कब पास हुआ?
(a) फरवरी, 2009 (b) मार्च, 2008
(c) जून, 2005 (d) फरवरी, 1980

3. कौन-सा कार्य ग्रामीण जल आपूर्ति योजना के तहत नहीं किया जाता है?
(a) पीने का पानी उपलब्ध कराना
(b) क्षेत्र की साफ सफाई
(c) मकानों का निर्माण
(d) गाँवों के तालाबों की सफाई

4. कौन-सी संस्थाएँ एस. जी. एस. वाई. योजना के अन्तर्गत लोन देती है?
(a) वाणिज्यिक बैंक (b) सहकारी बैंक
(c) क्षेत्रीय ग्रामीण बैंक (d) a, b एवं c

5. मनरेगा के अन्तर्गत श्रमिकों को कौन-सी सुविधाए उपलब्ध कराई जा रही हैं?
(a) पीने का पानी
(b) 5 से 6 वर्ष की आयु के बच्चों के लिए बैठने की व्यवस्था
(c) प्राथमिक चिकित्सा
(d) काम के दौरान खाने की व्यवस्था

6. इंदिरा आवास योजना के बारे में कहाँ से जानकारी प्राप्त की जा सकती है?
(a) ग्रामीण विकास मंत्रालय (b) पंचायती राज मंत्रालय
(c) गृह मंत्रालय (d) कृषि मंत्रालय

7. शाहजहाँनी जरीब की कुल लम्बाई कितनी होती है?
(a) 170 फीट (b) 172 फीट
(c) 165 फीट (d) 132 फीट

8. 'कृषि उपज के न्यूनतम समर्थन मूल्य (Minimum Suport Price-MSP) का निर्धारण भारत सरकार द्वारा कौन करता है?
(a) वित्त मंत्रालय
(b) कृषि लागत एवं कीमत आयोग
(c) खाद्य एवं कृषि मंत्रालय
(d) इनमें से कोई नहीं

9. अन्न भण्डारण हेतु अन्न में नमी की कितनी प्रतिशत मात्रा की संस्तुति की गई है?
(a) 8 से कम (b) 12 से कम
(c) 14 से कम (d) 10 से कम

10. प्रत्येक दस गाँवों के समूह के लिए युवा विकास केन्द्र स्थापित करने की योजना लागू की गई-
(a) 1994-95 (b) 1984-85
(c) 1975-76 (d) इनमें से कोई नहीं

11. तिलहन प्रौद्योगिकी मिशन को प्रारम्भ किया गया-
(a) 1960 में (b) 1986 में
(c) 1976 में (d) 1996 में

12. किसान क्रेडिट कार्ड वार्षिक समीक्षा की शर्त पर कितने वर्ष के लिए वैध है?
(a) 2 वर्ष (b) 3 वर्ष
(c) 4 वर्ष (d) 5 वर्ष

13. किसी गाँव के भू-खण्डों को एक विशिष्ट क्रमांक से दर्शाने वाला मानचित्र कहलाता है?
(a) लेखाचित्र (b) खसरा
(c) नक्शा (d) बही

14. उत्तर प्रदेश का निम्नलिखित में से कौन-सा जिला दक्षिण के पठारी भाग के अन्तर्गत नहीं आता है?
(a) जालौन (b) आगरा
(c) हमीरपुर (d) झाँसी

15. ग्रामीण क्षेत्रों में बुनकरों की बेहतरी के लिए निम्नलिखित में से कौन-सी योजना सरकार द्वारा चालू की गई है?
(a) हथकरघा विकास केन्द्र योजना
(b) हैंक यार्न प्राइस सब्सिडी योजना
(c) थिफ्ट फंड योजना (d) उपर्युक्त सभी

16. ग्रामीण पर्यावरण की सुरक्षा किसकी रोकथाम द्वारा की जा सकती है?
(a) वायु प्रदूषण की रोकथाम करके
(b) जल प्रदूषण की रोकथाम करके
(c) मृदा प्रदूषण की रोकथाम करके
(d) उपर्युक्त सभी

17. पहली बार कृषि 'संगणना' (First Agricultural Census) कराई गई-
(a) 1949 (b) 1970
(c) 1980 (d) 1990

18. शस्य गहनता कितने प्रतिशत से अधिक होने पर उसे गहन कृषि की उपमा दी जाती है?
(a) 200 (b) 150
(c) 300 (d) 250

19. तीन प्रमुख उर्वरक उत्पादक संस्थाओं-इफ्को, कृभको तथा आई.पी.एल. द्वारा कृषकों की सामूहिक सुरक्षा के लिए चलाई जा रही योजना है-
(a) संकट हरण बीमा योजना
(b) बन्धक ऋण गारंटी योजना
(c) कृषि मजदूर सामाजिक सुरक्षा योजना
(d) खाद्यान्न बैंक योजना

20. ग्रामीण क्षेत्र के अनुसूचित जनजाति के पास कृषि भूमि बहुत कम है, जो है उसकी सुरक्षा हेतु क्या उपाय किया गया है?
(a) ग्राम सभा को विशेष अधिकार देना
(b) सार्वजनिक उपयोग पर रोक लगाना
(c) रजिस्ट्रार को पंजीकरण से पूर्व विशेष ध्यान रखना
(d) गैर-अनुसूचित को हस्तान्तरण जिलाधिकारी की आज्ञा से ही होगा

21. निम्नलिखित में से किस उपकरण का प्रयोग भू-मापन में नहीं किया जाता है?
(a) जरीब (b) कम्पास
(c) थियोडोलाइट (d) पाइरोमीटर

22. सर टॉमस मुनरो किस भू-राजस्व बन्दोबस्त से सम्बद्ध थे?
(a) स्थायी बन्दोबस्त (b) महालवाड़ी बन्दोबस्त
(c) रैयतवाड़ी बन्दोबस्त (d) इनमें से कोई नहीं

23. किस राज्य की कृषि नीति में कृषि को उद्योग का दर्जा प्रदान किया गया है?
(a) महाराष्ट्र (b) पंजाब
(c) कर्नाटक (d) गुजरात

24. सघन कृषि जिला कार्यक्रम कब शुरू किया गया?
(a) 1960 (b) 1964
(c) 1966 (d) 1970-71

25. रोजगार आश्वासन योजना के अन्तर्गत किए जाने वाले व्यय को केन्द्र तथा राज्यों द्वारा क्रमशः नीचे दिए हुए किस अनुपात में वहन किया जाता है?
(a) 80 : 20 (b) 70 : 30
(c) 60 : 40 (d) 50 : 50

26. भारत में सामान्यतः खेती की कौन-सी पद्धति अपनाई जाती है?
(a) विशिष्ट खेती (b) शुष्क खेती
(c) मिश्रित खेती (d) रैचिंग खेती

27. उ.प्र. में अनुसूचित जातियों के लिए 'स्पेशल कम्पोनेट प्लान' के अन्तर्गत अंश क्रय हेतु ब्याज रहित ऋण एवं अनुदान का प्रावधान कितने प्रतिशत अनुसूचित जाति एवं जनजाति के लोगों हेतु रखा गया है?
(a) निर्बल वर्ग (30%) में आने वाले लगभग 50% अनुसूचित एवं जनजाति के लोगों हेतु
(b) निर्बल वर्ग (30%) में आने वाले लोगों हेतु
(c) (a) और (b) दोनों
(d) इनमें से कोई नहीं

28. राष्ट्रीय परिवार लाभ योजना के अन्तर्गत बीपीएल परिवार के मुख्य जीविकोपार्जक की मृत्यु हो जाने पर परिवार को कितने रुपए की एकमुश्त सहायता राशि दी जाती है?
(a) ₹ 10,000 (b) ₹ 12,000
(c) ₹ 15,000 (d) ₹ 20,000

29. अन्नपूर्णा योजना के अन्तर्गत कितने किग्रा खाद्यान्न मुफ्त दिया जाता है?
(a) 5 किग्रा (b) 6 किग्रा
(c) 8 किग्रा (d) 10 किग्रा

30. निम्नलिखित किस्में प्रदेश में उत्पादित किए जाने वाले किस फल की हैं, नागपुरी एम्पदार तथा लड्डू?
(a) सेब (b) सन्तरा
(c) केला (d) मौसमी

31. निम्नलिखित जोड़े में से किसमें उत्तर प्रदेश सम्पूर्ण देश में अग्रणी है?
(a) गेहूँ-जौ-मूँगफली-गन्ना (b) जौ-गन्ना-सरसों-गेहूँ
(c) चना-गेहूँ-सरसों-गन्ना (d) चना-गेहूँ-जौ-गन्ना

32. पंचायती राज्य की विचारधारा आधारित है-
(a) ग्रामीण जनता में राजनीतिक जागरुकता के लिये
(b) लोकतांत्रिक विकेन्द्रीकरण

(c) सामुदायिक सहयोग एवं विकास
(d) सरकार में लोगों की भागीदारी

33. पंचायती राज संस्थायें मुख्य रूप से धन के लिए निर्भर हैं-
(a) स्थानीय कर (b) विशेष कर
(c) संपत्ति कर (d) सरकारी वित्त कर

34. महिला स्वयं सिद्ध योजना भारत सरकार द्वारा कब चलाई गई?
(a) 2000 (b) 2001
(c) 2002 (d) 2003

35. भारत में सर्वाधिक भैंसों की संख्या किस राज्य में है?
(a) उत्तर प्रदेश (b) राजस्थान
(c) बिहार (d) हरियाणा

36. राष्ट्रीय कृषि बीमा योजना का आरम्भ कब किया गया?
(a) 2000 (b) 2001
(c) 2002 (d) 2003

37. केन्द्रीय धान संस्थान, कटक के वैज्ञानिकों द्वारा विश्व का प्रथम अत्युत्तम धान का नामकरण हुआ है–
(a) अनुश्री (b) चाँदनी
(c) K-402 (d) लूनीश्री

38. बाढ़ प्रभावित क्षेत्रों में किस प्रकार की खेती की जाती है?
(a) दियारा खेती (b) तर खेती
(c) तैरती खेती (d) आर्द्र खेती

39. लक्षित सार्वजनिक वितरण प्रणाली में गरीबी रेखा के नीचे आने वाले परिवारों के निर्धारण का मानक क्या है?
(a) जिनकी वार्षिक आय ₹ 15 हजार से कम है
(b) जिनकी वार्षिक आय ₹ 10 हजार से कम है
(c) जिनकी वार्षिक आय ₹ 5 हजार से कम है
(d) जिनकी वार्षिक आय आय का पता नहीं है

40. भूमि अभिलेखों के कम्प्यूटरीकरण की योजना कब प्रारम्भ की गई?
(a) 1985-86 (b) 1987-88
(c) 1988-89 (d) 1989-90

41. जिस प्रकार भारत सरकार गुणवत्ता का चिन्ह आई.एस.आई. (ISI) प्रदान करती है, वैसी क्वालिटी मार्किंग का चिन्ह प्रदेश में क्या है?
(a) क्यू (Q) (b) जी (G)
(c) यू (U) (d) कोई चिन्ह नहीं

42. संविधान का कौन सा अनुच्छेद ग्राम पंचायतों को व्यवस्थित करने के लिए राज्य सरकारों को निर्देश देता है?
(a) अनुच्छेद 32 (b) अनुच्छेद 50
(c) अनुच्छेद 48 (d) अनुच्छेद 40

43. भारत में पंचायती राज्य संस्थायें किस संवैधानिक निर्देशों द्वारा स्थापित हैं?
(a) नीति-निदेशक तत्व (b) मूल अधिकार
(c) उद्देशिका (d) संघवाद

44. भारत सरकार ने ग्रामीण क्षेत्रों में पेयजल आपूर्ति में तेजी लाने के लिए 'राजीव गाँधी राष्ट्रीय पेयजल मिशन' कार्यक्रम शुरू किया था-
(a) 1993 (b) 1991
(c) 1999 (d) इनमें से कोई नहीं

45. उत्तर प्रदेश में 'भांभर' की तंग पट्टी कहाँ पाई जाती है?
(a) मैदानी क्षेत्र में (b) कंकरीले क्षेत्र में
(c) तराई क्षेत्र में (d) गंगा-यमुना के क्षेत्र में

46. राष्ट्रीय ग्रामीण रोजगार गारंटी योजना 2005 में कौन-से कार्यक्रम का विलय कर दिया गया है?
(a) काम के बदले अनाज योजना
(b) सम्पूर्ण ग्रामीण रोजगार योजना
(c) उपर्युक्त दोनों
(d) उपर्युक्त में से कोई नहीं

47. विशिष्ट कृषि में किसान अपने जोत से अपनी कुल आय का कम-से-कम कितना प्रतिशत प्राप्त करता है?
(a) 35 (b) 45
(c) 60 (d) 50

48. इंडियन सोसाइटी ऑफ एग्रोनॉमी की स्थापना कब हुई थी?
(a) 1908 (b) 1948
(c) 1951 (d) 1958

49. रैचिंग पद्धति किस देश में बहुतायत रूप में पाई जाती है?
(a) ऑस्ट्रेलिया में (b) अमेरिका में
(c) ब्रिटेन में (d) चीन में

50. राष्ट्रीय खरपतवार विज्ञान अनुसंधान केन्द्र स्थित है–
(a) जबलपुर में (b) भोपाल में
(c) लखनऊ में (d) झाँसी में

51. निम्नलिखित में से कौन-सा कथन सही है?
(a) संविधान अधिनियम 1992 (73 संशोधन) महिलाओं को ग्राम सभा, पंचायत समिति तथा जिला परिषद् में आरक्षण सुनिश्चित करता है।
(b) स्वर्ण जयन्ती ग्राम स्वरोजगार योजना का मुख्य फोकस महिलाओं, अनुसूचित जाति/अनुसूचित जनजाति तथा विकलांग व्यक्तियों की सहायता करना है।
(c) जवाहर ग्राम समृद्धि योजना के अन्तर्गत 30% रोजगार अवसर महिलाओं के लिए आरक्षित है।
(d) उपर्युक्त सभी

52. 'अन्नपूर्णा स्कीम' किस वर्ग के सहायतार्थ लागू की गई है?
(a) वृद्ध नागरिकों के लिए जो वृद्धावस्था पेंशन के योग्य हैं, किन्तु उन्हें कोई आय प्राप्त नहीं होती

(b) पेंशन प्राप्त वृद्धावस्था नागरिकों के लिए
(c) अनपढ़ बच्चों के उद्धार के लिए जिनकी आयु 14 वर्ष से कम है
(d) किसानों को आर्थिक सहायता उपलब्ध कराने के लिए

53. वसूली कीमत सामान्यतया किस स्तर पर निर्धारित की जाती है?
(a) बाजार कीमत से कम पर
(b) न्यूनतम समर्थन मूल्य पर
(c) वायदा कीमतों पर (d) मण्डी कीमतों पर

54. सघन कृषि क्षेत्र कार्यक्रम कब शुरू किया गया?
(a) 1963 (b) 1964-65
(c) 1960-61 (d) इनमें से कोई नहीं

55. मिश्रित शस्यन (Mixed Cropping) से तात्पर्य है-
(a) एक खेत में एक से अधिक फसलों के बीज मिलाकर एक साथ उगाना
(b) एक खेत में एक के बाद दूसरी भिन्न फसल क्रम में उगाना
(c) दो खेतों में एक ही फसल उगाना
(d) दो व्यक्तियों द्वारा साझे में की गई खेती

56. 'नाबार्ड' एक शीर्ष वित्तीय संस्था है, जो बनी है-
(a) व्यापार एवं उद्योग विकास हेतु
(b) ग्रामीण बैंक के विकास हेतु
(c) कृषि एवं ग्रामीण क्षेत्रों के विकास हेतु
(d) निर्यात विकास हेतु

57. मनरेगा में महिलाओं का कोटा कितना है?
(a) 1/3 (b) 1/2
(c) 1/4 (d) 1/10

58. राष्ट्रीय सामाजिक सहायता कार्यक्रम के अन्तर्गत कितनी योजनाए हैं?
(a) 4 (b) 5
(c) 2 (d) 1

59. सूखा प्रवण क्षेत्र कार्यक्रम कब आरम्भ हुआ?
(a) 1975-76 (b) 1977-78
(c) 1980 (d) 1990

60. पूरा योजना का उद्देश्य क्या है?
(a) ग्रामीण-शहरी अंतर को दूर करना
(b) गांवों को समाप्त करना
(c) गांवों में बिजली प्रदान करना
(d) गांवों में पानी प्रदान करना

61. उत्तर प्रदेश की सर्वाधिक महत्वपूर्ण खाद्यान्न फसल है-
(a) ज्वार (b) मक्का
(c) धान (d) गेहूँ

62. उत्तर प्रदेश में सर्वाधिक उत्पादन वाला तिलहन है-
(a) सोयाबीन (b) तिल
(c) मूँगफली (d) सरसों

63. उत्तर प्रदेश में प्रमुख रूप से आम की किस किस्म का उत्पादन होता है?
(a) दशहरी और चौसा (b) दशहरी और नीलम
(c) अलफांसो और नीलम (d) चौसा और अलफांसो

64. ग्रामीण निर्धनों हेतु प्रोफेसर राधाकृष्णन समिति कब बनायी गयी?
(a) जनवरी 2008 (b) फरवरी 2008
(c) मार्च 2008 (d) अप्रैल 2008

65. उ.प्र. में सहकारी समितियों/संस्थाओं द्वारा सहकारी कृषि निवेश आपूर्ति एवं वितरण योजना में खेती से जुड़े किसानों को दिया जाता है-
(a) प्रमाणित बीज (b) रासायनिक उर्वरक
(c) अल्पकालीन ऋण (d) उपर्युक्त सभी

66. निम्नलिखित में से कौन-सी योजना 'स्वर्णजयंती ग्राम स्वरोजगार योजना' (SGSY) का अंग बन गई है?
(a) IRDP (b) TRYSEM
(c) DWCRA (d) उपर्युक्त सभी

67. निम्नलिखित में से कौन-सी योजना 2011 से राष्ट्रीय ग्रामीण आजीविका मिशन के रूप में चलाई जा रही है?
(a) जवाहर रोजगार योजना
(b) मनरेगा
(c) स्वर्ण जयंती ग्राम स्वरोजगार योजना
(d) जवाहर ग्राम समृद्धि योजना

68. 'समर्थ योजना' में प्रोत्साहित किया जाता है-
(a) विधवा, तलाकशुदा, अपेक्षित महिलाओं को तकनीकी शिक्षा प्राप्त करने के लिए
(b) उपर्युक्त वर्ग की महिलाओं से कोई लेना देना नहीं
(c) खाती-पीती तन्दुरुस्त महिलाओं को तकनीकी शिक्षा हेतु
(d) बच्चों को तकनीकी शिक्षा हेतु

69. उत्तर प्रदेश में राजस्व परिषद की स्थापना कब की गई थी?
(a) 1831 ई. (b) 1731 ई.
(c) 1931 ई. (d) 1836 ई.

70. अधिक उपज देने वाली किस्मों के कार्यक्रम (High Yielding Varieties-HYV's Programme) से कृषि क्षेत्र में 'हरित क्रान्ति' की शुरुआत हुई-
(a) 1966 (b) 1970
(c) 1978 (d) 1987

71. देश की ग्रामीण विकास हेतु 'प्रधानमंत्री ग्राम सड़क योजना' (PMGSY) कब शुरू की गई?
(a) दिसम्बर, 2000 (b) मई 1995
(c) मई, 1999 (d) इनमें से कोई नहीं

72. किस व्यवस्था में भूमि पर ग्राम समुदाय का संयुक्त स्वामित्व होता था?
(a) जमींदारी (b) महालवाड़ी व्यवस्था
(c) रैयतवाड़ी व्यवस्था (d) काश्तकारी व्यवस्था

73. ग्राम पंचायत स्तर पर भू-राजस्व अधिकारी कौन होता है?
(a) ग्राम प्रधान (b) राजस्व लेखपाल
(c) चकबन्दी लेखपाल (d) जिलाधीश

74. राष्ट्रीय कृषि अनुसंधान परियोजना 1988 में किस संस्था द्वारा चलाई गई?
(a) भारत सरकार (b) राज्य सरकार
(c) सामाजिक संस्था (d) आई.सी.ए.आर.

75. स्वजल धारा योजना का प्रारम्भ कब किया गया?
(a) 2000 (b) 2001
(c) 2002 (d) 2003

76. उत्तर प्रदेश देश के कुल खाद्यान्न में कितने प्रतिशत योगदान करता है?
(a) 40 प्रतिशत (b) 30 प्रतिशत
(c) 21.38 प्रतिशत (d) 30.38 प्रतिशत

77. चाय, कॉफी, रबर व तम्बाकू के मूल्यों में उतार-चढ़ाव को नियंत्रित करने के उद्देश्य से मूल्य स्थिरीकरण कोष की स्थापना का अनुमोदन कब किया गया?
(a) 20 फरवरी, 2003 (b) 20 फरवरी, 2004
(c) 20 फरवरी, 2005 (d) 20 फरवरी, 2002

78. सब्जियों की व्यापारिक खेती को क्या कहते हैं?
(a) हार्टीकल्चर (b) ओलरीकल्चर
(c) सिल्वीकल्चर (d) वेजीटेबुलकल्चर

79. केन्द्र सरकार द्वारा 'कृषि मजदूर सामाजिक सुरक्षा योजना' की शुरुआत की गई थी–
(a) 1 अप्रैल, 2001 को (b) 1 मई, 2002 को
(c) 1 जुलाई, 2001 को (d) 1 मार्च, 2002 को

80. उ.प्र. में उर्वरक आपूर्ति हेतु अनुदान किस प्रकार के उर्वरकों पर दिया गया/जाता है?
(a) फास्फेटिक
(b) पोटैशिक
(c) पोटैशिक एवं फॉस्फेटिक दोनों प्रकार के उर्वरकों पर
(d) उपर्युक्त में से कोई नहीं

81. नई राष्ट्रीय कृषि नीति में कृषि विकास लक्ष्य कितने प्रतिशत निर्धारित किया गया है?
(a) 4.5% (b) 3.5%
(c) 4.0% (d) 3.0%

82. ड्रिप सिंचाई पद्धति का जन्म स्थान कहां माना जाता है?
(a) इंग्लैण्ड (b) इजराइल
(c) जर्मनी (d) चीन

83. भारत में न्यूनतम समर्थन कीमतें सरकार द्वारा वर्ष में कितनी बार घोषित की जाती हैं?
(a) एक बार (b) दो बार
(c) तीन बार (d) चार बार

84. विकास खण्ड का सबसे बड़ा अधिकारी कौन होता है?
(a) ADO
(b) BDO
(c) ग्राम विकास अधिकारी (VDO)
(d) ग्राम प्रधान

85. प्रधानमंत्री ग्रामोदय योजना में सम्मिलित नहीं है–
(a) बेसिक शिक्षा
(b) पोषाहार, पेयजल तथा स्वास्थ्य
(c) ग्रामीण सड़कें तथा आवास
(d) लघु उद्योग

86. राष्ट्रीय विकास परिषद (NDC-National Development Council) योजना प्रक्रिया से जुड़े एक निकाय हेतु की स्थापना केन्द्र सरकार द्वारा कब की गई थी?
(a) 1952 (b) 1954
(c) 1955 (d) इनमें से कोई नहीं

87. ग्रामीण क्षेत्रों में पशुओं में खुरपका-मुँहपका रोग फैलता है, जिसके लक्षण हैं-
(a) खुर तथा मुँह में छाले/घावों का होना
(b) पशु का खाना-पीना, चलना आदि का कठिन होना
(c) पशु का निरन्तर दुर्बल होते जाना
(d) उपर्युक्त सभी

88. उत्तर प्रदेश सरकार ने राज्य में नई राष्ट्रीय कृषि योजना किस वर्ष से लागू की है?
(a) 1999-2000 (b) 1998-99
(c) 1997-98 (d) 1985-86

89. व्यापक फसल बीमा योजना के स्थान पर राष्ट्रीय कृषि बीमा योजना लागू की गई-
(a) 1997 में (b) 1998 में
(c) 1999 में (d) 2000 में

90. एफ.सी.आई. के खाद्यान्नों की आर्थिक लागत और निर्गमन मूल्य के बीच अन्तर की प्रतिपूर्ति सरकार द्वारा कैसे की जाती है?
(a) खाद्य ऋण द्वारा (b) खाद्य अनुदान द्वारा
(c) बजटीय सहायता द्वारा (d) इनमें से कोई नहीं

91. मीट्रिक जरीब में कड़ियों की संख्या कितनी होती है?
(a) 100 (b) 150
(c) 180 (d) 200

92. अमरूद उत्पादन के लिए निम्नलिखित में से कौन-सा जोड़ा प्रसिद्ध है?
(a) आगरा-इलाहाबाद (b) इलाहाबाद-देहरादून
(c) इलाहाबाद-सहारनपुर (d) आगरा-देहरादून

93. निम्नलिखित में से किस स्थान का दशहरी आम विश्व प्रसिद्ध है?

(a) वाराणसी (b) प्रतापगढ़
(c) देवरिया (d) मलिहाबाद (लखनऊ)

94. भारत सरकार द्वारा राष्ट्रीय किसान आयोग का गठन कब किया गया था?

(a) फरवरी, 2004 (b) अप्रैल, 2004
(c) सितम्बर, 2004 (d) नवम्बर, 2004

95. 'इन्दिरा आवास योजना' गाँवों में रहने वाले गरीबों को आवास सम्बन्धी आवश्यकताओं की पूर्ति के लिए जवाहर रोजगार योजना से अलग कर एक स्वतन्त्र योजना के रूप में लागू की गई-

(a) 1 जनवरी, 1996 (b) 1 जनवरी, 1997
(c) 1 जनवरी, 1998 (d) इनमें से कोई नहीं

96. निम्नलिखित में से कौन-सा कथन 'स्वजल धारा' योजना के लिए सत्य है?

(a) यह राज्य सरकार के स्वामित्व में है
(b) यह केन्द्र सरकार के स्वामित्व में है
(c) यह राज्य सरकार एवं स्थानीय निकायों के स्वामित्व में है
(d) यह केन्द्र सरकार एवं स्थानीय समुदाय के स्वामित्व में है

97. उत्तर प्रदेश सहकारी ग्राम विकास बैंक की स्थापना कब की गई थी?

(a) 1949 (b) 1951
(c) 1959 (d) 1999

98. कृषि लागत एवं मूल्य आयोग की स्थापना हुई-

(a) 1965 में (b) 1975 में
(c) 1980 में (d) 1991 में

99. कृषि में रसायनों (कीट, फफूँद एवं खरपतवारनाशी) के अंधाधुंध प्रयोग से 'कृषक मित्र' कहा जाने वाला गायब होता जा रहा है? वह है-

(a) केंचुआ (b) दीमक
(c) चूहा (d) इनमें से कोई नहीं

100. ग्रामीण डाक बीमा योजना लागू हुई-

(a) 1995 में (b) 1970 में
(c) 1985 में (d) इनमें से कोई नहीं

101. कृषि में युग्म पैदावार का आशय क्या उगाने से है?

(a) विभिन्न मौसमों पर दो फसल
(b) एक ही साथ दो फसल
(c) अन्य फसलों के साथ एक फसल
(d) उपरोक्त में से कोई नहीं

102. गाँवों में भी खेतों तथा छोटे कारखानों में बालक-बालिका श्रमिक की भाँति काम करते हैं। वयस्क होने पर इसका क्या परिणाम होता है?

(a) कार्यकुशलता में वृद्धि (b) आर्थिक स्वतंत्रता
(c) परिवार को सहायता (d) शरीर में ढाँचागत विकृति

103. भूमि सुधार के विषय किस सूची से सम्बन्धित हैं?

(a) संघ सूची (b) समवर्ती सूची
(c) राज्य सूची (d) इनमें से कोई नहीं

104. प्रदेश के कृषि संस्थानों ने उन्नत बीजों को तैयार किया है, अन्य प्रदेशों से भी बीजों के मूल आते हैं। बीज निगम किसानों को बोने के लिए कौन-से बीज जारी करता है?

(a) मूल बीज
(b) प्रजनक बीज
(c) स्थानीय लोगों के खरीदे गए बीज
(d) प्रमाणीकृत बीज

105. जिला ग्राम विकास अधिकारी का कार्य है-

(a) ग्रामीण विकास के लिए योजनाएँ बनाना
(b) शासन से प्राप्त अनुदान का ग्राम पंचायतों को आवंटन
(c) विकास परियोजनाओं का अनुमोदन
(d) उपर्युक्त सभी

106. कॉमर्शियल बैंक एवं क्षेत्रीय ग्रामीण किसानों के लिए 'क्रेडिट कार्ड योजना' किस वर्ष से शुरू की गई?

(a) 1995 में (b) 1990 में
(c) 1998 में (d) 2000 में

107. मनरेगा में अकुशल मजदूरों के लिए कौन निधि प्रदान करता है?

(a) केन्द्र सरकार (b) राज्य सरकार
(c) केन्द्र तथा राज्य दोनों (d) पब्लिक कंपनी

108. ग्रामीण स्तर पर मनरेगा के तहत कार्यान्वयन एजेंसी कौन-सी है?

(a) ग्रामीण (b) निजी ठेकेदार
(c) ग्राम पंचायत (d) लाभार्थी

109. मनरेगा में सोशल ऑडिट कब किया जाता है?

(a) प्रत्येक माह (b) छह माह पर
(c) एक माह पर (d) 15 दिनों पर

110. मंडल पंचायतों की सिफारिश की थी-

(a) अशोक मेहता समिति (b) वेंगल राव समिति
(c) बलवंत राय मेहता समिति (d) नरसिंहमन समिति

111. गाँव की आय का स्त्रोत निम्न में से कौन-सा है?

(a) लेवी ड्यूटी (b) व्यावसायिक कर
(c) आय कर (d) विक्रय कर

112. पंचायती राज प्रणाली को अपनाया गया-

(a) राजनीति के लिये लोगों को जागरूक करने हेतु
(b) लोकतंत्र की शक्ति का विकेन्द्रीकरण करने के लिये
(c) किसानों को शिक्षित करने के लिये
(d) इनमें से कोई नहीं

113. किस स्तर पर पंचायत समिति एक पंचायती राज संरचना संचालित करती है–
(a) ग्राम पंचायत स्तर पर (b) जिला स्तर पर
(c) ब्लॉक स्तर पर (d) गाँव स्तर पर

114. ग्राम सभा में होते हैं-
(a) जिले की ब्लॉक स्तरीय संस्थाओं के चेयरमैन
(b) ग्राम पंचायत के सभी मतदाता
(c) ग्राम पंचायतों के 5-10 निर्वाचित वार्ड प्रमुख
(d) ब्लॉक के सभी ग्राम पंचायतों के प्रधान

115. पंचायतों के लिए चुनाव कराने का निर्णय लिया जाता है?
(a) संवैधानिक जनादेश (b) चुनाव आयोग
(c) राज्य सरकार (d) जिला अधिकारी

116. 'पशु बीमा योजना' कब से प्रारम्भ हुई?
(a) 1974 (b) 1980
(c) 1990 (d) 1995

117. भारत में सार्वजनिक वितरण प्रणाली की व्यवस्था की शुरुआत कब की गई थी?
(a) 1957 (b) 1974
(c) 1950 (d) 1964

118. 'मिड डे मील स्कीम' कक्षा में 1 से 5 तक के स्कूली बच्चों के लिए 15 अगस्त, 1995 को शुरू की गई थी, बाद में इसे कब से भारत सरकार ने यह निर्णय लिया कि इसे कक्षा 6 से 8 तक के (उच्च्य प्राइमरी स्तर) छात्रों के लिए बढ़ा दिया गया है?
(a) 13 सितम्बर, 2007 (b) 13 सितम्बर, 2005
(c) 13 सितम्बर, 2008 (d) 13 सितम्बर, 2006

119. उत्तर प्रदेश में सरसों की कृषि किस मौसम की उपज है?
(a) रबी (b) खरीफ
(c) 'a' व 'b' दोनों (d) इनमें से कोई नहीं

120. मूल्य स्थिरीकरण कोष की स्थापना का अनुमोदन किन फसलों के लिए किया गया है?
(a) चाय, कॉफी, रबर, तम्बाकू
(b) कपास, जूट, गन्ना, मूँगफली
(c) सेब, काजू, आम, मसाला
(d) धान, गेहूँ, ज्वार, बाजरा

121. निम्नांकित में से किस फसल का उत्तर प्रदेश, भारत में सर्वप्रमुख उत्पादन है?
(a) चना (b) ज्वार
(c) मक्का (d) गेहूँ

122. मृदा के बिना, जन माध्यम में पौधों की वृद्धि एवं विकास की पद्धति कहलाती है–
(a) एक्वाकल्चर (b) हाइड्रोपोनिक्स
(c) दियारा कृषि (d) नोमारीकल्चर

123. आंवले का सर्वाधिक उत्पादन करने वाला जिला है–
(a) जौनपुर (b) प्रतापगढ़
(c) रायबरेली (d) सुल्तानपुर

124. निम्नलिखित में से किस स्थान का दशहरी आम विश्व प्रसिद्ध है?
(a) वाराणसी (b) प्रतापगढ़
(c) देवरिया (d) महिलाबाद (लखनऊ)

125. 'इंटरनेशनल क्रॉप रिसर्च इंस्टीट्यूट फॉर दी सेमी एरिड ट्रॉपिक्स' कहाँ स्थित है?
(a) सीरिया, एलेफो (b) पेरू, लिमा
(c) इटली, रोम (d) भारत, हैदराबाद

126. 'मनरेगा' (महात्मा गांधी राष्ट्रीय ग्रामीण रोजगार गारंटी कार्यक्रम) ग्रामीण विकास एवं गरीबी दूर करने के उद्देश्य से भारत सरकार द्वारा कब अधिसूचित किया गया था? (7 सितम्बर, 2005) जो पहले 250 जिलों में 2 फरवरी, 2006 में शुरू हुई थी?
(a) 2004 (b) 2005
(c) 2006 (d) 2007

127. प्रधानमंत्री आदर्श ग्राम योजना के अर्न्तगत चयनित गाँव को विकास कार्यों के लिए कितनी अतिरिक्त धनराशि दी जाती है?
(a) 3 लाख (b) 5 लाख
(c) 7 लाख (d) 10 लाख

128. सस्य गहनता कितने प्रतिशत से अधिक होने पर उसे गहन कृषि की उपमा दी जाती है?
(a) 200 (b) 350
(c) 300 (d) 550

129. उत्तर प्रदेश शासन के राजस्व विभाग में कितने अनुभाग हैं?
(a) 4 (b) 13
(c) 8 (d) 14

130. भारत में कृषि को समझा जाता है–
(a) जीविकोपार्जन का साधन (b) एक व्यवसाय
(c) एक व्यापार (d) एक उद्योग

131. 'ट्राईफैड' (**TRIFED - Tribal Co-operative Marketing Development Federation of India Ltd**) की स्थापना किस वर्ष अगस्त ...... में हुई थी, जो अप्रैल 1988 से कार्यरत है–
(a) 1985 (b) 1986
(c) 1987 (d) इनमें से कोई नहीं

132. भारतीय दलहन अनुसंधान संस्थान अवस्थित है–
(a) लखनऊ में (b) कानपुर में
(c) फैजाबाद में (d) वाराणसी में

133. कुफरी किस फसल की किस्म है?
(a) आलू (b) सेब
(c) चुकंदर (d) केला

134. उत्तर प्रदेश में सीमान्त कृषक किन्हें कहा गया है?
(a) जिनके पास एक एकड़ से कम भूमि है
(b) जिनके पास एक हेक्टेयर से कम भूमि है
(c) जिनके पास दो हेक्टेयर से कम भूमि है
(d) जिनके पास 2.5 हेक्टेयर से कम भूमि है

135. 'आर.के.एस. के.' (RKSK- राष्ट्रीय किशोर स्वास्थ्य कार्यक्रम) एक नया स्वास्थ्य प्रोग्राम किशोरावस्थाओं के लिए लाँच किया गया था?
(a) 6 जनवरी, 2013 (b) 6 जनवरी, 2014
(c) 6 फरवरी, 2014 (d) इनमें से कोई नहीं

136. कपास के कीटरोधी पौधे आनुवंशिक इंजीनियरिंग द्वारा एक जीन को निर्विष्ट कर निर्मित किये गये हैं, जो लिया गया है–
(a) विषाणु से (b) जीवाणु से
(c) पौधे से (d) कीट से

137. सहकारी समिति का प्रबंध होता है–
(a) संचालक मण्डल द्वारा (b) सदस्यों द्वारा
(c) सचिव द्वारा (d) ग्राम प्रधान द्वारा

138. कृषि गणना 1955-56 के अनुसार उत्तर प्रदेश में कुल जोतों में सीमान्त जोतों का प्रतिशत है–
(a) 21.7% (b) 25.3%
(c) 52.1% (d) 73.8%

139. निम्नलिखित राज्यों में से किसमें भारत की कुल पोलियो प्रभावित जनसंख्या की 82% निवास करती है?
(a) उड़ीसा (b) मध्य प्रदेश
(c) राजस्थान (d) उत्तर प्रदेश

140. सोयाबीन में तेल की कितनी प्रतिशत मात्रा पाई जाती है?
(a) 18-20 (b) 20-22
(c) 24-22 (d) 26-24

141. राष्ट्रीय कृषि अनुसंधान परियोजना की स्थापना कब की गई थी?
(a) 2002 (b) 1999
(c) 1997 (d) 1988

142. उत्तर प्रदेश में विक्रय अधिशेष अधिकतम है–
(a) गेहूँ का (b) धान का
(c) चने का (d) कपास का

143. निम्नलिखित फसलों पर विचार कीजिए–
(1) कॉफी (2) रबर
(3) नारियल (4) मसाले
उपरोक्त में से बागान फसलें कौन-सी हैं?
(a) 1 तथा 2 (b) 1, 2 तथा 3
(c) 3 तथा 4 (d) 1, 2 तथा 4

144. BPL के लिए खाद्यान्नों का निर्गम मूल्य आर्थिक लागत का कितने प्रतिशत निर्धारित किया गया है?
(a) 30% (b) 50%
(c) 55% (d) 60%

145. नीली क्रांति सम्बन्धित है?
(a) खाद्यान्न उत्पादन से (b) तिलहन उत्पादन से
(c) दुग्ध उत्पादन से (d) मत्स्य उत्पादन से

146. धारणीय कृषि का अर्थ है–
(a) आत्मनिर्भरता
(b) विश्व व्यापार संगठन के अन्तर्गत कृषि निर्यात तथा आयात कर सकना
(c) भूमि का इस प्रकार प्रयोग कि उसकी गुणवत्ता अक्षुण्ण बनी रहे
(d) कृषि प्रयोग हेतु अप्रयुक्त भूमि को प्रयोग में लाना

147. उ.प्र. में सिंचाई का सबसे सस्ता एवं मुख्य साधन क्या है?
(a) ट्यूबबेल (b) नहर
(c) रहट (d) पम्पिंग

148. निम्नलिखित में से कौन-सा मिट्टी चाय बागानों के लिए उपयुक्त है–
(a) अम्लीय (b) क्षारीय
(c) जलोढ़ (d) रेगुर

149. ग्रामीण क्षेत्रों में महिला और बाल विकास कार्यक्रम चलाया गया था, विश्व की किस संस्था के सहयोग से?
(a) विश्व बैंक (b) अन्तर्राष्ट्रीय मुद्रा कोष
(c) यूनीसेफ (d) यूनेस्को

150. पादपालय (Phytotron) एक सुविधा है–
(a) रोग मुक्त पारिस्थितियों में पौधों को उगाने के लिए
(b) पौधों को संकटापन्न प्रजातियों के संरक्षण के लिए
(c) नियन्त्रित परिस्थितियों में पौधों को उगाने के लिए
(d) उत्परिवर्तन प्रेरित करने के लिए

151. गाँव के शहरों के बीच अन्तर में वृद्धि का मुख्य कारण है–
(a) जनसंख्या का कृषि पर बढ़ता दबाव
(b) सकल घरेलू उत्पाद में कृषि की निरन्तर घटती हिस्सेदारी
(c) उपर्युक्त (a) एवं (b) दोनों ही कारण
(d) इनमें से कोई नहीं

152. भारत के ग्रामीण अंचलों में सहकारिता विभाग के संगठन का मुख्य दृष्टिकोण है–
(a) कृषकों को सस्ते ऋण की सुविधा उपलब्ध कराना
(b) ग्रामीण एवं शहरी जनता के निर्बल और निर्धन वर्ग को समृद्धिशाली बनाकर उसके स्तर को ऊँचा उठाना
(c) उपर्युक्त दोनों (a एवं b) के उद्देश्य हेतु
(d) इनमें से कोई नहीं

153. निम्नलिखित में से कौन कीटनाशी नहीं है?
(a) रोगोर (b) मैटासिस्टॉक्स
(c) फ्यूराडॉन (d) 2, 4 - डी

154. उ. प्र. सहकारी संस्थान सेवा मंडल का गठन किस वर्ष में हुआ, ताकि सरकारी संस्थाओं को अपनी कार्य कुशलता बढ़ाने हेतु व्यावसायिक प्रबंध सुलभ हो सके?
(a) मार्च 1972 (b) मार्च 1970
(c) मार्च 1982 (d) इनमें से कोई नहीं

155. रैचिंग पद्धति किस देश में बहुतायत रूप में पाई जाती है?
(a) आस्ट्रेलिया (b) अमेरिका
(c) रूस (d) चीन

156. उत्तर प्रदेश में कुम्भ मेले का आयोजन किन दो जगहों पर किया जाता है?
(a) प्रयाग-वाराणसी (b) वाराणसी-हरिद्वार
(c) हरिद्वार-विठूर (d) इनमें से कोई नहीं

157. शीघ्र पकने वाली आम की किस्म है–
(a) किशन भोग (b) फजली
(c) बाम्बे ग्रीन (d) दशहरी

158. राष्ट्रीय सरसों अनुसंधान केन्द्र स्थित है–
(a) अलवर में (b) नागोर में
(c) भरतपुर में (d) बहरोड़ में

159. शहरी क्षेत्रों/ इलाकों में रहने वाले व्यक्तियों को प्रतिदिन प्रति व्यक्ति कितने Kcal की जरूरत पड़ती है?
(a) 2090 (b) 2200
(c) 2300 (d) 2400

160. कृष्ण क्रांति का संबंध किस क्षेत्र से है?
(a) झींगा उत्पादन से (b) उर्वरक उत्पादन से
(c) वैकल्पिक ऊर्जा से (d) बागवानी उत्पादन से

161. खाद्यान्न भण्डारण एवं वितरण के अन्तर्गत 'डी.सी.पी.' (DCP Decentralized Procurement Scheme) कब शुरू की गई थी?
(a) 1997 (b) 1998
(c) 1999 (d) 2000

162. किन जी. एम. (G.M. Genetically Modified) फसलों को खेत/फार्म प्रदर्शन हेतु 'Genettic Engineering Approval Commitee' ने स्वीकृति प्रदान कर दी है–
(a) अण्डी, चावल (b) मक्का
(c) गेहूँ, कपास (d) इन सभी हेतु

163. 'बिरहा लोक संगीत' विशिष्टता है–
(a) पश्चिमी उत्तर प्रदेश की (b) बुन्देलखण्ड की
(c) पूर्वी उत्तर प्रदेश की (d) मध्य उत्तर प्रदेश की

164. कृषि में युग्म पैदावार का आशय क्या उगाने से है?
(a) विभिन्न मौसमों पर दो फसल
(b) एक ही साथ दो फसल
(c) अन्य फसलों के साथ एक फसल
(d) उपरोक्त में से कोई नहीं

165. 'गाँवों की तरफ कदम' बढ़ाने की नीति (Policy) के उद्देश्य से एक नई स्कीम 'भारत निर्माण योजना' (Bharat Nirman Yojana) कब शुरू की गई?
(a) 16 दिसम्बर, 2005 (b) 16 दिसम्बर, 2004
(c) 16 दिसम्बर, 2006 (d) 16 दिसम्बर, 2003

166. सर टामस मुनरो किस भू-राजस्व बंदोबस्त से संबद्ध थे?
(a) स्थायी बंदोबस्त (b) महालवाड़ी बंदोबस्त
(c) रैयतवाढ़ी बंदोबस्त (d) उपर्युक्त कोई नहीं

167. देश का 'पहला कृषि विज्ञान केन्द्र' (KVK) 'आईसीएआर' (ICAR) कृषि मंत्रालय (भारत सरकार) द्वारा पुदुचेरी (UTs) में कब खोला गया था? वर्ष–
(a) 1925 (b) 1929
(c) 1945 (d) 1974

168. उत्तर प्रदेश में अनुसूचित जनजातियों की सर्वाधित सांद्रता निम्नलिखित में किस जनपद में है–
(a) चित्रकूट (b) गोंडा
(c) लखीमपुर खीरी (d) सोनभद्र

169. परमाकल्चर किसका पर्याय है?
(a) पारिस्थितिकी कृषि (b) ले खेती
(c) व्यापारिक कृषि (d) सिंचित कृषि

170. देश के कृषि क्षेत्र में आज हमारी श्रम शक्ति का लगभग कितना हिस्सा आजीविका प्राप्त कर रहा है?
(a) 56 प्रतिशत (b) 80 प्रतिशत
(c) 70 प्रतिशत (d) इनमें से कोई नहीं

171. उत्तराखंड राज्य बनने से पूर्व उत्तर प्रदेश राज्य का आकार किस प्रकार का था?
(a) लम्बवत् (b) सिंहवत्
(c) अर्द्धवत (d) परम्परागत

172. केंद्रीय धान अनुसंधान संस्थान अवस्थित है?
(a) कटक में (b) राजमुन्दरी में
(c) पं. बंगाल में (d) शिमला में

173. उत्तर प्रदेश में 'भाभर नदी' की तंग पट्टी कहाँ पायी जाती है?
(a) मैदानी क्षेत्र में (b) कंकरीले क्षेत्र में
(c) तराई क्षेत्र में (d) गंगा-यमुना के क्षेत्र में

174. 'ग्रामीण क्षेत्रों में सबसे अधिक गरीबी पाई जाती है?
(a) मैदानी क्षेत्र में (b) लघु कृषकों में
(c) सीमांत कृषकों में (d) उपर्युक्त सभी में

175. 'गोकुल ग्राम योजना' निम्नलिखित में से किस राज्य से संबंधित है?
(a) उत्तर प्रदेश (b) आन्ध्र प्रदेश
(c) गुजरात (d) राजस्थान

176. केन्द्रीय आलू अनुसंधान संस्थान स्थित है–

(a) हिमाचल प्रदेश (b) शिमला
(c) कुफरी (d) धर्मशाला

177. ग्रामीण क्षेत्रों में कृषि रसायनों द्वारा उत्पन्न प्रदूषण की रोकथाम की जा सकती है?

(a) कृषि रसायनों की उचित मात्रा एवं उसके प्रयोग हेतु विशेषज्ञ की सलाह पर
(b) मिट्टी अथवा फसल कीट-रोग का परीक्षण करवाकर
(c) वातावरण की परिस्थितियों (जैसे- वर्षाकाल, हवा की गति, आदि के अनुकूल होने पर
(d) उपर्युक्त सभी

178. मिश्रित श्वसन (Mixed Cropping) से तात्पर्य है–

(a) एक खेत में एक से अधिक फसलों के बीज मिलाकर एक साथ उगाना
(b) एक खेत में एक के बाद दूसरी भिन्न फसल क्रम में उगाना
(c) दो खेतों में एक ही फसल उगाना
(d) दो व्यक्तियों द्वारा साझे में की गई खेती

179. भारत अपनी दलहन खपत का लगभग कितना प्रतिशत भाग उत्पादित कर लेता है?

(a) 40% (b) 55%
(c) 60-66% (d) 35-40%

180. निम्नलिखित संस्कृतियों में कौन कृषि तथा पशुपालन के प्रारम्भ से सम्बन्धित है–

(a) पूर्व पाषाणकालीन (b) नवपाषाणकालीन
(c) मध्य पाषाणकालीन (d) ताम्र पाषाणकालीन

181. गाँवों के रसोईघरों में प्रयुक्त परम्परागत चूल्हों में ईंधन से उत्पन्न ऊष्मा का ...... (लगभग) भाग बेकार चला जाता है

(a) 70% (b) 10%
(c) 30% (d) 90%

182. नेशनल फूड फॉर वर्क प्रोग्राम (शुरुआत 14 नवंबर, 2004) को कब 'राष्ट्रीय ग्रामीण रोजगार गारंटी स्कीम' (NREGS) में मिलाया गया?

(a) 2 फरवरी, 2006 (b) 2 फरवरी, 2004
(c) 2 फरवरी, 2005 (d) इनमें से कोई नहीं

183. भूमि प्रदूषण उत्पन्न होता है–

(a) फसलों में रासायनिक दवाओं के अनुचित प्रयोग एवं इनके अपघटित अवशेषों से
(b) उद्योग-धन्धों के ठोस तथा जलीय अपद्रव्यों के भूमि में निकासी से
(c) कूड़ा-करकट, गंदगी, मलमूत्र के अनियंत्रित विसर्जन से
(d) उपर्युक्त सभी

184. एग्रो-सिल्वी कल्चर का तात्पर्य क्या है?

(a) फसलें + फलवृक्ष (b) फसलें + ईंधन वृक्ष
(c) पेड़ + चारागाह + पशु (d) फसलें + फल + ईंधन वृक्ष

185. उ. प्र. में 'पंचायती राज एक्ट' की स्थापना हुई –

(a) 1947 (b) 1950
(c) 1951 (d) 1949

186. निम्नलिखित में कौन-सा कथन 'स्वजल धारा' योजना के लिए सत्य है?

(a) यह राज्य सरकार के स्वामित्व में है
(b) यह केन्द्र सरकार के स्वामित्व में है
(c) यह राज्य सरकार एवं स्थानीय निकायों के स्वामित्व में है
(d) यह केन्द्र सरकार एवं स्थानीय समुदाय के स्वामित्व में है

187. एक फसल के कटने से पूर्व ही दूसरी फसल की बुआई कहलाती है–

(a) रिलेशस्यन (b) बहुफसली शस्यन
(c) ओवरलैंपिग शस्यन (d) सहफसली शस्यन

188. ग्रामीण पर्यावरण में वायु प्रदूषण होता है–

(a) घरेलू चूल्हों तथा धूम्रपान द्वारा उत्पादित धुएँ से
(b) परिवहन-मोटर गाड़ियों से उत्पन्न धुएं से
(c) उद्योग-धन्धे एवं भट्टों की चिमनियों से निकलने वाले धुएँ एवं गैसीय पदार्थों से
(d) उपर्युक्त सभी

189. 'ट्राइसेम' (TRYSEM) कार्यक्रम को अब स्वर्ण जयंती ग्राम स्वरोजगार योजना (SGSY) में मिला दिया गया है–

(a) 1 अप्रैल, 1995 को (b) 1 अप्रैल, 1999 को
(c) 1 अप्रैल, 2000 को (d) इनमें से कोई नहीं

190. भिण्डी में पीत वर्ण शिरा की बीमारी होती है–

(a) माहू से (b) सफेद मक्खी से
(c) फुदका से (d) कवक से

191. ग्रामीण क्षेत्रों (गांवों) में रसोईघरों का धुआं वायु प्रदूषण में अग्रणी स्थान रखता है, अतः इसे कम किया जा सकता है–

(a) धुंआ रहित चूल्हों (पतनगर चूल्हा) के प्रयोग द्वारा
(b) रसोईघर में एग्जास्ट फैन लगाकर
(c) रोशनदान बड़ा करके
(d) उपर्युक्त सभी का प्रयोग करके

192. राष्ट्रीय ग्रामीण विकास संस्थान की स्थापना वर्ष 1977 में कहाँ पर हुई?

(a) हैदाराबाद (आ. प्र.) (b) नीलोखेड़ी (हरियाणा)
(c) लखनऊ (उ. प्र.) (d) इनमें से कोई नहीं

193. निम्नलिखित में से कौन 'पीत-क्रांति' से संबंधित है?

(a) मत्स्य उत्पादन (b) अनाज उत्पादन
(c) दुग्ध उत्पादन (d) तिलहन उत्पादन

194. नेशनल फूड फॉर वर्क प्रोग्राम (NFWP) की शुरुआत कब से की गई?

(a) 14 नवंबर, 2001 (b) 14 नवंबर, 2002
(c) 14 नवंबर, 2003 (d) 14 नवंबर, 2004

195. खाद्यान्नों की कृषि सर्वप्रथम प्रारंभ हुई थी?

(a) नव-पाषाण काल में (b) मध्य-पाषाण काल में
(c) मध्य-पाषाण काल में (d) प्रागैतिहासिक काल में

196. सघन कृषि कार्यक्रम कब शुरू किया गया?

(a) 1963 (b) 1961-62
(c) 1964 (d) इनमें से कोई नहीं

197. उत्तर प्रदेश में भारतीय प्रौद्योगिकी संस्थान (I.I.T.) निम्नलिखित में से किस स्थान पर है?

(a) लखनऊ (b) इलाहाबाद
(c) कानपुर (d) आगरा

198. ग्रामीण अवस्थापना (Rural Infrastructure) विकास कोष का वित्तीयन किया जा रहा है–

(a) नाबार्ड द्वारा
(b) भारतीय रिजर्व बैंक द्वारा
(c) ग्रामीण विकास मंत्रालय द्वारा
(d) कुछ चुने हुए राष्ट्रीयकृत बैंकों द्वारा

199. निम्नलिखित में से किस स्थान का 'दशहरी आम' विश्वप्रसिद्ध है?

(a) कानपुर (b) प्रतापगढ़
(c) देवरिया (d) मलिहाबाद (लखनऊ)

200. जिसके लिए चुनार प्रसिद्ध है वह है–

(a) कांच उद्योग (b) सीमेंट उद्योग
(c) बीड़ी उद्योग (d) इनमें से कोई नहीं

उत्तरमाला

1. (b)	**2.** (a)	**3.** (c)	**4.** (d)	**5.** (d)	**6.** (a)	**7.** (c)	**8.** (b)	**9.** (b)	**10.** (a)
11. (b)	**12.** (b)	**13.** (b)	**14.** (b)	**15.** (d)	**16.** (d)	**17.** (b)	**18.** (a)	**19.** (a)	**20.** (d)
21. (d)	**22.** (c)	**23.** (a)	**24.** (a)	**25.** (a)	**26.** (c)	**27.** (a)	**28.** (d)	**29.** (d)	**30.** (b)
31. (a)	**32.** (b)	**33.** (d)	**34.** (b)	**35.** (a)	**36.** (a)	**37.** (d)	**38.** (a)	**39.** (a)	**40.** (c)
41. (d)	**42.** (d)	**43.** (a)	**44.** (c)	**45.** (b)	**46.** (c)	**47.** (c)	**48.** (d)	**49.** (a)	**50.** (a)
51. (d)	**52.** (a)	**53.** (a)	**54.** (a)	**55.** (a)	**56.** (c)	**57.** (a)	**58.** (b)	**59.** (b)	**60.** (a)
61. (d)	**62.** (d)	**63.** (a)	**64.** (d)	**65.** (d)	**66.** (d)	**67.** (c)	**68.** (a)	**69.** (a)	**70.** (a)
71. (a)	**72.** (b)	**73.** (c)	**74.** (d)	**75.** (c)	**76.** (c)	**77.** (a)	**78.** (b)	**79.** (c)	**80.** (c)
81. (c)	**82.** (b)	**83.** (b)	**84.** (b)	**85.** (d)	**86.** (a)	**87.** (d)	**88.** (a)	**89.** (d)	**90.** (b)
91. (a)	**92.** (a)	**93.** (d)	**94.** (d)	**95.** (a)	**96.** (a)	**97.** (c)	**98.** (a)	**99.** (a)	**100.** (a)
101. (b)	**102.** (d)	**103.** (c)	**104.** (d)	**105.** (d)	**106.** (c)	**107.** (a)	**108.** (c)	**109.** (b)	**110.** (a)
111. (a)	**112.** (b)	**113.** (c)	**114.** (b)	**115.** (c)	**116.** (d)	**117.** (c)	**118.** (a)	**119.** (a)	**120.** (a)
121. (d)	**122.** (b)	**123.** (b)	**124.** (d)	**125.** (b)	**126.** (b)	**127.** (d)	**128.** (a)	**129.** (d)	**130.** (a)
131. (c)	**132.** (b)	**133.** (a)	**134.** (b)	**135.** (b)	**136.** (b)	**137.** (a)	**138.** (d)	**139.** (d)	**140.** (a)
141. (d)	**142.** (a)	**143.** (b)	**144.** (b)	**145.** (d)	**146.** (d)	**147.** (b)	**148.** (a)	**149.** (c)	**150.** (c)
151. (a)	**152.** (c)	**153.** (d)	**154.** (d)	**155.** (a)	**156.** (d)	**157.** (c)	**158.** (b)	**159.** (a)	**160.** (c)
161. (a)	**162.** (d)	**163.** (c)	**164.** (b)	**165.** (a)	**166.** (c)	**167.** (d)	**168.** (c)	**169.** (a)	**170.** (a)
171. (b)	**172.** (a)	**173.** (c)	**174.** (d)	**175.** (c)	**176.** (c)	**177.** (d)	**178.** (a)	**179.** (b)	**180.** (b)
181. (a)	**182.** (b)	**182.** (d)	**184.** (b)	**185.** (a)	**186.** (d)	**187.** (c)	**188.** (b)	**189.** (b)	**190.** (a)
191. (d)	**192.** (a)	**193.** (d)	**194.** (d)	**195.** (a)	**196.** (c)	**197.** (b)	**198.** (a)	**199.** (d)	**200.** (b)

OOO

अभ्यास प्रश्न- 2

1. उत्तर प्रदेश राजस्व विभाग के अंतर्गत जिला गजेटियर विभाग की स्थापना कब की गई?
   (a) 1957 ई. (b) 1927 ई.
   (c) 1905 ई. (d) 2005 ई.
2. भूमि विकास बैंक की स्थापना निम्नलिखित में से किसके लिए की गई है?
   (a) कामर्शियल बैंक (b) आई. डी. बी. आई.
   (c) नाबार्ड (d) सहकारी उधार ढाँचा
3. निम्नलिखित में से कौन-सी योजना 'स्वर्ण जयन्ती ग्राम स्वरोजगार योजना' (SSSY) का अंग बन गई है?
   (a) IRDY (b) TRYSEM
   (c) DWCRA (d) उपर्युक्त सभी
4. नई राष्ट्रीय कृषि नीति में कृषि विकास लक्ष्य कितना प्रतिशत निर्धारित किया गया है?
   (a) 3.5 (b) 4.5
   (c) 4.0 (d) 3.0
5. भारत के किस राज्य में 5 वर्ष तक की उम्र के बच्चे सबसे कम (न्यूनतम) कुपोषण (Malnutrition) की श्रेणी में आते हैं?
   (a) उत्तर प्रदेश (b) केरल
   (c) मध्य प्रदेश (d) गुजरात
6. भूमि सुधार किस सूची से संबंधित है?
   (a) संघ सूची (b) समवर्ती सूची
   (c) राज्य सूची (d) इनमें से कोई नहीं
7. वर्ष 2011 की जनगणना स्वतंत्र भारत की कौन-सी जनगणना थी?
   (a) चौथी (b) पाँचवीं
   (c) छठवीं (d) सातवीं
8. वसूली कीमत सामान्यतया किस स्तर पर निर्धारित की जाती है?
   (a) बाजार कीमत से कम पर (b) न्यूनतम समर्थन मूल्य पर
   (c) वायदा कीमतों पर (d) मण्डी कीमतों पर
9. 'राजीव गांधी नेशनल ड्रिंकिंग वाटर मिशन' (RGNDWM) ग्रामीणों हेतु पेयजल सप्लाई के लिए पुनःनामित किस वर्ष किया गया, जिसे पूर्व में 'राष्ट्रीय पेयजल मिशन,- NDWN (1986) का नाम दिया था?
   (a) 1986 (b) 1990
   (c) 1991 (d) 1995
10. उत्तर प्रदेश राजस्व परिषद के न्यायिक तथा प्रशासनिक व्यवस्था को किस वर्ष पारित कर दिया गया?
   (a) 1946 ई. (b) 1947 ई.
   (c) 1952 ई. (d) 1967 ई.
11. ग्रामीण क्षेत्रों में नये कौशल विकास कार्यक्रम 'रोशनी' योजना का शुभारम्भ कब किया गया?
   (a) 7 जून, 2012 (b) 7 जून, 2013
   (c) 7 जून, 2014 (d) इनमें से कोई नहीं
12. 'नेशनल प्रोजेक्ट ऑन ऑर्गेनिक फार्मिंग' (NPOM National Project on Organic Farming) किस पंचवर्षीय योजना में लाँच की गई थी?
   (a) 9वीं योजना में (b) 10वीं योजना मे
   (c) 11वीं योजना मे (d) 12वीं योजना मे
13. गाँवों में भी खेती तथा छोटे कारखानों में बालक-बालिका श्रमिक की भांति काम करते हैं, वयस्क होने पर इसका क्या परिणाम होता है?
   (a) कार्यकुशलता में वृद्धि (b) आर्थिक स्वतंत्रता
   (c) परिवार को सहायता (d) शरीर में ढाँचागत विकृति
14. कल्प योजना सम्बन्धित है–
   (a) प्रारम्भिक शिक्षा से (b) माध्यमिक शिक्षा से
   (c) उच्च शिक्षा में (d) प्राविधिक शिक्षा से
15. हरित क्रांति का सर्वाधिक सकारात्मक प्रभाव पड़ा–
   (a) चावल के उत्पादन पर
   (b) गेहूँ के उत्पादन पर
   (c) ज्वार के उत्पादन पर
   (d) मक्का के उत्पादन पर

16. वृक्षों तथा झाड़ियों की कृषि जिसमें उनका संरक्षण तथा संवर्द्धन होता है, कहलाता है

(a) आर्बोरीकल्चर (b) मेरीकल्चर
(c) विटीकल्चर (d) नोमोरीकल्चर

17. स्वर्ण जंयन्ती ग्राम स्वरोजगार योजना (SGSY) में कम से कम ..... महिलाओं को सहायता आवंटित करने का प्रावधान है?

(a) 40 (b) 50
(c) 60 (d) 80

18. ग्रामीण इलाकों में सबसे ज्यादा समस्या निम्नलिखित में से किसकी है, जो गाँवों के विकास के लिए अत्यन्त महत्व की समझी जाती है?

(a) सिंचाई की कमी (b) स्वास्थ्य सुविधाओं की कमी
(c) प्राथमिक शिक्षा का अभाव (d) गरीबी

19. विजन 2020 प्रपत्र तैयार किया गया था?

(a) वित्त मंत्रालय द्वारा
(b) नेशनल कांउसिल ऑफ एलाइड इकोनोमिक रिसर्च द्वारा
(c) योजना आयोग द्वारा
(d) भारतीय रिजर्व बैंक द्वारा

20. सघन पशु विकास कार्यक्रम कब चलाया गया?

(a) 1962-63 (b) 1964-65
(c) 1966-67 (d) 1974-75

21. 'ज्ञान दीप शिक्षा योजना' उत्तर प्रदेश में प्रारंभ की गयी–

(a) सितम्बर, 2000 (b) अक्टूबर, 2001
(c) सितम्बर, 2002 (d) दिसम्बर, 2002

22. भारतवर्ष में प्रथम कृषि विश्वविद्यालय की स्थापना की गई थी–

(a) जबलपुर में (b) कानपुर में
(c) कुमारंगज, फैजाबाद में (d) पंतगनगर में

23. निम्नलिखित में से कौन कृषि-निवेश (Agricultural Inputs) में नहीं आता?

(a) बीज (b) खाद (उर्वरक)
(c) सिंचाई जल (d) तकनीकी ज्ञान

24. राष्ट्रीय कृषि बीमा योजना प्रारंभ की गई थी?

(a) 1985 (b) 2000
(c) 1995 (d) 1990

25. अधिक उपज प्रजाति कार्यक्रम किस वर्ष प्रारम्भ किया गया था?

(a) 1967-68 (b) 1965-66
(c) 1995 (d) 1955-56

26. रोजमर्रा के इस्तेमाल में लाए जाने वाले निम्न में से कौन पौधे का फल भाग है?

(a) सौंफ (b) सतावर
(c) सदाबहार (d) खस

27. उत्तर प्रदेश में कुल कर्मियों में कृषि में लगे कर्मियों का प्रतिशत लगभग है–

(a) 62% (b) 72%
(c) 75% (d) 78%

28. अमरूद उत्पादन के लिए निम्नलिखित में से कौन-सा जोड़ा प्रसिद्ध है?

(a) आगरा-इलाहाबाद (b) इलाहाबाद-देहरादून
(c) आगरा-देहरादून (d) इलाहाबाद-सहारपुर

29. 2011 की जनगणना के अनुसार उ. प्र. की जनसंख्या भारत की जनसंख्या की कितने प्रतिशत है?

(a) 20% (b) 16.50%
(c) 15% (d) 25%

30. देश के कृषि क्षेत्र के सर्वाधिक भाग पर खाद्यान्न फसलों को उगाया जाता है। दूसरा स्थान किस वर्ग की फसलों का है?

(a) दहलनी वर्ग की फसलों का
(b) तिलहनी फसलों का
(c) फलों के अधीन क्षेत्र
(d) गन्ना के अधीन क्षेत्र

31. कृषि में युग्म पैदावार का आशय क्या उगाने से है?

(a) विभिन्न मौसमों पर दो फसलें
(b) एक ही साथ दो फसलें
(c) अन्य फसलों के साथ एक फसलें
(d) उपर्युक्त में से कोई नहीं

32. राज्य के भू-अभिलेखों के रखरखाव का उत्तरदायित्व किसे सौंपा गया है?

(a) ग्राम पंचायत अधिकारी (b) जिलाधिकारी
(c) बी.डि.यो (d) कमिश्नर

33. किसी गाँव के भू-खंडों को एक विशिष्ट क्रमांक से दर्शाने वाला मानत्रिच कहलाता है–

(a) लेखाचित्र (b) खसरा
(c) नक्शा (d) बही

34. निम्नलिखित जगहों और उनके प्रसिद्ध उद्योगों का कौन-सा जोड़ा सही नहीं है?

(a) भदोही-कालीन
(b) मुरादाबाद-पीतल के बर्तन
(c) फिरोजाबाद-काँच का सामान
(d) कानपुर-लकड़ी के खिलौने

35. स्वर्ण जयन्ती ग्राम स्वरोजगार योजना (SGSY) कब प्रारंभ की गई थी?

(a) 15 अगस्त, 1979 (b) 1 अप्रैल, 1999
(c) 2 अक्टूबर, 1980 (d) 1 अप्रैल, 1978

36. कौन-सी फसल गरीब आदमी की फसल के रूप में जानी जाती है–

(a) मक्का (b) ज्वार
(c) चावल (d) चना

37. आयरन की सर्वाधिक मात्रा किसमें पाई जाती है?
(a) सेब में (b) आँवला में
(c) अनानास में (d) लीची में

38. स्वर्ण जयन्ती ग्राम स्वरोजगार योजना का आंरभ हुआ–
(a) अप्रैल, 1995 में (b) अप्रैल, 1997 में
(c) अप्रैल, 1999 में (d) अप्रैल, 2001 में

39. राष्ट्रीय कृषि बीमा योजना का प्रारंभ हुआ था, वर्ष–
(a) 1995-96 में (b) 1998-99 में
(c) 1999-2000 में (d) 2001-02 में

40. ग्रामीण क्षेत्र में रोजगार की दृष्टि से खेती के बाद कौन-सा महत्वपूर्ण कुटीर उद्योग-धन्धा है?
(a) पशुपालन (b) मुर्गीपालन
(c) हथकरघा (d) इनमें से कोई नहीं

41. देश का सबसे बड़ा गन्ना उत्पादक राज्य है–
(a) उत्तर प्रदेश (b) राजस्थान
(c) बिहार (d) मध्यप्रदेश

42. संसार के किस फसल का उत्पादन तथा क्षेत्रफल सर्वाधिक है?
(a) गेहूँ (b) धान
(c) आलू (d) मक्का

43. भारतीय संविधान के 73वें संशोधन का संबंध निम्नलिखित में से किससे है?
(a) पंचायती राज संस्थाओं को संवैधानिक दर्जा दिए जाने से
(b) पंचायती राज संस्थाओं में एक-तिहाई पद महिलाओं के लिए आरक्षित किए जाने से
(c) राज्यों में राज्य निर्वाचन आयोग का गठन किए जाने से
(d) उपर्युक्त सभी

44. ग्रामीण इलाकों में प्रतिदिन प्रति व्यक्ति कितने ग्राम वसा (Fat) की जरूरत पड़ती है?
(a) 20 (b) 28
(c) 30 (d) 40

45. ग्रामीण क्षेत्र में किसानों को सामाजिक सुरक्षा प्रदान करने के लिए उ. प्र. सरकार ने कौन से कदम उठाए हैं?
(a) खलिहान दुर्घटना बीमा
(b) फसल बीमा योजना
(c) किसान क्रेडिट कार्ड
(d) उपर्युक्त सभी

46. सामाजिक वानिकी में निम्न में से किस प्रकार के वृक्षों के रोपण को प्रोत्साहित किया जाता है?
(a) फल उत्पादक (b) चारा उत्पादक
(c) ईंधन उत्पादक (d) बहुउद्देशीय वाले

47. किस राज्य की कृषि नीति में कृषि को उद्योग का दर्जा प्रदान किया गया है?
(a) महाराष्ट्र (b) पंजाब
(c) कर्नाटक (d) गुजरात

48. ऑपरेशन फ्लड कार्यक्रम 1970 को किसने शुरू किया था?
(a) कृषि एवं ग्रामीण विकास मंत्रालय
(b) विश्व खाद्य संगठन
(c) राष्ट्रीय डेयरी विकास बोर्ड
(d) हरियाणा सरकार

49. वसंत ऋतु की फसलों की बुआई की जाती है–
(a) मध्य फरवरी से मध्य मार्च (b) अप्रैल-मई
(c) जून-जुलाई (d) इनमें से कोई नहीं

50. राष्ट्रीय जल विकास एजेन्सी की स्थापना की गई–
(a) वर्ष 1982 में (b) वर्ष 1986 में
(c) वर्ष 1991 में (d) वर्ष 1999 में

51. निम्नलिखित को सुमेलित कीजिए–
राजस्तरीय अधिनियम (एक्ट)
(i) यू.पी. म्यूनिसिपैलिटीज एक्ट
(ii) बिहार वेस्टलैण्ड (रिक्लेमेशन, कल्टीवेशन एण्ड इम्प्रूवमेंट) एक्ट
(iii) दिल्ली रैस्ट्रिक्सन ऑफ यूजेज ऑफ लैंड एक्ट
(iv) बंगाल स्मोक न्यूसैन्स एक्ट
वर्ष
1. 1916 **2. 1946**
3. 1964 **4. 1905**
कूट

	(i)	(ii)	(iii)	(iv)
(a)	2	3	4	1
(b)	1	2	3	4
(c)	3	1	2	4
(d)	3	4	1	2

52. इण्डियन सोसाइटी ऑफ एग्रोनामी की स्थापना कब हुई थी?
(a) 1910 (b) 1978
(c) 1951 (d) 1958

53. उत्तर प्रदेश देश के कुल खाद्यान्न में कितना प्रतिशत योगदान करता है?
(a) 540% (b) 40%
(c) 21.38% (d) 30.38%

54. ग्रामीण क्षेत्रों में रहने वाले व्यक्तियों को प्रतिदिन प्रति व्यक्ति कितने Kcal की जरूरत पड़ती है?
(a) 2155 (b) 2200
(c) 2300 (d) 2500

55. थाइमिन की सर्वाधिक मात्रा वाला फल कौन-सा है?
(a) काजू (b) बादाम
(c) अखरोट (d) बेल

56. सस्य गहनता कितने प्रतिशत से अधिक होने पर उसे गहन कृषि की उपमा दी जाती है?

(a) 200 (b) 150
(c) 300 (d) 250

57. झूमिंग खेती किन क्षेत्रों में होती है?

(a) उत्तर प्रदेश (b) गुजरात
(c) तटीय (d) पूर्वोत्तर प्रदेशों में

58. निम्नलिखित में से कौन-सी योजना 2011 से राष्ट्रीय ग्रामीण आजीविका मिशन के रूप में चलाई जा रही है?

(a) जवाहर रोजगार योजना
(b) मनरेगा
(c) स्वर्ण जयन्ती ग्राम स्वरोजगार योजना
(d) जवाहर ग्राम समृद्धि योजना

59. प्रारम्भिक शिक्षा एवं साक्षरता विभाग द्वारा प्रारम्भिक शिक्षा कोष (PSK) की शुरुआत कब की गई?

(a) 14 नवम्बर, 2005 (b) 1 जनवरी, 2005
(c) 1 जनवरी, 2006 (d) इनमें से कोई नहीं

60. राष्ट्रीय कृषि-वानिकी अनुसंधान केंद्र कहाँ स्थित है?

(a) जबलपुर में (b) भोपाल में
(c) कानपुर में (d) झाँसी में

61. शिवालिक पर्वत श्रेणी किस क्षेत्र में स्थित है?

(a) हिमालय के दक्षिण में निम्न भागों में
(b) तराई क्षेत्र में
(c) हिमालय के मध्यवर्ती भाग में
(d) दिल्ली पर्वत श्रृंखला के निकट

62. गाय और भैंस के थनों में दुग्ध उतारने के लिए किस हार्मोन की सुई लगाई जाती है?

(a) सोमैटोट्रोपीन
(b) ऑक्सीटोसिन
(c) इण्टरफेरॉन
(d) इन्सुलिन

63. धारणीय कृषि का अर्थ है–

(a) आत्मनिर्भरता
(b) विश्व व्यापार संगठन के मानकों के अंतर्गत कृषि निर्यात तथा आयात कर सकना
(c) भूमि का इस प्रकार प्रयोग करना ताकि उसकी गुणवता अक्षुण्ण बनी रहे
(d) कृषि प्रयोग हेतु अप्रयुक्त भूमि को प्रयोग में लाना

64. एगमार्क–

(a) अंडा उत्पादन हेतु एक सहकारी समिति है
(b) कृषकों की एक सहकारी समिति है
(c) अंडों की एक विनियमित मण्डी है
(d) गुणवत्ता गारंटी की मोहर है

65. धूसर क्रांति का संबंध किस क्षेत्र से है?

(a) सेब उत्पादन (b) अण्डा उत्पादन
(c) उर्वरक उत्पादन (d) शलजम उत्पादन

66. ग्रामीण क्षेत्रों में पशुओं में खुरपका-मुँहपका रोग फैलता है, जिसके लक्षण हैं–

(a) खुर तथा मुँह में छाले/घावों का होना
(b) पशु का खाना-पीना, चलना आदि कठिन होना
(c) पशु का निरंतर दुर्बल होते जाना
(d) उपर्युक्त सभी

67. भू-मापन में जरीब लाइन के आरंभ तथा समाप्त होने के स्थान क्या कहलाते हैं?

(a) स्टॉप (b) बिन्दु
(c) टार्गेट (d) मुकाम

68. केन्द्रीय धान संस्थान (सेन्ट्रल राइस इंस्टीट्यूट) कटक के वैज्ञानिकों द्वारा विश्व का प्रथम अत्युत्तम धाम का नामकरण हुआ है–

(a) अनुश्री (b) चाँदनी
(c) K-402 (d) लूनीश्री

69. निम्नांकित में से किस फसल का उत्तर प्रदेश, भारत में सर्वप्रमुख उत्पादक है?

(a) चना (b) ज्वार
(c) सोयाबीन (d) गेहूँ

70. धान की खेती में नवीन 'श्री पद्धति' (SRI -System of Rice Intensification) अपनाने से लाभ होता है–

(a) जल बचत (b) फसल उत्पादकता में वृद्धि
(c) श्रम बचत (d) ये सभी

71. कृषि श्रमिक सामाजिक सुरक्षा योजना उपलब्ध कराती है–

(a) ग्राम स्तर पर अधिक गुणवत्तायुक्त जीवन
(b) अतिरिक्त मजदूरी रोजगार
(c) पेन्शन तथा बीमा लाभ
(d) अनुमानित आवासीय सुविधाएँ

72. किस स्वपरागित फसल में संकर किस्में उगाई जा रही हैं?

(a) चना (b) मटर
(c) धान (d) गेहूँ

73. दलहनी फसलों के उत्पादन हेतु कौन-सा तत्व आवश्यक है?

(a) क्रोमियम (b) कोबाल्ट
(c) आयोडीन (d) सोडियम

74. मीट्रिक जरीब में कड़ियों की संख्या कितनी होती है?

(a) 100 (b) 150
(c) 180 (d) 200

75. गाय की जो नस्ल अधिक दूध देती है, यह है–

(a) गंगातीरी (b) हरियाणा
(c) सहिबाल (d) थारपरकर

76. निम्नलिखित में से कौन सा कथन सही है?
(a) देश में शहरी महिलाओं की साक्षरता दर, ग्रामीण महिलाओं की साक्षरता दर से कम है।
(b) देश में शहरी महिलाओं की साक्षरता दर, ग्रामीण महिलाओं की साक्षरता दर से लगभग दोगुने से भी अधिक है।
(c) देश में शहरी महिलाओं की साक्षरता दर क्रमश: कम होती जा रही है
(d) उपर्युक्त में से कोई नहीं

77. भू-मापन के दौरान एक जरीब की लंबाई की पूरी हो जाने की अस्थायी निशानी के रूप में जिस यंत्र का प्रयोग किया जाता है, वह क्या कहलाता है?
(a) मार्कर (b) रॉड
(c) झण्डा (d) सुआ

78. कच्ची चीनी को रंग-विहीन करने के लिए जो चारकोल प्रयुक्त किया जाता है, वह है–
(a) लकड़ी का चारकोल (b) पशु चारकोल
(c) नारियल चारकोल (d) उपरोक्त सभी

79. अन्न भंडारण हेतु अन्न में नमी की कितनी प्रतिशत मात्रा की संस्तुति की गई है?
(a) 15 से कम (b) 12 से कम
(c) 11 से कम (d) 10 से कम

80. 'प्रयोगशाला के खेत तक कार्यक्रम' शुरू हुआ–
(a) 1980 (b) 1977
(c) 1979 (d) 1985

81. निम्नलिखित कार्यक्रमों में से कौन स्वर्ण जयंती ग्राम स्वरोजगार योजना में सम्मिलित नहीं किया गया है?
(a) आई. आर. डी. पी. (b) ट्राइसेन
(c) ड्वाकरा (d) जे. आर. वाई.

82. 'राष्ट्रीय खाद्य सुरक्षा प्रोगाम' (NFSP - National Food Security Programme) कब शुरू किया गया था?
(a) 10 सितम्बर, 2010 (b) 10 सितम्बर, 2011
(c) 10 सितम्बर, 2012 (d) 10 सितम्बर, 2013

83. बुन्देलखंड आर्थिक क्षेत्र में जनपदों की संख्या है–
(a) 5 (b) 9
(c) 7 (d) 8

84. सूची-I एवं सूची-II को सुमेलित कीजिए तथा अपना उत्तर नीचे दिए गए कूट से चुनिए–

सूची-I (प्रायोजना)	सूची-II (उद्देश्य)
A. स्वजल धारा योजना	1. ग्रामीण सम्पर्क
B. हरियाली योजना	2. ग्रामीण जलापूर्ति
C. स्वर्ण जयन्ती ग्राम स्वरोजगार योजना	3. वाटर शेड प्रबंध
D. प्रधानमंत्री ग्राम सड़क योजना	4. ग्रामीण स्वरोजगार

कूट

	A	B	C	D
(a)	3	2	4	1
(b)	2	4	1	3
(c)	3	4	1	2
(d)	2	3	4	1

85. विश्व खाद्य दिवस मनाया जाता है–
(a) 16 अक्टूबर को (b) 24 अक्टूबर को
(c) 16 नवम्बर को (d) 24 नवम्बर को

86. 'नेशनल शुगर इंस्टीट्यूट' कहाँ स्थित है?
(a) लखनऊ (b) कोयम्बटूर
(c) कानपुर (d) इलाहाबाद

87. एफ. सी. आई. के खाद्यान्नों की आर्थिक लागत और निर्गमन मूल्य के बीच अन्तर की प्रतिपूर्ति सरकार द्वारा कैसे की जाती है?
(a) खाद्य ऋण द्वारा (b) खाद्य अनुदान द्वारा
(c) बजटीय सहायता द्वारा (d) इनमें से कोई नहीं

88. भूदान आंदोलन कार्यक्रम आचार्य विनोबा भावे द्वारा सर्वप्रथम किस प्रदेश से आरंभ किया गया था?
(a) गुजरात (b) आन्ध्र प्रदेश
(c) बिहार (d) उत्तर प्रदेश

89. किसान दिवस मनाया जाता है–
(a) 19 नवम्बर को (b) 23 नवम्बर को
(c) 11 दिसम्बर को (d) 23 दिसम्बर को

90. फसल बीमा की सुविधा प्रदान की जाती है–
(a) भारतीय जीवन बीमा निगम द्वारा
(b) सामान्य बीमा निगम द्वारा
(c) फसल बीमा निगम द्वारा
(d) उपरोक्त सभी के द्वारा

91. भूमि विकास बैंक निम्नलिखित का एक अंश है–
(a) वाणिज्यिक बैंक (b) आई. डी. बी. आई.
(c) नाबार्ड (d) सहकारी उधार ढाँचा

92. 'न्यूनतम आवश्यकता कार्यक्रम' की संकल्पना निम्नलिखित में से किस एक की पर्यायवाची है?
(a) अन्त्योदय दृष्टिकोण
(b) भूख से मुक्त दृष्टिकोण
(c) मानव में विनियोजन दृष्टिकोण
(d) अधोसंरचना-विकास दृष्टिकोण

93. किस कम्पोस्ट में फास्फोरस की सर्वाधिक मात्रा पाई जाती है?
(a) शहरी कम्पोस्ट (b) वर्मी कम्पोस्ट
(c) गोबर खाद (d) कम्पोस्ट

94. गन्ने के रस में समग्र ठोस पदार्थ के प्रतिशत को कहते हैं–
(a) ब्रिक्स (b) शुगर इन्डेस
(c) सुक्रोज इंडेक्स (d) कोई नहीं

95. उत्तर प्रदेश में सर्वाधिक उत्पादित होने वाला तिलहन है–
(a) कपास (b) तिल
(c) मूंगफली (d) सरसों

96. संयुक्त प्रान्त का नाम उत्तर प्रदेश हो गया था–
(a) 24.01.1949 को (b) 26.01.1950 को
(c) 15.08.1950 को (d) 01.04.1952 को

97. उत्तर प्रदेश के किस जिले में सर्वाधिक जनसंख्या घनत्व है?
(a) गौतमबुद्ध नगर (b) गाजियाबाद
(c) मुरादाबाद (d) फिरोजाबाद

98. कृषि श्रम उत्पादकता सर्वाधिक है–
(a) पूर्वी उत्तर प्रदेश में
(b) बुन्देलखंड में
(c) उत्तर प्रदेश में
(d) पश्चिमी उत्तर प्रदेश में

99. दुधवा राष्ट्रीय उद्यान किस जिले में है?
(a) लखीमपुर खीरी में (b) इलाहाबाद में
(c) बरेली में (d) मथुरा में

100. उत्तर प्रदेश में 'किसान मित्र योजना' लागू की गई –
(a) 18 जून, 2004 में (b) 18 जून, 2003 में
(c) 18 जून, 2002 में (d) 18 जून, 2001 में

101. छिपी बेरोजगारी से तात्पर्य है–
(a) बेरोजगार व्यक्तियों से
(b) गृहणियों में बेरोजगारी से
(c) 60 वर्ष से अधिक आयु वाले व्यक्तियों में बेरोजगारी से
(d) कोई कार्य जिसको कम व्यक्ति कर सकते हैं, अधिक व्यक्तियों का लगे रहना

102. 'स्कूली बच्चों के मध्याह्न भोजन कार्यक्रम' को केन्द्र सरकार ने किस उद्देश्य के लिए 15 अगस्त, 1995 को चलाया?
(a) प्राथमिक शिक्षा को बढ़ावा देने
(b) स्कूलों में छात्रों की संख्या में वृद्धि हेतु
(c) घरों से खाना खाकर नहीं आते थे
(d) उपर्युक्त (a) एवं (b) उद्देश्यों हेतु

103. भारत के विभिन्न प्रदेशों और उनकी राजधानियों का निम्नलिखित में से कौन-सा जोड़ा सही नहीं है?
(a) गुजरात - गांधीनगर (b) त्रिपुरा- अगरतला
(c) नागालैंड - कोहिमा (d) अरुणाचल प्रदेश- दिसपुर

104. भारत में उत्तर प्रदेश अग्रणी उत्पादक है–
(a) जौ का (b) सोयाबीन का
(c) बाजरा का (d) दालों का

105. उत्तर प्रदेश में किसान बही योजना को लागू किया गया था–
(a) वर्ष 1962 से (b) वर्ष 1978 से
(c) वर्ष 1992 से (d) वर्ष 1996 से

106. 'आइसोपोम' (ISOPOM) योजना में कौन-सी फसलें आती हैं?
(a) तिलहनी (b) दलहनी
(c) ऑइल पाम व मक्का (d) ये सभी फसलें

107. समोच्च कृषि किन क्षेत्रों में अपनाई जाती है?
(a) बाढ़ प्रभावित क्षेत्र में
(b) मृदा विकारीय क्षेत्र में
(c) क्षारीय मृदा क्षेत्र में
(d) अपरदन प्रभावित पहाड़ी क्षेत्र में

108. छिड़काव सिंचाई किन स्थानों के लिए सर्वोत्तम विधि के रूप में सामान्य है?
(a) ऊँची-नीची भूमि (b) मैदानों में
(c) रेगिस्तानी क्षेत्रों में (d) तलीय क्षेत्रों में

109. शहरों एवं कस्बों में सिर पर मैला ढोने की कुप्रथा को समाप्त करने हेतु सरकार ने कौन से प्रयास किये हैं?
(a) सफाई कर्मचारियों को पुनर्वासित करना
(b) शुष्क शौचालयों को जल प्रवाहित शौचालयों में बदलने की योजना
(c) शुष्क शौचालयों के निर्माण पर पूरी तरह रोक लगा देना
(d) उपर्युक्त सभी

110. देश में जापान की सहायता से 'यमुना प्रदूषण योजना' किन शहरों में चल रही है?
(a) केवल मुजफ्फर नगर में (b) केवल आगरा में
(c) केवल आगरा में (d) इनमें से किसी में नहीं

111. मुख्य मच्छर विकर्षण प्राप्त होता है?
(a) तुलसी से (b) नींबू से
(c) नीम के पेड़ से (d) हल्दी से

112. कृषि मूल्य आयोग की स्थापना की गई, वर्ष–
(a) 1955 में (b) 1965 में
(c) 1970 में (d) 1973 में

113. गुलाबी क्रांति का संबंध किस क्षेत्र से है?
(a) अंडा उत्पादन (b) संतरा उत्पादन
(c) मत्स्य उत्पादन (d) झींगा उत्पादन

114. उत्तर प्रदेश सरकार ने राज्य में नई राष्ट्रीय कृषि बीमा योजना किस वर्ष से लागू की है?
(a) 1999-2000 (b) 1998-99
(c) 1997-98 (d) 1985-86

115. इंडियन इंस्टीट्यूट ऑफ फॉरेस्ट मैनेजमेंट कहाँ स्थित है?
(a) कानपुर (b) भोपाल
(c) जबलपुर (d) नागपुर

116. फिरोजाबाद किसके लिए प्रसिद्ध है?

(a) चूड़ियों (b) ताल

(c) तबाकू (d) जूते

117. ग्रामीण क्षेत्रों में बुनकरों की बेहतरी के लिए निम्नलिखित में से कौन-सी योजना सरकार द्वारा चालू की गई है?

(a) हथकरघा विकास केन्द्र योजना

(b) हैंक यार्न प्राइस सब्सिडी योजना

(c) थ्रिफ्ट फंड योजना

(d) उपर्युक्त सभी

118. राष्ट्रीय ग्रामीण स्वास्थ्य मिशन (NRHM) 12 अप्रैल, ... को कब लाँच किया गया था?

(a) 2005 (b) 2006

(c) 2007 (d) 2008

119. कृषि लागत एवं मूल्य आयोग की स्थापना हुई–

(a) 1964 में (b) 1974 में

(c) 1985 में (d) 1991 में

120. उस क्रांति को कौन-सी संज्ञा प्रदान की गई है जिसके अन्तर्गत कृषि क्षेत्र में सभी अवयवों की समन्वित विकास की अवधारणा समाहित है?

(a) खाद्यान्न श्रृंखला उत्पादन (b) समन्वित क्रान्ति

(c) इन्द्र धनुषी क्रान्ति (d) राउण्ड क्रान्ति

121. खादी एवं ग्रामीण उद्योग की स्थापना किस पंचवर्षीय योजना के अंतर्गत की गई है?

(a) प्रथम (b) द्वितीय

(c) पाँचवीं (d) नौवीं

122. भारत निर्माण किसको विकसित करने का कार्यक्रम है?

(a) भारतीय उद्योग (b) भारतीय कृषि

(c) भारतीय मेट्रो नगर (d) भारतीय ग्रामीण जीवन

123. NAFED संबंधित है?

(a) पशुपालन से (b) ईंधन संरक्षण से

(c) कृषि उत्पादों के विपणन से (d) कृषि यंत्रों से

124. भारत में सामान्यतः खेती की कौन-सी पद्धति अपनाई जाती है?

(a) विशिष्ट खेती (b) शुष्क खेती

(c) मिश्रित खेती (d) रैंचिंग खेती

125. रोजगार की दृष्टि से उत्तर का सबसे बड़ा उद्योग है–

(a) सूती मिल (b) हथकरघा

(c) चमड़ा (d) सीमेंट

126. सरकार की ऐसी योजना है कि देश में जितनी अनुर्वर (Unfertile) भूमि है उसे .... बनाया जाए?

(a) उपयोगी (b) उर्वरक

(c) उपज योग्य (d) कृषि योग्य

127. गाँवों में जल प्रदूषण का कौन-सा स्रोत नहीं है?

(a) भूमि कटाव से

(b) पशुओं के जलाशयों में नहाने से

(c) लाउडस्पीकर के द्वारा ध्वनि

(d) मानव अवशिष्ट एवं वहित मल द्वारा

128. 'चीनी वर्ष' कब से कब तक होता है?

(a) अक्टूबर से सितम्बर

(b) मार्च से अप्रैल

(c) जनवरी से दिसम्बर

(d) जुलाई से अगस्त

129. शीला धर मृदा विज्ञान संस्थान स्थित है–

(a) आगरा में (b) इलाहाबाद में

(c) लखनऊ में (d) वाराणसी में

130. प्रायः उत्तरी भारत में रबी की फसल पैदा की जाती है–

(a) ग्वार (b) ज्वार

(c) गेहूँ (d) मूँगफली

131. भारत में जमींदारी भू-व्यवस्था किसके काल में लागू की गई थी?

(a) टामस मुनरो (b) विलियम बैंटिक

(c) लॉर्ड कार्नवालिस (d) लॉर्ड कैनिंग

132. गेहूँ की सिंचाई हेतु अति क्रान्तिक अवस्था है–

(a) ताज निकालने की अवस्था (b) किल्ले निकलने की अवस्था

(c) छूट अवस्था (d) सन्धि की अवस्था

133. ग्रीष्म ऋतु की फसलों की अवधि होती है–

(a) अप्रैल से जून तक (b) जुलाई से अक्टूबर

(c) नवम्बर से अप्रैल (d) इसमें से कोई नहीं

134. शुष्क खेती में वार्षिक वर्षा कितने सेमी से कम पायी जाती है?

(a) 50 (b) 20

(c) 40 (d) 35

135. निम्नलिखित में से कौन-सा सही समूह नहीं है?

(a) इन्डस्ट्रीज (डेवलपमेंट एण्ड रेगुलेशन तथा एमेन्डमेंट) एक्ट (केन्द्रीय अधिनियम) - 1974

(b) केन्द्रीय एयर (प्रिवेन्शन एण्ड कन्ट्रोल ऑफ पॉलूशन) एक्ट - 1981

(c) यू.पी. एग्रीकल्चरल डिजीजेज एण्ड पैस्ट्स एक्ट- 1954

(d) सेन्ट्रल इनसैक्टीसाइड एक्ट- 1978

136. भारत में योजना आयोग (Planning Commission) का गठन किस वर्ष किया गया था? जिसमें ये 4 कार्ययोजना निर्माण, संसाधन की व्यवस्था, योजना कार्यान्वयन एवं योजना समीक्षा तय किए गए?

(a) 1949 (b) 1950

(c) 1951 (d) 1952

137. किस राज्य की कृषि नीति में कृषि को उद्योग का दर्जा प्रदान किया गया है?

(a) महाराष्ट्र (b) उत्तर प्रदेश
(c) पंजाब (d) गुजरात

138. भारत अपनी दलहन खपत का लगभग कितना प्रतिशत भाग उत्पादित कर लेता है?

(a) 50% (b) 55%
(c) 61-66% (d) 38-44%

139. किस व्यवस्था में भूमि पर ग्राम समुदाय का संयुक्त स्वामित्व होता था?

(a) जमींदारी (b) महालवाड़ी व्यवस्था
(c) रैयतवाड़ी व्यवस्था (d) काश्तकारी व्यवस्था

140. 'ऑपरेशन फ्लड' कार्यक्रम संबंधित है–

(a) मांस उत्पादन से (b) पशुपालन से
(c) दुग्ध उत्पादन से (d) तिलहल उत्पादन से

141. ग्रामीण क्षेत्रों में प्रतिदिन प्रति व्यक्ति कितने ग्राम प्रोटीन की आवश्यकता पड़ती है?

(a) 40 (b) 45
(c) 48 (d) 60

142. गाँवों में 'आँगनबाड़ी' केन्द्र किस समस्या का निदान है?

(a) बारह वर्ष से अधिक की बालिकाओं की स्वास्थ्य समस्या
(b) मातृ एवं शिशु कल्याण
(c) पुष्टाहार का वितरण
(d) पिछड़े वर्ग की महिलाओं को नौकरी

143. दलहन का सर्वाधिक उत्पादक एवं उपभोक्ता राष्ट्र कौन है?

(a) भारत (b) रूस
(c) सं. रा. अमेरिका (d) चीन

144. वृक्ष की आयु की गणना की जा सकती है–

(a) उसकी ऊँचाई माप कर
(b) उसके मूल में भण्डारित खाद्य की मात्रा मापकर
(c) उसके तने की मोटाई माप कर
(d) उसके तने की अनुप्रस्थ काट में संकेन्द्रित वलयों की गणना करके

145. 20-सूत्री कार्यक्रम (शुरुआत 1975 में) को पुनः संरक्षित कार्यक्रम 'बीसूका' के रूप में जाना जाता है–

(a) बीसूका-2006 (b) बीसूका-2007
(c) बीसूका-1982 (d) बीसूका-1986

146. भू-धारण प्रणाली की रैयतवाड़ी व्यवस्था की शुरुआत भारत में किसने की थी?

(a) लॉर्ड चेम्सफोर्ड (b) विलियम बैंटिक
(c) लार्ड कार्नवालिस (d) टामस मुनरो

147. ड्रिप सिंचाई पद्धति का जन्म स्थान कहाँ माना जाता है?

(a) इंग्लैंड (b) इजराइल
(c) जर्मनी (d) चीन

148. समोच्च कृषि किन क्षेत्रों में अपनाई जाती है?

(a) मिर्जापुर
(b) सोनभद्र
(c) सीतापुर
(d) उन्नाव

149. ग्राम भू-प्रबन्ध समिति का अध्यक्ष होता है–

(a) ग्राम प्रधान (b) लेखपाल
(c) नायब तहसीलदार (d) राजस्व निरीक्षक

150. वसूली कीमत सामान्यतया किस स्तर पर निर्धारित की जाती है?

(a) बाजार कीमत से कम पर (b) न्यूनतम समर्थन मूल्य पर
(c) वायदा कीमतों पर (d) मंडी कीमतों पर

151. एम. एन. ए. आई. एस.' (MNAIS-Modified National Agricultural Insurance Scheme) फसल बीमा स्कीम के पुनः सुधार हेतु देश के 50 जनपदों में कब से चालू है, रबी फसल वर्ष ......

(a) 2010-11 (b) 2011-12
(c) 2012-13 (d) 2013-14

152. राजस्व विभाग के किस विभाग में बजट का प्रावधान है?

(a) अनुभाग-1 (b) अनुभाग-2
(c) अनुभाग-10 (d) अनुभाग-3

153. भारतीय खाद्य निगम की (F.C.I.) स्थापना किस सन् में की गई थी?

(a) 1965 (b) 1964
(c) 1975 (d) 1974

154. निम्नलिखित में से कौन-सा समेलित नहीं है?

(a) तेल रिफायनरी - मथुरा
(b) इण्डिया टेलिफोन इण्डस्ट्री - रायबरेली
(c) आयुध उपस्कर विनिर्माणी - फिरोजाबाद
(d) डीजल लोकोमोटिव वर्क्स - लखनऊ

155. कौन कृषि पद्धति 21वीं सदी की कृषि हेतु आवश्यक मानी जा रही है?

(a) बहुप्रकार खेती पद्धति (b) यंत्रीकरण कृषि
(c) पारिस्थितिकीय कृषि (d) सहकारी कृषि

156. निम्नलिखित में से कौन-सा कथन 'स्वजल धारा' योजना के लिए सत्य है?

(a) यह राज्य सरकार के स्वामित्व में है
(b) यह केंद्र सरकार के स्वामित्व में है
(c) यह राज्य सरकार एवं स्थानीय निकायों के स्वामित्व में है
(d) यह केंद्र सरकार एवं स्थानीय समुदाय के स्वामित्व में है

157. भारत में 'हरित क्रांति' लाने का श्रेय जाता है–

(a) बी. पी. पाल को (b) एम. एस. स्वामीनाथन को

(c) नारमन बोरलॉग को (d) के. सी. मेहता को

158. उत्तर प्रदेश की पंचायती राज संस्थाओं में कितने प्रतिशत पद महिलाओं के लिए आरक्षित हैं?

(a) 25% (b) 33½%

(c) 50% (d) उपर्युक्त में से कोई नहीं

159. 'ग्रामीण क्षेत्रों में शहरी सुख-सुविधाएँ प्रदान करना' (PURA) योजना किसके द्वारा प्रतिपादित है?

(a) डॉ. मनमोहन सिंह (b) अटल बिहारी वाजपेयी

(c) जय प्रकाश नारायण (d) डॉ. ए. पी. जे. अब्दुल कलाम

160. हरित क्रांति में अधिक उपज देने वाले उन्नत बीजों का प्रयोग हुआ, जिनके लिए आवश्यक है–

(a) कम उर्वरक तथा कम पानी

(b) अधिक उर्वरक तथा कम पानी

(c) कम उर्वरक तथा अधिक पानी

(d) अधिक उर्वरक तथा अधिक पानी

161. उत्तर प्रदेश को कितने न्यायिक जिलों में बांटा गया है?

(a) 46

(b) 18

(c) 56

(d) इनमें से कोई नहीं

162. कृषि में विभिन्न किस्मों के उर्वरकों (N.P.K.) का उपयोग किस संतुलित अनुपात में किया जाना चाहिए?

(a) 4 : 2 : 1 (b) 6 : 4 : 2.1 : 1

(c) 4 : 2 : 1 (d) 5 : 1 : 2

163. गाँवों में पशुओं की बीमारी वाले कौन से संक्रामक रोग हैं?

(a) टी.बी (b) पोंकनी

(c) स्वाइन फीवर (d) उपर्युक्त सभी

164. उत्तर प्रदेश में कुटुम्ब न्यायालय निम्नलिखित में किस विषय से संबंधित सुनवाई नहीं करता है?

(a) विवाह (b) गुजारा

(c) पति-पत्नी संबंध (d) इतर वैवाहिक मामले

165. उ. प्र. में उर्वरक आपूर्ति हेतु अनुदान किस प्रकार के उर्वरकों पर दिया जाता है?

(a) केवल पोटैशिक

(b) केवल फॉस्फोटिक

(c) पोटैशिक एवं फास्फेटिक दोनों प्रकार के उर्वरकों पर

(d) नत्रजनधारी उर्वरकों पर

166. केंद्रीय समुद्री मत्स्य अनुसंधान संस्थान अवस्थित है–

(a) कोच्चि में (b) करनाल में

(c) त्रिवेन्द्रम में (d) मुम्बई में

167. दुग्ध उत्पादन में उत्तर प्रदेश का देश में स्थान है–

(a) प्रथम (b) तृतीया

(c) द्वितीय (d) चतुर्थ

168. गाँवों में मृत पशुओं द्वारा प्रदूषण होता है, अतः इसकी रोकथाम हेतु करना चाहिए–

(a) चमड़ा उतारकर मृत पशु को गड्ढे में दबाना

(b) चमड़ा उतार कर पशु को गाँव से काफी दूर निश्चित स्थान पर डाल कर

(c) प्राकृतिक सफाईकर्मी (गिद्ध, चील, कौए, गीदड़) के द्वारा स्वतः ही

(d) उपर्युक्त सभी

169. निम्नलिखित में से कौन-सा नत्रजनीय जैव उर्वरक के रूप में प्रयुक्त होता है?

(a) कवक (b) माँस

(c) नील हरित शैवाल (d) अनावृत्तजीवी

170. निम्नलिखित में कौन-सा कीटनाशी फसलों में प्रयोग हेतु प्रतिबंधित (बैन) है?

(a) बी. एच. सी. (b) क्लोरपायरीफॉस

(c) डाइमेक्रॉन (d) इनमें से कोई नहीं

171. बूंद-बूंद सिंचाई उपयुक्त है?

(a) वृक्षीय फसलों के लिए

(b) उच्च कीमत वाली सब्जियों के लिए

(c) चाय बागान के लिए

(d) उपरोक्त सभी के लिए

172. 'स्वाधार योजना' का संबंध है–

(a) स्थापत्य कला की प्रतीक इमारतों को मजबूत करना

(b) जीवन में कठिन परिस्थितियों को प्राप्त महिलाओं की सहायता करना

(c) तकनीकी कुसलता प्राप्त व्यक्तियों को स्वरोजगार के अवसर प्राप्त करना

(d) समय से पूर्व कार्य करने के लिए विलग हुए कामगारों को प्रशिक्षण प्राप्त करवाना।

173. हिन्दू-मुस्लिम एकता का प्रतीक 'सुलहकुल उत्सव' आयोजित किया जाता है?

(a) आगरा में (b) अलीगढ़ में

(c) बांदा में (d) बाराबंकी में

174. कुफरी किस फसल की किस्म है?

(a) आलू (b) सन्तरा

(c) शलजम (d) केला

175. शाहजहाँनी जरीब की कुल लम्बाई कितनी होती है?

(a) 170 फीट (b) 172 फीट

(c) 165 फीट (d) 132 फीट

176. स्वतन्त्र भारत में आर्थिक नियोजन कब प्रारंभ हुआ?
(a) 1951-52 (b) 1949-50
(c) 1960-61 (d) 1970-71

177. 'केन्द्रीय ग्रामीण स्वच्छता कार्यक्रम' (सी. आर. एस. पी.) के अन्तर्गत सुलभ शौचालय के निर्माण के लिए सरकार कितने प्रतिशत खर्च वहन करती है?
(a) 60% (b) 40%
(c) 80% (d) 100%

178. राष्ट्रीय विकास परिषद् (NDC - National Development Council) योजना प्रक्रिया के जुड़े एक निकाय की स्थापना केन्द्र सरकार द्वारा कब की गई थी?
(a) 1952 (b) 1954
(c) 1955 (d) इनमें से कोई नहीं

179. किस पंचवर्षीय योजना में कृषि ने ऋणात्मक विकास प्रदर्शित किया?
(a) तीसरी (b) पांचवीं
(c) सातवीं (d) नौवीं

180. निम्नलिखित में से कौन-सी एक खरीफ की फसल है?
(a) मसूर (b) अलसी
(c) सरसों (d) सोयाबीन

181. उत्तर प्रदेश में सर्वाधिक साक्षर जिला कौन-सा है?
(a) लखनऊ (b) गौतमबुद्ध नगर
(c) गाजियाबाद (d) इलाहाबाद

182. SGSY योजना के अंर्तगत Group Approach का संबंध गरीबों को संगठित करके स्वयं सहायता समूह (Self Help Group) का निर्माण करना है, एक स्व-सहायता समूह के लिए कितने व्यक्ति हो सकते हैं?
(a) 10-20 (b) 15-20
(c) 15-25 (d) 5-25

183. भारत में सार्वजनिक वितरण प्रणाली की व्यवस्था की शुरुआत कब की गई है?
(a) 1957 (b) 1947
(c) 1950 (d) 1964

184. स्कूल के बच्चों के लिए मध्यान्ह योजना प्रारंभ की गई, वर्ष-
(a) 1995 में (b) 1996 में
(c) 2000 में (d) 2002 में

185. 'इंटरनेशनल क्रॉप रिसर्च इंस्टीट्यूट फॉर द सेमी एरिड ट्रॉपिक्स' कहाँ स्थित है?
(a) मिस्र, एलेपी (b) पेरू, लीमा
(c) इटली, रोम (d) भारत, हैदाराबाद

186. भारतीय किसानों की वित्तीय आवश्यकताओं की पूर्ति हेतु अल्पकालीन ऋण कितनी अवधि के लिए प्रदान किया जाता है?
(a) 18 माह (b) फसल अवधि के अनुरूप
(c) 15 माह (d) 6 माह

187. ग्रामीण एवं शहरी क्षेत्रों में किस रोग के नियंत्रण हेतु बी.सी.जी. के टीके लगाये जाते हैं?
(a) मलेरिया (b) क्षय रोग (टी.बी.)
(c) दमा (अस्थमा) (d) हृदय रोग

188. शीर्ष केसर उत्पादक राज्य कौन-सा है?
(a) तमिलनाडु (b) जम्मू-कश्मीर
(c) हरियाणा (d) केरल

189. 'महिला समृद्धि योजना' ग्रामीण महिलाओं में किस प्रवृत्ति को प्रोत्साहित करने के लिए प्रारंभ की गई?
(a) बचत की प्रवृत्ति हेतु
(b) आत्मनिर्भर बनाने हेतु
(c) आर्थिक दृष्टि से उन्हें स्वतन्त्र बनाने
(d) उपर्युक्त सभी

190. व्यापक फसल बीमा योजना के स्थान पर राष्ट्रीय कृषि बीमा योजना लागू की गई-
(a) 1995 में (b) 1998 में
(c) 1999 में (d) 2000 में

191. ग्रामीण क्षेत्रों से पलायन का कारण है-
(a) भूमिहीन कृषक (b) जनसंख्या की तीव्रता
(c) गरीबी एवं बेरोजगारी (d) ये सभी

192. भारत की किस क्षेत्र में दूध की उपलब्धता सबसे कम है?
(a) पश्चिमी भारत के राजस्थान क्षेत्र
(b) पूर्वोत्तर भारत
(c) तटीय भारत
(d) ओडिशा

193. उत्तर प्रदेश की प्रमुख तिलहनी फसल है-
(a) सूरजमुखी (b) कुसुम
(c) राई तथा सरसों (d) अलसी

194. किसान क्रेडिट कार्ड वार्षिक समीक्षा की शर्त पर कितने वर्ष के लिए वैध है?
(a) 2 वर्ष (b) 3 वर्ष
(c) 5 वर्ष (d) 4 वर्ष

195. निम्नलिखित में से किस उपकरण का प्रयोग भू-मापन में नहीं किया जाता है?
(a) जरीब (b) कम्पास
(c) थियोडोलाइट (d) पाइरोमीटर

196. 'विशेष कृषि उपज योजना' का संबंध है?
(a) दहलन व तिलहन के उत्पादन में
(b) नकद फसलों के उत्पादन की वृद्धि से
(c) कृषि पदार्थों के निर्यात के उछाल (थ्रस्ट) से
(d) सूखाग्रस्त क्षेत्रों में फसलों की उत्पादकता बढ़ाने से

197. खरीफ ऋतु में ग्रामीण क्षेत्रों में देखी जा सकती है–

(a) गेहूँ की फसल

(b) धान की फसल

(c) चना की फसल

(d) मसूर की दाल

198. 'प्रधानमंत्री ग्रामोदय योजना' (PMGY) को प्रारंभ करने का मुख्य उद्देश्य निम्नलिखित में से क्या उपलब्ध कराना है?

(a) मूलभूत ग्रामीण आवश्यकताएँ

(b) केवल ग्रामीण सड़कें

(c) केवल पीने का पानी

(d) कृषि आधारित औद्योगिक विकास

199. 'राष्ट्रीय ग्रामीण संस्थान' स्थित है–

(a) हैदराबाद में (b) मैसूर में

(c) नागपुर में (d) बेंगलुरु में

200. प्रदेश में तम्बाकू की कृषि निम्नलिखित में से किसके लिए की जाती है?

(a) खाने तथा हुक्का पीने (b) आयात हेतु

(c) निर्यात हेतु (d) शीरा उत्पादन

उत्तरमाला

1. (a)	2. (d)	3. (d)	4. (c)	5. (b)	6. (c)	7. (d)	8. (a)	9. (c)	10. (b)
11. (b)	12. (b)	13. (d)	14. (a)	15. (a)	16. (a)	17. (a)	18. (c)	19. (c)	20. (b)
21. (c)	22. (d)	23. (d)	24. (b)	25. (b)	26. (a)	27. (b)	28. (a)	29. (b)	30. (b)
31. (b)	32. (d)	33. (b)	34. (d)	35. (b)	36. (b)	37. (a)	38. (c)	39. (b)	40. (c)
41. (a)	42. (b)	43. (b)	44. (b)	45. (d)	46. (d)	47. (a)	48. (c)	49. (a)	50. (a)
51. (b)	52. (d)	53. (c)	54. (a)	55. (a)	56. (a)	57. (d)	58. (c)	59. (a)	60. (d)
61. (a)	62. (b)	63. (c)	64. (d)	65. (c)	66. (d)	67. (d)	68. (c)	69. (d)	70. (d)
71. (c)	72. (c)	73. (b)	74. (a)	75. (c)	76. (a)	77. (d)	78. (b)	79. (b)	80. (c)
81. (d)	82. (d)	83. (c)	84. (d)	85. (a)	86. (c)	87. (b)	88. (b)	89. (d)	90. (b)
91. (d)	92. (d)	93. (b)	94. (a)	95. (d)	96. (b)	97. (b)	98. (d)	99. (a)	100. (d)
101. (d)	102. (b)	103. (b)	104. (a)	105. (c)	106. (b)	107. (d)	108. (c)	109. (d)	110. (c)
111. (c)	112. (b)	113. (d)	114. (a)	115. (b)	116. (a)	117. (d)	118. (a)	119. (c)	120. (c)
121. (b)	122. (d)	123. (c)	124. (c)	125. (b)	126. (a)	127. (c)	128. (a)	129. (b)	130. (c)
131. (c)	132. (b)	133. (a)	134. (a)	135. (b)	136. (b)	137. (a)	138. (b)	139. (b)	140. (d)
141. (c)	42. (b)	143. (a)	144. (d)	145. (a)	146. (d)	147. (b)	148. (a)	149. (a)	150. (a)
151. (c)	152. (d)	153. (a)	154. (d)	155. (c)	156. (d)	157. (b)	158. (b)	159. (d)	160. (d)
161. (a)	162. (a)	163. (a)	164. (d)	165. (c)	166. (a)	167. (a)	168. (d)	169. (a)	170. (d)
171. (d)	172. (b)	173. (a)	174. (a)	175. (c)	176. (a)	177. (c)	178. (a)	179. (a)	180. (d)
181. (c)	182. (a)	183. (c)	184. (a)	185. (d)	186. (c)	187. (b)	188. (b)	189. (b)	190. (c)
191. (d)	192. (b)	193. (c)	194. (b)	195. (d)	196. (c)	197. (b)	198. (a)	199. (a)	200. (a)

OOO

अभ्यास प्रश्न- 3

1. **निम्न में से किससे उ.प्र. की सीमा नहीं लगती है?**
   (a) राजस्थान (b) पंजाब
   (c) हरियाणा (d) इनमें से कोई नहीं
2. **सोनभद्र जिले को स्पर्श करती है—**
   (a) दो राज्यों की सीमाएं (b) तीन राज्यों की सीमाएं
   (c) चार राज्यों की सीमाएं (d) पांच राज्यों की सीमाएं
3. **निम्न में कौन क्षेत्रफल बढ़ते क्रम की दृष्टि से सही है—**
   (a) बाराबंकी, गौतमबुद्ध नगर, मिर्जापुर, सोनभद्र
   (b) मिर्जापुर, सोनभद्र, बाराबंकी, गौतमबुद्ध नगर
   (c) गौतमबुद्ध नगर, बाराबंकी, मिर्जापुर, सोनभद्र
   (d) सोनभद्र, मिर्जापुर, गौतमबुद्ध नगर, बाराबंकी
4. **निम्न में से किस जिले को अंतर्राष्ट्रीय सीमा स्पर्श नहीं करती है?**
   (a) बलरामपुर (b) श्रावस्ती
   (c) पीलीभीत (d) बस्ती
5. **लखनऊ की सीमा किसे स्पर्श नहीं करती है?**
   (a) उन्नाव (b) हरदोई
   (c) बलिया (d) बाराबंकी
6. **निम्न नगरों का भौगोलिक क्षेत्रफल की दृष्टि से सही घटता क्रम है—**
   (a) वाराणसी, बागपत, भदोही, गौतमबुद्ध नगर
   (b) भदोही, वाराणसी, बागपत, गौतमबुद्ध नगर
   (c) गौतमबुद्ध नगर, वाराणसी, भदोही, बागपत
   (d) वाराणसी, गौतमबुद्ध नगर, बागपत, भदोही
7. **निम्न जिलों में कौन-सा जनपद क्षेत्रफल में सबसे छोटा है?**
   (a) वाराणसी (b) जौनपुर
   (c) इलाहाबाद (d) गाजीपुर
8. **निम्न जिलों का उत्तर से दक्षिण में सही अनुक्रम है—**
   (a) संत कबीर नगर, अंबेडकर नगर, सिद्धार्थ नगर, संत रविदास नगर
   (b) सिद्धार्थ नगर, संत कबीर नगर, अंबेडकर नगर, संत रविदास नगर
   (c) अंबेडकर नगर, सिद्धार्थ नगर, संत रविदास नगर, संत कबीर नगर
   (d) संत रविदास नगर, सिद्धार्थ नगर, संत कबीर नगर, अंबेडकर नगर
9. **निम्न में से सर्वाधिक क्षेत्रफल वाला जिला है-**
   (a) सोनभद्र (b) सीतापुर
   (c) हरदोई (d) लखीमपुर
10. **निम्न में से प्रदेश का कौन-सा जनपद उत्तराखंड, हरियाणा तथा हिमाचल प्रदेश के साथ सीमा बनाता है?**
   (a) मेरठ (b) सोनभद्र
   (c) सहारनपुर (d) मुजफ्फरनगर
11. **क्षेत्रफल के घटते क्रम में सही विकल्प का चयन करें—**
   (a) राजस्थान, महाराष्ट्र, म.प्र., उ.प्र.
   (b) राजस्थान, मध्य प्रदेश, महाराष्ट्र, उ.प्र.
   (c) म.प्र. महाराष्ट्र, राजस्थान, उ.प्र.
   (d) राजस्थान, गुजरात, मध्यप्रदेश. उ.प्र.
12. **क्षेत्रफल की दृष्टि से उ.प्र. का भारत के राज्यों में स्थान है—**
   (a) द्वितीय (b) तृतीय
   (c) तृतीय (d) पंचम
13. **निम्न में से नदी को राष्ट्रीय जलमार्ग (संख्या-1) के रूप में प्रयुक्त किया जा रहा है?**
   (a) गंगा (b) यमुना
   (c) ब्रहापुत्र (d) नर्मदा
14. **उत्तर प्रदेश की सबसे लंबी नहर कौन-सी है?**
   (a) घाघरा नहर (b) केन नहर
   (c) निचली गंगा नहर (d) शारदा नहर
15. **निम्न में से कौन-सी उत्तर प्रदेश की परियोजना है?**
   (a) घाघरा सहायक नहर परियोजना
   (b) ज्ञानपुर पंप नहर परियोजना
   (c) गोकुल बैराज परियोजना
   (d) पथरई बांध

16. केंद्र द्वारा किस नदी को राष्ट्रीय नदी घोषित किया गया है?
(a) गंगा को (b) गोदावरी को
(c) कृष्णा को (d) नर्मदा को

17. हथनीकुंड परियोजना किस नदी पर स्थित है?
(a) गंगा (b) सरयू
(c) यमुना (d) रामगंगा

18. माताटीला परियोजना है—
(a) बेतवा पर (b) गोदावरी पर
(c) कृष्णा पर (d) पेरियार पर

19. निम्न में कौन सुमेलित नहीं है?
(a) राजघाट बांध - यमुना
(b) रानी लक्ष्मीबाई बांध - बेतवा
(c) रिहंद बांध - रिहंद
(d) माताटीला-बेतवा

20. निम्नलिखित में से कौन-सा युग्म सुमेलित नहीं है?
(a) बिठूर- गंगा (b) गोरखपुर - राप्ती
(c) जौनपुर - सई (d) कौशाम्बी-यमुना

21. राजघाट बांध एवं नहर परियोजना उत्तर प्रदेश और मध्य प्रदेश सरकार के बराबर-बराबर सहयोगवाली संयुक्त परियोजना है, जो बनाई जा रही है—
(a) यमुना पर (b) चंबल पर
(c) बेतवा पर (d) केन पर

22. निम्न में से कौन-सा बांध बेतवा नदी पर बनाया गया है?
(a) लवकुश बैराज (b) रिहंद बांध
(c) शारदा बैराज (d) राजघाट बांध

23. फल्हर झील, भारत के किस राज्य में स्थित है?
(a) मध्य प्रदेश में (b) उत्तराखंड में
(c) बिहार में (d) उत्तर प्रदेश में

24. परिछा बांध किस नदी पर अवस्थित है?
(a) बेतवा (b) केन
(c) रिहंद (d) राप्ती

25. उत्तर प्रदेश में सबसे ऊंचा बांध कौन-सा है?
(a) माता-टीला (b) मेजा
(c) रिहंद (d) राम-गंगा

26. निम्न में से किस नदी के तट पर गोरखपुर स्थित है?
(a) घाघरा गंडक (b) गंडक
(c) राप्ती (d) सरयू

27. सूची-I और सूची-II को सुमेलित कीजिए तथा सही कूट का चयन करें—

सूची I	सूची I
(A) चित्रकूट	1. यमुना
(B) जौनपुर	2. गोमती
(C) मथुरा	3. सरयू
(D) अयोध्या	4. मंदाकिनी

कूट :

	(A)	(B)	(C)	(D)
(a)	1	2	3	4
(b)	4	2	1	3
(c)	4	1	2	3
(d)	3	2	1	4

28. भारत के किस राज्य में सर्वाधिक सिंचाई नलकूपों से होती है?
(a) मध्य प्रदेश (b) बिहार
(c) राजस्थान (d) उत्तर प्रदेश

29. निम्न में कौन-सी सबसे लंबी नहर है?
(a) पूर्वी यमुना नहर (b) शारदा नहर
(c) निचली गंगा नहर (d) ऊपरी गंगा नहर

30. सूची-I और सूची-II को सुमेलित कीजिए तथा सही कूट का चयन करें—

सूची I	सूची I
(A) रुद्र प्रयाग	1. भागीरथी-अलकनंदा
(B) नंद प्रयाग	2. अलकनंदा-मंदाकिनी
(C) कर्ण प्रयाग	3. अलकनंदा-पिंडार
(D) देव प्रयाग	4. अलकनंदा-मंदाकिनी

कूट :

	(A)	(B)	(C)	(D)
(a)	1	3	2	4
(b)	2	4	3	1
(c)	3	2	4	1
(d)	4	1	3	2

31. निम्न नगरों में कौन-सा गंगा के दाहिने किनारे पर नहीं है?
(a) इलाहाबाद (b) हरिद्वार
(c) वाराणसी (d) कानपुर

32. उ. प्र. एवं म.प्र. राज्यों की संयुक्त राजघाट नदी घाटी परियोजना स्थापित की गई है—
(a) केन नदी पर (b) सोन नदी पर
(c) चंबल नदी पर (d) बेतवा नदी पर

33. उत्तर प्रदेश में सिंचाई मुख्य साधन हैं—
1. नहरें 2. नलकूप
3. तालाब कुएं 4. अन्य साधन
इनके महत्व के घटते क्रम में सही कूट का चयन करें—
(a) 1, 2, 3, 4 (b) 2, 1, 3, 4
(c) 2, 4, 1, 3 (d) 1, 4, 2, 3

34. उ.प्र. की निम्न नदियों में किनके उद्गम हिमालय से नहीं हुए हैं?
1. गोमती 2. समगंगा
3. बेतवा 4. शारदा

कूट
(a) 1, 2 (b) 2, 3
(c) 1, 3 (d) 3, 4

35. **गोविंद वल्लभ पंत सागर अवस्थित है—**
(a) बुलंदशहर में (b) ललितपुर में
(c) मिर्जापुर में (d) सोनभद्र में

36. **अर्जुन बांध नहर से लाभान्वित जिला है—**
(a) एटा (b) इटावा
(c) गोरखपुर (d) हमीरपुर

37. **रानी लक्ष्मीबाई बांध अवस्थित है—**
(a) बेतवा नदी पर (b) केन नदी पर
(c) रिहंद नदी पर (d) टोंस नदी पर

38. **गोविद वल्लभ पंत सागर जलाशय स्थित है—**
(a) उत्तर प्रदेश में (b) छत्तीसगढ़ में
(c) झारखंड में (d) उत्तराखंड में

39. **प्रदेश के किस जिले में सर्वाधिक वर्षा होती है?**
(a) बांदा (b) वाराणसी
(c) मुरादाबाद (d) गोरखपुर

40. **उ.प्र. के भाबर क्षेत्र में किस प्रकार की मृदा पाई जाती है?**
(a) दलदली (b) कंकरीली पथरीली
(c) महीन जलोढ़ (d) भूरी

41. **उत्तर प्रदेश में सर्वाधिक वर्षा का क्षेत्र है—**
(a) तराई क्षेत्र (b) पूर्व गंगा क्षेत्र
(c) मध्य गंगा मैदान (d) पश्चिम गंगा मैदान

42. **उत्तर प्रदेश के किस जिले में सबसे कम वर्षा होती है?**
(a) ललितपुर (b) झांसी
(c) बांदा (d) मथुरा

43. **बखीरा पक्षी विहार स्थित है—**
(a) बलिया में (b) संत कबीर नगर में
(c) गोंडा में (d) रायबरेली में

44. **निम्न वृक्ष में से कौन-सा वृक्ष पर्यावरणीय संकट उत्पन्न करता है?**
(a) बबूल (b) नीम
(c) अमलतास (d) यूकेलिप्टस

45. **प्रदेश में नवाबगंज पक्षी-विहार कहां स्थित है?**
(a) गाजियाबाद में (b) गोंडा में
(c) रायबरेली में (d) उन्नाव में

46. **प्रदेश में सर्वप्रथम किस पक्षी विहार की स्थापना की गई?**
(a) सांडी पक्षी विहार (b) नवाबगंज पक्षी विहार
(c) समान पक्षी विहार (d) सूरसरोबर पक्षी विहार

47. **प्रदेश का सर्वाधिक विस्तृत पक्षी विहार है—**
(a) समान पक्षी विहार (b) नवाबगंज पक्षी विहार
(c) लाख बहोशी पक्षी विहार (d) सांडी पक्षी विहार

48. **निम्न का सही सुमेल चुनें—**
(A) नवाबगंज पक्षी विहार 1. गोंडा
(B) ओखला पक्षी विहार 2. उन्नाव
(C) समसपुर पक्षी विहार 3. गौतमबुद्ध नगर
(D) पार्वती अरंगा पक्षी विहार 4. रायबरेली

कूट :

	(A)	(B)	(C)	(D)
(a)	2	4	3	1
(b)	2	3	4	1
(c)	4	3	1	2
(d)	3	4	2	1

49. **सोनभद्र में निम्न धातुओं में से कौन-कौन पाई जाती हैं सही कूट का चयन करें—**
1. यूरेनियम 2. एंडालूसाइट
3. पाइराइट 4. डोलोमाइट
(a) 1, 2, एवं 3 (b) 2, 3, एवं 4
(c) 1, 3, एवं 4 (d) 1, 2, 3, एवं 3

50. **निम्न में से कौन-सा वृक्ष जो कभी सामाजिक वानिकी में लोकप्रिय था, अब एक पारिस्थितिकी आतंकवादी माना जाता है?**
(a) बबूल (b) अमलतास
(c) नीम (d) यूकेलिप्टस

51. **प्रदेश का सबसे छोटा वन्य जीव विहार है—**
(a) महावीर स्वामी वन्य जीव विहार, ललितपुर
(b) रानीपुर वन्य जीव विहार, बांदा
(c) चंद्रप्रभा वन्य जीव विहार, चंदौली
(d) कतरनिया घाट वन्य जीव विहार, बहराइच

52. **राष्ट्रीय वन नीति के अनुसार देश के कुल भौगोलिक क्षेत्रफल के कितने भाग पर वन होना चाहिए?**
(a) 1/4 भाग (b) 1/2 भाग
(c) 1/5 भाग (d) 1/3 भाग

53. **राज्य में एस्बेस्टस पाए जाते हैं?**
(a) ललितपुर में (b) झांसी में
(c) मिर्जापुर में (d) चूर्क में

54. **प्रदेश का सबसे बड़ा वन्य जीव विहार है—**
(a) चंद्रप्रभा (b) किशनपुर
(c) हस्तिनापुर (d) रानीपुर

55. **निम्न जनपदों में कौन सर्वाधिक वनाच्छादित है?**
(a) लखीमपुर खीरी (b) सोनभद्र
(c) पीलीभीत (d) चित्रकूट

56. **निम्न में से किस स्थान पर एक नाभिकीय ऊर्जा परियोजना है?**
(a) ओबरा (b) पनकी
(c) हरदुआगंज (d) नरौरा

57. **निम्नलिखित एन.टी.पी.सी. संयंत्रों में कौन-सा गैस आधारित नहीं है?**
(a) औरैया (b) आंवला
(c) दादरी (d) टांडा

58. **ओबरा ताप विद्युत केंद्र की स्थापना किस देश के सहयोग से की गई है?**
(a) सोवियत रूस (b) जापान
(c) जर्मनी (d) अमेरिका

59. **उत्तर प्रदेश में परमाणु ऊर्जा केंद्र स्थापित है—**
(a) मथुरा में (b) सिंगरौली में
(c) नरौरा में (d) अलीगढ़ में

60. **ओबरा जल विद्युत केंद्र किस नदी पर बनाया गया है?**
(a) सोन (b) टोंस
(c) रिहंद (d) कंहर

61. **नरौरा आण्विक संयंत्र अवस्थित है—**
(a) अलीगढ़ में (b) आगरा में
(c) मेरठ में (d) बुलंदशहर में

62. **राजस्व विभाग के अंतर्गत सबसे महत्वपूर्ण विभागाध्यक्ष कौन-सा है?**
(a) चकबंदी आयुक्त (b) राजस्व परिषद
(c) राहत आयुक्त (d) भूमि अध्याप्ति निदेशक

63. **ऊर्जा के किस रूप में प्रदूषण की समस्या नहीं होती है?**
(a) कोयला (b) परमाणु
(c) पेट्रोल (d) सौर्य

64. **प्रदेश की किस नहर पर सर्वाधिक जल विद्युत उत्पादन केंद्र हैं?**
(a) ऊपरी गंगा (b) शारदा नहर
(c) यमुना नहर (d) लोवर गंगा नहर

65. **भारत छोड़ो आंदोलन के समय उत्तर प्रदेश के किस जिले में समांतर सरकार की स्थापना की गई थी?**
(a) इलाहाबाद (b) बलिया
(c) लखनऊ (d) फैजाबाद

66. **अखिल भारतीय किसान सभा का प्रथम अधिवेशन कहां हुआ था—**
(a) इलाहाबाद में (b) पटना में
(c) कोलकाता में (d) लखनऊ में

67. **हिंदुस्तान रिपब्लिक संगठन की स्थापना की गई थी—**
(a) कानपुर में (b) लखनऊ में
(c) दिल्ली में (d) इलाहाबाद में

68. **बाबा रामचंद्र ने किसानों का संगठन कहां किया था?**
(a) अवध में (b) बिहार में
(c) बंगाल में (d) आंध्र में

69. **इलाहाबाद में 1857 के संग्राम का नेता था—**
(a) नाना साहब (b) अजीमुल्ला
(c) तात्या टोपे (d) मौलवी लियाकत अली

70. **वह स्तूप-स्थल, जिनका संबंध भगवान् बुद्ध के जीवन की किसी घटना से नहीं रहा है—**
(a) सारनाथ (b) सांची
(c) बोधगया (d) सारनाथ

71. **निम्न में से उत्तर प्रदेश के किस स्थान पर हर्षवर्धन ने बौद्ध महा-सम्मेलन का आयोजन किया था—**
(a) काशी (b) प्रयाग
(c) अयोध्या (d) सारनाथ

72. **यू.पी. के समय-समय पर दिए गए नामों को संबंधित वर्षों से सुमेलित करें तथा कूट से उत्तर प्राप्त करें—**

A.	**उत्तर-पश्चिमी प्रांत**	**1.**	**1950**
B.	**आगरा और अवध का संयुक्त प्रांत**	**2.**	**1937**
C.	**संयुक्त प्रांत**	**3.**	**1877**
D.	**उत्तर प्रदेश**	**4.**	**1836**

कूट :

	A	B	C	D
(a)	4	2	3	1
(b)	3	2	4	1
(c)	4	3	2	1
(d)	2	4	3	1

73. **आगरा शहर की स्थापना किसने की थी?**
(a) बहलोल लोदी ने (b) फिरोज तुगलक ने
(c) खिज्र खान ने (d) सिकंदर लोदी ने

74. **हर्षवर्धन ने दो महान् धार्मिक सम्मेलनों का आयोजन कहां किया था?**
(a) कन्नौज-प्रयाग (b) प्रयाग-थानेश्वर
(c) थानेश्वर-वल्लभी (d) वल्लभी-प्रयाग

75. **कुशीनारा (वर्तमान कुशीनगर) किसकी राजधानी थी?**
(a) भग्गों की (b) लिच्छवियों की
(c) मल्लों की (d) शाक्यों की

76. **महात्मा बुद्ध का महापरिनिर्वाण कहां हुआ था?**
(a) काशी में (b) लुंबिनी में
(c) कुशीनगर में (d) श्रावस्ती में

77. **महात्मा बुद्ध का जन्म कहां हुआ था?**
(a) वैशाली (b) लुम्बिनी
(c) कपिलवस्तु (d) पाटलिपुत्र

78. **1 नवंबर, 1858 ई. को महारानी के घोषणा पत्र को इलाहाबाद में किसने पढ़कर सुनाया?**
(a) लॉर्ड विलियम बैंटिक (b) लॉर्ड कैनिंग
(c) लॉर्ड बर्नहम (d) हरकोर्ट बटलर

79. कानपुर षड्यंत्र मुकदमा किस आंदोलन के नेताओं के विरुद्ध था ?
(a) खिलाफत आंदोलन (b) असहयोग आंदोलन
(c) साम्यवादी आंदोलन (d) क्रांतिकारी आंदोलन

80. चोरी-चोरा घटना कब घटी ?
(a) 5 फरवरी, 1922 (b) 7 फरवरी, 1922
(c) 12 फरवरी, 1922 (d) 13 फरवरी, 1922

81. उत्तर प्रदेश के किस शहर को सल्तनत काल में पूर्व का शिराज कहा जाता था ?
(a) आगरा (b) दिल्ली
(c) वाराणसी (d) जौनपुर

82. काकोरी षड्यंत्र केस हुआ था—
(a) 1925 में (b) 1920 में
(c) 1930 में (d) 1935 में

83. सारनाथ का प्राचीन नाम क्या था ?
(a) ईशापत्तन (b) मृगदाव
(c) सारनाथ (d) (a) एवं (b)

84. जौनपुर नगर किसकी स्मृति में स्थापित किया गया था ?
(a) गयासुद्दीन तुगलक (b) मोहम्मद-बिन-तुगलक
(c) फिरोजशाह तुगलक (d) अकबर

85. निम्न में से किन स्थानों की तीर्थ यात्रा अशोक ने नहीं की ?
(a) अयोध्या-हरिद्वार (b) गया-कुशीनगर
(c) लुम्बिनी-कपिलवस्तु (d) सारनाथ-श्रावस्ती

86. टोपरा (सहारनपुर) तथा मेरठ के अशोक स्तंभ लेखों को दिल्ली कौन लाया ?
(a) अलाउद्दीन खिलजी (b) फिरोज शाह
(c) मुहम्मद गौरी (d) सिकंदर लोदी

87. सन् 1857 के प्रथम स्वतंत्रता आंदोलनों में बरेली में किसने नेतृत्व किया ?
(a) खान बहादुर (b) कुंवर सिंह
(c) मौलवी अहमदशाह (d) विरजिस कादिर

88. 1857 के प्रथम स्वतंत्रता आंदोलन में निम्न में से कौन संबंधित नहीं था ?
(a) बेगम हजरत महल (b) कुंवर सिंह
(c) उधम सिंह (d) मौलवी अहमदशाह

89. यू.पी. विधानसभा के प्रथम अध्यक्ष थे—
(a) मदन मोहन वर्मा (b) पुरुषोत्तम दास टंडन
(c) आत्मा राम गोविंद खेर (d) नफीखुल हसन

90. अब तक उत्तर प्रदेश में कितनी महिलाएं मुख्यमंत्री बनीं—
(a) 0 (b) 1
(c) 2 (d) 3

91. प्रदेश के नगरों में मेयर का निर्वाचन होता है—
(a) नगर निगम के सदस्यों द्वारा
(b) नगर निगम की कार्यकारिणी समिति के सदस्यों द्वारा
(c) सीधे नगर के निर्वाचकों द्वारा
(d) निगम में सबसे बड़े राजनीतिक दल के सदस्यों द्वारा

92. गौतमबुद्ध नगर जिले का मुख्यालय है—
(a) ग्रेटर नोएडा में
(b) गाजियाबाद में
(c) रमाबाई नगर
(d) नोएडा में

93. निम्नलिखित में से कौन उत्तर प्रदेश के मुख्यमंत्री नहीं रहे हैं ?
(a) गोविंद वल्लभ पंत (b) टी.एन. सिंह
(c) नित्यानंद स्वामी (d) राम नरेश सिंह

94. उत्तर प्रदेश के राजकीय चिह्न में नहीं है—
(a) मछलियां (b) धनुष
(c) तीर (d) मोर

95. राज्य की पंचायती राज संस्थाओं में महिलाओं के लिए आरक्षण है—
(a) महिलाओं की आबादी के अनुपात में
(b) कुल स्थान 1/4
(c) कुल स्थान का 1/3
(d) आवश्यकतानुसार परिवर्तनशील

96. उत्तर प्रदेश का राजकीय पक्षी है—
(a) सारस (b) मोर
(c) तोता (d) कोयल

97. राज्य की 16वीं विधान सभा चुनाव में महिलाएं निर्वाचित हुईं—
(a) 35 (b) 58
(c) 49 (d) 17

98. निम्नलिखित में से कौन-सा एक सही नहीं है ?
(a) उत्तर प्रदेश में कुल नगरों ने नगर निगम की हैसियत प्राप्त कर ली है।
(b) नगरों की एक नियम की हैसियत राजनीतिक कारकों पर दी जाती है।
(c) कुछ नियम हैं, जिनके आधार पर नगर निगम सृजन किया जाता है।
(d) उत्तर प्रदेश में नगर निगमों के लिए एक अलग कानूनी व्यवस्था है।

99. उत्तर प्रदेश में किसी नगर का मेयर होता है—
A. नगर का प्रथम नागरिक होता है।
B. नगर निगम का पदेन सदस्य होता है।
C. कार्यकारिणी समिति का पदेन सभापति होता है।
D. कार्यपालक मशीनरी का पूर्ण नियंत्रण करता है।
कूट :
(a) 1 व 2 (b) 1, 2 व 3
(c) 2, 3 व 4 (d) 1, 2, 3, व 4

100. निम्न में से किस नगर में नगर निगम नहीं है—

(a) अलीगढ़ (b) मुरादाबाद में

(c) सहारनपुर (d) फैजाबाद

101. किसी समिति ने त्रिस्तरीय पंचायती प्रणाली की सिफारिश की थी?

(a) बलवंत राय मेहता समिति ने

(b) अशोक मेहता समिति ने

(c) राव समिति ने

(d) सिंघवी समिति ने

102. निम्न में से किसका प्रत्यक्ष निर्वाचन होता है?

1. प्रधान 2. क्षेत्र प्रमुख

3. जिला पंचायत अध्यक्ष 4. सरपंच

5. पंच

(a) 1, 2 व 3 (b) 1, 2 व 5

(c) 1, 4 व 5 (d) 1 व 5

103. सूची-1 व 2 को सुमेलित कर कूट से सही उत्तर चुनें—

	जनपद		मुख्यालय
A.	जालौन	1.	अकबरपुर
B.	कानपुर देहात	2.	भदोही
C.	संत रविदास नगर	3.	पड़रौना
D.	कुशीनगर	4.	उरई

कूट :

	A	B	C	D
(a)	4	1	2	3
(b)	4	3	2	1
(c)	2	1	3	4
(d)	1	2	4	3

104. उत्तरांचल गठन के बाद उत्तर प्रदेश में कितने विधान सभा क्षेत्र शेष बचे हैं?

(a) 401 (b) 202

(c) 403 (d) 404

105. ग्राम पंचायती के गठन से कौन-सा अनुच्छेद संबंधित है?

(a) अनुच्छेद 40 (b) अनुच्छेद 11

(c) अनुच्छेद 44 (d) अनुच्छेद 48

106. राज्यपाल की नियुक्ति किस अनुच्छेद से संबंधित है?

(a) 155 (b) 154

(c) 156 (d) 157

107. मुख्य मेट्रोपॉलिटन मजिस्ट्रेट है—

(a) लखनऊ में (b) आगरा में

(c) इलाहाबाद में (d) कानपुर में

108. पंचायत चुनाव लड़ने हेतु एक व्यक्ति की आयु होनी चाहिए—

(a) 18 वर्ष (b) 21 वर्ष

(c) 25 वर्ष (d) 30 वर्ष

109. राज्यपाल के संबंध में क्या सही नहीं है?

(a) उसकी नियुक्ति राष्ट्रपति करता है।

(b) वह एक से अधिक राज्यों का राज्यपाल हो सकता है।

(c) वह 5 वर्ष तक पद धारण करता है।

(d) वह व्यवस्थापिका द्वारा हटाया जा सकता है।

110. राज्यपाल संबंधी निम्न कथनों में से सही का चुनाव करें?

1. उसे जन्म से भारत का नागरिक होना चाहिए।

2. उसकी आयु कम-से-कम 35 वर्ष हो।

3. लोक सभा का सदस्य होने की योग्यता रखता हो।

4. वह एकाधिक राज्यों का राज्यपाल हो सकता है।

(a) 1 और 2 सही हैं

(b) 1, 2 और 3 सही हैं

(c) 1, 2 और 4 सही हैं

(d) 2 और 4 सही हैं

111. पंचायती राज एक व्यवस्था है—

1. स्थानीय स्व-शासन की

2. जैव संबंधों के समान त्रि-स्तरीय प्रणाली की

3. लोकतांत्रिक विकेंद्रीकरण की

4. पदसोपानिक संरचना की

(a) 1 और 2 सही हैं

(b) 1 और 3 सही हैं

(c) 1, 2 और 3 सही हैं

(d) 2, 3 और 4 सही हैं

112. कथन (A) : स्थानीय स्तर पर ग्रामीण मामलों के प्रबंधन में राजनीति का अंतःखेल कम हो गया।

कारण (R): 73वें संशोधन के बाद ग्रामीण स्थानीय संस्थाओं का पुनरुत्थान हुआ है।

सही विकल्प का चयन करें—

(a) A और R दोनों सही हैं और R व्याख्या करता है।

(b) A और R दोनों सही हैं और R व्याख्या नहीं करता है।

(c) A सही, परंतु R गलत है

(d) A गलत है, परंतु R सही है

113. उत्तर प्रदेश में किसान बही योजना लागू की गई थी—

(a) 2002 में (b) 1982 में

(c) 1997 में (d) 1992 में

114. उ.प्र. में सिंचाई का सबसे बड़ा स्रोत है—

(a) नहर (b) तालाब

(c) नलकूप (d) कुंआं

115. उत्तर प्रदेश को कितने शस्य-जलवायु क्षेत्रों में विभाजित किया गया है?

(a) 11 (b) 9

(c) 7 (d) 5

116. उ.प्र. में शस्य जलवायु क्षेत्रों की संख्या है—
(a) 5 (b) 7
(c) 9 (d) 11

117. निम्न में से किस दलहन फसल का क्षेत्र उत्तर प्रदेश में सर्वाधिक है—
(a) मूंग का (b) अरहर का
(c) मटर का (d) चना का

118. गेहूं के अधिकतम उत्पादन वाला राज्य है—
(a) पंजाब (b) हरियाणा
(c) उत्तर प्रदेश (d) मध्य प्रदेश

119. उत्तर प्रदेश में प्रथम दुग्ध सहकारी समिति की स्थापना हुई—
(a) सहारनपुर में (b) वाराणसी में
(c) लखनऊ में (d) इलाहाबाद में

120. उत्तर प्रदेश के प्रथम मुख्यमंत्री थे—
(a) चौधरी चरण सिंह (b) श्री चंद्रभान गुप्त
(c) पं. गोविंद बल्लभ पंत (d) डॉ. संपूर्णानंद

121. आंवले का सर्वाधिक उत्पादन करनेवाला जिला है—
(a) जौनपुर (b) प्रतापगढ़
(c) रायबरेली (d) सुल्तानपुर

122. उ.प्र. की प्रमुख वाणिज्य फसल है—
(a) कपास (b) जूट
(c) गन्ना (d) तिलहन

123. प्रदेश में अवनालिका अपरदन से सबसे अधिक प्रभावित जिला कौन है ?
(a) मेरठ (b) गोरखपुर
(c) इटावा (d) फर्रुखाबाद

124. उत्तर प्रदेश की प्रमुख फसल है—
(a) मक्का (b) गेहूं
(c) धान (d) गन्ना

125. उत्तर प्रदेश में किस उत्पादन का सबसे बड़ा उत्पादन नहीं है ?
(a) गेहूं का (b) आलू का
(c) गन्ने का (d) फलों का

126. भारत में उत्तर प्रदेश जिनके उत्पादन में प्रथम स्थान रखता है, वे हैं—
(a) चावल-गेहूं (b) गेहूं-गन्ना
(c) चावल-गन्ना (d) गेहूं-दलहन

127. निम्नलिखित में से किस फसल के उत्पादन में उत्तर प्रदेश देश में प्रथम स्थान पर नहीं है ?
(a) गेहूं (b) दूध
(c) आंवला (d) चावल

128. उस जनपद को चिह्नित कीजिए, जिसमें जानवरों के लिए पॉली क्लिनिक नहीं है—
(a) लखनऊ (b) झांसी
(c) मुजफ्फरनगर (d) गोरखपुर

129. उत्तर प्रदेश में खरीफ फसल की बुआई होती है—
(a) जनवरी-फरवरी के दौरान
(b) अप्रैल-मई के दौरान
(c) जून-जुलाई के दौरान
(d) अक्तूबर-दिसंबर के दौरान

130. भारत में उत्तर प्रदेश जिस पैदावार का सबसे बड़ा उत्पादन है, वह—
(a) खाद्यान्न (b) तिलहन
(c) दलहन (d) मसाले

131. उत्तर प्रदेश अग्रणी उत्पादक है—
(a) गेहूं, गन्ना, आलू का
(b) गेहूं, आलू, मूंगफली का
(c) आलू, गन्ना, चावल का
(d) गन्ना, कपास, आलू का

132. निम्न में से कौन-सा फसल चक्र पूर्वी उत्तर प्रदेश के लिए सर्वाधिक उपयुक्त है ?
(a) धान-मक्का गेहूं (b) मक्का-आलू-गेहूं
(c) मक्का-तोरिया गेहूं (d) कपास-गेहूं-मूंग

133. उत्तर प्रदेश में किसान मित्र योजना कब शुरू की गई ?
(a) 18 जून, 2004 से (b) 18 जून, 2003 से
(c) 18 जून, 2002 से (d) 18 जून, 2001 से

134. निम्न में से किस फसल का उत्तर प्रदेश, भारत में सर्वप्रमुख उत्पादक है ?
(a) चना (b) ज्वार
(c) मक्का (d) गेहूं

135. भारत वर्ष में प्रथम कृषि विश्वविद्यालय की स्थापना की गई थी—
(a) जबलपुर में (b) कानपुर में
(c) फैजाबाद में (d) पंतनगर में

136. लाल मिट्टियां पाई जाती हैं—
(a) आगरा-मथुरा (b) एटा-मैनपुरी में
(c) सीतापुर-बाराबंकी (d) मिर्जापुर-झांसी में

137. प्रदेश में वायु मृदा अपरदन से सर्वाधिक प्रभावित क्षेत्र हैं—
(a) पश्चिमी क्षेत्र (b) पूर्वी क्षेत्र
(c) उत्तरी क्षेत्र (d) दक्षिणी क्षेत्र

138. उत्तर प्रदेश में उगाई गई निम्न फसलों में से किसकी अवधि न्यूनतम है ?
(a) चना (b) मसूर
(c) अरहर (d) मूंग

139. प्रदेश को कुल कितने पारिस्थितिकीय क्षेत्रों में बांटा गया है ?
(a) 28 (b) 25
(c) 20 (d) 16

140. भारत में उत्तर प्रदेश अग्रणी उत्पादक है—
(a) दूध का (b) चावल का
(c) केले का (d) दालों का

141. उ.प्र. की सबसे महत्वपूर्ण नकदी फसल है—

(a) आलू (b) गन्ना
(c) गेहूं (d) दलहन

142. कृषि श्रम उत्पादकता सर्वाधिक है—

(a) पूर्वी उ.प्र. में (b) बुंदेलखंड
(c) मध्य उ.प्र. में (d) पश्चिमी उ.प्र. में

143. उ.प्र. में सीमांत कृषक किन्हें कहा गया है?

(a) 1 एकड़ से कम भूमिवालों को
(b) 1 हेक्टेयर से कम भूमिवालों को
(c) 2 हेक्टेयर से कम भूमिवालों को
(d) 2.5 हेक्टेयर से कम भूमिवालों को

144. उत्तर प्रदेश के विक्रय अधिशेष अधिकतम हैं—

(a) गेहूं (b) धान
(c) चना (d) सरसो

145. निम्न में से कौन-सा युग्म सुमेलित नहीं है—

(a) तेल शोधनशाला-मथुरा
(b) उर्वरक संयंत्र-लखनऊ
(c) कालीन उद्योग-भदोही
(d) एल्यूमिनियम उत्पादन-सोनभद्र

146. निम्नलिखित युग्मों में से कौन-सा सुमेलित नहीं है?

(a) नोएडा-सॉफ्टवेयर एवं आई.टी. उद्योग
(b) सीतापुर - प्लाईवुड उद्योग
(c) गोरखपुर - खेलकूद के सामान बनाने का उद्योग
(d) वाराणसी - रेशम उद्योग

147. गीडा है—

(a) गाजियाबाद औद्योगिक विकास प्राधिकरण
(b) गोरखपुर औद्योगिक विकास प्राधिकरण
(c) गोमती औद्योगिक विकास प्राधिकरण
(d) गंगा औद्योगिक विकास प्राधिकरण

148. सूची I को सूची II से सुमेलित कीजिए तथा सही कूट का चयन करें—

सूची I	सूची II
A. चुर्क	1. ताला
B. फिरोजाबाद	2. खेल का सामान
C. अलीगढ़	3. सीमेंट
D. मेरठ	4. चूड़ियां

कूट :

	A	B	C	D
(a)	1	2	3	4
(b)	2	1	3	4
(c)	3	4	1	2
(d)	3	2	1	4

149. उत्तर प्रदेश खादी ग्रामोद्योग बोर्ड की स्थापना हुई थी—

(a) 1950 में (b) 1960 में
(c) 1965 में (d) 1970 में

150. सूची I को सूची II से सुमेलित कीजिए तथा सही कूट का चयन करें—

सूची I	सूची II
A. लकड़ी के खिलौने	1. मेरठ
B. खेल का सामान	2. बरेली
C. पीपल की मूर्तियां	3. वाराणसी
D. दियासलाई	4. मथुरा

कूट :

	A	B	C	D
(a)	1	4	3	2
(b)	3	2	1	4
(c)	2	1	4	3
(d)	3	1	4	2

151. निम्न में कौन गलत युग्म है?

(a) कानपुर - चमड़ा (b) मेरठ - चीनी
(c) वाराणसी-बांस (d) सहारनपुर-कागज

152. उत्तर प्रदेश में चमड़ा उद्योग के प्रमुख केंद्र हैं—

(a) आगरा, कानपुर (b) आगरा, इलाहाबाद
(c) कानपुर, इलाहाबाद (d) कानपुर, मेरठ

153. उत्तर प्रदेश औद्योगिक विकास निगम स्थापित है—

(a) कानपुर में (b) लखनऊ में
(c) आगरा में (d) नोएडा में

154. हिंडाल्को स्थापित है—

(a) मोदीनगर में (b) रॉबर्ट्सगंज में
(c) रेनकूट में (d) नोएडा में

155. 1903 में भारतवर्ष की प्रथम चीनी मिल स्थापित की गई—

(a) प्रतापगढ़ में (b) प्रतापपुर में
(c) मवाना में (d) बलरामपुर में

156. निम्न में से किसके उत्पादन का केंद्र मेरठ है—

(a) जूते-चप्पल के (b) खेल के सामान के
(c) मिट्टी के बरतन के (d) रबड़ उत्पाद के

157. प्रदेश में 'रेलवे कोच फैक्टरी' स्थापित की गई है—

(a) रायबरेली में (b) नोएडा में
(c) कानपुर में (d) अमेठी में

158. सूची I को सूची II से सुमेलित कीजिए तथा सही कूट का चयन करें—

सूची I (औद्योगिक केंद्र)	सूची II (प्रमुख उद्योग)
A. आगरा	1. चमड़े का सामान
B. कानपुर	2. खेलकूद का सामान

C. मेरठ — 3. धातुपात्र
D. मुरादाबाद — 4. पर्यटन

कूट :

	A	B	C	D
(a)	1	4	2	3
(b)	4	1	2	3
(c)	4	3	1	2
(d)	3	1	4	2

159. सूची I को सूची II से सुमेलित कीजिए तथा सही कूट का चयन करें—

सूची I (पारंपरिक कला/शिल्प)	सूची II (संबद्ध स्थान)
A. मिट्टी के बरतन	1. बरेली
B. काष्ठ नक्कासी	2. खुर्जा
C. काष्ठ पादुका (खड़ाऊं)	3. पीलीभीत
D. जरी	4. सहारनपुर

कूट :

	A	B	C	D
(a)	4	3	2	1
(b)	1	4	2	3
(c)	2	1	3	4
(d)	2	4	3	1

160. जिसके लिए चुनार प्रसिद्ध है, वह है—
(a) कांच उद्योग (b) सीमेंट उद्योग
(c) बीड़ी उद्योग (d) इनमें से कोई नहीं

161. देश की तीसरी रेल फैक्टरी स्थापित है—
(a) अमेठी में (b) राय बरेली में
(c) चंपारण में (d) कपूरथला में

162. रोजगार की दृष्टि से उत्तर प्रदेश का सबसे बड़ा उद्योग है—
(a) सूती मिल (b) हथकरघा
(c) चमड़ा (d) सीमेंट

163. प्रदेश के निम्न उद्योगों को उनके सही केंद्र से मिलाएं—

A. आंवला — 1. पॉली फाइबर
B. मोदीनगर — 2. उर्वरक
C. बाराबंकी — 3. रबर
D. कानपुर — 4. विस्फोटक

कूट :

	A	B	C	D
(a)	1	2	3	4
(b)	2	3	1	4
(c)	3	2	4	1
(d)	4	3	2	1

164. निम्न में से किस उद्योग हेतु फर्रुखाबाद जाना जाता है?
(a) कालीन उद्योग (b) छपाई फार्मा उद्योग
(c) इत्र निर्माण उद्योग (d) कांच उद्योग

165. रेणुकूट में हिडालकों की स्थिति का मुख्य कारण है, इसकी निकटता—
(a) सस्ते श्रम से (b) कच्चे माल से
(c) बाजार से (d) शक्ति स्रोत से

166. सूची I को सूची II से सुमेलित कीजिए तथा सही कूट का चयन करें—

सूची I	सूची II
A. फिरोजाबाद	1. चर्म माल
B. कानपुर	2. चूड़िया
C. नजीबाबाद	3. कागज
D. सहारनपुर	4. प्लाईवुड

कूट :

	A	B	C	D
(a)	2	1	4	3
(b)	2	1	3	4
(c)	1	2	4	3
(d)	4	2	1	3

167. उत्तर प्रदेश में दियासलाई उद्योग का प्रमुख केंद्र है—
(a) बरेली (b) मुरादाबाद
(c) सहारनपुर (d) मिर्जापुर

168. फिरोजाबाद किसके लिए प्रसिद्ध है?
(a) चूड़ियां (b) ताले
(c) तंबाकू (d) जूते

169. दादरी, चुनार, चुर्क, डल्ला सभी में कारखाने हैं, जो उत्पादित करती हैं?
(a) सीमेंट (b) चीनी
(c) कागज (d) उर्वरक

170. सही कूट का चयन करें—

A. रेणुकूट — 1. खेल सामान
B. ऋषिकेश — 2. एंटीबाथेटिक प्लांट
C. मेरठ — 3. ताले
D. अलीगढ़ — 4. एल्युमीनियम उद्योग

कूट :

	A	B	C	D
(a)	4	2	3	1
(b)	2	4	1	3
(c)	4	2	1	3
(d)	2	4	3	1

171. उत्तर प्रदेश में प्रथम निर्यात संवर्धन औद्योगिक पार्क स्थापित किया गया था—

(a) नोएडा में (b) वृहत् नोएडा में
(c) आगरा में (d) मुरादाबाद में

172. निम्नलिखित में से कौन सुमेलित नहीं है ?

(a) डीजल लोकोमोटिव कारखाना - वाराणसी
(b) इंडियन टेलीफोन इंडस्ट्री - नैनी
(c) मॉडर्न बेकरी - लखनऊ
(d) तेल शोधक संयंत्र-मथुरा

173. रेणुकूट जाना जाता है—

(a) ताप बिजलीघर हेतु
(b) इस्पात उद्योग हेतु
(c) एल्युमिनियम उद्योग हेतु
(d) सीमेंट उद्योग हेतु

174. सूची I को सूची II से सुमेलित कीजिए तथा सही कूट का चयन करें—

सूची I	सूची II
A. टेरा कोटा	1. चिनहट
B. लकड़ी के खिलौने	2. गोरखपुर
C. चीनी मिट्टी के बरतन	3. फिरोजाबाद
D. कांच का सामान	4. वाराणसी

कूट :

	A	B	C	D
(a)	2	4	1	3
(b)	1	2	3	4
(c)	4	3	2	1
(d)	1	3	4	2

175. उत्तर प्रदेश में लघु एवं मध्यम उपक्रमों को, जिसके द्वारा दीर्घकालीन ऋण उपलब्ध कराया जाता है—

(a) उत्तर प्रदेश लघु उद्योग निगम
(b) उत्तर प्रदेश औद्योगिक विकास निगम
(c) उत्तर प्रदेश वित्तीय निगम
(d) उपरोक्त सभी

176. कथन

1. तीसरी रेल कोच फैक्टरी अमेठी में स्थापित की जा रही है।
2. फिरोजाबाद पॉटरी उद्योग के लिए प्रसिद्ध है।
3. पॉलिएस्टर रेशा फैक्टरी, बाराबंकी में स्थापित है।
4. अलीगढ़ में ताला उद्योग है।

कूट :

(a) केवल 1 तथा 2 सही है।
(b) केवल 2 तथा 3 सही है।
(c) केवल 3 तथा 4 सही है।
(d) उपर्युक्त में से कोई सही नहीं है।

177. सूची I को सूची II से सुमेलित कीजिए तथा सही कूट का चयन करें—

सूची I	सूची II
A. इंडि. टेली. इंडस्ट्रीज	1. कानपुर
B. ट्रांसफॉर्मर फैक्टरी	2. रायबरेली
C. कृत्रिम अंग निर्माण निगम	3. झांसी
D. उर्वरक कारखाना	4. फूलपुर

कूट :

	A	B	C	D
(a)	2	3	4	1
(b)	4	3	1	2
(c)	2	3	1	4
(d)	4	2	1	3

178. उत्तर प्रदेश ने उच्चतम औद्योगिक वृद्धि दर अंकित की—

(a) 5वीं योजना में
(b) 6वीं योजना में
(c) 10वीं योजना में
(d) 11वीं योजना में

179. निम्न में कौन सुमेलित नहीं है—

(a) डीजल लोकोमोटिव वर्क, वाराणसी
(b) इंडियन टेलीफोन इंडस्ट्रीज: रायबरेली
(c) भारत इलेक्ट्रॉनिक्स लि.: नोएडा
(d) तेल शोधक संयंत्र—मथुरा

180. उत्तर प्रदेश में विशिष्ट आर्थिक जोन स्थापित किए गए हैं—

(a) आगरा, कानपुर और नोएडा में
(b) आगरा, कानपुर और ग्रेटर नोएडा में
(c) मेरठ, मुरादाबाद, कानपुर और नोएडा में
(d) मुरादाबाद, कानपुर, नोएडा और ग्रेटर नोएडा में

181. सूची I को सूची II से सुमेलित कीजिए तथा सही कूट का चयन करें—

सूची I (उद्योग)	सूची II (स्थान)
A. सीमेंट	1. सहारनपुर
B. कागज	2. बरेली
C. इलेक्ट्रॉनिक	3. चुर्क
D. फर्नीचर	4. कानपुर

कूट :

	A	B	C	D
(a)	3	1	4	2
(b)	1	2	3	4
(c)	1	3	2	4
(d)	4	3	2	1

182. निम्न में से कौन-सा प्रदेश का पारंपरिक उद्योग नहीं है ?

(a) चीनी (b) उर्वरक
(c) सीमेंट (d) सूती वस्त्र

183. उत्तर प्रदेश सरकार की आय का सबसे बड़ा भाग आता है—

(a) केंद्रीय एक्साइज ड्यूटी के हिस्से से
(b) भूमि राजस्व से
(c) व्यापार कर से
(d) पंजीकरण शुल्क से

184. उत्तर प्रदेश में नकारात्मक औद्योगिक विकास दर रही—

(a) चौथी योजना में
(b) छठी योजना में
(c) नौवीं योजना में
(d) ग्यारहवीं योजना में

185. प्रदेश के कुल कर्मकारों में से सर्वाधिक प्रतिशत कर्मकार नियोजित हैं—

(a) कृषि क्षेत्र में (b) उद्योग क्षेत्र में
(c) सेवा क्षेत्र में (d) उद्योग एवं सेवा क्षेत्र में

186. उत्तर प्रदेश में मूल्य वर्धित कर (VAT) लागू हुआ—

(a) 1 अप्रैल, 2007 से
(b) 1 जनवरी, 2008 से
(c) 1 जनवरी, 2009 से
(d) 1 अप्रैल, 2008 से

187. उत्तर प्रदेश की ग्यारहवीं योजना में औद्योगिक विकास की जो दर निश्चित की गई है, वह है—

(a) 18 प्रतिशत (b) 8.5 प्रतिशत
(c) 10 प्रतिशत (d) 10.5 प्रतिशत

188. प्रदेश के निम्न जिलों में से किसमें गरीबी रेखा से नीचे सबसे कम परिवार पाए जाते हैं ?

(a) बागपत (b) मेरठ
(c) गाजियाबाद (d) लखनऊ

189. उत्तर प्रदेश की 10वीं पंचवर्षीय योजना में किसको सर्वोच्च प्राथमिकता दी गई थी—

(a) उद्योग (b) कृषि
(c) ऊर्जा (d) संचार

190. राष्ट्रीय सम विकास योजना में निम्न में कौन जिला सम्मिलित नहीं है ?

(a) मिर्जापुर (b) सोनभद्र
(c) सीतापुर (d) उन्नाव

191. बुंदेलखंड आर्थिक क्षेत्र में जनपदों की संख्या है—

(a) 7 (b) 5
(c) 8 (d) 6

192. वर्ष 2004-05 में उत्तर प्रदेश के कुल कर उपागम में अप्रत्यक्ष करों का योगदान था, लगभग—

(a) 74% (b) 76%
(c) 78% (d) 80%

193. उत्तर प्रदेश सांस्कृतिक केंद्र स्थित है—

(a) इलाहाबाद में (b) आगरा में
(c) लखनऊ (d) वाराणसी में

194. उत्तर प्रदेश का मुख्य लोकनृत्य—

(a) धोबिया (b) राई
(c) शायरा (d) उपर्युक्त सभी

195. सुमेलित कर सही उत्तर चुनें—

A.	**भातखंडे संगीत संस्थान**	**1. 1926**
B.	**राज्य ललित कला अकादमी**	**2. 1962**
C.	**उत्तर प्रदेश संगीत नाटक अकादमी**	**3. 1963**
D.	**भारतेन्दु नाट्य अकादमी**	**4. 1975**

कूट :

	A	B	C	D
(a)	1	2	3	4
(b)	2	3	4	1
(c)	4	3	2	1
(d)	3	2	1	4

196. संगीत शिक्षा प्रदान करने हेतु उत्तर प्रदेश में स्थापित प्रथम संगीत महाविद्यालय है—

(a) प्रयाग संगीत समिति, इलाहाबाद
(b) भारत कला भवन, वाराणसी
(c) भारतखंडे हिंदुस्तानी संगीत महाविद्यालय, लखनऊ
(d) उपरोक्त में से कोई नहीं

197. कौन-सा शास्त्रीय नृत्य उत्तर प्रदेश से संबद्ध है ?

(a) कथक (b) भरतनाट्यम
(c) ओडिसी (d) कुचिपुड़ी

198. शाकुंभरी देवी मेले का आयोजन किया जाता है—

(a) वाराणसी में (b) विंध्याचल में
(c) मेरठ (d) सहारनपुर

199. बहराइच, सुल्तानपुर, रायबरेली किस बोली के क्षेत्र हैं ?

(a) छत्तीसगढ़ी (b) बघेली
(c) ब्रजभाषा (d) अवधी

200. निम्न में कौन-सा युग्म सुमेलित नहीं है—

(a) बिरजू महाराज-कत्थक
(b) आल्हा-महोबा
(c) अमजद अली खां-सरोद
(d) बिरहा-कन्नौज

उत्तरमाला

1. (b)	**2**. (c)	**3**. (c)	**4**. (d)	**5**. (c)	**6**. (d)	**7**. (a)	**8**. (b)	**9**. (d)	**10**. (c)
11. (b)	**12**. (b)	**13**. (a)	**14**. (d)	**15**. (c)	**16**. (a)	**17**. (c)	**18**. (a)	**19**. (a)	**20**. (c)
21. (c)	**22**. (d)	**23**. (d)	**24**. (a)	**25**. (d)	**26**. (a)	**27**. (b)	**28**. (d)	**29**. (b)	**30**. (b)
31. (c)	**32**. (d)	**33**. (b)	**34**. (c)	**35**. (d)	**36**. (d)	**37**. (a)	**38**. (a)	**39**. (d)	**40**. (b)
41. (a)	**42**. (d)	**43**. (b)	**44**. (d)	**45**. (d)	**46**. (b)	**47**. (c)	**48**. (b)	**49**. (b)	**50**. (d)
51. (d)	**52**. (a)	**53**. (d)	**54**. (c)	**55**. (b)	**56**. (d)	**57**. (d)	**58**. (a)	**59**. (c)	**60**. (c)
61. (d)	**62**. (b)	**63**. (d)	**64**. (a)	**65**. (b)	**66**. (d)	**67**. (a)	**68**. (a)	**69**. (d)	**70**. (b)
71. (b)	**72**. (c)	**73**. (d)	**74**. (a)	**75**. (c)	**76**. (c)	**77**. (b)	**78**. (b)	**79**. (c)	**80**. (a)
81. (d)	**82**. (a)	**83**. (d)	**84**. (b)	**85**. (a)	**86**. (b)	**87**. (a)	**88**. (c)	**89**. (b)	**90**. (c)
91. (c)	**92**. (d)	**93**. (c)	**94**. (d)	**95**. (c)	**96**. (a)	**97**. (a)	**98**. (b)	**99**. (b)	**100**. (d)
101. (a)	**102**. (c)	**103**. (a)	**104**. (c)	**105**. (a)	**106**. (a)	**107**. (d)	**108**. (b)	**109**. (d)	**110**. (d)
111. (c)	**112**. (a)	**113**. (d)	**114**. (c)	**115**. (b)	**116**. (c)	**117**. (d)	**118**. (c)	**119**. (c)	**120**. (c)
121. (b)	**122**. (c)	**123**. (c)	**124**. (b)	**125**. (d)	**126**. (b)	**127**. (d)	**128**. (b)	**129**. (c)	**130**. (a)
131. (a)	**132**. (a)	**133**. (d)	**134**. (d)	**135**. (d)	**136**. (d)	**137**. (a)	**138**. (d)	**139**. (c)	**140**. (a)
141. (b)	**142**. (d)	**143**. (b)	**144**. (a)	**145**. (b)	**146**. (c)	**147**. (b)	**148**. (c)	**149**. (b)	**150**. (d)
151. (c)	**152**. (a)	**153**. (a)	**154**. (c)	**155**. (b)	**156**. (b)	**157**. (a)	**158**. (b)	**159**. (c)	**160**. (b)
161. (b)	**162**. (b)	**163**. (b)	**164**. (b)	**165**. (b)	**166**. (a)	**167**. (a)	**168**. (a)	**169**. (a)	**170**. (c)
171. (c)	**172**. (c)	**173**. (c)	**174**. (a)	**175**. (c)	**176**. (c)	**177**. (c)	**178**. (b)	**179**. (c)	**180**. (a)
181. (a)	**182**. (b)	**183**. (c)	**184**. (c)	**185**. (a)	**186**. (c)	**187**. (d)	**188**. (a)	**189**. (b)	**190**. (a)
191. (a)	**192**. (b)	**193**. (a)	**194**. (d)	**195**. (a)	**196**. (c)	**197**. (a)	**198**. (d)	**199**. (d)	**200**. (d)

अभ्यास प्रश्न- 4

1. मिर्जापुर प्रसिद्ध है—
(a) कजरी के लिए (b) चरकुला नृत्य के लिए
(c) पंवारा के लिए (d) नकटा के लिए

2. चित्रकला की मुगल शैली का आरंभ किया था—
(a) अकबर ने (b) हुमायूं ने
(c) जहांगीर ने (d) शाहजहां ने

3. सूची I को सूची II से सुमेलित कर सही उत्तर चुनें—

मेला/त्यौहार	आयोजन स्थल
A. पशु मेला	1. इलाहाबाद
B. ध्रुपद मेला	2. अंबेडकर नगर
C. गोविंद साहब मेला	3. बटेश्वर
D. माघ मेला	4. वाराणसी

कूट :

	A	B	C	D
(a)	3	4	2	1
(b)	2	4	3	1
(c)	3	1	4	2
(c)	1	3	2	4

4. निम्नलिखित में से कौन सुमेलित नहीं है ?
(a) आल्हा-बुंदेलखंड (b) बिरहा-पूर्वांचल
(c) चैती-रुहेलखंड (d) कजरी-अवध

5. निम्नलिखित में से कौन-सा उत्तर प्रदेश का लोक नृत्य नहीं है ?
(a) चरकुला (b) धुरिया
(c) करमा (d) मुरिया

6. लट्ठमार होली मनाई जाती है—
(a) बरसाना में (b) वृंदावन में
(c) मथुरा में (d) गोकुल में

7. सैयद सालार मेला कहां लगता है ?
(a) बहराइच में (b) फतेहपुर सीकरी में
(c) बाराबंकी में (d) गोंडा में

8. ठुमरी गायिका गिरिजा देवी का संबंध है—
(a) आगरा घराने से
(b) बनारस घराने से
(c) किराना घराने से
(d) लखनऊ घराने से

9. निम्न में कौन-सा लोक संगीत दिए गए स्थानों में सुमेलित नहीं है ?
(a) कजरी-बनारस (b) बिरहा-कानपुर
(c) होली-ब्रज (d) नौटंकी-हाथरस

10. चरकुला प्रमुख लोक नृत्य है—
(a) बुंदेलखंड का (b) ब्रज भूमि का
(c) अवध का (d) पूर्वांचल का

11. निम्नलिखित में से इन्हें चिह्नित कीजिए जो कथक नृत्य से संबद्ध नहीं है—
(a) बिंदादिन (b) शंभू महाराज
(c) लच्छू महाराज (d) ध्रुवतारा जोशी

12. निम्न में कौन सुमेलित नहीं है ?
(a) कर्मा-महोबा (b) धुरिया-बुंदेलखंड
(c) धीवर-कहार (d) नवटरी-पूर्वांचल

13. उत्तर प्रदेश की ऐतिहासिक, पुरातात्विक एवं कलात्मक निधि की देख-रेख करने के लिए स्थापित संस्कृति विभाग के कार्यों में कौन-सा कार्य सम्मिलित नहीं है ?
(a) उसका संरक्षण तथा प्रदर्शन
(b) उसका प्रकाशन
(c) उसका अभिलेखीकरण
(d) उसकी बिक्री

14. लोक नृत्य 'राहुला' का संबंध यू.पी. के निम्न में किस एक क्षेत्र में है ?
(a) पूर्वी क्षेत्र (b) पश्चिमी क्षेत्र
(c) मध्य क्षेत्र से (d) बुंदेलखंड क्षेत्र से

15. हरिदास जयंती प्रतिवर्ष मनाई जाती है ?
(a) मथुरा में (b) वाराणसी में
(c) वृंदावन में (d) झांसी में

16. सूची-1 और सूची-2 को सुमेलित कीजिए। सही उत्तर का चयन सूची के नीचे दिए गए कूट से कीजिए—

सूची-1 (मेले)	सूची-2 (आयोजन स्थान)
A. बटेश्वर	1. बाराबंकी
B. देवा	2. मेरठ
C. हरिदास जयंती	3. आगरा
D. नौचंदी	4. वृंदावन

कूट :

	A	B	C	D
(a)	3	2	1	4
(b)	2	1	4	3
(c)	1	4	2	3
(d)	3	1	4	2

17. निम्नलिखित में से कौन-सा उत्तर प्रदेश का लोकगीत नहीं है?

(a) बिरहा (b) ढोला मारू
(c) कजरी (d) रसिया

18. भातखंडे संगीत संस्थान लखनऊ डीम्ड विश्वविद्यालय बना—

(a) 1998 में (b) 2001 में
(c) 2003 में (d) 2004 में

19. धुरिया लोकनृत्य है—

(a) अवध का (b) बुंदेलखंड का
(c) पूवा5चल का (d) रुहेलखंड का

20. सुविख्यात चित्र सत्यम् शिवम् सुंदरम् की रचना की थी—

(a) महेंद्रनाथ सिंह ने (b) नंद किशोर शर्मा ने
(c) शिवनंदन नौटियाल ने (d) विश्वनाथ मेहता ने

21. हिंदू-मुस्लिम एकता प्रतीक 'सुलह कुल' उत्सव उत्तर प्रदेश में आयोजित किया जाता है—

(a) मेरठ में (b) अलीगढ़ में
(c) लखनऊ में (d) आगरा में

22. निम्नलिखित में से किसने लखनऊ के सांस्कृतिक क्रियाकलापों में योगदान नहीं दिया था?

(a) बिंदादीन (b) उस्ताद दूल्हे खां
(c) मेहंदी (d) इलियास खां

23. कार्तिक एक लोकनृत्य है—

(a) बुंदेलखंड का (b) अवध का
(c) पूवा5चल का (d) रुहेलखंड का

24. निम्न में से कौन कथक कलाकार नहीं है?

(a) बिरजू महाराज (b) किशन महाराज
(c) लच्छू महाराज (d) सितारा देवी

25. प्रसिद्ध शास्त्रीय कलाकार भीमसेन जोशी संबंधित हैं—

(a) बनारस घराने से (b) किराना घराने से
(c) लखनऊ घराने से (d) रामपुर घराने से

26. निम्न में से कौन-सा लोकनृत्य ब्रज क्षेत्र का है?

(a) छोलिया नृत्य (b) नटवरी नृत्य
(c) चरकुला नृत्य (d) जोगिनी नृत्य

27. तानसेन का मकबरा कहां है?

(a) आगरा में (b) ग्वालियर में
(c) झांसी में (d) जयपुर में

28. सूची-1 और सूची-2 को सुमेलित कीजिए तथा कूट से सही उत्तर चुनिए

सूची-1	सूची-2
A. गोविंद साहब	1. बहराइच
B. कैलाश मेला	2. सहारनपुर
C. सैयद सालार	3. अंबेडकर नगर
D. शाकुंभरी देवी	4. आगरा

कूट :

	A	B	C	D
(a)	2	3	1	4
(b)	3	4	1	2
(c)	3	1	4	2
(d)	1	4	2	3

29. निम्न में से सुमेलित नहीं है—

(a) आल्हा-महोबा (b) बिरहा-कन्नौज
(c) रसिया-बरसाना (d) कजरी-मिर्जापुर

30. सूची-1 को सूची-2 से सुमेलित कर सही कूट का चयन करें—

सूची-1	सूची-2
A. बिरहा	1. भोजपुर
B. कजरी	2. अवधी
C. मल्हार	3. ब्रजी
D. रसिया	4. कौरवी

कूट :

	A	B	C	D
(a)	2	1	4	3
(b)	4	2	3	1
(c)	3	1	2	4
(d)	1	2	4	3

31. 'करमा' किस क्षेत्र का लोकनृत्य है?

(a) सोनभद्र (b) महोबा
(c) मथुरा (d) खीरी

32. उत्तर प्रदेश में जैन एवं बौद्ध धर्म दोनों का प्रसिद्ध तीर्थ है—

(a) कौशांबी (b) सारनाथ
(c) देवीपाटन (d) कुशीनगर

33. निम्न में से कौन सुमेलित नहीं है?

(a) बिरजू महाराज - कत्थक
(b) बिस्मिल्ला खां - शहनाई

(c) जाकिर हुसैन - हारमोनियम
(d) अमजद अली खान-सरोद

34. संगीत शिक्षा हेतु उत्तर प्रदेश का प्रथम संगीत महाविद्यालय है—
(a) भारतेंदु नाट्य अकादमी
(b) भातखंडे हिंदुस्तान संगीत महाविद्यालय
(c) ललित कला अकादमी
(d) संगीत नाटक अकादमी

35. अमीर खुसरो ने किसके विकास में अग्रणी भूमिका निभाई ?
(a) ब्रजभाषा (b) अवधी
(c) खड़ी बोली (d) भोजपुरी

36. निम्न को सुमेलित करें—
A. उस्ताद विलायत खां — 1. सरोद
B. फिदाहुसैन नार्सी — 2. कत्थक
C. सितारा देवी — 3. हिंदी रंगमंच
D. जतिन भट्टाचार्य — 4. सितार

कूट :

	A	B	C	D
(a)	2	1	3	4
(b)	4	1	3	2
(c)	3	2	4	1
(d)	4	3	2	1

37. निम्न में से कौन-सा सबसे प्राचीन वाद्ययंत्र है ?
(a) सितार (b) तबला
(c) सरोद (d) वीणा

38. जनगणना 2011 के अनुसार राज्य में 'दसलाखी' नगरों की संख्या है ?
(a) 5 (b) 7
(c) 10 (d) 11

39. 2011 के अनुसार निम्न में सर्वाधिक जनघनत्व वाला जिला है—
(a) गाजियाबाद (b) वाराणसी
(c) कानपुर नगर (d) लखनऊ

40. 2011 के अनुसार प्रदेश में पुरुष साक्षरता दर है—
(a) 59.26 (b) 77.3
(c) 69.72 (d) 60.34

41. 2011 के अनुसार राज्य में शिशु लिंगानुपात है—
(a) 914 (b) 902
(c) 927 (d) 940

42. 2011 के अनुसार राज्य में महिला आबादी कुल आबादी का लगभग है—
(a) 48% (b) 50%
(c) 45% (d) 51%

43. जनगणना 2011 के अनुसार उत्तर प्रदेश का सर्वाधिक साक्षरता वाला जिला है—
(a) कानपुर (b) गाजियाबाद
(c) गौतमबुद्ध नगर (d) इटावा

44. निम्न में कौन जनसंख्या की दृष्टि से उत्तर प्रदेश का सबसे बड़ा जनपद है ?
(a) मुरादाबाद (b) लखनऊ
(c) इलाहाबाद (d) गाजियाबाद

45. 2011 के अनुसार प्रदेश के किस जिले में सबसे कम महिला साक्षरता है ?
(a) बलिया में (b) देवरिया में
(c) गोरखपुर में (d) रामपुर में

46. जनगणना 2011 के अनुसार सर्वाधिक साक्षरता वाला जिला है—
(a) गौतमबुद्ध नगर (b) गाजियाबाद
(c) कानपुर नगर (d) वाराणसी

47. जनगणना 2011 के अनुसार सबसे कम जनसंख्या वाला जिला है—
(a) चित्रकूट (b) हमीरपुर
(c) महोबा (d) श्रावस्ती

48. 2011 के अनुसार किस जिले में साक्षरता उच्चतम है ?
(a) गौतमबुद्ध नगर (b) गाजियाबाद
(c) कानपुर नगर (d) औरैया

49. 2011 के अनुसार निम्न में से क्या सही नहीं है ?
(a) यहां देश की जनसंख्या का 16.5 प्रतिशत निवास करता है।
(b) यहां देश के सर्वाधिक बच्चे पाए जाते हैं।
(c) इसकी दशकीय वृद्धि दर 17.7 प्रतिशत है।
(d) इसका लिंग अनुपात 912 है।

50. 2011 के अनुसार जनसंख्या के घटते क्रम में जिलों को व्यवस्थित कर सही कूट चुनें—
1. इलाहाबाद
2. गाजियाबाद
3. मुरादाबाद
4. लखनऊ

कूट :
(a) 1, 3, 2, 4 (b) 1, 4, 3, 2
(c) 2, 3, 1, 4 (d) 4, 1, 2, 3

51. 2011 के अनुसार कूट से सही उत्तर चुनिए—
1. क्षेत्रफल में यह देश का चौथा बड़ा राज्य है।
2. देश की जनसंख्या में इसका 16.5 प्रतिशत की योगदान है।
3. इसका यौन अनुपात राष्ट्रीय औसत से अधिक है।
4. इसकी साक्षरता दर राष्ट्रीय औसत से कम है।

कूट :
(a) 1 और 2 (b) 2 और 3
(c) 2 और 4 (d) 3 और 4

52. जनगणना 2011 के अनुसार सर्वाधिक साक्षरता वाले चार जिलों का सही अवरोही क्रम है—
(a) गौतमबुद्ध नगर, कानपुर नगर, औरैया, गाजियाबाद
(b) गौतमबुद्ध नगर, कानपुर नगर, औरैया, इटावा
(c) गाजियाबाद, गौतमबुद्ध नगर, औरैया, कानपुर नगर,
(d) गाजियाबाद, कानपुर नगर, औरैया, गौतमबुद्ध नगर

53. जनगणना 2011 के अनुसार निम्न कथनों में कौन-सा सही है ?
1. न्यूनतम साक्षरता दर वाला जिला श्रावस्ती है।
2. सर्वाधिक लिंग-अनुपात वाला जिला देवरिया है।
3. न्यूनतम जनघनत्व वाला जिला ललितपुर है।
4. नगर निगम क्षेत्र की जनसंख्या के आधार पर राज्य सर्वाधिक जनसंख्या वाला नगर कानपुर है।
सही का चयन करें—
(a) 1 व 2 (b) 1 व 3
(c) 2 व 4 (d) 3 व 4

54. 2011 के अनुसार उच्चतम साक्षरता है—
(a) गाजियाबाद (b) महोबा
(c) कानपुर नगर (d) वाराणसी

55. प्रदेश की जनसंख्या में सर्वाधिक दशकीय वृद्धि देखी गई—
(a) 1961-71 में (b) 1971-81 में
(c) 1991-2001 में (d) 1981-91 में

56. जनगणना 2001 के अनुसार निम्न में से कौन सर्वाधिक साक्षर हैं—
(a) बौद्ध (b) ईसाई
(c) जैन (d) सिख

57. उत्तर प्रदेश में अधिकतम क्षेत्रफल वाला जनपद है—
(a) सोनभद्र (b) लखीमपुर खोरी
(c) सीतापुर (d) हरदोई

58. 2011 के अनुसार जनसंख्या में किस धार्मिक समुदाय का उत्तर प्रदेश में तीसरा स्थान है—
(a) बौद्ध (b) ईसाई
(c) जैन (d) सिख

59. 2011 के अनुसार राज्य में 1000 बालकों पर बालिका शिशुओं की संख्या है—
(a) 912 (b) 902
(c) 916 (d) 899

60. 2001-11 की अवधि में प्रदेश में जनसंख्या वृद्धि दर रही—
(a) 20.46% (b) 17.69%
(c) 22.19% (d) 20.22%

61. उत्तर प्रदेश में लिंग अनुपात का विभेद सर्वाधिक रूप से घटा है—
(a) 1961 से 71 में
(b) 1971 से 1981 में
(c) 1981 से 91 में
(d) 1991 से 2001 में

62. प्रदेश में जनसंख्या की दशकीय वृद्धि दर अधिकतम थी—
(a) 1961 से 71 में (b) 1971 से 81 में
(c) 1981 से 91 में (d) 1991 से 2001 में

63. प्रदेश में किस जनजाति में दीपावली को शोक के रूप में मनाया जाता है ?
(a) थारू (b) सहरिया
(c) परहिया (d) वैगा

64. निम्न जनपदों में भोक्सा जनजाति कहां पाई जाती है ?
(a) बिजनौर और आगरा में
(b) बहराइच और लखीमपुर में
(c) मिर्जापुर और सोनभद्र में
(d) ललितपुर और जालौन में

65. प्रदेश में सर्वाधिक जनसंख्या वाली जनजाति—
(a) थारू (b) गोंड
(c) चेरो (d) खरवार

66. निम्नलिखित में से कौन-सी अनुसूचित जनजाति बिजनौर जिलें में निवास करती है ?
(a) बेगा (b) खरवार
(c) बोक्सा (d) थारू

67. भारत सरकार द्वारा प्रदेश की दस नई आदिवासी जातियों को अनुसूचित जनजातियों के रूप में सूचीबद्ध किया—
(a) 2004 में (b) 2003 में
(c) 2002 में (d) 2001 में

68. निम्न में से सुमेलित है ?
(a) भोटिया-बारांबकी (b) बुक्सा-बिजनौर
(c) राजी-गोरखपुर (d) थारू-बांदा

69. परहिया जनजाति निवास करती है—
(a) सोनभद्र में (b) बहराइच में
(c) पीलीभीत में (d) ललितपुर में

70. 'करमा' लोकनृत्य है—
(a) थारू (b) खरवार
(c) बुक्सा (d) वैगा

71. सर्वाधिक अनुसूचित जनजातियों के प्रतिशत वाला जिला कौन है ?
(a) मिर्ज़ापुर (b) सोनभद्र
(c) खीरी (d) बिजनौर

72. निम्नलिखित जनजातियों में से किसकी संख्या उत्तर प्रदेश में सर्वाधिक है ?
(a) बनरावत (b) थारू
(c) सहारिया (d) धुरिया

73. निम्न में से कौन-सी जनजाति सर्वाधिक जनसंख्या वाली है ?
(a) सहरिया (b) थारू
(c) अगारिया (d) खैरवार

74. निम्न में कौन सही सुमेलित है—

(a) खरवार— ललितपुर (b) भोक्सा— बिजनौर
(c) बैगा— बहराइच (d) थारू— बाराबंकी

75. करमा किस का लोक नृत्य है?

(a) थारू (b) खरवार
(c) बुक्सा (d) वैगा

76. निम्नलिखित में से कौन-सा उत्तर प्रदेश का सर्वोच्च खेल सम्मान है?

(a) लक्ष्मण पुरस्कार (b) रानी लक्ष्मीबाई पुरस्कार
(c) उपर्युक्त दोनों (d) इनमें से कोई नहीं

77. निम्नलिखित में से कौन-सी 'लक्ष्मण पुरस्कार' प्राप्त करने की अर्हता नहीं है?

(a) खिलाड़ी उत्तर प्रदेश का मूल निवासी
(b) खिलाड़ी कम-से-कम ग्रेजुएट होना चाहिए
(c) खिलाड़ी कम-से-कम तीन वर्ष तक प्रदेशीय टीम का सदस्य रहा हो
(d) उसका खेल उत्तम होना चाहिए

78. 'लक्ष्मण पुरस्कार' से पुरस्कृत निम्नलिखित में से कौन सा खिलाड़ी हॉकी से संबंधित नहीं है?

(a) अशोक कुमार सिंह (b) अवनीश कुमार यादव
(c) सैयद अली (d) नेहा सिंह

79. 'लक्ष्मण पुरस्कार' से पुरस्कृत निम्नलिखित में से कौन-सा खिलाड़ी बैडमिंटन से संबंधित नहीं है?

(a) सुशांत सक्सेना (b) मुरारीलाल मेहरोत्रा
(c) सुरेश गोयल (d) ज्ञानेंद्र पांडेय

80. 'लक्ष्मण पुरस्कार' तथा 'रानी लक्ष्मीबाई पुरस्कार' का वितरण सर्वप्रथम कब किया गया?

(a) वर्ष 1972 में (b) वर्ष 1974 में
(c) वर्ष 1976 में (d) वर्ष 1978 में

81. 'लक्ष्मण पुरस्कार' या 'रानी लक्ष्मीबाई पुरस्कार' इसे पुरस्कृत होने वाले खिलाड़ी को कितनी धनराशि पुरस्कार स्वरूप प्रदान की जाती है?

(a) 15 हजार रुपए (b) 20 हजार रुपए
(c) 25 हजार रुपए (d) 30 हजार रुपए

82. 'लक्ष्मण पुरस्कार' से पुरस्कृत आर.पी. सिंह निम्नलिखित में से किस खेल से संबंधित है?

(a) क्रिकेट (b) हॉकी
(c) फुटबॉल (d) बैडमिंटन

83. 'लक्ष्मण पुरस्कार' से पुरस्कृत निम्नलिखित में से कौन क्रिकेट से संबंधित नहीं है?

(a) राहुल सप्रू (b) ज्ञानेंद्र पांडेय
(c) आनंद शुक्ला (d) अभिन्न गुप्ता

84. 'मान्यवर कांशीराम अंतर्राष्ट्रीय खेल पुरस्कार' के अंतर्गत ओलंपिक खेलों की एकल प्रतिस्पर्धाओं में रजत पदक जीतनेवाले खिलाड़ी को कितने रुपए पुरस्कार में दिए जाते हैं?

(a) 10 लाख रुपए (b) 15 लाख रुपए
(c) 20 लाख रुपए (d) 25 लाख रुपए

85. 'मान्यवर कांशीराम अंतरराष्ट्रीय खेल पुरस्कार' की स्थापना कब की गई?

(a) 4 जून, 2005 को (b) 13 मार्च, 2006 को
(c) 25 सितंबर, 2007 को (d) 22 जनवरी, 2008 को

86. उत्तर प्रदेश का निम्नलिखित में से कौन-सा खिलाड़ी निशानेबाजी से संबंधित है?

(a) एस.एन यादव (b) मसूद वलीम
(c) अशोक कुमार (d) सुरेश गोयल

87. उत्तर प्रदेश का निम्नलिखित में से कौन-सा खिलाड़ी तैराकी से संबंधित है?

(a) एम.एल. मल्होत्रा (b) जमना लाल शमा5
(c) मुहम्मद वसी खान (d) एस.एन. यादव

88. उत्तर प्रदेश खेल निदेशालय की स्थापना किस वर्ष हुई थी?

(a) 1972 में (b) 1974 में
(c) 1976 में (d) 1978 में

89. स्पोर्ट्स कॉलेज, लखनऊ की स्थापना किस वर्ष हुई थी?

(a) 1972 में (b) 1975 में
(c) 1977 में (d) 1980 में

90. ग्रीन पार्क स्टेडियम कहां स्थित है?

(a) कानपुर (b) लखनऊ
(c) इलाहाबाद (d) वाराणसी

91. अशोक कुमार सिंह का संबंध है—

(a) क्रिकेट (b) हाकी
(c) कुश्ती (d) फुटबॉल

92. उत्तर प्रदेश में मुख्य रूप से खेल के सामान कहां बनते हैं?

(a) मेरठ, आगरा (b) इलाहाबाद, कानपुर
(c) गाजियाबाद, कानपुर (d) लखनऊ, बराबंकी

93. ग्रीन पार्क स्टेडियम किस खेल से संबंधित है?

(a) हॉकी (b) क्रिकेट
(c) फुटबॉल (d) लॉन टेनिस

94. उत्तर प्रदेश का राजकीय खेल क्या है?

(a) क्रिकेट (b) हॉकी
(c) बैडमिंटन (d) वॉलीबॉल

95. निम्नलिखित में से कौन-सी अकादमी अपनी विविध गतिविधियों में विद्वानों अथवा कलाकारों को पुरस्कृत एवं सम्मानित करने का कार्य करती है?

(a) उत्तर प्रदेश उर्दू अकादमी
(b) राज्य ललित कला अकादमी

(c) संगीत नाटक अकादमी
(d) ये सभी

96. उत्तर प्रदेश सरकार का पुलिस विभाग निम्नलिखित में से कौन-सा पुरस्कार प्रदान नहीं करता?
(a) पुलिस पदक एवं सम्मान
(b) पुलिस शौर्य पुरस्कार
(c) बहादुरी पुरस्कार
(d) इनमें से कोई नहीं

97. निम्नलिखित में से किस वर्ष 'विवेकानंद युवा पुरस्कार' की स्थापना की गई?
(a) 1985 में (b) 1987 में
(c) 1990 में (d). 1992 में

98. 'उत्तर प्रदेश सरकार द्वारा 'गुरु गोविंद सिंह राष्ट्रीय एकता पुरस्कार' कब प्रारंभ किया गया?
(a) वर्ष 1985 में (b) वर्ष 1998 में
(c) वर्ष 2001 में (d) वर्ष 2004 में

99. 'श्रीमती वेल्दी एच, फिशर पुरस्कार' की स्थापना कब की गई?
(a) सितंबर 2004 में (b) दिसंबर 2005 में
(c) मार्च 2001 में (d) अगस्त 2007 में

100. उत्तर प्रदेश संस्कृत संस्थान का पुरस्कार 'महर्षि वाल्मीकि सम्मान' से मई 2008 में निम्नलिखित में से किसे सम्मानित किया गया?
(a) विश्वनाथ शास्त्री दातार को
(b) प्रो. श्रीराम पांडेय को
(c) प्रो. सुषमा कुलश्रेष्ठ को
(d) प्रो. युगल किशोर मिश्र को

101. निम्नलिखित में से कौन-सा हिंदी संस्थान का पुरस्कार नहीं है?
(a) भारत भारती सम्मान (b) उत्तर प्रदेश साहित्य सम्मान
(c) महात्मा गांधी सम्मान (d) हिंदी गौरव सम्मान

102. निम्नलिखित में से कौन-सा हिंदी संस्थान का पुरस्कार नहीं है?
(a) विद्या भूषण सम्मान (b) विधि भूषण सम्मान
(c) कला भूषण सम्मान (d) सृजन भूषण सम्मान

103. भारत के नागरिक पुरस्कार 'भारत रत्न' से उत्तर प्रदेश के निम्नलिखित में से किसे सम्मानित किया गया है?
(a) उस्ताद बिस्मिल्लाह खां
(b) पं. किशन महाराज
(c) पं. विद्यानिवास मिश्र
(d) श्री रविशंकर

104. निम्नलिखित में से कौन पद्म भूषण से सम्मानित नहीं है?
(a) पं. विद्यानिवास मिश्र
(b) श्री अमृतलाल नागर
(c) डॉ. ईश्वरी प्रसाद
(d) श्री रघुनाथ शर्मा

105. उत्तर प्रदेश शासन का सर्वोच्च 'यश भारती सम्मान' निम्नलिखित में से किस वर्ष प्रारंभ किया गया?
(a) 1990 में (b) 1992 में
(c) 1994 में (d) 1996 में

106. 'यश भारती सम्मान' के अंतर्गत निम्नलिखित में से क्या प्रदान नहीं किया जाता है?
(a) शॉल (b) स्मृति-चिह्न
(c) उपहार सामग्री (d) 5 लाख रुपए की नगद धनराशि

107. 'वीरांगना महारानी अहिल्याबाई होल्कर स्मृति पुरस्कार' के अंतर्गत कितनी धनराशि प्रदान की जाती है?
(a) 1 लाख रुपए (b) 2 लाख रुपए
(c) 4 लाख रुपए (d) 6 लाख रुपए

108. 'विश्व भारती पुरस्कार' के अंतर्गत कितनी धनराशि प्रदान की जाती है?
(a) 1 लाख रुपए (b) 2 लाख रुपए
(c) 1 लाख 51 हजार रुपए (d) 4 लाख रुपए

109. निम्नलिखित में से कौन-सा उत्तर प्रदेश संस्कृत संस्थान का पुरस्कार नहीं है?
(a) पंडित पुरस्कार (b) व्यास सम्मान
(c) कालिदास (d) नारद सम्मान

110. 'भारत भारती सम्मान' के अंतर्गत कितनी धनराशि प्रदान की जाती है?
(a) 1 लाख रुपए (b) 2 लाख रुपए
(c) 2 लाख 51 हजार रुपए (d) 4 लाख रुपए

111. उत्तर प्रदेश कृषि अनुसंधान परिषद् स्थित है—
(a) गाजियाबाद (b) लखनऊ
(c) आगरा (d) कानपुर

112. भारतीय सब्जी शोध संस्थान स्थित है—
(a) वाराणसी में (b) लखनऊ
(c) मैसूर में (d) बंगलुरु में

113. भारत का दूसरा फोरेसिंक विश्वविद्यालय कहां स्थापित होना प्रस्तावित है—
(a) लखनऊ में (b) वाराणसी में
(c) आगरा में (d) रामपुर में

114. भारत वनस्पति शोध संस्थान अवस्थित है—
(a) कानपुर में (b) धामपुर में
(c) रामपुर में (d) लखनऊ में

115. उत्तर प्रदेश गन्ना अनुसंधान कौंसिल अवस्थित है—
(a) मेरठ में (b) कानपुर में
(c) लखनऊ में (d) शाहजहांपुर में

116. भारतीय घास एवं चारा अनुसंधान संस्थान स्थित है—
(a) बीकानेर में (b) जबलपुर में
(c) भोपाल में (d) झांसी में

117. केंद्रीय ग्लास एवं सिरैमिक अनुसंधान संस्थान स्थित है—
(a) आगरा में (b) कानपुर में
(c) फरोजाबाद में (d) खुर्जा में

118. डॉ. अंबेडकर इंस्टीट्यूट ऑफ टेक्नोलॉजी फॉर हैंडीकैप्ड अवस्थित है—
(a) आगरा में (b) इलाहाबाद में
(c) कानपुर में (d) लखनऊ में

119. स्कूल ऑफ पेपर टेक्नोलॉजी स्थित है—
(a) अलीगढ़ (b) गोरखपुर
(c) मुरादाबाद (d) सहारनपुर

120. भारतीय चारागाह एवं चारा अनुसंधान संस्थान स्थित है—
(a) बहराइच (b) रांची
(c) झांसी (d) पटना

121. निम्न में कौन सही सुमेलित नहीं है?
(a) बायो टेक पार्क-लखनऊ (b) ट्रोनिका सिटी-नोएडा
(c) प्लास्टिक सिटी-कानपुर (d) लेदर टेक पार्क-उन्नाव

122. निम्न में कौन-सा सही सुमेलित नहीं है?
(a) एग्रो पार्क- लखनऊ
(b) एपेरेल पार्क- नोएडा
(c) प्लास्टिक सिटी- कानपुर
(d) लेदर टेक्नोलॉजी- उन्नाव

123. भारतीय पशु चिकित्सा अनुसंधान संस्थान स्थित है—
(a) बरेली (b) कानपुर
(c) अलीगढ़ (d) झांसी

124. उत्तर प्रदेश कृषि अनुसंधान स्थित है—
(a) मेरठ (b) बुलंदशहर
(c) लखनऊ (d) गोरखपुर

125. केंद्रीय औषधीय एवं सुगंधित पौध अनुसंधान संस्थान स्थित है—
(a) चित्रकूट में (b) सहारनपुर में
(c) कानपुर में (d) लखनऊ में

126. आलू अनुसंधान केंद्र स्थित है—
(a) फर्रुखाबाद (b) मेरठ
(c) कानपुर (d) इलाहाबाद

127. भारतीय सागभाजी शोध संस्थान स्थित है—
(a) मुम्बई (b) जबलपुर
(c) वाराणसी (d) मऊ

128. भारतीय दलहन शोध संस्थान स्थित है—
(a) लखनऊ (b) इलाहाबाद
(c) कानपुर (d) आगरा

129. केंद्रीय उपोष्ण संस्थान स्थित है—
(a) झांसी (b) सहारनपुर
(c) लखनऊ (d) वाराणसी

130. नॉलेज पार्क की स्थापना की जा रही है—
(a) नोएडा (b) ग्रे. नोएडा
(c) लखनऊ (d) वाराणसी

131. उत्तर प्रदेश प्रथम सॉफ्टवेयर टेक्नोलॉजी पार्क है—
(a) इलाहाबाद (b) गौतमबुद्ध नगर
(c) लखनऊ (d) कानपुर

132. मोतीलाल नेहरू बाल संग्रहालय स्थित है—
(a) इलाहाबाद (b) वाराणसी
(c) कानपुर (d) लखनऊ

133. अति लोकप्रिय धार्मिक पत्रिका 'कल्याण' प्रकाशित होती है—
(a) मथुरा से (b) ऋषिकेश से
(c) गोरखपुर से (d) वाराणसी से

134. निम्न में से कौन-सा राज्य विश्वविद्यालय है—
(a) बी.एच.यू. वाराणसी
(b) इलाहाबाद विश्वविद्यालय
(c) डॉ. बी.आर. अंबेडकर विश्वविद्यालय, लखनऊ
(d) डॉ. राम मनोहर लोहिया राष्ट्रीय विधि विश्वविद्यालय, लखनऊ

135. उत्तर प्रदेश उर्दू अकादमी की स्थापना की गई थी—
(a) 1947 में (b) 1950 में
(c) 1962 में (d) 1972 में

136. निम्न में से कौन पहला केंद्रीय विश्वविद्यालय है?
(a) बी.एच.यू., वाराणसी
(b) अलीगढ़ विश्वविद्यालय
(c) डॉ. भीम राव अंबेडकर विश्वविद्यालय, लखनऊ
(d) इलाहाबाद विश्वविद्यालय

137. उत्तर प्रदेश में राज्य सरकार की कृषि विश्वविद्यालय की संख्या है—
(a) 2 (b) 3
(c) 4 (d) 5

138. उत्तर प्रदेश संस्कृत संस्थान की स्थापना हुई थी—
(a) 1950 में (b) 1955 में
(c) 1965 में (d) 1976 में

139. उत्तर प्रदेश में प्राथमिक शिक्षा के लिए 'स्कूल चलो अभियान' शुरू किया गया—
(a) 1999 में (b) 2000 में
(c) 2001 में (d) 2002 में

140. पूर्णरूपेण हिंदी भाषा का पहला समाचार पत्र 'उदंत मार्तंड' जो 1826 में कलकत्ता में कानपुर के संपादक के संपादकत्व में प्रकाशित हुआ था, इसके संपादक थे—
(a) पं. सदल मिश्र (b) पं. जुगल किशोर मिश्र
(c) भारतेंदु हरिश्चंद्र (d) महावीर प्रसाद द्विवेदी

141. प्रदेश में 'मिड-डे-मील' कार्यक्रम आरंभ किया गया—
(a) 1985 में (b) 1990 में
(c) 1997 में (d) 1995 में

142. कन्हैयालाल माणिकलाल केंद्रीय हिंदी संस्थान स्थित है—

(a) आगरा में (b) बरेली में
(c) गोरखपुर में (d) मेरठ में

143. सरदार वल्लभभाई पटेल कृषि विश्वविद्यालय अवस्थित है—

(a) कलकत्ता विश्वविद्यालय
(b) इलाहाबाद विश्वविद्यालय
(c) बनारस हिंदू विश्वविद्यालय
(d) अलीगढ़ मुरादाबाद विश्वविद्यालय

144. निम्नलिखित कथनों पर विचार कर कूट से सही उत्तर चुनिए—

कथन (A)—उत्तर प्रदेश 'शिक्षा-मित्र योजना' ग्रामीण युवा शक्ति को अपने ही ग्राम में शिक्षा द्वारा सेवा करने का अवसर उपलब्ध कराती है।

कारण (R)—मानकानुसार अध्यापक-छात्र अनुपात को बनाए रखना उसका उद्देश्य है।

(a) (A) और (R) दोनों सही है और (A) की सही व्याख्या (R) है।
(b) (A) और (R) दोनों सही है और (A) की सही व्याख्या (R) नहीं है।
(c) (A) सही है, किंतु (R) गलत हैं।
(d) (A) सही है, किंतु (R) सही हैं।

145. विद्या वाहिनी परियोजना निम्न में से किस पर बल देती है—

(a) कंप्यूटर शिक्षा पर (b) मूल्य शिक्षा पर
(c) पर्यावरणीय शिक्षा पर (d) कौशल विकास पर

146. उर्दू को राज्य की द्वितीय भाषा के रूप में स्वीकार किया गया?

(a) 1979 में (b) 1961 में
(c) 1989 में (d) 1969 में

147. कल्प योजना संबंधित है—

(a) प्राथमिक शिक्षा से (b) माध्यमिक शिक्षा से
(c) उच्च शिक्षा से (d) प्राविधिक शिक्षा से

148. प्रदेश में केंद्रीय कृषि विश्वविद्यालय की स्थापना की जा रही है—

(a) वाराणसी में (b) झांसी से
(c) बांदा से (d) बरेली से

149. भारतीय भाषाओं के रक्षा व विकास हेतु हिंदुस्तानी एकेडमी की स्थापना की गई है—

(a) आगरा में (b) वाराणसी में
(c) लखनऊ में (d) इलाहाबाद में

150. उत्तर प्रदेश में राजकीय मेडिकल कॉलेज की स्थापना की जा रही है—

(a) बिजनौर व सुल्तानपुर (b) बदायूं व जौनपुर
(c) बुलंदशहर व हरदोई (d) एटा व प्रतापगढ़

151. निम्न में से किस विश्वविद्यालय की स्थापना 1916 में हुई थी?

(a) कलकत्ता विश्वविद्यालय
(b) इलाहाबाद विश्वविद्यालय
(c) बनारस हिंदू विश्वविद्यालय
(d) अलीगढ़, मुरादाबाद विश्वविद्यालय

152. प्रथम विकलांग विश्वविद्यालय स्थापित किया गया है—

(a) लखनऊ में (b) चित्रकूट में
(c) कानपुर में (d) बांदा में

153. निजी क्षेत्र के उस विश्वविद्यालय को चिह्नित कीजिए, जो उसके सापेक्ष दिखाए गए स्थान को सुमेलित नहीं है?

(a) महर्षि सूचना प्रौद्योगिकी विश्वविद्यालय, लखनऊ
(b) एमिटी विश्वविद्यालय, गाजियाबाद
(c) जगदगुरू राम भद्राचार्य विकलांग, विश्वविद्यालय, चित्रकूट
(d) इंटीग्रल विश्वविद्यालय, लखनऊ

154. उत्तर प्रदेश में विश्व भारती पुरस्कार प्रदान किया जाता है—

(a) हिंदी संस्थान (b) हिंदुस्तानी एकेडमी
(c) संस्कृत संस्थान (d) उर्दू एकेडमी

155. उत्तर प्रदेश शासन द्वारा जिस आयु वर्ग तक के बच्चों को प्राथमिक शिक्षा उपलब्ध कराने में उच्च प्राथमिकता दी जा रही है, वह है—

(a) 5 वर्ष तक (b) 7 वर्ष तक
(c) 12 वर्ष तक (d) 14 वर्ष तक

156. उत्तर प्रदेश का प्रथम मुक्त विश्वविद्यालय स्थित है—

(a) आगरा में (b) झांसी में
(c) इलाहाबाद में (d) गोरखपुर में

157. उत्तर प्रदेश में उर्दू प्रशिक्षण एवं अनुसंधान केंद्र अवस्थित है—

(a) बाराबंकी में (b) बरेली में
(c) लखनऊ में (d) रामपुर में

158. 1882 के हंटर कमीशन रिपोर्ट में किसके विकास पर जोर दिया गया?

(a) बालिकाओं की शिक्षा को (b) उच्च शिक्षा को
(c) प्राथमिक शिक्षा को (d) तकनीकी शिक्षा को

159. बनारस हिंदू विश्वविद्यालय का शिलान्यास किसने किया?

(a) एनी बेसेंट (b) लार्ड हाडिग
(c) मदन मोहन मालवीय (d) विभूति नारायण सिंह

160. आगरा शहर की स्थापना की थी—

(a) बहलोल लोदी ने (b) फिरोज तुगलक ने
(c) खिज्रखान ने (d) सिकंदर लोदी ने

161. हर्षवर्धन ने दो महान् धार्मिक सम्मेलन किया—

(a) कन्नौज-प्रयाग (b) प्रयाग-थानेश्वर
(c) थानेश्वर-वल्लभी (d) वल्लभी-प्रयाग

162. हिंदू-मुस्लिम एकता का प्रतीक 'सुलहकुल उत्सव' का आयोजन किया जाता है—

(a) आगरा में (b) अलीगढ़ मे
(c) इटावा में (d) बाराबंकी में

163. चौरी-चौरा किस जिले में स्थित है?
(a) देवरिया (b) महराजगंज
(c) कुशीनगर (d) गोरखपुर

164. सूची को सुमेलित कर कूट से सही उत्तर चुनें—

सूची I	सूची II
A. गौतमबुद्ध नगर	1. अकबरपुर
B. अंबेडकर नगर	2. खलीलाबाद
C. संत कबीरनगर	3. नौगढ़
D. सिद्धार्थनगर	4. नोएडा

कूट :

	A	B	C	D
(a)	1	2	3	4
(b)	2	1	4	3
(c)	4	1	2	3
(d)	4	2	3	1

165. नैमिषारण्य तीर्थ किस जनपद में है?
(a) उज्जैन (b) मथुरा
(c) सीतापुर (d) जबलपुर

166. बुद्ध का जन्म कहां हुआ था?
(a) वैशाली में (b) लुंबिनी में
(c) कपिलवस्तु में (d) पाटलिपुत्र में

167. जौनपुर नगर की स्थापना किसकी स्मृति में की गई?
(a) गयासुद्दीन तुगलक (b) मोहम्मद-बिन-तुगलक
(c) फिरोज तुगलक (d) अकबर

168. अमीर खुसरो का जन्म कहां हुआ था?
(a) आगरा में (b) बाराबंकी में
(c) कासगंज में (d) इटावा में

169. उत्तर प्रदेश का प्राचीनतम जीवंत नगर है—
(a) अयोध्या (b) वाराणसी
(c) इलाहाबाद (d) कन्नौज

170. निम्न में कौन सुमेलित नहीं है?
(a) शृंग्वेरपुर— बांदा
(b) हस्तिनापुर— मेरठ
(c) विंध्याचल— मिर्जापुर
(d) देवा शरीफ— बाराबंकी

171. सूची I को सूची II से सुमेलित कीजिए तथा सही कूट का चयन करें—

मंदिर	जनपद
A. दशावतार मंदिर	1. एटा
B. बाबा सोमनाथ मंदिर	2. फर्रुखाबाद
C. शृंगी ऋषि का मंदिर	3. देवरिया
D. वराह भगवान् का मंदिर	4. झांसी

कूट :

	A	B	C	D
(a)	1	2	3	4
(b)	4	3	2	1
(c)	3	4	1	2
(d)	3	4	2	1

172. प्रति वर्ष प्रसिद्ध सूफी संत हाजी वारिस अली शाह की मजार पर मेला लगता है—
(a) फतेहपुर में (b) कलियर में
(c) देवा शरीफ में (d) गढ़मुक्तेश्वर में

173. उत्तर प्रदेश में जैन एवं बौद्ध दोनों का प्रसिद्ध तीर्थ है—
(a) देवीपाटन (b) कौशांबी
(c) कुशीनगर (d) सारनाथ

174. निम्न में से कौन-सा युग्म सुमेलित नहीं है—
(a) कानपुर-चकेरी (b) वाराणसी-बाबतपुर
(c) लखनऊ-अमौसी (d) आगरा-फुर्सतगंज

175. निम्नलिखित में से देश का सबसे लंबा आंतरिक जलमार्ग कौन-सा है?
(a) काकीनाडा-मरक्कम
(b) कोल्लम-कोट्टापुरम
(c) साटिया-धुबरी
(d) इलाहाबाद- हल्दिया

176. राष्ट्रीय राजमार्ग विकास परियोजना के उत्तर-दक्षिण तथा पूर्व-पश्चिम गलियारे मिलते हैं?
(a) कानपुर में (b) झांसी में
(c) लखनऊ में (d) वाराणसी में

177. निम्न में से जी.टी. रोड वहां से नहीं गुजरती है?
(a) इलाहाबाद से (b) आगरा से
(c) अलीगढ़ से (d) मुगलसराय से

178. सूची I को सूची II से सुमेलित कीजिए तथा सही कूट का चयन करें—

नगर	हवाई अड्डा
A. लखनऊ	1. बाबतपुर
B. वाराणसी	2. खेरिया
C. कानपुर	3. अमौसी
D. आगरा	4. चकेरी

कूट :

	A	B	C	D
(a)	4	3	1	2
(b)	2	1	4	3
(c)	3	2	1	4
(d)	3	1	4	2

179. गंगा नदी के निम्न में से किस भाग को राष्ट्रीय जल मार्ग घोषित किया गया है?

(a) इलाहाबाद से हल्दिया
(b) हरिद्वार से कानपुर तक
(c) कानपुर से इलाहाबाद तक
(d) नरोस से पटना तक

180. यमुना एक्सप्रेस-वे किनके बीच है?

(a) नोएडा-ग्रेटर नोएडा (b) आगरा-ग्रेटर नोएडा
(c) आगरा- लखनऊ (d) आगरा-इलाहाबाद

181. उत्तर-दक्षिण तथा पूर्व-पश्चिम गलियारे मिलते हैं—

(a) झांसी में (b) कानपुर में
(c) लखनऊ में (d) वाराणसी में

182. लखनऊ योजना संबंधित है विकास से—

(a) स्वास्थ्य से (b) आवासों के
(c) विद्युत/शक्ति के (d) सड़क के

183. उत्तर प्रदेश का निम्नलिखित में से कौन-सा नगर राष्ट्रीय राजमार्ग-2 द्वारा नहीं जोड़ा जाता?

(a) वाराणसी (b) इलाहाबाद
(c) लखनऊ (d) आगरा

184. सूची I को सूची II से सुमेलित कीजिए तथा सही कूट का चयन करें—

	सूची I (हवाई अड्डे)		सूची II (नगर)
A.	बमरौली	1.	गाजियाबाद
B.	चकेरी	2.	रायबरेली
C.	हिंडन	3.	कानपुर
D.	फुर्सतगंज	4.	इलाहाबाद

कूट :

	A	B	C	D
(a)	1	4	3	2
(b)	4	3	1	2
(c)	2	3	1	4
(d)	4	3	2	1

185. उत्तर प्रदेश से शुरू होने वाला सबसे लंबा राष्ट्रीय राजमार्ग हैं—

(a) NH-2 (b) NH-11
(c) NH-3 (d) NH-7

186. पूर्व-पश्चिम और उत्तर-दक्षिण कारियोडोरों (6 लेन के राष्ट्रीय राजमार्ग) को एक-दूसरे से मिलने का स्थान हैं—

(a) भोपाल (b) ग्वालियर
(c) झांसी (d) नागपुर

187. निम्न में से किसका प्रयोग राष्ट्रीय जलमार्ग के रूप में किया जा रहा है?

(a) इलाहाबाद एवं हल्दिया के मध्य गंगा का
(b) इलाहाबाद एवं दिल्ली के मध्य यमुना का
(c) कोलकाता एवं धुबड़ी के मध्य ब्रह्मपुत्र का
(d) जबलपुर एवं भरूच के मध्य नर्मदा का

188. सूची I को सूची II से सुमेलित कीजिए तथा सही कूट का चयन करें—

	सूची I		सूची II
A.	इलाहाबाद	1.	अमौसी
B.	कानपुर	2.	बाबलपुर
C.	लखनऊ	3.	बमरौली
D.	वाराणसी	4.	चकेरी

कूट :

	A	B	C	D
(a)	1	2	3	4
(b)	1	3	4	2
(c)	3	1	2	4
(d)	3	4	1	2

189. उत्तर प्रदेश में 'कंप्यूटर एडेड डिजाइनिंग' परियोजना का केंद्र स्थित है—

(a) आगरा में (b) इलाहाबाद में
(c) कानपुर में (d) लखनऊ में

190. सूची I को सूची II से सुमेलित कीजिए तथा सही कूट का चयन करें—

	सूची I (संस्थान)		सूची II (स्थान)
A.	सेंट्रल ड्रग इंस्टीट्यूट	1.	इलाहाबाद
B.	सेंट्रल लेप्रोसी इंस्टीट्यूट	2.	कानपुर
C.	मोतीलाल नेहरू राष्ट्रीय प्रौद्योगिकी संस्थान	3.	आगरा
D.	इंडियन इंस्टीट्यूट	4.	टेक्नोलॉजी

कूट :

	A	B	C	D
(a)	1	2	3	4
(b)	3	1	4	2
(c)	4	3	2	1
(d)	2	4	3	1

191. निम्न में से कौन-सा सुमेलित नहीं है?

(a) खाद्य अनुसंधान व विश्लेषण केंद्र— लखनऊ
(b) भारतीय दलहन शोध संस्थान— कानपुर
(c) खाद्य पार्क— नोएडा
(d) सरदार वल्लभ भाई पटेल कृषि विश्वविद्यालय— मेरठ

192. राज्य में भारतीय सूचना प्रौद्योगिकी संस्थान कहां स्थापित किया गया है?

(a) कानपुर (b) इलाहाबाद
(c) बरेली (d) सहारनपुर

193. 'स्वान' परियोजना का संबंध है—

(a) कुत्तों के विकास से (b) कंप्यूटर नेटवर्क से

(c) कृषि विकास से (d) बागवानी विकास से

194. राज्य में बायोटेक्नोलॉजी पार्क की स्थापना की गई है—

(a) आगरा में (b) सारनाथ में

(c) लखनऊ में (d) मेरठ में

195. भारतीय गन्ना अनुसंधान प्रदेश में कहां अवस्थित है ?

(a) मेरठ में (b) सहारनपुर में

(c) लखनऊ में (d) मुजफ्फरनगर में

196. उत्तक संवर्द्धन प्रयोगशाला प्रदेश में कहां स्थित है ?

(a) अलीगंज में (b) कानपुर में

(c) इलाहाबाद में (d) वाराणसी में

197. उत्तर प्रदेश में राजकीय फल संरक्षण एवं डिब्बाबंदी संस्थान कहां अवस्थित है ?

(a) लखनऊ में (b) मेरठ में

(c) कानपुर में (d) इलाहाबाद में

198. उत्तर प्रदेश में सुदूर संवेदी उपयोग केंद्र कहां अवस्थित है ?

(a) इलाहाबाद में (b) वाराणसी में

(c) मेरठ में (d) लखनऊ में

199. उत्तर प्रदेश की सबसे बड़ी नक्षत्रशाला कौन-सी है ?

(a) इंदिरा गांधी नक्षत्रशाला

(b) गोरखपुर नक्षत्रशाला

(c) रामपुर नक्षत्रशाला

(d) इलाहाबाद नक्षत्रशाला

200. उत्तर प्रदेश में विज्ञान एवं प्रौद्योगिकी परिषद् की स्थापना कब की गई ?

(a) 1975 ई. में (b) 1972 ई. में

(c) 1981 ई. में (d) 1967 ई. में

उत्तरमाला									
1. (d)	**2.** (b)	**2.** (a)	**4.** (c)	**5.** (d)	**6.** (a)	**7.** (a)	**8.** (b)	**9.** (b)	**10.** (b)
11. (d)	**12.** (b)	**13.** (b)	**14.** (d)	**15.** (c)	**16.** (d)	**17.** (b)	**18.** (b)	**19.** (b)	**20.** (c)
21. (d)	**22.** (c)	**23.** (a)	**24.** (b)	**25.** (b)	**26.** (c)	**227.** (b)	**28.** (b)	**29.** (b)	**30.** (d)
31. (a)	**32.** (a)	**33.** (c)	**34.** (b)	**35.** (c)	**36.** (d)	**37.** (d)	**38.** (b)	**39.** (a)	**40.** (b)
41. (b)	**42.** (a)	**43.** (c)	**44.** (c)	**45.** (d)	**46.** (a)	**47.** (c)	**48.** (a)	**49.** (c)	**50.** (a)
51. (c)	**52.** (b)	**53.** (b)	**54.** (c)	**55.** (c)	**56.** (c)	**57.** (b)	**58.** (d)	**59.** (b)	**60.** (d)
61. (d)	**62.** (d)	**63.** (a)	**64.** (a)	**65.** (a)	**66.** (c)	**67.** (b)	**68.** (b)	**69.** (a)	**70.** (d)
71. (b)	**72.** (b)	**73.** (b)	**74.** (b)	**75.** (b)	**76.** (c)	**77.** (b)	**78.** (b)	**79.** (d)	**80.** (b)
81. (c)	**82.** (b)	**83.** (d)	**84.** (c)	**85.** (c)	**86.** (b)	**87.** (d)	**88.** (b)	**89.** (b)	**90.** (a)
91. (c)	**92.** (a)	**93.** (b)	**94.** (b)	**95.** (d)	**96.** (b)	**97.** (a)	**98.** (c)	**99.** (a)	**100.** (b)
101. (b)	**102.** (d)	**103.** (d)	**104.** (d)	**105.** (c)	**106.** (c)	**107.** (a)	**108.** (c)	**109.** (c)	**110.** (c)
111. (b)	**112.** (a)	**113.** (d)	**114.** (d)	**115.** (d)	**116.** (d)	**117.** (d)	**118.** (c)	**119.** (d)	**120.** (c)
121. (b)	**122.** (b)	**123.** (a)	**124.** (c)	**125.** (d)	**126.** (b)	**127.** (c)	**128.** (c)	**129.** (c)	**130.** (b)
131. (b)	**132.** (d)	**133.** (c)	**134.** (d)	**135.** (d)	**136.** (a)	**137.** (c)	**138.** (d)	**139.** (c)	**140.** (b)
141. (d)	**142.** (a)	**143.** (b)	**144.** (a)	**145.** (a)	**146.** (c)	**147.** (a)	**148.** (b)	**149.** (d)	**150.** (b)
151. (c)	**152.** (b)	**153.** (b)	**154.** (c)	**155.** (d)	**156.** (c)	**157.** (c)	**158.** (c)	**159.** (c)	**160.** (d)
161. (a)	**162.** (a)	**163.** (d)	**164.** (c)	**165.** (c)	**166.** (b)	**167.** (b)	**168.** (c)	**169.** (b)	**170.** (a)
171. (b)	**172.** (c)	**173.** (b)	**174.** (d)	**175.** (d)	**176.** (b)	**177.** (c)	**178.** (d)	**179.** (a)	**180.** (b)
181. (a)	**182.** (d)	**183.** (c)	**184.** (d)	**185.** (d)	**186.** (c)	**187.** (a)	**188.** (d)	**189.** (d)	**190.** (c)
191. (c)	**192.** (b)	**193.** (b)	**194.** (c)	**195.** (c)	**196.** (a)	**197.** (a)	**198.** (d)	**199.** (b)	**200.** (a)

OOO

अभ्यास प्रश्न– 5

1. निम्नलिखित में से किस समाजशास्त्री ने शहरी समाज के विकास के लिए परिवहन को उत्तरदायी माना है?
   (a) चार्ल्स बूले (b) ममफोर्ड
   (c) एण्डर्सन (d) जेफरंसन
2. निम्नलिखित में से भारतीय समाज की विशेषता क्या है?
   (a) नवीनता (b) प्राचीनता
   (c) आधुनिकता (d) इनमें से कोई नहीं
3. ग्रामीण समुदाय की विशेषताओं में शामिल नहीं है–
   (a) गतिशीलता (b) एकरूपता
   (c) प्राथमिक संबंध (d) सीमित आकार
4. निम्नलिखित में से कौन-सा लक्षण संयुक्त परिवार का नहीं है?
   (a) संयुक्त चूल्हा (b) अनुशासन की कमी
   (c) बड़ा आकार (d) सामान पूजा
5. परिवार की उत्पत्ति के उद्‌विकासवादी सिद्धांत के प्रतिपादन कौन है?
   (a) बेकोफेन (b) फ्रेजर
   (c) लॉर्ड अवेबरी (d) ब्रिफाल्ट
6. जाति का निर्धारण किससे होता है?
   (a) विवाह से (b) व्यवसाय से
   (c) क्षेत्र से (d) जन्म से
7. जाति एक बंद वर्ग है, यह कथन किसका है?
   (a) मजूमदार एवं मदान का (b) चार्ल्स कूले का
   (c) एम.एन. श्रीनिवासन (d) जी.एस. घुरिये का
8. नगरों व महानगरों की सीमा से लगे गाँव कहलाते हैं–
   (a) गैर कृषि ग्राम (b) औद्योगिक ग्राम
   (c) उपनगरी ग्राम (d) इनमें से कोई नहीं
9. ग्रामीण समाज के स्थायित्व का कारण है–
   (a) संयुक्त परिवार (b) एकल परिवार
   (c) कृषक समाज (d) जजमानी व्यवस्था
10. संयुक्त परिवार का प्रधान सदस्य कहलाता है–
    (a) मुखिया (b) कर्त्ता
    (c) स्वामी (d) नायक
11. इनमें से किसने कहा है कि कृषि एक पारिवारिक व्यवसाय है?
    (a) गाल्पिन (b) सोरोकिन
    (c) लाटी नेल्सन (d) जिमरमैन
12. ग्रामीण समाज में स्त्रियों की निम्नतर स्थिति का प्रमुख कारण है–
    (a) अशिक्षा (b) पर्दा प्रथा
    (c) रूढ़िवादिता (d) परम्परागत समाज
13. ऐतिहासिक पद्धति के उपयोग का प्रमुख स्त्रोत क्या है?
    (a) विभिन्न प्रलेख (b) सहभागी अवलोकन
    (c) प्रश्नावली अनुसूची (d) साक्षात्कार
14. वैज्ञानिक अनुसंधान संबंधित है–
    (a) निश्चित भविष्यवाणी से
    (b) तटस्थ सामान्यीकरण से
    (c) सिद्धान्तों के निर्माण से
    (d) सार्वभौमिक नियमों के प्रतिपादन से
15. वह परीक्षण या पैमाना, जो तथ्य का सही-सही मापन प्रदान करता है, कहलाता है–
    (a) वैज्ञानिक (b) विश्वसनीय
    (c) वैध (d) इनमें से कोई नहीं
16. निम्नलिखित में से कौन-सा सामाजिक शोध का प्रकार नहीं है?
    (a) आनुभविक शोध (b) संजातीय शोध
    (c) अन्वेषणात्मक शोध (d) प्रयोगात्मक शोध
17. 'जो वास्तव में घटित हुआ', कहलाता है–
    (a) पदार्थ (b) अवधारणा
    (c) सिद्धान्त (d) तथ्य
18. भूमि सुधार हेतु कानून बनाने की शक्ति निहित है–
    (a) केन्द्र सरकार में (b) राज्य सरकार में
    (c) पंचायती राज्य संस्थाओं में (d) इनमें से कोई नहीं

19. एक हेक्टेयर का मान होता है–

(a) 10 हजार वर्ग मी. (b) 1 हजार वर्ग मी.

(c) 5 हजार वर्ग मी. (d) 15 हमार वर्ग मी.

20. पटवारी के कार्यों का सामान्य निरीक्षण अधिकारी है–

(a) गिरदावर कानूनगो (b) प्रधान

(c) बीडीओ (d) सरपंज

21. किसी गाँव के भू-खण्डों को एक विशिष्ट क्रमांक से दर्शाने वाला मानचित्र कहलाता है–

(a) नक्शा (b) खसरा

(c) लेखाचित्र (d) लेखा बही

22. मीट्रिक गरीब में कड़ियों की संख्या होती है–

(a) 162 फीट (b) 185 फीट

(c) 165 फीट (d) 170 फीट

23. 'आत्मनिर्भर भारत अभियान' की शुरुआत कब की गई?

(a) 12 मई, 2020 को (b) 15 मार्च, 2019 को

(c) 18 फरवरी, 2020 को (d) 22 दिसंबर, 2019 को

24. 'प्रधानमंत्री गरीब कल्याण योजना' आरंभ की गई–

(a) 20 दिसंबर, 2019 को (b) 18 जनवरी, 2020 को

(c) 26 मार्च, 2020 को (d) 26 अप्रैल, 2020 को

25. 'प्रधानमंत्री सुरक्षा बीमा योजना' के अंतर्गत प्रति वर्ष प्रीमियम की देय राशि है–

(a) ₹ 12 (b) ₹ 22

(c) ₹ 32 (d) ₹ 42

26. वृद्धावस्था के दौरान सामाजिक सुरक्षा प्रदान के उद्देश्य से प्रारम्भ योजना है–

(a) प्रधानमंत्री वय बंदना योजना (b) प्रधानमंत्री श्रीवन योजना

(c) आयुष्मान भारत (d) भारत निर्माण योजना

27. श्यामा प्रसाद मुखर्जी रबेन मिथन की शुरुआत की गई–

(a) 120 फरवरी, 2014 (b) 15 फरवरी, 2015

(c) 16 फरवरी, 2017 (d) 21 फरवरी, 2016

28. मनरेगा के तहत ग्रामीण परिवार के कम-से-कम एक सदस्य को क्रम से उस रोजगार मुहैया कराया जाता है–

(a) 150 दिनों का (b) 100 दिनों का

(c) 125 दिनों का (d) 175 दिनों का

29. 22 जनवरी, 2015 को 'बेटी बचाओ, बेटी पढ़ाओ योजना' की शुरुआत की गई–

(a) पानीपत से (b) अम्बाला से

(c) मेरठ से (d) बलिया से

30. 'मृदा स्वास्थ्य कार्ड योजना' की शुरुआत की गई–

(a) 12 अक्टूबर 2014 को (b) 19 फरवरी, 2015 को

(c) 16 अगस्त, 2018 को (d) 2 सितम्बर, 2016 को

31. 'धारणीय कृषि' का अर्थ है-

(a) आत्मनिर्भरता

(b) विश्व व्यापार संगठन के मानकों के अन्तर्गत कृषि निर्यात तथा आयात कर सकना

(c) भूमि का इस प्रकार प्रयोग कि उसकी गुणवत्ता अक्षुण्ण बनी रहे

(d) कृषि प्रयोग हेतु अप्रयुक्त भूमि को प्रयोग में लाना

32. 'ऑपरेशन फ्लड कार्यक्रम' (1970) को किसने शुरू किया था?

(a) कृषि एवं ग्रामीण विकास मंत्रालय

(b) विश्व खाद्य संगठन

(c) राष्ट्रीय डेयरी विकास बोर्ड

(d) हरियाणा सरकार

33. शाहजहांनी जरीब की कुल लम्बाई कितनी होती है?

(a) 170 फीट (b) 172 फीट

(c) 165 फीट (d) 132 फीट

34. किसी गाँव के भू-खण्डों को एक विशिष्ट क्रमांक से दर्शाने वाला मानचित्र कहलाता है–

(a) लेखाचित्र (b) खसरा

(c) नक्शा (d) बही

35. मीट्रिक जरीब में कड़ियों की संख्या कितनी होती है?

(a) 100 (b) 150

(c) 180 (d) 200

36. शुष्क खेती में वार्षिक वर्षा कितने सेमी. से कम पाई जाती है?

(a) 50 (b) 20

(c) 40 (d) 35

37. वसूली कीमत सामान्यतया किस स्तर पर निर्धारित की जाती है?

(a) बाजार कीमत से कम पर (b) न्यूनतम समर्थन मूल्य पर

(c) वायदा कीमतों पर (d) मन्डी कीमतों पर

38. कृषि में युग्म पैदावार का आशय क्या उगाने से है?

(a) विभिन्न मौसमों पर दो फसल

(b) एक ही साथ दो फसल

(c) अन्य फसलों के साथ एक फसल

(d) उपरोक्त में से कोई नहीं

39. 'गोकुल ग्राम योजना' निम्नलिखित में से किस राज्य से सम्बन्धित है?

(a) उत्तर प्रदेश (b) आन्ध्र प्रदेश

(c) गुजरात (d) राजस्थान

40. भारत में सार्वजनिक वितरण प्रणाली की व्यवस्था की शुरुआत कब की गई थी?

(a) 1957 में (b) 1947 में

(c) 1950 में (d) 1964 में

41. देश के कृषित क्षेत्र के सर्वाधिक भाग पर खाद्यान्न फसलों को उगाया जाता है। दूसरा स्थान किस वर्ग की फसलों का है?

(a) दलहनी वर्ग की फसलों का

(b) तिलहनी फसलों का

(c) फलों के अधीन क्षेत्र

(d) गन्ने के अधीन क्षेत्र

42. किस व्यवस्था में भूमि पर ग्राम समुदाय का संयुक्त स्वामित्व होता था?

(a) जमींदारी

(b) महालवाड़ी व्यवस्था

(c) रैयतवाड़ी व्यवस्था

(d) काश्तवारी व्यवस्था

43. सूची-I एवं सूची-II को सुमेलित कीजिए तथा अपना उत्तर नीचे दिए गए कूट से चुनिए-

सूची-I (प्रयोजना)	सूची-II (उद्देश्य)
A. स्वजल धारा योजना	1. ग्रामीण सम्पर्क
B. हरियाली योजना	2. ग्रामीण जलापूर्ति
C. स्वर्ण जयन्ती ग्राम स्वरोजगार योजना	3. वाटर शेड प्रबन्ध
D. प्रधानमन्त्री ग्राम सड़क योजना	4. ग्रामीण स्वरोजगार

कूट :

	A	B	C	D
(a)	3	2	4	1
(b)	2	4	1	3
(c)	3	4	1	2
(d)	2	3	4	1

44. 'प्रधानमंत्री ग्रामोदय योजना' में सम्मिलित नहीं है-

(a) बेसिक शिक्षा

(b) पोषाहार, पेयजल तथा स्वास्थ्य

(c) ग्रामीण सड़कें तथा आवास

(d) लघु उद्योग

45. 'प्रधानमंत्री आदर्श ग्राम योजना' के अन्तर्गत चयनित गाँव को विकास कार्यों के लिए कितनी अतिरिक्त धनराशि दी जाती है?

(a) 3 लाख (b) 5 लाख

(c) 7 लाख (d) 10 लाख

46. निम्नलिखित में कौन-सा कथन 'स्वजल धारा' योजना के लिए सत्य है?

(a) यह राज्य सरकार के स्वामित्व में है

(b) यह केन्द्र सरकार के स्वामित्व में है

(c) यह राज्य सरकार एवं स्थानीय निकायों के स्वामित्व में है

(d) यह केन्द्र सरकार एवं स्थानीय समुदाय के स्वामित्व में है

47. भूमि सुधार के विषय किस सूची से सम्बन्धित है?

(a) संघ सूची (b) समवर्ती सूची

(c) राज्य सूची (d) इनमें से कोई नहीं

48. धूसर क्रान्ति का सम्बन्ध किस क्षेत्र से है?

(a) सेब उत्पादन (b) अण्डा उत्पादन

(c) उर्वरक उत्पादन (d) शलजम उत्पादन

49. 'बी.एम. व्यास समिति' किससे सम्बन्धित है?

(a) कॉर्पोरेट गवर्नेंस

(b) दीर्घकालीन अनाज नीति

(c) कृषि एवं ग्रामीण साख विस्तार

(d) कर नीति

50. लक्षित सार्वजनिक वितरण प्रणाली में गरीबी रेखा के नीचे आने वाले परिवारों के निर्धारण का मानक क्या है?

(a) जिनकी वार्षिक आय ₹ 15 हजार से कम है

(b) जिनकी वार्षिक आय ₹ 10 हजार से कम है

(c) जिनकी वार्षिक आय ₹ 5 हजार से कम है

(d) जिनकी वार्षिक आय का पता नहीं है

51. केन्द्र सरकार द्वारा 'कृषि मजदूर सामाजिक सुरक्षा योजना' की शुरुआत की गई थी-

(a) 1 अप्रैल, 2001 को (b) 1 मई, 2002 को

(c) 1 जुलाई, 2001 को (d) 1 मार्च, 2002 को

52. 'राष्ट्रीय कृषि अनुसंधान परियोजना' की स्थापना कब की गई थी?

(a) 2001 (b) 1999

(c) 1995 (d) 1988

53. 'नाबार्ड' एक शीर्ष वित्तीय संस्था है, जो बनी है-

(a) व्यापार एवं उद्योग विकास हेतु

(b) ग्रामीण बैंकिंग के विकास हेतु

(c) कृषि एवं ग्रामीण क्षेत्रों के विकास हेतु

(d) निर्यात विकास हेतु

54. सघन कृषि क्षेत्र कार्यक्रम कब शुरू किया गया?

(a) 1963 में (b) 1964-65 में

(c) 1960-61 में (d) इनमें से कोई नहीं

55. सर टॉमस मुनरो किस भू-राजस्व बन्दोबस्त से सम्बद्ध थे?

(a) स्थायी बन्दोबस्त (b) महालवाड़ी बन्दोबस्त

(c) रैयतवाड़ी बन्दोबस्त (d) इनमें से कोई नहीं

56. भारतीय किसानों की वित्तीय आवश्यकताओं की पूर्ति हेतु अल्पकालीन ऋण कितनी अवधि के लिए प्रदान किया जाता है?

(a) 12 माह (b) फसल अवधि के अनुरूप

(c) 15 माह (d) 4 माह

57. 'कृषि लागत एवं मूल्य आयोग' की स्थापना हुई–
(a) 1965 में (b) 1975 में
(c) 1980 में (d) 1991 में

58. कौन-सी कृषि पद्धति 21वीं सदी की कृषि हेतु आवश्यक मानी जा रही है?
(a) बहुप्रकार खेती पद्धति (b) यंत्रीकरण कृषि पद्धति
(c) पारिस्थितिकीय कृषि पद्धति (d) सहकारी कृषि पद्धति

59. 'सघन पशु विकास कार्यक्रम' कब चलाया गया?
(a) 1963-64 में (b) 1964-65 में
(c) 1966-67 में (d) 1974-75 में

60. भारत में हरित क्रान्ति का जनक किसे माना जाता है?
(a) डॉ. आर. गाडगिल (b) डॉ. विलियम गौड
(c) डॉ. नार्मन बोरलाग (d) डॉ. एम.एस. स्वामीनाथन

61. राष्ट्रीय कृषि-वानिकी अनुसंधान केन्द्र कहाँ स्थित है?
(a) इन्दौर (b) भोपाल
(c) कानपुर (d) झाँसी

62. अन्न भण्डारण हेतु अन्न में नमी की कितनी प्रतिशत मात्रा की संस्तुति की गई है?
(a) 8 से कम (b) 12 से कम
(c) 14 से कम (d) 10 से कम

63. 'इण्डियन इन्स्टीट्यूट ऑफ फॉरेस्ट मैनेजमेंट' कहाँ स्थित है?
(a) देहरादून (b) भोपाल
(c) जबलपुर (d) नागपुर

64. 'सघन कृषि जिला कार्यक्रम' कब शुरू किया गया?
(a) 1960 में (b) 1964 में
(c) 1966 में (d) 1970-71 में

65. भारतवर्ष में प्रथम कृषि विश्वविद्यालय की स्थापना की गई थी-
(a) जबलपुर में (b) कानपुर में
(c) कुमारगंज, फैजाबाद में (d) पंतनगर में

66. 'सेण्ट्रल एरिड जोन रिसर्च इंस्टीट्यूट' स्थित है-
(a) जैसलमेर में (b) बीकानेर में
(c) जोधपुर में (d) गंगानगर में

67. उस क्रान्ति को कौन-सी संज्ञा प्रदान की गई है जिसके अन्तर्गत कृषि क्षेत्र के सभी अवयवों की समन्वित विकास की अवधारणा समाहित है?
(a) खाद्यान्न शृंखला उत्पादन (b) समन्वित क्रान्ति
(c) इन्द्र धनुषी क्रान्ति (d) राउण्ड क्रान्ति

68. 'व्यापक फसल बीमा योजना' के स्थान पर 'राष्ट्रीय कृषि बीमा योजना' लागू की गई-
(a) 1997 में (b) 1998 में
(c) 1999 में (d) 2000 में

69. भारत सरकार द्वारा 'राष्ट्रीय किसान आयोग' का गठन कब किया गया था?
(a) फरवरी, 2004 (b) अप्रैल, 2004
(c) सितम्बर, 2004 (d) नवम्बर, 2004

70. सस्य गहनता कितने प्रतिशत से अधिक होने पर उसे गहन कृषि की उपमा दी जाती है?
(a) 200 (b) 150
(c) 300 (d) 250

71. भूमि विकास बैंक निम्नलिखित का एक अंश है-
(a) वाणिज्यिक बैंक (b) आई.डी.बी.आई.
(c) नाबार्ड (d) सहकारी उधार ढाँचा

72. एफ.सी.आई. के खाद्यान्नों की आर्थिक लागत और निर्गमन मूल्य के बीच अन्तर की प्रतिपूर्ति सरकार द्वारा कैसे की जाती है?
(a) खाद्य ऋण द्वारा (b) खाद्य अनुदान द्वारा
(c) बजटीय सहायता द्वारा (d) इनमें से कोई नहीं

73. भू-धारण प्रणाली की रैयतवाड़ी व्यवस्था की शुरुआत भारत में किसने की थी?
(a) लॉर्ड कार्नवालिस (b) विलियम बैंटिक
(c) लॉर्ड चेम्सफोर्ड (d) टॉमस मुनरो

74. निम्नलिखित में कौन-सी एक क्रिया पर्यावरण के लिए अनुकूल है?
(a) जैव कृषि
(b) झूम खेती
(c) अधिक उपज देनें वाली किस्मों की खेती
(d) काँच घरों में पौधे उगाना

75. खेती की वह कौन-सी प्रणाली है जिसमें किसान का राज्य से सीधा सम्बन्ध होता है?
(a) संयुक्त खेती (b) काश्तकारी खेती
(c) सामूहिक खेती (d) सहकारी खेती

76. भारतीय खाद्य निगम (F.C.I.) की स्थापना किस सन् में की गई थी?
(a) 1965 (b) 1964
(c) 1955 (d) 1954

77. मृदा की घटती हुई उर्वरता एवं उत्पादकता को बचाने के लिए किस कृषि पद्धति का प्रयोग आवश्यक हो गया है?
(a) फसल-चक्र
(b) समन्वित पोषक प्रबन्ध
(c) समन्वित कीट प्रबन्ध
(d) परमाकल्चर

78. 'तिलहन प्रौद्योगिकी मिशन' को आरम्भ किया गया-
(a) 1960 में (b) 1986 में
(c) 1976 में (d) 1966 में

79. एग्रो-सिल्वी कल्चर का तात्पर्य क्या है?
(a) फसलें + फलवृक्ष (b) फसलें + ईंधन के वृक्ष
(c) फसलें + फल + ईंधन वृक्ष (d) पेड़ + चरागाह + पशु

80. भारत में जमींदारी भू-व्यवस्था किसके काल में लागू की गई थी?
(a) विलियम बैटिक (b) टॉमस मुनरो
(c) लॉर्ड कार्नवालिस (d) लॉर्ड कैनिंग

81. हरित क्रान्ति का सर्वाधिक सकारात्मक प्रभाव पड़ा-
(a) चावल के उत्पादन पर (b) गेहूँ के उत्पादन पर
(c) मक्का के उत्पादन पर (d) ज्वार के उत्पादन पर

82. एक फसल के कटने से पूर्व ही दूसरी फसल की बुवाई कहलाती है-
(a) रिलेशस्यन (b) बहुफसली शस्यन
(c) ओवरलैपिंग शस्यन (d) सहफसली शस्यन

83. मूल्य स्थिरीकरण कोष की स्थापना का अनुमोदन किन फसलों के लिए किया गया है?
(a) चाय, कॉफी, रबर, तम्बाकू
(b) कपास, जूट, गन्ना, मूँगफली
(c) सेब, काजू, आम, मसाला
(d) धान, गेहूँ, ज्वार, बाजरा

84. 'नैफेड' सम्बन्धित है-
(a) पशुपालन से (b) ईंधन संरक्षण से
(c) कृषि उत्पादों के विपणन से (d) कृषि यंत्रों से

85. क्षेत्रफल निकालने में उपयोगी वह यंत्र क्या कहलाता है जो 15 सेमी लम्बा व 12.5 सेमी चौड़ा होता है और उसके फ्रेम में समान दूरी पर एक-एक जरीब का अन्तर बतलाने वाले छेद होते हैं?
(a) लेवल (b) मापक
(c) कंघी (d) मीटर

86. भू-मापन में जरीब लाइन के आरम्भ तथा समाप्त होने के स्थान क्या कहलाते हैं?
(a) बिन्दु (b) स्टॉप
(c) टार्गेट (d) मुकाम

87. भू-मापन के दौरान एक जरीब की लम्बाई पूरी हो जाने की अस्थायी निशानी के रूप में जिस यंत्र का प्रयोग किया जाता है, वह क्या कहलाता है?
(a) रॉड (b) मार्कर
(c) झण्डा (d) सुआ

88. कृषि उपज का न्यूनतम समर्थन मूल्य (Minimum Support Price–MSP) का निर्धारण भारत सरकार द्वारा कौन करता है?
(a) वित्त मंत्रालय
(b) कृषि लागत एवं कीमत आयोग
(c) खाद्य एवं कृषि मंत्रालय
(d) इनमें से कोई नहीं

89. सहकारी समिति का प्रबन्ध होता है-
(a) संचालक मण्डल द्वारा (b) सदस्यों द्वारा
(c) सचिव द्वारा (d) ग्राम प्रधान द्वारा

90. प्रदेश के कृषि संस्थानों ने उन्नत बीजों को तैयार किया है। अन्य प्रदेशों से भी बीजों के मूल आते हैं। बीज निगम किसानों को बोने के लिए कौन से बीज जारी करता है?
(a) मूल बीज
(b) प्रजनक बीज
(c) स्थानीय लोगों से खरीदे गए बीज
(d) प्रमाणीकृत बीज

91. ग्रामीण क्षेत्र के अनुसूचित जनजाति के पास कृषि भूमि बहुत कम है। जो है, उसकी सुरक्षा हेतु क्या उपाय किया गया है?
(a) ग्राम सभा को विशेष अधिकार देना
(b) सार्वजनिक उपयोग पर रोक लगाना
(c) रजिस्ट्रार को पंजीकरण के पूर्व विशेष ध्यान रखना
(d) गैर-अनुसूचित को हस्तान्तरण जिलाधिकारी की आज्ञा से ही होगा

92. 'रोजगार आश्वासन योजना' के अन्तर्गत किए जाने वाले व्यय को केन्द्र तथा राज्यों द्वारा क्रमशः नीचे दिए हुए किस अनुपात में वहन किया जाता है?
(a) 80 : 20 (b) 70 : 30
(c) 60 : 40 (d) 50 : 50

73. मिश्रित शस्यन (Mixed Cropping) से तात्पर्य है-
(a) एक खेत में एक से अधिक फसलों के बीज मिलाकर एक साथ उगाना
(b) एक खेत में एक के बाद दूसरी भिन्न फसल क्रम में उगाना
(c) दो खेतों में एक ही फसल उगाना
(d) दो व्यक्तियों द्वारा साझे में की गई खेती

94. निम्नलिखित में से कौन-सी योजना 2011 से 'राष्ट्रीय ग्रामीण आजीविका मिशन' के रूप में चलाई जा रही है?
(a) जवाहर रोजगार योजना
(b) मनरेगा
(c) स्वर्ण जयन्ती ग्राम स्वरोजगार योजना
(d) जवाहर ग्राम समृद्धि योजना

95. जिला ग्राम्य विकास अधिकरण का कार्य है-
(a) ग्रामीण विकास के लिए योजनाएँ बनाना
(b) शासन से प्राप्त अनुदान का ग्राम पंचायतों को आवंटन
(c) विकास परियोजनाओं का अनुमोदन
(d) उपर्युक्त सभी

96. 'अन्नपूर्णा स्कीम' किस वर्ग की सहायतार्थ लागू की गई है?
(a) वृद्ध नागरिकों के लिए जो वृद्धावस्था पेंशन के योग्य है, किन्तु उन्हें कोई आय प्राप्त नहीं होती

(b) पेंशन प्राप्त वृद्धावस्था नागरिकों के लिए
(c) अनपढ़ बच्चों के उद्धार के लिए, जिनकी आयु 14 वर्ष से कम है
(d) किसानों को आर्थिक सहायता उपलब्ध कराने के लिए

97. कॉमर्शियल बैंक एवं क्षेत्रीय ग्रामीण किसानों के लिए 'क्रेडिट कार्ड योजना' किस वर्ष से शुरू की गई?
(a) 1995 में (b) 1990 में
(c) 1998 में (d) 2000 में

98. 'पशु बीमा योजना' कबसे चालू हुई?
(a) 1974 (b) 1980
(c) 1990 (d) 1995

99. पहली बार कृषि संगणना (First Agricultural Census) कराई गई-
(a) 1949 में (b) 1970 में
(c) 1980 में (d) 1990 में

100. अधिक उपज देने वाली किस्मों के कार्यक्रम (High Yielding Varieties–HYV's Programme) से कृषि क्षेत्र में 'हरित क्रांति' की शुरुआत हुई-
(a) 1966 में (b) 1970 में
(c) 1978 में (d) 1987 में

101. प्रत्येक दस गाँवों के समूह के लिए युवा विकास केन्द्र स्थापित करने की योजना लागू की गई-
(a) 1994-95 (b) 1984-85
(c) 1975-76 (d) इनमें से कोई नहीं

102. कृषि क्षेत्र में खाद्यान्न उत्पादन में विश्व में अभी तक एकमात्र कृषि वैज्ञानिक को नोबेल पुरस्कार दिया गया है, वे हैं-
(a) डॉ. एम.एस. स्वामीनाथन
(b) डॉ. आर.एस. परौदा
(c) डॉ. वर्गीज कुरियन
(d) डॉ. नोरमान ई. बोरलॉग

103. 'समर्थ योजना' में प्रोत्साहित किया जाता है-
(a) विधवा, तलाकशुदा, उपेक्षित महिलाओं को तकनीकी शिक्षा प्राप्त करने के लिए
(b) उपर्युक्त वर्ग की महिलाओं से कोई लेना देना नहीं
(c) खाती-पीती तन्दुरूस्त महिलाओं को तकनीकी शिक्षा हेतु
(d) बच्चों को तकनीकी शिक्षा हेतु

104. ग्रामीण क्षेत्रों में रोजगार की दृष्टि से खेती के बाद महत्वपूर्ण कुटीर उद्योग-धन्धा कौन-सा है?
(a) पशुपालन (b) मुर्गीपालन
(c) हथकरघा (d) इनमें से कोई नहीं

105. ग्रामीण क्षेत्रों में बुनकरों की बेहतरी के लिए निम्नलिखित में से कौन-सी योजना सरकार द्वारा चालू की गई है?
(a) हथकरघा विकास केन्द्र योजना
(b) हैंक यार्न प्राइस सब्सिडी योजना
(c) थ्रिफ्ट फंड योजना
(d) उपर्युक्त सभी

106. 'नेशनल फूड फॉर वर्क प्रोग्राम (NFWP)' की शुरुआत कब से की गई?
(a) 14 नवम्बर, 2001 (b) 14 नवम्बर, 2002
(c) 14 नवम्बर, 2003 (d) 14 नवम्बर, 2004

107. 'इन्दिरा गांधी राष्ट्रीय विधवा पेंशन योजना' के बारे में वर्तमान में निम्नलिखित में से कौन-सा कथन सत्य है?
(a) विधवा की आयु 40-59 वर्ष हो
(b) विधवा निर्धनता रेखा से नीचे जीवन व्यतीत कर रही हो
(c) पेंशन की राशि ₹ 200 प्रतिमाह है
(d) उपर्युक्त सभी

108. इन्दिरा गांधी राष्ट्रीय अपंगता पेंशन योजना के अभिलक्षणों में निम्नलिखित में से कौन-सा अभिलक्षण शामिल नहीं है?
(a) अपंग व्यक्ति की आयु 18-59 वर्ष के बीच हो
(b) पेंशन की राशि ₹ 200 प्रतिमाह है
(c) (a) और (b) दोनों
(d) पेंशन का भुगतान नकद किया जाता है

109. उ.प्र. में पर्यावरण एवं प्राकृतिक वन सम्पदा के निर्मम दोहन को रोकने एवं प्राकृतिक सन्तुलन को बनाए रखने हेतु जन-चेतना का .... आन्दोलन प्रतीक है।
(a) चिपको (b) एपीको
(c) जनसंख्या रोको (d) इनमें से कोई नहीं

110. कृषक अपनी खेती में संकर किस्मों के बीजों को हर वर्ष नए खरीद कर बोते हैं, क्योंकि-
(a) विगत वर्ष संकर बीज से पैदा की गई स्वयं फसल से प्राप्त बीज में पुन: अंकुरण क्षमता बिलकुल नहीं होती
(b) संकर किस्मों को पुन: बोने से उनकी उपज ओज क्षमता (हाइब्रिड विगर) क्षीण हो जाती है जिससे फसल की उपज घट जाती है
(c) ऐसा कुछ नहीं होता है
(d) उपर्युक्त दोनों (a) एवं (b)

111. 'निर्मल ग्राम योजना' का सम्बन्ध निम्नलिखित में से किससे है?
(a) मलमूत्र, ठोस एवं अर्द्ध ठोस कचरे के स्वच्छ निस्तारण से
(b) स्वच्छ पेय जलापूर्ति से
(c) विवाद रहित ग्राम से
(d) उपर्युक्त में से कोई नहीं

112. 'ग्राम भूप्रबन्ध समिति' का अध्यक्ष होता है-
(a) ग्राम प्रधान (b) लेखपाल
(c) नायब तहसीलदार (d) राजस्व निरीक्षक

113. भारत के ग्रामीण अंचलों में सहकारिता विभाग के संगठन का मुख्य दृष्टिकोण है-

(a) कृषकों को सस्ते ऋण की सुविधा उपलब्ध कराना

(b) ग्रामीण एवं शहरी जनता के निर्बल और निर्धन वर्ग को समृद्धिशाली बनाकर उनके स्तर को ऊँचा उठाना

(c) उपर्युक्त दोनों (a एवं b) के उद्देश्य हेतु

(d) इनमें से किसी हेतु नहीं

114. देश में गरीबी दूर करना और आत्मनिर्भरता प्राप्त करना, दो प्रमुख लक्ष्य किस योजना में रखे गए थे?

(a) पाँचवीं (1974-79)

(b) दूसरी (1956-61)

(c) पहली (1951-56)

(d) इनमें से किसी में नहीं

115. निम्नलिखित को सुमेलित कीजिए-

सूची-I (योजना अवधि)

(a) ग्यारहवीं योजना (2007-2012)

(b) सातवीं योजना (1985-90)

(c) पाँचवीं योजना (1974-79)

(d) चौथी योजना (1969-74)

सूची-II (कार्यक्रम का सर्वप्रमुख लक्ष्य)

1. अनाज की पैदावार में त्वरित वृद्धि और उत्पादकता तथा क्षमता में सुधार पर जोर

2. तीव्रतन विकास के साथ अधिक सहित (Inclusive) संवृद्धि की दुतरफा रणनीति

3. सर्वप्रमुख उद्देश्य गरीबी हटाना

4. अर्थव्यवस्था के ग्रामीण व शहरी क्षेत्रों में रोजगार के अधिक अवसर पैदा करना

कूट :

	A	B	C	D
(a)	4	1	2	3
(b)	2	3	4	1
(c)	2	1	3	4
(d)	1	3	2	4

116. 'जवाहर ग्राम समृद्धि योजना (JGSY)' के उद्देश्य है-

(a) गाँव में रहने ववाले गरीबों का जीवन स्तर सुधारना मात्र

(b) गाँव में रहने ववाले गरीबों के लिए लाभप्रद रोजगार के अवसर प्रदान करना मात्र

(c) गाँव में गरीबी रेखा (Poverty line) से नीचे रहने वाले अनुसूचित जाति (S.C.)/अनुसूचित जनजाति (S.T.) तथा शारीरिक रूप से अक्षम व्यक्तियों की आर्थिक मदद करना

(d) उपर्युक्त सभी

117. 'राष्ट्रीय ग्रामीण रोजगार गारण्टी योजना- 2005' में कौन से कार्यक्रम का विलय कर दिया गया है?

(a) काम के बदले अनाज योजना

(b) सम्पूर्ण ग्रामीण रोजगार योजना

(c) उपर्युक्त दोनों

(d) उपर्युक्त कोई नहीं

118. देश में ग्रामीण विकास हेतु 'प्रधानमंत्री ग्राम सड़क योजना (PMGSY)' कब शुरू की गई?

(a) दिसम्बर 2000 (b) मई 1995

(c) मई 1999 (d) इनमें से कोई नहीं

119. उत्तर प्रदेश सहकारी ग्राम विकास बैंक की स्थापना कब की गई थी?

(a) 1949 में (b) 1951 में

(c) 1959 में (d) 1999 में

120. ग्रामीण समाज की मूलभूत इकाई (Basic Unit of Society) है-

(a) परिवार (b) गाँव

(c) शहर (d) विश्व

121. देश में 'सार्वजनिक वितरण प्रणाली' (Public Distribution System) से प्राय: उपभोक्ताओं को मिलता है-

(a) लेवी की चीनी

(b) मिट्टी का तेल

(c) खाद्यान्न गेहूँ, चावल तथा खाद्य तेल

(d) उपर्युक्त सभी पदार्थ

122. ग्रामीण पारिवारिक विघटन का कारण है-

(a) अशिक्षा

(b) खेतों का आकार घटना

(c) एकता में कमी अर्थात् गृह क्लेश

(d) उपर्युक्त सभी

123. ग्रामीण अर्थव्यवस्था का प्रमुख आधार है-

(a) नौकरी

(b) कृषि उत्पादन हेतु भूमि का उपयोग कर फसलें उगाना एवं पशुपालन

(c) गाँव में दुकान खोलकर दुकानदारी

(d) मजदूरी

124. निम्नलिखित में से कौन कृषि-निवेश (Agricultural Inputs) में नहीं आता?

(a) बीज (b) खाद (उर्वरक)

(c) सिंचाई जल (d) तकनीकी ज्ञान

125. ग्रामीण क्षेत्रों में राज्य सरकार ने खेतिहर मजदूर एवं भूमिहीनों के सहायतार्थ ऊसर भूमि सुधार के लिए, ऊसर प्रभावित जनपदों में ..... का कार्यान्वयन किया गया है।

(a) भूमि सेना योजना

(b) 10 लाख नलकूप योजना
(c) हथकरघा विकास केन्द्र योजना
(d) सामूहिक बीमा योजना

126.जिला ग्राम विकास अभिकरण का अध्यक्ष निम्नलिखित में से कौन होता है?
(a) जिलाधिकारी (b) जिला परिषद् का अध्यक्ष
(c) असंगत (d) उपर्युक्त सभी

127. 'ग्रामीण क्षेत्रों में शहरी सुख-सुविधाएँ प्रदान करना' (PURA) योजना किसके द्वारा प्रतिपादित है?
(a) डॉ. मनमोहन सिंह
(b) अटल बिहारी वाजपेयी
(c) जय प्रकाश नारायण
(d) डॉ. ए.पी.जे. अब्दुल कलाम

128.ग्रामीण इलाकों में सबसे बड़ी समस्या निम्नलिखित में से किसकी है, जो गाँवों के विकास के लिए अत्यन्त महत्त्व की समझी जाती है?
(a) सिंचाई की कमी
(b) स्वास्थ्य सुविधाओं का अभाव
(c) प्राथमिक शिक्षा का अभाव
(d) गरीबी

129.निम्नलिखित में से कौन-सा कथन सही है?
(a) देश में शहरी महिलाओं की साक्षरता दर, ग्रामीण महिलाओं की साक्षरता दर से कम है
(b) देश में शहरी महिलाओं की साक्षरता दर, ग्रामीण महिलाओं की साक्षरता दर से लगभग दोगुने से भी अधिक है
(c) देश में शहरी महिलाओं की साक्षरता दर क्रमश: कम होती जा रही है
(d) उपर्युक्त में से कोई नहीं

130.गाँव और शहरों के बीच अन्तर में वृद्धि का मुख्य कारण है-
(a) जनसंख्या का कृषि पर बढ़ता दबाव
(b) सकल घरेलू उत्पाद में कृषि की निरन्तर घटती हिस्सेदारी
(c) उपर्युक्त (a) एवं (b) दोनों ही कारण
(d) इनमें से कोई नहीं

131. 'गाँवों की तरफ कदम' बढ़ाने की नीति (Policy) के उद्देश्य से एक नई योजना 'भारत निर्माण योजना' (Bharat Nirman Yojana) कब शुरू की गई?
(a) 16 दिसम्बर, 2005 (b) 16 दिसम्बर, 2004
(c) 16 दिसम्बर, 2006 (d) 16 दिसम्बर, 2003

132.ग्रामीण क्षेत्रों में सबसे अधिक गरीबी पाई जाती है-
(a) कृषि श्रमिकों में (b) लघु कृषकों में
(c) सीमान्त कृषकों में (d) उपर्युक्त सभी में

133.देश के ग्रामीण एवं शहरी क्षेत्रों में से अधिक मृत्यु-दर, जन्म-दर एवं शिशु मृत्यु-दर कहाँ होती है?
(a) ग्रामीण क्षेत्रों में (b) शहरी क्षेत्रों में
(c) दूरस्थ क्षेत्रों में (d) इनमें से कोई नहीं

134.ग्रामीण क्षेत्र में किसे गरीबी की रेखा के नीचे रखा गया है?
(a) प्रति व्यक्ति 2400 कैलोरी प्रतिदिन से कम प्राप्ति
(b) प्रति व्यक्ति 2100 कैलोरी प्रतिदिन से कम प्राप्ति
(c) प्रति व्यक्ति 2250 कैलोरी प्रतिदिन से कम प्राप्ति
(d) प्रति व्यक्ति 4000 कैलोरी प्रतिदिन से कम प्राप्ति

135. 'नाबार्ड' (NABARD-राष्ट्रीय कृषि एवं ग्रामीण विकास बैंक) की स्थापना किस वर्ष हुई थी?
(a) 12 जुलाई, 1980 (b) 12 जुलाई, 1982
(c) 12 जुलाई, 1981 (d) इनमें से कोई नहीं

136.SGSY योजना के अन्तर्गत Group Approach का सम्बन्ध गरीबों को संगठित करके स्वयं सहायता समूह (Self Help Group) का निर्माण करना है। एक स्व-सहायता समूह में कितने व्यक्ति हो सकते हैं?
(a) 10-20 (b) 15-20
(c) 15-25 (d) 5-25

137. 'ट्राइसेम' (TRYSEM) कार्यक्रम को अब 'स्वर्ण जयंती ग्राम स्वरोजगार योजना (SGSY)' में मिला दिया गया है-
(a) 1 अप्रैल, 1995 को (b) 1 अप्रैल, 1999 को
(c) 1 अप्रैल, 2000 को (d) इनमें से कोई नहीं

138. 'महिला समृद्धि योजना' ग्रामीण महिलाओं में किस प्रवृत्ति को प्रोत्साहित करने के लिए प्रारम्भ की गई?
(a) बचत की प्रवृत्ति हेतु मात्र
(b) आत्मनिर्भर बनाने हेतु मात्र
(c) आर्थिक दृष्टि से उन्हें स्वतंत्र बनाने मात्र
(d) उपर्युक्त सभी

139. 'स्वाधार' एक नई योजना महिलाओं के लिए वर्ष 2001-02 में शुरू की गई है, जिसका उद्देश्य है-
(a) दीन-हीन विधवाओं के लिए जिन्हें बेसहारा छोड़ दिया है
(b) जेल से रिहा की गई महिला कैदी हेतु, जिसे परिवार का सहारा नहीं है
(c) प्राकृतिक आपदा की शिकार ऐसी महिलाएँ, जो बेघर हैं और जिन्हें सामाजिक व आर्थिक सहारा नहीं है
(d) उपर्युक्त सभी हेतु

140. 'राष्ट्रीय ग्रामीण विकास संस्थान' की स्थापना वर्ष 1977 में कहाँ पर हुई?
(a) हैदराबाद (आ.प्र.) (b) नीलोखेड़ी (हरियाणा)
(c) लखनऊ (उ.प्र.) (d) इसमें से किसी में नहीं

141.'स्कूली बच्चों के मध्याह्न भोजन कार्यक्रम' को केन्द्र सरकार ने किस उद्देश्य के लिए 15 अगस्त, 1995 को चलाया?

(a) प्राथमिक शिक्षा को बढ़ावा देने

(b) स्कूलों में छात्रों की संख्या में वृद्धि हेतु

(c) घरों से खाना खाकर नहीं आते थे

(d) उपर्युक्त (a) एवं (b) उद्देश्यों हेतु

142.'नेशनल फूड फॉर वर्क प्रोग्राम' (शुरुआत 14 नवम्बर, 2004) को कब 'राष्ट्रीय ग्रामीण रोजगार गारण्टी स्कीम' (NREGS) में मिलाया गया?

(a) 2 फरवरी, 2004 (b) 2 फरवरी, 2006

(c) 2 फरवरी, 2005 (d) इनमें से कोई नहीं

143.'सर्व शिक्षा अभियान' (SSA) किस वर्ष शुरू किया गया?

(a) 2001-02 में (b) 2002-03 में

(c) 2003-04 में (d) इनमें से कोई नहीं

144.'कस्तूरबा गांधी बालिका विद्यालय (KGBV)' स्कीम की शुरुआत कब की गई?

(a) अगस्त 2004 (b) जुलाई 2005

(c) जुलाई 2006 (d) इनमें से कोई नहीं

145.ग्रामीण क्षेत्रों में पलायन का कारण है-

(a) भूमिहीन कृषक (b) जनसंख्या में तीव्र वृद्धि

(c) गरीबी एवं बेरोजगारी (d) ये सभी

146.'प्रधानमंत्री ग्राम सड़क योजना' (PMGSY) भारत सरकार द्वारा कब शुरू की गई थी?

(a) 25 दिसम्बर, 2000 (b) 25 दिसम्बर, 2001

(c) 25 दिसम्बर, 2002 (d) इनमें से कोई नहीं

147.'मनरेगा' (महात्मा गांधी राष्ट्रीय ग्रामीण रोजगार गारंटी कार्यक्रम) ग्रामीण विकास एवं गरीबी दूर करने के उद्देश्य से भारत सरकार द्व ारा कब अधिसूचित किया था? जो पहले 250 जिलों में 2 फरवरी, 2006 में शुरू हुई थी-

(a) 2004 (b) 2005

(c) 2006 (d) 2007

148.'राष्ट्रीय शहरी स्वास्थ्य मिशन' (NUHM—National Urbal Health Mission) कब लॉच किया गया था?

(a) 20 जनवरी, 2010 (b) 20 जनवरी, 2011

(c) 20 जनवरी, 2013 (d) 20 जनवरी, 2014

149.'कृषि श्रमिक सुरक्षा योजना (KSSY)' कृषि श्रमिकों के बहु-लाभ हेतु स्कीम 1 जुलाई, ... को शुरू की गई थी-

(a) 2000 (b) 2001

(c) 2003 (d) 2004

150.'फार्म इनकम इन्श्योरेंस स्कीम' (FIIS—Farm Income Insurance Scheme) को कब स्वीकृति मिली?

(a) जनवरी 2000 (b) जनवरी 2001

(c) जनवरी 2002 (d) जनवरी 2004

151. 'इंदिरा गांधी नक्षत्रशाला' उत्तर प्रदेश में कहां स्थित है?

(a) लखनऊ (b) गोरखपुर

(c) रामपुर (d) इलाहाबाद

152. उत्तर प्रदेश में 'कृषि अनुसंधान परिषद्' की स्थापना कब की गई?

(a) 1984 ई. में (b) 1967 ई. में

(c) 1989 ई. में (d 1975 ई. में

153. उत्तर प्रदेश में प्रथम सॉफ्टवेयर पार्क' की स्थापना कहां की गई?

(a) लखनऊ (b) इलाहाबाद

(c) कानपुर (d) मेरठ

154. उत्तर प्रदेश में एग्रो-इंडिस्ट्रयल कॉर्पोरेशन की स्थापना कब की गई?

(a) जनवरी, 1967 ई. में (b) मार्च, 1967 ई. में

(c) जनवरी, 1975 ई. में (d) मार्च, 1975 ई. में

155. प्रदेश में भारतीय गन्ना अनुसंधान संस्थान की स्थापना कब की गई?

(a) 1950 ई. में (b) 1951 ई. में

(c) 1950 ई. में (d) 1953 ई. में

156. उत्तर प्रदेश विज्ञान एवं प्रौद्योगिकी विभाग के अंतर्गत कितनी संस्थाएं कार्यरत हैं?

(a) एक (b) दो

(c) तीन (d) चार

157. विज्ञान नगरी अवस्थित है—

(a) कानपुर में (b) इलाहाबाद में

(c) लखनऊ में (d) नोएडा में

158. डॉ. भीमराव अंबेडकर नक्षत्रशाला स्थित है—

(a) रामपुर में (b) लखनऊ में

(c) इलाहाबाद में (d) गोरखपुर में

159. उत्तर प्रदेश में बायो-टेक पार्क स्थापित है—

(a) आगरा (b) वाराणसी

(c) लखनऊ (d) गोरखपुर में

160. आर्यभट्ट नक्षत्रशाला स्थित है—

(a) इलाहाबाद (b) लखनऊ

(c) गोरखपुर (d) रामपुर

161. भारतीय पशु चिकित्सा अनुसंधान संस्थान स्थित है—

(a) बरेली में (b) कानपुर में

(c) अलीगढ़ में (d) झांसी में

162. उत्तर प्रदेश में प्रथम जैव प्रौद्योगिकी पार्क स्थापित किया गया—

(a) लखनऊ में (b) नोएडा में

(c) आगरा में (d) कानपुर में

163. प्रदेश में आईटी सिटी की स्थापना की जा रही है—

(a) इलाहाबाद में (b) कानपुर में

(c) लखनऊ में (d) वाराणसी में

164. निम्न में से कौन उत्तर प्रदेश के संदर्भ में सही सुमेलित नहीं है?

(a) खाद्य अनुसंधान एवं विश्लेषण केंद्र — लखनऊ

(b) खाद्य पार्क — नोएडा
(c) सरदार वल्लभभाई पटेल कृषि— मेरठ विश्वविद्यालय
(d) भारतीय दलहन शोध संस्थान— कानपुर

165. उत्तर प्रदेश में भारतीय सूचना प्रौद्योगिकी संस्थान, जहां स्थापित किया गया है, वह जगह—
(a) इलाहाबाद (b) कानपुर
(c) बरेली (d) उपरोक्त में नहीं

166. गंगा में सर्वाधिक बी.ओ.डी. मिलता है—
(a) कानपुर-इलाहाबाद के मध्य
(b) हरिद्वार-कानपुर के मध्य
(c) इलाहाबाद-पटना के मध्य
(d) पटना-उलुबेरिया के मध्य

167. प्रदेश में विज्ञान एवं प्रौद्योगिकी परिषद् का गठन कब किया गया?
(a) 1955 में (b) 1965 में
(c) 1975 में (d) 1985 में

168. राष्ट्रीय ग्रामीण स्वास्थ्य मिशन शुरू हुआ?
(a) 15 अगस्त, 2002 को (b) 31 मार्च, 2003 को
(c) 18 जून, 2004 को (d) 12 अप्रैल, 2005 को

169. निम्न में कौन केंद्र सरकार की योजना नहीं है?
(a) मनरेगा (b) ग्रामीण स्वास्थ्य मिशन
(c) गंगा एक्सप्रेस-वे (d) जे.एल.नेहरू ने.अ.रि.मि.

170. अल्पसंख्यकों का सर्वाधिक केंद्रीकरण है—
(a) बिजनौर में (b) मुरादाबाद में
(c) लखनऊ में (d) रामपुर में

171. परिवार नियोजन बीमा योजना शुरू की गई—
(a) 30 जून, 2004 से (b) 30 अक्तूबर, 2003 से
(c) 30 नवंबर, 2002 से (d) 30 दिसंबर, 2005 से

172. आश्रय बीमा योजना अक्तूबर 2010 में शुरू की गई, जिसका उद्देश्य है—
(a) गृह आवंटन करना
(b) गृह ऋण उपलब्ध कराना
(c) बेरोजगारों का रोजगार उपलब्ध कराना
(d) बेरोजगार कामगारों को सामाजिक प्रदान करना

173. कृषि श्रमिक सामाजिक सुरक्षा योजना उपलब्ध कराती है—
(a) ग्राम स्तर पर अधिक गुणवत्तायुक्त जीवन
(b) अतिरिक्त मजदूरी रोजगार
(c) पेंशन तथा बीमा लाभ
(d) अनुमानित आवासीय सुविधाएं

174. दृष्टि बाधित को पुस्तक उपलब्ध कराने हेतु ब्रेल लिपि प्रेस कहां स्थापित है?
(a) नई दिल्ली (b) इलाहाबाद
(c) लखनऊ (d) आगरा

175. ग्रीन कार्ड योजना का संबंध है—
(a) वनीकरण से (b) इ5धन संरक्षण से
(c) पर्यावरण से (d) परिवार नियोजन से

176. 'स्वाधार योजना' संबंधित है?
(a) स्थापत्य कला की प्रतीक इमारतों को मजबूत करना
(b) संघर्षशील महिलाओं की सहायता करना
(c) तकनीकी रूप से कुशल लोगों को रोजगार देना
(d) समय से पूर्व कार्य से अलग हुए कामगारों को प्रशिक्षण देना

177. प्रदेश में अन्नपूर्णा योजना शुरू की गई थी।
(a) 1998-99 में (b) 1999-2000 में
(c) 2000-2001 में (d) 2000-02 में

178. 'राष्ट्रीय प्रतिरक्षा कार्यक्रम' के अन्तर्गत 6 बीमारियों के टीके लगाये जाते हैं। निम्नलिखित में से कौन उन 6 बीमारियों में है?
(a) डिफ्थीरिया (b) काली खांसी
(c) पोलियो (d) उपर्युक्त सभी

179. हाल में जापानी मस्तिष्क ज्वर की महावारी से उत्तर प्रदेश में सर्वाधिक प्रभावित जनपद था–
(a) देवरिया (b) गोण्डा
(c) गोरखपुर (d) कानपुर नगर

180. सब्जियों की व्यापारिक खेती को क्या कहते हैं?
(a) हार्टीकल्चर (b) ओलरीकल्चर
(c) सिल्वीकल्चर (d) सेरीकल्चर

181. कृषि श्रमिक सुरक्षा योजना (KSSY) कृषि श्रमिकों के बहु लाभ हेतु स्कीम 1 जुलाई, ... को शुरू की गई थी?
(a) 2000 (b) 2001
(c) 2003 (d) 2004

182. बुन्देलखंड क्षेत्र के लिए सर्वाधिक उपयुक्त फसल चक्र है–
(a) ज्वार-अरहर (b) मक्का -आलू
(c) धान-मसूर (d) धान मटर

183. मक्का का शीर्ष उत्पादक राज्य कौन है?
(a) महाराष्ट्र (b) आन्ध्र प्रदेश
(c) गुजरात (d) मध्य प्रदेश

184. सिर्फ ग्रामीण क्षेत्रों में ही नहीं, बल्कि शहरों में भी किसी व्यक्ति के मरणोपरान्त तेरहवीं पर बहुत खर्च कर देते हैं, आप की नजर में क्या?
(a) यह प्रथा ठीक है
(b) यह प्रथा ठीक नहीं है, दूर किया जाए
(c) मेरा कोई सुझाव नहीं
(d) इनमें से कोई नहीं

185. शीर्ष केसर उत्पादक राज्य कौन-सा है?
(a) हिमाचल प्रदेश (b) जम्मू-कश्मीर
(c) पंजाब (d) केरल

186. 2, 4 D है–
(a) एक कीटनाशक (b) एक विस्फोटक
(c) एक कवकनाशी (d) एक खरपतवारनाशी

187. भारतीय सब्जी शोध संस्थान स्थित है–
(a) वाराणसी में (b) लखनऊ में
(c) मैसूर में (d) बेंगलुरु में

188. उस क्रांति को कौन-सी संज्ञा प्रदान की गई है जिसके अंतर्गत कृषि क्षेत्र के सभी अवयवों की समन्वित विकास की अवधारणा समाहित है?
(a) समन्वित क्रान्ति
(b) खाद्यान्न शृंखला उत्पादन
(c) इन्द्रधनुषी क्रांति
(d) राउण्ड क्रांति

189. उत्तर प्रदेश की सर्वाधिक महत्वपूर्ण खाद्यान्न फसल है–
(a) मक्का (b) ज्वार
(c) धान (d) गेहूँ

190. बाढ़ प्रभावित क्षेत्रों में किस प्रकार की खेती की जाती है?
(a) दियारा खेती (b) आर्द्र खेती
(c) तैरती खेती (d) तर खेती

191. देश के चावल उत्पादक राज्यों में उत्तर प्रदेश का कौन-सा स्थान है?
(a) पंचम (b) द्वितीय
(c) द्वितीय (d) चतुर्थ

192. मृदा की घटती हुई तीव्र उर्वरता एवं उत्पादकता को बचाने के लिए किस कृषि पद्धति का प्रयोग आवश्यक हो गया है?
(a) फसल चक्र (b) समन्वित कीट प्रबंध
(c) समन्वित पोषक प्रबंध (d) परमाकल्चर

193. स्पोर्ट्स कॉलेज, लखनऊ की स्थापना किस वर्ष हुई थी?
(a) 1972 में (b) 1975 में
(c) 1977 में (d) 1980 में

194. निम्नलिखित किस्में प्रदेश में उत्पादित किए जाने वाले किस फल की है- देशी, नागपुरी, एम्पदर तथा लड्डू
(a) अंगूर (b) संतरा
(c) केला (d) मौसमी

195. प्रधानमंत्री ग्रामोदय योजना में सम्मिलित नहीं है–
(a) बेसिक शिक्षा
(b) पोषाहार पेयजल तथा स्वास्थ्य
(c) ग्रामीण सड़कें एवं आवास
(d) लघु उद्योग

196. बन्धुआ मजदूर (उन्मूलन) अधिनियम संसद ने पारित किया था–
(a) सन् 1971 ई. में (b) सन् 1975 ई. में
(c) सन् 1979 ई. में (d) सन् 1981 ई. में

197. भारत सरकार ने कीमत स्थिरीकरण कोष की स्थापना का निर्णय किसके लिए लिया है?
(a) गन्ना उत्पादकों के लिए
(b) कॉफी व चाय उत्पादकों के लिए
(c) आलू व प्याज उत्पादकों के लिए
(d) टमाटर उत्पादकों के लिए

198. लक्षित सार्वजनिक वितरण प्रणाली में गरीबी रेखा के नीचे आने वाले परिवारों के निर्धारण का मानक क्या है?
(a) जिनकी वार्षिक आय ₹ 15 हजार से कम है
(b) जिनकी वार्षिक आय ₹ 10 हजार से कम है
(c) जिनकी वार्षिक आय ₹ 5 हजार से कम है
(d) जिनकी वार्षिक आय का पता नहीं है

199. उ. प्र. में सहकारी समितियों/ संस्थानों द्वारा सहकारी कृषि निवेश आपूर्ति एवं वितरण योजना में खेती से जुड़े किसानों को दिया जाता है?
(a) प्रमाणित बीज (b) रासायनिक उर्वरक
(c) अल्पकालीन बीज (d) उपर्युक्त सभी

200. देश के ग्रामीण एवं शहरी क्षेत्रों में से कहाँ अधिक मृत्यु-दर, जन्म-दर एवं शिशु मृत्यु-दर होती है?
(a) ग्रामीण क्षेत्रों में (b) शहरी क्षेत्रों में
(c) दूरस्थ क्षेत्रो में (d) इनमें से कोई नहीं

उत्तरमाला

1. (a)	**2.** (b)	**3.** (d)	**4.** (b)	**5.** (a)	**6.** (d)	**7.** (a)	**8.** (c)	**9.** (a)	**10.** (b)
11. (c)	**12.** (a)	**13.** (a)	**14.** (b)	**15.** (b)	**16.** (b)	**17.** (d)	**18.** (b)	**19.** (a)	**20.** (a)
21. (b)	**22.** (d)	**23.** (a)	**24.** (c)	**25.** (a)	**26.** (a)	**27.** (d)	**28.** (b)	**29.** (a)	**30.** (b)
31. (a)	**32.** (c)	**33.** (c)	**34.** (b)	**35.** (a)	**36.** (a)	**37.** (a)	**38.** (b)	**39.** (c)	**40.** (c)
41. (b)	**42.** (b)	**43.** (d)	**44.** (d)	**45.** (d)	**46.** (d)	**47.** (c)	**48.** (c)	**49.** (c)	**50.** (a)
51. (c)	**52.** (d)	**53.** (c)	**54.** (a)	**55.** (c)	**56.** (c)	**57.** (a)	**58.** (c)	**59.** (b)	**60.** (d)
61. (d)	**52.** (b)	**63.** (b)	**64.** (a)	**65.** (d)	**66.** (c)	**67.** (d)	**68.** (d)	**69.** (d)	**70.** (a)
71. (d)	**72.** (b)	**73.** (d)	**74.** (a)	**75.** (b)	**76.** (a)	**77.** (d)	**78.** (b)	**79.** (b)	**80.** (c)

81. (b)	**82**. (c)	**83**. (a)	**84**. (c)	**85**. (c)	**86**. (d)	**87**. (d)	**88**. (b)	**89**. (a)	**90**. (d)
91. (d)	**92**. (a)	**93**. (a)	**94**. (c)	**95**. (d)	**96**. (a)	**97**. (c)	**98**. (a)	**99**. (b)	**100**. (a)
101. (a)	**102**. (d)	**103**. (a)	**104**. (c)	**105**. (d)	**106**. (d)	**107**. (d)	**108**. (d)	**109**. (a)	**110**. (b)
111. (a)	**112**. (a)	**113**. (c)	**114**. (a)	**115**. (c)	**116**. (d)	**117**. (c)	**118**. (a)	**119**. (c)	**120**. (a)
121. (d)	**122**. (d)	**123**. (b)	**124**. (d)	**125**. (a)	**126**. (a)	**127**. (d)	**128**. (c)	**129**. (b)	**130**. (c)
131. (a)	**132**. (d)	**133**. (a)	**134**. (a)	**135**. (b)	**136**. (a)	**137**. (b)	**138**. (d)	**139**. (d)	**140**. (a)
141. (d)	**142**. (b)	**143**. (a)	**144**. (a)	**145**. (d)	**146**. (a)	**147**. (b)	**148**. (d)	**149**. (b)	**150**. (d)
151. (a)	**152**. (c)	**153**. (a)	**154**. (b)	**155**. (c)	**156**. (b)	**157**. (c)	**158**. (a)	**159**. (c)	**160**. (d)
161. (a)	**162**. (a)	**163**. (c)	**164**. (a)	**165**. (a)	**166**. (a)	**167**. (d)	**168**. (d)	**169**. (c)	**170**. (d)
171. (d)	**172**. (d)	**173**. (c)	**174**. (c)	**175**. (d)	**176**. (b)	**177**. (b)	**178**. (d)	**179**. (c)	**180**. (b)
181. (b)	**182**. (a)	**183**. (b)	**184**. (b)	**185**. (b)	**186**. (d)	**187**. (a)	**188**. (c)	**189**. (d)	**190**. (a)
191. (b)	**192**. (d)	**193**. (b)	**194**. (b)	**195**. (d)	**196**. (b)	**197**. (b)	**198**. (a)	**199**. (d)	**200**. (a)

OOO